KB092550

제26판

2023년 최신판

공인회계사
제1차시험
기출문제집

월간회계 편집실 編

- 공인회계사 시험 안내서
- 수험생 필독 ADVICE
- 공인회계사 제1차시험 출제경향분석 및 수험대책
- 최근 4년간 제1차시험 기출문제와 정답 및 해설 수록
- (부록) 공인회계사 정보자료 및 관계법령

會經社

제26판을 내면서

　"공인회계사(certified public accountant)란 타인의 위촉에 의하여 회계에 관한 감사·감정·증명·계산·정리·입안 또는 법인설립에 관한 회계와 세무대리를 함을 직무로 하는 자(공인회계사법 1), 즉 CPA라고도 한다."

　여러분은 위에서 정의하는 공인회계사가 되기 위해서 이 책을 선택하였고 이 글을 읽고 있다. 우리나라는 고려시대부터 「사개송도치부법」이 있었고, 조선시대에는 「산원제도」라는 빛나는 회계전통이 있다. 이와 같은 역사적 저력을 바탕으로 1932년에 「회계대변과 세무상담」을 기치로 계리사업무가 태동됐고, 임의단체인 조선계리사회, 대한계리사회를 거쳐 최초 우리나라에 공인회계사제도가 도입된 것은 90여년 전의 일이다. 그때부터 지금까지 공인회계사라는 직업은 사회적, 경제적 측면에서 우리나라의 발전에 지대한 공헌을 해왔다. 또한 공인회계사는 기업회계의 공정한 심판자로서 또한 세제와 세정의 협력자로서 그 역할을 충실하게 수행해 왔다. 최근 업계에서는 조직의 질적 향상과 규모의 대형화를 도모하고 있고, 디지털환경이 선도하는 지식기반정보화를 달성하기 위해 많은 노력을 하고 있다.

　2007년도 제42회 공인회계사시험부터 신공인회계사 시험제도가 도입되었다. 신공인회계사 시험제도의 주요 내용은 응시자격 요건으로 학점이수제도, 영어시험의 대체, 과목배점조정, 제2차시험 부분합격제 및 제2차시험 절대평가 등이다.

　또한, 제1차시험 원서와 제2차시험 원서를 분리하여 각각 접수하고, 서면접수를 폐지함에 따라 모든 원서는 공인회계사시험 홈페이지(http://cpa.fss.or.kr)를 통하여 인터넷으로만 접수하여야 하며, 학점이수소명서류와 영어시험성적표를 원서 접수 전에 제출 확인받아야 하고 이를 위해 공인회계사시험 홈페이지에 회원가입을 하여야 한다.

　공인회계사시험에 응시하고자 하는 수험생들은 시험서류의 종류, 시험서류 및 응시원서 제출방법과 제출절차, 시험서류 및 응시원서 제출시기와 유의사항, 응시자격에 따른 학점관리 등에 각별한 주의를 기울여야겠다.

　그리고, 2012년 제47회 공인회계사 제1차시험부터 정부회계 관련 내용(정부회계 관련 법령 및 규정에 한정)이 회계학 과목의 10% 내외로 반영되어 시험에 출제된다. 또한 제2차 시험과목인 회계감사는 2014년 제49회 공인회계사 시험부터 신국제감사기준(New ISA)을 적용하여 출제되며, 2017년도 제52회 시험부터는 직업윤리의 출제비중이 회계감사 과목 중 10% 내외로 출제된다. 세부적인 출제범위와 문제유형 등은 금융감독원 공인회계사시험 홈페이지(http://cpa.fss.or.kr)에 게시되므로 수험생들의 각별한 사전 준비가 필요하다.

특히, 2025년도 시험부터는 공인회계사 제1차시험 응시자격에 학점이수 과목의 종류 및 학점의 수가 변경되고 시험과목 및 과목별 배점도 변경되며, 제2차시험도 과목 및 과목별 배점이 변경되니 참고로 인지하고 있어야 한다.

이번 제26판 『공인회계사 제1차시험 기출문제집』의 구성내용을 살펴보면,

첫째, 「공인회계사 시험안내서」에서는 공인회계사의 업무와 직업적 전망, 공인회계사 시험제도와 운영, 2022년도 공인회계사시험 시행공고(참고용), 공인회계시험 통계자료 분석, 공인회계사 시험합격 후 실무수습 등을 자세히 소개하였다.

둘째, 「수험생 필독 ADVICE」에서는 최근 공인회계사 제1차시험 출제경향 및 수험대책이 상세히 분석되어 있어 수험생들이 각 과목별 출제경향분석과 수험대책을 미리 파악하여 체계적인 수험전략을 수립할 수 있게 하였다.

셋째, 「공인회계사 제1차시험 기출문제와 정답 및 해설」에서는 최근 4년간(2022년부터 2019년까지)의 제1차시험 기출문제와 정답 및 해설이 수록되어 있다.

또한, 회계학 과목은 2010년 공인회계사시험부터 한국채택국제회계기준(K-IFRS)을 적용하여 시험문제가 출제됨에 따라 한국채택국제회계기준(K-IFRS)을 최근 개정기준으로 적용하였고, 세법·상법 과목도 최근개정 법률을 적용하여 기출문제와 정답 및 해설을 수정·보완하였다.

부록 「공인회계사 관계 법령 및 정보자료」에서는 "2023년도 제58회 공인회계사시험 서류접수계획 공고(2022.8.10.)", 내용을 게재하였으며, 또한 최신 공인회계사법·시행령·시행규칙 등 필요한 수험정보자료들을 수록하였으니 참고하기 바란다.

본서를 통해 공인회계사 제1차시험의 기출문제 출제경향을 잘 파악하여 수험생 각자에게 만족할만한 정보로 활용되기를 바란다.

공인회계사 제2차시험 출제경향분석 및 수험대책과 기출문제 풀이는 『공인회계사 제2차시험 기출문제집』을, 합격수기 및 합격자 인터뷰는 『공인회계사·세무사 합격수기』를 이용하기 바란다. 앞으로도 도서출판 『회경사』는 수험생을 위한 체계적인 최신 정보를 지속적으로 제공하여 수험생 여러분의 성원에 보답하고자 최선의 노력을 다할 것을 약속드린다.

2022년 9월

『월간회계』 편집실에서…

차 례 Contents

◀ 공인회계사 시험안내서 ▶

● 수험생 필독 ADVICE ●

● 2022 제57회 기출문제 ●

2021 제56회 기출문제

2020 제55회 기출문제

2019 제54회 기출문제

부록 공인회계사 정보자료 및 관계법령

공인회계사 시험안내서

- ▨ 공인회계사의 업무와 직업적 전망
- ▨ 공인회계사시험 제도와 운영
- ▨ 2022년도 제57회 공인회계사시험 시행계획 공고〈참고용〉
- ▨ 공인회계사시험 통계자료
- ▨ 공인회계사시험 합격 후 실무수습

공인회계사 시험안내서

■ 공인회계사의 업무와 직업적 전망

1. 공인회계사란?

공인회계사(Certified Public Accountant : CPA)는 타인의 위촉에 의하여 회계에 관한 감사 · 감정 · 증명 · 계산 · 정리 · 입안 또는 법인설립에 관한 회계와 세무대리 및 그 부대업무를 함을 목적으로 한다. [공인회계사법 제2조(직무범위)]

즉 회계감사, 세무조정계산서 작성, 국세심판청구대리, 경영진단 및 경영제도의 개선과 원가계산 등을 주요업무로 하는 전문인이다. 오늘날 경제규모의 확대에 따라 기업에 대한 이해관계가 다양해지고 복잡화되어 가는 상황에서 객관적이고 독립적인 조정의 역할을 할 수 있는 적임자라 할 것이다.

2. 공인회계사의 업무

가. 회계감사

- 법정감사
  - 주식회사의 외부감사에 관한 법률에 의한 회계감사
  - 자본시장법에 의한 회계감사
  - 기타 특별법에 의한 회계감사
- 특수목적감사
  - 금융기관, 법원, 주주 등 이해관계자의 요청에 의한 감사
  - 기업인수합병 및 증권거래소 주식상장을 위한 감사
  - 공공부문 및 비영리법인 감사
- 자발적 감사
  - 기업 등의 필요에 의한 감사
- 기업진단업무
  - 건설업, 전기공사업, 정보통신공사업, 의약품도매업 등 업종별 면허 취득을 위한 기업진단

- 주식상장 및 코스닥 등록 관련 서비스
  - 사업계획 작성 및 재무분야 projection
  - 기업가치평가 및 적정자본규모, 공모가액 산정
- 회계서비스 업무
  - 기업인수합병을 위한 주식평가
  - 법원 또는 금융기관의 요청에 의한 감정 등 서비스
  - 건설, 주택, 전력사업 등의 도급을 위한 다양한 재무분석
  - 재무제표 기장서비스

나. 세무관련 업무

- 법인과 개인사업자의 세무신고대리 등
  - 법인세 신고 및 세무조정계산서 기타 세무 관련 서류의 작성
  - 종합소득세, 부가가치세, 양도소득세, 재산세 등 신고대리
- 조세문제 해결
  - 이의신청, 심사 및 심판청구 대행
  - 세무조사 또는 처분 등과 관련된 납세자 조력
  - 세무실사에 대비한 기업의 회계처리, 증빙에 대한 사전검토
  - 조세에 관한 상담 및 자문
- 세무계획 수립
  - 재무계획과 연계된 세무계획 수립
  - 특정거래, 계약 등에 수반되는 세무문제 사전검토
- 국제조세관련 업무
  - 이전가격세제, 반덤핑 문제에 대한 세무자문
  - 외국인투자촉진법 및 외국환거래법에 관련된 세무자문
  - 국제조세 최소화 전략수립에 대한 자문

다. 경영자문 업무

- 장·단기 경영전략수립
- 경영혁신과 기업구조조정 컨설팅
  - 기업의 Business Process Reengineering
  - 기업조직의 재편 및 최적화
  - 전사적 자원관리(ERP)자문
  - 새로운 투자선의 물색과 관련된 자문
- 정보시스템 구축 등 전산용역
  - 전산회계처리시스템 구축
  - 통합정보 소프트웨어 설치 및 교육 컨설팅 등

- 사업타당성 분석
  - 시장분석 및 예측
  - Marketing 전략지원
  - 기업인수, 합병대상의 선정 및 평가
- 기타자문업무
  - 내부통제 시스템의 평가 및 개선
  - 내부감사제도 입안 및 평가
  - 경영실적평가제도 입안

3. 공인회계사의 의무와 직무제한

가. 의무

- 2중 사무소 설치 금지
- 사무직원의 지도 감독 책임
- 공정 성실의무
- 독립성 유지의무
- 회칙준수의무
- 장부의 비치의무
- 손해배상책임의 보장
- 직무제한규정 준수의무
- 명의대여 등 금지

나. 직무제한

공인회계사는 아래의 자에 대한 재무제표를 감사하거나 증명하는 직무를 행할 수 없다.

- 자기 또는 배우자가 임원이나 그에 준하는 직위에 있거나, 과거 1년 이내에 그러한 직위에 있었던 자
- 자기 또는 배우자가 그 사용인이거나 과거 1년 이내에 사용인이었던 자
- 공인회계사 또는 그 배우자가 주식 또는 출자지분을 소유하고 있는 자
- 공인회계사 또는 그 배우자와 3천만원 이상의 채권 또는 채무관계에 있는 자
- 공인회계사에게 무상으로 또는 통상의 거래가격보다 현저히 낮은 대가로 공인회계사 사무소를 제공하고 있는 자
- 공인회계사에게 공인회계사 업무 외의 업무로 인하여 계속적인 보수를 지급하거나 기타 경제상의 특별한 이익을 제공하고 있는 자
- 공인회계사에게 직무를 수행하는 대가로 자기회사의 주식·신주인수권부사채·전환사채 또는 주식매수선택권을 제공하였거나 제공하기로 한 자

4. 직업적 전망과 업무영역

전문직 중의 전문직이라 할 수 있는 공인회계사는 일반인들이 생각하는 것보다 훨씬 다양한 업무를 맡고 있다. 이들의 활동무대로 알려진 기업 외에도 정계나, 법조계, 학계까지 회계사들의 손길이 미치지 않는 곳은 드물다. 회계법인에 근무하는 회계사는 전체회계사의 절반 정도 수준이다. 그리고 정부기관, 일반 기업체, 개인 사무실을 운영하는 개업회원, 이밖에 교수직에 있는 회계사, 단체, 세무사업 등 다양한 형태로 업무를 맡고 있는 것으로 나타났다. 이에 따라, 대형 회계법인으로의 진로뿐만 아니라 상장·등록기업, 금융·공공기관, 정부기관 등을 통해 전문가로서의 지위 매김이 필요할 것이다. 따라서, 공인회계사들의 활동무대는 광범위하며 그 능력에 따라 발전가능성 또한 크고 사회가 발달하고 전문화되면서 공인회계사에 대한 사회적 중요성과 수요가 커지고 있는 상황이다.

가. 고유업무영역에서 경영컨설팅까지 다양

전통적인 공인회계사 업무영역인 회계감사분야도 깊이가 달라지고 있다.

고성장시대에서 벗어나 저성장 다품종소량생산체제로 전환되면서 이익이 얼마이고 원가가 얼마인가 등 단순한 측정기능에서 벗어나 제대로 원가와 이익이 관리됐는가 하는 관리회계가 강조되고 있다. 10억원 이익이 났다고 만족해 할 것이 아니라 20억원 이익이 날 수 있었는데 10억원 밖에 나지 않았는지를 검토하고 이를 바로잡자는 개념이다. 단순히 재무제표를 만드는데 그치지 않고 재무제표에 담긴 실질적인 의미를 찾는데 중점을 두고 있는 것이다.

기업에 대한 경영자문이라 할 수 있는 「컨설팅」은 최근 회계법인 들이 스스로 개척하고 있는 새로운 사업영역이다. 또한, 기업들은 변화하는 경영환경 속에서 불확실성 위기에 노출되고 새로운 도전에 직면하고 있다. 이런 상황에서 기업은 신속하고 정확하게 문제를 파악하고 해결방안을 제시할 수 있는 능력있는 전문가를 필요로 한다. 이러한 해결방안은 기업 자금운용과 밀접하게 관련돼 있다.

회계법인이 제공하는 컨설팅 영역은 다양하다. 기업평가에서부터 설립과 인수합병, 나아가 종합적인 경영진단과 중장기적인 경영전략 수립 등에 이르기까지 경영과 관련된 회계법인 및 공인회계사 역할은 폭이 넓다. 일부는 국외투자자문, 국제조세자문 등 국제적인 활동에까지 손을 뻗고 있으며 조직진단과 설계, 정보시스템 개발진단, 신 관리회계 시스템 설계 등 정보공학적인 컨설팅을 하기도 한다. 부동산컨설팅 반덤핑자문 등도 최근 공인회계사들이 제공하는 서비스 중 새로운 관심분야이다.

나. 高부가가치 영역 – 경영컨설팅

회계법인들은 금융서비스업, 건설업, 레저산업 등 산업분야별로 전문 팀을 구성, 기업 요구에 응하고 있다. 컨설팅을 위해서는 해당기업을 리드할 수 있는 전문성이 필수적이기 때문이다. 컨설팅작업에는 공인회계사는 물론 경영학전공자, 시스템전문가 등이 공동으로 참여, 기업이 갖고 있는 문제들을 해결해준다. 회계법인들이 컨설팅사업에 높은 관심을 기울이는 것은 이 분야가 고부가가치를 창출하기 때문이다. 회계감사 영역이 치열한 경쟁과 제한된 보수규정에 얽매여 한계 있는 성장을 보이는 반면, 컨설팅분야는 제공하는 서비스 질로써 승부, 높은 부가가치를 기대할 수 있다.

컨설팅이 대기업에만 필요한 것은 아니다. 중소업체나 자영업자 등도 자체 장·단점을 분석하고 기회와 위험요소를 파악, 나름대로 전략을 수립하고 신규사업을 찾을 필요가 있다.

내가 경영하는 음식점, 학원 등이 왜 부진한가, 새로운 체인점을 어디에 내야 할 것인가, 치열한 경쟁 속에서 어떻게 새로운 활로를 확보해야 할지를 결정하는 것도 중소기업차원에서 기대할 수 있는 경영컨설팅이라고 할 수 있다.

최근에는 정부 기관에서도 민간기업에 버금가는 생산성과 경쟁력 필요성이 주요 과제로 등장하면서 컨설팅이 도입되고 있다. 조직과 운영 효율성 검토, 생산성 향상 프로그램, 공기업 민영화방안 연구, 필요인력 분석 등 정부기관에 경영개념을 도입하는 사례가 늘고 있다.

▨ 공인회계사시험 제도와 운영

1. 시험실시기관

공인회계사시험은 금융위원회가 실시한다.

실무적으로는 금융감독원 회계제도실 공인회계사시험관리팀(Tel. 02 - 3145 - 7759~7760, 7754~7757)에서 응시원서 교부·접수 및 합격자 공고 업무 등을 주관한다.

2. 공인회계사자격제도심의위원회(공인회계사법 제6조의2)

공인회계사자격의 취득과 관련한 다음 각호의 사항을 심의하기 위하여 금융위원회 소속하에 공인회계사자격제도심의위원회를 둔다.

가. 공인회계사의 시험과목 등 시험에 관한 사항
나. 시험선발인원의 결정에 관한 사항
다. 기타 공인회계사자격의 취득과 관련한 중요사항

공인회계사자격제도심의위원회의 구성 및 운영 등에 관하여 필요한 사항은 대통령령으로 정한다. [본조신설 2000. 1. 12]

3. 시험위원회(공인회계사법 시행령 제6조)

시험을 시행하기 위하여 금융위원회에 시험위원회를 두고 위원장은 금융감독원장이 하며 시험위원은 시험을 실시할 때마다 당해 시험분야에 관한 학식과 경험이 풍부한 자 중에서 위원장이 임명 또는 위촉한다.

위원회는 다음 각 호의 사항을 심의한다.

가. 시험응시자격에 관한 사항
나. 시험문제의 출제에 관한 사항
다. 시험방법에 관한 사항
라. 시험합격자의 결정에 관한 사항
마. 기타 시험에 관하여 금융위원회 위원장이 부의하는 사항

4. 공인회계사 시험연혁

■ 공인회계사시험(금융감독원 시행. 1999년~현재)

2022.	제57회 공인회계사시험 실시, 절대평가제로 최종합격자 1,237명 선발
2021.	제56회 공인회계사시험 실시, 절대평가제로 최종합격자 1,172명 선발
2020.	제55회 공인회계사시험 실시, 절대평가제로 최종합격자 1,110명 선발
2019.	제54회 공인회계사시험 실시, 절대평가제로 최종합격자 1,009명 선발
2018.	제53회 공인회계사시험 실시, 절대평가제로 최종합격자 904명 선발
2017.	제52회 공인회계사시험 실시, 절대평가제로 최종합격자 915명 선발
2016.	제51회 공인회계사시험 실시, 절대평가제로 최종합격자 909명 선발
2015.	제50회 공인회계사시험 실시, 절대평가제로 최종합격자 917명 선발
2014.	제49회 공인회계사시험 실시, 절대평가제로 최종합격자 886명 선발
2013.	제48회 공인회계사시험 실시, 절대평가제로 최종합격자 904명 선발
2012.	제47회 공인회계사시험 실시, 절대평가제로 최종합격자 998명 선발
2011.	제46회 공인회계사시험 실시, 절대평가제로 최종합격자 961명 선발
2010.	제45회 공인회계사시험 실시, 절대평가제로 최종합격자 956명 선발
2009.	제44회 공인회계사시험 실시 절대평가제로 최종 합격자 936명 선발
2008.	제43회 공인회계사시험 실시 절대평가제로 최종 합격자 1,040명 선발
2007.	제42회 공인회계사시험 실시 신 시험제도 시행 - 학점이수제도, 영어시험 대체, 과목 배점 조정, 제2차시험 부분합격제 및 절대평가제 절대평가제로 최종 합격자 830명 선발
2006.	제41회 공인회계사시험 실시
2004. 04.	「공인회계사법시행령」개정 공인회계사 시험제도 개편 - 영어시험 대체, 과목 배점 조정, 제2차시험 부분합격제, 제2차시험 절대평가제 도입(2007년도 시행)
2003. 12.	「공인회계사법」개정 공인회계사 시험제도 개편 - 학점이수제도 도입(2007년도 시행)

2001. 09.	제36회 공인회계사 선발 인원 증가(1,014명)
2000. 01.	「공인회계사법」 개정 시험선발인원의 결정에 관한 사항을 심의하기 위하여 재정경제부내에 공인회계사자격제도심의위원회 설치
1999.	제34회 공인회계사시험 실시

■ 공인회계사시험(구 증권감독원 시행, 1982~1998년)

1998.	제33회 공인회계사시험 실시
1989. 12.	「공인회계사법」 개정, 제1차 · 제2차시험 체계로 대폭 간소화
1982.	제17회 공인회계사시험 실시
1982. 03.	「공인회계사법시행령」 개정 「한국공인회계사회」에서 위탁받아 시행하던 시험시행과 관련된 업무를 「구 증권감독원」이 시행

■ 공인회계사시험(한국공인회계사회 시행, 1966~1981년)

1981.	제16회 공인회계사시험 실시
1968. 12.	「공인회계사법」개정 예비시험을 1차시험, 본시험을 2차시험, 실무시험을 3차시험으로 변경
1967.	제1회 공인회계사시험 실시
1966. 07.	「공인회계사법」공포, 「계리사법」폐지 종래의 "계리사"를 "공인회계사"로, "한국계리사회"를 "한국공인회계사회"로 변경

■ 계리사시험(정부 시행, 1945~1965년)

1955.~1965.	계리사시험 실시
1954. 12.	「계리사법」에 의한 한국계리사회 정식 발족
1953. 12.	「계리사법시행령」 공포 정부가 시행하는 시험에 합격함으로써 회계전문가 자격을 부여받을 수 있도록 제도화
1950. 03.	「계리사법」 공포
1945. 10.	조선계리사회 설립

■ 2022년도 제57회 공인회계사시험 시행계획 공고

금융위원회 공고 제2021-467호

「공인회계사법 시행령」 제5조에 따라 2022년도 제57회 공인회계사시험 시행계획을 다음과 같이 공고합니다.

2021년 11월 26일
금융위원회위원장

1. 선발예정인원

가. 제1차시험 : 제2차시험 최소선발예정인원의 2배수(동점자는 합격처리)

나. 제2차시험 : 최소선발예정인원 1,100명

※ 「공인회계사법 시행령」 부칙(1997.3.22.) 제4조의 규정에 해당하는 자는 최소선발예정인 원 수에 포함되지 아니함

2. 응시자격

가. 공통 응시자격

□ 「공인회계사법」 제5조의2에 따라 응시자격이 정지 중에 있지 아니한 자
□ 「공인회계사법」 제5조 및 같은 법 시행령 제2조의2에 해당하는 자

> ◆ 「고등교육법」 제2조 각호의 규정에 의한 학교,「평생교육법」 제32조 또는 제33조의 규 정에 의한 사내대학 또는 원격대학 형태의 평생교육시설에서 12학점 이상의 회계학 및 세무 관련 과목, 9학점 이상의 경영학 과목, 3학점 이상의 경제학 과목을 이수한 자
> ◆ 「학점인정 등에 관한 법률」에 의하여 12학점 이상의 회계학 및 세무관련 과목, 9학점 이상의 경영학 과목, 3학점 이상의 경제학 과목을 이수한 것으로 학점인정을 받은 자

나. 제1차시험 응시자격

□ 「공인회계사법 시행령」 제2조 제4항에 따라 해당 영어시험에서 합격에 필요한 점수를 취득한 자
  ※ 국적, 학력, 연령에 대한 제한은 없음

다. 제2차시험 응시자격

1 2022년도 제57회 제1차시험에 합격한 자
2 2021년도 제56회 제1차시험에 합격한 자
3 공인회계사법」 제6조 제1항 및 같은 법 시행령 제4조에 해당되어 제1차시험을 면제받은 자(경력자)
4 공인회계사법 시행령」 부칙(1997.3.22.) 제4조에 해당하는 자(1988년 이전 제2차시험 합격자)

3. 시험일정 및 실시지역

□ 시험 장소 및 시간, 제1차시험 합격자는 금융위원회 홈페이지(http://www.fsc.go.kr), 금융감독원 공인회계사시험 홈페이지(http://cpa.fss.or.kr)에 공고
□ 제2차시험 합격자는 관보, 금융위원회 홈페이지, 금융감독원 공인회계사시험 홈페이지에 공고

구 분	시험 장소 및 시간 공고일	시 험 일	합격자 발표일	실시지역
제1차시험	2월 9일(수)	2월 27일(일)	4월 8일(금)	서울, 부산, 대구, 광주, 대전
제2차시험	6월 3일(금)	6월 25일(토)~6월 26일(일)	8월 26일(금)	서울

4. 시험방법 및 시험과목

1. 법률, 회계기준, 회계감사기준 등을 적용하여 정답을 구하는 문제는 시험일(제2차시험은 해당 시험과목의 시험일) 전일까지 시행된 법률, 기준 등을 적용하여 정답을 구하여야 하며, 시험일 전에 법률, 기준 등의 조기적용이 허용된 경우에도 시험전일 현재 시행일이 경과한 법률, 기준 등을 적용하여 정답을 구하여야 함
2. 출제관리기준에 의해 공인회계사시험 기출문제와 동일하거나 이를 응용하여 문제를 출제할 수 있음

가. 제1차시험 : 객관식 필기시험

□ 경영학, 경제원론, 상법(총칙편·상행위편, 회사편, 어음법 및 수표법 포함), 세법개론, 회계학(회계원리와 회계이론 ※ 정부회계 포함)

구　분	시험시간	시험과목	문항수	배　점
1 교시	110분	경 영 학	40	100점
		경제원론	40	100점
2 교시	120분	상　법	40	100점
		세법개론	40	100점
3 교시	80분	회 계 학	50	150점

□ 영어과목은 2020년 1월 1일 이후 다음의 영어시험 기관에서 실시된 시험에서 취득한 성
  적으로 대체

영어시험의 종류	토 플(TOEFL)		토 익 (TOEIC)	텝 스 (TEPS)	지텔프 (G-TELP)	플렉스 (FLEX)
	PBT	iBT				
합격에 필요한 점수	530점 이상	71점 이상	700점 이상	340점 이상	Level 2의 65점 이상	625점 이상

나. 제2차시험 : 주관식 필기시험

□ 세법, 재무관리, 회계감사(직업윤리 포함), 원가회계, 재무회계
  (다만, 「공인회계사법 시행령」 부칙(1997.3.22.) 제4조의 규정에 따라 1988년 이전에 시
  행한 제2차시험에 합격한 자는 세법 및 재무관리에 한함)

구　분		시험시간	시험과목	배　점
1 일차	1 교시	120분	세　법	100점
	2 교시	120분	재무관리	100점
	3 교시	120분	회계감사	100점
2 일차	1 교시	120분	원가회계	100점
	2 교시	150분	재무회계	150점

5. 합격자 결정방법

가. 제1차시험 합격자 결정

□ 매과목(영어 제외) 배점의 4할 이상, 전과목(영어 제외) 배점합계의 6할 이상을 득점한 자
  중에서 선과복 총능섬에 의한 고능점자순으로 '최소선발예정인원의 2배수'의 인원을 합격
  자로 결정하되, 동점자로 인하여 '최소선발예정인원의 2배수'를 초과하는 경우에는 그 동
  점자를 모두 합격자로 결정

○ 단, 매과목 배점의 4할 이상, 전과목 배점합계의 6할 이상(총점 330점)을 득점한 자가 최소선발예정인원의 2배수에 미치지 못할 경우에는 그 인원까지만 합격자로 결정

나. 제2차시험 합격자 결정

□ 매과목 배점의 6할 이상을 득점한 자를 합격자로 결정(이하, '절대평가'라 한다)
  ○ 단, 절대평가로 합격한 자가 최소선발예정인원에 미달하는 경우 미달인원에 대하여는 매과목 배점의 4할 이상을 득점한 자 중 전과목 총득점에 의한 고득점자순으로 합격자를 결정(이하, '상대평가'라 한다)
□ 상대평가로 합격자를 결정할 때 부분합격으로 면제되는 과목에 대하여는 직전 시험에서 획득한 점수를 적용하여 총득점을 산정하되, 부분합격으로 면제되는 과목에 다시 응시한 경우에는 해당 시험에서 획득한 점수를 적용
  ○ 동점자로 인하여 최소선발예정인원을 초과하는 경우에는 그 동점자 모두를 합격자로 결정(이 경우 점수계산은 소수점 이하 둘째자리까지 계산)

다. 제2차시험 과목별 부분합격자 결정

□ 제1차시험의 합격자가 제1차시험 합격연도에 실시된 제2차시험의 과목 중 일부과목을 배점의 6할 이상 득점한 경우 그 과목을 부분합격과목으로 하여 매과목별 부분합격자를 결정
□ 부분합격과목은 다음 해의 제2차시험에 한하여 해당 과목의 시험을 면제

6. 시험서류 및 응시원서 접수

가. 시험서류

□ 시험서류 접수계획 공고에 따라 접수·확인
  ○ 제1차시험 : 학점인정 신청서류, 영어성적인정 신청서류
  ○ 제2차시험 : 제1차시험면제 신청서류, 학점인정 신청서류(경력자로서 제1차시험을 면제받고 제2차시험에 처음 응시하고자 하는 자만 해당)

※ 시험서류 접수와 관련하여 「2022년도 제57회 공인회계사시험 서류접수계획 공고」(공인회계사시험위원회 공고 제2021-1호, '21.8.11.) 및 금융감독원 공인회계사시험 홈페이지(http://cpa.fss.or.kr → 시험안내 → 시험공고) 참고

나. 응시원서

① 응시원서 접수
  ○ 시험서류를 제출·확인받은 자에 한하여 응시원서를 접수
  ○ 제1차시험 및 제2차시험 응시원서는 각각 별도로 금융감독원 공인회계사시험 홈페이지(http://cpa.fss.or.kr → 원서접수)에서만 접수

※ '사진'은 국민권익위원회의 권고에 따라 응시원서 접수일 전 6개월 이내에 모자 등을 쓰지 않고 촬영한 천연색 상반신 정면 사진으로 가로 3.5cm, 세로 4.5cm의 사진(여권용 규격)을 스캔(해상도 72dpi, 가로 95~105pixel, 세로 95~136pixel)하여 사용

○ 시험응시는 본인이 원서접수시 선택한 지역*에서만 가능
  * 제1차시험(서울, 부산, 대구, 광주, 대전), 제2차시험(서울)
○ 「공인회계사법 시행령」 부칙(1997.3.22.) 제4조의 규정에 따라 1988년 이전에 시행한 제2차시험에 합격한 자는 동 합격증서 사본 1부 제출(제1항 제1호의 경우에만 해당)

② 응시수수료 : 50,000원(결제대행수수료 별도)
  ○ 원서접수마감일 마감시각(18:00)까지 응시수수료를 **결제***하여야 원서접수가 정상적으로 완료
    * 금융감독원 공인회계사시험 홈페이지(http://cpa.fss.or.kr)→원서접수→응시료 결제(신용카드 결제, 계좌이체, 가상무통장 입금)
  ○ 시험개시일 전일까지 응시원서 접수 취소시 또는 불가피한 **사유***로 시험에 응시하지 못해 시험일 이후 30일까지 환불을 신청한 경우 50,000원 환불
    * 본인 또는 배우자의 부모 등이 시험일로부터 7일전까지 사망한 경우, 시험일에 본인의 사고 및 질병으로 입원중인 경우, 국가가 인정하는 격리가 필요한 전염병 감염확정 판정(격리기간에 시험일 포함)을 받은 경우 등
    (공인회계사시험 홈페이지(http://cpa.fss.or.kr→시험안내→공지사항 참고)

③ 응시원서 접수기간 및 시간

구　분	접　수　기　간
제1차시험	1월 6일(목) 09:00~1월 18일(화) 18:00
제2차시험	5월 12일(목) 09:00~5월 24일(화) 18:00

주 : 1. 원서접수 마감일에는 18:00에 접수가 마감됨
  2. 응시원서와 시험서류 접수마감일이 다름에 유의

④ 접수결과 확인
  ○ 금융감독원 공인회계사시험 홈페이지(http://cpa.fss.or.kr→내문서보기)를 통해 확인

⑤ 응시표 출력
  ○ 응시표는 1월 26일(수) 09시부터 금융감독원 공인회계사시험 홈페이지(http://cpa.fss.or.kr → 원서접수 → 응시표 출력)에서 출력 가능
  ○ 시험 당일 응시표를 지참하여야 시험에 응시할 수 있으며, 제1차시험 응시표를 제2차시험 응시표로 사용할 수 없음

7. 시험의 일부면제

가. 「공인회계사법」 제6조 제2항에 따라 제1차시험에 합격한 자에 대하여는 다음 회의 시험
   에 한하여 제1차시험을 면제

나. 「공인회계사법」 제6조 제1항 및 같은 법 시행령 제4조에 해당하는 자는 제1차시험을 면
   제(경력자)

   ※ 제1차시험을 면제받고자 하는 자는 해당 시험서류 제출기간['22.3.21.(월)~3.29.(화) 18:00]
      동안 제1차시험면제 신청서류를 제출

8. 응시자 유의사항

가. 제1 · 2차시험 공통 유의사항

1) 응시자는 매 교시 시험시작 30분 전까지 시험실에 입실하여야 하고, 매 시험시작 5분 전
   까지 입실하지 아니한 자는 그 과목의 시험에 응시할 수 없음

2) 매 시험시간 종료 전까지 중도 퇴실할 수 없고, 감독관의 통제에 따르지 않고 중도 퇴실할
   경우, 시험 시작 전 문제를 풀거나 시험 종료 후 답안을 작성하는 등 감독관의 지시에 불
   응하는 경우 해당 과목을 무효로 처리

3) 시험시간 중에는 응시표와 신분증(주민등록증, 운전면허증, 여권, 국내거소신고증, 외국인
   등록증, 영주증)을 책상 좌측 상단에 놓아두고 감독관의 확인에 응하여야 하며, 신분증을
   분실한 경우 주민센터에서 발급하는 사진이 부착된 임시증명서를 제시하여야 함

4) 계산기는 단순 계산기능의 소형전자계산기만 사용 가능

5) 시험실 내에는 시계가 비치되어 있지 않으므로 응시자는 개인용 시계*를 준비(시험실내에
   시계가 비치된 경우라도 이를 참고하여서는 안됨)하기 바라며, 휴대전화기 등 전자기기를
   시계 용도로 사용할 수 없음

   * 계산 · 통신 · 저장 · 기록 등의 기능이 없는 일반시계

6) 답안지에 표기한 답안을 정정하기 위하여 수정테이프(또는 수정액)를 사용할 수 있으나,
   이로 인한 답안지의 번짐·오염·탈루 등에 따른 채점과정에서의 불이익은 응시자의 책임

7) 응시원서 또는 제출서류 등의 기재내용의 누락, 오기 등으로 인하여 발생하는 불이익은
   응시자의 책임

8) 응시자는 시험 관련 각종 공고, 응시표, 답안지 등에 기재된 응시자 유의사항 등을 준수하
   고, 감독관의 지시에 따라야 하며, 이를 위반할 경우에는 해당 시험 또는 과목의 무효처리
   등의 불이익을 받을 수 있음

9) 시험시간 중 시험실 내에서 전자기기 소지 및 흡연·대화·물품의 대여 등 금지된 행위를
   하는 경우 해당 시험을 무효로 처리

10) 부정행위자는 해당 시험을 정지시키거나 합격 결정을 취소하고, 그 처분일로부터 5년간
    공인회계사 시험의 응시자격이 정지

※ 부정행위자 기준 및 사례

(1) 대리시험을 의뢰하거나 대리로 시험에 응시하는 행위
(2) 다른 응시자의 답안지를 보거나 본인의 답안지를 보여 주거나 또는 시험장 내외의 자로부터 도움을 받고 답안을 작성하는 행위
(3) 통신기기 및 전자기기, 그 밖의 신호 등을 이용하여 해당 시험내용에 관하여 다른 사람과 의사소통하는 행위
(4) 부정한 자료를 가지고 있거나 이용하는 행위
(5) 답안지를 다른 응시자와 교환하거나 다른 응시자와 성명 또는 수험번호를 바꾸어 제출하는 행위
(6) 미리 시험문제를 알고 시험을 보는 행위(시험지 사전유출)
(7) 시험 관련 각종 서류를 위조하거나 허위사실을 기재한 행위
(8) 그 밖의 부정한 수단으로 본인 또는 다른 사람의 시험 결과에 영향을 미치는 행위

나. 제1차시험 유의사항

1) 한 교시라도 결시한 응시자는 그 이후 과목에 응시할 수 없고 해당 시험 자체를 무효로 하며, 응시한 과목도 채점하지 아니함
2) 답안지 작성시 컴퓨터용 싸인펜만 사용하여야 하며, 지정된 필기구를 사용하지 아니하여 채점되지 않는 불이익은 응시자의 책임
3) 채점은 전산 자동 판독 결과에 따르므로 유의사항을 지키지 않거나, 응시자의 부주의(답안지 예비마킹, 기재·마킹 착오, 불완전한 수정 등)로 판독불능 등 불이익이 발생할 경우 응시자의 책임

다. 제2차시험 유의사항

1) 교시별 응시가 가능하며, 응시한 과목은 모두 채점되지만, 2021년도 제1차시험 합격자가 2021년도 제2차시험에서 부분합격하지 않은 과목 중 한 과목이라도 결시하면 그 이후 과목을 응시할 수 없고 해당 시험 자체를 무효로 하며, 응시한 과목도 채점하지 아니함
2) 답안은 흑색이나 청색 필기구(싸인펜 또는 연필 종류는 제외) 중 단일 종류로만 계속 사용하여 작성하여야 하며, 지정된 필기구를 사용하지 아니하여 채점되지 않는 불이익은 응시자의 책임
3) 답안지의 응시번호, 주민등록번호, 성명, 과목명 기재란에 해당 사항을 기재하는 것을 제외하고 답안지에 답안과 관련 없는 사항을 기재하거나, 특수한 표시를 하거나, 특정인임을 암시하는 문구를 기재한 경우, 그 답안지는 무효로 처리될 수 있음

9. 제2차시험 합격자의 실무수습에 관한 사항

가. 제2차시험 합격자가 「공인회계사법」 제2조에 따른 직무를 행하고자 하는 경우에는 같은
   법 제7조에 따른 실무수습을 받아야 함
나. 실무수습에 관한 사항은 한국공인회계사회(http://www.kicpa.or.kr)가 관리하고 있으
   며, 제2차시험 합격 후 실무수습기관을 정할 책임은 합격자 본인에게 있음

10. 기타사항

가. 응시자의 시험성적은 금융감독원 공인회계사시험 홈페이지(http://cpa.fss.or.kr) 에서
   확인 가능(평균 점수 및 석차는 안내하지 아니함)
나. 장애인 등이 편의를 제공받고자 하는 경우 응시원서 접수기간 중 신청하는 경우에 한하
   여 심사 후 제공
   ※ 장애인등록증(복지카드) 사본 1부 및 진단서 1부를 첨부하여 금융감독원 공인회계사시
     험관리팀(Tel. 02-3145-7757)에 신청
다. 기타 시험시행에 관한 자세한 사항은 금융감독원 공인회계사시험관리팀(Tel. 02-3145-
   7757, 7759, 7760)에 문의하거나 금융감독원 공인회계사시험 홈페이지를 참조
라. 실무수습(Tel. 02-3149-0324, 0326) 및 합격증서(Tel. 02-3149-0216)에 관한 사항은
   한국공인회계사회에 문의

▓ 공인회계사시험 통계자료

Ⅰ. 제1차시험

1. 제1차시험 합격자 통계

(단위 : 명)

구 분	2008 (43회)	2009 (44회)	2010 (45회)	2011 (46회)	2012 (47회)	2013 (48회)	2014 (49회)	2015 (50회)	2016 (51회)	2017 (52회)	2018 (53회)	2019 (54회)	2020 (55회)	2021 (56회)	2022 (57회)
시험일자	3. 1 (토)	2. 28 (토)	2. 27 (토)	2.27 (일)	2.26 (일)	2.24 (일)	2.23 (일)	2.15 (일)	2.28 (일)	2.26 (일)	2.11 (일)	2.24 (일)	2.23 (일)	2.28 (일)	2.27 (일)
접수자	6,234	9,102	11,956	12,889	11,498	10,630	10,442	9,315	10,281	10,117	9,916	9,677	10,874	13,458	15,413
응시자수	5,734	8,431	11,103	11,910	10,498	9,601	9,461	8,388	9,246	9,073	8,778	8,512	9,054	11,654	13,123
합격자수	1,806	1,922	1,275	1,863	2,184	789	1,703	1,706	1,717	1,708	1,702	2,008	2,201	2,213	2,217
합격률(%)	31.5	22.8	11.48	15.64	20.80	8.22	18.00	20.34	18.57	18.83	19.39	23.59	24.31	18.99	16.89
커트라인 (점)	60	60	60	60	60	60	393.5점 (평균 71.5)	344.5점 (평균 62.6)	381.5점 (평균 69.4)	379.0점 (평균 68.9)	374.5점 (평균 68.1)	368.5점 (평균 67.0)	383.5점 (평균 69.7)	368.5점 (평균 67.0)	396.0점 (평균 72.0)
여성합격자(명)	398	420	308	499	563	?	423	443	477	449	470	539	662	717	752
주관부처	금융위원회	금융위원회	금융위원회	금융위원회	금융위원회	금융위원회	금융위원회	금융위원회	금융위원회	금융위원회	금융위원회	금융위원회	금융위원회	금융위원회	금융위원회

2. 제1차시험 과목별 평균점수

(단위 : 점)

구 분		회계학1)	경영학	세법개론	경제원론	상 법	전과목	최저합격점수
2022년	전체 평균	(48.1)	62.0	46.2	47.3	57.9	51.9	총득점 396.0점 (평균 72.0)
	합격자 평균	(75.1)	85.7	76.0	69.4	80.9	77.2	
2021년	전체 평균	(47.13)	51.37	44.06	41.15	60.86	48.75	총득점 368.5점 (평균 67.0)
	합격자 평균	(73.23)	71.95	71.08	58.09	88.85	72.69	
2020년	전체 평균	(50.16)	58.50	50.89	46.30	62.52	53.35	총득점 383.5점 (평균 69.7)
	합격자 평균	(74.39)	79.35	77.55	61.16	86.70	75.69	
2019년	전체 평균	(47.23)	55.63	46.93	53.40	58.83	51.93	총득점 368.5점 (평균 67.0)
	합격자 평균	(67.20)	75.07	70.80	72.95	81.85	73.00	
2018년	전체 평균	(47.84)	52.54	49.43	51.69	54.06	50.81	총득점 374.5점 (평균 68.1)
	합격자 평균	(68.66)	72.33	77.40	69.87	78.97	73.01	
2017년	전체 평균	70.81 (47.21)	56.65	46.21	56.29	54.41	51.70	총득점 379.0점 (평균 68.9)
	합격자 평균	103.49 (69.00)	78.94	72.27	75.61	77.12	74.08	
2016년	전체 평균	68.53 (45.69)	54.46	45.45	51.63	59.99	50.92	총득점 381.5점 (평균 69.4)
	합격자 평균	105.06 (70.04)	79.14	71.55	71.03	84.77	74.83	

1) 회계학(150점 만점)은 100점 만점으로 환산(= 원점수/1.5)

구 분		회계학[1]	경영학	세법개론	경제원론	상 법	전과목	최저합격점수
2015년	전체 평균	62.58 (41.72)	52.26	45.94	51.73	49.95	47.72	총득점 344.5점 (평균 62.6)
	합격자 평균	91.68 (61.12)	70.20	68.18	73.43	72.98	68.45	
2014년	전체 평균	71.51(47.67)	57.36	47.32	59.62	58.26	53.47	총득점 393.5점 (평균 71.55)
	합격자 평균	105.87(70.58)	82.58	75.78	77.30	82.12	77.03	
2013년	전체 평균	62.68 (41.79)	40.01	42.15	42.44	47.13	42.62	총득점 330점 (평균 60.00)
	합격자 평균	95.85(63.90)	56.35	67.60	63.32	68.56	63.90	
2012년	전체 평균	67.70 (45.13)	52.12	40.11	52.53	50.30	47.77	총득점 330점 (평균 60.00)
	합격자 평균	93.89(61.93)	70.46	54.73	70.34	70.24	65.21	
2011년	전체 평균	58.24(38.82)	49.21	43.44	47.69	57.08	46.68	총득점 330점 (평균 60.00)
	합격자 평균	82.21(54.81)	63.83	63.49	67.45	78.60	64.65	
2010년	전체 평균	66.04(44.03)	42.43	45.66	47.03	52.08	46.04	총득점 330점 (평균 60.00)
	합격자 평균	92.23(61.49)	57.61	66.77	65.10	71.95	64.30	
2009년	전체 평균	74.05(49.37)	51.65	44.33	47.53	52.58	49.12	총득점 330점 (평균 60.00)
	합격자 평균	99.82(66.55)	63.32	62.22	63.43	72.62	65.71	

※ 2007년부터 회계학 배점은 150점이며, ( )는 100점 만점으로 환산한 점수임.

3. 제1차시험 응시자 전체 과목별 점수 분포 현황

가. 2022년도 제57회

(단위 : 명, %, 점)

과목명	경영학	경제원론	상법	세법개론	회계학[1]	전과목 평균
90점 이상	847	32	341	84	45	11
80점 이상	3,256	375	2,043	870	679	495
70점 이상	5,438	1,512	4,656	2,563	2,286	2,711
60점 이상	7,300	3,553	6,860	4,257	4,307	4,929
50점 이상	9,337	6,050	8,582	5,799	6,252	6,778
40점 이상	11,427	8,602	10,517	7,333	8,118	8,806
30점 이상	12,725	11,100	12,072	9,534	10,460	11,701
20점 이상	13,074	12,803	12,921	12,255	12,629	13,085
10점 이상	13,108	13,103	13,102	13,089	13,108	13,116
0점 이상	13,123	13,123	13,123	13,123	13,123	13,123
과락(명)	1,696	4,521	2,606	5,790	5,005	6,843[2]
과락률(%)	12.9	34.5	19.9	44.1	38.1	52.1[2]

주 : 1) 회계학(150점 만점)은 100점 만점으로 환산 (= 원점수/1.5)
    2) 1과목 이상 과락자

나. 2021년도 제56회

(단위 : 명, %, 점)

과목명	경영학	경제원론	상법	세법개론	회계학[1]	전과목 평균
90점 이상	21	3	1,588	43	82	3
80점 이상	432	37	3,915	421	520	159
70점 이상	2,050	293	5,438	1,567	1,792	1,484
60점 이상	4,251	1,276	6,523	3,187	3,431	3,707
50점 이상	6,311	3,532	7,498	4,684	5,065	5,449
40점 이상	8,571	6,350	8,579	6,231	6,950	7,132
30점 이상	10,675	9,183	10,009	8,422	9,445	9,761
20점 이상	11,561	11,287	11,329	10,860	11,336	11,609
10점 이상	11,643	11,636	11,632	11,627	11,639	11,645
0점 이상	11,654	11,654	11,654	11,654	11,654	11,654
과락(명)	3,083	5,304	3,075	5,423	4,704	6,863[2]
과락률(%)	26.5	45.5	26.4	46.5	40.4	58.9[2]

주 : 1) 회계학(150점 만점)은 100점 만점으로 환산(= 원점수/1.5)
2) 1과목 이상 과락자

다. 2020년도 제55회

(단위 : 명, %, 점)

과목명	경영학	경제원론	상법	세법개론	회계학[1]	전과목 평균
90점 이상	174	-	1,042	193	73	3
80점 이상	1,436	37	2,862	1,063	573	348
70점 이상	3,243	394	4,256	2,330	1,884	2,131
60점 이상	4,649	1,995	5,307	3,507	3,275	3,729
50점 이상	5,963	4,327	6,285	4,636	4,558	5,036
40점 이상	7,431	6,174	7,266	5,850	5,906	6,328
30점 이상	8,601	7,743	8,227	7,370	7,599	8,142
20점 이상	9,002	8,807	8,926	8,706	8,882	9,037
10점 이상	9,045	9,042	9,042	9,039	9,046	9,052
0점 이상	9,054	9,054	9,054	9,054	9,054	9,054
과락(명)	1,623	2,880	1,788	3,204	3,148	4,257[2]
과락률(%)	17.9	31.8	19.7	35.4	34.8	47.0[2]

주 : 1) 회계학(150점 만점)은 100점 만점으로 환산(= 원점수/1.5)
2) 1과목 이상 과락자

라. 2019년도 제54회

(단위 : 명, %, 점)

과목명	경영학	경제원론	상법	세법개론	회계학[1]	전과목 평균
90점 이상	29	41	361	37	6	1
80점 이상	665	559	1,802	353	102	136
70점 이상	2,319	1,953	3,401	1,352	785	1,458
60점 이상	4,005	3,647	4,546	2,658	2,318	3,219
50점 이상	5,482	5,146	5,536	3,971	3,908	4,625
40점 이상	6,818	6,431	6,614	5,119	5,533	5,925
30점 이상	7,923	7,628	7,751	6,659	7,232	7,626
20점 이상	8,422	8,378	8,409	8,097	8,332	8,492
10점 이상	8,508	8,503	8,503	8,496	8,507	8,510
0점 이상	8,512	8,512	8,512	8,512	8,512	8,512
과락(명)	1,694	2,081	1,898	3,393	2,979	4,037[2]
과락률(%)	19.9	24.4	22.3	39.9	35.0	47.4[2]

주 : 1) 회계학(150점 만점)은 100점 만점으로 환산(= 원점수/1.5)
　　 2) 1과목 이상 과락자

마. 2018년도 제53회

(단위 : 명, %, 점)

과목명	경영학	경제원론	상법	세법개론	회계학[1]	전과목 평균
90점 이상	6	15	152	82	6	1
80점 이상	325	228	1,164	869	131	73
70점 이상	1,735	1,392	2,763	2,197	875	1,313
60점 이상	3,594	3,374	4,094	3,430	2,518	3,236
50점 이상	5,175	5,193	5,189	4,411	4,193	4,597
40점 이상	6,634	6,623	6,230	5,395	5,812	5,933
30점 이상	7,954	7,865	7,400	6,724	7,559	7,568
20점 이상	8,666	8,609	8,453	8,278	8,637	8,740
10점 이상	8,768	8,767	8,753	8,748	8,770	8,773
0점 이상	8,778	8,778	8,778	8,778	8,778	8,778
과락자	2,144	2,155	2,548	3,383	2,966	4,123[2]
과락률	24.4	24.6	29.0	38.5	33.8	47.0[2]

주 : 1) 회계학(150점 만점)은 100점 만점으로 환산(= 원점수/1.5)
　　 2) 1과목 이상 과락자

바. 2017년도 제52회

(단위 : 명, %, 점)

과목명	경영학	경제원론	상법	세법개론	회계학[1]	전과목 평균
90점 이상	107	69	73	33	7	5
80점 이상	1,182	711	908	398	145	158
70점 이상	2,985	2,423	2,717	1,413	968	1,478
60점 이상	4,518	4,386	4,347	2,786	2,547	3,418
50점 이상	5,802	6,025	5,579	4,026	4,225	4,859
40점 이상	7,063	7,405	6,681	5,325	5,827	6,288
30점 이상	8,287	8,521	7,835	6,969	7,603	8,031
20점 이상	8,972	9,012	8,765	8,577	8,850	9,044
10점 이상	9,069	9,066	9,053	9,045	9,062	9,071
0점 이상	9,073	9,073	9,073	9,073	9,073	9,073
과 락(명)	2,010	1,668	2,392	3,748	3,246	4,388[2]
과락율(%)	22.2	18.4	26.4	41.3	35.8	48.4
평균점수(점)	56.7	56.3	54.4	46.2	47.2	51.7
최근 4년간 평균점수 '16년	54.5	51.6	60.0	45.5	45.7	50.9
'15년	52.3	51.7	50.0	45.9	41.7	47.7
'14년	57.4	59.6	58.3	47.3	47.7	53.5
'13년	40.0	42.4	47.1	42.2	41.8	42.6

주 : 1) 회계학(150점 만점)은 100점 만점으로 환산(= 원점수/1.5)
　　 2) 1과목 이상 과락자

사. 2016년도 제51회

(단위 : 명, %, 점)

과목명	경영학	경제원론	상법	세법개론	회계학[1]	전과목 평균
90점 이상	131	14	568	43	14	3
80점 이상	1,154	335	2,438	413	210	252
70점 이상	2,753	1,591	4,047	1,276	1,018	1,701
60점 이상	4,168	3,595	5,175	2,504	2,336	3,448
50점 이상	5,375	5,287	6,126	3,852	3,866	4,840
40점 이상	6,737	6,798	7,144	5,240	5,440	6,176
30점 이상	8,224	8,313	8,231	7,149	7,408	8,076
20점 이상	9,105	9,090	9,054	8,859	8,970	9,216
10점 이상	9,245	9,240	9,236	9,234	9,241	9,246
0점 이상	9,246	9,246	9,246	9,246	9,246	9,246
과 락(명)	2,509	2,448	2,102	4,006	3,806	4,846[2]
과락율(%)	27.14	26.48	22.73	43.33	41.16	52.41[2]
평균점수(점)	54.46	51.63	59.99	45.45	45.69	50.92
최근 4년간 평균점수 '15년	52.26	51.73	49.95	45.94	41.72	47.72
'14년	57.36	59.62	58.26	47.32	47.67	53.47
'13년	40.01	42.44	47.12	42.15	41.79	42.62
'12년	52.12	52.53	50.30	40.11	45.13	47.77

주 : 1) 회계학(150점 만점)은 100점 만점으로 환산(= 원점수/1.5)
　　 2) 1과목 이상 과락자

4. 제1차시험 연령 · 학력 · 계열(전공)별 합격자 현황

4-1 2022년도 제57회

가. 합격자 연령 분포 및 성비

(단위 : 명, %)

연령[1]	남 성		여 성		합 계	
	인 원	구성비	인 원	구성비	인 원	구성비
20세 이상 25세 미만	422	28.8%	450	59.9%	872	39.3%
25세 이상 30세 미만	850	58.0%	270	35.9%	1,120	50.5%
30세 이상 35세 미만	161	11.0%	30	4.0%	191	8.6%
35세 이상 40세 미만	29	2.0%	1	0.1%	30	1.4%
40세 이상	3	0.2%	1	0.1%	4	0.2%
합 계[2]	1,465(66.1)	100.0%	752(33.9)	100.0%	2,217(100.0%)	100.0%

주 : 1) 연령은 2022.2말 기준 만 나이
   2) ( ) 안은 남성과 여성의 구성비

나. 합격자 학력 현황

(단위 : 명, %)

구 분[1]	남 성		여 성		합 계	
	인 원	구성비	인 원	구성비	인 원	구성비
대학 졸업 이상	488	33.3	294	39.1	782	35.3
대학 재학	952	65.0	447	59.4	1,399	63.1
기 타	25	1.7	11	1.5	36	1.6
합 계	1,465	100.0	752	100.0	2,217	100.0

주 : 1) 학력은 응시자가 응시원서에 기재한 내용 기준

다. 합격자 전공 현황

(단위 : 명, %)

구 분[1]	남 성		여 성		합 계	
	인 원	구성비	인 원	구성비	인 원	구성비
경상계열	1,109	75.7	539	71.7	1,648	74.3
비경상계열	340	23.2	206	27.4	546	24.6
계열 미입력	16	1.1	7	0.9	23	1.1
합 계	1,465	100.0	752	100.0	2,217	100.0

주 : 1) 전공은 응시자가 응시원서에 기재한 내용 기준

4-2 2021년도 제56회

가. 합격자 연령 분포 및 성비

(단위 : 명, %)

연령[1]	남 성		여 성		합 계	
	인 원	구성비	인 원	구성비	인 원	구성비
19세 이상 25세 미만	424	28.3	396	55.2	820	37.1
25세 이상 30세 미만	877	58.7	287	40.1	1,164	52.5
30세 이상 35세 미만	163	10.9	31	4.3	194	8.8
35세 이상 40세 미만	26	1.7	2	0.3	28	1.3
40세 이상	6	0.4	1	0.1	7	0.3
합 계[2]	1,496(67.6)	100.0	717(32.4)	100.0	2,213(100.0)	100.0

주 : 1) 연령은 2021.1말 기준 만 나이
　　 2) ( ) 안은 남성과 여성의 구성비

나. 합격자 학력 현황

(단위 : 명, %)

구 분[1]	남 성		여 성		합 계	
	인 원	구성비	인 원	구성비	인 원	구성비
대학 졸업 이상	358	23.9	193	26.9	551	24.9
대학 재학	1,016	67.9	433	60.4	1,449	65.5
기　타	122	8.2	91	12.7	213	9.6
합　계	1,496	100.0	717	100.0	2,213	100.0

주 : 1) 학력은 응시자가 응시원서에 기재한 내용 기준

다. 합격자 전공 현황

(단위 : 명, %)

구 분[1]	남 성		여 성		합 계	
	인 원	구성비	인 원	구성비	인 원	구성비
경상계열	1,179	78.8	523	72.9	1,702	76.9
비경상계열	312	20.9	185	25.8	497	22.5
계열 미입력	5	0.3	9	1.3	14	0.6
합　계	1,496	100.0	717	100.0	2,213	100.0

주 : 1) 전공은 응시자가 응시원서에 기재한 내용 기준

4-3 2020년도 제55회

가. 합격자 연령 분포 및 성비

(단위 : 명, %)

연령[1]	남 성		여 성		합 계	
	인 원	구성비	인 원	구성비	인 원	구성비
20세 이상 25세 미만	380	24.7	349	52.7	729	33.1
25세 이상 30세 미만	946	61.5	278	42.1	1,224	55.6
30세 이상 35세 미만	173	11.2	33	5.0	206	9.4
35세 이상 40세 미만	34	2.2	1	0.1	35	1.6
40세 이상	6	0.4	1	0.1	7	0.3
합 계[2]	1,539(69.9)	100.0	662(30.1)	100.0	2,201(100.0)	100.0

주 : 1) 연령은 2020.2말 기준 만나이
　　2) (　　) 안은 남성과 여성의 구성비

나. 합격자 학력 현황

(단위 : 명, %)

구 분[1]	남 성		여 성		합 계	
	인 원	구성비	인 원	구성비	인 원	구성비
대학 졸업 이상	369	24.0	180	27.2	549	25.0
대학 재학	1,024	66.5	396	59.8	1,420	64.5
기 타	146	9.5	86	13.0	232	10.5
합 계	1,539	100.0	662	100.0	2,201	100.0

주 : 1) 학력은 응시자가 응시원서에 기재한 내용 기준

다. 합격자 전공 현황

(단위 : 명, %)

구 분[1]	남 성		여 성		합 계	
	인 원	구성비	인 원	구성비	인 원	구성비
경상계열	1,217	79.1	496	74.9	1,713	77.8
비경상계열	312	20.3	160	24.2	472	21.5
계열 미입력	10	0.6	6	0.9	16	0.7
합 계	1,539	100.0	662	100.0	2,201	100.0

주 : 1) 전공은 응시자가 응시원서에 기재한 내용 기준

4-4 2019년도 제54회

가. 합격자 연령 분포 및 성비

(단위 : 명, %)

연령[1]	남 성		여 성		합 계	
	인 원	구성비	인 원	구성비	인 원	구성비
20세 이상 25세 미만	331	22.5	265	49.1	596	29.7
25세 이상 30세 미만	985	67.1	256	47.5	1,241	61.8
30세 이상 35세 미만	134	9.1	16	3.0	150	7.5
35세 이상 40세 미만	17	1.2	2	0.4	19	0.9
40세 이상	2	0.1	—	—	2	0.1
합 계[2]	1,469 (73.2)	100.0	539 (26.8)	100.0	2,008 (100.0)	100.0

주 : 1) 연령은 2019.2말 기준 만나이
　　 2) (　　) 안은 남성과 여성의 구성비

나. 합격자 학력 현황

(단위 : 명, %)

구 분[1]	남 성		여 성		합 계	
	인 원	구성비	인 원	구성비	인 원	구성비
대학 졸업 이상	309	21.0	164	30.4	473	23.5
대학 재학	1,058	72.0	309	57.3	1,367	68.1
기 타	102	7.0	66	12.3	168	8.4
합 계	1,469	100.0	539	100.0	2,008	100.0

주 : 1) 학력은 응시자가 응시원서에 기재한 내용 기준

다. 합격자 전공 현황

(단위 : 명, %)

구 분[1]	남 성		여 성		합 계	
	인 원	구성비	인 원	구성비	인 원	구성비
경상계열	1,185	80.7	411	76.3	1,596	79.5
비경상계열	277	18.8	124	23.0	401	20.0
계열 미입력	7	0.5	4	0.7	11	0.5
합 계	1,469	100.0	539	100.0	2,008	100.0

주 : 1) 전공은 응시자가 응시원서에 기재한 내용 기준

4-5 2018년도 제53회

가. 합격자 연령 분포 및 성비

(단위 : 명, %)

연령[1]	남 성		여 성		합 계	
	인 원	구성비	인 원	구성비	인 원	구성비
20세 이상 25세 미만	343	27.8	264	56.2	607	35.7
25세 이상 30세 미만	772	62.7	194	41.3	966	56.7
30세 이상 35세 미만	109	8.8	10	2.1	119	7.0
35세 이상 40세 미만	7	0.6	2	0.4	9	0.5
40세 이상	1	0.1	-	-	1	0.1
합 계[2]	1,232 (72.4)	100.0	470 (27.6)	100.0	1,702 (100.0)	100.0

주 : 1) 연령은 2018.2말 기준 만나이
    2) ( ) 안은 남성과 여성의 구성비

나. 합격자 학력 현황

(단위 : 명, %)

구 분[1]	남 성		여 성		합 계	
	인 원	구성비	인 원	구성비	인 원	구성비
대학 졸업 이상	211	17.1	122	26.0	333	19.6
대학 재학	946	76.8	297	63.2	1,243	73.0
기 타	75	6.1	51	10.8	126	7.4
합 계	1,232	100.0	470	100.0	1,702	100.0

주 : 1) 학력은 응시자가 응시원서에 기재한 내용 기준

다. 합격자 전공 현황

(단위 : 명, %)

구 분[1]	남 성		여 성		합 계	
	인 원	구성비	인 원	구성비	인 원	구성비
경상계열	991	80.4	356	75.8	1,347	79.1
비경상계열	236	19.2	112	23.8	348	20.5
계열 미입력	5	0.4	2	0.4	7	0.4
합 계	1,232	100.0	470	100.0	1,702	100.0

주 : 1) 전공은 응시자가 응시원서에 기재한 내용 기준

4-6 2017년도 제52회

가. 합격자 연령[1] 분포 및 성비

(단위 : 명, %)

구 분	남 성		여 성		합 계	
	인 원	구성비	인 원	구성비	인 원	구성비
20세 이상 25세 미만	434	34.5	286	63.6	720	42.1
25세 이상 30세 미만	700	55.6	152	33.8	852	49.9
30세 이상 35세 미만	110	8.8	11	2.4	121	7.1
35세 이상 40세 미만	8	0.6	1	0.2	9	0.5
40세 이상 45세 미만	5	0.4	-	-	5	0.3
45세 이상	1	0.1	-	-	1	0.1
합 계[2]	1,258 (73.7)	100.0	450 (26.3)	100.0	1,708 (100.0)	100.0

주 : 1) 연령은 시험일('17. 2. 26) 현재 만나이
　　2) (　　) 안은 남성과 여성의 구성비

나. 합격자 학력 현황

(단위 : 명, %)

구 분	남 성		여 성		합 계	
	인 원	구성비	인 원	구성비	인 원	구성비
대학 졸업 이상	276	21.9	128	28.4	404	23.7
대학 재학	968	77.0	319	70.9	1,287	75.3
기타	14	1.1	3	0.7	17	1.0
합 계	1,258	100.0	450	100.0	1,708	100.0

주 : 학력은 응시지가 응시원서에 기재한 내용 기준

다. 합격자 계열(전공)현황

(단위 : 명, %)

구 분	남 성		여 성		합 계	
	인 원	구성비	인 원	구성비	인 원	구성비
경상계열	1,010	80.3	347	77.1	1,357	79.5
비경상계열	245	19.5	102	22.7	347	20.3
계열 미입력	3	0.2	1	0.2	4	0.2
총 계	1,258	100.0	450	100.0	1,708	100.0

주 : 전공은 응시자가 응시원시에 기재한 내용 기준

4-7 2016년도 제51회

가. 합격자 연령 현황[1]

(단위 : 명, %)

구 분	남 성		여 성		합 계	
	인 원	비 율	인 원	비 율	인 원	비 율
20세 미만	1	0.1	0	0.0	1	0.1
20세 이상 25세 미만	435	35.1	321	67.3	756	44.0
25세 이상 30세 미만	683	55.1	140	29.4	823	47.9
30세 이상 35세 미만	105	8.4	14	2.9	119	6.9
35세 이상 40세 미만	11	0.9	2	0.4	13	0.8
40세 이상	5	0.4	0	0.0	5	0.3
합 계[2]	1,240	100.0 (72.2)	477	100.0 (27.8)	1,717	100.0 (100.0)

주 : 1) 본 자료는 응시원서에 기재된 내용 기준이며, 연령은 '16.2.28. 현재 만 나이
　　2) (　) 안은 남성과 여성 비율

나. 합격자 학력 현황

(단위 : 명, %)

구 분[1]	남 성		여 성		합 계	
	인 원	비 율	인 원	비 율	인 원	비 율
대학원 재학 이상	5	0.4	2	0.4	7	0.4
대학 졸업	297	24.0	112	23.5	409	23.8
대학 재학	933	75.2	362	75.9	1,295	75.4
학점은행제[2]	5	0.4	1	0.2	6	0.4
합 계	1,240	100.0	477	100.0	1,717	100.0

주 : 1) 본 자료는 응시원서에 기재된 내용 기준
　　2) 「학점인정 등에 관한 법률」에 의거하여 학교에서 뿐만 아니라 학교 밖에서 이루어지는 다양한 형태
　　　(학원, 평생교육시설 등)의 학습을 국가평생교육진흥원이 학점으로 인정

다. 합격자 계열(전공)현황

(단위 : 명, %)

구 분[1]	남 성		여 성		합 계	
	인 원	비 율	인 원	비 율	인 원	비 율
경상계열[2]	990	79.8	350	73.4	1,340	78.0
비경상계열	244	19.7	125	26.2	369	21.5
계열 미입력[3]	6	0.5	2	0.4	8	0.5
총 계	1,240	100.0	477	100.0	1,717	100.0

주 : 1) 본 자료는 응시원서에 기재된 내용 기준
　　2) 회계학과, 경영학과 및 경제학과 등 공인회계사시험 과목과 관련이 있는 학과
　　3) 응시자가 응시원서 접수시 계열을 입력하지 않음

Ⅱ. 제2차시험

1. 연도별 제2차시험 합격자 통계

(단위 : 명)

구 분	2009 (44회)	2010년 (45회)	2011년 (46회)	2012년 (47회)	2013년 (48회)	2014년 (49회)	2015년 (50회)	2016년 (51회)	2017년 (52회)	2018년 (53회)	2019년 (54회)	2020년 (55회)	2021년 (56회)	2022년 (57회)
시험일자	6.27(토)~6.28(일)	6.26(토)~6.27(일)	6.25(토)~6.26(일)	6.30(토)~7.1(일)	6.29(토)~6.30(일)	6.28(토)~6.29(일)	6.27(토)~6.28(일)	6.25(토)~6.26(일)	6.24(토)~6.25(일)	6.30(토)~7.1(일)	6.29(토)~6.30(일)	6.27(토)~6.28(일)	6.26(토)~6.27(일)	6.25(토)~6.26(일)
기안가	3,256	2,835	2,865	3,520	2,510	2,302	2,886	2,875	2,961	2,817	3,067	3,529	3,708	3,828
응시자수	3,173	2,736	2,798	3,451	2,398	2,273	2,837	2,779	2,898	2,750	3,006	3,453	3,595	3,719
합격자수	936	956	961	998	904	886	917	909	915	904	1,009	1,110	1,172	1,237
합격률(%)	29.5	34.9	34.3	28.92	37.7	38.98	32.32	32.7	31.6	32.9	33.6	32.1	32.6	33.3
커트라인(점)	60.0	60.0	60.0	60.0	60.0	60.0	60.0	60.0	60.0	60.0	60.0	60.0	60.0	60.0
여성합격자(명)	194	238	243	297	249	216	234	255	266	248	308	318	359	435
시험장소	한양대	홍익대	홍익대	홍익대	홍익대	홍익대	한양대	한양대	한양대	한양대	한양대	중앙대·한양대	시험장 9곳	시험장 7곳
주관부처	금융위원회	금융위원회	금융위원회	금융위원회	금융위원회	금융위원회	금융위원회	금융위원회	금융위원회	금융위원회	금융위원회	금융위원회	금융위원회	금융위원회

※ 2007년도 이후 제2차시험 응시자는 1과목 이상 응시자임(2007년도부터 일부과목 응시가 가능)

2. 연도별 제2차시험 과목별 평균점수

(단위 : 점)

구 분		세법	재무관리	회계감사	원가회계	재무회계[1]	비고 (합격자 커트라인)
2022년	전체 평균	61.67	60.22	60.21	62.28	61.84	전과목 모두 6할 이상 득점
	합격자 평균[2]	70.75	72.97	70.88	74.78	72.78	
2021년	전체 평균	62.57	59.59	61.14	60.88	64.18	〃
	합격자 평균[2]	75.40	72.30	71.79	72.23	76.23	
2020년	전체 평균	62.15	60.28	60.04	58.81	59.82	〃
	합격자 평균[2]	74.36	72.18	72.75	72.73	73.52	
2019년	전체 평균*	62.81	61.55	60.85	57.85	60.96	〃
	합격자 평균[2]	72.97	72.92	68.87	68.40	71.46	
2018년	전체 평균	60.38	56.68	61.51	59.68	57.88	〃
	합격자 평균[2]	72.81	69.95	71.11	70.84	70.18	

구 분		세법	재무관리	회계감사	원가회계	재무회계[1]	비고 (합격자 커트라인)
2017년	전체 평균	57.78	59.93	58.63	60.25	56.76	"
	합격자 평균[2]	69.83	69.77	68.97	69.92	69.01	
2016년	전체 평균	62.44	58.04	60.67	59.52	63.62	"
	합격자 평균	73.26	68.20	68.23	71.67	71.08	
2015년	전체 평균	57.12	53.90	59.73	60.76	53.52	"
	합격자 평균	71.50	68.67	73.29	71.10	66.41	
2014년	전체 평균	68.43	65.85	60.67	63.58	61.03	"
	합격자 평균	77.42	71.23	67.38	72.30	71.11	
2013년	전체 평균	56.53	59.12	58.49	58.63	63.20	"
	합격자 평균	67.43	73.32	65.84	72.18	73.38	
2012년	전체 평균	52.72	57.61	58.45	58.43	56.72	"
	합격자 평균	66.35	71.78	67.72	70.95	70.90	
2011년	전체 평균	62.17	59.42	61.09	61.73	58.03	"
	합격자 평균	72.31	69.62	68.58	72.26	69.67	
2010년	전체 평균	58.28	57.12	60.98	58.65	60.62	"
	합격자 평균	69.34	70.84	67.21	70.61	71.58	
2009년	전체 평균	56.33	57.92	57.29	58.45	59.05	"
	합격자 평균	71.67	73.00	67.27	70.24	71.60	
2008년	전체 평균	58.77	58.62	58.32	58.29	58.76	"
	합격자 평균	75.07	78.03	68.18	69.13	73.11	
2007년	전체 평균	58.51	60.89	58.49	59.15	58.46	"
	합격자 평균	73.01	72.36	69.32	68.91	73.04	
2006년	전체 평균	48.11	50.38	50.82	51.64	48.46	52.00
	합격자 평균	56.64	59.28	56.77	58.89	57.06	
2005년	전체 평균	47.62	57.74	50.45	55.47	53.40	57.5
	합격자 평균	57.32	70.59	56.67	63.34	62.39	
2004년	전체 평균	41.63	50.31	54.35	53.86	51.08	58.88
	합격자 평균	58.11	67.60	64.93	65.85	61.87	

*1) 재무회계 과목점수(150점 배점)를 100점으로 환산한 수치임.
*2) 당해 시험응시한 최종합격자의 과목별 평균임.

3. 연도별 제2차시험 합격자 성별 구성비

(단위 : 명, %)

구분	응시자			합격자		
	남	여	계	남	여	계
2022년도	2,462 (66.2)	1,257 (33.8)	3.719 (100.0)	802 (64.8)	435 (35.2)	1,237 (100.0)
2021년도	2,472 (68.8)	1,123 (31.2)	3,595 (100.0)	813 (69.4)	359 (30.6)	1,172 (100.0)
2020년도	2,447 (70.9)	1,006 (29.1)	3,453 (100.0)	792 (71.4)	318 (28.6)	1,110 (100.0)
2019년도	2,174 (72.3)	832 (27.7)	3,006 (100.0)	701 (69.5)	308 (30.5)	1,009 (100.0)
2018년도	2,010 (73.1)	740 (26.9)	2,750 (100.0)	656 (72.6)	248 (27.4)	904 (100.0)
2017년도	2,102 (72.5)	796 (27.5)	2,898 (100.0)	649 (70.9)	266 (29.1)	915 (100.0)
2016년도	2,015 (72.5)	764 (27.5)	2,779 (100.0)	654 (71.9)	255 (28.1)	909 (100.0)
2015년도	2,113 (74.5)	724 (25.5)	2,837 (100.0)	683 (74.5)	234 (25.5)	917 (100.0)
2014년도	1,728 (76.0)	545 (24.0)	2,273 (100.0)	670 (75.6)	216 (24.4)	886 (100.0)
2013년도	1,789 (74.6)	609 (25.4)	2,398 (100.0)	655 (72.5)	249 (27.5)	904 (100.0)
2012년도	2,545 (73.7)	906 (26.3)	3,451 (100.0)	701 (70.2)	297 (29.8)	998 (100.0)
2011년도	2,068 (73.9)	730 (26.1)	2,798 (100.0)	718 (74.7)	243 (25.3)	961 (100.0)
2010년도	2,092 (76.5)	644 (23.5)	2,736 (100.0)	715 (75.0)	238 (25.0)	953 (100.0)
2009년도	2,466 (77.7)	707 (22.3)	3,173 (100.0)	742 (79.3)	194 (20.7)	936 (100.0)
2008년도	2,364 (77.4)	689 (22.6)	3,053 (100.0)	796 (76.5)	244 (23.5)	1,040 (100.0)
2007년도	2,123 (78.5)	583 (21.5)	2,706 (100.0)	646 (77.8)	184 (22.2)	830 (100.0)

* (   ) 안은 구성비

4. 공인회계사 제2차 시험결과

4-1 2022년도 제57회

가. 최종 합격자 : 1,237명(전년대비 65명 증가)

  ○ '22.6.25.(토)~6.26.(일) 실시한 제2차시험에 응시한 3,719명 중에서 전 과목 모두 6할 이상을 득점한 1,273명을 최종 합격자*로 결정

   * 제1차시험에 합격하고 그 다음 해 제2차시험까지 5과목 전부를 합격한 자

합격자 추이

(단위 : 명, %, %p)

구 분	2018년	2019년 (A)	2020년 (B)	2021년	2022년	전년대비 (B-A)
응시인원(a)	2,750	3,006	3,453	3,595	3,719	+124
합격인원(b)	904	1,009	1,110	1,172	1,237	+65
합격률(b/a)	32.9	33.6	32.1	32.6	33.3	0.7%P ↑

나. 최종 합격자의 응시자 구분, 연령 등 주요 통계적 특성은 다음과 같음

  ○ **(응시자 구분별)** 유예생('21년 제1차시험 합격자)이 **1,052명**으로, **85.0%**(전년대비 + 3.6%p)를 차지하고, 합격률은 70.4%를 기록

  ○ **(평균 연령)** 만 **27.0세**로 전년대비 0.1세 하락하였고 연령대별로는 **20대 후반(64.5%)**, 20대 전반(22.9%), 30대 전반(11.2%) 순서

  ○ **(성별 구성비)** 여성 합격자*가 **35.2%**로 전년대비 4.6%p 상승

   * ('18) 27.4% → ('19) 30.5% → ('20) 28.6% → ('21) 30.6% → ('22) 35.2%

  ○ **(전공별 구성비)** 상경계열 전공자가 **72.8%**로 전년대비 3.7%p 하락

응시자 구분별 합격인원 및 합격률

(단위 : 명, %)

구 분	응시자	합격자	비중	합격률
동차생(2022년도 1차시험 합격자)	1,835	127	10.3	6.9
유예생(2021년도 1차시험 합격자)	1,495	1,052	85.0	70.4
중복생(2021·22년도 1차시험 합격자)	354	57	4.6	16.1
면제자(업무경력으로 1차시험 면제받은 자)	35	1	0.1	2.9
합 계	3,719	1,237	100.0	33.3

다. 부분 합격자 : 1,758명(전년대비 108명 증가)

○ 올해 **제1차시험**에 **합격**하고 **제2차시험**에서 **과목별 배점의 6할 이상 득점**한 자(최종 합격자는 제외)를 해당 과목의 **부분합격자**로 결정하고 **내년 제2차시험**에서 그 과목의 시험을 **면제**

부분합격 과목수별 인원*

(단위 : 명, %)

구 분	1과목	2과목	3과목	4과목	합계
합 격 자	386	463	533	376	1,758
구 성 비	22.0	26.3	30.3	21.4	100.0

* 과목별로는 재무회계 1,117명, 세법 1,115명, 원가회계 1,084명, 재무관리 874명, 회계감사 225명 순

라. 응시자 평균점수 : 61.6점(전년대비 0.1점 하락)

○ **과목별**로는 원가회계(**62.3점**)가 가장 높고, 재무관리(**60.2점**)가 가장 낮음

과목별 평균 점수

(단위 : 점)

구 분	세 법	재무관리	회계감사	원가회계	재무회계*	전 체
2022년도(A)	61.7	60.2	62.2	62.3	61.8	61.6
2021년도(B)	62.6	59.6	61.1	60.9	64.2	61.7
증감(A-B)	0.9↓	0.6↑	1.1↑	1.4↑	2.3↓	0.1↓

4-2 2021년도 제56회

가. 최종 합격자 : 1,172명(전년대비 62명 증가)

○ '21.6.26.(토)~6.27.(일) 실시한 제2차시험에 응시한 3,595명 중에서 전 과목 모두 6할 이상을 득점한 1,172명을 최종 합격자*로 결정
* 제1차시험에 합격하고 그 다음 해 제2차시험까지 5과목 전부를 합격한 자

합격자 추이

(단위 : 명, %, %p)

구 분	2017년	2018년	2019년 (A)	2020년 (B)	2021년	전년대비 (B-A)
응시인원(a)	2,898	2,750	3,006	3,453	3,595	+142
합격인원(b)	915	904	1,009	1,110	1,172	+62
합격률(b/a)	31.6	32.9	33.6	32.1	32.6	+0.5

나. 최종 합격자의 응시자 구분, 연령 등 주요 통계적 특성은 다음과 같음

- **(응시자 구분별)** 유예생('20년 제1차시험 합격자)이 194명으로, 81.4%(전년대비 + 1.8%p)를 차지하고, 합격률은 68.7%를 기록

- **(평균 연령)** 만 27.1세로 전년대비 0.1세 상승하였고 연령대별로는 **20대 후반(66.6%)**, 20대 전반(20.9%), 30대 전반(11.0%) 순서

- **(성별 구성비)** 여성 합격자*가 **30.6%**로 전년대비 2.0%p 상승

  * ('16) 28.1% → ('17) 29.1% → ('18) 27.4% → ('19) 30.5% → ('20) 28.6% → ('21) 30.6%

- **(전공별 구성비)** 상경계열 전공자가 76.5%로 전년대비 2.2%p 하락

응시자 구분별 합격인원 및 합격률

(단위 : 명, %)

구 분	응시자	합격자	비중	합격률
동차생(2021년도 1차시험 합격자)	1,698	146	12.4	8.6
유예생(2020년도 1차시험 합격자)	1,388	954	81.4	68.7
중복생(2020·21년도 1차시험 합격자)	476	71	6.1	14.9
면제자(업무경력으로 1차시험 면제받은 자)	33	1	0.1	3.0
합 계	3,595	1,172	100.0	32.6

다. 부분 합격자 : 1,650명(전년대비 89명 증가)

- 올해 제1차시험에 합격하고 제2차시험에서 **과목별 배점의 6할 이상 득점한 자**(최종 합격자는 제외)를 해당 과목의 **부분합격자**로 결정하고 **내년 제2차시험**에서 그 과목의 시험을 **면제**

부분합격 과목수별 인원*

(단위 : 명, %)

구 분	1과목	2과목	3과목	4과목	합계
합 격 자	365	473	482	330	1,650
구 성 비	22.1	28.7	29.2	20.0	100.0

* 과목별로는 재무회계 1,186명, 원가회계 965명, 세법 930명, 재무관리 797명, 회계감사 199명 순

라. 응시자 평균점수: 61.7점(전년대비 1.5점 상승)

- **과목별**로는 재무회계(**64.2점**)가 가장 높고, 재무관리(**59.6점**)가 가장 낮음

과목별 평균 점수

(단위 : 점)

구 분	세 법	재무관리	회계감사	원가회계	재무회계*	전 체
2021년도(A)	62.6	59.6	61.1	60.9	64.2	61.7
2020년도(B)	62.2	60.3	60.0	58.8	59.8	60.2
증감(A-B)	+0.4	△0.7	+1.1	+2.1	+4.4	+1.5

4-3 2020년도 제55회

가. 최종 합격자: 1,110명(전년대비 101명 증가)

- '20.6.27.(토)~6.28.(일) 실시한 제2차시험에 응시한 3,453명 중에서 전 과목 모두 6할 이상을 득점한 1,110명을 최종 합격자*로 결정
  * 제1차시험에 합격하고 그 다음 해 제2차시험까지 5과목 전부를 합격한 자

합격자 추이

(단위 : 명, %, %p)

구 분	2016년	2017년	2018년	2019년 (A)	2020년 (B)	전년대비 (B-A)
응시인원(a)	2,779	2,898	2,750	3,006	3,453	447
합격인원(b)	909	915	904	1,009	1,110	101
합격률(b/a)	32.7	31.6	32.9	33.6	32.1	△1.5

나. 최종 합격자의 응시자 구분, 연령 등 주요 통계적 특성은 다음과 같음

- (**응시자 구분별**) 유예생('19년 제1차시험 합격자)이 **923명**으로, **83.2%**(전년대비 + 8.5%p)를 차지하고, 합격률은 74.5%를 기록
- (**평균 연령**) 만 **27.0세**로 전년과 동일하고, 연령대별로는 **20대 후반(71.2%)**, 20대 전반(18.2%), 30대 전반(10.0%) 순서
- (**성별 구성비**) 여성 합격자*가 **28.6%**로 전년대비 1.9%p 하락
  * ('16) 28.1% → ('17) 29.1% → ('18) 27.4% → ('19) 30.5% → ('20) 28.6%
- (**전공별 구성비**) 상경계열 전공자가 **78.7%**로 전년대비 1.6%p 상승

응시자 구분별 합격인원 및 합격률

(단위 : 명, %)

구 분	응시자	합격자	비중	합격률
동차생(2020년도 1차시험 합격자)	1,747	126	11.3	7.2
유예생(2019년도 1차시험 합격자)	1,239	923	83.2	74.5
중복생(2019 · 20년도 1차시험 합격자)	431	61	5.5	14.2
면제자(업무경력으로 1차시험 면제받은 자)	36	-	-	-
합 계	3,453	1,110	100.0	32.1

다. 부분 합격자: 1,561명(전년대비 112명 증가)

○ 올해 **제1차시험**에 **합격**하고 **제2차시험**에서 **과목별 배점의 6할 이상 득점**한 자(최종 합격자는 제외)를 해당 과목의 **부분합격자**로 결정하고 **내년 제2차시험**에서 그 과목의 시험을 **면제**

부분합격 과목수별 인원*

(단위 : 명, %)

구 분	1과목	2과목	3과목	4과목	합계
합 격 자	428	437	453	243	1,561
구 성 비	27.4	28.0	29.0	15.6	100.0

* 과목별로는 세법 971명, 재무관리 907명, 회계감사 242명, 원가회계 668명, 재무회계 845명 임

라. 응시자 평균점수: 60.2점(전년대비 0.6점 하락)

○ **과목별**로는 **세법(62.2점)**이 가장 높고, **원가회계(58.8점)**가 가장 낮았음

과목별 평균 점수

(단위 : 점)

구 분	세 법	재무관리	회계감사	원가회계	재무회계*	전 체
2020년도(A)	62.2	60.3	60.0	58.8	59.8	60.2
2019년도(B)	62.8	61.6	60.9	57.9	61.0	60.8
증감(A-B)	△0.6	△1.3	△0.9	0.9	△1.2	△0.6

* 재무회계 과목 점수(150점)를 100점으로 환산한 수치임

4-4 2019년도 제54회

가. 최종 합격자*는 '19.6.29.~6.30. 실시한 제2차시험에 응시한 3,006명 중에서 전 과목 모두 6할 이상을 득점한 1,009명(전년(904명)대비 105명 증가)으로 결정

　* 제1차시험에 합격하고 그 다음 해 제2차시험까지 5과목 전부를 합격한 자

최종 합격자 추이

(단위 : 명, %, %p)

구 분	2015년	2016년	2017년	2018년 (A)	2019년 (B)	전년대비 (B-A)
응시인원(a)	2,837	2,779	2,898	2,750	3,006	256
합격인원(b)	917	909	915	904	1,009	105
합격률(b/a)	32.3	32.7	31.6	32.9	33.6	0.7

나. 최종 합격자의 응시자 구분, 연령 등 주요 통계적 특성은 다음과 같음

　○ (응시자 구분별) 유예생('18년 제1차시험 합격자)이 754명으로, 74.7%(전년대비 △ 2.3%p)를 차지하고, 합격률은 76.9%를 기록

　○ (평균 연령) 만 27.0세로 전년대비 0.5세 상승하였고, 연령대별로는 20대 후반 (71.3%), 20대 초반(17.5%), 30대 초반(10.2%) 순서

　○ (성별 구성비) 여성 합격자*가 30.5%로 전년대비 3.1%p 상승

　　* ('15) 25.5% → ('16) 28.1% → ('17) 29.1% → ('18) 27.4% → ('19) 30.5%

　○ (전공별 구성비) 상경계열 전공자가 77.1%로 전년대비 2.0%p 하락

응시자 구분별 합격인원 및 합격률

(단위 : 명, %)

구 분	응시자	합격자	비중	합격률
동차생(2019년도 1차시험 합격자)	1,583	147	14.6	9.3
유예생(2018년도 1차시험 합격자)	980	754	74.7	76.9
중복생(2018·19년도 1차시험 합격자)	407	108	10.7	26.5
면제자(업무경력으로 1차시험 면제받은 자)	36	-	-	-
합 계	3,006	1,009	100.0	33.6

다. 부분합격자*는 올해 제1차시험에 합격하고 제2차시험에서 과목별 배점의 6할 이상 득점한 자 (최종 합격자는 제외)로서 1,449명(전년대비 292명 증가)임

　* 내년 제2차시험에서 그 과목의 시험이 면제됨

부분합격 과목수별 인원*

(단위 : 명, %)

구 분	1과목	2과목	3과목	4과목	합계
합 격 자	337	424	416	272	1,449
구 성 비	23.2	29.3	28.7	18.8	100.0

* 과목별로는 세법 898명, 재무관리 805명, 회계감사 354명, 원가회계 644명, 재무회계 820명임

라. 전체 평균점수는 60.8점(전년대비 1.6점 상승)이며, 과목별로는 세법(62.8점)이 가장 높고, 원가회계(57.9점)가 가장 낮았음

과목별 평균 점수

(단위 : 점)

구 분	세 법	재무관리	회계감사	원가회계	재무회계*	전 체
2019년도(A)	62.8	61.6	60.9	57.9	61.0	60.8
2018년도(B)	60.4	56.7	61.5	59.7	57.9	59.2
증감(A-B)	2.4	4.9	△0.6	△1.8	3.1	1.6

* 재무회계 과목 점수(150점)를 100점으로 환산한 수치임

4-5 2018년도 제53회

가. 최종 합격자: 904명(전년대비 11명 감소)

o 2018. 6. 30.(토)~7. 1.(일) 실시한 제2차시험에 응시한 2,750명 중에서 전 과목 모두 6할 이상을 득점한 904명을 최종 합격자*로 결정

* 제1차시험에 합격하고 그 다음 해 제2차시험까지 5과목 전부를 합격한 자를 최종 합격자로 결정

최종 합격자 추이

(단위 : 명, %, %p)

구 분	2014년	2015년	2016년	2017년 (A)	2018년 (B)	전년대비 (B-A)
응시인원(a)	2,273	2,837	2,779	2,898	2,750	△148
합격인원(b)	886	917	909	915	904	△11
합격률(b/a)	39.0	32.3	32.7	31.6	32.9	1.3

나. 최종 합격자의 주요 통계적 특성

o (응시자 구분별) 유예생(2017년 제1차시험 합격자)이 696명으로 77.0%(전년대비 △9.8%p)를 차지하였고, 합격률은 66.5%를 기록

o (평균 연령) 만 26.5세로 전년대비 0.1세 상승하였고, 연령대별로는 20대 후반(64.9%), 20대 초반(27.0%), 30대 초반(7.3%) 순서

○ (성별 구성비) 여성 합격자*가 27.4%로 전년대비 1.7%p 하락

  * ('14) 24.4% → ('15) 25.5% → ('16) 28.1% → ('17) 29.1% → ('18) 27.4%

○ (전공별 구성비) 상경계열 전공자가 79.1%로 전년대비 0.4%p 하락

응시자 구분별 합격인원 및 합격률

(단위 : 명, %, %p)

구 분	응시자	합격자	비중	합격률
동차생(2018년도 1차시험 합격자)	1,256	124	13.7	9.9
유예생(2017년도 1차시험 합격자)	1,046	696	77.0	66.5
중복생(2017·18년도 1차시험 합격자)	418	84	9.3	20.1
면제자(업무경력으로 1차시험 면제받은 자)	30	-	-	-
합 계	2,750	904	100.0	32.9

다. 부분합격자: 1,157명(전년대비 33명 감소)

○ 올해 제1차시험에 합격하고 제2차시험에서 과목별 배점의 6할 이상 득점한 자(최종 합격자는 제외)를 해당 과목의 부분합격자로 결정하고 내년 제2차시험에서 그 과목의 시험을 면제

부분합격 과목수별 인원*

(단위 : 명, %, %p)

구 분	1과목	2과목	3과목	4과목	합계
합 격 자	318	337	322	180	1,157
구 성 비	27.5	29.1	27.8	15.6	100.0

* 과목별로는 세법(674명), 재무관리(450명), 회계감사(389명), 원가회계(697명), 재무회계(468명)

라. 평균점수: 59.2점(전년대비 0.5점 상승)

○ 회계감사(61.5점)가 가장 높고, 재무관리(56.7점)가 가장 낮음

과목별 평균 점수

(단위 : 점)

구 분	세 법	재무관리	회계감사	원가회계	재무회계*	전 체
2018년도(A)	60.4	56.7	61.5	59.7	57.9	59.2
2017년도(B)	57.8	59.9	58.6	60.3	56.8	58.7
증감(A-B)	2.6	△3.2	2.9	△0.6	1.1	0.5

* 재무회계 과목 점수(150점)를 100점으로 환산한 수치임

4-6 2017년도 제52회

가. 최종합격자 : 915명(전년대비 6명 증가)

○ '17.6.24(토)~25(일) 실시한 제2차시험에 응시한 2,898명 중에서 전 과목 모두 6할 이상을 득점한 915명을 최종 합격자로 결정

최종 합격자 연도별 추이

(단위 : 명, %, %p)

구 분	2013년	2014년	2015년	2016년(A)	2017년(B)	전년대비(B-A)
응시인원(a)	2,398	2,273	2,837	2,779	**2,898**	119
합격인원(b)	904	886	917	909	915	6
합격률(b/a)	37.7	39.0	32.3	32.7	31.6	△1.1

나. 최종 합격자 주요 특성

○ 지난해 제1차시험에 합격하고 올해 최종 합격한 응시자가 822명(89.8%)

○ 여성 합격자 비중*이 29.1%로 전년대비 1.0%p 상승하였고, 최근 10년 동안 '12년 (29.8%) 다음으로 높은 수준
* (13년) 27.5% → (14) 24.4% → (15) 25.5% → (16) 28.1% → (17) 29.1%

○ 합격자 평균 연령은 만 26.4세(시험일 기준, 전년대비 0.1세 하락)이고 연령대별로는 20대 후반(61.5%), 20대 전반(30.1%), 30대 전반(7.8%) 순서

응시자 구분별 합격인원 및 합격률

(단위 : 명, %)

구 분	응시자	합격자	합격률
동차생(2017년도 1차시험 합격자)	1,495	93	6.2
유예생(2016년도 1차시험 합격자)	1,186	794	66.9
중복생(2016·17년도 1차시험 합격자)	192	28	14.6
면제자(업무경력으로 1차시험 면제받은 자)	25	-	-
합 계	2,898	915	31.6

다. 과목별 부분합격자 : 1,190명(전년대비 89명 감소)

○ 올해 제1차시험에 합격하고 제2차시험에서 과목별 배점의 6할 이상 득점한 자(최종 합격자는 제외)를 해당 과목의 부분합격자로 결정하고 내년 제2차시험에서 그 과목의 시험을 면제

부분합격자 현황

(단위 : 명, %)

부분합격 과목 수	1과목[1]	2과목	3과목	4과목	합계
부분 합격자	365	351	283	191	1,190
비 율[2]	22.9	22.1	17.8	12.0	74.8

주 : 1) 금년도에 1과목을 부분합격한 경우 다음연도 제2차시험에서 금년도 부분합격한 과목을 제외한 나머지
       4과목에만 응시하여 6할 이상 득점한 경우 최종 합격
     2) 부분합격자 ÷ 1,591명(유예생을 제외한 제2차 시험 응시자 중 불합격자)

라. 평균점수 : 58.7점(전년대비 2.2점 하락)

　○ 재무회계(56.8점), 세법(57.8점), 회계감사(58.6점)의 평균 점수가 낮음

과목별 평균 점수

(단위 : 점)

구 분	세법	재무관리	회계감사	원가회계	재무회계*	전 체
2017년도(A)	57.8	59.9	58.6	60.3	56.8	58.7
2016년도(B)	62.4	58.0	60.7	59.5	63.6	60.9
증감(A - B)	△4.6	1.9	△2.1	0.8	△6.8	△2.2

* 재무회계 과목 점수(150점)를 100점으로 환산한 수치임

4-7 2016년도 제51회

가. 최종합격자 : 909명(전년대비 8명 감소)

○ 합격자 결정 기준 : 매 과목 배점의 6할 이상을 득점한 자를 합격자로 결정. 다만, 합격자
　 수가 최소선발예정인원(850명)에 미달하는 경우, 매 과목 배점의 4할 이상 득점자 중에서
　 전 과목 총득점 순으로 미달인원 만큼 합격자를 선발(공인회계사법 제3조 제2항)
○ 최종 합격자 추이 : 998명('12년) → 904명('13년) → 886명('14년) → 917명('15년) → 909명
　 ('16년)

(단위 : 명, %)

구 분	응시자	합격자	합격률
2016년도 1차시험 합격자(동차생)	1,266	148	11.7
2015년도 1차시험 합격자(유예생)[1]	1,064	665	62.5
2015 · 16년도 1차시험 합격자(중복생)[2]	429	96	22.4
1차시험 면제자[3]	20	-	-
합 계	2,779	909	32.7

주 : 1) 제1차시험 합격자는 다음 회의 시험에 한하여 제1차시험을 면제
     2) 2015년도와 2016년도 제1차시험에 모두 합격하여 동차생과 유예생의 자격을 동시에 갖는 자
     3) 회계업무 경력으로 제1차시험을 면제받은 자

나. 과목별 부분합격자 : 1,279명(전년대비 152명 증가)

o 2016년도 제1차시험에 합격하고 이번 제2차시험에 응시한 자 중에서 최종 합격자를 제외하고 제2차시험 과목별 배점의 6할 이상 득점한 경우, 해당 과목의 부분합격자로 결정하고 다음회 제2차시험에 한하여 그 과목의 시험을 면제

(단위 : 명, %)

부분합격 과목 수	1과목[2]	2과목	3과목	4과목	합계
부분 합격자	238	351	410	280	1,279
비율[2]	16.2	23.9	27.9	19.0	87.0

주 : 1) 금년도 1과목을 부분합격한 경우 다음연도 제2차시험에서 금년도 부분합격한 과목을 제외한 나머지 4과목에만 응시하여 6할 이상 득점한 경우 최종 합격
　　2) 부분합격자 / 올해 제1차시험에 합격하고(면제자 포함) 제2차시험에 응시한 자 중에서 최종 합격자를 제외한 인원(1,471명)

다. 평균점수 : 60.9점(전년대비 3.9점 상승)

(단위 : 점)

구 분	세법	재무관리	회계감사	원가회계	재무회계*	전 체
2016년도(A)	62.4	58.0	60.7	59.5	63.6	60.9
2015년도(B)	57.1	53.9	59.7	60.7	53.5	57.0
증감(A-B)	5.3	4.1	1.0	△1.2	10.1	3.9

* 재무회계 과목 점수(150점)를 100점으로 환산한 수치임

라. 응시과목수별 합격률

(단위 : 명, %)

구 분	전과목 응시	일부과목 응시	과 목			
			1	2	3	4
응시자	1,105	1,674	141	277	466	790
합격대상자(a)*	1,105	1,081	132	250	330	369
합격자(b)	191	718	127	218	243	130
합격률(b/a)	17.3	66.4	96.2	87.2	73.6	35.2

* 합격에 필요한 과목을 모두 응시하지 않은 응시자 제외

마. 합격자 연령 : 평균 만 26.5세(합격자 발표일 기준, 전년대비 0.7세 하락)

o 25세 합격자가 가장 많고, 연령대별로는 20대 후반(60.4%), 20대 초반(30.0%), 30대 초반(8.1%) 순서

바. 여성합격자 비중 : 28.1%(전년대비 2.6%p 상승)

　o 여성합격자 비중은 최근 10년 동안 두 번째로 높은 수준

〈 2016년도 합격자의 연령별 인원 〉　　　　〈 여성합격자 비중 추이 〉

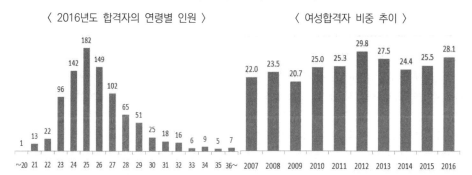

■ 공인회계사시험 합격 후 실무수습

실무수습은 한국공인회계사회 회계연수원에서의 연수와 실무수습기관에서의 실무수습으로 한다. 실무수습기관에서 실무수습을 받지 못하는 자를 위하여 회계연수원에 별도의 실무수습과 정을 설치할 수 있다.

공인회계사의 자격이 있는 자(공인회계사법 제6조제1항 각호의 1에 해당하는 자를 제외한 다)로서 공인회계사법 제2조의 규정에 의한 직무를 행하고자 하는 경우(회계법인의 사원 또는 직원이 되고자 하는 경우를 포함)에는 대통령령이 정하는 바에 의하여 실무수습기관에서 1년 이상의 실무수습을 받은 후 금융위원회에 등록하여야 한다.

그리고, 외부감사법 제3조제7항의 규정에 의하여 감사인에 소속되어 감사업무를 수행하고자 하는 자는 실무수습기관(1. 회계법인, 2. 한국공인회계사회, 3. 외감법에 의한 감사반, 4. 금융 감독원)에서 2년 이상, 그 외 실무수습기관(5. 기타)에서는 3년 이상 실무수습을 행하여야 한 다. 이 경우 실무수습기간을 산정함에 있어서는 위(1년 이상) 실무수습기간을 포함한다.

다만, 시험의 일부 면제자에 대하여는 실무수습을 면제한다.

1. 한국공인회계사회 회계연수원에서의 연수

가. 대 상

공인회계사 제2차시험 합격자

나. 연수시간 및 시기

- 1년차 연수(기본실무과정) : 공인회계사 제2차시험 합격자 발표 후 20일 이내 실시 (3~6월경[전기], 8~11월경[후기](이수시간 : 100시간 이상)
- 2년차 연수(외부감사실무과정) : 1년차 연수 후 익년 4~7월경[전기], 9~12월경[후 기](이수시간 : 100시간 이상)

2. 실무수습기관에서의 실무수습

본인 각자의 노력으로 실무수습기관을 정하여야 하며 수습공인회계사는 회계연수원의 연수시간을 제외 하고 실무수습기관의 정상근무에 상근하여야 하고, 매월 실무수습상황보고서를 작성하여 지도 공인회계사의 검인을 받아 매분기 종료 후 14일까지 한국공인회계사회회장에게 제출하여야 한다.

【실무수습기관】

1. 회계법인
2. 한국공인회계사회

3. 「주식회사 등의 외부감사에 관한 법률」 제2조 제7호 나목의 규정에 의한 감사반

4. 금융감독원(「주식회사 등의 외부감사에 관한 법률」에 의한 외부감사 관련업무, 주권상장 법인의 재무관리 사무를 담당하는 부서에 한한다.)

5. 기타 공인회계사회의 추천을 받아 금융위원회가 정하는 기관(공인회계사법시행령 제12조 제1항 제4호의 규정에 의한 기관)

(1) 정부조직법에 의한 중앙행정기관. 다만, 기업회계·정부회계·회계감사 또는 직접세 세무회계에 관한 업무 및 이와 관련한 조사업무를 주로 담당하는 부서에 한한다. 〈개 정 2004. 4. 3〉

(2) 감사원법에 의한 감사원. 다만, 회계검사·감찰·심사결정업무를 주로 담당하는 부서 에 한한다.

(3) 검찰청법에 의한 검찰청. 다만, 회계·세무관련 경제사건에 대한 수사 및 지원업무를 주로 담당하는 부서에 한한다. [신설 2004. 4. 3]

(4) 지방자치법에 의한 지방자치단체. 다만, 기업회계·회계감사 또는 지방세에 관한 업무 를 주로 담당하는 부서에 한한다.

(5) 정부가 출자한 기관(정부투자기관관리기본법에 의한 정부투자기관을 포함한다). 다만, 재무제표의 작성업무를 주로 담당하는 부서에 한한다.

(6) 주식회사의외부감사에관한법률에 의한 외부감사대상회사. 다만, 재무제표의 작성업무 를 주로 담당하는 부서에 한한다.

(7) 종합금융회사에 관한 법률에 의한 종합금융회사·보험업법에 의한 보험회사 및 여신 전문금융업법에 의한 여신전문금융회사의 경우에는 기업여신·심사 및 재무제표의 작 성업무를 주로 담당하는 부서, 증권거래법에 의한 증권회사의 경우에는 유가증권의 인 수관련 업무 및 재무제표의 작성업무를 주로 담당하는 부서에 한한다.

(8) 한국은행법에 의한 한국은행, 은행법에 의한 은행금융기관, 중소기업은행법에 의한 중 소기업은행, 한국산업은행법에 의한 한국산업은행, 장기신용은행법에 의한 장기신용 은행, 한국수출입은행법에 의한 한국수출입은행, 농업협동조합법에 의한 농업협동조 합중앙회, 수산업협동조합법에 의한 수산업협동조합중앙회, 상호신용금고법에 의한 상호신용금고. 다만, 기업여신·조사·분석·심사 및 재무제표의 작성업무를 주로 담 당하는 부서에 한한다.

(9) 신용협동조합법에 의한 신용협동조합중앙회와 새마을금고법에 의한 새마을금고연합 회. 다만, 기업여신·조사·분석·심사 및 재무제표의 작성업무를 주로 담당하는 부서 에 한한다. [신설 2004. 4. 3]

(10) 대학 또는 전문대학. 다만, 전임으로서 회계학에 대한 교수를 담당하는 경우에 한한다.

(11) 국군장교. 다만, 경리 또는 회계감사에 관한 업무를 주로 담당하는 부서에 한한다.

(12) 예금자보호법에 의한 예금보험공사. 다만, 부보은행의 재무상황 및 기업의 경영상황 분석업무 및 재무제표의 작성업무를 주로 담당하는 부서에 한한다.

(13) 증권거래법에 의한 증권거래소. 다만, 유가증권의 상장심사, 상장법인의 재무관리 및

재무제표의 작성업무를 주로 담당하는 부서에 한한다.

(14) 보험업법에 의하여 금융감독위원회가 인가한 보험료율산출기관(보험개발원). 다만, 순보험료율의 산출 및 검증, 보험에 대한 조사 · 연구 및 재무제표의 작성업무를 주로 담당하는 부서에 한한다.

(15) 신용정보의이용및보호에관한법률에 의하여 금융감독위원회가 허가한 신용평가회사. 다만, 기업 및 유가증권의 신용평가 및 재무제표의 작성업무를 주로 담당하는 부서에 한한다.

(16) 신용보증기급법에 의한 신용보증기금과 기술신용보증기금법에 의한 기술신용보증기급. 다만, 기업에 대한 보증심사 및 재무제표의 작성업무를 주로 담당하는 부서에 한한다. 〈개정 2004. 4. 3〉

(17) 증권거래법의 규정에 의해 재정경제부장관의 허가를 받은 상장회사협의회. 다만, 기업회계, 외부감사 및 재무제표의 작성업무를 주로 담당하는 부서에 한한다.

(18) 금융감독위원회의 비영리법인의설립및감독에관한규칙에 의하여 설립 허가를 받은 한국회계연구원. 다만, 회계관련연구에 관한 업무를 주로 담당하는 부서에 한한다.

(19) 증권거래법에 의한 한국증권업협회. 다만, 증권회사에 대한 조사 · 분석 · 평가, 유가증권의 등록(지정)심사, 협회등록법인 및 제3시장 지정법인의 재무관리 및 재무제표 작성에 관한 업무를 주로 담당하는 부서에 한한다. 〈개정 2004. 4. 3〉

(20) 증권거래법에 의한 증권금융회사 및 증권거래법에 의한 증권예탁원. 다만, 재무제표 작성에 관한 업무를 주로 담당하는 부서에 한한다.

(21) 선물거래법에 의한 선물거래소. 다만, 재무제표작성에 관한 업무를 주로 담당하는 부서에 한한다.

(22) 정부출연연구기관등의설립 · 운영및육성에관한법률에 의한 정부출연연구기관. 다만, 기업의 재무제표에 대한 분석 및 검증업무를 주로 담당하는 부서에 한한다.

(23) 중소기업창업지원법에 의한 창업투자회사. 다만, 위탁받은 회사의 사업분석, 심사업무 및 재무제표의 작성업무를 주로 담당하는 부서에 한한다.

(24) 여신전문금융업법에 의한 신기술사업금융회사. 다만, 기업에 대한 투자심사와 재무제표의 작성업무를 주로 담당하는 부서에 한한다.

(25) 증권투자신탁업법에 의한 투자신탁운용회사 · 증권투자회사법에 의한 자산운용회사 및 증권거래법에 의한 투자자문회사. 다만, 기업에 대한 조사 · 분석 · 평가 · 리스크관리 및 재무제표의 작성업무를 주로 담당하는 부서에 한한다.

(26) 기업분석 · 평가업무 및 기업인수합병등의 업무를 대행하는 컨설팅회사. 다만, 기업에 대한 기업분석 · 평가업무 및 기업인수합병업무를 주로 담당하는 부서에 한한다.

(27) 금융기관부실자산 등의 효율적 처리 및 한국자산관리공사의 설립에 관한 법률에 의한 한국자산관리공사 · 기업구조조정투자회사법에 의한 자산관리회사 및 산업발전법에 의한 기업구조조정전문회사. 다만, 기업에 대한 조사 · 분석 · 평가 및 재무제표의 작성업무를 주로 담당하는 부서에 한한다.

(28) 보험업법에 의한 보험협회, 화재로인한재해보상과보험가입에관한법률에 의한 한국화

재보험협회, 상호신용금고법에 의한 상호신용금고연합회, 증권투자신탁업법에 의한
투자신탁협회, 여신전문금융업법에 의한 여신전문금융업협회, 재정경제부장관및그소
속청장의주관에속하는비영리법인의설립허가및감독에관한규칙에 의해 설립허가를 받
은 코스닥등록협의회, 은행연합회 및 종합금융협회. 다만, 재무제표의 작성업무를 주
로 담당하는 부서에 한한다.

(29) 중소기업진흥및제품구매촉진에관한법률에 의한 중소기업진흥공단. 다만, 기금의 조
달·운영·관리업무 및 중소·벤처기업의 투자·융자와 관련한 조사·분석·심사업
무를 주로 담당하는 부서에 한한다. [신설 2004. 4. 3]

(30) 한국지방행정연구원육성법에 의해 설립된 한국지방행정연구원. 다만, 지방자치단체
의 복식부기 도입관련 조사·연구업무 및 재정분석·진단업무를 주로 담당하는 부서
에 한한다. [신설 2004. 4. 3]

(31) 부품·소재전문기업등의육성에관한특별조치법에 의해 설립된 한국부품·소재투자기
관협의회. 다만, 투자기관에 대한 여신·심사·분석 및 평가업무를 주로 담당하는 부
서에 한한다. [신설 2004. 4. 3]

(32) 교통안전공단법에 의해 설립된 교통안전공단. 다만, 재무제표의 작성업무를 주로 담
당하는 부서에 한한다. [신설 2004. 4. 3]

수험생 필독 ADVICE

- 공인회계사 제1차시험에 임하는 자세
- 공인회계사 제1차시험 출제경향분석 및 수험대책

수험생 필독 ADVICE

■ 공인회계사 제1차시험에 임하는 자세

1. 시험을 2~3개월 앞둔 수험생을 위한 조언

시험에 임박해서는 무엇을 하여야 할 것인지 잘 모르는 수험생들이 의외로 많다. 이러한 수험생들에게 다음의 방향을 권하고 싶다.

(1) 객관식 문제에 전념하라.

간혹 "나는 공부를 충분히 하여 1차는 문제가 없어 2차만 준비하면 된다"라고 생각하는 수험생들이 있다. 이렇게 생각하는 것은 실패의 지름길이다. 1차를 합격하지 아니하면 2차시험을 볼 수 없을 뿐만 아니라 "1차도 떨어지는데"라고 생각하여 쉽게 포기하는 결과를 초래하기 때문이다. 그리고, 문제수준도 높으므로 전문적으로 객관식을 준비하지 아니하면 반드시 실패한다. 따라서, 2~3개월을 남겨둔 상황에서는 객관식에 전념하여야 한다.

(2) 많은 문제를 풀어보고 틀린 것은 표시하고 다시 본다.

많은 문제를 풀어보아야 한다. 만약 시중의 문제를 모두 풀어본다고 하면 실제 시험에 있어서도 당황하지 아니할 것이며, 또한 실제 시험문제가 어디서 많이 본 듯한 문제처럼 될 것이다. 이것은 독창적인 창조는 없다는 것을 말하며, 아무리 문제를 어렵게 출제하더라도 그와 유사한 문제는 이미 시중의 어떤 문제집에 있다는 것을 말한다. 그리고 틀린 부분에 대하여는 반드시 스크랩을 하던지 하여서 다시 반복하는 습관을 가져야 한다. 사람은 누구나 실수하는 부분에 또다시 실수할 수밖에 없으며 이러한 반복실수를 막으려면 틀린 문제에 대한 사후관리가 필요하다. 이러한 사후관리를 잘하는 수험생은 수험기간이 짧아진다.

(3) 시간배분 및 시간단축훈련을 하라.

실제 시험은 의외로 시간이 부족하다. 따라서 많은 문제를 짧은 시간에 풀이하는 능력이 필요하다. 이러한 시간단축법의 한 가지 예는 문항을 읽어 내려가다가 답이 나오면 읽기를 중단하고 다음 문제를 풀이하는 것이다. 이는 지문이 긴 문항을 모두 다 읽고 답을 생각하면 시간이 부족하다는 의미이다.

(4) sub-note를 적극 활용하라.

sub-note는 자기가 작성한 것이 가장 보기 좋으나 작성한 것이 없으면 『월간회계』 등에 게 재된 이론요약을 참고하는 것도 좋은 방법이다. 문제만 너무 열심히 풀어보다 전체적인 이론의 체계를 잊어버리는 경우가 있는데 이러한 때에는 sub-note로 정리하는 것이 효과적이다.

(5) 실전에서 모르는 문제가 나왔다고 당황하지 말라.

어느 정도 공부한 수험생들은 자신이 모르는 문제는 다른 수험생들도 대부분 모르므로 안심 하고 다른 문제를 풀이해야 한다. 모르는 문제에 너무 집착하면 시간만 빼앗긴 뿐이다.

2. 시험일을 며칠 앞두고

시험일을 며칠 앞두고 부지런히 마지막 정리를 하는 사람이 있는가 하면, 불안감에 사로잡혀 갈팡질팡하는 사람도 적지 않게 눈에 띈다. 어떤 사람은 남은 기간이 너무 짧게만 느껴지고 '일 주일만 늦게 시험을 친다면 붙을 수 있을 텐데……' 하는 생각을 하며 무슨 과목을 어떻게 정리 해야 할지 몰라 막막해 하기도 한다. 이러한 수험생들에게 하고 싶은 말은, "연습은 실전처럼 하고 실전은 연습처럼 해라. 시험을 칠 때는 모의고사를 친다는 기분으로 아무 부담을 갖지 말 고 아는 것만 일단 다 맞춘다는 생각으로 응해라." 라는 이야기다. 너무도 많이 들어왔고 너무 나 진부하다는 생각이 들어서 그런지 몰라도 사람들은 대부분 한 번 듣고 흘려버리는 경우가 대부분이다. 그러나 사실 그 이야기 자체가 너무나도 중요한 내용인 반면 많은 사람들이 그런 마음을 가지고 시험에 응하지 못하고 있기 때문에 그 만큼 시험철만 되면 사람들의 입에 오르내 리고 있는 것 같다. 따라서, 시험을 앞둔 사람들은 위의 이야기처럼 시험에 응하기 위해 의식적 으로 약간의 노력을 기울일 필요가 있다고 본다.

우선, 시험을 시작하면서 심리적으로 안정되어야 하겠다. 어쩌면 다소 사소한 것이고 마음먹 은 대로 쉽게 긴장이 풀어지는 것은 아니겠지만 심리적 안정이 시험을 칠 때 승패의 가장 중요 한 요인인 듯 싶다. 시험을 시작하면서 불안감을 없애려면 일단은 자신감을 가져야 한다고 본 다. 사실 시험을 치는 거의 대부분의 사람들이 서로 비슷한 공부량과 실력을 가지고 있다. 그렇 기 때문에 자기가 아는 것을 실수하지 않고 한 문제씩 차근차근 맞추어 나갈 때 합격은 보장되 는 것이다. 그런데도 왠지 자기 옆에 앉은 사람은 실력이 좋은 것처럼 보이고 시험을 치는데 옆사람의 시험지는 왜 그렇게 빨리 넘어가고 계산기 두드리는 소리는 왜 그렇게 크게만 들리는 지……. 그러므로 시험장에 들어갈 때부터 "내가 비록 수석은 못할지언정 붙을 수는 있다"라는 생각으로 자신감을 가지고 시험지의 첫 장을 펼치기 바란다.

또한, 마음이 편하려면 일단 몸이 개운해야 한다. 평상시에 밤늦게까지 공부하는 습관을 가졌 다가 괜히 밤잠을 설치면 다음날 아침 몸은 무겁고 머리는 텅 비어버린 것 같아 아무 것도 정리가 되지 않는 경우가 있다. 그렇기 때문에 시험보기 일주일 전부터는 생활 패턴을 시험을 실시하는 시간대와 일치시키는 것이 바람직하다. 그리고 시험 전날의 숙면을 위해서도 전전날에 잠을 약간 덜 자고 전날에 낮잠을 절대로 자지 않는다는 등의 나름대로의 방법을 동원해야 할 것이다.

3. 시험문제를 풀어 나가면서

일단 시험문제를 받기 전에 해야 할 일은 문제를 풀어 나가는 순서, 그리고 개략적인 시간배분 등을 확고하게 결정하여야 할 것이다. 막상 시험지를 받고 나서 그냥 대강대강 풀어 나가야겠다는 생각을 가졌다가는 긴장된 상태에서 괜히 허둥대고 시험지만 이리저리 넘기게 되는 경우가 생길 수 있다. 그러므로 시험문제를 풀다가 답을 알 수 없는 어려운 문제가 나왔을 때는 어떻게 해야 할 것이고, 답안지에 답을 옮겨 적다가 실수했을 경우에는 어떻게 해야 할 것인가에 대해서까지 세세한 부분도 한 번쯤은 고려해 보아야 할 것이다. 시험을 볼 때의 시간배분 문제는 시험지 여백을 이용해서 간단히 메모를 해두는 것도 좋은 방법이 될 것이다.

물론 시험문제를 풀어 나가는 제 각각의 순서와 방법이 있겠지만 일례를 들어 본다면, 일단 모든 문제를 전부 다 푼다는 생각은 일찌감치 버린다. 어차피 시험이 만점을 요하는 것은 아니기 때문에 모르는 것은 일단 과감히 넘기고 쉬운 것부터 풀어 나가는 것이다.

그리고 과목당 시간을 몇 분씩 배정했다기 보다는 일단 문제를 풀어나가는 과목의 순서를 먼저 정하고 눈에 익어서 잘 풀리는 문제부터 하나씩 하나씩 풀어나간다. 그러다가 아는 문제를 모두 풀고 그 문제수가 과락을 넘길 정도로 충분하다고 생각되면 다음 과목으로 넘어간다. 이렇게 해서 한 번 풀고 나서 답안지에 옮겨 적기 시작한다. 답안지에 다 옮겨 적은 후에는 다시 처음 풀었던 과목으로 돌아가서 못 푼 문제를 다시 풀기 시작하고 그 답을 직접 답안지에 옮겨 적는다. 모르는 문제를 풀어나가면서도 '책을 찾아보지 않는 한 시간이 있다고 해서 이 문제를 풀 수 있는 것은 아니다' 라는 생각이 드는 문제는 그냥 무작위로 답을 골라서 답안지를 채우고 지나가서 다른 문제에 시간을 더 할애한다. 어떤 경우는 문제를 아주 상식적으로 접근했을 경우 의외로 답이 나오는 경우가 있을 수도 있으니까 모른다고 조급해 하지말고 여유를 가지고 마지막 종이 울릴 때까지 포기하지 말고 끝까지 문제를 풀어 나가길 바란다.

4. 시험을 마치고

시험을 마치는 종이 울리면 모든 고통이 다 사라지게 된다. 그 동안 지친 몸과 정신을 가다듬을 약간의 시간이 필요하다. 그러나 아직 2차시험이 남아 있기 때문에 1차시험 합격자 발표일까지 휴식시간을 갖는다는 것은 무리이다. 왜냐하면 1차시험 발표가 난 후 2차시험을 공부하기에는 시간이 너무 짧고 공백기에 시험에 대한 감(感)을 잃어버릴 수가 있다. 또한 1년 유예제도가 있기는 하지만 1년 후에 합격한다는 보장이 없기 때문에 보다 심적 부담이 적을 때 동시합격을 노리는 것도 좋기 때문이다. 그러므로 1차시험을 친 후 일주일쯤 후부터 자기가 1차시험에 붙을 가능성이 단 0.1%가 될지라도 2차시험을 위한 공부를 시작해야 할 것이다. 이 시기에는 모든 학교와 학원에서 2차시험을 위한 특강을 실시하기 때문에 그것을 이용하는 것이 큰 도움이 될 것이다.

5. 준비물

1차시험을 치러가기 전에 필히 준비해야 할 것이 몇 가지가 있다. 일단 수험표를 잊지 말고 필기구(컴퓨터용 싸인펜), 신분증, 계산기(단순 계산기능의 소형전자계산기만 사용 가능) 등을 미리미리 준비해야 할 것이다. 계산기는 만약의 경우를 대비해서 여분으로 하나 더 가지고 가는 것이 좋고 컴퓨터용 싸인펜도 미리 사서 손에 익게 쓰던 것을 가지고 가는 것이 좋다. 더불어 시험장에 도착해서 시험이 시작되기까지 볼 수 있도록 상법이나 세법 등의 sub-note를 갖고 가기 바란다. 상법이나 세법 중에서 잘 외워지지 않는다거나 이해가 안되는 부분을 당일 아침에 잠깐 외워서 운좋게 시험에 나오면 점수를 올릴 수도 있지만 보다 중요한 이유는 당일 아침에 가서 다른 사람들을 보며 그냥 멀뚱멀뚱 앉아 있으면 주위환경에 신경을 쓰게 되고 괜히 불안감만 가중되기 때문이다. 그리고 시험치기 전에 화장실을 반드시 다녀오기 바란다.

■ 공인회계사 제1차시험 출제경향분석 및 수험대책

　2004년부터 과목별 40문항으로 출제 문항수가 늘어났고 2007년부터 회계학 문항수가 50문항으로 늘어났지만 전반적인 각 과목별 출제경향에 따른 각 분야별 출제비중은 큰 변동이 없다. 그러나, 그만큼 세세한 부분까지 출제되는 경향이므로 이 점에 유의하여 각 과목별 출제경향분석과 수험대책에 깊이있는 준비가 필요하다.

　문제풀이시간이 부족했던 회계학 및 세법개론 과목의 시험시간을 약 10분 정도 늘려 1교시(경영학, 경제원론)는 110분, 2교시(상법, 세법개론)는 120분, 3교시(회계학)는 80분으로 실시된다.

　1차시험 1교시에 경영학 과목과 함께 실시하였던 회계학 과목시험은 과목배점이 늘어난 점을 감안하여 단독과목으로 3교시에 실시하고, 출제문항수도 40문항(문항당 2.5점)에서 50문항(문항당 3점)으로 10개 문항을 늘려 출제된다.

　1차시험 과목 중 회계학과 경영학(재무관리), 세법은 2차시험과도 연결되므로 1차시험을 치르기 위한 단순한 과정으로만 생각해서는 안될 것이다. 특히 공인회계사시험은 1·2차 동시준비하는 것이 유리하다. 그 이유는 1차시험 과목과 2차시험 과목이 중복되어 2차까지 동시에 준비할 수 있는 잇점 때문이다.

　2차시험 과목에 연결되는 과목은 2차시험 중심으로 수험준비를 하되 1차시험에 임박하여 객관식 문제집으로 정리하는 것이 일반적이다.

Ⅰ. 1교시 : 경영학, 경제원론(110분)

1. 경영학

　경영학은 공인회계사 1차시험에서 경영학의 전반에 걸친 이해를 묻는 문제를 출제함으로써 공인회계사가 갖추어야 할 기업경영에 관한 지식을 확인하는 것을 목적으로 하고 있다. 경영학 전반에 걸쳐 다양한 문제가 출제되고 있으며 최근 출제된 문제를 분석해 보면 그 난이도가 높아지고 있어 기본개념의 철저한 이해를 바탕으로 많은 객관식 문제를 풀어보아야 한다. 경영학은 일반적으로 재무관리, 마케팅관리, 생산관리, 인사관리 등으로 분류한다.

(1) 출제경향분석

경영학에는 원론, 재무관리, 생산관리, OR, 마케팅, 인사관리, 조직행동론 및 국제경영학 등 그 범위가 넓으므로 학습에 있어 전략적인 접근이 필요하다. 과거시험 출제경향을 보면 재무관리를 제외한 분야는 쉽지만 전반적인 분야에서 골고루 출제되고 있으므로 한 부분이라도 소홀히 하는 부분없이 준비해야 한다. 특히 재무관리 출제비중이 약 40%(16문제)를 차지하고 있다. 또한 재무관리는 2차와도 연결되므로 자세히 깊이있게 준비해야 한다.

2004년도부터 출제문항수가 40문항으로 늘어났다. 이러한 영향으로 기존보다 다양한 분야에서 골고루 출제된 경향을 보이고 있을 뿐만 아니라 복합적인 유형의 문제가 많았다. 또한, 단순암기식으로 알고 있는 경우에는 문항이 요구하는 정확한 관점을 파악하는 것이 용이하지 않았을 것이다. 이러한 복합적인 문제의 등장은 시간배분을 효율적으로 하지 못하는 결과를 초래할 수도 있으므로 수험생들의 각별한 실전연습훈련이 필요하다고 생각된다.

2005년도 경영학 40문항도 지엽적이고 한정된 분야가 많은 문제로 다루어졌다. 마케팅의 경우 소비자 행동론이 많이 문제화되었고, 생산관리의 경우 품질관리 분야가 수준있는 문제였다고 생각된다. 또한 재무관리의 비중이 상당부분 차지하였다. 앞으로 경영학을 공부하는 수험생들은 폭넓은 공부방식을 채택해야 할 것으로 생각된다.

2006년도 시험은 몇 개의 까다로운 문제가 있기는 하였으나, 예년에 비해서 대체로 평이했다. 또한, 예전과 동일하게 재무관리, 인사·조직, 마케팅, 생산관리분야에서 골고루 출제되었으며, 국지적이고 지엽적인 내용을 질문하는 문제보다는 전체적인 맥락을 이해하고 있는지를 질문하는 문제가 다수 출제되어 단순 암기보다는 각 분야별로 중요하다고 강조되었던 내용들의 기본개념에 대하여 정확하게 이해 및 숙지하고 있었다면 좋은 점수를 얻었으리라 생각된다.

2007년도 문제는 다양한 분야에서 고르게 출제되었다. 뿐만 아니라 난이도와 문제의 성격 등에 있어서 변별력이 높을 것으로 기대되는 형태를 가지고 있다. 경영학 각론에서 27문제, 재무관리에서 13문제가 출제되어, 이전에 비해 경영학 각론의 비중이 약간 높아진 모습을 보였다.

2008년도 경영학과목은 난이도 조절이나 과목별 출제비율에 있어서 비교적 무난하게 출제된 것 같다. 이에 대해 구체적으로 살펴보면, 일반 경영분야에서 25문제(62.5%), 재무관리 분야에서 15문제(37.5%)가 출제되었다. 일반경영분야에서는 앞으로의 시험에서도 OR이나 원론, 전략, MIS부분에서는 매년 1문제 정도는 출제될 수 있다고 염두에 두면서 인사·조직, 마케팅, 생산파트에 더 주의해야 할 것이다. 재무관리 분야에서는 전 분야에서 골고루 나왔음을 알 수 있다. 그러므로 앞으로의 시험에서도 투자안 평가기법, 자본비용, 배당정책, 합병부분에서는 매년 1문제 정도는 출제될 수 있다고 염두에 두면서 투자론, 채권, 주식평가, 자본구조, 선물-옵션 파트에 더 주의해야 할 것으로 보인다.

2009년도 회계사 1차 시험의 일반 경영학은 총 24문항(나머지 16문항은 재무관리)이 출제되었다. 예년의 출제비중과 거의 유사하게 출제되었으며 문제의 난이도도 높지 않았다. 하지만, 재무관리 난이도가 상당히 높았다. 경영학이 40문항으로 늘어난 2004년 이후를 위주로 보면, 마케팅은 7~8문제, 경영과학/운영관리는 8~9문제로 굳어지는 추세이며, 인사/조직/전략 분야는 재무관리 문항수에 따라 8~11문제까지 조금씩 편차가 있음을 볼 수 있다. 2009년에 재무관리에서 16문제가 출제되면서 인사/조직/전략 분야에서 평소보다 1~2문제 적게 출제되었다.

2010년도에도 경영학 24문항, 재무관리 16문항이 출제되었다. 경영학(1~24)은 전체적으로 이번 시험은 출제비중과 경향면에서 과거 시험과 유사했다. 기출문제를 근간으로 공부한 수험생들은 크게 어려움을 느끼지는 않았을 것으로 생각된다. 우선 이번 출제비중은 인사/조직/전략 8문제, 마케팅 8문제, 경영과학/생산운영관리 8문제로 총 24문제가 출제되었으며 이는 과거와 비슷한 비중이다. 출제경향 역시 기출문제에서 크게 벗어나지 않았다. 다만 기존의 개념을 계산기를 활용하여 푸는 문제들(2 문제)과 기존의 개념을 조금 다른 방식으로 푸는 문제(1 문제) 등은 앞으로 회계사 시험이 지향하는 바를 보여준 선례이므로 수험생들은 이 점을 유념해야겠다.

재무관리(25~40)는 전체적으로 전범위에서 골고루 출제되었다. 특히 투자론의 비중이 높아지고 있다. 전체적으론 지문이 길고 지문을 하나씩 검증해야하는 문제가 출제되어서 시간을 요하는 1차시험에서는 충분히 연습이 되어 있지 않으면 시간상의 부족함이 있을 수 있다. 전체적으로 난이도는 수험생들에게 변별력을 주는 정도의 문제로 적당하다고 할 수 있다. 단순히 공식을 외워서 시험을 준비하는 것이 아니라 원리를 이해하는 깊이있는 공부가 중요하다는 것을 보여주는 시험이었다.

2011년도에는 전년도와 동일하게 인사/조직/전략 8문제, 마케팅 8문제, 경영과학/생산운영관리 8문제, 그리고 재무관리 16문제가 출제되었다. 난이도 면에서도 지난해와 특별한 차이가 없었다. 다만, 새로운 개념들이 몇몇 등장하여 학습한 교재의 종류에 따라 체감되는 난이도는 각각 다를 것으로 생각된다.

총평하자면 기출문제에 비해 크게 다른 문제는 거의 출제되지 않았다. 결국 기출문제를 위주로 꼼꼼하게 공부한 학생들은 좋은 점수를 획득하였을 것으로 예상한다. 내년 시험을 대비하는 수험생들도 그동안 기출되었던 문제를 이용하여 개념을 충분히 이해한 뒤 출제가 예상되는 몇몇 개념들을 숙지하면 좋은 점수를 확보하리라 기대한다.

2012년 경영학 시험도 전년도와 동일하게 인사/조직/전략, 마케팅, 경영과학/운영관리 분야에서 각각 8문제씩, 그리고 재무관리 16문제가 출제되었다. 기출문제에서 재출제된 내용이 많아서 수험생이 느끼는 체감난이도는 작년보다는 훨씬 낮았던 것 같다.

각 분야별 상세한 출제 비중은 다음과 같다.

먼저 인사/조직/전략 분야에서는 조직행동(organizational behavior)에서 4문제, 조직이론(organization theory) 1문제, 인적자원관리(HRM) 2문제, 그리고 전략경영(strategic management)에서 1문제가 출제되었다. 이 분야에서 새롭게 시험에 등장한 개념은 효과의 법칙(law of effect), 복률시간급 등이다.

마케팅의 경우에는 마케팅 조사에서 1문제, 마케팅 전략 2문제, 마케팅 믹스(marketing mix)에서 각각 1문제, 소비자행동에서 1문제가 출제되었다. 새롭게 등장한 개념으로는 GRP(gross rating point), 상표전환 매트릭스, 그뢴루스의 2차원 서비스 품질모형 등이다.

경영과학/운영관리 분야에서는 경영과학 2문제, 나머지 6문제는 운영관리에서 출제되었다. 이 분야에서 새롭게 시험에 등장한 개념은 총유휴시간, PDCA 싸이클, SCOR 모델 등이다.

총평하자면 기출문제에 비해 크게 다른 문제는 거의 출제되지 않아서, 새롭게 등장한 개념이 있음에도 불구하고 기출문제를 위주로 꼼꼼하게 공부한 학생들은 좋은 점수를 획득하였을 것으로 예상한다. 내년 시험을 대비하는 수험생들도 그동안 기출되었던 문제를 이용하여 개념을 충분히 이해한 뒤, 출제가 예상되는 몇몇 개념들을 숙지하면, 좋은 점수를 확보하리라 기대한다.

재무관리(25~40)는 예전과는 달리 전반적으로 쉬워졌다고는 하나 그럼에도 불구하고 시간을 요하는 1차 시험에서는 충분한 풀이 연습이 되어있어야 한다. 그리고 단순히 공식을 외워서 시험을 준비하는 것이 아니라 개념을 충분히 이해하는 깊이 있는 공부가 필요하다고 생각된다.

2013년 경영학(일반) 시험도 전년도와 동일하게 인사/조직/전략, 마케팅, 경영과학/운영관리 분야에서 각각 8문제씩 출제되었다. 마케팅과 경영과학/운영관리 분야에서 계산문제가 많이 등장해 체감난이는 작년보다 훨씬 높았다.

각 분야별 상세한 출제 비중은 다음과 같다.

먼저 인사/조직/전략 분야에서는 조직행동(organizational behavior)에서 4문제, 인적자원관리(HRM) 3문제, 그리고 조직이론(organization theory)과 전략경영(strategic management) 분야가 복합되어 1문제가 출제되었다. 이 분야에서 새롭게 시험에 등장한 개념은 MBTI, 평가센터법(assessment center) 등이다.

마케팅 분야의 경우에는 마케팅 조사에서 2문제, 가격에서 1문제, 소비자행동에서 2문제, 유통에서 1문제 그리고 나머지 2문제는 복합적인 문제로 출제되었다. 특히 마케팅에서는 8문제 가운데 4문제가 계산문제로 출제되는 특이한 출제경향을 보였다. 이 가운데 통계문제 2개는 다루기 힘든 문제였다.

경영과학/운영관리 분야에서는 경영과학 1문제, 나머지 7문제는 운영관리에서 출제되었다. 이 분야에서 새롭게 시험에 등장한 개념은 없었다.

총평하자면 인사/조직/전략 분야는 전반적으로 평이한 문제들이 출제되었다. 그러나 마케팅 분야의 난이도는 매우 높았다. 계산문제 4문제 가운데 비록 2문제는 쉬운 문제였지만 나머지 문제는 마케팅이라기보다는 통계학에 가까운 문제였다. 또한 나머지 개념적 문제들도 수험생들이 약간 어렵게 생각하는 소비자행동에 관한 문제거나 새롭게 등장한 개념이 많아서 내용 자체도 생소했고, 형식면에서도 올바른 지문의 개수를 찾는 문제가 출제되어 답을 고르는 어려움을 가중시켰다. 경영과학/운영관리에서도 계산문제가 3문제나 출제되었는데, 복잡한 계산보다는 직관적으로 풀 수 있는 문제가 많아 난이도는 높지 않았으나 문제가 길어서 문제를 이해하고 푸는데 많은 시간이 요하는 것들이었다. 작년 시험에 비해서는 전체적으로 난이도가 많이 올라간 것으로 보인다.

재무관리(25~40)도 전년도와 마찬가지로 16문제가 출제되었다. 계산문제가 많았고 선택형 문제의 난이도도 높았다. 최소한 8문제 정도는 기본적으로 꼭 맞춰야하는 문제이며 시간이 항상 부족하므로 선별해서 풀어야 한다.

2014년 일반경영(1~24)은 전년도와 동일하게 인사/조직/전략, 마케팅, 경영과학/운영관리 분야에서 각각 8문제씩 출제되었다. 2014년에는 전년도 대비 계산문제가 많이 출제되지 않았고, 전반적으로 새로운 개념도 많이 등장하지 않았다. 각 분야별 출제 비중은 다음과 같다.

먼저 인사/조직/전략 분야에서는 경영일반에서 1문제, 조직행동(organizational behavior)에서 3문제, 인적자원관리(HRM) 3문제, 그리고 조직이론(organization theory)과 전략경영(strategic management) 분야가 복합되어 1문제가 출제되었다. 이 분야에서 새롭게 시험에 등장한 개념은 없다.

마케팅 분야의 경우에는 마케팅 조사에서 1문제, 마케팅 전략에서 1문제, 제품에서 1문제, 가격에서 1문제, 유통에서 1문제, 촉진에서 1문제 그리고 소비자행동(consumer behavior)에서 2문제에서 출제되었다. 전년과는 달리 모든 개념을 복합적으로 물어본 문제는 출제되지 않았다. 더불어 계산문제도 출제되지 않았다. 마케팅 분야에서 새롭게 시험에 등장한 개념은 제품의 3가지 차원, 입점공제(slotting allowances), 리커트 척도 등이다.

경영과학/운영관리 분야에서는 경영과학에서 2문제, 프로세스 관리에서 1문제, 품질경영에서 1문제, 생산능력관리에서 1문제, 공급사슬관리에서 1문제, 재고관리에서 1문제 그리고 마지막으로 운영계획 및 자원계획에서 1문제 출제되었다. 경영과학/운영관리 분야에서 새롭게 등장한 개념은 작업일정계획(job scheduling), 공급자 재고관리(vendor managed inventory) 등이다.

총평하자면 모든 분야에서 평이한 문제들이 출제되었다. 전년도보다는 경영학 평균점수가 많이 올라 갈 것으로 예상된다. 분야별 출제특징과 경향은 다음과 같다.

인사/조직/전략 분야에서 전반적으로 평이했다. 최근의 이 분야의 출제 경향이라면 임금관리(보상관리)에서 반드시 공정성(equity)을 물어본다는 것이고, 조직이론과 전략경영의 복합문제가 출제된다는 것이다.

전년도에 통계개념을 묻는 문제가 출제되어 난이도는 매우 높았던 마케팅 분야도 크게 어려운 문제없이 출제되었다. 최근에는 마케팅 전략에서 STP 전략보다는 새로운 마케팅을 포착하기 위한 전략을 시험에 더 많이 낸다는 것이 주목할 만한 점이다. 새롭게 출제된 개념이 몇 개 있으나 답을 고르는 데는 크게 영향을 미치지 못했다.

경영과학/운영관리에서도 전년도와는 달리 계산문제가 대폭 줄었으며 그 난이도도 낮아졌다. 최근에 가장 자주 출제되는 문제는 생산라인의 라인밸런싱과 관련된 문제와 프로젝트 관리와 관련된 문제이다. 하지만 올해에는 JIT와 관련한 문제는 출제되지 않았다.

2014년 재무관리(25~40)는 예년과 달리 상당히 평이하게 출제되었다. 계산문제와 이론문제가 총 16문항 중 각각 8문항씩 예년과 달리 같은 비중으로 출제되었으며, 계산문제는 관련 공식만 정확하게 외우고 있으면 풀 수 있도록 출제되었고 이론문제 또한 교과서 예제 수준으로 평이하게 출제되었다. 이는 과거 재무관리 문제가 너무 어렵게 출제되어 변별력이 떨어진다는 비판을 수용하여 1차 시험에서는 기본적인 수준에서 재무관리를 공부하였다면 풀 수 있도록 문제를 출제한 것으로 판단된다. 즉, 1차 시험이 너무 어렵게 출제되어 그 관문을 통과하는 수험생의 수가 매우 적은 폐단을 막기 위해 쉽게 출제되었음을 알 수 있다. 이와 같은 경향은 앞으로도 계속될 것으로 생각된다. 그리고 출제범위를 분석해보면, 늘 출제되는 자본예산, 자본시장 균형이론(CAPM, APT), MM이론, 금융투자론(주식, 채권, 옵션 등)에서 13문항, 기타 3문항(재무관리 목표, 재무비율, 경제적 부가가치(EVA))이 출제되어 예년의 출제경향을 유지하였고 다만 그 수준을 평이하게 출제하여 수험생들의 평균점수가 오를 것으로 예상된다.

이를 바탕으로 앞으로 있을 2차 시험의 수준을 예측해 본다면, 1차 시험의 관문을 통과한 다수의 수험생 중에서 최종 합격인원을 맞추기 위해 상당히 어려운 수준으로 출제될 것이다. 즉, 1차 시험은 쉽게, 2차 시험은 예년과 같이 어려운 수준으로 문제를 출제함으로써 최종 합격생 수를 조절할 것이므로 수험생들은 이와 같은 상황에 대비하여 2차 시험을 준비해야 할 것으로 판단된다. 1차 시험이 쉽게 출제되었으니 2차 시험도 쉬워질 것이라고 오판하지 말고 동차 준비생은 기출문제를 위주로, 유예생들은 기출문제뿐만 아니라 출제될 것으로 예상되는 문제까지도 푸는 등 최선의 노력을 다해 2차 시험을 준비해야 할 것으로 생각된다.

2015년 공인회계사 1차시험 일반경영학(1~24) 기출문제는 비교적 평이한 수준이었다. 다만, 마케팅과 생산및운영관리 분야에서 지엽적인 문제들이 출제되어 수험생들 입장에서 당혹스러운 부분이 있었을 것이다. 하지만 전체적으로 기본 개념에 충실한 문제들이 출제되었으며, 이러한 출제경향은 앞으로도 지속될 것이라고 생각된다.

재무관리과목(25~40)은 1~2문제를 제외하고는 전년도처럼 비교적 평이하게 출제되었다. 출제 유형별로는 전년도와 마찬가지로 계산형 8문항과 이론형 8문제로 총 16문항이 출제 되었으며, 단원별로는 화폐의 시간가치(1문항), 자본예산(1문항), 포트폴리오이론(2문항), 자본자산가격결정모형 : CAPM(2문항), MM의 자본구조이론(2문항), 기타자본구조이론 : 자본조달순위이론(1문항), 배당과 주식가치평가(1문항), 기업가치평가(1문항), 채권(1문항) 등은 골고루 출제되었으나 옵션은 4문항이나 출제되는 특별한 경향을 보이기도 하였다. 출제 난이도는 이론형 8문제는 매우 평이하여 기본서를 이해한 수험생은 매우 쉽게 풀 수 있게 출제되었고 계산형 문제도 1~2문제를 제외하고는 기본적인 공식만 알면 쉽게 풀 수 있는 문제였으나 2문제 정도는 계산할 것이 많아 시간 때문에 힘들었을 것으로 판단된다. 그러나 주어진 시간 내에 푸는 연습을 충분하게 연습한 수험생은 이 점을 고려하여 대처했을 것으로 사료되어 합격점수는 무난하게 넘었을 것으로 보인다.

2016년 일반경영학(1~24) 기출문제도 비교적 어렵지 않은 수준이었다. 다만, 각 문항들 중 가장 적절한 것을 선택하는 문항들이 많은 비중을 차지하여 각 문항들을 해결하는데 시간이 다소 필요하였을 것으로 예상된다. 2015년도에 이어 전체적으로 기본 개념에 충실한 문제들이 출제되었으며, 이러한 출제경향은 앞으로도 지속될 것이라고 생각된다. 따라서 앞으로 공인회계사 1차시험 일반경영학을 준비하는 학생들은 기본 개념을 충실히 익히고 이해하는 것에 초점을 맞춰 공부하는 것이 무엇보다 중요하다.

재무관리(25~40)는 과거 절대평가 이전 시험과 비교하여 난이도 많이 하락하였으며, 상대평가 이후 출제된 문제들과 난이도는 크게 차이 나지 않는다. 특히 올해 시험의 경우 학생들이 어렵게 느끼는 투자론에서 선물과 옵션의 출제비율이 매우 낮고 채권과 옵션의 문제가 쉽게 출제되어 학생들이 느끼는 체감 난이도는 매우 낮았을 것으로 생각된다. 과거에는 기존 학원 교재들에 언급되지 않은 이론들도 출제되기도 했지만, 최근 경향은 기본적인 재무관리를 중심으로 핵심적인 원리 등을 정확히 이해하고 있는지를 묻고 있다. 따라서 단순하게 공식을 암기하여 풀이하는 것보다 공식이 도출된 과정을 정확히 이해하는 것이 필요하다. 기본적인 재무관리를 충실하게 학습한 학생의 경우 1, 2개를 제외하고 모두 풀었을 것으로 예상되며, 주위에 모두 맞은 학생들도 더러 보인다. 또한 과거에는 재무관리가 어렵게 출제되고 학생들이 까다롭게 생각하여, 1교시에 다른 과목을 풀이한 후에 남은 시간으로 재무관리를 풀이 하는게 일반적이었지만, 현재 추세가 이어진다면, 과목별 풀이 순서를 고민하는게 필요해 보인다.

〈2016년 재무관리 출제비율〉

구 분	계산문제	서술문제	합계
기업재무론	7	4	11
투자론	2	3	5
합계	9	7	16

2017년도 일반경영학(1~24) 기출문제는 예년보다 약간 어려운 수준이었다. 아울러, 지문이 길고 가장 적절한 것을 물어보는 문제가 다수 출제되어 수험생 입장에서 느끼는 체감 난이도는 조금 더 높았을 것이며, 이로 인해 각 문제들을 해결하는데 시간이 다소 필요하였을 것으로 예상된다. 2016년도에 이어 전체적으로 기본 개념에 충실한 문제들이 출제되었으며, 이러한 출제경향은 앞으로도 지속될 것이라고 생각된다. 따라서 앞으로 공인회계사 1차시험 일반경영학을 준비하는 학생들은 기본 개념을 충실히 익히고 이를 이해하고 응용하는 것에 초점을 맞춰 공부하는 것이 무엇보다 중요하다.

재무관리(25~40) 시험은 작년과 비슷한 난이도로 출제되었다. 작년과 비교하였을 때 수험생들이 어렵게 생각하는 투자론의 문제가 2문제 더 많이 출제되어 조금 어렵게 느껴질 수도 있겠지만, 투자론의 문제들이 매우 평이하게 출제되어 실질적인 난이도는 작년과 유사하다고 할 수 있겠다.

최근 재무관리의 출제경향은 1차 시험은 응용문제를 배제하고 매우 기본적인 문제 위주로 출제되고, 2차 시험은 기존 학원 교재를 벗어나서 꽤 까다롭게 출제되고 있다. 따라서 단순하게 공식을 암기하여 풀이하는 것보다 공식이 도출된 과정을 정확히 이해하는 것이 필요하다. 기본적인 재무관리를 충실하게 학습한 학생의 경우 시간제약이 없을 경우 모두 풀었을 것으로 예상된다. 과거에는 1차 시험에서 재무관리를 포기하고 일반경영학만 집중하는 학생도 있었지만, 최근에는 재무관리에 조금만 시간을 투자하더라도 고득점이 가능하게 출제되고 있어, 재무관리를 공부하는 학생과 하지 않는 학생의 점수차이가 매우 클 것으로 보인다.

〈2017년 재무관리 출제비율〉

구분	계산문제	서술문제	합계
기업재무론	5	4	9
투자론	5	2	7
합계	10	6	16

2018년 일반경영(1~24) 총 24문항은 조직행동론/인적자원관리 8문제, 생산및운영관리 8문제, 마케팅 8문제가 출제되었다. 특이한 점은 매년 1~2문제씩 출제가 되어 왔던 경영학원론과 경영전략 분야에서 문제가 출제되지 않았다는 점이나. 물론, 이러한 흐름이 앞으로도 계속되리라고 생각되지는 않으며, 일시적인 현상이라고 보는 것이 타당하다.

1) 조직행동론/인적자원관리

조직행동론/인적자원관리 문제는 각 분야에서 가장 중심이 되는 내용들에 대해서 골고루 문제가 출제되었다. 수험생들이 느끼는 체감 난이도는 예년보다 조금 더 높게 느껴졌을 수 있을 것 같지만, 이러한 부분은 문제 자체의 난이도가 높아졌기 때문이기 보다는 예년에 비해 각 지문들을 구성하는 문장의 길이가 다소 길어진 부분이 영향을 미쳤을 것이라고 생각한다.

2) 생산및운영관리

생산및운영관리 분야는 기존의 출제경향에서 벗어나지 않는 범위에서 출제가 되었다. 다만, 최근 생산및운영관리 분야에서의 출제경향을 살펴보면 계산 문제의 비중이 점점 높아지고 있다는 측면이 특이한 점이라고 할 수 있다. 따라서 앞으로 계산문제가 출제될 수 있는 대표적인 부분인 배치설계, 수요예측, 일정계획, 재고관리, 품질경영 등에 대해서는 적절한 대비가 필요하다.

3) 마케팅

마케팅 분야는 기출문제들과 유사한 형식 및 내용들을 중심으로 문제가 출제되었다. 특히, 2018년 출제된 문제들은 기출문제들의 범위를 크게 벗어나지 않았기 때문에 기출문제를 중심으로 준비한 학생들도 크게 어렵게 느껴지지 않았을 정도이다.

재무관리(25~40)는 작년과 비슷하거나 조금 어려운 난이도로 출제되었다. 최근 투자론의 문제 출제비율이 높아지고 특히 2018년의 경우 블랙숄즈와 이항옵션 문제 등 옵션에서 3문제가 출제되어 수험생들은 시험 난이도가 높다고 느껴졌을 것으로 생각된다. 그리고 쉬운 문제와 어려운 문제가 차이가 커서 점수의 변별력이 높아졌다. 또한 계산 값을 묻는 문제보다 각 지문마다 계산을 필요로 하는 문제가 출제되어 풀이시간의 조절도 필요했다.

2018년의 재무관리 출제문제들은 대체로 기존에 출제되었던 주요 주제를 조금 벗어나거나 출제빈도가 높지 않은 부분에서의 출제가 많았다. 따라서 앞으로 재무관리를 준비할 때는 재무관리의 모든 주제를 빠짐없이 공부하는 것이 중요할 것으로 보인다.

⟨2018년 재무관리 출제비율⟩

구 분	계산문제	서술문제	합계
기업재무론	6	2	8
투자론	6	2	8
합계	12	4	16

2019년 경영학 문제 중 일반경영(1~24) 총 24문항은 조직행동론/인적자원관리 8문제, 생산및운영관리 8문제, 마케팅 8문제가 출제되었다. 특이한 점은 매년 1~2문제씩 출제가 되어 왔던 경영학원론과 경영전략 분야에서 2018년도와 마찬가지로 문제가 출제되지 않았다는 점이다.

1) 조직행동론/인적자원관리

조직행동론/인적자원관리 문제는 각 분야에서 가장 중심이 되는 내용들에 대해서 골고루 문제가 출제되었으며, 난이도 역시 크게 달라지지 않은 수준이었다. 그리고 작년보다 지문의 길이도 다소 짧아진 경향이 있어 수험생들 입장에서는 상대적으로 덜 부담스러웠으리라고 생각된다.

2) 마케팅

마케팅 분야는 기출문제들과 유사한 형식 및 내용들을 중심으로 문제가 출제되었다. 특히, 2019년 출제된 문제들은 기출문제들의 범위를 크게 벗어나지 않았기 때문에 기출문제를 중심으로 준비한 학생들도 크게 어렵게 느껴지지 않았을 정도이다.

3) 생산및운영관리

생산및운영관리 분야는 기존의 출제경향에서 벗어나지 않는 범위에서 출제가 되었다. 다만, 최근 생산및운영관리 분야에서의 출제경향을 살펴보면 계산 문제의 비중이 점점 높아지고 있다는 측면이 특이한 점이며, 올해도 8문항 중 3문항이 계산문제였다. 따라서 앞으로 계산문제가 출제될 수 있는 대표적인 부분인 배치설계, 수요예측, 일정계획, 재고관리, 품질경영 등에 대해서는 적절한 대비가 필요하다. 또한, 계산문제는 말 문제에 비해 시간이 많이 소요되기 때문에 시간배분에 대한 대비도 필요하다.

2019년 재무관리(25~40) 문제는 작년과 난이도가 비슷했지만 생소한 문제가 나와 수행생들의 체감 난이도는 조금 높았을 것으로 예상된다. 특히 2차 시험에서 다루었던 주제인 채권 듀레이션에서 테일러 전개식, VaR, 스왑계약의 가치가 출제되어 1차 시험 범위가 확대되었다고 볼 수 있다. 하지만 1차 시험에서 생소한 문제지만 난이도 자체는 낮은편이여서 기본서만 충실히 하였더라도 충분히 풀 수 있는 문제였다. 그리고 기업재무론과 투자론의 비율 및 계산문제와 서술문제의 비율은 전년도와 거의 유사하여 앞으로 비슷한 비율로 출제될 것으로 예상된다.

작년에도 기존에 출제되었던 주요 주제를 조금 벗어나거나 출제빈도가 높지 않은 부분에서의 출제가 많았는데, 올해도 새로운 문제들이 출제되었다. 따라서 앞으로 재무관리를 준비할 때는 모든 주제를 공부하고 시간여유가 될 때는 2차 주제도 가볍게라도 학습하는 것이 필요할 것이다.

〈2019년 재무관리 출제비율〉

구분	계산문제	서술문제	합계
기업새무론	5	4	9
투자론	6	1	7
합계	11	5	16

2020년 경영학(일반) 문제(1~24)는 조직행동론/인적자원관리 8문제, 생산및운영관리 8문제, 마케팅 8문제가 출제되었다. 특이한 점은 매년 1~2문제씩 출제가 되어 왔던 경영학원론과 경영전략 분야에서 2018년도부터 문제가 출제되지 않고 있다는 점이다. 그러나 경영학원론과 경

영전략 분야는 언제든지 다시 출제가 될 수 있는 분야이기 때문에 반드시 공부하고 시험장에 들어가야 한다.

1) 조직행동론/인적자원관리

조직행동론/인적자원관리 문제는 각 분야에서 가장 중심이 되는 내용들에 대해서 골고루 문제가 출제되었으며, 난이도는 적당한 수준이었다. 특히 문제의 유형이 적절한 것을 물어보는 문제보다 적절하지 않은 것을 물어보는 비중이 상대적으로 높아 수험생들 입장에서 상대적으로 덜 부담스러웠으리라고 생각된다.

2) 마케팅

마케팅 분야는 1~2문제를 제외하면 기본개념을 충실히 정리하고 있었다면 정답을 고르기에 까다롭지 않은 문제들 중심으로 출제되었다. 특히, 마케팅조사와 관련된 문제가 출제되지 않아 상대적으로 수험생들이 느끼는 난이도는 높지 않았다고 생각된다.

3) 생산및운영관리

생산및운영관리 분야는 문제의 난이도가 극단적인 형태를 보이는 문제들로 출제되었다. 특히 재고관리에 대한 문제와 라인밸런싱에 대한 문제는 문제를 정확하게 푸는데 많은 시간을 요하는 문제였기 때문에 전략적인 접근이 필요하다. 또한, 지속적으로 계산 문제를 물어보고 있다는 부분도 관심을 가져야 한다. 따라서 앞으로 계산문제가 출제될 수 있는 대표적인 부분인 배치설계, 수요예측, 일정계획, 재고관리, 품질경영 등에 대해서는 적절한 대비가 필요하다.

2020년 재무관리(25~40)는 작년보다 문제가 쉬워 난이도 낮을 것으로 예상된다. 그리고 기업재무론과 투자론의 비율 및 계산문제와 서술문제의 비율은 전년도와 거의 유사하지만 계산문제의 출제비율이 높았다. 하지만 계산문제가 예제수준의 쉬운 문제들로 구성되어 재무관리의 기본서만 숙지해도 고득점을 올릴 수 있는 문제로 구성이 되었다.

또한 기존에 출제되지 않았던 새로운 문제도 없었고, 새로운 주제도 없어 수험생들은 아주 평이하게 문제를 풀었을 것으로 예상된다.

하지만 재무관리의 난이도가 매년 큰 차이가 있으므로 기본서 수준의 예제뿐만 아니라 난이도가 높은 문제도 반드시 대비를 해야 할 것이다.

〈2020년 재무관리 출제비율〉

구 분	계산문제	서술문제	합계
기업재무론	8	2	10
투자론	5	1	6
합계	13	3	16

2021년 일반경영학(1~24) 기출문제는 총 24문항으로 조직행동론/인적자원관리 8문제, 생산 및 운영관리 8문제, 마케팅 8문제가 출제되었다. 특이한 점은 매년 1~2문제씩 출제가 되어

왔던 경영학원론과 경영전략 분야에서 2018년도부터 문제가 출제되지 않고 있다는 점이다. 그러나 경영학원론과 경영전략 분야는 언제든지 다시 출제가 될 수 있는 분야이기 때문에 반드시 공부하고 시험장에 들어가야 한다.

1) 조직행동론/인적자원관리

조직행동론/인적자원관리 분야는 조직행동론과 인적자원관리 문제가 각각 4문제씩 출제되었다. 다만, 인적자원관리 문제의 경우에 선택지가 좀 까다로운 문장으로 구성되어 수험생들은 조금 어렵게 느꼈을 것이라고 생각된다. 출제범위는 각 분야에서 가장 중심이 되는 내용들에 대해서 골고루 문제가 출제되었다.

2) 마케팅

마케팅 분야는 1~2문제를 제외하면 기본개념을 충실히 정리하고 있었다면 정답을 고르기에 까다롭지 않은 문제들 중심으로 출제되었다. 특히, 마케팅은 기출 내용을 중심으로 보기를 활용하여 출제된 문제들이 많아 기출문제만 충실히 정리하였다면 생각보다 높은 점수를 얻을 수 있었을 것이다.

3) 생산운영관리

생산운영관리 분야는 전체적으로 문제의 난이도가 높은 문제들 중심으로 출제되었다. 1~2문제를 제외하면 선택지가 까다로운 문장으로 출제가 되어 수험생들은 전반적으로 어렵게 느꼈을 것이라고 생각된다. 그리고 계산문제가 꾸준히 출제되고 있기 때문에 이에 대한 대비도 필요하며, 계산문제가 출제될 수 있는 대표적인 부분은 배치설계, 수요예측, 일정계획, 재고관리, 품질경영 등이 있다.

재무관리(25-40)는 2019, 2020년 1차 시험에서는 상당히 평이한 난이도로 출제 되었지만, 2021년 1차 시험은 상당히 난이도 있는 시험이었다. 2차 연습서를 보지 않고, 단순히 기출문제로만 재무관리를 준비했던 수험생이라면 상당히 애를 먹었을 것으로 생각한다. 특히 1차 시험 40번에 출제되었던 콴토 선물은 여태까지 한 번도 출제되지 않았던 주제로 2021년 2차 시험에서도 깊이만 심화 되어서 동일주제가 출제되었다. 따라서 내년 1차 시험을 준비하는 수험생들은 재무관리를 단순히 기출반복 및 공식암기식으로 공부하는 것을 지양하고, 심도 있게 준비할 필요가 있을 것 같다. 또한 내년 1차 시험에 특수한 주제가 출제되었다면, 2차 시험에서도 나올 가능성이 있다고 보기 때문에, 수험생들은 준비가 필요할 것으로 생각된다.

2022년 일반경영학(1~24) 기출문제는 예년과 마찬가지로 조직행동론/인적자원관리, 생산운영관리, 마케팅 분야에서 동일한 비중으로 문제가 출제되었다. 또한, 출제경향 역시 크게 달라지지 않았는데, 단순한 암기를 통해 풀 수 있는 문제보다는 해당 내용에 대해서 어느 정도 정확하게 이해하고 있어야 풀 수 있는 문제의 비중이 매우 높았으며, 계산문제기 생산운영관리와 마케팅에서 한 문제씩 출제가 되었다. 다만, 계산문제는 기본적인 개념과 관련 내용에 대해 이해하고 있으면 많은 시간이 소요되는 문제가 아니었으며, 난이도도 높지 않았다. 특히, 예년에 비해서 "적절한 것"을 물어보는 경우보다 "적절하지 않은 것"을 물어보는 문제의 빈도가 훨씬 높다는 점 역시 체감난이도를 낮추는데 일조하였다. 따라서, 전체 난이도는 예년의 난이도에 비해서 약간 낮은 수준의 난이도이었다.

경영학 전반에 대한 내용을 단순하게 암기형태로 공부하는 것이 아니라 각 개념들을 이해하고 이를 응용하는 문장들에 대한 대비가 필요하다. 그리고 경영학을 구성하는 각 분야의 특성에 맞게 특정 분야에 치우치지 않게 골고루 준비하는 것이 중요하며, 철저하게 이해 중심으로 공부하는 것이 바람직하다. 또한, 계산 문제에 대한 대비도 어느 정도 필요하다.

재무관리(25~40)는 비교적 무난하게 출제된 것으로 보인다. 매년 출제경향을 통해 미루어 생각하면, 어려웠던 해 다음해에는 무난한 난이도가 출제되고 그 다음 해에는 또 어려워지는 단순한 싸이클을 다시한번 확인할 수 있다.

2021년 제56회 공인회계사 시험의 경영학난이도가 상당히 까다롭고 합격자 평균득점도 낮았으므로 올해는 비교적 쉽게 출제된 것을 확인할 수 있다.

그러나 비교적 무난한 난이도였던 시험이라 할지라도, 다음의 사항들은 주목할만 한 문항들이다.

1) 2017년 재무관리 2차시험의 채권문항을 시작으로 본격적으로 수험생들에게 2차방정식 풀이를 요하는 문제31번 확실성등가액 문제는 작년에 이어 올해도 조금 응용된 형태로 2기간 확장모형을 사용하였다. 위험조정할인율법과 확실성등가법의 관계에 대해서 정확한 이해가 필요해 보인다.

2) 1차시험 빈출 주제인 문제40번 합병성립을 위한 최소주식교환비율 등 빈출주제들이 있으며, 다소 생소했던 문제34번 MM상황 하에서 영업위험이 다른 두 기업의 가치평가에 관한 문제, 채권면역전략 말문제37번 채무불이행상황 하에서 면역전략의 이해 등 눈여겨 볼 만한 문항들이 출제되었다.

분류＼연도	'12	'13	'14	'15	'16	'17	'18	'19	'20	'21	'22	계	출제비율 (%)
재무관리	16	16	16	16	16	16	16	16	16	16	16	176	40.0
경영과학/생산운영관리	8	8	8	8	8	8	8	8	8	8	8	88	20.0
마케팅	8	8	8	8	8	9	8	8	8	8	8	89	20.2
인사/조직/전략	8	8	8	8	8	7	8	8	8	8	8	87	19.8
계	40	40	40	40	40	40	40	40	40	40	40	440	100.0

(2) 수험대책

시험일에 가까이 할수록 기간별 대책(일정계획)이 필요하다. 시간이 갈수록 1차시험에 대한 중요도가 더해 가는 경향을 고려할 때 늦어도 11월부터는 1차시험만을 준비하는 것이 절대적으로 필요하다고 볼 수 있다.

여기에서는 경영학이라는 과목의 특성을 고려하여 효율적인 수험대책에 대하여 언급하고자 한다. 10월까지는 이론요약서를 중심으로 중요한 부분을 집중적으로 이해하고, 암기하도록 한다. 경영학은 각론에 따라 그 특성을 참조하여 공부방법을 달리할 필요가 있다.

1) 재무관리(40%)

비록 많은 시간이 걸리는 어려운 분야이기는 하지만, 원리를 중심으로(지나치게 문제중심의 접근은 점수와 직결되지 않는 경우가 많다) 이해하고, 그림과 필수공식을 정리하면 고득점이 가능하다.

객관식에만 대비한다는 관점에서 지나치게 세심하고 깊은 곳까지 파고들지 않도록 한다. 최근의 경향은 각 분야에서 기초가 되는 이론을 묻는 출제경향을 보이고 있음을 감안할 때, 포기하지 않으면 좋은 성과를 얻을 수 있다.

2) 마케팅(20%)

스스로가 기업의 마케팅담당자라고 생각하며 실무적인 요소를 감안하여 먼저 흐름을 파악하도록 한다. 전체적인 윤곽을 잡은 후에는 중시되는 분야를 중심으로 이해와 암기를 병행한다. 그러나 많은 시간을 할애하고도 실제 시험문제에서는 정답 찾기가 애매한 분야임에는 틀림없다. 따라서 문제의 요지를 정확히 확인해 가는 것이 바람직하다.

3) 경영과학/생산운영관리(20%)

역시 수험생 스스로가 생산관리담당자라고 생각하며, 생산관리의 전체적인 윤곽을 잡는데 먼저 노력을 기울인다. 그리고 난 후 중요한 용어를 중심으로 암기를 한다.

4) 인사/조직/전략(20%)

중요 용어를 중심으로 정리하면 비교적 쉽게 실제 점수획득과 연결이 가능하다.

(3) 공부하는 요령

① 11월부터 12월까지는 객관식 문제를 풀이하여, 공부한 내용을 실제시험에 적용하는 연습을 하도록 한다. 여기에서 주의하여야 할 사항으로, 시중에 있는 객관식문제 자체에 지나치게 매달릴 필요가 없다. 객관식문제의 정답의 여부를 전혀 무시할 수는 없지만, 그보다는 특정문제를 통하여 전에 공부한 내용을 확인·정리하는 방법을 택하도록 한다.

② 1월부터 2월까지는 먼저 이론요약집으로 암기사항을 다시 정리하면서 응용문제에 대비하도록 하고, 객관식 문제는 매일 1시간 정도씩 풀어 봄으로써 문제의 초점파악과 풀이방향 등의 감을 놓치지 않도록 한다. 아울러 경영학과 관련된 최근의 논점을 검토하는 것도 필요하다.

③ 전반적으로 실제의 시험문제는 잘 정리된 이론요약서를 크게 벗어나지 않는다. 어차피 100점을 목표로 한 것은 아니라는 점을 감안하더라도 경영학점수가 60점 미만이라는 것은 공부한 내용을 제대로 소화하지 않았다는 결론밖에 나오지 아니한다. 적당히 공부하고도 고득점을 기대하는 것은 지나친 욕심이다. 분명한 점은 적당히 경영학 공부를 하면 예상외의 참담한 결과(과락 등)를 가져올 수 있다는 점에 유의하기 바란다.

2. 경제원론

경제학은 수리적·기하학적 학문으로서 이해위주의 과목이다.

시험과목 명은 경제원론이라 하나 출제수준을 보면 각론 수준이다. 경제학을 쉽게 생각한 수험생들에게는 많은 어려움을 겪는 과목으로 특히 성적이 우수한 학생들도 간혹 경제학에서 과락을 맞는 경우도 있다. 따라서, 각론 수준까지 접근하려면 무엇보다도 중요한 것은 원론의 철저한 이해에 만전을 기해야 되는 과목이다.

(1) 출제경향분석

종합적인 측면에서 검토해야 되는 문제와 국제경제학분야 등이 출제되고 있다. 각론별 출제빈도는 미시경제 46.7%, 거시경제(경제성장이론 포함) 39.0%, 국제경제 14.3% 정도가 출제되고 있다.

2004년도부터 1차시험 문제가 40문항으로 늘어남에 따라 경제학 전반에 걸쳐 골고루 출제된 편이었다. 각 부분에서 출제된 문제를 보면 미시경제학 부분에서 20문항, 거시경제학 부분에서 12문항, 그리고 국제경제학에서 8문항이 출제되어 출제비중은 예년과 비슷하게 유지되어 문제수는 증가했지만 문제의 수준은 대체로 평이하였다.

2005년도 문제는 문제와 지문의 문장이 길어 얼핏 보기에 어려운 것처럼 보였으나 실제 질문의 수준이나 내용은 전년과 비교할 때 크게 다르지 않았다. 그리고 문제의 유형이 "수학능력식 문제"라 해야 옳은지 모르겠으나 박스(BOX)에 몇가지 내용을 넣어두고 옳은 것 또는 틀린 것 몇 개를 고르라는 식이므로 정확히 알지 못하면 답을 헤아리기 어려운 경우가 많았다. 따라서 교재의 기본적인 내용들을 정확히 이해하는 것이 가장 중요하다. 기출문제를 보면 알겠지만 암기를 못해서 틀리는 것은 몇 개 안된다. 쉬운 개념을 차분하게 책을 꼼꼼하게 읽어보았다면 어렵지 않게 접근하였을 것으로 생각한다.

2006년 출제경향도 작년과 유사한 특성을 보인다. 일반적인 경제원리를 정확하게 이해하고 있는지 묻는 문제가 대부분이다. 까다롭게 수식을 적용하기 보다는 간단한 수학적 원리를 응용하여 푸는 문제들이 눈에 띤다. 새로운 문제를 찾기보다는 일반적인 경제원리를 기본에 충실하여 확실하게 이해해 나가는 공부방법을 택했던 수험생은 좋은 점수를 얻었을 것으로 예상된다. 내년을 준비하는 수험생들도 기본서에 충실하고 기출문제 위주로 정리하면 좋은 결과를 얻을 수 있을 것이다.

2007년도 시험도 예년과 비슷하게 미시 20문항, 거시 14문항, 그리고 국제경제학에서 6문항이 출제되었다. 전반적인 난이도도 예년과 비슷한 수준이었기 때문에 경제이론을 충실히 공부하였다면 문제를 푸는 데는 별 문제가 없었을 것으로 생각된다. 다만, 문제가 읽고 나서 곧바로 답을 찾을 수 있는 것이 아니라 어느 정도의 계산이 필요하거나 보기들을 자세히 검토해야 하는 문제가 대부분이었기 때문에 시간에 제약되어 있는 실제시험에서는 체감난이도는 예년보다 약간 높았을 것으로 보인다. 앞으로도 단순하게 읽고 답을 찾을 수 있는 문제보다는 이론의 심도 있는 이해가 필요한 문제가 주로 출제될 것으로 예상된다. 그러므로 충실하게 경제이론을 학습하는 것이 좋은 성적을 얻는 지름길일 것으로 생각된다. 아울러 실제 시험장에서 계산문제를 빠른 시간내에 풀 수 있도록 평소에 연습을 해 둘 필요가 있겠다.

2008년도 경제학의 출제경향은 무엇보다 매우 단순하고 쉬운 문제가 대부분이었다는 것이 특징이다. 과거에는 새로운 경향을 나타내는 문제가 1~3개 정도는 포함되었었는데 이번에는 그러한 유형의 문제가 거의 보이지 않았다. 다만, 게임이론에서 출제된 문제는 과거의 기출문제가 보수행렬을 제시하는 정규형 게임에 국한되었던 반면 경기자가 순서에 맞춰서 행동하는 전개형 게임을 다루고 있다는 정도가 새로운 유형의 문제라고 볼 수 있다.

2009년 경제원론은 난이도가 상당히 어려웠다. 시간이 많이 걸리는 문제들로 정해진 시간에 70점대를 득점했다면 기초가 잘되어진 수험생이다. 미시경제학의 경우 최근 계산문제의 난이도가 높아지고 있으며, 거시경제학은 평이한 수준이다. 국제경제학 역시 좀더 확대된 모형이 응용되고 있다. 따라서, 기초에 충실한 이해중심의 공부가 필요하다. 문제풀이 위주의 공부는 응용된 문제를 접하게 되면 감당하기 힘들다. 최종 마무리는 기출문제를 중심으로 정리하는 것이 바람직하다.

2010년 경제학 시험은 기본기가 충실해야 함을 새삼 강조한다. 그리고 최근 출제경향이 예전에는 소홀하게 여겨졌던 미시경제학에서 공급의 가격탄력도와 다공장독점모형 등도 다루고 있어 앞으로도 특히 미시경제학을 공부할 때는 꼼꼼하게 공부할 필요가 있다. 또한 계산형 문제 위주로 출제되고 있을 뿐만 아니라 국제무역론에서도 미시경제학의 내용을 응용하고 있다. 따라서 기본기를 바탕으로 기출문제나 모의고사를 풀어보면서 응용능력을 키워야 한다.

그리고 내쉬균형은 지난 해부터 3×3Matrix 이상의 문제가 출제되고 있다. 앞으로도 내쉬균형에 관한 문제가 출제되면 문제의 지문을 읽자마자 직관적으로나 정형적으로 풀 수 없다는 판단이 들 때 바로 다음 문항으로 넘어가는 전략을 구사할 필요가 있다. 괜히 풀 수도 없는 내쉬균형에 아까운 시간을 허비할 필요가 없다.

거시경제학은 당혹스럽게 최근 화두가 된 글로벌 금융위기의 원인에 대한 시사적인 문제가 출제되었다. 글로벌 금융위기는 매우 중요한 문제라서 특별히 출제되었을 수도 있다. 그러므로 앞으로 경제학 시험에 대비해서 시사적인 부분까지 공부해야 한다는 부담감을 가질 필요는 없을 것으로 판단된다.

2011년은 전반적으로 경제학 원론의 내용을 골고루 출제하였다. 현시선호이론은 2009년부터 매년 출제되고 있어 내년 시험에도 현시선호이론의 깊이 있는 학습이 필요할 것으로 보이며, 독점기업의 가격차별전략 중 묶어팔기 전략이나 보조금문제나 꾸르노모형도 올해로 두 번째 출제되었다. 그러므로 한 번 기출된 유형과 관련된 심화학습이 필요할 것으로 판단된다. 또한 올해 경제학 책형 ①의 문항 1번은 2009년 국회직 8급 공무원 책형 가 문항 5번과 유사한 점을 보면 출제위원이 타시험에 기출된 문제를 참고하므로 다른 시험의 기출문제 연습은 새삼 중요하게 느껴진다. 레온티에프효용함수에서 3재화 간 선택모형문제 또는 노동-여가소비모형문제 등은 새로운 문제유형이지만 기본개념에 충실하며 충분히 풀 수 있는 난이도를 보인다. 앞으로도 경제학 시험을 어렵게 생각하기보다 그 문제에서 다루는 기본개념을 파악하고 충분히 이해하려는 학습전략이 필요할 것으로 사료된다.

2012년은 미시 21문항, 거시 12문항, 국제경제 7문항이 출제되었다. 작년에 비해 국제무역의 출세비중이 조금 낮아졌나. 미시에서는 작년과 달리 한세내체율을 계산하는 기초개념을 묻는 문항에서부터 최초로 출제되는 유형의 효용함수에서 소득소비곡선과 가격소비곡선을 도출하는 문항에까지 난이도가 골고루 조정이 되었다. 그리고 작년에 처음 출제된 교환의 협상력에 대한 이해를 하면 접근을 할 수 있지만 그렇지 않으면 보기의 해석이 난해할 수 있는 문제도 출제되었다. 전반적으로 기본개념에 대한 이해가 잘 되어 있는지부터 사례문제로 응용력을 평가할 수 있는지를 물어보기에 앞으로도 기본개념에 대한 이해와 기출유형에 대한 숙지를 해야겠다. 거시는 전반적으로 평이하게 출제되었으며 IS-LM을 이용한 정책효과는 다시 한 번 깊이 있게 공부할 필요가 있겠다. 국제경제는 미시처럼 기본개념을 잘 이해하고 있는지를 위주로 하면서 처음으로 출제된 고정요소모형으로 난이도를 조절하였다. 올해의 출제경향이 유지된다면 단순히 그림을 암기하기보다는 그림이 뜻하는 바를 이해하면서 기본기를 탄탄히 할 필요가 있다.

2013년은 분야별 출제비중을 보면 경제학 과목은 미시 17문항, 거시 19문항, 국제 4문항이 출제되었다. 이전에 주로 미시 20문항, 거시 12문항, 국제 8문항 정도 출제되던 것에 비하면 미시와 국제에서 출제된 문항 수가 3~4문항씩 줄었고, 거시에서 출제된 문항 수가 7문항이나 늘어났다. 특히, 출제빈도가 높았던 부분은 미시의 소비자이론(6문항)과 시장이론(6문항), 거시의 총수요-총공급모형(9문항)이다.

영역별 출제의 비중이 바뀐 점도 예년과 달라진 점이지만 올해 시험문제의 가장 큰 특징은 문제의 난이도가 예년보다 상당히 높아졌다는 점이다. 지난 몇 년 동안 문제의 난이도가 높아져 왔으나 특히 올해는 어려운 문제들이 다수 출제되었다. 40문항 중에서 약 8문항 정도는 2~3분에 풀기는 어려웠을 것으로 보인다. 그 중 14번은 학부에서 다루는 미시경제학을 넘어서는 내용을 묻고 있어 어려웠을 것으로 생각된다.

또한, 어느 정도의 계산이 필요한 문항이 9개나 출제되었고, 묻는 방식도 다섯 개의 보기 중에서 한 개의 답을 찾는 것이 아니라 여러 개의 보기 중 옳은 것을 모두 찾는 문제가 15문항이나 출제되어 실제 시험장에서 수험생이 느끼는 체감난이도는 더 높았을 것으로 보인다.

내년에는 올해 보다 훨씬 어려운 문제가 출제될 가능성이 높지는 않지만 출제자는 통상 지난 몇 년 동안의 시험문제를 참고하여 문제를 출제하므로 난이도가 급격하게 낮아지는 현상도 나타나지는 않는다. 따라서 수험생들은 내년에도 올해 정도의 난이도와 유형의 문제가 출제될 것으로 보고 충실히 공부를 할 필요가 있다.

2014년은 분야별 출제비중을 보면 미시경제학 19문항, 거시경제학 14문항, 국제경제학 7문항이 출제되었다. 전년에는 거시경제학의 비중이 높았으나 전년보다는 미시경제학과 국제경제학의 출제비중이 높아졌다. 미시에서는 소비자이론, 시장이론, 시장실패 부분의 출제비중이 높았고, 거시에서는 총수요-총공급모형, 경제성장론의 출제비중이 높았다.

2014년 시험의 가장 큰 특징으로는 전반적인 난이도가 전년보다는 상당히 낮아졌다는 점을 들 수 있겠다. 예년과 달리 문제를 읽고 곧바로 답을 찾을 수 있는 문제도 일부 포함되어 있어 수험생들이 느끼는 체감난이도는 전년보다 훨씬 낮았을 것으로 생각된다. 그러나 여전히 일부 문제들은 상당히 까다로웠고, 계산을 필요로 하는 문제가 13문항이나 포함되어 있어 고득점을 얻는 것은 그리 쉽지는 않았을 것으로 생각된다.

그 동안 경제학 시험의 난이도가 계속 높아져 오다가 2014년도에는 좀 낮아졌으나 내년 시험의 난이도가 2014년보다 낮아지지는 않을 것으로 보인다. 따라서 수험생들은 2015년도에는 2014년 시험문제의 난이도 정도나 혹은 그보다 약간 난이도가 높은 문제가 출제될 것으로 보고 공부할 필요가 있겠다.

2015년도에도 전년도와 같이 경제학 시험문제는 평이하게 출제되었다. 미시경제학의 경우 기본적인 개념 정도를 묻는 문제가 다수 출제되어 시간적 측면에서 부족한 학생은 없었으리라 판단된다. 수리적 문제 수준도 3인 게임의 내쉬균형을 확인하는 문제 17번, 판매세가 부과된 문제 5번을 제외하고는 응용문제라고 할 만한 것이 없었다. 거시경제학의 경우 지엽적인 지식을 묻는 문제보다 총수요와 총공급모형을 모형을 기반으로 한 정책효과 정도를 묻는 것으로 무난한 난이도로 출제되었다. 전체적으로 보았을 때 경제학 원론수준을 넘지 않았다고 생각되므로 경제학에서 쉽게 고득적을 획득할 수 있었으리라 생각된다. 최근 2,3년간 경제학 시험의 난이도가 많이 하락하였다. 그러나 2015년도 문제의 경우 미시경제학에서 기본적 수준을 묻는 문제가 유독 많이 출제되었으므로 차후 경제학 시험문제 수준은 2015년도보다는 조금 더 높게 출제되리라 조심스레 예측해 본다.

2016년은 미시경제학 18문항, 거시경제학 15문항, 국제경제학 7문항이 출제되었다. 미시에서는 소비자이론과 시장이론의 출제비중이 높았고, 거시에서는 국민소득결정이론, 총수요-총공급모형, 인플레이션과 실업에 관한 내용이 많이 출제되었다.

올해 시험의 가장 큰 특징으로는 작년보다는 난이도가 제법 높아졌을 뿐만 아니라 계산문제가 많이 출제된 점을 들 수 있겠다. 계산을 필요로 하는 문제가 거의 절반에 육박하는 17문항이나 출제되었는데, 특히 미시에서 출제된 18문항 중 계산문제가 13문제나 되었다.

작년보다 난이도가 좀 높아졌을 뿐만 아니라 계산을 필요로 하는 문제가 많았고, 또한 생소한 유형의 문제도 일부 출제되어 수험생들이 느끼는 체감 난이도는 작년보다 제법 높았을 것으로 생각된다.

앞으로도 올해 정도의 수준이 출제될 것으로 전망되므로 좋은 성적을 얻기 위해서는 약간 어려운 내용도 꼼꼼하게 공부할 필요가 있겠다. 또한, 계산문제의 수도 점점 많아지는 경향이 보이므로 이에 대해서도 철저히 대비해두는 것이 바람직해 보인다.

2017년은 먼저 출제영역과 관련하여 전체 40문항 중 미시경제학에서 18문항, 거시경제학에서 22문항이 출제되었다. 보다 구체적으로 미시경제학은 수요와 공급이론 2문항, 소비자 선택이론 4문항, 생산자 선택이론 2문항, 시장이론 6문항, 후생경제 및 시장실패 4문항으로 구성되었으며, 거시경제학은 국민소득지표 1문항, IS-LM모형 2문항, 투자 및 소비이론결정모형 2문항, 실업률 및 인플레이션 4문항, 케인즈 모형 2문항, 금융시장 6문항, 개방경제모형 4문항, 경제성장이론 1문항으로 구성되었다. 따라서 미시경제학의 경우 전반적으로 균형있게 출제되었으나, 거시경제학의 금융시장과 관련한 문항의 비중이 과거보다 높게 출제되었다.

난이도 측면에서 미시경제학의 경우 작년보다 응용문제의 출제비중이 작았으며, 대부분 교과서에 다루고 있는 내용을 다루었다. 거시경제학의 경우 모형을 그래프로 표현하고 이에 대한 해석을 물어보는 문제가 많았으므로 전년도에 비해 문제해결에 보다 시간이 걸렸을 것으로 생각된다.

수험생들이 거시경제학을 공부함에 있어 지엽적인 학파별 대립을 중시하는 경향이 있다. 앞으로 거시경제학을 공부함에 있어서도 학파별 대립 그 자체보다 각 모형들의 기본가정과 그 전개과정 및 함의를 보다 이해하는 것이 필요하다고 생각된다.

2018년은 미시경제학 18문항, 거시경제학 15문항, 국제경제학 7문항이 출제되었다. 미시에서는 시장이론과 시장실패 부분의 출제비중이 높았고, 거시에서는 국민소득결정이론, 화폐금융론, 총수요-총공급모형에 관한 내용이 많이 출제되었다.

올해 시험의 특징으로는 새로운 유형의 문제가 다수 출제되었을 뿐만 아니라 계산문제가 많이 출제된 점을 들 수 있겠다. 계산을 필요로 하는 문제가 거의 절반에 육박하는 20문항이나 출제되었는데, 특히 미시부분에서 출제된 문제들은 거의 대부분 계산이 필요한 문제들이었다.

작년보다 난이도도 약간 높아졌을 뿐만 아니라 계산을 필요로 하는 문제가 많았고, 또한 생소한 유형의 문제도 일부 출제되어 수험생들이 느끼는 체감 난이도는 작년보다 제법 높았을 것으로 생각된다.

앞으로도 올해 정도의 수준이 출제될 것으로 전망되므로 좋은 성적을 얻기 위해서는 약간 어려운 내용도 꼼꼼하게 공부할 필요가 있겠다. 또한, 계산문제의 수도 점점 많아지는 경향이 보이므로 이에 대해서도 철저히 대비해두는 것이 바람직해 보인다.

2019년은 미시경제학 20문항, 거시경제학 15문항, 국제경제학 5문항이 출제되었다. 미시에서는 소비자이론, 생산자이론, 그리고 시장이론의 출제비중이 높았고, 거시에서는 총수요-총공급모형, 안정화정책에 관한 내용이 다수 출제되었다.

올해 시험의 특징으로는 새로운 유형의 문제가 다수 출제되었을 뿐만 아니라 계산문제 수가 지난해 보다 많이 증가한 점을 들 수 있겠다. 계산문제가 절반을 넘는 24문제나 출제되었는데, 특히 미시부분에서 출제된 문제들은 거의 대부분 계산이 필요한 문제들이었다.

작년보다 난이도는 비슷한 것으로 판단되나 계산문제의 수가 많아졌고, 생소한 유형의 문제도 일부 출제되어 수험생들이 느끼는 체감 난이도는 작년보다 제법 높았을 것으로 생각된다.

앞으로도 올해 정도의 수준이 출제될 것으로 전망되므로 좋은 성적을 얻기 위해서는 약간 어려운 내용도 꼼꼼하게 공부할 필요가 있겠다. 또한, 계산문제의 수도 점점 많아지는 경향이 있으므로 이에 대해서도 철저히 대비해두는 것이 바람직해 보인다.

2020년 경제원론은 미시경제학 19문항, 거시경제학 12문항, 국제경제학 9문항이 출제되었다. 미시에서는 소비자이론과 시장이론의 출제비중이 높았고, 거시와 국제경제학에서는 전분야의 문제가 골고루 출제되었다.

이번 시험의 가장 특징은 과거에 볼 수 없었던 새로운 유형의 문제가 다수 출제된 점을 들 수 있다. 새로운 유형으로는 가격하한제 및 쿼터제에 대한 문항, 근로장려세제에 관한 문항, 생산가능곡선에 관한 문항, 비용-편익분석에 관한 문항, PPP기준 1인당 GDP에 관한 문항을 들 수 있다.

이번 시험에도 계산이 필요한 문제가 절반을 넘는 25문제나 출제되었는데, 대부분의 문제가 상당한 계산을 요하는 것들이었다. 특히, 다양한 경우를 고려해야 하는 가격하한제 및 쿼터제, 이부가격세에 관한 문제와 계산 자체가 복잡한 IS-LM모형에 관한 문제 그리고 무역의 이득 계산해야 하는 비교우위론 문제가 까다로운 것으로 평가된다.

올해 출제된 문제는 전반적으로 작년보다 난이도는 높았을 뿐만 아니라 생소한 유형의 문제와 계산이 복잡한 문제가 다수 출제되었기 때문에 수험생들이 느끼는 체감 난이도는 작년보다 상당히 높았을 것으로 생각된다.

앞으로 출제되는 문제수준이 올해보다 높아질 가능성은 크지 않겠지만 올해의 수준이 유지될 가능성이 상당히 있다. 그러므로 좋은 성적을 얻기 위해서는 좀 어려운 내용도 꼼꼼하게 공부할 필요가 있겠다. 또한 계산문제의 수도 점점 많아지는 경향이 있으므로 이에 대해서도 철저히 대비해두는 것이 바람직해 보인다.

2021년 경제원론은 미시경제학 20문항, 거시경제학 12문항, 국제경제학 8문항이 출제되었다. 미시에서는 소비자이론의 출제비중이 높았고, 거시와 국제경제학에서는 전 분야에서 골고루 출제되었다. 이번 시험의 가장 특징은 단순하게 이론을 이해하고 있는지를 문제보다는 경제이론을 응용한 문제가 다수 출제되었다는 점이다. 올해도 계산을 요하는 문제가 절반을 넘는 25문제나 출제되었다. 특히, 미시경제학 문제는 2문항을 제외하고는 모두 계산 문제로 출제되었다.

이번 시험에 출제되는 문제는 전반적으로 작년보다 난이도는 높았을 뿐만 아니라 생소한 유형의 문제와 계산이 복잡한 문제가 다수 출제되었기 때문에 수험생들이 느끼는 체감 난이도는 작년보다 상당히 높았을 것으로 생각된다.

내년 시험에서 문제의 난이도가 올해보다 높아질 가능성은 크지 않겠지만 현재의 수준이 유지될 가능성이 높다. 그러므로 좋은 성적을 얻기 위해서는 좀 어려운 내용도 꼼꼼하게 공부할 필요가 있겠다. 또한 계산문제의 비중은 앞으로도 그대로 유지될 가능성이 크기 때문에 이에 대해서도 철저히 대비해두는 것이 바람직해 보인다.

2022년 경제원론은 미시경제학 17문항, 거시경제학 14문항, 국제경제학 9문항이 출제되었다. 미시에서는 소비자이론과 시장이론의 출제비중이 높았고, 거시와 국제경제학에서는 전 분야에서 골고루 출제되었다. 이번 시험의 가장 특징은 단순하게 이론 자체를 묻는 문제보다는 이론을 응용한 문제가 다수 출제되었다는 점이다. 올해도 계산을 요하는 문제가 절반을 넘는 26 문항이나 출제되었다.

이번 시험에는 기본기에 충실하면 빠르게 풀 수 있는 문제가 제법 있었기 때문에 전반적으로 작년보다 난이도는 좀 낮아진 것으로 평가된다. 그렇지만 여전히 제법 시간이 필요한 문제가 포함되어 있었기 때문에 실제 시험에서 수험생이 느끼는 체감 난이도는 좀 더 높았으리라 생각된다.

최근의 출제경향을 볼 때 내년 시험에서 문제의 난이도가 올해보다 낮아질 가능성은 거의 없어 보이므로 좋은 성적을 얻으려면 좀 어려운 내용까지두 꼼꼼하게 공부할 필요가 있겠다. 또한 계산문제의 비중은 앞으로도 그대로 유지될 가능성이 크기 때문에 이에 대해서도 철저히 대비해두는 것이 바람직하다.

1) 미시경제학(46.7%)

생산물시장이론에서 가장 많이 출제되고 있으며, 완전경쟁시장과 독점시장에 집중되고 있다. 수요·공급이론, 소비자균형이론, 생산 및 비용함수, 후생경제학 및 시장실패이론은 각각 균등한 비중으로 출제되고 있고, 소득분배이론의 출제비중은 낮으며 생산요소시장이론에 집중되어 있다.
① 수요 · 공급이론, 탄력도 응용 : 기본개념 및 계산문제
② 소비자균형이론
  • 무차별곡선이론
    - 소비자균형의 기본개념 및 계산문제
    - 수요곡선(통상 및 보상)의 도출
    - 특수형 무차별곡선의 의미
    - 특수형 소득소비곡선, 가격소비곡선
  • 소비자균형이론의 응용
    - 지수(Index)의 계산
    - 후방굴절노동공급곡선
    - 각종 보조의 후생비교
    - 불확실성하의 기대효용 계산
③ 생산자균형이론
  • 생산함수 : Cobb-Douglas 생산함수의 이해 및 계산
  • 비용함수 : 각 비용곡선의 도출과 경제적 관계에 대한 이해
④ 생산물시장이론
  • 완전경쟁시장
    - 시장균형의 기본개념과 특징, 계산문제
    - 장 · 단기공급곡선(특히 장기)
  • 독점시장
    - 시장균형의 기본개념과 특징, 계산문제
    - 독점규제 및 가격차별
⑤ 생산요소시장이론 : 각 시장형태별 요소시장균형과 특징. 착취
⑥ 후생경제학 : 파레토최적조건과 경제적 의미
⑦ 시장실패
  • 시장실패의 원인
  • 외부효과(특히, 공해문제), 공공재
  • 불확실성(조건부거래시장, 도덕적 해이, 역선택), 정보의 비대칭성

2) 거시경제학(39.0%)

거시경제변수에 관한 기본적 내용, 학파별 및 모형별 국민소득결정, 재정 · 금융정책의 효과 등에 관한 출제가 주류를 이루고 있으며, 개별함수(소비, 투자)에 관한 문제는 거의 출제되고 있지 않다. 화폐금융론에 대한 출제는 많지 않으며, 거의 통화수요함수에 집중되고 있다.
① 주요 거시경제변수
  • GNP의 정의, 관련 계산문제
  • 물가지수의 포괄범위 및 관련 계산문제

② 국민소득결정 단순모형과 재정정책
- 각 모형에 따른 국민소득결정 및 관련 계산문제
- 재정정책 및 관련 계산문제

③ 화폐금융론
- 통화공급함수 및 계산문제
- 학파별 통화수요함수 및 이자율결정이론

④ IS - LM모형
- IS, LM곡선의 도출
- 여건변화효과, 재정 · 금융정책
- IS, LM곡선의 수리방정식 도출 및 이해

⑤ AD - AS모형
- 총수요, 총공급곡선의 도출
- 여건변화효과, 재정 · 금융정책

⑥ 거시경제학의 조류 : IS - LM 및 AD - AS모형을 이용한 학파별 비교

⑦ 인플레이션과 실업
- 인플레이션 : 각 인플레이션의 형태별 원인과 대책
- 실 업 : 실업원인, 자연실업률가설(탐색적 실업이론)
- 필립스곡선 : "최초의 필립스곡선", "기대부가 필립스곡선"

3) 국제경제학(14.3%)

국제무역이론과 국제수지이론이 거의 같은 비중으로 출제되고 있다.

① 국제무역이론
- 비교우위 및 관련 계산문제
- 무역이론, 레온티에프 역설
- 관세장벽 및 각종 비관세장벽(관세동맹 등)

② 국제수지이론
- 환율, 환율제도와 국제수지, 국제수지표 계산
- 각 환율제도하에서의 재정 · 금융정책효과

4) 경제성장이론, 경제발전이론 및 경기변동이론(2.8%)

출제비중이 크지 않으며, 거의 경제성장이론에서 출제되고 있다.

① 해로드 · 도마 모형
② 솔로우 모형
- 균형조건의 도출, 경제적 의미, 기술변화

③ 내생적 성장이론

분류	연도	'13	'14	'15	'16	'17	'18	'19	'20	'21	'22	계	출제비율 (%)
미시경제학	경제와 경제체제	-	-	-	-	-	-	-	1	-	1	0.2
	수요·공급의 이론	3	2	1	1	1	3	3	2	1	1	18	4.5
	수요·공급의 탄력도	1	1	1	-	1	1	1	1	1	1	9	2.3
	수요·공급이론의 응용	-	-	1	1	-	1	1	1	-	1	6	1.5
	한계효용이론	3	3	1	3	2	1	2	4	3	2	24	6.0
	무차별곡선이론	-	1	1	2	1	-	-	1	1		7	1.7
	현시선호이론	-	-	-	-	-	-	-	-	1	1	2	0.5
	소비자선택이론의 응용	-	1	2	3	1	-	-	-	-	1	8	2.0
	생산함수	3	1	1	-	3	3	3	1	1	1	17	4.2
	비용함수	1	1	2	-	1	-	1	-	1	1	8	2.0
	완전경쟁시장	-	1	2	1	1	-	-	-	2	2	9	2.3
	독점시장	1	2	1	-	2	-	1	1	1	1	10	2.5
	독점적 경쟁시장 및 과점시장	-	2	-	1	1	2	1	2	1	1	11	2.8
	소득분배이론	-	-	1	-	-	-	-	-	-	1	2	0.5
	생산요소시장이론	-	-	-	-	-	-	2	1	1	-	4	1.0
	임금·이자·지대 및 이윤	2	1	2	2	2	3	-	-	1	2	15	3.7
	일반균형이론 및 후생경제학	2	1	2	2	2	2	2	2	1	1	17	4.2
	시장실패와 공공선택이론	1	2	2	2	-	3	3	3	2	1	19	4.8
	소 계	17	19	20	18	18	19	20	19	20	17	187	46.7
거시경제학	주요 거시경제변수	2	2	1	1	-	1	-	1	1	-	9	2.3
	국민소득결정 단순모형	1	-	1	-	1	-	1	1	-	1	6	1.5
	재정정책	3	-	-	-	-	-	-	-	2	-	5	1.3
	개별함수이론(소비 및 투자)	-	-	-	1	1	1	1	-	-	-	4	1.0
	화폐와 금융기관	-	-	1	1	1	1	-	1	1	1	7	1.7
	통화공급과 금융정책	1	1	1	1	3	3	3	1	-	2	16	4.0
	화폐수요와 이자율결정	2	1	1	2	4	4	3	3	1	2	23	5.8
	IS - LM모형	-	3	3	3	4	3	1	1	3	3	24	6.0
	총수요·총공급모형	9	4	2	3	1	3	3	-	1	1	27	6.7
	거시경제학의 조류	-	-	-	-	-	-	1	1	-	-	2	0.5
	인플레이션과 실업	1	-	3	2	3	2	3	2	2	3	21	5.2
	최근 거시경제학의 조류	-	-	-	-	-	-	-	-	-	-	-	-
	경제성장이론	-	3	3	1	1	-	1	1	1	1	12	3.0
	경제발전이론	-	-	-	-	-	-	-	-	-	-	-	-
	경기변동이론	-	-	-	-	-	-	-	-	-	-	-	-
	소 계	19	14	16	15	19	18	17	12	12	14	156	39.0
국제경제학	국제무역이론	2	4	2	4	2	2	2	5	4	4	31	7.8
	국제수지이론	2	3	2	3	1	1	1	4	4	5	26	6.5
	소 계	4	7	4	7	3	3	3	9	8	9	57	14.3
	계	40	40	40	40	40	40	40	40	40	40	400	100.0

(2) 수험대책

앞에서도 언급했듯이 경제학은 경제원론으로 기본개념을 정리하고 각론위주로 공부해야 한다. 미시경제는 개념정리와 도해를 중심으로 sub-note를 준비하여 정리하는 것이 좋다. 출제자의 성향에 따라 출제경향 또한 달라질 수 있으므로 각 부문별로 철저히 준비해야 한다. 특히 최근에는 분배이론과 후생경제학에 보다 많은 출제비중이 차지했으므로 유의하고, 계산문제는 문제의 적응력 배양에 노력해야 한다. 거시경제는 국민소득론, 화폐금융론, 일반금융론 등에서 출제비중이 높으나 미시경제와 마찬가지로 각 부문별로 빠짐없이 정리하는 것이 필요하다. 국제경제는 최근 들어 중요시 되고 있으므로 별도로 준비하는 것이 좋다. 평소 각론위주로 준비를 마무리하면서 1차시험에 임박하여 객관식 문제집으로 정리하면 될 것이다.

Ⅱ. 2교시 : 상법, 세법개론(120분)

1. 상 법

상법은 대부분 수험생들이 고득점 과목으로 인식하는 과목으로 타과목보다 점수 받기가 용이한 편이다. 그러나 점차 법조문의 나열식을 벗어나 법이론적인 이해를 묻는 문제와 판례문제가 증가 추세에 있고 지문 또한 길어지고 있는 것을 보면 그렇게 쉽게 생각해서는 안 될 것이다.

(1) 출제경향분석

상법전상 상법은 상법총칙, 상행위, 회사법, 보험, 해상의 5편이고, 이중 보험, 해상이 제외된 전 3편이 시험의 대상이다. 이외에 어음법, 수표법이 해당된다. 공인회계사 제1차시험에서는 회사법이 59%를 차지하고 있으며 그 중에서도 주식회사부분이 53.3% 이상을 차지하고 있어 가장 큰 비중을 갖고 있다. 하지만 합명·합자·유한회사나 외국회사에 관해서도 가끔씩 출제되고 있기 때문에 주식회사를 중점적으로 공부하되 기타 부분도 법조문을 중심으로 중요사항에 대해서는 반드시 정리하는 것이 바람직하다. 한편, 어음·수표법은 그 비중이 20% 정도이지만 복잡한 case문제나 이론적인 이해를 요구하는 문제들이 출제되고 있으므로 법조문의 단순암기는 지양하여야 하며 어느 정도 깊이있는 이해가 필요하다.

1) 상법총칙의 분석

기업의 생활관계를 규율하는 법의 총체인 상법은 상법총칙분야에서 기업의 인적 설비(요소)로 상업사용인, 물적인 설비(상호, 상업장부, 영업소)로 나누어 그 서술이 기업의 주체인 상인, 상업사용인, 상호, 상업장부 외에 상법의 고유한 특성을 지닌 상업등기와 영업양도에 관하여 규정하고 있다.

① 서론 : 이 부분에서는 상법의 기본이념인 기업의 유지강화와 거래의 안전신속화의 양자의 특징을 물어 보는 문제가 간혹 출제되며 특히 거래의 안전신속화의 일환인 외관의 법리는 빈번하게 나오는 경향이다.

② 기업의 주체(상인) : 상인자격 취득, 상실, 종류 등으로 나눠 한해도 거르지 않고 시험에 출제된다.

③ 인적 설비(상업사용인) : 상업사용인 중 지배인과 관련된 부분이 특히 중요하고 그 권한을

중심으로 정리하여야 한다. 그 외에 상업사용인의 경업피지의무와 외의 이사, 무한책임사원, 대리상도 관련하여 정리할 필요가 있다.

④ 물적 설비(상호, 상업장부, 영업소) : 상호에 관하여는 상호선정의 자유와 그 제한, 양도, 상호권(상호, 사용권, 전용권) 등이 중요하다. 상업장부에 관하여는 그 의무(작성의무, 제출의무, 보존의무) 등을 중심으로 정리하면 된다. 영업소에 대한 문제는 그 효과에 대하여 복합적으로 한 문항씩 관련하여 출제된다.

⑤ 상업등기 : 이 부분은 빈번 출제영역이다. 상업등기의 효력(일반적 효력, 특수한 효력) 그 중에 제한적 효력의 인정 등을 중심으로 정리가 필요하다.

⑥ 영업양도 : 영업양도는 그 효과를 중심으로 출제가 빈번하게 된다. 내부적 효과(당사자의 효과)에서는 양도인의 경업피지의무, 외부적 효과(양도인의 채권자와 채무자와의 관계)로는 양도인의 채권자와의 관계가 중요하다.

2) 상행위의 분석

① 상행위의 총론 : 상행위총론에서는 기본적 상행위와 보조적 상행위를 중심으로 정리를 요하며 특히 상행위의 대리 · 유치권 · 상사매매 등이 중요하다.

② 상법상 특수한 계약(상호계산과 익명조합) : 상호계산의 그 효력을 중심으로 정리를 요하며, 익명조합은 영업자와 익명조합원의 책임이 중요하다. 이는 격년 빈번 출제대상이므로 언제나 정리를 필요로 한다.

③ 상행위의 각론 : 대리상, 중개인, 위탁매매인, 운송인은 매년 돌아가며 한 문제씩 출제되는 경향을 보이므로 미출제된 부분을 중심으로 정리를 요하며 그 외 운송주선인 창고업자, 공중접객업자도 한 번쯤 나올 만한 문제이다.

3) 회사법

① 총론 : 회사법의 총론부분에서는 회사의 개념, 회사의 능력, 회사의 해산, 회사의 합병 등을 중심으로 격년으로 빈번하게 출제되는 경향이므로 이에 맞추어 시험출제에 대비하여야 하고 그 외에 회사의 계속, 휴면 회사, 외국회사 등에 관하여는 한 번쯤 출제될 문제이다.

② 합명회사, 합자회사, 유한회사 : 이 부분은 공부량이 많지 않기 때문에 대체적으로 모두 정리할 필요가 있으며, 특히 각 회사의 기본적인 특성은 언제나 이해하여 시험준비를 할 필요가 있다. 왜냐하면 이 부분에서 문제가 나올 경우 모두 맞출 수 있는데 어음법, 수표법은 공부량이 많아도 맞추기가 어렵기 때문에 전략적인 부분이기 때문이다.

③ 주식회사 : 주식회사에 대하여는 출제의 꽃이므로 어디가 특히 중요하다고 할 필요없이 전반적으로 모두다 정리할 필요가 있다. 그렇지만 그 중에서도 빈번 영역을 보면,

• 주식회사의 설립부분은 항상 출제영역이며 특히 모집설립과 발기설립의 차이, 변태설립 능을 중심으로 정리를 요한다.

• 주식에 관하여는 주식의 특성, 주식의 종류, 양도 등은 언제나 모두 정비할 필요가 있다. 발기인의 지위 발기설립경과조사 특히 변태설립사항, 주식양도, 감사의 지위강화, 회사법

소의 소급효 인정된 부분과 그 외 개정된 부분은 대체적으로 정리가 필요하다.
- 회사의 기관 : 주주총회에 관하여는 한 번도 거르지 않는 출제영역으로 이외의 이사 · 대표 · 감사 · 감사 등은 모두 정리할 필요가 있다.
- 기타 : 자금조달의 일환인 신주발행은 신주인수권과 관련해 정리를 요하고, 사채와의 비교 문제도 중요하며, 이외의 준비금, 이익배당(그 중 주식배당)에 관한 문제도 빈번히 출제된다. 그 외의 자본금감소, 정관변경, 재무제표와 관련된 자산평가 등은 빈번 출제영역은 아니지만 간헐적으로 출제가 된다.

4) 어음법, 수표법

어음을 중심으로 정리하고 그 외의 어음과 관련된 수표의 특성을 정리할 필요가 있다. 특히 어음법에서는 어음법 서론 영역이 중요하다. 어음 · 수표의 개념, 어음 · 수표행위(대리행위도 중요) 및 차이, 어음의 위조 · 변조 · 어음의 권리 및 행사와 관련한 항변(물적항변 · 인적항변) 등은 언제나 정리할 필요가 있다. 또한 환어음의 법률관계에서는 발행 · 배서는 언제나 출제의 대상이 되므로 모두 정리할 필요가 있고 이와 관련하여 수표의 특성도 연관하여 정리하면 대체적으로 어음 · 수표법은 시험에 대비가 된다. 왜냐하면 나머지 부분은 1~2문제에 그치기 때문이다.

2004년도부터 문제가 40문항(상법총칙 · 상행위법 8문제, 회사법 24문제, 어음 · 수표법 8문제)으로 늘어남에 따라 두드러지게 나타난 특징은 순수 [사례중심형]문제가 10문제(25%)나 출제되었다는 점이다. [사례중심형]이란 최근의 학설 · 판례가 포함되어 지문이 길고 사례를 중심으로 출제된 문제유형을 의미한다. 이러한 [사례형] 문제의 해결능력을 배양하려면 단순히 암기 위주의 공부보다는 법문해석, 학설 · 판례의 입장 등의 핵심내용을 체계적으로 요약정리하고 사례중심형 연습문제를 풀어보며 종합적인 사고능력을 향상시킬 수 있는 학습방법이 필요하다고 본다.

2005년도 출제경향은 어느 특정부분에 집중하여 출제되지 않고 출제범위내의 모든 부문에서 골고루 출제되면서 문제의 수준도 수험생으로써 꼭 알아두어야 할 기본적 내용에 충실하였다고 본다. 한편, 40문제의 출제에 따라 향후에도 마찬가지이겠지만, 판례의 출제비중이 늘어나고 있고, 특히 case로 출제된 문제들은 2004년도와 마찬가지로 대부분 판례를 인용하고 있다.

2006년도는 기본적이고 일반적으로 중요하게 다루어지는 내용을 고르게 묻고 있어 대체적으로 평이한 수준이었다고 생각한다. 다만, 지문이 예년에 비하여 약간 길어져 짧은 단문위주로 공부한 수험생들에게는 조금 까다롭게 여겨질 수 있는 문제들이 있었다는 것이 특징이다.

상법의 각 분야별 문항수도 총론, 회사법, 어음수표법이 각각 2:6:2의 비율로 출제되어 그동안의 경향이 그대로 반영되어 있어 수험생들의 예측을 어긋나게 하지 않았다. 앞으로 상법의 고득점을 하기 위하여는 종래 법조문식 단문 위주의 암기뿐 아니라 좀 더 넓은 이해가 동반되어야 할 것으로 생각되며 아울러 자문의 내용이 긴 연습문제를 많이 풀어보아야 할 것이다.

2007년도에는 평소에 익히시 않년 판례가 많이 출제된 점이 특색이 있고, 이로 인하여 수험생들은 문제가 상당히 어려웠다고 생각할 것이다. 이전보다는 까다롭다고 생각되어지는 문제가 많이 출제되었다는 것은 분명한 사실이다. 그러나, 기본에 충실하여 공부하였다면, 3~4문제를 제외하고는 풀 수 있는 문제들이었다고 본다. 2008년 이후의 시험을 준비하는 수험생들은 시험 지문이 점점 깊이있는 내용들로 짜여진다는 점을 고려하여야 할 것이다. 그리고 상법의 고득점을 위한 시험공부의 방법으로 요구되는 점을 언급한다면 먼저, 법조문을 확실히 이해할 수 있도록 하여야 한다는 것이다. 그리고 중요한 판례의 내용들도 더불어 알도록 노력해야 할 것이다.

2008년도에는 그리 어려운 문제유형은 아니었다. 늘 수험생들이 공부해온 영역에서 시험이 출제되었다. 다만, 어렵다고 느꼈다면 출제자가 통상의 문제유형스타일을 바꾸어 놓은 것일 것이다. 시험에 늘 나오는 영역을 잘 챙겨서 전략적으로 공부를 하면 90점대는 어렵지 않을 것이다.

2009년도에도 시험난이도는 평이한 수준이다. 영역별 출제비중도 예년의 출제비율을 그대로 유지하였다. 상법은 단순암기로는 고득점이 쉽지만은 않지만 열심히 노력하면 그만큼 고득점이 가능한 과목이기도 하며 수험생의 성적편차가 가장 심한 과목이기도 하다.

2010년도 상법은 예전과 다른 유형의 문제가 많았고, 지문에 판례가 다소 많이 나왔지만 비교적 평이한 수준이었다.

2011년도 상법은 시험문항수는 예년과 같이 상법총칙과 상행위 8문, 회사법 24문, 어음수표법 8문이 출제되었다. 상행위편은 역시 예상대로 개정된 상법내용에서 많이 출제가 되었다. 항상 이야기 하듯이 상위 10%에 해당하는 4문제 정도는 단순히 판례의 요지를 그대로 지문으로 하여 일반 수험생이 미처 공부하지 못한 것으로서 난이도가 높았던 것으로 판단되는 문제가 출제되었다고 본다. 그 밖에 문제들의 대부분은 예년과 같은 수준의 문제이면서 난이도가 크게 어려운 것이 아니었다고 본다.

2012년도 상법시험문제 출제경향은 전통적으로 출제되는 것과 다를 바 없었다. 상법총칙과 상행위에서 8문제, 어음수표법에서 8문제, 회사법에서 24문제가 출제되었다. 그 중에서 CASE가 11문제 출제되었습니다. 이번 시험문제에 대해서는 까다로운 문장보다는 판례의 내용이 많이 지문화됨으로써 어렵다는 느낌을 받았을 것으로 보이고, 응용되어진 문장이나 생각을 요하는 문제가 있어서 시간이 많이 걸렸을 것으로 보인다. 그러나 집중하여 문제를 풀어내려갔다면, 기존에 공부하였던 바에 따라 문제를 풀어냈을 것이라 보인다.

총 출제 40문제 중 순수히 법조문으로만 문제가 구성되거나 또는 정답을 구할 수 있는 문제는 24문제이었으며, 판례나 법조문의 응용문제 16문제 정도의 비중으로 출제된 것으로 파악된다. 판례나 법조문의 응용문제에서도 10문제정도는 법조문을 정확히 알고 있다면 풀어낼 수 있는 문제이었다고 본다. 따라서 역시 시험을 대비하는데 있어서 가장 중요한 것은 법조문이라는 것을 다시 한번 확인할 수 있었다. 앞으로 시험을 준비하는 수험생 여러분도 일단 법조문을 중심으로 공부를 하고, 추가로 판례의 내용으로 중요한 것들을 익히는 것이 필요하다고 본다.

2013년 공인회계사 시험의 상법 문제는 수험생들이 어려웠다고 느낄 수 있는 지문들이 특히 회사법에서 많았을 것으로 판단된다. 기존에 잘 언급되지 않던 지문이거나 잘 언급되지 않던 판례의 지문이 2012년 이전의 문제와 달리 좀 더 많았고, 조문을 응용하여 그 뜻을 이해하여 풀 수 있도록 한 지문이 상당히 출제되었기 때문이다. 그러나 법조문을 적확하게 이해하고 암기하고 있었다면 기본적으로 고득점은 할 수 있었다고 판단된다.

좀 더 구체적으로 본다면 상법총칙 3문제가 출제되었고, 이 중 1번 문제는 거의 출제되지 않던 내용이라 정답을 찾지 못한 경우가 많았을 것으로 보인다. 나머지 두 문제는 판례가 언급되고 있지만, 조문만 알고 있다면 정답을 찾을 수 있었다.

상행위 5문제가 출제되었고, 모두 법조문만 잘 암기하였다면 정답을 찾는데 문제가 없었다고 본다. 케이스문제인 상사매매에 관한 문제도 역시 조문에서 출제되었다.

회사법 24문제가 출제되었다. 이 중에서 합명회사, 합자회사, 유한책임회사에 관한 문제가 각 각 1문제씩 출제되었지만, 역시 조문에서 출제된 문제이다.

주식회사는 21문제가 출제되었다. 이 중에서 조문관계 문제가 18문제(이들 중 이론적으로 판단이 필요한 문제가 5문제), 순수 판례문제가 3문제 출제되었다.

어음법과 수표법 8문제가 출제되었다. 어음의 형식적요건, 환어음 기재사항, 배서, 상환청구, 백지어음 부당보충, 횡선수표, 등본과 복본, 소멸시효이 각 각 출제되었으나, 평이한 것으로 2012년 이전의 문제보다 정답을 찾는데 어려움이 없는 문제들이었다고 본다.

언제나 말해왔듯이 앞으로도 법조문은 가장 중요한 기출예상지문이라는 점을 인식하고 법조문 암기에 중점을 두어야 할 것이다. 판례에 대해서는 너무 많은 신경을 쓰지 않는 것이 오히려 약이 될 것이라 생각한다.

2014년 공인회계사 시험 상법의 난이도는 지난해보다 낮아, 많은 수험생들이 고득점을 할 것으로 예상하고 있다. 그러나 지난해보다 조문을 중심으로 출제되어지고 판례의 지문이 적었다는 것으로 체감적으로는 난이도가 낮게 보일지 몰라도, 실제로는 상법내용을 몇 번이고 반복하여 공부하고 익힌 경우가 아니라면 그렇게 쉽지만은 않은 것으로 보인다. 상위학생들을 제외하고는 쉽다고 보기 어렵다는 것이다.

이번 공인회계사 시험에서 전체 출제문제의 분야별 비중은 차이가 없었으며, 다만 이번 시험은 법조문을 중심으로 출제되어진 비율이 대단히 높았다는 점에 특징이 있다. 향후 공인회계사 시험의 새로운 경향이 될 것으로 판단된다. 그 이유는 이제 1차합격자수를 미리 공시하고 그 인원수만큼 뽑는 시험이 되므로, 그 난이도가 매우 높을 필요가 없다고 예상되어지기 때문이다.

앞으로 시험을 준비하는 수험생 여러분은 법조문을 철저히 암기할 수 있도록 하고, 그 위에 주요판례를 보완하는 것이 적은 시간을 들여 고득점을 하는 효율성을 가져올 것이라는 점을 인지하여 주기 바란다.

2015년 기출문제도 총칙상행위 8문제, 어음수표법 8문제, 회사법 24문제가 출제되었다. 전반적으로 난이도높은 문제는 상대적으로 이전 기출문제보다 적었다고 본다. 따라서 이번 기출문제의 전체적인 난이도는 평이했다고 본다. 특히 어음수표법의 문제가 복잡하고 난해한 판례 중심이 아니라 조문위주의 문제로 출제되어짐으로써 상대적 체감난이도는 더욱 떨어졌다고 판단된다. 회사법이나 총칙상행위의 문제도 조문중심의 문제가 예전에 비해 훨씬 더 많이 출제되었다는 것도 특징이다. 다만, 조문중심의 문제에서는 조문상 문구를 세세히 암기하고 이해하지 못하면 틀리기 쉬운 함정들이 있었음을 해설을 통해 알게 될 것이다. 이미 수없이 언급했듯이 2016년 시험을 준비하는 수험생들도 법조문을 철저히 세밀히 암기하는 것을 기본으로 하여야 할 것이다.

2016년 상법문제는 크게 어려운 문제없이 대부분의 문제가 평이하게 출제되었다고 본다. 사례형문제도 대부분이 그 설문의 내용이 그리 복잡하지 아니한 단순한 형태로 구성되어 문제해결에 크게 시간도 걸리지 않을 정도로 난이도가 예년에 비해 높지 않았고 판례의 입장을 묻는 지문도 평소에 중요하게 공부한 기본적인 내용위주로 지문이 구성되어 수험생입장에서는 불의타의 문제는 거의 없었다고 생각된다. 그리고 대부분의 문항 수를 점했던 조문중심의 문제도 평소에 익히 공부했던 주요지문 위주로 무난하게 출제되어 체감난이도는 더욱 수월했으리라 생각된다. 특히 수험생 들이 평소 어렵게 생각하는 어음수표법의 거의 모든 지문이 조문위주로 간략하게 구성되었다는 점에서 더욱 피부로 느끼는 난이도는 더 쉬웠을 것으로 여겨진다. 앞으로도 공인회계사 상법문제는 큰 틀에서는 최근의 출제경향을 따를 것으로 여겨진다. 다만 최근 례에서도 2016년의 난이도가 가장 무난했다고 여겨지므로 2017년도는 체감 난이도가 올해 보다는 어렵게 출제될 수도 있을 것이다. 다만 큰 틀에서는 대부분의 지문이 주요조문과 주요판례의 결론에 따라 구성될 것이고 평소 중요하게 다루지 아니하는 판례와 조문문제는 출제되지 아니할 것으로 여겨지나 그 문제의 구성이 조금은 심도 있게 함정을 만들 가능성이 있으므로 올해 기출수준보다는 조금 더 깊이 있게 공부할 필요가 있을 것이다. 따라서 2017년 시험을 준비하는 수험생은 평소 주요조문과 주요판례를 꼼꼼히 분석하여 암기하는 것을 기본으로 할 필요가 있을 것이다.

2017년 공인회계사 상법문제는 예년의 수준을 크게 벗어나지 않아 대부분의 수험생의 입장에서 불의타는 없었을 것으로 생각된다.

총칙과 상행위의 사례형 몇 문제를 제외하고는 회사법과 어음수표법의 대부분의 문제가 조문으로 구성이 되었고 또한 몇몇 지문을 제외하고는 대부분이 예상되는 범위의 주요조문으로 지문이 구성되어 문제해결에 큰 어려움이 없었을 것이다.

사례형문제도 그 설문의 내용이 그리 복잡하지 아니한 단순한 형태로 구성되어 무난하게 출제되었고 판례의 입장을 묻는 지문도 평소에 중요하게 공부한 기본적인 내용위주로 지문이 구성되었다.

앞으로도 공인회계사 상법문제는 큰 틀에서는 최근의 출제경향을 크게 벗어날 것으로 생각되지는 않는다. 다만 체감 난이도는 해마다 조금씩 다를 수 있으므로 수험생 입장에서는 보수적으로 접근하는 것이 바람직할 것으로 여겨진다. 이에 최근의 출제경향 보다 약간 그 난이도를 높게 하여 수험공부를 하는 것이 안전한 수험전략이 될 것이다. 따라서 2018년 시험을 준비함에 있어서 수험생 입장에서는 평소에 출제가 예상되는 주요조문과 주요판례를 꼼꼼히 분석하여 암기하는 것을 기본으로 할 필요가 있을 것이다.

2018년은 상법 기출문제도 예년과 차이없이 총칙 및 상행위 8문제, 회사법 24문제, 어음수표법 8문제가 출제되었다. 출제문제의 난이도는 평이한 편이고, 이미 중요하다고 판단하여 출제되었던 문제들이 다시 출제되었다. 다만, 몇 개의 문제는 출제가 빈번하지 않았던 문제이지만 기본에 충실하여 시험대비를 하였다면 큰 어려움 없이 답을 맞출 수 있다고 본다. 여전히 앞으로 상법시험문제를 대비하기 위해서는 법조문의 암기와 주요판례를 익히는 것이 필요하다.

2019년 기출문제를 분석해보면 상법총칙 3문제, 상행위 5문제, 회사법 24문제(총칙 1문제, 합명회사 1문제, 유한책임회사 1문제, 주식회사21문제), 어음법 6문제, 수표법 2문제가 출제되어 있다. 주식회사에 관한 문제에서는 주식과 관련하여 7문제, 기관과 관련하여 8문제가 집중적으로 출제된 것이 특징이다.

한편, 전체문제 중 순수 판례문제가 6문제, 순수 조문문제가 27문제, 조문해석문제가 7문제가 출제되었다. 판례문제는 기출된 판례들이 중심이 되어졌다. 이러한 분석을 보면 역시 상법은 조문을 잘 정리해서 암기하는 것이 필수임을 알 수 있고, 기출문제들을 통해 시험을 대비하는 것이 필요함을 다시금 알 수 있었다.

2020년 시험을 대비하는 수험생 여러분도 먼저 조문을 잘 정리하는 것이 중요하다는 점을 인식하고 법전으로 정리를 하기를 추천한다. 판례는 기출된 주요판례와 2019년 최신판례를 정리하여 암기하는 것이 필요하다는 점을 인식하기 바란다.

2020년 상법 시험문제는 언제나 그러하듯이 총칙상행위 8문제, 회사법 24문제, 어음수표법 8문제가 출제되었고, 거의가 법조문으로 출제가 되었다. 판례지문이 있는 경우에 판례를 알지 못하는 수험생들도 조문만 알고 있으면 맞출 수 있는 문제들로 구성되어졌다. 다만, 어음수표법 상 몇 개의 문제는 이해력을 바탕으로 하는 문제들로서 수험생 여러분의 성적을 가늠하는 척도가 되어졌을 것이라 본다. 이하 문제의 해설을 참고하셔서 보시면 알 수 있을 것이다.

누구나 법조문을 잘 이해하고 있다면 어려움없이 풀어낼 수 있는 문제와 지문이었다고 생각될 수 있을 것이다. 시험을 치른 후 상법고득점을 예상하는 수험생들도 많았을 것이라고 판단된다. 그런데, 조문위주의 출제에 대해서는 아주 평이하게 출제되어진 것처럼 보여지지만, 엄격하게 암기되어지지 않았을 때에는 매우 어려운 지문이 된다. 즉, 한 단어만 잘못보아도 틀리기 쉽다는 것이다. 앞으로 2021년 시험을 준비하는 수험생 여러분은 상법 조문암기를 명확히 하는 노력을 기울이셔야 할 것이다. 조문암기만 잘 하면 상법은 고득점과목임을 확신한다.

2021년 상법은 기존에 출제비중에 따라 총칙상행위 8문제, 회사법 24문제, 어음수표법 8문제가 출제되었다.

이번 출제경향의 특징은 조문을 위주로 출제하였다는 것이다. 그 이외에 꼭 필요한 판례, 기존에 상법강의에서 강조하던 판례가 출제되었다. 따라서 판례지문은 오히려 쉽게 풀어낼 수 있었을 것이다. 반면에, 조문으로 출제한 지문은 조문의 단어를 바꾸어 놓아, 정확히 법조문을 익히지 않았다면 어려운 문제들이 상당수 있다는 것을 시험을 본 수험생들을 잘 알 것이다.

앞으로 시험을 준비하는 수험생 여러분도 법조문을 정확히 암기할 수 있도록 반복학습을 하여야 한다. 또한 조문을 종합하는 문제들이 출제되어 관련되어지는 여러 조문을 묶어서 공부하는 것이 바람직한 시험대비 방법이라 할 것이다.

2022년 상법은 예년과 같이 총칙과 상행위에서 8문제, 회사법에서 24문제, 어음수표법에서 8문제가 출제되었으며, 난이도면에서도 크게 높아지지 않았다고 판단된다. 특히나 어음수표법에서 case문제가 없고 조문중심으로 출제 되었다는 점에서 조금은 쉽게 문제를 풀었을 것으로 생각된다.

이번 시험의 문제들은 조문 및 해석의 문제가 26문제, 조문과 판례가 혼합된 문제가 12문제, case 2문제가 출제되었다. case문제나 박스형문제가 많지 않았다는 것도 수험생들에게는 조금 편한 시험이었다고 판단된다. 다만, 시험을 준비하는데 있어서 주요한 것은 법조문을 정확이 암기하는 것이 필요하다는 것은 이번 시험에서도 여실이 나타나고 있다. 조문의 단어 하나, 숫자 하나를 틀리게 하는 경우가 많있다는 점이 그 예이다.

2023년 공인회계사 시험을 준비하는 수험생 여러분께서도 상법조문을 철저하게 외우는 노력을 하신다면 상법에서는 고득점이 가능하리라고 생각한다.

분류 \ 연도		'13	'14	'15	'16	'17	'18	'19	'20	'21	'22	계	출제비율(%)
상법총칙과 상행위(8)	상법의 개념, 기업의 주체, 기업의 설비, 기업의 공시 및 양도	1	1	3	2	3	4	2	2	1	1	20	5.0
	상행위	5	4	1	3	2	3	4	4	2	3	31	7.8
	대리상, 중개업, 위탁, 매매업, 운송주선업, 운송업, 창고업	2	2	3	3	3	1	2	2	4	4	26	6.5
	회사의 의의·기능·합병·조직변경·해산·청산 등	-	1	1	-	2	-	-	2	1	-	7	1.7
	소계	8	8	8	8	10	8	8	10	8	8	84	21.0
회사법 (24)	주식회사	21	22	21	22	20	22	22	20	21	22	213	53.3
	합명·합자·유한회사	3	2	3	2	2	2	2	2	3	2	23	5.7
	소계	24	24	24	24	22	24	24	22	24	24	236	59.0
어음·수표법 (8)	어음의 행위, 어음상의 권리	3	5	7	5	6	5	2	5	6	4	48	12.0
	환어음의 법률관계	4	2	-	3	-	2	4	1	1	2	19	4.8
	수표의 법률관계	1	1	1	-	2	1	2	2	1	2	13	3.2
	소계	8	8	8	8	8	8	8	8	8	8	80	20.0
합계		40	40	40	40	40	40	40	40	40	40	400	100.0

(2) 수험대책

상법의 전반적인 이해를 위하여 기본서를 2회독한 다음 객관식 문제집을 4회 정도 학습한다. 상법이 점차 어려워지고 있는 추세라고 하나 법조문 중심으로 출제되므로 개론서 1권, 문제집 1~2권으로 반복정리하면 충분할 것 같다. 그러나 어음수표법분야는 단순암기식으로는 case문제해결에 어려움이 있으므로 법조문에 대한 이해를 바탕으로 중요한 이론적인 문제들로 공부의 범위를 넓혀나가야 될 것이다.

2. 세법개론

세법은 회계 및 세무업무를 주된 업무로 하는 공인회계사 시험에서 회계학과 같이 1, 2차에 있어 중요한 과목이고 또한 범위가 방대하므로 처음부터 치밀한 준비를 필요로 하는 과목이다. 세법은 특히 개정된 내용을 그때그때 정리해야 되므로 정보수집의 측면과 광범위한 세법의 체계를 신속하게 잡기 위해서는 학원강의를 이용하는 것이 시간절약에서도 많은 도움이 될 것이다.

(1) 출제경향분석

세법은 암기과목이 아니므로 이해위주로 공부하면서 전반적으로 검토해야 할 것이다. 2014년도에는 제1차의 세법 각 세목별 출제문제수는 국세기본법은 5문제, 법인세법은 14문제, 소득세법은 10문제, 부가가치세법은 8문제, 상증세법 2문제, 지방세법 1문제(총 40문제)가 출제되고 있다.

2004년도부터 종전의 25문제에서 40문제로 늘어남에 따라 세법 전반에 대한 이해가 정리되어지지 않은 수험생들에겐 정답을 고르기가 쉽지 않은 알쏭달쏭한 문제가 있어 상당히 어렵게 느껴졌겠지만 전체적으로 예년과 비슷한 난이도로 출제되어 일정점수 이상의 득점을 할 수 있었을 것이다.

2005년도의 경우 계산문제는 세무회계 문제와 같은 긴 문제가 출제되고, 많은 이론형 문제는 세법의 지엽적인 부분에서 출제되었다. 예년에 비해 올해 세법개론에서는 고득점자가 많지 않고 평균성적이 많이 내려갈 것으로 예상된다.

2006년도는 세법개정이 늦어진 이유인지 개정사항이 거의 반영되지 않았으며, 기본서에서 중요하게 다루는 부분들이 주로 출제되어 예년에 비해 다소 쉽게 출제되었다. 어려운 문제를 잘 푸는 수험생보다 기본적인 내용에 충실하게 준비를 한 수험생의 좋은 점수가 기대되는 시험이었다.

2007년도 공인회계사 1차시험은 누구나 예상했듯이 응시자의 급격한 감소로 난이도의 상당한 하향조정이 기대되었던 바 예상이 현실화되어 세법과목뿐만 아니라 전과목에 걸쳐 평이한 수준으로 출제가 되었다.

2008년도 세법개론 출제경향은 서술형 문제가 26문항, 계산형문항수는 14문항으로 예년과 다름없이 안배되어 출제되었다. 전반적으로 평년보다 매우 평이하게 낮은 난이도로 출제되었다. 따라서 정상적으로 기본에 충실하여 공부한 수험생이라면 충분히 70점 이상을 득할 수 있을 것으로 보인다. 특이하게도 소득세 과세표준 구간정도 외에는 2008년 개정세법 내용이 전혀 출제되지 않은 시험이었다. 이는 시험직전에 시행령 등의 법령이 확정되다 보니 가능한 무리수를 두지 않은 출제라고 보인다. 향후 이러한 추세가 계속될 것인지는 의문이나 수험생 입장에서는 마음의 부담을 덜기 위해서라도 개정세법에 대해 기본줄기 위주 정도만 업데이트해도 무난하리라 보여진다.

2009년 세법개론의 난이도는 계산문제는 상당히 평이하고 비교적 쉬웠으나, 말문제의 난이도가 상당히 어려웠다.

2010년 공인회계사 세법은 예년에 비해 매우 평이한 수준으로 출제되었다. 다만, 일부 문제의 경우 통칙내용이 포함되어 지엽적인 문제도 있었으나, 답을 찾는데는 큰 무리가 없었으리라 보인다. 한편, 계산형 문제도 난이도는 떨어지나 다수 시간을 요하는 장문형 문제가 출제되었으나, 매번 시험요령을 강조했던 것처럼 가볍게 스킵한 수험생에게는 고득점이 가능하리라 보인다.

2011년 세법개론은 기본3법의 경우 전범위에 걸쳐서 골고루 출제되었다. 따라서 평상시 중요하다고 생각되는 부분을 중점적으로 공부해두시는 것이 안정적인 합격의 지름길이다. 특히 법인세의 경우 계산문제가 많이 출제되었는데 시간배분을 위해서는 이론형 문제를 우선 푸는 것이 좋은 방법일 것이다. 또한 기본 개념을 정확히 알지 못할 경우 함정에 빠질 수 있는 문항이 상당수 있어 생각보다 점수가 잘 안 나온 수험생도 많을 것이다.

2012년 세법개론의 경우 각 세목별 출제비중은 예년과 같다.

전반적인 시험의 난이도는 작년보다 높았으며, 상당히 지엽적인 내용도 출제되어 시험장에서의 체감난이도는 예년보다 매우 높았으리라 생각된다. 계산문제의 경우 복잡한 부분이 상당부분 출제되었다.

기본3법의 경우 전범위에 걸쳐서 골고루 출제되었다. 따라서 평상시 중요하다고 생각되는 부분을 중점적으로 공부해두시는 것이 안정적인 합격의 지름길이다. 특히 법인세의 경우 계산문제가 많이 출제되었는데 시간배분을 위해서는 이론형 문제를 우선 푸는 것이 좋은 방법일 것이다. 또한 국세기본법의과 부가가치세의 경우 기본 개념을 정확히 알지 못할 경우 함정에 빠질 수 있는 문항이 상당수 있어 생각보다 점수가 잘 안 나온 수험생도 많을 것이다.

2013년 각 세목별 출제비중은 예년과 동일하다.

전반적인 시험의 난이도는 작년보다 낮았으며, 지엽적인 내용보다는 평상시 중요하다고 생각되었던 부분에서 다수 출제되어 시험장에서의 체감난이도는 예년보다 낮았으리라 생각된다. 하지만 법인세 계산문제의 경우 간단하지만 한 번 더 생각해야 하는 문제도 있었고 부가가치세의 경우 계산문제 중 시간이 오래 걸리는 문제가 출제되었다.

기본3법의 경우 전범위에 걸쳐서 골고루 출제되었으며 소득세의 경우 개정세법내용에서도 다수 출제되어 향후시험에서도 개정된 내용을 중점적으로 공부해두는 것이 좋다. 또한 법인세의 경우 계산문제가 많이 출제되었는데 시간배분을 위해서는 이론형 문제를 우선 푸는 것이 좋은 방법일 것이다. 국세기본법과 상속증여세의 경우 기본 개념을 정확히 알지 못할 경우 함정에 빠질 수 있는 문항이 상당수 있었다.

2014년 각 세목별 출제비중은 2013년과 비교할 때 소득세가 1문제 증, 상증세가 1문제 감 출제되었다.

전반적인 시험의 난이도는 전년보다 낮았으며, 지엽적인 내용보다는 평상시 중요하다고 생각되었던 부분에서 다수 출제되어 시험장에서의 체감난이도는 예년보다 낮았으리라 생각된다. 법인세, 소득세, 부가가치세 계산문제도 기본원리만 숙지하면 간단하게 풀리는 문제가 대부분이여서 풀이 시간이 오래 걸리는 문항은 거의 없었을 걸로 생각된다.

기본3법의 경우 전범위에 걸쳐서 골고루 출제되었다. 소득세의 경우 개정세법내용의 내용이 거의 출제되지 않았고 주요 개정내용인 종합소득공제의 경우 기본공제 대상자를 묻는 기본적인 내용으로 출제되었다. 또한 법인세의 경우 자주 출제되지 않은 최저한세 계산문제가 출제되어 당황한 수험생도 많을 것이다. 자주 출제되지 않은 계산문제는 학습 배분시간을 최소화하는 것이 수험 전략 상 좋은 방법이다. 국세기본법과 상속증여세의 경우 기본 개념과 법조문에 대한 내용을 묻는 문항이 대부분이었다. 기본 원리와 법조문을 이해하고 반복 학습하는 것이 고득점의 가장 좋은 학습 방법임을 확인시켜주었다.

2015년은 기본원리를 알고 있는지에 대한 문제유형이 대다수 출제되었다. 이전의 기출문제와 다르지 않는 문제유형으로 전반적인 범위에 걸쳐 까다롭고 어려운 문제보다는 법령과 시행령에 대한 기본적인 지식을 묻는 문제들로 구성되어 있다. 세법의 전체범위를 예외없이 반복적으로 공부한 수험생이라면 무리 없이 풀 수 있었을 것이라고 판단된다.

〈계산문제〉

구분	서술	계산
국세기본법	5	-
법인세	6	8
소득세	4	6
부가가치세	5	3
상증세	1	1
지방세	1	-

- 법인세 : 부당행위계산/의제배당/결손금소급공제/접대비한도/퇴직급여충당금한도/대손충당금한도/손익귀속/감가상각비한도
- 소득세 : 추계소득금액/사업소득수입시기/의료비세액공제/퇴직소득산출세액/종합소득세결정세액/근로·기타소득금액
- 부가가치세 : 과세표준계산/재고매입세액
- 상속증여세 : 증여재산가액

2016년 몇몇 문제는 함정이 있어 수험생의 입장에서 풀기가 쉽지는 않았을 것으로 생각되지만, 대부분의 문제는 평이한 난이도로 출제되었다.

100점이 목표인 시험이 아니므로 기본적이고 중요한 내용에 집중하면서 시험을 대비한 수험생들이 안정적인 점수를 얻었을 것으로 판단된다.

시험직전에는 공부범위를 너무 늘리기 보다는 아는 내용을 확실히 가져가는 것이 더욱 중요하고, 실수를 방지하는 연습을 조금 더 하는 것이 필요하다.

2017년 법인세문제 중 일부는 함정이 있어 수험생입장에서 풀기가 쉽지는 않았을 것으로 생각되며, 소득세문제 및 부가가치세문제는 평이한 난이도로 출제되었다.

배점은 동일하나 난이도에 있어서는 격차가 있는 문제들이 함께 출제되므로 항상 실전 시험에서는 문제내용을 빠르게 파악해서 쉬운 문제를 먼저 풀고 시간이 남을 경우에만 어려운 문제를 풀어야 한다. 한 문제를 푸는 데 너무 많은 시간이 걸리는 경우에는 시간이 모자라 몇몇 문제를 풀지 못할 수 있다.

특히 세법의 경우 주어진 시간안에 전체문제를 모두 푸는 것이 정말 힘들기 때문에 가급적 주어진 시간내에 많은 문제를 풀 수 있도록 하는 것이 중요하다.

그러므로 실전문제풀이는 다음과 같이 하는 것이 가장 좋다.

1. 번호순으로 문제를 풀지 않고 문제를 빠르게 파악하여 난이도순으로 문제를 푼다.
2. 잘 안 풀리는 문제는 오랫동안 잡고 있지 말고 일단 체크를 해둔다. 다른 문제를 먼저 풀이한 후 시간이 남을 경우에만 해당 문제를 다시 돌아와서 푼다(실제 시간이 남지 않을 가능성이 높다).
3. 답안지에 적는 시간 또한 모자랄 수 있으므로 문제 중 반 정도를 푼 경우에는 일단 답안지에 답을 적은 후 나머지 문제를 풀고 다시 답안지에 적는다.

2018년은 대체로 평이한 난이도로 출제되었으며, 대부분의 문제들이 과거 기출문제와 유형이 동일하였으므로 체감난이도 또한 그렇게 높지 않았을 것으로 판단된다. 자주 출제되었던 유형이 나왔으므로 기본기를 탄탄히 갖춘 수험생들은 좋은 점수를 획득했을 것으로 생각된다.

참고로 이번연도 회계사 1차 시험은 시험일자가 앞당겨진 것과 맞물려 시행령 입법예고가 시험일자 이후에 공포시행됨에 따라 개정내용에 대한 문제는 출제되지 않았다.

2019년은 대부분의 문제는 평이하게 출제되었으나, 일부 문제의 난이도는 높았다. 말문제

는 쉽게 출제된 반면 계산문제는 예년에 비해 좀 더 어렵게 출제된 것으로 판단된다. 항상 기본기가 중요하다. 일부 문제를 제외한 대다수의 문제는 기존의 기출문제유형과 동일하였으므로 기본적인 문제를 실수없이 풀었다면 좋은 점수를 획득했을 것으로 생각된다.

구 분	출제문항수	난이도	구 분	출제문항수	난이도
국세기본법	5	하	부가가치세법	8	하
법인세법	14	중	상속세 및 증여세법	2	하
소득세법	10	중	지방세법	1	하

2020년은 전반적으로 말문제의 경우에는 수험생들이 소홀히 하기 쉬운 상세한 내용까지 나온 경향이 있어 수험생 입장에서는 부담스러운 부분이 있었을 것으로 보여지고, 오히려 계산문제의 경우에는 보통의 1차수준에서 크게 벗어나지 않은 경향이 있으므로 기존의 기출문제 및 수험서 위주로 연습했다면 큰 어려움은 없었을 것으로 생각된다.

고득점을 위해서는 계산문제를 숙달하여 기본점수를 획득해야 하는 것이 필요해 보인다.

2021년은 개정세법 관련된 내용이 다수 출제 되었고, 법인세 계산문제의 경우에는 전반적인 구조를 이해하지 못하면 풀 수 없는 형식으로 출제되어 실제 시험을 치는 수험생들은 어려움을 느꼈을 것이라고 생각된다.

그외 부분은 평이하게 출제된 것으로 생각된다.

2022년 세법개론의 경우 전반적인 난이도는 어려운 것으로 생각된다. 계산문제가 19문제가 출제되어 계산문제에 대한 대비가 철저하지 않았으면 고득점 하기가 쉽지 않았을 것이라고 생각되고, 말문제의 경우에도 절차규정 관련한 문제가 다수 출제되었고, 단순히 법령암기만이 아닌 이해가 선행되어야 답을 고를 수 있는 지문도 간간히 출제되었다. 따라서, 계산문제에 대한 충분한 연습이 필요할 것으로 보여지고, 소홀히 보고 넘어갈 수 있는 절차규정 관련한 준비도 필요해 보인다.

특히, 계산문제의 경우 기본적인 이해와 다소 지엽적인 내용을 알아야 풀리는 문제가 출제되어 본인이 준비한 챕터에 대해서는 여러 케이스에 대해 확실한 대비가 필요해 보인다.

분류　　연도	'13	'14	'15	'16	'17	'18	'19	'20	'21	'22	계	출제비율 (%)
국세기본법	5	5	5	5	4	4	5	5	5	5	48	12.0
법인세법	14	14	14	14	14	14	14	14	14	14	140	35.0
소득세법	9	10	10	10	10	10	10	10	10	10	99	24.7
부가가치세법	8	8	8	8	8	8	8	8	8	8	80	20.0
상증세법	3	2	2	2	3	3	2	2	2	2	23	5.8
지방세법 등	1	1	1	1	1	1	1	1	1	1	10	2.5
계	40	40	40	40	40	40	40	40	40	40	400	100.0

(2) 수험대책

1) 이해위주의 공부

세법을 어렵게 생각하는 수험생이 있으나 이는 내용을 이해하지 않고 암기 위주로 공부하기 때문이다. 세법을 이해위주로 공부한다면 세법보다 쉽고 재미나는 과목도 드물다. 또, 세법은 투자한 시간에 비례하여 득점할 수 있는 과목이다. 혹시 세법에 투자한 시간이 많은데도 아직 성과를 얻지 못한 수험생이 있다면 암기위주로 공부하였는지 뒤돌아 볼 것을 권고한다.

2) 공부순서

세법은 1, 2차시험 대부분이 법인세법, 소득세법, 부가가치세법에서 출제되고 있으므로 이들 법을 중심으로 공부하고 그 다음으로 국세기본법, 지방세법 등을 공부한다. 주요 법의 대부분은 과세표준과 세액을 산정하기 위한 계산규정과 이를 위한 절차규정으로 되어 있으나 문제는 대부분 계산규정에서 출제되고 있다. 따라서 세법이론서 1~2회독 후 세무회계문제를 풀어보며 틀리는 문제에 대한 보완을 하는 것이 바람직할 것이고 1차시험 2~3개월 전에는 세법이론서, 세무회계, 객관식 문제를 번갈아 가며 준비하는 것이 효과적이다. 각 세법의 중요부분(출제빈도가 높은 부분)을 살펴보면 다음과 같다.

구 분	중 요 부 분
법인세법	익금과 익금불산입, 손금과 손금불산입(특히, 접대비, 기부금), 감가상각, 대손충당금, 퇴직급여충당금, 손익의 귀속시기, 세액계산구조
소득세법	배당소득, 사업소득의 법인세법과의 비교, 근로소득, 퇴직소득, 양도소득, 소득금액계산특례(특히, 결손금과 이월결손금, 공동사업의 소득분배), 세액계산특례(자산소득합산과세)
부가가치세법	간주공급, 영세율과 면세, 과세표준과 세액, 납세의무 형태에 따른 차이(과세특례자·간이과세자·일반과세자의 차이)
국세기본법	납세의무(특히 납세의무소멸), 제2차 납세의무, 국세우선권, 수정신고와 경정청구, 심사와 심판, 납세자권리
기 타	지방세중과, 상속세계산구조, 증여의제, 비상장주식의 평가

Ⅲ. 3교시 : 회계학(80분)

※ 2010년도 공인회계사시험부터 회계학(1차), 재무회계(2차) 과목의 회계처리기준과 관련된 문제는 한국채택국제회계기준(K-IFRS)을 적용하여 시험문제가 출제된다.

그리고, 2012년 제47회 공인회계사 제1차시험부터 정부회계 관련 내용(정부회계 관련 법령 및 규정에 한정)이 회계학 과목의 10% 내외로 반영되어 시험에 출제된다.

회계학은 1, 2차시험 공통과목이므로 본 시험에서 상당한 비중을 차지하고 있다. 따라서, 1차준비는 시험일 몇 개월 전에 객관식 문제집으로 정리하고 평소 수험준비는 2차 위주로 폭넓게 준비를 하여야 하는 과목이다. 대다수 수험생들이 가장 부담을 느끼는 과목이지만 과목의 특성상 이론의 전개과정이 처음부터 끝까지 물 흐르듯 연결되므로 성급하게 생각하지 말고 기초부터 여유를 갖고 차근차근 실력을 연마해야 하는 과목이다. 또한, 회계학의 점수는 연습장 분량과 비례한다고 하므로 끈기 있게 반복적으로 연습하는 것이 무엇보다 중요하다.

(1) 출제경향분석

매년 출제위원의 성향에 따라 문제형태가 달라지고 있고 출제수준 또한 변화가 심하다. 재무회계, 회계이론 및 원가회계 등 회계학 전반에 걸쳐 출제되고 있고 형식은 객관식으로 출제되나 거의가 계산형태이므로 주관식과 별반 차이가 없다.

2004년에는 문항수가 40문제로 늘어나면서 재무회계에서 30문제, 원가회계에서 10문제가 출제되었다. 재무회계의 경우 출제문항수가 늘어남에 따라 계산문제뿐만 아니라, 서술형문제의 비중도 늘어나게 되었으며, 고급회계분야의 경우 6문제나 출제되었다. 또한, 현재 시행되고 있는 기업회계기준서의 출제비중이 상당부분 늘어났음에도 유의하여야 하겠다. 원가회계의 경우 10문제밖에 출제되지 않았으나 출제난이도와 범위는 전반에 걸쳐서 초급, 중급, 고급에 이르기까지 고르게 출제되었다.

2005년도에는 총 40문제중 30문제가 재무회계, 10문제가 원가관리회계 문제로 출제되었다. 재무회계는 25문제가 중급회계 파트에서 5문제가 고급회계 파트에서 출제되어 예년과 거의 비슷한 수준의 구성을 보였다. 재무회계 분야의 30문제를 분석해 보면 문제의 크기가 큰 문제들이 많아서 풀이하는데 시간은 부족했을 것으로 생각하지만 실제 문제를 풀어보면 대부분 평이한 문제들이었다. 따라서 제한된 시간 내에서 침착하게 문제를 선별하여 풀이한 수험생이라면 좋은 성적을 받았을 것으로 생각한다. 하지만 대부분의 수험생이 시간이 부족하여 실제 풀어서 맞출 수 있는 문제들을 모두 풀이하지 못했을 것이므로 회계학 과목의 평균점수는 예년과 크게 달라지지는 않았을 것으로 예상한다.

2006년도에는 총 40문제 중 31문제가 재무회계, 9문제가 관리회계 문제로 출제되었다. 관리회계의 문항수가 평년 12문제에서 9문제로 관리회계문제의 비중이 평균보다 감소되었다. 그리고 관리회계 문제는 지문이 길고 풀이소요시간이 길어 관리회계에서 고득점을 올리는 일반적인 전략이 주효하지 못할 것으로 보였다. 재무회계는 몇 문제 어려운 문제를 제외하고는 평이하게 출제되었다. 결론적으로 평년수준의 난이도로 출제된 것으로 판단된다.

특히, 2007년도부터는 회계학 과목의 배점이 100점에서 150점으로 확대되며, 출제문항수도 50문항(문항당 3점)으로 10개 문항이 늘어나므로 수험준비에 더욱 비중을 높여야 할 것이다.

2007년도에는 예년에 비해 다소 낮은 난이도의 문제로 50문항으로 구성되었으므로 기본에 충실하여 준비한 수험생은 좋은 성적을 기대할 수 있으리라 여겨진다. 세부적인 출제경향을 살펴보면,

① 재무회계가 36문제, 원가회계가 14문제로 기존의 재무회계와 원가회계의 비율이 예년과 유사하게 유지되면서 문항수가 40문제에서 50문제로 증가하였다.

② 예년에 비하여 난이도가 하향조정되었으며 이번 회계학 과목에서는 예년에 비해 평균점수가 4~5점 정도 상승하리라 여겨진다.

③ 특히 계산형 문제의 경우 복잡한 문제보다는 기본을 중시하는 유형의 문제로 기출이 되었으므로 앞으로 이러한 출제경향이 유지된다면 좀 더 기본서에 충실한 전략으로 가져가야 할 것이다.

2008년도에는 계산형은 풀이소요시간이 긴 문제가 다수 출제되어 좀 어려웠다. 또한 서술형은 억지로 틀린 지문을 만든 문제가 일부 있어 정답에 논란이 있을 수 있다고 본다.

2009년도에는 재무회계와 관리회계 모두 기본적인 물음이어서 평이하게 출제되었다. 평년보다 서술형 문제수가 적었지만, 계산형의 경우 풀이소요시간이 1분에서 2분내에 풀 수 있는 문제가 다수 출제되어 시간의 압박이 적었다고 판단된다.

2010년도에는 평년보다 서술형문제(재무회계 17문제, 관리회계 2문제)가 많이 출제되었다(재무회계 서술형문제수: 09년 5문제, 08년 10문제). 또한, 재무회계가 40문제가 출제되어 평년보다 많이 출제되었다(재무회계문제수: 09년 37문제, 08년 37문제). 전반적으로 서술형과 계산형 모두 지면이 많아 풀이소요시간이 많이 걸려 문제 coverage도 낮았을 것으로 보인다. 문제의 난도는 평년수준으로 판단된다. 재무회계의 경우 K-IFRS와 무관한 일반적인 문제가 다수 출제되었고, 자산손상과 연결재무제표 단원에서 비중있게 출제되었다. 주당이익, 회계변경, 오류수정 등 매년 출제되는 단원이 한 문제도 출제되지 않았다. 그 동안의 출제경향을 분석해 보면 이론문제 25%, 계산문제 75% 정도이고 재무회계 분야에서 72.7%, 원가회계에서 27.3%의 비율로 출제되었다.

2011년도에는 평년보다 문제 제시문이 길었고, 풀이소요시간도 길어 문제의 난이도는 평년보다 높은 것으로 판단된다. 출제범위는 전 범위에서 고르게 출제되었다. 재무회계문항수는 매년 변동(37(2008), 35(2009), 40(2010), 38(2011))하는 것으로 보아 확정된 것이 없는 것으로 보인다.

2012년 공인회계사 제1차시험부터 회계학 과목에 정부회계 관련 내용이 10% 정도 반영하여 출제됨에 따라 2012년도에는 재무회계 36문제, 정부회계 5문제, 관리회계 9문제가 출제되었다. 정부회계 5문항 중 4문항이 서술형으로 출제되어 상대적으로 재무회계와 관리회계의 서술형문항수는 평년보다 적었다. 그리고 관리회계 문항수가 9문항으로 상당히 축소되게 출제되었다. 이러한 경향은 앞으로도 지속될 것으로 보인다. 또한 관리회계는 풀이시간이 많이 요구되는 문제가 다수 출제되었다. 재무회계는 평년 수준으로 출제되었다.

2013년 회계학은 재무회계, 정부회계 및 관리회계 모두 평이하게 출제되었다. 2012년대비 재무회계는 1문항이 줄고, 관리회계가 1문항이 더 늘어났다. 재무회계의 경우 특정단원에 편중되지 아니하고 전 단원에 걸쳐 고르게 출제되었다. 정부회계의 경우 2012년 보다 약간 더 어렵게 출제되었다. 관리회계의 경우 서술형이 2012년 대비 2문제가 더 출제되었다.

2014년 회계학은 재무회계, 정부회계 및 관리회계 모두 평이하게 출제되었다. 특히, 재무회계가 매우 쉽게 출제되었다. 따라서 고득점자가 많이 나올 것으로 예상된다. 재무회계, 정부회계, 관리회계의 문제수는 2013년과 동일하였다. 2013년 대비 서술형문항은 3문제가 적게 출제되었다. 앞으로 이런 수준으로 출제되어 수험생의 학습부담을 줄일 수 있었으면 좋겠다. 그러나 2015년에는 2014년보다 더 높은 난도로 출제될 것으로 예상된다. 개인적으로 잘 출제된 문제로 평가한다.

2015년 회계학은 재무회계, 정부회계 및 관리회계 모두 평이하게 출제되었다. 재무회계와 관리회계의 서술형은 매년 감소하고 있는 추세이다. 계산문제에 더 비중을 두고 대비하여야 한다. 재무회계의 경우 한국채택국제회계기준의 내용을 충실하게 반영된 문제가 많았고, 전범위에서 고르게 출제되었다. 정부회계의 경우 국가회계와 지방자치단체회계를 비교하는 문제가 비중있게 출제되었다. 관리회계는 상대적으로 시간 소요가 많이 요구되는 문제가 많았고, CPA와 CTA에서 출제되었던 문제와 유사하게 출제된 문제가 일부 있었다.

2016년은 재무회계, 정부회계 및 관리회계 모두 평이하게 출제되었다. 재무회계와 관리회계의 서술형는 2013년 11문제, 2014년 9문제, 2015년 4문제로 매년 감소하고 있는 추세였으나, 2016년에는 12로 증가하였다. 재무회계의 경우 한국채택국제회계기준의 규정을 계산문제로 제작한 문제가 많이 출제되었다. 복잡한 계산과정보다는 규정의 내용을 이해하고 적용하면 쉽게 해결할 수 있는 문제들이 많았다. 정부회계의 경우 2015년과 동일하게 국가회계와 지방자치단체회계를 비교하는 문제가 비중있게 출제되었다. 관리회계는 상대적으로 시간 소요가 많이 요구되는 문제가 많았다.

2017년 회계학은 재무회계, 정부회계 및 관리회계 모두 평이하게 출제되었다. 재무회계 서술형 문제는 작년보다 3문제가 적게 출제되었다. 재무회계는 전 단원에서 고르게 출제되었다. 재무회계 중 고급회계문제가 2016년과 동일하게 10문제가 출제(사업결합 1문항, 연결회계 4문항, 지분법 1문항, 파생상품 2문항, 환율변동 2문항)되었으나, 난도는 높지 않았다. 재무회계는 전반적으로 풀이소요시간이 적어 많은 문제를 커버할 수 있었으리라 본다. 관리회계는 지문이 킨 문제가 다수 출제되었고 풀이시간도 많이 요구되는 문제가 다수 있었다.

2018년 회계학은 재무회계, 정부회계 및 관리회계 모두 적정한 난도로 출제되었다.

재무회계 서술형 문제는 작년보다 5문제가 더 출제되어 시간의 부족을 커버할 수 있었다. 재무회계는 전 단원에서 고르게 출제되었다. 재무회계 중 새롭게 적용되는 기업회계기준 제1115호 '고객과의 계약에서 생긴 수익' 3문제, 기업회계기준 제1109호 '금융상품' 1문제가 출제되었다. 관리회계는 재무회계보다 상대적으로 시간소요가 많이 요구되는 문제가 다수 출제되었다. 시간소요가 많이 요구되는 문제는 스킵하는 문제 선별능력이 필요하다.

2019년 회계학은 재무회계, 정부회계는 적정한 난도지만 관리회계는 많은 지문의 양 및 많은 풀이소요시간 요구되어 좀 어렵게 출제되었다. 이번 시험의 특성은 수학적 접근이 필요한 문제유형이 재무회계 및 관리회계에서 출제되었다. 재무회계는 전 단원에서 고르게 출제되었다. 새롭게 개정된 기업회계기준 제1115호 '수익', 기업회계기준 제1109호 '금융상품' 및 기업회계기준서 제1116호 '리스'가 비중 있게 출제되었다. 관리회계는 재무회계보다 상대적으로 시간소요가 많이 요구되는 문제가 다수 출제되었다. 시간소요가 많이 요구되는 문제는 건너뛰는 문제 선별능력과 풀이시간을 단축하는 속성법이 필요하다.

2020년 회계학은 선형석인 유형의 문제가 다수 출제되고, 서술형 문제가 평이하여 전반적으로 평균 난도에 약간 미달한 수준으로 출제되었다고 판단된다.

    2021년 회계학은 전형적인 유형의 문제가 다수 출제되고, 난도가 높은 문제도 적었으며, 서술형 문제가 평이하여 전반적으로 평균 난도에 미달한 수준으로 출제되었다고 판단된다.

    2022년도 회계학은 2021년과 동일하게 전형적인 유형의 문제가 다수 출제되고, 난도가 높은 문제도 적었으며, 공략하기 적당한 문제가 다수 출제되었다. 전반적으로 평균 난도보다 낮게 출제되었다고 판단된다.

[출제 현황]

구 분	2022년			2021년			2020년		
	서술형	계산형	합계	서술형	계산형	합계	서술형	계산형	합계
재무회계	7	28	35	8	27	35	9	26	35
정부회계	4	1	5	4	1	5	4	1	5
관리회계	1	9	10	2	8	10	1	9	10
합 계	12	38	50	14	36	50	14	36	50

〈회계학〉

분류	연도	'15	'16	'17	'18	'19	'20	'21	'22	계	출제비율 (%)
재무회계	회계이론(기업회계기준서)	1	1	1	1	1	-	2	2	9	2.2
	대차대조표 일반론	-	-	-	-	-	-	-	-	-	-
	손익계산서 일반론	-	-	-	-	-	-	-	-	-	-
	재무상태변동표(현금흐름표)	1	-	1	2	1	1	1	1	8	2.0
	수익 · 비용의 인식	3	3	2	3	5	5	4	7	32	8.0
	현금예금 · 유가증권	-	1	3	1	1	1	-	-	7	1.7
	수취채권(채권채무 조정 포함)	-	1	-	-	-	-	-	-	1	0.2
	재고자산	2	3	3	1	2	1	1	2	15	3.7
	유형자산	4	5	5	4	2	2	3	2	27	6.7
	무형자산	1	2	1	1	1	-	1	1	8	2.0
	투자자산	2	-	1	2	3	3	2	1	14	3.5
	유동 · 비유동부채 (사채 · 충당부채 포함)	6	7	4	5	4	6	5	5	42	10.5
	자본	4	2	3	3	3	2	2	2	21	5.2
	회계변경 · 오류정정	1	-	1	1	-	1	1	-	6	1.5
	리스회계	1	1	1	1	2	2	2	2	12	3.0
	연결(지분법 포함) · 합병	6	6	5	7	8	9	8	6	55	13.8
	파생금융상품	3	3	2	2	2	2	3	3	20	5.0
	기타	-	-	2	1	-	-	-	1	4	1.0
소 계		35	35	35	35	35	35	35	35	280	70.0
정부회계		5	5	5	5	5	5	5	5	40	10.0

분류	연도	'15	'16	'17	'18	'19	'20	'21	'22	계	출제비율 (%)
원가 회계	C.V.P	-	2	-	1	1	-	1	1	6	1.5
	원가계산	5	3	4	4	3	6	5	7	37	9.3
	의사결정	5	5	6	5	6	4	3	2	36	9.0
	기타	-	-	-	-	-	-	1	-	1	0.2
소 계		10	10	10	10	10	10	10	10	80	20.0
합 계		50	50	50	50	50	50	50	50	400	100.0

(2) 수험대책

기본서로 전반적인 체계와 기본개념에 대하여 충분한 이해를 한 뒤, 빈출문제를 중심으로 출제분야 중 계산문제 풀이능력향상에 주안점을 두어 회계학연습 서적을 이용하여 충분한 연습을 하여야 한다. 회계학은 크게 재무회계와 원가회계로 분류되는 바 각 분야별 학습순서는 다음과 같다.

재무회계 : 기초회계(회계원리) → 중급회계 ┐
　　　　　 → 중급회계연습 　　　　　　　 ├ → (객)회계학
원가회계 : 기초원가(공업부기) → 원가관리 ┘
　　　　　 → 원가회계연습

상기와 같은 순으로 학습하되 어느 정도 수준에 오른 상태에서는 다양한 문제를 반복적으로 연습해야 될 것이다. 또한 기업회계기준서는 재무회계분야 학습시 기본자료이므로 교과서에서 공부한 내용과 수시로 비교·검토하고 기업회계기준서에 대한 회계이론적 관점에서 비판·평가에도 노력해야 할 뿐만 아니라, 기업회계기준서의 개정과 새로이 발표되는 기준해석서 등이 재무회계의 수험방향에 많은 영향을 미칠 것이므로 새로운 규정들을 꼼꼼하게 업데이트 해야 할 것이다.

(3) 시험장에서 문제푸는 요령

① 문제지를 교부받은 후 전체적인 지면의 분량 및 각 과목별 친숙도(난이도)를 감안하여 적당히 시간을 안분한다.
② 문제를 순차적으로 풀지 말고 선별해가며 푸는 것이 바람직하다. 문제푸는 순서는 ㉠ 서술형 문제 → ㉡ 지면이 적은 문제 → ㉢ 평소에 풀어보았던 유형의 문제순으로 한다.
③ 어려운 문제 또는 지면이 길거나 시간이 많이 소요되리라고 생각되는 문제는 과감히 skip한다.
④ 시험문제를 읽는 도중 출제자의 의도가 애매하다고 생각되면 읽은 시간이 아깝지만 과감히 skip한다.
⑤ 과락을 면할 수 있도록 전략을 세운다.
⑥ 문제를 가능한 한 빠른 속도로 푼다. 객관식 시험은 시간이 점수이다. 실력있는 수험생이 시간이 없어 과락으로 낙방하는 경우가 매년 다수 발생한다. 공인회계사 1차시험 문제는 100% 풀 수 있을 정도로 시간을 주지 않는다. 따라서, 1문제라도 빨리 풀면 1문제를 더 풀 수 있다는 것이 된다.

⑦ 서술형의 경우 답이 2개라고 생각되면 먼저 떠오르는(눈에 친숙한) 것이 정답일 가능성이 높다.(?) (이것은 공부를 열심히 한 수험생에 한한다)

⑧ 출제자들이 독창적인 문제를 만들어 출제를 하기 때문에 문제표현 및 정답이 애매모호할 수 있음을 명심하고 이러한 문제를 접했을 때는 과감히 답을 선택하여 시간을 더 이상 투입하지 않는다(시간을 더 투입한다고 하더라도 그 문제해결에 도움이 안된다).

※ 2007년도부터 제1차시험 영어 과목은 전문시험기관의 영어시험인 토플(TOEFL), 토익(TOEIC), 텝스(TEPS)에서 취득한 성적으로 시험을 대체하며, 영어시험성적은 공인회계사시험의 합격여부만 결정하고, 제1차시험의 합격자 결정에 있어 총득점에는 산입하지 않는다.

※ 2019년도부터 영어과목 대체시험에 지텔프(G-TELP) 및 플렉스(FLEX) 시험도 추가되었으며, 2023년 시험[시행일 2022.4.19.]부터는 아이엘츠(IELTS)도 추가되었다.

2022년도   제 57 회

기출문제

경영학

※ 각 문제의 보기 중에서 물음에 가장 합당한 답을 고르시오.

1. 동기부여 이론과 성격에 관한 설명으로 가장 적절하지 <u>않은</u> 것은?

   ① 동기는 개인의 욕구(need)에 의해 발생되며, 그 강도는 욕구의 결핍 정도에 의해 직접적인 영향을 받는다.

   ② 맥클리랜드(McClelland)에 의하면, 성취욕구(need for achievement)는 개인이 다른 사람들에게 영향력을 행사하여 그들을 통제하고 싶은 욕구를 말한다.

   ③ 강화이론(reinforcement theory)에 의하면, 긍정적 강화(positive reinforcement)와 부정적 강화(negative reinforcement)는 행위자의 바람직한 행동의 빈도를 증가시킨다.

   ④ 공정성이론(equity theory)에 의하면, 개인이 불공정성을 느끼는 경우 준거인물을 변경하여 불균형상태를 줄일 수 있다.

   ⑤ 알더퍼(Alderfer)의 ERG이론은 매슬로우(Maslow)의 다섯가지 욕구를 모두 포함하고 있다.

2. 리더십에 관한 설명으로 가장 적절하지 <u>않은</u> 것은?

   ① 리더십은 리더가 부하들로 하여금 변화를 통해 조직목표를 달성하도록 영향력을 행사하는 과정이다.

   ② 리더는 외집단(out-group)보다 내집단(in-group)의 부하들과 질 높은 교환관계를 가지며 그들에게 더 많은 보상을 한다.

   ③ 피들러(Fiedler)의 리더십 상황모형에서 낮은 LPC(least preferred co-worker) 점수는 과업지향적 리더십 스타일을 의미한다.

   ④ 위인이론(great man theory)은 리더십 특성이론(trait theory)보다 리더십 행동이론(behavioral theory)과 관련성이 더 크다.

   ⑤ 변혁적 리더(transformational leader)는 이상화된 영향력, 영감에 의한 동기 유발, 지적 자극, 개인화된 배려의 특성을 보인다.

3. 다음 설명 중 적절한 항목만을 <u>모두</u> 선택한 것은?

---

a. 집단 간 갈등은 목표의 차이, 지각의 차이, 제한된 자원 등으로부터 비롯된다.
b. 기능팀(functional team)은 다양한 부서에 소속되어 있고 상호 보완적인 능력을 지닌 구성원들이 모여 특정한 업무를 수행하는 팀을 말한다.
c. 상동적 태도(stereotyping)는 타인에 대한 평가가 그가 속한 사회적 집단에 대한 지각에 기초하여 이루어지는 것을 말한다.
d. 구성원의 만족감이 직무수행상의 성취감이나 책임감 등 직무 자체에 존재하는 요인을 통해 나타날 때, 이 요인을 외재적 강화요인이라고 한다.

---

  ① a, b   ② a, c   ③ a, d
  ④ b, c   ⑤ a, c, d

4. 조직구조와 조직변화에 관한 설명으로 가장 적절하지 <u>않은</u> 것은?

  ① 조직이 변화하는 외부상황에 적절하고 신속하게 대처하기 위해서는 집권화(centralization)가 필요하다.
  ② 조직변화(organizational change)는 궁극적으로 조직성과 개선, 능률 극대화, 구성원의 만족도 향상 등을 위한 계획적 변화를 말한다.
  ③ 기계적 구조는 저원가전략(cost-minimization strategy)을 추구하는 조직에 적합하다.
  ④ 조직이 경쟁력을 강화하고 경영성과를 높이기 위해서는 조직구조의 조정과 재설계, 새 공유가치와 조직문화의 개발, 직무개선 등의 노력이 필요하다.
  ⑤ 부문별 구조(divisional structure)는 기능별 구조(functional structure)보다 고객과 시장의 요구에 더 빨리 대응할 수 있다.

5. 인적자원의 모집, 개발 및 평등고용기회에 관한 설명으로 가장 적절하지 <u>않은</u> 것은?

  ① 내부모집(internal recruiting)은 외부모집(external recruiting)에 비해 종업원들에게 희망과 동기를 더 많이 부여한다.
  ② 평등고용기회(equal employment opportunity)는 조직에서 불법적 차별에 의해 영향을 받지 않는 고용을 의미한다.
  ③ 선발기준(selection criterion)은 한 개인이 조직에서 담당할 직무를 성공적으로 수행하기 위해 갖춰야 하는 특성을 말한다.
  ④ 친족주의(nepotism)는 기존 종업원의 친척이 동일한 고용주를 위해 일하는 것을 금지하는 관행이다.
  ⑤ 종업원이 일반적으로 직장에서 연령, 인종, 종교, 장애에 의해 차별을 받는 것은 불법적 관행에 속한다.

6. 직무분석과 교육훈련에 관한 설명으로 가장 적절하지 <u>않은</u> 것은?

① 개인-직무 적합(person-job fit)은 사람의 특성이 직무의 특성에 부합한지를 판단하는 개념이다.

② 교육훈련의 전이(transfer of training)란 교육훈련에서 배운 지식과 정보를 직무에 실제로 활용하는 것을 말한다.

③ 직무순환(job rotation)은 종업원이 다양한 직무를 수행할 수 있는 능력을 개발하게 한다.

④ 비공식적 교육훈련(informal training)은 종업원 간의 상호작용 및 피드백을 통해서 일어나는 교육훈련을 말한다.

⑤ 직무설계 시 고려하는 과업중요성은 직무를 성공적으로 달성하는 데 있어서 여러 가지 활동을 요구하는 정도를 말한다.

7. 이직 및 유지 관리에 관한 설명으로 가장 적절하지 <u>않은</u> 것은?

① 자발적 이직(voluntary turnover)의 일반적인 원인에는 직무 불만족, 낮은 임금 및 복리후생 수준, 부진한 성과 등이 있다.

② 퇴직자 인터뷰(exit interview)는 종업원에 대한 유지평가 노력의 일환으로 폭넓게 사용되는 방법이다.

③ 개인이 조직에서 성과를 내는 데 영향을 미치는 주요 요인에는 개인적 능력, 투입된 노력, 조직의 지원 등이 있다.

④ 많은 고용주가 종업원의 무단결근(absenteeism)을 줄이기 위해 출근 보상, 유급근로시간면제 프로그램, 징계 등을 사용한다.

⑤ 무단결근은 종업원이 일정대로 출근하지 않거나 정해진 때에 직장에 있지 않는 것을 말한다.

8. 성과평가 및 보상에 관한 설명으로 가장 적절하지 <u>않은</u> 것은?

① 기본급(base pay)은 종업원이 조직에서 시급이나 급여의 형태로 받는 보상을 말한다.

② 기업들이 강제할당(forced distribution)을 적용하는 이유는 평가자 인플레이션에 대처하기 위해서이다.

③ 직무평가(job evaluation)는 조직 내 여러 가지 직무의 절대적 가치를 결정하는 공식적이며 체계적인 과정을 말한다.

④ 조직이 개인 인센티브 제도를 사용하기 위해서는 각 개인의 성과를 확인하고 측정할 수 있어야 한다.

⑤ 가장 널리 사용되는 종업원에 대한 평가방법은 직속상사가 종업원의 성과를 평가하는 것이다.

9. 서비스의 특징으로 가장 적절하지 <u>않은</u> 것은?

① 무형성(intangibility)
② 생산과 소비의 비분리성(inseparability)
③ 변동성(variability)
④ 소멸성(perishability)
⑤ 동질성(homogeneity)

10. 다음은 제품 A에 관한 자료이다. 비용지향적 가격결정(cost-plus pricing 또는 markup pricing)을 따르고 영업이익률 40%를 기대하는 경우에 제품 A의 단위당 가격에 가장 가까운 것은? (단, 제시된 자료 이외에 다른 비용은 없다고 가정한다.)

단위당 변동비	20,000원
총고정비	100,000,000원
기대판매량	10,000개

① 30,000원   ② 35,000원   ③ 40,000원
④ 45,000원   ⑤ 50,000원

11. 척도(scale)에 관한 설명으로 가장 적절하지 <u>않은</u> 것은?

① 척도는 포함하는 정보의 양에 따라 분류된다.
② 어의차이척도(semantic differential scale)는 척도의 양 극단에 속성의 정도를 나타내는 반의어를 제시한다.
③ 비율척도(ratio scale)를 통해 변수들의 상대적 크기를 비교할 수 있고 절대적 크기도 측정할 수 있다.
④ 간격척도(interval scale)로 측정된 변수 간의 가감(+, -) 연산이 가능하며, 리커트 척도(Likert scale)가 간격척도의 예이다.
⑤ 서열척도(ordinal scale)를 통해 측정 대상들의 절대적 위치를 알 수 있다.

12. 소비자 정보처리과정의 순서로 가장 적절한 것은?

① 노출 → 감지 → 주의 → 기억 → 이해
② 노출 → 감지 → 주의 → 이해 → 기억
③ 노출 → 주의 → 감지 → 이해 → 기억
④ 노출 → 주의 → 감지 → 기억 → 이해
⑤ 노출 → 주의 → 이해 → 감지 → 기억

13. 자료분석에 관한 설명으로 가장 적절하지 **않은** 것은?

① 신뢰성(reliability)은 측정결과가 얼마나 일관되는지를 나타낸다.

② 첫 번째 측정이 그 다음의 측정에 영향을 미치는 것을 측정도구의 편향(instrumental bias)이라고 한다.

③ 외적 타당성(external validity)은 실험의 결과를 실험실 외의 상황에 어느 정도까지 적용할 수 있는지를 나타낸다.

④ 유의수준은 1종 오류(type I error)의 허용정도를 의미한다.

⑤ 양측검정(two-sided test)에서는 귀무가설을 기각할 수 있는 영역이 좌우 양쪽에 위치한다.

14. 소비자가 문제를 인식했을 때 이를 해결할 수 있는 수단을 찾기 위해 기억 속에 저장되어 있는 정보에서 회상하는 과정으로 가장 적절한 것은?

① 강화된 주의(heightened attention)

② 내적 탐색(internal search)

③ 의도적 노출(intentional exposure)

④ 관여(involvement)

⑤ 프레이밍(framing)

15. 브랜드에 관한 설명으로 가장 적절하지 **않은** 것은?

① 브랜드 자산(brand equity)은 브랜드가 창출하는 유형 및 무형의 부가가치를 의미한다.

② 수직적 라인 확장(vertical line extension)은 기존의 제품보다 신제품의 가격이 낮거나 높은 경우를 의미한다.

③ 카테고리 확장(category extension)은 기존 브랜드와 동일한 제품범주 내에서 출시된 신제품에 기존 브랜드를 사용하는 것을 의미한다.

④ 소비자는 자신의 자아개념(self concept)과 일치하는 브랜드 개성을 지닌 브랜드를 선호하는 경향이 있다.

⑤ 공동 브랜딩(co-branding)을 하면 하나의 제품에 여러 브랜드가 함께 레이블링(labeling) 될 수 있다.

16. 다음 빈칸 A에 들어갈 소비자 구매행동의 유형으로 가장 적절한 것은?

구분	고관여	저관여
최초구매	복잡한 의사결정	A
반복구매	브랜드 충성	관성적 구매

① 구매 후 부조화(post-purchase dissonance)
② 개성 추구(personality seeking)
③ 수동적 구매(passive purchase)
④ 다양성 추구(variety seeking)
⑤ 보완적 구매(compensatory purchase)

17. 재고모형에 관한 설명으로 가장 적절하지 <u>않은</u> 것은?

① 실제수요가 예측수요를 초과할 가능성에 대비하여 안전재고를 보유할 경우 재주문점은 증가한다.
② 정기주문모형(fixed-order interval model)에서는 정해진 목표 재고수준에 따라 주문시점에 재고수준과 목표재고수준의 차이만큼 주문한다.
③ 정기주문모형에서는 배달시기와 배달경로의 표준화가 용이하며 같은 공급자에게 여러 품목을 동시에 주문할 수 있는 장점이 있다.
④ 고정주문량모형(fixed-order quantity model)에서는 고정된 로트(lot) 크기로 주문하므로 수량할인이 가능하다.
⑤ 고정주문량모형은 주기조사시스템(periodic review system)이라고도 불리며 안전재고를 활용하여 수요변화에 대처한다.

18. 수요예측에 관한 다음 설명 중 적절한 항목만을 <u>모두</u> 선택한 것은?

a. 지수평활법(exponential smoothing method)에서 최근 수요 패턴의 변화를 빠르게 반영하기 위해서는 평활상수의 값을 줄여야 한다.
b. 추적지표(tracking signal)의 값이 지속적으로 음의 값을 보이는 경우 예측을 실제보다 작게 하는 경향이 있다고 볼 수 있다.
c. 이동평균법(moving average method)에서 이동평균 기간을 길게 할수록 우연요소에 의한 수요예측치의 변동이 줄어들게 된다.
d. 지수평활법에서는 오래된 자료보다 최근 자료에 더 큰 비중을 두고 수요를 예측힌다.

① a, b   ② a, c   ③ b, c
④ b, d   ⑤ c, d

19. 생산방식과 설비배치에 관한 설명으로 가장 적절하지 **않은** 것은?

① 수요의 변동성이 낮고 완제품에 대한 재고비용이 크지 않을 경우 계획생산 방식이 주문생산 방식에 비해 유리하다.

② 제품별 배치(product layout)는 전용설비가 사용되므로 범용설비가 사용되는 공정별 배치(process layout)에 비해 설비투자 규모가 크다.

③ 제품 생산과정이 빠르고 수요를 초과한 생산량에 대한 폐기비용이 클 경우 계획생산 방식이 주문생산 방식에 비해 유리하다.

④ 처리 대상 제품 또는 서비스에 따라 요구사항이 다를 경우 제품별 배치보다 공정별 배치가 적합하다.

⑤ 셀룰러 배치(cellular layout)의 경우 그룹 테크놀로지(group technology)를 활용하여 제품별 배치의 이점과 공정별 배치의 이점을 동시에 얻을 수 있다.

20. 다음 그림과 같이 버퍼(buffer)가 존재하지 않는 4개의 작업장으로 구성된 생산 프로세스에 관한 설명으로 가장 적절하지 **않은** 것은? (단, 각 작업장에 기재된 시간은 각 작업장에서 투입된 재공품 1단위를 처리하는 데 걸리는 시간이다.)

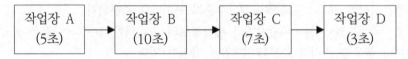

① 이 생산 프로세스의 흐름시간(flow time)은 25초이다.

② 병목(bottleneck)이 발생하는 작업장은 작업장 B이다.

③ 작업장 C에서는 작업공전(starving)이 발생한다.

④ 이 생산 프로세스의 시간당 생산량은 720단위이다.

⑤ 작업장 D의 이용률(utilization rate)은 30%이다.

21. 생산계획에 관한 설명으로 가장 적절하지 **않은** 것은?

① 재고수준의 변동은 일반적으로 수요추종 전략(chase strategy)보다 평준화 전략(level strategy)을 활용할 경우 크게 나타난다.

② 주생산계획(MPS)은 통상적으로 향후 수개월을 목표 대상기간으로 하여 주 단위로 수립된다.

③ 자재소요계획(MRP)의 입력자료에는 주생산계획, 자재명세서(BOM), 재고기록철(inventory record)이 있다.

④ 총괄생산계획을 통해 개별 제품별로 월별 생산수준, 인력수준, 재고수준을 결정한다.

⑤ 자재소요계획은 생산능력, 마케팅, 재무적 요소 등에 관한 조정기능을 포함한 MRP II 및 ERP로 확장되었다.

22. 주민센터 A의 업무 프로세스는 리틀의 법칙(Little's law)을 따른다. 이 주민센터의 시간당 처리 민원인 수가 10명이고, 민원인 한 명이 민원 해결을 위해 평균 30분을 주민센터에 머문다고 할 경우 어느 특정 시간에 주민센터 A 내에 머무르고 있는 평균 민원인 수는? (단, 각 민원인은 주민센터에 도착한 순서대로 서비스를 받고 민원이 해결되는 즉시 주민센터를 떠나는 것으로 가정한다.)

① 2명 ② 5명 ③ 10명
④ 20명 ⑤ 60명

23. 슈메너(Schmenner)의 서비스 프로세스 매트릭스에 관한 설명으로 가장 적절하지 <u>않은</u> 것은?

① 전문서비스(professional service)는 노동집약도와 고객화 정도가 모두 높은 서비스를 의미한다.
② 대량서비스(mass service)에는 소매업, 학교, 소매금융 등이 속한다.
③ 서비스 공장(service factory)에는 항공사, 운수회사, 호텔 등이 속한다.
④ 서비스 숍(service shop)은 노동집약도는 높으나 고객화 정도는 낮은 특징이 있다.
⑤ 전문서비스는 높은 수준의 인건비와 고객화 정도 때문에 비효율적인 경향이 있다.

24. 린 생산(lean production)에 관한 설명으로 가장 적절하지 <u>않은</u> 것은?

① 작업장의 재고를 정교하게 통제하기 위해 풀 방식(pull system)에 의한 자재흐름이 적용된다.
② 생산 프로세스의 작업부하를 일정하게 하고 과잉생산을 방지하기 위해 가능한 작은 로트(lot) 단위로 생산한다.
③ 수요변동에 효과적으로 대응하기 위해 급변하는 환경을 가정하여 설계되었다.
④ 린 생산 시스템의 성공적인 정착을 위해서는 가동준비시간(setup time)의 최소화가 필요하다.
⑤ 린 생산을 도입할 경우 전통적인 생산시스템에 비해 공급자 수는 감소하는 대신 공급자와의 유대는 강화되는 경향이 있다.

25. K씨는 현재시점(t=0)에서 30년 만기 및 연 10%의 이자율로 20억원을 차입하려고 한다. 조사 결과 다음과 같은 두 가지 차입방안이 가능하며 만기 및 이자율은 동일하다. 1안과 2안을 비교할 때, K씨가 2차년도 말(t=2)에 지급하게 될 이자금액의 차이에 가장 가까운 것은? (단, PVIF(10%, 30)=0.0573, PVIFA(10%, 30)=9.4269이며, 모든 금액은 반올림하여 원단위로 표시한다.)

> 1안 : 만기일시상환 방식
>   - 1차년도부터 매년도 말 연 1회 대출원금에 대한 이자를 상환하며,
>   대출원금은 만기일에 전액 상환한다.
> 2안 : 원리금 균등분할상환 방식
>   - 1차년도부터 매년도 말 연 1회 동일한 금액을 상환한다.

① 0원   ② 1,215,882원   ③ 1,824,249원
④ 2,159,222원   ⑤ 2,487,256원

26. 주가배수모형에 관한 설명으로 가장 적절하지 **않은** 것은?

① 다른 조건이 일정하다면 요구수익률(또는 자기자본비용)이 낮을수록 PER(주가수익
   비율)은 높게 나타난다.
② 성장이 없는 기업의 PER은 요구수익률(또는 자기자본비용)의 역수이다.
③ 다른 조건이 일정하다면 보수적인 회계처리를 하는 기업의 PER은 낮게 나타난다.
④ PBR(주가장부가비율)은 ROE(자기자본이익률)와 PER의 곱으로 표현할 수 있다.
⑤ PER, PBR 또는 PSR(주가매출액비율)을 사용하여 주식가치를 상대평가 할 수 있다.

27. 25개 종목의 주식에 동일한 비중으로 투자하여 구성된 포트폴리오 A의 베타가 1.12이다.
   이 포트폴리오에서 베타가 0.8인 주식 X를 전량 매도함과 동시에 그 금액만큼 베타가 2.3
   인 주식 Y를 매입한다면 구성종목 변경 후 포트폴리오 A의 베타에 가장 가까운 것은?

① 1.18   ② 1.20   ③ 1.22
④ 1.24   ⑤ 1.26

28. 연 1회 매년 말에 지급되는 A기업의 배당금은 앞으로 계속 5%의 성장률을 보일 것으로
   예상된다. 현재(t=0) A기업 주식의 주당 내재가치는 50,000원이고 베타는 1.50이다. 무위
   험이자율은 3%이며 시장포트폴리오의 기대수익률은 10%이다. 전년도 말(t=0)에 지급된
   주당 배당금(D_0)에 가장 가까운 것은? (단, CAPM이 성립한다고 가정한다.)

① 4,048원   ② 4,250원   ③ 4,658원
④ 6,190원   ⑤ 6,500원

29. 다음 조건을 만족하는 경우에 관한 설명으로 적절한 항목만을 <u>모두</u> 선택한 것은?

〈 조 건 〉

- CAPM이 성립하며, 포트폴리오 A와 포트폴리오 B는 최적포트폴리오이다.
- 무위험이자율은 4%이며, 시장포트폴리오의 기대수익률 및 수익률 표준편차는 각각 15% 및 10%이다.
- 포트폴리오 A의 베타는 0.6이고, 포트폴리오 B의 베타는 0.4이다.

a. 포트폴리오 A와 포트폴리오 B의 사전적(ex-ante) 수익률은 항상 같은 방향으로 움직인다.
b. 포트폴리오 B의 샤프비율은 1.5이다.
c. 포트폴리오 A의 수익률 표준편차는 포트폴리오 B의 수익률 표준편차보다 1.5배 크다.
d. 시장포트폴리오에 대한 포트폴리오 A의 투자비중은 60%이다.

① c ② c, d ③ a, c, d
④ b, c, d ⑤ a, b, c, d

30. A기업은 신제품 K의 생산 및 출시를 계획하고 있으며, 자본예산기법을 사용하기 위해 증분현금흐름에 대한 분석을 진행하고 있다. 자본예산분석에 포함시켜야 할 증분현금흐름으로 가장 적절하지 <u>않은</u> 것은?

① 신제품 K 생산을 위해 필요한 공장 내 공간을 외부에 임대했을 경우의 기대수익(이 공간은 현재 사용하지 않고 있으며 신제품 K 생산에 사용되지 않는다면 외부에 임대할 수 있음)
② 신제품 K의 출시로 인해 고객들이 A기업의 기존 제품을 구매하지 않고 신제품 K의 구매로 이동함으로써 발생하는 기존 제품의 매출 감소분
③ 신제품 K를 생산하기 위해 사용될 신규 기계장치의 설치와 관련된 운송 및 설치비용
④ 신제품 K의 수요분석을 위해 작년에 지출된 시장조사비용(이 시장조사의 긍정적인 결과에 따라 신제품 K를 출시하기 위한 프로젝트가 착수됨)
⑤ 신제품 K의 출시로 인해 A기업의 다른 제품에 대한 수요가 증가해서 발생하는 기존 제품의 매출 증가분

31. 투자안 X의 현금흐름(나)과 현금흐름이 발생할 확률은 다음 표와 같다. 무위험이자율이 10%이고 투자자 K씨의 효용함수가 $U(W) = \sqrt{W}$일 때, 투자안 X의 위험조정할인율 (risk adjusted discount rate)에 가장 가까운 것은?

0기	1기		2기	
CF	CF	확률	CF	확률
(-)600만원	400만원	60%	900만원	70%
	100만원	40%	400만원	30%

① 10%　　　　　　② 11%　　　　　　③ 13%

④ 15%　　　　　　⑤ 17%

32. 레버리지분석은 매출액의 변화가 영업이익(EBIT) 및 주당순이익(EPS)에 미치는 영향을 파악하기 위해 사용된다. 부채를 사용하지 않는 A기업의 매출액이 250억원에서 275억원으로 증가할 때 EPS는 100원에서 150원으로 증가한다면, 이 기업의 영업레버리지도(DOL)에 가장 가까운 것은?

① 6.5　　　　　　② 6.0　　　　　　③ 5.5

④ 5.0　　　　　　⑤ 4.5

33. 자본구조이론에 관한 설명으로 가장 적절하지 <u>않은</u> 것은?

① 지분의 분산 정도가 크거나 소유경영자의 지분율이 낮을수록 자기자본의 대리인 비용은 증가할 수 있다.

② Miller(1977)에 의하면 채권시장이 균형일 때 부채기업과 무부채기업의 가치는 동일하다.

③ 자본조달순위이론은 최적자본구조의 존재 여부에 대하여 설명하지 못한다.

④ 부채비율이 높을 때 위험선호 유인, 과소투자 유인, 재산도피 유인 등이 발생할 수 있다.

⑤ MM에 의하면 법인세가 존재하는 경우 부채비율(B/S)의 증가에 따라 가중평균자본비용은 부채비용×(1-법인세율)로 수렴한다.

34. 무부채기업인 U기업의 연간 기대영업이익은 2억원이며, 부채비율(B/S)이 100%인 L기업의 연간 기대영업이익은 5억원이다. 두 기업의 주식수익률에 대한 자료는 다음과 같다.

구분	주식수익률의 표준편차	시장수익률과의 상관계수
U기업	20%	0.4
L기업	50%	0.6

시장포트폴리오의 기대수익률과 표준편차는 모두 20%이고, 무위험이자율은 5%이다. 법인세율이 40%인 경우 다음 중 가장 적절하지 <u>않은</u> 것은? (단, CAPM과 법인세가 있는 MM이론이 성립한다고 가정한다.)

① L기업의 베타는 1.50이다.
② U기업의 자기자본비용은 11.00%이다.
③ L기업의 가중평균자본비용은 12.25%이다.
④ U기업의 가치는 10.91억원이다.
⑤ L기업의 가치가 U기업의 가치보다 8.76억원 더 크다.

35. 완전자본시장을 가정할 때, 다음 설명 중 적절한 항목만을 <u>모두</u> 선택한 것은? (단, 자사주는 시가로 매입한다고 가정한다.)

> a. 주식배당 및 주식분할 후 자기자본 가치는 하락한다.
> b. 현금배당 및 자사주 매입 후 PER(주가수익비율)은 하락한다.
> c. 주식배당 및 주식분할 후 EPS(주당순이익)는 변하지 않는다.
> d. 자사주 매입 및 주식병합 후 EPS는 상승한다.
> e. 현금배당 및 자사주 매입 후 주주의 부는 상승한다.

① a, b   ② a, c   ③ b, c
④ b, d   ⑤ c, e

36. 현재시점(t=0)에서 1년 만기 현물이자율($_0r_1$)은 6%, 2년 만기 현물이자율($_0r_2$)은 8%이다. 다음 설명 중 적절한 항목만을 <u>모두</u> 선택한 것은? (단, 차익거래는 없다고 가정하며, % 기준으로 소수점 아래 셋째 자리에서 반올림하여 계산한다.)

> a. 1년 후 1년간의 선도이자율($_1f_2$)은 10.04%이다.
> b. 기대가설(expectation hypothesis)에 의하면 1년 후 단기이자율($_1r_2$)은 현재시점 1년 만기 현물이자율보다 상승할 것으로 기대된다.
> c. 유동성선호가설(liquidity preference hypothesis)에 의하면 유동성 프리미엄($_1L_2$)이 3%일 경우 1년 후 단기이자율($_1r_2$)은 현재시점 1년 만기 현물이자율보다 하락할 것으로 기대된다.

① a   ② a, b   ③ a, c
④ b, c   ⑤ a, b, c

37. 채권의 투자전략에 관한 설명으로 가장 적절하지 <u>않은</u> 것은?

   ① 목표시기 면역전략에 의하면 채권의 듀레이션이 목표투자기간보다 짧은 경우에는 이자율 변동에 따른 투자자의 가격위험이 재투자위험보다 크다.
   ② 순자산가치 면역전략에 의하면 자산과 부채의 듀레이션을 조정하여 자산가치 변동액과 부채가치 변동액의 차이가 영(0)이 되면 순자산가치는 이자율 변동과 관련 없이 일정하게 된다.
   ③ 채권의 채무불이행위험이나 수의상환위험은 면역전략을 통해서 제거되지 않는다.
   ④ 듀레이션만을 이용하는 면역전략은 채권가격과 이자율 간의 비선형관계를 반영하지 못한다.
   ⑤ 현재의 수익률곡선이 우상향의 모양을 가지며 투자기간 동안 그 형태가 변화하지 않을 것으로 예측되는 경우, 투자자는 수익률곡선타기전략을 사용하여 자본이득을 얻을 수 있다.

38. 배당을 하지 않는 A기업의 현재 주식가격은 10,000원이다. A기업의 주식을 기초자산으로 하는 만기 1년, 행사가격 10,000원인 유럽형 옵션이 현재 시장에서 거래되고 있다. 1년 후 A기업의 주식가격이 12,000원이 될 확률은 40%, 8,000원이 될 확률은 60%이다. 현재 무위험이자율이 10%이며, 이 옵션의 가격결정은 1기간 이항모형을 이용한 무위험 헤지포트폴리오를 구성하여 구한다. 다음 중 가장 적절하지 <u>않은</u> 것은? (단, 소수점 아래 둘째자리에서 반올림하여 계산한다.)

   ① 풋옵션의 균형가격은 654.6원이다.
   ② 콜옵션의 균형가격은 1,363.6원이다.
   ③ 주식 1개 매입 시 콜옵션 2개 매도로 헤지한다.
   ④ 풋옵션의 델타는 (-)0.5이다.
   ⑤ 콜옵션의 델타는 0.5이다.

39. 선물에 관한 설명으로 가장 적절하지 <u>않은</u> 것은?

   ① 선물가격과 현물가격의 차이를 베이시스(basis)라고 하는데 만기일이 가까워지면 베이시스는 점점 작아지고 만기일에는 선물가격과 현물가격이 같게 된다.
   ② 현물-선물 등가식(spot-future parity)이 성립하는 경우 효율적인 시장에서는 차익거래의 기회가 존재하지 않는다.
   ③ 선물가격은 보유비용(cost of carry)만큼 현물가격과 차이가 발생하는데 이때의 보유비용에는 현물구입자금에 대한 기회비용인 이자비용뿐만 아니라 현물의 보관비용도 포함된다.
   ④ 선물의 가격이 미래의 기대현물가격보다 높게 형성되었다가 만기일에 접근하면서

기대현물가격에 일치해간다는 가설은 정상적 백워데이션(normal backwardation) 가설이다.

⑤ 명목이자율이 국내보다 높은 외화의 경우 균형상태에서 원/외화 선물환율이 현물환율보다 낮다.

40. A기업은 신주를 발행해서 주식교환방식으로 B기업을 합병할 예정이다. 다음은 두 기업의 합병 전 자료이다.

구분	A기업	B기업
주당순이익	2,500원	2,000원
주가수익비율(PER)	20	15
총발행주식수	10,000주	10,000주

합병 후 합병기업의 당기순이익은 합병 전 두 기업의 당기순이익의 합과 같으며, 합병 후 PER은 20으로 예상된다. 주가 기준으로 주식교환비율이 결정된다면 B기업 주주가 수용할 수 있는 최소 주식교환비율에 가장 가까운 것은?

① 0.50   ② 0.45   ③ 0.40

④ 0.35   ⑤ 0.30

①형

경제원론

2022년 제57회

제1교시

※ 각 문제의 보기 중에서 물음에 가장 합당한 답을 고르시오.

1. X재 시장은 완전경쟁시장이고 수요자는 A, B, C만 존재한다. 아래는 X재 수요표이다.

구분	A	B	C
2,000원/개	3개	5개	3개
4,000원/개	2개	3개	1개

시장공급함수가 $Q = \dfrac{1}{500}P$ (P는 가격, Q는 공급량)일 때 다음 설명 중 옳은 것을 모두 고르면?

> 가. $P = 2,000$인 경우 1개의 초과수요가 발생하며, 가격은 상승할 것이다.
> 나. $P = 4,000$인 경우 2개의 초과공급이 발생하며, 가격은 하락할 것이다.
> 다. X재가 거래되는 시장에서 공급의 법칙은 성립하나 수요의 법칙은 성립하지 않는다.
> 라. X재 가격에 대한 공급탄력성은 1이다.

① 가, 나　　　　　② 가, 다　　　　　③ 가, 라
④ 나, 다　　　　　⑤ 나, 라

2. 완전경쟁시장에서 거래되는 어느 재화의 수요와 공급 함수는 다음과 같다.

수요 : $Q_D = 300 - 10P$

공급 : $Q_S = 20P$

정부가 이 재화의 최저가격을 20으로 정한다면 생산자잉여와 자중손실(deadweight loss)은? (단, Q_D는 수요량, Q_S는 공급량, P는 가격이다.)

	생산자잉여	자중손실
①	250	750
②	750	750
③	750	1,500
④	1,750	750
⑤	2,750	1,500

3. X재와 Y재만을 소비하는 A의 효용함수는 $U(X, Y) = \sqrt{X} + Y$이고, 예산제약선은 $P_x X + P_y Y = M$이다. A는 예산제약하에서 효용을 극대화한다. P_x, P_y, M은 각각 X재 가격, Y재 가격 및 소득이다. $P_x = 1$, $P_y = 10$일 때 다음 중 옳은 것을 <u>모두</u> 고르면? (단, $X \geq 0$, $Y \geq 0$)

> 가. $M = 20$일 때, A는 X재만 소비한다.
> 나. $M \geq 30$일 때, A의 소득소비곡선은 수직이다. (단, 가로축은 X재의 소비량, 세로축은 Y재의 소비량을 나타낸다.)
> 다. $M \leq 20$일 때, A의 Y재 엥겔곡선은 우상향하는 직선이다.

① 가 ② 나 ③ 가, 나
④ 가, 다 ⑤ 나, 다

4. 투자자 A와 B의 w원에 대한 폰노이만-모겐스턴(von Neumann- Morgenstern) 효용함수는 각각 $u_A(w) = w^{0.5}$, $u_B(w) = 2w$이다. 현재 두 사람은 각각 100만 원의 투자자금으로 자금조달에 어려움을 겪고 있는 어떤 기업에 대한 투자를 고려하고 있다. 이 기업이 자금난을 극복하지 못하고 부도가 나면 투자한 금액을 전혀 돌려받지 못하나 자금난을 극복하고 새로운 기술개발에 성공하게 되면 이 기업의 주가는 1주당 10,000원으로 상승할 것으로 예상된다. 기업이 부도날 확률이 0.5인 경우 다음 설명 중 옳은 것을 <u>모두</u> 고르면? (단, 투자자는 투자금액 전액을 이 기업의 주식에만 투자할 것을 고려하고 있으며, 주식거래 관련 거래비용은 없다.)

> 가. 투자기회에 대한 확실성등가는 A가 B보다 크다.
> 나. 투자 시 A의 기대소득은 확실성등가보다 크다.
> 다. 투자 시 B의 위험프리미엄은 확실성등가와 같다.
> 라. 주가가 현재 5,000원인 경우, A는 이 기업의 주식에 투자하지 않을 것이다.

① 가, 나   ② 가, 라   ③ 나, 다
④ 나, 라   ⑤ 다, 라

5. 어느 기업의 생산함수는 $Q = \sqrt{L + 2K}$이다. Q는 생산량, L은 노동투입량, K는 자본투입량이다. 노동과 자본의 단위당 가격이 각각 w와 r이다. 다음 설명 중 **옳지 않은** 것은?

① 생산함수는 규모에 대한 수익체감을 나타낸다.
② 생산요소간 대체탄력성이 1이다.
③ 한계기술대체율은 일정하다.
④ $w = 1$, $r = 3$인 경우, 총비용함수는 $TC(Q) = Q^2$이다.
⑤ $w = 2$, $r = 1$인 경우, 총비용함수는 $TC(Q) = \frac{1}{2}Q^2$이다.

6. 완전경쟁인 X재 시장에 참여하고 있는 모든 기업의 장기총비용함수는 $LTC = q^3 - 10q^2 + 35q$로 동일하다. X재의 시장수요가 $Q_D = 400 - 10P + M$인 경우, 다음 (가), (나)에 대한 답으로 옳은 것은? (단, LTC는 개별기업의 장기총비용, q는 개별기업의 생산량이다. Q_D는 시장수요량, P는 가격, M은 상수이다.)

> (가) $M = 100$인 경우, 장기균형에서 기업의 수는?
> (나) $M = 200$으로 증가하는 경우, 새로운 장기균형에서의 시장가격은?

	(가)	(나)
①	80개	10
②	80개	20
③	60개	20
④	40개	15
⑤	40개	10

7. 시장구조에 대한 다음 설명 중 옳은 것을 <u>모두</u> 고르면?

> 가. 완전경쟁기업의 경우, 생산요소의 공급이 비탄력적일수록 단기공급
>   곡선의 기울기가 가파르다.
> 나. 수요의 가격탄력성이 1일 때 독점기업의 한계수입은 0이다. (단, 수
>   요곡선은 우하향한다.)
> 다. 독점기업이 직면하는 수요가 가격탄력적일수록 독점가격은 완전경
>   쟁가격에 가깝다.
> 라. 독점적 경쟁시장에 참여하는 기업의 장기균형 생산량은 평균총비용
>   이 최소화되는 생산량 수준에서 결정된다.

① 가, 나   ② 나, 라   ③ 다, 라
④ 가, 나, 다   ⑤ 가, 다, 라

8. 다음 세 가지 경우의 가격탄력성(절댓값 기준) A, B, C 크기를 올바르게 비교한 것은? (단, Q_D는 수요량, P는 가격을 나타낸다.)

> 경우 1 : 한계비용이 10으로 일정한 독점기업이 이윤극대화를 위해 가격을 20
>   으로 책정하였다. 이윤극대화 가격에서 시장수요의 가격탄력성(A)
> 경우 2 : 시장수요가 $Q_D = 50 - 2P$인 시장에서 $P = 10$이다. 이 가격에서 시
>   장수요의 가격탄력성(B)
> 경우 3 : 소비자 갑의 X재에 대한 지출액은 X재 가격에 관계없이 일정하다. X
>   재에 대한 소비자 갑의 수요의 가격탄력성(C)

① $A > B > C$ ② $A > C > B$ ③ $B > A > C$
④ $B > C > A$ ⑤ $C > B > A$

9. 소비자 선택은 주어진 소득으로 효용을 극대화하는 문제로 접근(효용 극대화 접근방법)하기니, 주어진 효용을 달성하기 위해 지출을 극소화하는 문제로 접근(지출 극소화 접근방법)할 수 있다. 다음 설명 중 옳은 것을 <u>모두</u> 고르면?

> 가. 효용 극대화 접근방법으로 도출된 수요함수는 가격과 효용의 함수이다.
> 나. 소득 $\overline{M}$으로 효용을 극대화하는 경우 극대화된 효용이 U^*라고 하면, U^*의
>   효용을 달성하기 위해 극소화된 지출은 $\overline{M}$이다.

다. 지출 극소화 접근방법으로 도출된 수요곡선은 우상향할 수 없다.

① 가   ② 나   ③ 다
④ 가, 나   ⑤ 나, 다

10. 시장수요의 역함수가 $P = 30 - Q$인 복점시장에서 두 기업 A와 B가 동시에 자신의 생산량을 결정하는 꾸르노(Cournot) 경쟁을 한다. 두 기업의 비용함수가 각각 다음과 같을 때, 내쉬균형(Nash equilibrium)에서 기업 A의 생산량은? (단, P는 시장가격, $Q = q_A + q_B$, q_i는 기업 i의 생산량이다.)

> 기업 A의 총생산비용(C_A) : $C_A = q_A^2$
> 기업 B의 총생산비용(C_B) : $C_B = 5q_B$

① 2   ② 3   ③ 5
④ 7   ⑤ 10

11. 다음의 보수행렬로 나타낼 수 있는 전략형 게임에서 순수전략 내쉬균형(Nash equilibrium)이 1개만 존재하는 경우의 a값으로 **옳지 않은** 것은? (단, U와 D는 경기자 1의 전략이고, L, C와 R은 경기자 2의 전략이다. 괄호안의 첫 번째 숫자는 경기자 1의 보수를, 두 번째 숫자는 경기자 2의 보수를 나타낸다.)

경기자 2

		L	C	R
경기자 1	U	(1, 2)	(5, 3)	(3, a)
	D	(4, 1)	(2, 4)	(3, 3)

① 1   ② 2   ③ 3
④ 4   ⑤ 5

12. 다음 그림은 각각 소비자 1, 2, 3이 두 예산선 하에서 선택한 점들을 나타낸다. 현시선호
    의 약공리를 만족하는 소비자를 <u>모두</u> 고르면? (단, 점 A와 점 B는 각각 예산선이 BC_A와
    BC_B일 때의 선택을 나타낸다.)

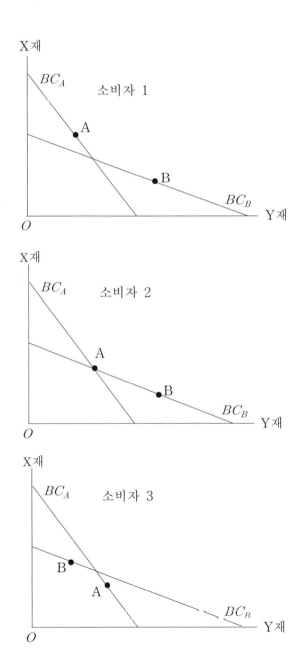

① 소비자 1   ② 소비자 2   ③ 소비자 3

④ 소비자 1, 소비자 2   ⑤ 소비자 2, 소비자 3

13. 어느 완전경쟁시장에서 수요함수는 $Q_D = 60 - P$이며, 공급함수는 $Q_S = -20 + P$이다. 이때 정부가 시장 생산자들에게 단위당 10의 생산보조금을 지급한다. 다음 설명 중 옳은 것은? (단, Q_D, Q_S와 P는 각각 수요량, 공급량과 가격을 나타낸다.)

① 생산보조금 지급으로 균형가격은 단위당 10만큼 하락한다.

② 생산보조금 지급으로 거래량은 10단위 증가한다.

③ 정부의 보조금 지급으로 사회후생은 증가한다.

④ 정부의 총보조금 지급액은 250이다.

⑤ 생산자잉여는 정부의 총보조금 지급액만큼 증가한다.

14. 사람들이 어떤 재화를 일단 소유하게 되면 그 재화에 더 큰 가치를 부여하게 되는 현상과 가장 밀접한 개념은?

① 부존효과(endowment effect)

② 심적회계방식(mental accounting)

③ 확실성효과(certainty effect)

④ 쌍곡선형 할인(hyperbolic discounting)

⑤ 닻내림효과(anchoring effect)

15. 공유자원(commons)과 관련한 다음 설명 중 옳은 것을 <u>모두</u> 고르면?

> 가. 소비의 비경합성(non-rivalry)이 존재한다.
> 나. 대가를 지불하지 않는 사람이라도 소비에서 배제할 수 없다.
> 다. 사회적 최적 수준보다 과도하게 사용되는 문제가 발생한다.
> 라. 막히지 않는 유료 도로는 공유자원의 예이다.

① 가, 나   ② 가, 다   ③ 나, 다

④ 나, 라   ⑤ 다, 라

16. 어느 사회에 두 명의 구성원(1과 2)만 있으며, 이 사회에 존재하는 두 재화(X재 100단위와 Y재 80단위)를 이들에게 분배하려고 한다. 구성원 1의 효용함수는 $U_1 = 2x_1 + y_1$이고, 구성원 2의 효용함수는 $U_2 = \min\{x_2, 2y_2\}$이다. 사회후생함수(SW)가 $SW = \min\{U_1, U_2\}$

일 때 다음 중 사회적으로 가장 바람직한 분배 상태는? (단, x_i와 y_i는 각각 구성원 i의 X재와 Y재 소비량을 나타내며, $x_1 + x_2 = 100$, $y_1 + y_2 = 80$이다.)

① $x_1 = 15$, $y_1 = 40$ 　　② $x_1 = 20$, $y_1 = 40$ 　　③ $x_1 = 30$, $y_1 = 50$

④ $x_1 = 50$, $y_1 = 40$ 　　⑤ $x_1 = 60$, $y_1 = 30$

17. 2국가 2재화 리카도(Ricardo) 모형을 가정하자. 아래의 표는 A국과 B국이 각각 1시간의 노동으로 생산할 수 있는 X재 및 Y재의 양이다.

구분	A국	B국
X재	6개	1개
Y재	4개	2개

A국 임금은 시간당 A국 통화 6단위이고, B국 임금은 시간당 B국 통화 1단위이다. B국 통화 1단위당 A국 통화 2단위가 교환될 경우, 다음 중 옳은 것을 <u>모두</u> 고르면?

> 가. 교역 이전, A국에서 X재의 개당 가격은 A국 통화 1단위다.
> 나. 교역 이전, B국에서 Y재의 개당 가격은 A국 통화로 환산하면 A국 통화 1단위다.
> 다. 교역 이전, A국 통화로 환산한 Y재의 개당 가격은 B국에서 더 낮다.
> 라. A국은 X재를 수출하고, B국은 Y재를 수출할 것이다.

① 가 　　　　　② 가, 다 　　　　　③ 나, 라

④ 나, 다, 라 　　⑤ 가, 나, 다, 라

18. 소국인 A국은 X재 생산에 사용되는 유일한 원자재인 Y재를 수입한다. A국은 수입되는 X재에 명목관세 10%를 부과하지만, Y재에는 관세를 부과하지 않는다. X재와 Y재의 세계 시장 가격은 각각 100, 80이다. X재에 대한 <u>실효보호관세율</u>(effective rate of protection)은?

① 10.0% 　　　　② 12.5% 　　　　③ 20.0%

④ 50.0% 　　　　⑤ 52.5%

19. 아래 그림은 대국이 X재에 수입관세를 부과할 때 나타나는 경제적 효과를 보여준다. S는 X재에 대한 대국의 공급곡선을, D는 수요곡선을 나타낸다. 수입관세 부과는 X재의 세계 시장 가격을 P_W에서 P_T^*로 하락시키고 X재의 국내 가격을 P_T로 상승시킨다. 수입관세 부과의 경제적 효과에 대한 다음 설명 중 <u>옳지 않은</u> 것은?

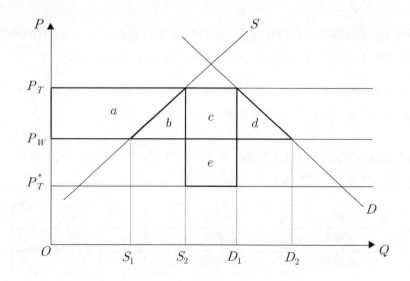

① 소비자잉여의 감소는 $a+b+c+d$이다.
② 대국의 사회적 후생 증가 조건은 $c > b+d$이다.
③ c는 국내 소비자에게 전가되는 관세 부담이다.
④ e는 관세의 교역조건 효과이다.
⑤ 생산자잉여의 증가는 a이다.

20. 2국가(A국 및 B국) 2재화(X재 및 Y재) 헥셔-올린 모형을 가정하자. X재는 노동집약재이고 Y재는 자본집약재이다. 만약 A국이 상대적 노동풍부국, B국이 상대적 자본풍부국일 경우, 다음 설명 중 옳지 않은 것은?

① 무역 이전, $\dfrac{X재가격}{Y재가격}$ 은 A국이 B국보다 낮다.

② 무역 이전, $\dfrac{단위당\ 자본사용보수}{단위당\ 노동사용보수}$ 는 B국이 A국보다 낮다.

③ A국은 X재를, B국은 Y재를 각각 불완전특화 생산하여 수출한다.

④ 무역의 결과, 양국 간 단위당 노동사용보수의 격차는 감소하지만 단위당 자본사용보수의 격차는 증가한다.

⑤ 무역의 결과, A국의 자본 소유자의 실질소득은 감소한다.

21. 1년 후 원/달러 환율이 1,100원으로 예상되고, 현재 달러예금이자율은 연 5%이다. 아래의 표는 현재 원/달러 환율에 따라 변동되는 원/달러 환율의 예상연간변화율과 원화표시 달러예금의 연간기대수익률을 보여준다. 만약 국내 원화예금의 이자율이 연 10%라면, 자산접근법에 따른 외환시장의 현재 균형환율은? (단, 자산은 예금이며 모든 계산은 소수 셋

째 자리에서 반올림 하였다.)

현재 원/달러 환율	원/달러 환율의 예상 연간변화율	원화표시 달러예금의 연간기대수익률
1,150	(-)0.04	0.01
1,100	0.00	0.05
1,050	0.05	0.10
1,000	0.10	0.15
950	0.16	0.21

① 1,150원/달러　　② 1,100원/달러　　③ 1,050원/달러
④ 1,000원/달러　　⑤ 950원/달러

22. 아래 그림은 자국의 화폐시장과 외환시장의 균형이 연계되어 있음을 보여준다. 국내화폐시장에서 결정된 균형이자율(R^*)이 외환시장에서는 자국예금수익률이 되어, 자국화폐표시 외국예금기대수익률과 같아질 때 현재의 균형환율(E^*)이 결정된다. 아래의 그림을 이용한 단기 분석으로 옳은 설명을 <u>모두</u> 고르면?

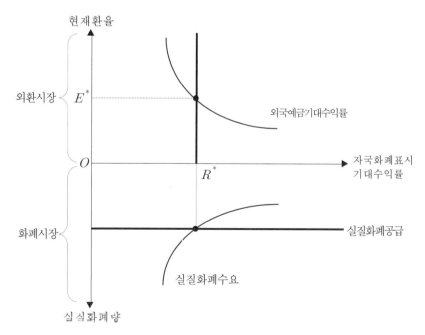

$$실질화폐공급 = \frac{명목화폐공급량}{물가수준}$$

$$외국예금기대수익률 = 외국예금이자율 + \frac{예상미래환율 - 현재환율}{현재환율}$$

실질화폐수요는 소득의 증가함수이고, 이자율의 감소함수이다.

> 가. 자국의 소득증가는 현재의 자국화폐가치를 상승시킨다.
> 나. 예상미래환율의 하락은 현재의 자국화폐가치를 상승시킨다.
> 다. 외국예금이자율의 하락은 현재의 자국화폐가치를 상승시킨다.

① 가　　　　　　② 나　　　　　　③ 가, 다
④ 나, 다　　　　　⑤ 가, 나, 다

23. 국제평가이론(international parity theorem)이 성립할 경우, A, B, C에 들어갈 숫자로 옳은 것은? (단, 환율은 외국화폐 1단위에 대한 자국화폐의 교환비율이다.)

> • 외국과 자국의 연간 기대인플레이션이 각각 3%와 (A)%이다.
> • 외국과 자국의 1년 만기 국채금리가 각각 (B)%와 7%이다.
> • 현물환율이 100이고, 1년 만기 선물환율이 (C)이다.

	A	B	C
①	4	6	102
②	5	5	102
③	5	6	103
④	5	6	102
⑤	4	5	103

24. 다음은 어느 개방경제의 국민계정 항등식에 관한 자료이다.

> $Y = 1,000$　　　　　　　$C + G = 700$
> $Y - T - C = 200$　　　　$X - IM = 100$

Y, C, G, T, X, IM은 각각 총생산, 소비, 정부지출, 조세, 수출, 수입을 나타낸다. 이때 투자(I)와 공공저축($T - G$)은?

	투자	공공저축
①	100	80
②	150	90
③	200	100
④	250	110
⑤	300	120

25. 두 기간 생존하는 소비자 A와 B로만 이루어진 가상의 경제를 고려하자. A는 1기에만 1의 소득을, B는 2기에만 1.5의 소득을 얻으며, A와 B 사이에서는 자금의 대차가 가능하다. 각 소비자는 다음의 효용극대화 조건을 만족한다.

$$\frac{C_2}{C_1} = 1 + r$$

C_1과 C_2는 각각 1기와 2기의 소비를 나타내고, r은 자금 대차에 적용되는 이자율이다. 이때 자금의 수요와 공급을 일치시키는 균형이자율과 A의 1기 소비를 올바르게 짝지은 것은? (단, 채무불이행 위험은 없다.)

	균형이자율	A의 1기 소비
①	0.5	1/2
②	0.5	3/4
③	0.2	1/4
④	0.2	1/2
⑤	0.0	3/4

26. 자국과 외국의 화폐시장이 다음의 균형조건을 각각 충족한다.

$$\text{자국}: \frac{M}{P} = kY$$

$$\text{외국}: \frac{M^*}{P^*} = k^* Y^*$$

M, P, Y는 긱긱 명목화폐공급, 물가 및 총생산을 나타내며, k는 상수이나. 외국 변수는 별(*) 표시로 자국 변수와 구분한다. 자국의 명목화폐공급 증가율과 경제성장률이 외국에 비해 각각 7%포인트와 2%포인트 높다. 상대적 구매력평가가 성립한다고 할 때, 명목환율

의 변화율은? (단, 명목환율은 외국화폐 1단위에 대한 자국화폐의 교환비율이다.)

① 2.0%   ② 3.5%   ③ 5.0%

④ 7.0%   ⑤ 9.0%

27. 다음과 같은 대부자금시장 모형을 고려하자.

생산측면	지출측면
$Y = F(A, K, L)$ $A = \overline{A},\ K = \overline{K},\ L = \overline{L}$	$C = C(Y - T, r)$ $I = I(Y)$ $T = \overline{T},\ G = \overline{G}$

Y는 총생산이다. A, K, L은 총요소생산성, 자본 및 노동이며, 각각 $\overline{A}$, $\overline{K}$ 및 $\overline{L}$로 고정되어 있다. $F(\,\bullet\,)$는 총생산함수이고 각각의 독립변수에 대해 증가함수이다. C, I, T, G, r은 소비, 투자, 조세, 정부지출 및 실질이자율을 나타내며, 조세와 정부지출은 $\overline{T}$와 $\overline{G}$로 고정되어 있다. $C(\,\bullet\,)$는 가처분소득($Y - T$)과 실질이자율에 대해 각각 증가함수 및 감소함수이고, $I(\,\bullet\,)$는 총생산에 대해 증가함수이다. 다음 중 **옳지 않은** 것은? (단, 저축곡선과 투자곡선의 세로축은 실질이자율을, 가로축은 저축 또는 투자를 나타낸다.)

① 저축곡선은 양(+)의 기울기를 갖는다.
② 투자곡선은 수직이다.
③ 정부지출이 증가하면 실질이자율은 상승한다.
④ 소비가 외생적으로 증가해도 소득은 불변이다.
⑤ 노동 공급이 감소하면 실질이자율은 상승한다.

28. 다음 표는 어느 경제의 노동시장 관련 자료이다. 이 경제의 모든 생산가능인구는 경제활동인구이며, 현재 실업률은 자연실업률과 같다. 취업자 수와 실업률로 가장 가까운 것은? (단, 실업자가 일자리를 찾을 확률과 취업자가 일자리를 잃을 확률은 일정하다.)

실업자 수	50만 명
신규취업자 수	4만 명
취업자가 일자리를 잃을 확률	1.6%

	취업자 수	실업률
①	250만 명	16.67%
②	250만 명	17.84%

	취업자 수	실업률
③	250만 명	18.32%
④	300만 명	16.67%
⑤	300만 명	17.84%

29. 다음과 같은 폐쇄경제 IS-LM 모형을 가정하자.

상품시장	화폐시장
$C = 170 + 0.5(Y - T)$ $I = 100 - 10(i - \pi^e)$ $G = \overline{G}, \ T = 60, \ \pi^e = 0$	$L(Y, i) = Y - 40i$ $P = 2$ $M = 300$

$C, \ Y, \ T, \ I, \ i, \ G, \ M, \ P, \ L(Y, i), \ \pi^e$ 은 각각 소비, 소득, 조세, 투자, 명목이자율, 정부지출, 명목화폐공급, 물가수준, 실질화폐수요함수 및 기대인플레이션을 나타낸다. 또한 오쿤의 법칙이 다음과 같이 성립한다.

$$u - 4 = -\frac{1}{50}(Y - 500)$$

u는 실업률이다. 정부가 정부지출을 이용한 재정정책을 통해 실업률을 5%로 유지하고자 할 때 정부지출은? (단, 명목이자율과 실업률은 % 단위로 표시된다.)

① 50   ② 60   ③ 70
④ 80   ⑤ 90

30. 인구증가를 고려한 솔로우 모형에서 1인당 생산(y), 자본(k), 투자(i)로 표시된 생산함수와 1인당 자본축적방정식이 각각 다음과 같다.

$$y = \sqrt{k}$$

$$\Delta k = i - (n + \delta)k$$

인구성장률(n)과 감가상각률(δ)은 각각 0.15와 0.05이고, 저축률은 0.6이다. 현재 이 경제는 균제상태이다. 다음 중 이 경제의 황금률 균제상태와 황금률 균제상태로의 이행 과정에 대한 설명으로 옳지 않은 것은?

① 황금률 균제상태에 부합하는 저축률은 0.5이다.
② 황금률 균제상태에서 1인당 생산은 2.5이다.

③ 황금률 균제상태에서 1인당 소비는 현재의 균제상태에서 보다 크다.

④ 황금률 균제상태에 도달하기 전까지 1인당 자본의 증가율은 0보다 작다.

⑤ 황금률 균제상태에 도달하기 전까지 1인당 자본과 1인당 생산의 증가율은 같다.

31. 어느 경제의 현금통화, 지급준비금, 요구불예금이 각각 다음과 같다. 이때 통화승수는?

현금통화	80억 원
지급준비금	10억 원
요구불예금	100억 원

① 2.0   ② 2.5   ③ 3.0

④ 3.5   ⑤ 4.0

32. 폐쇄경제에 대한 케인즈의 국민소득결정 모형이 다음과 같다.

$$C = a + 0.75(Y - T)$$
$$I = b + 0.15Y$$
$$T = c + 0.2Y$$
$$G = \overline{G}$$

Y, C, I, T, G는 각각 소득, 소비, 투자, 조세 및 정부지출이다. a, b, c는 각각 소득에 의존하지 않는 자율적(autonomous) 소비, 투자 및 조세를 나타내는 상수이다. 정부지출이 $\overline{G}$로 일정할 때, 자율적 소비 승수는?

① 2.5   ② 3.0   ③ 3.5

④ 4.0   ⑤ 4.5

33. 갑국 경제의 성장회계와 자본의 한계생산물이 다음과 같다.

$$\text{성장회계} : \dot{Y} = \dot{A} + \alpha\dot{K} + (1 - \alpha)\dot{L}$$
$$\text{자본의 한계생산물} : MPK = \alpha\frac{Y}{K}$$

여기서 $\dot{Y}$, $\dot{A}$, $\dot{K}$, $\dot{L}$은 각각 경제 전체의 생산량, 총요소생산성, 자본량, 노동량의 변화율을 나타낸다. 이 경제에서 $\dot{Y}$, $\dot{K}$, $\dot{L}$은 각각 3%, 3%, -1%, Y/K는 25%, 자본의 실질임대료는 10%로 일정하다. 이 경제에 고전학파 분배이론이 적용될 경우 총요소생산성 변화율은?

① 1.4%   ② 2.4%   ③ 3.4%
④ 4.4%   ⑤ 5.4%

34. 다음 표는 갑국의 고용 관련 자료를 나타낸다. 경제활동인구와 비경제활동인구의 합계가 1,000만 명으로 일정할 경우, t기에 비하여 t+1기에 취업자 수는 몇 명이나 증가하였는가?

구분	t기	t+1기
실업률	4%	5%
경제활동참가율	60%	70%

① 89만 명   ② 99만 명   ③ 109만 명
④ 119만 명   ⑤ 129만 명

35. 다음 표는 갑국과 을국의 명목GDP와 실질GDP를 나타낸다. 물가수준은 양국 모두 GDP 디플레이터로 측정한다. 다음 설명 중 옳은 것은? (단, 양국은 동일한 통화를 사용한다.)

(단위 : 달러)

구분	갑국		을국	
	명목GDP	실질GDP	명목GDP	실질GDP
2010년	4.0조	2.0조	1.0조	1.5조
2015년	6.0조	6.0조	2.0조	2.0조
2020년	8.0조	7.0조	5.0조	3.5조

① 갑국의 2010년 GDP디플레이터는 50이다.
② 갑국의 2010년과 2015년 사이의 실질GDP 성장률은 2015년과 2020년 사이의 실질GDP 성장률에 비해 100%포인트 높다.
③ 을국은 2010년에 비해 2015년에 물가수준이 상승하였다.
④ 을국의 2015년 물가수준은 기준년도 물가수준보다 낮다.
⑤ 2015년 대비 2020년 물가상승률은 갑국이 을국보다 높다.

36. 갑국의 필립스 곡선은 다음과 같다.

$$\pi_t - \pi_{t-1} = 0.5\left(u_t - u_t^n\right)$$

여기서 π_t, π_{t-1}, u_t, u_t^n은 각각 t기 인플레이션, $t-1$기 인플레이션, t기 실업률, t기 자연실업률을 나타낸다. t기 자연실업률은 이력현상(hysteresis)의 존재로 $t-1$기 실업

률과 같아 $u_t^n = u_{t-1}$이 성립한다. 중앙은행의 손실함수(LF)는 다음과 같다.

$$LF = 50(\pi_L)^2 + (u_L - 0.05)$$

여기서 π_L, u_L은 각각 장기 인플레이션, 장기 실업률을 나타낸다. 현시점은 1기이고 장기 균형 상태이며, 1기 및 0기 인플레이션은 모두 3%이고, 0기 실업률은 5%이다. 중앙은행이 손실함수가 최소화되도록 2기 이후 인플레이션을 동일하게 설정할 경우 장기 인플레이션은?

① 0%   ② 1%   ③ 2%
④ 3%   ⑤ 4%

37. 다음 그림은 변동환율제를 채택하고 있는 어느 소규모 개방경제의 IS-LM-BP 곡선을 나타낸다. (가) 외국 소득 감소, (나) 외국 이자율 상승이 각각 가져오는 균형 소득 변화로 옳은 것은?

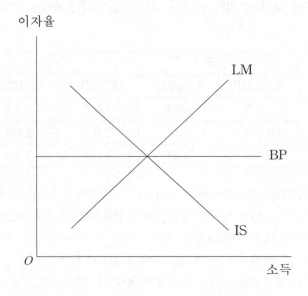

	(가)	(나)
①	소득 불변	소득 증가
②	소득 감소	소득 불변
③	소득 감소	소득 증가
④	소득 감소	소득 감소
⑤	소득 증가	소득 감소

38. 다음 (가), (나) 경우의 실질화폐잔고 수요를 고려하자. 다음 설명 중 옳은 것은? (단, 실질
화폐잔고 수요의 이자율탄력성과 소득탄력성은 유한하다. 폐쇄경제 IS-LM 분석을 이용하
며 IS곡선은 우하향한다.)

> (가) 실질화폐잔고 수요가 이자율에 의존하지 않고 소득의 증가함수이다.
> (나) 실질화폐잔고 수요가 소득에 의존하지 않고 이자율의 감소함수이다.

① (가)이 경우 실질화폐잔고 수요의 이자율탄력성이 0보다 크다.
② (나)의 경우 실질화폐잔고 수요의 소득탄력성이 0보다 크다.
③ (가)의 경우 LM곡선은 수평선의 형태를 갖는다.
④ (나)의 경우 통화량을 늘리더라도 총수요가 증가하지 않는다.
⑤ (가)의 경우 재정지출을 늘리더라도 총수요가 증가하지 않는다.

39. 갑국에서는 최근 자연재해로 생산 설비가 파괴되어 생산 비용이 크게 증가하였다. 갑국 정
부는 국채를 발행하여 자연재해로 인한 피해를 극복하기 위한 재정지출을 늘리는 한편, 중
앙은행은 공개 시장 운영을 통하여 발행된 국채를 전량 매입하였다. 다음 설명 중 옳은 것
은? (단, 폐쇄경제 IS-LM 및 AD-AS 분석을 이용하며 IS곡선과 AD곡선은 우하향하고,
LM곡선과 AS곡선은 우상향한다.)

① 갑국에서 통화량이 증가하였다.
② 갑국에서 IS곡선이 좌측 이동하였다.
③ 갑국에서 물가가 하락하였다.
④ 갑국 정부의 재정적자가 감소하였다.
⑤ 갑국에서 AS곡선이 우측 이동하였다.

40. 어느 거시경제에서 다음과 같이 화폐시장 균형과 피셔방정식이 성립한다.

> 화폐시장 균형 : $\dfrac{M}{P} = \dfrac{Y}{V}$
>
> 피셔방정식 : $i = r + \pi^e$

여기서 M, P, Y, V, i, r, π^e는 통화 공급량, 물가, 생산량, 화폐유통속도, 명목이자율,
실질이자율, 기대 인플레이션을 나타낸다. 이 경제에서 T시점 전끼지 통화 공급량 증가율
이 5%, 생산량 증가율이 2%, 실질이자율이 3%로 지속되어 왔다. T시점에서 통화 공급
량 증가율이 예고 없이 7%로 영구히 상승하였다. 다음 설명 중 옳은 것을 <u>모두</u> 고르면?
(단, 화폐유통속도는 일정하고, 생산량 증가율 및 실질이자율은 변하지 않으며 기대는 합리

적으로 이루어진다.)

> 가. T시점 전의 인플레이션은 2%이다.
> 나. T시점 후의 명목이자율은 8%이다.
> 다. T시점 후의 기대인플레이션은 T시점 전에 비해 5%포인트 높다.

① 가   ② 나   ③ 가, 나
④ 나, 다   ⑤ 가, 나, 다

상 법

※ 각 문제의 보기 중에서 물음에 가장 합당한 답을 고르시오.

1. 상법상 상업장부에 관한 설명으로 <u>틀린</u> 것은?

① 상업장부에 관한 규정은 소상인에게 적용하지 아니한다.

② 회계장부에는 거래와 기타 영업상의 재산에 영향이 있는 사항을 기재하여야 한다.

③ 상인은 영업을 개시한 때와 매년 1회 이상 일정시기에, 회사는 성립한 때와 매 결산
기에 대차대조표에 의하여 회계장부를 작성하여야 한다.

④ 법원은 직권으로 소송당사자에게 상업장부의 제출을 명할 수 있다.

⑤ 상인은 전표 또는 이와 유사한 서류는 5년간 보존하여야 한다.

2. 상법상 상행위에 관한 설명으로 <u>틀린</u> 것은?

① 대화자간의 상행위에 관한 계약의 청약은 상대방이 즉시 승낙하지 아니한 때에는
그 효력을 잃는다.

② 상인이 상시 거래관계에 있는 자로부터 그 영업부류에 속한 계약의 청약을 받은 때
에는 지체없이 낙부의 통지를 발송하여야 하고, 이를 해태한 때에는 승낙한 것으로
본다.

③ 상인이 그 영업에 관하여 금전을 대여한 경우에는 법정이자를 청구할 수 있다.

④ 채권자의 지점에서의 상거래로 인한 채무이행의 장소가 그 행위의 성질 또는 당사
자의 의사표시에 의하여 특정되지 아니한 경우, 특정물 인도의 채무이행은 그 지점
을 이행장소로 본다.

⑤ 보증인이 있는 경우에 주채무가 상행위로 인한 것인 때에는 주채무자와 보증인은
연대하여 변제할 책임이 있다

3. 상법 제58조의 일반상사유치권과 상법상 특별상사유치권에 관한 설명으로 <u>틀린</u> 것은? (이
견이 있으면 판례에 의함)

① 일반상사유치권은 당사자 사이의 약정에 의하여 배제할 수 있다.

② 일반상사유치권의 목적물은 채무자의 소유이어야 한다.

③ 채무자 소유의 부동산에 관하여 이미 선행저당권이 설정되어 있는 상태에서 일반상
사유치권이 성립한 경우, 그 상사유치권자는 선행저당권자에 대한 관계에서도 상사
유치권으로 대항할 수 있다.

④ 운송주선인은 운송물에 관하여 받을 보수, 운임, 기타 위탁자를 위한 체당금이나 선
대금에 관하여서만 그 운송물을 유치할 수 있다.

⑤ 대리상은 당사자간에 다른 약정이 없는 한, 거래의 대리로 인한 채권이 변제기에
있는 때에는 그 변제를 받을 때까지 본인을 위하여 점유하는 물건을 유치할 수 있다.

4. 상법상 명의대여자의 책임에 관한 설명으로 **틀린** 것은? (이견이 있으면 판례에 의함)

① 타인에게 자기의 성명 또는 상호를 사용하여 영업을 할 것을 허락한 자는 자기를
영업주로 오인하여 거래한 제3자에 대하여 그 타인과 연대하여 변제할 책임이 있다.

② 농약판매등록명의자가 그 등록명의를 위법하게 대여한 경우 상법상 명의대여자의
책임이 성립할 수 있다.

③ 명의차용자와 거래한 상대방이 명의대여 사실을 알았거나 모른데 대하여 중대한 과
실이 있는 때에는, 명의대여자는 상법상 명의대여자의 책임을 지지 않는다.

④ 명의대여자가 상인이 아니면 명의차용자가 상인이라 하더라도 상법상 명의대여자
의 책임이 성립하지 않는다.

⑤ 명의차용자의 불법행위에 대하여는 상법상 명의대여자의 책임이 인정되지 않는다.

5. 상법상 중개인에 관한 설명으로 **틀린** 것은?

① 중개인의 보수는 당사자쌍방이 균분하여 부담한다.

② 당사자의 일방이 결약서의 수령을 거부한 때에는 중개인은 지체없이 상대방에게 그
통지를 발송하여야 한다.

③ 중개인은 당사자가 즉시 이행을 해야 하는 경우에도, 각 당사자로 하여금 결약서에
기명날인 또는 서명하게 한 후 그 상대방에게 교부하여야 한다.

④ 중개인은 결약서 교부의무에 관한 상법상 절차를 종료하지 아니하면 보수를 청구하
지 못한다.

⑤ 당사자가 그 성명 또는 상호를 상대방에게 표시하지 아니할 것을 중개인에게 요구
한 때에는 중개인은 그 상대방에게 교부할 결약서에 이를 기재하지 못한다.

6. 상법상 위탁매매업에 관한 설명으로 **틀린** 것은?

① 위탁매매인은 위탁자를 위한 매매로 인하여 상대방에 대하여 직접 권리를 취득하고
의무를 부담한다.

② 위탁매매인이 위탁자로부터 받은 물건은 위탁자의 채권자와 위탁매매인간의 관계에서는 이를 위탁자의 소유로 본다.

③ 다른 약정이나 관습이 없다면, 위탁매매인은 위탁자를 위한 매매에 관하여 상대방이 채무를 이행하지 아니하는 경우에는 위탁자에 대하여 이를 이행할 책임이 있다.

④ 위탁자가 지정한 가액보다 염가로 매도한 경우에도 위탁매매인이 그 차액을 부담한 때에는 그 매매는 위탁자에 대하여 효력이 있다.

⑤ 위탁매매인이 개입권을 행사한 경우에도 위탁매매인은 위탁자에게 보수를 청구할 있다.

7. 상법상 창고업에 관한 설명으로 <u>틀린</u> 것은?

① 창고업자는 임치인의 청구에 의하여 창고증권을 교부하여야 한다.

② 창고증권소지인은 영업시간 내에 언제든지 창고업자에 대하여 임치물의 검사를 요구할 수 있다.

③ 창고증권소지인은 창고업자에 대하여 그 증권을 반환하고 임치물을 분할하여 각 부분에 대한 창고증권의 교부를 청구할 수 있다.

④ 창고업자는 자기 또는 사용인이 임치물의 보관에 관하여 주의를 해태하지 아니하였음을 증명하지 아니하면 임치물의 멸실 또는 훼손에 대하여 손해를 배상할 책임을 면하지 못한다.

⑤ 창고증권이 발행된 경우, 당사자가 임치기간을 정하지 아니한 때에는 창고업자는 창고증권을 발행한 날로부터 3월을 경과한 후에는 언제든지 이를 반환할 수 있다.

8. 상법상 금융리스업에 관한 설명으로 옳은 것은?

① 금융리스업자는 금융리스이용자가 금융리스계약에서 정한 시기에 금융리스계약에 적합한 금융리스물건을 수령할 수 있도록 하여야 한다.

② 금융리스물건수령증을 발급한 경우에는 금융리스계약 당사자 사이에 적합한 금융리스물건이 수령된 것으로 본다.

③ 금융리스업자는 금융리스물건을 수령한 이후에는 선량한 관리자의 주의로 금융리스물건을 유지 및 관리하여야 한다.

④ 금융리스이용자의 책임 있는 사유로 금융리스계약을 해지하는 경우에는 금융리스물건의 공급자는 금융리스이용자에 대하여 잔존 금융리스료 상당액의 일시 지급 또는 금융리스물건의 반환을 청구할 수 있다.

⑤ 금융리스물건이 공급계약에서 정한 시기와 내용에 따라 공급되지 아니한 경우 금융리스이용자는 공급자에게 직접 손해배상을 청구할 수 없다.

9. 상법상 비상장주식회사에 관한 설명으로 **틀린** 것은?

① 회사가 취득하여 가지고 있는 자기주식은 의결권이 없다.

② 회사가 보유하는 자기의 주식을 처분하는 경우, 정관에 규정이 없으면 처분할 주식의 종류와 수, 처분가액과 납입기일, 처분할 상대방 및 처분방법을 이사회가 결정한다.

③ A회사가 B회사의 발행주식총수의 10분의 1을 초과하여 취득한 때에는 B회사에 대하여 지체없이 이를 통지하여야 한다.

④ A회사의 자회사인 C회사가 D회사의 발행주식총수의 100분의 50을 초과하는 주식을 보유하고 있다면, D회사는 상법의 적용에 있어 A회사의 자회사로 본다.

⑤ A회사가 E회사와 주식의 포괄적 교환을 하여 E회사의 모회사가 되었다면, 주식의 교환 전에 E회사가 보유하고 있던 A회사의 주식은 교환 즉시 소멸된다.

10. 상법상 유한책임회사에 관한 설명으로 **틀린** 것은?

① 사원의 책임은 상법에 다른 규정이 있는 경우 외에는 그 출자금액을 한도로 한다.

② 사원의 성명·주민등록번호 및 주소는 정관에 반드시 기재되어야 하므로 1인 사원만으로 회사를 설립할 수 없다.

③ 회사 성립 후에 업무집행자를 변경하려면 정관변경의 절차가 필요하다.

④ 회사를 대표하는 업무집행자가 그 업무집행으로 타인에게 손해를 입힌 경우에 회사는 그 업무집행자와 연대하여 그 손해를 배상할 책임이 있다.

⑤ 회사가 잉여금을 한도로 하여 분배할 수 있다는 상법 규정을 위반하여 잉여금을 분배한 경우에는 회사의 채권자는 그 잉여금을 분배받은 자에 대하여 회사에 반환할 것을 청구할 수 있다.

11. 상법상 주식회사의 설립에 관한 설명으로 옳은 것은? (이견이 있으면 판례에 의함)

① 발기설립의 경우 납입과 현물출자의 이행이 완료된 때 발기인은 지체없이 의결권의 과반수로 이사와 감사를 선임하여야 하는데, 발기인의 의결권은 1인에 대하여 1개로 한다.

② 발기인이 납입취급은행 이외의 제3자로부터 납입금액을 차입하여 주금을 납입한 다음 회사가 성립하면 즉시 납입금 전액을 인출하는 방식으로 가장납입을 한 경우에도 주금납입의 효력은 있다.

③ 회사의 설립 당시 주식발행사항의 결정에 관하여 정관에 달리 정하고 있지 않은 경우, 발기인의 전원이 동의하더라도 전환주식은 발행할 수 없다.

④ 회사 설립무효는 소만으로 주장할 수 있고, 원고가 승소한 경우 소급효가 인정된다.

⑤ 회사가 성립하지 못한 경우에 발기인은 회사의 설립에 관하여 지급한 비용을 부담하지 않는다.

12. 상법상 주식에 관한 설명으로 **틀린** 것은? (이견이 있으면 판례에 의함)

① 정관이나 상환주식인수계약 등에서 특별한 정함이 없는 경우, 상환주식의 상환권자인 주주가 상환권을 행사하였다면, 회사로부터 상환금을 지급받지 않더라도 그 행사시점에 주주의 지위를 상실한다.

② 회사의 자본금은 액면주식을 무액면주식으로 전환함으로써 변경할 수 없다.

③ 3개월 전부터 계속하여 발행주식총수의 100분의 3에 해당하는 주식을 가진 상장회사의 주주는 임시주주총회의 소집청구권을 갖는다.

④ 액면주식을 발행한 회사는 주주총회의 특별결의로 주식을 분할할 수 있다.

⑤ 비상장회사는 정관이 정하는 바에 따라 그 발행하는 주식의 양도에 관하여 이사회의 승인을 받도록 할 수 있다.

13. 상법상 회사에 관한 설명으로 **틀린** 것은?

① 주식회사는 합명회사의 사원이 되지 못한다.

② 합자회사의 주소는 본점소재지에 있는 것으로 한다.

③ 법원은 유한회사가 정당한 사유없이 설립 후 1년 내에 영업을 개시하지 아니하면 직권으로 회사의 해산을 명할 수 있다.

④ 존립중의 유한회사가 합명회사와 합병하는 경우에 합병 후 존속하는 회사는 유한회사이어야 한다.

⑤ 합명회사의 사원이 회사 채무에 관하여 변제의 청구를 받은 때에는 회사가 그 채권자에 대하여 상계할 권리가 있더라도 그 사원은 그 변제를 거부할 수 없다.

14. 상법상 주권을 발행한 비상장회사의 주식에 관한 설명으로 옳은 것만을 **모두** 고른 것은? (이견이 있으면 판례에 의함)

ㄱ. 회사의 발행주식총수의 100분의 95를 자기의 계산으로 보유하고 있는 주주는 회사의 경영상 목적을 달성하기 위하여 필요한 경우 회사의 다른 주주에게 그 보유하는 주식 전부의 매도를 청구할 수 있다.

ㄴ. 주권을 상실한 자는 공시최고의 절차가 진행되었으면 제권판결을 얻지 아니하였어도 회사에 대하여 주권의 재발행을 청구할 수 있다.

ㄷ. 회사는 의결권 없는 주식을 제외한 발행주식총수의 100분의 10의 주식을 가진 주주에게 주식매수선택권을 부여할 수 없다.

ㄹ. 주식의 양도에 있어서는 주권을 교부하여야 하지만, 주식을 질권의 목적으로 하는 때에는 주권을 질권자에게 교부하지 않아도 질권이 성립한다.

① ㄱ, ㄴ   ② ㄱ, ㄷ   ③ ㄱ, ㄹ
④ ㄴ, ㄷ   ⑤ ㄷ, ㄹ

15. 상법상 주권을 발행한 비상장회사의 주주명부에 관한 설명으로 **틀린** 것은? (이견이 있으면 판례에 의함)

① 주식의 이전은 취득자의 성명과 주소를 주주명부에 기재하지 아니하면 회사에 대항하지 못한다.

② 주식을 취득한 자는 특별한 사정이 없는 한 점유하고 있는 주권의 제시 등의 방법으로 자신이 주식을 취득한 사실을 증명함으로써 회사에 대하여 단독으로 그 명의개서를 청구할 수 있다.

③ 정관이 정하는 바에 따라 전자문서로 주주명부를 작성한 경우에는 그 주주명부에 전자우편주소를 적어야 한다.

④ 회사는 의결권을 행사할 자를 정하기 위하여 주주로서 권리를 행사할 날에 앞선 3월 내의 일정한 날에 주주명부에 기재된 주주를 그 권리를 행사할 주주로 볼 수 있다.

⑤ 주식양수인이 명의개서를 청구한 경우 회사는 그 청구자가 진정한 주주인가에 대하여 실질적인 자격 여부까지 심사할 의무를 부담한다.

16. 상법상 합자회사에 관한 설명으로 **틀린** 것은?

① 합자회사의 정관에는 각 사원의 무한책임 또는 유한책임인 것을 기재하여야 한다.

② 유한책임사원은 신용 또는 노무를 출자의 목적으로 하지 못한다.

③ 회사의 지배인 선임과 해임은 업무집행사원이 있는 경우에도 무한책임사원 전원의 동의가 있어야 한다.

④ 회사는 유한책임사원의 전원이 퇴사한 때에는 해산된다.

⑤ 유한책임사원이 사망한 때에는 그 상속인이 그 지분을 승계하여 사원이 된다.

17. 상법상 주주총회의 결의에 관한 설명으로 **틀린** 것은? (이견이 있으면 판례에 의함)

① 상법은 주주총회의 보통결의 요건에 관하여 의사정족수를 따로 정하고 있지는 않지만, 보통결의 요건을 정관에서 달리 정할 수 있음을 허용하고 있으므로, 정관에 의하여 의사정족수를 규정하는 것은 가능하다.

② 보통결의 사항에 반대하는 주주는 주주총회 전에 회사에 대하여 서면으로 그 결의에 반대하는 의사를 통지한 경우에는 주식매수청구권을 행사할 수 있다.

③ 다른 회사의 영업 일부의 양수가 양수회사의 영업에 중대한 영향을 미치는 경우 그 양수회사의 주주총회 특별결의가 필요하다.

④ 중요한 영업용 재산의 양도가 양도회사 영업의 중단 또는 폐지를 초래하는 경우에

는 그 양도회사의 주주총회 특별결의가 필요하다.

⑤ 영업 전부를 임대하는 회사의 발행주식총수의 100분의 90 이상을 그 상대방이 소유하고 있는 경우에는 그 회사의 주주총회의 승인은 이를 이사회의 승인으로 갈음할 수 있다.

18. 상법상 전자적 방법에 의한 의결권의 행사(이하 '전자투표'라 한다)를 정한 비상장회사의 경우, 주주의 의결권행사에 관한 설명으로 틀린 것은?

① 회사는 이사회의 결의로 주주가 총회에 출석하지 아니하고 전자투표를 할 수 있음을 정할 수 있다.

② 회사는 주주총회의 소집통지를 할 때에는 주주가 전자투표의 방법으로 의결권을 행사할 수 있다는 내용을 통지하여야 한다.

③ 회사는 전자투표를 정한 경우, 의결권행사에 필요한 양식과 참고자료를 주주에게 전자적 방법으로 제공하여야 한다.

④ 감사를 전자투표로 선임하는 경우, 전자투표된 주식의 의결권 수를 총회에 출석한 주주의 의결권수에 가산하고, 출석주주 의결권의 과반수와 발행주식총수의 4분의 1 이상으로써만 그 선임을 결의하여야 한다.

⑤ 회사는 의결권행사에 관한 전자적 기록을 총회가 끝난 날부터 3개월간 본점에 갖추어 두어 열람하게 하고 총회가 끝난 날부터 5년간 보존하여야 한다.

19. 상법상 자본금이 10억 원인 주식회사 대표이사의 권한에 관한 설명으로 틀린 것은?

① 대표이사는 회사의 영업에 관하여 재판상 또는 재판외의 모든 행위를 할 권한이 있다.

② 대표이사의 대표권에 대한 제한은 선의의 제3자에게 대항하지 못한다.

③ 대표이사가 지배인의 선임 또는 해임을 하기 위하여는 이사회의 결의를 얻어야 한다.

④ 감사위원회의 위원이 회사에 대하여 소를 제기하는 경우에는 감사위원회 또는 이사는 법원에 회사를 대표할 자를 선임하여 줄 것을 신청하여야 한다.

⑤ 판례에 의하면, 대표이사가 중요한 자산의 처분에 관하여 이사회의 결의를 거치지 않고 거래한 경우, 그 거래상대방이 이사회 결의 부존재 사실을 경과실로 인식하지 못한 때에는 그 거래행위는 무효이다.

20. 상법상 주식회사의 사외이사에 관한 설명으로 옳은 것만을 모두 고른 것은?

> ㄱ. 최근 2년 이내에 회사의 상무에 종사한 이사는 그 회사의 사외이사가 될 수 있다.
> ㄴ. 모회사의 이사는 자회사의 사외이사가 될 수 없다.

ㄷ. 회사의 최대주주가 자연인인 경우 그 배우자는 그 회사의 사외이사가 될 수 있다.

ㄹ. 금고 이상의 형을 선고받고 그 집행이 끝난 후 2년이 지난 자는 상장회사의 사외이사가 될 수 있다.

ㅁ. 누구의 명의로 하든지 자기의 계산으로 의결권 없는 주식을 제외한 발행주식총수의 100분의 10 이상의 상장회사 주식을 소유한 주주는 그 회사의 사외이사가 될 수 없다.

① ㄴ, ㄹ   ② ㄴ, ㅁ   ③ ㄱ, ㄹ, ㅁ

④ ㄴ, ㄷ, ㅁ   ⑤ ㄴ, ㄹ, ㅁ

21. 상법상 비상장주식회사인 A회사의 이사 甲 등이 자기 또는 제3자의 계산으로 A회사와 거래를 한 경우, A회사의 이사회 승인이 필요하지 <u>않은</u> 것은? (주주 전원의 동의 등 특별한 사정이 없는 것을 전제로 하고, 이견이 있으면 판례에 의함)

① 甲이 A회사에 대하여 이자 약정이나 담보 약정 없이 금전을 대여하는 경우

② 甲의 직계비속 乙이 소유하는 부동산을 乙이 A회사에 매도하는 경우

③ 甲의 배우자의 직계존속 丙이 소유하는 부동산을 丙이 A회사에 매도하는 경우

④ 甲의 제3자 丁에 대한 채무에 대하여 A회사가 보증하는 경우

⑤ 甲이 B회사의 의결권 있는 발행주식총수의 100분의 50 이상을 가지는 때에, B회사가 A회사와 거래하는 경우

22. 상법상 주식회사 이사의 회사에 대한 손해배상책임에 관한 설명으로 옳은 것은? (이견이 있으면 판례에 의함)

① 이사가 경과실로 그 임무를 게을리 한 경우 이사는 회사에 대하여 손해배상책임을 부담하지 않는다.

② 이사의 회사에 대한 손해배상책임은 주주 전원의 동의가 있더라도 면제할 수 없다.

③ 회사의 손해를 발생시킨 이사의 행위가 이사회의 결의에 의한 경우, 그 결의에 반대한 것으로 의사록에 기재된 이사도 회사에 대하여 손해배상책임을 부담한다.

④ 이사회 결의에 참가한 이사로서 이의를 한 기재가 의사록에 없는 이사에게 손해배상책임을 부과하기 위하여는 그 이사가 결의에 찬성한 사실을 회사가 증명하여야 한다.

⑤ 이사가 이사회에 출석하여 결의에 기권하였다고 의사록에 기재된 경우에는 그 이사가 이의를 한 기재가 의사록에 없는 자라고 볼 수 없으므로, 이사회의 결의에 찬성한 것으로 추정할 수 없다.

23. 상법상 비상장주식회사에서의 대표소송에 관한 설명으로 **틀린** 것은?(이견이 있으면 판례에 의함)

① 발행주식총수의 100분의 1 이상에 해당하는 주식을 가진 주주는 회사에 대하여 이사의 책임을 추궁할 소의 제기를 청구할 수 있다.

② 회사는 대표소송을 제기한 주주의 악의를 소명하여 그 주주에게 상당한 담보를 제공하게 할 것을 법원에 청구할 수 있다.

③ 회사가 대표소송에 참가하는 경우 그 참가의 법적 성질은 공동소송참가에 해당한다.

④ 청산인의 회사에 대한 손해배상책임을 추궁하기 위한 대표소송은 허용되지 않는다.

⑤ 모회사 발행주식총수의 100분의 1 이상에 해당하는 주식을 가진 주주는 자회사에 대하여 자회사 이사의 책임을 추궁할 소의 제기를 청구할 수 있다.

24. 상법상 주식회사 감사의 권한과 의무에 관한 설명으로 **틀린** 것은?

① 감사는 이사회의 소집청구권을 갖는다.

② 감사록에는 감사의 실시요령과 그 결과를 기재해야 하고, 감사를 실시하지 않은 감사도 기명날인 또는 서명하여야 한다.

③ 감사는 언제든지 이사에 대하여 영업에 관한 보고를 요구하거나 회사의 업무와 재산상태를 조사할 수 있다.

④ 모회사의 감사는 그 직무를 수행하기 위하여 필요한 때에는 자회사에 대하여 영업의 보고를 요구할 수 있다.

⑤ 감사는 이사가 주주총회에 제출할 의안 및 서류를 조사하여 법령 또는 정관에 위반하거나 현저하게 부당한 사항이 있는지의 여부에 관하여 주주총회에 그 의견을 진술하여야 한다.

25. 상법상 신주발행에 관한 설명으로 **틀린** 것은? (이견이 있으면 판례에 의함)

① 현물출자자에 대하여 발행하는 신주에 대하여는 일반주주의 신주인수권이 미치지 않는다.

② 신주의 인수인이 현물출자의 이행을 한 때에는 그 이행을 한 날로부터 주주의 권리의무가 있다.

③ 회사는 신주의 인수권을 가진 자에 대하여 그 인수권을 가지는 주식의 종류 및 수와 일정한 기일까지 주식인수의 청약을 하지 아니하면 그 권리를 잃는다는 뜻을 통지하여야 한다.

④ 신주의 인수인은 회사의 동의 없이 신주에 대한 인수가액의 납입채무와 회사에 대한 채권을 상계할 수 없다.

⑤ 회사는 신기술의 도입, 재무구조의 개선 등 회사의 경영상 목적을 달성하기 위하여 필요한 경우에 한하여 정관에 정하는 바에 따라 주주 외의 자에게 신주를 배정할 수 있다.

26. 상법상 주식의 포괄적 교환 또는 포괄적 이전에 관한 설명으로 **틀린** 것은?

　① 주식이전 무효의 판결은 대세적 효력과 불소급효가 있다.

　② 간이주식교환도 아니고 소규모 주식교환도 아닌 경우, 주식의 포괄적 교환을 하고자
　　하는 회사는 주식교환계약서를 작성하여 주주총회의 특별결의로 승인을 얻어야 한다.

　③ 의결권 없는 주식을 가진 주주는 주식교환계약서를 승인하는 주주총회의 결의에 반
　　대하는 경우, 상법상 다른 요건을 갖추더라도 반대주주의 주식매수청구권을 행사할
　　수 없다.

　④ 주식이전으로 인하여 어느 종류의 주주에게 손해를 미치게 될 경우에는 주주총회의
　　결의 외에 그 종류주식의 주주의 총회의 결의가 있어야 한다.

　⑤ 주식교환무효의 소는 완전모회사가 되는 회사의 본점소재지의 지방법원의 관할에
　　전속한다.

27. 상법상 비상장주식회사의 합병에 관한 설명으로 **틀린** 것은? (이견이 있으면 판례에 의함)

　① 소규모합병의 경우 존속회사의 주주는 물론이고 소멸회사의 주주에게도 합병반대
　　주주의 주식매수청구권이 인정되지 않는다.

　② 존속회사가 소멸회사의 주주에게 합병 대가의 전부 또는 일부를 존속회사의 모회사
　　주식으로 제공하는 경우 존속회사는 그 지급을 위하여 모회사주식을 취득할 수 있다.

　③ 합병 후 존속하는 회사가 주식회사인 경우에, 합병할 회사의 일방이 합명회사 또는
　　합자회사인 때에는 총사원의 동의를 얻어 합병계약서를 작성하여야 한다.

　④ 합병무효의 소는 합병의 등기가 있은 날로부터 6월 내에 제기하여야 한다.

　⑤ 현저하게 불공정한 합병비율을 정한 합병계약은 사법관계를 지배하는 신의성실의
　　원칙이나 공평의 원칙에 비추어 무효 이므로, 합병할 각 회사의 주주는 합병무효의
　　소로써 합병의 무효를 구할 수 있다.

28. 상법상 비상장주식회사의 회계에 관한 설명으로 **틀린** 것은? (이견이 있으면 판례에 의함)

　① 상법에는 회사의 회계는 상법과 대통령령으로 규정한 것을 제외하고는 일반적으로
　　공정하고 타당한 회계의 관행에 따른다고 규정되어 있다.

　② 이사는 매결산기에 영업보고서를 작성하여 이사회의 승인을 받은 후 정기총회에 제
　　출하여 그 내용을 보고하여야 한다.

　③ 회사채권자는 영업시간 내에 언제든지 재무제표를 열람할 수 있으며, 회사가 정한
　　비용을 지급하고 그 서류의 등본이나 초본의 교부를 청구할 수 있다.

　④ 상법상 연결재무제표를 작성할 의무가 없는 회사의 경우, 이사는 정기총회 회일의
　　1주간 전부터 재무제표와 그 부속명세서 및 영업보고서와 감사보고서를 본점에 5년
　　간, 그 등본을 지점에 3년간 비치하여야 한다.

⑤ 발행주식총수의 100분의 3 이상의 주식을 보유한 주주가 회계장부의 열람을 재판상 청구한 경우, 소송이 계속되는 동안 그 주식보유 요건이 계속 구비될 필요는 없다.

29. 상법상 비상장주식회사의 자본금, 준비금, 배당에 관한 설명으로 **틀린** 것은?

① 회사가 무액면주식을 발행하는 경우, 주식의 발행가액 중 자본금으로 계상하지 아니하는 금액은 자본준비금으로 계상하여야 한다.

② 준비금의 자본금 전입을 정관으로 주주총회에서 결정하기로 정한 회사가 아닌 경우, 회사는 이사회의 결의에 의하여 준비금의 전부를 자본금에 전입할 수 있다.

③ 회사는 적립된 자본준비금 및 이익준비금의 총액이 자본금의 1.5배를 초과하는 경우에는 이사회의 결의에 따라 그 초과한 금액의 범위에서 자본준비금과 이익준비금을 감액할 수 있다.

④ 주식배당은 이익배당총액의 2분의 1에 상당하는 금액을 초과하지 못한다.

⑤ 주식배당이 있을 경우, 주식의 등록질권자의 권리는 주주가 주식배당으로 받을 주식에 미친다.

30. 상법상 주식회사의 사채(社債)에 관한 설명으로 **틀린** 것은?

① 회사는 원칙적으로 이사회의 결의에 의하여 사채를 발행할 수 있다.

② 사채의 모집이 완료한 때에는 이사는 지체없이 인수인에 대하여 각 사채의 전액 또는 제1회의 납입을 시켜야 한다.

③ 회사가 채권을 기명식에 한할 것을 정한 때에도, 사채권자가 기명식의 채권을 무기명식으로 할 것을 회사에 청구하면 회사는 사채권자의 청구대로 이를 변경하여야 한다.

④ 주주 외의 자에 대하여 신주인수권부사채를 발행하는 경우, 그 발행할 수 있는 신주인수권부사채의 액, 신주인수권의 내용과 신주인수권을 행사할 수 있는 기간에 관하여 정관의 규정이 없으면 주주총회의 특별결의로써 이를 정하여야 한다.

⑤ 이권있는 무기명식의 사채를 상환하는 경우에 이권이 흠결된 때에는 그 이권에 상당한 금액을 상환액으로부터 공제한다.

31. 상법상 비상장주식회사의 청산에 관한 설명으로 **틀린** 것은?

① 회사는 해산된 후에도 청산의 목적범위 내에서 존속하는 것으로 본다.

② 청산인은 법원이 선임한 경우 외에는 언제든지 주주총회의 결의로 이를 해임할 수 있다.

③ 청산인이 그 임무를 집행함에 현저하게 부적임하거나 중대한 임무에 위반한 행위가 있는 때에는 발행주식총수의 100분의 3 이상에 해당하는 주식을 가진 주주는 법원에 그 청산인의 해임을 청구할 수 있다.

④ 청산사무가 종료한 때에는 청산인은 지체없이 결산보고서를 작성하고 이를 주주총회에 제출하여 특별결의로 승인을 얻어야 한다.

⑤ 감사가 있는 회사의 청산인은 정기총회 회일로부터 4주간 전에 대차대조표 및 그 부속명세서와 사무보고서를 작성하여 감사에게 제출하여야 한다.

32. 상법상 주식회사의 자본금감소에 관한 설명으로 **틀린** 것은? (이견이 있으면 판례에 의함)

① 자본금의 감소에는 원칙적으로 주주총회의 특별결의가 있어야 한다.

② 결손의 보전을 위하여 자본금을 감소하는 경우 채권자보호절차가 필요하지 않다.

③ 주주총회의 자본금감소 결의에 취소 또는 무효의 하자가 있더라도 그 하자가 극히 중대하여 자본금감소가 존재하지 아니하는 정도에 이르는 등의 특별한 사정이 없는 한, 자본금감소의 효력이 발생한 후에는 자본금감소의 무효는 감자무효의 소에 의해서만 다툴 수 있다.

④ 감자무효의 판결은 대세적 효력과 불소급효가 있다.

⑤ 감자무효의 소는 청산인, 파산관재인 또는 자본금의 감소를 승인하지 아니한 채권자도 제기할 수 있으며, 자본금감소로 인한 변경등기가 된 날부터 6개월 내에 소만으로 주장할 수 있다.

33. 어음법상 어음의 기명날인 또는 서명에 관한 설명으로 옳은 것은? (이견이 있으면 판례에 의함)

① 지급인도 아니고 발행인도 아닌 자가 환어음의 앞면에 단순한 기명날인 또는 서명을 한 경우에는 보증을 한 것으로 본다.

② 본인 여부를 더욱 확실하게 알 수 있는 기명무인(記名拇印)도 유효한 배서가 된다.

③ 약속어음의 발행에 있어 발행인의 기명은 본명이어야 하고 아호나 예명으로는 가능하지 않다.

④ 대표이사 직인의 날인만 있으면 회사를 위하여 발행하였다는 뜻이 표시되어 있지 않더라도 회사는 어음상의 책임을 부담한다.

⑤ 조합의 대표조합원이 조합원 전원을 대리하여 그 대표자격을 밝히고 서명하여 발행한 어음은 무효이다.

34. 어음법상 어음요건에 관한 설명으로 **틀린** 것은? (이견이 있으면 판례에 의함)

① 일람출급 또는 일람후 정기출급의 환어음은 발행인이 어음금액에 이자가 붙는다는 약정 내용을 적은 경우 그 효력이 인정된다.

② 환어음의 금액을 글자와 숫자로 적은 경우에 그 금액에 차이가 있으면 글자로 적은 금액을 어음금액으로 한다.

③ 지급지가 제주도 서귀포시인데 지급장소는 국민은행 서울시 영등포구 여의도 지점으로 된 약속어음은 지급장소 기재의 효력이 없으므로 어음 자체가 무효이다.

④ 확정일출급 약속어음의 만기가 2022. 1. 10.인데 발행일이 2022. 2. 10.로 기재된 경우 그 어음은 무효이다.

⑤ 환어음은 발행인 자신을 지급받을 자로 하여 발행할 수 있다.

35. 어음법상 환어음의 인수에 관한 설명으로 **틀린** 것은?

① 지급인은 어음금액의 일부만을 인수할 수 있다.

② 만기에 지급을 받지 못한 소지인은 상환청구할 수 있는 모든 금액에 관하여 인수인에 대하여 환어음으로부터 생기는 직접청구권을 가진다.

③ 환어음의 다른 기재사항을 변경하여 인수하였을 때에는 인수를 거절한 것으로 보기는 하지만, 인수인은 그 인수 문구에 따라 책임을 진다.

④ 소지인은 인수를 위하여 제시한 어음을 지급인에게 교부할 필요가 없다.

⑤ 발행인이 인수를 위한 어음의 제시를 금지하더라도, 각 배서인은 기간을 정하거나 정하지 아니하고 인수를 위하여 어음을 제시하여야 한다는 내용을 적을 수 있다.

36. 어음법상 어음행위의 대리에 관한 설명으로 옳은 것만을 **모두** 고른 것은? (이견이 있으면 판례에 의함)

> ㄱ. 어음행위의 능동대리에는 현명주의(顯名主義)가 엄격하게 적용된다.
> ㄴ. 어음행위의 대리권을 부여하는 경우라도 내부적으로 그 대리권을 제한할 수 있다.
> ㄷ. 대리권 없이 타인의 대리인으로 환어음에 기명날인하거나 서명한 자는 그 어음에 의하여 의무를 부담한다.
> ㄹ. 무권대리의 항변은 인적 항변 사유이다.

① ㄱ, ㄴ   ② ㄱ, ㄷ   ③ ㄴ, ㄷ
④ ㄱ, ㄴ, ㄷ   ⑤ ㄱ, ㄷ, ㄹ

37. 수표법상 수표에 관한 설명으로 옳은 것은?

① 수표에 적은 인수의 문구는 인수로서의 효력이 있다.

② 수표는 제3자의 계산으로 발행할 수 없다.

③ 수표의 금액을 글자 또는 숫자로 중복하여 적은 경우에 그 금액에 차이가 있으면 최대금액을 수표금액으로 한다.

④ 소지인출급의 수표에 배서한 자는 상환청구에 관한 규정에 따라 책임을 진다.

⑤ 특정횡선은 일반횡선으로 변경할 수 있으나, 일반횡선은 특정횡선으로 변경하지 못한다.

38. 어음법상 환어음의 배서에 관한 설명으로 <u>틀린</u> 것은?

① 말소한 배서는 배서의 연속에 관하여는 배서를 하지 아니한 것으로 본다.
② 배서에 조건을 붙이면 그 배서 자체가 무효로 된다.
③ 일부의 배서는 무효로 한다.
④ 배서인이 자기의 배서 이후에 새로 하는 배서를 금지한 경우 그 배서인은 어음의 그 후의 피배서인에 대하여 담보의 책임을 지지 아니한다.
⑤ 소지인에게 지급하라는 소지인출급의 배서는 백지식 배서와 같은 효력이 있다.

39. 어음법상 어음의 지급에 관한 설명으로 <u>틀린</u> 것은?

① 단순히 어음을 반환하는 것으로는 지급거절의 통지를 할 수 없다.
② 환어음의 소지인은 일부지급을 거절하지 못한다.
③ 만기에 지급하는 지급인은 사기 또는 중대한 과실이 없으면 그 책임을 면한다.
④ 일람 후 정기출급의 환어음 소지인은 지급을 할 날 또는 그날 이후의 2거래일 내에 지급을 받기 위한 제시를 하여야 한다.
⑤ 발행국과 지급국에서 명칭은 같으나 가치가 다른 통화로써 환어음의 금액을 정한 경우에는 지급지의 통화로 정한 것으로 추정한다.

40. 수표법상 수표의 양도에 관한 설명으로 <u>틀린</u> 것은?

① 날짜를 적지 아니한 배서는 거절증서나 이와 같은 효력이 있는 선언이 작성되기 전 또는 제시기간이 지나기 전에 한 것으로 추정한다.
② 배서인의 기명날인 또는 서명만으로 하는 백지식 배서는 수표의 뒷면이나 보충지에 하지 아니하면 효력이 없다.
③ 백지식 배서의 다음에 다른 배서가 있는 경우에는 그 배서를 한 자는 백지식 배서에 의하여 수표를 취득한 것으로 본다.
④ 발행인에 대하여 배서한 경우 그 발행인은 다시 수표에 배서할 수 없다.
⑤ 배서가 백지식인 경우에 소지인은 백지를 보충하지 아니하고 또 배서도 하지 아니하고 수표를 교부만으로 제3자에게 양도할 수 있다.

※ 각 문제의 보기 중에서 물음에 가장 합당한 답을 고르시오.
(주어진 자료 이외의 다른 사항은 고려하지 않으며, 조세부담 최소화를 가정할 것)

1. 「국세기본법」상 국세부과 및 세법적용의 원칙에 관한 설명이다. 옳은 것은?

① 사업자등록의 명의자와는 별도로 사실상의 사업자가 있는 경우에는 법적 형식이 경제적 실질에 우선하므로 사업자등록의 명의자를 납세의무자로 하여 세법을 적용한다.

② 납세의무자가 세법에 따라 장부를 갖추어 기록하고 있으나 장부의 기록에 일부 누락된 것이 있을 때에는 당해 납세의무자의 과세표준 전체에 대해서 정부가 조사한 사실에 따라 결정할 수 있다.

③ 세법을 해석·적용할 때에는 과세의 형평과 해당 세법의 목적에 비추어 국가의 과세권이 침해되지 아니하도록 하여야 한다.

④ 세무공무원이 국세의 과세표준을 조사·결정할 때에는 세법에 특별한 규정이 있는 경우에도 해당 납세의무자가 계속하여 적용하고 있는 기업회계의 기준 또는 관행으로서 일반적으로 공정·타당하다고 인정되는 것은 존중하여야 한다.

⑤ 세법의 해석이나 국세행정의 관행이 일반적으로 납세자에게 받아들여진 후에는 그 해석이나 관행에 의한 행위 또는 계산은 정당한 것으로 보며, 새로운 해석이나 관행에 의하여 소급하여 과세되지 아니한다.

2. 「국세기본법」상 납세의무의 승계 및 연대납세의무에 관한 설명이다. 옳지 않은 것은?

① 상속이 개시된 때에 그 상속인은 피상속인에게 부과되거나 그 피상속인이 납부할 국세 및 강제징수비를 상속으로 받은 재산의 한도에서 납부할 의무를 진다.

② 법인이 합병한 경우 합병 후 존속하는 법인은 합병으로 소멸된 법인에 부과되거나 그 법인이 납부할 국세 및 강제징수비를 합병으로 승계된 재산가액을 한도로 납부할 의무를 진다.

③ 법인이 분할 또는 분할합병한 후 소멸하는 경우 분할신설법인과 분할합병의 상대방 법인은 분할법인에 부과되거나 분할법인이 납부하여야 할 국세 및 강제징수비에 대하여 분할로 승계된 재산가액을 한도로 연대하여 납부할 의무가 있다.

④ 공유물, 공동사업 또는 그 공동사업에 속하는 재산과 관계되는 국세 및 강제징수비

는 공유자 또는 공동사업자가 연대하여 납부할 의무를 진다.

⑤ 법인이 「채무자 회생 및 파산에 관한 법률」에 따라 신회사를 설립하는 경우 기존의 법인에 부과되거나 납세의무가 성립한 국세 및 강제징수비는 신회사가 연대하여 납부할 의무를 진다.

3. 「국세기본법」상 국세의 우선권에 관한 설명이다. 옳지 않은 것은?

① 과세표준과 세액의 신고에 따라 납세의무가 확정되는 국세의 경우 신고한 해당 세액의 법정기일은 법정신고납부기한의 다음 날이다.

② 강제집행에 따라 재산을 매각할 때 그 매각금액 중에서 국세 및 강제징수비를 징수하는 경우, 그 강제집행에 든 비용은 국세 및 강제징수비에 우선하여 변제된다.

③ 국세의 법정기일 전에 전세권이 설정된 재산을 매각하여 그 매각금액에서 해당 국세를 징수하는 경우, 그 전세권에 의하여 담보된 채권은 국세 및 강제징수비보다 우선하여 변제된다.

④ 국세 강제징수에 따라 납세자의 재산을 압류한 경우에 다른 국세 및 강제징수비의 교부청구가 있으면, 압류와 관계되는 국세 및 강제징수비는 교부청구된 다른 국세 및 강제징수비보다 우선하여 징수한다.

⑤ 납세담보물을 매각하였을 때에는 그 국세 및 강제징수비는 매각대금 중에서 다른 국세 및 강제징수비와 지방세에 우선하여 징수한다.

4. 「국세기본법」상 납세의무의 성립, 확정 및 소멸에 관한 설명이다. 옳지 않은 것은?

① 법인세의 납세의무 성립시기는 과세기간이 끝나는 때이다. 다만, 청산소득에 대한 법인세의 납세의무 성립시기는 그 법인이 해산을 하는 때이다.

② 납세의무자가 소득세의 과세표준과 세액의 신고를 하지 아니한 경우에는 정부가 과세표준과 세액을 결정하는 때에 그 결정에 따라 납세의무가 확정된다.

③ 과세표준신고서를 법정신고기한까지 제출한 자의 부가가치세 수정신고는 당초 신고에 따라 확정된 세액에 관한 「국세기본법」 또는 세법에서 규정하는 권리·의무관계에 영향을 미치지 아니한다.

④ 국세에 대한 경정청구는 당초 확정된 과세표준과 세액을 감액하여 확정하는 효력을 가진다.

⑤ 국세를 부과할 수 있는 기간에 국세가 부과되지 아니하고 그 기간이 끝나면 해당 국세의 납세의무는 소멸한다.

5. 「국세기본법」상 가산세에 관한 설명이다. 옳지 않은 것은?

① 가산세는 「국세기본법」 및 세법에서 규정하는 의무의 성실한 이행을 확보하기 위하

여 세법에 따라 산출한 세액에 가산하여 징수하는 금액을 말한다.

② 가산세는 납부할 세액에 가산하거나 환급받을 세액에서 공제한다.

③ 가산세는 해당 의무가 규정된 세법의 해당 국세의 세목으로 한다. 다만, 해당 국세를 감면하는 경우에는 가산세는 그 감면 대상에 포함시키지 아니하는 것으로 한다.

④ 납세자가 의무를 이행하지 아니한 데에 정당한 사유가 있는 경우에 해당 가산세는 부과되지 아니한다.

⑤ 과세표준신고서를 법정신고기한까지 제출한 자가 법정신고기한이 지난 후 1개월 이내에 수정신고한 경우에는 과소신고·초과환급신고가산세가 부과되지 아니한다

6. 「소득세법」상 납세의무에 관한 설명이다. **옳지 않은** 것은?

① 수익자가 특별히 정하여지지 아니한 신탁의 경우 그 신탁재산에 귀속되는 소득은 위탁자에게 귀속되는 것으로 본다.

② 공동으로 소유한 자산에 대한 양도소득금액을 계산하는 경우에는 해당 자산을 공동으로 소유하는 각 거주자가 납세의무를 진다.

③ 거주자가 특수관계인에게 자산을 증여한 후 그 자산을 증여받은 자가 그 증여일부터 5년 이내에 다시 타인에게 양도하여 증여자가 자산을 직접 양도한 것으로 보는 경우, 그 양도소득에 대해서는 증여자와 증여받은 자가 연대하여 납세의무를 진다.

④ 원천징수되는 소득으로서 종합소득 과세표준에 합산되지 아니하는 소득이 있는 자는 그 원천징수되는 소득세에 대해서 납세의무를 진다.

⑤ 공동사업에 대한 소득금액을 계산할 때 특수관계인의 소득금액이 주된 공동사업자에게 합산과세되는 경우, 그 합산과세되는 소득금액에 대해서는 주된 공동사업자의 특수관계인은 주된 공동사업자와 연대하여 한도 없이 납세의무를 진다.

7. 「소득세법」상 소득금액계산의 특례에 관한 설명이다. **옳지 않은** 것은?

① 직계존비속에게 주택을 무상으로 사용하게 하고 직계존비속이 그 주택에 실제 거주하는 경우는 부당행위계산부인 대상이 아니다.

② 거주자가 채권을 내국법인에게 매도하는 경우에는 당해 거주자가 자신의 보유기간 이자등 상당액을 이자소득으로 보아 소득세를 원천징수하여야 한다.

③ 피상속인의 소득금액에 대한 소득세로서 상속인에게 과세할 것과 상속인의 소득금액에 대한 소득세는 구분하여 계산하여야 한다.

④ 부동산임대업(주거용 건물 임대업은 제외)에서 발생하는 결손금은 종합소득 과세표준을 계산할 때 다른 소득금액에서 공제하지 않는다.

⑤ 종합소득 과세표준 확정신고 후 예금 또는 신탁계약의 중도 해지로 이미 지난 과세기간에 속하는 이자소득금액이 감액된 경우, 그 중도 해지일이 속하는 과세기간의 종합소득금액에 포함된 이자소득금액에서 그 감액된 이자소득금액을 뺄 수 있다.

8. 거주자 갑(금융업을 영위하지 않음)의 2022년 이자소득 관련 자료이다. 소득세가 과세되는 이자소득 합계액으로 옳은 것은? 단, 제시된 금액은 원천징수세액을 차감하기 전 금액이다.

> (1) 환매조건부 채권의 매매차익 : 5,000,000원
> (2) 2018년 5월 1일에 저축성 보험에 가입하여 2022년 5월 1일에 보험금을 만기 환급받았으며, 그 내역은 다음과 같다.
>   ① 보험금 : 10,000,000원
>   ② 납입보험료 : 8,000,000원
>   ③ 보험계약기간 중 보험계약에 의해 받은 배당금 : 1,000,000원
> (3) 비영업대금의 이익 : 2,000,000원
> (4) 계약의 위약에 따른 손해배상금 법정이자 : 500,000원
> (5) 「공익신탁법」에 따른 공익신탁의 이익 : 1,200,000원

① 8,000,000원   ② 9,000,000원   ③ 10,000,000원
④ 10,500,000원   ⑤ 11,200,000원

9. 거주자 갑의 2022년 기타소득 관련 자료이다. 원천징수 대상 기타소득금액으로 옳은 것은? 단, 제시된 금액은 원천징수세액을 차감하기 전 금액이며, 기타소득의 실제 필요경비는 확인되지 않는다.

> (1) 계약금이 위약금으로 대체된 경우의 위약금 : 4,000,000원
> (2) 고용관계 없이 받은 일시적인 외부 강연료 : 3,000,000원
> (3) 배임수재로 받은 금품 : 6,000,000원
> (4) 상표권을 대여하고 대가로 받은 금품 : 1,000,000원
> (5) 주택입주 지체상금 : 2,000,000원
> (6) 슬롯머신 당첨금품 : 1,500,000원

① 1,200,000원   ② 1,600,000원   ③ 2,000,000원
④ 2,400,000원   ⑤ 6,000,000원

10. 거주자 갑(41세 남성이며 일용근로자 아님)의 2022년 근로소득 및 소득공제 관련 자료이다. 종합소득 과세표준으로 옳은 것은?

> (1) 근로소득 및 보험료 납부 내역
>   ① 기본급 및 상여금 : 65,000,000원
>   ② 여비(실비변상정도의 금액) : 1,200,000원

③ 국민연금보험료 본인부담분 : 3,000,000원(회사가 대신 부담)

④ 국민건강보험료 본인부담분 : 4,000,000원

(2) 부양가족 현황

① 배우자(41세) : 국내은행 예금이자 10,000,000원이 있음

② 아들(11세) : 장애인이며, 소득 없음

(3) 근로소득공제

총급여액	근로소득공제
4,500만원 초과 1억원 이하	1,200만원+(총급여액-4,500만원)×5%

① 38,500,000원　　② 41,350,000원　　③ 42,490,000원

④ 42,850,000원　　⑤ 44,350,000원

11. 「소득세법」 및 「조세특례제한법」상 소득공제 및 세액공제에 관한 설명이다. 옳지 않은 것은?

① 종합소득이 있는 거주자는 해당 과세기간에 출산한 공제대상자녀(첫째)가 있는 경우 연 30만원의 자녀세액공제를 받을 수 있다.

② 근로소득이 있는 거주자는 기본공제대상자인 직계비속의 대학원 교육비를 지출한 경우 교육비세액공제를 받을 수 없다.

③ 자녀장려금은 자녀세액공제와 중복하여 적용할 수 없다.

④ 근로소득이 있는 거주자는 형제자매의 신용카드등사용금액을 그 거주자의 신용카드등소득공제금액에 포함시킬 수 있다.

⑤ 사업소득(제조업)만 있는 거주자는 기부금세액공제를 받을 수 없다.

12. 거주자 갑의 2022년 연금소득 관련 자료이다. 연금소득금액으로 옳은 것은?

(1) 갑은 2022년에 「국민연금법」에 따라 연금 45,000,000원(원천징수세액을 차감하기 전 금액임)을 수령하였다.

(2) 국민연금보험료 납입 내역

구 분	연금보험료 납입 누계액	환산소득 누계액	연금보험료 납입월수
2001.12.31. 이전 납입기간	80,000,000원	100,000,000원	50개월
2002.1.1. 이후 납입기간	240,000,000원*	380,000,000원	200개월

* 전액 연금보험료 소득공제를 받음

(3) 연금소득공제

총연금액	연금소득공제
1,400만원 초과	630만원+(총연금액-1,400만원)×10%

① 25,475,000원　　② 27,162,500원　　③ 27,500,000원

④ 33,750,000원　　⑤ 35,625,000원

13. 거주자 갑의 2022년 의료비 관련 자료이다. 의료비세액공제액으로 옳은 것은?

(1) 기본공제대상자를 위해 지출한 의료비 내역

구 분	나 이	금 액	내 역
본인	40세	600,000원	시력보정용 안경 구입비
배우자	38세	10,000,000원	난임시술비*
		2,000,000원	건강진단비
모친	63세	1,000,000원	건강증진용 보약 구입비
		1,500,000원	보청기 구입비
부친	70세	9,000,000원**	수술비 및 입원비

*「모자보건법」에 따른 보조생식술에 소요된 비용임

** 보험회사로부터 실손의료보험금 5,000,000원을 지급받음

(2) 갑(일용근로자 아님)의 총급여액은 120,000,000원이다.

① 3,660,000원　　② 3,675,000원　　③ 3,810,000원

④ 4,410,000원　　⑤ 4,425,000원

14. 「소득세법」상 중간예납에 관한 설명이다. 옳지 않은 것은?

① 토지 등 매매차익 예정신고·납부를 한 부동산매매업자는 중간예납의무가 없다.

② 분리과세 주택임대소득만이 있는 거주자는 중간예납의무가 없다.

③ 중간예납의무가 있는 거주자는 중간예납추계액이 중간예납기준액의 30%에 미달하는 경우, 중간예납추계액을 중간예납세액으로 하여 납세지 관할 세무서장에게 신고할 수 있다.

④ 중간예납세액이 50만원 미만인 경우에는 해당 소득세를 징수하지 아니한다.

⑤ 중간예납세액이 1천만원을 초과하는 자는 그 납부할 세액의 일부를 납부기한이 지난 후 2개월 이내에 분할납부할 수 있다.

15. 거주자 갑이 양도한 주택(등기된 국내 소재 주택임) 관련 자료이다. 주택 양도로 인한 양도차익으로 옳은 것은?

| (1) 주택의 취득 및 양도 관련 자료 |

구 분	거래일자	실지거래가액	기준시가
양 도	2022.8.8.	500,000,000원	400,000,000원
취 득	1987.7.7.	불분명*	100,000,000원

* 취득 당시의 매매사례가액과 감정가액도 확인되지 않음

(2) 거래 증명서류로 확인되는 추가 지출 내역

내 역	금 액
자본적 지출*	120,000,000원
양도 시 부동산 중개수수료	10,000,000원

* 주택의 리모델링을 위해 지출한 비용임

(3) 주택의 필요경비 개산공제 : 취득 당시 기준시가의 3%

① 170,000,000원   ② 270,000,000원   ③ 297,000,000원
④ 370,000,000원   ⑤ 372,000,000원

16. 「법인세법」상 사업연도와 납세지에 관한 설명이다. 옳지 않은 것은?

① 사업연도를 변경하려는 법인은 그 법인의 직전 사업연도 종료일부터 3개월 이내에 납세지 관할 세무서장에게 이를 신고하여야 한다.
② 국내사업장이 없는 외국법인으로서 국내원천 부동산소득이 있는 법인은 따로 사업연도를 정하여 그 소득이 최초로 발생하게 된 날부터 1개월 이내에 납세지 관할 세무서장에게 사업연도를 신고하여야 한다.
③ 내국법인이 사업연도 중에 「상법」의 규정에 따라 조직변경을 한 경우에는 그 사업연도 개시일부터 조직변경일까지의 기간과 조직변경일의 다음 날부터 그 사업연도 종료일까지의 기간을 각각 1사업연노로 본다.
④ 원천징수의무자가 거주자로서 사업장이 없는 경우에는 그 거주자의 주소지 또는 거소지를 원천징수한 법인세의 납세지로 한다.
⑤ 법인은 납세지가 변경된 경우에는 그 변경된 날부터 15일 이내에 변경 후의 납세지 관할 세무서장에게 이를 신고하여야 한다.

17. 영리내국법인 ㈜A가 수행한 회계처리에 대한 세무조정 중 그 소득의 귀속자에게 추가적인 납세의무가 발생하지 <u>않는</u> 것은?

① 퇴직한 임원에게 정관에 정해진 금액을 초과하여 퇴직금을 지급하고 손익계산서에 비용으로 계상하였다.

② 채권자의 주소 및 성명을 확인할 수 없는 차입금에 대한 이자를 지급하고(원천징수 하지 않음) 손익계산서에 비용으로 계상하였다.

③ 임직원이 아닌 개인주주가 업무와 관련 없이 사용하고 있는 건물에 대한 임차료를 지출하고 손익계산서에 비용으로 계상하였다.

④ 추계로 과세표준을 결정할 때 대표자에 대한 상여로 처분하여 발생한 소득세를 대납하고 그 대납한 금액을 손익계산서에 비용으로 계상하였다.

⑤ 임원에게 「법인세법」상 손금한도를 초과하는 상여금을 지급하고 손익계산서에 비용으로 계상하였다.

18. 제조업을 영위하는 영리내국법인 ㈜A의 자료이다. ㈜B의 유상감자로 인한 ㈜A의 제22기(2022.1.1.~2022.12.31.) 의제배당금액으로 옳은 것은? 단, 전기의 세무조정은 정확하게 이루어졌고, 수입배당금 익금불산입 규정은 고려하지 아니한다.

---

(1) 2019년 6월 1일에 ㈜A는 ㈜B의 주식 10,000주(1주당 액면가액 5,000원)를 1주당 14,000원에 취득하였다.

(2) ㈜B의 잉여금 자본전입으로 ㈜A가 수령한 무상주의 내역은 다음과 같다.

수령일자	주식수	무상주의 재원
2021.5.1.	6,000주	주식발행초과금*
2021.11.30.	2,000주	자기주식소각이익**

  * 채무의 출자전환 시 발생한 채무면제이익이 아님
  ** 소각 당시(2019.7.1.) 시가가 취득가액을 초과함

(3) 2022년 9월 1일에 ㈜B가 유상감자를 실시함에 따라 ㈜A는 10,000주를 반환하고, 1주당 18,000원을 감자대가로 수령하였다.

---

① 80,000,000원 ② 100,000,000원 ③ 130,000,000원
④ 152,000,000원 ⑤ 180,000,000원

19. 「독점규제 및 공정거래에 관한 법률」에 따른 지주회사인 ㈜A의 제22기(2022.1.1.~ 2022.12.31.) 자료이다. 수입배당금 익금불산입액으로 옳은 것은?

> (1) ㈜A는 2022년 3월 1일에 제조업을 영위하는 비상장 영리내국법인(벤처 기업 아님) ㈜B와 ㈜C로부터 배당금 40,000,000원을 수령하고 이를 수 익으로 계상하였다.
>
> | 구 분 | 현금배당금* | 주식가액** | 지분율 | 주식취득일 |
> |---|---|---|---|---|
> | ㈜B | 35,000,000원 | 350,000,000원 | 70% | 2020.1.1. |
> | ㈜C | 5,000,000원 | 600,000,000원 | 45% | 2021.11.30. |
>
> * 배당기준일 : 2021년 12월 31일, 배당결의일 : 2022년 2월 14일
> ** ㈜A가 보유한 주식의 「법인세법」상 장부가액이며, 제22기 중 주식수 및 장 부가액의 변동은 없음
>
> (2) ㈜A의 제22기 손익계산서상 이자비용은 50,000,000원이고, 제22기말 현재 재무상태표상 자산총액은 5,000,000,000원이다.
> (3) ㈜B와 ㈜C는 지급배당에 대한 소득공제, 「조세특례제한법」상 감면규정 및 동업기업과세특례를 적용받지 않는다.
> (4) 수입배당금액 익금불산입률
>
> | 출자비율 | 익금불산입률 |
> |---|---|
> | 40% 이상 50% 미만 | 80% |
> | 50% 이상 80% 미만 | 90% |

① 4,000,000원 ② 28,350,000원 ③ 29,150,000원
④ 31,500,000원 ⑤ 35,550,000원

20. 제조업을 영위하는 영리내국법인 ㈜A의 제22기(2022.1.1.~2022.12.31.) 자료이다. 외화자산 및 외화부채 관련 세무조정이 제22기 각 사업연도 소득금액에 미치는 순영향으로 옳은 것은? 단, 전기의 세무조정은 정확하게 이루어졌다.

> (1) ㈜A는 화폐성 외화자산 및 외화부채에 대하여 사업연도 종료일 현재의 매 매기준율로 평가하는 방법을 관할 세무서장에게 신고하였으나, 제21기와 제22기에 외화환산손익을 결산서에 계상하지 않았다.
> (2) ㈜A는 2021년 7월 1일에 외국은행으로부터 $10,000를 차입하였으며, 2022 년 6월 30일에 전액 상환하였다. 상환 시 ㈜A는 다음과 같이 회계처리하였다.

| (차) 외화차입금 | 12,500,000 | (대) 현　　　금 | 12,000,000 |
| | | 외 환 차 익 | 500,000 |

(3) ㈜A는 2022년 9월 1일에 제품을 수출하고 그 대금 $20,000를 수령하였다. 동 수출대금은 당기말 현재 외화예금 계좌에 보유 중이다.

(4) 일자별로 적용할 매매기준율은 다음과 같다.

2021.7.1.	2021.12.31.	2022.6.30.	2022.9.1.	2022.12.31.
1,250원/$	1,300원/$	1,200원/$	1,280원/$	1,320원/$

① (-)300,000원　　　② (+)300,000원　　　③ (+)500,000원

④ (+)800,000원　　　⑤ (+)1,300,000원

21. 제조업을 영위하는 영리내국법인 ㈜A의 제3기(2022.1.1.~2022.12.31.) 자료이다. 제3기말 기계장치의 세무상 미상각잔액으로 옳은 것은?

(1) ㈜A는 제2기부터 창업중소기업 등에 대한 세액감면을 받고 있는 기업이다.

(2) 기계장치(2021.7.1. 취득)의 감가상각비와 관련하여 결산서에 반영된 내역은 다음과 같다.

취득원가	제3기말 감가상각누계액	제3기 감가상각비
500,000,000원	75,000,000원	50,000,000원

(3) 당기 중 기계장치에 대한 수선비(자본적 지출이며 주기적 수선에 해당하지 않음) 22,000,000원을 손익계산서에 비용으로 계상하였다.

(4) ㈜A는 기계장치 취득 시 내용연수 및 감가상각방법을 신고하지 않았고, 기준내용연수(10년)에 대한 상각률은 정액법 0.100, 정률법 0.259이다.

① 62,729,750원　　　② 316,822,250원　　　③ 322,520,250원

④ 401,975,000원　　　⑤ 435,250,000원

22. 「법인세법」상 손익의 귀속시기에 관한 설명이다. 옳지 않은 것은?

① 중소기업이 수행하는 계약기간 1년 미만인 건설용역의 제공으로 인한 수익은 그 목적물의 인도일이 속하는 사업연도의 익금에 산입할 수 있다.

② 중소기업인 법인이 장기할부조건으로 자산을 판매한 경우에는 그 장기할부조건에

따라 각 사업연도에 회수하였거나 회수할 금액을 해당 사업연도의 익금에 산입할
수 있다.

③ 법인이 결산을 확정함에 있어서 차입일부터 이자지급일이 1년을 초과하는 특수관
계인과의 거래에 따른 기간경과분 미지급이자를 해당 사업연도의 손비로 계상한 경
우에는 그 계상한 사업연도의 손금으로 한다.

④ 법인이 사채를 발행한 경우에 상환할 사채금액의 합계액에서 사채발행가액의 합계
액을 공제한 금액은 기업회계기준에 의한 사채할인발행차금의 상각방법에 따라 이
를 손금에 산입한다.

⑤ 금융보험업을 영위하는 법인이 결산을 확정함에 있어서 이미 경과한 기간에 대응하
는 보험료를 해당 사업연도의 수익으로 계상한 경우에는 그 계상한 사업연도의 익
금으로 한다.

23. 제조업을 영위하는 영리내국법인 ㈜A(중소기업)의 제22기(2022.1.1.~2022.12.31.) 자
료이다. 접대비 한도초과액으로 옳은 것은? 단, 접대비 해당액은 적격증명서류를 수취하였다.

(1) 장부상 매출액은 15,000,000,000원으로 이 중 특수관계인에 대한 매출
액은 3,000,000,000원이다.

(2) 손익계산서상 판매비와관리비 중 접대비로 비용처리한 금액은 90,000,000
원으로 다음의 금액이 포함되어 있다.
① 전기에 접대가 이루어졌으나 당기 지급시점에 비용처리한 금액 :
5,000,000원
② 「국민체육진흥법」에 따른 체육활동의 관람을 위한 입장권 구입비 :
20,000,000원
③ 직원이 조직한 단체(법인)에 복리시설비를 지출한 금액 : 4,000,000원
④ 거래처에 접대 목적으로 증정한 제품(원가 8,000,000원, 시가
10,000,000원)에 대해 다음과 같이 회계처리하였다.

(차) 접 대 비 9,000,000   (대) 제   품   8,000,000
                              부가가치세예수금   1,000,000

(3) 수입금액에 관한 적용률

수입금액	적용률
100억원 이하	수입금액×0.3%
100억원 초과 500억원 이하	3,000만원+(수입금액-100억원)×0.2%

① 2,280,000원   ② 6,280,000원   ③ 16,400,000원
④ 21,400,000원   ⑤ 84,720,000원

24. 제조업을 영위하는 영리내국법인 ㈜A의 제22기(2022.1.1.~2022.12.31.) 자료이다. 대손금 및 대손충당금 관련 세무조정이 제22기 각 사업연도 소득금액에 미치는 순영향으로 옳은 것은? 단, 전기의 세무조정은 정확하게 이루어졌다.

(1) 전기말 유보잔액 내역

내 역	금 액
대손충당금 한도초과액	6,000,000원
외상매출금 대손부인액	15,000,000원*

* 이 중 10,000,000원은 당기에 소멸시효가 완성됨

(2) 당기 중 대손충당금 상계 내역

내 역	금 액
대여금*	8,000,000원
외상매출금	40,000,000원**

* 특수관계인(영리내국법인)에 대한 업무무관가지급금으로서 「법인세법」 상 대손사유를 충족함
** 이 중 20,000,000원은 「법인세법」상 대손사유를 충족하였으나, 나머지 는 「법인세법」상 대손사유를 충족하지 못함

(3) 「법인세법」상 대손충당금 설정대상 채권잔액(세무상 장부가액)

구 분	금 액
전기말	2,000,000,000원
당기말	2,500,000,000원

(4) 재무상태표상 당기말 대손충당금 잔액은 50,000,000원이다.

① (+)12,500,000원 ② (+)16,500,000원 ③ (+)24,500,000원
④ (+)30,500,000원 ⑤ (+)37,000,000원

25. 건설업을 영위하는 영리내국법인 ㈜A의 제22기(2022.1.1.~2022.12.31.) 자료이다. 사택 임대 및 건설용역 제공과 관련된 세무조정이 제22기 각 사업연도 소득금액에 미치는 순영향으로 옳은 것은?

(1) 사택 임대
① ㈜A는 출자임원(소액주주 아님)인 갑에게 사택을 임대(임대기간 : 2021.1.1.~2023.12.31.)하고 보증금 100,000,000원을 임대개시일

에 수령하였으며, 약정에 의해 수령한 연간 임대료 총액 2,000,000원을 손익계산서상 수익으로 계상하였다.

② 사택 제공에 대한 임대료의 시가는 불분명하나 사택의 시가는 400,000,000원으로 확인된다.

③ 기획재정부령으로 정하는 정기예금이자율은 3%로 가정한다.

(2) 건설용역 제공

① ㈜A는 특수관계인인 ㈜B에게 건설용역(계약기간 : 2022.3.1.~2022.10.31.)을 제공하고 받은 용역대가 240,000,000원을 매출로 계상하였으며, 해당 용역의 원가 200,000,000원을 매출원가로 계상하였다.

② 동 건설용역의 시가는 불분명하며, ㈜A가 당기 중 특수관계인이 아닌 자에게 제공한 유사용역의 매출액은 500,000,000원, 매출원가는 400,000,000원이다.

① 0원   ② (+)1,000,000원   ③ (+)7,000,000원
④ (+)11,000,000원   ⑤ (+)17,000,000원

26. 제조업을 영위하는 영리내국법인 ㈜A의 제22기(2022.1.1.~2022.12.31.) 자료이다. 외국납부세액공제액으로 옳은 것은? 단, ㈜A는 외국납부세액에 대하여 세액공제방법을 적용한다.

(1) 국내원천 소득금액은 292,000,000원이다.

(2) B국에 소재하는 외국자회사로부터의 수입배당금 내역

지분율	수입배당금	직접외국납부세액
40%	100,000,000원	10,000,000원

① 배당확정일은 2022년 3월 31일이며, ㈜A는 자회사의 주식을 2021년 3월 1일에 취득하여 계속 보유하고 있다.

② 직접외국납부세액은 수입배당금에 대한 B국의 원천징수세액이며, 수입배당금은 직접외국납부세액을 차감하기 전의 금액이다.

③ 자회사의 해당 사업연도 소득금액은 270,000,000원, 법인세액은 20,000,000원이다.

(3) 각 사업연도 소득에 대한 법인세율

과세표준	세 율
2억원 이하	과세표준×10%
2억원 초과 200억원 이하	2천만원+(과세표준-2억원)×20%

① 8,000,000원　　　② 10,000,000원　　　③ 12,500,000원

④ 16,200,000원　　　⑤ 18,000,000원

27. 법인세 과세표준의 계산에 관한 설명이다. 옳은 것은?

　① 내국법인의 각 사업연도 소득에 대한 법인세의 과세표준을 계산할 때 공제되지 아니한 소득공제액은 해당 사업연도의 다음 사업연도 이후로 이월하여 공제할 수 있다.

　② 「자산유동화에 관한 법률」에 따른 유동화전문회사가 배당가능이익의 90% 이상을 배당한 경우 그 금액은 해당 배당을 결의한 날이 속하는 사업연도의 소득금액에서 공제한다.

　③ 내국법인의 각 사업연도 소득에 대한 법인세의 과세표준은 각 사업연도 소득의 범위에서 비과세소득, 이월결손금 및 소득공제액을 차례로 공제한 금액으로 한다.

　④ 법인세의 과세표준과 세액을 추계결정하는 경우에는 이월결손금 공제규정을 적용하지 아니하며, 과세표준과 세액을 추계결정함에 따라 공제되지 못한 이월결손금은 그 후의 사업연도 과세표준을 계산할 때 공제할 수 없다.

　⑤ 「채무자 회생 및 파산에 관한 법률」에 따라 법원이 인가결정한 회생계획을 이행 중인 법인의 공제대상 이월결손금은 각 사업연도 소득금액의 100%를 한도로 공제한다.

28. 「법인세법」상 적격합병에 관한 설명이다. **옳지 않은** 것은?

　① 합병등기일 현재 1년 이상 사업을 계속하던 내국법인 간의 합병이어야 한다는 것은 적격합병의 요건 중 하나이다.

　② 피합병법인의 주주등이 합병으로 인하여 받은 합병대가의 전액이 합병법인의 주식 등이어야 한다는 것은 적격합병의 요건 중 하나이다.

　③ 합병법인이 합병등기일이 속하는 사업연도의 종료일까지 피합병법인으로부터 승계받은 사업을 계속하여야 한다는 것은 적격합병의 요건 중 하나이다.

　④ 피합병법인의 합병으로 발생하는 양도손익을 계산할 때 적격합병의 경우에는 피합병법인이 합병법인으로부터 받은 양도가액을 피합병법인의 합병등기일 현재의 순자산 장부가액으로 보아 양도손익이 없는 것으로 할 수 있다.

　⑤ 적격합병을 한 합병법인은 피합병법인의 자산을 장부가액으로 양도받은 것으로 한다.

29. 「법인세법」상 법인세 납세의무에 관한 설명이다. 옳은 것은?

　① 청산소득에 대한 법인세를 계산할 때 각 사업연도 소득에 대한 법인세율과 동일한 세율을 적용한다.

　② 비영리내국법인이 주식 또는 출자지분을 양도함에 따라 생기는 수입에 대하여는 각 사업연도 소득에 대한 법인세가 과세되지 아니한다.

③ 청산소득에 대한 법인세의 납부의무가 있는 내국법인은 해산등기일이 속하는 달의 말일부터 3개월 이내에 청산소득에 대한 법인세의 과세표준과 세액을 신고하여야 한다.

④ 비영리내국법인은 원천징수된 비영업대금의 이익에 대하여는 각 사업연도 소득에 대한 법인세 과세표준 신고를 하지 않을 수 있다.

⑤ 건축 장소는 국내에 2년간 존속하더라도 외국법인의 국내사업장에 포함되지 아니한다.

30. 「부가가치세법」상 과세대상에 관한 설명이다. 옳은 것은?

① 외국 선박에 의하여 공해(公海)에서 잡힌 수산물을 국내로 반입하는 거래는 과세대상이 아니다.

② 사업자가 아닌 개인이 중고자동차를 사업자에게 판매하는 거래는 과세대상이지만, 사업자가 아닌 개인이 소형승용차를 외국으로부터 수입하는 거래는 과세대상이 아니다.

③ 사업자가 사업을 위하여 「재난 및 안전관리 기본법」의 적용을 받아 특별재난지역에 물품을 증여하는 경우는 과세대상이 아니다.

④ 사업자가 「민사집행법」에 따른 경매로 재화를 공급하는 경우는 과세대상이지만, 「국세징수법」에 따른 공매로 재화를 공급하는 경우는 과세대상이 아니다.

⑤ 사업자가 주요자재를 전혀 부담하지 아니하고 인도받은 재화를 단순히 가공만 해주는 경우는 과세대상이 아니다.

31. 「부가가치세법」상 사업장 및 사업자등록에 관한 설명이다. 옳지 않은 것은?

① 무인자동판매기를 통하여 재화·용역을 공급하는 사업의 경우에는 그 사업에 관한 업무를 총괄하는 장소 외의 장소를 추가로 사업장으로 등록할 수 없다.

② 법인의 경우에는 지점을 주된 사업장으로 하여 주사업장 총괄 납부를 신청할 수 있다.

③ 공급시기가 속하는 과세기간이 끝난 후 20일 이내에 사업자등록을 신청한 경우에는 사업개시일 이전 기간의 매입세액은 공제하지 않는다.

④ 사업자가 사업장을 설치하지 않고 사업자등록도 하지 아니한 경우에는 과세표준 및 세액을 결정하거나 경정할 당시 사업자의 주소 또는 거소를 사업장으로 한다.

⑤ 사업자 단위 과세 사업자는 각 사업장을 대신하여 그 사업자의 본점 또는 주사무소의 소재지를 부가가치세의 납세지로 한다.

32. ㈜A의 부가가치세 관련 자료이다. 2022년 제1기 예정신고 시 부가가치세 과세표준으로 옳은 것은? 단, ㈜A는 주사업장 총괄 납부 사업자나 사업자 단위 과세 사업자가 아니며, 제시된 금액은 부가가치세를 포함하지 않은 금액이다.

> (1) 2022년 1월 5일에 상품을 거래처에 인도하였다. 판매대금 중 10,000,000원
> 은 인도일에 수령하였고, 나머지는 2월 5일부터 매월 5일에 5,000,000원씩
> 8회에 걸쳐 분할하여 수령하기로 약정하였다. 판매대금 50,000,000원에
> 는 할부이자 상당액인 500,000원이 포함되어 있다.
> (2) 2022년 2월 8일에 상품(취득가액 10,000,000원)을 판매하기 위하여 직
> 매장으로 반출(반출가액 12,000,000원)하였다.
> (3) 2022년 4월 8일에 거래처에 인도할 예정인 상품의 판매대금 3,000,000
> 원에 대한 세금계산서를 2022년 3월 27일에 발급하고, 2022년 4월 1일
> 에 당해 판매대금 전액을 회수하였다.

① 20,000,000원　　　② 39,500,000원　　　③ 62,500,000원
④ 63,000,000원 ⑤　　500,000,000원

⑤ 65,000,000원

33. 「부가가치세법」상 영세율에 관한 설명이다. **옳지 않은** 것은?

① 사업자가 국내사업장이 없는 외국법인에게 공급한 컨테이너 수리용역은 대금수취
방법에 관계없이 영세율 대상이다.
② 사업자가 내국신용장에 의해 공급하는 재화(금지금은 제외)는 영세율 대상이며 세
금계산서를 발급할 의무가 있다.
③ 사업자가 자기의 명의와 계산으로 내국물품을 외국으로 유상반출하는 경우는 영세
율 대상이며 세금계산서를 발급할 의무가 없다.
④ 사업자가 국외에서 공급하는 용역은 대금수취 방법에 관계없이 영세율 대상이다.
⑤ 사업자가 항공기에 의하여 여객이나 화물을 국내에서 국외로 수송하는 외국항행용
역은 영세율 대상이다.

34. 부동산임대업을 영위하는 ㈜A의 자료이다. 2022년 제1기 확정신고 시 부가가치세 과세표
준으로 옳은 것은? 단, 제시된 금액은 부가가치세를 포함하지 않은 금액이다.

> (1) ㈜A의 임대건물(단층임)은 도시지역 안에 위치하고 있으며, 갑과 을에게 모
> 두 2022년 4월 1일부터 3년간 다음과 같이 임대하고 있다.
>
> | 구 분 | 월임대료* | 임대보증금 | 용 도 | 면 적 건물 | 면 적 부수토지 |
> |---|---|---|---|---|---|
> | 갑 | 1,000,000원 | 21,900,000원 | 주 택 | 30㎡ | 750㎡ |
> | 을 | 2,000,000원 | 43,800,000원 | 상 가 | 30㎡ | |
>
> * 월임대료는 매월말 수령하기로 약정함

> (2) 2022년 제1기 과세기간 종료일 현재 계약기간 1년의 정기예금이자율은 1.5%로 가정한다.
> (3) 2022년 제1기 과세기간 종료일 현재 건물의 기준시가는 100,000,000원, 토지의 기준시가는 400,000,000원이다.

① 4,437,936원   ② 4,622,850원   ③ 5,362,506원
④ 6,533,628원   ⑤ 7,643,112원

35. 과세사업과 면세사업을 겸영하는 ㈜A의 자료이다. 2022년 제1기 부가가치세 확정신고 시 납부세액 재계산으로 인하여 납부세액에 가산할 금액으로 옳은 것은? 단, 제시된 금액은 부가가치세를 포함하지 않은 금액이다.

> (1) ㈜A는 2021년 4월 15일에 과세사업과 면세사업에 공통으로 사용하기 위하여 건물을 300,000,000원에 구입하고, 매입세액은 공급가액 비율로 안분하여 공제하였다.
> (2) 과세사업과 면세사업의 공급가액비율
>
> | 구 분 | 과세사업 | 면세사업 |
> |---|---|---|
> | 2021년 제1기 | 60% | 40% |
> | 2021년 제2기 | 56% | 44% |
> | 2022년 제1기 | 50% | 50% |

① 1,500,000원   ② 1,530,000원   ③ 1,620,000원
④ 2,550,000원   ⑤ 2,700,000원

36. 음식점업(과세유흥장소 아님)을 영위하는 개인사업자 갑의 부가가치세 관련 자료이다. ㉠ 간이과세자로 보는 경우 2022년 차가감납부세액과 ㉡ 일반과세자로 보는 경우 2022년 제2기 납부(환급)세액으로 옳은 것은? 단, 세액은 지방소비세를 포함한 것으로 한다.

> (1) 2022년 7월 1일부터 2022년 12월 31일까지의 공급대가는 63,800,000원이며, 이는 신용카드매출전표 발급분 55,000,000원을 포함한 것이다.
> (2) 매입 내역
>
> | 구 분 | 내 역 | 금 액* |
> |---|---|---|
> | 계산서수취분 | 면세농산물 구입 | 5,450,000원 |
> | 세금계산서수취분 | 기타 조리용품 구입 | 11,000,000원 |
> | | 식당 인테리어 공사 | 41,800,000원 |
>
> * 부가가치세가 포함된 금액임

(3) 음식점업의 업종별 부가가치율은 15%이고, 의제매입세액 공제율은 9/109 이며, 의제매입세액 공제한도는 고려하지 않는다.

(4) 2022년 예정부과기간의 고지세액은 없었고, 전자신고방법에 의하여 신고하지 않았다.

	㉠ 간이과세자 차가감납부세액	㉡ 일반과세자 납부(환급)세액
①	0원	550,000원
②	0원	1,000,000원
③	70,000원	(-)550,000원
④	(-)475,000원	1,000,000원
⑤	(-)925,000원	(-)165,000원

37. 「부가가치세법」상 납세절차에 관한 설명이다. 옳은 것은?

① 비거주자 또는 외국법인으로부터 국내에서 용역 또는 권리를 공급받아 매입세액을 공제받고 과세사업에 사용하는 자는 대리납부의무가 있다.

② 사업자가 조기환급신고를 한 경우에 관할 세무서장은 조기환급기간에 대한 환급세액을 조기환급기간이 끝난 날부터 15일 이내에 사업자에게 환급하여야 한다.

③ 과세표준과 납부세액을 추계결정하는 경우에는 그 기재내용이 분명한 세금계산서를 발급받아 관할 세무서장에게 제출하더라도 매입세액을 공제할 수 없다.

④ 예정신고·납부 시 신용카드매출전표 발급등에 대한 세액공제 및 전자세금계산서 발급·전송에 대한 세액공제는 적용하고 가산세는 적용하지 않는다.

⑤ 일반과세자인 개인사업자는 예정신고기간에 대하여 예정신고함을 원칙으로 하지만, 해당 과세기간 개시일 현재 일반과세자로 변경된 경우에는 관할 세무서장이 납부고지한다.

38. 「상속세 및 증여세법」상 증여세에 관한 설명이다. **옳지 않은** 것은?

① 수증자가 거주자(본점이나 주된 사무소의 소재지가 국내에 있는 비영리법인을 포함)인 경우에는 증여세 과세대상이 되는 모든 증여재산에 대하여 증여세를 납부할 의무가 있다.

② 수증자가 비거주자인 경우에는 증여재산의 소재지를 관할하는 세무서장 등이 증여세를 과세한다.

③ 해당 증여일 전 10년 이내에 동일인으로부터 받은 증여재산가액을 합친 금액이 1천만원 이상인 경우에는 그 가액을 증여세 과세가액에 가산한다.

④ 명의신탁재산의 증여의제 규정에 따라 재산을 증여한 것으로 보는 경우에는 실제소유자가 해당 재산에 대하여 증여세를 납부할 의무가 있다.

⑤ 수증자가 증여재산(금전은 제외)을 당사자 간의 합의에 따라 증여세 과세표준 신고기한까지 증여자에게 반환하는 경우(반환하기 전에 과세표준과 세액을 결정받은 경우는 제외)에는 처음부터 증여가 없었던 것으로 본다.

39. 2022년 5월 2일에 사망한 거주자 갑의 상속세 관련 자료이다. 상속세 과세가액으로 옳은 것은?

(1) 상속재산 내역		
구 분	금 액	비 고
주 택	1,500,000,000원	-
생명보험금	505,000,000원	갑이 계약자로서 보험료를 전액 납입함
반환일시금	100,000,000원	「국민연금법」에 따라 사망으로 인하여 지급됨

(2) 사망 당시 갑의 공과금과 채무는 없고, 장례비용은 확인되지 않는다.
(3) 갑은 2020년 5월 2일에 상속인인 아들에게 토지(증여 당시 가액 300,000,000원)를 증여하였고, 당해 자산의 상속개시 당시의 가액은 400,000,000원이다.

① 2,000,000,000원　　② 2,005,000,000원　　③ 2,100,000,000원
④ 2,300,000,000원　　⑤ 2,505,000,000원

40. 「지방세법」상 취득세에 관한 설명이다. 옳지 않은 것은?

① 토지의 지목을 사실상 변경함으로써 그 가액이 증가한 경우에는 취득으로 본다.

② 외국정부 및 주한국제기구의 취득에 대해서는 취득세를 부과하지 아니한다. 다만, 대한민국 정부기관의 취득에 대하여 과세하는 외국정부의 취득에 대해서는 취득세를 부과한다.

③ 취득세의 과세표준은 취득 당시의 가액으로 한다. 다만, 연부로 취득하는 경우에는 연부금액으로 한다.

④ 지방자치단체의 장은 취득세의 세율을 조정할 수 없다.

⑤ 취득세 과세물건을 유상으로 취득한 자는 그 취득한 날로부터 60일 이내에 그 과세표준에 세율을 적용하여 산출한 세액을 신고하고 납부하여야 한다.

① 형

회계학

2022년 제57회

제3교시

※ 아래 문제들에서 특별한 언급이 없는 한 기업의 보고기간(회계기간)은 매년 1월 1일 부터 12월 31일까지이며, 법인세효과는 고려하지 않는다. 또한 기업은 주권상장법 인으로 계속해서 한국채택국제회계기준(K-IFRS)을 적용해오고 있다고 가정하고 보 기 중에서 물음에 가장 합당한 답을 고르시오.

1. 기업회계기준서 제1001호 '재무제표 표시'에 대한 다음 설명 중 **옳지 않은** 것은?

  ① 한국채택국제회계기준에서 요구하거나 허용하지 않는 한 자산과 부채 그리고 수익 과 비용은 상계하지 아니한다.

  ② 계속기업의 가정이 적절한지의 여부를 평가할 때 기업이 상당 기간 계속 사업이익 을 보고하였고 보고기간 말 현재 경영에 필요한 재무자원을 확보하고 있는 경우에 도, 자세한 분석을 의무적으로 수행하여야 하며 이용가능한 모든 정보를 고려하여 계속기업을 전제로 한 회계처리가 적절하다는 결론을 내려야 한다.

  ③ 기업은 비용의 성격별 또는 기능별 분류방법 중에서 신뢰성 있고 더욱 목적적합한 정보를 제공할 수 있는 방법을 적용하여 당기손익으로 인식한 비용의 분석내용을 표시한다.

  ④ 유사한 항목은 중요성 분류에 따라 재무제표에 구분하여 표시하고, 상이한 성격이 나 기능을 가진 항목은 구분하여 표시한다. 다만 중요하지 않은 항목은 성격이나 기능이 유사한 항목과 통합하여 표시할 수 있다.

  ⑤ 재무제표 항목의 표시나 분류를 변경하는 경우 실무적으로 적용할 수 없는 것이 아 니라면 비교금액도 재분류해야 한다.

2. ㈜대한은 재고자산을 관리하기 위하여 계속기록법과 평균법을 적용하고 있으며, 기말재고 자산의 장부수량과 실지재고수량은 일치한다. 다음은 ㈜대한의 20x1년 매입과 매출에 관 한 자료이다.

일자	적요	수량(개)	매입단가(₩)
1월 1일	기초재고	100	300
5월 1일	매입	200	400

일자	적요	수량(개)	매입단가(₩)
6월 1일	매입	200	300
9월 1일	매입	100	200
12월 15일	매입	100	200

일자	적요	수량(개)	매출단가(₩)
8월 1일	매출	200	600
10월 1일	매출	200	500

20x1년 기말재고자산의 단위당 순실현가능가치가 ₩200인 경우 ㈜대한이 20x1년 말에 인식할 재고자산평가손실액은 얼마인가? 단, 기초재고자산과 관련된 평가충당금은 없다.

① ₩21,000 ② ₩24,000 ③ ₩27,000
④ ₩30,000 ⑤ ₩33,000

3. ㈜대한이 재고자산을 실사한 결과 20x1년 12월 31일 현재 창고에 보관중인 상품의 실사금액은 ₩1,500,000인 것으로 확인되었다. 재고자산과 관련된 추가자료는 다음과 같다.

- ㈜대한은 20x1년 9월 1일에 ㈜강원으로부터 원가 ₩100,000의 상품에 대해 판매를 수탁받았으며, 이 중 원가 ₩20,000의 상품을 20x1년 10월 1일에 판매하였다. 나머지 상품은 20x1년 12월 31일 현재 ㈜대한의 창고에 보관중이며, 창고보관상품의 실사금액에 이미 포함되었다.
- ㈜대한은 20x1년 11월 1일 ㈜경북에 원가 ₩400,000의 상품을 인도하고, 판매대금은 11월 말부터 매월 말일에 3개월에 걸쳐 ₩150,000씩 할부로 수령하기로 하였다.
- ㈜대한은 20x1년 11월 5일에 ㈜충남과 위탁판매계약을 체결하고 원가 ₩200,000의 상품을 적송하였으며, ㈜충남은 20x1년 12월 31일 현재까지 이 중 60%의 상품을 판매하였다.
- ㈜대한이 20x1년 12월 23일에 ㈜민국으로부터 선적지인도조건으로 매입한 원가 ₩100,000의 상품이 20x1년 12월 31일 현재 운송 중에 있다. 이 상품은 20x2년 1월 10일 도착예정이다.
- ㈜대한은 20x1년 12월 24일에 ㈜충북에게 원가 ₩50,000의 상품을 ₩80,000에 판매 즉시 인도하고 2개월 후 ₩100,000에 재구매하기로 약정하였다.

위의 추가자료를 반영한 후 ㈜대한의 20x1년 말 재무상태표에 표시될 기말상품재고액은 얼마인가? 단, 재고자산감모손실 및 재고자산평가손실은 없다. ㈜대한의 위탁(수탁)판매계약은 기업회계기준서 제1115호 '고객과의 계약에서 생기는 수익'의 위탁(수탁)약정에 해당한다.

① ₩1,570,000   ② ₩1,600,000   ③ ₩1,650,000

④ ₩1,730,000   ⑤ ₩1,800,000

4. 기업회계기준서 제1034호 '중간재무보고'에 대한 다음 설명 중 **옳지 않은** 것은?

① 중간재무보고서는 최소한 요약재무상태표, 요약된 하나 또는 그 이상의 포괄손익계산서, 요약자본변동표, 요약현금흐름표 그리고 선별적 주석을 포함하여야 한다.

② 중간재무보고서에는 직전 연차보고기간 말 후 발생한 재무상태와 경영성과의 변동을 이해하는 데 유의적인 거래나 사건에 대한 설명을 포함한다.

③ 특정 중간기간에 보고된 추정금액이 최종 중간기간에 중요하게 변동하였지만 최종 중간기간에 대하여 별도의 재무보고를 하지 않는 경우에는, 추정의 변동 성격과 금액을 해당 회계연도의 연차재무제표에 주석으로 공시하지 않는다.

④ 중간재무보고서를 작성할 때 인식, 측정, 분류 및 공시와 관련된 중요성의 판단은 해당 중간기간의 재무자료에 근거하여 이루어져야 한다.

⑤ 중간재무제표는 연차재무제표에 적용하는 회계정책과 동일한 회계정책을 적용하여 작성한다. 다만 직전 연차보고기간 말 후에 회계정책을 변경하여 그 후의 연차재무제표에 반영하는 경우에는 변경된 회계정책을 적용한다.

5. ㈜대한은 20x1년 1월 1일 정부로부터 자금을 전액 차입하여 기계장치를 ₩400,000에 구입하였다. 정부로부터 수령한 차입금은 20x4년 12월 31일에 일시 상환해야 하며, 매년 말 차입금의 연 3% 이자를 지급하는 조건이다. ㈜대한은 구입한 기계장치에 대해서 원가모형을 적용하며, 추정내용연수 4년, 잔존가치 ₩0, 정액법으로 감가상각한다. 20x1년 1월 1일 차입 시 ㈜대한에 적용되는 시장이자율은 연 8%이다. 정부로부터 수령한 차입금과 관련하여 ㈜대한의 20x1년 말 재무상태표 상에 표시될 기계장치의 장부금액은 얼마인가? 단, 정부보조금은 자산의 취득원가에서 차감하는 원가(자산)차감법을 사용하여 표시한다. 단수차이로 인해 오차가 있다면 가장 근사치를 선택한다.

기간 \ 할인율	8%	
	단일금액 ₩1의 현재가치	정상연금 ₩1의 현재가치
4년	0.7350	3.3121

① ₩242,309   ② ₩244,309   ③ ₩246,309

④ ₩248,309   ⑤ ₩250,309

6. 다음의 각 독립적인 상황(상황 1, 상황 2)에서 ㈜대한의 유형자산(기계장치) 취득원가는 각각 얼마인가?

상황 1	• ㈜대한은 기계장치(장부금액 ₩800,000, 공정가치 ₩1,000,000)를 ㈜민국의 기계장치와 교환하면서 현금 ₩1,800,000을 추가로 지급하였다. • ㈜대한과 ㈜민국 간의 기계장치 교환은 상업적 실질이 있는 거래이다.
상황 2	• ㈜대한은 기계장치를 ㈜민국의 기계장치와 교환하였다. • ㈜대한과 ㈜민국의 기계장치에 대한 취득원가 및 감가상각누계액은 각각 다음과 같다. 표 참조 • ㈜대한과 ㈜민국 간의 기계장치 교환은 상업적 실질이 결여된 거래이다.

구분	㈜대한	㈜민국
취득원가	₩2,000,000	₩2,400,000
감가상각누계액	1,200,000	1,500,000

	상황 1	상황 2
①	₩2,700,000	₩800,000
②	₩2,700,000	₩900,000
③	₩2,800,000	₩800,000
④	₩2,800,000	₩900,000
⑤	₩3,100,000	₩2,000,000

7. ㈜대한은 20x1년 7월 1일에 공장건물을 신축하기 시작하여 20x2년 10월 31일에 해당 공사를 완료하였다. ㈜대한의 동 공장건물은 차입원가를 자본화하는 적격자산이다.

• 공장건물 신축 관련 공사비 지출 내역은 다음과 같다.

구분	20x1.7.1.	20x1.10.1.	20x2.4.1.
공사비 지출액	₩1,500,000	₩3,000,000	₩1,000,000

- ㈜대한은 20x1년 7월 1일에 ₩200,000의 정부보조금을 수령하여 즉시 동 공장건물을 건설하는 데 모두 사용하였다.
- 특정차입금 ₩2,500,000 중 ₩300,000은 20x1년 7월 1일부터 9월 30일까지 연 4% 수익률을 제공하는 투자처에 일시적으로 투자하였다.
- ㈜대한의 차입금 내역은 다음과 같으며, 모든 차입금은 매년 말 이자지급 조건이다.

차입금	차입일	차입금액	상환일	연 이자율
특정	20x1.7.1.	₩2,500,000	20x2.8.31.	5%
일반	20x1.1.1.	2,000,000	20x3.12.31.	4%
일반	20x1.7.1.	4,000,000	20x2.12.31.	8%

㈜대한이 동 공사와 관련하여 20x1년에 자본화할 차입원가는 얼마인가? 단, 연평균지출액, 이자수익 및 이자비용은 월할로 계산한다.

① ₩73,000   ② ₩83,000   ③ ₩92,500

④ ₩148,500   ⑤ ₩152,500

8. 다음은 ㈜대한의 무형자산과 관련된 자료이다.

- ㈜대한은 탄소배출량을 혁신적으로 감소시킬 수 있는 신기술에 대해서 연구 및 개발활동을 수행하고 있다. ㈜대한의 20x1년과 20x2년의 연구 및 개발활동에서 발생한 지출내역을 요약하면 다음과 같다.

구분	20x1년	20x2년
연구활동	₩900,000	₩300,000
개발활동	-	3,500,000

- ㈜대한의 개발활동과 관련된 지출은 모두 무형자산의 인식요건을 충족한다.
- ㈜대한의 탄소배출량 감소와 관련된 신기술은 20x2년 중에 개발이 완료되었으며, 20x2년 10월 1일부터 사용가능하게 되었다.
- ㈜대한은 신기술 관련 무형자산에 대해서 원가모형을 적용하며 추정내용연수 20년, 잔존가치 ₩0, 정액법으로 상각한다.
- 20x3년 말 상기 신기술의 사업성이 매우 낮은 것으로 판명되었고, 신기술의 회수가능가액은 ₩2,000,000으로 평가되었다.

동 신기술 관련 무형자산 회계처리가 ㈜대한의 20x3년도 포괄손익계산서 상 당기순이익에 미치는 영향은 얼마인가?

① ₩1,496,250 감소   ② ₩1,486,250 감소   ③ ₩1,480,250 감소
④ ₩1,456,250 감소   ⑤ ₩1,281,250 감소

9. ㈜대한은 20x1년 4월 1일에 ㈜민국이 20x1년 1월 1일 발행한 액면금액 ₩1,000,000 (만기 3년, 표시이자율 연 4%, 매년 말 이자지급)의 사채를 취득하면서 상각후원가로 측정하는 금융자산(AC금융사산)으로 분류하였다. ㈜대한이 사채 취득 시 적용할 유효이자율은 연 6%이다. ㈜민국이 20x2년 10월 1일 사채액면금액의 60%를 ₩610,000(경과이자 포함)에 조기상환 시 ㈜대한이 인식할 처분손익은 얼마인가? 단, 이자는 월할로 계산하며, 단수차이로 인해 오차가 있다면 가장 근사치를 선택한다.

할인율 기간	단일금액 ₩1의 현재가치		정상연금 ₩1의 현재가치	
	4%	6%	4%	6%
1년	0.9615	0.9434	0.9615	0.9434
2년	0.9246	0.8900	1.8861	1.8334
3년	0.8890	0.8396	2.7751	2.6730

① 처분이익 ₩24,004   ② 처분이익 ₩6,004   ③ ₩0
④ 처분손실 ₩6,004   ⑤ 처분손실 ₩24,004

10. ㈜대한은 ㈜민국이 20x1년 1월 1일 발행한 사채를 발행일에 취득하였으며, 취득 시 상각후원가로 측정하는 금융자산(AC금융자산)으로 분류하였다. ㈜민국의 사채는 다음과 같은 조건으로 발행되었다.

- 액면금액 : ₩500,000
- 표시이자율 : 연 6%
- 이자지급일 : 매년 말
- 유효이자율 : 연 8%
- 민기일 : 20x3년 12월 31일

20x2년 12월 31일 ㈜대한과 ㈜민국은 다음과 같은 조건으로 재협상하여 계약상 현금흐름을 변경하였다. 변경시점의 현행시장이자율은 연 10%이다.

- 만기일을 20x4년 12월 31일로 연장
- 표시이자율을 연 4%로 인하

위 계약상 현금흐름의 변경이 금융자산의 제거조건을 충족하지 않는 경우 ㈜대한이 인식할 변경손익은 얼마인가? 단, 단수차이로 인해 오차가 있다면 가장 근사치를 선택한다.

할인율\기간	단일금액 ₩1의 현재가치			정상연금 ₩1의 현재가치		
	6%	8%	10%	6%	8%	10%
1년	0.9434	0.9259	0.9091	0.9434	0.9259	0.9091
2년	0.8900	0.8573	0.8264	1.8334	1.7832	1.7355
3년	0.8396	0.7938	0.7513	2.6730	2.5770	2.4868

① 변경이익 ₩42,809 ② 변경이익 ₩26,405
③ ₩0 ④ 변경손실 ₩26,405
⑤ 변경손실 ₩42,809

11. ㈜대한은 20x1년 1월 1일에 ㈜민국에게 사채(액면금액 ₩1,000,000, 3년 만기, 표시이자율 연 10%, 매년 말 이자지급)를 발행하였으며, 동 사채를 상각후원가로 측정하는 금융부채로 분류하였다. 사채발행일의 시장이자율은 연 12%이다. ㈜대한은 20x1년 12월 31일 동 사채의 만기를 20x4년 12월 31일로 연장하고 매년 말 연 4%의 이자를 지급하는 조건으로 ㈜민국과 합의하였다. 조건 변경 전 20x1년 12월 31일 사채의 장부금액은 ₩966,218이며, 현행시장이자율은 연 15%이다. ㈜대한이 20x1년 12월 31일 동 사채의 조건변경으로 인식할 조정손익은 얼마인가? 단, 단수차이로 인해 오차가 있다면 가장 근사치를 선택한다.

할인율\기간	단일금액 ₩1의 현재가치			정상연금 ₩1의 현재가치		
	10%	12%	15%	10%	12%	15%
3년	0.7513	0.7118	0.6575	2.4868	2.4018	2.2832

① 조정이익 ₩217,390 ② 조정이익 ₩158,346
③ ₩0 ④ 조정손실 ₩158,346
⑤ 조정손실 ₩217,390

12. ㈜대한은 20x1년 1월 1일 사채(액면금액 ₩5,000,000, 표시이자율 연 6%, 매년 말 이자지급, 3년 만기)를 발행하였으며, 동 사채를 상각후원가로 측정하는 금융부채로 분류하였다. 사채발행일의 시장이자율은 연 8%이며, 사채발행비 ₩50,000이 지급되었다. 20x1년 12월 31일 사채의 장부금액이 ₩4,814,389일 경우 ㈜대한이 동 사채와 관련하여 20x2년에 인식할 이자비용은 얼마인가? 단, 단수차이로 인해 오차가 있다면 가장 근사치를 선택한다.

할인율\기간	단일금액 ₩1의 현재가치		정상연금 ₩1의 현재가치	
	6%	8%	6%	8%
1년	0.9434	0.9259	0.9434	0.9259
2년	0.8900	0.8573	1.8334	1.7832
3년	0.8396	0.7938	2.6730	2.5770

① ₩394,780   ② ₩404,409   ③ ₩414,037

④ ₩423,666   ⑤ ₩433,295

※ 다음 자료를 이용하여 13번과 14번에 답하시오.

- ㈜대한은 20x1년 1월 1일 액면금액 ₩1,000,000의 전환사채를 다음과 같은 조건으로 액면발행하였다.

  - 표시이자율 : 연 4%
  - 일반사채 시장이자율 : 연 8%
  - 이자지급일 : 매년 말
  - 만기일 : 20x3년 12월 31일
  - 전환조건 : 사채액면금액 ₩5,000당 1주의 보통주(1주당 액면금액 ₩3,000)로 전환되며, 후속적으로 변경되지 않는다.
  - 만기일까지 전환권을 행사하지 않으면 만기일에 액면금액의 108.6%를 지급

- 적용할 현가계수는 아래의 표와 같다.

할인율\기간	단일금액 ₩1의 현재가치			정상연금 ₩1의 현재가치		
	4%	8%	10%	4%	8%	10%
1년	0.9615	0.9259	0.9091	0.9615	0.9259	0.9091
2년	0.9246	0.8573	0.8264	1.8861	1.7832	1.7355
3년	0.8890	0.7938	0.7513	2.7751	2.5770	2.4868

13. 20x2년 1월 1일 위 전환사채의 액면금액 40%가 전환되었을 때, ㈜대한의 자본증가액은 얼마인가? 단, 단수차이로 인해 오차가 있다면 가장 근사치를 선택한다.

① ₩365,081   ② ₩379,274   ③ ₩387,003

④ ₩400,944   ⑤ ₩414,885

14. ㈜대한은 전환되지 않고 남아있는 전환사채를 모두 20x3년 1월 1일 조기상환하였다. 조기상환 시 전환사채의 공정가치는 ₩650,000이며, 일반사채의 시장이자율은 연 10%이다. ㈜대한의 조기상환이 당기순이익에 미치는 영향은 얼마인가? 단, 단수차이로 인해 오차가 있다면 가장 근사치를 선택한다.

① ₩3,560 증가   ② ₩11,340 증가   ③ ₩14,900 증가
④ ₩3,560 감소   ⑤ ₩11,340 감소

15. 20x1년 1월 1일에 설립된 ㈜대한은 확정급여제도를 채택하고 있으며, 관련 자료는 다음과 같다. 순확정급여자산(부채) 계산 시 적용한 할인율은 연 6%로 매년 변동이 없다.

〈20x1년〉
• 20x1년 말 확정급여채무 장부금액은 ₩500,000이다.
• 20x1년 말 사외적립자산에 ₩460,000을 현금으로 출연하였다.

〈20x2년〉
• 20x2년 말에 퇴직종업원에게 ₩40,000의 현금이 사외적립자산에서 지급되었다.
• 20x2년 말에 사외적립자산에 ₩380,000을 현금으로 출연하였다.
• 당기근무원가는 ₩650,000이다.
• 20x2년 말 현재 사외적립자산의 공정가치는 ₩850,000이다.
• 할인율을 제외한 보험수리적가정의 변동을 반영한 20x2년 말 확정급여채무는 ₩1,150,000이다.

㈜대한의 확정급여제도 적용이 20x2년도 총포괄이익에 미치는 영향은 얼마인가?

① ₩580,000 감소   ② ₩635,200 감소   ③ ₩640,000 감소
④ ₩685,000 감소   ⑤ ₩692,400 감소

16. 20x1년 1월 1일 현재 ㈜대한의 보통주 발행주식수는 7,000주(1주당 액면금액 ₩500)이며, 이 중 600주는 자기주식이고, 전환우선주(누적적) 발행주식수는 900주(1주당 액면금액 ₩200, 연 배당률 20%, 3주당 보통주 1주로 전환 가능)이다.

• 3월 1일 유상증자를 실시하여 보통주 2,000주가 증가하였다. 유상증자 시 1주당 발행금액은 ₩2,000이고 유상증자 직전 1주당 공정가치는 ₩2,500이다.
• 7월 1일 전년도에 발행한 전환사채(액면금액 ₩500,000, 액면금액 ₩500당 1주의 보통주로 전환) 중 25%가 보통주로 전환되었다.
• 10월 1일 전환우선주 600주가 보통주로 전환되었다.

㈜대한이 20x1년 당기순이익으로 ₩2,334,600을 보고한 경우 20x1년도 기본주당이익은 얼마인가? 단, 기중에 전환된 전환우선주에 대해서는 우선주배당금을 지급하지 않는다. 가중평균유통보통주식수는 월할 계산하되, 잠재적보통주(전환사채, 전환우선주)에 대해서는 실제 전환일을 기준으로 한다.

① ₩220   ② ₩240   ③ ₩260
④ ₩280   ⑤ ₩300

17. 기업회계기준시 제1102호 '주식기준보상'에 내한 다음 설명 중 **옳지 않은** 것은?

① 주식결제형 주식기준보상거래에서는, 제공받는 재화나 용역과 그에 상응하는 자본의 증가를 제공받는 재화나 용역의 공정가치로 직접 측정한다. 그러나 제공받는 재화나 용역의 공정가치를 신뢰성 있게 추정할 수 없다면, 제공받는 재화나 용역과 그에 상응하는 자본의 증가는 부여한 지분상품의 공정가치에 기초하여 간접 측정한다.

② 주식결제형 주식기준보상거래에서 부여한 지분상품의 공정가치에 기초하여 거래를 측정하는 때에는 시장가격을 구할 수 있다면, 지분상품의 부여조건을 고려한 공정가치와 가치평가기법을 사용하여 부여한 지분상품의 공정가치 중 한 가지를 선택하여 측정한다.

③ 현금결제형 주식기준보상거래에서 주가차액보상권을 부여함에 따라 인식하는 부채는 부여일과 부채가 결제될 때까지 매 보고기간 말과 결제일에 주가차액보상권의 공정가치로 측정한다.

④ 거래상대방이 결제방식을 선택할 수 있는 주식기준보상거래의 경우 종업원과의 주식기준보상거래를 포함하여 제공받는 재화나 용역의 공정가치를 직접 측정할 수 없는 거래에서는 현금이나 지분상품에 부여된 권리의 조건을 고려하여 측정기준일 현재 복합금융상품의 공정가치를 측정한다.

⑤ 기업이 현금이나 지분상품발행으로 결제할 수 있는 선택권을 갖는 조건이 있는 주식기준보상거래의 경우에는, 현금을 지급해야 하는 현재의무가 있는지를 결정하고 그에 따라 주식기준보상거래를 회계처리한다.

18. ㈜대한리스는 ㈜민국과 리스개시일인 20x1년 1월 1일에 운용리스에 해당하는 리스계약(리스기간 3년)을 체결하였으며, 관련 정보는 다음과 같다.

- ㈜대한리스는 리스개시일인 20x1년 1월 1일에 기초자산인 기계장치를 ₩10,000,000 (잔존가치 ₩0, 내용연수 10년)에 신규 취득하였다. ㈜대한리스는 동 기초자산에 대해 원가모형을 적용하며, 정액법으로 감가상각한다.

- 정액 기준 외 기초자산의 사용으로 생기는 효익의 감소형태를 보다 잘 나타내는 다른 체계적인 기준은 없다.
- ㈜대한리스는 리스기간 종료일인 20x3년 12월 31일에 기초자산을 반환받으며, 리스종료일에 리스이용자가 보증한 잔존가치는 없다.
- ㈜대한리스는 ㈜민국으로부터 각 회계연도 말에 다음과 같은 고정리스료를 받는다.

20x1년 말	20x2년 말	20x3년 말
₩6,000,000	₩8,000,000	₩10,000,000

- ㈜대한리스와 ㈜민국은 20x1년 1월 1일 운용리스 개설과 관련한 직접원가로 ₩600,000과 ₩300,000을 각각 지출하였다.
- ㈜민국은 사용권자산에 대해 원가모형을 적용하며, 정액법으로 감가상각한다.
- 동 거래는 운용리스거래이기 때문에 ㈜민국은 ㈜대한리스의 내재이자율을 쉽게 산정할 수 없으며, 리스개시일 현재 ㈜민국의 증분차입이자율은 연 8%이다.
- 적용할 현가계수는 아래의 표와 같다.

기간＼할인율	8%	
	단일금액 ₩1의 현재가치	정상연금 ₩1의 현재가치
1년	0.9259	0.9259
2년	0.8573	1.7832
3년	0.7938	2.5770

동 운용리스거래가 리스제공자인 ㈜대한리스와 리스이용자인 ㈜민국의 20x1년도 포괄손익계산서 상 당기순이익에 미치는 영향은 각각 얼마인가? 단, 감가상각비의 자본화는 고려하지 않으며, 단수차이로 인해 오차가 있다면 가장 근사치를 선택한다.

	㈜대한리스	㈜민국
①	₩1,400,000 증가	₩8,412,077 감소
②	₩3,400,000 증가	₩8,412,077 감소
③	₩3,400,000 증가	₩8,512,077 감소
④	₩3,800,000 증가	₩8,412,077 감소
⑤	₩3,800,000 증가	₩8,512,077 감소

19. ㈜대한은 기계장치를 제조 및 판매하는 기업이다. 20x1년 1월 1일 ㈜대한은 ㈜민국에게 원가(장부금액) ₩100,000의 재고자산(기초자산)을 아래와 같은 조건으로 판매하였는데, 이 거래는 금융리스에 해당한다.

- 리스개시일은 20x1년 1월 1일이며, 리스개시일 현재 재고자산(기초자산)의 공정가치는 ₩130,000이다.
- ㈜대한은 20x1년부터 20x3년까지 매년 12월 31일에 ㈜민국으로부터 ₩50,000의 고정리스료를 받는다.
- ㈜대한은 동 금융리스 계약의 체결과 관련하여 리스개시일에 ₩1,000의 수수료를 지출하였다.
- ㈜민국은 리스기간 종료일인 20x3년 12월 31일에 리스자산을 해당 시점의 공정가치보다 충분히 낮은 금액인 ₩8,000에 매수할 수 있는 선택권을 가지고 있으며, 20x1년 1월 1일 현재 ㈜민국이 이를 행사할 것이 상당히 확실하다고 판단된다.
- 20x1년 1월 1일에 ㈜대한의 증분차입이자율은 연 8%이며, 시장이자율은 연 12%이다.
- 적용할 현가계수는 아래의 표와 같다.

기간 \ 할인율	단일금액 ₩1의 현재가치		정상연금 ₩1의 현재가치	
	8%	12%	8%	12%
1년	0.9259	0.8929	0.9259	0.8929
2년	0.8573	0.7972	1.7832	1.6901
3년	0.7938	0.7118	2.5770	2.4019

위 거래가 ㈜대한의 20x1년도 포괄손익계산서 상 당기순이익에 미치는 영향은 얼마인가? 단, 단수차이로 인해 오차가 있다면 가장 근사치를 선택한다.

① ₩24,789 증가　　② ₩25,789 증가　　③ ₩39,884 증가
④ ₩40,884 증가　　⑤ ₩42,000 증가

20. 기업회계기준서 제1115호 '고객과의 계약에서 생기는 수익'에 대한 다음 설명 중 **옳지 않은** 것은?

① 일반적으로 고객과의 계약에는 기업이 고객에게 이전하기로 약속하는 재화나 용역을 분명히 기재한다. 그러나 고객과의 계약에서 식별되는 수행의무는 계약에 분명히 기재한 재화나 용역에만 한정되지 않을 수 있다.
② 계약을 이행하기 위해 해야 하지만 고객에게 재화나 용역을 이전하는 활동이 아니라면 그 활동은 수행의무에 포함되지 않는다.
③ 고객이 약속한 대가(판매대가) 중 상당한 금액이 변동될 수 있으며 그 대가의 금액과 시기가 고객이나 기업이 실질적으로 통제할 수 없는 미래 사건의 발생 여부에 따라 달라진다면 판매대가에 유의적인 금융요소는 없는 것으로 본다.

④ 적절한 진행률 측정방법에는 산출법과 투입법이 포함된다. 진행률 측정방법을 적용할 때, 고객에게 통제를 이전하지 않은 재화나 용역은 진행률 측정에서 제외하는 반면, 수행의무를 이행할 때 고객에게 통제를 이전하는 재화나 용역은 모두 진행률 측정에 포함한다.

⑤ 수익은 한 시점에 이행하는 수행의무 또는 기간에 걸쳐 이행하는 수행의무로 구분한다. 이러한 구분을 위해 먼저 통제 이전 지표에 의해 한 시점에 이행하는 수행의무인지를 판단하고, 이에 해당하지 않는다면 그 수행의무는 기간에 걸쳐 이행되는 것으로 본다.

21. 유통업을 영위하고 있는 ㈜대한은 20x1년 1월 1일 제품A와 제품B를 생산하는 ㈜민국과 각 제품에 대해 다음과 같은 조건의 판매 계약을 체결하였다.

〈제품A〉

- ㈜대한은 제품A에 대해 매년 최소 200개의 판매를 보장하며, 이에 대해서는 재판매 여부에 관계없이 ㈜민국에게 매입대금을 지급한다. 다만, ㈜대한이 200개를 초과하여 제품A를 판매한 경우 ㈜대한은 판매되지 않은 제품A를 모두 조건 없이 ㈜민국에게 반환할 수 있다.
- 고객에게 판매할 제품A의 판매가격은 ㈜대한이 결정한다.
- ㈜민국은 ㈜대한에 제품A를 1개당 ₩1,350에 인도하며, ㈜대한은 판매수수료 ₩150을 가산하여 1개당 ₩1,500에 고객에게 판매한다.

〈제품B〉

- ㈜대한은 제품B에 대해 연간 최소 판매 수량을 보장하지 않으며, 매년 말까지 판매하지 못한 제품B를 모두 조건 없이 ㈜민국에게 반환할 수 있다.
- 고객에게 판매할 제품B의 판매가격은 ㈜민국이 결정한다.
- ㈜대한은 인도 받은 제품B 중 제3자에게 판매한 부분에 대해서만 ㈜민국에게 관련 대금을 지급한다.
- ㈜민국은 고객에게 판매할 제품B의 판매가격을 1개당 ₩1,000으로 결정하였으며, ㈜대한은 해당 판매가격에서 ₩50의 판매수수료를 차감한 금액을 ㈜민국에게 지급한다.

㈜민국은 위 계약을 체결한 즉시 ㈜대한에게 제품A 250개와 제품B 100개를 인도하였다. ㈜대한이 20x1년에 제품A 150개와 제품B 80개를 판매하였을 경우 동 거래로 인해 ㈜대한과 ㈜민국이 20x1년도에 인식할 수익은 각각 얼마인가?

	㈜대한	㈜민국
①	₩26,500	₩278,500
②	₩26,500	₩305,000
③	₩229,000	₩305,000
④	₩229,000	₩350,000
⑤	₩305,000	₩278,500

22. ㈜대한은 상업용 로봇을 제작하여 고객에게 판매한다. 20x1년 9월 1일에 ㈜대한은 청소용역업체인 ㈜민국에게 청소로봇 1대를 ₩600,000에 판매하고, ㈜민국으로부터 2개월간 청소용역을 제공받는 계약을 체결하였다. ㈜대한은 ㈜민국의 청소용역에 대한 대가로 ₩50,000을 지급하기로 하였다. ㈜대한은 20x1년 10월 1일 청소로봇 1대를 ㈜민국에게 인도하고 현금 ₩600,000을 수취하였으며, ㈜민국으로부터 20x1년 10월 1일부터 2개월간 청소용역을 제공받고 현금 ₩50,000을 지급하였다. 다음의 독립적인 2가지 상황(상황 1, 상황 2)에서 상기 거래로 인해 ㈜대한이 20x1년도에 인식할 수익은 각각 얼마인가?

> (상황 1) ㈜민국이 ㈜대한에 제공한 청소용역의 공정가치가 ₩40,000인 경우
>
> (상황 2) ㈜민국이 ㈜대한에 제공한 청소용역의 공정가치를 합리적으로 추정할 수 없는 경우

	(상황 1)	(상황 2)
①	₩590,000	₩550,000
②	₩590,000	₩600,000
③	₩560,000	₩550,000
④	₩560,000	₩600,000
⑤	₩600,000	₩600,000

23. 다음은 기업회계기준서 제1012호 '법인세'와 관련된 내용이다. 이에 대한 설명으로 옳은 것은?

① 복합금융상품(예: 전환사채)의 발행자가 해당 금융상품의 부채요소와 자본요소를 각각 부채와 자본으로 분류하였다면, 그러한 자본요소의 최초 인식 금액에 대한 법인세효과(이연법인세)는 자본요소의 장부금액에 직접 반영한다.

② 과세대상수익의 수준에 따라 적용되는 세율이 다른 경우에는 일시적차이가 소멸될 것으로 예상되는 기간의 과세소득(세무상결손금)에 적용될 것으로 기대되는 한계세율을 사용하여 이연법인세 자산과 부채를 측정한다.

③ 일시적차이는 포괄손익계산서 상 법인세비용차감전순이익과 과세당국이 제정한 법규에 따라 납부할 법인세를 산출하는 대상이 되는 이익 즉, 과세소득 간의 차이를 말한다.

④ 재평가모형을 적용하고 있는 유형자산과 관련된 재평가잉여금은 법인세효과를 차감한 후의 금액으로 기타포괄손익에 표시하고 법인세효과는 이연법인세자산으로 인식한다.

⑤ 이연법인세 자산과 부채는 장기성 채권과 채무이기 때문에 각 일시적차이의 소멸시점을 상세히 추정하여 신뢰성 있게 현재가치로 할인한다.

24. ㈜대한의 회계감사인은 20x2년도 재무제표에 대한 감사과정에서 20x1년 말 재고자산 금액이 ₩10,000만큼 과대계상되어 있음을 발견하였으며, 이는 중요한 오류에 해당한다. 동 재고자산의 과대계상 오류가 수정되지 않은 ㈜대한의 20x1년과 20x2년의 손익은 다음과 같다.

구분	20x1년	20x2년
수익	₩150,000	₩170,000
비용	90,000	40,000
당기순이익	₩60,000	₩130,000

한편, 20x2년 말 재고자산 금액은 정확하게 계상되어 있으며, ㈜대한의 20x1년 초 이익잉여금은 ₩150,000이다. 상기 재고자산 오류를 수정하여 비교재무제표를 작성할 경우, ㈜대한의 20x1년 말과 20x2년 말의 이익잉여금은 각각 얼마인가?

	20x1년 말	20x2년 말
①	₩200,000	₩330,000
②	₩200,000	₩340,000
③	₩210,000	₩330,000
④	₩210,000	₩340,000
⑤	₩220,000	₩340,000

25. 다음의 자료를 이용하여 ㈜대한의 20x1년도 매출액과 매출원가를 구하면 각각 얼마인가?

- ㈜대한의 20x1년도 현금흐름표 상 '고객으로부터 유입된 현금'과 '공급자에 대한 현금유출'은 각각 ₩730,000과 ₩580,000이다.
- ㈜대한의 재무상태표에 표시된 매출채권, 매출채권 관련 손실충당금, 재고자산, 매입채무의 금액은 각각 다음과 같다.

구분	20x1년 초	20x1년 말
매출채권	₩150,000	₩115,000
(손실충당금)	(40,000)	(30,000)
재고자산	200,000	230,000
매입채무	90,000	110,000

- 20x1년도 포괄손익계산서에 매출채권 관련 외환차익과 매입채무 관련 외환차익이 각각 ₩200,000과 ₩300,000으로 계상되어 있다.
- 20x1년도 포괄손익계산서에 매출채권에 대한 손상차손 ₩20,000과 기타비용(영업외비용)으로 표시된 재고자산감모손실 ₩15,000이 각각 계상되어 있다.

	매출액	매출원가
①	₩525,000	₩855,000
②	₩525,000	₩645,000
③	₩545,000	₩855,000
④	₩545,000	₩645,000
⑤	₩725,000	₩555,000

26. 기업회계기준서 제1103호 '사업결합'에 대한 다음 설명 중 **옳지 않은** 것은?

① 취득자는 식별할 수 있는 취득 자산과 인수 부채를 취득일의 공정가치로 측정한다. 다만 일부 제한적인 예외항목은 취득일의 공정가치가 아닌 금액으로 측정한다.

② 취득자는 사업결합으로 취득 자산과 인수 부채에서 생기는 이연법인세 자산이나 부채를 기업회계기준서 제1012호 '법인세'에 따라 인식하고 측정한다.

③ 시장참여자가 공정가치를 측정할 때 계약의 잠재적 갱신을 고려하는지와 무관하게, 취득자는 무형자산으로 인식하는 '다시 취득한 권리'의 가치를 관련 계약의 남은 계약기간에 기초하여 측정한다.

④ 조건부 대가를 자본으로 분류한 경우, 조건부 대가의 공정가치 변동이 측정기간의 조정 사항에 해당하지 않는다면 재측정하지 않는다.

⑤ 사업결합에서 인식한 우발부채는 이후 소멸하는 시점까지 기업회계기준서 제1037호

'충당부채, 우발부채, 우발자산'에 따라 후속 측정하여야 한다.

27. ㈜대한은 20x1년 초 두 개의 현금창출단위(A사업부, B사업부)를 보유하고 있는 ㈜민국을 흡수합병(사업결합)하였으며, 이전대가로 지급한 ₩30,000은 각 현금창출단위에 다음과 같이 배분되었다.

구분	이전대가	식별가능한 순자산의 공정가치
A사업부	₩22,000	₩19,000
B사업부	8,000	6,000
합계	₩30,000	₩25,000

20x1년 말 현재 강력한 경쟁기업의 등장으로 인해 A사업부의 매출이 상당히 위축될 것으로 예상되자, ㈜대한은 A사업부(현금창출단위)의 회수가능액을 ₩13,500으로 추정하였다. 손상차손을 인식하기 전 A사업부에 속하는 모든 자산의 20x1년 말 장부금액과 추가정보는 다음과 같다.

구분	손상 전 장부금액	추가정보
토지	₩5,000	순공정가치는 ₩5,500임
건물	8,000	순공정가치는 ₩6,800이며, 사용가치는 ₩7,200임
기계장치	2,000	회수가능액을 측정할 수 없음
영업권	?	

손상차손을 인식한 후, ㈜대한의 20x1년 말 재무상태표에 보고되는 A사업부의 기계장치 장부금액은 얼마인가? 단, ㈜대한은 유형자산에 대해 원가모형을 적용하고 있다.

① ₩1,700 ② ₩1,300 ③ ₩1,200
④ ₩800 ⑤ ₩500

※ 다음 자료를 이용하여 28번과 29번에 답하시오.

제조업을 영위하는 ㈜대한은 20x1년 초에 ㈜민국의 보통주 60%를 ₩140,000에 취득하여 지배력을 획득하였다. 취득일 현재 ㈜민국의 순자산 장부금액은 ₩150,000(자본금 ₩100,000, 이익잉여금 ₩50,000)이다.

〈추가자료〉

- 취득일 현재 ㈜민국의 식별가능한 자산과 부채 중 장부금액과 공정가치가 다른 내역은 다음과 같다.

구분	장부금액	공정가치	추가정보
재고자산 (상품)	₩50,000	₩60,000	20x1년 중에 모두 외부판매됨
기계장치	120,000	160,000	취득일 현재 잔존내용연수는 8년이고, 잔존가치 없이 정액법으로 상각함

- 20x1년 중에 ㈜대한은 장부금액 ₩20,000의 재고자산(제품)을 ㈜민국에게 ₩30,000에 판매하였다. ㈜민국은 이 재고자산의 50%를 20x1년에, 나머지 50%를 20x2년에 외부로 판매하였다.
- 20x2년 1월 1일에 ㈜민국은 ㈜대한으로부터 ₩100,000을 차입하였다. 동 차입금의 만기는 20x2년 12월 31일이며, 이자율은 연 10%이다.
- ㈜대한과 ㈜민국이 별도(개별)재무제표에서 보고한 20x1년과 20x2년의 당기순이익은 다음과 같다.

구분	20x1년	20x2년
㈜대한	₩80,000	₩100,000
㈜민국	30,000	50,000

- ㈜대한은 별도재무제표에서 ㈜민국에 대한 투자주식을 원가법으로 회계처리한다. 연결재무제표 작성 시 유형자산에 대해서는 원가모형을 적용하고, 비지배지분은 종속기업의 식별가능한 순자산 공정가치에 비례하여 결정한다.

28. ㈜대한의 20x1년 말 연결재무상태표에 표시되는 비지배지분은 얼마인가?

① ₩80,000   ② ₩82,000   ③ ₩84,000
④ ₩86,000   ⑤ ₩92,000

29. ㈜대한의 20x2년도 연결포괄손익계산서에 표시되는 지배기업소유주귀속당기순이익은 얼마인가?

① ₩132,000   ② ₩130,000   ③ ₩128,000
④ ₩127,000   ⑤ ₩123,000

30. ㈜대한은 20x1년 초에 ㈜민국의 보통주 80주(80%)를 ₩240,000에 취득하여 지배력을 획득하였다. 취득일 현재 ㈜민국의 순자산은 자본금 ₩150,000과 이익잉여금 ₩100,000이며, 식별가능한 자산과 부채의 장부금액과 공정가치는 일치하였다. 취득일 이후 20x2년까지 ㈜대한과 ㈜민국이 별도(개별)재무제표에 보고한 순자산변동(당기순이익)은 다음과 같으며, 이들 기업 간에 발생한 내부거래는 없다.

구분	20x1년	20x2년
㈜대한	₩80,000	₩120,000
㈜민국	20,000	30,000

20x3년 1월 1일에 ㈜대한은 보유중이던 ㈜민국의 보통주 50주(50%)를 ₩200,000에 처분하여 ㈜민국에 대한 지배력을 상실하였다. 남아있는 ㈜민국의 보통주 30주(30%)의 공정가치는 ₩120,000이며, ㈜대한은 이를 관계기업투자주식으로 분류하였다. ㈜민국에 대한 지배력 상실시점의 회계처리가 ㈜대한의 20x3년도 연결당기순이익에 미치는 영향은 얼마인가? 단, 20x3년 말 현재 ㈜대한은 다른 종속기업을 지배하고 있어 연결재무제표를 작성한다.

① ₩10,000 감소   ② ₩10,000 증가   ③ ₩40,000 증가
④ ₩50,000 증가   ⑤ ₩80,000 증가

31. ㈜대한은 20x1년 초 ㈜민국의 의결권 있는 주식 20%를 ₩60,000에 취득하여 유의적인 영향력을 행사할 수 있게 되었다. ㈜민국에 대한 추가 정보는 다음과 같다.

- 20x1년 1월 1일 현재 ㈜민국의 순자산 장부금액은 ₩200,000이며, 자산과 부채는 장부금액과 공정가치가 모두 일치한다.
- ㈜대한은 20x1년 중 ㈜민국에게 원가 ₩20,000인 제품을 ₩25,000에 판매하였다. ㈜민국은 20x1년 말 현재 ㈜대한으로부터 취득한 제품 ₩25,000 중 ₩10,000을 기말재고로 보유하고 있다.
- ㈜민국의 20x1년 당기순이익은 ₩28,000이며, 기타포괄이익은 ₩5,000이다.

㈜민국에 대한 지분법적용투자주식과 관련하여 ㈜대한이 20x1년도 포괄손익계산서 상 당기손익에 반영할 지분법이익은 얼마인가?

① ₩5,200   ② ₩5,700   ③ ₩6,200
④ ₩6,700   ⑤ ₩7,200

32. ㈜대한은 20x1년 초 설립된 해운기업이다. 우리나라에 본사를 두고 있는 ㈜대한의 표시통화는 원화(₩)이나, 해상운송을 주된 영업활동으로 하고 있어 기능통화는 미국달러화($)이다. 기능통화로 표시된 ㈜대한의 20x1년 및 20x2년 요약 재무정보(시산표)와 관련 정보는 다음과 같다.

• ㈜대한의 20x1년 및 20x2년 요약 재무정보(시산표)

계정과목	20x1년		20x2년	
	차변	대변	차변	대변
자 산	$3,000		$4,000	
부 채		$1,500		$2,300
자 본 금		1,000		1,000
이익잉여금		-		500
수 익		2,500		3,000
비 용	2,000		2,800	
합 계	$5,000	$5,000	$6,800	$6,800

• 20x1년 및 20x2년 환율(₩/$) 변동정보

구분	기초	연평균	기말
20x1년	1,000	1,100	1,200
20x2년	1,200	1,150	1,100

• 기능통화와 표시통화는 모두 초인플레이션 경제의 통화가 아니며, 설립 이후 환율에 유의적인 변동은 없었다.
• 수익과 비용은 해당 회계기간의 연평균환율을 사용하여 환산한다.

㈜대한의 20x1년도 및 20x2년도 원화(₩) 표시 포괄손익계산서 상 총포괄이익은 각각 얼마인가?

	20x1년	20x2년
①	₩600,000	₩120,000
②	₩600,000	₩320,000
③	₩800,000	₩70,000
④	₩800,000	₩120,000
⑤	₩800,000	₩320,000

33. 유럽에서의 사업 확장을 계획 중인 ㈜대한(기능통화 및 표시통화는 원화(₩)임)은 20x1년 10월 1일 독일 소재 공장용 토지를 €1,500에 취득하였다. 그러나 탄소 과다배출 가능성 등 환경 이슈로 독일 주무관청으로부터 영업허가를 얻지 못함에 따라 20x2년 6월 30일 해당 토지를 €1,700에 처분하였다. 이와 관련한 추가정보는 다음과 같다.

> • 환율(₩/€) 변동정보
>
> | 일자 | 20x1.10.1. | 20x1.12.31. | 20x2.6.30. |
> |---|---|---|---|
> | 환율 | 1,600 | 1,500 | 1,550 |
>
> • 20x1년 12월 31일 현재 ㈜대한이 취득한 토지의 공정가치는 €1,900이다.

상기 토지에 대해 (1) 원가모형과 (2) 재평가모형을 적용하는 경우, ㈜대한이 20x2년 6월 30일 토지 처분 시 인식할 유형자산처분손익은 각각 얼마인가?

	(1) 원가모형	(2) 재평가모형
①	처분이익 ₩165,000	처분손실 ₩185,000
②	처분이익 ₩235,000	처분손실 ₩215,000
③	처분이익 ₩235,000	처분손실 ₩185,000
④	처분이익 ₩385,000	처분손실 ₩215,000
⑤	처분이익 ₩385,000	처분손실 ₩185,000

34. 기업회계기준서 제1109호 '금융상품'에 따른 위험회피회계에 대한 다음 설명 중 **옳지 않은** 것은?

① 위험회피회계의 목적상, 보고실체의 외부 당사자와 체결한 계약만을 위험회피수단으로 지정할 수 있다.

② 일부 발행한 옵션을 제외하고, 당기손익-공정가치 측정 파생상품은 위험회피수단으로 지정할 수 있다.

③ 인식된 자산이나 부채, 인식되지 않은 확정계약, 예상거래나 해외사업장순투자는 위험회피대상항목이 될 수 있다. 다만, 위험회피대상 항목이 예상거래인 경우 그 거래는 발생 가능성이 매우 커야 한다.

④ 공정가치위험회피회계의 위험회피대상항목이 자산을 취득하거나 부채를 인수하는 확정계약인 경우에는 확정계약을 이행한 결과로 인식하는 자산이나 부채의 최초 장부금액이 재무상태표에 인식된 위험회피대상항목의 공정가치 누적변동분을 포함하도록 조정한다.

⑤ 위험회피수단을 제공하는 거래상대방이 계약을 미이행할 가능성이 높더라도(즉, 신용위험이 지배적이더라도) 위험회피대상항목과 위험회피수단 사이에 경제적 관계가 있는 경우에는 위험회피회계를 적용할 수 있다.

35. ㈜대한은 20x1년 1월 1일 ₩500,000(3년 만기, 고정이자율 연 5%)을 차입하였다. 고정이자율 연 5%는 20x1년 1월 1일 한국은행 기준금리(연 3%)에 ㈜대한의 신용스프레드(연 2%)가 가산되어 결정된 것이다. 한편, ㈜대한은 금리변동으로 인한 차입금의 공정가치 변동위험을 회피하고자 다음과 같은 이자율스왑계약을 체결하고 위험회피관계를 지정하였다(이러한 차입금과 이자율스왑계약 간의 위험회피관계는 위험회피회계의 적용 요건을 충족한다).

- 이자율스왑계약 체결일 : 20x1년 1월 1일
- 이자율스왑계약 만기일 : 20x3년 12월 31일
- 이자율스왑계약 금액 : ₩500,000
- 이자율스왑계약 내용 : 매년 말 연 3%의 고정이자를 수취하고, 매년 초(또는 전년도 말)에 결정되는 한국은행 기준금리에 따라 변동이자를 지급

차입금에 대한 이자지급과 이자율스왑계약의 결제는 매년 말에 이루어지며, 이자율스왑계약의 공정가치는 무이표채권할인법으로 산정된다. 전년도 말과 당년도 초의 한국은행 기준금리는 동일하며, 연도별로 다음과 같이 변동하였다.

20x1.1.1.	20x1.12.31.	20x2.12.31.
연 3%	연 2%	연 1%

㈜대한이 상기 거래와 관련하여 20x1년도에 인식할 차입금평가손익과 이자율스왑계약평가손익은 각각 얼마인가? 단, 단수차이로 인해 오차가 있다면 가장 근사치를 선택한다.

	차입금	이자율스왑계약
①	평가이익 ₩9,708	평가손실 ₩9,708
②	평가손실 ₩9,708	평가이익 ₩9,708
③	₩0	₩0
④	평가이익 ₩9,430	평가손실 ₩9,430
⑤	평가손실 ₩9,430	평가이익 ₩9,430

36. 「국가재정법」과 「국가회계법」 및 동법 시행령에 대한 다음 설명 중 **옳지 않은** 것은?

① 국가결산보고서는 결산 개요, 세입세출결산, 재무제표, 성과보고서로 구성되며, 이 중 재무제표에는 국가채무관리보고서와 국가채권현재액보고서가 첨부되어야 한다.

② 국가결산보고서의 세입세출결산에는 여성과 남성이 동등하게 예산의 수혜를 받고 예산이 성차별을 개선하는 방향으로 집행되었는지를 평가하는 성인지 결산서가 첨부되어야 한다.

③ 중앙관서의 장은 회계연도마다 그 소관에 속하는 일반회계·특별회계 및 기금을 통합한 결산보고서를 작성하여 다음 연도 2월 말일까지 기획재정부장관에게 제출하여야 한다.

④ 국회의 사무총장, 법원행정처장, 헌법재판소의 사무처장 및 중앙선거관리위원회의 사무총장은 회계연도마다 예비금사용명세서를 작성하여 다음 연도 2월 말일까지 감사원장에게 제출하여야 한다.

⑤ 중앙관서의 장이 아닌 기금관리주체는 회계연도마다 기금결산보고서를 작성하여 소관 중앙관서의 장에게 제출하여야 하며, 이 경우 직전 회계연도의 기금운용규모가 5천억원 이상인 기금은 기금결산보고서에 회계법인의 감사보고서를 첨부하여야 한다.

37. 국가회계예규 중 「원가계산에 관한 지침」에 대한 다음 설명 중 **옳지 않은** 것은?

① 국가회계실체는 그 활동의 특성에 따라 행정형 회계와 사업형 회계로 구분하며, 정부원가계산은 회계의 내용에 따라 그 계산방식을 달리 할 수 있다.

② 비교환수익은 직접적인 반대급부 없이 발생하는 수익을 말하며, 행정형 회계의 비교환수익은 재정운영표의 '비교환수익 등'으로 표시하고, 사업형 회계의 비교환수익은 순자산변동표의 '재원의조달및이전'으로 표시한다.

③ 사업형 회계와 달리 행정형 회계는 행정운영성 경비를 모두 관리운영비로 구분한다. 단, 행정운영성 경비가 자본적 지출에 해당하여 자산취득원가에 계상된 경우 등은 제외한다.

④ 프로그램순원가는 국가회계실체가 해당 프로그램을 수행하기 위하여 순수하게 투입한 원가로 각 개별 프로그램을 수행하는 데 경상적으로 소요되는 순원가를 말한다.

⑤ 재정운영순원가는 해당 국가회계실체의 재정활동에 소요되는 순원가 정보를 제공한다.

38. 다음은 국가회계실체가 실행한 융자프로그램에 대한 자료이다. 이에 대한 설명으로 **옳지 않은** 것은?

> - 20x1년도 말에 융자프로그램으로 총 원금 ₩10,000의 융자금을 실행하였다.
> - 동 융자금은 하나의 유사한 위험유형 군(Group)으로서 융자조건은 만기 5년, 원리금균등상환방식이고 표면이자율은 연 4%이다. 이에 따라 매년 말 수령해야 할 융자금의 원리금은 ₩2,246이다.
> - 융자금 실행시점에서 동 융자금에 대해 20x4년부터 20x6년까지 매년 말 ₩674의 채무불이행이 발생할 것으로 추정된다.
> - 융자금이 실행된 회계기간에 동 융자금과 유사한 만기를 가지는 국채의 평균이 자율은 연 6%이며, 동 융자프로그램을 위해 직접적으로 조달된 재원은 없다.
> - 적용할 현가계수는 아래의 표와 같으며, 모든 계산은 소수점 첫째 자리에서 반올림한다.
>
> | 기간＼할인율 | 단일금액 ₩1의 현재가치 4% | 단일금액 ₩1의 현재가치 6% | 정상연금 ₩1의 현재가치 4% | 정상연금 ₩1의 현재가치 6% |
> |---|---|---|---|---|
> | 1년 | 0.9615 | 0.9434 | 0.9615 | 0.9434 |
> | 2년 | 0.9246 | 0.8900 | 1.8861 | 1.8334 |
> | 3년 | 0.8890 | 0.8396 | 2.7751 | 2.6730 |
> | 4년 | 0.8548 | 0.7921 | 3.6299 | 3.4651 |
> | 5년 | 0.8219 | 0.7473 | 4.4518 | 4.2124 |

① 융자보조원가충당금을 계산할 때 회수가능액의 현재가치는 융자금으로부터의 추정 순현금유입액을 유효이자율로 할인한 가액으로 한다.
② 20x1년 말 재정상태표 상 융자보조원가충당금은 ₩2,142이다.
③ 융자보조원가충당금은 매년 재정상태표일을 기준으로 평가하며, 평가결과 추가로 발생하는 융자보조원가충당금은 당기 융자보조비용에 가산한다.
④ 융자보조원가충당금을 평가할 때에는 융자보조원가충당금을 최초로 인식할 때 적용한 유효이자율을 계속 적용한다.
⑤ 20x2년 말 재정상태표 상 순융자금(회수가능액의 현재가치)은 ₩6,154이다.

39. 「국가회계기준에 관한 규칙」과 「지방자치단체 회계기준에 관한 규칙」에 대한 다음 설명 중 **옳지 않은** 것은?

① 국가회계실체는 일반회계, 특별회계 및 기금으로서 중앙관서별로 구분된 것을 말하며, 지방자치단체의 유형별 회계실체는 일반회계, 기타특별회계, 기금회계 및 지방공기업특별회계로 구분한다.

② 국가의 유산자산과 지방자치단체의 관리책임자산은 재정상태표 상 자산으로 인식하지 않고 필수보충정보로 공시한다.

③ 국가 재정상태표와 달리 지방자치단체 재정상태표에는 '주민편의시설'이라는 자산분류가 존재한다.

④ 국가와 지방자치단체는 회계실체 사이에 발생하는 관리전환(물품 소관의 전환)이 무상거래일 경우에는 자산의 장부가액을 취득원가로 하고, 유상거래일 경우에는 자산의 공정가액을 취득원가로 한다.

⑤ 국가 재정상태표에서는 순자산을 기본순자산, 적립금 및 잉여금, 순자산조정으로 구분하며, 지방자치단체 재정상태표에서는 순자산을 고정순자산, 특정순자산 및 일반순자산으로 분류한다.

40. 「지방자치단체 회계기준에 관한 규칙」과 「지방자치단체 원가계산준칙」에 대한 다음 설명 중 **옳지 않은** 것은?

① 유형별 재무제표를 통합하여 작성하는 재무제표 중 재정운영표는 기능별 분류방식으로 작성하며, 성질별 재정운영표는 필수보충정보로 제공한다.

② 비교환거래로 생긴 수익은 직접적인 반대급부 없이 생기는 지방세, 보조금, 기부금 등으로서 해당수익에 대한 청구권이 발생하고 그 금액을 합리적으로 측정할 수 있을 때에 인식한다.

③ 목적세나 과징금, 부담금을 특정 사업의 재원에 충당하기 위하여 징수하는 경우에는 사업수익으로 분류하여야 한다.

④ 사업수익은 사업의 추진과정에서 직접 발생한 수익과 국가 등으로부터 사업과 관련하여 받은 수익 등을 말하며, 서비스 요금 수익과 보조금 등으로 구분된다.

⑤ 특정 사업의 비용을 보전하기 위한 운영보조 목적의 보조금 등은 사업수익으로 보며, 특정 사업에 사용될 자산의 취득을 지원하기 위한 자본보조 목적의 보조금 등은 사업수익에서 제외하고 순자산 증가항목으로 처리한다.

41. ㈜대한은 의료장비를 생산하고 있으며, 20x1년 2월 원가 관련 자료는 다음과 같다.

- 재료 구입액은 ₩4,000, 재료 기말재고액은 ₩1,400이다.
- 노무원가는 공장에서 발생한 것이며, 노무원가의 80%는 생산직 종업원의 임금이다.
- 지급한 노무원가는 ₩3,700, 기초 미지급노무원가는 ₩200, 기말 미지급노무원가는 ₩500이다.
- 기본원가(기초원가, prime costs)는 ₩5,700이다.
- 제조경비는 ₩2,100이며, 전액 제조간접원가이다.

20x1년 2월 ㈜대한의 제조간접원가는 얼마인가? 단, 기초재고자산은 없다.

① ₩2,100   ② ₩2,200   ③ ₩2,800
④ ₩3,000   ⑤ ₩3,100

42. 활동기준원가계산에 대한 다음 설명 중 **옳지 않은** 것은?

① 활동기준원가계산은 발생한 원가를 활동중심점별로 집계하여 발생한 활동원가동인 수로 배부하는 일종의 사후원가계산제도이다.
② 활동기준원가계산을 활용한 고객수익성분석에서는 제품원가뿐만 아니라 판매관리 비까지도 활동별로 집계하여 경영자의 다양한 의사결정에 이용할 수 있다.
③ 제조간접원가에는 생산량 이외의 다른 원가동인에 의하여 발생하는 원가가 많이 포함되어 있다.
④ 활동이 자원을 소비하고 제품이 활동을 소비한다.
⑤ 원재료구매, 작업준비, 전수조사에 의한 품질검사는 묶음수준활동(batch level activities)으로 분류된다.

43. ㈜대한은 정상원가계산제도를 채택하고 있다. 제조간접원가예정배부율은 직접노무원가의 50%이며, 제조간접원가 배부차이는 전액 매출원가에서 조정한다. ㈜대한의 20x1년 2월 원가 관련 자료는 다음과 같다.

> • 직접재료 구입액은 ₩40,000이다.
> • 직접노무원가는 기본원가(기초원가, prime costs)의 40%이다.
> • 직접재료 기말재고액은 ₩10,000, 제품 기말재고액은 ₩4,000이다.
> • 당기제품제조원가에는 직접재료원가 ₩25,500이 포함되어 있다.
> • 기말재공품에는 제조간접원가 배부액 ₩1,500이 포함되어 있다.
> • 실제 발생한 제조간접원가는 ₩8,000이다.

제조간접원가 배부차이를 조정한 후 ㈜대한의 2월 매출원가는 얼마인가? 단, 기초재고자산은 없다.

① ₩44,000   ② ₩45,000   ③ ₩46,000
④ ₩47,000   ⑤ ₩49,000

※ **다음 사료를 이용하여 44번과 45번에 답하시오.**

> • ㈜대한은 선입선출법에 의한 종합원가계산을 적용하여 제품원가를 계산하고 있다.

- 원재료는 공정 초에 전량 투입되고, 전환원가는 공정 전반에 걸쳐 균등하게 발생한다.
- 공정의 80% 시점에서 품질검사를 실시하며, 정상공손 허용수준은 합격품의 10%이다. 정상공손원가는 합격품원가에 가산되고, 비정상공손원가는 기간비용으로 처리된다.
- 공손품은 모두 폐기되며, 공손품의 처분가치는 없다.
- 다음은 20x1년 2월 공정의 생산 및 원가자료이다. 단, 괄호 안의 숫자는 전환원가의 완성도를 의미한다.

구분	물량단위	직접재료원가	전환원가
기초재공품	2,000(70%)	₩70,000	₩86,000
당기투입	10,000	₩2,000,000	₩860,000
완성품	8,000		
기말재공품	3,000(40%)		

44. ㈜대한의 20x1년 2월 직접재료원가와 전환원가의 완성품환산량 단위당 원가를 계산하면 각각 얼마인가?

	직접재료원가	전환원가
①	₩200	₩100
②	₩200	₩80
③	₩220	₩100
④	₩220	₩80
⑤	₩250	₩100

45. ㈜대한의 20x1년 2월 완성품 단위당 원가는 얼마인가?

① ₩242   ② ₩250   ③ ₩252

④ ₩280   ⑤ ₩282

46. ㈜대한은 결합생산공정을 통해 결합제품 X와 Y를 생산 및 판매하고 있으며, 균등매출총이익률법을 적용하여 결합원가를 배부한다. ㈜대한은 20x1년에 결합제품 X와 Y를 모두 추가가공하여 전량 판매하였으며, 추가가공원가는 각 제품별로 추적가능하고 모두 변동원가

이다. ㈜대한의 20x1년 생산 및 판매 관련 자료는 다음과 같다.

제품	생산량	추가가공원가	최종판매단가
X	6,000단위	₩30,000	₩50
Y	10,000	20,000	20

20x1년 중 발생한 결합원가가 ₩350,000일 경우, ㈜대한이 제품 X와 Y에 배부할 결합원가는 각각 얼마인가? 단, 공손 및 감손은 없으며, 기초 및 기말재공품은 없다.

	제품 X	제품 Y
①	₩200,000	₩150,000
②	₩210,000	₩140,000
③	₩220,000	₩130,000
④	₩230,000	₩120,000
⑤	₩240,000	₩110,000

47. ㈜대한은 20x1년 1월 1일에 처음으로 생산을 시작하였고, 20x1년과 20x2년의 영업활동 결과는 다음과 같다.

구분	20x1년	20x2년
생산량	2,000단위	2,800단위
판매량	1,600단위	3,000단위
변동원가계산에 의한 영업이익	₩16,000	₩40,000

㈜대한은 재공품 재고를 보유하지 않으며, 재고자산 평가방법은 선입선출법이다. 20x1년 전부원가계산에 의한 영업이익은 ₩24,000이며, 20x2년에 발생한 고정제조간접원가는 ₩84,000이다. 20x2년 ㈜대한의 전부원가계산에 의한 영업이익은 얼마인가? 단, 두 기간의 단위당 판매가격, 단위당 변동제조원가와 판매관리비는 동일하다.

① ₩26,000 　　② ₩30,000 　　③ ₩34,000
④ ₩36,000 　　⑤ ₩38,000

48. ㈜대한은 제품 A, 제품 B, 제품 C를 생산 및 판매한다. ㈜대한은 변동원가계산제도를 채택하고 있으며, 20x1년도 예산을 다음과 같이 편성하였다.

구분	제품 A	제품 B	제품 C
판매수량	2,500단위	5,000단위	2,500단위
단위당 판매가격	₩100	₩150	₩100
단위당 변동원가	60	75	30

㈜대한은 20x1년도 영업레버리지도(degree of operating leverage)를 5로 예상하고 있다. 세 가지 제품의 매출액 기준 매출구성비율이 일정하다고 가정할 때, ㈜대한의 20x1년 예상 손익분기점을 달성하기 위한 제품 C의 매출액은 얼마인가?

① ₩160,000   ② ₩180,000   ③ ₩200,000
④ ₩220,000   ⑤ ₩250,000

49. ㈜대한은 A필터와 B필터를 생산 및 판매하고 있으며, 이익극대화를 추구한다. ㈜대한의 최대조업도는 월 12,000기계시간이며, ㈜대한이 20x1년 2월에 대해 예측한 A필터와 B 필터의 자료는 다음과 같다.

구분	A필터	B필터
시장수요량	2,500단위	1,500단위
단위당 직접재료원가	₩290	₩400
단위당 직접노무원가	100	150
단위당 변동제조간접원가(기계시간당 ₩40)	80	160
단위당 변동판매관리비	50	90
단위당 고정원가	20	20
단위당 판매가격	840	1,280

㈜대한은 20x1년 2월의 판매예측에 포함하지 않았던 ㈜민국으로부터 B필터 500단위를 구입하겠다는 일회성 특별주문을 받았다. ㈜대한이 ㈜민국의 특별주문을 수락하더라도 해당 제품의 단위당 변동원가는 변하지 않는다. ㈜대한이 ㈜민국의 특별주문을 수락하여 20x1년 2월 영업이익을 ₩180,000 증가시키고자 할 경우에 특별주문의 단위당 판매가격은 얼마인가? 단, 특별주문과 관련하여 생산설비의 증설은 없다.

① ₩1,300   ② ₩1,350   ③ ₩1,400
④ ₩1,450   ⑤ ₩1,500

50. ㈜대한은 20x1년 실제결과와 고정예산을 비교하기 위해 다음과 같은 자료를 작성하였다.

구분	실제결과	고정예산
판매량	30,000단위	25,000단위
매출액	₩1,560,000	₩1,250,000
변동원가		
제조원가	900,000	625,000
판매관리비	210,000	125,000
공헌이익	₩450,000	₩500,000
고정원가		
제조원가	47,500	37,500
판매관리비	62,500	62,500
영업이익	₩340,000	₩400,000

㈜대한은 20x1년 시장규모를 250,000단위로 예측했으나, 실제 시장규모는 400,000단위로 집계되었다. ㈜대한은 20x1년도 실제 판매량이 고정예산 판매량보다 증가하였으나, 영업이익은 오히려 감소한 원인을 파악하고자 한다. 이를 위해 매출가격차이(sales price variance), 시장점유율차이, 시장규모차이를 계산하면 각각 얼마인가? 단, U는 불리한 차이, F는 유리한 차이를 의미한다.

	매출가격차이	시장점유율차이	시장규모차이
①	₩60,000 F	₩200,000 U	₩300,000 F
②	₩60,000 U	₩200,000 F	₩300,000 U
③	₩60,000 F	₩300,000 U	₩400,000 F
④	₩80,000 F	₩200,000 U	₩300,000 F
⑤	₩80,000 U	₩300,000 F	₩400,000 U

2021년도　제 56 회

기출문제

※ 각 문제의 보기 중에서 물음에 가장 합당한 답을 고르시오.

1. 다음 설명 중 적절한 항목만을 <u>모두</u> 선택한 것은?

> a. 성격(personality)은 개인의 독특한 개성을 나타내는 전체적인 개념으로 선천적 유전에 의한 생리적인 것을 바탕으로 하여 개인이 사회문화환경과 작용하는 과정에서 형성된다.
> b. 욕구(needs)는 어떤 목적을 위해 개인의 행동을 일정한 방향으로 작동시키는 내적 심리상태를 의미한다.
> c. 사회적 학습이론(social learning theory)에 의하면, 학습자는 다른 사람의 어떤 행동을 관찰하여 그것이 바람직한 결과를 가져올 때에는 그 행동을 모방하고, 좋지 않은 결과를 가져올 때에는 그 같은 행동을 하지 않게 된다.
> d. 역할갈등(role conflict)은 직무에 대한 개인의 의무 · 권한 · 책임이 명료하지 않은 지각상태를 의미한다.

① a, b　　　　　　② a, c　　　　　　③ a, d
④ b, c　　　　　　⑤ a, c, d

2. 리더십에 관한 설명으로 가장 적절하지 <u>않은</u> 것은?

① 권한(authority)은 직위에 주어진 권력으로서 주어진 책임과 임무를 완수하는 데 필요한 의사결정권을 의미한다.
② 진성 리더(authentic leader)는 자신의 특성을 있는 그대로 인식하고 내면의 신념이나 가치와 일치되게 행동하며, 자신에게 진솔한 모습으로 솔선수범하며 조직을 이끌어가는 사람을 말한다.
③ 리더십 행동이론은 리더의 실제행동에 초점을 두고 접근한 이론으로서 독재적-민주적-자유방임적 리더십, 구조주도-배려 리더십, 관리격자 이론을 포함한다.
④ 카리스마적 리더(charismatic leader)는 집단응집성 제고를 통해 집단사고를 강화함으로써 집단의사결정의 효과성을 더 높일 가능성이 크다.
⑤ 리더가 부하의 행동에 영향을 주는 방법에는 모범(emulation), 제안(suggestion), 설득(persuasion), 강요(coercion) 등이 있다.

3. 조직구조와 조직문화에 관한 설명으로 가장 적절하지 **않은** 것은?

  ① 조직문화에 영향을 미치는 중요한 요소로 조직체 환경, 기본가치, 중심인물, 의례와 예식, 문화망 등을 들 수 있다.

  ② 조직사회화는 조직문화를 정착시키기 위해 조직에서 활용되는 핵심 매커니즘으로 새로운 구성원을 내부 구성원으로 변화시키는 활동을 말한다.

  ③ 유기적 조직에서는 실력과 능력이 존중되고 조직체에 대한 자발적 몰입이 중요시된다.

  ④ 조직이 강한 조직문화를 가지고 있으면 높은 조직몰입으로 이직률이 낮아질 것이며, 구성원들은 조직의 정책과 비전실현에 너욱 몰소하게 될 것이다.

  ⑤ 분권적 조직은 기능중심의 전문성 확대와 일관성 있는 통제를 통하여 조직의 능률과 합리성을 증대시킬 수 있다.

4. 집단과 의사결정에 관한 설명으로 가장 적절하지 **않은** 것은?

  ① 집단발전의 단계 중 형성기(forming)는 집단의 목적·구조·리더십을 정하는 과정이 불확실하다는 특징을 가지고 있다.

  ② 1차 집단은 구성원 간의 관계가 지적·이성적이며 공식적·계약적이라는 특징이 있는 반면, 2차 집단은 구성원의 개인적·감정적 개입이 요구되고 구성원 간에 개인적·자발적 대면관계가 유지되는 특징이 있다.

  ③ 규범(norm)은 집단 구성원이 주어진 상황에서 어떤 행동을 취해야 하는지에 대한 행동의 기준을 말한다.

  ④ 집단의사결정은 비정형적 의사결정(non-programmed decisions)에서 개인의사결정에 비해 그 효과가 더 높게 나타날 수 있다.

  ⑤ 의사결정이 이루어지는 과정은 문제의 인식 및 진단, 대안의 개발, 대안 평가 및 선택, 최선책의 실행, 결과의 평가로 이루어진다.

5. 성과관리와 보상제도에 관한 설명으로 가장 적절하지 **않은** 것은?

  ① 중요사건법(critical incident method)은 평가자가 전체 평정기간 동안 피평가자에 의해 수행된 특별히 효과적인 또는 비효과적인 행동 내지 업적 모두를 작성하도록 요구한다.

  ② 법정 복리후생은 국가가 사회복지의 일환으로 기업의 종업원들을 보호하기 위해 법률 제정을 통해 기업으로 하여금 강제적으로 도입하도록 한 제도를 말한다.

  ③ 성과관리(performance management)는 경영자들이 종업원들이 활동과 결과물이 조직 목표와 일치하는 지를 확인하는 과정을 말한다.

  ④ 변동급 체계는 직무가치와 급여조사에서 나온 정보를 사용하여 개발되며, 직무가치는 직무평가나 시장가격책정을 사용하여 결정될 수 있다.

⑤ 종업원의 관리자 평가는 유능한 관리자를 확인하고 관리자의 경력개발 노력을 향상
시키는 데 기여할 수 있다.

6. 인적자원의 모집, 개발 및 교육훈련에 관한 설명으로 가장 적절하지 **않은** 것은?

① 교육훈련(training)은 종업원에게 현재 수행하고 있는 직무뿐만 아니라 미래의 직
무에서 사용하게 할 목적으로 지식과 기술을 제공한다.

② 고용주들은 조직 내부의 인적자원을 개발하느냐 아니면 이미 개발된 개인들을 외부
에서 채용하느냐의 선택에 직면한다.

③ 직무상 교육훈련(on-the-job training)은 직무에 대한 경험과 기술을 가진 사람이
피훈련자가 현장에서 직무 기술을 익히도록 도와주는 방법이다.

④ 오리엔테이션은 정규 교육훈련의 한 유형으로 신입사원에게 조직, 직무 및 작업집
단에 대해 실시하는 계획된 소개를 말한다.

⑤ 사내공모제(job posting)는 모집에 있어서 투명성을 제고할 수 있고, 종업원들의
승진과 성장 및 발전에 대한 기회를 균등하게 제공할 수 있다.

7. 직무분석에 관한 설명으로 가장 적절하지 **않은** 것은?

① 직무분석(job analysis)은 직무의 내용, 맥락, 인적 요건 등에 관한 정보를 수집하
고 분석하는 체계적인 방법을 말한다.

② 직무설계(job design)는 업무가 수행되는 방식과 주어진 직무에서 요구되는 과업들
을 정의하는 과정을 말한다.

③ 성과기준(performance standard)은 종업원의 성과에 대한 기대 수준을 말하며
일반적으로 직무명세서로부터 직접 도출된다.

④ 원격근무(telework)는 본질적으로 교통, 자동차 매연, 과잉 건축 등으로 야기되는
문제들을 해결한다는 장점이 있다.

⑤ 직무공유(job sharing)는 일반적으로 두 명의 종업원이 하나의 정규직 업무를 수행
하는 일정관리 방식을 말한다.

8. 인적자원계획 및 평등고용기회에 관한 설명으로 가장 적절하지 **않은** 것은?

① 인적자원계획(human resource planning)은 조직이 전략적 목표를 달성할 수 있
도록 사람들의 수요와 가용성을 분석하고 확인하는 과정이다.

② 기업의 인력과잉 대처방안에는 임금의 삭감, 자발적 이직프로그램의 활용, 근로시
간 단축 등이 있다.

③ 임금공정성(pay equity)은 실제 성과가 상당히 달라도 임무 수행에 요구되는 지식,
기술, 능력 수준이 유사하면 비슷한 수준의 급여가 지급되어야 한다는 개념이다.

④ 적극적 고용개선조치(affirmative action)는 여성, 소수집단, 장애인에 대해 역사적으로 누적된 차별을 해소하기 위한 적극적인 고용제도이다.

⑤ 고용주는 적법한 장애인에게 평등한 고용기회를 주기 위해 합리적인 편의 (reasonable accommodation)를 제공해야 한다.

9. 마케팅조사에 관한 설명으로 적절한 항목만을 **모두** 선택한 것은?

> a. 마케팅정보의 원천을 1차 자료와 2차 자료로 구분할 때, 공공기관(통계청, 한국은행 등)에서 발간한 자료는 2차 자료에 해당된다.
> b. 척도의 4가지 유형 중에서 측정대상을 구분하는 범주나 종류를 측정하는 데 사용되는 유형을 서열척도(ordinal scale)라고 한다.
> c. 전수조사와 표본조사 모두 표본오차가 발생한다.

① a   ② a, b   ③ a, c
④ b, c   ⑤ a, b, c

10. 소비자행동에 관한 설명 중 가장 적절하지 **않은** 것은?

① 소비자의 브랜드 평가모형은 보완적(compensatory) 평가모형과 비보완적(non-compensatory) 평가모형으로 구분할 수 있다.

② 소비자 관여도는 제품과 소비자에 따라 다를 수 있고, 상황에 따라서도 다를 수 있다.

③ 피쉬바인(Fishbein)모형은 결합적(conjunctive) 모형에 포함된다.

④ 정교화가능성모델(elaboration likelihood model)에 따르면, 소비자 정보처리 경로는 중심경로와 주변경로로 구분할 수 있다.

⑤ 구매 후 부조화(post-purchase dissonance)는 소비자가 구매 이후 느낄 수 있는 심리적 불편함을 말한다.

11. 가격관리에 관한 설명으로 적절한 항목만을 **모두** 선택한 것은?

> a. 준거가격(reference price)은 구매자가 어떤 상품을 구매할 때 싸다 또는 비싸다의 기준이 되는 가격을 의미한다.
> b. 묶음가격(bundling price)은 여러 가지 상품들을 묶어서 판매할 때 사용된다.
> c. 유보가격(reservation price)은 구매자가 어떤 상품에 대해 지불할 용의가 있는 최저 가격을 의미한다.

① a   ② a, b   ③ a, c
④ b, c   ⑤ a, b, c

12. 레스토랑 A는 소비자들이 지각할 수 있는 최소한의 가격 인하를 실시하였다. 가격 인하 이전의 가격에 관한 설명으로 가장 적절한 것은? 단, 소비자는 웨버의 법칙(Weber's law)에 따라 가격 지각을 한다고 가정한다.

메뉴	스테이크	피자	파스타
인하 후 가격(원)	27,000	17,100	12,000
K(웨버상수)의 절대값	0.10	0.05	0.20
W(임계수준)의 절대값	0.10	0.05	0
인하 전 가격(원)	a	b	c

① b + c - a < -5,000
② -5,000 ≤ b + c - a < -2,500
③ -2,500 ≤ b + c - a < 0
④ 0 ≤ b + c - a < 2,500
⑤ 2,500 ≤ b + c - a

13. 유통관리에 관한 설명으로 적절한 항목만을 <u>모두</u> 선택한 것은?

> a. 유통경로는 생산된 제품을 소비시점까지 보관하여 시간상의 불일치를 해소한다.
> b. 유통업체 중에서 판매 대리점(selling agent)은 제품에 대한 소유권을 보유하는 반면에, 브로커(broker)는 제품에 대한 소유권을 보유하지 않는다.
> c. 소매상 협동조합은 제조업체 주도로 만들어진 소매상들의 유통체인이다.

① a ② a, b ③ a, c
④ b, c ⑤ a, b, c

14. 시장세분화와 목표시장 선정에 관한 설명으로 적절한 항목만을 <u>모두</u> 선택한 것은?

> a. 측정가능성(measurability)은 효과적인 시장세분화 요건 중 하나이다.
> b. 성별은 세분화 변수들 중 하나이며, 인구통계학적 변수로 분류된다.
> c. 새로운 마케팅 기회가 시장세분화를 통해 발견될 수 있다.

① a ② a, b ③ a, c
④ b, c ⑤ a, b, c

15. 광고효과에 관한 설명으로 적절한 항목은 **모두** 몇 개인가?

> a. S자의 광고 판매반응함수(sales response function)는 광고비를 증가시킬 때 판매 증가가 미미하다가, 가속점(임계점)을 넘어서면 판매가 급격하게 증가하는 특징을 갖는다.
> b. 광고호의(advertising goodwill)는 특정시점의 광고 투자비가 동일시점의 매출에 미치는 영향의 크기로 측정된다.
> c. 광고의 지침효과(wearout effect)는 광고의 노출빈도가 어느 수준을 넘어서면 광고효과가 떨어지는 현상을 의미한다.
> d. 광고의 이월효과(carryover effect)는 특정시점의 광고투자 효과가 그 이후 시점에서도 발현되는 현상을 의미한다.

① 0개 ② 1개 ③ 2개
④ 3개 ⑤ 4개

16. 촉진관리에 관한 설명으로 적절한 항목만을 **모두** 선택한 것은?

> a. 제조업체가 제품 취급의 대가로 특정 유통업체에게 제품대금의 일부를 공제해준다면, 이러한 판매촉진은 입점공제(slotting allowances)에 해당된다.
> b. 판매촉진을 가격수단과 비가격수단으로 구분할 때, 보너스팩(bonus packs)은 가격수단 판매촉진으로 분류된다.
> c. 판매촉진을 소비자 판매촉진과 중간상 판매촉진으로 구분할 때, 광고공제(advertising allowances)는 소비자 판매촉진으로 분류된다.

① a ② a, b ③ a, c
④ b, c ⑤ a, b, c

17. 제품과 서비스의 생산에 관한 설명 중 적절한 항목만을 **모두** 선택한 것은?

> a. 서비스는 규격화가 용이하지 않으므로 제품에 비해 품질평가가 상대적으로 어렵다.
> b. 쉬메너(Shemenner)의 서비스 프로세스 매트릭스에서는 고객화의 징도와 노동집약도가 높은 경우를 서비스공장(service factory)으로 분류하고, 원가관리와 서비스품질유지를 강조한다.
> c. 제품은 서비스에 비해 수요와 공급을 일치시키기 위한 평준화전략(level strategy)을 사용하기가 상대적으로 용이하다.
> d. 서비스는 생산프로세스에 대한 고객참여도가 높기 때문에 제품에 비해 산출물의 품질변동이 줄어든다.

① a   ② c   ③ a, b

④ a, c   ⑤ c, d

18. 수요예측에 관한 설명으로 가장 적절하지 **않은** 것은?

① 이동평균(moving average)에서 이동평균기간이 길수록 평활효과(smoothing effect)는 커지고, 실제치의 변동에 반응하는 시차(time lag)도 커진다.

② 추세조정지수평활법(trend-adjusted exponential smoothing)은 2개의 평활상수를 사용하며 단순지수평활법에 비해 추세의 변화를 잘 반영하는 장점이 있다.

③ 순환변동(cycles)은 계절변동(seasonality)에 비해 보다 장기적인 파동모양의 변동을 의미한다.

④ 계절지수(seasonal index)는 계절변동을 반영하는 기법 중 가법모형(additive model)에서 사용되며 1.0 이상의 값을 갖는다.

⑤ 수요예측의 정확성을 평가하기 위한 방법 중 평균제곱오차(MSE)는 큰 오차에 더 큰 가중치를 부여할 수 있으며, 평균절대백분율오차(MAPE)는 실제치 대비 상대적인 오차를 측정할 수 있다.

19. 품질관리와 품질비용에 관한 설명으로 가장 적절하지 **않은** 것은?

① 공정능력(process capability)은 공정이 안정상태(under control)에서 설계규격(specification)에 적합한 제품을 생산할 수 있는 능력을 의미하며 공정능력이 커질수록 불량률은 줄어든다.

② 품질특성 산포의 평균이 규격한계(specification limit)의 중앙에 있고 공정능력지수(C_p)가 1.0인 공정에서 규격한계의 폭이 12라면, 산포의 표준편차는 1.0이다.

③ 파레토의 원리(또는 80:20 법칙)는 소수의 핵심품질인자(vital few)에 집중하는 것이 전체 품질개선에 효율적인 방안임을 시사한다.

④ 품질비용을 예방·평가·실패 비용으로 구분할 때 예방 및 평가 비용을 늘리면 일반적으로 품질수준은 향상되고 실패비용은 감소한다.

⑤ 실패비용은 불량품이 발생했을 경우 이를 기업 내·외부에서 처리하는 데 발생하는 비용을 포함한다.

20. 라인밸런싱(line balancing)에 관한 설명으로 가장 적절하지 **않은** 것은?

① 연속된 두 작업장에 할당된 작업부하(workload)의 균형이 맞지 않을 경우 작업장애(blocking) 또는 작업공전(starving) 현상이 발생한다.

② 라인밸런싱의 결과, 모든 작업장의 이용률(utilization)이 100%라면 전체 생산라인의 효율(efficiency)도 100%이다.

③ 각 작업장의 이용률은 유휴시간(idle time)이 클수록 낮아진다.

④ 주기시간(cycle time)은 작업장 수를 늘릴수록 줄어든다.

⑤ 목표 산출률을 높이기 위해서는 이를 달성할 수 있는 목표 주기시간도 늘어나야 한다.

21. 제품별배치(product layout)가 공정별배치(process layout)에 비해 상대적으로 유리한 장점만을 **모두** 선택한 것은?

> a. 산출률이 높고 단위당 원가가 낮다.
> b. 장비의 이용률(utilization)이 높다.
> c. 장비의 구매와 예방보전(preventive maintenance) 비용이 적다.
> d. 자재운반이 단순하고 자동화가 용이하다.
> e. 재공품재고(WIP)가 적다.
> f. 훈련비용이 적게 들고 작업감독이 쉽다.

① a, b, d, e, f   ② b, c, d, e, f   ③ b, d, e, f

④ a, d, e   ⑤ a, b, c

22. 자재소요계획(MRP)에 관한 설명으로 가장 적절하지 **않은** 것은?

① MRP는 종속수요품목에 대한 조달 계획이며, 독립수요품목과 달리 시간에 따른 수요변동이 일괄적(lumpy)이라는 특징을 가진다.

② MRP의 입력자료인 자재명세서(BOM)는 품목 간의 계층관계와 소요량을 나무구조 형태로 표현한 것이다.

③ L4L(lot for lot) 방식으로 조달하는 품목의 계획발주량(planned order releases)은 보유재고로 인해 순소요량(net requirements)보다 많다.

④ 계획발주량은 계획입고량(planned order receipts)을 리드타임(lead time)만큼 역산하여 기간 이동한 것이다.

⑤ 하위수준코딩(low level coding)이란 동일품목이 BOM의 여러 수준(계층)에서 출현할 때, 그 품목이 출현한 수준 중 최저 수준과 일치하도록 BOM을 재구축하는 것을 의미한다.

23. 경제적주문량(EOQ)모형에 관한 설명으로 가장 적절하지 **않은** 것은?

① 단위당 재고유지비용(holding cost)이 커지면 최적주문량은 줄어들지만, 재주문점(reorder point)은 변하지 않는다.

② 주문당 주문비용(ordering cost)이 커지면 최적주문량은 늘어나지만, 재주문점은 변하지 않는다.

③ 리드타임(lead time)이 증가하면 재주문점은 커지지만, 최적주문량은 변하지 않는다.

④ EOQ모형에서는 재고보충시 재고수준이 일시적으로 증가하지만 경제적생산량 (EPQ)모형에서는 생산기간 중 점진적으로 증가한다.

⑤ 주문량에 따라 가격할인이 있는 경우의 EOQ모형에서 최적주문량은 일반적으로 연간 재고유지비용과 연간 주문비용이 같아지는 지점에서 발생한다.

24. K기업은 화학원료를 고정주문량모형(Q-시스템)을 사용하여 외부업체로부터 조달하고 있다. 이 원료의 수요는 일간 평균 20리터인 정규분포를 따른다. 리드타임(lead time)은 3일이며 확정적이다. 현재 방침인 95% 서비스수준(service level)에 대한 재주문점 (reorder point)은 76.5리터이나, 향후 서비스수준을 99%로 올리기로 결정했다. 새로운 서비스수준을 충족하는 재주문점과 안전재고는 각각 몇 리터인가? 단, Z가 표준정규분포를 따르는 확률변수라고 할 때, $\Pr(Z > 1.65) = 0.05$이고 $\Pr(Z > 2.33) = 0.01$이다.

① 83.3, 23.3   ② 76.5, 16.5   ③ 60.0, 16.5

④ 80.97, 20.97   ⑤ 60.0, 0

25. 투자규모와 내용연수가 동일한 상호배타적인 투자안 A와 투자안 B의 경제성을 평가하고자 한다. 투자안 A와 투자안 B의 자본비용은 동일하다. 두 투자안 간 증분현금흐름의 내부수익률은 15%이다. 현재시점에 현금유출이 발생하고, 이후 현금유입이 발생하는 투자형 현금흐름을 가정한다. NPV곡선(NPV profile)은 가로축이 할인율, 세로축이 NPV를 표시하는 평면에서 도출된다. 다음 표는 투자안 A와 투자안 B의 순현재가치(NPV) 및 내부수익률(IRR)을 요약한다. 다음 설명 중 가장 적절하지 **않은** 것은?

구분	투자안 A	투자안 B
NPV	4억원	3억원
IRR	20%	30%

① 투자안 A와 투자안 B의 NPV를 추정할 때의 자본비용은 15% 보다 작다.

② 투자안 A의 NPV곡선이 투자안 B의 NPV곡선보다 완만하다.

③ 피셔수익률은 20%보다 작다.

④ 순현재가치법과 내부수익률법의 결과가 상이하면 순현재가치법에 따라서 투자안 A를 선택하는 것이 합리적이다.

⑤ 독립적인 투자안이라면 투자안 A와 투자안 B를 모두 선택하는 것이 바람직하다.

26. A기업은 부채비율(타인자본가치/자기자본가치: B/S) 100%를 유지한다. A기업의 부채는 채권발행으로 조달된다. A기업의 영업위험만 반영된 베타는 1.0이고 채권베타는 0.30이다. A기업은 영업활동으로 매년 말 세전현금흐름 500억원을 영구적으로 산출한다. 법인세율 30%, 무위험수익률 5%, 시장포트폴리오의 기대수익률은 10%이다. 채권에 대해 지급하는 이자율은 채권의 기대수익률과 동일하다고 가정한다. CAPM 및 MM수정이론(1963)이 성립한다고 가정한다. 1년 말 세전현금흐름의 확실성등가에 가장 가까운 것은? 단, 소수는 소수점 아래 다섯째 자리에서 반올림하고 금액은 백만원 단위에서 반올림하여 계산하시오.

① 315.6익원   ② 369.5억원   ③ 422.8억원
④ 483.9억원   ⑤ 534.5억원

27. 금융시장에서 만기 및 액면금액이 동일한 채권 A와 채권 B가 존재하고 이 채권들의 액면이자율과 현재(t=0) 시장가격이 다음 표에 제시되어 있다. 다음 표의 자료를 이용하여 $_0i_4$ 가 현재(t=0) 시점에서 4년 만기 현물이자율일 때 $(1 + {_0i_4})^4$은 얼마인가? 액면이자는 연 1회 지급된다.

구분	채권 A	채권 B
만기	4년	4년
액면금액	10,000원	10,000원
액면이자율	10%	20%
현재 시장가격	8,000원	11,000원

① 1.5   ② 1.75   ③ 2.0
④ 2.25   ⑤ 2.5

28. 채권 듀레이션에 관한 설명으로 가장 적절하지 **않은** 것은?

① 무이표채의 경우 만기가 길어지면 듀레이션이 증가한다.
② 목표시기와 듀레이션을 일치시키는 채권 포트폴리오를 보유하면 목표시기까지 이자율의 중간 변동에 대하여 면역이 되므로 채권 포트폴리오를 조정할 필요가 없다.
③ 목표시기면역전략 수행에 있어서 다른 조건이 동일할 때 시간이 경과함에 따라 채권 포트폴리오의 듀레이션을 감소시키는 조정이 필요하다.
④ 다른 조건이 동일할 때 연간 이자지급횟수가 증가하면 채권의 듀레이션은 감소한다.
⑤ 영구채의 듀레이션은 시장이자율과 연간 이자지급횟수에 의하여 결정된다.

29. 무위험부채를 보유한 A기업의 현재 법인세율은 30%이고 주식베타는 2.0이다. A기업과 부채비율 이외의 모든 것이 동일한 무부채 기업인 B기업의 베타는 1.0, 기업가치는 50억 원, 법인세율은 30%이다. CAPM과 MM수정이론(1963)을 가정할 때, A기업의 이자비용 절세효과(interest tax shield effect)의 현재가치(PV)에 가장 가까운 것은? 단, 금액은 억원 단위로 표시하고, 소수점 아래 셋째 자리에서 반올림한다.

① 2.71억원   ② 4.71억원   ③ 6.71억원
④ 8.71억원   ⑤ 10.71억원

30. 레버리지에 관한 설명으로 적절한 항목만을 <u>모두</u> 선택한 것은?

> a. 손익분기점 미만의 매출액 수준에서는 영업레버리지도(DOL)가 음(-)의 값으로 나타난다.
> b. 영업레버리지도(DOL)가 크다는 것은 영업이익 변화율에 비해 매출액 변화율이 크다는 것을 의미한다.
> c. 레버리지효과가 없을 경우 영업레버리지도(DOL)와 재무레버리지도(DFL)는 모두 0과 1사이의 값으로 나타난다.
> d. 재무레버리지도(DFL)와 결합레버리지도(DCL)가 각각 4, 8일 때, 매출액이 10% 증가하면, 영업이익은 20% 증가한다.
> e. 재무레버리지는 이자비용 중에서 영업고정비의 비중 증가에 따른 순이익 확대 효과를 의미한다.

① a, d   ② b, d   ③ c, d
④ a, c, d   ⑤ a, c, e

31. 배당평가모형에 따른 주식가치 평가에 관한 설명으로 적절한 항목만을 <u>모두</u> 선택한 것은?

> a. 전액 배당하는 무성장 영구기업의 주가수익배수(PER)는 요구수익률과 정(+)의 관계를 갖는다.
> b. A기업의 배당성장률(g)은 항상 2%이다. A기업의 현재 이론주가(P0)가 10,000원, 주식투자자의 요구수익률이 10%일 때, 최근 지급된 배당액(D0)은 750원보다 적다.
> c. 유보율이 0인 무성장 영구기업의 경우 현재 이론주가(P0)는 주당순이익(EPS1)÷자기자본비용(ke)으로 추정할 수 있다.
> d. 항상(일정)성장모형을 통해 주가 추정시 주주 요구수익률이 성장률보다 작을 경우에 한해 현재 이론주가(P0)가 추정된다.
> e. 배당평가모형은 미래배당을 현재가치화한 추정모형이다.

① a, b   ② b, e   ③ c, e
④ a, c, e   ⑤ a, d, e

32. 경제적 부가가치(EVA)에 관한 설명으로 적절한 항목만을 **모두** 선택한 것은?

> a. EVA는 투하자본의 효율적 운영 수준을 나타낸다.
> b. EVA는 영업 및 영업외 활동에 투자된 자본의 양적, 질적 측면을 동시에 고려한다.
> c. EVA는 자기자본이익률과 가중평균자본비용의 차이에 투하자본을 곱해서 산출한다.
> d. EVA는 투하자본의 기회비용을 반영해 추정한 경제적 이익의 현재가치의 합이다.
> e. EVA는 당기순이익에 반영되지 않는 자기자본비용을 고려하여 산출한다.

① a, b   ② b, c   ③ a, e
④ b, c, e   ⑤ b, d, e

33. 무부채기업인 A기업의 자기자본은 10억원이다. A기업에서는 매년 0.7억원의 영구 무성장 세후영업이익이 발생하며, 법인세율은 30%이다. A기업은 이자율 5%의 영구채 5억원 발행자금 전액으로 자사주 매입소각 방식의 자본구조 변경을 계획 중이다. MM수정이론(1963)을 가정할 때, 자본구조 변경에 따른 가중평균자본비용에 가장 가까운 것은? 단, 자본비용은 %기준으로 소수점 아래 셋째 자리에서 반올림한다.

① 6%   ② 8%   ③ 10%
④ 12%   ⑤ 14%

34. 주식배당에 관한 설명으로 가장 적절하지 **않은** 것은?

① 정보비대칭 하의 불완전자본시장을 가정할 경우 주식배당은 기업내부에 현금이 부족하다는 인식을 외부에 주는 부정적 효과가 있을 수 있다.
② 주식배당은 유보이익의 영구자본화를 가능하게 한다.
③ 완전자본시장의 경우 주식배당 실시 여부와 관계없이 주주의 부는 불변한다.
④ 주식배당은 주가를 상승시킴으로써 주식거래에 있어 유동성을 증가시킨다.
⑤ 주식배당의 경우 발행비용을 발생시켜 동일한 금액 수준의 현금배당보다 비용이 많이 들 수 있다.

35. 자본자산가격결정모형(CAPM)이 성립할 때, 다음 중 가장 적절한 것은?

① 공매도가 허용될 때, 기대수익률이 서로 다른 두 개의 효율적 포트폴리오를 조합하여 시장포트폴리오를 복제할 수 있다.

② 시장포트폴리오의 위험프리미엄이 음(-)의 값을 가지는 경우가 발생할 수 있다.

③ 수익률의 표준편차가 서로 다른 두 포트폴리오 중에서 더 높은 표준편차를 가진 포트폴리오는 더 높은 기대수익률을 갖는다.

④ 비체계적 위험을 가진 자산이 자본시장선 상에 존재할 수 있다.

⑤ 베타가 0인 위험자산 Z와 시장포트폴리오를 조합하여 위험자산 Z보다 기대수익률이 높고 수익률의 표준편차가 작은 포트폴리오를 구성할 수 없다.

36. 다음 표는 자산 A, B, C, D의 젠센(Jensen)지수를 나타낸다. 공매도가 허용된다고 가정할 때, 다음 중 가능한 경우만을 <u>모두</u> 선택한 것은?

자산	A	B	C	D
젠센지수(%)	-2	-1	1	2

> a. 자산 A와 자산 B로만 구성된 포트폴리오의 젠센지수가 1%인 경우
> b. 자산 C의 샤프(Sharpe)지수가 자산 D의 샤프지수보다 큰 경우
> c. 자산 C의 트레이너(Treynor)지수가 자산 D의 트레이너지수보다 큰 경우

① a   ② c   ③ a, b

④ a, c   ⑤ a, b, c

37. 다음 표는 2개의 공통요인만이 존재하는 시장에서, 비체계적위험이 모두 제거된 포트폴리오 A, B, C, D의 기대수익률과 각 요인에 대한 민감도를 나타낸다. 차익거래가격결정이론(APT)이 성립할 때, 포트폴리오 D의 요인 1에 대한 민감도에 가장 가까운 것은?

포트폴리오	요인 1에 대한 민감도	요인 2에 대한 민감도	기대수익률
A	1	1	7%
B	2	1	10%
C	2	2	12%
D	( )	3	20%

① 2   ② 3   ③ 4

④ 5   ⑤ 6

38. 다음 표는 채권 A, B, C의 액면이자율을 나타낸다. 현재(t=0) 모든 채권의 만기수익률은 10%이며, 1년 후(t=1)에도 유지된다고 가정한다. 채권들의 액면금액과 잔존만기(2년 이상)가 동일하며, 액면이자는 연 1회 지급된다. 다음 설명 중 가장 적절하지 **않은** 것은?

단, t시점 경상수익률 $= \dfrac{\text{연간 액면이자}}{t\text{시점 채권가격}}$

채권	액면이자율
A	9%
B	10%
C	11%

① 채권 A의 현재 가격은 채권 B의 현재 가격보다 작다.
② 채권 A의 현재 경상수익률은 채권 B의 현재 경상수익률보다 높다.
③ 채권 A의 1년 후 경상수익률은 현재 경상수익률에 비해 낮다.
④ 채권 C의 1년 후 경상수익률은 현재 경상수익률에 비해 높다.
⑤ 채권 C의 1년 후 듀레이션은 현재 채권 C의 듀레이션에 비해 작다.

39. 주식 A는 배당을 하지 않으며, 현재 시장에서 4,000원에 거래되고 있다. 1년 후 이 주식은 72.22%의 확률로 5,000원이 되고, 27.78%의 확률로 3,000원이 된다. 주식 A가 기초자산이고 행사가격이 3,500원이며 만기가 1년인 유럽형 풋옵션은 현재 200원에 거래되고 있다. 주식의 공매도가 허용되고 무위험이자율로 차입과 대출이 가능하고 거래비용과 차익거래기회가 없다면, 1년 후 항상 10,000원을 지급하는 무위험자산의 현재 가격에 가장 가까운 것은?

① 9,000원   ② 9,200원   ③ 9,400원
④ 9,600원   ⑤ 9,800원

40. 배당을 지급하지 않는 주식 A의 현재 가격은 10달러이다. 현재 환율은 1달러 당 1,100원이고, 달러화에 대한 무위험이자율은 1%이며, 원화에 대한 무위험이자율은 3%이다. 주식 A를 1년 후에 원화로 구입하는 선도계약이 가능할 때, 선도가격에 가장 가까운 것은? 단, 무위험이자율로 차입과 대출이 가능하고, 공매도가 허용되며, 거래비용과 차익거래기회가 없다.

① 10,786원   ② 11,000원   ③ 11,110원
④ 11,330원   ⑤ 11,443원

① 형

경제원론

2021년 제56회   제1교시

※ 각 문제의 보기 중에서 물음에 가장 합당한 답을 고르시오.

1. 다음 중 저량변수(stock variable)는?

① 소비   ② 저축   ③ 국내총생산
④ 외환보유고   ⑤ 감가상각

2. 소득 20으로 X재와 Y재만을 구매하는 소비자가 있다. 이 소비자가 이용하는 상점에서 X재와 Y재의 가격은 각각 1이었는데, 최근 이 상점에서 개업 기념으로 X재를 10단위 이상 구입하는 경우 구입한 X재 전체에 대해 가격을 0.5로 할인해주는 행사를 실시하였다. X재를 10단위 미만 구입하는 경우에는 할인이 적용되지 않는다. 이로 인해 늘어난 예산집합의 면적은?

① 100   ② 175   ③ 200
④ 325   ⑤ 375

3. 소득 M으로 X재와 Y재만을 소비하는 어느 소비자의 효용함수가 $u(x,y) = x + y$이다. X재의 가격은 P, Y재의 가격은 1이다. 이 소비자가 효용을 극대화할 때, 다음 설명 중 옳은 것만을 <u>모두</u> 고르면?

> 가. P가 하락하면 효용은 항상 증가한다.
> 나. 효용의 변화율은 M의 변화율과 같다.
> 다. P가 2에서 0.5로 하락하면 X재에 대해 대체효과만 발생한다.

① 가   ② 나   ③ 다
④ 가, 나   ⑤ 나, 다

4. X재와 Y재만을 소비하며 소득이 1인 어느 소비자의 효용함수가 $u(x,y) = -\dfrac{1}{x} + y$이다. X재의 가격은 P, Y재의 가격은 1이다. 다음 설명 중 옳은 것은?

① 이 소비자에게 X재는 비재화이다.

② y값이 같다면 한계대체율은 x값에 관계없이 일정하다.

③ X재 수요곡선에 수평인 부분이 존재한다.

④ X재 수요곡선은 45°선을 기준으로 대칭이다.

⑤ X재에 대한 지출이 극대화되는 가격이 여러 개 존재한다.

5. 소득 20으로 X재와 Y재만을 소비하여 효용을 극대화하는 소비자의 효용함수가 $u(x,y) = \sqrt{xy}$ 이다. X재, Y재의 가격은 원래 각각 1이었는데, 가격 인상으로 각가 2와 8이 되었다. 가격 인상 후 이 소비자가 원래의 효용 수준을 누리기 위해 필요한 소득 증가분의 최솟값은?

① 20　　　　　② 30　　　　　③ 40

④ 60　　　　　⑤ 80

6. 소득 12로 X재와 Y재만을 구매하는 소비자가 있다. 이 소비자는 X재 가격이 2, Y재 가격이 1일 때 X재 2단위, Y재 8단위를 선택하였다. X재 가격이 1, Y재 가격이 2로 바뀔 때, 현시선호이론에 입각한 설명으로 옳은 것은?

① $(x,y) = (2,5)$를 선택하면 약공리가 위배된다.

② $(x,y) = (6,3)$을 선택하면 약공리가 위배된다.

③ $(x,y) = (8,2)$를 선택하면 약공리가 위배된다.

④ $(x,y) = (10,1)$을 선택하면 약공리가 위배된다.

⑤ 예산선상의 어느 점을 선택하더라도 약공리가 위배되지 않는다.

7. 자산이 100인 갑은 1/2의 확률로 도난에 따른 손실 51을 입을 위험에 처해 있다. 자산액을 m이라 할 때 갑의 효용은 $\sqrt{m}$ 이다. 갑이 가격이 19인 보험상품을 구입하면 도난 발생 시 손실의 $(\alpha \times 100)\%$를 보상받는다. 기대효용을 극대화하는 갑이 보험상품을 구입하기 위한 α의 최솟값은? (단, 구입과 비구입 간에 무차별하면 갑은 보험상품을 구입한다.)

① $\dfrac{1}{7}$　　　　② $\dfrac{1}{3}$　　　　③ $\dfrac{2}{3}$

④ $\dfrac{3}{4}$　　　　⑤ $\dfrac{4}{5}$

8. 갑과 을이 동시에 1, 2, 3 중 하나의 숫자를 선택한다. 둘이 선택한 숫자가 다를 경우, 더 작은 수를 선택한 사람이 자신이 선택한 숫자의 2배를 상금으로 받고 다른 사람은 상금을 전혀 받지 못한다. 둘이 같은 숫자를 선택한 경우, 둘 다 자신이 선택한 값을 상금으로 받

는다. 다음 중 이 게임의 내쉬균형을 <u>모두</u> 고르면?

> 가. 갑, 을 모두 1을 선택한다.
> 나. 갑, 을 모두 2를 선택한다.
> 다. 갑, 을 모두 3을 선택한다.
> 라. 한 사람이 다른 사람보다 1 큰 숫자를 선택한다.

① 가, 나   ② 가, 다   ③ 나, 다

④ 나, 라   ⑤ 다, 라

9. 어느 경제에 두 사람 1, 2가 있다. 공공재 G로부터 사람 i가 얻는 한계편익(MB_i)은 다음과 같다.

$$MB_1(G) = \begin{cases} 50 - G, & G \le 50인\ 경우 \\ 0, & G > 50인\ 경우 \end{cases}$$

$$MB_2(G) = \begin{cases} 50 - \dfrac{1}{2}G, & G \le 100인\ 경우 \\ 0, & G > 100인\ 경우 \end{cases}$$

공공재 생산의 한계비용은 20이다. 최적 수준의 공공재가 공급될 때 사람 1이 얻는 총편익은?

① 0   ② 1,000   ③ 1,250

④ 1,875   ⑤ 3,125

10. 보험시장에서 정보의 비대칭성에 의해 나타나는 시장실패를 개선하기 위한 다음 조치 중 성격이 다른 하나는?

① 건강 상태가 좋은 가입자의 의료보험료를 할인해준다.
② 화재가 발생한 경우 피해액의 일정 비율만을 보험금으로 지급한다.
③ 실손의료보험 가입자의 병원 이용 시 일정액을 본인이 부담하게 한다.
④ 실업보험 급여를 받기 위한 요건으로 구직 활동과 실업 기간에 대한 규정을 둔다.
⑤ 보험 가입 이후 가입기간 동안 산정한 안전운전 점수가 높은 가입자에게는 보험료 일부를 환급해준다.

11. X재와 Y재만을 소비하는 어느 소비자가 사전편찬식 선호(lexicographic preference)를 갖는다. 즉, 두 소비묶음 $a = (x_1, y_1)$과 $b = (x_2, y_2)$에 대해 만약 $x_1 > x_2$이거나, $x_1 = x_2$이며 $y_1 > y_2$이면, a를 b보다 선호한다. 이 소비자의 X재에 대한 수요함수와 동

일한 수요함수가 도출되는 효용함수는?

① $u(x, y) = x$ ② $u(x, y) = x + y$ ③ $u(x, y) = y$

④ $u(x, y) = xy$ ⑤ $u(x, y) = \min\{x, y\}$

12. X재와 Y재만을 소비하는 어느 소비자의 효용함수가 다음과 같다.

$$u(x, y) = \max\{2x + y, x + 2y\}$$

Y재의 가격이 1로 주어진 경우, 효용을 극대화하는 이 소비자에 대한 설명으로 옳은 것만을 **모두** 고르면?

> 가. X재 가격의 각 수준에 대해 효용극대점은 유일하다.
> 나. 두 재화의 소비량이 같은 효용극대점이 존재한다.
> 다. X재 수요가 단위 탄력적인 점이 존재한다.
> 라. X재 수요가 완전 비탄력적인 점이 존재한다.

① 가, 나 ② 가, 다 ③ 나, 다
④ 나, 라 ⑤ 다, 라

13. 노동(L)과 자본(K)을 이용해 상품 Y를 생산하는 기업이 다음과 같은 세 가지 생산공정을 가지고 있다.

> ○ 공정1 : $y = \min\left\{L, \dfrac{K}{3}\right\}$
>
> ○ 공정2 : $y = \min\left\{\dfrac{2}{3}L, \dfrac{2}{3}K\right\}$
>
> ○ 공정3 : $y = \min\left\{\dfrac{L}{3}, K\right\}$

노동과 자본의 가격이 각각 w와 r일 때, 다음 설명 중 옳은 것은?

① $w > r$이면 공정1만 사용된다.
② $w < r$이면 공정2민 사용된다.
③ $w = r$이면 공정2와 공정3이 동시에 사용될 수 있다.
④ 규모수익이 증가한다.
⑤ 이 기업의 비용함수는 선형이다.

14. 노동(L)과 자본(K)을 이용해 Y재를 생산하는 어느 기업의 생산함수가 다음과 같다.

$$y = L^{1/2}K^{1/2}$$

노동과 자본의 가격은 모두 1로 동일하다. 이 기업의 한계비용함수는?

① $2y$ ② $\sqrt{2}\,y$ ③ 2

④ $\sqrt{2}$ ⑤ $\dfrac{1}{\sqrt{2}}$

15. 어느 완전경쟁시장에서 수요 $Q_D = 30 - p$와 공급 $Q_S = p$가 주어져 있다. 정부가 생산자에게 판매금액의 50%에 해당하는 종가세(ad valorem tax)를 부과할 때 발생하는 사회적 후생손실은? (단, p는 시장가격, Q_D는 수요량, Q_S는 공급량을 나타낸다.)

① 4.5   ② 9   ③ 12

④ 18   ⑤ 36

16. 분리 가능한 두 시장 A, B에서 하나의 독점기업이 3급 가격차별을 하려 한다. 두 시장에서의 역수요함수가 각각 다음과 같다.

$$p_A = 30 - y_A, \qquad p_B = 40 - 2y_B$$

이 독점기업의 한계비용이 4이며, 생산시설의 한계로 생산량이 10을 넘지 못할 때 시장 A에서의 판매량은? (단, p_i와 y_i는 각각 시장 i에서의 가격과 수량을 나타낸다.)

① 4   ② 5   ③ 6

④ 7   ⑤ 8

17. 수요가 $y = 15 - p$인 시장에서 두 기업 A와 B가 쿠르노 경쟁을 한다. 기업 A와 B의 한계비용이 각각 1과 2일 때, 내쉬균형에서 시장가격은? (단, p는 시장가격, y는 시장수요량을 나타낸다.)

① 3   ② 4   ③ 5

④ 6   ⑤ 7

18. 두 소비자 1과 2가 두 재화 X와 Y를 소비하는 순수교환경제를 고려하자. 소비자 1은 초기에 X재 1단위, Y재 2단위의 부존자원을 가지고 있으며 효용함수는 다음과 같다.

$$u_1(x_1, y_1) = 2x_1 + 3y_1$$

소비자 2는 초기에 X재 2단위, Y재 1단위의 부존자원을 가지고 있으며 효용함수는 다음과 같다.

$$u_2(x_2, y_2) = \sqrt{x_2} + \sqrt{y_2}$$

이 경제의 경쟁균형(competitive equilibrium) 소비점에서 소비자 2의 Y재로 표시한 X재의 한계대체율은?

① $\dfrac{2}{3}$　　　　　　② 1　　　　　　③ $\dfrac{3}{2}$

④ $\sqrt{\dfrac{2}{3}}$　　　　　　⑤ $\sqrt{\dfrac{3}{2}}$

19. 어느 국가의 제조업 부문과 서비스업 부문 노동의 한계생산물이 다음과 같다.

　　○ 제조업 부문 노동의 한계생산물 : $\dfrac{2}{\sqrt{L_M}}$

　　○ 서비스업 부문 노동의 한계생산물 : $\dfrac{1}{\sqrt{L_S}}$

이 국가에서는 제조업과 서비스업 부문 간의 노동 이동이 자유로워 제조업과 서비스업 부문의 명목임금이 W로 같다. 신고전학파의 분배이론을 적용할 경우 다음 설명 중 옳은 것만을 <u>모두</u> 고르면? (단, L_M과 L_S는 각각 제조업과 서비스업 부문의 노동 투입, P_M과 P_S는 각각 제조업과 서비스업 부문의 생산물 가격을 나타낸다.)

> 가. L_M과 L_S가 같다면 W/P_S는 W/P_M의 2배이다.
> 나. W가 1이고 P_M이 2이면 L_M은 16이다.
> 다. P_M과 P_S가 같고 L_M과 L_S의 합계가 50이라면 L_S는 10이다.

① 가　　　　　　② 나　　　　　　③ 다
④ 가, 나　　　　　　⑤ 나, 다

20. X재와 Y재만을 생산하는 두 국가 A국, B국으로 이루어진 리카르도 모형을 가정하자. A국과 B국의 노동자 수는 각각 600으로 동일하다. 두 국가에서 교역 이전에는 X재 산업에 고용된 노동자 수와 Y재 산업에 고용된 노동자 수가 동일하다. 즉, $L_X^A = L_Y^A$, $L_X^B = L_Y^B$이다. 교역이 이루어지는 경우 각국은 비교우위가 있는 재화 생산에 완전특화한 후 X재와 Y재를 1:1로 교환한다. A국과 B국에서 각 재화 한 단위를 생산하는 데 소요되는 노동자

수는 아래 표와 같다. 다음 설명 중 **옳지 않은** 것은? (단, L_j^i는 i국의 j재 산업에 고용된 노동자 수이다.)

	A국	B국
X재	2	6
Y재	3	4

① A국은 모든 재화에 대해 절대우위를 갖는다.
② 교역 이전에 A국은 Y재를 100단위 생산한다.
③ 교역이 이루어지면 A국의 X재 생산량은 교역 이전의 두 배가 된다.
④ 교역이 이루어지면 A국과 B국의 X재 생산량 합계는 교역 이전에 비해 100단위 늘어난다.
⑤ 교역 전후 B국의 X재 소비량이 동일하다면 교역 이후 B국의 Y재 소비량은 125단위이다.

21. 헥셔-올린 모형에 관한 다음 설명 중 옳은 것만을 **모두** 고르면?

> 가. 생산기술 차이에 따른 국가 간 교역 발생을 설명하는 이론이다.
> 나. 완전한 자유무역이 이루어지면 양국의 생산요소 가격은 절대적으로 균등화된다.
> 다. 완전한 자유무역이 이루어지면 자본이 풍부한 국가의 자본집약도는 증가한다.

① 가 　　　　② 나 　　　　③ 다
④ 가, 다 　　　⑤ 나, 다

22. X재를 교역하는 수입국과 수출국에 관한 다음 설명 중 옳은 것만을 **모두** 고르면? (단, 수요곡선은 우하향하고 공급곡선은 우상향한다.)

> 가. 교역 이후 수출국의 X재 가격은 상승하나 수입국의 X재 가격은 하락한다.
> 나. 대국인 수입국이 수입관세를 부과할 경우 수입국의 후생 변화는 불분명하다.
> 다. 소국인 수입국이 수입관세를 부과할 경우 수입국에서 소비자는 손실을 보고 생산자는 이득을 얻는다.
> 라. 수출국이 수출보조금을 도입하는 경우 수출국의 후생은 증가한다.

① 가, 나 　　　② 나, 다 　　　③ 다, 라
④ 가, 나, 다 　　⑤ 가, 다, 라

23. 폐쇄경제였던 어느 소규모 국가가 자본이동이 자유로운 개방경제로 전환하였다. 괄호 안의 a~c에 들어갈 말로 바르게 짝지은 것은?

> 가. IS곡선은 폐쇄경제였을 때에 비해 더 (a) 기울기를 갖는다.
> 나. 변동환율제도를 채택한다면 AD곡선은 폐쇄경제였을 때에 비해 더 (b) 기울기를 갖는다.
> 다. 고정환율제도를 채택한다면 AD곡선은 폐쇄경제였을 때에 비해 더 (c) 기울기를 갖는다.

	a	b	c
①	가파른	완만한	가파른
②	가파른	가파른	완만한
③	가파른	가파른	가파른
④	완만한	완만한	가파른
⑤	완만한	가파른	완만한

24. 케인즈학파와 비교한 고전학파 이론의 특징과 관련한 설명으로 옳은 것만을 <u>모두</u> 고르면?

> 가. 가격이 신축적이다.
> 나. 총공급곡선이 수평이다.
> 다. 화폐공급의 증가는 총생산에 영향을 미치지 못한다.
> 라. 재정정책의 변화가 총생산에 미치는 영향을 강조한다.

① 가, 나   ② 가, 다   ③ 나, 다
④ 나, 라   ⑤ 다, 라

25. 디플레이션에 대처하기 위한 경제정책에 대한 입장과 학파를 바르게 짝지은 것은?

> 가. 정부정책에 대해 민간이 충분히 신뢰하는 상황이라면 통화량을 늘릴 계획을 발표하는 것으로 충분하다.
> 나. 디플레이션의 원인은 통화에 있으므로 통화량을 늘리고 준칙에 따른 통화정책을 수행하면 된다.
> 다. 디플레이션의 원인은 유효수요 부족에 기인하므로 재정정책을 통해 소득을 확대시켜야 한다.

	가	나	다
①	새고전학파	통화주의학파	케인즈학파
②	새고전학파	케인즈학파	통화주의학파
③	케인즈학파	새고전학파	통화주의학파
④	케인즈학파	통화주의학파	새고전학파
⑤	통화주의학파	새고전학파	케인즈학파

26. 비경제활동인구가 존재하지 않는 경제의 노동시장에서 이번 기(t)의 실업자(U_t) 중에서 다음 기($t+1$)에 고용되는 비율은 e, 이번 기의 취업자 중에서 다음 기에 실업자로 전환되는 비율은 b이다. 즉, 이번 기의 경제활동인구를 L_t라고 하면 다음 기의 실업자는 아래 식과 같이 결정된다.

$$U_{t+1} = (1-e)U_t + b(L_t - U_t)$$

이 경제의 인구 증가율이 n이다. 즉, $L_{t+1} = (1+n)L_t$이다. 장기균형에서의 실업률은?

① $\dfrac{e+b}{n+b}$ ② $\dfrac{n+e}{n+b}$ ③ $\dfrac{n+e}{n+e+b}$

④ $\dfrac{b}{n+e+b}$ ⑤ $\dfrac{e}{n+e+b}$

27. A국은 X재와 Y재 두 재화만을 생산한다. 2010년과 2011년에 A국에서 생산된 각 재화의 시장가격과 거래금액은 아래와 같다. 이때 2010년을 기준연도로 하여 2011년 GDP 디플레이터를 구하는 산식으로 옳은 것은? (단, 그해 A국에서 생산된 재화는 그해에 모두 A국 시장에서 거래되어 소비되었다.)

연도	시장가격(원)		거래금액(원)	
	X재	Y재	X재	Y재
2010	P_0^x	P_0^y	M_0^x	M_0^y
2011	P_1^x	P_1^y	M_1^x	M_1^y

① $\dfrac{M_1^x + M_1^y}{P_0^x \dfrac{M_1^x}{P_1^x} + P_0^y \dfrac{M_1^y}{P_1^y}}$

② $\dfrac{M_1^x + M_1^y}{P_1^x \dfrac{M_1^x}{P_0^x} + P_1^y \dfrac{M_1^y}{P_0^y}}$

③ $\dfrac{P_0^x \dfrac{M_1^x}{P_1^x} + P_0^y \dfrac{M_1^y}{P_1^y}}{M_0^x + M_0^y}$

④ $\dfrac{P_1^x \dfrac{M_1^x}{P_0^x} + P_1^y \dfrac{M_1^y}{P_0^y}}{M_0^x + M_0^y}$ ⑤ $\dfrac{P_1^x \dfrac{M_1^x}{P_0^x} + P_1^y \dfrac{M_1^y}{P_0^y}}{P_0^x \dfrac{M_1^x}{P_1^x} + P_0^y \dfrac{M_1^y}{P_1^y}}$

28. A국의 통화당국은 통화량 또는 이자율을 중간목표로 운영하여 소득변동을 최소화함으로써 경기를 안정시키는 정책목표를 달성하고자 한다. 통화량 중간목표제는 통화량을 현재 수준으로, 이자율 준간목표제는 이자율을 현재 수준으로 유지하는 것이다. 재화시장에 충격이 발생하여 IS곡선이 이동하였다고 하자. IS-LM곡선을 이용한 분석으로 옳은 것만을 <u>모두</u> 고르면? (단, IS곡선은 우하향하고 LM곡선은 우상향한다.)

> 가. 통화량 중간목표제가 이자율 중간목표제에 비해 정책목표 달성에 더 효과적
> 이다.
> 나. 통화량 중간목표제의 경기안정 효과는 화폐수요의 이자율탄력성이 높을수록
> 작아진다.
> 다. 이자율 중간목표제의 경기안정 효과는 투자의 이자율탄력성이 높을수록 커진다.

① 가　　　　② 나　　　　③ 가, 나
④ 나, 다　　　　⑤ 가, 나, 다

29. 대표적 소비자의 생애효용함수가 다음과 같다.

$$U(c_1, c_2) = \sqrt{c_1} + \frac{1}{1+r}\sqrt{c_2}$$

이 소비자는 1기에 근로소득 y를 얻는 반면, 2기에는 근로소득이 없다. 이 소비자가 1기에 s를 저축하면 2기에 원리금 $(1+r)s$를 돌려받는다. 정부가 1기에 τy를 걷은 다음, 2기에 원리금 $(1+r)\tau y$를 돌려주는 공적연금정책을 도입하려 한다. 이에 따른 각 시기의 예산제약식은 다음과 같다.

> ○ 1기: $c_1 = (1-\tau)y - s$
> ○ 2기: $c_2 = (1+r)(\tau y + s)$

이 경우 공적연금이 개인저축을 구축하며 τ^* 이상에서는 개인저축이 0이다. τ^*의 최솟값은? (단, c_t는 t기의 소비를 나타낸다.)

① $\dfrac{1}{1+r}$　　　　② $\dfrac{1}{2+r}$　　　　③ $\dfrac{1}{3+r}$

④ $\dfrac{r}{1+r}$　　　　⑤ $\dfrac{r}{2+r}$

30. 다음 그림은 고정환율제를 채택하고 있는 어느 소규모 개방경제의 IS-LM-BP곡선을 나타 낸다. BP곡선은 BP_1과 BP_2 중 하나이다. 다음 설명 중 **옳지 않은** 것은? (단, 현재 균형 점은 E이다.)

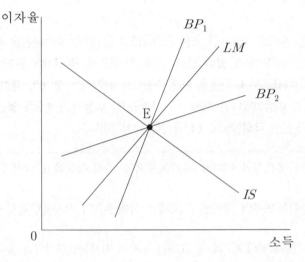

① 자본의 이동은 BP_1인 경우보다 BP_2인 경우에 더 자유롭다.

② 확장적 재정정책이 시행되면 BP_1인 경우와 BP_2인 경우 모두 이자율이 상승한다.

③ 확장적 재정정책에 따른 소득 증가효과는 BP_1인 경우보다 BP_2인 경우에 더 크다.

④ 확장적 재정정책에 따른 구축효과는 BP_1인 경우보다 BP_2인 경우에 더 크다.

⑤ 확장적 통화정책이 소득에 미치는 효과는 BP_1인 경우와 BP_2인 경우에 동일하다.

31. 다음 그림은 자국통화의 평가절하에 따른 경상수지 변화를 나타낸다. 구간 (가), (나)에서 나타나는 외화표시 수출가격 및 수출물량 변화에 대한 설명으로 가장 적절한 것은?

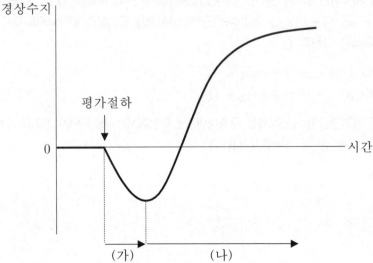

	(가)		(나)	
	수출가격	수출물량	수출가격	수출물량
①	상승	불변	상승	불변
②	하락	불변	상승	증가
③	하락	불변	하락	증가
④	불변	감소	하락	증가
⑤	불변	감소	불변	증가

32. 다음 중 우리나라 국제수지상의 경상수지 흑자로 기록되는 것은?

① 한국은행이 IMF로부터 10억 달러를 차입했다.
② 외국 투자자들이 국내 증권시장에서 1억 달러어치의 국내 기업 주식을 매입했다.
③ 국내 기업 A가 특허권을 외국에 매각하고 20만 달러를 벌었다.
④ 외국에서 1년 미만 단기로 일하는 우리나라 근로자가 근로소득으로 받은 10만 달러를 국내로 송금했다.
⑤ 우리나라 정부가 개발도상국에 2천만 달러의 무상원조를 제공했다.

33. 우리나라의 반도체 수출업자가 미국에 1만 달러의 상품을 수출하고 그 대금을 6개월 후에 지급받기로 계약했다. 현재 선물시장에서 6개월 후 달러의 선물가격은 1,170원이다. 원화 금융시장에서 연간 이자율은 10%, 달러화 금융시장에서 연간 이자율은 12%이다. 수출업자가 수출계약 체결과 동시에 시행할 수 있는 환위험 관리전략은 아래와 같다. 현물환율이 현재 달러당 1,200원에서 6개월 후에 달러당 1,150원이 된다면 6개월 후에 수출업자가 얻는 이득이 큰 순으로 나열된 것은? (단, 수수료 및 거래비용은 없다.)

(가) 6개월 후에 1만 달러를 팔기로 하는 선물계약을 체결한다.
(나) 6개월 후에 원리금 1만 달러를 갚기로 하고 달러화 금융시장에서 해당 원금을 빌린 후에 원화 금융시장에 6개월 동안 투자한다.
(다) 아무런 조치를 취하지 않는다.

① (가) - (나) - (다)   ② (가) - (다) - (나)   ③ (나) - (가) - (다)
④ (나) - (다) - (가)   ⑤ (다) - (가) - (나)

34. 아래 표는 자국통화 표시 빅맥 가격과 미국 달러화 대비 자국통화의 현재 환율을 나타낸다. 미국의 빅맥 가격이 4달러일 때, 빅맥 PPP(purchasing power parity)에 근거한 환율 대비 현재 환율이 높은 순으로 국가를 나열한 것은?

국가	자국통화 표시 빅맥 가격	현재 환율
A	30	5
B	200	100
C	100	20

① A - B - C   ② A - C - B   ③ B - C - A
④ C - A - B   ⑤ C - B - A

35. 기술진보가 없는 솔로우 모형을 고려하자. 총생산함수는 다음과 같다.

$$Y_t = K_t^{1/2} L_t^{1/2}$$

감가상각률과 저축률은 각각 10%, 30%이다. 노동(인구)증가율이 0%일 때의 정상상태(steady state)와 비교하여 −2%일 때의 정상상태에 대한 다음 설명 중 옳은 것은? (단, Y_t, K_t, L_t는 각각 t기 경제 전체의 생산, 자본, 노동을 나타낸다.)

① 1인당 자본이 감소한다.
② 1인당 생산이 감소한다.
③ 1인당 소비가 감소한다.
④ 1인당 생산 대비 1인당 소비 비율은 변하지 않는다.
⑤ 1인당 생산 대비 1인당 자본 비율은 변하지 않는다.

36. 다음 개방경제 모형을 고려하자.

$$IS: Y = C(Y) + I(i) + G_0 + NX(EP_0^*/P_0, Y_0^*)$$

$$LM: \frac{M_0}{P_0} = L(Y, i)$$

$$UIP(\text{유위험 이자율 평가}): i = i_0^* + (E_0^e - E)/E$$

외국 소득 감소에 따른 분석으로 **옳지 않은** 것은? (단, Y, C, I, i, G, NX, E, P, M/P, L, E^e는 각각 소득, 소비, 투자, 명목이자율, 정부지출, 순수출, 명목환율, 물가, 실질화폐공급, 실질화폐수요, 기대 환율이고, 위 첨자 *가 있는 변수는 외국 변수이며 아

래 첨자 0이 표시되어 있는 변수는 외생변수이다. 소비는 소득의 증가함수, 투자는 명목이
자율의 감소함수, 순수출은 실질환율(EP^*/P), 외국 소득에 대하여 모두 증가함수이며,
실질화폐수요는 소득, 명목이자율에 대하여 각각 증가함수, 감소함수이다.)

① 명목환율이 하락한다.   ② 명목이자율이 하락한다.

③ 소득이 감소한다.   ④ 투자가 증가한다.

⑤ 소비가 감소한다.

37. 나음 그림은 어느 폐쇄경제의 IS-LM 균형과 완전고용생산량(Y^f)을 나타낸다. 현재의 이
자율을 변경하지 않고 완전고용생산량을 달성하기 위한 중앙은행과 정부의 정책조합으로
가장 적절한 것은?

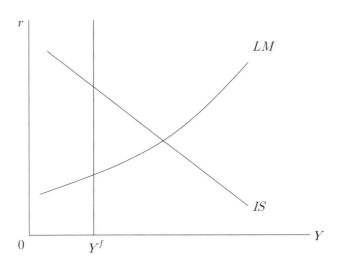

	중앙은행	정부
①	국공채 매입	재정지출 확대
②	국공채 매입	재정지출 축소
③	국공채 매각	재정지출 불변
④	국공채 매각	세금 인하
⑤	국공채 매각	세금 인상

38. 다음 그림은 폐쇄경제인 A국의 화폐시장, 대부자금시장, IS-LM 및 AD-AS 균형을 나타
    낸다. 소비가 외생적으로 감소한 경우 다음 설명 중 옳은 것은? (단, M/P, L, S, I, r,
    Y, C, G, T, P는 각각 실질화폐잔고 공급, 실질화폐잔고 수요, 저축, 투자, 이자율, 총
    생산, 소비, 정부지출, 조세, 물가를 나타낸다.)

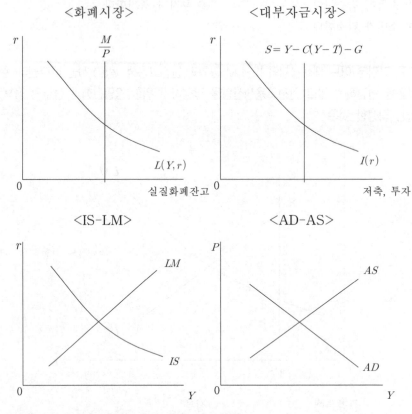

① 대부자금시장에서 저축곡선이 좌측 이동한다.
② IS-LM에서 IS곡선이 상향 이동한다.
③ AS-AD에서 AS곡선이 좌측 이동한다.
④ 화폐시장에서 실질화폐잔고 공급곡선이 좌측 이동한다.
⑤ 화폐시장에서 실질화폐잔고 수요곡선이 좌측 이동한다.

39. 어느 경제의 필립스곡선이 다음과 같다.

$$\pi = \pi^e - 0.5(u - 0.05)$$

이 경제에서 장기 필립스곡선(LPC)과 단기 필립스곡선(SPC)을 따라 인플레이션율을 각각
1% 포인트 낮출 때 실업률의 변화는? (단, π, π^e, u는 각각 인플레이션율, 기대인플레이

션율, 실업률을 나타낸다.)

	LPC	SPC
①	변화 없음	2% 포인트 증가
②	변화 없음	2% 포인트 감소
③	2% 포인트 증가	2% 포인트 증가
④	2% 포인트 감소	2% 포인트 감소
⑤	2% 포인트 증가	변화 없음

40. 다음은 어느 경제의 AD-AS곡선과 필립스곡선을 나타낸다. AD-AS 균형이 A → B → C 로 이동할 경우 필립스곡선에서 해당하는 균형 이동으로 적절한 것은?

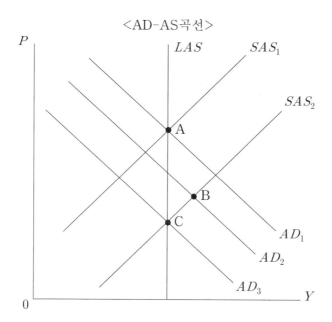

<AD-AS곡선>

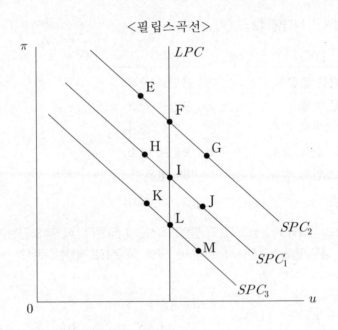

<필립스곡선>

① I → H → I   ② I → J → L   ③ I → K → L

④ L → M → L   ⑤ F → I → J

상 법

※ 각 문제의 보기 중에서 물음에 가장 합당한 답을 고르시오.

1. 상법상 지배인에 관한 설명으로 **틀린** 것은?

① 지배인은 부분적 포괄대리권을 가진 사용인을 해임할 수 있다.

② 지배인은 영업주의 허락없이 다른 상인의 사용인이 되지 못한다.

③ 지배인에 관한 상법 규정은 소상인에게 적용하지 아니한다.

④ 표현지배인은 영업주의 영업에 관한 재판상 행위에 관하여 그 영업소의 지배인과 동일한 권한이 있는 것으로 본다.

⑤ 상인은 지배인의 대리권의 소멸에 관하여 그 지배인을 둔 본점 또는 지점소재지에서 등기하여야 한다.

2. 상법상 영업양도에 관한 설명으로 옳은 것은? (이견이 있으면 판례에 의함)

① 양수인이 양도인의 상호를 속용하는 경우에는 채권의 양도가 없더라도 채권양도가 있는 것으로 간주되어 양도인의 채무자는 반드시 양수인에게 변제해야 한다.

② 영업양도에서의 영업은 영리적 목적을 수행하기 위해 결합시킨 조직적 재산으로 개개의 영업용 재산 또는 단순한 영업용 재산만을 가리키는 것이다.

③ 양수인이 양도인의 상호를 속용하지 않는 경우, 양도인의 영업으로 인한 채무를 인수할 것을 광고한 때에는 양수인도 변제할 책임을 진다.

④ 상호를 속용하는 양수인의 책임에 있어서, 영업으로 인하여 발생한 양도인의 채무에는 영업상의 활동과 관련하여 발생한 불법행위로 인한 채무는 포함되지 않는다.

⑤ 당사자간에 다른 약정이 없으면 양도인은 20년간 동일한 특별시·광역시·시·군에서 동종영업을 하지 못한다.

3. 상법상 대리상에 관한 설명으로 **틀린** 것은?

① 대리상이 거래의 대리 또는 중개를 한 때에는 지체없이 본인에게 그 통지를 발송하여야 안나.

② 대리상은 본인의 허락없이 자기나 제3자의 계산으로 본인의 영업부류에 속한 거래를 하지 못한다.

③ 물건의 판매나 그 중개의 위탁을 받은 대리상은 매매의 목적물의 하자 또는 수량부족에 관한 통지를 받을 권한이 있다.

④ 대리상의 보상청구권은 대리상계약이 종료한 날부터 6月을 경과하면 소멸한다.

⑤ 상인이 아닌 자를 위해 그 거래의 대리 또는 중개를 영업으로 하는 자도 상법상 대리상이다.

4. 상법상 운송업에 관한 설명으로 **틀린** 것은? (이견이 있으면 판례에 의함)

① 송하인은 운송인의 청구에 의하여 화물명세서를 교부하여야 한다.

② 여객운송인은 여객으로부터 인도를 받은 수하물에 관하여는 그 수하물에 관한 운임을 받은 경우에 한하여 물건운송인과 동일한 책임이 있다.

③ 여객운송의 경우 손해배상의 액을 정함에는 법원은 피해자와 그 가족의 정상을 참작하여야 한다.

④ 화폐, 유가증권 기타의 고가물에 대하여는 송하인이 운송을 위탁할 때에 그 종류와 가액을 명시한 경우에 한하여 운송인은 그 채무불이행으로 인한 손해를 배상할 책임이 있다.

⑤ 송하인 또는 화물상환증이 발행된 때에는 그 소지인이 운송인에 대하여 운송의 중지, 운송물의 반환 기타의 처분을 청구할 수 있다.

5. 상법상 운송주선인에 관한 설명으로 **틀린** 것은?

① 운송주선인이란 자기의 명의로 물건운송의 주선을 영업으로 하는 자를 말한다.

② 선의의 운송주선인의 책임은 운송인이 운송물을 수령한 날로부터 1년을 경과하면 소멸시효가 완성한다.

③ 운송주선인은 다른 약정이 없으면 직접 운송할 수 있고, 이 경우 그 운송주선인은 운송인과 동일한 권리의무가 있다.

④ 운송주선인은 운송물에 관하여 받을 보수, 운임, 기타 위탁자를 위한 체당금이나 선대금에 관하여서만 그 운송물을 유치할 수 있다.

⑤ 수인이 순차로 운송주선을 하는 경우에, 후자는 전자에 갈음하여 그 권리를 행사할 의무를 부담한다.

6. 상법상 화물상환증이 작성된 경우 그 효력에 관한 설명으로 **틀린** 것은?

① 운송물에 관한 처분은 화물상환증으로써 하여야 한다.

② 화물상환증과 상환하지 아니하면 운송물의 인도를 청구할 수 없다.

③ 배서를 금지하는 뜻의 기재가 없는 한, 화물상환증은 기명식인 경우에도 배서에 의하여 양도할 수 있다.

④ 운송인과 송하인 사이에는 화물상환증에 적힌 대로 운송계약이 체결되고 운송물을 수령한 것으로 본다.

⑤ 화물상환증에 의하여 운송물을 받을 수 있는 자에게 화물상환증을 교부한 때에는, 운송물 위에 행사하는 권리의 취득에 관하여 운송물을 인도한 것과 동일한 효력이 있다.

7. 상법상 상행위에 관한 설명으로 옳은 것은? (이견이 있으면 판례에 의함)

① 상인이 영업을 위하여 하는 행위는 상행위로 추정한다.
② 상인의 행위는 영업을 위하여 하는 것으로 본다.
③ 상행위로 인하여 생긴 채권을 담보하기 위한 유질계약은 허용되고, 이 경우 질권설정자는 반드시 상인이어야 한다.
④ 상인이 그 영업범위 내에서 이자를 약정하지 않고 타인을 위하여 금전을 체당하였을 때에는 법정이자를 청구할 수 없다.
⑤ 오로지 임금을 받을 목적으로 물건을 제조하거나 노무에 종사하는 자의 행위가 아닌 한, 영업으로 하는 상호부금은 기본적 상행위에 해당한다.

8. 상법상 익명조합에 관한 설명으로 **틀린** 것은?

① 익명조합은 당사자의 일방이 상대방의 영업을 위하여 출자하고 상대방은 그 영업으로 인한 손실을 분담할 것을 약정함으로써 그 효력이 생긴다.
② 익명조합원이 자기의 상호를 영업자의 상호로 사용할 것을 허락한 때에는 그 사용 이후의 채무에 대하여 영업자와 연대하여 변제할 책임이 있다.
③ 조합계약이 종료한 때에는 영업자는 익명조합원에게 그 출자의 가액을 반환하여야 하지만, 출자가 손실로 인하여 감소된 때에는 그 잔액을 반환하면 된다.
④ 조합의 존속기간의 약정의 유무에 불구하고 부득이한 사정이 있는 때에는 각 당사자는 언제든지 계약을 해지할 수 있다.
⑤ 익명조합원의 파산은 익명조합계약의 종료사유이다.

9. 상법상 회사의 해산에 관한 설명으로 옳은 것은?

① 회사의 분할은 합자회사의 해산사유이다.
② 사원이 1인으로 된 때는 유한책임회사의 해산사유이다.
③ 휴면회사의 해산의제는 유한회사의 해산사유이다.
④ 유한책임사원 전원이 퇴사한 때는 합명회사의 해산사유이다.
⑤ 회사가 정당한 사유없이 설립 후 1년 내에 영업을 개시하지 아니하는 때에는 법원은 직권으로 회사의 해산을 명할 수 있다.

10. 상법상 주식회사의 설립에 관한 설명으로 **틀린** 것은?

① 본점의 소재지는 정관의 절대적 기재사항이다.

② 회사가 부담할 설립비용과 발기인이 받을 보수액은 정관에 기재함으로써 그 효력이 있다.

③ 모집설립시 납입장소를 변경할 때에는 창립총회의 결의가 있으면 법원의 허가를 얻을 필요가 없다.

④ 모집설립시 창립총회의 결의는 출석한 주식인수인의 의결권의 3분의 2 이상이며 인수된 주식의 총수의 과반수에 해당하는 다수로 하여야 한다.

⑤ 법원이 선임한 검사인이 악의 또는 중대한 과실로 인하여 그 임무를 해태한 때에는 회사 또는 제3자에 대하여 손해를 배상할 책임이 있다.

11. 상법상 주식에 관한 설명으로 옳은 것은?

① 회사의 자본금은 액면주식을 무액면주식으로 전환함으로써 변경할 수 없으나, 무액면주식을 액면주식으로 전환함으로써 변경할 수 있다.

② 회사는 정관으로 정한 경우에는 분할 후의 액면주식 1주의 금액을 100원 미만으로 하는 주식분할을 할 수 있다.

③ 회사설립시 무액면주식을 발행하는 경우에는 주식의 발행가액 중 자본금으로 계상하는 금액에 관한 사항은 정관으로 달리 정하지 아니하면 발기인 과반수의 동의로 이를 정한다.

④ 수인이 공동으로 주식을 인수한 자는 연대하여 납입할 책임이 있다.

⑤ 주식이 수인의 공유에 속하는 때 공유자는 주주의 권리를 행사할 자 1인을 정하여야 하고, 주주의 권리를 행사할 자가 없는 때에는 공유자에 대한 통지는 공유자 전원에 대하여 하여야 한다.

12. 상법상 상환주식에 관한 설명으로 **틀린** 것은?

① 회사는 정관으로 정하는 바에 따라 회사의 이익으로써 소각할 수 있는 종류주식을 발행할 수 있다.

② 회사는 주식 취득의 대가로 현금 외에 다른 종류주식을 교부할 수 있다.

③ 회사는 정관으로 정하는 바에 따라 주주가 회사에 대하여 상환을 청구할 수 있는 종류주식을 발행할 수 있다.

④ 주주가 회사에 대하여 상환을 청구할 수 있는 종류주식을 발행하는 경우, 회사는 정관에 주주가 회사에 대하여 상환을 청구할 수 있다는 뜻, 상환가액, 상환청구기간, 상환의 방법을 정하여야 한다.

⑤ 상환주식은 종류주식(상환과 전환에 관한 것은 제외한다)에 한정하여 발행할 수 있다.

13. 상법상 비상장 주식회사에서 발행주식총수의 100분의 3에 해당하는 주식을 가진 주주가 행사할 수 있는 권리가 **아닌** 것은? (의결권 배제·제한에 관한 종류주식은 발행되지 않음)

① 해산판결청구권   ② 주주제안권   ③ 청산인해임청구권
④ 감사해임청구권   ⑤ 회계장부열람청구권

14. 상법상 주권 발행 후에 이루어진 주식의 입질에 관한 설명으로 **틀린** 것은?

① 주식을 질권의 목적으로 하는 때에는 주권을 질권자에게 교부하여야 한다.
② 질권자는 계속하여 주권을 점유하지 아니하면 그 질권으로써 제3자에게 대항하지 못한다.
③ 주식의 소각, 병합, 분할 또는 전환이 있는 때에는 이로 인하여 종전의 주주가 받을 금전이나 주식에 대하여도 종전의 주식을 목적으로 한 질권을 행사할 수 있다.
④ 주식의 등록질권자는 회사로부터 이익배당 또는 잔여재산의 분배에 따른 금전의 지급을 받아 다른 채권자에 우선하여 자기채권의 변제에 충당할 수 있다.
⑤ 상법은 주식의 약식질권도 신주인수권에 대하여 그 우선변제적 효력이 미친다고 규정하고 있다.

15. 상법상 회사성립 후 6월이 경과한 이후의 주권발행 전 주식양도에 관한 설명으로 **틀린** 것은? (이견이 있으면 판례에 의함)

① 주권발행 전 주식의 양도는 지명채권의 양도에 관한 일반원칙에 따라 당사자의 의사표시만으로 효력이 발생한다.
② 주권발행 전 주식을 양수한 자는 특별한 사정이 없는 한 양도인의 협력을 받아 양도인과 공동으로 회사에 대하여 그 명의개서를 청구하여야 한다.
③ 회사 이외의 제3자에 대하여 주식의 양도 사실을 대항하기 위하여는 지명채권의 양도에 준하여 확정일자 있는 증서에 의한 양도통지 또는 승낙을 갖추어야 한다.
④ 주권발행 전 주식의 이중양도가 문제되는 경우, 이중양수인 상호간의 우열은 지명채권 이중양도의 경우에 준하여 확정일자 있는 양도통지가 회사에 도달한 일시 또는 확정일자 있는 승낙의 일시의 선후에 의하여 결정하는 것이 원칙이다.
⑤ 만약 주권발행 전에 한 주식양도가 회사성립 후 6월이 경과하기 전에 이루어졌다고 하더라도 그 회사성립 후 6월이 경과하고 그 때까지 회사가 주권을 발행하지 않았다면, 그 하자는 치유되어 회사에 대하여도 유효한 주식양도가 된다.

16. 상법상 주권이 발행된 경우의 주식양도에 관한 설명으로 **틀린** 것은? (이견이 있으면 판례에 의함)

① 주식의 양도에 있어서는 주권을 교부하여야 한다.

② 주권의 점유자는 이를 적법한 소지인으로 추정한다.

③ 주식의 이전은 취득자의 성명과 주소를 주주명부에 기재하지 아니하면 회사에 대항하지 못하는 것이 원칙이다.

④ 회사는 정관이 정하는 바에 의하여 명의개서대리인을 둘 수 있다.

⑤ 주식을 양수하려는 자가 타인의 명의를 빌려 회사의 주식을 양수하고 타인의 명의로 주주명부에의 기재까지 마치는 경우, 회사에 대한 관계에서는 주주명부상 주주가 아니라 그 타인의 명의를 차용한 자만이 주주로서 의결권 등 주주권을 적법하게 행사할 수 있다.

17. 상법상 비상장 주식회사의 주주총회 소집에 관한 설명으로 **틀린** 것은? (이견이 있으면 판례에 의함)

① 주주총회의 목적사항에 합병계약서 승인사항이 포함된 경우, 의결권 없는 주주에게는 총회소집을 통지하지 않아도 된다.

② 연 2회 이상의 결산기를 정한 회사는 매기에 정기총회를 소집하여야 한다.

③ 발행주식총수의 100분의 3 이상에 해당하는 주식을 가진 주주는 회의의 목적사항과 소집의 이유를 적은 서면 또는 전자문서를 이사회에 제출하여 임시총회의 소집을 청구할 수 있다.

④ 회사 또는 발행주식총수의 100분의 1 이상에 해당하는 주식을 가진 주주는 총회의 소집절차의 적법성을 조사하기 위하여 총회 전에 법원에 검사인의 선임을 청구할 수 있다.

⑤ 임시주주총회가 법령 및 정관상 요구되는 이사회의 결의 및 소집절차 없이 이루어졌다 하더라도, 주주명부상의 주주 전원이 참석하여 총회를 개최하는데 동의하고 아무런 이의 없이 만장일치로 결의가 이루어졌다면 그 결의는 특별한 사정이 없는 한 유효하다.

18. 상법상 주주총회의 결의에 관한 설명으로 **틀린** 것은?

① 총회의 결의는 상법 또는 정관에 다른 정함이 있는 경우를 제외하고는 출석한 주주의 의결권의 과반수와 발행주식총수의 4분의 1 이상의 수로써 하여야 한다.

② 주주는 대리인으로 하여금 그 의결권을 행사하게 할 수 있으며, 이 경우 그 대리인은 대리권을 증명하는 서면을 총회에 제출하여야 한다.

③ 주주가 2 이상의 의결권을 가지고 있는 때에는 이를 통일하지 아니하고 행사할 수

있고, 이 경우 주주총회일의 3일 전에 회사에 대하여 서면 또는 전자문서로 그 뜻과 이유를 통지하여야 한다.

④ 주주는 정관이 정한 바에 따라 총회에 출석하지 아니하고 서면에 의하여 의결권을 행사할 수 있고, 이 경우 회사는 총회의 소집통지서에 주주가 서면에 의한 의결권을 행사하는데 필요한 서면과 참고자료를 첨부하여야 한다.

⑤ 회사는 정관의 규정이 있는 경우에 한하여 주주가 총회에 출석하지 아니하고 전자적 방법으로 의결권을 행사하도록 할 수 있다.

19. 상법상 주주총회의 결의하자를 다투는 소에 관한 설명으로 **틀린** 것은?

① 결의취소의 소는 본점소재지의 지방법원의 관할에 전속한다.

② 주주가 아닌 감사가 결의취소의 소를 제기한 경우, 법원은 회사의 청구에 의하여 상당한 담보를 제공할 것을 명할 수 있다.

③ 총회의 결의내용이 법령에 위반한 경우에 결의무효확인의 소를 제기할 수 있다.

④ 총회의 소집절차에 총회결의가 존재한다고 볼 수 없을 정도의 중대한 하자가 있는 경우에 결의부존재확인의 소를 제기할 수 있다.

⑤ 부당결의의 변경의 판결은 제3자에 대하여도 그 효력이 있다.

20. 상법상 주식회사의 이사에 관한 설명으로 **틀린** 것은? (이견이 있으면 판례에 의함)

① 이사와 회사의 관계는 민법의 위임에 관한 규정을 준용한다.

② 정관으로 이사가 가질 주식의 수를 정한 경우에 다른 규정이 없는 때에는 이사는 그 수의 주권을 감사에게 공탁하여야 한다.

③ 주주총회에서 이사를 선임하는 경우, 주주총회 선임결의와 별도로 대표이사와 피선임자 사이에 임용계약이 체결되어야 이사의 지위를 취득한다.

④ 이사는 언제든지 주주총회의 특별결의로 이를 해임할 수 있다.

⑤ 2인 이상의 이사의 선임을 목적으로 하는 총회의 소집이 있는 때에는 의결권 없는 주식을 제외한 발행주식총수의 100분의 3 이상에 해당하는 주식을 가진 주주는 정관에서 달리 정하는 경우를 제외하고는 집중투표의 방법으로 이사를 선임할 것을 청구할 수 있다.

21. 상법상 주식회사 이사의 보수에 관한 설명으로 **틀린** 것은? (이견이 있으면 판례에 의함)

① 이사에 대한 퇴직위로금은 그 직에서 퇴임한 자에 대하여 그 재직 중 직무집행의 대가로 지급되는 보수의 일종이다.

② 법적으로는 이사의 지위를 갖지만 회사와의 약정에 따라 이사로서의 실질적인 직무를 수행하지 않는 이른바 명목상 이사도 특별한 사정이 없으면 정관의 규정 또는

주주총회의 결의에 의하여 결정된 보수의 청구권을 갖는다.

③ 이사의 직무와 그 보수 사이에는 합리적 비례관계가 유지되어야 하며, 회사의 채무 상황이나 영업실적에 비추어 합리적인 수준을 벗어나서 현저히 균형성을 잃을 정도로 과다하여서는 아니 된다.

④ 주주총회의 결의로 이사의 퇴직위로금액이 결정된 경우라도, 퇴임한 특정이사에 대하여 새로운 주주총회에서 그 퇴직위로금을 박탈하는 결의를 하면 그 박탈하는 결의는 효력이 있다.

⑤ 이사의 임기를 정한 경우에 회사가 정당한 이유 없이 임기만료 전에 이사를 해임한 때에는 그 이사는 회사에 대하여 해임으로 인한 손해의 배상을 청구할 수 있으며, 정당한 이유의 존부에 대한 입증책임은 손해배상을 청구하는 이사가 부담한다.

22. 상법상 주식회사의 이사회에 관한 설명으로 **틀린** 것은? (이견이 있으면 판례에 의함)

① 이사회는 이사의 직무의 집행을 감독한다.

② 이사회 소집통지를 할 때에는 특별한 사정이 없는 한 주주총회 소집통지의 경우와 달리 회의의 목적사항을 함께 통지할 필요는 없다.

③ 이사회 의사록에는 의사의 안건, 경과요령, 그 결과, 반대하는 자와 그 반대이유를 기재하고, 출석한 이사 및 감사가 기명날인 또는 서명하여야 한다.

④ 이사회의 결의는 원칙적으로 이사과반수의 출석과 출석이사의 과반수로 하여야 하지만, 정관으로 그 비율을 높게 정할 수 있다.

⑤ 이사 자신이 직접 출석하여 이사회의 결의에 참가할 수 없는 경우, 그 이사가 대리인에게 출석을 위임하면 대리인에 의한 출석이 인정된다.

23. 상법상 주식회사 이사의 의무에 관한 설명으로 **틀린** 것은? (이견이 있으면 판례에 의함)

① 이사는 이사회의 승인이 없으면 이익충돌의 여지가 있는 동종영업을 목적으로 하는 다른 회사의 무한책임사원이나 이사가 되지 못한다.

② 이사는 이사회의 승인 없이 현재 회사의 이익이 될 수 있으며 회사가 수행하는 사업과 밀접한 관계가 있는 회사의 사업기회를 자기 또는 제3자의 이익을 위하여 이용하여서는 아니 된다.

③ 이사와 회사 사이의 거래인 경우에는 양자 사이의 이해가 상반되지 않고 회사에 불이익을 초래할 우려가 없는 때에도 미리 이사회에서 해당 거래에 관한 중요사실을 밝히고 이사회의 승인을 받아야 한다.

④ 이사는 재임중 뿐만 아니라 퇴임 후에도 직무상 알게 된 회사의 영업상 비밀을 누설하여서는 아니 된다.

⑤ 이사는 법령과 정관의 규정에 따라 회사를 위하여 그 직무를 충실하게 수행하여야 한다.

24. 상법상 비상장 주식회사의 이사의 책임에 관한 설명으로 **틀린** 것은? (이견이 있으면 판례에 의함)

① 이사가 고의 또는 과실로 그 임무를 게을리 한 경우에 지는 회사에 대한 손해배상책임은 주주 전원의 동의로 면제할 수 있다.

② 회사에 대한 영향력을 이용하여 이사에게 업무집행을 지시함으로써 회사에게 책임을 지는 자는 그 지시받은 업무집행행위로 인하여 회사에게 손해배상책임을 지는 이사와 연대하여 그 책임을 진다.

③ 대표이사가 회사재산을 횡령하여 회사가 손해를 입고 결과적으로 주주의 경제적 이익이 침해되는 간접적인 손해는 이사의 제3자에 대한 책임에서의 손해의 개념에 포함된다.

④ 발행주식총수의 100분의 1 이상에 해당하는 주식을 가진 주주는 회사에 대하여 이사의 책임을 추궁하는 소의 제기를 청구할 수 있다.

⑤ 이사가 법령 또는 정관에 위반한 행위를 하여 이로 인하여 회사에 회복할 수 없는 손해가 생길 염려가 있는 경우에는 감사는 회사를 위하여 이사에 대하여 그 행위를 유지할 것을 청구할 수 있다.

25. 상법상 유한회사에 관한 설명으로 옳은 것은?

① 금전출자에 의한 자본금 증가의 경우에 출자의 인수를 한 자는 그 자본금 증가의 등기일로부터 이익배당에 관하여 사원과 동일한 권리를 가진다.

② 이사가 회사에 대하여 소를 제기하는 경우에는 감사만 그 소에 관하여 회사를 대표한다.

③ 이사가 수인인 경우 정관에 다른 정함이 없으면 각 이사가 회사를 대표한다.

④ 현물출자의 목적인 재산의 자본금 증가 당시의 실가가 자본금 증가의 결의에 의하여 정한 가격에 현저하게 부족한 때에는 그 결의에 동의한 사원은 회사에 대하여 그 부족액을 연대하여 지급할 책임이 있다.

⑤ 회사의 설립취소는 그 사원·이사·감사에 한하여 회사설립일로부터 2년 내에 소만으로 이를 주장할 수 있다.

26. 상법상 합명회사와 합자회사에 관한 설명으로 옳은 것은?

① 합명회사의 사원은 신용 또는 노무를 출자의 목적으로 하지 못한다.

② 합명회사의 사원이 회사채무에 관하여 변제의 청구를 받은 때에는 회사가 주장할 수 있는 항변으로 그 채권자에게 대항할 수 없다.

③ 합명회사 성립 후에 가입한 사원은 그 가입 전에 생긴 회사채무에 대해서는 다른 사원과 동일한 책임을 지지 않는다.

④ 합자회사의 유한책임사원은 다른 사원의 동의없이 자기 또는 제3자의 계산으로 회사의 영업부류에 속하는 거래를 할 수 있다.

⑤ 합자회사의 유한책임사원은 사원 전원의 동의가 있어야만 그 지분의 전부 또는 일부를 타인에게 양도할 수 있다.

27. 상법상 유한책임회사에 관한 설명으로 옳은 것은?

① 유한책임회사는 정관을 변경함으로써 새로운 사원을 가입시킬 수 있다.
② 유한책임회사는 그 지분의 전부 또는 일부를 양수할 수 있다.
③ 사원의 지분을 압류한 채권자는 그 사원을 퇴사시킬 수 없다.
④ 유한책임회사는 총사원의 동의에 의하여 유한회사로 조직변경을 할 수 있다.
⑤ 사원이 아닌 자가 정관에 의해 업무집행자가 된 경우 유한책임회사를 대표할 수 없다.

28. 상법상 신주인수에 관한 설명으로 **틀린** 것은?

① 신주의 인수인은 회사의 동의없이 자신의 주금납입채무와 그 회사에 대한 채권을 상계할 수 없다.
② 이사는 신주의 인수인으로 하여금 그 배정한 주수에 따라 납입기일에 그 인수한 주식에 대한 인수가액의 전액을 납입시켜야 한다.
③ 신주인수권증서를 상실한 자는 신주인수권증서를 재발급 받지 아니하면 주식청약서에 의한 주식의 청약을 할 수 없다.
④ 신주의 발행으로 인한 변경등기를 한 날로부터 1년을 경과한 후에는 신주를 인수한 자는 주식청약서의 요건의 흠결을 이유로 하여 그 인수의 무효를 주장할 수 없다.
⑤ 신주의 발행으로 인한 변경등기가 있은 후에 아직 인수하지 아니한 주식이 있거나 주식인수의 청약이 취소된 때에는 이사가 이를 공동으로 인수한 것으로 본다.

29. 상법상 주식의 포괄적 교환 및 포괄적 이전에 관한 설명으로 **틀린** 것은?

① 주식의 포괄적 교환에 의하여 완전자회사가 되는 회사의 주주가 가지는 그 회사의 주식은 주식을 교환하는 날에 주식교환에 의하여 완전모회사가 되는 회사에 이전한다.
② 주식의 포괄적 교환을 하는 회사는 채권자보호절차가 필요하다.
③ 주식이전 무효의 판결이 확정되면 완전모회사는 해산의 경우에 준하여 청산하여야 한다.
④ 간이주식교환의 경우에 완전자회사가 되는 회사의 주주총회의 승인은 이를 이사회의 승인으로 갈음할 수 있다.
⑤ 주식이전은 이로 인하여 설립한 완전모회사가 그 본점소재지에서 2주 내에 주식이전에 의한 등기를 함으로써 효력이 발생한다.

30. 상법상 신주발행에 관한 설명으로 **틀린** 것은? (이견이 있으면 판례에 의함)

① 회사가 현저하게 불공정한 방법에 의하여 주식을 발행함으로써 주주가 불이익을 받을 염려가 있는 경우에, 그 주주는 회사에 대하여 그 발행을 유지할 것을 청구할 수 있다.

② 이사와 통모하여 현저하게 불공정한 발행가액으로 주식을 인수한 자에 대해서 공정한 발행가액과의 차액에 상당한 금액의 지급을 청구하는 주주의 대표소송이 허용된다.

③ 신주의 인수인이 납입기일에 납입하지 아니한 때에는 그 권리를 잃는다.

④ 신주발행무효의 판결이 확정되면 신주는 소급하여 그 효력을 잃는다.

⑤ 회사가 정관이나 이사회 결의로 신주인수권의 양도에 관한 사항을 결정하지 아니하였다 하여도 회사가 신주인수권의 양도를 승낙한 경우에는 그 양도는 회사에 대하여도 효력이 있다.

31. 상법상 회사의 합병에 관한 설명으로 **틀린** 것은? (이견이 있으면 판례에 의함)

① 해산 후의 회사는 존립 중의 회사를 존속회사로 하는 경우에 한하여 합병할 수 있다.

② 유한회사가 주식회사와 합병하는 경우에 합병 후 존속하는 회사가 유한회사인 때에는 법원의 인가를 얻지 아니하면 합병의 효력이 없다.

③ 소규모합병의 경우 그 합병에 반대하는 존속회사의 주주에게는 주식매수청구권이 인정되지 않는다.

④ 합병승인을 위한 주주총회 결의에 무효사유가 있는 경우, 합병등기 전에는 주주총회 결의무효확인의 소를 제기할 수 있지만 합병등기 후에는 합병무효의 소만 인정된다.

⑤ 합병을 무효로 한 판결이 확정된 때에는, 합병을 한 회사는 합병 후 존속한 회사의 합병 후 부담한 채무에 대하여 연대하여 변제할 책임이 있다.

32. 상법상 사채에 관한 설명으로 **틀린** 것은?

① 전환사채의 전환으로 회사의 자본금은 증가하지 않는다.

② 주주 이외의 자에게 신주인수권부사채를 발행하는 경우, 신주인수권의 내용에 관하여 정관에 규정이 없으면 주주총회의 특별결의로써 이를 정하여야 한다.

③ 사채의 모집이 완료한 때에는 이사는 지체없이 인수인에 대하여 각 사채의 전액 또는 제1회의 납입을 시켜야 한다.

④ 정관으로 정하는 바에 따라 이사회는 대표이사에게 사채의 금액 및 종류를 정하여 1년을 초과하지 아니하는 기간 내에 사채를 발행할 것을 위임할 수 있다.

⑤ 사채권자집회의 결의는 법원의 인가를 받음으로써 그 효력이 생기지만, 그 종류의 사채권자 전원이 동의한 결의에는 법원의 인가가 필요하지 않다.

33. 어음과 수표에 관한 설명으로 **틀린** 것은?

① 일반횡선수표의 지급인은 은행 또는 지급인의 거래처에만 지급할 수 있다.

② 발행일자 후 정기출급의 환어음에는 이자의 약정을 적어도 이를 적지 아니한 것으로 본다.

③ 약속어음의 금액을 글자와 숫자로 적은 경우에 그 금액에 차이가 있으면 글자로 적은 금액을 어음금액으로 한다.

④ 환어음의 참가지급은 소지인이 만기나 만기 전에 상환청구권을 행사할 수 있는 모든 경우에 할 수 있으며, 그 지급은 피참가인이 지급할 전액을 지급하여야 한다.

⑤ 수표는 일람출급으로만 발행될 수 있으며, 기재된 발행일이 도래하기 전에 지급을 받기 위하여 제시된 수표는 그 발행일에 이를 지급하여야 한다.

34. 어음의 항변 및 융통어음에 관한 설명으로 **틀린** 것은? (이견이 있으면 판례에 의함)

① 융통어음이란 타인으로 하여금 어음에 의하여 제3자로부터 금융을 얻게 할 목적으로 수수되는 어음을 말한다.

② 융통어음을 발행한 자는 피융통자에 대하여 어음상의 책임을 부담하지 아니한다.

③ 기한후배서는 지명채권양도의 효력밖에 없으므로 인적항변의 절단이 인정되지 않는다.

④ 어음소지인이 어음채무자를 해할 것을 알고 어음을 취득한 경우, 그 어음채무자는 종전의 소지인에 대한 인적 관계로 인한 항변으로써 그 어음소지인에게 대항할 수 있다.

⑤ 어음상에 발행인으로 기명날인하여 외관을 갖춘 어음을 작성한 자는 그 어음이 도난으로 인하여 그의 의사에 의하지 아니하고 유통되었다는 항변으로 누구에게든 대항할 수 있다.

35. 어음과 수표상 권리의 시효에 관한 설명으로 **틀린** 것은?

① 어음소지인이 약속어음 발행인의 보증인에 대하여 갖는 어음상 청구권은 만기일로부터 1년간 행사하지 아니하면 소멸시효가 완성된다.

② 지급보증을 한 지급인에 대한 수표상의 청구권은 제시기간이 지난 후 1년간 행사하지 아니하면 소멸시효가 완성된다.

③ 배서인의 다른 배서인에 대한 청구권은 그 배서인이 어음을 환수한 날 또는 그 자가 제소된 날부터 6개월간 행사하지 아니하면 소멸시효가 완성된다.

④ 수표소지인의 배서인, 발행인, 그 밖의 채무자에 대한 상환청구권은 제시기간이 지난 후 6개월간 행사하지 아니하면 소멸시효가 완성된다.

⑤ 인수인에 대한 환어음상의 청구권은 만기일부터 3년간 행사하지 아니하면 소멸시효가 완성된다.

36. 어음과 관련한 선의취득에 관한 설명으로 **틀린** 것은? (이견이 있으면 판례에 의함)

① 어음의 선의취득에 의해 모든 어음채무자들의 항변은 소멸한다.

② 이득상환청구권은 선의취득의 대상이 될 수 없다.

③ 악의 또는 중대한 과실로 인하여 어음을 취득한 자에게는 선의취득이 인정되지 않는다.

④ 어음의 선의취득으로 인하여 치유되는 하자와 관련된 양도인의 범위는, 양도인이 무권리자인 경우뿐만 아니라 대리권의 흠결이나 하자 등의 경우도 포함된다.

⑤ 양도인이나 그 어음 자체에 의하여 양도인의 실질적 무권리성을 의심하게 할 만한 사정이 있는데도 불구하고 이와 같이 의심할 만한 사정에 대하여 상당하다고 인정될 만한 조사를 하지 아니하고 만연히 양수한 경우에는 양수인의 중대한 과실이 인정된다.

37. 환어음의 인수에 관한 설명으로 **틀린** 것은?

① 어음을 인수한 지급인은 다시 어음에 배서할 수 있다.

② 인수의 말소는 어음의 반환 전에 한 것으로 추정한다.

③ 발행인이 인수를 담보하지 아니한다는 뜻의 모든 문구는 적지 아니한 것으로 본다.

④ 어음의 앞면에 지급인의 단순한 기명날인 또는 서명이 있으면 인수로 본다.

⑤ 발행인은 일정한 기일(期日) 전에는 인수를 위한 어음의 제시를 금지한다는 내용을 적을 수 있다.

38. 어음의 만기에 관한 설명으로 **틀린** 것은?

① 일람 후 정기출급의 환어음 만기는 인수한 날짜 또는 거절증서의 날짜에 따라 정한다.

② 발행일자 후 또는 일람 후 1개월 반 또는 수개월 반이 될 때 지급할 환어음은 먼저 전월(全月)을 계산한다.

③ 일람출급의 환어음은 발행일부터 1년 내에 지급을 받기 위한 제시를 하여야 하고, 배서인은 이 기간을 단축하거나 연장할 수 있다.

④ 발행지와 세력(歲曆)을 달리하는 지(地)에서 확정일에 지급할 환어음의 만기일은 지급시의 세력에 따라 정한 것으로 본다.

⑤ 발행일자 후 또는 일람 후 1개월 또는 수개월이 될 때 지급할 환어음은 지급할 달의 대응일(對應日)을 만기로 하고, 대응일이 없는 경우에는 그 달의 말일을 만기로 한다.

39. 어음의 배서에 관한 설명으로 **틀린** 것은?

① 환어음을 인수하지 아니한 지급인도 피배서인이 될 수 있다.

② 날짜를 적지 아니한 배서는 지급거절증서 작성기간이 지난 후에 한 것으로 추정한다.

③ 공연한 추심위임배서의 경우 어음의 채무자는 배서인에게 대항할 수 있는 항변으로 써만 소지인에게 대항할 수 있다.

④ 기한후배서란 지급거절증서가 작성된 후에 한 배서 또는 지급거절증서 작성기간이 지난 후에 한 배서를 말한다.

⑤ 발행인이 환어음에 "지시 금지"라는 글자 또는 이와 같은 뜻이 있는 문구를 적은 경우에는 그 어음은 지명채권의 양도 방식으로만, 그리고 그 효력으로써만 양도할 수 있다.

40. 수표법상 수표에 관한 설명으로 **틀린** 것은?

① 수표에 적은 이자의 약정은 적지 아니한 것으로 본다.

② 수표는 인수하지 못하며, 수표에 적은 인수의 문구는 적지 아니한 것으로 본다.

③ 소지인에게 지급하라는 소지인출급의 배서는 백지식 배서와 같은 효력이 있다.

④ 수표의 소지인은 일부지급을 거절할 수 있다.

⑤ 발행인이 지급을 담보하지 아니한다는 뜻의 모든 문구는 적지 아니한 것으로 본다.

세법개론

※ 각 문제의 보기 중에서 물음에 가장 합당한 답을 고르시오.
  (주어진 자료 이외의 다른 사항은 고려하지 않으며, 조세부담 최소화를 가정할 것)

1. 「국세기본법」상 납세의무의 성립시기에 관한 설명이다. **옳지 않은** 것은?

   ① 납세조합이 징수하는 소득세: 과세기간이 끝나는 때
   ② 수입물품에 대한 개별소비세: 세관장에게 수입신고하는 때
   ③ 청산소득에 대한 법인세: 그 법인이 해산하는 때
   ④ 법정신고기한까지 소득세의 과세표준 신고를 하지 아니한 경우의 무신고가산세: 법
      정신고기한이 경과하는 때
   ⑤ 수시부과하여 징수하는 국세: 수시부과할 사유가 발생한 때

2. 「국세기본법」상 국세의 우선에 관한 설명이다. **옳지 않은** 것은?
   ① 파산 절차에 따라 재산을 매각할 때 그 매각금액 중에서 국세 및 강제징수비를 징
      수하는 경우 그 파산 절차에 든 비용은 국세 및 강제징수비에 우선한다.
   ② 법정기일 전에 전세권이 설정된 재산을 매각하여 그 매각금액에서 국세를 징수하는
      경우 그 전세금은 국세 및 강제징수비에 우선한다.
   ③ 세무서장은 납세자가 제3자와 짜고 거짓으로 재산에 저당권 설정 계약 및 등기를
      하여 그 재산의 매각금액으로 국세를 징수하기 곤란하다고 인정할 때에는 그 행위
      의 취소를 법원에 청구할 수 있다.
   ④ 법정기일 전에 저당권이 설정된 재산을 매각하여 그 매각금액에서 해당 재산에 대
      하여 부과된 종합부동산세를 징수하는 경우 그 저당권에 의하여 담보된 채권은 그
      종합부동산세 및 강제징수비에 우선한다.
   ⑤ 국세의 납세담보물을 매각한 경우 그 납세담보물을 지방세 체납처분에 의하여 압류
      한 경우에도 그 국세 및 강제징수비는 매각대금 중에서 지방세에 우선하여 징수한다.

3. 「국세기본법」상 국세환급금에 관한 설명이다. **옳지 않은** 것은?
   ① 세무서장이 납세자의 환급청구를 촉구하기 위하여 납세자에게 환급청구의 안내·통

지를 하면 국세환급금에 관한 권리의 소멸시효는 중단된다.

② 명의대여자에 대한 과세를 취소하고 실질귀속자를 납세의무자로 하여 과세하는 경우 명의대여자 대신 실질귀속자가 납부한 것으로 확인된 금액은 실질귀속자의 기납부세액으로 먼저 공제하고 남은 금액이 있으면 실질귀속자에게 환급한다.

③ 납세자가 「상속세 및 증여세법」에 따라 상속세를 물납한 후 그 부과의 전부를 취소하는 경정 결정에 따라 환급하는 경우 해당 물납재산이 임대 중인 때에는 금전으로 환급하여야 한다.

④ 세무서장은 국세환급금에 관한 권리의 양도 요구가 있는 경우 양도인 또는 양수인이 납부할 국세 및 강제징수비가 있으면 그 국세 및 강제징수비에 충당하고 남은 금액에 대해서는 양도의 요구에 지체 없이 따라야 한다.

⑤ 국세환급금으로 결정한 금액을 국세 및 강제징수비에 충당하는 경우 체납된 국세 및 강제징수비에 우선 충당하나, 납세자가 납부고지에 의하여 납부하는 국세에 충당하는 것을 동의한 때에는 납부고지에 의하여 납부하는 국세에 우선 충당한다.

4. 「국세기본법」상 국세심사에 관한 설명이다. **옳지 않은** 것은?

① 국세청장은 심사청구에 대한 결정을 할 때 심사청구를 한 처분 외의 처분에 대하여도 그 처분의 전부 또는 일부를 취소 또는 변경하는 결정을 할 수 있다.

② 심사청구인이 법정요건을 모두 갖추어 국선대리인을 선정하여 줄 것을 재결청에 신청하면 재결청은 지체 없이 국선대리인을 선정하고 그 결과를 신청을 받은 날부터 5일 이내에 심사청구인과 국선대리인에게 각각 통지하여야 한다.

③ 국세청장은 국세심사위원회의 의결이 법령에 명백히 위반된다고 판단하는 경우 구체적인 사유를 적어 서면으로 국세심사위원회로 하여금 한 차례에 한정하여 다시 심의할 것을 요청할 수 있다.

④ 심판청구를 제기한 후 같은 날 심사청구를 제기한 경우 그 심사청구를 각하하는 결정을 한다.

⑤ 심사청구는 해당 처분이 있음을 안 날(처분의 통지를 받은 때에는 그 받은 날)부터 90일 이내에 제기하여야 하고, 심사청구에 대한 결정은 심사청구를 받은 날부터 90일 이내에 하여야 한다.

5. 「국세기본법」상 같은 세목 및 같은 과세기간에 대하여 세무조사를 다시 할 수 있는 사유가 **아닌** 것은?

① 조세탈루의 혐의를 인정할 만한 명백한 자료가 있는 경우

② 국세환급금의 결정을 위한 확인조사를 하는 경우

③ 2개 이상의 과세기간과 관련하여 잘못이 있는 경우

④ 과세관청 외의 기관이 직무상 목적을 위해 작성하거나 취득해 과세관청에 제공한 자료의 처리를 위해 조사하는 경우

⑤ 성실도를 분석한 결과 불성실 혐의가 있는 경우

6. 「소득세법」상 원천징수에 관한 설명이다. **옳지 않은** 것은?

① 외국법인이 발행한 채권에서 발생하는 이자소득을 거주자에게 지급하는 경우 국내에서 그 지급을 대리하거나 그 지급 권한을 위임 또는 위탁받은 자가 그 소득에 대한 소득세를 원천징수하여야 한다.

② 주식의 소각으로 인한 의제배당에 대해서는 주식의 소각을 결정한 날에 그 소득을 지급한 것으로 보아 소득세를 원천징수한다.

③ 근로소득을 지급하여야 할 원천징수의무자가 1월부터 11월까지의 근로소득을 해당 과세기간의 12월 31일까지 지급하지 아니한 경우 그 근로소득을 12월 31일에 지급한 것으로 보아 소득세를 원천징수한다.

④ 발생 후 지급되지 아니함으로써 소득세가 원천징수되지 아니한 근로소득이 종합소득에 합산되어 종합소득에 대한 소득세가 과세된 경우 그 근로소득을 지급할 때에는 소득세를 원천징수하지 아니한다.

⑤ 계약의 위약으로 인하여 계약금이 위약금으로 대체되는 경우 대체되는 시점에 소득세를 원천징수하여야 한다.

7. 「소득세법」상 필요경비에 관한 설명이다. **옳지 않은** 것은?

① 사업자가 유형자산의 멸실로 인하여 보험금을 지급받아 그 멸실한 유형자산을 대체하여 같은 종류의 자산을 취득한 경우 해당 자산의 가액 중 그 자산의 취득에 사용된 보험차익 상당액을 보험금을 받은 날이 속하는 과세기간의 소득금액을 계산할 때 필요경비에 산입할 수 있다.

② 지급일 현재 주민등록표등본에 의하여 그 거주사실이 확인된 채권자가 차입금을 변제받은 후 소재불명이 된 경우 그 차입금의 이자는 사업소득금액을 계산할 때 필요경비에 산입하지 아니한다.

③ 반출하였으나 판매하지 아니한 제품에 대한 개별소비세 미납액(제품가액에 그 세액 상당액을 더하지 않음)은 사업소득금액을 계산할 때 필요경비에 산입하지 아니한다.

④ 기타소득으로 과세되는 골동품의 양도로 거주자가 받은 금액이 1억원 이하인 경우 받은 금액의 100분의 90을 필요경비로 하며, 실제 소요된 필요경비가 이를 초과하면 그 초과하는 금액도 필요경비에 산입한다.

⑤ 「한국마사회법」에 따른 승마투표권의 구매자가 받는 환급금에 대하여는 그 구매자가 구입한 적중된 투표권의 단위투표금액을 필요경비로 한다.

8. ㈜A(중소기업)에 근무하는 영업사원인 거주자 갑(일용근로자 아님)의 2022년 귀속 근로소득 내역이다. 비과세 합계액과 총급여액으로 옳은 것은?

> (1) 급여: 40,000,000원
> (2) 식사를 제공받고 별도로 받은 식대: 1,200,000원(월 100,000원씩 수령)
> (3) 「발명진흥법」에 따라 사용자로부터 받은 직무발명보상금: 10,000,000원
> (4) 주택 취득에 소요되는 자금을 무상제공 받음으로써 얻은 이익: 5,000,000원
> (5) ㈜A가 갑을 수익자로 하는 단체순수보장성보험의 보험료로 지급한 금액: 1,000,000원
> (6) 갑이 자기차량을 업무수행에 이용하고 실제여비 대신 회사의 규정에 따라 지급받은 자가운전보조금: 2,000,000원(10개월간 월 200,000원씩 수령)
> (7) 시간외 근무수당: 2,000,000원

	비과세 합계액	총급여액
①	12,700,000원	48,500,000원
②	12,700,000원	43,000,000원
③	13,900,000원	47,300,000원
④	18,000,000원	48,500,000원
⑤	18,000,000원	43,000,000원

9. 「소득세법」상 기타소득에 관한 설명이다. **옳지 않은** 것은?

① 공무원이 국가 또는 지방자치단체로부터 공무 수행과 관련하여 받는 상금과 부상은 비과세 기타소득이다.

② 「공익사업을 위한 토지 등의 취득 및 보상에 관한 법률」에 따른 공익사업 관련 지역권의 설정 대가는 기타소득이다.

③ 법령에 따른 위원회의 보수를 받지 아니하는 위원이 받는 수당은 비과세 기타소득이다.

④ 뇌물, 알선수재 및 배임수재에 의하여 받는 금품은 기타소득이다.

⑤ 퇴직 전에 부여받은 주식매수선택권을 퇴직 후에 행사함으로써 얻는 이익은 기타소득이다.

10. 거주자 갑의 2022년 종합소득공제 관련 자료이다. 갑의 종합소득공제 중 인적공제액으로 옳은 것은?

> **(1) 본인 및 부양가족 현황**
>
> | 구 분 | 나 이 | 소 득 |
> |---|---|---|
> | 본인(남성) | 41세 | 총급여액 50,000,000원 |
> | 부 친 | 83세 | 공무원연금 수령액 30,000,000원 |
> | 노 친 | 78세 | 소득없음 |
> | 아 들 | 10세 | 소득없음 |
>
> (2) 배우자(41세, 소득없음)와 2022년 7월 1일 법적으로 이혼하였다.
> (3) 부친은 연금보험료 소득공제를 받지 않았다.
> (4) 모친은 항시 치료를 요하는 중증환자인 장애인이다.

① 8,500,000원   ② 9,500,000원   ③ 10,000,000원
④ 11,000,000원   ⑤ 12,500,000원

11. 거주자 갑의 2022년 귀속 종합소득 관련 자료이다. 사업소득에서 발생한 결손금 공제 후 갑의 종합소득금액으로 옳은 것은?

> (1) 제조업에서 발생한 사업소득 자료
>   ① 총수입금액: 300,000,000원
>   ② 필요경비: 390,000,000원
> (2) 사업소득 필요경비에는 대표자 갑의 인건비 30,000,000원과 사업에 종사하고 있는 갑의 딸 인건비 10,000,000원이 포함되어 있다.
> (3) 사업소득 이외의 각 소득금액(결손금 공제 전)
>   ① 근로소득금액: 40,000,000원
>   ② 기타소득금액: 30,000,000원

① 0원   ② 10,000,000원   ③ 20,000,000원
④ 40,000,000원   ⑤ 70,000,000원

12. 「소득세법」상 세액공제에 관한 설명이다. **옳지 않은** 것은?

① 비치·기록한 장부에 의하여 신고하여야 할 소득금액의 20% 이상을 누락하여 신고한 경우 기장세액공제를 적용하지 않는다.

② 외국납부세액공제의 한도를 초과하는 외국소득세액은 해당 과세기간의 다음 과세

기간부터 10년 이내에 끝나는 과세기간에 이월하여 공제받을 수 있으며, 이월공제
기간 내에 공제받지 못한 외국소득세액은 소멸한다.

③ 외국납부세액공제의 대상이 되는 외국소득세액에는 외국정부에 의하여 과세된 개
인 소득세 및 이와 유사한 세목으로 수입금액을 과세표준으로 하여 과세된 세액이
포함된다.

④ 사업자가 해당 과세기간에 재해로 인한 자산상실비율이 20% 이상에 해당하여 납세
가 곤란하다고 인정되는 경우 재해손실세액공제를 적용할 수 있다.

⑤ 재해손실세액공제를 적용할 때 장부가 소실 또는 분실되어 장부가액을 알 수 없는
경우 재해발생의 비율은 납세지 관할 세무서장이 조사확인한 재해발생일 현재의 가
액에 의하여 계산한다.

13. 거주자 갑의 2022년 귀속 금융소득 관련 자료이다. 갑의 종합소득금액에 합산될 금융소득
금액으로 옳은 것은? 금융소득에 대한 원천징수는 적법하게 이루어졌으며, 모든 금액은 원
천징수세액을 차감하기 전의 금액이다.

> (1) 직장공제회 탈퇴로 받은 반환금: 20,000,000원(납입공제료 10,000,000원)
> (2) 전용계좌를 통하여 특정사회기반시설 집합투자기구로부터 받은 배당소득:
>   3,000,000원
> (3) 출자공동사업자 배당: 5,000,000원
> (4) 국내은행 정기예금이자: 10,000,000원
> (5) 외국법인으로부터 받은 현금배당(국내에서 원천징수되지 않음): 15,000,000원
> (6) 주권상장법인으로부터 받은 현금배당: 20,000,000원

① 47,200,000원   ② 50,000,000원   ③ 52,200,000원
④ 55,200,000원   ⑤ 62,200,000원

14. 근로소득만 있는 거주자 갑(일용근로자 아님)이 2022년 중 지출한 교육비 관련 자료이다.
갑의 교육비 세액공제액으로 옳은 것은?

> (1) 본인(50세)의 대학원 등록금 4,000,000원을 납부하였다.
> (2) 아들(22세, 소득없음)의 대학 등록금 10,000,000원을 납부하였으며, 회사로
>   부터 아들의 대학 등록금에 대하여 학자금 2,000,000원을 지급받았다.
> (3) 딸(16세, 소득없음)의 중학교 교과서 대금 100,000원과 교복구입비
>   300,000원을 지출하였다.
> (4) 모친(75세, 소득없음)의 평생교육기관 교육비로 500,000원을 지출하였다.
> (5) 아들, 딸, 모친은 갑과 생계를 같이하고 있다.

① 1,710,000원   ② 1,860,000원   ③ 2,010,000원
④ 2,085,000원   ⑤ 2,160,000원

15. 거주자 갑이 양도한 주택 관련 자료이다. 갑의 양도소득금액으로 옳은 것은? (2022 수정)

(1) 거래 증명서류로 확인되는 취득 및 양도에 관한 자료

구 분	계약금(계약일자)	잔금(잔금일자)	취득 및 양도가액
취 득	50,000,000원 (2015.2.2.)	450,000,000원 (2015.5.5.)	500,000,000원
양 도	100,000,000원 (2022.3.3.)	900,000,000원 (2022.4.4.)	1,500,000,000원

(2) 거래 증명서류로 확인되는 추가 지출 자료

내 역	금 액
취득시 부동산중개수수료	2,000,000원
취득세	5,000,000원
보유 중 납부한 재산세	1,000,000원
양도시 부동산중개수수료	3,000,000원

(3) 갑은 2017년 6월 6일부터 양도 시까지 양도한 주택에서 거주하였다.
(4) 갑과 세대원은 양도한 주택의 취득 시부터 양도 시까지 다른 주택을 보유하지 않았으며, 1세대 1주택 비과세 요건을 충족한다.
(5) 1세대 1주택의 장기보유특별공제율은 3년 이상 보유한 주택의 보유기간에 대하여 연간 4%(40% 한도)와 2년 이상 거주한 주택의 거주기간에 대하여 연간 4%(40% 한도)이다.

① 118,800,000원   ② 129,340,000원   ③ 129,400,000원
④ 129,520,000원   ⑤ 129,820,000원

16. 「법인세법」상 법인과세 신탁재산에 관한 설명이다. **옳지 않은** 것은?

① 법인과세 신탁재산의 법인세 납세지는 그 법인과세 수탁자의 납세지로 한다.
② 하나의 법인과세 신탁재산에 「신탁법」에 따라 둘 이상의 수탁자가 있는 경우에는 수탁자 중 신탁사무를 주로 처리하는 수탁자로 신고한 자가 법인과세 신탁재산에 귀속되는 소득에 대하여 법인세를 납부하여야 한다.

③ 수탁자의 변경에 따라 수탁자가 그 법인과세 신탁재산에 대한 자산과 부채를 변경되는 수탁자에게 이전하는 경우 수탁자 변경일 현재의 공정가액을 그 자산과 부채의 이전가액으로 보고 장부가액과의 차이를 이전에 따른 손익으로 과세한다.

④ 지급한 배당에 대하여 소득공제를 적용받는 법인과세 신탁재산으로부터 받은 수입배당금에 대하여는 내국법인 수입배당금액의 익금불산입 규정을 적용하지 않는다.

⑤ 법인과세 신탁재산은 설립일로부터 2개월 이내에 법인설립신고서를 납세지 관할 세무서장에게 신고하여야 한다.

17. 「법인세법」상 세무조정 및 소득처분에 관한 설명이다. **옳지 않은** 것은?

① 자기주식 소각에 따라 발생한 감자차익 300,000원을 손익계산서상 수익으로 회계처리한 경우, 익금불산입 300,000원(기타)으로 처리하여야 한다.

② 법률에 의하지 아니하고 유형자산을 재평가하여 발생한 재평가이익 1,000,000원을 기타포괄손익으로 회계처리한 경우, 익금산입 1,000,000원(기타), 익금불산입 1,000,000원(△유보)으로 처리하여야 한다.

③ 공정가치측정 금융자산의 평가이익 800,000원을 기타포괄손익으로 회계처리한 경우, 익금산입 800,000원(기타), 익금불산입 800,000원(△유보)으로 처리하여야 한다.

④ 이익잉여금의 자본전입에 따른 무상주 수령액 1,500,000원(이 중 수입배당금 익금불산입 금액은 450,000원임)을 장부상 회계처리 하지 않은 경우, 익금산입 1,500,000원(유보), 익금불산입 450,000원(기타)으로 처리하여야 한다.

⑤ 법인의 채무 6,000,000원을 출자전환하면서 교부한 주식(액면가액 3,500,000원, 시가 4,000,000원)에 대해 채무감소액과 액면가액의 차액 2,500,000원을 손익계산서상 채무조정이익으로 회계처리한 경우, 익금산입 500,000원(기타), 익금불산입 500,000원(△유보)으로 처리하여야 한다.

18. 영리내국법인 ㈜A의 제22기(2022.1.1.~2022.12.31.) 자료이다. 각 사업연도 소득금액으로 옳은 것은? 전기까지 회계처리 및 세무조정은 정확하게 이루어졌다.

내 용	금 액
(1) 손익계산서상 당기순이익	1,500,000원
(2) 비용으로 처리된 업무무관자산 관리비	700,000원
(3) 비용으로 처리된 원재료 연지급수입이자	400,000원
(4) 수익으로 처리된 법인세환급액(전기 납부분)	500,000원
(5) 수익으로 처리된 법인세환급액에 대한 환급금이자	10,000원
(6) 자산으로 처리된 특수관계인으로부터 고가매입한 토지의 시	

내 용	금 액
가초과 상당액	200,000원
(7) 기부금 한도초과이월액 중 당기 손금산입액	100,000원
(8) 이월공제가능 기간 이내의 이월결손금	300,000원

① 1,190,000원　　　② 1,290,000원　　　③ 1,390,000원
④ 1,590,000원　　　⑤ 1,990,000원

19. 제조업을 영위하는 영리내국법인 ㈜A의 제22기(2022.1.1.~2022.12.31.) 자료이다. 의제배당 및 수입배당금 관련 세무조정이 각 사업연도 소득금액에 미치는 순영향으로 옳은 것은?

> (1) ㈜A는 ㈜B가 잉여금 자본전입(결의일: 2022.3.3.)으로 액면발행한 무상주 중 10%를 지분비율에 따라 수령하였으며 무상증자의 재원은 다음과 같다.
>
> | 구 분 | 금 액 |
> |---|---|
> | 자기주식처분이익 | 2,200,000원 |
> | 주식의 포괄적 교환차익 | 2,000,000원 |
> | 재평가적립금* | 1,500,000원 |
>
> * 토지분(재평가세 1% 과세분) 4,000,000원과 건물분(재평가세 3% 과세분) 1,000,000원으로 구성되어 있으며, 이 중 30%를 자본전입함.
>
> (2) ㈜B가 보유한 자기주식은 없다.
> (3) ㈜A는 당기에 차입금과 지급이자가 없고, 수입배당금 익금불산입율은 30%이며 수입배당금 익금불산입 요건을 충족한다.

① 102,000원　　　② 111,000원　　　③ 175,000원
④ 238,000원　　　⑤ 259,000원

20. 「법인세법」상 손금에 관한 설명이다. **옳지 않은** 것은?

① 특정인에게 광고선전 목적으로 기증한 물품(개당 3만원 이하는 제외)의 구입비용으로 연간 5만원 이내의 금액은 손금에 산입한다.
② 법인이 다른 법인과 출자에 의해 공동으로 사업을 운영하는 경우 발생하는 공동경비 중 출자비율에 따른 분담금액을 초과하는 금액은 손금에 산입하지 아니한다.
③ 법인이 영리내국법인으로부터 건당 3만원(부가가치세 포함)을 초과하는 용역을 공

급받고 그 대가를 지급하는 경우 법정증명서류 이외의 증명서류를 수취하면 손금에 산입하지 아니한다.

④ 제조업을 영위하는 법인이 보유한 개별소비세 과세대상인 승용자동차의 수선비에 대한 부가가치세 매입세액은 손금에 산입한다.

⑤ 법인이 「노동조합 및 노동관계조정법」을 위반하여 노조전임자에게 지급한 급여는 손금에 산입하지 아니한다.

21. 제조업을 영위하는 영리내국법인 ㈜A(사회적 기업 아님)의 제22기(2022.1.1.~ 2022.12.31.) 기부금 관련 자료이다. 10%한도 기부금(지정기부금)의 한도초과액으로 옳은 것은?

---

(1) 손익계산서상 당기순이익: 5,000,000원
(2) 기부금 관련 세무조정사항을 제외한 세무조정 내역:
 ① 익금산입·손금불산입: 10,000,000원
 ② 손금산입·익금불산입: 12,000,000원
(3) 손익계산서상 기부금 내역(전액 현금지급)

내 역	금 액
천재지변으로 인한 이재민 구호금품	3,000,000원
무료로 이용가능한 아동복지시설 기부금	2,000,000원

(4) 당기 중 특수관계 없는 공익법인(10%한도 기부금 대상)에 양도한 토지(장부가액 40,000,000원)의 내역:
 ① 양도가액: 50,000,000원
 ② 양도당시 시가: 80,000,000원
(5) 제19기(2019.1.1.~2019.12.31.)에 발생한 결손금으로서 이후 과세표준을 계산할 때 공제되지 아니한 금액: 10,000,000원
(6) ㈜A는 과세표준 계산시 각 사업연도 소득금액의 60%까지 이월결손금 공제를 할 수 있는 법인이다.

---

① 200,000원　　② 360,000원　　③ 2,800,000원
④ 7,720,000원　　⑤ 7,800,000원

22. 「법인세법」상 지급이자 손금불산입에 관한 설명이다. **옳지 않은** 것은?

① 채권자의 능력 및 자산상태로 보아 금전을 대여한 것으로 인정할 수 없는 차입금에 대한 이자는 손금에 산입하지 아니한다.

② 사업용 유형자산의 건설에 소요된 것이 분명한 특정차입금에 대한 지급이자는 건설이 준공된 날까지 이를 자본적 지출로 하여 그 원본에 가산한다. 다만, 특정차입금의 일시예금에서 생기는 수입이자는 원본에 가산하는 자본적 지출금액에서 차감한다.

③ 업무무관자산등에 대한 지급이자 손금불산입액을 계산할 때 업무무관자산의 취득가액에는 특수관계인으로부터 시가를 초과하여 취득한 금액을 포함한다.

④ 업무무관자산등에 대한 지급이자 손금불산입액을 계산할 때 중소기업에 근무하는 지배주주가 아닌 직원에 대한 주택구입 또는 전세자금의 대여액은 특수관계인 가지급금에 포함하지 아니한다.

⑤ 사업용 유형자산의 건설에 소요된 것이 분명한 특정차입금의 연체로 인하여 생긴 이자를 원본에 가산한 경우 그 가산한 금액과 원본에 가산한 금액에 대한 지급이자는 해당 사업연도의 자본적 지출로 한다.

23. 제조업을 영위하는 영리내국법인 ㈜A의 제22기(2022.1.1.~2022.12.31.) 자료이다. 재고자산 평가 관련 세무조정이 제22기 각 사업연도 소득금액에 미치는 순영향으로 옳은 것은?

구 분	장부상 평가액	선입선출법	총평균법	후입선출법
제 품	3,000,000원	3,200,000원	3,000,000원	2,700,000원
재공품	3,600,000원	3,900,000원	3,700,000원	3,400,000원
원재료	4,250,000원	4,500,000원	4,250,000원	4,100,000원

(1) 회사는 제품 평가방법을 선입선출법으로 신고하였으나, 제품 평가방법의 변경신고를 하지 않고 총평균법으로 평가하였다.

(2) 재공품은 신고된 평가방법인 선입선출법으로 평가하였으나, 계산착오로 인하여 300,000원을 과소계상하였다.

(3) 원재료에 대한 평가방법은 신고하지 않았으며, 전기 말 「자본금과 적립금 조정명세서(을)」에 원재료 평가감 100,000원(유보)이 있다.

① (+)850,000원   ② (+)750,000원   ③ (+)650,000원

④ (-)650,000원   ⑤ (-)850,000원

24. 「법인세법」상 고유목적사업준비금에 관한 설명이다. 옳은 것은?

① 고유목적사업준비금을 손금에 산입한 비영리내국법인이이 사업에 관한 모든 권리와 의무를 다른 비영리내국법인에 포괄적으로 양도하고 해산하는 경우 해산등기일 현재의 고유목적사업준비금 잔액은 그 다른 비영리내국법인이 승계할 수 있다.

② 손금에 산입한 고유목적사업준비금의 잔액이 있는 비영리내국법인이 고유목적사업

을 일부라도 폐지한 경우 그 잔액은 해당 사유가 발생한 날이 속하는 사업연도의 소득금액을 계산할 때 익금에 산입한다.

③ 고유목적사업준비금을 손금에 산입한 사업연도의 종료일 이후 10년이 되는 날까지 고유목적사업에 일부만 사용한 경우 미사용 잔액을 익금에 산입한다.

④ 법인으로 보는 단체가 거주자로 변경된 경우 손금에 산입한 고유목적사업준비금 잔액을 익금에 산입하고 그 잔액에 대한 이자상당액을 법인세에 더하여 납부하여야 한다.

⑤ 고유목적사업준비금은「소득세법」상 이자소득금액 및 배당소득금액에 100분의 50을 곱하여 산출한 금액을 한도로 손금에 산입한다.

25. 제조업을 영위하는 영리내국법인 ㈜A의 제22기(2022.1.1.~2022.12.31.) 자료이다. 퇴직급여충당금 및 퇴직연금충당금 관련 세무조정이 제22기 각 사업연도 소득금액에 미치는 순영향으로 옳은 것은?

> (1) ㈜A는 금융회사에 확정급여형 퇴직연금을 위탁운용하고 있다. 퇴직연금운용자산의 당기 말 계정잔액은 60,000,000원이고, 퇴직연금운용자산 당기 증가액 50,000,000원은 추가납입한 것이며 당기 감소액은 20,000,000원이다.
>
> (2) 당기 퇴직급여충당금 계정의 증감내역은 다음과 같다.
>
> 퇴직급여충당금 (단위: 원)
>
> | 당기감소 | 20,000,000 | 기초잔액 | 50,000,000 |
> |---|---|---|---|
> | 기말잔액 | 60,000,000 | 당기증가 | 30,000,000 |
>
> (3) 퇴직급여충당금 기초잔액에는 48,000,000원의 손금부인액이 포함되어 있으며, 당기 증가액은 ㈜B와의 합병(합병등기일: 2022.4.5.)으로 인하여 퇴직급여충당금(손금부인액 29,000,000원 포함)을 승계한 것이다.
>
> (4) 당기 중 직원이 현실적으로 퇴직함에 따라 퇴직연금운용자산에서 20,000,000원을 지급하고, 퇴직급여충당금과 상계하였다.
>
> (5) ㈜A는 신고조정에 의하여 퇴직연금충당금을 손금산입하고 있으며, 세무상 기초잔액은 30,000,000원(△유보)이다.
>
> (6) 당기 말 퇴직급여추계액은 일시퇴직기준 66,000,000원, 보험수리적기준 60,000,000원이다.

① (-)11,000,000원 ② (-)21,000,000원 ③ (-)30,000,000원
④ (-)50,000,000원 ⑤ (-)61,000,000원

26. 제조업을 영위하는 영리내국법인 ㈜A의 제22기(2022.1.1.~2022.12.31.) 자료이다. 국고보조금 및 일시상각충당금 관련 세무조정이 제22기 각 사업연도 소득금액에 미치는 순영향으로 옳은 것은?

(1) 2022년 1월 1일 「보조금 관리에 관한 법률」에 따른 국고보조금 50,000,000원을 수령하고 건물을 취득하여 사업에 사용하기 시작하였다. 이에 따른 회계처리는 다음과 같다.

| (차) 현　　금 | 50,000,000 | (대) 영업외수익 | 50,000,000 |
| (차) 건　　물 | 100,000,000 | (대) 현　　금 | 100,000,000 |

(2) 2022년 4월 1일 「보조금 관리에 관한 법률」에 따른 국고보조금 20,000,000원을 수령하고 기계장치를 80,000,000원에 취득하여 사업에 사용하기 시작하였다. ㈜A는 국고보조금을 기계장치에서 차감하는 형식으로 회계처리하였다.

(3) 건물은 정액법(신고내용연수 10년, 잔존가치 없음)으로 상각하며, 기계장치도 정액법(신고내용연수 5년, 잔존가치 없음)으로 상각한다. ㈜A는 기계장치 관련 국고보조금을 감가상각비와 상계처리하고 있다(상각부인액 및 시인부족액 없음).

(4) ㈜A는 건물 및 기계장치와 관련하여 일시상각충당금을 신고조정에 의해 손금산입하였다.

① (-)5,000,000원　　② (-)15,000,000원　　③ (-)20,000,000원
④ (-)45,000,000원　　⑤ (-)65,000,000원

27. 제조업을 영위하는 영리내국법인 ㈜A의 제22기(2022.1.1.~2022.12.31.) 자료이다. 토지 및 가지급금 관련 세무조정(지급이자 손금불산입은 제외)이 제22기 각 사업연도 소득금액에 미치는 순영향으로 옳은 것은? 단, 전기의 세무조정은 정확하게 이루어졌다.

(1) ㈜A는 공장을 증축하기 위하여 특수관계인 갑이 소유한 토지를 2020년 5월 6일에 30,000,000원(시가 20,000,000원)에 취득하고 다음과 같이 회계처리하였다.

| (차) 토　　지 | 30,000,000 | (대) 현　　금 | 15,000,000 |
| | | 미지급금 | 15,000,000 |

㈜A는 당기에 토지 취득 미지급금을 전액 지급하고, 미지급금 감소로 회계처리하였다.

(2) ㈜A는 특수관계인 을에게 2021년 9월에 20,000,000원을 업무와 무관하게 대여(이자율 약정 없음)하였고, 당기 말 현재 회수하지 아니하였으며, 이자수익으로 계상한 금액은 없다.

(3) ㈜A의 당기 말 현재 차입금과 지급이자의 내역은 다음과 같다. 차입금은 모두 은행(특수관계인 아님)으로부터 차입하였다.

차입일	연 이자율	지급이자	차입금
2021.8.1.	5%	10,000,000원	200,000,000원
2021.6.1.	10%	30,000,000원	300,000,000원

(4) ㈜A는 금전대차거래의 시가를 신고하지 아니하였고, 당좌대출이자율은 연 9%로 가정한다.

① (+)1,800,000원 ② (+)1,600,000원 ③ (+)400,000원
④ (-)8,200,000원 ⑤ (-)8,400,000원

28. 법인세 과세표준 및 세액의 계산에 관한 설명이다. **옳지 않은** 것은?

① 「공익신탁법」에 따른 공익신탁의 신탁재산에서 생기는 소득은 각 사업연도 소득에 대한 법인세를 과세하지 않는다.

② 「조세특례제한법」에 의한 비과세소득을 적용받고자 하는 법인은 납세지 관할 세무서장에게 신청하여야 한다.

③ 재해손실세액공제를 적용받고자 하는 법인은 재해손실세액공제신청서를 납세지 관할 세무서장에게 제출하여야 한다.

④ 국외사업장이 여러 국가에 있는 경우 외국납부세액 공제액의 공제한도금액은 국가별로 구분하여 각각 계산한다.

⑤ 결손금의 일부는 이월공제받고 일부는 소급공제받은 경우 결손금의 감소에 따른 과다환급세액을 계산할 때 이월공제받은 결손금이 먼저 감소된 것으로 본다.

29. 제조업을 영위하는 영리내국법인 ㈜A(중소기업)의 제22기(2022.1.1.~2022.12.31.) 자료이다. 차감납부할 법인세액으로 옳은 것은? 단, ㈜A는 외국납부세액에 대하여 세액공제방법을 적용한다.

(1) 제22기 과세표준은 260,000,000원(국내 및 국외원천소득 포함)이며, 최저한세 대상인 「조세특례제한법」상 손금산입액 20,000,000원이 반영된 금액이다.

(2) 제22기에 외국 자회사B로부터 배당금 2,000,000원(원천징수세액 262,500원이 차감된 금액임)을 받아 배당금수익으로 회계처리하였다. 익금산입된 자회사B에 대한 간접외국납부세액은 500,000원이며, 외국납부세액공제 요건을 충족하는 것으로 가정한다.

(3) 세무상 이월결손금 및 중간예납세액은 없다.

(4) 각 사업연도 소득에 대한 법인세율은 다음과 같으며, 중소기업의 최저한세율은 7%이다.

과세표준	세 율
2억원 이하	과세표준의 10%
2억원 초과 200억원 이하	2천만원 + 2억원을 초과하는 금액의 20%

① 8,560,000원   ② 19,260,000원   ③ 24,375,000원
④ 28,300,000원   ⑤ 31,660,000원

30. 「부가가치세법」상 과세거래에 관한 설명이다. **옳지 않은** 것은?

① 신탁의 종료로 인하여 수탁자로부터 위탁자에게 신탁재산을 이전하는 경우 재화의 공급으로 보지 아니한다.

② 사업자가 자기의 사업과 관련하여 사업장 내에서 사용인에게 음식을 무상으로 제공하는 경우 용역의 공급으로 보지 아니한다.

③ 사업자가 대가의 전부를 자기적립마일리지로만 결제받고 재화를 인도하는 경우 재화의 공급으로 본다.

④ 사업자 단위 과세 사업자가 자기의 사업과 관련하여 생산 또는 취득한 재화를 판매할 목적으로 자기의 다른 사업장에 반출하는 경우 재화의 공급으로 보지 아니한다.

⑤ 사업자가 내국신용장에 의해 재화를 공급받아 영세율을 적용받은 재화를 자기의 면세사업을 위하여 직접 사용하거나 소비하는 경우 재화의 공급으로 본다.

31. 2022년 제1기(2022.1.1.~2022.6.30.) 부가가치세 관련 자료이다. ㈜A와 ㈜B의 부가가치세 과세표준에 포함될 재화의 공급가액을 모두 합한 것으로 옳은 것은? 단, 제시된 금액은 부가가치세를 포함하지 않은 금액이다.

(1) ㈜A는 과세사업과 면세사업에 공통으로 사용하던 차량과 비품을 다음과 같이 매각하였다.
① 매각내역

구 분	취득일	취득가액	매각일	공급가액
차 량	2021.3.1.	40,000,000원	2022.4.1.	20,000,000원
비 품	2021.8.1.	1,000,000원	2022.5.1.	400,000원

② 과세사업과 면세사업의 공급가액비율

구 분	2021년 제1기	2021년 제2기	2022년 제1기
과세사업	53%	50%	60%
면세사업	47%	50%	40%

(2) 과세사업자인 ㈜B는 2022년 4월 10일에 토지와 건물을 500,000,000원에 다음과 같이 함께 양도하고 그 대금을 모두 수령하였다. 토지와 건물에 대한 감정가액은 없다.

구 분	실지거래가액	공급계약일 현재	
		장부가액	기준시가
토 지	300,000,000원	200,000,000원	160,000,000원
건 물	200,000,000원	200,000,000원	240,000,000원

① 210,200,000원　　　② 210,400,000원　　　③ 260,000,000원
④ 310,200,000원　　　⑤ 310,400,000원

32. 부가가치세 공급가액에 관한 설명이다. **옳지 않은** 것은? 단, 아래 재화는 모두 부가가치세 과세대상이다.

① 사업자가 시가 1,000,000원인 재화A를 판매하고 제3자 적립마일리지 300,000원(제3자와 마일리지 결제액을 보전받지 않기로 약정함에 따라 제3자로부터 보전받은 금액은 없음)과 현금 700,000원을 결제받았다. 이 경우 재화A의 공급가액은 700,000원이다.

② 사업자가 특수관계인이 아닌 자에게 재화B(시가 1,000,000원)를 공급하고 재화C(시가 900,000원)를 대가로 받았다. 이 경우 재화B의 공급가액은 1,000,000원이다.

③ 사업자가 재화D를 3월 20일(기준환율: 1,100원/$)에 인도하고 4월 20일(기준환율: 1,050원/$)에 \$1,000를 대금으로 수령하였다. 이 경우 재화D의 공급가액은 1,100,000원이다.

④ 사업자가 재화E를 시가인 1,000,000원에 외상으로 판매하고 거래 상대방에 대한 판매장려금 지급액 300,000원을 차감한 나머지 금액 700,000원을 약정된 상환일에 수령하였다. 이 경우 재화E의 공급가액은 1,000,000원이다.

⑤ 사업자가 시가 1,000,000원인 재화F를 매출에누리 100,000원을 차감한 900,000원에 외상판매하였다. 이 경우 재화F의 공급가액은 900,000원이다.

33. 다음의 거래에 대한 각 사업자의 「부가가치세법」상 처리를 설명한 것으로 옳은 것은?

> (1) ㈜A는 2021년 11월 1일에 ㈜B에게 제품을 11,000,000원(부가가치세 포함)에 판매하고 약속어음을 받았다.
> (2) ㈜B가 발행한 약속어음이 부도가 발생함에 따라 ㈜A는 2022년 1월 20일에 금융회사에서 부도확인을 받았다. ㈜A는 ㈜B의 재산에 대하여 저당권을 설정하고 있지 않다.
> (3) ㈜A는 대손처리한 ㈜B에 대한 채권 중 5,500,000원(부가가치세 포함)을 2023년 3월 10일에 ㈜B로부터 회수하였다.

① ㈜A는 2022년 제1기 부가가치세 확정신고시 1,000,000원을 대손세액공제 받을 수 있다.
② ㈜A는 2022년 제2기 부가가치세 예정신고시 1,000,000원을 대손세액공제 받을 수 있다.
③ ㈜A는 2023년 제1기 부가가치세 예정신고시 과세표준에 5,000,000원을 더한다.
④ ㈜B는 2022년 제1기 부가가치세 확정신고시 1,000,000원을 매입세액에서 뺀다.
⑤ ㈜B는 2023년 제1기 부가가치세 확정신고시 500,000원을 매입세액에 더한다.

34. 과세사업과 면세사업을 겸영하는 ㈜A의 자료이다. 2022년 제1기 부가가치세 확정신고시 매입세액공제액으로 옳은 것은? 단, 모든 거래에 대한 세금계산서 및 계산서는 적법하게 발급받았다.

> (1) 2022년 4월 1일부터 6월 30일까지의 매입세액
>
> | 구 분 | 과세사업분 | 면세사업분 | 공통매입분 |
> |---|---|---|---|
> | 원재료 | 50,000,000원 | 30,000,000원 | - |
> | 비 품 | 10,000,000원 | 5,000,000원 | 2,000,000원* |
> | 기계장치 | - | - | 10,000,000원** |
>
> * 2022년 4월 20일 과세사업과 면세사업에 공통으로 사용하기 위하여 비품을 구입하였으며, 실지 귀속을 구분할 수 없다. 비품을 사업에 사용하던 중 2022년 6월 30일 16,500,000원(부가가치세 포함)에 매각하였다.
>
> ** 2022년 5월 20일 과세사업과 면세사업에 공통으로 사용하기 위하여 기계장치를 구입하였으며, 실지 귀속을 구분할 수 없다.
>
> (2) 면세사업에만 사용하던 차량(트럭)을 2022년 4월 15일부터 과세사업과 면세사업에 함께 사용하기 시작하였다. 동 차량은 2020년 12월 10일에 44,000,000원(부가가치세 포함)에 구입하였다.

(3) 과세사업과 면세사업의 공급가액비율

구 분	2021년 제2기	2022년 제1기
과세사업	70%	80%
면세사업	30%	20%

① 67,200,000원　　② 67,400,000원　　③ 70,100,000원
④ 70,200,000원　　⑤ 70,400,000원

35. 돈가스제조업(과세사업)을 영위하는 ㈜A(중소기업)의 2022년 제1기 예정신고기간 (2022.1.1.～2022.3.31.)의 부가가치세 관련 자료이다. 2022년 제1기 예정신고시 의제매입세액 공제액으로 옳은 것은? 단, 제시된 금액은 부가가치세를 포함하지 않은 금액이며, 모든 거래에 대한 세금계산서 및 계산서는 적법하게 발급받았다.

(1) 매입내역

구 분	취득가액	비 고
돼지고기	26,000,000원	-
밀가루	22,100,000원	수입산으로 관세의 과세가격은 20,800,000원, 관세는 1,300,000원임.
소 금	10,920,000원	운송사업자에게 지급한 매입운임 520,000원이 포함된 금액임.
치 즈	5,200,000원	-
김 치	3,900,000원	-

(2) 매입한 돼지고기 중 30%는 다른 사업자에게 그대로 판매하였으며, 60%는 돈가스제조에 사용하였고, 10%는 예정신고기간 종료일 현재 재고로 남아 있다.
(3) 매입한 밀가루, 소금 및 치즈는 모두 돈가스제조에 사용하였으며, 김치는 모두 종업원에게 사내식당 반찬으로 제공하였다.
(4) 중소기업의 의제매입세액 공제율은 4/104이며, 의제매입세액 공제한도는 고려하지 않는다.

① 1,800,000원　　② 1,900,000원　　③ 1,950,000원
④ 2,000,000원　　⑤ 2,100,000원

36. 「부가가치세법」상 매입세액공제에 관한 설명이다. **옳지 않은** 것은?　　　(2022 수정)

① 법인사업자로부터 전자세금계산서를 발급받았으나 그 전자세금계산서가 국세청장에게 전송되지 아니한 경우 발급한 사실이 확인되더라도 매입세액을 공제할 수 없다.

② 재화의 공급시기 이후에 발급받은 세금계산서로서 해당 공급시기가 속하는 과세기간에 대한 확정신고기한까지 발급받은 경우 매입세액을 공제할 수 있다.

③ 사업자가 일반과세자로부터 재화를 공급받고 부가가치세액이 별도로 구분되는 신용카드매출전표를 발급받은 경우 법정요건을 모두 갖추면 매입세액을 공제할 수 있다.

④ 재화의 공급시기 전에 세금계산서를 발급받았더라도 재화의 공급시기가 그 세금계산서의 발급일부터 30일 이내에 도래하고 해당 거래사실이 확인되어 납세지 관할 세무서장이 경정하는 경우 매입세액을 공제할 수 있다.

⑤ 재화의 공급시기가 속하는 과세기간에 대한 확정신고기한이 지난 후 세금계산서를 발급받았더라도 그 세금계산서의 발급일이 확정신고기한 다음 날부터 1년 이내이고 과세표준수정신고서와 함께 세금계산서를 제출하는 경우 매입세액을 공제할 수 있다.

37. 「부가가치세법」상 과세사업자에 관한 설명이다. 옳은 것은?

① 일반과세자 중 모든 법인사업자는 예정신고기간이 끝난 후 25일 이내에 각 예정신고기간에 대한 과세표준과 납부세액 또는 환급세액을 납세지 관할 세무서장에게 신고하여야 한다.

② 모든 일반과세자는 세금계산서를 발급하여야 하며, 영수증을 발급할 수 없다.

③ 일반과세자만 영세율을 적용받을 수 있으며, 간이과세자는 영세율을 적용받을 수 없다.

④ 납세지 관할 세무서장은 일반과세자가 예정신고기간에 대한 환급세액을 예정신고기한까지 신고하면 조기환급 대상이 아닌 경우에도 예정신고기한이 지난 후 15일 이내에 부가가치세를 환급하여야 한다.

⑤ 일반과세자만 대손세액공제를 적용받을 수 있으며, 간이과세자는 대손세액공제를 적용받을 수 없다.

38. 「상속세 및 증여세법」상 증여세 비과세 및 과세가액불산입에 관한 설명이다. **옳지 않은** 것은?

① 국가나 지방자치단체로부터 증여받은 재산의 가액에 대해서는 증여세를 부과하지 아니한다.

② 항시 치료를 요하는 중증환자인 장애인을 수익자로 하는 보험의 보험금은 전액 비과세한다.

③ 국가 또는 지방자치단체가 증여받은 재산의 가액에 대해서는 증여세를 부과하지 아니한다.

④ 설립근거 법령의 변경으로 비영리법인이 해산되어 해당 법인의 재산과 권리·의무를 다른 비영리법인이 승계받은 경우 승계받은 해당 재산의 가액에 대해서는 증여세를 부과하지 아니한다.

⑤ 「공익신탁법」에 따른 공익신탁으로서 종교·자선·학술 또는 그 밖의 공익을 목적으로 하는 신탁을 통하여 공익법인에 출연하는 재산의 가액은 증여세 과세가액에 산입하지 아니한다.

39. 거주자 갑(2022년 5월 2일 사망)의 상속세 관련 자료이다. 상속세 과세표준으로 옳은 것은?

(2022 수정)

(1) 상속재산 내역은 다음과 같다.

구 분	회사채*	아파트**
갑의 취득가액	1,000,000,000원	2,500,000,000원

* 거래소에 상장된 회사채이며, 금융재산상속공제 대상이다.
** 동거주택상속공제 요건을 충족하며 취득가액과 시가가 동일하다.

(2) 상속재산 중 회사채의 상속개시일 이전 2개월간 공표된 매일의 최종시세가액 평균액은 1,300,000,000원이며, 상속개시일 이전 최근일의 최종시세가액은 1,200,000,000원이다.

(3) 장례비용으로 봉안시설사용료 9,000,000원과 기타 장례비용 4,000,000원이 지급되었다. 봉안시설사용료는 적법한 증빙에 의해 확인되나 기타 장례비용은 증빙이 없다.

(4) 갑의 동거가족으로 배우자(60세), 아들(40세), 아들의 배우자(42세)가 있으며, 배우자상속재산분할신고를 하지 아니하였다.

① 1,690,000,000원 ② 1,990,000,000원 ③ 1,995,000,000원
④ 2,190,000,000원 ⑤ 2,495,000,000원

40. 「지방세법」상 납세지에 관한 설명이다. 옳지 않은 것은?

① 차량의 「자동차관리법」에 따른 등록지와 사용본거지가 다른 경우 등록지를 취득세의 납세지로 한다.

② 선박 등기에 대한 등록면허세의 납세지는 선적항 소재지이다.

③ 수입판매업자가 보세구역으로부터 반출한 담배에 대한 담배소비세의 납세지는 담배가 판매된 소매인의 영업장 소재지이다.

④ 주민세 사업소분의 납세지는 과세기준일 현재 각 사업소 소재지이다.

⑤ 주택에 대한 재산세의 납세지는 주택의 소재지이다.

회계학

※ 아래 문제들에서 특별한 언급이 없는 한 기업의 보고기간(회계기간)은 매년 1월 1일 부터 12월 31일까지이며, 법인세효과는 고려하지 않는다. 또한 기업은 주권상장법 인으로 계속해서 한국채택국제회계기준(K-IFRS)을 적용해오고 있다고 가정하고 보 기 중에서 물음에 가장 합당한 답을 고르시오.

1. 재무보고를 위한 개념체계 중 측정에 관한 다음의 설명 중 **옳지 않은** 것은?

① 역사적 원가 측정기준을 사용할 경우, 다른 시점에 취득한 동일한 자산이나 발생한 동일한 부채가 재무제표에 다른 금액으로 보고될 수 있다.

② 공정가치는 자산을 취득할 때 발생한 거래원가로 인해 증가하지 않으며, 또한 자산 의 궁극적인 처분에서 발생할 거래원가를 반영하지 않는다.

③ 자산의 현행원가는 측정일 현재 동등한 자산의 원가로서 측정일에 지급할 대가와 그 날에 발생할 거래원가를 포함한다.

④ 현행가치와 달리 역사적 원가는 자산의 손상이나 손실부담에 따른 부채와 관련되는 변동을 제외하고는 가치의 변동을 반영하지 않는다.

⑤ 이행가치는 부채가 이행될 경우보다 이전되거나 협상으로 결제될 때 특히 예측가치 를 가진다.

2. ㈜대한은 20x1년 1월 1일에 장부금액이 ₩700,000인 기계장치를 ㈜민국의 기계장치(장 부금액: ₩800,000, 공정가치: ₩900,000)와 교환하면서 현금 ₩50,000을 추가로 지급 하였으며, 유형자산처분손실로 ₩100,000을 인식하였다. ㈜대한은 교환으로 취득한 기 계장치와 관련하여 설치장소 준비원가 ₩50,000과 설치원가 ₩50,000을 20x1년 1월 1일 에 지출하고 즉시 사용하였다. 한편, ㈜대한은 취득한 기계장치의 잔존가치와 내용연수를 각각 ₩50,000과 5년으로 추정하였으며, 정액법으로 감가상각한다. ㈜대한이 동 기계장 치와 관련하여 20x1년 감가상각비로 인식할 금액은 얼마인가? 단, 동 자산의 교환은 상업 적 실질이 있으며, ㈜대한의 기계장치 공정가치는 신뢰성 있게 측정가능하고 ㈜민국의 기 계장치 공정가치보다 명백하다고 가정한다.

① ₩130,000 ② ₩140,000 ③ ₩160,000

④ ₩212,500 ⑤ ₩250,000

3. 차량운반구에 대해 재평가모형을 적용하고 있는 ㈜대한은 20x1년 1월 1일에 영업용으로 사용할 차량운반구를 ₩2,000,000(잔존가치: ₩200,000, 내용연수: 5년, 정액법 상각)에 취득하였다. 동 차량운반구의 20x1년 말 공정가치와 회수가능액은 각각 ₩1,800,000으로 동일하였으나, 20x2년 말 공정가치는 ₩1,300,000이고 회수가능액은 ₩1,100,000으로 자산손상이 발생하였다. 동 차량운반구와 관련하여 ㈜대한이 20x2년 포괄손익계산서에 당기비용으로 인식할 총 금액은 얼마인가? 단, 차량운반구의 사용기간 동안 재평가잉여금을 이익잉여금으로 대체하지 않는다.

① ₩200,000 　　　② ₩360,000 　　　③ ₩400,000

④ ₩540,000 　　　⑤ ₩600,000

4. ㈜대한은 20x1년 7월 1일에 차입원가 자본화 적격자산에 해당하는 본사 사옥 신축공사를 시작하였으며, 본 공사는 20x2년 9월 말에 완료될 것으로 예상된다. 동 공사와 관련하여 20x1년에 지출한 공사비는 다음과 같다.

일자	20x1.7.1.	20x1.10.1.	20x1.12.1.
지출액	₩500,000	₩600,000	₩1,200,000

㈜대한의 차입금 내역은 아래와 같다.

구 분	차입금액	차입일	상환일	연 이자율
특정차입금	₩800,000	20x1.7.1.	20x3. 6.30.	5%
일반차입금	1,000,000	20x1.1.1.	20x3.12.31.	?

모든 차입금은 매년 말 이자 지급조건이며, 특정차입금 중 50%는 20x1년 9월 말까지 3개월 간 연 3% 수익률을 제공하는 투자처에 일시적으로 투자하였다. ㈜대한이 동 공사와 관련하여 20x1년 말에 건설중인자산(유형자산)으로 ₩2,333,000을 보고하였다면, 일반차입금의 연 이자율은 몇 퍼센트(%)인가? 단, 연평균지출액, 이자수익 및 이자비용은 월할로 계산한다.

① 1.6% 　　　② 3% 　　　③ 5%

④ 8% 　　　⑤ 10.5%

5. 기업회계기준서 제1002호 '재고자산'에 관한 다음의 설명 중 **옳지 않은** 것은?

① 재고자산의 지역별 위치나 과세방식이 다르다는 이유만으로 동일한 재고자산에 다른 단위원가 결정방법을 적용하는 것은 정당화된다.

② 통상적으로 상호 교환될 수 없는 재고자산항목의 원가와 특정 프로젝트별로 생산되고 분리되는 재화 또는 용역의 원가는 개별법을 사용하여 결정한다.

③ 재고자산의 전환원가는 원재료를 완제품으로 전환하는 데 드는 고정 및 변동 제조간접원가의 체계적인 배부액도 포함한다.

④ 보유하고 있는 재고자산의 수량이 확정판매계약의 이행에 필요한 수량을 초과하는 경우에는 그 초과 수량의 순실현가능가치는 일반 판매가격에 기초한다.

⑤ 원재료 가격이 하락하여 제품의 원가가 순실현가능가치를 초과할 것으로 예상된다면 해당 원재료를 순실현가능가치로 감액한다

6. ㈜대한은 ㈜민국이 20x1년 1월 1일에 발행한 액면금액 ₩50,000(만기 5년(일시상환), 표시이자율 연 10%, 매년 말 이자지급)인 사채를 동 일자에 액면금액으로 취득하고, 상각후원가로 측정하는 금융자산(AC 금융자산)으로 분류하여 회계처리하였다. 그러나 ㈜대한은 20x2년 중 사업모형의 변경으로 동 사채를 당기손익-공정가치로 측정하는 금융자산(FVPL 금융자산)으로 재분류하였다. 20x2년 말 현재 동 사채와 관련하여 인식한 손실충당금은 ₩3,000이다. 동 사채의 20x3년 초와 20x3년 말의 공정가치는 각각 ₩45,000과 ₩46,000이다. 동 사채가 ㈜대한의 20x3년 포괄손익계산서 상 당기순이익에 미치는 영향은 얼마인가? 단, 동 사채의 20x3년 말 공정가치는 이자수령 후 금액이다.

① ₩2,000 감소   ② ₩1,000 감소   ③ ₩4,000 증가
④ ₩5,000 증가   ⑤ ₩6,000 증가

7. ㈜대한은 ㈜민국이 20x1년 1월 1일에 발행한 액면금액 ₩100,000(만기 3년(일시상환), 표시이자율 연 10%, 매년 말 이자지급)의 사채를 동 일자에 ₩95,198(유효이자율 연 12%)을 지급하고 취득하였다. 동 금융자산의 20x1년 말과 20x2년 말의 이자수령 후 공정가치는 각각 ₩93,417과 ₩99,099이며, ㈜대한은 20x3년 초 ₩99,099에 동 금융자산을 처분하였다. 동 금융자산과 관련한 다음의 설명 중 **옳지 않은** 것은? 단, 필요 시 소수점 첫째자리에서 반올림한다.

① 금융자산을 상각후원가로 측정하는 금융자산(AC 금융자산)으로 분류한 경우에 기타포괄손익-공정가치로 측정하는 금융자산(FVOCI 금융자산)으로 분류한 경우보다 ㈜대한의 20x1년 말 자본총액은 더 크게 계상된다.

② 금융자산을 상각후원가로 측정하는 금융자산(AC 금융자산)으로 분류한 경우 ㈜대한이 금융자산과 관련하여 20x1년의 이자수익으로 인식할 금액은 ₩11,424이다.

③ 금융자산을 상각후원가로 측정하는 금융자산(AC 금융자산)으로 분류한 경우와 기타포괄손익-공정가치로 측정하는 금융자산(FVOCI 금융자산)으로 분류한 경우를

비교하였을 때, 금융자산이 ㈜대한의 20x2년 당기손익에 미치는 영향은 차이가 없다.

④ 금융자산을 기타포괄손익-공정가치로 측정하는 금융자산(FVOCI 금융자산)으로 분류한 경우 금융자산과 관련한 ㈜대한의 20x2년 말 재무상태표 상 기타포괄손익누계액은 ₩882이다.

⑤ 금융자산을 상각후원가로 측정하는 금융자산(AC 금융자산)으로 분류한 경우에 기타포괄손익-공정가치로 측정하는 금융자산(FVOCI 금융자산)으로 분류한 경우보다 ㈜대한이 20x3년 초 금융자산 처분 시 처분이익을 많이 인식한다.

8. 낙농업을 영위하는 ㈜대한목장은 20x1년 1월 1일에 우유 생산이 가능한 젖소 10마리를 보유하고 있다. ㈜대한목장은 우유의 생산 확대를 위하여 20x1년 6월 젖소 10마리를 1마리당 ₩100,000에 추가로 취득하였으며, 취득시점의 1마리당 순공정가치는 ₩95,000이다. 한편 ㈜대한목장은 20x1년에 100리터(ℓ)의 우유를 생산하였으며, 생산시점(착유시점) 우유의 1리터(ℓ)당 순공정가치는 ₩3,000이다. ㈜대한목장은 생산된 우유 전부를 20x1년에 거래처인 ㈜민국유업에 1리터(ℓ)당 ₩5,000에 판매하였다. 20x1년 말 현재 ㈜대한목장이 보유 중인 젖소 1마리당 순공정가치는 ₩100,000이다. 위 거래로 인한 ㈜대한목장의 20x1년 포괄손익계산서 상 당기순이익의 증가액은 얼마인가? 단, 20x0년 말 젖소의 1마리당 순공정가치는 ₩105,000이다.

① ₩340,000 ② ₩450,000 ③ ₩560,000
④ ₩630,000 ⑤ ₩750,000

9. 기업회계기준서 제1038호 '무형자산'에 관한 다음 설명 중 **옳지 않은** 것은?

① 개별 취득하는 무형자산의 원가는 그 자산을 경영자가 의도하는 방식으로 운용될 수 있는 상태에 이를 때까지 인식하므로 무형자산을 사용하거나 재배치하는 데 발생하는 원가도 자산의 장부금액에 포함한다.

② 미래경제적효익이 기업에 유입될 가능성은 무형자산의 내용연수 동안의 경제적 상황에 대한 경영자의 최선의 추정치를 반영하는 합리적이고 객관적인 가정에 근거하여 평가하여야 한다.

③ 자산의 사용에서 발생하는 미래경제적효익의 유입에 대한 확실성 정도에 대한 평가는 무형자산을 최초로 인식하는 시점에서 이용 가능한 증거에 근거하며, 외부 증거에 비중을 더 크게 둔다.

④ 무형자산의 미래경제적효익은 제품의 매출, 용역수익, 원가절감 또는 자산의 사용에 따른 기타 효익의 형태로 발생할 수 있다.

⑤ 내부적으로 창출한 영업권은 원가를 신뢰성 있게 측정할 수 없고 기업이 통제하고 있는 식별가능한 자원이 아니기 때문에 자산으로 인식하지 아니한다.

※ ㈜대한이 발행한 상각후원가(AC)로 측정하는 금융부채(사채)와 관련된 다음 〈자료〉
를 이용하여 10번과 11번에 대해 답하시오.

〈자료〉

액면금액	₩3,000,000
사채권면 상 발행일	20x1년 1월 1일
사채 실제 발행일	20x1년 3월 1일
표시이자율	연 6%(매년 12월 31일에 지급)
사채권면 상 발행일의 유효이자율	연 6%
상환만기일	20x3년 12월 31일(만기 일시상환)

현가계수표

기간＼할인율	단일금액 ₩1의 현재가치			정상연금 ₩1의 현재가치		
	6%	7%	8%	6%	7%	8%
1년	0.9434	0.9346	0.9259	0.9434	0.9346	0.9259
2년	0.8900	0.8734	0.8573	1.8334	1.8080	1.7832
3년	0.8396	0.8163	0.7938	2.6730	2.6243	2.5770

10. 다음 (A) 또는 (B)의 조건으로 사채를 발행하는 경우, ㈜대한이 20x1년 3월 1일에 사채
발행으로 수취하는 금액에 대한 설명으로 옳은 것은? 단, 이자는 월할로 계산하며, 단수차
이로 인해 오차가 있다면 가장 근사치를 선택한다.

(A) 사채 실제 발행일의 유효이자율이 연 8%인 경우
(B) 사채 실제 발행일의 유효이자율이 연 7%인 경우

① (A)가 (B)보다 수취하는 금액이 ₩76,014만큼 많다.
② (A)가 (B)보다 수취하는 금액이 ₩72,159만큼 많다.
③ (A)가 (B)보다 수취하는 금액이 ₩76,014만큼 적다.
④ (A)가 (B)보다 수취하는 금액이 ₩72,159만큼 적다.
⑤ (A)와 (B)의 수취하는 금액은 동일하다.

11. ㈜대한은 20x3년 4월 1일에 사채액면금액 중 30%를 경과이자를 포함하여 현금 ₩915,000에 조기상환하였다. 위 〈자료〉에서 사채 실제 발행일(20x1년 3월 1일)의 유효 이자율이 연 8%인 경우, ㈜대한이 조기상환시점에 사채상환손실로 인식할 금액은 얼마인 가? 단, 이자는 월할로 계산하며, 단수차이로 인해 오차가 있다면 가장 근사치를 선택한다.

① ₩9,510   ② ₩14,030   ③ ₩15,000

④ ₩31,700   ⑤ ₩46,800

12. 20x1년 1월 1일에 설립된 ㈜대한은 확정급여제도를 채택하고 있으며, 관련 자료는 다음 과 같다. 순확정급여자산(부채) 계산 시 적용한 할인율은 연 8%로 매년 변동이 없다.

〈20x1년〉
- 20x1년 말 사외적립자산의 공정가치는 ₩1,100,000이다.
- 20x1년 말 확정급여채무의 현재가치는 ₩1,000,000이다.
- 20x1년 말 순확정급여자산의 자산인식상한금액은 ₩60,000이다.

〈20x2년〉
- 20x2년 당기근무원가는 ₩900,000이다.
- 20x2년 말에 일부 종업원의 퇴직으로 ₩100,000을 사외적립자산에서 현금으로 지급하였다.
- 20x2년 말에 ₩1,000,000을 현금으로 사외적립자산에 출연하였다.
- 20x2년 말 사외적립자산의 공정가치는 ₩2,300,000이다.
- 20x2년 말 확정급여채무의 현재가치는 ₩2,100,000이다.

㈜대한의 20x2년 말 재무상태표에 표시될 순확정급여자산이 ₩150,000인 경우, ㈜대한 의 확정급여제도 적용이 20x2년 포괄손익계산서의 기타포괄이익(OCI)에 미치는 영향은 얼마인가?

① ₩12,800 감소   ② ₩14,800 감소   ③ ₩17,800 감소

④ ₩46,800 감소   ⑤ ₩54,800 감소

13. ㈜대한은 20x1년 1월 1일에 종업원 30명 각각에게 앞으로 5년 간 근무할 것을 조건으로 주가차액보상권(SARs) 30개씩을 부여하였다. 20x1년 말과 20x2년 말 주가차액보상권의 1개당 공정가치는 각각 ₩100과 ₩110이다. 20x2년 말 ㈜대한은 동 주가차액보상권을 모두 취소하고, 그 대신 상기 종업원 30명 각각에게 앞으로 3년 간 근무할 것을 조건으로 주식선택권 30개씩을 부여하였다. 따라서 당초 가득기간에는 변함이 없다. 또한 ㈜대한은 모든 종업원이 요구되는 용역을 제공할 것으로 예상하였으며, 실제로도 모든 종업원이 용

역을 제공하였다. ㈜대한의 주식기준보상거래 관련 회계처리가 20x2년 포괄손익계산서의 당기순이익을 ₩28,800만큼 감소시키는 경우, 20x2년 말 주식선택권의 1개당 공정가치는 얼마인가?

① ₩100 ② ₩110 ③ ₩120
④ ₩130 ⑤ ₩140

14. 기업회계기준서 제1116호 '리스'에 관한 다음 설명 중 **옳지 않은** 것은?

① 리스개설직접원가는 리스를 체결하지 않았더라면 부담하지 않았을 리스체결의 증분원가이다. 다만, 금융리스와 관련하여 제조자 또는 판매자인 리스제공자가 부담하는 원가는 제외한다.

② 포괄손익계산서에서 리스이용자는 리스부채에 대한 이자비용을 사용권자산의 감가상각비와 구분하여 표시한다.

③ 리스이용자는 리스부채의 원금에 해당하는 현금 지급액은 현금흐름표에 재무활동으로 분류하고, 리스부채 측정치에 포함되지 않은 단기리스료, 소액자산 리스료, 변동리스료는 현금흐름표에 영업활동으로 분류한다.

④ 무보증잔존가치는 리스제공자가 실현할 수 있을지 확실하지 않거나 리스제공자의 특수관계자만이 보증한, 기초자산의 잔존가치 부분이다.

⑤ 리스이용자는 하나 이상의 기초자산 사용권이 추가되어 리스의 범위가 넓어진 경우 또는 개별 가격에 적절히 상응하여 리스대가가 증액된 경우에 리스변경을 별도 리스로 회계처리한다.

15. 리스이용자인 ㈜대한은 리스제공자인 ㈜민국리스와 리스개시일인 20x1년 1월 1일에 다음과 같은 조건의 리스계약을 체결하였다.

- 기초자산(생산공정에 사용할 기계장치)의 리스기간은 20x1년 1월 1일부터 20x3년 12월 31일까지이다.
- 기초자산의 내용연수는 4년으로 내용연수 종료시점의 잔존가치는 없으며, 정액법으로 감가상각한다.
- ㈜대한은 리스기간 동안 매년 말 ₩3,000,000의 고정리스료를 지급한다.
- 사용권자산은 원가모형을 적용하여 정액법으로 감가상각하고, 잔존가치는 없다.
- 20x1년 1월 1일에 동 리스의 내재이자율은 연 8%로 리스제공자와 리스이용자가 이를 쉽게 산정할 수 있다.
- ㈜대한은 리스기간 종료시점에 기초자산을 현금 ₩500,000에 매수할 수 있는 선택권을 가지고 있으나, 리스개시일 현재 동 매수선택권을 행사하지 않을 것이

상당히 확실하다고 판단하였다. 그러나 20x2년 말에 ㈜대한은 유의적인 상황변화로 인해 동 매수선택권을 행사할 것이 상당히 확실하다고 판단을 변경하였다.
- 20x2년 말 현재 ㈜대한은 남은 리스기간의 내재이자율을 쉽게 산정할 수 없으며, ㈜대한의 증분차입이자율은 연 10%이다.
- 적용할 현가계수는 아래의 표와 같다.

할인율 기간	단일금액 ₩1의 현재가치		정상연금 ₩1의 현재가치	
	8%	10%	8%	10%
1년	0.9259	0.9091	0.9259	0.9091
2년	0.8573	0.8264	1.7832	1.7355
3년	0.7938	0.7513	2.5770	2.4868

㈜대한이 20x3년에 인식할 사용권자산의 감가상각비는 얼마인가? 단, 단수차이로 인해 오차가 있다면 가장 근사치를 선택한다.

① ₩993,804   ② ₩1,288,505   ③ ₩1,490,706

④ ₩2,577,003   ⑤ ₩2,981,412

16. 20x1년 1월 1일 현재 ㈜대한의 유통보통주식수는 200,000주(1주당 액면금액 ₩1,000)이며, 자기주식과 우선주는 없다. ㈜대한은 20x1년 1월 1일에 주식매입권 30,000개 (20x3년 말까지 행사가능)를 발행하였으며, 주식매입권 1개가 행사되면 보통주 1주가 발행된다. 주식매입권의 행사가격은 1개당 ₩20,000이며, 20x1년 보통주의 평균시장가격은 1주당 ₩25,000이다. 20x1년 10월 1일에 동 주식매입권 20,000개가 행사되었다. ㈜대한이 20x1년 당기순이익으로 ₩205,000,000을 보고한 경우 20x1년 희석주당이익은 얼마인가? 단, 가중평균유통보통주식수는 월할로 계산하며, 단수차이로 인해 오차가 있다면 가장 근사치를 선택한다.

① ₩960   ② ₩972   ③ ₩976

④ ₩982   ⑤ ₩987

17. ㈜대한은 20x1년 1월 1일에 상환우선주 200주(1주당 액면금액 ₩500)를 공정가치로 발행하였다. 동 상환우선주와 관련된 자료는 다음과 같다.

- ㈜대한은 상환우선주를 20x2년 12월 31일에 1주당 ₩600에 의무적으로 상환해야 한다.

- 상환우선주의 배당률은 액면금액기준 연 3%이며, 배당은 매년 말에 지급한다. 배당이 지급되지 않는 경우에는 상환금액에 가산하여 지급한다.
- 20x1년 1월 1일 현재 상환우선주에 적용되는 유효이자율은 연 6%이며, 그 현가계수는 아래 표와 같다.

기간 \ 할인율	6%	
	단일금액 ₩1의 현재가치	정상연금 ₩1의 현재가치
2년	0.8900	1.8334

- 20x1년 말에 ㈜대한은 동 상환우선주의 보유자에게 배당을 결의하고 지급하였다.

㈜대한이 동 상환우선주와 관련하여 20x1년 포괄손익계산서 상 이자비용으로 인식해야 할 금액은 얼마인가? 단, 단수차이로 인해 오차가 있다면 가장 근사치를 선택한다.

① ₩0　　　　　② ₩3,000　　　　　③ ₩3,600

④ ₩6,408　　　　　⑤ ₩6,738

18. 20x1년 9월 1일에 ㈜대한은 ㈜민국에게 1년 간의 하자보증조건으로 중장비 1대를 ₩500,000에 현금 판매하였다. 동 하자보증은 용역 유형의 보증에 해당한다. ㈜대한은 1년 간의 하자보증을 제공하지 않는 조건으로도 중장비를 판매하고 있으며, 이 경우 중장비의 개별 판매가격은 보증조건 없이 1대당 ₩481,000이며, 1년 간의 하자보증용역의 개별 판매가격은 ₩39,000이다. ㈜대한은 ㈜민국에게 판매한 중장비 1대에 대한 하자보증으로 20x1년에 ₩10,000의 원가를 투입하였으며, 20x2년 8월 말까지 추가로 ₩20,000을 투입하여 하자보증을 완료할 계획이다. 상기 하자보증조건부판매와 관련하여 ㈜대한이 20x1년에 인식할 총수익금액과 20x1년 말 재무상태표에 인식할 부채는 각각 얼마인가?

	총수익	부채
①	₩475,000	₩25,000
②	₩475,000	₩20,000
③	₩462,500	₩37,500
④	₩462,500	₩20,000
⑤	₩500,000	₩0

19. ㈜대한은 20x1년 12월 1일에 ㈜민국에게 원가 ₩500,000의 제품을 ₩1,000,000에 현금 판매하였다. 판매계약에는 20x2년 3월 31일에 동 제품을 ₩1,100,000에 다시 살 수 있는 권리를 ㈜대한에게 부여하는 콜옵션이 포함되어 있다. ㈜대한은 20x2년 3월 31일에 계약에 포함된 콜옵션을 행사하지 않았으며, 이에 따라 해당 콜옵션은 동 일자에 소멸되었다. 상기 재매입약정 거래가 ㈜대한의 20x2년 당기순이익에 미치는 영향은 얼마인가? 단, 현재가치평가는 고려하지 않으며, 계산과정에 오차가 있으면 가장 근사치를 선택한다.

① ₩100,000 감소   ② ₩75,000 감소   ③ ₩500,000 증가
④ ₩525,000 증가   ⑤ ₩600,000 증가

20. 기업회계기준서 제1115호 '고객과의 계약에서 생기는 수익'에 대한 다음 설명 중 **옳지 않은** 것은?

① 유형자산의 처분은 계약상대방이 기업회계기준서 제1115호에서 정의하고 있는 고객에 해당되지 않기 때문에 유형자산 처분손익에 포함되는 대가(금액)를 산정함에 있어 처분유형에 관계없이 동 기준서의 거래가격 산정에 관한 요구사항을 적용할 수 없다.

② 기업이 수행하여 만든 자산이 기업 자체에는 대체 용도가 없고, 지금까지 수행을 완료한 부분에 대해 집행 가능한 지급청구권이 기업에 있다면, 기업은 재화나 용역에 대한 통제를 기간에 걸쳐 이전하므로, 기간에 걸쳐 수행의무를 이행하는 것이고 기간에 걸쳐 수익을 인식한다.

③ 고객이 약속한 대가 중 상당한 금액이 변동될 수 있으며 그 대가의 금액과 시기는 고객이나 기업이 실질적으로 통제할 수 없는 미래 사건의 발생 여부에 따라 달라진다면, 그 계약에는 유의적인 금융요소가 없을 것이다.

④ 고객이 현금 외의 형태로 대가를 약속한 계약의 경우에 거래가격을 산정하기 위하여 비현금 대가(또는 비현금 대가의 약속)를 공정가치로 측정한다.

⑤ 고객에게 지급할 대가가 고객에게서 받은 구별되는 재화나 용역의 공정가치를 초과한다면, 그 초과액을 거래가격에서 차감하여 회계처리한다.

21. 다음은 ㈜대한의 20x1년 법인세 관련 자료이다.

- 20x1년 법인세비용차감전순이익은 ₩500,000이다.
- 20x1년 말 접대비 한도초과액은 ₩20,000이며, 20x1년 말 재고자산평가손실의 세법 상 부인액은 ₩5,000이다.
- 20x1년 5월 1일에 ₩30,000에 취득한 자기주식을 20x1년 10월 1일에 ₩40,000에 처분하였다.

- 20x1년 말 기타포괄손익 - 공정가치(FVOCI)로 측정하는 금융자산(지분상품) 평가손실 ₩20,000을 기타포괄손익으로 인식하였다.
- 20x1년 10월 1일 본사 사옥을 건설하기 위하여 ₩100,000에 취득한 토지의 20x1년 말 현재 공정가치는 ₩120,000이다. ㈜대한은 유형자산에 대해 재평가모형을 적용하고 있으나, 세법에서는 이를 인정하지 않는다.
- 연도별 법인세율은 20%로 일정하다.
- 일시적 차이에 사용될 수 있는 과세소득의 발생가능성은 높으며, 전기이월 일시적차이는 없다.

㈜대한이 20x1년 포괄손익계산서에 당기비용으로 인식할 법인세비용은 얼마인가?

① ₩96,000   ② ₩100,000   ③ ₩104,000
④ ₩106,000   ⑤ ₩108,000

22. ㈜대한은 20x3년 말 장부 마감 전에 과거 3년 간의 회계장부를 검토한 결과 다음과 같은 오류사항을 발견하였으며, 이는 모두 중요한 오류에 해당한다.

- 기말재고자산은 20x1년에 ₩20,000 과소계상, 20x2년에 ₩30,000 과대계상, 20x3년에 ₩35,000 과대계상되었다.
- 20x2년에 보험료로 비용 처리한 금액 중 ₩15,000은 20x3년 보험료의 선납분이다.
- 20x1년 초 ㈜대한은 잔존가치없이 정액법으로 감가상각하고 있던 기계장치에 대해 ₩50,000의 지출을 하였다. 동 지출은 기계장치의 장부금액에 포함하여 인식 및 감가상각하여야 하나, ㈜대한은 이를 지출 시점에 즉시 비용(수선비)으로 처리하였다. 20x3년 말 현재 동 기계장치의 잔존내용연수는 2년이며, ㈜대한은 모든 유형자산에 대하여 원가모형을 적용하고 있다.

위 오류사항에 대한 수정효과가 ㈜대한의 20x3년 전기이월이익잉여금과 당기순이익에 미치는 영향은 각각 얼마인가?

	전기이월이익잉여금	당기순이익
①	₩15,000 감소	₩15,000 감소
②	₩15,000 증가	₩15,000 감소
③	₩15,000 감소	₩30,000 감소
④	₩15,000 증가	₩30,000 감소
⑤	₩0	₩0

23. 기업회계기준서 제1105호 '매각예정비유동자산과 중단영업'에 대한 다음 설명 중 **옳지 않은** 것은?

① 비유동자산의 장부금액이 계속사용이 아닌 매각거래를 통하여 주로 회수될 것이라면 이를 매각예정으로 분류한다.

② 매각예정비유동자산으로 분류하기 위한 요건이 보고기간 후에 충족된 경우 당해 비유동자산은 보고기간 후 발행되는 당해 재무제표에서 매각예정으로 분류할 수 없다.

③ 매각예정으로 분류된 비유동자산은 공정가치에서 처분부대원가를 뺀 금액과 장부금액 중 작은 금액으로 측정한다.

④ 비유동자산이 매각예정으로 분류되거나 매각예정으로 분류된 처분자산집단의 일부이면 그 자산은 감가상각(또는 상각)하지 아니하며, 매각예정으로 분류된 처분자산집단의 부채와 관련된 이자와 기타 비용 또한 인식하지 아니한다.

⑤ 과거 재무상태표에 매각예정으로 분류된 비유동자산 또는 처분자산집단에 포함된 자산과 부채의 금액은 최근 재무상태표의 분류를 반영하기 위하여 재분류하거나 재작성하지 아니한다.

24. 다음은 ㈜대한의 재무상태표에 표시된 두 종류의 상각후원가(AC)로 측정하는 금융부채(A사채, B사채)와 관련된 계정의 장부금액이다. 상기 금융부채 외에 ㈜대한이 보유한 이자발생 부채는 없으며, ㈜대한은 20x1년 포괄손익계산서 상 당기손익으로 이자비용 ₩48,191을 인식하였다. 이자지급을 영업활동으로 분류할 경우, ㈜대한이 20x1년 현금흐름표의 영업활동현금흐름에 표시할 이자지급액은 얼마인가? 단, 당기 중 사채의 추가발행·상환·출자전환 및 차입금의 신규차입은 없었으며, 차입원가의 자본화는 고려하지 않는다.

구분	20x1년 1월 1일	20x1년 12월 31일
미지급이자	₩10,000	₩15,000
A사채(순액)	94,996	97,345
B사채(순액)	110,692	107,334

① ₩42,182
② ₩43,192
③ ₩44,200
④ ₩45,843
⑤ ₩49,200

※ 다음 〈자료〉를 이용하여 25번과 26번에 답하시오.

〈자료〉

- 자동차제조사인 ㈜대한과 배터리제조사인 ㈜민국은 동일 지배 하에 있는 기업이 아니다.
- ㈜대한은 향후 전기자동차 시장에서의 경쟁력 확보를 위해 20x1년 7월 1일을 취득일로 하여 ㈜민국을 흡수합병했으며, 합병대가로 ㈜민국의 기존주주에게 ㈜민국이 보통주(1주당 액면가 ₩100) 2주당 ㈜대한의 보통주(1주당 액면가 ₩200, 1주당 공정가치 ₩1,400) 1주를 교부하였다.
- 취득일 현재 ㈜민국의 요약재무상태표는 다음과 같다.

요약재무상태표

20x1년 7월 1일 현재

	장부금액	공정가치
현금	₩50,000	₩50,000
재고자산	140,000	200,000
유형자산(순액)	740,000	800,000
무형자산(순액)	270,000	290,000
자산	₩1,200,000	
매입채무	₩80,000	₩80,000
차입금	450,000	450,000
자본금	160,000	
주식발행초과금	320,000	
이익잉여금	190,000	
부채와 자본	₩1,200,000	

- ㈜대한은 ㈜민국의 유형자산에 대해 독립적인 가치평가를 진행하려 하였으나, 20x1년 재무제표 발행이 승인되기 전까지 불가피한 사유로 인해 완료하지 못하였다. 이에 ㈜대한은 ㈜민국의 유형자산을 잠정적 공정가치인 ₩800,000으로 인식하였다. ㈜대한은 취득일 현재 동 유형자산(원가모형 적용)의 잔존내용연수를 5년으로 추정하였으며, 잔존가치없이 정액법으로 감가상각(월할상각)하기로 하였다.
- ㈜대한은 합병 후 배터리사업 부문의 영업성과가 약정된 목표치를 초과할 경우 ㈜민국의 기존주주에게 현금 ₩100,000의 추가 보상을 실시할 예정이며, 취득

일 현재 이러한 조건부대가에 대한 합리적 추정치는 ₩60,000이다.

- 취득일 현재 ㈜민국은 배터리 급속 충전 기술에 대한 연구·개발 프로젝트를 진행 중이다. ㈜민국은 합병 전까지 동 프로젝트와 관련하여 총 ₩60,000을 지출하였으나, 아직 연구 단계임에 따라 무형자산으로 인식하지 않았다. ㈜대한은 합병 과정에서 동 급속 충전 기술 프로젝트가 자산의 정의를 충족하고 있으며 개별적인 식별이 가능하다고 판단하였다. ㈜대한이 평가한 동 프로젝트의 공정가치는 ₩90,000이다.

25. ㈜대한이 취득일(20x1년 7월 1일)에 수행한 사업결합 관련 회계처리를 통해 최초 인식한 영업권은 얼마인가?

① ₩240,000 　　　　② ₩260,000 　　　　③ ₩280,000

④ ₩300,000 　　　　⑤ ₩320,000

26. 다음의 〈추가자료〉 고려 시, 20x2년 12월 31일에 ㈜대한의 흡수합병과 관련하여 재무상태표에 계상될 영업권과 유형자산의 장부금액(순액)은 각각 얼마인가?

〈추가자료〉

- 합병 후 ㈜민국의 배터리 제품에 대한 화재 위험성 문제가 제기되어 20x1년 12월 31일 현재 추가 현금보상을 위한 영업성과 목표치가 달성되지 못했다. 그 결과 ㈜민국의 기존주주에 대한 ㈜대한의 추가 현금보상 지급의무가 소멸되었다. 이는 취득일 이후 발생한 사실과 상황으로 인한 조건부대가의 변동에 해당한다.
- ㈜대한이 ㈜민국으로부터 취득한 유형자산에 대한 독립적인 가치평가는 20x2년 4월 1일(즉, 20x1년 재무제표 발행 승인 후)에 완료되었으며, 동 가치평가에 의한 취득일 당시 ㈜민국의 유형자산 공정가치는 ₩900,000이다. 잔존내용연수, 잔존가치, 감가상각방법 등 기타 사항은 동일하다.
- 자산과 관련한 손상징후는 없다.

	영업권	유형자산(순액)
①	₩120,000	₩640,000
②	₩280,000	₩630,000
③	₩180,000	₩640,000
④	₩280,000	₩540,000
⑤	₩180,000	₩630,000

27. 기업회계기준서 제1028호 '관계기업과 공동기업에 대한 투자'에 관한 다음 설명 중 **옳지 않은** 것은?

① A기업이 보유하고 있는 B기업의 지분이 10%에 불과하더라도 A기업의 종속회사인 C기업이 B기업 지분 15%를 보유하고 있는 경우, 명백한 반증이 제시되지 않는 한 A기업이 B기업에 대해 유의한 영향력을 행사할 수 있는 것으로 본다.

② 관계기업 투자가 공동기업 투자로 되거나 공동기업 투자가 관계기업 투자로 되는 경우, 기업은 보유 지분을 투자 성격 변경시점의 공정가치로 재측정한다.

③ 기업이 유의적인 영향력을 보유하는지를 평가할 때에는 다른 기업이 보유한 잠재적 의결권을 포함하여 현재 행사할 수 있거나 전환할 수 있는 잠재적 의결권의 존재와 영향을 고려한다.

④ 손상차손 판단 시 관계기업이나 공동기업에 대한 투자의 회수가능액은 각 관계기업이나 공동기업별로 평가하여야 한다. 다만, 관계기업이나 공동기업이 창출하는 현금유입이 그 기업의 다른 자산에서 창출되는 현금흐름과 거의 독립적으로 구별되지 않는 경우에는 그러하지 아니한다.

⑤ 관계기업이나 공동기업에 대한 지분 일부를 처분하여 잔여 보유 지분이 금융자산이 되는 경우, 기업은 해당 잔여 보유 지분을 공정가치로 재측정한다.

28. 20x1년 1월 1일에 ㈜대한은 ㈜민국의 의결권 있는 주식 20%를 ₩600,000에 취득하여 유의적인 영향력을 가지게 되었다. 20x1년 1월 1일 현재 ㈜민국의 순자산 장부금액은 ₩2,000,000이다.

- ㈜대한의 주식 취득일 현재 ㈜민국의 자산 및 부채 가운데 장부금액과 공정가치가 일치하지 않는 계정과목은 다음과 같다.

계정과목	장부금액	공정가치
토지	₩350,000	₩400,000
재고자산	180,000	230,000

- ㈜민국은 20x1년 7월 1일에 토지 전부를 ₩420,000에 매각하였으며, 이 외에 20x1년 동안 토지의 추가 취득이나 처분은 없었다.
- ㈜민국의 20x1년 1월 1일 재고자산 중 20x1년 12월 31일 현재 보유하고 있는 재고자산의 장부금액은 ₩36,000이다.
- ㈜민국은 20x1년 8월 31일에 이사회 결의로 ₩100,000의 현금배당(중간배당)을 선언·지급하였으며, ㈜민국의 20x1년 당기순이익은 ₩300,000이다.

㈜대한의 20x1년 12월 31일 현재 재무상태표에 표시되는 ㈜민국에 대한 지분법적용투자주식의 장부금액은 얼마인가? 단, 상기 기간 중 ㈜민국의 기타포괄손익은 발생하지 않은 것으로 가정한다.

① ₩622,000   ② ₩642,000   ③ ₩646,000

④ ₩650,000   ⑤ ₩666,000

29. 20x1년 1월 1일에 ㈜대한은 ㈜민국의 지분 60%를 ₩35,000에 취득하여 ㈜민국의 지배기업이 되었다. ㈜대한의 ㈜민국에 대한 지배력 획득일 현재 ㈜민국의 자본총계는 ₩40,000(자본금 ₩5,000, 자본잉여금 ₩10,000, 이익잉여금 ₩25,000)이며, 장부금액과 공정가치가 차이를 보이는 계정과목은 다음과 같다.

계정과목	장부금액	공정가치	비고
토지	₩17,000	₩22,000	20x2년 중 매각완료
차량운반구 (순액)	8,000	11,000	잔존내용연수 3년 잔존가치 ₩0 정액법으로 감가상각

㈜민국이 보고한 당기순이익이 20x1년 ₩17,500, 20x2년 ₩24,000일 때 ㈜대한의 20x2년 연결포괄손익계산서 상 비지배주주 귀속 당기순이익과 20x2년 12월 31일 연결재무상태표 상 비지배지분은 얼마인가? 단, 비지배지분은 ㈜민국의 식별가능한 순자산 공정가치에 비례하여 결정하고, 상기 기간 중 ㈜민국의 기타포괄손익은 발생하지 않은 것으로 가정한다.

	비지배주주 귀속 당기순이익	비지배지분
①	₩7,200	₩33,000
②	₩7,200	₩32,600
③	₩7,600	₩33,000
④	₩7,600	₩32,600
⑤	₩8,000	₩33,000

30. 기업회계기준서 제1110호 '연결재무제표'에 관한 다음 설명 중 옳은 것은?

① 투자자가 피투자자 의결권의 과반수를 보유하는 경우 예외 없이 피투자자를 지배하는 것으로 본다.

② 지배기업과 종속기업의 보고기간 종료일이 다른 경우 실무적으로 적용할 수 없지 않다면 종속기업은 연결재무제표 작성을 위해 지배기업의 보고기간 종료일을 기준으로 재무제표를 추가로 작성해야 한다.

③ 투자자가 시세차익, 투자이익이나 둘 다를 위해서만 자금을 투자하는 기업회계기준서 제1110호 상의 투자기업으로 분류되더라도 시매틱을 가지는 종속외사에 대해서는 연결재무제표를 작성해야 한다.

④ 투자자는 권리 보유자의 이익을 보호하기 위해 설계된 방어권으로도 피투자자에 대한 힘을 가질 수 있다.

⑤ 연결재무제표에 추가로 작성하는 별도재무제표에서 종속기업과 관계기업에 대한 투자지분은 지분법으로 표시할 수 없다.

※ 다음 〈자료〉를 이용하여 31번과 32번에 답하시오.

〈자료〉

- ㈜대한은 20x1년 1월 1일에 ㈜민국의 의결권 있는 주식 60%를 ₩300,000에 취득하여 지배력을 획득하였다. 지배력 획득시점의 ㈜민국의 순자산 장부금액은 공정가치와 동일하다.
- 다음은 20x1년부터 20x2년까지 ㈜대한과 ㈜민국의 요약재무정보이다.

요약포괄손익계산서

계정과목	20x1년		20x2년	
	㈜대한	㈜민국	㈜대한	㈜민국
매출	₩850,000	₩500,000	₩800,000	₩550,000
(매출원가)	(700,000)	(380,000)	(670,000)	(420,000)
기타수익	210,000	170,000	190,000	150,000
(기타비용)	(270,000)	(230,000)	(200,000)	(210,000)
당기순이익	₩90,000	₩60,000	₩120,000	₩70,000

요약재무상태표

계정과목	20x1년		20x2년	
	㈜대한	㈜민국	㈜대한	㈜민국
현금등	₩450,000	₩270,000	₩620,000	₩300,000
재고자산	280,000	150,000	250,000	200,000
종속기업투자	300,000	-	300,000	-
유형자산	670,000	530,000	630,000	400,000
자산	₩1,700,000	₩950,000	₩1,800,000	₩900,000
부채	₩710,000	₩490,000	₩690,000	₩370,000
자본금	700,000	250,000	700,000	250,000
이익잉여금	290,000	210,000	410,000	280,000
부채와자본	₩1,700,000	₩950,000	₩1,800,000	₩900,000

• ㈜대한과 ㈜민국 간의 20x1년과 20x2년 내부거래는 다음과 같다.

연도	내부거래 내용
20x1년	㈜대한은 보유 중인 재고자산을 ₩100,000(매출원가 ₩80,000)에 ㈜민국에게 판매하였다. ㈜민국은 ㈜대한으로부터 매입한 재고자산 중 20x1년 말 현재 40%를 보유하고 있으며, 20x2년 동안 연결실체 외부로 모두 판매하였다.
20x2년	㈜민국은 보유 중인 토지 ₩95,000을 ㈜대한에게 ₩110,000에 매각 하였으며, ㈜대한은 20x2년 말 현재 동 토지를 보유 중이다.

• ㈜대한의 별도재무제표에 ㈜민국의 주식은 원가법으로 표시되어 있다.
• 자산의 손상 징후는 없으며, 연결재무제표 작성 시 비지배지분은 종속기업의 식별 가능한 순자산 공정가치에 비례하여 결정한다.

31. 20x1년 12월 31일 현재 ㈜대한의 연결재무상태표에 표시되는 영업권을 포함한 자산총액은 얼마인가?

① ₩2,402,000   ② ₩2,500,000   ③ ₩2,502,000

④ ₩2,702,000   ⑤ ₩2,850,000

32. 20x2년 ㈜대한의 연결포괄손익계산서에 표시되는 연결당기순이익은 얼마인가?

① ₩208,000   ② ₩197,000   ③ ₩183,000

④ ₩182,000   ⑤ ₩177,000

33. ㈜대한(기능통화는 원화(₩)임)의 다음 외화거래 사항들로 인한 손익효과를 반영하기 전 20x1년 당기순이익은 ₩20,400이다.

- ㈜대한은 20x1년 11월 1일에 재고자산 ¥500을 현금 매입하였으며 기말 현재 순실현가능가치는 ¥450이다. ㈜대한은 계속기록법과 실지재고조사법을 병행·적용하며 장부상 수량은 실제수량과 같았다.
- ㈜대한은 20x1년 1월 1일에 일본 소재 토지를 장기 시세차익을 얻을 목적으로 ¥2,000에 현금 취득하였으며 이를 투자부동산으로 분류하였다.
- 동 토지(투자부동산)에 대해 공정가치모형을 적용하며 20x1년 12월 31일 현재 공정가치는 ¥2,200이다.
- 20x1년 각 일자별 환율정보는 다음과 같다.

구분	20x1. 1. 1.	20x1. 11. 1.	20x1. 12. 31.	20x1년 평균
₩/¥	10.0	10.3	10.4	10.2

- 기능통화와 표시통화는 모두 초인플레이션 경제의 통화가 아니다.
- 거래일을 알 수 없는 수익과 비용은 해당 회계기간의 평균환율을 사용하여 환산하며, 설립 이후 기간에 환율의 유의한 변동은 없었다.

위 외화거래들을 반영한 후 ㈜대한의 20x1년 포괄손익계산서 상 당기순이익은 얼마인가?

① ₩23,750   ② ₩23,000   ③ ₩22,810

④ ₩21,970   ⑤ ₩21,930

34. ㈜대한은 20x1년 9월 1일에 옥수수 100단위를 ₩550,000에 취득하였다. 20x1년 10월 1일에 ㈜대한은 옥수수 시가하락을 우려하여 만기가 20x2년 3월 1일인 선도가격(₩520,000)에 옥수수 100단위를 판매하는 선도계약을 체결하여 위험회피관계를 지정하였으며, 이는 위험회피회계 적용요건을 충족한다. 일자별 옥수수 현물가격 및 선도가격은 다음과 같다.

일자	옥수수 100단위 현물가격	옥수수 100단위 선도가격
20x1. 10. 1.	₩550,000	₩520,000(만기 5개월)
20x1. 12. 31.	510,000	480,000(만기 2개월)
20x2. 3. 1.	470,000	

자산에 대한 손상 징후에 따른 시가 하락은 고려하지 않는다. 파생상품평가손익 계산 시 화폐의 시간가치는 고려하지 않는다. 20x2년 3월 1일에 수행하는 회계처리가 포괄손익계산서 상 당기순이익에 미치는 순효과는 얼마인가?

① ₩50,000 이익　　② ₩45,000 손실　　③ ₩30,000 이익
④ ₩30,000 손실　　⑤ ₩10,000 이익

35. 다음 중 기업회계기준서 제1021호 '환율변동효과'에서 사용하는 용어의 정의로 **옳지 않은** 것은?

① 환율은 두 통화 사이의 교환비율이다.
② 외화는 회사 본사 소재지 국가 외에서 통용되는 통화이다.
③ 마감환율은 보고기간 말의 현물환율이다.
④ 표시통화는 재무제표를 표시할 때 사용하는 통화이다.
⑤ 현물환율은 즉시 인도가 이루어지는 거래에서 사용하는 환율이다.

36. 다음 중 「국가회계기준에 관한 규칙」 및 관련 지침에서 사용하는 용어의 정의로 **옳지 않은** 것은?

① 원가는 중앙관서의 장 또는 기금관리주체가 프로그램의 목표를 달성하고 성과를 창출하기 위하여 직접적·간접적으로 투입한 경제적 자원의 가치를 말한다.
② 회수가능가액이란 순실현가능가치와 사용가치 중 큰 금액을 말한다.
③ 수익은 국가의 재정활동과 관련하여 재화 또는 용역을 제공한 대가로 발생하거나, 직접적인 반대급부 없이 법령에 따라 납부의무가 발생한 금품의 수납 등에 따라 발생하는 순자산의 증가를 말한다.
④ 공정가액이란 합리적인 판단력과 거래의사가 있는 독립된 당사자 간에 거래될 수 있는 교환가격을 말한다.
⑤ 연금충당부채란 재정상태표일 현재의 연금가입자에게 근무용역에 대한 대가로, 장래 예상퇴직시점에 지급하여야 할 금액으로 예상퇴직시점의 장래 추정보수와 전체 추정근무기간 등 보험수리적 가정을 반영하여 산정한 것을 말한다.

37. 「국가회계기준에 관한 규칙」에 대한 다음 설명 중 **옳지 않은** 것은?

① 사회기반시설을 취득한 후 재평가할 때에는 공정가액으로 계상하여야 한다. 다만, 해당 자산의 공정가액에 대한 합리적인 증거가 없는 경우 등에는 재평가일 기준으로 재생산 또는 재취득하는 경우에 필요한 가격에서 경과연수에 따른 감가상각누계액 및 감액손실누계액을 뺀 가액으로 재평가하여 계상할 수 있다.

② 화폐성 외화자산과 화폐성 외화부채의 평가에 따라 발생하는 환율변동효과는 외화평가손실 또는 외화평가이익의 과목으로 하여 비교환수익에 반영한다.

③ 융자보조원가충당금은 융자사업에서 발생한 융자금 원금과 추정 회수가능액의 현재가치와의 차액으로 평가한다.

④ 장기연불조건의 거래, 장기금전대차거래 또는 이와 유사한 거래에서 발생하는 채권·채무로서 명목가액과 현재가치의 차이가 중요한 경우에는 현재가치로 평가한다.

⑤ 금융리스는 리스료를 내재이자율로 할인한 가액과 리스자산의 공정가액 중 낮은 금액을 리스자산과 리스부채로 각각 계상한다.

38. 「지방회계법」에 대한 다음 설명 중 **옳지 않은** 것은?

① 지방자치단체의 장은 회계연도마다 일반회계·특별회계 및 기금을 통합한 결산서를 작성하여 지방의회가 선임한 검사위원에게 검사를 의뢰하여야 한다.

② 지방자치단체의 출납은 회계연도가 끝나는 날 폐쇄한다. 다만, 해당 회계연도의 예산에 포함된 경우로서 법에 정해진 경우에는 다음 회계연도 2월 10일까지 수입 또는 지출 처리를 할 수 있다.

③ 지방자치단체의 장은 지방의회에 결산 승인을 요청한 날부터 5일 이내에 결산서를 행정안전부장관에게 제출하여야 한다.

④ 지방자치단체의 재무제표는 지방회계기준에 따라 작성하여야 하고, 「공인회계사법」에 따른 공인회계사의 검토의견을 첨부하여야 한다.

⑤ 지방자치단체는 회계연도마다 세입·세출 결산상 잉여금이 있을 때에는 일부 법으로 정해진 금액을 뺀 잉여금을 그 잉여금이 생긴 회계연도의 다음 회계연도까지 세출예산에 관계없이 지방채의 원리금 상환에 사용할 수 있다.

39. 국가 재무제표 작성 시 인식할 자산의 취득원가에 대한 다음 설명 중 **옳지 않은** 것은?

① 외부로부터 매입한 재고자산의 취득원가는 매입가액에 취득과정에서 정상적으로 발생한 부대비용을 가산한 금액을 말한다.

② 채무증권을 이자지급일 사이에 취득한 경우에는 직전 소유자가 보유한 기간에 대한 경과이자는 미수수익으로 계상하고 채무증권의 취득원가에서 제외한다.

③ 유가증권은 매입가액에 부대비용을 더하고 종목별로 총평균법 등을 적용하여 산정

한 가액을 취득원가로 한다.

④ 관리전환으로 취득하는 일반유형자산의 취득원가는 유상관리전환인 경우에는 관리전환 대상 자산의 공정가액으로, 무상관리전환인 경우에는 관리전환으로 자산을 제공하는 실체의 장부가액으로 한다.

⑤ 무형자산의 취득원가는 취득을 위하여 제공한 자산의 공정가액과 취득부대비용을 포함하며, 무형자산을 취득하는 기간 동안 발생한 금융비용을 취득부대비용에 포함시킬 수 있다.

40. 다음은 지방자치단체 A의 20x1년 재무제표 작성을 위하여 수집한 회계자료이다. 아래 거래 이외의 다른 거래는 없다고 가정한다.

- 20x1년에 청구권이 발생한 지방세수익은 ₩500,000이다.
- 20x1년에 지방자치단체 A가 운영한 사업에서 발생한 사업총원가는 ₩500,000, 사용료 수익은 ₩200,000이다. 지방자치단체 A는 사업의 비용을 보전하기 위한 운영보조 목적의 보조금 ₩20,000을 수령하였다.
- 20x1년에 관리운영비는 ₩200,000이 발생하였다.
- 20x1년에 사업과 관련이 없는 자산처분손실 ₩50,000과 이자비용 ₩10,000이 발생하였다.
- 20x1년 사업과 관련이 없는 비화폐성 외화자산의 취득원가는 ₩20,000이며, 회계연도 종료일 현재 환율을 적용하면 ₩30,000이다.
- 20x1년에 ㈜대한은 지방자치단체 A에게 현금으로 ₩40,000을 기부하였다. 동 기부금은 특정사업용도로 지정되지 않았다.
- 20x1년에 지방자치단체 A는 청사이전으로 인하여 필요없는 건물(장부가액은 ₩120,000이며, 공정가액은 ₩200,000)을 지방자치단체 B에게 회계 간의 재산이관(관리전환)을 하였다.

20x1년 지방자치단체 A의 재정운영표 상 재정운영순원가와 재정운영결과를 계산하면 얼마인가?

	재정운영순원가	재정운영결과
①	₩540,000	₩0
②	₩530,000	₩110,000
③	₩530,000	₩10,000
④	₩560,000	₩(-)20,000
⑤	₩560,000	₩100,000

41. ㈜대한의 20x1년 재고자산과 관련된 자료는 다음과 같다.

구 분	원재료	재공품	제품
기초금액	₩23,000	₩30,000	₩13,000
기말금액	12,000	45,000	28,000

20x1년 원재료 매입액은 ₩55,000이며, 가공원가는 ₩64,000이다. 이 경우 ㈜대한의 20x1년 당기제품제조원가에서 매출원가를 차감한 금액은 얼마인가?

① ₩12,000   ② ₩15,000   ③ ₩23,000
④ ₩28,000   ⑤ ₩30,000

42. ㈜대한은 20x1년 초에 설립되었으며 정상원가계산을 적용하고 있다. 제조간접원가 배부 기준은 기계시간이다. ㈜대한은 20x1년 초에 연간 제조간접원가를 ₩80,000으로, 기계시간을 4,000시간으로 예상하였다. ㈜대한의 20x1년 생산 및 판매 관련 자료는 다음과 같다.

> • 20x1년 중 작업 #101, #102, #103을 착수하였다.
> • 20x1년 중 작업별 실제 발생한 원가 및 기계시간은 다음과 같다.
>
> | 구 분 | #101 | #102 | #103 | 합 계 |
> |---|---|---|---|---|
> | 직접재료원가 | ₩27,000 | ₩28,000 | ₩5,000 | ₩60,000 |
> | 직접노무원가 | ₩25,000 | ₩26,000 | ₩13,000 | ₩64,000 |
> | 기계시간 | 1,400시간 | 1,800시간 | 600시간 | 3,800시간 |
>
> • 20x1년 실제 발생한 제조간접원가는 총 ₩82,000이다.
> • 작업 #101과 #102는 20x1년 중 완성되었으나, #103은 20x1년 말 현재 작업 중이다.
> • 20x1년 중 #101은 ₩120,000에 판매되었으나, #102는 20x1년 말 현재 판매되지 않았다. ㈜대한의 매출은 #101이 유일하다.

㈜대한이 총원가기준 비례배부법을 이용하여 배부차이를 조정한다면, 20x1년 매출총이익은 얼마인가?

① ₩24,600   ② ₩27,300   ③ ₩28,600
④ ₩37,600   ⑤ ₩39,400

43. ㈜대한은 종합원가계산을 적용하고 있다. 직접재료는 공정의 시작 시점에서 100% 투입되며, 가공원가는 공정 전반에 걸쳐 균등하게 발생한다. ㈜대한의 생산 관련 자료는 다음과 같다.

구 분	물 량	재료원가	가공원가
기초재공품	2,000단위 (가공비완성도 60%)	₩24,000	₩10,000
당기착수량	10,000단위		
기말재공품	4,000단위 (가공비완성도 50%)		
당기투입원가		₩1,500,000	₩880,000

㈜대한의 종합원가계산과 관련된 다음의 설명 중 **옳지 않은** 것은? 단, 당기 중에 공손이나 감손은 발생하지 않았다고 가정한다.

① 평균법을 사용한다면 가공원가에 대한 완성품환산량은 10,000단위이다.
② 평균법을 사용한다면 기말재공품 원가는 ₩686,000이다.
③ 선입선출법을 사용한다면 완성품 원가는 ₩1,614,000이다.
④ 선입선출법을 사용한다면 기초재공품 원가는 모두 완성품 원가에 배부된다.
⑤ 완성품 원가는 선입선출법으로 계산한 값이 평균법으로 계산한 값보다 크다.

44. 원가·조업도·이익(CVP) 분석에 대한 다음 설명 중 **옳지 않은** 것은? 단, 아래의 보기에서 변동되는 조건 외의 다른 조건은 일정하다고 가정한다.

① 생산량과 판매량이 다른 경우에도 변동원가계산의 손익분기점은 변화가 없다.
② 영업레버리지도가 3이라는 의미는 매출액이 1% 변화할 때 영업이익이 3% 변화한다는 것이다.
③ 법인세율이 인상되면 손익분기 매출액은 증가한다.
④ 안전한계는 매출액이 손익분기 매출액을 초과하는 금액이다.
⑤ 단위당 공헌이익이 커지면 손익분기점은 낮아진다.

45. ㈜대한은 설립 후 3년이 경과되었다. 경영진은 외부보고 목적의 전부원가계산 자료와 경영의사결정 목적의 변동원가계산에 의한 자료를 비교분석하고자 한다. ㈜대한의 생산과 판매에 관련된 자료는 다음과 같다.

	1차년도	2차년도	3차년도
생 산 량(단위)	40,000	50,000	20,000
판 매 량(단위)	40,000	20,000	50,000

- 1단위당 판매가격은 ₩30이다.
- 변동제조원가는 1단위당 ₩10, 변동판매관리비는 1단위당 ₩4이다.
- 고정제조간접원가는 ₩400,000, 고정판매관리비는 ₩100,000이다.
- 과거 3년 동안 ㈜대한의 판매가격과 원가는 변하지 않았다.

위 자료에 대한 다음 설명 중 **옳지 않은** 것은?

① 3차년도까지 전부원가계산과 변동원가계산에 따른 누적영업손익은 동일하다.
② 3차년도 변동원가계산에 따른 영업이익은 ₩300,000이다.
③ 2차년도의 경우 전부원가계산에 의한 기말제품 원가가 변동원가계산에 의한 기말 제품 원가보다 크다.
④ 변동원가계산에서 고정원가는 모두 당기비용으로 처리한다.
⑤ 3차년도 전부원가계산에 의한 매출원가는 ₩1,120,000이다.

46. ㈜대한은 표준원가계산을 적용하고 있다. 20x1년 1월과 2월에 실제로 생산된 제품 수량 과 차이분석 자료는 다음과 같다.

월	실제 생산된 제품 수량	고정제조간접원가 소비차이(예산차이)	고정제조간접원가 조업도차이
1월	1,500단위	₩500 불리	₩1,000 불리
2월	2,000단위	₩500 유리	₩500 유리

㈜대한이 20x1년 1월과 2월에 동일한 표준배부율을 적용하고 있다면, 제품 1단위당 고정 제조간접원가 표준배부율은 얼마인가? 단, 고정제조간접원가의 배부기준은 제품 생산량이다.

① ₩3   ② ₩4   ③ ₩5
④ ₩6   ⑤ ₩7

47. ㈜대한은 월드컵에서 한국 축구팀이 우승하면, 10억 원 상당의 경품을 증정하는 이벤트를 실시할 예정이다. 동 경품 이벤트의 홍보효과로 인해 ㈜대한의 기대현금유입액은 한국 축 구팀의 우승 여부에 관계없이 3억 원이 증가할 것으로 예상된다. ㈜대한은 경품 이벤트에 대비하는 보험상품에 가입할 것을 고려하고 있다. 동 보험상품 가입 시 한국 축구팀이 월 드컵에서 우승하는 경우, 보험사가 10억 원의 경품을 대신 지급하게 된다. 동 상품의 보험 료는 1억 원이며, 각 상황에 따른 기대현금흐름은 다음과 같다.

	기대현금흐름(보험료 제외)	
	월드컵 우승 성공	월드컵 우승 실패
보험 가입	3억 원	3억 원
보험 미가입	(-) 7억 원	3억 원

한국 축구팀이 월드컵에서 우승할 가능성이 최소한 몇 퍼센트(%)를 초과하면 ㈜대한이 보험상품에 가입하는 것이 유리한가? 단, 화폐의 시간가치는 고려하지 않는다.

① 5% ② 10% ③ 20%
④ 30% ⑤ 40%

48. ㈜대한의 20x2년 1월부터 4월까지의 예상 상품매출액은 다음과 같다.

월	예상 매출액
1월	₩4,000,000
2월	5,000,000
3월	6,000,000
4월	7,000,000

㈜대한은 20x1년 동안 월말 재고액을 다음 달 예상 매출원가의 10%(이하 재고비율)로 일정하게 유지하였다. 만약 20x2년 초부터 재고비율을 20%로 변경·유지한다면, 20x2년 3월 예상 상품매입액은 재고비율을 10%로 유지하는 경우에 비해 얼마나 증가하는가? 단, ㈜대한의 매출총이익률은 30%로 일정하다고 가정한다.

① ₩50,000 ② ₩60,000 ③ ₩70,000
④ ₩80,000 ⑤ ₩90,000

49. ㈜대한은 제품에 사용되는 부품 A를 자가제조하고 있으나, 외부 공급업체로부터 부품 A와 동일한 제품을 구입하는 방안을 검토 중이다. ㈜대한의 회계팀은 아래의 자료를 경영진에게 제출하였다.

구 분	부품 A 1단위당 금액
직접재료원가	₩38
직접노무원가	35
변동제조간접원가	20
감독관 급여	40
부품 A 전용제조장비 감가상각비	39
공통관리비의 배분	41

> - 매년 10,000개의 부품 A를 생산하여 모두 사용하고 있다.
> - 만일 외부에서 부품 A를 구입한다면 감독관 급여는 회피가능하다.
> - 부품 A 전용제조장비는 다른 용도로 사용하거나 외부 매각이 불가능하다.
> - 공통관리비는 회사 전체의 비용이므로 외부 구입 여부와 관계없이 회피가 불가능하다.
> - 만일 부품 A를 외부에서 구입한다면, 제조에 사용되던 공장부지는 다른 제품의 생산을 위해서 사용될 예정이며, 연간 ₩240,000의 공헌이익을 추가로 발생시킨다

㈜대한의 경영진은 부품 A를 자가제조하는 것이 외부에서 구입하는 것과 영업이익에 미치는 영향이 무차별하다는 결론에 도달하였다. 이 경우 외부 공급업체가 제시한 부품 A의 1단위당 금액은 얼마인가?

① ₩93   ② ₩117   ③ ₩133

④ ₩157   ⑤ ₩196

50. 다음 중 원가관리회계의 이론 및 개념들에 대한 설명으로 **옳지 않은** 것은?

① 안전재고는 재고부족으로 인해 판매기회를 놓쳐서 기업이 입는 손실을 줄여준다.

② 제품의 품질수준이 높아지면, 실패원가가 낮아진다. 따라서 품질과 실패원가는 음(-)의 관계를 가진다.

③ 제약이론은 주로 병목공정의 처리능력 제약을 해결하는 것에 집중해서 기업의 성과를 높이는 방법이다.

④ 제품수명주기원가계산은 특정 제품이 고안된 시점부터 폐기되는 시점까지의 모든 원가를 식별하여 측정한다.

⑤ 적시생산시스템(JIT)은 재고관리를 중요하게 생각하며, 다른 생산시스템보다 안전재고의 수준을 높게 설정한다.

2020년도   제 55 회

기출문제

경 영 학

※ 각 문제의 보기 중에서 물음에 가장 합당한 답을 고르시오.

1. 성격 및 지각에 관한 설명으로 가장 적절하지 **않은** 것은?

　① 외재론자(externalizer)는 내재론자(internalizer)에 비해 자기 자신을 자율적인 인간으로 보고 자기의 운명과 일상생활에서 당면하는 상황을 자기 자신이 통제할 수 있다고 믿는 경향이 있다.

　② 프리드만과 로즈만(Friedman & Roseman)에 의하면 A형 성격의 사람은 B형 성격의 사람에 비해 참을성이 없고 과업성취를 서두르는 경향이 있다.

　③ 지각과정에 영향을 미치는 요인에는 지각대상, 지각자, 지각이 일어나는 상황 등이 있다.

　④ 외향적인 성향의 사람은 내향적인 성향의 사람보다 말이 많고 활동적인 경향이 있다.

　⑤ 많은 자극 가운데 자신에게 필요한 자극에만 관심을 기울이고 이해하려 하는 현상을 선택적 지각(selective perception)이라고 한다.

2. 권력 및 리더십에 관한 설명으로 가장 적절하지 **않은** 것은?

　① 서번트 리더십(servant leadership)은 리더가 섬김을 통해 부하들에게 주인의식을 고취함으로써 그들의 자발적인 헌신과 참여를 제고하는 리더십을 말한다.

　② 리더십 특성이론은 사회나 조직체에서 인정되고 있는 성공적인 리더들은 어떤 공통된 특성을 가지고 있다는 전제하에 이들 특성을 집중적으로 연구하여 개념화한 이론이다.

　③ 카리스마적 리더십(charismatic leadership)은 리더가 영적, 심적, 초자연적인 특질을 가질 때 부하들이 이를 신봉함으로써 생기는 리더십을 말한다.

　④ 다양한 권력의 원천 가운데 준거적 권력(referent power)은 전문적인 기술이나 지식 또는 독점적 정보에 바탕을 둔다.

　⑤ 임파워먼트(empowerment)는 부하직원이 스스로의 책임 하에 주어진 공식적 권력, 즉 권한을 행사할 수 있도록 해주는 것을 말하며, 조직 내 책임경영의 실천을 위해 중요하다.

3. 동기부여 및 학습에 관한 설명으로 가장 적절한 것은?

① 브룸(Vroom)의 기대이론(expectancy theory)은 개인과 개인 또는 개인과 조직 간의 교환관계에 초점을 둔다.

② 스키너(Skinner)의 조작적 조건화(operant conditioning)에 의하면 학습은 단순히 자극에 대한 조건적 반응에 의해 이루어지는 것이 아니라 반응행동으로부터의 바람직한 결과를 작동시킴에 따라서 이루어진다.

③ 매슬로우(Maslow)의 욕구이론에서 성장욕구는 가장 상위위치를 점하는 욕구로서, 다른 사람들로부터 인정이나 존경을 받고 싶어 하는 심리적 상태를 말한다.

④ 맥그리거(McGregor)의 'X형·Y형이론'에 의하면 Y형의 인간관을 가진 관리자는 부하를 신뢰하지 않고 철저히 관리한다.

⑤ 형식지(explicit knowledge)는 개인이 체화하여 가지고 있으며 말로 하나하나 설명할 수 없는 내면의 비밀스러운 지식을 의미하고, 암묵지(tacit knowledge)는 전달과 설명이 가능하며 적절히 표현되고 정리된 지식을 의미한다.

4. 조직문화 및 조직개발에 관한 설명으로 가장 적절하지 **않은** 것은?

① 조직문화(organizational culture)란 일정한 패턴을 갖는 조직활동의 기본가정이며, 특정 집단이 외부환경에 적응하고 내적으로 통합해 나가는 과정에서 고안, 발견 또는 개발된 것이다.

② 조직문화는 구성원들에게 조직 정체성(organizational identity)을 부여하고, 그들이 취해야 할 태도와 행동기준을 제시하여 조직체계의 안정성과 조직몰입을 높이는 기능을 한다.

③ 조직에서 변화(change)에 대한 구성원의 저항행동에 작용하는 요인에는 고용안정에 대한 위협감, 지위 손실에 대한 위협감, 성격의 차이 등이 있다.

④ 적응적(adaptive) 조직문화를 갖는 조직에서 구성원들은 고객을 우선적으로 생각하며 변화를 가져올 수 있는 인적, 물적, 또는 제도나 과정 등의 내적 요소들에 많은 관심을 보인다.

⑤ 레윈(Lewin)의 조직변화 3단계 모델에 의하면, '변화' 단계에서는 구성원의 변화 필요성 인식, 주도세력 결집, 비전과 변화전략의 개발 등이 이루어진다.

5. 보상제도에 관한 설명으로 가장 적절하지 **않은** 것은?

① 연공급(seniority - based pay)은 기업에서 종업원들의 근속연수나 경력 등의 연공요소가 승가함에 따라 그늘의 숙련도나 직무수행능력이 향상된다는 논리에 근거를 둔다.

② 종업원에게 지급되는 직접적 형태의 보상에는 기본급(base pay), 변동급(variable

pay), 복리후생(benefits) 등이 있다.

③ 임금피크제(salary peak system)란 일정의 연령부터 임금을 조정하는 것을 전제로 소정의 기간 동안 종업원의 고용을 보장하거나 연장하는 제도이다.

④ 이윤분배제도(profit - sharing plan)는 기업에 일정 수준의 이윤이 발생했을 경우 그 중의 일정 부분을 사전에 노사의 교섭에 의해 정해진 배분방식에 따라 종업원들에게 지급하는 제도이다.

⑤ 연봉제는 종업원 개인 간의 지나친 경쟁의식을 유발하여 위화감을 조성하고 조직 내 팀워크를 약화시키며, 단기 업적주의의 풍토를 조장할 수 있다는 단점이 있다.

6. 직무분석 및 인사평가에 관한 설명으로 가장 적절하지 <u>않은</u> 것은?

① 직무분석은 인적자원의 선발, 교육훈련, 개발, 인사평가, 직무평가, 보상 등 대부분의 인적자원관리 업무에서 기초자료로 활용할 정보를 제공한다.

② 다면평가란 상급자가 하급자를 평가하는 하향식 평가의 단점을 보완하여 상급자에 의한 평가 이외에도 평가자 자신, 부하직원, 동료, 고객, 외부전문가 등 다양한 평가자들이 평가하는 것을 말한다.

③ 설문지법(questionnaire method)은 조직이 비교적 단시일 내에 많은 구성원으로부터 직무관련 자료를 수집할 수 있다는 장점이 있다.

④ 과업(task)은 종업원에게 할당된 일의 단위를 의미하며 독립된 목적으로 수행되는 하나의 명확한 작업활동으로 조직활동에 필요한 기능과 역할을 가진 일을 뜻한다.

⑤ 대조오류(contrast errors)란 피평가자가 속한 집단에 대한 지각에 기초하여 이루어지는 것으로 평가자가 생각하고 있는 특정집단 구성원의 자질이나 행동을 그 집단의 모든 구성원에게 일반화시키는 경향에서 발생한다.

7. 인적자원계획, 모집 및 선발에 관한 설명으로 가장 적절하지 <u>않은</u> 것은?

① 현실적 직무소개(realistic job preview)란 기업이 모집단계에서 직무 지원자에게 해당 직무에 대해 정확한 정보를 제공하는 것을 말한다.

② 선발시험(selection test)에는 능력검사, 성격검사, 성취도검사 등이 있다.

③ 비구조적 면접(unstructured interview)은 직무기술서를 기초로 질문항목을 미리 준비하여 면접자가 피면접자에게 질문하는 것으로 이러한 면접은 훈련을 받지 않았거나 경험이 없는 면접자도 어려움 없이 면접을 수행할 수 있다는 이점이 있다.

④ 기업의 인력부족 대처방안에는 초과근무 활용, 파견근로 활용, 아웃소싱 등이 있다.

⑤ 외부노동시장에서 지원자를 모집하는 원천(source)에는 광고, 교육기관, 기존 종업원의 추천 등이 있다.

8. 인적자원 개발 및 교육훈련에 관한 설명으로 가장 적절하지 **않은** 것은?

① E - learning은 인터넷이나 사내 인트라넷을 사용하여 실시하는 온라인 교육을 의미하며, 시간과 공간의 제약을 초월하여 많은 종업원을 대상으로 교육을 실시할 수 있다는 장점이 있다.

② 기업은 직무순환(job rotation)을 통해 종업원들로 하여금 기업의 목표와 다양한 기능들을 이해하게 하며, 그들의 문제해결 및 의사결정 능력 등을 향상시킨다.

③ 교차훈련(cross - training)이란 팀 구성원이 다른 팀원의 역할을 이해하고 수행하는 방법을 말한다.

④ 승계계획(succession planning)이란 조직이 조직체의 인적자원 수요와 구성원이 희망하는 경력목표를 통합하여 구성원의 경력진로(career path)를 체계적으로 계획·조정하는 인적자원관리 과정을 말한다.

⑤ 교육훈련 설계(training design)는 교육훈련의 필요성 평가로부터 시작되며, 이러한 평가는 조직분석, 과업분석, 개인분석 등을 포함한다.

9. 구매행동에 관한 설명으로 가장 적절한 것은?

① 공정성이론(equity theory)에 의하면, 소비자의 만족 또는 불만족은 구매 전 기대에 비해 성과를 얼마나 공정하다고 지각하는 지에 따라 달라진다.

② 다양성추구(variety seeking)는 소비자가 이전에 선택한 브랜드에 싫증을 느끼거나 단지 새로운 것을 추구하려는 의도에서 다른 브랜드로 전환하는 것이다.

③ 동화효과(assimilation effect)는 소비자가 지각하는 성과가 기대와 다를 경우 기대를 성과에 동화시켜 지각하는 것이다.

④ 크루그만(Krugman)의 저관여 위계(low involvement hierarchy)는 소비자가 제품을 인지한 후 이에 대한 태도를 형성하고 이후 구매까지 이르는 과정을 설명한다.

⑤ 관성(inertia)은 제품경험이 없는 저관여 소비자가 의사결정의 과정을 단순화하기 위해 동일 브랜드를 반복적으로 구매하는 행동이다.

10. 구매 후 부조화(postpurchase dissonance)의 발생가능성이 낮은 상황만을 **모두** 선택한 것은?

    a. 마음에 드는 선택 대안이 다수 있을 때
    b. 구매 이후 반품이나 환불이 가능할 때
    c. 구매 결정의 주체가 소비자 자신일 때
    d. 구매 결정이 중요성이 낮을 때
    e. 선택한 대안이 갖지 않은 장점을 선택하지 않은 대안이 갖고 있을 때

① a, b   ② a, c   ③ b, d

④ b, e   ⑤ a, c, d

11. 다음 표는 자외선 차단제에 대한 속성 점수를 나타낸 것이다. 세 가지 브랜드 중 B브랜드만을 선택하는 대안평가 방식을 <u>모두</u> 선택한 것은? 단, 비보완적 방식(noncompensatory rule)의 경우, 모든 속성에 대한 최소한의 수용기준(cutoff)은 3이다. 또한 분리식(disjunctive rule)의 경우, 중요도가 높은 두 개의 속성을 기준으로 평가한다.

속성	중요도	브랜드		
		A	B	C
자외선 차단기능	50	4	5	3
지속성	30	2	4	3
가격 대비 용량	20	4	2	3

① 보완적 방식(compensatory rule), 사전편집식(lexicographic rule)

② 보완적 방식, 순차적 제거식(sequential elimination rule)

③ 사전편집식, 분리식

④ 순차적 제거식, 결합식(conjunctive rule)

⑤ 분리식, 결합식

12. 소비자가 의사결정 이후 성과가 기대에 부정적으로 불일치하다고 느낄 때, 이 불일치를 외적귀인(external attribution)하도록 하는 상황만을 <u>모두</u> 선택한 것은?

> a. 결과의 원인이 지속적일 때
> b. 결과가 소비자 자신에 의해 유발되었을 때
> c. 발생한 결과가 기업에 의해 통제 가능했다고 판단할 때

① a   ② c   ③ a, c

④ b, c   ⑤ a, b, c

13. 소비자가 자극에 노출되었을 때, 자신이 기억 속에 가지고 있던 스키마(schema)를 기반으로 자극을 이해하는 현상에 관한 설명으로 가장 적절한 것은?

① 지각적 범주화(perceptual categorization)

② 지각적 조직화(perceptual organization)

③ 지각적 균형(perceptual equilibrium)

④ 지각적 방어(perceptual defense)
⑤ 지각적 경계(perceptual vigilance)

14. 마케팅 전략에 관한 설명으로 가장 적절하지 **않은** 것은?

① 기업은 고객의 욕구와 경쟁사 전략의 변화에 대응할 수 있도록 지속적으로 자사의 포지션(position)을 파악하여 적응해 나가야 한다.
② 회사가 보유한 자원별로 표적시장전략(market targeting strategy)이 달라진다.
③ 제품 포지션은 경쟁제품들과 비교하여 어떤 제품에 대해 소비자들이 갖고 있는 시각, 인상(impression), 느낌 등의 조합이다.
④ 라인확장(line extension)은 현재의 브랜드명을 다른 제품범주의 신제품에 확장해 사용하는 것이다.
⑤ 마케터는 차별화 요소를 찾기 위해 자사의 제품과 서비스에 대한 고객의 다양한 경험을 최대한 고려해야 한다.

15. 소비자의 브랜드 인식과 관련된 다차원척도법(multidimensional scaling)에 관한 설명으로 가장 적절하지 **않은** 것은?

① 기업은 다차원척도법을 활용하여 소비자들이 인식하고 있는 유사성을 기반으로 브랜드 간 거리를 산출하며, 이를 통해 평가 브랜드들의 절대적 위치를 알 수 있다.
② 기업은 다차원척도법을 활용하여 자사 브랜드의 포지션과 평가 브랜드들 간의 경쟁 정도를 파악할 수 있다.
③ 다차원 상에서 평가한 속성들을 2차원이나 3차원과 같은 저차원의 공간 상에 점이나 벡터로 나타낼 수 있다.
④ 스트레스 값은 소비자의 인식과 지각도(perceptual map)상 자극점들(stimuli) 간의 불일치 정도를 나타낸다.
⑤ 다차원척도법은 기업이 소비자의 브랜드 인지 시 사용하는 평가차원의 수와 속성의 종류를 파악하는 데 유용하다.

16. 어떤 제품을 비교적 낮은 가격으로 판매한 이후, 그 상품에 필요한 소모품이나 부품 등을 비교적 비싼 가격에 판매하는 가격관리방식으로 가장 적절한 것은?

① 캡티브 제품 가격(captive - product pricing)
② 시장 침투 가격(market - penetration pricing)
③ 경험 곡선 가격(experience - curve pricing)
④ 시장 스키밍 가격(market - skimming pricing)
⑤ 지각된 가치 가격(perceived - value pricing)

17. 단순지수평활법(simple exponential smoothing)을 활용한 수요예측에 관한 설명으로 가장 적절하지 **않은** 것은?

   ① 당기예측치는 전기예측치에 전기예측오차(전기실제치와 전기예측치의 차)의 일정부분을 더하는 방식으로 계산한다.
   ② 평활상수의 값을 크게 하면 최근의 수요변화에 더 민감하게 반응하고, 작게 하면 평활효과(smoothing effect)가 커진다.
   ③ 평활상수의 값을 작게 하면 전기실제치에 부여되는 가중치가 작아진다.
   ④ 과거 수요의 변동이 크고 평활상수의 값이 1.0인 경우, 당기예측치는 전기예측치와 같다.
   ⑤ 과거 실제치에 대한 가중치는 현재로부터 멀어질수록 지수적으로 하락한다.

18. 설비배치 유형에 관한 비교설명으로 가장 적절한 것은?

   ① 공정별배치(process layout)는 대량생산을 통한 원가의 효율성이 제품별배치(product layout)보다 상대적으로 높다.
   ② 제품별배치는 생산제품의 다양성과 제품설계변경에 대한 유연성이 공정별배치보다 상대적으로 높다.
   ③ 제품별배치는 설비의 활용률(utilization)이 공정별배치에 비해 상대적으로 낮다.
   ④ 제품별배치는 경로설정(routing)과 작업일정계획(scheduling)이 공정별배치에 비해 상대적으로 단순하다.
   ⑤ 공정별배치는 설비의 고장에 따른 손실이 제품별배치보다 상대적으로 크다.

19. 관리도(control chart)를 활용한 공정관리에 관한 설명으로 가장 적절하지 **않은** 것은?

   ① 관리도의 관리한계선(control limit)의 폭이 넓을수록 공정에 발생한 이상변동(assignable variation)을 탐지하지 못할 가능성은 더 커진다.
   ② 관리도는 공정에 발생한 이상변동의 원인과 해결방안을 찾아주고 공정능력(process capability)을 향상시켜 준다.
   ③ 관리도를 계량형(변량형)과 계수형(속성형)으로 구분할 때, $\overline{X} - R$관리도는 계량형 관리도이며 p관리도(불량률관리도)는 계수형 관리도이다.
   ④ 3σ관리도를 사용하면, 관리상하한선 사이의 폭은 표준편차의 6배가 된다.
   ⑤ 우연변동(random variation)에 의해서도 타점(plot)이 관리한계선을 벗어날 가능성은 존재한다.

20. A제품의 수요는 일간 평균이 3인 정규분포를 따른다. 신규주문에 대한 리드타임(lead time)은 2일이며 확정적이다. 고정주문량모형(Q – 시스템)을 사용한다고 가정할 때, 다음 설명 중 가장 적절하지 **않은** 것은? 단, Z가 표준정규분포를 따르는 확률변수라고 할 때, $\Pr(Z > 1.28) = 0.10$이고 $\Pr(Z > 1.65) = 0.05$이다.

① 서비스수준(service level) 50%를 위한 재주문점(reorder point)은 6이고 안전재고량(safety stock)은 0이다.

② 임의의 서비스수준을 충족하는 재주문점이 8.33이라면, 안전재고량은 2.33이다.

③ 서비스수준 90%를 충족하는 재주문점이 8.56이라면, 리드타임 동안 수요의 표준편차는 2이다.

④ 수요의 표준편차가 커질 경우, 안전재고량과 재주문점은 모두 증가할 것이다.

⑤ 서비스수준 95%를 충족하는 재주문점이 7.65라면, 서비스수준 90%에 대한 재주문점은 8.56이다.

21. B기업의 조립라인은 5개의 과업(task)으로 구성되는 작업을 수행하고 있으며, 각 과업의 수행시간과 과업 간의 선후관계는 아래 표와 같다. 주기시간(cycle time)을 1분으로 하는 라인밸런싱(line balancing)을 수행한다고 할 때, 다음 설명 중 가장 적절하지 **않은** 것은?

과업	과업 수행시간(분)	직전 과업
a	0.5	-
b	1.0	-
c	0.3	a
d	0.2	b, c
e	0.7	d
합계	2.7	

① 과업 b의 수행시간으로 인해 주기시간을 1분 미만으로 줄일 수는 없으며, 필요한 작업장(workstation) 수는 최소 3개이다.

② 과업 간의 선후관계로 인해 과업 a와 d는 같은 작업장에 할당될 수 없다.

③ 라인밸런싱의 결과로 전체 과업이 3개 작업장에 순서대로 [작업장 1: 과업 a와 c] → [작업장 2: 과업 b] → [작업장 3: 과업 d와 e]와 같이 할당되었다면, 라인효율(밸런스효율, efficiency)은 90%이다.

④ 작업장 3개, 주기시간 1분인 조립라인의 총 유휴시간(idle time)은 0.3분이다.

⑤ 과업 b가 할당된 작업장이 병목공정(bottleneck)이 된다.

22. 생산계획에 관한 설명으로 적절한 항목만을 <u>모두</u> 선택한 것은?

> a. 총괄계획(aggregate planning)을 수립할 때 재고유지비용이 크다면, 수요추
>   종전략(chase strategy)이 생산수준평준화전략(level strategy)보다 유리하다.
> b. 자재소요계획(MRP)을 통해 하위품목에 대한 조달일정이 정해진 이후, 완제
>   품에 대한 주생산계획(MPS)을 수립한다.
> c. 로트크기(lot size)는 총괄계획의 주요결과물 중 하나이다.
> d. 주생산계획은 완제품의 생산시점과 생산량을 결정하고 이를 통해 그 제품의
>   예상재고를 파악할 수 있다.

① a, b   ② a, c   ③ a, d
④ b, c   ⑤ a, c, d

23. 생산시스템 지표들 간의 관계에 관한 설명으로 가장 적절하지 <u>않은</u> 것은? 단, 아래의 각
보기마다 보기 내에서 언급된 지표를 제외한 나머지 지표들과 생산환경은 변하지 않는다고
가정하며, 생산능력(capacity)은 단위시간당 생산되는 실제 생산량(산출량)을 나타낸다.

① 수요와 리드타임(lead time)의 변동성이 커지면 재고는 증가한다.

② 준비시간(setup time)이 길어지면 생산능력은 감소한다.

③ 주기시간(cycle time)을 단축하면 생산능력은 증가한다.

④ 설비의 고장과 유지보수로 인해 시간지연이 길어지면 처리시간(flow time)은 커지
고 생산능력은 감소한다.

⑤ 로트크기(lot size)를 크게 하면 생산능력은 증가하고 재고는 감소한다.

24. 식스시그마 방법론에 관한 설명으로 가장 적절한 것은?

① 하향식(top - down) 프로젝트활동보다는 품질분임조나 제안제도와 같은 자발적 상
향식(bottom - up) 참여가 더 강조된다.

② 시그마수준(sigma level) 6은 품질특성의 표준편차(σ)를 지속적으로 감소시켜 규격
상하한선(specification limit) 사이의 폭이 표준편차의 6배와 같아지는 상태를 의
미한다.

③ 고객이 중요하게 생각하는 소수의 핵심품질특성(CTQ, critical to quality)을 선택
하여 집중적으로 개선하며, 블랙벨트와 같은 전문요원을 양성한다.

④ 품질자료의 계량적 측정과 통계적 분석보다는 정성적 품질목표의 설정과 구성원의
지속적 품질개선노력이 더 강조된다.

⑤ 품질특성의 표준편차가 감소하면 불량률과 시그마수준 모두 감소한다.

25. A씨는 1월 1일(t = 0)에 H은행에서 원리금균등분할상환 조건으로 1,000,000원을 대출받았다. 대출의 이자율과 만기는 각각 연 5%와 3년이고, 원리금은 매년 말 1회 상환된다. 1년 말(t = 1)에 상환되는 원리금에서 이자지급액의 원금상환액에 대한 비율(이자지급액/원금상환액)을 계산한 값에 가장 가까운 것은? 단, 연 1회 복리를 가정하고, $PVIF(5\%,3)$ = 0.8638, $PVIFA(5\%,3)$ = 2.7232이다.

① 7.32% ② 9.30% ③ 10.76%
④ 13.62% ⑤ 15.76%

26. S기업 보통주의 현재 내재가치(P0)는 20,000원이다. 전기말(t = 0) 주당순이익(EPS0)과 내부유보율은 각각 5,000원과 60%이다. 배당금은 연 1회 매년 말 지급되고 연 2%씩 영구히 성장할 것으로 예상된다. 무위험수익률은 2%이고 시장위험프리미엄은 6%일 때, 다음 중 가장 적절하지 **않은** 것은? 단, CAPM이 성립하고, 내부유보율, 무위험수익률, 시장위험프리미엄은 변하지 않는다고 가정한다.

① 당기말(t = 1) 기대배당금은 2,040원이다.
② 자기자본비용은 12.2%이다.
③ 주식의 베타는 1.6이다.
④ 만약 베타가 25% 상승한다면, 자기자본비용은 상승한다.
⑤ 만약 베타가 25% 상승한다면, 내재가치(t = 0)는 16,000원이 된다.

27. K기업은 새로운 투자안을 발굴하기 위해서 컨설팅비용으로 50만원을 지출하였다. 이 기업은 내용연수가 3년인 기계설비를 도입하는 투자안을 순현가(NPV)법으로 평가하고자 한다. 3,000만원인 기계설비의 구입비용은 투자시작 시점(t = 0)에서 전액 지출되며, 이 기계설비는 내용연수 동안 정액법으로 전액 감가상각되고, 투자안의 종료시점(t = 3)에서 500만원에 처분될 것으로 예상된다. 이 기계설비를 도입하면 매년(t = 1~t = 3) 매출과 영업비용(감가상각비 제외)이 각각 2,000만원과 500만원 발생한다. 순운전자본은 투자시작 시점에 300만원 투하되고, 투자안이 종료되는 시점에서 전액 회수된다. 법인세율은 30%이고 투자안의 할인율은 10%이다. 이 투자안의 순현가에 가장 가까운 것은? 단, 연 1회 복리를 가정하고, $PVIF(10\%,3)$ = 0.7513, $PVIFA(10\%,3)$ = 2.4868이다.

① 4,955,250원 ② 5,455,250원 ③ 5,582,200원
④ 6,082,200원 ⑤ 6,582,200원

28. D기업의 자본구조는 부채 20%와 자기자본 80%로 구성되어 있다. 이 기업의 최고경영진은 부채를 추가로 조달하여 자사주매입 후 소각을 통해 부채비율(부채/자기자본)을 100%로 조정하고자 한다. 현재 무위험수익률은 3%이고, D기업 보통주의 베타는 2.30이며 법인세율은 40%이다. 부채를 추가로 조달한 후의 베타에 가장 가까운 것은? 단, CAPM 및 MM의 수정이론(1963)이 성립하고, 부채비용은 무위험수익률과 동일하다고 가정한다.

① 3.05   ② 3.10   ③ 3.15

④ 3.20   ⑤ 3.25

29. N기업은 전기말(t = 0)에 주당 1,000원의 배당금을 지급하였고, 배당은 연 2%씩 영구히 성장할 것으로 예상된다. 현재 보통주의 시장가격과 내재가치는 동일하게 10,000원이고, 법인세율은 40%이며, 무위험수익률은 3%이다. N기업의 부채는 채권만으로 구성되어 있다고 가정하고, 채권의 이표이자율은 5%, 시장가격은 채권의 액면가와 동일하다. 만약 이 기업의 가중평균자본비용(WACC)이 8.98%라면, 다음 중 부채비율(부채/자기자본)에 가장 가까운 것은? 단, 내부유보율은 일정하다고 가정한다.

① 47.06%   ② 53.85%   ③ 66.67%

④ 72.41%   ⑤ 81.82%

30. 자본구조이론에서 고려하는 기업의 대리인문제와 가장 관련이 <u>없는</u> 것은?

① 잠식비용(erosion cost)
② 감시비용(monitoring cost)
③ 과소투자유인(under - investment incentive)
④ 확증비용(bonding cost)
⑤ 위험선호유인(risk incentive)

31. 배당 이론 및 정책에 관한 설명으로 적절한 항목만을 <u>모두</u> 선택한 것은?

> a. 배당의 고객효과이론에 의하면 소득세율이 높은 고소득자는 저배당주를 선호하며, 소득세율이 낮은 저소득자는 고배당주를 선호한다.
> b. 안정배당이론에 의하면 기업의 순이익이 급증할 때 배당성향이 단기적으로 감소하는 경향이 있다.
> c. MM의 배당이론(1961)에 의하면 배당정책이 주주의 부에 영향을 미치지 않으며 주주들은 배당소득과 자본이득을 무차별하게 생각한다.
> d. 잔여배당이론에 의하면 수익성이 높은 투자기회를 다수 보유하는 기업의 배당성향이 낮은 경향이 있다.

> e. 현금배당 시 주당순이익(EPS) 및 부채비율은 변동하지 않으며 자사주매입
> 시 주당순이익 및 부채비율은 증가한다.

① a, e   ② c, d   ③ a, b, c
④ b, d, e   ⑤ a, b, c, d

32. 무부채기업인 A기업과 B기업의 시장가치는 각각 200억원, 300억원이고, 주식베타는 각각 1.5, 1.1이다. 두 기업은 합병하며 시너지는 발생하지 않는다. 합병기업은 위험부채를 발행하고 자사주를 매입하여 부채비율(부채/자기자본)이 150%가 되도록 자본구조를 변경할 계획이다. 위험부채의 베타는 0.3, 무위험이자율은 5%, 시장포트폴리오의 기대수익률은 10%, 법인세율은 30%이다. 합병기업의 자기자본비용에 가장 가까운 것은? 단, CAPM 및 MM의 수정이론(1963)이 성립한다고 가정한다. 소수점 아래 넷째 자리에서 반올림하여 계산하시오.

① 10.3%   ② 12.5%   ③ 14.2%
④ 16.3%   ⑤ 18.4%

33. 채권에 관한 설명으로 적절한 항목만을 <u>모두</u> 선택한 것은?

> a. 현재시점($t = 0$)에서 수익률곡선이 우상향할 경우, t년 현물이자율 $_0i_t$보다 t
>   기의 선도이자율 $_{t-1}f_t$가 더 높다.
> b. 현재의 우상향 수익률곡선이 향후 변하지 않을 경우, 수익률곡선타기 채권
>   투자전략으로 추가적인 자본이득을 얻을 수 있다.
> c. 액면가, 만기, 만기수익률(YTM)이 동일한 일반사채의 경우, 이표이자율이
>   작을수록 볼록성이 커진다. 따라서 무이표채의 볼록성은 이표채보다 크다.
> d. 다른 조건이 동일할 경우, 일반사채의 듀레이션보다 수의상환조건이 있는
>   채권의 듀레이션은 크며 일반사채의 듀레이션보다 상환청구권이 있는 채권
>   의 듀레이션은 작다.
> e. 고정이자부 채권으로 구성된 자산 포트폴리오의 듀레이션은 2.5이고 시장
>   가치는 1,400억원이다. 고정이자부 부채 포트폴리오의 시장가치가 1,000
>   억원일 경우, 순자산의 가치를 이자율위험에 대하여 완전면역화하는 부채
>   포트폴리오의 듀레이션은 3.5이다.

① a, b   ② c, d   ③ a, c, d
④ b, d, e   ⑤ a, b, c, e

34. 현재시점(t = 0)에서 1년 현물이자율($_0i_1$)은 6%, 2년 현물이자율($_0i_2$)은 9%, 1년 후 1년 동안의 유동성프리미엄($_1l_2$)은 1.5%이다. 유동성선호이론이 성립할 경우, 1년 후 1년 동안의 기대이자율 ($E(_1i_2)$)에 가장 가까운 것은? 소수점 아래 다섯째 자리에서 반올림하여 계산하시오.

① 10.58% ② 11.50% ③ 12.08%
④ 13.58% ⑤ 14.50%

35. 다음의 조건을 만족하는 위험자산 A와 위험자산 B로 구성된 포트폴리오 p에 관한 설명으로 적절한 항목만을 <u>모두</u> 선택한 것은? 단, $E(R_A)$, $E(R_B)$ 그리고 $E(R_p)$는 각각 위험자산 A, 위험자산 B 그리고 포트폴리오 p의 기대수익률을 나타내고, σ_A와 σ_B는 각각 위험자산 A와 위험자산 B 수익률의 표준편차를 나타낸다.

> 〈 조 건 〉
> • 위험자산 A 수익률과 위험자산 B 수익률 간의 상관계수(ρ)는 -1보다 크고 1보다 작다.
> • 공매도(short sale)는 허용되지 않는다.

> a. $0 < E(R_A) \leq E(R_B)$의 관계가 성립한다면, 상관계수(ρ)의 크기에 관계없이 $E(R_A) \leq E(R_p) \leq E(R_B)$이다.
> b. $\sigma_A = \sigma_B$인 경우, 상관계수(ρ)의 크기에 관계없이 두 위험자산에 투자자금의 50%씩을 투자하면 최소분산포트폴리오를 구성할 수 있다.
> c. 위험자산 A와 위험자산 B에 대한 투자비율이 일정할 때, 상관계수(ρ)가 작아질수록 포트폴리오 p 수익률의 표준편차는 작아진다.

① a ② a, b ③ a, c
④ b, c ⑤ a, b, c

36. 시장포트폴리오와 무위험자산에 대한 투자비율이 각각 80%와 20%인 최적포트폴리오 A가 있다. CAPM이 성립한다고 가정할 때, 시장포트폴리오의 샤프비율과 최적포트폴리오 A의 샤프비율 사이의 차이($\frac{E(R_m) - R_f}{\sigma_m} - \frac{E(R_A) - R_f}{\sigma_A}$)는 얼마인가? 단, 시장포트폴리오의 기대수익률($E(R_m)$)과 무위험수익률(R_f)은 각각 20%와 5%이며, 시장포트폴리오 수익률의 표준편차(σ_m)는 15%이다. $E(R_A)$와 σ_A는 각각 최적포트폴리오 A의 기대

수익률과 수익률의 표준편차를 나타낸다.

① - 1.0 ② - 0.5 ③ 0
④ 0.5 ⑤ 1.0

37. CAPM이 성립한다는 가정 하에 다음 문장의 (a)와 (b)에 들어갈 값으로 적절한 것은?

주식 A 수익률과 주식 B 수익률의 표준편차는 각각 10%와 20%이며, 시장포트폴리오 수익률의 표준편차는 10%이다. 시장포트폴리오 수익률은 주식 A 수익률과 상관계수가 0.4이고, 주식 B 수익률과는 상관계수가 0.8이다. 주식 A와 주식 B의 베타는 각각 0.4와 (a)이며, 주식 A와 주식 B로 구성된 포트폴리오의 베타가 0.76이기 위해서는 주식 B에 대한 투자비율이 (b)이어야 한다.

	(a)	(b)
①	0.8	30%
②	0.8	70%
③	1.0	30%
④	1.6	30%
⑤	1.6	70%

38. 다음 표는 1개의 공통요인만 존재하는 시장에서 포트폴리오 A와 포트폴리오 B의 기대수익률과 공통요인에 대한 베타를 나타낸다. 차익거래의 기회가 존재하지 않는다고 할 때, 포트폴리오 B의 기대수익률은 얼마인가? 단, 무위험수익률은 5%이고, 포트폴리오 A와 포트폴리오 B는 모두 잘 분산투자된 포트폴리오이며 비체계적 위험이 없다고 가정한다.

포트폴리오	기대수익률	베타
A	15%	0.8
B	( )	1.2

① 15% ② 20% ③ 25%
④ 27.5% ⑤ 30%

39. 다음 상황에 관한 설명으로 가장 적절하지 <u>않은</u> 것은?

> 투자자 갑은 현재 주가가 45,000원인 주식 A 1주를 보유하고 있다. 투자자 갑은 "만기일인 한 달 후에 주식 A의 가격이 50,000원 이상이면 1주를 50,000원에 투자자 갑으로부터 매입할 수 있고 50,000원 미만이면 매입하지 않아도 되는 옵션"을 투자자 을에게 7,000원에 매도하였다.

① 투자자 갑은 투자자 을에게 콜옵션을 매도하였다.
② 이 옵션은 현재 외가격상태에 있다.
③ 이 옵션의 내재가치(intrinsic value)는 5,000원이다.
④ 이 옵션의 시간가치(time value)는 7,000원이다.
⑤ 이 옵션의 행사가격은 50,000원이다.

40. 1기간 이항모형을 이용하여 기업 A의 주식을 기초자산으로 하는 유럽형 콜옵션의 이론적 가격을 평가하고자 한다. 현재 이 콜옵션의 만기는 1년이고, 행사가격은 10,000원이다. 기업 A의 주식은 배당을 하지 않으며, 현재 시장에서 10,000원에 거래되고 있다. 1년 후 기업 A의 주가가 12,000원이 될 확률은 60%이고, 8,000원이 될 확률은 40%이다. 현재 무위험이자율이 연 10%라고 할 때, 이 콜옵션의 이론적 가격에 가장 가까운 것은?

① 1,360원   ② 1,460원   ③ 1,560원
④ 1,660원   ⑤ 1,760원

경제원론

※ 각 문제의 보기 중에서 물음에 가장 합당한 답을 고르시오.

1. 정보의 비대칭성으로 인해 시장에 저품질 상품은 많아지는 반면, 고품질 상품이 적어지는 현상을 가리키는 용어는?

① 무지의 장막(veil of ignorance) ② 죄수의 딜레마(prisoner's dilemma)
③ 무임승차자 문제(free-rider problem) ④ 공유지의 비극(tragedy of commons)
⑤ 역선택(adverse selection)

2. A는 자신의 소득을 모두 사용하여 X재와 Y재만을 소비하고 이를 통해 효용을 얻는다. X재 가격은 10, Y재 가격은 4이다. A는 소득이 100일 때 X재 6개와 Y재 10개를 소비하고, 소득이 130일 때 X재 7개와 Y재 15개를 소비했다. A의 수요에 대한 설명 중 옳은 것을 모두 고르면?

> 가. X재는 열등재이고, Y재는 정상재이다.
> 나. X재는 사치재이고, Y재는 필수재이다.
> 다. 소득을 세로 축에 두었을 때 X재의 엥겔곡선 기울기는 Y재보다 더 가파르다.
> 라. 소득확장경로는 우상향한다.

① 가, 나 ② 가, 다 ③ 나, 다
④ 나, 라 ⑤ 다, 라

3. 다음은 X재 수요에 대한 분석 결과이다.

> • Y재 가격 변화에 대한 수요의 교차가격 탄력성: -0.5
> • Z재 가격 변화에 대한 수요의 교차가격 탄력성: 0.6
> • 수요의 소득 탄력성: -0.5

다음 중 X재 수요를 가장 크게 증가시키는 경우는? (단, Y재 가격 변화 시 Z재 가격은 불변이고, Z재 가격 변화 시 Y재 가격은 불변이다.)

① Y재 가격 1% 인상과 소득 1% 증가 　② Y재 가격 1% 인상과 소득 1% 감소
③ Y재 가격 1% 인하와 소득 1% 증가 　④ Z재 가격 1% 인상과 소득 1% 감소
⑤ Z재 가격 1% 인하와 소득 1% 감소

4. 기업 A는 자본(K)과 노동(L)만을 생산요소로 투입하여 최종산출물(Q)을 생산하며, 생산함수는 $Q = K^{1/2}L^{1/2}$이다. K와 L의 가격이 각각 r과 w일 때, 다음 설명 중 옳은 것을 <u>모두</u> 고르면?

가. 생산함수는 규모수익불변이다.

나. 비용(C)과 노동은 $C = 2wL$을 만족한다.

다. 비용극소화 조건은 $K = \dfrac{r}{w}L$로 표현할 수 있다.

라. r은 100, w는 1이고, 목표산출량이 50이라면 최적 요소투입량은 노동 500단위, 자본 6단위이다.

---

① 가, 나 　　　② 가, 다 　　　③ 나, 다
④ 나, 라 　　　⑤ 다, 라

5. 다음은 대규모 재정이 투입되는 공공투자사업의 경제적 타당성 평가에 대한 설명이다. 이 사업은 분석기간(=공사기간+완공 후 30년) 초기에 사업비용의 대부분이 발생하는 반면, 편익은 후기에 대부분 발생한다. 분석기간 동안의 비용-편익 분석을 수행해 보니, 5.5%의 사회적 할인율 수준에서 편익/비용 비율(B/C ratio)이 정확히 1.0이었다. 그런데 경제상황이 변해 사회적 할인율을 4.5%로 변경하여 다시 분석을 하게 되었다. 새로운 분석결과에 대한 다음 설명 중 옳은 것은?

① 분석기간 동안 발생한 할인 전 편익의 총합이 할인 전 비용의 총합보다 더 많이 증가하였다.
② 할인 후 편익의 총합은 증가하고, 할인 후 비용의 총합은 감소하였다.
③ 순현재가치(NPV)는 감소하여 0보다 작아졌다.
④ 편익/비용 비율은 증가하여 1.0보다 커졌다.
⑤ 내부수익률(IRR)은 더 커졌다.

6. 다음은 강 상류에 위치한 생산자 A와 강 하류에 위치한 피해자 B로만 구성된 경제를 묘사한 것이다. A는 제품(Q)의 생산 과정에서 불가피하게 오염물질을 배출하며, 이로 인해 B에게 피해를 발생시킨다. 강의 소유권은 B에게 있으며, A의 한계편익(MB_A)과 B의 한계

비용(MC_B)은 각각 다음과 같다.

$$MB_A = 10 - \frac{1}{2}Q, \quad MC_B = \frac{1}{2}Q$$

A의 고정비용 및 한계비용은 없고, B의 한계편익도 없다. 양자가 협상을 통해 사회적으로 바람직한 산출량을 달성할 수 있다면, 피해보상비를 제외하고 A가 지불할 수 있는 협상비용의 최댓값은?

① 25　　　　　　　② 50　　　　　　　③ 75
④ 100　　　　　　　⑤ 125

7. 시간만을 부존(endowments)으로 하는 여가-노동공급 결정 모형을 가정하자. 〈표〉는 정부가 저소득층 소득 증대와 노동참여 활성화를 위해 도입한 정책을 나타낸다. 이 정책에 따라 예산선은 다음 〈그림〉의 가는 실선에서 굵은 실선으로 변경되었다.

〈 표 〉

소득	보조금 지급액
100만원 미만	소득 1원당 50%
100만원 이상~300만원 미만	50만원
300만원 이상~500만원 미만	50만원－소득 1원당 10%

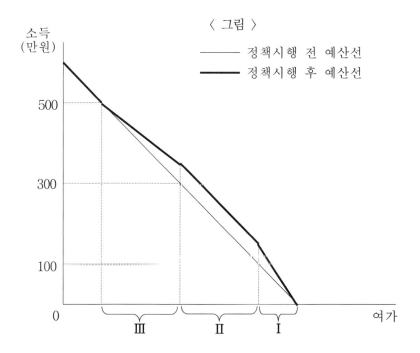

〈 그림 〉

여가는 정상재라고 가정할 때, 정책시행에 따른 노동공급 변화에 대한 다음 설명 중 옳은 것만을 <u>모두</u> 고르면? (단, 무차별곡선은 원점에 대해 강볼록하다.)

> 가. 정책시행 전 Ⅰ구간에 속한 사람에게는 대체효과와 소득효과가 노동공급에 대해 반대방향으로 작용하므로, 노동공급이 증가할지 감소할지 명확하지 않다.
> 나. 정책시행 전 Ⅱ구간에 속한 사람에게는 대체효과와 소득효과 모두 노동공급에 대해 같은 방향으로 작용하므로, 노동공급은 감소할 것이다.
> 다. 정책시행 전 Ⅲ구간에 속한 사람에게는 대체효과와 소득효과 모두 노동공급에 대해 같은 방향으로 작용하므로, 노동공급은 감소할 것이다.

① 가　　　　　　② 가, 나　　　　　　③ 가, 다
④ 나, 다　　　　　⑤ 가, 나, 다

8. A는 매일 자가운전으로 출근한다. A가 자동차 주행속도를 S로 선택했을 때 사고 없이 직장에 도착하는 데 소요되는 시간은 $\frac{1}{S}$이고, 만약 사고가 날 경우 추가적으로 소요되는 시간은 16이다. 사고가 날 확률(π)은 자동차 주행속도의 함수로서 $\pi(S) = \min\{S, 1\}$이다. A의 기대 출근소요시간을 최소화하기 위한 주행속도는?

① $\frac{1}{32}$　　　　　　② $\frac{1}{16}$　　　　　　③ $\frac{1}{8}$

④ $\frac{1}{4}$　　　　　　⑤ $\frac{1}{2}$

9. 소득 m을 갖는 소비자가 두 재화 X와 Y를 통해

$$u(x, y) = x^2 + y^2$$

의 효용을 얻는다. Y재의 가격이 1일 때, 효용을 극대화하는 이 소비자에 대한 다음 설명 중 옳은 것은? (단, $0 < m < \infty$.)

① X재 수요가 가격에 단위 탄력적인 점이 있다.
② X재의 가격이 1이면 두 재화의 소비량은 같다.
③ X재의 가격이 2에서 0.5로 떨어지면 대체효과는 $m/2$이다.
④ X재의 모든 가격 하에서 효용극대화 소비점은 유일하다.
⑤ 한계대체율이 X재의 가격과 같아지는 효용극대화 소비점이 존재한다.

10. 2명의 소비자에게 이동통신 서비스(y)를 제공하는 독점기업의 비용함수는 $c(y) = 2y$이다. 한 소비자는 $p = 10 - y$, 다른 소비자는 $p = 10 - 2y$의 역수요함수를 갖는다. 만약 이 독점기업이 가입비와 서비스 가격(p)을 분리하여 부과하는 이부가격제(two-part tariff)를 실시한다면 극대화된 이윤은?

① 16 　　　　　② 32 　　　　　③ 36
④ 45 　　　　　⑤ 48

11. 양(+)의 이윤을 얻고 있는 독점기업에 정부가 T1~T4의 과세 방안을 고려 중이다. 한계비용은 모든 생산량에서 일정하고, 시장수요곡선은 우하향한다. 다음 설명 중 옳은 것은? (단, 납세 후에도 이윤은 양(+)이다.)

> • T1 : 생산량에 관계없이 일정액의 세금을 부과
> • T2 : 단위 생산량에 일정액의 세금을 부과
> • T3 : 가격에 일정비율의 세금을 부과
> • T4 : 이윤에 일정비율의 세금을 부과

① T1에 의해 생산량이 감소한다.
② T2는 생산량을 감소시키지 않는다.
③ T3에 의해 생산량이 감소한다.
④ 양(+)의 조세수입을 얻는 한 T4로 인한 자중손실(deadweight loss)이 T1~T3보다 크다.
⑤ T1~T4 모두 조세의 전가는 나타나지 않는다.

12. 100의 재산을 가지고 있는 A가 2/5의 확률로 주차위반에 적발되면 75의 범칙금을 내야 한다. 정부는 예산절감을 위해 단속인력을 줄이고자 하나, 이 경우 적발확률은 1/3로 낮아진다. A의 재산 w에 대한 기대효용함수가 $\sqrt{w}$일 때, 만약 정부가 A의 주차위반 행위를 이전과 같은 수준으로 유지하려면 책정해야 할 주차위반 범칙금은?

① 64 　　　　　② 75 　　　　　③ 84
④ 91 　　　　　⑤ 96

13. 기업 1은 현재 기업 2가 4의 독점이윤을 얻고 있는 시장에 진입할지 말지를 선택하려 한다. 기업 1의 시장진입에 기업 2가 협조적으로 반응하면 각각 2의 이윤을 얻지만, 경쟁적으로 반응하면 각각 1의 이윤을 얻는다. 이 게임에 대한 다음 설명 중 옳지 않은 것은? (단, 순수전략만을 고려한다.)

① 유일한 부분게임(subgame)을 갖는다.

② 역진귀납(backward induction)에 의해 얻는 전략조합은 유일하다.

③ 기업 2의 경쟁적 반응은 공허한 위협(empty threat)에 해당한다.

④ 복수의 내쉬균형(Nash equilibrium)을 갖는다.

⑤ 유일한 부분게임완전균형(subgame perfect Nash equilibrium)을 갖는다.

14. 역수요함수가 $p = 84 - y$인 시장에서 선도 기업 1과 추종 기업 2가 슈타켈베르그 경쟁 (Stackelberg competition)을 한다. 기업 1과 기업 2의 한계비용이 각각 21과 0일 때, 기업 1의 생산량은?

① 7   ② 10.5   ③ 21

④ 31.5   ⑤ 63

15. 두 소비자 1, 2가 두 재화 X, Y를 소비하는 순수교환경제에서 각 소비자의 효용함수가 다음과 같다.

- 소비자 1: $u_1(x_1, y_1) = \min\{x_1, y_1\}$
- 소비자 2: $u_2(x_2, y_2) = \min\{2x_2, 3y_2\}$

이 경제의 부존량이 X재 3단위, Y재 2단위라면, 다음 중 파레토 효율적인 배분점으로 <u>옳지 않은</u> 것은?

	소비자 1	소비자 2
①	(0, 0)	(3, 2)
②	(1, 1)	(2, 1)
③	(1.5, 1)	(1.5, 1)
④	(2, 1)	(1, 1)
⑤	(3, 2)	(0, 0)

16. 시장 수요함수와 공급함수가 각각 $y_d = 10 - p$와 $y_s = p$인 시장에서 정부가 가격하한을 6으로 두거나, 공급을 4로 제한하는 쿼터를 고려 중이다. 정부는 가격하한제를 실시하면 무작위로 선정된 공급자에게 판매를 허용한다. 만약 쿼터제를 실시하면 공급권한은 경쟁적으로 매각한다. 다음 설명 중 옳은 것은?

① 가격하한제에서 자중손실은 1이다.

② 가격하한제에서 소비자 잉여는 8이다.
③ 가격하한제에서 공급자 잉여는 16이다.
④ 쿼터제에서 공급자 잉여는 16이다.
⑤ 쿼터제에서 자중손실은 2이다.

17. 두 재화 X와 Y를 통해 효용을 극대화하는 소비자의 소득은 10이고 효용함수는

$$u(x, y) = 4\sqrt{x} + 2y$$

이다. Y재의 가격이 1일 때, 다음 설명 중 옳은 것을 <u>모두</u> 고르면?

> 가. X재의 가격이 0.5일 때, X재의 소비량은 4단위이다.
> 나. X재의 가격이 0.5에서 0.2로 하락하면, X재의 소비량은 10단위로 증가한다.
> 다. X재의 가격이 0.5에서 0.2로 하락하면, 대체효과만 발생하고 소득효과는 발생하지 않는다.
> 라. Y재의 소비가 증가할 때, Y재의 한계효용은 감소한다.

① 가, 나   ② 가, 다   ③ 나, 다
④ 나, 라   ⑤ 다, 라

18. 화학제품에 대한 역수요함수와 사적 한계비용은 각각

$$P = 12 - Q, \quad PMC = 2 + Q$$

이다. 화학제품 1단위가 생산될 때마다 오염물질이 1단위 배출되고 화학제품이 2단위를 초과하면 양(+)의 외부비용이 발생하는데 이는 다음 외부 한계비용(EMC) 함수에 따른다.

$$EMC = \begin{cases} -2 + Q, & Q > 2 \\ 0, & Q \leq 2 \end{cases}$$

이 시장에 대한 설명으로 옳은 것만을 <u>모두</u> 고르면?

> 가. 생산자가 사적 이윤을 극대화하는 산출량과 그 때의 가격은 각각 5와 7이다.
> 나. 화학제품의 사회적 최적산출량은 생산자의 사적 이윤을 극대화하는 수준보다 1단위 적다.
> 다. 정부가 배출요금을 2만큼 부과하면 소비자가 지불해야 하는 가격은 1.5만큼 상승한다.
> 라. 정부가 효율적인 배출요금을 부과하게 되면 외부비용은 사라진다.

① 가, 나   ② 가, 다   ③ 나, 라
④ 가, 다, 라   ⑤ 나, 다, 라

19. A국은 주어진 노동 1,000시간과 자본 3,000단위를 사용해 두 재화 X와 Y를 생산한다. X재 1개를 생산하기 위해 노동 1시간과 자본 2단위가 필요하고 Y재 1개를 생산하기 위해 노동 1시간과 자본 4단위가 필요하다. 다음 설명 중 옳은 것은? (단, A국은 생산가능곡선 상에서만 생산한다.)

① X재 최대 생산량은 1,500개이다.
② Y재 최대 생산량은 1,000개이다.
③ X재 생산의 기회비용은 일정하다.
④ X재와 Y재를 균등하게 생산하는 경우 유휴자원은 발생하지 않는다.
⑤ X재의 가격이 2, Y재의 가격이 3이면 X재와 Y재 생산에 노동과 자본이 균등하게 배분된다.

20. 2국 2재화 리카도(Ricardo) 모형을 가정하자. 두 국가는 각각 100시간의 노동을 보유한다. 다음 표는 각국이 재화 X, Y 각 1단위를 생산하는 데 필요한 노동투입 시간과 교역 후 소비조합을 나타낸다.

	단위당 노동투입 시간		교역 후 소비조합	
	A국	B국	A국	B국
X재	1	5/4	60	a
Y재	2	5/4	b	c

다음 설명 중 옳은 것만을 <u>모두</u> 고르면? (단, 교역은 이득이 양(+)인 경우에만 일어난다.)

가. A국은 X재, B국은 Y재에 비교우위가 있다.
나. a는 60이다.
다. b는 20보다 크고 40보다 작아야 한다.
라. c가 50이면 A국은 수출 재화 1단위당 수입 재화 3/4단위의 이득을 본다.

① 가, 나   ② 가, 다   ③ 나, 라
④ 가, 다, 라   ⑤ 나, 다, 라

21. 대국 개방 경제인 A국의 X재에 대한 시장수요와 시장공급이 다음과 같다.

> • 시장수요 : $Q_d = 100 - 20P$
> • 시장공급 : $Q_s = 20 + 20P$
>
> (단, Q_d, Q_s, P는 각각 X재의 수요량, 공급량, 가격을 나타낸다.)

X재의 세계시장가격은 3이고, A국은 세계시장가격에 X재를 수출하고 있다. 정부는 수출을 증진하기 위해 수출하는 물량을 대상으로 개당 1의 보조금 정책을 도입한다. 이 정책으로 인해 수출량이 늘어남에 따라 세계시장가격이 2.5로 하락한다면, 다음 설명 중 옳은 것은?

① 수출은 30만큼 증가한다.　　　　② 국내 소비는 20만큼 감소한다.
③ 보조금은 40만큼 지출된다.　　　④ 생산자 잉여는 80만큼 증가한다.
⑤ 사회적 후생은 35만큼 감소한다.

22. 그림은 어느 대국 개방 경제에서 수입 재화에 대한 관세 부과로 인한 효과를 나타낸다. 관세 부과는 자국 내 가격을 P_W에서 P_T로 상승시키지만 세계시장가격을 P_W에서 P_T^*로 하락시킨다. 이에 대한 설명으로 옳은 것은?

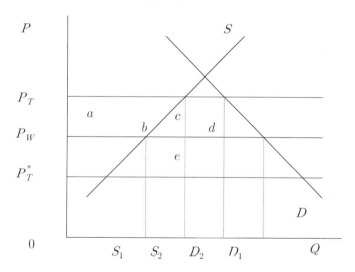

① 관세 부과 후 수입량은 $D_1 - S_1$이다.
② 관세 부과로 인해 소비자 잉여는 $a + c$만큼 감소한다.
③ 관세 부과로 인해 생산자 잉여는 $a + b + c + d$만큼 증가한다.
④ 관세 부과로 인한 생산의 비효율성은 b로 표시된다.
⑤ $b + d$의 크기가 e보다 크면 관세 부과로 인해 사회적 후생은 증가한다.

23. 두 재화 X와 Y를 통해 효용을 얻는 소비자의 효용함수가

$$u(x, y) = xy + 10x$$

이고, $I = 10$, $P_X = 1$, $P_Y = 2$일 때, 효용을 극대화하는 X재와 Y재의 소비묶음은? (단, I는 소득, P_X는 X의 가격, P_Y는 Y의 가격이다.)

① (0, 5) ② (2, 4) ③ (5, 2.5)
④ (6, 2) ⑤ (10, 0)

24. 소국 개방 경제인 A국 정부는 자국 산업을 보호하기 위해 X재와 Y재에 각각 40%와 50%의 종가관세를 부과한다. X재의 세계시장가격은 150이고 X재의 생산에 투입되는 유일한 부품인 Y재의 세계시장가격은 100이다. 관세가 국내 산업을 얼마나 보호하는지 파악하기 위해 관세 부과에 따른 부가가치의 상승 정도를 나타내는 실효보호율에 관심 있다면, A국이 X재에 대해 부과한 관세의 실효보호율은?

① 10% ② 20% ③ 30%
④ 40% ⑤ 50%

25. 현재 1개월 만기 달러화 선물환율이 1,000원/달러이다. 은행 A, B, C는 각각 990원/달러, 1,010원/달러, 1,080원/달러로 1개월 후 환율을 예측하고 있다. 1개월 후 달러화의 현물환율이 1,020원/달러인 경우 다음 설명 중 옳은 것을 <u>모두</u> 고르면? (단, 거래 비용은 존재하지 않는다.)

> 가. 예측환율에서 실제환율을 차감한 예측오차의 절댓값이 가장 큰 곳은 C이다.
> 나. 현재 A가 선물로 달러화를 매도하고 1개월 후 현물로 달러화를 매입하면 달러당 20원의 손해가 발생한다.
> 다. 현재 B가 선물로 달러화를 매입하고 1개월 후 현물로 달러화를 매도하면 달러당 10원의 이익을 얻는다.
> 라. 현재 C가 선물로 달러화를 매입하고 1개월 후 현물로 달러화를 매도하면 달러당 60원의 이익을 얻는다.

① 가, 나 ② 가, 다 ③ 나, 다
④ 나, 라 ⑤ 다, 라

26. A국 정부는 영구히 소득세율을 5%p 인상하기로 하고 그 시행 시기는 1년 후로 발표하였다. 항상소득가설의 관점에서 소득세율 개정 발표 이후 소비에 대한 다음 설명 중 옳은 것은?

① 소비는 발표 즉시 감소하고 이후 그 수준으로 계속 유지된다.
② 소비는 발표 즉시 감소하지만 1년 후에는 발표 이전 수준으로 회복된다.
③ 발표 후 1년 동안 소비는 균일하게 감소하고 이후 그 수준으로 계속 유지된다.
④ 발표 후 1년 동안 소비는 영향을 받지 않지만 1년 후에는 감소하고 이후 그 수준으로 계속 유지된다.
⑤ 소비는 영향을 받지 않는다.

27. 물가안정목표제(inflation targeting)에 대한 설명으로 옳은 것만을 **모두** 고르면?

> 가. 물가안정목표제는 자유재량 정책에 비해 중앙은행 정책 수행의 투명성을 높인다.
> 나. 물가안정목표제는 자유재량 정책에 비해 시간 불일치성(time inconsistency) 문제를 증가시킨다.
> 다. 물가안정목표제는 물가안정에 초점을 두기 때문에 자유재량 정책에 비해 생산과 고용의 변동에 적절히 대응하지 못한다.
> 라. 우리나라 물가안정목표제의 기준 지표는 GDP 디플레이터이다.

① 가, 나　　　　② 가, 다　　　　③ 나, 라
④ 가, 다, 라　　　⑤ 나, 다, 라

28. 다음은 단기 폐쇄 경제 모형을 나타낸 것이다.

상품 시장	화폐 시장
$C = 360 + 0.8(Y - T)$	$M = 2,640$
$I = 400 - 20r$	$P = 6$
$G = 180;\ T = 150$	$L = Y - 200r$

$C,\ Y,\ T,\ I,\ G,\ M,\ P,\ L,\ r$은 각각 소비, 총생산, 세금, 투자, 정부지출, 화폐공급량, 물가수준, 실질화폐수요, 이자율(%)을 나타낸다. 정부가 정부지출은 60만큼 늘리고 세금은 60만큼 줄이는 정책을 시행한다. 중앙은행이 이자율을 고정시키고자 할 때 화폐 공급량은?

① 2,640　　　　② 3,240　　　　③ 3,420
④ 5,160　　　　⑤ 5,880

29. 외환 시장에서 국내 통화가치를 상승시키는 요인으로 옳은 것을 <u>모두</u> 고르면?

> 가. 국내 실질 이자율 상승
> 나. 수입 수요의 증가
> 다. 외국 물가 대비 국내 물가 수준의 하락
> 라. 우리나라 제품에 대한 외국의 무역 장벽 강화

① 가, 나   ② 가, 다   ③ 나, 다
④ 나, 라   ⑤ 다, 라

30. 표는 A국의 연도별 명목 GDP와 실질 GDP를 나타낸 것이다. 다음 설명 중 <u>옳지 않은</u> 것은?

연도	명목 GDP	실질 GDP
2015	95	100
2016	99	102
2017	100	100
2018	103	98
2019	104	97

① 2016년~2019년 중 GDP 디플레이터 상승률이 가장 높은 해는 2017년이다.
② 2017년 이후 실질 GDP 성장률은 음(-)이다.
③ 2016년 이후 명목 GDP 성장률은 양(+)이다.
④ 2017년 GDP 디플레이터는 기준연도와 같다.
⑤ 2015년 이후 GDP 디플레이터는 지속적으로 상승하고 있다.

31. 현재 명목 이자율은 0%이며 그 이하로 하락할 수 없다. 인플레이션율이 2%에서 1%로 하락할 경우 실질 이자율과 국민소득의 변화는?

	실질 이자율	국민소득
①	상승	증가
②	상승	감소
③	불변	불변
④	하락	증가
⑤	하락	감소

32. 표는 각국의 1인당 명목 GDP와 구매력평가(PPP) 기준 1인당 GDP를 나타낸다. 이에 대한 설명 중 옳은 것을 **모두** 고르면?

국가	1인당 명목 GDP (US달러)	PPP 기준 1인당 GDP (US달러)
A	85,000	80,000
B	48,000	54,000
C	55,000	55,000
D	65,000	54,000
E	45,000	90,000

가. A국의 물가수준이 가장 높다.

나. B국의 물가수준은 D국과 같다.

다. C국의 물가수준은 미국과 같다.

라. E국의 구매력은 C국의 2배이다.

① 가, 나   ② 가, 다   ③ 나, 다
④ 나, 라   ⑤ 다, 라

33. 고전학파와 비교한 케인즈 이론의 특징과 관련한 설명으로 옳은 것을 **모두** 고르면?

가. 장기적 경제성장 문제보다는 단기적 경기불안 문제를 중요시한다.

나. 총공급보다는 총수요 측면을 중요시한다.

다. 물가는 통화량에 비례하여 결정된다고 본다.

라. 가격이 신축적으로 조정된다고 가정한다.

① 가, 나   ② 가, 다   ③ 나, 다
④ 나, 라   ⑤ 다, 라

34. 표는 A국의 고용 관련 자료를 나타낸다. 고용률(=취업자 수/생산가능인구)은?

취업자	1,000만 명
실업률	20%
경제활동참가율	80%

① 48%　　　　　② 52%　　　　　③ 56%

④ 60%　　　　　⑤ 64%

35. 다음은 폐쇄 경제에 대한 국민소득 결정 모형이다. 정부가 총생산을 잠재 총생산 수준과 일치하도록 조정하려면 정부지출의 변화는?

$$C = 100 + 0.8(Y - T) \qquad I = 200$$
$$G = 50 \qquad\qquad\qquad T = 50 + 0.25Y$$
$$Y = C + I + G \qquad\qquad Y^p = 750$$

(단, Y, C, I, G, T, Y^p는 각각 총생산, 소비, 투자, 정부지출, 조세, 잠재 총생산을 나타낸다.)

① 50 감소　　　　② 25 감소　　　　③ 10 감소

④ 10 증가　　　　⑤ 25 증가

36. 다음은 A국 거시경제에 대한 고전학파 모형이다. 이 모형에 따를 경우 원금 100달러를 빌리면 1년 후에 갚아야 하는 원리금은? (단, 소수점 이하는 반올림한다.)

화폐수량방정식 : $MV = PY$

피셔방정식 : $(1 + i) = (1 + r)(1 + \pi)$

통화량 증가율 : 8%　　　　　화폐유통속도 변화율 : 0%

국내총생산 증가율 : 3%　　　　실질 이자율 : 1%

(단, M, V, P, Y, i, r, π는 각각 통화량, 화폐유통속도, 물가, 국내 총생산, 명목 이자율, 실질 이자율, 물가상승률을 나타낸다. 증가율, 변화율, 이자율은 연간 기준이다.)

① 102달러　　　　② 104달러　　　　③ 106달러

④ 108달러　　　　⑤ 110달러

37. 그림은 폐쇄 경제인 A국의 화폐시장, 대부자금시장 및 IS-LM 균형을 나타낸다. 화폐시장에서 실질화폐산고 수요가 외생적으로 감소한 경우 이에 대한 설명 중 옳은 것은? (단, M/P, L, S, I, r, Y, C, G, T는 각각 실질화폐잔고 공급, 실질화폐잔고 수요, 저축, 투자, 이자율, 총생산, 소비, 정부지출, 조세를 나타낸다.)

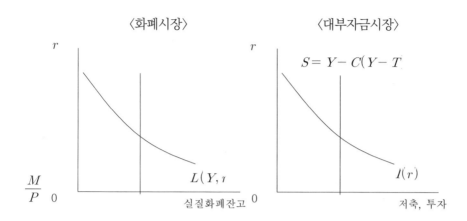

① 이자율이 상승한다.
② 대부자금시장에서 저축 곡선이 우측 이동한다.
③ IS-LM에서 LM곡선이 상향 이동한다.
④ IS-LM에서 IS곡선이 좌측 이동한다.
⑤ 총생산이 감소한다.

38. 솔로우 성장 모형을 따르는 어느 경제에서 생산함수가

$$Y = AK^{1/2}L^{1/2}$$

이고, 인구증가율이 0%, 감가상각률이 10%, 저축률이 10%, 총요소생산성 수준이 0.5이다. 총요소생산성 수준이 1로 변할 경우 정상상태(steady state)에서 1인당 소비의 증가량은? (단, Y는 생산량, A는 총요소생산성 수준, K는 자본량, L은 노동량이다.)

① 0.325　　　　　　② 0.500　　　　　　③ 0.675
④ 0.850　　　　　　⑤ 1.025

39. 현재 원/달러 환율이 1,000원/달러이다. 달러로 예금할 경우 연 1% 수익을 얻고 원화로 예금할 경우 연 2% 수익을 얻는다. 금융시장에서 환율변동을 고려할 경우 달러 예금과 원화 예금의 1년 투자 수익률이 동일하다고 기대된다. 금융시장에서 기대되는 1년 후 원/달러 환율은? (단, 소수점 이하는 반올림하며 거래비용은 존재하지 않는다.)

① 980   ② 990   ③ 1,000

④ 1,010   ⑤ 1,020

40. 소규모 개방 경제 모형이 다음과 같을 때, 정부지출 증가가 순수출 및 실질 환율에 미치는 영향으로 옳은 것은?

> • 재화시장: $Y_0 = C(Y_0) + I(r) + G_0 + NX(\varepsilon, Y_0, Y_0^*)$
> • 실질 이자율: $r = r_0^*$
>
> (단, Y, C, I, G, NX, ε, r, Y^*, r^*는 각각 소득, 소비, 투자, 정부지출, 순수출, 실질 환율, 실질 이자율, 외국 소득, 외국 실질 이자율을 나타낸다. 변수에 아래 첨자 0이 표시되어 있으면 외생변수이다. 소비는 소득의 증가함수, 투자는 실질 이자율의 감소함수, 순수출은 실질 환율, 소득, 외국 소득에 대하여 각각 증가함수, 감소함수, 증가함수이다.)

	순수출	실질 환율
①	감소	하락
②	증가	하락
③	불변	하락
④	감소	상승
⑤	증가	상승

※ 각 문제의 보기 중에서 물음에 가장 합당한 답을 고르시오.

1. 상법상 상업사용인에 관한 설명으로 **틀린** 것은?

① 상업사용인은 영업주의 허락없이 자기 또는 제3자의 계산으로 영업주의 영업부류에 속한 거래를 하지 못한다.

② 상인이 수인의 지배인에게 공동으로 대리권을 행사하게 한 경우 및 이를 변경한 경우에는 그 사항을 등기하여야 한다.

③ 상업사용인이 경업금지의무를 위반하여 거래를 한 경우, 그 거래가 제3자의 계산으로 한 것인 때에는 영업주는 그 제3자에 대하여 그 거래로 취득한 이득의 양도를 청구할 수 있다.

④ 영업의 특정한 종류 또는 특정한 사항에 대한 위임을 받은 사용인은 이에 관한 재판 외의 모든 행위를 할 수 있다.

⑤ 부분적 포괄대리권을 가진 상업사용인의 대리권에 대한 제한은 선의의 제3자에게 대항하지 못한다.

2. 상법상 상호에 관한 설명으로 **틀린** 것은?

① 상인은 그 성명 기타의 명칭으로 상호를 정할 수 있다.

② 회사가 아닌 개인상인의 경우에는 동일한 영업에 대하여 단일상호를 사용하지 않아도 된다.

③ 누구든지 부정한 목적으로 타인의 영업으로 오인할 수 있는 상호를 사용하지 못한다.

④ 등기된 상호의 경우 상호의 양도는 등기하지 아니하면 제3자에게 대항하지 못한다.

⑤ 상호를 폐지한 경우, 2주간 내에 그 상호를 등기한 자가 폐지의 등기를 하지 아니하는 때에는 이해관계인은 그 등기의 말소를 청구할 수 있다.

3. 상법상 익명조합계약의 종료사유에 해당하는 것만을 **모두** 고른 것은?

ㄱ. 영업의 양도	ㄴ. 익명조합원의 사망
ㄷ. 영업자의 성년후견개시	ㄹ. 영업자의 파산

① ㄱ, ㄴ   ② ㄴ, ㄷ   ③ ㄱ, ㄴ, ㄹ

④ ㄱ, ㄷ, ㄹ   ⑤ ㄴ, ㄷ, ㄹ

4. 상법상 중개인에 관한 설명으로 틀린 것은?

① 중개인이 그 중개한 행위에 관하여 견품을 받은 때에는 그 행위가 완료될 때까지 이를 보관하여야 한다.

② 중개에 의한 계약이 성립한 경우, 중개인이 임의로 당사자 일방의 성명 또는 상호를 상대방에게 표시하지 아니한 때에는 상대방은 중개인에 대하여 이행을 청구할 수 있다.

③ 중개인에 의해 당사자 간에 계약이 성립된 때에는 당사자는 지체없이 결약서를 작성하여 중개인에게 교부하여야 한다.

④ 다른 약정이나 관습이 없으면, 중개인은 그 중개한 행위에 관하여 당사자를 위하여 지급 기타의 이행을 받지 못한다.

⑤ 당사자는 언제든지 자기를 위하여 중개한 행위에 관한 장부의 등본의 교부를 청구할 수 있다.

5. 상법상 상인간의 매매에 관한 설명으로 틀린 것은?

① 원칙적으로 매수인이 목적물을 수령할 수 없는 때에는 매도인은 그 물건을 공탁하거나 상당한 기간을 정하여 최고한 후 경매할 수 있다.

② 매수인의 수령거부로 인하여 매도인이 목적물을 경매하는 경우에, 매도인은 지체없이 매수인에 대하여 그 통지를 발송하여야 한다.

③ 매수인의 수령거부로 인하여 매도인이 목적물을 경매한 때에는, 그 대금에서 경매비용을 공제한 잔액을 공탁하여야 하고, 그 전부나 일부를 매매대금에 충당할 수 없다.

④ 확정기매매의 경우에 당사자의 일방이 이행시기를 경과한 때에는, 상대방이 즉시 그 이행을 청구하지 아니하면 계약을 해제한 것으로 본다.

⑤ 매수인이 목적물을 수령할 수 없는 경우에, 그 목적물이 멸실 또는 훼손될 염려가 있는 때에는 매도인은 최고없이 경매할 수 있다.

6. 상법상 합자조합에 관한 설명으로 틀린 것은?

① 업무집행조합원은 합자조합 설립 후 2주 내에 조합의 주된 영업소의 소재지에서 법정사항을 등기하여야 한다.

② 유한책임조합원이 업무를 집행하지 않는 경우에도, 그 유한책임조합원의 성명 또는 상호, 주소 및 주민등록번호는 등기하여야 한다.

③ 유한책임조합원은 조합계약에서 정한 출자가액에서 이미 이행한 부분을 뺀 가액을 한도로 하여 조합채무를 변제할 책임이 있다.

④ 업무집행조합원은 조합계약에 다른 규정이 없으면 각자가 합자조합의 업무를 집행하고 대리할 권리와 의무가 있다.

⑤ 유한책임조합원의 지분을 양수한 자는 양도인의 조합에 대한 권리·의무를 승계한다.

7. 상법상 공중접객업에 관한 설명으로 **틀린** 것은?

① 극장, 여관, 음식점, 그 밖의 공중이 이용하는 시설에 의한 거래를 영업으로 하는 자를 공중접객업자라 한다.

② 공중접객업자는 자기 또는 그 사용인이 고객으로부터 임치받은 물건의 보관에 관하여 주의를 게을리하지 아니하였음을 증명하지 아니하면, 그 물건의 멸실 또는 훼손으로 인한 손해를 배상할 책임이 있다.

③ 공중접객업자는 고객으로부터 임치받지 아니한 경우에도 그 시설 내에 휴대한 물건이 자기 또는 그 사용인이 과실로 인하여 멸실 또는 훼손되었을 때에는 그 손해를 배상할 책임이 있다.

④ 공중접객업자는 고객의 휴대물에 대하여 책임이 없음을 알린 경우에, 그 물건의 멸실이나 훼손으로 인한 손해에 대하여 배상책임을 면한다.

⑤ 상법은 화폐, 유가증권, 그 밖의 고가물(高價物)에 대하여는 고객이 그 종류와 가액을 명시하여 임치하지 아니하면, 공중접객업자는 그 물건의 멸실 또는 훼손으로 인한 손해를 배상할 책임이 없다고 규정하고 있다.

8. 상법상 상행위에 관한 설명으로 **틀린** 것은?

① 상행위의 위임을 받은 자는 위임의 본지에 반하지 아니한 범위 내에서 위임을 받지 아니한 행위를 할 수 있다.

② 당사자간에 다른 약정이 없는 한, 상인간의 상행위로 인한 채권이 변제기에 있는 때에는 채권자는 변제를 받을 때까지 그 채무자에 대한 상행위로 인하여 자기가 점유하고 있는 채무자 소유의 물건을 유치할 수 있다.

③ 수인이 그 1인 또는 전원에게 상행위가 되는 행위로 인하여 채무를 부담한 때에는 연대하여 변제할 책임이 있다.

④ 상인이 그 영업범위 내에서 타인을 위하여 행위를 한 때에는 이에 대하여 상당한 보수를 청구할 수 있다.

⑤ 상인이 그 영업에 관하여 수여한 대리권은 본인의 사망으로 인하여 소멸한다.

9. 상법상 주식회사의 설립에 관한 설명으로 옳은 것은?

① 발기인이 악의 또는 중대한 과실로 인하여 그 임무를 해태한 때에는 그 발기인은 제 3자에 대하여도 연대하여 손해를 배상할 책임이 있다.

② 회사설립 시에 발행하는 주식에 관하여 그 주식의 종류와 수에 관한 사항은 정관으로 달리 정하지 아니하면 발기인의 의결권의 과반수로 이를 정한다.

③ 회사설립의 무효는 주주·이사 또는 이해관계 있는 채권자에 한하여 회사성립의 날로부터 2년 내에 소만으로 이를 주장할 수 있다.

④ 상법은 회사의 설립시에 발행하는 주식의 총수는 회사가 발행할 주식의 총수의 4분의 1 이상이어야 한다고 규정하고 있다.

⑤ 회사성립 후에는 주식을 인수한 자는 사기·강박 또는 착오를 이유로 하여 그 인수를 취소할 수 있다.

10. 상법상 주식 및 주권에 관한 설명으로 **틀린** 것은?

① 원칙적으로 주식의 이전은 취득자의 성명과 주소를 주주명부에 기재하지 아니하면 회사에 대항하지 못한다.

② 이미 발행된 주권이 주주의 주권불소지 신고에 의하여 회사에 제출된 경우, 회사는 그 제출된 주권을 무효로 해야 하므로 이를 임치할 수 없다.

③ 주식의 소각, 병합, 분할 또는 전환이 있는 때에는 이로 인하여 종전의 주주가 받을 금전이나 주식에 대하여도 종전의 주식을 목적으로 한 질권을 행사할 수 있다.

④ 주식을 질권의 목적으로 하는 때에는 주권을 질권자에게 교부하여야 한다.

⑤ 주식의 등록질의 경우에는, 질권자는 회사로부터 이익배당에 따른 금전의 지급을 받아 다른 채권자에 우선하여 자기채권의 변제에 충당할 수 있다.

11. 상법상 회사에 관한 설명으로 **틀린** 것은?

① 회사란 상행위나 그 밖의 영리를 목적으로 하여 설립한 법인을 말한다.

② 회사는 본점소재지에서 설립등기를 함으로써 성립한다.

③ 회사의 주소는 본점소재지에 있는 것으로 한다.

④ 회사의 업무를 집행하는 사원이 정관에 위반하여 회사의 존속을 허용할 수 없는 행위를 한 때에는, 법원은 직권으로 회사의 해산을 명할 수 있다.

⑤ 해산 후의 회사는 존립 중의 회사를 존속하는 회사로 하는 경우에는 합병할 수 없다.

12. 상법상 회사에 관한 설명으로 옳은 것만을 **모두** 고른 것은?

> ㄱ. 합명회사는 주식회사의 주주가 될 수 없다.
> ㄴ. 판례에 의하면, 1인회사의 경우 실제로 주주총회를 개최한 사실이 없더라도 1인주주에 의하여 의결이 있었던 것으로 주주총회 의사록이 작성되었다면 특별한 사정이 없는 한 그 내용의 결의가 있었던 것으로 볼 수 있다.
> ㄷ. 판례에 의하면, 회사의 권리능력은 회사의 정관상의 목적에 의하여 제한되나 그 목적범위 내의 행위라 함은 정관에 명시된 목적 자체에 국한되는 것이 아니라, 그 목적을 수행하는 데 있어 직접 또는 간접으로 필요한 행위는 모두 포함된다.

ㄹ. 회사는 정관으로 정하지 않아도 이사회 결의에 의하여 발행된 액면주식을 무액면주식으로 전환할 수 있다.

① ㄱ, ㄴ   ② ㄱ, ㄷ   ③ ㄱ, ㄹ
④ ㄴ, ㄷ   ⑤ ㄴ, ㄷ, ㄹ

13. 상법상 종류주식에 관한 설명으로 **틀린** 것은?

① 의결권이 없거나 제한되는 종류주식이 발행주식총수의 4분의 1을 초과하여 발행된 경우, 회사는 지체없이 그 제한을 초과하지 않도록 하기 위하여 필요한 조치를 하여야 한다.

② 회사가 의결권이 없거나 제한되는 종류주식을 발행하는 때에는, 정관에 의결권을 행사할 수 없는 사항과, 의결권행사 또는 부활의 조건을 정한 경우에는 그 조건 등을 정하여야 한다.

③ 회사가 정관으로 정하는 바에 따라 회사의 이익으로써 소각할 수 있는 종류주식을 발행하는 경우, 회사는 정관에 상환가액, 상환기간, 상환의 방법과 상환할 주식의 수를 정하여야 한다.

④ 회사가 종류주식을 발행하는 경우에는, 정관에 정함이 없더라도 주주는 인수한 주식을 다른 종류주식으로 전환할 것을 청구할 수 있다.

⑤ 회사가 잔여재산의 분배에 관하여 내용이 다른 종류주식을 발행하는 경우에는, 정관에 잔여재산의 종류, 잔여재산의 가액의 결정방법, 그 밖에 잔여재산분배에 관한 내용을 정하여야 한다.

14. 상법상 주식회사의 모집설립에 관한 설명으로 옳은 것은?

① 정관으로 회사가 부담할 설립비용과 발기인이 받을 보수액을 정한 때에는, 이사는 이에 관한 조사를 하게 하기 위하여 검사인의 선임을 법원에 청구하여야 한다.

② 이사와 감사는 취임 후 지체없이 회사의 설립에 관한 모든 사항이 법령 또는 정관의 규정에 위반되지 아니하는지의 여부를 조사하여 창립총회에 보고하여야 한다.

③ 자본금 총액이 10억원 미만인 회사를 모집설립하는 경우에는, 은행의 납입금 보관금액에 관한 증명서를 그 잔고증명서로 대체할 수 있다.

④ 납입과 현물출자의 이행이 완료된 때에는 발기인은 지체없이 의결권의 과반수로 이사와 감사를 선임하여야 한다.

⑤ 법원은 변태설립사항이 부당하다고 인정한 때에는 이를 변경하여 각 발기인에게 통고할 수 있다.

15. 상법상 주식에 관한 설명으로 옳은 것만을 **모두** 고른 것은?

> ㄱ. 주식은 자본금 감소에 관한 규정에 따라서만 소각(消却)할 수 있다. 다만
>   이사회의 결의에 의하여 회사가 보유하는 자기주식을 소각하는 경우에는
>   그러하지 아니하다.
> ㄴ. 회사가 다른 회사의 발행주식총수의 10분의 1을 초과하여 취득한 때에는
>   그 다른 회사에 대하여 6개월 이내에 이를 통지하여야 한다.
> ㄷ. 회사가 보유하는 자기주식을 처분하는 경우에 처분할 주식의 종류와 수에
>   관하여 정관에 규정이 없는 것은 주주총회가 결정한다.
> ㄹ. 주식양도시 이사회의 승인을 얻도록 규정된 정관에도 불구하고 이사회의
>   승인 없이 주식을 양도한 경우, 이는 회사에 대하여 효력이 없으므로 그
>   주식의 양수인은 회사에 대하여 주식양도의 승인을 청구할 수 없다.

① ㄱ   ② ㄱ, ㄴ   ③ ㄱ, ㄹ
④ ㄴ, ㄷ   ⑤ ㄴ, ㄹ

16. 상법상 주식의 포괄적 교환 및 이전, 조직변경에 관한 설명으로 **틀린** 것은?

① 주식의 포괄적 이전에 의해 설립되는 완전모회사의 자본금은 주식이전의 날에 완전
   자회사로 되는 회사에 현존하는 순자산액에서 완전자회사의 주주에게 제공할 금전
   및 그 밖의 재산의 가액을 뺀 액을 초과하지 못한다.
② 간이주식교환의 경우 완전자회사가 되는 회사의 주주총회의 승인은 이사회의 승인
   으로 갈음할 수 있고, 이에 반대하는 완전자회사가 되는 회사의 주주는 주식매수청
   구권을 행사할 수 있다.
③ 주식의 포괄적 교환 및 이전을 위해서는 채권자 보호절차가 필요하다.
④ 주식회사에서 유한회사로의 조직변경을 위해서는 법원의 인가가 필요하지 않으나,
   유한회사에서 주식회사로의 조직변경을 위해서는 법원의 인가가 필요하다.
⑤ 주식회사에서 유한책임회사로의 조직변경은 허용되나, 유한회사에서 유한책임회사
   로의 조직변경은 허용되지 않는다.

17. 상법상 주식회사 정관의 절대적 기재사항이 **아닌** 것은?

① 이사의 성명·주민등록번호 및 주소
② 회사가 발행할 주식의 총수
③ 액면주식을 발행하는 경우 1주의 금액
④ 회사의 설립시에 발행하는 주식의 총수
⑤ 회사가 공고를 하는 방법

18. 상법상 주주총회의 소집 및 결의에 관한 설명으로 **틀린** 것은? (의결권 없는 주식은 제외함)

① 주주총회는 정관에 다른 정함이 없으면 본점소재지 또는 이에 인접한 지에 소집하여야 한다.

② 주주총회 소집통지서에는 회의의 목적사항을 적어야 한다.

③ 판례에 의하면, 임시주주총회가 법령 및 정관상 요구되는 이사회의 결의 및 소집절차 없이 이루어졌다 하더라도, 주주명부상의 주주 전원이 참석하여 총회를 개최하는 데 동의하고 아무런 이의 없이 만장일치로 결의가 이루어졌다면 그 결의는 특별한 사정이 없는 한 유효하다.

④ 자본금 총액이 10억원 미만인 회사는 주주 전원의 동의가 있을 경우에는 소집절차 없이 주주총회를 개최할 수 있다.

⑤ 자본금 총액이 10억원 미만인 회사의 경우 주주 전원이 동의하지 않더라도 서면에 의한 결의로써 주주총회의 결의를 갈음할 수 있다.

19. 상법상 비상장 주식회사의 주주의 대표소송에 관한 설명으로 **틀린** 것은?

① 대표소송을 제기한 주주는 소를 제기한 후 지체없이 회사에 대하여 그 소송의 고지를 하여야 한다.

② 대표소송을 제기한 주주는 제소시 뿐만 아니라 사실심 변론종결시까지 발행주식총수의 100분의 1 이상의 주식을 계속 보유하여야 원고적격이 유지된다.

③ 판례에 의하면, 이중대표소송은 허용되지 않는다.

④ 주주가 대표소송을 제기한 경우, 당사자는 법원의 허가를 얻지 않으면 소의 취하, 청구의 포기·인락, 화해를 할 수 없다.

⑤ 대표소송을 제기한 주주가 패소한 때에는 악의인 경우 외에는 회사에 대하여 손해를 배상할 책임이 없다.

20. 상법상 비상장 주식회사의 이사에 관한 설명으로 **틀린** 것은?

① 이사의 선임은 주주총회의 보통결의에 의하고, 그 해임은 주주총회의 특별결의에 의한다.

② 판례에 의하면, 이사가 그 의사에 반하여 해임될 경우 일정한 해직보상금을 지급받기로 약정한 때에는 이는 보수에 포함되지 않으므로, 정관에 그 액을 정하는 규정이나 주주총회의 결의가 없어도 이사는 회사에 대하여 이를 청구할 수 있다.

③ 이사의 임기를 정한 경우에 정당한 이유없이 그 임기만료 전에 이를 해임한 때에는, 그 이사는 회사에 대하여 해임으로 인한 손해배상을 청구할 수 있다.

④ 정관으로 이사가 가질 주식의 수를 정한 경우에, 다른 규정이 없는 때에는 이사는 그 수의 주권을 감사에게 공탁해야 한다.

⑤ 정관에 정한 이사의 원수를 결한 경우, 필요하다고 인정할 때에는 법원은 이사, 감사 기타의 이해관계인의 청구에 의하여 일시 이사의 직무를 행할 자를 선임할 수 있다.

21. 상법상 주식회사의 이사에 관한 설명으로 **틀린** 것은?

① 회사와 이사의 관계는 민법의 위임에 관한 규정이 준용되므로, 이사는 회사에 대하여 선량한 관리자로서의 주의의무를 부담한다.

② 이사는 법령과 정관의 규정에 따라 회사를 위하여 그 직무를 충실하게 수행하여야 한다.

③ 자본금 총액이 10억원 미만인 회사는 이사를 1명 또는 2명으로 할 수 있다.

④ 판례에 의하면, 이사가 회사에 손해를 발생시킨 경우 회사는 이사의 책임을 그 이사의 최근 1년간의 보수액의 6배 이하의 금액에 대하여 감경할 수 있을 뿐이고, 법원이 재량으로 더 이상 감경할 수는 없다.

⑤ 이사의 임기는 3년을 초과하지 못하지만, 상법상 이사의 연임 횟수를 제한하는 규정은 없다.

22. 상법상 주주총회 결의의 하자를 다투는 소에 관한 설명으로 **틀린** 것은?

① 주주총회의 소집절차 또는 결의방법이 법령에 위반하거나 현저하게 불공정한 때에는 결의의 날로부터 2월 내에 결의취소의 소를 제기할 수 있다.

② 결의취소의 소와 결의부존재확인의 소에는 모두 법원의 재량에 의한 청구 기각이 인정되지 않는다.

③ 결의취소의 소의 제소권자는 주주·이사 또는 감사이다.

④ 결의한 사항이 등기된 경우에 결의취소의 판결이 확정된 때에는 본점과 지점의 소재지에서 등기하여야 한다.

⑤ 결의취소 판결 및 결의무효확인 판결은 모두 대세적 효력과 소급효가 있다.

23. 상법상 주주총회의 특별결의사항이 **아닌** 것은?

① 재무제표의 승인
② 경영위임
③ 회사의 계속
④ 타인과 영업의 손익 전부를 같이하는 계약
⑤ 회사의 영업에 중대한 영향을 미치는 다른 회사의 영업 일부의 양수

24. 상법상 주식회사의 대표이사 및 이사회에 관한 설명으로 **틀린** 것은?

① 회사는 이사회의 결의로 대표이사를 선정해야 하는 것이 원칙이나, 정관으로 주주총

회에서 이를 선정할 것을 정할 수 있다.

② 수인의 대표이사가 있더라도 공동대표이사가 아니라면 각 대표이사는 회사를 대표한다.

③ 이사회의 결의는 이사 과반수의 출석과 출석이사의 과반수로 하여야 하지만, 정관으로 그 비율을 낮게 하거나 높게 정할 수 있다.

④ 주주는 그 보유주식 수와 관계없이 영업시간 내에 이사회의사록의 열람 또는 등사를 청구할 수 있다.

⑤ 이사회의 결의에 의한 행위로 인하여 이사가 회사에 대하여 손해배상책임을 지는 경우, 그 이사회 결의에 참가한 이사로서 이의를 한 기재가 이사록에 없는 가는 그 결의에 찬성한 것으로 추정한다.

25. 상법상 합자회사에 관한 설명으로 옳은 것은?

① 중요한 사유가 있는 때에는 유한책임사원은 언제든지 법원의 허가를 얻어 회사의 업무와 재산상태를 검사할 수 있다.

② 무한책임사원은 신용 또는 노무를 출자의 목적으로 하지 못한다.

③ 유한책임사원은 사원 전원의 동의가 있어야만 그 지분의 전부를 양도할 수 있다.

④ 지배인의 선임과 해임은 사원 전원의 과반수의 결의에 의한다.

⑤ 무한책임사원 전원의 동의만으로 합명회사로의 조직변경이 가능하다.

26. 상법상 유한회사에 관한 설명으로 **틀린** 것은?

① 이사가 수인인 경우에 정관에 다른 정함이 없으면 사원총회에서 회사를 대표할 이사를 선정하여야 한다.

② 현물출자의 목적인 재산의 회사성립 당시의 실가(實價)가 정관에 정한 가격에 현저하게 부족한 때에는, 회사성립 당시의 사원은 회사에 대하여 그 부족액을 연대하여 지급할 책임이 있다.

③ 회사설립의 무효는 그 사원, 이사와 감사에 한하여 회사성립의 날로부터 2년 내에 소만으로 이를 주장할 수 있다.

④ 정관으로 이사를 정하지 아니한 때에는 회사성립 전에 사원총회를 열어 이를 선임하여야 한다.

⑤ 감사가 없는 경우, 이사는 이사 전원의 승인이 있는 때에 한하여 자기 또는 제3자의 계산으로 회사와 거래를 할 수 있다.

27. 상법상 주식회사의 감사에 관한 설명으로 **틀린** 것은?

① 감사는 신주발행무효의 소를 그 제소기간 내에 제기할 수 있고, 이사에 대한 위법행위 유지청구권을 행사할 수도 있다.

② 감사는 회의의 목적사항과 소집의 이유를 기재한 서면을 이사회에 제출하여 임시총회의 소집을 청구할 수 있다.

③ 판례에 의하면, 해임된 이사에 대하여 회사가 소를 제기하는 경우에 감사는 그 소에 관하여 회사를 대표한다.

④ 회사가 임기를 정하지 않은 감사를 정당한 이유없이 해임하더라도, 그 해임된 감사는 회사에 대하여 해임으로 인한 손해배상을 청구할 수 없다.

⑤ 감사는 회사 및 자회사의 이사 또는 지배인 기타의 사용인의 직무를 겸하지 못한다.

28. 상법상 신주발행에 관한 설명으로 옳은 것은?

① 신주발행 유지청구의 상대방은 현저하게 불공정한 방법으로 주식을 발행하는 회사의 이사이다.

② 신주인수권증서를 상실한 자는 신주인수권증서를 재발급 받아야만 주식의 청약을 할 수 있다.

③ 회사가 성립한 날로부터 1년을 경과한 후에 주식을 발행하는 경우, 회사는 이사회의 결의와 법원의 허가를 얻어서 주식을 액면미달의 가액으로 발행할 수 있다.

④ 판례에 의하면, 회사가 정관이나 이사회의 결의로 신주인수권을 양도할 수 있음을 정하지 않았다면 신주인수권의 양도는 회사의 승낙이 있더라도 회사에 대하여 효력이 없다.

⑤ 신주의 인수인이 납입기일에 납입 또는 현물출자의 이행을 하지 아니한 때에는 그 권리를 잃는다.

29. 상법상 사채에 관한 설명으로 옳은 것은?

① 사채관리회사는 사채권자를 위하여 사채에 관한 채권을 변제받기 위하여 필요한 재판상 또는 재판 외의 모든 행위를 할 수 있다.

② 사채의 인수인은 그 사채의 사채관리회사가 될 수 있다.

③ 기명사채의 이전은 취득자의 성명과 주소를 사채원부에 기재하고 그 성명을 채권에 기재하지 아니하면, 그 취득자는 회사에 대항하지 못하지만 제3자에게는 대항할 수 있다.

④ 사채의 모집이 완료된 때에는 사채인수인은 사채의 전액을 납입하여야 하고, 이 경우 분할납입은 허용되지 않는다.

⑤ 판례에 의하면, 전환사채발행무효의 소에는 신주발행무효의 소에 관한 6월 내의 제소기간 규정이 유추적용되지 않는다.

30. 상법상 주식회사의 합병에 관한 설명으로 옳은 것은?

① 간이합병에 반대하는 소멸회사의 주주에게는 주식매수청구권이 인정되지 않는다.

② 존속회사가 소멸회사의 주주에게 제공하기 위하여 취득한 존속회사의 모회사주식

중 합병등기 후 남아 있는 주식은 즉시 처분하여야 한다.

③ 소멸회사의 주주에게 제공할 금액 및 기타 재산의 가액이 존속회사의 최종 대차대조 표상으로 현존하는 순자산액의 100분의 5를 초과하는 경우에는, 존속회사의 주주 총회의 특별결의가 있어야 합병이 가능하다.

④ 소규모합병의 경우에는 존속회사는 채권자보호절차를 거치지 않아도 된다.

⑤ 존속회사는 소멸회사의 주주에게 합병대가의 일부로서 금전이나 그 밖의 재산을 제공할 수는 있으나, 합병대가의 전부를 금전이나 그 밖의 재산으로 제공할 수는 없다.

31. 상법상 주식회사의 분할에 관한 설명으로 **틀린** 것은?

① 분할의 승인을 위한 주주총회의 특별결의에 관하여는 의결권이 배제되는 주주도 의결권이 있다.

② 단순분할에 반대하는 분할회사의 주주에게는 주식매수청구권이 인정되지 않는다.

③ 분할회사가 단순분할에 의하여 설립되는 회사의 주식의 총수를 취득하는 경우, 이에 반대하는 주주에게는 주식매수청구권이 인정되지 않는다.

④ 단순분할신설회사가 분할회사의 분할 전 채무에 대해 연대책임을 지는 경우, 분할회사는 이의를 제기하는 채권자에 대해서 변제 또는 상당한 담보를 제공하거나 이를 목적으로 하여 상당한 재산을 신탁회사에 신탁하여야 한다.

⑤ 단순분할신설회사는 분할회사의 권리와 의무를 분할계획서에서 정하는 바에 따라 승계한다.

32. 상법상 주식회사의 회계에 관한 설명으로 **틀린** 것은?

① 이익준비금으로 자본금의 결손 보전에 충당하고도 부족한 경우에만 자본준비금으로 결손 보전에 충당할 수 있다.

② 회사는 주식배당의 경우를 제외하고는 그 자본금의 2분의 1이 될 때까지 매 결산기 이익배당액의 10분의 1 이상을 이익준비금으로 적립하여야 한다.

③ 회사는 정관으로 금전 외의 재산으로 배당을 할 수 있음을 정할 수 있다.

④ 회사는 적립된 자본준비금 및 이익준비금의 총액이 자본금의 1.5배를 초과하는 경우에, 주주총회의 결의에 따라 그 초과한 금액 범위에서 자본준비금과 이익준비금을 감액할 수 있다.

⑤ 연 1회의 결산기를 정한 회사는 영업연도 중 1회에 한하여 이사회 결의로 중간배당을 할 수 있음을 정관으로 정할 수 있다.

33. 환어음 또는 수표의 발행에 관한 설명으로 옳은 것은?

① 수표의 발행인이 만기를 기재하면 그 수표는 무효이다.

② 환어음의 발행인이 지급지를 기재하지 않았다면 발행지를 지급지로 본다.

③ 일람출급 환어음의 발행인이 이자가 붙는다는 약정을 기재하면서 이율을 기재하지 않으면 그 환어음은 무효이다.

④ 환어음의 발행인은 제3자방(第3者方)에서 어음금을 지급하는 것으로 기재할 수 있고, 이 때 제3자방이 지급인의 주소지에 있든 다른 지(地)에 있든 무관하다.

⑤ 수표의 발행인이 지급인에게 수표자금을 예치하고 이를 수표에 의해 처분할 수 있는 계약을 체결하지 않은 채 발행한 수표는 무효이다.

34. A가 발행받은 약속어음의 발행인란에는 '甲의 대리인 乙'이라고 기재되어 있고 乙의 날인이 되어 있으나, 乙이 대리권을 가진 자인지 여부는 불명확하다. A의 어음상 권리에 관한 설명으로 **틀린** 것은?

① 乙에게 대리권이 없는 경우, 특별한 사정이 없는 한 A는 甲에 대한 어음상 권리를 취득하지 못하고 乙에 대한 어음상 권리만을 취득한다.

② 乙에게 대리권이 없는 경우, A와 甲 사이에 민법상 표현대리(表見代理)가 성립한다면 A는 甲에 대한 어음상 권리를 취득한다.

③ A와 甲 사이에 민법상 표현대리가 성립하여 A가 甲에 대한 어음상 권리를 취득하는 경우, A는 표현대리인 乙에 대한 어음상 권리도 취득한다.

④ 乙에게 대리권이 있는 경우, A는 甲에 대한 어음상 권리를 취득한다.

⑤ 乙에게 대리권이 있는 경우, 만일 발행인란에 '乙'이라고만 기재되어 있고 乙의 날인이 되어 있다면, A는 甲에 대한 어음상 권리를 취득한다.

35. 환어음의 발행인 또는 양도인에게 어음법에 따른 담보책임이 인정되는 경우는? (상환청구권 보전절차는 이행된 것으로 전제함)

① 환어음의 발행인이 지급을 담보하지 아니한다는 뜻의 문구를 기재한 경우

② 소지인출급식배서에 의하여 환어음을 양수한 자가 배서하지 아니하고 교부만으로 어음을 양도한 경우

③ 환어음의 소지인이 무담보문구를 기재하여 배서·교부의 방식으로 어음을 양도한 경우

④ 환어음의 소지인이 의사무능력 상태에서 배서·교부의 방식으로 어음을 양도한 경우

⑤ 발행인의 부주의로 발행인의 기명날인 및 서명이 모두 누락된 환어음을 발행받은 수취인이 다시 배서·교부의 방식으로 그 어음을 양도한 경우

36. 어음의 양수인이 어음을 선의취득할 수 **없는** 경우는? (배서금지어음이 아닌 것으로 전제함)

① 배서가 연속된 어음을 소지하고 있는 무권리자가 '배서금지' 문구를 기재한 후 자신

의 명의로 배서하여 그 어음을 교부한 경우

② 배서가 연속된 어음을 소지하고 있는 무권리자가 '무담보' 문구를 기재한 후 자신의 명의로 배서하여 그 어음을 교부한 경우

③ 배서가 연속되고 그 최후 배서의 '피배서인'란이 기재되지 않은 어음을 소지하고 있는 무권리자가 그 어음에 배서하지 않고 단순히 교부한 경우

④ 배서가 연속된 어음을 소지하고 있는 무권리자가 자신의 명의로 공연한 입질배서를 하여 그 어음을 교부한 경우

⑤ 배서가 연속된 어음을 소지하고 있는 무권리자가 자신의 명의로 공연한 추심위임배서를 하여 그 어음을 교부한 경우

37. 다음 사례에서 B의 법적 지위에 관한 설명으로 **틀린** 것은? (이견이 있으면 판례에 의함)

> A는 2020. 1. 20. B로부터 외상으로 원자재를 구입하면서 매매대금 1천만원을 2020. 2. 3.에 지급하기로 합의하였다. 그 다음날 A는 甲으로부터 발행받은 만기 2020. 2. 10., 어음금액 1천만원인 약속어음을 위 매매대금 채무의 '지급을 위하여' B에게 배서·교부하였다. B는 A로부터 약속어음을 양수하면서 어음상 만기가 A의 매매대금 채무의 이행기인 2020. 2. 3.과 달리 2020. 2. 10.임을 알았지만 아무런 문제도 제기하지 않았다.

① 2020. 1. 21. B가 甲이 발행한 약속어음을 취득하여도 그 시점에 B의 A에 대한 매매대금 채권이 소멸하지 않는다.

② 특별한 사정이 없는 한 B의 A에 대한 매매대금 채권의 변제기는 2020. 2. 10.까지 유예된 것으로 해석된다.

③ 2020. 2. 10. B는 甲에 대한 어음상 권리를 행사하지 않고 A에 대한 매매대금 채권을 선택하여 행사할 수 있다.

④ 2020. 2. 10. B가 甲에게 어음상 권리를 행사하여 어음금 1천만원을 지급받으면 A의 B에 대한 매매대금 채무도 소멸한다.

⑤ 2020. 2. 10. B가 甲에게 약속어음을 지급제시 하였으나 지급을 받지 못하여 A에게 매매대금 채무의 이행을 청구한 경우, A는 동시이행의 항변권을 행사하여 甲이 발행한 약속어음의 반환을 청구할 수 있다.

38. 어음법상 배서의 효력에 관한 설명으로 옳은 것은?

① 약속어음의 소지인이 지급제시기간 경과 후에 타인에게 어음을 배서·교부한 경우, 그 배서에는 권리이전적 효력이 없다.

② 약속어음의 발행인이 자신이 발행하였던 약속어음을 배서·교부의 방식으로 취득한 경우, 만기가 남아 있어도 다시 어음에 배서할 수 없다.

③ 채권자가 공연한 입질배서를 받아 소지하고 있던 환어음을 타인에게 양도할 생각으로 다시 배서·교부한 경우, 어음금 지급청구권이 양수인에게 이전된다.

④ 환어음의 소지인이 만기일에 지급인에 대한 지급제시를 하지 않은 채 그 날 어음을 타인에게 배서·교부한 경우, 그 배서는 만기 전 배서와 같은 효력이 있다.

⑤ 배서인이 환어음에 날짜를 적지 아니한 채 행한 배서는 지급거절증서 작성기간이 지난 후에 한 것으로 추정한다.

39. A가 B에게 발행한 수표의 양도방식에 관한 설명으로 **틀린** 것은?

① A가 수취인란에 B의 명의를 기재하지 않은 경우, B는 수표에 배서하지 않고 단순한 교부에 의하여 수표를 양도할 수 있다.

② A가 "B에게 지급하여 주십시오"라고 기재한 경우, B는 배서·교부의 방식으로 수표를 양도할 수 없다.

③ A가 "B 또는 그 지시인에게 지급하여 주십시오"라고 기재한 경우, B는 배서·교부의 방식으로 수표를 양도할 수 있다.

④ A가 "B 또는 소지인에게 지급하여 주십시오"라고 기재한 경우, B는 수표에 배서하지 아니하고 단순한 교부에 의하여 수표를 양도할 수 있다.

⑤ A가 '지시금지'라는 문구와 함께 "B에게 지급하여 주십시오"라고 기재한 경우, B는 지명채권의 양도방식으로만 수표를 양도할 수 있다.

40. 어음 또는 수표의 소지인에게 상환청구권이 인정되지 **않는** 경우는?

① 환어음의 지급인이 어음의 내용을 변경하여 인수한 경우

② 환어음의 인수인이 파산한 경우

③ 인수제시가 금지된 환어음의 발행인이 파산한 경우

④ 인수하지 아니한 환어음 지급인의 재산에 대한 강제집행이 주효(奏效)하지 않은 경우

⑤ 수표의 지급인이 인수를 거절한 경우

세법개론

※ 각 문제의 보기 중에서 물음에 가장 합당한 답을 고르시오.
(주어진 자료 이외의 다른 사항은 고려하지 않으며, 조세부담 최소화를 가정할 것)

1. 「국세기본법」상 납세의무자에 관한 설명이다. **옳지 않은** 것은?

① 납세의무자란 세법에 따라 국세를 납부할 의무가 있는 자를 말하며 국세를 징수하여 납부할 의무가 있는 자도 포함한다.

② 제2차 납세의무자란 납세자가 납세의무를 이행할 수 없는 경우에 납세자를 갈음하여 납세의무를 지는 자를 말한다.

③ 납부의 고지에 관한 서류는 연대납세의무자 모두에게 각각 송달하여야 한다.

④ 세무공무원이 국세의 과세표준을 조사·결정할 때에는 해당 납세의무자가 계속하여 적용하고 있는 기업회계의 기준 또는 관행으로서 일반적으로 공정·타당하다고 인정되는 것은 존중하여야 하나 세법에 특별한 규정이 있는 것은 그러하지 아니하다.

⑤ 제2차 납세의무자로서 납부고지서를 받은 자가 세법에 따른 처분으로 인하여 권리나 이익을 침해당하게 될 이해관계인에 해당하는 경우 위법 또는 부당한 처분을 받은 자의 처분에 대하여 불복청구를 할 수 있다.

2. 「국세기본법」상 국세와 다른 채권의 관계에 관한 설명이다. 옳은 것은?

① 경매절차에 따라 재산을 매각할 때 그 매각금액 중에서 국세를 징수하는 경우 국세는 경매절차에 든 비용에 우선하여 징수한다.

② 납세조합으로부터 징수하는 소득세를 납세의무의 확정일 전에 저당권이 설정된 재산을 매각하여 그 매각금액에서 징수하는 경우 그 소득세는 저당권에 의하여 담보된 채권에 우선하여 징수한다.

③ 국세 강제징수에 따라 납세자의 재산을 압류한 경우 다른 국세 및 강제징수비 또는 지방세의 교부청구가 있으면 압류와 관계되는 국세 및 강제징수비는 교부청구된 다른 국세 및 강제징수비 또는 지방세보다 우선하여 징수한다.

④ 강제집행절차에 의하여 경락된 재산을 양수한 자는 양도일 이전에 양도인의 납세의무가 확정된 국세 및 강제징수비를 양도인의 재산으로 충당하여도 부족할 경우 제2차 납세의무를 진다.

⑤ 납세자가 국세 및 강제징수비를 체납한 경우에 그 국세의 법정기일 전에 담보의 목적이 된 그 납세자의 양도담보재산으로써 국세 및 강제징수비를 징수할 수 있다.

3. 「국세기본법」상 가산세에 관한 설명이다. 옳은 것은?

① 가산세는 해당 의무가 규정된 세법의 해당 국세의 세목으로 하며, 해당 국세를 감면하는 경우에는 가산세도 그 감면대상에 포함한다.

② 납세의무자가 법정신고기한까지 「종합부동산세법」에 따른 과세표준 신고를 하지 아니한 경우 무신고가산세를 부과한다.

③ 신고 당시 소유권에 대한 소송으로 상속재산으로 확정되지 아니하여 상속세 과세표준을 과소신고한 경우 과소신고가산세를 부과한다.

④ 「부가가치세법」에 따른 사업자가 아닌 자가 부가가치세액을 환급받은 경우는 납부지연가산세의 적용대상에 해당하지 아니한다.

⑤ 법령에 따른 세법해석에 관한 질의·회신 등에 따라 신고·납부하였으나 이후 다른 과세처분을 하는 경우 가산세를 부과하지 아니한다.

4. 「국세기본법」상 조세구제제도에 관한 설명이다. 옳지 않은 것은?

① 「조세범 처벌절차법」에 따른 통고처분에 대하여는 심사 또는 심판을 청구할 수 없다.

② 세법에 따라 국세청장이 하여야 할 처분에 대하여는 이의신청을 할 수 없다.

③ 심사청구는 세법에 특별한 규정이 있는 것을 제외하고는 해당 처분의 집행에 영향을 미치지 아니하므로 심사청구인이 심각한 재해를 입은 경우에만 집행정지를 결정할 수 있다.

④ 심사청구 또는 심판청구에 대한 재조사 결정에 따른 처분청의 처분에 대한 행정소송은 심사청구 또는 심판청구와 그에 대한 결정을 거치지 아니하고 제기할 수 있다.

⑤ 과세전적부심사 청구인은 법령에서 정한 요건을 갖추어 국선대리인을 선정하여 줄 것을 신청할 수 있다.

5. 「국세기본법」상 세무조사에 관한 설명이다. 옳지 않은 것은?

① 세무공무원은 적정하고 공평한 과세를 실현하기 위하여 필요한 최소한의 범위에서 세무조사를 하여야 하며, 세무조사는 「조세범 처벌절차법」에 따른 조세범칙조사를 포함한다.

② 국세환급금의 결정을 위한 확인조사를 하는 경우에는 같은 세목 및 같은 과세기간에 대하여 재조사를 할 수 있다.

③ 세무공무원은 세무조사의 중지기간 중에는 납세자에 대하여 국세의 과세표준과 세액을 결정 또는 경정하기 위한 질문을 하거나 장부 등의 검사·조사 또는 그 제출을

요구할 수 없다.

④ 세무조사는 납세자의 사업과 관련하여 세법에 따라 신고·납부의무가 있는 세목을 통합하여 실시하는 것을 원칙으로 한다.

⑤ 세무공무원은 납세자가 납세관리인을 정하지 아니하고 국내에 주소 또는 거소를 두지 아니한 경우에도 세무조사결과를 통지하여야 한다.

6. 「법인세법」상 납세의무에 관한 설명이다. **옳지 않은** 것은?

① 사업의 실질적 관리장소가 국내에 있지 아니하면서 본점 또는 주사무소가 외국에 있고, 구성원이 유한책임사원으로만 구성된 단체는 외국법인으로 본다.

② 지방자치단체조합은 보유하고 있던 비사업용 토지를 양도하는 경우 토지등 양도소득에 대한 법인세 납세의무가 없다.

③ 비영리내국법인의 각 사업연도 소득은 세법상 수익사업에서 생기는 소득으로 한정한다.

④ 비영리외국법인은 청산소득에 대한 법인세 납세의무가 없으나, 비영리내국법인은 청산소득에 대한 법인세 납세의무가 있다.

⑤ 완전모법인이 완전자법인을 포함하여 연결납세방식을 적용받기 위해서는 완전모법인의 납세지 관할 지방국세청장의 승인을 받아야 한다.

7. 「법인세법」상 소득처분에 관한 설명이다. **옳지 않은** 것은?

① 익금에 산입한 금액 중 사외로 유출된 것이 분명하나 그 처분이 배당, 상여, 기타사외유출에 해당하지 않는 경우 기타소득으로 처분한다.

② 익금에 산입한 금액이 사외에 유출되지 아니한 경우 유보 또는 기타로 처분한다.

③ 익금에 산입한 금액 중 그 귀속이 불분명하여 대표자에게 상여로 처분한 경우 당해 법인이 그 처분에 따른 소득세 등을 대납하고 이를 손비로 계상함에 따라 익금에 산입한 금액은 기타사외유출로 처분한다.

④ 천재지변으로 장부나 그 밖의 증명서류가 멸실되어 법인세 과세표준을 추계결정하는 경우 그 추계에 의한 과세표준과 결산서상 당기순이익과의 차액(법인세상당액을 공제하지 아니한 금액)을 기타사외유출로 처분한다.

⑤ 익금에 산입한 금액 중 사외로 유출되어 그 귀속자가 당해 법인의 주주이면서 임원인 경우 그 출자임원에 대한 배당으로 처분한다.

8. 다음의 자료를 이용하여 영리내국법인 ㈜A의 제22기 사업연도(2022.1.1.~2022.12.31.) 자본금과 적립금조정명세서(을)에 기재될 기말잔액의 합계 금액을 계산한 것으로 옳은 것은? 단, 전기까지 회계처리 및 세무조정은 정확하게 이루어졌다.　　　(2021 수정)

내　용	금　액
(1) 자본금과 적립금조정명세서(을) 기초잔액 합계(당기 중 추인된 항목은 없음)	500,000원
(2) 손익계산서상 당기순이익	1,300,000원
(3) 비용으로 처리된 대주주가 부담해야 할 유류비	200,000원
(4) 비용으로 처리된 사업용 공장건물에 대한 재산세	200,000원
(5) 비용으로 처리된 공정가치측정 금융자산 평가손실	200,000원
(6) 비용으로 처리된 접대비 중 건당 3만원 초과 법정증명서류 미수취분	200,000원
(7) 사업연도 종료일 현재 회계처리가 누락된 외상매출금	200,000원
(8) 자본잉여금으로 처리된 자기주식처분이익	200,000원
(9) 기타포괄손익으로 처리된 공정가치측정 금융자산 평가이익	200,000원

① 500,000원　　　② 700,000원　　　③ 900,000원

④ 1,100,000원　　　⑤ 1,300,000원

9. 「법인세법」상 익금 및 익금불산입에 관한 설명이다. **옳지 않은** 것은?

① 법인세 과세표준을 추계결정하는 법인은 임대보증금에 대한 간주임대료를 익금에 산입하되, 주택임대보증금에 대한 간주임대료는 익금에 산입하지 아니한다.

② 법인이 특수관계인인 개인으로부터 유가증권을 시가보다 낮은 가액으로 매입하는 경우 시가와 그 매입가액의 차액을 익금에 산입한다.

③ 법인의 각 사업에서 생기는 사업수입금액은 익금에 산입하되, 기업회계기준에 의한 매출에누리금액 및 매출할인금액은 산입하지 아니한다.

④ 영리내국법인 ㈜A가 자기주식을 소각하여 생긴 이익을 소각일로부터 2년 이내에 자본에 전입함에 따라 ㈜A의 주주인 영리내국법인 ㈜B가 수령하는 무상주는 의제배당으로 익금에 산입한다.

⑤ 법인이 과오납한 법인세에 대한 환급금과 그 환급금에 대한 이자를 수령한 경우 그 금액은 익금에 산입하지 아니한다.

10. 다음의 자료를 이용하여 지주회사가 아닌 영리내국법인 ㈜A의 제22기 사업연도(2022.1.1.
 ~2022.12.31.) 수입배당금 익금불산입액을 계산한 것으로 옳은 것은?

(1) ㈜A는 2022년 3월 중 비상장 영리내국법인 ㈜B, ㈜C, ㈜D로부터 수입배당금
 15,000,000원을 수령하여 수익으로 계상하였다.

배당지급 법인	현금 배당금*	「법인세법」상 장부가액**	지분율**	주식 취득일
㈜B	6,000,000원	300,000,000원	60%	2020년 8월 1일
㈜C	6,000,000원	600,000,000원	60%	2021년 11월 15일
㈜D	3,000,000원	600,000,000원	40%	2021년 9월 15일

 * 배당기준일: 2021년 12월 31일, 배당결의일: 2022년 2월 20일
 ** 주식 취득이후 주식수, 장부가액, 지분율의 변동은 없음

(2) ㈜B, ㈜C, ㈜D는 지급배당에 대한 소득공제와 「조세특례제한법」상 감면규정 및
 동업기업과세특례를 적용받지 않는다.
(3) ㈜A의 2022년 12월 31일 현재 재무상태표상 자산총액은 5,000,000,000원이다.
(4) ㈜A의 제22기 손익계산서상 이자비용은 30,000,000원이다. 해당 이자비용 중
 15,000,000원은 채권자가 불분명한 사채의 이자비용이다.
(5) 비상장법인으로부터 수령한 수입배당금액의 익금불산입률은 다음과 같다.

구 분	익금불산입률
출자비율이 50% 미만인 경우	30%
출자비율이 50% 이상 100% 미만인 경우	50%

① 5,010,000원   ② 3,300,000원   ③ 3,120,000원
④ 2,910,000원   ⑤ 2,100,000원

11. 다음의 자료를 이용하여 제조업을 영위하는 중소기업인 영리내국법인 ㈜A의 제22기 사업
 연도(2022.1.1.~2022.12.31.) 접대비 한도초과액을 계산한 것으로 옳은 것은? 단, 자
 료에 별도 언급이 없는 한 접대비 해당액은 적격증명서류를 수취하였고, 전기까지 세무소
 정은 정확하게 이루어졌다.

(1) 손익계산서상 매출액은 12,000,000,000원이며, 이 중 특수관계인에 대한
 매출액은 4,000,000,000원이다.
(2) 손익계산서상 판매비와관리비 중 접대비로 비용처리한 금액은 54,000,000원
 이다.

(3) ㈜A가 거래처에 접대 목적으로 증정한 원가 5,000,000원, 시가 10,000,000원 상당의 제품에 대해 다음과 같이 회계처리하였다.

(차) 매출원가 6,000,000

        (대) 제   품   5,000,000

            부가가치세예수금 1,000,000

(4) 손익계산서상 복리후생비에는 ㈜A의 직원들이 조직한 단체(법인 아님)에 지출한 복리시설비 4,000,000원이 포함되어 있다.

(5) 제21기 중 ㈜A가 지출한 경조사비와 문화접대비는 없다.

(6) 수입금액에 관한 적용률

수입금액	적용률
100억원 이하	1천분의 3
100억원 초과 500억원 이하	3천만원 + 100억원을 초과하는 금액의 1천분의 2

① 0원   ② 2,000,000원   ③ 4,000,000원

④ 8,000,000원   ⑤ 16,000,000원

12. 제조업을 영위하는 영리내국법인 ㈜A(일반기업회계기준 적용기업)의 제22기(2022.1.1.~ 2022.12.31.) 감가상각 관련 자료이다. 감가상각과 관련하여 세무조정금액으로 옳은 것은?

(1) 제22기의 감가상각비 조정을 위한 자료는 다음과 같다.

(단위 : 원)

구 분	취득원가*	기말감가상각누계액*	기초상각부인누계액	당기감가상각비*
건물	900,000,000	435,000,000	4,000,000	30,000,000
기계장치	400,000,000	280,000,000	20,000,000	25,000,000

* 회계장부상 수치임

(2) 기준내용연수 및 상각률

구 분	기준내용연수	상각률	
		정액법	정률법
건물	20년	0.050	0.140
기계장치	10년	0.100	0.259

(3) ㈜A는 내용연수 및 감가상각방법을 신고하지 않았다.

(4) 당기 중 건물에 대한 자본적 지출 24,000,000원과 기계장치에 대한 자본적 지출 10,000,000원을 손익계산서상 수선비로 처리하였다.

	건 물		기계장치	
①	손금불산입	19,000,000원	손금불산입	3,850,000원
②	손금산입	4,000,000원	손금산입	3,850,000원
③	손금산입	4,000,000원	손금불산입	10,325,000원
④	손금불산입	19,000,000원	손금산입	10,325,000원
⑤	손금산입	4,000,000원	손금산입	10,325,000원

13. 「법인세법」상 손익귀속시기에 대한 설명이다. **옳지 않은** 것은?

① 금융보험업 이외의 법인이 원천징수되는 이자로서 이미 경과한 기간에 대응하는 이자를 해당 사업연도의 수익으로 계상한 경우 그 계상한 사업연도의 익금으로 본다.

② 중소기업이 수행하는 계약기간 1년 미만인 건설용역의 제공으로 인한 수익은 그 목적물의 인도일이 속하는 사업연도에 익금에 산입할 수 있다.

③ 세법에 따라 영수증을 작성·교부할 수 있는 사업을 영위하는 법인이 금전등록기를 설치·사용하는 경우 그 수입하는 물품대금과 용역대가의 귀속사업연도는 그 금액이 실제로 수입된 사업연도로 할 수 있다.

④ 중소기업의 경우 장기할부매출에 대하여 결산상 회계처리에 관계없이 장기할부조건에 따라 각 사업연도에 회수하였거나 회수할 금액과 이에 대응하는 비용을 각각 해당 사업연도의 익금과 손금에 산입할 수 있다.

⑤ 결산을 확정함에 있어 이미 경과한 기간에 대응하는 임대료 상당액과 이에 대응하는 비용을 당해 사업연도의 수익과 손비로 계상한 경우 이를 각각 당해 사업연도의 익금과 손금으로 한다.

14. 제조업을 영위하는 영리내국법인 ㈜A의 제22기(2022.1.1.~2022.12.31.) 차입금 및 업무무관자산 관련 자료이다. 「법인세법」상 손금불산입으로 세무조정하는 지급이자 중에서 기타사외유출로 소득처분되는 금액으로 옳은 것은? 단, 2022년은 365일이다.

(1) 포괄손익계산서상 지급이자의 내역

구 분	이자율	이자비용	차입금적수
사채이자*	20%	3,000,000원	5,475,000,000원
은행차입금	10%	10,000,000원	36,500,000,000원

* 채권자불분명사채이자로 동 이자와 관련하여 원천징수하여 납부한 세액은 1,260,000원이다.

(2) 재무상태표상 전기에 특수관계인으로부터 취득하여 보유하고 있는 업무무관 자산(취득가액: 20,000,000원, 취득당시 시가: 12,000,000원)에 대한 전기 세무조정은 정확하게 이루어졌고 취득 이후 변동내역은 없다.

(3) 재무상태표상 대여금 5,000,000원(적수: 1,825,000,000원)은 업무와 관련이 없는 특수관계인에 대한 것이다.

① 1,260,000원   ② 2,500,000원   ③ 2,960,000원

④ 3,760,000원   ⑤ 5,500,000원

15. 제조업을 영위하는 영리내국법인 ㈜A의 제22기(2022.1.1.~2022.12.31.) 대손금 및 대손충당금 관련 자료이다. ㈜A의 대손금 및 대손충당금 관련 세무조정이 제22기 각 사업연도 소득금액에 미치는 영향으로 옳은 것은?

(1) 제22기 대손충당금 계정

대손충당금

당기상계액	5,000,000원*	기초잔액	15,000,000원
기말잔액	30,000,000원	당기설정액	20,000,000원

* 당기상계액 중 2,000,000원은 법령상 대손요건을 충족하지 못한 외상매출금임

(2) 전기말 자본금과 적립금조정명세서(을) 중 유보 잔액내역

과목 또는 사항	기말잔액
대손충당금 한도초과액	3,000,000원
외상매출금(대손부인액)*	7,000,000원
대여금(대손부인액)	10,000,000원

* 회수 노력에도 불구하고 회수하지 못하여 당기 중 「상법」상 소멸시효가 완성됨

(3) 제22기말 재무상태표상 채권내역

구 분	금 액	비 고
대여금	50,000,000원	특수관계인이 아닌 자에 대한 금전 소비대차계약으로 인한 것임
미수금	300,000,000원	
매출채권	500,000,000원	
계	850,000,000원	

(4) 대손실적률은 1.5%로 가정한다.

① (-)10,000,000원   ② (-) 9,070,000원   ③ (+) 9,070,000원
④ (+)10,000,000원   ⑤ (+)19,070,000원

16. 「법인세법」상 특수관계인 간 부당행위계산의 부인과 관련된 설명이다. **옳지 않은** 것은?

　① 주식을 제외한 자산의 시가가 불분명한 경우 감정평가업자의 감정가액이 있으면 그 가액을 적용하며, 감정한 가액이 2 이상인 경우에는 감정가액의 평균액을 적용한다.

　② 금전의 대여 또는 차용의 경우 해당 법인이 법인세 과세표준신고와 함께 기획재정부령이 정하는 당좌대출이자율을 신택한 경우 신택한 사업연도와 이후 2개 사업연도는 당좌대출이자율을 시가로 한다.

　③ 기계를 임대하고 임대료를 계산할 때 당해 자산의 시가에서 그 자산의 제공과 관련하여 받은 보증금을 차감한 금액에 정기예금이자율을 곱하여 산출한 금액을 시가로 한다.

　④ 출연금을 대신 부담한 경우 부당행위계산 부인의 규정은 그 행위 당시를 기준으로 하여 당해 법인과 특수관계인 간의 거래에 대하여 적용한다.

　⑤ 건물을 시가보다 높은 가격으로 매입하는 경우 시가와 거래가액의 차액이 3억원 이상이거나 시가의 100분의 5에 상당하는 금액 이상인 경우에 한하여 부당행위계산 부인의 규정을 적용한다.

17. 제조업을 영위하는 영리내국법인 ㈜A(중소기업)의 제22기(2022.1.1.~2022.12.31.) 각 사업연도 소득에 대한 법인세 환급과 관련된 자료이다. 법인세 환급 후 결손금 경정으로 징수되는 법인세액(이자상당액은 고려하지 말 것)으로 옳은 것은?

(1) 제21기(2021.1.1.~2021.12.31.) 법인세 관련 내역

법인세 과세표준	산출세액	공제·감면세액	가산세액
350,000,000원	50,000,000원	30,000,000원	3,000,000원

(2) 당기에 결손금 100,000,000원이 발생하여 이중 80,000,000원을 소급공제 신청하고 이에 대한 법인세를 환급받았다.

(3) 법인세 환급 이후 제22기에 대한 법인세 과세표준과 세액의 경정으로 인해 당초의 결손금 100,000,000원이 70,000,000원으로 감소하였다.

(4) 제21기 사업연도까지 발생한 결손금은 없었다.

(5) ㈜A는 결손금소급공제에 필요한 모든 조건을 충족하고 있다.

(6) 각 사업연도 소득에 대한 법인세율은 다음과 같다.

과세표준	세 율
2억원 이하	과세표준의 100분의 10
2억원 초과 200억원 이하	2천만원 + 2억원을 초과하는 금액의 100분의 20

① 2,000,000원 ② 5,000,000원 ③ 6,000,000원
④ 10,000,000원 ⑤ 15,000,000원

18. 제조업을 영위하는 영리내국법인 ㈜A의 제22기(2022.1.1.~2022.12.31.)에 발생한 화재와 관련된 자료이다. 재해손실세액공제액으로 옳은 것은?

(1) 사업용 자산의 화재내역

구 분	화재 전 장부가액	재해상실가액	화재 후 장부가액
건물	250,000,000원	250,000,000원	-
토지	500,000,000원	-	500,000,000원
기계장치	150,000,000원	50,000,000원	100,000,000원
계	900,000,000원	300,000,000원	600,000,000원

(2) 건물은 화재보험에 가입되어 있어 보험금 250,000,000원을 수령하였다.
(3) 재해발생일 현재 미납법인세액은 200,000,000원이다.
(4) 당기 사업연도의 법인세 관련 자료는 다음과 같다.

법인세 산출세액	공제·감면세액	가산세액
150,000,000원	25,000,000원*	5,000,000원**

* 「조세특례제한법」상 투자세액공제액임
** 무신고가산세 해당액임

① 93,750,000원 ② 150,000,000원 ③ 232,500,000원
④ 243,750,000원 ⑤ 247,500,000원

19. 「법인세법」상 영리내국법인의 각 사업연도 소득에 대한 법인세 과세표준 및 세액의 계산과 신고 및 납부에 대한 설명이다. 옳지 않은 것은?

① 성실신고확인대상 내국법인이 성실신고확인서를 제출하는 경우 사업연도 종료일이 속하는 달의 말일부터 4개월 이내에 법인세 과세표준과 세액을 신고하여야 한다.
② 납부할 중간예납세액이 1,500만원인 경우 750만원을 납부기한이 지난 날부터 1개월 이내에 분납할 수 있다.
③ 외부조정대상법인이 외부조정계산서를 첨부하지 아니하는 경우 신고를 하지 않은 것으로 보고 무신고가산세를 적용한다.
④ 신고를 하지 아니하고 본점을 이전하여 법인세를 포탈할 우려가 있다고 인정되는 경우에는 납세지 관할 세무서장이 수시로 그 법인에 대한 법인세를 부과할 수 있다.
⑤ 천재지변으로 장부나 그 밖의 증명서류가 멸실되어 법인세 과세표준과 세액을 추계하는 경우에도 외국납부세액공제를 받을 수 있다.

20. 「소득세법」상 납세의무에 관한 설명이다. **옳지 않은** 것은?

① 비거주자는 원천징수한 소득세를 납부할 의무를 진다.

② 「국세기본법」상 법인으로 보는 단체 외의 법인 아닌 단체가 국내에 주사무소를 둔 경우 구성원 간 이익의 분배비율이 정하여져 있지 않고 사실상 구성원별로 이익이 분배되지 않는 것으로 확인되면 1거주자로 본다.

③ 거주자가 특수관계인에게 자산을 증여한 후 그 자산을 증여받은 자가 그 증여일부터 5년 이내에 다시 타인에게 양도하여 증여자가 그 자산을 직접 양도한 것으로 보는 경우 그 양도소득에 대해서는 증여자가 납세의무를 지며 증여받은 자는 납세의무를 지지 아니한다.

④ 신탁재산에 귀속되는 소득은 그 신탁의 수익자가 정해진 경우 그 수익자에게 귀속되는 것으로 본다.

⑤ 공동으로 소유한 자산에 대한 양도소득금액을 계산하는 경우 해당 자산을 공동으로 소유하는 각 거주자가 납세의무를 진다.

21. 「소득세법」상 거주자와 비거주자에 관한 설명이다. **옳지 않은** 것은?

① 비거주자로서 국내원천소득이 있는 개인은 소득세를 납부할 의무를 진다.

② 거주자가 국내 주소의 국외 이전을 위하여 출국하는 경우 출국하는 날의 다음 날에 비거주자로 된다.

③ 내국법인의 국외사업장에 파견된 직원은 거주자로 본다.

④ 비거주자의 국내원천 퇴직소득이란 비거주자가 국내에서 제공하는 근로의 대가로 받는 퇴직소득을 말한다.

⑤ 비거주자에 대하여 종합과세하는 경우 종합소득공제는 본인 및 배우자에 대한 인적공제만 적용되고 특별소득공제는 적용되지 않는다.

22. 거주자 갑의 2022년 귀속 금융소득에 대한 자료이다. 갑의 종합소득금액에 합산되는 배당소득금액으로 옳은 것은? 단, 소득에 대한 원천징수는 적법하게 이루어졌으며, 모든 금액은 국내에서 지급받았고 원천징수세액을 차감하기 전의 금액이다.

> (1) A증권사로부터 「상법」에 따른 파생결합사채의 이익 10,000,000원을 지급받았다.
> (2) B은행으로부터 「조세특례제한법」상 요건을 충족하는 개인종합자산관리계좌에서 발생하는 배당소득 5,000,000원을 지급받았다.
> (3) ㈜C(비상장 내국법인)로부터 자기주식처분이익의 자본전입에 따른 무상주 20,000주(주당 액면가액 1,000원)를 지급받았다.
> (4) ㈜D(코넥스시장 상장법인)로부터 현금배당 3,000,000원을 지급받았다.

① 33,000,000원   ② 34,430,000원   ③ 35,530,000원
④ 38,000,000원   ⑤ 42,180,000원

23. 거주자 갑의 2022년 상가부동산 임대업에 대한 자료이다. 갑의 2022년 사업소득 총수입금액으로 옳은 것은? 단, 갑은 상가부동산임대업만을 영위하고 있으며, 임대업 사업소득에 대하여 장부를 기장하여 비치하고 있다.

> (1) 임대기간 : 2021년 5월 1일 ~ 2023년 4월 30일
> (2) 월임대료 : 2,000,000원
> (3) 임대보증금 : 500,000,000원
> (4) 상가부동산 취득가액 : 토지 100,000,000원, 건물 300,000,000원
> (5) 월관리비수입 : 500,000원
> (6) 2022년 임대보증금 운용수익 : 수입배당금 500,000원, 수입이자 300,000원, 신주인수권처분이익 200,000원
> (7) 금융회사 등의 정기예금이자율을 고려하여 기획재정부령이 정하는 이자율 : 연 2% 가정

① 33,000,000원   ② 33,200,000원   ③ 35,600,000원
④ 39,200,000원   ⑤ 41,600,000원

24. 벤처기업이 아닌 중소기업 ㈜A에 종업원(일용근로자 아님)으로 근무하는 거주자 갑의 2022년 근로소득 관련 자료이다. 갑의 2022년 근로소득 총급여액으로 옳은 것은?

> (1) 급여 : 24,000,000원
> (2) 상여금 : 10,000,000원
> (3) 식사대 : 1,800,000원(월 150,000원×12개월)
> - 갑은 식사대 이외에 별도로 식사를 제공받지 않음
> (4) 자녀보육수당(6세) : 1,200,000원(월 100,000원×12개월)
> (5) ㈜A가 납부한 단체환급부보장성보험의 보험료 : 1,200,000원(월 100,000원×12개월)
> - 갑의 배우자가 보험의 수익자임
> (6) ㈜A의 사택을 무상제공 받음으로써 얻는 이익 : 5,000,000원
> (7) ㈜A로부터 부여받은 주식매수선택권 행사이익(행사일 2022년 10월 5일) : 20,000,000원

① 43,200,000원   ② 55,100,000원   ③ 56,300,000원
④ 57,100,000원   ⑤ 59,100,000원

25. 「소득세법」상 공동사업장 및 출자공동사업자에 관한 설명이다. 옳은 것은?

　① 공동사업자간 특수관계가 없는 경우 공동사업에서 발생한 소득금액은 공동사업을 경영하는 각 거주자 간에 손익분배비율에 의하여 분배되었거나 분배될 소득금액에 따라 각 공동사업자별로 분배한다.

　② 공동사업에서 발생한 채무에 대하여 무한책임을 부담하기로 약정한 자는 출자공동 사업자에 해당한다.

　③ 공동사업장의 해당 공동사업을 경영하는 각 거주자는 자신의 주소지 관할 세무서장 에게 사업자등록을 해야 한다.

　④ 출자공동사업자의 배당소득 수입시기는 그 배당을 지급받는 날이다.

　⑤ 출자공동사업자의 배당소득 원천징수세율은 14%이다.

26. 근로소득만 있는 거주자 갑(40세)의 2022년 종합소득세 세액공제 관련 자료이다. 갑의 2022년 자녀세액공제액과 연금계좌세액공제액의 합계액으로 옳은 것은?

> (1) 갑의 근로소득 총급여액 : 30,000,000원
> (2) 갑의 기본공제대상자에 해당하는 자녀 나이 : 6세, 8세, 10세
> 　　- 갑은 「조세특례제한법」상 자녀장려금 적용대상자가 아니며, 2022년에 입양 신고한 자녀는 없음
> (3) 갑의 연금계좌 신규납입액
> 　　① 연금저축계좌 : 3,000,000원
> 　　② 퇴직연금계좌 : 2,000,000원
> (4) 갑의 연금계좌 신규납입액 중 소득세가 원천징수되지 않은 퇴직소득 등 과세가 이연된 소득이나 다른 연금계좌로 계약을 이전함으로써 납입한 금액은 없다.

　① 600,000원　　　　② 750,000원　　　　③ 900,000원
　④ 1,050,000원　　　⑤ 1,150,000원

27. 소득세 성실신고확인제도에 관한 설명이다. **옳지 않은** 것은?

　① 성실신고확인대상사업자로서 성실신고확인서를 제출한 자가 법령상 의료비를 지출한 경우 의료비세액공제를 적용받을 수 있다.

　② 성실신고확인대상사업자가 성실신고확인서를 제출하는 경우에는 종합소득과세표준 확정신고를 그 과세기간의 다음 연도 5월 1일부터 6월 30일까지 하여야 한다.

　③ 세무사가 성실신고확인대상사업자에 해당하는 경우에는 자신의 사업소득금액의 적정성에 대하여 해당 세무사가 성실신고확인서를 작성·제출해서는 아니된다.

　④ 납세지 관할 세무서장은 성실신고확인서에 미비한 사항이 있을 때에는 그 보정을 요

구할 수 있다.

⑤ 제조업을 영위하는 사업자의 해당 과세기간의 수입금액의 합계액이 5억원인 경우 성실신고확인대상사업자에 해당한다.

28. 다음의 자료를 이용하여 내국법인 ㈜A에서 경리부장으로 2018년 7월 1일부터 2022년 9월 30일까지 근무하고 퇴직한 거주자 갑의 퇴직소득산출세액을 계산한 것으로 옳은 것은?

> (1) 갑은 ㈜A에서 퇴직하면서 퇴직급여 30,000,000원을 수령하였으며, 퇴직공 로금으로 5,000,000원을 별도 수령하였다.
> (2) 근속연수공제 : 근속연수가 5년 이하인 경우 30만원×근속연수
> (3) 환산급여공제
>
> | 환산급여 | 공제액 |
> |---|---|
> | 800만원 초과 7,000만원 이하 | 800만원 + 800만원 초과분의 60% |
> | 7,000만원 초과 1억원 이하 | 4,520만원 + 7,000만원 초과분의 55% |
>
> (4) 기본세율
>
> | 과세표준 | 세 율 |
> |---|---|
> | 1,200만원 이하 | 과세표준의 6% |
> | 1,200만원 초과 4,600만원 이하 | 72만원 + 1,200만원 초과액의 15% |
> | 4,600만원 초과 8,800만원 이하 | 582만원 + 4,600만원 초과액의 24% |

① 612,000원   ② 1,060,000원   ③ 1,249,000원
④ 1,392,500원   ⑤ 1,586,500원

29. 다음의 자료를 이용하여 거주자 갑의 2022년 양도소득세 양도차익을 계산한 것으로 옳은 것은?
(2022 수정)

> (1) 갑은 2022년 9월 15일 보유하고 있던 주택을 1,600,000,000원에 특수관계 인이 아닌 자에게 양도하였다.
> (2) 갑은 해당 주택을 2017년 6월 15일에 특수관계인이 아닌 자로부터 660,000,000원 에 취득하였다.
> (3) 갑은 해당 주택에 대한 자본적 지출로 40,000,000원, 부동산 중개수수료로 5,000,000원을 지출하였으며, 지출 사실은 금융거래 증명서류에 의하여 확 인된다.
> (4) 갑은 해당 주택의 양도 시 1세대 1주택 비과세 요건을 충족하였다.

① 120,000,000원   ② 123,750,000원   ③ 223,750,000원
④ 495,000,000원   ⑤ 535,000,000원

30. 「부가가치세법」상 공급시기에 관한 설명이다. **옳지 않은** 것은?

① 사업자가 재화의 공급시기가 되기 전에 세금계산서를 발급하고, 그 세금계산서 발급일로부터 7일 이내에 대가를 받으면 해당 대가를 받은 때를 재화의 공급시기로 본다.

② 사업자가 재화의 공급시기가 되기 전에 재화에 대한 대가의 전부 또는 일부를 받고, 그 받은 대가에 내하여 세금계산서를 발급하면 그 세금계산서를 발급하는 때를 그 재화의 공급시기로 본다.

③ 사업자가 폐업 전에 공급한 재화의 공급시기가 폐업일 이후에 도래하는 경우에는 그 폐업일을 공급시기로 본다.

④ 사업자가 장기할부판매로 재화를 공급하는 경우 공급시기가 되기 전에 세금계산서를 발급하면 그 발급한 때를 그 재화의 공급시기로 본다.

⑤ 재화의 공급으로 보는 가공의 경우 가공된 재화를 인도하는 때를 공급시기로 본다.

31. 부동산 임대업을 영위하는 ㈜갑은 겸용주택A(도시지역 내 소재)를 을에게 일괄 임대하고 있으며, 그 내역은 다음과 같다. ㈜갑의 2022년 제2기 예정신고기간의 겸용주택A에 대한 부가가치세 과세표준으로 옳은 것은? 단, 제시된 금액은 부가가치세를 포함하지 아니한 금액이다.

(1) 건물(단층) 및 토지 면적

구 분	건 물	토 지
주택	200㎡	2,500㎡
상가	200㎡	

(2) 임대기간 : 2022년 9월 1일 ~ 2024년 8월 31일
(3) 임대조건 : 월임대료 3,000,000원(매월 말 지급), 임대보증금 없음
(4) 2022년 9월 30일 현재 감정가액 및 기준시가

구 분	감정가액	기준시가
토지	480,000,000원	200,000,000원
건물	320,000,000원	200,000,000원

① 1,320,000원   ② 1,350,000원   ③ 1,500,000원
④ 1,650,000원   ⑤ 1,680,000원

32. 일반과세자로 제조업을 영위하는 개인사업자 갑은 2022년 10월 30일 폐업하였다. 폐업 시 사업장의 잔존 재화가 다음과 같을 때 2022년 제2기 동 재화에 대한 부가가치세 과세표준으로 옳은 것은? 단, 제시된 금액은 부가가치세를 포함하지 아니한 금액이다.

(1) 잔존 재화 내역

구 분	취득일	취득원가	시 가
제품	2022년 9월 1일	10,000,000원	9,000,000원
건물	2020년 12월 1일	85,000,000원	88,000,000원
소형승용차	2022년 1월 1일	30,000,000원	25,000,000원

(2) 추가자료
- 제품은 취득 시 매입세액공제를 받았으며, 폐업일 현재 일부가 파손되어 시가가 취득원가에 미달한다.
- 건물은 취득 시 매입세액공제를 받았으며, 다음과 같이 회계처리하였다.

  (차) 건　　　　　물　　85,000,000
  　　　현재가치할인차금　15,000,000

  　　　　　　　　　　　　(대) 장기미지급금　100,000,000

- 소형승용차의 취득원가는 매입가액을 의미하며 취득 시 매입세액공제는 받지 못하였다.

① 77,000,000원
② 78,000,000원
③ 89,000,000원
④ 90,000,000원
⑤ 112,400,000원

33. 부가가치세 영세율에 관한 설명이다. **옳지 않은** 것은?

① 사업자가 부가가치세를 별도로 적은 세금계산서를 발급하여 수출업자와 직접도급계약에 의한 수출재화 임가공용역을 제공한 경우 영세율을 적용한다.

② 간이과세자는 과세사업자에 해당하므로 영세율을 적용받을 수 있다.

③ 외국항행사업자가 자기의 사업에 부수하여 자기의 승객만이 전용하는 호텔에 투숙하게 하는 용역을 제공하는 것은 영세율 적용대상이다.

④ 사업자가 지방자치단체에 직접 공급하는 도시철도건설용역은 영세율 적용대상이다.

⑤ 영세율을 적용할 때 사업자가 비거주자 또는 외국법인이면 그 해당 국가에서 대한민국의 거주자 또는 내국법인에 대하여 동일하게 면세하는 경우에만 영세율을 적용한다.

34. 「부가가치세법」상 세금계산서에 관한 설명이다. **옳지 않은** 것은?

① 자기생산·취득재화가 공급의제되는 경우 세금계산서 발급의무가 없으나, 판매목적 타사업장 반출로서 공급의제되는 경우에는 세금계산서를 발급하여야 한다.

② 부동산임대용역 중 간주임대료에 해당하는 부분에 대하여는 세금계산서를 발급하지 않는다.

③ 내국신용장에 의하여 영세율이 적용되는 재화의 공급은 세금계산서 발급의무가 있다.

④ 직전 연도 공급가액이 과세 2억원, 면세 2억원이며 사업장이 하나인 개인사업자가 당해 연도 제2기 과세기간에 세금계산서를 발급하려면 전자세금계산서를 발급하여야 한다.

⑤ 세금계산서를 발급한 후 계약의 해제로 재화가 공급되지 않아 수정세금계산서를 작성하고자 하는 경우 그 작성일에는 처음 세금계산서 작성일을 기입한다.

35. 과세사업과 면세사업을 겸영하는 제조업자 ㈜갑의 2022년 자료이다. 공통매입세액 정산과 납부·환급세액 재계산 규정을 고려한 ㈜갑의 2022년 제2기 확정신고시 부가가치세 납부세액으로 옳은 것은? 단, 제시된 금액은 부가가치세를 포함하지 아니한 금액이며, 2022년 제2기 예정신고까지의 부가가치세 신고·납부는 정확하게 이루어졌다.

(1) 공급가액의 내역

기 간	과 세	면 세
1월 ~ 3월	50,000,000원	50,000,000원
4월 ~ 6월	30,000,000원	70,000,000원
7월 ~ 9월	49,000,000원	51,000,000원
10월 ~ 12월	51,000,000원	49,000,000원

(2) 매입세액의 내역

기 간	과 세	면 세	공 통
1월 ~ 3월	2,500,000원	3,000,000원	2,000,000원*
4월 ~ 6월	2,200,000원	3,300,000원	-
7월 ~ 9월	2,500,000원	3,500,000원	1,000,000원**
10월 ~ 12월	3,500,000원	2,500,000원	-

* 2022년 2월 1일에 과세사업과 면세사업에 공통으로 사용하기 위하여 기계장치를 20,000,000원에 구입하였으며 실지귀속은 알 수 없다.

** 2022년 9월 1일에 과세사업과 면세사업에 공통으로 사용하기 위하여 운반용 트럭을 10,000,000원에 구입하였으며 실지귀속은 알 수 없다.

① 1,430,000원   ② 1,435,000원   ③ 1,440,000원

④ 1,442,500원   ⑤ 1,450,000원

36. 일반과세자로 제조업을 영위하는 ㈜갑의 2022년 제2기 매입거래이다. ㈜갑의 2022년 제2기 매입세액공제액으로 옳은 것은? (2021 수정)

> (1) 공급가액 9,000,000원의 원재료를 구입하고 착오로 공급가액 10,000,000원의 세금계산서를 수령하였으나 기타의 기재사항으로 보아 그 거래사실과 금액이 동일 과세기간에 확인되었다.
> (2) 업무용소형승용차의 대여료를 지급하고 공급가액 2,000,000원의 세금계산서를 수령하였다.
> (3) 종업원 식대를 지급하고 간이과세자(직전연도 공급대가 합계액이 4,800만원 미만임)로부터 공급대가 1,320,000원의 신용카드매출전표를 수령하였다.
> (4) 직원 사택의 수리비를 지급하고 공급가액 4,000,000원의 세금계산서를 수령하였다.
> (5) 관세의 과세가격이 10,000,000원인 원재료를 수입하였는데, 이에 대한 관세는 800,000원이며 세관장이 발행한 수입세금계산서를 수령하였다. 관세와 부가가치세를 제외한 세금은 없다.

① 2,100,000원 ② 2,280,000원 ③ 2,300,000원
④ 2,380,000원 ⑤ 2,500,000원

37. 일반과세자로 음식점을 운영하는 개인사업자 갑의 2022년 제2기 부가가치세 관련 자료이다. 갑의 2022년 제2기 확정신고시 납부세액과 차가감납부세액(지방소비세 차감 전)으로 옳은 것은?

> (1) 공급가액 : 450,000,000원
>   - 공급가액 중 350,000,000원에 대하여는 신용카드매출전표 385,000,000원(부가가치세 포함)을 발행함
> (2) 세금계산서 수령 매입세액 : 10,000,000원(접대비 관련 매입세액 500,000원 포함)
>
> (3) 거래처의 부도로 대손처리한 받을어음 내역*
>
> | 대손금액
(부가가치세 포함) | 부도발생일 | 공급일 |
> |---|---|---|
> | 2,200,000원 | 2022년 6월 1일 | 2021년 1월 1일 |
>
> * 대손세액공제신고서와 대손사실을 증명하는 서류를 제출함
>
> (4) 의제매입세액 : 2,000,000원(한도 내 금액)
> (5) 2022년 제1기 신용카드매출전표 발행세액공제액: 4,500,000원

(6) 중간예납고지액과 가산세는 없으며, 전자신고 방식에 의하여 확정신고함

(7) 갑의 2021년 공급가액 합계액 : 900,000,000원

	납부세액	차가감납부세액 (지방소비세 차감 전)
①	33,200,000원	27,790,000원
②	33,200,000원	27,800,000원
③	33,300,000원	27,790,000원
④	33,300,000원	28,285,000원
⑤	33,300,000원	28,740,000원

38. 「상속세 및 증여세법」상 상속공제에 관한 설명이다. 옳은 것은? (2022 수정)

① 비거주자의 사망으로 상속이 개시되는 경우에는 기초공제를 적용하지 아니한다.

② 상속이 개시되는 법인세 사업연도의 직전 3개 사업연도 매출액의 평균금액이 4천억 원 이상인 기업은 가업상속공제 대상에서 제외한다.

③ 거주자의 사망으로 그 배우자가 실제 상속받은 금액이 없는 경우 배우자상속공제를 적용하지 아니한다.

④ 피상속인의 배우자가 단독으로 상속받는 경우 기초공제와 그 밖의 인적공제에 따른 공제액을 합친 금액과 5억원 중 큰 금액으로 공제받을 수 있다.

⑤ 거주자의 사망으로 상속이 개시되는 경우로서 상속개시일 현재 상속재산가액 중 순 금융재산의 가액이 1억원을 초과하면 1억원을 공제한다.

39. 거주자 갑의 2022년 비상장주식 양수 및 양도 관련 자료이다. 갑의 2022년 증여세 증여 재산가액의 합계액으로 옳은 것은?

(1) 2022년 2월 12일 어머니로부터 시가 500,000,000원의 주식을 300,000,000 원에 양수하였다.

(2) 2022년 3월 23일 친구(갑의 특수관계인 아님)로부터 시가 700,000,000원 의 주식을 거래의 관행상 정당한 사유 없이 500,000,000원에 양수하였다.

(3) 2022년 5월 15일 할아버지에게 시가 200,000,000원의 주식을 400,000,000원 에 양도하였다.

(4) 비상장주식의 시가는 「상속세 및 증여세법」에 따라 평가한 금액이며, 양수대 가를 지급하고 양도대가를 지급받은 사실이 명백히 입증된다.

① 130,000,000원   ② 160,000,000원   ③ 190,000,000원

④ 250,000,000원   ⑤ 280,000,000원

40. 「지방세법」상 취득세의 납세의무자에 관한 설명이다. **옳지 않은** 것은?

① 외국인 소유의 취득세 과세대상 기계장비를 국내의 대여시설 이용자에게 대여하기 위하여 임차하여 수입하는 경우 수입하는 자가 취득세 납세의무를 진다.

② 「선박법」에 따른 등록을 하지 아니한 경우라도 선박제조사가 주문을 받아 건조하는 선박을 원시취득하는 경우 취득세 납세의무를 진다.

③ 「주택법」에 따른 주택조합이 해당 조합원용으로 취득하는 조합주택용 부동산은 그 조합원이 취득세 납세의무를 진다.

④ 권리의 이전에 등기가 필요한 부동산을 배우자 간 서로 교환한 경우 유상으로 취득한 것으로 본다.

⑤ 증여자가 배우자 또는 직계존비속이 아닌 경우로서 부동산을 부담부 증여하는 경우 그 채무액에 상당하는 부분은 부동산을 유상으로 취득하는 것으로 본다.

회 계 학

※ 아래 문제들에서 특별한 언급이 없는 한 기업의 보고기간(회계기간)은 매년 1월 1일 부터 12월 31일까지이며, 법인세효과는 고려하지 않는다. 또한 기업은 주권상장법 인으로 계속해서 한국채택국제회계기준(K-IFRS)을 적용해오고 있다고 가정하고 보 기 중에서 물음에 가장 합당한 답을 고르시오.

1. 유통업을 영위하고 있는 ㈜대한은 확정판매계약(취소불능계약)에 따른 판매와 시장을 통한 일반 판매를 동시에 수행하고 있다. ㈜대한이 20x1년 말 보유하고 있는 상품재고 관련 자 료는 다음과 같다.

- 기말재고 내역

항목	수량	단위당 취득원가	단위당 일반판매가격	단위당 확정판매 계약가격
상품A	300개	₩500	₩600	-
상품B	200개	₩300	₩350	₩280
상품C	160개	₩200	₩250	₩180
상품D	150개	₩250	₩300	-
상품E	50개	₩300	₩350	₩290

- 재고자산 각 항목은 성격과 용도가 유사하지 않으며, ㈜대한은 저가법을 사용 하고 있고, 저가법 적용 시 항목기준을 사용한다.
- 확정판매계약(취소불능계약)에 따른 판매 시에는 단위당 추정 판매비용이 발생 하지 않을 것으로 예상되며, 일반 판매 시에는 단위당 ₩20의 추정 판매비용이 발생할 것으로 예상된다.
- 재고자산 중 상품B, 상품C, 상품E는 모두 확정판매계약(취소불능계약) 이행을 위해 보유 중이다.
- 모든 상품에 대해 재고자산 감모는 발생하지 않았으며, 기초의 재고자산평가충 당금은 없다.

㈜대한의 재고자산 평가와 관련된 회계처리가 20x1년도 포괄손익계산서의 당기순이익에 미치는 영향은 얼마인가?

① ₩11,800 감소   ② ₩10,800 감소   ③ ₩9,700 감소

④ ₩8,700 감소   ⑤ ₩7,700 감소

2. 기업회계기준서 제1040호 '투자부동산'에 대한 다음 설명 중 **옳지 않은** 것은?

① 소유 투자부동산은 최초 인식시점에 원가로 측정하며, 거래원가는 최초 측정치에 포함한다.

② 계획된 사용수준에 도달하기 전에 발생하는 부동산의 운영손실은 투자부동산의 원가에 포함한다.

③ 투자부동산을 후불조건으로 취득하는 경우의 원가는 취득시점의 현금가격상당액으로 하고, 현금가격상당액과 실제 총지급액의 차액은 신용기간 동안의 이자비용으로 인식한다.

④ 투자부동산을 공정가치로 측정해 온 경우라면 비교할만한 시장의 거래가 줄어들거나 시장가격 정보를 쉽게 얻을 수 없게 되더라도, 당해 부동산을 처분할 때까지 또는 자가사용부동산으로 대체하거나 통상적인 영업과정에서 판매하기 위하여 개발을 시작하기 전까지는 계속하여 공정가치로 측정한다.

⑤ 공정가치모형을 적용하는 경우 투자부동산의 공정가치 변동으로 발생하는 손익은 발생한 기간의 당기손익에 반영한다.

3. ㈜대한은 20x1년 3월 1일부터 공장건물 신축공사를 실시하여 20x2년 10월 31일에 해당 공사를 완료하였다. 동 공장건물은 차입원가를 자본화하는 적격자산이다. ㈜대한의 신축공사와 관련된 자료는 다음과 같다.

구분	20x1.3.1.	20x1.10.1.	20x2.1.1.	20x2.10.1.
공사대금 지출액	₩200,000	₩400,000	₩300,000	₩120,000

종류	차입금액	차입기간	연 이자율
특정차입금A	₩240,000	20x1.3.1.~20x2.10.31.	4%
일반차입금B	₩240,000	20x1.3.1.~20x2. 6.30.	4%
일반차입금C	₩60,000	20x1.6.1.~20x2.12.31.	10%

㈜대한이 20x2년에 자본화할 차입원가는 얼마인가? 단, 전기 이전에 자본화한 차입원가는 연평균 지출액 계산 시 포함하지 아니하며, 연평균 지출액, 이자비용은 월할 계산한다.

① ₩16,800   ② ₩17,000   ③ ₩18,800

④ ₩20,000   ⑤ ₩20,800

4. ㈜대한은 제조업을 영위하고 있으며, 20x1년 초에 재화의 생산에 사용할 목적으로 기계장치를 ₩5,000,000에 취득하였다(내용연수: 9년, 잔존가치: ₩500,000, 감가상각방법: 정액법). ㈜대한은 매년 말 해당 기계장치에 대해서 재평가모형을 선택하여 사용하고 있다. ㈜대한의 각 연도 말 기계장치에 대한 공정가치는 다음과 같다.

구분	20x1년 말	20x2년 말
기계장치의 공정가치	₩4,750,000	₩3,900,750

㈜대한의 기계장치 관련 회계처리가 20x2년도 포괄손익계산서의 당기순이익에 미치는 영향은 얼마인가? 단, ㈜대한은 기계장치를 사용하는 기간 동안 재평가잉여금을 이익잉여금으로 대체하지 않으며, 감가상각비 중 자본화한 금액은 없다.

① ₩589,250 감소   ② ₩599,250 감소   ③ ₩600,250 감소
④ ₩601,250 감소   ⑤ ₩602,250 감소

5. ㈜대한은 20x1년 7월 1일 폐기물처리장을 신축하여 사용하기 시작하였으며, 해당 공사에 대한 대금으로 ₩4,000,000을 지급하였다. 이 폐기물처리장은 내용연수 4년, 잔존가치는 ₩46,400, 원가모형을 적용하며 감가상각방법으로는 정액법을 사용한다. ㈜대한은 해당 폐기물처리장에 대해 내용연수 종료시점에 원상복구의무가 있으며, 내용연수 종료시점의 복구비용(충당부채의 인식요건을 충족)은 ₩800,000으로 예상된다. ㈜대한의 복구충당부채에 대한 할인율은 연 10%이며, 폐기물처리장 관련 금융원가 및 감가상각비는 자본화하지 않는다. ㈜대한의 동 폐기물처리장 관련 회계처리가 20x1년도 포괄손익계산서의 당기순이익에 미치는 영향은 얼마인가? 단, 금융원가 및 감가상각비는 월할 계산하며, 단수차이로 인해 오차가 있다면 가장 근사치를 선택한다.

기간 \ 할인율	10%
	단일금액 ₩1의 현재가치
3년	0.7513
4년	0.6830

① ₩1,652,320 감소   ② ₩1,179,640 감소   ③ ₩894,144 감소
④ ₩589,820 감소   ⑤ ₩374,144 감소

6. ㈜대한은 건물(유형자산)에 대해서 원가모형을 선택하여 회계처리 하고 있고 관련 자료는 다음과 같다.

> - ㈜대한은 20x1년 초에 본사 건물(유형자산)을 ₩600,000에 취득하였으며, 내용연수는 6년, 잔존가치는 없고, 감가상각방법은 정액법을 사용한다.
> - ㈜대한은 20x1년 말 보유중인 건물에 대해서 손상징후를 검토한 결과 손상징후가 존재하여 이를 회수가능액으로 감액하고 해당 건물에 대해서 손상차손을 인식하였다.
> - 20x1년 말 건물을 처분하는 경우 처분금액은 ₩370,000, 처분부대원가는 ₩10,000이 발생할 것으로 추정되었다. 20x1년 말 건물을 계속 사용하는 경우 20x2년 말부터 내용연수 종료시점까지 매년 말 ₩80,000의 순현금유입이 있을 것으로 예상되며, 잔존가치는 없을 것으로 예상된다. 미래 순현금유입액의 현재가치 측정에 사용될 할인율은 연 8%이다.
> - 20x2년 초 건물의 일상적인 수선 및 유지비용(수익적지출)과 관련하여 ₩20,000이 발생하였다.
> - 20x2년 말 건물이 손상회복의 징후가 있는 것으로 판단되었고, 회수가능액은 ₩450,000으로 추정되고 있다.
>
> | 할인율 / 기간 | 8% | |
> |---|---|---|
> | | 단일금액 ₩1의 현재가치 | 정상연금 ₩1의 현재가치 |
> | 4년 | 0.7350 | 3.3121 |
> | 5년 | 0.6806 | 3.9927 |

㈜대한의 건물 관련 회계처리가 20x2년도 포괄손익계산서의 당기순이익에 미치는 영향은 얼마인가? 단, 단수차이로 인해 오차가 있다면 가장 근사치를 선택한다.

① ₩20,000 증가   ② ₩40,000 증가   ③ ₩80,000 증가

④ ₩92,000 증가   ⑤ ₩100,000 증가

7. ㈜대한은 20x1년 1월 1일 장부금액 ₩500,000, 공정가치 ₩600,000의 기계장치를 ㈜민국리스에게 ₩650,000에 현금 판매(기업회계기준서 제1115호 상 '판매' 조건 충족)하고 동 일자로 기계장치를 5년 동안 리스하였다. ㈜대한은 ㈜민국리스에게 리스료로 매년 말 ₩150,000씩 지급하기로 하였으며, 내재이자율은 연 8%이다. ㈜대한이 리스 회계처리와 관련하여 20x1년 1월 1일 인식할 이전된 권리에 대한 차익(기계장치처분이익)은 얼마인가? 단, 단수차이로 인해 오차가 있다면 가장 근사치를 선택한다.

기간 \ 할인율	8%	
	단일금액 ₩1의 현재가치	정상연금 ₩1의 현재가치
4년	0.7350	3.3121
5년	0.6806	3.9927

① ₩8,516 ② ₩46,849 ③ ₩100,183
④ ₩150,000 ⑤ ₩201,095

8. ㈜대한은 20x1년 1월 1일 ㈜민국리스와 다음과 같은 조건의 금융리스 계약을 체결하였다.

- 리스개시일: 20x1년 1월 1일
- 리스기간: 20x1년 1월 1일부터 20x4년 12월 31일까지
- 리스자산의 리스개시일의 공정가치는 ₩1,000,000이고 내용연수는 5년이다. 리스자산의 내용연수 종료시점의 잔존가치는 없으며, 정액법으로 감가상각한다.
- ㈜대한은 리스기간 종료 시 ㈜민국리스에게 ₩100,000을 지급하고, 소유권을 이전 받기로 하였다.
- ㈜민국리스는 상기 리스를 금융리스로 분류하고, ㈜대한은 리스개시일에 사용권자산과 리스부채로 인식한다.
- 리스의 내재이자율은 연 8%이며, 그 현가계수는 아래의 표와 같다.

기간 \ 할인율	8%	
	단일금액 ₩1의 현재가치	정상연금 ₩1의 현재가치
4년	0.7350	3.3121
5년	0.6806	3.9927

㈜민국리스가 리스기간 동안 매년 말 수취하는 연간 고정리스료는 얼마인가? 단, 단수차이로 인해 오차가 있다면 가장 근사치를 선택한다.

① ₩233,411 ② ₩244,132 ③ ₩254,768
④ ₩265,522 ⑤ ₩279,732

※ 9번과 10번은 서로 독립적이다. ㈜대한의 전환사채와 관련된 다음 〈자료〉를 이용하여 9번과 10번에 대해 각각 답하시오.

〈자 료〉

㈜대한은 20x1년 1월 1일 다음과 같은 상환할증금 미지급조건의 전환사채를 액면발행하였다.

액면금액	₩3,000,000
표시이자율	연 10%(매년 12월 31일에 지급)
일반사채 유효이자율	연 12%
상환만기일	20x3년 12월 31일
전환가격	사채액면 ₩1,000당 보통주 3주(주당 액면금액 ₩200)로 전환
전환청구기간	사채발행일 이후 1개월 경과일로부터 상환만기일 30일 이전까지

9. ㈜대한은 20x2년 1월 1일에 전환사채 전부를 동 일자의 공정가치인 ₩3,100,000에 현금으로 조기상환하였다. 만약 조기상환일 현재 ㈜대한이 표시이자율 연 10%로 매년 말에 이자를 지급하는 2년 만기 일반사채를 발행한다면, 이 사채에 적용될 유효이자율은 연 15%이다. ㈜대한의 조기상환으로 발생하는 상환손익이 20x2년도 포괄손익계산서의 당기순이익에 미치는 영향은 얼마인가? 단, 단수차이로 인해 오차가 있다면 가장 근사치를 선택한다.

기간 \ 할인율	단일금액 ₩1의 현재가치			정상연금 ₩1의 현재가치		
	10%	12%	15%	10%	12%	15%
1년	0.9091	0.8929	0.8696	0.9091	0.8929	0.8696
2년	0.8264	0.7972	0.7561	1.7355	1.6901	1.6257
3년	0.7513	0.7118	0.6575	2.4868	2.4019	2.2832

① ₩76,848 증가   ② ₩76,848 감소   ③ ₩100,000 증가
④ ₩142,676 증가   ⑤ ₩142,676 감소

10. 20x2년 1월 1일에 ㈜대한의 자금팀장과 회계팀장은 위 〈자료〉의 전환사채 조기전환을 유도하고자 전환조건의 변경방안을 각각 제시하였다. 자금팀장은 다음과 같이 [A]를, 회계팀장은 [B]를 제시하였다. ㈜대한은 20x2년 1월 1일에 [A]와 [B] 중 하나의 방안을 채택하려고 한다. ㈜대한의 [A]와 [B] 조건변경과 관련하여 조건변경일(20x2년 1월 1일)에 발생할 것으로 예상되는 손실은 각각 얼마인가?

변경방안	내용
[A]	만기 이전 전환으로 발행되는 보통주 1주당 ₩200을 추가로 지급한다.
[B]	사채액면 ₩1,000당 보통주 3.2주(주당 액면금액 ₩200)로 전환할 수 있으며, 조건변경일 현재 ㈜대한의 보통주 1주당 공정가치는 ₩700이다.

	[A]	[B]
①	₩600,000	₩0
②	₩600,000	₩420,000
③	₩1,800,000	₩0
④	₩1,800,000	₩140,000
⑤	₩1,800,000	₩420,000

11. 20x1년 초 현재 ㈜대한이 기발행한 보통주 10,000주(주당 액면금액 ₩100)가 유통 중에 있으며, 자기주식과 우선주는 없다. 20x1년 중에 발생한 거래는 다음과 같다.

- 20x1년 1월 1일에 발행된 상환할증금 미지급조건의 신주인수권부사채의 액면금액은 ₩1,000,000이고, 행사비율은 사채액면금액의 100%로 사채액면 ₩500당 보통주 1주(주당 액면금액 ₩100)를 인수할 수 있다. 20x1년도 포괄손익계산서의 신주인수권부사채 관련 이자비용은 ₩45,000이며, 법인세율은 20%이다. 한편 20x1년 ㈜대한의 보통주 평균시장가격은 주당 ₩800이며, 20x1년 중에 행사된 신주인수권은 없다.
- 20x1년 3월 1일에 보통주 3,000주의 유상증자(기존의 모든 주주에게 부여되는 주주우선배정 신주발행)를 실시하였는데, 유상증자 직전의 보통주 공정가치는 주당 ₩3,000이고, 유상증자 시점의 발행가액은 주당 ₩2,500이다.
- 20x1년 7월 1일에 취득한 자기주식 500주 중 300주를 3개월이 경과한 10월 1일에 시장에서 처분하였다.

㈜대한이 20x1년도 당기순이익으로 ₩4,000,000을 보고한 경우, 20x1년도 희석주당이익은 얼마인가? 단, 가중평균유통보통주식수는 월할로 계산하며, 단수차이로 인해 오차가 있다면 가장 근사치를 선택한다.

① ₩298 ② ₩304 ③ ₩315

④ ₩323 ⑤ ₩330

12. ㈜대한은 ㈜민국이 다음과 같이 발행한 사채를 20x1년 1월 1일에 발행가액으로 현금취득(취득 시 신용이 손상되어 있지 않음)하고, 기타포괄손익-공정가치로 측정하는 금융자산(FVOCI 금융자산)으로 분류하였다.

- 사채발행일: 20x1년 1월 1일
- 액면금액: ₩1,000,000
- 만기일: 20x3년 12월 31일(일시상환)
- 표시이자율: 연 10%(매년 12월 31일에 지급)
- 사채발행시점의 유효이자율: 연 12%

20x1년 말 ㈜대한은 동 금융자산의 이자를 정상적으로 수취하였으나, ㈜민국의 신용이 손상되어 만기일에 원금은 회수가능 하지만 20x2년부터는 연 6%(표시이자율)의 이자만 매년 말 수령할 것으로 추정하였다. 20x1년 말 현재 동 금융자산의 공정가치가 ₩800,000인 경우, ㈜대한의 20x1년도 포괄손익계산서의 당기순이익과 기타포괄이익에 미치는 영향은 각각 얼마인가? 단, 단수차이로 인해 오차가 있다면 가장 근사치를 선택한다.

기간 \ 할인율	단일금액 ₩1의 현재가치			정상연금 ₩1의 현재가치		
	6%	10%	12%	6%	10%	12%
1년	0.9434	0.9091	0.8929	0.9434	0.9091	0.8929
2년	0.8900	0.8264	0.7972	1.8334	1.7355	1.6901
3년	0.8396	0.7513	0.7118	2.6730	2.4868	2.4019

	당기순이익에 미치는 영향	기타포괄이익에 미치는 영향
①	₩67,623 감소	₩14,239 감소
②	₩67,623 감소	₩98,606 감소
③	₩67,623 감소	₩166,229 감소
④	₩46,616 증가	₩98,606 감소
⑤	₩46,616 증가	₩166,229 감소

13. ㈜대한은 20x1년 1월 1일에 ㈜민국이 발행한 사채(액면금액 ₩1,000,000, 만기 3년, 표시이자율 연 6%(매년 12월 31일에 이자지급), 만기 일시상환, 사채발행시점의 유효이자율 연 10%)를 ₩900,508에 취득(취득 시 신용이 손상되어 있지 않음)하여 기타포괄손익-공정가치로 측정하는 금융자산(FVOCI 금융자산)으로 분류하였다. 20x1년 말과 20x2년 말 동 금융자산의 공정가치는 각각 ₩912,540과 ₩935,478이며, 손상이 발생하였다는 객관적인 증거는 없다. 한편 ㈜대한은 20x3년 1월 1일에 동 금융자산 전부를 ₩950,000에 처분하였다. ㈜대한의 동 금융자산이 20x2년도 포괄손익계산서의 기타포괄이익과 20x3년도 포괄손익계산서의 당기순이익에 미치는 영향은 각각 얼마인가? 단, 단수차이로 인해 오차가 있다면 가장 근사치를 선택한다.

	20x2년도 기타포괄이익에 미치는 영향	20x3년도 당기순이익에 미치는 영향
①	₩10,118 감소	₩13,615 감소
②	₩10,118 감소	₩14,522 증가
③	₩18,019 감소	₩13,615 감소
④	₩18,019 감소	₩14,522 증가
⑤	₩18,019 감소	₩49,492 증가

14. 기업회계기준서 제1109호 '금융상품' 중 금융자산의 제거에 대한 다음 설명 중 **옳지 않은** 것은?

① 양도자가 양도자산의 소유에 따른 위험과 보상의 대부분을 보유하지도 이전하지도 않고, 양도자가 양도자산을 통제하고 있다면, 그 양도자산에 지속적으로 관여하는 정도까지 그 양도자산을 계속 인식한다.

② 양도자가 확정가격이나 매도가격에 대여자의 이자수익을 더한 금액으로 재매입하기로 하고 금융자산을 매도한 경우, 양도자는 금융자산의 소유에 따른 위험과 보상의 대부분을 보유하고 있는 것이다.

③ 금융자산 전체가 제거 조건을 충족하는 양도로 금융자산을 양도하고, 수수료를 대가로 해당 양도자산의 관리용역을 제공하기로 한다면 관리용역제공계약과 관련하여 자산이나 부채를 인식하지 않는다.

④ 양도자가 금융자산의 일부에만 지속적으로 관여하는 경우에 양도하기 전 금융자산의 장부금액을 지속적 관여에 따라 계속 인식하는 부분과 제거하는 부분에 양도일 현재 각 부분의 상대적 공정가치를 기준으로 배분한다.

⑤ 양도의 결과로 금융자산 전체를 제거하지만 새로운 금융자산을 획득하거나 새로운 금융부채나 관리용역부채를 부담한다면, 그 새로운 금융자산, 금융부채, 관리용역부채를 공정가치로 인식한다.

15. 기업회계기준서 제1019호 '종업원급여' 중 확정급여제도에 대한 다음 설명 중 **옳지 않은** 것은?

① 확정급여채무의 현재가치와 당기근무원가를 결정하기 위해서는 예측단위적립방식을 사용하며, 적용할 수 있다면 과거근무원가를 결정할 때에도 동일한 방식을 사용한다.

② 보험수리적손익은 보험수리적 가정의 변동과 경험조정으로 인한 확정급여채무 현재가치의 증감에 따라 생긴다.

③ 과거근무원가는 제도의 개정이나 축소로 생기는 확정급여채무 현재가치의 변동이다.

④ 기타포괄손익에 인식되는 순확정급여부채(자산)의 재측정요소는 후속 기간에 당기손익으로 재분류하지 아니하므로 기타포괄손익에 인식된 금액을 자본 내에서 대체할 수 없다.

⑤ 순확정급여부채(자산)의 재측정요소는 보험수리적손익, 순확정급여부채(자산)의 순이자에 포함된 금액을 제외한 사외적립자산의 수익, 순확정급여부채(자산)의 순이자에 포함된 금액을 제외한 자산인식상한효과의 변동으로 구성된다.

16. 기업회계기준서 제1012호 '법인세'에 대한 다음 설명 중 **옳지 않은** 것은?

① 이연법인세자산은 차감할 일시적차이, 미사용 세무상결손금의 이월액, 미사용 세액공제 등의 이월액과 관련하여 미래 회계기간에 회수될 수 있는 법인세 금액이다.

② 자산의 세무기준액은 자산의 장부금액이 회수될 때 기업에 유입될 과세대상 경제적효익에서 세무상 차감될 금액을 말하며, 부채의 세무기준액은 장부금액에서 미래 회계기간에 당해 부채와 관련하여 세무상 공제될 금액을 차감한 금액이다.

③ 당기 및 과거기간에 대한 당기법인세 중 납부되지 않은 부분을 부채로 인식한다. 만일 과거기간에 이미 납부한 금액이 그 기간동안 납부하여야 할 금액을 초과하였다면 그 초과금액은 자산으로 인식한다.

④ 매 보고기간말에 인식되지 않은 이연법인세자산에 대하여 재검토하며, 미래 과세소득에 의해 이연법인세자산이 회수될 가능성이 높아진 범위까지 과거 인식되지 않은 이연법인세자산을 인식한다.

⑤ 당기법인세자산과 부채는 기업이 인식된 금액에 대한 법적으로 집행가능한 상계권리를 가지고 있는 경우 또는 순액으로 결제하거나, 자산을 실현하고 부채를 결제할 의도가 있는 경우에 상계한다.

17. 충당부채, 우발부채, 우발자산과 관련된 다음의 회계처리 중 옳은 것은? 단, 각 설명에 제시된 금액은 최선의 추정치라고 가정한다.

① 항공업을 영위하는 ㈜대한은 3년에 한 번씩 항공기에 대해 정기점검을 수행한다. 20x1년 말 현재 ㈜대한은 동 항공기를 1년 동안 사용하였으며, 20x1년 말 기준으로 측정한 2년 후 정기점검 비용 ₩10,000을 20x1년에 충당부채로 인식하였다.

② ㈜민국은 새로운 법률에 따라 20x1년 6월까지 매연 여과장치를 공장에 설치해야 하며 미설치 시 벌과금이 부과된다. ㈜민국은 20x1년 말까지 매연 여과장치를 설치하지 않아 법규 위반으로 인한 벌과금이 부과될 가능성이 그렇지 않을 가능성보다 높으며, 벌과금은 ₩20,000으로 예상된다. ㈜민국은 20x1년에 동 벌과금을 우발부채로 주석공시하였다.

③ ㈜민국이 판매한 제품의 폭발로 소비자가 크게 다치는 사고가 발생하였다. 해당 소비자는 ㈜민국에 손해배상청구소송을 제기하였으며, 20x1년 말까지 재판이 진행 중에 있다. ㈜민국의 담당 변호사는 20x1년 재무제표 발행승인일까지 기업에 책임이 있다고 밝혀질 가능성이 높으나, ㈜민국이 부담할 배상금액은 법적 다툼의 여지가 남아 있어 신뢰성 있게 추정하기가 어렵다고 조언하였다. ㈜민국은 동 소송사건을 20x1년에 우발부채로 주석공시하였다.

④ 제조업을 영위하는 ㈜대한은 20x1년 12월 고객에게 제품을 판매하면서 1년간 확신유형의 제품보증을 하였다. 제조상 결함이 명백할 경우 ㈜대한은 제품보증계약에 따라 수선이나 교체를 해준다. 과거 경험에 비추어 볼 때, 제품보증에 따라 일부가 청구될 가능성이 청구되지 않을 가능성보다 높을 것으로 예상된다. 20x1년 말 현재 ₩5,000의 보증비용이 발생할 것으로 추정되었으며, ㈜대한은 동 제품보증을 20x1년에 우발부채로 주석공시하였다.

⑤ ㈜대한은 20x1년 말 보유 중인 토지가 정부에 의해 강제 수용될 가능성이 높다고 판단하였다. 20x1년 말 현재 보유 중인 토지의 장부금액은 ₩10,000이며 수용금액은 ₩14,000일 것으로 예상된다. ㈜대한은 ₩4,000을 20x1년에 우발자산으로 인식하였다.

18. 다음은 유통업을 영위하는 ㈜대한의 자본과 관련된 자료이다. 20x2년도 포괄손익계산서의 당기순이익은 얼마인가?

[부분재무상태표(20x1년 12월 31일)]

(단위: ₩)

Ⅰ. 자본금	2,000,000
Ⅱ. 주식발행초과금	200,000
Ⅲ. 이익잉여금	355,000
이익준비금	45,000
사업확장적립금	60,000
미처분이익잉여금	250,000
자본총계	2,555,000

(1) ㈜대한은 재무상태표의 이익잉여금에 대한 보충정보로서 이익잉여금처분계산서를 주석으로 공시하고 있다.

(2) ㈜대한은 20x2년 3월 정기 주주총회 결의를 통해 20x1년도 이익잉여금을 다음과 같이 처분하기로 확정하고 실행하였다.

- ₩100,000의 현금배당과 ₩20,000의 주식배당
- 사업확장적립금 ₩25,000 적립
- 현금배당의 10%를 이익준비금으로 적립

(3) 20x3년 2월 정기 주주총회 결의를 통해 확정될 20x2년도 이익잉여금 처분내역은 다음과 같으며, 동 처분내역이 반영된 20x2년도 이익잉여금처분계산서의 차기이월미처분이익잉여금은 ₩420,000이다.

- ₩200,000의 현금배당
- 현금배당의 10%를 이익준비금으로 적립

(4) 상기 이익잉여금 처분과 당기순이익 외 이익잉여금 변동은 없다.

① ₩545,000   ② ₩325,000   ③ ₩340,000
④ ₩220,000   ⑤ ₩640,000

19. ㈜대한은 고객과의 계약에 따라 구매금액 ₩10당 고객충성포인트 1점을 고객에게 보상하는 고객충성제도를 운영한다. 각 포인트는 고객이 ㈜대한의 제품을 미래에 구매할 때 ₩1의 할인과 교환될 수 있다. 20x1년 중 고객은 제품을 ₩200,000에 구매하고 미래 구매 시 교환할 수 있는 20,000포인트를 얻었다. 대가는 고정금액이고 구매한 제품의 개별 판매가격은 ₩200,000이다. 고객은 제품구매시점에 제품을 통제한다. ㈜대한은 18,000포인트가 교환될 것으로 예상하며, 동 예상은 20x1년 말까지 지속된다. ㈜대한은 포인트가 교환될 가능성에 기초하여 포인트당 개별 판매가격을 ₩0.9(합계 ₩18,000)으로 추정한다. 20x1년 중에 교환된 포인트는 없다. 20x2년 중 10,000포인트가 교환되었고, 전체적으로 18,000포인트가 교환될 것이라고 20x2년 말까지 계속 예상하고 있다. ㈜대한은 고객에게 포인트를 제공하는 약속을 수행의무라고 판단한다. 상기 외 다른 거래가 없을 때, 20x1년과 20x2년에 ㈜대한이 인식할 수익은 각각 얼마인가? 단, 단수차이로 인해 오차가 있다면 가장 근사치를 선택한다.

	20x1년	20x2년
①	₩200,000	₩10,000
②	₩182,000	₩9,000
③	₩182,000	₩10,000
④	₩183,486	₩8,257
⑤	₩183,486	₩9,174

20. 다음은 유통업을 영위하고 있는 ㈜대한의 20x1년 거래를 보여준다. ㈜대한이 20x1년에 인식할 수익은 얼마인가?

> (1) ㈜대한은 20x1년 12월 1일에 고객A와 재고자산 100개를 개당 ₩100에 판매하기로 계약을 체결하고 재고자산을 현금으로 판매하였다. 계약에 따르면, ㈜대한은 20x2년 2월 1일에 해당 재고자산을 개당 ₩120의 행사가격으로 재매입할 수 있는 콜옵션을 보유하고 있다.
>
> (2) ㈜대한은 20x1년 12월 26일에 고객B와 계약을 체결하고 재고자산 100개를 개당 ₩100에 현금으로 판매하였다. 고객B는 계약 개시시점에 제품을 통제한다. 판매계약 상 고객B는 20일 이내에 사용하지 않은 제품을 반품할 수 있으며, 반품 시 전액을 환불받을 수 있다. 동 재고자산의 원가는 개당 ₩80이다. ㈜대한은 기댓값 방법을 사용하여 90개의 재고자산이 반품되지 않을 것이라고 추정하였다. 반품에 ㈜대한의 영향력이 미치지 못하지만, ㈜대한은 이 제품과 고객층의 반품 추정에는 경험이 상당히 있다고 판단한다. 그리고 불확실성은 단기간(20일

> 반품기간)에 해소될 것이며, 불확실성이 해소될 때 수익으로 인식한 금액 중 유
> 의적인 부분은 되돌리지 않을 가능성이 매우 높다고 판단하였다. 단, ㈜대한은
> 제품의 회수 원가가 중요하지 않다고 추정하였으며, 반품된 제품은 다시 판매하
> 여 이익을 남길 수 있다고 예상하였다. 20x1년 말까지 반품된 재고자산은 없다.

① ₩20,000 ② ₩9,000 ③ ₩10,000

④ ₩19,000 ⑤ ₩0

21. 기업회계기준서 제1115호 '고객과의 계약에서 생기는 수익'의 측정에 대한 다음 설명 중 옳은 것은?

① 거래가격의 후속변동은 계약 개시시점과 같은 기준으로 계약상 수행의무에 배분한다. 따라서 계약을 개시한 후의 개별 판매가격 변동을 반영하기 위해 거래가격을 다시 배분해야 한다. 이행된 수행의무에 배분되는 금액은 거래가격이 변동되는 기간에 수익으로 인식하거나 수익에서 차감한다.

② 계약을 개시할 때 기업이 고객에게 약속한 재화나 용역을 이전하는 시점과 고객이 그에 대한 대가를 지급하는 시점 간의 기간이 1년 이내일 것이라고 예상한다면 유의적인 금융요소의 영향을 반영하여 약속한 대가를 조정하지 않는 실무적 간편법을 쓸 수 있다.

③ 고객이 현금 외의 형태의 대가를 약속한 계약의 경우, 거래가격은 그 대가와 교환하여 고객에게 약속한 재화나 용역의 개별판매가격으로 측정하는 것을 원칙으로 한다.

④ 변동대가는 가능한 대가의 범위 중 가능성이 가장 높은 금액으로 측정하며 기댓값 방식은 적용할 수 없다.

⑤ 기업이 고객에게 대가를 지급하는 경우, 고객에게 지급할 대가가 고객에게서 받은 구별되는 재화나 용역에 대한 지급이 아니라면 그 대가는 판매비로 회계처리한다.

22. 기업회계기준서 제1102호 '주식기준보상'에 대한 설명이다. 다음 설명 중 **옳지 않은** 것은?

① 주식결제형 주식기준보상거래에서 가득된 지분상품이 추후 상실되거나 주식선택권이 행사되지 않은 경우에도 종업원에게서 제공받은 근무용역에 대해 인식한 금액을 환입하지 아니한다. 그러나 자본계정 간 대체 곧, 한 자본계정에서 다른 자본계정으로 대체하는 것을 금지하지 않는다.

② 주식결제형 주식기준보상거래에서 지분상품이 부여되자마자 가득된다면 거래상대방은 지분상품에 대한 무조건적 권리를 획득하려고 특정기간에 용역을 제공할 의무가 없다. 이때 반증이 없는 한, 지분상품의 대가에 해당하는 용역을 거래상대방에게서 이미 제공받은 것으로 보아 기업은 제공받은 용역 전부를 부여일에 인식하고 그에

상응하여 자본의 증가를 인식한다.

③ 현금결제형 주식기준보상거래의 경우에 제공받는 재화나 용역과 그 대가로 부담하는 부채를 부채의 공정가치로 측정하며, 부채가 결제될 때까지 매 보고기간 말과 결제일에 부채의 공정가치를 재측정하지 않는다.

④ 기업이 거래상대방에게 주식기준보상거래를 현금이나 지분상품발행으로 결제받을 수 있는 선택권을 부여한 경우에는 부채요소(거래상대방의 현금결제요구권)와 자본요소(거래상대방의 지분상품결제요구권)가 포함된 복합금융상품을 부여한 것으로 본다.

⑤ 기업이 현금결제방식이나 주식결제방식을 선택할 수 있는 주식기준보상거래에서 기업이 현금을 지급해야 하는 현재 의무가 있으면 현금결제형 주식기준보상거래로 보아 회계처리한다.

23. 20x2년 말 ㈜대한의 외부감사인은 수리비의 회계처리 오류를 발견하였다. 동 오류의 금액은 중요하다. 20x1년 1월 1일 본사 건물 수리비 ₩500,000이 발생하였고, ㈜대한은 이를 건물의 장부금액에 가산하였으나 동 수리비는 발생연도의 비용으로 회계처리 하는 것이 타당하다. 20x1년 1월 1일 현재 건물의 잔존내용연수는 10년, 잔존가치는 ₩0이며, 정액법으로 감가상각한다. ㈜대한의 오류수정 전 부분재무상태표는 다음과 같다.

구분	20x0년 말	20x1년 말	20x2년 말
건물	₩5,000,000	₩5,500,000	₩5,500,000
감가상각누계액	(2,500,000)	(2,800,000)	(3,100,000)
장부금액	2,500,000	2,700,000	2,400,000

상기 오류수정으로 인해 ㈜대한의 20x2년 말 순자산 장부금액은 얼마나 변동되는가?

① ₩400,000 감소 ② ₩450,000 감소 ③ ₩500,000 감소
④ ₩420,000 감소 ⑤ ₩50,000 증가

24. 다음은 유통업을 영위하는 ㈜대한의 20x1년 현금흐름표를 작성하기 위한 자료이다. ㈜대한은 간접법으로 현금흐름표를 작성하며, 이자지급 및 법인세납부는 영업활동현금흐름으로 분류한다. ㈜대한이 20x1년 현금흐름표에 보고할 영업활동순현금흐름은 얼마인가?

- 법인세비용차감전순이익: ₩534,000
- 건물 감가상각비: ₩62,000
- 이자비용: ₩54,000(유효이자율법에 의한 사채할인발행차금상각액 ₩10,000 포함)

- 법인세비용: ₩106,800
- 매출채권 감소: ₩102,000
- 재고자산 증가: ₩68,000
- 매입채무 증가: ₩57,000
- 미지급이자 감소: ₩12,000
- 당기법인세부채 증가: ₩22,000

① ₩556,200   ② ₩590,200   ③ ₩546,200
④ ₩600,200   ⑤ ₩610,200

※ 다음 자료를 이용하여 25번과 26번에 답하시오.

㈜대한은 20x1년 7월 1일을 취득일로 하여 ㈜민국을 흡수합병하고, ㈜민국의
기존 주주들에게 현금 ₩350,000을 이전대가로 지급하였다. ㈜대한과 ㈜민국은
동일 지배하에 있는 기업이 아니다. 합병 직전 양사의 장부금액으로 작성된 요약
재무상태표는 다음과 같다.

요약재무상태표

20x1. 7. 1. 현재   (단위: ₩)

계정과목	㈜대한	㈜민국
현금	200,000	100,000
재고자산	360,000	200,000
사용권자산(순액)	-	90,000
건물(순액)	200,000	50,000
토지	450,000	160,000
무형자산(순액)	90,000	50,000
	1,300,000	650,000
유동부채	250,000	90,000
리스부채	-	100,000
기타비유동부채	300,000	200,000
자본금	350,000	150,000
자본잉여금	100,000	50,000
이익잉여금	300,000	60,000
	1,300,000	650,000

〈추가자료〉

다음에서 설명하는 사항을 제외하고 장부금액과 공정가치는 일치한다.

- ㈜대한은 ㈜민국이 보유하고 있는 건물에 대해 독립적인 평가를 하지 못하여 취득일에 잠정적인 공정가치로 ₩60,000을 인식하였다. ㈜대한은 20x1년 12월 31일에 종료하는 회계연도의 재무제표 발행을 승인할 때까지 건물에 대한 가치평가를 완료하지 못했다. 하지만 20x2년 5월 초 잠정금액으로 인식했던 건물에 대한 취득일의 공정가치가 ₩70,000이라는 독립된 가치평가 결과를 받았다. 취득일 현재 양사가 보유하고 있는 모든 건물은 잔존내용연수 4년, 잔존가치 ₩0, 정액법으로 감가상각한다.
- ㈜민국은 기계장치를 기초자산으로 하는 리스계약의 리스이용자로 취득일 현재 잔여리스료의 현재가치로 측정된 리스부채는 ₩110,000이다. 리스의 조건은 시장조건에 비하여 유리하며, 유리한 금액은 취득일 현재 ₩10,000으로 추정된다. 동 리스는 취득일 현재 단기리스나 소액 기초자산 리스에 해당하지 않는다.
- ㈜민국은 취득일 현재 새로운 고객과 향후 5년간 제품을 공급하는 계약을 협상하고 있다. 동 계약의 체결가능성은 매우 높으며 공정가치는 ₩20,000으로 추정된다.
- ㈜민국의 무형자산 금액 ₩50,000 중 ₩30,000은 ㈜대한의 상표권을 3년 동안 사용할 수 있는 권리이다. 잔여계약기간(2년)에 기초하여 측정한 동 상표권의 취득일 현재 공정가치는 ₩40,000이다. 동 상표권을 제외하고 양사가 보유하고 있는 다른 무형자산의 잔존내용연수는 취득일 현재 모두 5년이며, 모든 무형자산(영업권 제외)은 잔존가치 없이 정액법으로 상각한다.
- ㈜민국은 취득일 현재 손해배상소송사건에 계류 중에 있으며 패소할 가능성이 높지 않아 이를 우발부채로 주석공시하였다. 동 소송사건에 따른 손해배상금액의 취득일 현재 신뢰성 있는 공정가치는 ₩10,000으로 추정된다.

25. ㈜대한이 취득일(20x1년 7월 1일)에 수행한 사업결합 관련 회계처리를 통해 최초 인식한 영업권은 얼마인가?

① ₩40,000   ② ₩50,000   ③ ₩60,000
④ ₩70,000   ⑤ ₩90,000

26. 위에서 제시한 자료를 제외하고 추가사항이 없을 때 20x2년 6월 30일 ㈜대한의 재무상태표에 계상될 건물(순액)과 영업권을 제외한 무형자산(순액)의 금액은 각각 얼마인가? 단, ㈜대한은 건물과 무형자산에 대하여 원가모형을 적용하고 있으며, 감가상각비와 무형자산 상각비는 월할계산한다.

	건물(순액)	영업권을 제외한 무형자산(순액)
①	₩187,500	₩108,000
②	₩195,000	₩108,000
③	₩195,000	₩116,000
④	₩202,500	₩108,000
⑤	₩202,500	₩116,000

27. 관계기업과 공동기업에 대한 투자 및 지분법 회계처리에 대한 다음 설명 중 옳은 것은?

① 관계기업의 결손이 누적되면 관계기업에 대한 투자지분이 부(-)의 잔액이 되는 경우가 발생할 수 있다.

② 피투자자의 순자산변동 중 투자자의 몫은 전액 투자자의 당기순손익으로 인식한다.

③ 관계기업의 정의를 충족하지 못하게 되어 지분법 사용을 중단하는 경우로서 종전 관계기업에 대한 잔여보유지분이 금융자산이면 기업은 잔여보유지분을 공정가치로 측정하고, '잔여보유지분의 공정가치와 관계기업에 대한 지분의 일부 처분으로 발생한 대가의 공정가치'와 '지분법을 중단한 시점의 투자자산의 장부금액'의 차이를 기타포괄손익으로 인식한다.

④ 하향거래가 매각대상 또는 출자대상 자산의 순실현가능가치의 감소나 그 자산에 대한 손상차손의 증거를 제공하는 경우 투자자는 그러한 손실 중 자신의 몫을 인식한다.

⑤ 관계기업이 해외사업장과 관련된 누적 외환차이가 있고 기업이 지분법의 사용을 중단하는 경우, 기업은 해외사업장과 관련하여 이전에 기타포괄손익으로 인식했던 손익을 당기손익으로 재분류한다.

28. 20x1년 1월 1일 ㈜대한은 ㈜민국의 의결권 있는 보통주 30주(총 발행주식의 30%)를 ₩400,000에 취득하여 유의적인 영향력을 행사하게 되었다. 취득일 현재 ㈜민국의 순자산 장부금액은 ₩1,300,000이며, ㈜민국의 자산·부채 중에서 장부금액과 공정가치가 일치하지 않는 항목은 다음과 같다. ㈜대한이 20x1년 지분법이익으로 인식할 금액은 얼마인가?

- 주식취득일 현재 공정가치와 장부금액이 다른 자산은 다음과 같다.

구분	재고자산	건물(순액)
공정가치	₩150,000	₩300,000
장부금액	100,000	200,000

- 재고자산은 20x1년 중에 전액 외부로 판매되었다.

- 20x1년 초 건물의 잔존내용연수는 5년, 잔존가치 ₩0, 정액법으로 감가상각한다.
- ㈜민국은 20x1년 5월 말에 총 ₩20,000의 현금배당을 실시하였으며, 20x1년 당기순이익으로 ₩150,000을 보고하였다.

---

① ₩59,000   ② ₩53,000   ③ ₩45,000

④ ₩30,000   ⑤ ₩24,000

※ 다음 자료를 이용하여 29번과 30번에 답하시오.

- 제조업을 영위하는 ㈜지배는 20x1년 초 ㈜종속의 의결권 있는 보통주 80%를 취득하여 지배력을 획득하였다.
- 지배력획득일 현재 ㈜종속의 순자산의 장부금액은 ₩400,000이고, 공정가치는 ₩450,000이며, 장부금액과 공정가치가 다른 자산은 토지로 차이내역은 다음과 같다.

	장부금액	공정가치
토지	₩100,000	₩150,000

    ㈜종속은 위 토지 전부를 20x1년 중에 외부로 매각하고, ₩70,000의 처분이익을 인식하였다.

- 20x1년 중에 ㈜지배는 ㈜종속에게 원가 ₩60,000인 상품을 ₩72,000에 판매하였다. ㈜종속은 ㈜지배로부터 매입한 상품의 80%를 20x1년에, 20%를 20x2년에 외부로 판매하였다.
- ㈜지배와 ㈜종속이 별도(개별)재무제표에서 보고한 20x1년과 20x2년의 당기순이익은 다음과 같다.

구분	20x1년	20x2년
㈜지배	₩300,000	₩400,000
㈜종속	80,000	100,000

- ㈜종속은 20x2년 3월에 ₩10,000의 현금배당을 결의하고 지급하였다.
- ㈜종속은 20x2년 10월 1일에 장부금액 ₩20,000(취득원가 ₩50,000, 감가상각누계액 ₩30,000, 잔존내용연수 4년, 잔존가치 ₩0, 정액법 상각)인 기계를 ㈜지배에 ₩40,000에 매각하였으며, 20x2년 말 현재 해당 기계는 ㈜지배가 보유하고 있다.
- ㈜지배는 별도재무제표상 ㈜종속 주식을 원가법으로 회계처리하고 있다. ㈜지배와 ㈜종속은 유형자산에 대해 원가모형을 적용하고, 비지배지분은 종속기업의 식별가능한 순자산공정가치에 비례하여 결정한다.

29. ㈜지배의 20x1년도 연결포괄손익계산서에 표시되는 지배기업소유주귀속당기순이익과 비지배지분귀속당기순이익은 각각 얼마인가? 단, 영업권 손상은 고려하지 않는다.

	지배기업소유주귀속 당기순이익	비지배지분귀속 당기순이익
①	₩321,600	₩5,520
②	₩321,600	₩6,000
③	₩322,080	₩5,520
④	₩327,600	₩5,520
⑤	₩327,600	₩6,000

30. ㈜지배의 20x2년도 연결포괄손익계산서에 표시되는 비지배지분귀속당기순이익은 얼마인가?

① ₩13,210   ② ₩14,650   ③ ₩14,810
④ ₩16,250   ⑤ ₩17,000

31. ㈜지배는 20x1년 초 ㈜종속의 의결권 있는 보통주 800주(총 발행주식의 80%)를 취득하여 지배력을 획득하였다. 지배력획득일 현재 ㈜종속의 순자산 장부금액은 ₩250,000이며, 순자산 공정가치와 장부금액은 동일하다. ㈜종속의 20x1년과 20x2년의 당기순이익은 각각 ₩100,000과 ₩150,000이다. ㈜종속은 20x2년 1월 1일에 200주를 유상증자(주당 발행가액 ₩1,000, 주당 액면가액 ₩500)하였으며, 이 중 100주를 ㈜지배가 인수하였다. ㈜지배는 별도재무제표상 ㈜종속 주식을 원가법으로 회계처리하고 있으며, 비지배지분은 종속기업의 식별가능한 순자산공정가치에 비례하여 결정한다. 20x2년 말 ㈜지배의 연결재무상태표에 표시되는 비지배지분은 얼마인가?

① ₩100,000   ② ₩112,500   ③ ₩125,000
④ ₩140,000   ⑤ ₩175,000

32. ㈜대한은 20x1년 1월 1일 ㈜민국의 의결권 있는 보통주 70%를 ₩210,000에 취득하여 지배력을 획득하였다. 주식취득일 현재 ㈜민국의 자산과 부채는 아래의 자산을 제외하고는 장부금액과 공정가치가 일치하였다.

구분	재고자산	건물(순액)
공정가치	₩20,000	₩60,000
상부금액	10,000	40,000

20x1년 초 ㈜민국의 납입자본은 ₩150,000이고, 이익잉여금은 ₩50,000이었다. ㈜민국의 20x1년 초 재고자산은 20x1년 중에 모두 판매되었다. 또한 ㈜민국이 보유하고 있는 건물의

주식취득일 현재 잔존내용연수는 5년이며, 잔존가치 없이 정액법으로 감가상각한다. 20x1년 ㈜민국의 당기순이익은 ₩40,000이다. ㈜대한의 20x1년 말 연결재무상태표상 비지배지분은 얼마인가? 단, 비지배지분은 주식취득일의 공정가치로 측정하며, 주식취득일 현재 비지배지분의 공정가치는 ₩70,000이었다. 더불어 영업권 손상은 고려하지 않는다.

① ₩67,800   ② ₩72,000   ③ ₩77,800
④ ₩82,000   ⑤ ₩97,800

33. ㈜한국은 20x1년 초 미국에 지분 100%를 소유한 해외현지법인 ㈜ABC를 설립하였다. 종속기업인 ㈜ABC의 기능통화는 미국달러화($)이며 지배기업인 ㈜한국의 표시통화는 원화(₩)이다. ㈜ABC의 20x2년 말 요약재무상태표와 환율변동정보 등은 다음과 같다.

요약재무상태표

㈜ABC	20x2. 12. 31. 현재		(단위: $)
자 산	3,000	부 채	1,500
		자 본 금	1,000
		이 익 잉 여 금	500
	3,000		3,000

- 자본금은 설립 당시의 보통주 발행금액이며, 이후 변동은 없다.
- 20x2년의 당기순이익은 $300이며, 수익과 비용은 연중 균등하게 발생하였다. 그 외 기타 자본변동은 없다.
- 20x1년부터 20x2년 말까지의 환율변동정보는 다음과 같다.

	기초(₩/$)	평균(₩/$)	기말(₩/$)
20x1년	800	?	850
20x2년	850	900	1,000

- 기능통화와 표시통화는 모두 초인플레이션 경제의 통화가 아니다. 수익과 비용은 해당 회계기간의 평균환율을 사용하여 환산하며, 설립 이후 기간에 환율의 유의한 변동은 없었다.

20x2년 말 ㈜ABC의 재무제표를 표시통화인 원화로 환산하는 과정에서 대변에 발생한 외환차이가 ₩100,000일 때, 20x1년 말 ㈜ABC의 원화환산 재무제표의 이익잉여금은 얼마인가?

① ₩30,000   ② ₩100,000   ③ ₩130,000
④ ₩300,000   ⑤ ₩330,000

34. 파생상품 및 위험회피회계에 대한 다음 설명 중 옳은 것은?

① 현금흐름위험회피에서 위험회피수단의 손익은 기타포괄손익으로 인식한다.

② 기업은 위험회피관계의 지정을 철회함으로써 자발적으로 위험회피회계를 중단할 수 있는 자유로운 선택권을 이유에 상관없이 가진다.

③ 확정계약의 외화위험회피에 공정가치위험회피회계 또는 현금흐름위험회피회계를 적용할 수 있다.

④ 해외사업장순투자의 위험회피는 공정가치위험회피와 유사하게 회계처리한다.

⑤ 고정금리부 대여금에 대하여 고정금리를 지급하고 변동금리를 수취하는 이자율스왑으로 위험회피하면 이는 현금흐름위험회피 유형에 해당한다.

35. ㈜대한은 제조공정에서 사용하는 금(원재료)을 시장에서 매입하고 있는데, 향후 예상매출을 고려할 때 금 10온스를 20x2년 3월 말에 매입할 것이 거의 확실하다. 한편 ㈜대한은 20x2년 3월 말에 매입할 금의 시장가격 변동에 따른 미래현금흐름변동위험을 회피하기 위해 20x1년 10월 1일에 다음과 같은 금선도계약을 체결하고, 이에 대해 위험회피회계를 적용(적용요건은 충족됨을 가정)하였다.

- 계약기간: 6개월(20x1. 10. 1. ~ 20x2. 3. 31.)
- 계약조건: 결제일에 금 10온스의 선도계약금액과 결제일 시장가격의 차액을 현금으로 수수함(금선도계약가격: ₩200,000/온스)
- 금의 현물가격, 선도가격에 대한 자료는 다음과 같다.

일자	현물가격(₩/온스)	선도가격(₩/온스)
20x1년 10월 1일	190,000	200,000(만기 6개월)
20x1년 12월 31일	195,000	210,000(만기 3개월)
20x2년 3월 31일	220,000	

- 현재시점의 현물가격은 미래시점의 기대현물가격과 동일하며, 현재가치평가는 고려하지 않는다.

㈜대한은 예상과 같이 20x2년 3월 말에 금(원재료)을 시장에서 매입하여 보유하고 있다. 금선도계약 만기일에 ㈜대한이 당기손익으로 인식할 파생상품평가손익은 얼마인가?

① ₩50,000 손실 ② ₩100,000 손실 ③ ₩0

④ ₩50,000 이익 ⑤ ₩100,000 이익

36. 「국가회계기준에 관한 규칙」과 「지방자치단체 회계기준에 관한 규칙」의 자산에 대한 다음 설명 중 **옳지 않은** 것은?

① 지방자치단체는 주민의 편의를 위해서 1년 이상 반복적 또는 계속적으로 사용되는 도서관, 주차장, 공원, 박물관 및 미술관 등을 재정상태표에 주민편의시설로 표시한다.

② 국가는 무형자산의 상각대상금액을 내용연수동안 체계적으로 배부하기 위해 정액법 등 다양한 방법을 사용할 수 있다.

③ 국가는 압수품 및 몰수품이 화폐성자산일 경우 압류 또는 몰수 당시의 시장가격으로 평가한다.

④ 지방자치단체는 문화재, 예술작품, 역사적 문건 및 자연자원은 자산으로 인식하지 않고 필수보충정보의 관리책임자산으로 보고한다.

⑤ 지방자치단체의 장기투자증권은 매입가격에 부대비용을 더하고 이에 종목별로 총평균법을 적용하여 산정한 취득원가로 평가함을 원칙으로 한다.

37. 「국가회계기준에 관한 규칙」의 부채에 대한 다음 설명 중 **옳지 않은** 것은?

① 국가안보와 관련된 부채는 기획재정부장관과 협의하여 부채로 인식하지 아니할 수 있다. 이 경우 해당 중앙관서의 장은 해당 부채의 종류, 취득시기 및 관리현황 등을 별도의 장부에 기록하여야 한다.

② 비화폐성 외화부채에서 발생한 손익을 조정항목에 반영하는 경우 그 손익에 포함된 환율변동효과는 재정운영순원가에 반영한다.

③ 국채의 액면가액과 발행가액의 차이는 국채할인(할증)발행차금 과목으로 액면가액에 빼거나 더하는 형식으로 표시하며, 그 할인(할증)발행차금은 발행한 때부터 최종 상환할 때까지의 기간에 유효이자율로 상각 또는 환입하여 국채에 대한 이자비용에 더하거나 뺀다.

④ 퇴직급여충당부채는 재정상태표일 현재 「공무원연금법」 및 「군인연금법」을 적용받지 아니하는 퇴직금 지급대상자가 일시에 퇴직할 경우 지급하여야 할 퇴직금으로 평가한다.

⑤ 장기차입부채는 재정상태표일부터 1년 후에 만기가 되는 확정부채로서 국채, 공채, 장기차입금 및 기타 장기차입부채 등을 말한다.

38. 「지방자치단체 회계기준에 관한 규칙」에 대한 다음 설명 중 **옳지 않은** 것은?

① 장기여불조건의 매매거래, 장기금전대차거래 또는 이아 유사한 거래에서 발생하는 채권·채무로서 명목가액과 현재가치의 차이가 중요한 경우에는 이를 현재가치로 평가한다. 현재가치는 당해 채권·채무로 인하여 받거나 지급할 총금액을 유효이자율로 할인한 가액으로 하는데 당해 거래의 유효이자율을 확인하기 어려운 경우에는

유사한 조건의 지방채수익률을 적용한다.

② 회계정책의 변경에 따른 영향은 해당 회계연도 재정상태표의 순자산에 반영한다. 다만, 회계정책의 변경에 따른 누적효과를 합리적으로 추정하기 어려운 경우에는 회계정책의 변경에 따른 영향을 해당 회계연도와 그 회계연도 후의 기간에 반영할 수 있다.

③ 사회기반시설은 초기에 대규모 투자가 필요하고 파급효과가 장기간에 걸쳐 나타나는 지역사회의 기반적인 자산으로서 도로, 도시철도, 상수도시설, 수질정화시설, 하천부속시설 등을 말한다.

④ 재고자산은 구입가액에 부대비용을 더하고 이에 선입선출법을 적용하여 산정한 가액을 취득원가로 한다. 다만, 실물흐름과 원가산정방법 등에 비추어 다른 방법을 적용하는 것이 보다 합리적이라고 인정되는 경우에는 개별법, 이동평균법 등을 적용하고 그 내용을 주석으로 공시한다.

⑤ 수익은 자산의 증가 또는 부채의 감소를 초래하는 회계연도 동안의 거래로 생긴 순자산의 증가를 말한다. 다만, 관리전환이나 기부채납 등으로 생긴 순자산의 증가는 수익에 포함하지 않는다.

39. 「국가회계법」과 「지방회계법」에 대한 다음 설명 중 **옳지 <u>않은</u>것은?**

① 기획재정부장관은 회계연도마다 중앙관서결산보고서를 통합하여 국가의 결산보고서를 작성한 후 국무회의의 심의를 거쳐 대통령의 승인을 받아야 한다.

② 지방자치단체의 출납은 회계연도가 끝나는 날 폐쇄한다. 다만, 해당 회계연도의 예산에 포함된 경우로서 회계연도 말에 계약 이행이 완료되어 회계연도 내에 지출하기가 곤란한 경우에는 다음 회계연도 1월 20일까지 지출 처리를 할 수 있다.

③ 국가의 결산보고서는 결산 개요, 세입세출결산(중앙관서결산보고서 및 국가결산보고서의 경우에는 기금의 수입지출결산을 포함하고, 기금결산보고서의 경우에는 기금의 수입지출결산을 말한다), 재무제표, 국세징수활동표로 구성된다.

④ 중앙관서의 장은 지방자치단체의 회계 사무에 관한 법령을 제정·개정 또는 폐지하려는 경우에는 행정안전부장관 및 감사원과 미리 협의하여야 한다. 이 경우 행정안전부장관은 지방자치단체의 장의 의견을 들어야 한다.

⑤ 「국가회계법」은 일반회계·특별회계 및 기금의 회계 및 결산에 관하여 다른 법률에 우선하여 적용한다.

40. 다음은 일반회계만으로 구성된 중앙부처 A의 20x1 회계연도 자료이다.

중앙부처 A(일반회계)
• 20x1년 중 발생한 프로그램순원가는 ₩20,000이다.

> - 20x1년 중 건물의 회수가능액이 장부가액에 미달하였고, 그 미달액이 중요하여 자산감액손실로 ₩3,000을 인식하였다. 이는 프로그램과 관련이 없다.
> - 20x1년 중 투자목적 단기투자증권을 ₩2,000에 취득하였으며, 20x1년 기말 공정가액은 ₩7,000이다.
> - 20x1년 중 이자수익 ₩6,000이 발생하였으며 프로그램 운영과 관련이 없다.
> - 20x1년 중 청구권이 확정된 부담금수익 ₩4,000 중 ₩2,000이 납부되었다.
> - 20x1년 중 제재금수익 ₩2,000이 발생하였다.

상기 거래가 20x1 회계연도 중앙부처 A(일반회계) 재정운영표의 재정운영결과에 미치는 영향과 국가 재정운영표의 재정운영결과에 미치는 영향을 올바르게 나타낸 것은? 단, 재무제표 작성과정에서 상계할 내부거래는 없으며, 상기 제시된 자료 이외의 항목은 없다고 가정한다.

	중앙부처 A 일반회계	대한민국 정부
①	₩11,000 증가	₩11,000 증가
②	₩12,000 증가	₩6,000 증가
③	₩12,000 증가	₩12,000 증가
④	₩17,000 증가	₩11,000 증가
⑤	₩17,000 증가	₩12,000 증가

41. ㈜대한은 단일상품을 제조하는 기업으로 종합원가계산제도를 채택하고 있으며, 재고자산 평가방법은 선입선출법(FIFO)을 사용한다. 제품제조 시 직접재료는 공정 초에 전량 투입되며 전환원가(가공원가)는 공정에 걸쳐 균등하게 발생한다. 다음은 ㈜대한의 당기 생산 및 제조에 관한 자료이다.

항목	물량
기초재공품(가공완성도%)	1,800개(90%)
당기착수물량	15,000개
기말재공품(가공완성도%)	3,000개(30%)

당기에 발생한 직접재료원가는 ₩420,000이며, 전환원가는 ₩588,600이다. 당기 매출원가는 ₩1,070,000, 기초제품재고는 ₩84,600, 기말제품재고는 ₩38,700이다. 당기 기초재공품은 얼마인가?

① ₩140,000 ② ₩142,000 ③ ₩144,000
④ ₩145,000 ⑤ ₩146,000

42. ㈜대한은 제품 A와 제품 B를 생산하는 기업으로, 생산량을 기준으로 제품별 제조간접원가를 배부하고 있다. ㈜대한은 제품별 원가계산을 지금보다 합리적으로 하기 위해 활동기준원가계산제도를 도입하고자 한다. 다음은 활동기준원가계산에 필요한 ㈜대한의 활동 및 제조에 관한 자료이다.

활동	활동원가(₩)	원가동인
재료이동	1,512,000	운반횟수
조립작업	7,000,000	기계작업시간
도색작업	7,200,000	노동시간
품질검사	8,000,000	생산량
총합계(제조간접원가)	23,712,000	

원가동인	제품별 사용량	
	제품 A	제품 B
운반횟수	400회	230회
기계작업시간	600시간	800시간
노동시간	3,000시간	6,000시간
생산량	X개	Y개

㈜대한이 위 자료를 바탕으로 활동기준원가계산에 따라 제조간접원가를 배부하면, 생산량을 기준으로 제조간접원가를 배부하였을 때보다 제품 A의 제조간접원가가 ₩3,460,000 더 작게 나온다. 활동기준원가계산으로 제조간접원가를 배부하였을 때 제품 B의 제조간접원가는 얼마인가?

① ₩8,892,000   ② ₩9,352,000   ③ ₩11,360,000
④ ₩12,352,000   ⑤ ₩14,820,000

43. ㈜대한은 표준원가계산제도를 채택하고 있으며, 20x1년도 생산 및 제조와 관련된 자료는 다음과 같다.

직접재료 구매량	3,100kg
직접재료 실제사용량	2,900kg
직접재료 단위당 표준사용량	3kg
직접재료 단위당 표준가격	₩50/kg
직접재료 단위당 실제가격	₩60/kg
예상(기준)생산량	800개

실제생산량	1,000개
제조간접원가예산액(Y)	Y=₩700,000+₩500×기계시간
제품단위당 표준기계시간	7시간
실제총기계시간	8,000시간
기계시간당 실제변동제조간접원가	₩470/기계시간
실제고정제조간접원가	₩820,000

㈜대한의 20x1년도 직접재료원가 가격차이(구매량기준), 직접재료원가 수량차이, 변동제조간접원가 소비차이, 변동제조간접원가 능률차이, 고정제조간접원가 조업도차이 중 **옳지 않은** 것은?

① 직접재료원가 가격차이(구매량기준): ₩31,000(불리한 차이)

② 직접재료원가 수량차이: ₩5,000(유리한 차이)

③ 변동제조간접원가 소비차이: ₩240,000(유리한 차이)

④ 변동제조간접원가 능률차이: ₩500,000(불리한 차이)

⑤ 고정제조간접원가 조업도차이: ₩120,000(불리한 차이)

44. 전부원가계산, 변동원가계산, 초변동원가계산과 관련한 다음 설명 중 가장 옳은 것은? 단, 직접재료원가, 직접노무원가, 제조간접원가는 ₩0보다 크다고 가정한다.

① 변동원가계산은 초변동원가계산에 비해 경영자의 생산과잉을 더 잘 방지한다.

② 변동원가계산은 전환원가(가공원가)를 모두 기간비용으로 처리한다.

③ 기초재고가 없다면, 당기 판매량보다 당기 생산량이 더 많을 때 전부원가계산상의 당기 영업이익보다 초변동원가계산상의 당기 영업이익이 더 작다.

④ 변동원가계산상의 공헌이익은 주로 외부이용자를 위한 재무제표에 이용된다.

⑤ 제품의 재고물량이 늘어나면 변동원가계산의 공헌이익계산서상 영업이익은 전부원가계산의 손익계산서상 영업이익보다 항상 낮거나 같다.

※ 다음 자료를 이용하여 45번과 46번에 답하시오.

(1) 다음은 단일제품 A를 생산하는 ㈜대한의 20x1년도 생산 및 제조에 대한 자료이다.

구분	생산량(개)	제조원가(₩)
1월	1,050	840,000
2월	1,520	1,160,000

3월	1,380	983,000
4월	2,130	1,427,600
5월	1,400	1,030,000
6월	1,730	1,208,000
7월	1,020	850,400
8월	1,800	1,282,300
9월	1,640	(중략)
10월	1,970	(중략)
11월	1,650	1,137,400
12월	1,420	1,021,800

(2) ㈜대한의 회계담당자는 향후 생산량에 따른 원가를 예측하고, 변동원가계산서 작성에 필요한 자료를 얻기 위해 중략된 자료를 포함한 위 자료를 이용하여 원가모형을 추정하였다. ㈜대한의 회계담당자가 회귀분석을 통해 추정한 원가모형은 다음과 같다.

- 원가추정모형: $Y = a + b \times X$
- Y=제조원가(₩)
- a=296,000 (t-value: 3.00, 유의도 0.01 이하)
- b=526 (t-value: 4.00, 유의도 0.01 이하)
- X=생산량(개)
- R^2(결정계수)=0.96

45. 위 자료를 바탕으로 다음 설명 중 가장 옳은 것은?

① R^2는 추정된 회귀분석의 설명력을 나타내는 것으로 1보다 클수록 높은 설명력을 가진다.
② 회귀분석을 통해 추정한 계수값인 a와 b의 유의도와 t-value가 낮아 분석결과 값을 신뢰할 수 없다.
③ 제품 A의 단위당 판매액이 ₩700이고 단위당 변동판매관리비가 ₩10일 때 제품 A에 대한 단위당 공헌이익은 ₩26이다.
④ 제품 A를 2,000개 생산한다면 회귀분석을 통해 추정한 제조원가는 ₩1,348,000이다.
⑤ 9월과 10월의 중략된 제조원가자료를 사용하면 고저점법을 통해 더 정확한 원가를 추정할 수 있다.

46. 위 자료를 바탕으로 ㈜대한의 회귀분석으로 추정한 제조원가와 고저점법으로 추정한 제조원가가 같아지는 생산량은 얼마인가?

① 1,000개 ② 1,500개 ③ 2,000개
④ 3,000개 ⑤ 4,000개

47. ㈜대한은 동일 공정에서 세 가지 결합제품 A, B, C를 생산한다. 제품 A, 제품 B는 추가가공을 거치지 않고 판매되며, 제품 C는 추가가공원가 ₩80,000을 투입하여 추가가공 후 제품 C+로 판매된다. ㈜대한이 생산 및 판매한 모든 제품은 주산품이다. ㈜대한은 제품 A, 제품 B, 제품 C+를 각각 판매하였을 때 각 제품의 매출총이익률이 연산품 전체매출총이익률과 동일하게 만드는 원가배부법을 사용한다. 다음은 ㈜대한의 결합원가배부에 관한 자료이다. 제품 C+에 배부된 결합원가는 얼마인가?

제품	배부된 결합원가	판매(가능)액
A	?	₩96,000
B	₩138,000	?
C+	?	?
합계	₩220,000	₩400,000

① ₩10,000 ② ₩12,000 ③ ₩15,000
④ ₩20,000 ⑤ ₩30,000

48. ㈜대한은 두 개의 제조부문(절단부문, 조립부문)과 두 개의 지원부문(전력부문, 수선부문)을 통해 제품을 생산한다. ㈜대한은 상호배분법을 사용하여 지원부문의 원가를 제조부문에 배부하고 있다. 원가배부 기준은 전력부문은 전력(kw)이며, 수선부문은 수선(시간)이다. 제조부문에 배부된 원가 및 배부기준과 관련된 내역은 다음과 같다. 전력부문에서 발생한 부문원가는 얼마인가?

구분	제조부문		지원부문	
	절단부문	조립부문	전력부문	수선부문
배부 받은 원가(₩)	7,400	4,200		
전력(kw)	100	60	50	40
수선(시간)	60	30	60	30

① ₩4,000 ② ₩6,300 ③ ₩7,600
④ ₩10,000 ⑤ ₩12,500

49. ㈜대한은 자동차를 생산하여 판매한다. ㈜대한의 원가관리 담당자는 효율적으로 원가를 관리하기 위해 다음과 같이 제품의 품질원가(예방원가, 평가원가, 내부실패원가, 외부실패원가로 구성)를 측정하였다.

내용	품질원가
불량률을 낮추기 위한 생산직원들의 교육훈련비	₩5,400
제조단계에서 발생한 불량품을 폐기하기 위해 지불한 비용	₩6,100
공정별 품질검사를 진행하는 직원들의 관리비	₩3,200
완성품을 검사하는 기계의 수선유지비	₩10,200
고객 제품보증수리센터에서 근무하는 직원의 인건비	₩24,700
높은 품질의 부품조달을 위한 우수협력 업체 조달 비용	₩2,300
품질검사 과정에서 발견한 불량품 재작업으로 인해 발생한 생산직원의 특근수당	₩7,400
제품 리콜로 인해 발생한 미래매출감소의 기회원가	₩9,300
총합계	₩68,600

㈜대한이 지금보다 예방원가를 50% 확대하면 내부실패원가와 외부실패원가를 각각 20%와 10% 절감할 수 있다고 한다. ㈜대한이 지금보다 예방원가를 50% 확대할 때 품질원가의 총합계는 얼마인가?

① ₩65,200　　　　② ₩66,350　　　　③ ₩67,280
④ ₩72,000　　　　⑤ ₩73,050

50. ㈜대한은 유리컵을 생산하는 기업으로 종합원가계산제도를 채택하고 있으며, 재고자산 평가방법은 선입선출법(FIFO)을 사용한다. 직접재료는 공정 초에 전량 투입되며, 전환원가(가공원가)는 공정에 걸쳐 균등하게 발생한다. 다음은 ㈜대한의 생산 및 제조에 관한 자료이다.

항목	물량
기초재공품(가공완성도%)	800개(70%)
당기착수물량	6,420개
기말재공품(가공완성도%)	1,200개(40%)

품질검사는 가공완성도 80% 시점에 이루어지며, 당기에 품질검사를 통과한 물량의 5%를 정상공손으로 간주한다. 당기에 착수하여 당기에 완성된 제품이 4,880개일 때 ㈜대한의 비정상공손은 몇 개인가?

① 34개　　　　② 56개　　　　③ 150개
④ 284개　　　　⑤ 340개

2019년도   제 54 회

기출문제

① 형

경 영 학

2019년 제54회

제1교시

※ 각 문제의 보기 중에서 물음에 가장 합당한 답을 고르시오

1. 동기부여 이론에 관한 설명으로 가장 적절한 것은?

① 아담스(Adams)의 공정성이론(equity theory)은 절차적 공정성과 상호작용적 공정성을 고려한 이론이다.

② 핵크만(Hackman)과 올드햄(Oldham)의 직무특성이론에서 직무의 의미감에 영향을 미치는 요인은 과업의 정체성, 과업의 중요성, 기술의 다양성이다.

③ 브룸(Vroom)의 기대이론에서 수단성(instrumentality)이 높으면 보상의 유의성(valence)도 커진다.

④ 인지적 평가이론(cognitive evaluation theory)에 따르면 내재적 보상에 의해 동기부여가 된 사람에게 외재적 보상을 주면 내재적 동기부여가 더욱 증가한다.

⑤ 허쯔버그(Herzberg)의 2요인이론(two factor theory)에서 위생요인은 만족을 증대시키고 동기요인은 불만족을 감소시킨다.

2. 조직에서 개인의 태도와 행동에 관한 설명로 가장 적절한 것은?

① 조직몰입(organizational commitment)에서 지속적 몰입(continuance commitment)은 조직구성원으로서 가져야 할 의무감에 기반한 몰입이다.

② 정적 강화(positive reinforcement)에서 강화가 중단될 때, 변동비율법에 따라 강화된 행동이 고정비율법에 따라 강화된 행동보다 빨리 사라진다.

③ 감정지능(emotional intelligence)이 높을수록 조직몰입은 증가하고 감정노동(emotional labor)과 감정소진(emotional burnout)은 줄어든다.

④ 직무만족(job satisfaction)이 높을수록 이직의도는 낮아지고 직무관련 스트레스는 줄어든다.

⑤ 조직시민행동(organizational citizenship behavior)은 신사적 행동(sportsmanship), 예의바른 행동(courtesy), 이타적 행동(altruism), 전문가적 행동(professionalism)의 네 요소로 구성된다.

3. 비교경영연구에서 합스테드(Hofstede)의 국가간 문화분류의 차원으로 가장 적절하지 <u>않은</u> 것은?

① 고맥락(high context)과 저맥락(low context)
② 불확실성 회피성향(uncertainty avoidance)
③ 개인주의(individualism)와 집단주의(collectivism)
④ 권력거리(power distance)
⑤ 남성성(masculinity)과 여성성(femininity)

4. 리더십이론에 관한 설명으로 가장 적절한 것은?

① 허시(Hersey)와 블랜차드(Blanchard)의 상황이론에 따르면 설득형(selling) 리더십 스타일의 리더보다 참여형(participating) 리더십 스타일의 리더가 과업지향적 행동을 더 많이 한다.
② 피들러(Fiedler)의 상황이론에 따르면 개인의 리더십 스타일이 고정되어 있지 않다는 가정 하에 리더는 상황이 변할 때마다 자신의 리더십 스타일을 바꾸어 상황에 적응한다.
③ 블레이크(Blake)와 머튼(Mouton)의 관리격자이론(managerial grid theory)은 리더십의 상황이론에 해당된다.
④ 거래적 리더십(transactional leadership)이론에서 예외에 의한 관리(management by exception)란 과업의 구조, 부하와의 관계, 부하에 대한 권력행사의 예외적 상황을 고려하여 조건적 보상을 하는 것이다.
⑤ 리더-구성원 교환관계이론(LMX: leader-member exchange theory)에서는 리더와 부하와의 관계의 질에 따라서 부하를 내집단(in-group)과 외집단(out-group)으로 구분한다.

5. 조직구조에 관한 설명으로 가장 적절하지 <u>않은</u> 것은?

① 공식화(formalization)의 정도는 조직 내 규정과 규칙, 절차와 제도, 직무 내용 등이 문서화되어 있는 정도를 통해 알 수 있다.
② 번즈(Burns)와 스토커(Stalker)에 따르면 기계적 조직(mechanistic structure)은 유기적 조직(organic structure)에 비하여 집권화와 전문화의 정도가 높다.
③ 수평적 조직(horizontal structure)은 고객의 요구에 빠르게 대응할 수 있고 협력을 증진시킬 수 있다.
④ 민쯔버그(Mintzberg)에 따르면 애드호크라시(adhocracy)는 기계적 관료제(machine bureaucracy)보다 공식화와 집권화의 정도가 높다.
⑤ 네트워크 조직(network structure)은 공장과 제조시설에 대한 대규모 투자가 없어도 사업이 가능하다.

6. 교육훈련 평가에 관한 커크패트릭(Kirkpatrick)의 4단계 모형에서 제시된 평가로 가장 적절하지 **않은** 것은?

① 교육훈련 프로그램에 대한 만족도와 유용성에 대한 개인의 반응평가
② 교육훈련을 통해 새로운 지식과 기술을 습득하였는가에 대한 학습평가
③ 교육훈련을 통해 직무수행에서 행동의 변화를 보이거나 교육훈련내용을 실무에 활용하는가에 대한 행동평가
④ 교육훈련으로 인해 부서와 조직의 성과가 향상되었는가에 대한 결과평가
⑤ 교육훈련으로 인해 인지능력과 감성능력이 향상되었는가에 대한 기초능력평가

7. 직무에 관한 설명으로 가장 적절한 것은?

① 직무기술서(job description)와 직무명세서(job specification)는 직무분석(job analysis)의 결과물이다.
② 직무분석방법에는 분류법, 요소비교법, 점수법, 서열법 등이 있다.
③ 직무기술서는 해당 직무를 수행하기 위해 필요한 지식, 기술, 능력 등을 기술하고 있다.
④ 직무평가(job evaluation)방법에는 관찰법, 질문지법, 중요사건법, 면접법 등이 있다.
⑤ 수행하는 과업의 수와 다양성을 증가시키는 수평적 직무확대를 직무충실화(job enrichment)라 한다.

8. 인사평가 및 선발에 관한 설명으로 가장 적절한 것은?

① 내부모집은 외부모집에 비하여 모집과 교육훈련의 비용을 절감하는 효과가 있고 새로운 아이디어의 도입 및 조직의 변화와 혁신에 유리하다.
② 최근효과(recency effect)와 중심화 경향(central tendency)은 인사 선발에 나타날 수 있는 통계적 오류로서 선발도구의 신뢰성과 관련이 있다.
③ 선발도구의 타당성은 기준관련 타당성, 내용타당성, 구성타당성 등을 통하여 측정할 수 있다.
④ 행위기준고과법(BARS: behaviorally anchored rating scales)은 개인의 성과목표대비 달성 정도를 요소별로 상대 평가하여 서열을 매기는 방식이다.
⑤ 360도 피드백 인사평가에서는 전통적인 평가 방법인 상사의 평가와 피평가자의 영향력이 미치는 부하의 평가를 제외한다.

9. 경쟁자 분석에 관한 설명으로 적절한 항목만을 모두 선택한 것은?

a. 제품/시장 매트릭스(product/market matrix)를 이용한 경쟁자 파악 방법은 잠재적인 경쟁자들을 파악해 준다는 장점과 관리자의 주관적인 판단에 의존한다는 단

점을 갖고 있다.
b. 상표전환 매트릭스(brand switching matrix)를 이용한 경쟁자 파악 방법은 두 브랜드를 1 : 1로 비교하기 때문에 두 브랜드간의 경쟁관계 발생 유무와 경쟁관계 발생 원인을 설명해준다.
c. 사용상황별 대체(substitution in-use)를 이용한 경쟁자 파악 방법은 경쟁의 범위를 폭 넓게 파악하는데 도움이 된다.

① a ② b ③ c
④ a, c ⑤ b, c

10. 브랜드관리에 관한 설명으로 적절한 항목만을 모두 선택한 것은?

a. 기존 브랜드와 다른 제품 범주에 속하는 신제품에 기존 브랜드를 붙이는 것은 라인확장(line extension)이다.
b. 브랜드파워가 약한 경우에 타 기업의 유명 브랜드를 결합해서 같이 쓰는 것은 코브랜딩(co-branding) 전략에 속한다.
c. 라인확장을 할 때 자기잠식(cannibalization)의 위험성은 하향 확장보다 상향 확장에서 높다.

① a ② b ③ c
④ a, b ⑤ b, c

11. 아래의 경우에서 가장 적합하게 사용될 수 있는 가격결정 전략은?

• 잠재 구매자들이 가격-품질 연상을 강하게 갖고 있는 경우
• 가격을 높게 매겨도 경쟁자들이 들어올 가능성이 낮은 경우

① 사양제품 가격결정(optional-product pricing)
② 시장침투가격(market-penetration pricing)
③ 혼합 묶음가격(mixed bundling)
④ 이중요율(two-part tariff)
⑤ 스키밍 가격(market-skimming pricing)

12. 촉진관리에 관한 실명으로 가장 적절한 것은?

① 정교화가능성 모델(ELM)에 의하면 고관여 소비자는 중심단서(예: 제품정보)보다 주변단서(예: 광고모델)에 의해 영향을 받는다.

② 홍보는 광고보다 상대적으로 비용과 신뢰성이 낮은 반면에 통제가능성은 높다.

③ 구매주기가 긴 제품인 경우에는 빈도(frequency)보다는 도달률(reach)을 높이는 것이 바람직하다.

④ 보너스 팩(bonus packs)은 일정 기간 동안 제품을 구입한 사람에게 구입가격의 일부를 금품으로 보상해 주는 것이다.

⑤ 구매 공제(buying allowances)는 소매업자가 신제품을 취급해 주는 대가로 제조업자가 제품대금의 일부를 공제해 주는 것이다.

13. 유통관리에 관한 설명으로 가장 적절한 것은?

① 방문판매는 영업사원에 의해 판매되는 무점포형 소매상인 반면에 다단계판매는 '제조업자-도매업자-소매업자-소비자'와 같은 일반적인 유통경로를 거치는 점포형 소매상이다.

② 한정 서비스 도매상(limited-service wholesaler)은 상품을 소유하지 않는 대신 소수의 상품라인만을 취급한다.

③ 전문품에 적합한 경로 커버리지는 집약적 유통(intensive distribution)이다.

④ '도매상이 후원하는 자발적 체인(집단)'은 대형 도매상을 중심으로 중소 제조업체들이 자발적으로 만든 경로유형이다.

⑤ 구매자가 요구하는 서비스 수준이 높은 경우에는 통합적 유통경로(integrated distribution channel)를 갖게 될 가능성이 높아진다.

14. 아래의 내용과 가장 가까운 태도변화 관련 이론은?

- 제품 메시지의 수용영역과 기각영역
- 동화효과(assimilation effect) 혹은 대조효과(contrast effect)

① 사회판단이론(social judgement theory)

② 균형이론(balance theory)

③ 합리적 행동이론(theory of reasoned action)

④ 인지부조화 이론(theory of cognitive dissonance)

⑤ 자기지각이론(self-perception theory)

15. 소비자 의사결정과정에 관한 설명으로 가장 적절하지 <u>않은</u> 것은?

① 상기상표군(evoked set)은 외적 정보탐색과 관련이 있다.

② 사전편집식(lexicographic rule)은 비보완적 대안평가방식이다.

③ 결합식(conjunctive rule)은 비보완적 대안평가방식이다.

④ 구매경험이 있는 저관여 소비자가 구매노력을 덜기 위해 특정 브랜드를 반복 구매하는 것은 관성적 구매(inertia)와 관련이 있다.

⑤ 특정 브랜드에 대해 호의적 태도를 가지고 반복 구매하는 것은 브랜드충성도와 관련이 있다.

16. 마케팅조사에 관한 설명으로 적절한 항목만을 모두 선택한 것은?

> a. 실험결과의 일반화는 내적 타당성과 관련이 있는 반면에 외생변수의 통제는 외적 타당성과 관련이 있다
>
> b. 표본프레임이 모집단과 정확하게 일치하지 못함으로써 발생하는 오류는 표본오류에 포함된다.
>
> c. 표적집단면접법(FGI)과 투사법(projective technique)의 차이점 중 하나는 실시하고자 하는 조사목적을 조사 대상자에게 밝히는가의 여부이다.

① a   ② b   ③ c

④ a, b   ⑤ b, c

17. 라인밸런싱(line balancing)에 관한 설명으로 가장 적절하지 <u>않은</u> 것은?

① 밸런스 효율(balance efficiency)과 밸런스 지체(balance delay)를 합하면 항상 100%가 된다.

② 최다 후속작업 우선규칙이나 최대 위치가중치(positional weight) 우선규칙 등의 작업할당 규칙은 휴리스틱(heuristic)이므로 최적해를 보장하지 않는다.

③ 주기시간(cycle time)은 병목(bottleneck) 작업장의 작업시간과 동일하다.

④ 주기시간을 줄이기 위해서는 작업장 수를 줄일 필요가 있다.

⑤ 작업장 수를 고정하면 주기시간을 줄일수록 밸런스 효율은 향상된다.

18. 공급사슬관리(SCM)에 관한 설명으로 가장 적절하지 <u>않은</u> 것은?

① 수요 변동이 있는 경우에 창고의 수를 줄여 재고를 집중하면 수요처별로 여러 창고에 분산하는 경우에 비해 리스크 풀링(risk pooling) 효과로 인하여 전체 안전재고(safety stock)는 감소한다.

② 공급사슬의 성과척도인 재고자산회전율(inventory turnover)을 높이기 위해서는 재고공급일수(days of supply)가 커져야 한다.

③ 지연차별화(delayed differentiation)는 최종 제품으로 차별화하는 단계를 지연시키는 것으로 대량 고객화(mass customization)의 전략으로 활용될 수 있다.

④ 크로스 도킹(cross docking)은 입고되는 제품을 창고에 보관하지 않고 재분류를 통해 곧바로 배송하는 것으로 재고비용과 리드타임(lead time)을 줄일 수 있다.

⑤ 묶음단위 배치주문(order batching)과 수량할인으로 인한 선구매(forward buying)는 공급사슬의 채찍효과(bullwhip effect)를 초래하는 원인이 된다.

19. 다음은 장기적인 생산능력(capacity)의 측정과 평가에 대한 설명이다. 가장 적절하지 <u>않은</u> 것은?

① 유효생산능력(effective capacity)은 설계생산능력(design capacity)을 초과할 수 없다.

② 실제산출률(실제생산능력)은 유효생산능력을 초과할 수 없다.

③ 생산능력 이용률(utilization)은 생산능력 효율(efficiency)을 초과할 수 없다.

④ 설계생산능력이 고정된 상태에서 실제산출률이 증가하면 생산능력 이용률은 향상된다.

⑤ 효과적인 생산관리 활동(제품 및 공정설계, 품질관리 등)을 통해 실제산출률은 증가하지만 유효생산능력은 변하지 않는다.

20. A제품의 수요는 연간 900개로 연중 균일하다. 1회 주문비용은 10만원이고 재고유지비용은 개당 연간 5만원이다. 현재는 2개월에 한번씩 150개를 주문하고 있으며, 리드타임(lead time)은 2일이다. 재고비용을 주문비용과 재고유지비용의 합이라고 할 때 다음 설명 중 가장 적절한 것은?

① 현재의 주문방식을 고수할 경우 연간 재고비용은 750만원이다.

② EOQ(경제적 주문량)로 주문량을 변경하면 현재에 비해 연간 135만원의 재고비용을 절감할 수 있다.

③ EOQ로 주문량을 변경하면 연간 주문비용은 200만원이 되고, 이는 연간 재고유지비용과 동일하다.

④ EOQ로 주문량을 변경하면 안전재고(safety stock)는 리드타임 동안의 수요량이 된다.

⑤ EOQ 재고모형은 고정주문량모형(fixed-order quantity model)이므로 현재의 수요량과 리드타임이 변경되더라도 EOQ의 변동은 없다.

21. 품질경영에 관한 설명으로 가장 적절하지 <u>않은</u> 것은?

① CTQ(critical to quality)는 고객입장에서 판단할 때 중요한 품질특성을 의미하며, 집중적인 품질개선 대상이다.

② 전체 품질비용을 예방, 평가, 실패비용으로 구분할 때 일반적으로 예방비용의 비중이 가장 크다.

③ DMAIC은 6시그마 프로젝트를 수행하는 절차이며, 정의-측정-분석-개선-통제의 순으로 진행된다.

④ 품질특성의 표준편차가 작아지면 공정능력(process capability)은 향상되고 불량률은 감소한다.

⑤ TQM(total quality management)은 결과보다는 프로세스 지향적이고 고객만족, 전원참여, 프로세스의 지속적인 개선을 강조한다.

22. MRP(자재소요계획)에 관한 설명 중 적절한 항목만을 모두 선택한 것은?

> a. MRP를 위해서는 재고기록, MPS(기준생산계획), BOM(자재명세서)의 입력 자료가 필요하다.
>
> b. 각 품목의 발주시점은 그 품목에 대한 리드타임을 고려하여 정한다.
>
> c. MRP는 BOM의 나무구조(tree structure)상 하위품목에서 시작하여 상위품목 방향으로 순차적으로 작성한다.
>
> d. MRP를 위해서는 BOM에 표시된 하위품목에 대한 별도의 수요예측(forecasting) 과정이 필요하다.

① a, b   ② a, c   ③ b, c
④ b, d   ⑤ c, d

23. P제조업체에서는 비용-조업도 분석(cost-volume analysis)을 활용하여 생산방식에 대한 두 가지 대안을 검토 중이다. 생산품목은 단일품목이고 판매가는 단위당 7만원이다. 각 대안에 대한 비용요소가 다음과 같을 때 분석 결과로 가장 적절하지 <u>않은</u> 것은? 단, 생산량은 발생하는 수요량과 동일하다고 가정한다.

대안 A	고정비 8억원, 단위당 변동비 5만원
대안 B	고정비 9억 3천만원, 단위당 변동비 1만원

① 대안 A의 BEP(손익분기점)는 40,000단위이다.

② 대안 B의 BEP는 15,500단위이다.

③ 대안 B의 이익(profit)이 9억 3천만원이 되기 위한 수요량은 31,000단위이다.

④ 생산량이 3,250단위 미만일 때는 대안 A가 대안 B보다 유리하다.

⑤ 다른 조건이 동일할 때, 대안 A의 단위당 변동비가 16,500원으로 변경되면 두 대안의 BEP는 같아진다.

24. K기업은 다양한 평가지표를 활용하여 두 가지 수요예측방법을 비교 중이다. 다음 표는 지난 3개 분기 동안에 발생한 실제 수요와 예측치를 나타낸 것이다. 3개 분기 자료를 모두 활용하여 평가지표를 계산한 결과로 가장 적절하지 <u>않은</u> 것은?

분기	1	2	3
실제 수요	30	35	35
예측치(방법 A)	35	35	30
예측치(방법 B)	25	37.5	37.5

① 두 방법의 평균오차(mean error)값은 동일하다.
② 두 방법의 MAD(mean absolute deviation)값은 동일하다.
③ 두 방법의 MSE(mean squared error)값은 동일하다.
④ 두 방법의 MAPE(mean absolute percentage error)값은 동일하다.
⑤ 두 방법의 추적지표(tracking signal)값은 동일하다.

25. 다음 세 가지 계산결과를 큰 순서대로 가장 적절하게 나열한 것은?

> a. 1년 만기 현물이자율이 8%이고 2년 만기 현물이자율이 10.5%일 때 1년 후부터 2년 후까지의 선도이자율($_1f_2$)
> b. 연간 실질이자율이 10%이고 연간 인플레이션율이 2%일 때 연간 명목이자율
> c. 연간 표시이자율(APR)이 12%이고 매 분기 이자를 지급하는 경우(분기복리) 연간 실효이자율(EAR)

① a 〉 b 〉 c   ② a 〉 c 〉 b   ③ b 〉 a 〉 c
④ c 〉 a 〉 b   ⑤ c 〉 b 〉 a

26. ㈜기해의 올해 말(t = 1) 주당순이익은 1,500원으로 예상된다. 이 기업은 40%의 배당성향을 유지할 예정이며, 자기자본순이익률(ROE)은 20%로 매년 일정하다. 주주들의 요구수익률이 연 15%라면, 현재 시점(t = 0)에서 이론적 주가에 기초한 주당 성장기회의 순현가(NPVGO)는 얼마인가? 단, 배당은 매년 말 연 1회 지급한다.

① 10,000원   ② 16,000원   ③ 20,000원
④ 24,000원   ⑤ 28,000원

27. 다음 중 자본예산에 관한 설명으로 가장 적절하지 **않은** 것은?

① 상호배타적인 두 투자안의 투자규모가 서로 다른 경우 순현가(NPV)법과 내부수익률(IRR)법에 의한 평가결과가 다를 수 있다.

② 순현가법은 자본비용으로 재투자한다고 가정하며, 가치의 가산원리가 적용된다.

③ IRR이 자본비용보다 큰 경우 수정내부수익률(MIRR)은 IRR보다 작은 값을 갖는다.

④ 수익성지수(PI)는 투자안의 부분적 선택이 가능한 자본할당(capital rationing)의 경우에 유용하게 사용된다.

⑤ PI법을 사용할 경우 PI가 0보다 크면 투자안을 채택하고, 0보다 작으면 투자안을 기각한다.

28. 다음 정보를 이용하여 계산된 ㈜명동의 가중평균자본비용과 가장 가까운 것은?

> ㈜명동 주식의 베타는 1.2이고 부채비율($=\dfrac{부채}{자기자본}$)은 150%이다. ㈜명동이 발행한 회사채는 만기 2년, 액면가 1,000,000원인 무이표채이다. 현재 만기가 1년 남은 이 회사채의 시장가격은 892,857원이고, 이 회사의 다른 부채는 없다. 시장포트폴리오의 기대수익률은 연 10%이고 무위험수익률은 연 2%이며 법인세율은 30%이다.

① 9.68%   ② 10.24%   ③ 11.84%
④ 12.56%   ⑤ 14.02%

29. 다음은 자본구조이론에 대한 설명이다. 가장 적절하지 **않은** 것은?

① MM(1963)에 의하면 법인세가 존재할 경우 최적자본구조는 부채를 최대한 많이 사용하는 것이다.

② 대리비용이론에 따르면 부채의 대리비용과 자기자본의 대리비용의 합인 총 대리비용이 최소가 되는 점에서 최적자본구조가 존재한다.

③ 상충이론(또는 파산비용이론)에 따르면 부채사용으로 인한 법인세 절감효과와 기대파산비용을 고려할 경우 최적자본구조가 존재한다.

④ Miller(1977)에 의하면 법인세율과 개인소득세율이 같은 점에서 경제전체의 균형부채량이 존재하며 이에 따라 개별기업의 최적자본구조도 결정된다.

⑤ DeAngelo와 Masulis(1980)에 의하면 투자세액공제 등 비부채성 세금절감효과를 고려할 경우 기업별 유효법인세율의 차이로 인해 최적자본구조가 존재할 수 있다.

30. X기업은 신주를 발행하여 Y기업의 주식과 교환하는 방식으로 Y기업을 흡수합병하고자 한다. 두 기업의 합병 전 재무자료는 다음 표와 같다. 주식교환비율이 합병 전 주가를 기준으로 정해질 경우, 합병 후 주당순이익(EPS)과 가장 가까운 것은? 단, 합병에 의한 시너지 효과는 없다.

	X기업	Y기업
주가	20,000원	8,000원
EPS	2,000원	1,000원
발행주식수	3,000,000주	1,200,000주

① 2,000원   ② 2,027원   ③ 2,042원
④ 2,069원   ⑤ 2,082원

31. 두 투자자 각각의 최적 포트폴리오 A와 B의 베타는 0.8과 0.4이다. 다음 설명 중 가장 적절하지 **않은** 것은? 단, CAPM이 성립하고, 모든 투자자들은 CAPM에 따라 최적 포트폴리오를 구성하고 있다.

① 포트폴리오 A의 베타 1단위당 위험프리미엄($\frac{E(R_A) - R_f}{\beta_A}$)은 시장포트폴리오의 위험프리미엄과 같다. 단, $E(R_A)$와 β_A는 포트폴리오 A의 기대수익률과 베타이고, R_f는 무위험수익률이다.

② 포트폴리오 B의 위험프리미엄이 4%이면, 포트폴리오 A의 위험프리미엄은 8%이다.

③ 포트폴리오 A 수익률의 표준편차는 포트폴리오 B 수익률의 표준편차의 2배이다.

④ 포트폴리오 A와 B의 기대수익률이 각각 6%와 4%가 되기 위해서는 무위험수익률은 3%이어야 한다.

⑤ 무위험수익률이 5%이고 시장포트폴리오의 위험프리미엄이 5%이면, 포트폴리오 A의 기대수익률은 9%이다.

32. 만기가 1년 후이고 만기일 이전에는 현금흐름이 발생하지 않는 위험자산 A가 있다. 이 자산은 만기일에 경기가 호황인 경우 140원, 불황인 경우 80원을 투자자에게 지급한다. 위험자산 A의 현재 적정 가격이 100원이라면, 위험자산 A의 적정 할인율에 가장 가까운 것은? 단, 경기가 호황과 불황이 될 확률은 각각 50%이다.

① 연 8%   ② 연 10%   ③ 연 14%
④ 연 20%   ⑤ 연 30%

33. 두 개의 주식(A와 B)으로 포트폴리오를 구성하고자 한다. 공매도(short sale)가 허용된다고 가정할 때, 다음 중 수익률의 표준편차가 0인 포트폴리오를 구성할 수 있는 경우만을 모두 선택한 것은? 단, 두 주식 수익률의 표준편차는 모두 0보다 크다고 가정한다.

> a. 주식 A와 B 수익률의 상관계수가 -1인 경우
> b. 주식 A와 B 수익률의 상관계수가 0인 경우
> c. 주식 A와 B 수익률의 상관계수가 1인 경우

① a   ② a, b   ③ a, c
④ b, c   ⑤ a, b, c

34. 투자자 갑은 시장포트폴리오에 1,000만원을 투자하고 있으며, 그 가운데 주식 A와 B에 각각 100만원과 200만원을 투자하고 있다. 다음 문장의 빈칸 (a)와 (b)에 들어갈 내용으로 적절한 것은? 단, CAPM이 성립하고, 두 투자자(갑과 을)를 포함한 모든 투자자들은 CAPM에 따라 최적 포트폴리오를 구성한다고 가정한다.

> 투자자 을은 1,000만원을 시장포트폴리오와 무위험자산에 나누어 투자하고 있다. 전체 투자금액 가운데 300만원을 시장포트폴리오에 투자한다면, 투자자 을의 시장포트폴리오에 대한 투자금액 가운데 주식 A에 투자하는 비중은 (a)이다. 그리고 시장 전체에서 볼 때, 주식 A의 시가총액은 주식 B의 시가총액의 (b)이다.

	(a)	(b)
①	3%	$\frac{1}{2}$배
②	3%	2배
③	10%	$\frac{1}{2}$배
④	10%	2배
⑤	30%	$\frac{1}{2}$배

35. 채권 A는 액면이자를 기말에 연 1회 지급한다. 현재 채권 A의 만기수익률(y)은 연 10%이며, 동 채권의 수정 듀레이션($= -\frac{dF}{dy} \times \frac{1}{P}$, 단, P는 현재 채권가격)과 볼록성($= \frac{d^2P}{dy^2} \times \frac{1}{P}$)은 각각 4와 50이다. 채권 A의 만기수익률이 0.1% 포인트 상승할 때, 채권가

격의 변화율에 가장 가까운 것은? 단, 채권가격의 변화율은 채권가격의 만기수익률에 대한 테일러 전개식(Taylor series expansion)을 이용하여 계산하고 3차 이상의 미분 항들은 무시한다.

① −0.1500%　　　　② −0.3611%　　　　③ −0.3975%
④ −0.4025%　　　　⑤ −0.4375%

36. 이자율기간구조와 관련한 설명으로 가장 적절한 것은?

① 만기와 현물이자율 간의 관계를 그래프로 나타낸 수익률 곡선(yield curve)은 항상 우상향의 형태로 나타난다.

② 불편기대(unbiased expectation)이론에 의하면 투자자는 위험중립형이며 기대 단기이자율(또는 미래 기대 현물이자율)은 선도이자율과 동일하다.

③ 유동성프리미엄(liquidity premium)이론에 의하면 투자자는 위험회피형이며 선도이자율은 기대 단기이자율에서 유동성프리미엄을 차감한 값과 동일하다.

④ 시장분할(market segmentation)이론에 의하면 투자자는 선호하는 특정한 만기의 영역이 존재하나, 만일 다른 만기의 채권들에 충분한 프리미엄이 존재한다면 자신들이 선호하는 영역을 벗어난 만기를 가진 채권에 언제라도 투자할 수 있다.

⑤ 선호영역(preferred habitat)이론에 의하면 투자자는 선호하는 특정한 만기의 영역이 존재하고, 설령 다른 만기의 채권들에 충분한 프리미엄이 존재한다고 할지라도 자신들이 선호하는 영역을 벗어난 만기를 가진 채권에 투자하지 않는다.

37. 현재의 시장가치가 1,000만원인 포트폴리오(P)는 주식 A와 B로 구성되어 있다. 현재 주식 A의 시장가치는 400만원이고 주식 B의 시장가치는 600만원이다. 주식 A와 주식 B의 수익률 표준편차는 각각 5%와 10%이고 상관계수는 −0.5이다. 주식수익률은 정규분포를 따른다고 가정한다. 99% 신뢰수준 하에서 포트폴리오(P)의 최대 가치하락을 측정하는 Value at Risk(VaR)는 아래 식에 의해 계산된다. 포트폴리오(P)의 VaR값과 가장 가까운 것은?

$VaR = 2.33 \times \sigma_P \times$ 포트폴리오(P)의 시장가치

단, σ_P는 포트폴리오(P) 수익률의 표준편차이다.

① 466,110원　　　　② 659,840원　　　　③ 807,350원
④ 1,232,920원　　　　⑤ 2,017,840원

38. 주식 C를 기초자산으로 하는 콜옵션 20계약을 매도하고 풋옵션 10계약을 매수하고자 한다. 해당 콜옵션의 델타(delta)는 0.5이고 풋옵션의 델타는 −0.3이다. 델타중립(delta-neutral) 포지션 구축을 위한 주식 C의 거래로 가장 적절한 것은? 단, 옵션 1계약 당 거래단위(승수)는 100주이다.

① 아무 거래도 하지 않음 ② 700주 매수 ③ 700주 매도
④ 1,300주 매수 ⑤ 1,300주 매도

39. 기업 D는 명목원금(notional principal) 1억원, 1년 만기 변동금리를 지급하고 8% 고정금리를 수취하는 5년 만기의 이자율 스왑계약을 3년 6개월 전에 체결하였다. 현재 동 스왑의 잔존만기는 1년 6개월이다. 현재가치 계산을 위해 활용되는 6개월과 1년 6개월 만기 현물이자율은 각각 연 10%와 연 11%이다. 직전 현금흐름 교환 시점의 1년 만기 변동금리는 연 10.5%였다. 기업 D의 관점에서 이 이자율 스왑 계약의 현재가치와 가장 가까운 것은? 단, 현금흐름은 기말에 연 1회 교환되고 이자율기간구조의 불편기대이론이 성립한다고 가정하며, $\dfrac{1}{1.10^{0.5}} = 0.9535$, $\dfrac{1}{1.11^{1.5}} = 0.8551$ 이다.

① −5,382,950원 ② −4,906,200원 ③ 0원
④ 4,906,200원 ⑤ 5,382,950원

40. 배당을 지급하지 않는 주식 E를 기초자산으로 하는 유럽형 옵션을 가정한다. 주식 E의 1주 당 시장가격은 현재 10,000원이다. 잔존만기 1년, 행사가격 11,000원인 유럽형 콜옵션과 풋옵션의 1계약 당 프리미엄은 현재 각각 1,500원과 500원으로 차익거래 기회가 존재한다. 차익거래 포지션의 만기일의 현금흐름을 0으로 할 때, 현재의 차익거래 이익에 가장 가까운 것은? 단, 무위험수익률은 연 10%이며 무위험수익률로 차입과 예금이 가능하다. 옵션 1계약 당 거래단위(승수)는 1주이며, 차익거래 포지션은 주식 E의 1주를 기준으로 구성한다.

① 800원 ② 900원 ③ 1,000원
④ 1,100원 ⑤ 1,200원

① 형

경제원론

2019년 제54회

제1교시

※ 각 문제의 보기 중에서 물음에 가장 합당한 답을 고르시오.

1. 두 재화 X, Y를 통해 효용을 극대화하고 있는 소비자를 고려하자. 이 소비자의 소득은 50이고 X재의 가격은 20이다. 현재 X재의 한계효용은 2, Y재의 한계효용은 4이다. 만약 이 소비자가 X재를 3단위 소비하고 있다면, Y재의 소비량은? (단, 현재 소비점에서 무차별곡선과 예산선이 접한다.)

① 7.4   ② 11   ③ 12

④ 22   ⑤ 44

2. 두 재화 X, Y만을 구매하여 효용을 극대화하는 소비자가 있다. X재는 정상재인 반면 Y재는 열등재이다. X재 가격이 상승할 때 두 재화의 구매량 변화로 옳은 것은?

	X재	Y재
①	증가	감소
②	감소	감소
③	감소	증가
④	감소	불확실
⑤	불확실	불확실

3. 월 소득 10으로 두 재화 X, Y만을 구매하는 소비자가 있다. 이 소비자가 이용하는 상점에서 두 재화의 가격은 각각 1인데, 이번 달은 사은행사로 X재를 6단위 이상 구입하는 소비자에게는 2단위의 Y재가 무료로 지급된다. 다음 설명 중 옳지 않은 것은?

① 지난 달에 X재 1단위 소비의 기회비용은 Y재 1단위이다.

② 행사로 인해 예산집합의 면적이 8 증가한다.

③ 이번 달 예산선의 우하향하는 부분의 기울기는 지난 달 예산선의 기울기와 같다.

④ 이 소비자의 선호가 단조성을 만족하면, 이번 달에 X재 5단위를 구입하는 것은 최적선택이 될 수 없다.

⑤ 이 소비자의 효용함수가 $u(x, y) = xy$라면, 이번 달 이 소비자의 X재 소비량은 Y재 소비량보다 크다.

4. 100만원의 자동차를 가지고 있는 A는 0.1의 확률로 사고를 당해 36만원의 손해를 볼 수 있으며, 자동차 손해보험을 판매하는 B로부터 사고 시 36만원을 받는 보험을 구매할 수 있다. m원에 대한 A의 기대효용함수가 $U(m) = \sqrt{m}$일 때, B가 받을 수 있는 보험료의 최댓값은?

① 0원   ② 2만 5,400원   ③ 3만 9,600원
④ 6만원   ⑤ 9만 8,000원

5. 두 재화 X, Y를 통해 효용을 극대화하는 소비자의 효용함수가 다음과 같다.

$$u(x, y) = -(x-a)^2 - (y-b)^2$$

a, b는 양(+)의 상수이다. 이 소비자에 대한 설명으로 옳은 것은?

① 두 재화가 모두 비재화(bads)인 부분이 존재한다.
② 초기부존점이 (a, b)라면 예산선 위의 모든 점에서 효용이 극대화된다.
③ 주어진 소득 수준에서 효용을 극대화하는 소비점이 여러 개 존재할 수 있다.
④ 효용함수 $u(x, y) = -|x-a| - |y-b|$도 같은 선호체계를 나타낸다.
⑤ 선호체계가 이행성(transitivity)을 위배한다.

6. 두 생산요소 L과 K를 이용하여 Y재를 생산하는 기업의 생산함수가

$$y = \min\left\{2L, \frac{1}{2}(L+K), 2K\right\}$$

일 때, 이 기업의 등량곡선의 모양으로 옳은 것은?

①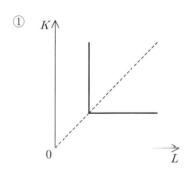

②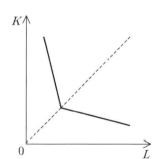

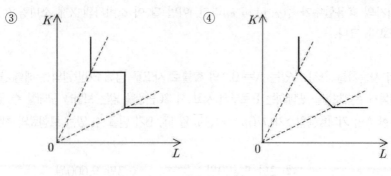

7. 다음 그림은 완전경쟁시장에서 조업하는 어느 기업의 총비용곡선을 나타낸다. 다음 설명 중 **옳지 않은** 것은?

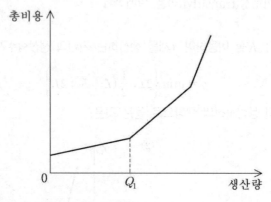

① 장기가 아닌 단기의 비용곡선을 나타낸다.
② 규모의 경제가 발생하는 구간이 존재한다.
③ 생산량이 Q_1 보다 작은 구간에서 생산량이 증가함에 따라 평균가변비용이 증가한다.
④ 평균비용은 Q_1 에서 최소가 된다.
⑤ 조업중단가격은 생산량이 Q_1 보다 작은 구간에서의 한계비용과 일치한다.

8. 소득 m으로 두 재화 X1과 X2를 소비하는 소비자의 효용함수가

$$u(x_1, x_2) = \min\{2x_1 + x_2, x_1 + 2x_2\}$$

로 주어져 있다. X2의 가격이 1일 때, X1의 수요곡선에 관한 설명 중 옳은 것을 모두 고르면? (단, $0 < m < \infty$ 이다.)

> 가. 가격탄력성이 0인 점이 있다.
> 나. 가격탄력성이 무한(∞)인 점이 있다.
> 다. 수요량은 모든 가격에서 0보다 크다.
> 라. 가격이 3/2에서 2/3로 하락하면 대체효과가 소득효과보다 크다.

① 가, 나 ② 가, 다 ③ 나, 다
④ 나, 라 ⑤ 다, 라

9. 소비자가 하루 중 취침 시간을 제외한 16시간을 여가(ℓ)와 노동에 배분하여 효용을 극대화한다. 이 소비자는 노동수입으로 가격이 1인 식료품(c)을 구입하며 효용함수는

$$u(\ell, c) = \ell^{1/2} c^{1/2}$$

이다. 시간당 임금률은 8시간까지는 10이고 8시간을 초과하는 노동에 대해서는 $(10 + \alpha)$이다. 만약 이 소비자가 10시간의 노동을 공급하고 있다면 α는?

① 8 ② 9 ③ 10
④ 11 ⑤ 12

10. 규모수익불변의 생산기술을 나타내는 생산함수를 모두 고르면? (단, $0 < \alpha < 1$ 이다.)

> 가. $f(x_1, x_2) = x_1^\alpha + x_2^{1-\alpha}$
> 나. $f(x_1, x_2) = x_1^\alpha x_2^{1-\alpha}$
> 다. $f(x_1, x_2) = \sqrt{\alpha x_1 + (1-\alpha)x_2}$
> 라. $f(x_1, x_2) = \left(\alpha\sqrt{x_1} + (1-\alpha)\sqrt{x_2}\right)^2$

① 가, 나 ② 가, 다 ③ 나, 다
④ 나, 라 ⑤ 다, 라

11. 동일한 재화를 공장 1, 공장 2에서 생산하려는 기업이 있다. 각 공장의 비용함수는 다음과 같다.

$$\text{공장 1:} \quad C_1(q) = \begin{cases} 0 & q = 0 \text{인 경우} \\ 2q^2 + 200 & q > 0 \text{인 경우} \end{cases}$$

$$\text{공장 2:} \quad C_2(q) = \begin{cases} 0 & q = 0 \text{인 경우} \\ q^2 + 1{,}300 & q > 0 \text{인 경우} \end{cases}$$

이 기업이 최소비용으로 30단위를 생산할 때 공장 1의 생산량은?

① 0   ② 10   ③ 15
④ 20   ⑤ 30

12. 어느 독점기업이 직면하는 시장수요가 $Q = 100 - P$로 주어져 있다. 이 독점기업의 한계비용이 60에서 40으로 하락할 때, 이에 따른 자중손실(deadweight loss)의 변화는?

① 변화가 없다.   ② 125만큼 감소한다.   ③ 125만큼 증가한다.
④ 250만큼 감소한다.   ⑤ 250만큼 증가한다.

13. 다음과 같은 동시게임에 내쉬균형(Nash equilibrium)이 1개만 존재할 때, a의 전체 범위는? (단, A와 B는 각 경기자의 전략이며, 괄호 안의 첫 번째 숫자는 경기자 1의 보수를, 두 번째 숫자는 경기자 2의 보수를 나타낸다.)

경기자 2

경기자 1		A	B
	A	$(a,\ 2)$	$(10,\ 10)$
	B	$(6,\ 4)$	$(5,\ 4)$

① $a > 0$ ② $a > 2$ ③ $a > 4$
④ $a > 5$ ⑤ $a > 6$

14. X재와 Y재가 10단위씩 존재하며 두 소비자 1, 2가 두 재화 X, Y를 소비하는 2×2 순수 교환경제가 있다. 소비자 1의 효용함수는 $u(x_1, y_1) = x_1 + 2y_1$이고 소비자 2의 효용함수는 $v(x_2, y_2) = 2x_2 + y_2$이다. 여기서 x_i, y_i는 각각 소비자 i의 X재와 Y재 소비량을 나타낸다. 다음 중 이 경제의 계약곡선(contract curve), 즉 파레토 효율적인 배분을 이은 선을 에지워스 상자에 나타낸 것으로 옳은 것은? (단, 에지워스 상자의 가로 길이와 세로 길이는 각각 10이며, O_1, O_2는 각각 소비자 1, 2의 원점을 나타낸다.)

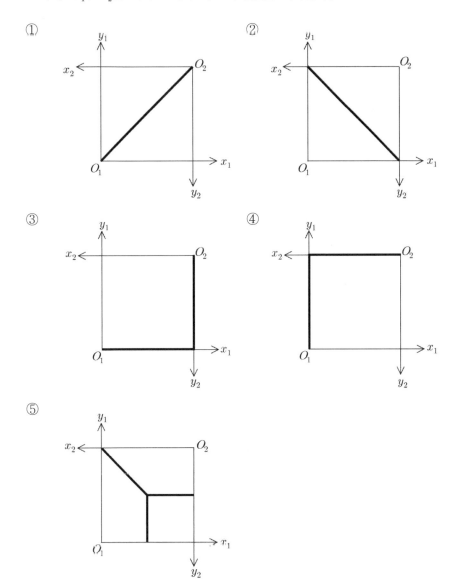

15. 독점적 경쟁시장에서 조업하는 A기업의 비용함수는 $C(Q) = Q^2 + 2$이다. 이 시장의 기업 수가 n일 때 A기업이 직면하는 개별수요함수가 $Q = \dfrac{100}{n} - P$이면, 이 시장의 장기 균형에서 기업의 수 n은?

① 16　　　　　　② 25　　　　　　③ 36

④ 49　　　　　　⑤ 64

16. 노동(L)과 자본(K)을 이용하여 두 재화 X재와 Y재만을 생산하는 경제를 고려하자. 각 재화의 생산함수는

$$Q_x = L_x + K_x, \qquad Q_y = L_y^{1/2} K_y^{1/2}$$

이고, 노동과 자본은 10단위씩 주어져 있다. 생산이 효율적으로 이루어질 때, X재 생산을 한 단위 늘리기 위해 포기해야 하는 Y재 생산량, 즉 한계변환율(marginal rate of transformation)은?

① 1/4　　　　　　② 1/2　　　　　　③ 1

④ 2　　　　　　⑤ 4

17. 사적 재화(X)와 공공재(Y)를 통해 효용을 극대화하는 A는 사적 재화 4단위를 가지고 있다. 공공재 1단위를 생산하기 위해서는 사적 재화 1단위가 필요하다. 현재 이 경제에 1단위의 공공재가 존재하고 A의 효용함수가 $u(x, y) = xy$라면, A의 공공재 공급량은?

① 0　　　　　　② 1　　　　　　③ 1.5

④ 2　　　　　　⑤ 2.5

18. 비용함수가 $C(Q) = Q^2 + 10$인 독점기업의 시장수요가 $Q = 100 - P$이다. 이 기업은 생산과정에서 생산량 한 단위당 25의 외부공해비용을 발생시킨다. 이 기업의 이윤극대화 생산량을 Q_M, 사회적 최적생산량을 Q_S라 할 때, $(Q_M - Q_S)$의 값은?

① 0　　　　　　② 5　　　　　　③ 6.25

④ 10　　　　　　⑤ 12.5

19. 좋은 품질과 나쁜 품질, 두 가지 유형의 차가 거래되는 중고차 시장이 있다. 좋은 품질의 차가 시장에서 차지하는 비중은 50%이다. 각 유형에 대한 구매자의 지불용의금액(willingness to pay)과 판매자의 수용용의금액(willingness to accept)은 다음 표와 같다. 판매자는 자신이 파는 차의 유형을 알고 있으며, 구매자는 위험중립적이다.

	좋은 품질	나쁜 품질
구매자의 지불용의금액	a	800
판매자의 수용용의금액	1,000	b

이 시장에서 구매자가 차 유형을 알 수 있는 경우와 차 유형을 알 수 없는 경우 각각에서 두 유형의 중고차가 모두 거래될 수 있는 a, b의 값으로 가능한 것은?

	a	b
①	900	600
②	1,100	600
③	1,300	600
④	1,300	900
⑤	1,400	900

20. 동일한 노동량을 보유하고 있는 두 국가 A, B는 유일한 생산요소인 노동을 이용하여 두 재화 X, Y만을 생산한다. 두 국가 각각의 생산가능곡선은 직선이다. 각국은 교역의 이득이 있는 경우에만 자국에 비교우위가 있는 재화의 생산에 완전특화한 후 상대국과 교역한다. 다음 표는 이에 따른 두 국가의 생산 조합과 교역 후 소비 조합을 나타낸다.

	A국		B국	
	생산	소비	생산	소비
X재	100	80	0	20
Y재	0	20	100	80

다음 설명 중 옳은 것만을 모두 고르면? (단, 교역은 두 국가 사이에서만 일어난다.)

> 가. X재 수량을 가로축에 놓을 때, 생산가능곡선 기울기의 절댓값은 A국이 B국보다 크다.
> 나. B국은 X재 생산에 절대우위가 있다.
> 다. 교역조건은 'X재 1단위 = Y재 1단위'이다.

① 가   ② 나   ③ 다
④ 가, 다   ⑤ 나, 다

21. 은퇴까지 앞으로 20년간 매년 6,000만원의 소득을 얻을 것으로 예상되는 노동자가 있다. 현재 이 노동자는 잔여 생애가 40년이고 자산은 없으며 2억원의 부채를 갖고 있다. 생애소득가설에 따를 때, 이 노동자의 은퇴 시 순자산(=자산−부채)과 잔여 생애 동안의 연간 소비는? (단, 이자율은 항상 0이고, 사망 시 이 노동자의 순자산은 0이다.)

	순자산	연간 소비
①	4억원	2,000만원
②	5억원	2,500만원
③	6억원	3,000만원
④	7억원	3,500만원
⑤	8억원	4,000만원

22. 어느 경제의 화폐수요함수가 다음과 같다.

$$\frac{M^d}{P} = \frac{Y}{4i}$$

M^d, P, Y, i는 각각 명목화폐수요, 물가수준, 총생산, 명목이자율을 나타낸다. 이 경제의 화폐유통속도는?

① i ② $4i$ ③ $\frac{1}{4i}$

④ $\frac{1}{4}$ ⑤ 4

23. 어느 경제의 현금통화는 400조원, 법정지급준비율은 5%이며 은행은 50조원의 초과지급준비금을 보유하고 있다. 이 경제의 요구불예금 대비 현금보유 비율이 40%라면 본원통화와 M1 통화승수는? (단, 요구불예금 이외의 예금은 없다고 가정한다.)

	본원통화	M1 통화승수
①	450조원	2.5
②	450조원	2.8
③	450조원	3.2
④	500조원	2.5
⑤	500조원	2.8

24. 다음은 어떤 나라의 고용 관련 자료를 정리한 표이다.

생산가능인구	1,000만명
경제활동참가율	70%
실업자	35만명
실업자가 일자리를 구할 확률	0.24
취업자가 일자리를 잃을 확률	0.01

실업률갭을 실제실업률에서 자연실업률을 차감한 값으로 정의할 때, 이 나라의 실업률갭은? (단, 생산가능인구, 실업자가 일자리를 구할 확률, 취업자가 일자리를 잃을 확률은 일정하고, 경제활동인구와 비경제활동인구 사이의 이동은 없다.)

① −0.5% ② 0.0% ③ 0.5%
④ 1.0% ⑤ 1.5%

25. 고전학파와 케인즈학파에 관한 다음 설명 중 옳은 것만을 모두 고르면?

> 가. 케인즈학파는 동일한 규모라면 정부지출 확대가 조세 감면보다 총수요 증대 효과가 크다고 보았다.
> 나. 고전학파는 정부의 확장적 재정정책이 민간투자를 감소시킬 수 있다고 보았다.
> 다. 고전학파는 재량적인 총수요 관리 정책이 경기안정화에 효과적이라고 보았다.
> 라. 케인즈학파는 수요측 요인보다는 공급측 요인에 의해 경기변동이 발생한다고 보았다.

① 가, 나 ② 가, 다 ③ 다, 라
④ 가, 나, 라 ⑤ 나, 다, 라

26. 주어진 소득과 이자율하에서 효용을 극대화하는 소비자의 효용함수가 다음과 같다.

$$U(C_1, C_2) = \sqrt{C_1} + \sqrt{C_2}$$

C_1과 C_2는 각각 1기와 2기의 소비를 나타낸다. 이 소비자의 소득은 1기에 0이고 2기에 1,300이다. 만약 이 소비자가 1기에 400까지만 차입할 수 있다면, 이 소비자의 효용은? (단, 이자율은 0이다.)

① 38 ② 40 ③ 45
④ 48 ⑤ 50

27. 다음은 인구증가와 노동부가형(labor-augmenting) 기술진보를 고려한 솔로우 모형을 나타낸 그래프이다. L, E 는 노동량과 노동의 효율성을 나타내고 각각의 연간 증가율은 n과 g이며 모두 양(+)이다. K 는 총자본량이며 효율노동($= L \times E$) 1단위당 자본량은 $k = K/(L \times E)$로 정의된다. 총생산(Y)에 대한 생산함수는 $Y = F(K, L \times E)$로 일차동차이며, 효율노동 1단위당 생산량으로 표시된 생산함수는 $y = f(k)$이다. s, δ는 각각 저축률, 감가상각률을 나타내며, 노동량은 인구와 같다.

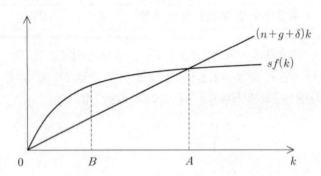

x, y, z를 각각 '$k = A$일 때 1인당 생산(Y/L)의 증가율', '$k = A$일 때 총생산(Y)의 증가율', '$k = B$일 때 총생산(Y)의 증가율'이라고 할 때, 이들 사이의 대소를 비교한 결과로 옳은 것은?

① $x > y > z$ ② $y = z > x$ ③ $z > y = x$
④ $z > x > y$ ⑤ $z > y > x$

28. 자본의 한계생산(MP_K)이 다음과 같이 자본량(K)의 함수로 주어진기업이 있다.

$$MP_K = \frac{16}{K} + 0.02$$

최종 생산물인 소비재의 자본재에 대한 상대가격은 언제나 1이고, 실질이자율과 감가상각률은 각각 0.10과 0이다. 현재 자본량이 220이면, 이 기업은 최적자본량에 도달하기 위해 자본량을 어떻게 조정해야 하는가?

① 20만큼 줄인다.   ② 20만큼 늘린다.   ③ 30만큼 줄인다.
④ 30만큼 늘린다.   ⑤ 현재의 수준을 유지한다.

29. 금융위기가 발생한 신흥시장국에서 일반적으로 나타나는 현상으로 가장 **거리가 먼** 것은?

① 자본유출이 발생한다.
② 주가지수가 하락한다.
③ 해당국 통화의 대외 가치가 하락한다.

④ 현금보유성향이 강해져 통화승수가 상승한다.
⑤ 신용경색과 대출축소로 실물경기가 악화된다.

30. 어느 경제의 IS곡선이 다음과 같이 주어져 있다.

$$Y = 20 + 0.75(Y - T) + I(r) + G$$

Y, T, I, r, G는 각각 총생산, 조세, 투자, 실질이자율, 정부지출을 나타낸다. 정부가 다음과 같은 정부지출 확대와 조세 감면의 조합으로 확장적 재정정책을 실시할 때, 그에 따른 투자 감소가 가장 작은 경우는? (단, LM곡선은 우상향하고 투자는 실질이자율의 감소함수이다.)

	정부지출	조세
①	4단위 증가	2단위 감소
②	3단위 증가	4단위 감소
③	2단위 증가	6단위 감소
④	1단위 증가	7단위 감소
⑤	변화 없음	9단위 감소

31. 중앙은행이 다음과 같은 준칙에 따라 정책금리를 설정하여 통화정책을 운용한다.

$$i = 0.02 + \pi + 0.5(\pi - \pi^*) + 0.5\left(\frac{Y - Y^*}{Y^*}\right)$$

i, π, π^*, Y, Y^*는 각각 정책금리, 인플레이션율, 목표인플레이션율, 실제총생산, 잠재총생산을 나타내며, $\left(\frac{Y - Y^*}{Y^*}\right)$는 총생산갭이다. 이에 대한 설명으로 옳은 것을 모두 고르면?

> 가. 정부지출의 외생적 증가로 총생산이 증가하면 정책금리가 인상된다.
> 나. 총생산갭의 변화 없이 인플레이션율이 1% 포인트 높아지면 정책금리도 1% 포인트 높아진다.
> 다. 소비심리가 악화되어 총생산이 감소하면 정책금리가 인하된다.
> 라. π^*의 인상은 총수요를 감소시킨다.

① 가, 나   ② 가, 다   ③ 나, 다
④ 나, 라   ⑤ 다, 라

32. 인구가 일정하고 기술진보가 없는 솔로우 모형을 고려하자. 1인당 생산(y)과 1인당 자본 (k)으로 표시된 생산함수는 다음과 같다.

$$y = \sqrt{k}$$

감가상각률이 0.25일 때, 황금률 균제상태(steady state)의 1인당 자본량은?

① 4　　　　　　　② 5　　　　　　　③ 6
④ 7　　　　　　　⑤ 8

33. A국과 B국 사이에 상대적 구매력평가가 성립한다. 다음 표는 A국과 B국의 2010년과 2018년의 물가지수를 나타낸다.

	A국	B국
2010년	100	110
2018년	112	121

2010년에 A국과 B국 사이의 환율(B국 통화 1단위와 교환되는 A국 통화의 양)이 1이었 다면, 2018년의 환율은?

① 0.94　　　　　② 0.96　　　　　③ 0.98
④ 1.00　　　　　⑤ 1.02

34. A국의 중앙은행은 다음과 같이 주어진 손실함수를 최소화하도록 통화정책을 운용한다.

$$L(\pi) = (\pi - 0.03)^2$$

이 국가의 필립스 곡선은 다음과 같다.

$$\pi = \pi^e - (u - 0.05)$$

π, π^e, u는 각각 인플레이션율, 기대인플레이션율, 실업률을 나타낸다. A국의 민간 경제주체가 인플레이션에 대한 기대를 합리적으로 형성한다고 가정할 때, 기대인플레이션율과 실업률 은? (단, 민간 경제주체는 중앙은행의 손실함수를 정확하게 알고 있으며, 실업률은 항상 양 (+)이다.)

	기대인플레이션율	실업률
①	0.03	0.06
②	0.03	0.05
③	0.04	0.05
④	0.04	0.04
⑤	0.05	0.04

35. 다음과 같은 폐쇄경제 IS-LM모형을 가정하자.

상품시장	화폐시장
$C = 250 + 0.75(Y - T)$ $I = 160 - 15r$ $G = 235$ $T = 120$	$M = 2,400$ $P = 6$ $L(Y,r) = Y - 200r$

C, Y, T, I, G, M, P, $L(Y,r)$, r은 각각 소비, 총생산, 조세, 투자, 정부지출, 화폐공급, 물가수준, 실질화폐수요함수, 실질이자율(%)을 나타낸다. 이 경제의 균형 실질이자율과 균형 총생산은?

	균형 실질이자율	균형 총생산
①	7.0	1,800
②	6.5	1,700
③	6.0	1,600
④	5.5	1,500
⑤	5.0	1,400

36. 다음과 같은 관계식이 성립하는 경제가 있다.

$$\pi_t = \pi_{t-1} - 2(u_t - u^N)$$

$$\frac{Y_t - Y^*}{Y^*} = -2(u_t - u^N)$$

π_t, u_t, Y_t는 각각 t기의 인플레이션율, 실업률, 총생산을 나타내고, u^N, Y^*는 각각 자연실업률, 잠재총생산을 나타낸다. 현재 실업률이 자연실업률과 같을 때, 인플레이션율을 1% 포인트 낮추려는 정책이 실업률과 총생산에 미치는 효과는?

	실업률	총생산
①	0.5% 포인트 상승	0.5% 감소
②	0.5% 포인트 상승	1% 감소
③	1% 포인트 상승	1% 감소
④	1% 포인트 하락	2% 증가
⑤	2% 포인트 하락	4% 증가

37. 다음 중 중앙은행이 소득을 안정화하기 위해 확장적 통화정책을 실시해야 하는 경우만을 모두 고르면?

> 가. 인공지능 시스템 도입을 위하여 기업들이 새로운 컴퓨터를 구입하였다.
> 나. 금융불안으로 금융기관의 초과지급준비금이 크게 증가하였다.
> 다. 지정학적 리스크 확대로 투자심리가 악화되어 기업의 투자가 감소되었다.

① 가 ② 나 ③ 다
④ 나, 다 ⑤ 가, 나, 다

38. 다음은 개방경제에 대한 케인즈의 국민소득결정모형이다.

$$C = 500 + 0.6(Y - T) \qquad I = 200$$
$$G = 100 \qquad T = 100$$
$$X = 300 \qquad IM = 0.1Y$$

(Y, C, I, G, T, X, IM은 각각 총생산, 소비, 투자, 정부지출, 조세, 수출, 수입을 나타낸다.)

이때 수출 승수는?

① 0.5 ② 1.0 ③ 1.5
④ 2.0 ⑤ 2.5

39. 완전한 자본이동과 소규모 개방경제를 가정하는 먼델-플레밍(Mundell-Fleming) 모형을 고려하자. 변동환율제도하에서 다른 모든 조건은 동일한 가운데, 교역상대국의 보호무역조치로 인해 수출이 외생적으로 감소하였다. 이에 따른 새로운 균형을 기존의 균형과 비교한 결과로 옳지 않은 것은? (단, 소비는 처분가능소득만의 함수이고 투자는 실질이자율만의 함수이다.)

① 투자는 불변이다.
② 총소득은 불변이다.
③ 순수출은 감소한다.
④ 자국 통화가치는 하락한다.
⑤ 오쿤의 법칙이 성립하면 실업률은 불변이다.

40. 한국의 물가상승률은 2%로 향후에도 동일할 것으로 예상되고 있으며, 한국의 명목이자율은 3%이고 한국과 미국의 실질이자율은 동일하다고 하자. 또한, 현재 미달러 대비 원화의 현물환율은 1달러당 1,100원이며, 1년 선물환율은 1달러당 1,111원이라고 하자. 피셔효과, 화폐수량설, 이자율평가설(interest rate parity theory)이 성립한다면 다음 중 옳은 것은?

① 한국의 실질이자율은 2%이다.
② 미국의 명목이자율은 4%이다.
③ 미국의 향후 1년 동안 물가상승률은 1%로 예상된다.
④ 한국의 실질GDP 증가율이 2%라면 한국의 통화증가율은 3%이다.
⑤ 한국의 명목GDP 증가율이 5%라면 한국의 통화증가율은 4%이다.

※ 각 문제의 보기 중에서 물음에 가장 합당한 답을 고르시오.

1. 상법의 이념 및 법원에 관한 설명으로 **틀린** 것은?

① 상법은 원칙적으로 회사정관에 우선하여 적용된다.

② 기업의 영리성 보장에 관한 각종 제도는 기업의 존속 및 강화를 위한 것이다.

③ 공시제도 및 외관주의의 관철은 거래안전의 보호에 기여한다.

④ 자본시장과 금융투자업에 관한 법률과 채무자 회생 및 파산에 관한 법률은 상법에 우선하여 적용된다.

⑤ 영업양도 및 회사의 합병·분할에 관한 제도는 기업의 유지라는 상법이념의 구체화라고 볼 수 있다.

2. 상법상 상인과 상업사용인에 관한 설명으로 **틀린** 것은?

① 자기명의로 상법 제46조의 기본적 상행위를 하는 자는 당연상인이다.

② 회사는 상행위를 하지 아니하더라도 상인으로 본다.

③ 회사가 아닌 자본금액 1천만원 미만의 상인에 대해서는 지배인, 상호, 상업등기와 상업장부에 관한 규정을 적용하지 아니한다.

④ 거래상대방이 영업주에게 하는 의사표시는 공동지배인 모두에게 하여야 영업주에게 효력이 있다.

⑤ 영업주는 상업사용인이 경업금지의무를 위반한 경우 개입권을 행사할 수 있고 사용인에 대하여 계약의 해지 또는 손해배상청구를 할 수 있다.

3. 상법상 위탁매매업에 관한 설명으로 **틀린** 것은?

① 위탁매매인이 위탁받은 매매를 한 때에는 지체없이 위탁자에 대하여 그 계약의 요령과 상대방의 주소, 성명의 통지를 발송하여야 하며 계산서를 제출하여야 한다.

② 위탁매매인이 거래소의 시세가 있는 물건의 매수를 위탁받은 경우에는 직접 그 매도인이 될 수 있으며 이 경우 매매대가는 위탁자가 목적물을 수령한 때의 거래소의 시세에 따른다.

③ 물건의 매수위탁을 받은 위탁매매인은 위탁자가 목적물의 수령을 거부하는 경우 위탁자가 비상인이더라도 목적물을 공탁하거나 상당한 기간을 정하여 최고한 후 경매할 수 있다.

④ 매수위탁자가 상인인 경우 목적물을 수령한 때에는 지체없이 이를 검사하여야 하며 하자 또는 수량의 부족을 발견한 경우에는 즉시 위탁매매인에게 그 통지를 발송하지 아니하면 이로 인한 계약해제, 대금감액 또는 손해배상을 청구하지 못한다.

⑤ 확정기매매위탁계약의 이행시기가 도래하였음에도 위탁매매인이 이행하지 않는 경우 상인인 매수위탁자가 즉시 그 이행을 청구하지 아니하면 계약을 해제한 것으로 본다.

4. 상법상 상호계산에 관한 설명으로 옳은 것은?

① 상호계산은 민법상 상계와 유사한 제도로서 상인 간에만 적용된다.

② 상호계산기간은 6개월로 하며 당사자가 특약으로 다르게 정할 수 없다.

③ 어음 · 수표로 인한 채권채무는 상호계산에 계입될 수 없다.

④ 상호계산제도는 하나의 계산단위로 하는 것이므로 상계로 인한 잔액에 대해 이자가 발생할 여지가 없다.

⑤ 당사자가 채권채무의 각 항목을 기재한 계산서를 승인한 때에는 착오나 탈루가 있는 때를 제외하고는 그 각 항목에 대해 이의를 제기하지 못한다.

5. 상법상 상행위 특칙에 관한 설명으로 **틀린** 것은?

① 상행위의 대리인이 본인을 위한 것임을 표시하지 아니하여도 그 행위는 본인에 대하여 효력이 있다.

② 상행위로 인한 채권은 상법에 다른 규정이 없고 다른 법령에 보다 단기의 시효규정이 없는 때에는 5년간 행사하지 아니하면 소멸시효가 완성한다.

③ 상행위로 인하여 생긴 채권을 담보하기 위하여 설정한 질권에 대해서 유질계약은 허용되지 않는다.

④ 상인이 그 영업에 관하여 금전을 대여한 경우에는 이자의 약정이 없더라도 연 6분의 법정이자를 청구할 수 있다.

⑤ 상인이 그 영업범위 내에서 물건의 임치를 받은 경우에는 보수를 받지 아니하는 때에도 선량한 관리자의 주의를 하여야 한다.

6. 상법상 상호에 관한 설명으로 옳은 것으로만 묶은 것은?

> ㄱ. 회사가 상이한 수개의 영업을 영위하는 경우 단일상호를 사용할 수 없다.
> ㄴ. 상호를 등기한 자가 정당한 사유없이 2년간 상호를 사용하지 아니한 때에는 이를 폐지한 것으로 본다.
> ㄷ. 주식회사, 유한회사는 설립시에 상호의 가등기를 신청할 수 있으나 상호와 목적을 변경할 때에는 상호의 가등기를 신청할 수 없다.
> ㄹ. 명의대여자는 명의차용자인 영업주의 거래상대방이 악의인 경우 이를 입증함으로써 면책될 수 있다.
> ㅁ. 부정한 목적으로 타인의 영업으로 오인할 수 있는 상호를 사용하는 자가 있는 경우 상호를 등기한 자만이 상호의 폐지를 청구할 수 있다.

① ㄱ, ㄴ   ② ㄱ, ㄷ   ③ ㄴ, ㄹ
④ ㄷ, ㅁ   ⑤ ㄹ, ㅁ

7. 상법상 새로운 상행위에 관한 설명으로 **틀린** 것은?

① 금융리스물건수령증을 발급한 경우에는 금융리스계약 당사자 사이에 적합한 금융리스물건이 수령된 것으로 추정한다.
② 금융리스물건이 공급계약에서 정한 시기와 내용에 따라 공급되지 아니한 경우 금융리스이용자는 직접 공급자에 대하여 공급계약의 내용에 적합한 금융리스물건의 인도를 청구할 수 없다.
③ 금융리스이용자는 중대한 사정변경으로 인하여 금융리스물건을 계속 사용할 수 없는 경우에는 3개월 전에 예고하고 금융리스계약을 해지할 수 있다.
④ 가맹계약상 존속기간에 대한 약정의 유무에 관계없이 부득이한 사정이 있으면 각 당사자는 상당한 기간을 정하여 예고한 후 가맹계약을 해지할 수 있다.
⑤ 영업채권의 채무자가 채무를 이행하지 아니하는 경우 채권매입업자는 다른 약정이 없는 한 채권매입계약의 채무자에게 그 영업채권액의 상환을 청구할 수 있다.

8. A는 상인 B로부터 물건판매의 중개를 위탁받은 대리상이다. 상법상 이 경우에 관한 설명으로 **틀린** 것은?

① A는 해당 거래의 중개로 인한 채권이 변제기에 있는 때에는 다른 약정이 없는 한 그 변제를 받을 때까지 B의 소유가 아니더라도 B를 위하여 점유하는 물건 또는 유가증권을 유치할 수 있다.
② A는 매매목적물의 하자 또는 수량부족 기타 매매의 이행에 관하여 그 통지를 받을 권한이 있다.

③ A의 B에 대한 보상청구권에 의한 보상금액은 원칙적으로 계약종료전 5년간의 평균 년보수액을 초과할 수 없다.

④ A는 B의 허락없이 자기나 제3자의 계산으로 B의 영업부류에 속한 거래를 하거나 동종영업을 목적으로 하는 회사의 무한책임사원 또는 이사가 되지 못한다.

⑤ 계약의 존속기간에 대한 약정이 있는 경우에도 A와 B는 2개월 전에 예고한 후 계약을 해지할 수 있다.

9. 상법상 합명회사에 관한 설명으로 옳은 것은?

① 회사설립의 취소는 취소권 있는 사원에 한하여 회사성립의 날로부터 2년 내에 소만으로 이를 주장할 수 있다.

② 사원의 일부가 업무집행사원인 경우에 각 업무집행사원의 업무집행행위에 대하여 다른 업무집행사원의 이의가 있는 때에는 곧 그 행위를 중지하고 사원 전원의 과반수의 결의에 의하여야 한다.

③ 사원이 사망한 경우 정관에 금지규정이 없는 이상 그 상속인이 회사에 대한 피상속인의 권리의무를 승계하여 사원이 된다.

④ 사원은 다른 사원 전원의 동의가 없으면 업무집행권 또는 회사대표권을 가지는지 여부에 관계없이 경업이 금지된다.

⑤ 판례에 의하면 사원의 지위를 취득하는 시점은 총사원의 동의가 있는 때가 아니라 정관의 기재가 실제로 변경된 때로 본다.

10. 상법상 유한책임회사에 관한 설명으로 옳은 것은?

① 채권자는 퇴사하는 사원에게 환급하는 금액이 잉여금을 초과하는 경우 그 환급에 대하여 회사에 이의를 제기할 수 없다.

② 업무를 집행하지 않는 사원은 업무를 집행하는 사원의 과반수 동의가 있으면 그 지분의 전부 또는 일부를 타인에게 양도할 수 있다.

③ 회사는 사원 전원의 동의로 그 지분의 일부를 취득할 수 있으며 회사가 지분을 취득하는 경우 그 지분은 지체없이 처분하여야 한다.

④ 업무집행자는 다른 사원 과반수의 동의가 있는 경우에만 자기 또는 제3자의 계산으로 회사의 영업부류에 속한 거래를 할 수 있다.

⑤ 업무집행자의 업무집행을 정지하거나 직무대행자를 선임하는 가처분을 하거나 그 가처분을 변경 또는 취소하는 경우에는 본점 및 지점이 있는 곳의 등기소에서 등기하여야 한다.

11. 상법상 주권의 선의취득과 제권판결에 관한 설명으로 **틀린** 것은?

① 주권이 발행되지 않고 전자등록부에 등록된 주식을 취득하여 등록한 경우에는 주식의 선의취득이 인정되지 않는다.

② 주주가 주권의 불소지 신고를 하여 제출한 주권을 회사가 무효로 한 경우에는 그 주권에 대한 선의취득이 인정될 수 없다.

③ 상속이나 회사의 합병과 같이 법률의 규정에 의하여 주권을 취득한 경우에는 선의취득이 인정되지 않는다.

④ 판례에 의하면 주권의 선의취득은 양도인이 무권리자인 경우뿐만 아니라 무권대리인인 경우에도 인정된다.

⑤ 주권을 상실한 자는 제권판결을 얻지 아니하면 회사에 대하여 주권의 재발행을 청구하지 못한다.

12. 상법상 주주명부와 명의개서에 관한 설명으로 **틀린** 것은? (이견이 있으면 판례에 의함)

① 회사는 특별한 사정이 없는 한 주주명부에 기재를 마치지 아니한 자의 주주권 행사를 인정할 수 없다.

② 회사는 주주명부상 주주 외에 실제 주식을 인수한 자가 따로 존재하는 사실을 안 경우 주주명부상 주주의 주주권 행사를 부인할 수 있다.

③ 회사가 명의개서청구를 부당하게 지연하는 경우 주식양수인은 명의개서를 하지 않고도 회사에 대한 관계에서 주주권을 행사할 수 있다.

④ 주주명부상의 주주는 실질적 권리를 증명하지 않아도 주주권을 행사할 수 있지만 주주명부의 기재에 창설적 효력이 인정되는 것은 아니다.

⑤ 주식양도인은 특별한 사정이 없는 한 회사에 대하여 주식양수인 명의로 명의개서를 하여 달라고 청구할 권리가 없다.

13. 상법상 1인회사에 관한 설명으로 **틀린** 것은? (이견이 있으면 판례에 의함)

① 합명회사와 합자회사는 1인회사가 인정되지 않지만 주식회사, 유한회사, 유한책임회사는 1인회사가 인정된다.

② 1인주식회사에서 주주총회의 소집절차가 위법하더라도 1인주주가 참석하여 총회개최에 동의하고 아무 이의없이 결의한 것이라면 그 결의는 효력이 있다.

③ 이사의 자기거래에 대하여 사전에 1인주주의 동의가 있었다면 그 1인주식회사는 이사회의 승인이 없었음을 이유로 책임을 회피할 수 없다.

④ 1인주식회사에서 1인주주인 대표이사가 임무위반행위로써 회사에 재산상의 손해를 발생케 하였더라도 배임죄가 성립되지 않는다.

⑤ 1인주식회사에서 1인주주가 회사 소유의 돈을 임의로 소비하였다면 횡령죄가 성립한다.

14. 甲주식회사는 2018년 5월 10일 설립되었는데 2019년 2월 24일 현재까지 주권을 발행하지 않고 있는 상태에서 甲회사의 주주가 그 주식을 양도하고자 한다. 상법상 이에 관한 설명으로 **틀린** 것은? (이견이 있으면 판례에 의함)

① 甲회사의 주주가 주식을 양도하는 경우 회사에 대해서도 효력이 있고 그 양도는 지명채권의 양도에 관한 일반원칙에 따라 당사자의 의사표시만으로 효력이 발생한다.

② 甲회사의 주식을 양수하는 자는 특별한 사정이 없는 한 양도인의 협력을 받을 필요 없이 단독으로 자신이 주식을 양수한 사실을 증명함으로써 회사에 대하여 명의개서를 청구할 수 있다.

③ 甲회사 주식의 이중양도가 문제되는 경우 그 이중양수인 상호간의 우열은 확정일자 있는 양도통지가 회사에 도달한 일시 또는 확정일자 있는 승낙의 일시의 선후에 의하여 결정한다.

④ 甲회사의 주식에 대한 양도통지가 확정일자 없는 증서에 의하여 이루어졌더라도 나중에 그 증서에 확정일자를 얻은 경우에는 원래의 양도통지일에 소급하여 제3자에 대한 대항력을 취득한다.

⑤ 甲회사의 주식을 양수한 자가 회사에 대하여 의결권을 행사하기 위해서는 주주명부에 주주로서 명의개서를 해야 한다.

15. 상법상 주주총회에서의 의결권 행사방법에 관한 설명으로 **틀린** 것은?

① 주주는 정관이 정하는 바에 따라 총회에 출석하지 아니하고 서면에 의하여 의결권을 행사할 수 있다.

② 회사는 정관에 규정이 없더라도 이사회 결의로 주주가 총회에 출석하지 아니하고 전자적 방법으로 의결권을 행사할 수 있음을 정할 수 있다.

③ 판례에 의하면 주주가 타인에게 의결권 행사를 위임하는 경우 구체적이고 개별적인 사항을 특정하여 위임해야 하고 포괄적으로 위임할 수는 없다.

④ 주주의 의결권을 대리행사하고자 하는 자는 대리권을 증명하는 서면을 총회에 제출하여야 한다.

⑤ 판례에 의하면 의결권 불통일행사의 통지가 주주총회일의 3일 전보다 늦게 도착하였더라도 회사가 이를 받아들여 허용한 것이라면 특별한 사정이 없는 한 위법하다고 볼 수는 없다.

16. 상법상 주식회사의 영업 전부의 양도에 반대하는 주주의 주식매수청구권에 관한 설명으로 **옳은** 것은?

① 의결권이 없거나 제한되는 주주는 영업양도를 승인하는 주주총회에서 의결권을 행사할 수 없으므로 주식매수청구권이 인정되지 않는다.

② 주주는 주주총회 전에 회사에 대하여 구두 또는 서면으로 그 결의에 반대하는 의사를 통지하고 그 총회의 결의일부터 1개월 이내에 구두 또는 서면으로 주식의 매수를 청구할 수 있다.

③ 판례에 의하면 주주가 회사에 대하여 주식매수청구를 하고 회사가 이를 승낙하여 의사의 합치가 이루어져야 주식에 관한 매매계약이 성립한다.

④ 주식매수청구를 받으면 회사는 주식매수청구를 받은 날로부터 2개월 이내에 그 주식을 매수하여야 한다.

⑤ 영업양도를 하는 회사의 발행주식총수의 100분의 90 이상을 상대방인 영업양수인이 소유하고 있는 경우에도 양도회사의 주주에게 주식매수청구권이 인정된다.

17. 상법상 회사에 대한 주주의 회계감독권 중 단독주주권이 **아닌** 것은?

① 회계장부 열람권　　② 영업보고서 열람권　　③ 대차대조표 열람권

④ 손익계산서 열람권　　⑤ 감사보고서 열람권

18. 상법상 종류주식과 종류주주총회에 관한 설명으로 **틀린** 것은?

① 판례에 의하면 어느 종류주식을 가진 주주의 지위가 정관변경에 따라 유리한 면이 있으면서 동시에 불이익한 면을 수반하는 경우 정관변경에 그 종류주주총회의 결의가 필요하다.

② 종류주주총회의 결의는 출석한 주주의 의결권의 3분의 2 이상의 수와 그 종류의 발행주식총수의 3분의 1 이상의 수로써 하여야 한다.

③ 의결권이 없는 종류주식을 가진 주주라도 그 종류주주총회에서는 의결권이 인정된다.

④ 종류주주총회를 소집할 때에는 그 종류주주총회일의 2주 전에 그 종류주식을 가진 각 주주에게 서면으로 통지를 발송하거나 각 주주의 동의를 받아 전자문서로 통지를 발송하여야 한다.

⑤ 판례에 의하면 정관변경에 필요한 종류주주총회의 결의가 아직 이루어지지 않았다면 그 정관변경을 결의한 주주총회결의의 하자를 이유로 그 결의의 무효확인을 구할 수 있다.

19. 상법상 주주명부에 관한 설명으로 **틀린** 것은?

① 회사는 정관으로 정하는 바에 따라 전자주주명부를 작성할 수 있으며 전자주주명부에는 전자우편주소를 적어야 한다.

② 회사는 배당을 받을 자를 정하기 위하여 3개월 이내의 일정한 기간을 정하여 주주명부의 기재변경을 정지할 수 있다.

③ 회사가 정관으로 주주명부의 폐쇄기간을 정한 때에는 그 기간의 2주간 전에 이를 공고하여야 한다.

④ 판례에 의하면 주주가 주주명부의 열람·등사청구를 한 경우 회사는 그 청구에 정당한 목적이 없다는 점을 증명하여 이를 거절할 수 있다.

⑤ 주주 또는 질권자에 대한 회사의 통지 또는 최고는 주주명부에 기재한 주소 또는 그 자로부터 회사에 통지한 주소로 하면 된다.

20. 상법상 다음 각 주식의 효력발생시기에 관한 설명으로 **틀린** 것은?

① 회사가 전환권을 가진 전환주식을 전환하여 발행하는 주식 – 주권제출기간이 끝난 때

② 전환권을 가진 주주가 전환주식의 전환을 청구하여 발행되는 주식 – 전환을 청구한 때

③ 신주인수권부사채권자가 회사에 신주인수권을 행사하여 발행되는 신주 – 신주의 발행가액의 전액을 납입한 때

④ 완전모회사가 되는 회사가 포괄적 주식교환을 위하여 완전자회사가 되는 회사의 주주에게 발행하는 신주 – 주식교환계약서에서 정한 주식교환을 할 날

⑤ 완전모회사가 되는 회사가 포괄적 주식이전을 위하여 완전자회사가 되는 회사의 주주에게 발행하는 주식 – 주식이전계획서에서 정한 주식이전을 할 날

21. 상법상 주주총회에 관한 설명으로 **틀린** 것은?

① 주주총회에서 회의를 연기할 것을 결의한 경우 연기하는 주주총회일을 정하여 그 2주 전에 각 주주에게 서면으로 소집통지를 발송하여야 한다.

② 주주총회가 재무제표를 승인한 후 2년 내에 감사의 책임을 추궁하는 결의를 하는 경우 당해 감사인 주주는 그 결의에 관한 특별이해관계인으로서 의결권을 행사하지 못한다.

③ 이사선임의 주주총회결의에 대한 취소판결이 확정된 경우 그 결의에 의하여 선임된 이사들로 구성된 이사회에서 선정된 대표이사는 소급하여 그 자격을 상실한다.

④ 판례에 의하면 주주총회에서 여러 개의 안건이 상정되어 각기 결의가 행하여진 경우 결의취소의 소의 제소기간의 준수 여부는 각 안건에 대한 결의마다 별도로 판단되어야 한다.

⑤ 주주가 결의취소의 소를 제기한 때에는 법원은 회사의 청구에 의하여 상당한 담보를 제공할 것을 명할 수 있으나 그 주주가 이사 또는 감사인 때에는 그러하지 아니하다.

22. 상법상 주주총회의 결의에 의하여 상근감사를 두어야 하는 주식회사가 상근감사로 선임할 수 있는 자격이 있는 자로 옳은 것은?

① 미성년자, 피성년후견인 또는 피한정후견인

② 해당 회사의 상무에 종사하는 이사의 직계존속

③ 파산선고를 받고 복권되지 아니한 자

④ 상장회사의 특례에 따른 감사위원회의 위원으로 재임하였던 자

⑤ 금고 이상의 형을 선고받고 그 집행이 끝나거나 집행이 면제된 후 2년이 지나지 아니한 자

23. 발기인 A는 甲주식회사를 설립하면서 B로부터 일시적으로 자금을 차입하여 주식인수대금으로 납입하고 회사설립등기를 한 후 곧바로 그 납입금을 인출하여 B에 대한 차입금을 변제하였다. 상법상 이에 관한 설명으로 **틀린** 것은? (이견이 있으면 판례에 의함)

① 이 경우 금원의 이동에 따른 현실의 납입이 있으므로 주식인수대금 납입으로서의 효력이 인정된다.

② 주식인수대금 납입절차는 일단 완료되고 설립절차상의 다른 하자가 없는 한 甲회사 설립의 효력이 있으며 A는 주주로서의 지위를 갖는다.

③ A가 납입한 돈은 일단 회사의 자본금이 되는 것이기 때문에 나중에 A가 이를 인출하여 차입금을 변제한 것은 업무상횡령죄가 성립한다.

④ 甲회사는 A에 대하여 주식인수대금 상당액의 상환을 청구할 수 있다.

⑤ A가 인출한 납입금을 회사를 위하여 사용한 것이 아니라 B에 대한 차입금을 변제하였으므로 실질적으로 회사의 자본이 늘어난 것이 아니어서 납입가장죄가 성립한다.

24. 상법상 주식회사 이사의 선임 및 해임에 관한 설명으로 **틀린** 것은?

① 판례에 의하면 주주총회에서의 이사선임결의와 피선임자의 승낙이 있으면 피선임자는 대표이사와 별도의 임용계약을 체결하지 않더라도 이사의 지위를 취득한다.

② 회사가 집중투표제에 의해 이사를 선임하기 위해서는 정관에 집중투표제를 채택하는 규정을 두어야 한다.

③ 최근 사업연도 말 현재의 자산총액이 2조원 이상인 상장회사는 3명 이상의 사외이사를 두어야 하고 사외이사후보추천위원회를 설치하여야 한다.

④ 판례에 의하면 정관에서 이사 임기를 정하지 않은 경우 상법상 이사의 최장기 임기인 3년을 경과하지 않은 동안에 이사가 해임되더라도 그 이사는 그로 인한 손해배상을 청구할 수 없다.

⑤ 회사는 이사의 임기를 정한 경우 정당한 이유가 없더라도 그 임기 만료 전에 주주총회의 특별결의로 그 이사를 해임할 수 있다.

25. 상법상 주식회사에서 자기 또는 제3자의 계산으로 회사와 거래를 하기 위하여 미리 이사회에서 해당 거래에 관한 중요사실을 밝히고 이사회의 승인을 받아야 하는 자에 해당하지 **않는** 것은?

① 이사의 배우자   ② 이사의 직계존속   ③ 이사의 배우자의 직계비속

④ 이사의 직계비속의 배우자

⑤ 이사의 배우자의 직계존속이 의결권 있는 발행주식 총수의 50% 이상을 가진 회사의 자회사

26. 상법상 주식회사 이사의 의무에 관한 설명으로 옳은 것은?

① 이사가 경업금지의무를 위반한 경우 회사는 그 거래를 안 날로부터 1년 내에 개입권을 행사할 수 있다.

② 자본금 총액이 10억원 미만으로서 2인의 이사를 둔 회사의 이사는 3개월에 1회 이상 업무의 집행상황을 이사회가 아닌 주주총회에 보고하여야 한다.

③ 회사의 사업기회유용금지의무를 위반하여 회사에 손해를 발생시킨 이사 및 승인한 이사는 연대하여 손해를 배상할 책임이 있으며 이로 인해 이사 또는 제3자가 얻은 이익은 손해로 추정한다.

④ 이사는 이사 3분의 2 이상의 수에 의한 이사회의 승인을 얻은 때에 한하여 동종영업을 목적으로 하는 다른 회사의 이사의 직을 겸할 수 있다.

⑤ 이사는 직무상 알게 된 회사의 영업상 비밀을 재임 중에 한하여 누설하여서는 아니된다.

27. 상법상 상장주식회사의 감사 · 감사위원회에 관한 설명으로 옳은 것은?

① 모회사의 감사는 당해회사 이사의 직을 겸할 수 없으나 자회사의 이사의 직은 겸할 수 있다.

② 감사위원회위원은 경업금지의무나 회사의 사업기회유용금지의무를 부담하지 않는다.

③ 감사는 신주발행유지청구권과 이사에 대한 위법행위유지청구권을 행사할 수 없다.

④ 최근 사업연도 말 현재의 자산총액이 2조원 이상인 상장회사는 주주총회에서 선임된 이사 중에서 이사회 결의를 통해 감사위원회위원을 선임할 수 있다.

⑤ 감사 또는 감사위원회는 이사에게 감사보고서를 주주총회일의 1주 전까지는 제출할 수 있다.

28. 상법상 주식회사가 다음의 사유로 인하여 해산한 때에 청산절차에 들어가지 <u>않는</u> 경우로만 묶은 것은?

| ㄱ. 합병 | ㄴ. 해산판결 | ㄷ. 파산 |
| ㄹ. 해산명령 | ㅁ. 분할 | ㅂ. 주주총회 특별결의 |

① ㄱ, ㄴ, ㄷ ② ㄱ, ㄷ, ㅁ ③ ㄴ, ㄹ, ㅂ

④ ㄷ, ㄹ, ㅁ ⑤ ㄹ, ㅁ, ㅂ

29. 상법상 주식회사의 대표이사와 집행임원에 관한 설명으로 옳은 것은?

① 이사가 회사에 대하여 소를 제기한 경우 대표이사가 그 소에 관하여 회사를 대표한다.
② 집행임원 설치회사의 경우 집행임원의 선임 및 해임의 권한은 주주총회에 있다.
③ 집행임원의 임기는 정관에 다른 규정이 없으면 3년으로 한다.
④ 집행임원은 이사회의 요구가 있으면 언제든지 이사회에 출석하여 요구한 사항을 보고하여야 한다.
⑤ 회사는 대표이사의 대표권의 제한을 이유로 선의의 제3자에게 대항할 수 있다.

30. 상법상 신주발행에 관한 설명으로 **틀린** 것은?

① 신주의 발행으로 인한 변경등기가 있은 후에 아직 인수하지 않은 주식이 있거나 주식인수의 청약이 취소된 때에는 이사가 이를 공동으로 인수한 것으로 본다.
② 회사성립 후 주식을 발행하는 경우 신주의 인수방법에 관한 사항에 대하여 정관에 정함이 없으면 반드시 주주총회의 특별결의로 이를 정하여야 한다.
③ 신주의 인수인은 회사의 동의가 있는 경우에 한하여 신주에 대한 납입채무와 회사에 대한 채권을 상계할 수 있다.
④ 회사성립의 날로부터 2년을 경과한 후에 주식을 발행하는 경우 회사는 주주총회의 특별결의와 법원의 인가를 얻어 주식을 액면미달의 가액으로 발행할 수 있다.
⑤ 신주발행무효의 소에서 신주발행을 무효로 하는 판결이 확정된 때에는 판결의 대세적 효력은 인정되나 소급효는 인정되지 않는다.

31. 상법상 자본금의 감소에 관한 설명으로 옳은 것은?

① 회사가 결손의 보전을 위하여 감자하는 경우 그에 관한 의안의 주요내용은 주주총회 소집통지에 기재하여야 한다.
② 사채권자는 사채권자집회의 결의가 없더라도 자본금 감소에 대한 이의를 제기할 수 있다.
③ 주식병합으로 감자하는 경우 단주가 있는 때에는 그 부분에 대하여 발행한 신주를 경매하여 그 대금을 자본금에 전입하여야 한다.
④ 주식병합으로 감자하는 경우 단주가 있는 때에는 거래소의 시세없는 주식은 법원의 허가가 없어도 회사와 주주가 협의한 가격으로 매각할 수 있다.
⑤ 감자무효는 주주·이사 또는 감사만이 감자로 인한 변경등기가 된 날부터 6개월 내에 소만으로 주장할 수 있다.

32. 상법상 전환사채에 관한 설명으로 옳은 것은?

① 전환청구권은 형성권으로서 전환사채권자가 전환을 청구한 때에 전환의 효력이 발

생한다.

② 주주 외의 자에 대하여 전환사채를 발행하는 경우 주주명부폐쇄기간 중에는 전환청구가 금지된다.

③ 주주 외의 자에 대하여 전환사채를 발행하는 경우 회사는 전환으로 인하여 발행할 주식의 종류와 수를 주주에게 통지하여야 한다.

④ 회사가 법령 또는 정관에 위반하거나 현저하게 불공정한 방법에 의하여 전환사채를 발행하는 경우에도 주주의 전환사채발행유지청구권은 인정되지 않는다.

⑤ 회사가 전환사채를 발행한 때에는 그 납입이 완료된 날로부터 본점소재지에서는 2주간 내 지점소재지에서는 3주간 내에 전환사채의 등기를 하여야 한다.

33. 환어음과 약속어음의 차이점에 관한 설명으로 옳은 것은? (백지어음은 고려하지 않음)

① 약속어음의 경우 주채무자가 존재하지만 환어음의 경우에는 주채무자가 존재하지 않을 수 있다.

② 약속어음의 발행인은 상환의무자이지만 환어음의 발행인은 상환의무자가 아니다.

③ 약속어음의 소지인은 인수가 거절되면 만기가 도래하기 전이라도 상환의무자에게 상환청구권을 행사할 수 있지만 환어음의 경우에는 그러하지 아니하다.

④ 환어음을 발행하는 때에는 발행인, 수취인만이 기재되지만 약속어음을 발행하는 때에는 발행인, 수취인, 지급인이 기재된다.

⑤ 약속어음은 설권증권이지만 환어음은 비설권증권이다.

34. 환어음 또는 수표가 무효로 되는 것은?

① 수표의 발행인이 수표에 이자약정을 기재한 경우
② 수표의 발행인이 지급을 담보하지 아니한다는 문구를 기재한 경우
③ 일람출급 환어음의 발행인이 이자약정을 기재한 경우
④ 환어음의 발행인이 분할출급을 기재한 경우
⑤ 환어음의 발행인이 인수를 담보하지 아니한다는 문구를 기재한 경우

35. 환어음의 인수제시에 관한 설명으로 **틀린** 것은?

① 발행인은 환어음에 기간을 정하거나 정하지 아니하고 인수를 위하여 어음을 제시해야 한다는 내용을 적을 수 있다.

② 환어음이 제3자방에서 지급하여야 하는 것인 경우 발행인은 인수를 위한 어음의 제시를 금지한다는 내용을 어음에 적을 수 없다.

③ 발행인이 인수를 위한 어음의 제시를 금지한 환어음을 소지한 자는 그 어음을 배서하여 교부할 때 인수를 위하여 어음을 제시해야 한다는 내용을 적을 수 있다.

④ 일람 후 정기출급 환어음의 발행인은 어음을 발행한 날로부터 6개월 내에 인수를 위한 어음의 제시를 해야 한다는 내용을 기재할 수 있다.

⑤ 지급인은 환어음의 소지인에게 첫 번째 인수제시일의 다음 날에 두 번째 인수제시를 할 것을 청구할 수 있다.

36. A로부터 약속어음을 발행받은 B는 피배서인란을 공란으로 둔 채 C에게 어음을 배서하여 교부하였다. C가 어음을 다시 D에게 양도하거나 직접 어음을 가지고 A에게 어음상 권리를 행사하고자 하는 경우에 관한 설명으로 **틀린** 것은? (지명채권양도방식은 고려하지 않음)

① C는 공란인 피배서인란에 D의 명의를 기재한 후 배서하지 아니하고 어음의 교부만으로 D에게 어음을 양도할 수 있다.

② 피배서인란을 공란으로 둔 채 C가 직접 A에게 어음상 권리를 행사하더라도 C는 적법한 어음의 소지인으로 추정된다.

③ C는 공란인 피배서인란에 C 자신의 명의를 기재한 후 배서하지 아니하고 어음의 교부만으로 D에게 어음을 양도할 수 있다.

④ C는 공란인 피배서인란을 보충하지 아니하고 또 배서도 하지 아니하고 어음의 교부만으로 D에게 어음을 양도할 수 있다.

⑤ C는 공란인 피배서인란을 보충하지 아니하고 다시 배서하여 교부함으로써 D에게 어음을 양도할 수 있다.

37. A는 B로부터 전자부품을 외상으로 공급받고 그 매매대금채무의 이행을 위해 약속어음을 B에게 발행하였으나 그 후 매매계약이 해제되었다. 이후 B는 "추심을 위하여"라고 기재하여 위 어음을 다시 C에게 배서하여 교부하였고 C는 어음의 취득 당시 매매계약의 해제 사실을 알지 못하였다. A, B, C의 법적 지위에 관한 설명으로 **틀린** 것은?

① B가 행한 배서에는 권리이전적 효력이 없다.

② C가 A에게 어음상 권리를 행사한 경우 A는 매매계약의 해제를 항변으로 주장할 수 없다.

③ C는 다시 "추심을 위하여"라고 기재하여 타인에게 어음을 배서하여 교부할 수 있다.

④ C가 A에게 어음상 권리를 행사하는 경우 C는 B의 대리인으로 추정된다.

⑤ B가 C로부터 어음을 회수하였다면 B는 C에게 행한 배서를 말소하지 않아도 A에게 어음상 권리를 행사할 수 있다.

38. A는 B로부터 인수를 받은 후 만기 2019년 2월 19일인 환어음을 발행하였다. 인수인 B의 지급행위의 효력에 관한 설명으로 **틀린** 것은? (2019년 2월 18일부터 2019년 2월 22일까지는 공휴일이 존재하지 아니함)

① B가 2019년 2월 18일 적법한 어음상 권리자가 아니지만 외형상 배서가 연속된 어음을 제시한 자에게 어음금을 지급하면 어음금 지급책임을 면하지 못한다.

② B가 2019년 2월 21일 적법한 어음상 권리자가 아니지만 외형상 배서가 연속된 어음을 제시한 자에게 선의·무과실로 어음금을 지급하면 어음금 지급책임을 면하지 못한다.

③ B가 2019년 2월 22일 적법한 어음상 권리자가 아니지만 외형상 배서가 연속된 어음을 제시한 자에게 선의·무과실로 어음금을 지급하면 어음금 지급책임을 면한다.

④ B는 2019년 2월 21일까지 지급을 받기 위한 제시가 없으면 어음금액을 관할 관서에 공탁함으로써 어음금 지급책임을 면한다.

⑤ B가 2019년 2월 18일 적법한 어음상 권리자에게 어음금을 지급하려 하는 경우 어음상 권리자는 이를 수령할 의무가 없다.

39. 수표에 관한 설명으로 **틀린** 것은?

① 발행인은 자신을 지급받을 자로 하여 수표를 발행할 수 있다.

② 기명식 수표에 "또는 소지인에게"라는 글자를 적었을 때에는 소지인출급식수표로 본다.

③ 수표에 일람출급에 위반되는 문구를 적은 경우 그 문구는 적지 아니한 것으로 본다.

④ 수표의 소지인은 지급인의 일부지급을 거절하지 못한다.

⑤ 수표의 소지인은 그 수표에 횡선을 그을 수 없다.

40. A은행에 정기예금을 들었던 B가 만기에 예금을 해지하면서 현금 대신 A은행으로부터 수취인이 공란인 자기앞수표를 발행받은 경우에 관한 설명으로 옳은 것은?

① 자기앞수표의 발행인은 A은행에게 자기앞수표를 발행해 줄 것을 의뢰한 B이다.

② 자기앞수표를 분실한 B가 수표금의 지급중지를 A은행에 청구하는 행위는 수표법상의 지급위탁의 취소행위에 해당한다.

③ B가 지급제시 없이 자기앞수표를 1개월 동안 보관하던 중 마음을 바꾸어 A은행에게 자기앞수표를 제시하고 지급을 청구한 경우 A은행은 수표금 지급의무를 이행해야 한다.

④ B가 1개월 동안 자기앞수표를 보관하다가 C에게 배서·교부의 방식으로 양도한 경우 B는 상환의무를 부담하지 않는다.

⑤ B가 C에 대한 외상대금채무의 지급을 위하여 자기앞수표를 C에게 교부하기로 합의하고 자기앞수표를 C에게 교부하면 B의 외상대금채무는 그 시점에 소멸한다.

① 형 세법개론

2019년 제54회   제2교시

※ 각 문제의 보기 중에서 물음에 가장 합당한 답을 고르시오.

(주어진 자료 이외의 다른 사항은 고려하지 않으며, 조세부담 최소화를 가정할 것)

1. 「국세기본법」상 국세부과 및 세법적용의 원칙에 관한 설명이다. <u>옳지 않은</u> 것은?

① 둘 이상의 행위 또는 거래를 거치는 방법으로 세법의 혜택을 부당하게 받기 위한 것으로 인정되는 경우에는 각각의 행위 또는 거래를 기준으로 세법을 적용하여 과세한다.

② 세무공무원이 국세의 과세표준을 조사·결정할 때에는 세법에 특별한 규정이 없으면 납세의무자가 계속하여 적용하고 있는 기업회계의 기준 또는 관행으로서 일반적으로 공정·타당하다고 인정되는 것은 존중하여야 한다.

③ 세법을 해석·적용할 때에는 과세의 형평과 해당 조항의 합목적성에 비추어 납세자의 재산권이 부당하게 침해되지 않도록 하여야 한다.

④ 납세의무자가 세법에 따라 장부를 갖추어 기록하고 있는 경우에는 해당 국세 과세표준의 조사와 결정은 그 장부와 이에 관계되는 증거자료에 의하여야 한다.

⑤ 세무공무원이 재량으로 직무를 수행할 때에는 과세의 형평과 해당 세법의 목적에 비추어 일반적으로 적당하다고 인정되는 한계를 엄수하여야 한다.

2. 「국세기본법」상 납세의무의 성립·확정 및 소멸에 관한 설명이다. <u>옳지 않은</u> 것은?

(2021 수정)

① 원천징수하는 소득세 또는 법인세는 소득금액 또는 수입금액을 지급하는 때에 납세의무가 성립하며, 동시에 특별한 절차 없이 납세의무가 확정된다.

② 세법에 따라 확정된 세액을 증가시키는 경정은 당초 확정된 세액에 관한 「국세기본법」 또는 세법에서 규정하는 권리·의무관계에 영향을 미치지 아니한다.

③ 「국제조세조정에 관한 법률」에 의한 국제거래 중 국외 제공 용역거래에서 발생한 부정행위로 법인세를 포탈하거나 환급·공제받은 경우, 그 법인세를 부과할 수 있는 날부터 10년이 지나면 부과할 수 없다.

④ 5억원 이상인 국세(가산세는 제외)의 징수를 목적으로 하는 국가의 권리는 10년 동안 행사하지 않으면 소멸시효가 완성된다.

⑤ 국세징수권의 소멸시효는 납부고지, 독촉, 교부청구 및 압류의 사유로 중단된다.

3. 「국세기본법」상 국세우선권에 관한 설명이다. **옳지 않은** 것은?　　　(2021 수정)

① 공과금의 강제징수를 할 때 그 강제징수금액 중에서 국세 및 강제징수비를 징수하는 경우, 그 공과금 및 강제징수비는 국세 및 강제징수비보다 우선하여 징수된다.

② 납세담보물을 매각하였을 때에는 압류 순서에 관계없이 그 담보된 국세 및 강제징수비는 매각대금 중에서 다른 국세 및 강제징수비와 지방세에 우선하여 징수한다.

③ 소득세의 법정기일 전에 「주택임대차보호법」에 따른 대항요건과 확정일자를 갖춘 사실이 증명되는 재산을 매각할 때 그 매각금액 중에서 소득세를 징수하는 경우, 그 확정일자를 갖춘 임대차계약서상의 보증금은 소득세보다 우선 변제된다.

④ 사용자의 재산을 매각할 때 그 매각금액 중에서 국세를 징수하는 경우에 「근로기준법」상 최종 3월분 임금채권은 법정기일에 관계없이 국세에 우선하여 변제된다.

⑤ 세무서장은 납세자가 제3자와 짜고 거짓으로 재산에 저당권을 설정함으로써 그 재산의 매각금액으로 국세를 징수하기가 곤란하다고 인정할 때에는 그 행위의 취소를 법원에 청구할 수 있다.

4. 「국세기본법」상 국세환급금에 관한 설명이다. **옳지 않은** 것은?　　　(2021 수정)

① 국세환급금을 충당할 경우에는 체납된 국세 및 강제징수비에 우선 충당하여야 하나, 납세자가 세법에 따라 자진납부하는 국세에 충당하는 것을 동의한 경우에는 해당 국세에 우선 충당하여야 한다.

② 국세환급금 중 국세 및 강제징수비에 충당한 후 남은 금액이 10만원 이하이고, 지급 결정을 한 날부터 1년 이내에 환급이 이루어지지 아니하는 경우에는 납부고지에 의하여 납부하는 국세에 충당할 수 있다.

③ 체납된 국세 및 강제징수비에 국세환급금의 충당이 있는 경우, 체납된 국세 및 강제징수비와 국세환급금은 체납된 국세의 법정납부기한과 국세환급금 발생일 중 늦은 때로 소급하여 대등액에 관하여 소멸한 것으로 본다.

④ 국세환급금 중 국세 및 강제징수비에 충당한 후 남은 금액은 국세환급금의 결정을 한 날부터 30일 내에 납세자에게 지급하여야 한다.

⑤ 납세자가 상속세를 물납한 후 그 부과의 전부 또는 일부를 취소하거나 감액하는 경정결정에 따라 환급하는 경우에 해당 물납재산의 성질상 분할하여 환급하는 것이 곤란한 경우 금전으로 환급하여야 한다.

5. 「국세기본법」상 과세전적부심사에 관한 설명이다. **옳지 않은** 것은?

① 세무서장은 세무조사에서 확인된 것으로 조사대상자 외의 자에 대한 과세자료 및 현지 확인조사에 따라 세무서장이 과세하는 경우에는 미리 납세자에게 그 내용을 서면으로 통지하여야 한다.

② 세무서장에게 과세전적부심사를 청구할 수 있는 자가 법령과 관련하여 국세청장의 유권해석 변경이 필요한 경우 국세청장에게 과세전적부심사를 청구할 수 있다.

③ 세무조사 결과 통지 및 과세예고통지를 하는 날부터 국세부과 제척기간의 만료일까지의 기간이 3개월 이하인 경우에는 과세전적부심사를 청구할 수 없다.

④ 과세전적부심사 청구를 받은 세무서장은 국세심사위원회의 심사를 거쳐 결정을 하고 그 결과를 청구를 받은 날부터 30일 이내에 청구인에게 통지하여야 한다.

⑤ 과세예고통지를 받은 자가 과세전적부심사를 청구하지 아니하고 통지를 한 세무서장에게 통지받은 내용에 대하여 과세표준 및 세액을 조기에 결정해 줄 것을 신청한 경우, 해당 세무서장은 신청받은 내용을 검토하여 2개월 이내에 결정하여야 한다.

6. 「법인세법」상 사업연도와 납세지에 관한 설명이다. **옳지 않은** 것은?

① 내국법인이 사업연도 중에 「상법」의 규정에 따라 조직변경을 한 경우에는 조직변경 전의 사업연도가 계속되는 것으로 본다.

② 내국법인이 사업연도 중에 연결납세방식을 적용받는 경우에는 그 사업연도 개시일부터 연결사업연도 개시일 전날까지의 기간을 1사업연도로 본다.

③ 사업연도를 변경하려는 법인은 그 법인의 직전 사업연도 종료일부터 3개월 이내에 사업연도변경신고서를 납세지 관할세무서장에게 제출하여 이를 신고하여야 한다.

④ 둘 이상의 국내사업장이 있는 외국법인의 경우 주된 사업장의 소재지를 납세지로 한다.

⑤ 납세지 관할세무서장은 내국법인의 본점 소재지가 등기된 주소와 동일하지 아니한 경우 납세지를 지정할 수 있다.

7. 다음의 자료를 이용하여 영리내국법인 ㈜A의 제22기 사업연도(2022.1.1.~2022.12.31.) 소득금액조정합계표상 가산조정금액과 차감조정금액의 차이금액을 계산하면 얼마인가? 전기까지 회계처리 및 세무조정은 적정하게 이루어졌다.

내 용	금 액
(1) 손익계산서상 당기순이익	1,500,000원
(2) 비용으로 처리된 접대비 중 한도초과액	300,000원
(3) 비용으로 처리된 교통사고벌과금	400,000원
(4) 비용으로 처리된 기부금 중 한도초과액	500,000원
(5) 수익으로 처리된 재산세환급액(전기 납부분)	600,000원
(6) 수익으로 처리된 재산세환급액에 대한 환급금이자	50,000원
(7) 자본조정으로 처리된 자기주식처분이익	2,000,000원
(8) 기타포괄손익누계액으로 처리된 공정가치측정 금융자산 평가이익	1,800,000원
(9) 이월공제가능 기간 이내의 이월결손금	1,300,000원

① 2,650,000원   ② 3,150,000원   ③ 3,350,000원
④ 4,650,000원   ⑤ 6,450,000원

8. 제조업을 영위하는 영리내국법인 ㈜A의 제22기 사업연도(2022.1.1.~2022.12.31.) 세무조정 및 소득처분에 관한 내용이다. **옳지 않은** 것은? 전기까지 세무조정은 적정하게 이루어졌다.

① 상업적 실질이 없는 교환으로 취득한 자산(공정가치 700,000원)의 취득원가를 제공한 자산의 장부가액(500,000원)으로 회계처리한 부분에 대해 200,000원을 익금산입·유보로 조정하였다.

② 전기 초 2년분 임차료 500,000원을 지급하고 장부상 전액 비용으로 처리 후 당기 말 250,000원을 (차)임차료비용과 (대)잡이익으로 회계처리한 부분에 대해 익금불산입·△유보로 조정하였다.

③ 직원에게 이익처분으로 지급한 상여금 1,500,000원을 손금산입·기타로 조정하였다.

④ 유형자산의 임의평가이익 2,000,000원을 재무상태표상 자산과 기타포괄손익누계액의 증가로 회계처리한 부분에 대해 손금산입·△유보와 손금불산입·기타로 각각 조정하였다.

⑤ 비용으로 처리된 징벌적 목적의 손해배상금 중 실제발생이 분명한 손해액을 초과하여 지급한 금액 1,000,000원에 대하여 손금불산입·기타사외유출로 조정하였다.

9. 제조업을 영위하는 영리내국법인 ㈜A(중소기업)의 제22기 사업연도(2022.1.1.~2022.12.31.) 접대비 관련 자료이다. 접대비 한도초과액을 계산하면 얼마인가? 접대비 해당액은 적격증명서류를 수취하였고, 전기까지 세무조정은 적정하게 이루어졌다. (2021 수정)

⑴ 장부상 매출액은 15,000,000,000원으로 이 중 특수관계인에 대한 매출액은 8,000,000,000원이며, 일반매출액은 7,000,000,000원이다. 매출액과 관련된 내용은 다음과 같다.
   ① 일반매출에 대한 매출할인 50,000,000원이 매출액에서 차감되어 있다.
   ② 일반매출에 「부가가치세법」상 간주공급에 해당하는 금액 300,000,000원이 포함되어 있다.

⑵ 손익계산서상 판매비와관리비 중 접대비로 비용처리한 금액은 70,000,000원으로 다음의 금액이 포함되어 있다.
   ① 전기에 접대가 이루어졌으나 당기 지급시점에 비용처리한 금액 : 4,000,000원
   ② 문화접대비 : 10,000,000원

⑶ 직원이 조직한 단체(법인)에 복리시설비를 지출하고 영업외비용으로 처리한 금액 : 6,000,000원

⑷ 수입금액에 관한 적용률

수입금액	적용률
100억원 이하	1천분의 3
100억원 초과 500억원 이하	3천만원＋100억원을 초과하는 금액의 1만분의 20

① 4,840,000원　　② 3,970,000원　　③ 10,840,000원
④ 13,470,000원　　⑤ 17,700,000원

10. 영리내국법인 ㈜A(60% 한도로 이월결손금 공제 적용받는 법인)의 제22기 사업연도
(2022.1.1.~2022.12.31.) 세무조정 관련 자료이다. 기부금 관련 세무조정이 각사업연도
소득금액에 미치는 영향은 얼마인가?　　　　　　　　　　　　　　　　(2021 수정)

⑴ 손익계산서상 법인세비용차감전순이익 : 20,000,000원
⑵ 기부금 관련 세무조정사항을 제외한 기타의 모든 세무조정 내역은 다음과 같다.
　① 익금산입·손금불산입 : 12,000,000원
　② 손금산입·익금불산입 : 15,000,000원
⑶ 손익계산서상 기부금 내역(전액 현금지급)

내　역	금　액
국립대학병원 연구비	3,000,000원
대표이사 대학동창회 기부금	2,000,000원

⑷ 당기 중 국가로부터 정당한 사유없이 현금으로 구입한 토지 : 취득가액
70,000,000원, 취득시 시가 50,000,000원
⑸ 제18기(2018.1.1.~2018.12.31.)에 발생한 결손금으로서 이후 과세표준을 계
산할 때 공제되지 아니한 금액 : 10,000,000원

① (－)6,500,000원　　② (－)5,000,000원　　③ (－)1,000,000원
④ (＋)2,000,000원　　⑤ (＋)4,000,000원

11. 「법인세법」상 자산·부채의 평가 및 손익의 귀속시기에 관한 설명이다. **옳지 않은** 것은?

① 법인이 사채를 발행하는 경우 사채할인발행차금은 기업회계기준에 의한 상각방법에 따라 이를 손금에 산입한다.

② 중소기업인 법인이 장기할부조건으로 자산을 판매한 경우 그 장기할부조건에 따라 각 사업연도에 회수하였거나 회수할 금액과 이에 대응하는 비용을 각각 해당 사업연도의 익금과 손금에 산입할 수 있다.

③ 주권상장법인이 발행한 주식으로 그 발행법인이 부도가 발생한 경우 사업연도 종료일 현재 시가로 평가한 가액으로 장부가액을 감액할 수 있다. 이 경우 주식 발행법인별로 보유주식 총액을 시가로 평가한 가액이 1천원 이하인 경우에는 1천원을 시가로 한다.

④ 제조업을 영위하는 법인이 보유하는 화폐성외화자산·부채의 평가방법을 관할세무서장에게 신고하여 적용하기 이전 사업연도의 경우 사업연도 종료일 현재의 매매기준율로 평가하여야 한다.

⑤ 자산을 장기할부조건으로 취득하여 발생한 채무를 기업회계기준에 따라 현재가치로 평가하여 현재가치할인차금을 계상한 경우 현재가치할인차금은 자산의 취득원가에 포함하지 않는다.

12. 영리내국법인 ㈜갑의 제22기 사업연도(2022.1.1.~2022.12.31.) 기계장치에 관한 자료이다. 제22기 사업연도부터 감가상각방법을 정률법에서 정액법으로 변경할 경우 제22기 기계장치의 감가상각범위액은 얼마인가?

> ⑴ 취득일자 : 2020년 1월 1일
> ⑵ 재무상태표상 취득원가 : 100,000,000원
> ⑶ 전기말 감가상각누계액 : 55,000,000원
> ⑷ 전기말 감가상각비 부인누계액 : 2,196,880원
> ⑸ 기계장치 신고 내용연수 : 8년
> ⑹ 내용연수에 따른 상각률
>
> | 내용연수 | 정액법 | 정률법 |
> |---|---|---|
> | 6년 | 0.166 | 0.394 |
> | 8년 | 0.125 | 0.313 |
>
> ⑺ ㈜갑은 한국채택국제회계기준을 적용하지 않으며, 감가상각방법의 변경은 적법하게 이루어졌다.

① 5,899,610원   ② 7,470,000원   ③ 7,834,682원
④ 12,500,000원   ⑤ 16,600,000원

13. 영리내국법인 ㈜갑의 제22기 사업연도(2022.1.1.~2022.12.31.) 사용수익기부자산과 관련된 자료이다. 동 자산에 대한 세무조정이 제22기 각사업연도소득금액에 미치는 순영향은 얼마인가?

---

(1) ㈜갑은 건물(장부가 80,000,000원, 시가 100,000,000원)을 2022년 7월 1일 준공하여 동 일자로 지방자치단체에 기부하고 향후 10년간 무상 사용하기로 하였다. 이에 따른 회계처리는 다음과 같다.

(차) 사용수익기부자산　　　　100,000,000원
　　　　　　　　　(대) 건　　　　물　　　80,000,000원
　　　　　　　　　　　　유형자산처분이익　　20,000,000원

(2) 제22기 사용수익기부자산에 대하여 10,000,000원의 감가상각비를 계상하였다.
(3) ㈜갑은 한국채택국제회계기준을 적용하지 않는다.

---

① (−)14,000,000원　　② (+)14,000,000원　　③ (−)16,000,000원
④ (+)16,000,000원　　⑤ (−)18,000,000원

14. 영리내국법인 ㈜갑의 제22기 사업연도(2022.1.1.~2022.12.31.) 확정급여형 퇴직연금충당금과 관련된 자료이다. 제22기 세무조정 완료 후 세무상 기말 퇴직연금충당금 잔액은 얼마인가?

---

(1) 장부상 퇴직급여충당금 계정은 다음과 같으며 기초 잔액에는 손금부인액 15,000,000원이 포함되어 있다.

퇴직급여충당금

당기감소	10,000,000원	기초잔액	30,000,000원
기말잔액	20,000,000원	당기증가	0원

(2) 장부상 퇴직연금운용자산 계정은 다음과 같다.

퇴직연금운용자산

기초잔액	100,000,000원	당기지급	10,000,000원
추가예치	20,000,000원	기말잔액	110,000,000원

⑶ 당기중 직원의 현실적 퇴직으로 퇴직연금운용자산에서 10,000,000원을 지급하고, 퇴직연금운용자산과 퇴직급여충당금을 감소시켰다.

⑷ ㈜갑은 신고조정에 의하여 퇴직연금충당금을 설정하고 있으며, 세무상 기초잔액은 99,000,000원(△유보)이다.

⑸ 당기말 일시퇴직기준 추계액은 110,000,000원, 보험수리기준 추계액은 120,000,000원이다.

① 95,000,000원   ② 105,000,000원   ③ 109,000,000원

④ 110,000,000원   ⑤ 120,000,000원

---

15. 「법인세법」상 신고조정 대손사유에 해당하는 것은?

① 「채무자 회생 및 파산에 관한 법률」에 따른 회생계획인가의 결정에 따라 회수불능으로 확정된 채권

② 중소벤처기업부장관이 정한 대손기준에 해당한다고 인정한 중소기업창업투자회사의 창업자에 대한 채권

③ 회수기일이 6개월 이상 지난 채권 중 채권가액이 30만원 이하인 채권

④ 부도발생일부터 6개월 이상 지난 중소기업의 외상매출금

⑤ 중소기업의 외상매출금 및 미수금으로서 회수기일이 2년 이상 지난 외상매출금 등. 단, 특수관계인과의 거래로 인하여 발생한 외상매출금 등은 제외

---

16. 「법인세법」상 과세표준의 계산에 관한 설명이다. 옳은 것은?

① 각사업연도소득금액에서 비과세소득, 소득공제, 이월결손금의 순서로 차감하여 과세표준을 계산한다.

② 천재지변 등으로 장부나 그 밖의 증명서류가 멸실되어 과세표준과 세액을 추계결정하는 경우 결손금이월공제가 적용된다.

③ 법인은 합병시 승계한 이월결손금을 자산수증이익 및 채무면제이익으로 보전할 수 있다.

④ 중소기업이 전기 사업연도에 대한 법인세 과세표준과 세액을 신고기한 내에 신고하고, 당기 사업연도에 대한 법인세 과세표준과 세액은 기한 후 신고한 경우 결손금소급공제를 받을 수 있다.

⑤ 결손금소급공제 한도인 직전 사업연도 법인세액에는 가산세를 포함하며 토지 등 양노소득에 대한 법인세는 제외한다.

17. 영리내국법인 ㈜갑의 제22기 사업연도(2022.1.1.~2022.12.31.) 외국납부세액 관련 자료이다. ㈜갑이 외국납부세액공제 방법을 선택할 경우 제22기 법인세 산출세액에서 공제할 외국납부세액공제액은 얼마인가?

> (1) 외국자회사 : A법인 (외국에서 사업을 영위함)
> (2) 투자지분 : 의결권 있는 주식의 40% (2020.1.1. 취득 후 지분율 변동 없음)
> (3) A법인으로부터의 배당금은 1,000,000원(원천징수세액 100,000원 포함)이며 다음과 같이 회계처리하였다.
>   (차) 현금   900,000원   (대) 영업외수익   900,000원
> (4) A법인의 해당 사업연도 소득금액 : 3,000,000원
> (5) A법인의 해당 사업연도 법인세 : 500,000원
> (6) ㈜갑의 법인세비용차감전순이익은 100,000,000원이며, 이월결손금은 없다.

① 100,000원   ② 120,000원   ③ 200,000원
④ 266,666원   ⑤ 300,000원

18. 영리내국법인 ㈜갑(중소기업)의 제22기 사업연도(2022.1.1.~2022.12.31.) 법인세 관련 자료이다. 최저한세 적용 후 제22기 산출세액에서 차감되는 「조세특례제한법」상 세액공제액은 모두 얼마인가?

> (1) 각사업연도소득금액 : 198,000,000원
> (2) 위 금액에는 「조세특례제한법」상 손금산입 항목 5,000,000원이 신고조정으로 손금에 포함되어 있다.
> (3) 연구·인력개발비에 대한 세액공제 : 2,000,000원
> (4) 근로소득을 증대시킨 기업에 대한 세액공제(최저한세 대상) : 7,800,000원
> (5) 외국납부세액공제 : 1,000,000원
> (6) 최저한세 적용시 조세특례의 배제는 경정시 배제순서를 따른다.

① 6,390,000원   ② 7,390,000원   ③ 7,800,000원
④ 8,390,000원   ⑤ 9,800,000원

19. 「법인세법」상 중간예납에 관한 설명이다. 옳은 것은?

① 해당 중간예납기간의 법인세액을 기준으로 중간예납세액을 계산할 경우 중간예납기간의 수시부과세액은 차감하지 않는다.
② 내국법인이 납부하여야 할 중간예납세액의 일부를 납부하지 아니한 경우 납부지연가산세는 적용되지 않는다.

③ 직전 사업연도의 중소기업으로서 직전 사업연도의 산출세액을 기준으로 하는 방법에 따라 계산한 중간예납세액이 30만원 미만인 내국법인은 중간예납세액을 납부할 의무가 없다.

④ 합병이나 분할에 의한 신설 내국법인은 최초사업연도의 기간이 6개월을 초과하더라도 최초사업연도에 대한 중간예납의무가 없다.

⑤ 중간예납의무자는 중간예납기간이 지난 날부터 3개월 이내에 중간예납세액을 신고·납부하여야 한다.

20. 「소득세법」상 거주자 및 납세지에 관한 설명이다. **옳지 않은** 것은?

① 거주자가 주소를 국외로 이전하여 비거주자가 되는 경우의 과세기간은 1월 1일부터 출국한 날까지로 한다.

② 국내에 거주하는 개인이 계속하여 183일 이상 국내에 거주할 것을 통상 필요로 하는 직업을 가진 경우에는 국내에 주소를 가진 것으로 본다.

③ 내국법인이 발행주식총수의 100분의 50 이상을 직접 출자한 해외현지법인에 파견된 직원은 거주자로 본다.

④ 비거주자의 소득세 납세지는 국내사업장이 둘 이상 있는 경우 주된 국내사업장의 소재지로 하고, 국내사업장이 없는 경우에는 국내원천소득이 발생하는 장소로 한다.

⑤ 거주자는 납세지가 변경된 경우 변경된 날부터 15일 이내에 그 변경 후의 납세지 관할세무서장에게 신고하여야 한다.

21. 거주자 갑의 2022년 이자 및 배당소득에 대한 자료이다. 거주자 갑의 2022년 원천징수세액과 종합소득금액 중 금융소득금액은 각각 얼마인가? 조건부 종합과세 대상 금융소득에 대한 원천징수는 적법하게 이루어졌으며, 모든 금액은 원천징수세액을 차감하기 전의 금액이다.

구 분		조건부 종합과세	무조건 종합과세
이자소득		15,000,000원 비영업대금의 이익 5,000,000원이 포함되었으며, 나머지는 정기예금이자임.	5,000,000원 비영업대금의 이익으로 원천징수되지 않음.
배당소득	Gross-up 대상	7,000,000원 내국법인으로부터 받은 배당소득임.	
	Gross-up 비대상	5,000,000원 집합투자기구로부터의 이익으로 비상장주식 매매차익으로 구성됨.	6,000,000원 외국법인으로부터의 배당으로 국내에서 원천징수되지 않음.

	원천징수세액	종합소득금액 중 금융소득금액
①	4,050,000원	31,770,000원
②	3,500,000원	31,770,000원
③	4,050,000원	36,770,000원
④	3,500,000원	36,770,000원
⑤	4,820,000원	36,770,000원

22. 다음 자료를 이용하여 도매업을 영위하는 거주자 갑(복식부기의무자가 아님)의 2022년 사업소득금액을 계산하면 얼마인가?

> (1) 손익계산서상 소득세비용차감전순이익 : 51,000,000원
> (2) 손익계산서에 계상된 주요 수익항목
> ① 2022년 8월 17일 발송한 위탁상품 매출액 2,000,000원(원가 1,200,000원) : 발송시 원가에 대한 회계처리는 하지 않았으며, 수탁자는 동 상품을 2023년 1월 10일에 판매함.
> ② 2022년 11월 21일 판매장건물 처분으로 인한 유형자산처분이익 5,000,000원
> (3) 손익계산서에 계상된 주요 비용항목
> ① 2022년 11월 21일 처분된 판매장건물의 감가상각비 1,000,000원 : 세무상 상각범위액은 800,000원이며, 전기말 상각부인액은 500,000원임.
> ② 2022년 12월 14일 시설개체를 위한 생산설비 일부인 기계장치A의 폐기처분으로 인한 유형자산처분손실 2,000,000원 : 기계장치A의 감가상각비는 600,000원이고, 세무상 상각범위액은 400,000원이며, 전기말 상각부인액은 300,000원임.

① 44,900,000원   ② 44,700,000원   ③ 44,400,000원
④ 44,100,000원   ⑤ 43,900,000원

23. 거주자 갑의 2022년 근로소득 관련 자료이다. 거주자 갑은 ㈜A에 회계담당자로 근무하던 중 2022년 7월 1일에 ㈜B로 이직하였다. 2022년 거주자 갑의 근로소득금액은 얼마인가?

> (1) ㈜A로부터 수령한 금액(2022.1.1.~2022.6.30.)
>   - 급여 : 12,000,000원
>   - 상여금 : 2,000,000원
>   - 잉여금처분에 의한 성과배분상여금 : 5,000,000원(잉여금처분결의일2021.12.20.)

  - 식대 : 600,000원(월 100,000원×6개월, 식사는 제공받지 않음)
  - 숙직비 : 200,000원(1일당 실비상당액 20,000원×10일)
(2) ㈜B로부터 수령한 금액(2022.7.1.~2022.12.31.)
  - 급여 : 15,000,000원
  - 식대 : 900,000원(월 150,000원×6개월, 식사를 제공받음)
  - 회사규정에 따른 자가운전보조금 : 1,200,000원(월 200,000원×6개월, 자가차량을 업무수행에 이용하나 여비를 수령하지 않음)
  - 건강검진부조금 : 500,000원
  - 추석명절격려금 : 3,000,000원
  - 자녀학비보조금 : 3,000,000원
(3) 근로소득공제액

총급여액	근로소득공제액
500만원 이하	총급여액×70%
500만원 초과 1,500만원 이하	350만원+(총급여액-500만원)×40%
1,500만원 초과 4,500만원 이하	750만원+(총급여액-1,500만원)×15%

① 20,650,000원 ② 22,715,000원 ③ 25,265,000원
④ 25,690,000원 ⑤ 25,860,000원

24. 거주자 갑의 양도소득세 계산에 관한 설명이다. **옳지 않은** 것은? 각 지문은 독립적인 상황이다.

	토지 X	토지 Y
거래가액	15억원	6억원
시　　가	8억원	10억원

① 거주자 갑이 임원으로 근무하는 영리내국법인 ㈜A에 토지 X를 처분하고 ㈜A는 부당행위계산부인 규정에 따라 7억원을 거주자 갑에게 상여 처분하였다면, 해당 토지의 양도소득 계산시 적용할 양도가액은 15억원이다.
② 거주자 갑이 특수관계가 없는 개인인 거주자 을에게 토지 X를 처분하고 거주자 갑에게 증여세산가액 4억원에 대한 증여세가 과세되었다면, 해당 토지의 양도소득 계산시 적용할 양도가액은 11억원이다.
③ 거주자 갑이 임원으로 근무하는 영리내국법인 ㈜B로부터 토지 Y를 취득하고 취득

당시 ㈜B가 부당행위계산부인 규정에 따라 4억원을 거주자 갑에게 상여 처분하였다면, 이후 해당 토지의 양도소득 계산시 적용할 취득가액은 10억원이다.

④ 거주자 갑이 특수관계가 없는 개인인 거주자 을로부터 토지 Y를 취득하고 취득 당시 거주자 갑에게 증여재산가액 1억원에 대한 증여세가 과세되었다면, 이후 해당 토지의 양도소득 계산시 적용할 취득가액은 7억원이다.

⑤ 거주자 갑이 4촌인 거주자 병에게 토지 Y를 양도한 경우, 양도소득 계산시 적용할 양도가액은 10억원이다.

25. ㈜A에 근무하는 거주자 갑의 2022년 소득내역의 일부이다. 거주자 갑의 종합소득금액 중 기타소득금액은 얼마인가? 기타소득을 제외한 거주자 갑의 종합소득에 대한 한계세율은 15%이다.

구 분	금 액	실제 필요경비
(1) 공익사업과 관련하여 지역권을 설정하고 받은 대가	2,000,000원	1,000,000원
(2) 대학에 한 학기(4개월) 출강하고 받은 시간강사료	2,500,000원	−
(3) B신문에 기고하고 받은 원고료	500,000원	−
(4) 산업재산권의 양도로 인해 수령한 대가	3,500,000원	1,500,000원
(5) 퇴직한 전 회사로부터 수령한 직무발명보상금	4,000,000원	−
(6) 공익법인이 주최하는 발명경진대회에서 입상하여 받은 상금	3,000,000원	−
(7) 「법인세법」에 의해 기타소득으로 처분된 금액	1,000,000원	−

① 0원
② 2,600,000원
③ 3,800,000원
④ 4,000,000원
⑤ 5,100,000원

26. 「소득세법」상 소득금액 및 세액의 계산과 관련된 설명이다. 옳지 않은 것은?

① 공동사업자가 과세표준확정신고를 할 때에는 과세표준확정신고서와 함께 당해 공동사업장에서 발생한 소득과 그 외의 소득을 구분한 계산서를 제출하여야 한다.

② 공동사업장에서 발생한 소득금액에 대하여 원천징수된 세액은 각 공동사업자의 손익분배비율에 따라 배분한다.

③ 직계존비속에게 주택을 무상으로 사용하게 하고 직계존비속이 해당 주택에 실제 거주하는 경우, 부당행위계산부인 규정을 적용하여 임대료의 시가에 해당하는 금액에 대하여 소득세를 과세한다.

④ 결손금소급공제 환급요건을 갖춘 자가 환급을 받으려면 과세표준확정신고기한까지 납세지 관할세무서장에게 환급을 신청하여야 하며, 환급신청을 받은 납세지 관할세무서장은 지체없이 환급세액을 결정하여 「국세기본법」에 따라 환급하여야 한다.

⑤ 이월결손금을 공제할 때 종합과세되는 금융소득 중 원천징수세율을 적용받는 부분은 이월결손금의 공제대상에서 제외하며, 그 금융소득 중 기본세율을 적용받는 부분에 대해서는 사업자가 그 소득금액의 범위에서 공제 여부 및 공제금액을 결정할 수 있다.

27. 거주자 갑의 2022년 자료이다. 갑의 종합소득공제액은 얼마인가?

(1) 본인 및 부양가족 현황은 다음과 같다.

관 계	연령	소 득
본 인(여성)	38세	총급여액 60,000,000원
배우자	40세	「고용보험법」에 따라 수령한 출산휴가급여 6,000,000원
부 친	72세	일시적 강연으로 수령한 금액 8,000,000원
모 친	67세	수도권 밖의 읍·면 지역에서 전통주를 제조함으로써 발생한 소득금액 8,000,000원
장 남	16세	소득 없음
장 녀(장애인)	5세	소득 없음

(2) 국민건강보험료 및 노인장기요양보험료 본인부담분 600,000원과 국민연금보험료 본인부담분 1,500,000원을 납부하였다.

(3) 부친과 모친은 주거형편상 별거하고 있으며, 장남은 기숙사 생활로 별거하고 있다.

① 7,500,000원   ② 8,100,000원   ③ 10,100,000원
④ 11,600,000원   ⑤ 13,100,000원

28. 거주자 갑의 2022년 자료이다. 갑의 의료비 세액공제액은 얼마인가?   (2022 수정)

(1) 갑의 총급여액 : 50,000,000원

(2) 갑이 본인과 부양가족을 위하여 지출한 의료비는 다음과 같다.
  ① 본인(40세) : 본인 시력보정용 안경구입비 900,000원
  ② 배우자(36세) : 보조생식술에 소요된 난임시술비 4,000,000원
  ③ 부친(69세, 장애인) : 장애인 보장구 구입비 1,500,000원
  ④ 모친(64세) : 질병치료 목적으로 구입한 한약비 1,000,000원

⑶ 모친은 국내은행으로부터 수령한 이자소득금액 3,000,000원이 있으며, 그 외 부양가족은 소득이 없다.

① 750,000원   ② 825,000원   ③ 1,025,000원
④ 1,085,000원   ⑤ 1,425,000원

29. 「소득세법」상 거주자의 종합소득 및 퇴직소득에 대한 신고, 납부 및 징수에 관한 설명이다. 옳지 않은 것은?

① 국내에서 거주자에게 퇴직소득을 지급하는 내국법인은 그 거주자에 대한 소득세를 원천징수하여 그 징수일이 속하는 달의 다음 달 10일까지 납부하여야 한다.

② 근로소득 및 퇴직소득만 있는 거주자는 해당 소득에 대하여 과세표준확정신고를 하지 아니할 수 있다.

③ 원천징수대상 소득으로서 발생 후 지급되지 아니함으로써 원천징수되지 아니한 소득이 종합소득에 합산되어 종합소득에 대한 소득세가 과세된 경우에는 그 소득을 지급할 때 소득세를 원천징수하고 이미 납부된 소득세는 환급하여야 한다.

④ 복식부기의무자가 재무상태표, 손익계산서, 합계잔액시산표 및 조정계산서를 제출하지 않은 경우에는 종합소득 과세표준확정신고를 하지 않은 것으로 본다.

⑤ 종합소득 과세표준확정신고를 하여야 할 자가 그 신고를 하지 않은 경우에는 납세지 관할세무서장 또는 지방국세청장이 해당 거주자의 과세표준과 세액을 결정한다.

30. 공기정화기 임대 및 판매 사업을 영위하는 ㈜M의 2022년 제1기 예정신고기간 자료이다. 2022년 제1기 예정신고시 부가가치세 과세표준은 얼마인가? 제시된 자료의 금액에는 부가가치세가 포함되지 아니하였다.

⑴ 2022년 1월 5일 : 시가 50,000,000원의 재화를 공급하고, 대금은 매출할인 1,000,000원을 차감한 현금 49,000,000원을 받았으며, 1개월 뒤 판매실적에 따라 시가 2,000,000원의 판매용 상품을 판매장려금품으로 지급하였다.

⑵ 2022년 2월 16일 : 특수관계인이 아닌 자에게 사무실 일부를 6개월간 임대해 주고 현금 6,000,000원을 받았다. 이 임대용역의 시가는 9,000,000원이다.

⑶ 2022년 2월 25일 : 시가 10,000,000원의 재화를 공급하고 현금 6,000,000원, 과거에 ㈜M이 적립해 준 마일리지 1,000,000원 및 Y통신사 마일리지 3,000,000원을 받았다. 회사는 이 거래에 대하여 Y통신사로부터 현금 2,000,000원을 1개월 후에 보전 받았으며, 회사와 Y통신사는 특수관계인이 아니다.

⑷ 2022년 3월 23일 : 특수관계인에게 공기정화기 임대용역을 12개월간 무상으로 공급하였다. 이 용역의 시가는 12,000,000원이다.

⑸ 2022년 3월 25일 : 시가 40,000,000원인 회사 사무실 건물 및 시가 30,000,000원인 부수토지를 양도하고, 그 대가로 시가 73,000,000원의 공기정화기를 받았다.

① 99,000,000원   ② 101,000,000원   ③ 102,000,000원
④ 103,000,000원   ⑤ 133,000,000원

31. 「부가가치세법」상 세금계산서 및 가산세에 관한 설명이다. **옳지 않은** 것은?

① 관할세무서장은 개인사업자가 전자세금계산서 의무발급자에 해당하는 경우, 전자세금계산서를 발급하여야 하는 기간 1개월 전까지 그 사실을 해당 개인사업자에게 통지하여야 한다.

② 전자세금계산서 의무발급 사업자가 전자세금계산서를 발급하였을 때에는 전자세금계산서 발급일의 다음 날까지 전자세금계산서 발급명세를 국세청장에게 전송하여야 한다.

③ 전자세금계산서를 발급하고 전자세금계산서 발급명세를 해당 재화의 공급시기가 속하는 과세기간 마지막 날의 다음 달 11일까지 국세청장에게 전송한 경우에는 해당 확정신고시 매출처별 세금계산서합계표를 제출하지 아니할 수 있다.

④ 전자세금계산서 의무발급 사업자가 세금계산서의 발급시기가 지난 후 해당 재화 또는 용역의 공급시기가 속하는 과세기간에 대한 확정신고 기한까지 세금계산서를 발급하지 아니한 경우에는 그 공급가액의 1%의 가산세가 적용된다.

⑤ 전자세금계산서를 발급한 사업자가 국세청장에게 전자세금계산서 발급명세를 전송한 경우에는 세금계산서를 5년간 보존해야 하는 의무가 면제된다.

32. 「부가가치세법」상 면세에 관한 설명이다. **옳지 않은** 것은?

① 시내버스에 의한 여객운송용역은 면세대상이지만, 시외우등고속버스에 의한 여객운송용역은 과세대상이다.

② 국민주택규모 이하 주택의 임대용역은 면세대상이지만, 국민주택규모를 초과하는 주택의 임대용역은 과세대상이다.

③ 약사가 제공하는 의약품의 조제용역은 면세대상이지만, 약사가 조제하지 않고 단순히 판매하는 의약품은 과세대상이다.

④ 도서의 공급은 면세대상이지만, 도서에 게재되는 광고의 공급은 과세대상이다.

⑤ 면세재화의 공급이 영세율 적용 대상인 경우에는 면세의 포기를 신고하고 과세 사업자등록을 하여 영세율을 적용받을 수 있다.

33. 「부가가치세법」상 납세지와 사업자등록에 관한 설명이다. **옳지 않은** 것은?

① 사업장이 둘 이상인 사업자가 사업자 단위로 사업자등록을 한 경우에는 각 사업장을 대신하여 그 사업자의 본점 또는 주사무소 소재지를 부가가치세 납세지로 한다.

② 사업자 단위로 등록한 사업자의 세금계산서 발급·수취 의무와 부가가치세 신고·납부 의무는 본점 또는 주사무소에서 사업자 단위로 이행한다.

③ 국내사업장이 없어 사업자등록을 하지 아니한 비거주자가 국내에 전자적 용역을 공급하는 경우에는 간편사업자등록을 하여야 한다.

④ 주사업장 총괄납부 사업자의 세금계산서 발급·수취 의무는 각 사업장 단위로 이행하지만, 부가가치세 신고·납부 의무는 주사업장에서만 이행한다.

⑤ 법인의 경우에는 지점을 주된 사업장으로 하여 주사업장 총괄 납부를 신청할 수 있다.

34. 다음은 과세사업과 면세사업을 겸영하는 ㈜L의 2022년 제1기 부가가치세 과세기간의 매입세액 및 관련 거래내역이다. 2022년 제1기 부가가치세 매입세액공제액을 계산하면 얼마인가?

(1) 매입세액 내역

구 분	과세사업분	면세사업분	공통분
원자재구입	60,000,000원	50,000,000원	40,000,000원
사무용 비품구입	30,000,000원	20,000,000원	10,000,000원

(2) 2022년 6월 20일에 면세사업에 사용하던 기계를 과세사업으로 옮겨서 과세사업에만 사용하였다. 이 기계는 2021년 7월 7일에 700,000,000원(매입세액 70,000,000원)에 구입하였다.

(3) 회사 공급가액의 비율

구 분	2021년 제2기	2022년 제1기
과세사업	60%	70%
면세사업	40%	30%

① 125,000,000원   ② 140,500,000원   ③ 156,500,000원

④ 161,750,000원   ⑤ 177,500,000원

35. 양계 후 생닭으로 판매하는 축산회사 ㈜H의 2022년 3월 3일 회사 사옥 및 부수토지 양도 관련 자료이다. 2022년 제1기 예정신고시 부동산 양도에 따른 부가가치세 과세표준은 얼마인가? 제시된 자료의 금액에는 부가가치세가 포함되지 아니하였다.

(1) 건물의 구입시부터 1층(100m²)은 K은행 점포 임대에 사용하고 있으며, 2층부터 5층(총 400m²)은 ㈜H가 사무실로 사용하고 있다. 부수토지의 면적은 300m²이다.

(2) 건물과 부수토지를 100,000,000원에 양도하였다. 양도가액 중 건물가액과 토지가액의 구분은 불분명하다.

(3) 양도한 부동산의 가액

구 분	취득가액	기준시가	감정평가액
건물	30,000,000원	35,000,000원	40,000,000원
부수토지	20,000,000원	35,000,000원	60,000,000원
계	50,000,000원	70,000,000원	100,000,000원

(4) 건물 취득시 발생한 매입세액 중 공제가능액은 사용면적비율에 따라 계산되었으며, 감정평가는 2022년 2월 2일에 감정평가업자에 의해 시행되었다.

(5) 회사 공급가액의 비율

구 분	2021년 제2기	2022년 제1기
생닭판매	60%	70%
부동산 임대수익	40%	30%

① 8,000,000원 ② 10,000,000원 ③ 16,000,000원
④ 40,000,000원 ⑤ 0원

36. 맞춤양복 제조업을 경영하는 간이과세자 갑의 2022년 과세기간 부가가치세 관련 자료이다. 부가가치세 차가감납부세액(지방소비세 포함)은 얼마인가? (수정)

(1) 양복 매출액

내 역	공급대가	합 계
신용카드매출전표 발행분	12,000,000원	
현금영수증 발행분	10,000,000원	60,000,000원
금전등록기 계산서 발행분	38,000,000원	

(2) 일반과세자로부터 원자재 매입액

내 역	공급가액	매입세액
세금계산서 수취분(전액 상반기분)	20,000,000원	2,000,000원
신용카드매출전표 수취분 (전액 하반기분)	10,000,000원	1,000,000원

(3) 양복 제조에 사용하던 재봉틀을 상반기에 1,000,000원(부가가치세 포함)에 매각하고 금전등록기 계산서를 발급하였으며, 하반기에 새 재봉틀을 2,200,000원(부가가치세 포함)에 구입하고 세금계산서를 수취하였다.

(4) 2022년 예정부과기간의 납부세액은 없으며, 모든 매입거래에 대하여 매입처별 세금계산서합계표 또는 신용카드매출전표등 수령명세서를 제출하였다.

(5) 제조업의 업종별 부가가치율은 20%이며, 전자신고세액공제는 고려하지 않는다.

① 274,000원   ② 294,000원   ③ 314,000원
④ 758,000원   ⑤ 0원

37. 「부가가치세법」상 일반과세자의 부가가치세 신고와 환급에 관한 설명이다. **옳지 않은** 것은?

① 2022년 제1기 확정신고시에는 2022년 1월 1일부터 2022년 6월 30일까지의 과세기간에 대한 과세표준과 납부세액 중 예정신고 또는 조기환급신고시 이미 신고한 부분을 제외한 부분을 2022년 7월 25일까지 신고하여야 한다.

② 2022년 제1기 과세기간에 대한 환급세액을 2022년 7월 15일에 신고한 경우, 조기환급이 아니면 2022년 7월 25일이 지난 후 30일 이내에 환급하여야 한다.

③ 예정신고기간에 대한 환급세액은 조기환급의 경우를 제외하고는 바로 환급되지 않으며, 확정신고시 납부세액에서 차감한다.

④ 2022년 1월에 사업용 기계를 취득하여 2022년 2월 25일에 조기환급 신고를 한 경우, 2022년 2월 25일이 지난 후 15일 이내에 환급하여야 한다.

⑤ 관할세무서장의 경정에 따라 2022년 9월 9일 환급세액이 발생한 경우, 2022년 9월 9일이 지난 후 30일 이내에 환급하여야 한다.

38. 「상속세 및 증여세법」에 관한 설명이다. **옳지 않은** 것은?

① 거주자의 사망으로 외국에 있는 상속재산에 대하여 부과된 외국납부세액에 상당하는 금액은 상속세 산출세액에서 공제된다.

② 납세지 관할세무서장은 상속세 납부세액이 2천만원을 초과하는 때에는 납세의무자

의 신청을 받아 연부연납을 허가할 수 있다.

③ 거주자의 사망으로 상속이 개시되어 배우자가 상속인에 포함되는 경우 배우자상속공제액은 최소 5억원과 최대 30억원의 범위 내에서 결정된다.

④ 거주자의 사망으로 인하여 배우자 단독으로 상속 받는 경우로서 기초공제와 그 밖의 인적공제에 따른 공제액을 합친 금액이 5억원 미만이면 일괄공제 5억원을 공제받을 수 있다.

⑤ 상속개시일 전 1년 이내에 피상속인이 부담한 채무금액이 2억원 이상인 경우로서 용도가 객관적으로 명백하지 아니한 경우에는 이를 상속받은 것으로 추정한다.

39. 거주자 갑의 2022년 증여 관련 다음 자료를 이용하여 대출금 및 토지의 증여세 과세가액을 계산하면 각각 얼마인가? 거주자 갑은 성년이다.

> ⑴ 거주자 갑은 2022년 1월 1일 어머니로부터 450,000,000원을 20개월 후 상환하기로 하고 대출받았다. 1년간 대출이자(이자율 연 1%)를 어머니에게 지급하였으며, 법정이자율은 연 4.6%이다.
>
> ⑵ 거주자 갑은 2022년 8월 1일 할머니로부터 5필지의 토지(시가 250,000,000원)를 대가없이 증여받았다가 이 중 1필지의 토지(시가 50,000,000원)를 2022년 9월 15일 할머니에게 반환하였고, 1필지의 토지(시가 40,000,000원)를 2022년 10월 28일, 그리고 다른 1필지의 토지(시가 25,000,000원)를 2022년 12월 20일 할머니에게 반환하였다.
>
> ⑶ 2022년 8월 1일부터 토지의 시가 변동은 없는 것으로 가정한다.

	대출금에 대한 증여세 과세가액	토지에 대한 증여세 과세가액
①	20,700,000원	250,000,000원
②	20,700,000원	200,000,000원
③	20,700,000원	160,000,000원
④	16,200,000원	200,000,000원
⑤	16,200,000원	160,000,000원

40. 「지방세법」에 관한 설명이다. 옳지 않은 것은?

① 과세기준일 현재 상속이 개시된 자동차로서 사실상의 소유자 명의로 이전등록을 하지 아니한 경우에는 상속지분이 가장 높은 자가 자동차 소유에 대한 자동차세 납세의무를 진다.

② 「전통 소싸움경기에 관한 법률」에 따른 소싸움 사업을 하는 자는 레저세를 납부할
   의무가 있다.

③ 원자력을 이용하여 발전을 하는 자는 지역자원시설세 납세의무를 진다.

④ 국가 및 지방자치단체가 자기를 위하여 받는 등록에 대하여는 등록면허세를 부과하
   지 아니한다.

⑤ 대한민국 정부기관의 재산에 대하여 과세하는 외국정부의 재산에 대하여는 재산세를
   부과하지 아니한다.

회 계 학

※ 아래 문제들에서 특별한 언급이 없는 한 기업의 보고기간(회계기간)은 매년 1월 1일 부터 12월 31일까지이며, 법인세효과는 고려하지 않는다. 또한 기업은 주권상장법 인으로 계속해서 한국채택국제회계기준(K-IFRS)을 적용해오고 있다고 가정하고 보 기 중에서 물음에 가장 합당한 답을 고르시오.

1. 재무보고를 위한 개념체계에 대한 다음 설명 중 옳지 않은 것은?

① 재무보고서는 정확한 서술보다는 상당 부분 추정, 판단 및 모형에 근거한다. '개념체 계'는 그 추정, 판단 및 모형의 기초가 되는 개념을 정한다.

② 원가는 재무보고로 제공될 수 있는 정보에 대한 포괄적 제약요인이다. 재무정보의 보고에는 원가가 소요되고, 해당 정보 보고의 효익이 그 원가를 정당화한다는 것이 중요하다.

③ 실물자본유지개념을 사용하기 위해서는 현행원가기준에 따라 측정해야 한다. 그러나 재무자본유지개념은 특정한 측정기준의 적용을 요구하지 아니한다. 재무자본유지개 념 하에서 측정기준의 선택은 기업이 유지하려는 재무자본의 유형과 관련이 있다.

④ 근본적 질적 특성을 적용하는 것은 어떤 규정된 순서를 따르지 않는 반복적인 과정이다.

⑤ 중요성은 개별 기업 재무보고서 관점에서 해당 정보와 관련된 항목의 성격이나 규모 또는 이 둘 모두에 근거하여 해당 기업에 특유한 측면의 목적적합성을 의미한다.

2. ㈜대한의 20x1년도 현금흐름표상 영업에서 창출된 현금(영업으로부터 창출된 현금)은 ₩100,000이다. 다음에 제시된 자료를 이용하여 계산한 ㈜대한의 20x1년도 포괄손익계 산서상 법인세비용차감전순이익은 얼마인가? 단, 이자와 배당금 수취, 이자지급 및 법인세 납부는 영업활동으로 분류한다.

감가상각비	₩2,000	미지급이자 감소	₩1,500
유형자산처분이익	1,000	재고자산(순액) 증가	3,000
이자비용	5,000	매입채무 증가	4,000
법인세비용	4,000	매출채권(순액) 증가	2,500
재고자산평가손실	500	미수배당금 감소	1,000
배당금수익	1,500	미지급법인세 감소	2,000

① ₩90,000   ② ₩96,500   ③ ₩97,000

④ ₩97,500   ⑤ ₩99,000

3. ㈜대한은 20x1년 초 건물을 ₩1,000,000에 취득하여 투자부동산으로 분류하고 원가모형을 적용하여 정액법으로 감가상각(내용연수 10년, 잔존가치 ₩0)하였다. 그러나 20x2년에 ㈜대한은 공정가치모형이 보다 더 신뢰성 있고 목적적합한 정보를 제공하는 것으로 판단하여, 동 건물에 대하여 공정가치모형을 적용하기로 하였다. 동 건물 이외의 투자부동산은 없으며, 원가모형 적용 시 20x1년 말 이익잉여금은 ₩300,000이었다. 건물의 공정가치가 다음과 같은 경우, 동 건물의 회계처리와 관련된 설명 중 **옳지 않은** 것은? 단, 이익잉여금 처분은 없다고 가정한다.

구분	20x1년 말	20x2년 말
건물의 공정가치	₩950,000	₩880,000

① 20x2년 말 재무상태표에 표시되는 투자부동산 금액은 ₩880,000이다.

② 20x2년도 포괄손익계산서에 표시되는 투자부동산평가손실 금액은 ₩70,000이다.

③ 20x2년 재무제표에 비교 표시되는 20x1년 말 재무상태표상 투자부동산 금액은 ₩950,000이다.

④ 20x2년 재무제표에 비교 표시되는 20x1년도 포괄손익계산서상 감가상각비 금액은 ₩100,000이다.

⑤ 20x2년 재무제표에 비교 표시되는 20x1년 말 재무상태표상 이익잉여금 금액은 ₩350,000이다.

4. ㈜대한은 20x1년 초에 기업이 결제방식을 선택할 수 있는 주식기준보상을 종업원에게 부여하였다. ㈜대한은 결제방식으로 가상주식 1,000주(주식 1,000주에 상당하는 현금을 지급) 또는 주식 1,200주를 선택할 수 있고, 각 권리는 종업원이 2년 동안 근무할 것을 조건으로 한다. 또한 종업원이 주식 1,200주를 제공받는 경우에는 주식을 가득일 이후 2년 동안 보유하여야 하는 제한이 있다. ㈜대한은 부여일 이후 2년 동안 배당금을 지급할 것으로 예상하지 않으며, 부여일과 보고기간 말에 추정한 주식결제방식의 주당 공정가치와 주당 시가는 다음과 같다.

구 분	20x1년 초	20x1년 말
주식 1,200주 결제방식의 주당 공정가치	₩400	₩480
주당 시가	₩450	₩520

종업원 주식기준보상약정과 관련하여 (A)현금을 지급해야 하는 현재의무가 ㈜대한에게 있는 경우와 (B)현금을 지급해야 하는 현재의무가 ㈜대한에게 없는 경우, 20x1년도에 ㈜대한이 인식할 주식보상비용은 각각 얼마인가? 단, 주식기준보상약정을 체결한 종업원 모두가 20x2년 말까지 근무할 것으로 예측하였고, 이 예측은 실현되었다고 가정한다.

	(A)	(B)
①	₩225,000	₩240,000
②	₩225,000	₩288,000
③	₩260,000	₩240,000
④	₩260,000	₩288,000
⑤	₩275,000	₩288,000

5. ㈜대한이 재고자산을 실사한 결과 20x1년 12월 31일 현재 창고에 보관중인 상품의 실사금액은 ₩2,000,000인 것으로 확인되었다. 추가자료 내용은 다음과 같다.

> (1) ㈜대한이 20x1년 12월 21일 ㈜서울로부터 선적지인도조건(F.O.B. shipping point)으로 매입한 원가 ₩250,000의 상품이 20x1년 12월 31일 현재 운송 중에 있다. 이 상품은 20x2년 1월 5일 도착예정이며, 매입 시 발생한 운임은 없다.
>
> (2) ㈜대한은 20x1년 10월 1일에 ㈜부산으로부터 원가 ₩150,000의 상품에 대해 판매를 수탁받았으며 이 중 원가 ₩40,000의 상품을 20x1년 11월 15일에 판매하였다. 나머지 상품은 20x1년 12월 31일 현재 ㈜대한의 창고에 보관 중이며 기말 상품의 실사금액에 포함되었다. 수탁 시 발생한 운임은 없다.
>
> (3) ㈜대한은 20x1년 12월 19일에 ㈜대전에게 원가 ₩80,000의 상품을 ₩120,000에 판매 즉시 인도하고 2개월 후 ₩130,000에 재구매하기로 약정을 체결하였다.
>
> (4) 20x1년 11월 10일에 ㈜대한은 ㈜강릉과 위탁판매계약을 체결하고 원가 ₩500,000의 상품을 적송하였으며, ㈜강릉은 20x1년 12월 31일 현재까지 이 중 80%의 상품을 판매하였다. 적송 시 발생한 운임은 없다.
>
> (5) ㈜대한은 단위당 원가 ₩50,000의 신상품 10개를 20x1년 10월 15일에 ㈜광주에게 전달하고 20x2년 2월 15일까지 단위당 ₩80,000에 매입할 의사를 통보해 줄 것을 요청하였다. 20x1년 12월 31일 현재 ㈜대한은 ㈜광주로부터 6개의 상품을 매입하겠다는 의사를 전달받았다.

위의 추가자료 내용을 반영한 이후 ㈜대한의 20x1년 12월 31일 재무상태표에 표시될 기말상품재고액은 얼마인가? 단, 재고자산감모손실 및 재고자산평가손실은 없다고 가정한다.

① ₩2,330,000   ② ₩2,430,000   ③ ₩2,520,000
④ ₩2,530,000   ⑤ ₩2,740,000

6. 유통업을 영위하는 ㈜대한의 20x1년도 기초 재고자산은 ₩855,000이며, 기초 재고자산 평가충당금은 ₩0이다. 20x1년도 순매입액은 ₩7,500,000이다. ㈜대한의 20x1년도 기말 재고자산 관련 자료는 다음과 같다.

조	항목	장부 수량	실제 수량	단위당 원가	단위당 순실현가능가치
A	A1	120개	110개	₩800	₩700
	A2	200개	200개	₩1,000	₩950
B	B1	300개	280개	₩900	₩800
	B2	350개	300개	₩1,050	₩1,150

㈜대한은 재고자산감모손실과 재고자산평가손실을 매출원가에 포함한다. ㈜대한이 항목별 기준 저가법과 조별기준 저가법을 각각 적용할 경우, ㈜대한의 20x1년도 포괄손익계산서에 표시되는 매출원가는 얼마인가?

	항목별기준	조별기준
①	₩7,549,000	₩7,521,000
②	₩7,549,000	₩7,500,000
③	₩7,519,000	₩7,500,000
④	₩7,519,000	₩7,498,000
⑤	₩7,500,000	₩7,498,000

7. ㈜대한은 20x1년 1월 1일에 기계장치 1대를 ₩600,000에 취득하고 해당 기계장치에 대해 재평가모형을 적용하기로 하였다. 동 기계장치의 내용연수는 5년, 잔존가치는 ₩50,000이며 정액법을 사용하여 감가상각한다. ㈜대한은 동 기계장치에 대해 매년 말 감가상각 후 재평가를 실시하고 있다. 동 기계장치의 20x1년 말 공정가치는 ₩510,000이며, 20x2년 말 공정가치는 ₩365,000이다. 동 기계장치와 관련한 ㈜대한의 20x1년도 및 20x2년도 자본의 연도별 증감액은 각각 얼마인가? 단, 재평가잉여금을 이익잉여금으로 대체하지 않으며, 손상차손은 고려하지 않는다. 또한 재평가모형을 선택하여 장부금액을 조정하는 경우 기존의 감가상각누계액 전부를 제거하는 방법을 적용한다.

	20x1년	20x2년
①	₩20,000 증가	₩20,000 감소
②	₩20,000 증가	₩30,000 감소
③	₩90,000 증가	₩125,000 감소
④	₩90,000 감소	₩125,000 감소
⑤	₩90,000 감소	₩145,000 감소

8. ㈜대한은 공장건물을 신축하기로 하고 ㈜청주건설과 도급계약을 체결하였다. 공장건물 건설공사는 20x1년 1월 1일에 시작하여 20x2년 6월 30일에 완료될 예정이다. 동 공장건물은 차입원가를 자본화하는 적격자산에 해당한다. ㈜대한은 공장건물 건설공사를 위해 20x1년 1월 1일에 ₩3,000,000, 20x1년 7월 1일에 ₩5,000,000, 20x1년 10월 1일에 ₩4,000,000을 각각 지출하였다. ㈜대한의 차입금 내역은 다음과 같다.

차입금	차입금액	차입일	상환일	연 이자율	이자지급조건
A	₩4,000,000	20x1.1.1.	20x2.9.30.	8%	단리/매년말 지급
B	₩6,000,000	20x0.9.1.	20x2.12.31.	10%	단리/매년말 지급
C	₩8,000,000	20x1.4.1.	20x3.6.30.	6%	단리/매년말 지급

이들 차입금 중에서 차입금A는 동 공장건물의 건설공사를 위한 특정차입금이며, 차입금B와 차입금C는 일반차입금이다. 특정차입금 중 ₩1,000,000은 20x1년 1월 1일부터 20x1년 6월 30일까지 연 이자율 5%의 정기예금에 예치하였다. ㈜대한이 20x1년에 자본화할 차입원가는 얼마인가? 단, 연평균지출액, 이자비용, 이자수익은 월할로 계산한다.

① ₩320,000　　　② ₩470,000　　　③ ₩495,000

④ ₩520,000　　　⑤ ₩535,000

9. ㈜대한은 20x1년 1월 1일에 현금 ₩80,000을 지급하고 기계장치를 취득하였다. ㈜대한은 동 기계장치에 대해 내용연수는 5년, 잔존가치는 ₩0으로 추정하였으며 감가상각방법으로 정액법을 사용하기로 하였다. 20x1년 말 동 기계장치에 자산손상 사유가 발생하여 ㈜대한은 자산손상을 인식하기로 하였다. 20x1년 12월 31일 현재 동 기계장치의 회수가능액은 ₩50,000이다. ㈜대한은 20x2년 1월 1일 동 기계장치의 잔존 내용연수를 6년으로, 잔존가치를 ₩5,000으로 재추정하여 변경하였다. 20x2년 12월 31일 현재 동 기계장치의 회수가능액은 ₩30,000이나. ㈜대한이 20x2년 12월 31일 재무상태표에 동 기계장치의 손상차손누계액으로 표시할 금액은 얼마인가? 단, ㈜대한은 동 기계장치에 대해 원가모형을 선택하여 회계처리하고 있다.

① ₩21,500   ② ₩25,000   ③ ₩26,500
④ ₩28,500   ⑤ ₩30,000

10. 기업회계기준서 제1038호 '무형자산'에서 "내부적으로 창출한 무형자산의 원가는 그 자산의 창출, 제조 및 경영자가 의도하는 방식으로 운영될 수 있게 준비하는 데 필요한 직접 관련된 모든 원가를 포함한다"고 설명하고 있다. 다음 중 내부적으로 창출한 무형자산의 원가에 **포함하지 않는** 것은 무엇인가?

① 무형자산의 창출에 사용되었거나 소비된 재료원가, 용역원가
② 무형자산에 대한 법적 권리를 등록하기 위한 수수료
③ 무형자산의 창출을 위하여 발생한 종업원급여
④ 무형자산을 운용하는 직원의 교육훈련과 관련된 지출
⑤ 무형자산의 창출에 사용된 특허권과 라이선스의 상각비

11. ㈜대한의 20x1년 1월 1일 현재 자본 관련 자료는 다음과 같다.

보통주 - 자본금	₩5,000,000
(주당 액면금액 ₩5,000, 발행주식수 1,000주)	
보통주-주식발행초과금	3,000,000
이익잉여금	1,500,000
자본총계	₩9,500,000

20x1년에 발생한 ㈜대한의 자기주식거래는 다음과 같다.

20x1년 3월 1일 : 자기주식 60주를 주당 ₩6,000에 취득하였다.
　　　　 5월 10일 : 자기주식 20주를 주당 ₩7,500에 처분하였다.
　　　　 7월 25일 : 자기주식 10주를 주당 ₩5,000에 처분하였다.
　　　　 9월 15일 : 자기주식 20주를 주당 ₩4,500에 처분하였다.
　　　　 10월 30일 : 자기주식 10주를 소각하였다.
　　　　 11월 20일 : 대주주로부터 보통주 20주를 무상으로 증여
　　　　　　　　　　 받았으며, 수증 시 시가는 주당 ₩8,000이었다.

㈜대한의 20x1년도 당기순이익은 ₩300,000이다. ㈜대한은 선입선출법에 따른 원가법을 적용하여 자기주식거래를 회계처리한다. ㈜대한의 20x1년 12월 31일 재무상태표에 표시

되는 자본총계는 얼마인가?

① ₩9,710,000　　　② ₩9,730,000　　　③ ₩9,740,000
④ ₩9,820,000　　　⑤ ₩9,850,000

12. ㈜대한은 20x1년 1월 1일에 ㈜민국의 사채를 발행가액으로 취득하였으며 사채의 발행조건은 다음과 같다(취득 시 신용이 손상되어 있지 않음). ㈜대한은 사업모형 및 사채의 현금흐름 특성을 고려하여 취득한 사채를 상각후원가로 측정하는 금융자산으로 분류하였다.

> ❏ 사채발행일 : 20x1년 1월 1일
> ❏ 만기일 : 20x3년 12월 31일(일시상환)
> ❏ 액면금액 : ₩1,000,000
> ❏ 이자지급 : 매년 12월 31일에 연 7% 지급
> ❏ 사채발행시점의 유효이자율 : 연 10%

20x3년 1월 1일에 ㈜대한과 ㈜민국은 다음과 같은 조건으로 재협상하여 계약상 현금흐름을 변경하였으며, 20x3년 1월 1일의 현행이자율은 연 13%이다. ㈜대한은 재협상을 통한 계약상 현금흐름의 변경이 금융자산의 제거조건을 충족하지 않는 것으로 판단하였다.

> ❏ 만기일 : 20x5년 12월 31일로 연장(일시상환)
> ❏ 이자지급 : 20x3년부터 매년 12월 31일에 연 5% 지급

㈜대한이 계약상 현금흐름의 변경과 관련하여 인식할 변경손익은 얼마인가? 단, 단수차이로 인해 오차가 있다면 가장 근사치를 선택한다.

할인율 기간	단일금액 ₩1의 현재가치		정상연금 ₩1의 현재가치	
	10%	13%	10%	13%
1년	0.9091	0.8850	0.9091	0.8850
2년	0.8264	0.7831	1.7355	1.6681
3년	0.7513	0.6931	2.4868	2.3612

① ₩0　　　② ₩97,065 이익　　　③ ₩97,065 손실
④ ₩161,545 이익　　　⑤ ₩161,545 손실

13. ㈜대한은 ㈜민국이 발행한 사채(발행일 20x1년 1월 1일, 액면금액 ₩3,000,000으로 매년 12월 31일에 연 8% 이자지급, 20x4년 12월 31일에 일시상환)를 20x1년 1월 1일에 사채의 발행가액으로 취득하였다(취득 시 신용이 손상되어 있지 않음). ㈜대한은 취득한 사채를 상각후원가로 측정하는 금융자산으로 분류하였으며, 사채발행시점의 유효이자율은 연 10%이다. ㈜대한은 ㈜민국으로부터 20x1년도 이자 ₩240,000은 정상적으로 수취하였으나 20x1년 말에 상각후원가로 측정하는 금융자산의 신용이 손상되었다고 판단하였다. ㈜대한은 채무불이행확률을 고려하여 20x2년부터 20x4년까지 다음과 같은 현금흐름을 추정하였다.

> ❑ 매년 말 수취할 이자 : ₩150,000
> ❑ 만기에 수취할 원금 : ₩2,000,000

또한 ㈜대한은 ㈜민국으로부터 20x2년도 이자 ₩150,000을 수취하였으며, 20x2년 말에 상각후원가로 측정하는 금융자산의 채무불이행확률을 합리적으로 판단하여 20x3년부터 20x4년까지 다음과 같은 현금흐름을 추정하였다.

> ❑ 매년 말 수취할 이자 : ₩210,000
> ❑ 만기에 수취할 원금 : ₩2,000,000

㈜대한이 20x2년도에 인식할 손상차손환입은 얼마인가? 단, 단수차이로 인해 오차가 있다면 가장 근사치를 선택한다.

기간 \ 할인율	단일금액 ₩1의 현재가치		정상연금 ₩1의 현재가치	
	8%	10%	8%	10%
1년	0.9259	0.9091	0.9259	0.9091
2년	0.8573	0.8264	1.7832	1.7355
3년	0.7938	0.7513	2.5770	2.4868
4년	0.7350	0.6830	3.3120	3.1698

① ₩0 ② ₩104,073 ③ ₩141,635

④ ₩187,562 ⑤ ₩975,107

14. 기업회계기준서 제1109호 '금융상품' 중 계약상 현금흐름 특성 조건을 충족하는 금융자산으로서 사업모형을 변경하는 경우의 재분류 및 금융자산의 제거에 대한 다음 설명 중 옳은 것은?

① 금융자산을 기타포괄손익-공정가치 측정 범주에서 상각후원가 측성 범주로 재분류하는 경우에는 최초 인식시점부터 상각후원가로 측정했었던 것처럼 재분류일에 금융자산을 측정한다.

② 양도자가 발생 가능성이 높은 신용손실의 보상을 양수자에게 보증하면서 단기 수취 채권을 매도한 것은 양도자가 소유에 따른 위험과 보상의 대부분을 이전하는 경우의 예이다.

③ 금융자산을 기타포괄손익-공정가치 측정 범주에서 당기손익-공정가치 측정 범주로 재분류하는 경우에 계속 공정가치로 측정하며, 재분류 전에 인식한 기타포괄손익누계액은 자본에서 당기손익으로 재분류하지 않는다.

④ 양도자가 매도한 금융자산을 재매입시점의 공정가치로 재매입할 수 있는 권리를 보유하고 있는 것은 양도자가 소유에 따른 위험과 보상의 대부분을 보유하는 경우의 예이다.

⑤ 양도자가 매도 후에 미리 정한 가격으로 또는 매도가격에 양도자에게 금전을 대여하였더라면 그 대가로 받았을 이자수익을 더한 금액으로 양도자산을 재매입하는 거래는 양도자가 소유에 따른 위험과 보상의 대부분을 이전하는 경우의 예이다.

15. ㈜대한은 20x1년 1월 1일에 다음과 같은 상환할증금 미지급조건의 비분리형 신주인수권부사채를 액면발행하였다.

> ❏ 사채의 액면금액은 ₩1,000,000이고 만기는 20x3년 12월 31일이다.
> ❏ 액면금액에 대하여 연 10%의 이자를 매년 말에 지급한다.
> ❏ 신주인수권의 행사기간은 발행일로부터 1개월이 경과한 날부터 상환기일 30일 전까지이다.
> ❏ 행사비율은 사채액면금액의 100%로 행사금액은 ₩20,000(사채액면금액 ₩20,000 당 보통주 1주(주당 액면금액 ₩5,000)를 인수)이다.
> ❏ 원금상환방법은 만기에 액면금액의 100%를 상환한다.
> ❏ 신주인수권부사채 발행 시점에 일반사채의 시장수익률은 연 12%이다.

㈜대한은 신주인수권부사채 발행 시 인식한 자본요소(신주인수권대가) 중 행사된 부분은 주식발행초과금으로 대체하는 회계처리를 한다. 20x3년 1월 1일에 ㈜대한의 신주인수권부사채 액면금액 중 40%에 해당하는 신주인수권이 행사되었다. 다음 설명 중 옳은 것은? 단, 단수차이로 인해 오차가 있다면 가장 근사치를 선택한다

할인율 기간	단일금액 ₩1의 현재가치		정상연금 ₩1의 현재가치	
	10%	12%	10%	12%
1년	0.9091	0.8929	0.9091	0.8929
2년	0.8264	0.7972	1.7355	1.6901
3년	0.7513	0.7118	2.4868	2.4019

① 20x1년 1월 1일 신주인수권부사채 발행시점의 자본요소(신주인수권대가)는 ₩951,990이다.
② 20x2년도 포괄손익계산서에 인식할 이자비용은 ₩114,239이다.
③ 20x2년 말 재무상태표에 부채로 계상할 신주인수권부사채의 장부금액은 ₩966,229이다.
④ 20x3년 1월 1일 신주인수권의 행사로 증가하는 주식발행초과금은 ₩319,204이다.
⑤ 20x3년도 포괄손익계산서에 인식할 이자비용은 ₩70,694이다.

16. 기업회계기준서 제1012호 '법인세'에 대한 다음 설명 중 **옳지 않은** 것은?

① 미사용 세무상결손금과 세액공제가 사용될 수 있는 미래 과세소득의 발생가능성이 높은 경우 그 범위 안에서 이월된 미사용 세무상결손금과 세액공제에 대하여 이연법 인세자산을 인식한다.

② 부채의 세무기준액은 장부금액에서 미래 회계기간에 당해 부채와 관련하여 세무상 공제될 금액을 차감한 금액이다. 수익을 미리 받은 경우, 이로 인한 부채의 세무기준 액은 당해 장부금액에서 미래 회계기간에 과세되지 않을 수익을 차감한 금액이다.

③ 이연법인세 자산과 부채의 장부금액은 관련된 일시적차이의 금액에 변동이 없는 경 우에도 세율이나 세법의 변경, 예상되는 자산의 회수 방식 변경, 이연법인세자산의 회수가능성 재검토로 인하여 변경될 수 있다.

④ 과세대상수익의 수준에 따라 적용되는 세율이 다른 경우에는 일시적차이가 소멸될 것으로 예상되는 기간의 과세소득(세무상결손금)에 적용될 것으로 기대되는 평균세 율을 사용하여 이연법인세 자산과 부채를 측정한다.

⑤ 당기에 취득하여 보유중인 토지에 재평가모형을 적용하여 토지의 장부금액이 세무 기준액보다 높은 경우에는 이연법인세부채를 인식하며, 이로 인한 이연법인세효과 는 당기손익으로 인식한다.

17. 20x1년 1월 1일에 설립된 ㈜대한은 확정급여제도를 채택하고 있으며, 관련 자료는 다음과 같다. 순확정급여부채(자산) 계산 시 적용한 할인율은 연 7%로 변동이 없다.

〈20x1년〉
❏ 20x1년 말 사외적립자산의 공정가치는 ₩1,000,000이다.
❏ 20x1년 말 확정급여채무의 현재가치는 ₩1,200,000이다.
〈20x2년〉
❏ 20x2년도 당기근무원가는 ₩300,000이다.
❏ 20x2년 말에 일부 종업원의 퇴직으로 ₩150,000을 사외적립자산에서 현금 으로 지급하였다.
❏ 20x2년 말에 ₩200,000을 현금으로 사외적립자산에 출연하였다.
❏ 20x2년 말 확정급여채무에서 발생한 재측정요소와 관련된 회계처리는 다음과 같다. (차변) 보험수리적손실 466,000 (대변) 확정급여채무 466,000

㈜대한의 20x2년 말 재무상태표에 표시될 순확정급여부채가 ₩400,000인 경우, (A)20x2년 말 현재 사외적립자산의 공정가치 금액과 (B)확정급여제도 적용이 20x2년도 당기순이익에 미치는 영향은 각각 얼마인가?

	(A)	(B)
①	₩568,000	₩286,000 감소
②	₩568,000	₩314,000 감소
③	₩1,416,000	₩286,000 감소
④	₩1,500,000	₩286,000 감소
⑤	₩1,500,000	₩314,000 감소

18. 기업회계기준서 제1033호 '주당이익'에 대한 다음 설명 중 **옳지 않은** 것은?

① 기본주당이익 정보의 목적은 회계기간의 경영성과에 대한 지배기업의 보통주 1주당 지분의 측정치를 제공하는 것이다.

② 기업이 공개매수 방식으로 우선주를 재매입할 때 우선주의 장부금액이 우선주의 매입을 위하여 지급하는 대가의 공정가치를 초과하는 경우 그 차액을 지배기업의 보통주에 귀속되는 당기순손익을 계산할 때 차감한다.

③ 가중평균유통보통주식수를 산정하기 위한 보통주유통일수 계산의 기산일은 통상 주식발행의 대가를 받을 권리가 발생하는 시점이다. 채무상품의 전환으로 인하여 보통주를 발행하는 경우 최종이자발생일의 다음날이 보통주유통일수를 계산하는 기산일이다.

④ 조건부로 재매입할 수 있는 보통주를 발행한 경우 이에 대한 재매입가능성이 없어질 때까지는 보통주로 간주하지 아니하고, 기본주당이익을 계산하기 위한 보통주식수에 포함하지 아니한다.

⑤ 잠재적보통주는 보통주로 전환된다고 가정할 경우 주당계속영업이익을 감소시키거나 주당계속영업손실을 증가시킬 수 있는 경우에만 희석성 잠재적보통주로 취급한다.

19. ㈜대한은 20x1년 1월 1일 만기가 2년을 초과하는 사채를 발행하였으며, 이는 회사의 유일한 사채이다 동 사채는 액면이자를 매년 12월 31일에 지급하며, 액면금액을 만기일에 일시상환하는 조건이다. 사채 발행 이후 발행조건의 변경은 없다. 동 사채에 대한 20x1년도와 20x2년도의 관련 이자 정보는 다음과 같다.

구분	20x1년도	20x2년도
연도말 액면이자 지급액	₩120,000	₩120,000
포괄손익계산서상 연간 이자비용	₩148,420	₩152,400

상기 사채의 발행시점의 유효이자율은 얼마인가? 단, 사채발행비와 조기상환, 차입원가 자본화는 발생하지 않았으며, 단수차이로 인해 오차가 있다면 가장 근사치를 선택한다.

① 14%   ② 15%   ③ 16%

④ 17%   ⑤ 18%

20. 다음은 ㈜대한과 관련하여 20x1년에 발생한 사건이다.

> 가. ㈜대한은 20x1년부터 해저유전을 운영한다. 관련 라이선싱 약정에 따르면, 석유 생산 종료시점에는 유정 굴착장치를 제거하고 해저를 원상 복구하여야 한다. 최종 원상 복구원가의 90%는 유정 굴착장치 제거와 그 장치의 건설로 말미암은 해저 손상의 원상 복구와 관련이 있다. 나머지 10%의 원상 복구원가는 석유의 채굴로 생긴다. 20x1년 12월 31일 현재 굴착장치는 건설되었으나 석유는 채굴되지 않은 상태이다. 20x1년 12월 31일 현재 유정 굴착장치 제거와 그 장치의 건설로 말미암은 손상의 원상 복구에 관련된 원가(최종 원가의 90%)의 최선의 추정치는 ₩90,000이며, 석유 채굴로 생기는 나머지 10%의 원가에 대한 최선의 추정치는 ₩10,000이다.
>
> 나. 20x1년 8월 A씨의 결혼식이 끝나고 10명이 식중독으로 사망하였다. 유족들은 ㈜대한이 판매한 제품 때문에 식중독이 발생했다고 주장하면서 ㈜대한에 민사소송을 제기하였다(손해배상금 ₩50,000). ㈜대한은 그 책임에 대해 이의를 제기하였다. 회사의 자문 법무법인은 20x1년 12월 31일로 종료하는 연차 재무제표의 발행승인일까지는 ㈜대한에 책임이 있는지 밝혀지지 않을 가능성이 높다고 조언하였다.

상기 사건들에 대하여, 20x1년 말 ㈜대한의 재무상태표에 표시되는 충당부채는 얼마인가? 단, 기초잔액은 없는 것으로 가정한다.

① ₩150,000   ② ₩140,000   ③ ₩100,000

④ ₩90,000   ⑤ ₩0

21. 기업회계기준서 제1115호 '고객과의 계약에서 생기는 수익'에 대한 다음 설명 중 옳은 것은?

① 일반적으로 고객과의 계약에는 기업이 고객에게 이전하기로 약속하는 재화나 용역을 분명히 기재한다. 따라서 고객과의 계약에서 식별되는 수행의무는 계약에 분명히 기재한 재화나 용역에만 한정된다.

② 고객에게 재화나 용역을 이전하는 활동은 아니지만 계약을 이행하기 위해 수행해야 한다면, 그 활동은 수행의무에 포함된다.

③ 수행의무를 이행할 때(또는 이행하는 대로), 그 수행의무에 배분된 거래가격(변동대

가 추정치 중 제약받는 금액을 포함)을 수익으로 인식한다.

④ 거래가격은 고객에게 약속한 재화나 용역을 이전하고 그 대가로 기업이 받을 권리를 갖게 될 것으로 예상하는 금액이며, 제삼자를 대신해서 회수한 금액도 포함한다.

⑤ 거래가격의 후속 변동은 계약 개시시점과 같은 기준으로 계약상 수행의무에 배분한다. 따라서 계약을 개시한 후의 개별 판매가격 변동을 반영하기 위해 거래가격을 다시 배분하지는 않는다.

22. ㈜대한은 ㈜민국 소유의 토지에 건물을 건설하기로 ㈜민국과 계약을 체결하였다. 그 계약의 내용 및 추가정보는 다음과 같다.

> ❑ ㈜민국은 계약 개시일부터 30일 이내에 ㈜대한이 토지에 접근할 수 있게 한다.
> ❑ 해당 토지에 ㈜대한의 접근이 지연된다면(불가항력적인 사유 포함), 지연의 직접적인 결과로 들인 실제원가에 상당하는 보상을 ㈜대한이 받을 권리가 있다.
> ❑ 계약 개시 후에 생긴 그 지역의 폭풍 피해 때문에 ㈜대한은 계약 개시 후 120일이 지나도록 해당 토지에 접근하지 못하였다.
> ❑ ㈜대한은 청구의 법적 기준을 검토하고, 관련 계약 조건을 기초로 집행할 수 있는 권리가 있다고 판단하였다.
> ❑ ㈜대한은 계약변경에 따라 ㈜민국에게 재화나 용역을 추가로 제공하지 않고 계약변경 후에도 나머지 재화와 용역 모두는 구별되지 않으며 단일 수행의무를 구성한다고 판단하였다.
> ❑ ㈜대한은 계약 조건에 따라 지연의 결과로 들인 특정 직접원가를 제시할 수 있으며, 청구를 준비하고 있다.
> ❑ ㈜민국은 ㈜대한의 청구에 처음에는 동의하지 않았다.

계약변경과 관련하여 상기 거래에 대한 다음 설명 중 **옳지 않은** 것은?

① 계약변경은 서면이나 구두 합의, 또는 기업의 사업 관행에서 암묵적으로 승인될 수 있다.

② ㈜대한과 ㈜민국이 계약변경 범위에 다툼이 있더라도, 계약변경은 존재할 수 있다.

③ ㈜대한과 ㈜민국이 계약 범위의 변경을 승인하였지만 아직 이에 상응하는 가격 변경을 결정하지 않았다면, 계약변경은 존재할 수 없다.

④ ㈜대한과 ㈜민국은 계약변경으로 신설되거나 변경되는 권리와 의무를 집행할 수 있는지를 판단할 때에는 계약 조건과 그 밖의 증거를 포함하여 관련 사실 및 상황을 모두 고려한다.

⑤ ㈜대한은 계약변경에 대해 거래가격과 수행의무의 진행률을 새로 수정하여 그 계약변경은 기존 계약의 일부인 것처럼 회계처리한다.

23. 다음은 ㈜대한의 20x1년과 20x2년의 수취채권, 계약자산, 계약부채에 대한 거래이다.

> ❑ ㈜대한은 고객에게 제품을 이전하기로 한 약속을 수행의무로 식별하고, 제품을 고객에게 이전할 때 각 수행의무에 대한 수익을 인식한다.
>
> ❑ ㈜대한은 20x2년 1월 31일에 ㈜민국에게 제품A를 이전하는 취소 불가능 계약을 20x1년 10월 1일에 체결하였다. 계약에 따라 ㈜민국은 20x1년 11월 30일에 대가 ₩1,000 전액을 미리 지급하여야 하나 ₩300만 지급하였고, 20x2년 1월 15일에 잔액 ₩700을 지급하였다. ㈜대한은 20x2년 1월 31일에 제품A를 ㈜민국에게 이전하였다.
>
> ❑ ㈜대한은 ㈜만세에게 제품B와 제품C를 이전하고 그 대가로 ₩1,000을 받기로 20x1년 10월 1일에 계약을 체결하였다. 계약에서는 제품B를 먼저 인도하도록 요구하고, 제품B의 인도 대가는 제품C의 인도를 조건으로 한다고 기재되어 있다. ㈜대한은 제품의 상대적 개별 판매가격에 기초하여 제품B에 대한 수행의무에 ₩400을, 제품C에 대한 수행의무에 ₩600을 배분한다. ㈜대한은 ㈜만세에게 20x1년 11월 30일에 제품B를, 20x2년 1월 31일에 제품C를 각각 이전하였다.

상기 거래에 대하여, 20x1년 12월 31일 현재 ㈜대한의 수취채권, 계약자산, 계약부채 금액은 각각 얼마인가? 단, 기초잔액은 없는 것으로 가정한다.

	수취채권	계약자산	계약부채
①	₩0	₩400	₩0
②	₩400	₩0	₩0
③	₩700	₩400	₩1,000
④	₩1,000	₩400	₩1,000
⑤	₩1,100	₩0	₩1,000

24. 기업회계기준서 제1116호 '리스'에 대한 다음 설명 중 옳은 것은?

① 리스기간이 12개월 이상이고 기초자산이 소액이 아닌 모든 리스에 대하여 리스이용자는 자산과 부채를 인식하여야 한다.

② 일부 예외적인 경우를 제외하고, 단기리스나 소액 기초자산 리스를 이용하는 리스이용자는 해당 리스에 관련되는 리스료를 리스기간에 걸쳐 정액 기준이나 다른 체계적인 기준에 따라 비용으로 인식할 수 있다.

③ 리스이용자의 규모, 특성, 상황이 서로 다르기 때문에, 기초자산이 소액인지는 상대적 기준에 따라 평가한다.

④ 단기리스에 대한 리스회계처리 선택은 리스별로 적용해야 한다.

⑤ 소액 기초자산 리스에 대한 리스회계처리 선택은 기초자산의 유형별로 적용해야 한다.

25. ㈜대한리스는 20x1년 1월 1일 ㈜민국과 다음과 같은 금융리스계약을 약정과 동시에 체결하였다.

❑ 리스개시일 : 20x1년 1월 1일

❑ 리스기간 : 20x1년 1월 1일 ~ 20x3년 12월 31일(3년)

❑ 연간 고정리스료 : 매년 말 ₩500,000 후급

❑ 리스자산의 공정가치는 ₩1,288,530이고 내용연수는 4년이다. 내용연수 종료시점에 잔존가치는 없으며, ㈜민국은 정액법으로 감가상각한다.

❑ ㈜민국은 리스기간 종료시점에 ₩100,000에 리스자산을 매수할 수 있는 선택권을 가지고 있고, 그 선택권을 행사할 것이 리스약정일 현재 상당히 확실하다. 동 금액은 선택권을 행사할 수 있는 날(리스기간 종료시점)의 공정가치보다 충분히 낮을 것으로 예상되는 가격이다.

❑ ㈜대한리스와 ㈜민국이 부담한 리스개설직접원가는 각각 ₩30,000과 ₩20,000이다.

❑ ㈜대한리스는 상기 리스를 금융리스로 분류하고, ㈜민국은 리스개시일에 사용권자산과 리스부채를 인식한다.

❑ 리스의 내재이자율은 연 10%이며, 그 현가계수는 아래 표와 같다.

기간	단일금액 ₩1의 현재가치	정상연금 ₩1의 현재가치
3년	0.7513	2.4868
4년	0.6830	3.1698

상기 리스거래가 ㈜대한리스와 ㈜민국의 20x1년도 당기순이익에 미치는 영향은? 단, 단수차이로 인해 오차가 있다면 가장 근사치를 선택한다.

	㈜대한리스	㈜민국
①	₩131,853 증가	₩466,486 감소
②	₩131,853 증가	₩481,486 감소
③	₩131,853 증가	₩578,030 감소
④	₩134,853 증가	₩466,486 감소
⑤	₩134,853 증가	₩481,486 감소

26. 기업회계기준서 제1103호 '사업결합'에 대한 다음 설명 중 **옳지 않은** 것은?

① 사업이라 함은 투입물, 산출물 및 산출물을 창출할 수 있는 과정으로 구성되며 이 세 가지 요소 모두 사업의 정의를 충족하기 위한 통합된 집합에 반드시 필요하다.

② 공동약정 자체의 재무제표에서 공동약정의 구성에 대한 회계처리에는 기업회계기준서 제1103호 '사업결합'을 적용하지 않는다.

③ 동일 지배하에 있는 기업이나 사업 간의 결합에는 기업회계기준서 제1103호 '사업결합'을 적용하지 않는다.

④ 일반적으로 지배력을 획득한 날이라 함은 취득자가 법적으로 대가를 이전하여, 피취득자의 자산을 취득하고 부채를 인수한 날인 종료일이다.

⑤ 취득자가 피취득자에게 대가를 이전하지 않더라도 사업결합이 이루어질 수 있다.

27. ㈜대한은 20x1년 7월 1일 ㈜민국의 A부문을 ₩450,000에 인수하였다. 다음은 20x1년 7월 1일 현재 ㈜민국의 A부문 현황이다. A부문에 귀속되는 부채는 없다.

A부문

㈜민국	20x1년 7월 1일 현재	(단위 : ₩)
계정과목	장부금액	공정가치
토지	200,000	220,000
건물	150,000	200,000
기계장치	50,000	80,000
	400,000	

공정가치는 실제보다 과대평가되지 않았다. 20x1년 7월 1일 현재 건물과 기계장치의 잔존 내용연수는 각각 10년과 5년이며 모두 잔존가치 없이 정액법으로 감가상각한다. 20x1년 말 까지 ㈜대한은 동 자산들을 보유하고 있으며 손상징후는 없다. 취득일 현재 ㈜민국의 A부 문에 표시된 자산 외에 추가적으로 식별가능한 자산은 없으며 20x1년 말까지 다른 거래는 없다. ㈜민국의 A부문이 (가)별도의 사업을 구성하고 ㈜대한이 지배력을 획득하여 사업결합 회 계처리를 하는 상황과 (나)별도의 사업을 구성하지 못하여 ㈜대한이 자산 집단을 구성하는 각 자산의 취득원가를 결정하기 위한 회계처리를 하는 상황으로 나눈다. 각 상황이 20x1년 7월 1일부터 20x1년 12월 31일까지 ㈜대한의 당기순이익에 미치는 영향은 각각 얼마인가?

	(가)	(나)
①	₩32,000 증가	₩16,200 감소
②	₩32,000 감소	₩16,200 감소

③	₩18,000 감소	₩32,400 감소
④	₩18,000 증가	₩32,400 증가
⑤	₩18,000 감소	₩32,400 증가

28. 기업회계기준서 제1027호 '별도재무제표'에 대한 다음 설명 중 **옳지 않은** 것은?

① 별도재무제표를 작성할 때, 종속기업, 공동기업, 관계기업에 대한 투자자산은 원가법, 기업회계기준서 제1109호 '금융상품'에 따른 방법, 제1028호 '관계기업과 공동기업에 대한 투자'에서 규정하고 있는 지분법 중 하나를 선택하여 회계처리한다.

② 종속기업, 공동기업, 관계기업으로부터 받는 배당금은 기업이 배당을 받을 권리가 확정되는 시점에 투자자산의 장부금액에서 차감하므로 당기손익으로 반영되는 경우는 없다.

③ 종속기업, 관계기업, 공동기업 참여자로서 투자지분을 소유하지 않은 기업의 재무제표는 별도재무제표가 아니다.

④ 기업회계기준서 제1109호 '금융상품'에 따라 회계처리하는 투자의 측정은 매각예정이나 분배예정으로 분류되는 경우라 하더라도 기업회계기준서 제1105호 '매각예정비유동자산과 중단영업'을 적용하지 않는다.

⑤ 기업회계기준서 제1110호 '연결재무제표'에 따라 연결이 면제되는 경우, 그 기업의 유일한 재무제표로서 별도재무제표만을 재무제표로 작성할 수 있다.

※ 다음 자료를 이용하여 29번과 30번에 답하시오.

㈜대한은 20x1년 초에 ㈜민국의 보통주 30%를 ₩350,000에 취득하여 유의적인 영향력을 행사하고 있으며 지분법을 적용하여 회계처리한다. 20x1년 초 현재 ㈜민국의 순자산 장부금액과 공정가치는 동일하게 ₩1,200,000이다.

〈추가자료〉
❑ 다음은 ㈜대한과 ㈜민국 간의 20x1년 재고자산 내부거래 내역이다.

판매회사 → 매입회사	판매회사 매출액	판매회사 매출원가	매입회사 장부상 기말재고
㈜대한 → ㈜민국	₩25,000	₩20,000	₩17,500

❑ 20x2년 3월 31일 ㈜민국은 주주에게 현금배당금 ₩10,000을 지급하였다.
❑ 20x2년 중 ㈜민국은 20x1년 ㈜대한으로부터 매입한 재고자산을 외부에 모두 판매하였다.

❏ 다음은 ㈜민국의 20x1년도 및 20x2년도 포괄손익계산서 내용의 일부이다.

구분	20x1년	20x2년
당기순이익	₩100,000	₩(−)100,000
기타포괄이익	₩50,000	₩110,000

29. 20x1년 말 현재 ㈜대한의 재무상태표에 표시되는 ㈜민국에 대한 지분법적용투자주식 기말 장부금액은 얼마인가?

① ₩403,950   ② ₩400,000   ③ ₩395,000
④ ₩393,950   ⑤ ₩350,000

30. 지분법 적용이 ㈜대한의 20x2년도 당기순이익에 미치는 영향은 얼마인가?

① ₩18,950 감소   ② ₩28,950 감소   ③ ₩33,950 증가
④ ₩38,950 증가   ⑤ ₩38,950 감소

※ 다음 자료를 이용하여 31번과 32번에 답하시오.

㈜대한은 20x1년 초에 ㈜민국의 보통주 80%를 ₩1,200,000에 취득하여 지배력을 획득하였다. 지배력 획득시점의 ㈜민국의 순자산 장부금액은 공정가치와 동일하다. 다음은 지배력 획득일 현재 ㈜민국의 자본 내역이다.

㈜민국	20x1년 1월 1일
보통주자본금(주당 액면금액 ₩100)	₩500,000
자본잉여금	200,000
이익잉여금	800,000
	₩1,500,000

〈추가자료〉

❏ 20x1년과 20x2년 ㈜대한과 ㈜민국 간의 재고자산 내부거래는 다음과 같다. 매입회사 장부상 남아있는 각 연도말 재고자산은 다음 회계연도에 모두 외부에 판매되었다.

연도	판매회사 → 매입회사	판매회사 매출액	판매회사 매출원가	매입회사장부상 기말재고
20x1	㈜대한 → ㈜민국	₩80,000	₩64,000	₩40,000
20x1	㈜민국 → ㈜대한	₩50,000	₩40,000	₩15,000
20x2	㈜대한 → ㈜민국	₩100,000	₩70,000	₩40,000
20x2	㈜민국 → ㈜대한	₩80,000	₩60,000	₩20,000

❏ ㈜대한은 20x1년 4월 1일에 보유 토지 ₩90,000을 ㈜민국에게 ₩110,000에 매각하였다. ㈜대한과 ㈜민국은 20x2년 12월 말부터 보유 토지에 대해 재평가모형을 적용하기로 함에 따라 ㈜민국은 ㈜대한으로부터 매입한 토지를 ₩120,000으로 재평가하였다.

❏ ㈜대한의 20x1년과 20x2년 당기순이익은 각각 ₩300,000과 ₩200,000이며, ㈜민국의 20x1년과 20x2년 당기순이익은 각각 ₩80,000과 ₩100,000이다.

❏ ㈜대한의 별도재무제표상 ㈜민국의 주식은 원가법으로 표시되어 있다. 연결재무제표 작성 시 비지배지분은 종속기업의 식별가능한 순자산 공정가치에 비례하여 결정한다.

31. 20x1년 말 ㈜대한의 연결재무상태표에 표시되는 비지배지분은 얼마인가?

① ₩300,000 ② ₩313,800 ③ ₩315,400
④ ₩316,000 ⑤ ₩319,800

32. ㈜대한의 20x2년도 연결포괄손익계산서에 표시되는 지배기업소유주귀속당기순이익과 비지배지분귀속당기순이익은 각각 얼마인가?

	지배기업소유주귀속 당기순이익	비지배지분귀속 당기순이익
①	₩264,400	₩18,400
②	₩264,400	₩19,000
③	₩264,400	₩19,600
④	₩274,400	₩19,600
⑤	₩274,400	₩21,600

33. ㈜대한은 20x1년 1월 1일 ㈜민국의 보통주 80%를 ₩450,000에 취득하여 지배력을 획득하였으며, 동일자에 ㈜민국은 ㈜만세의 주식 60%를 ₩200,000에 취득하여 지배력을 획득하였다. 지배력 획득시점에 ㈜민국과 ㈜만세의 순자산 공정가치와 장부금액은 동일하다. 다음은 지배력 획득시점 이후 20x1년 말까지 회사별 순자산 변동내역이다.

구분	㈜대한	㈜민국	㈜만세
20x1. 1. 1.	₩800,000	₩420,000	₩300,000
별도(개별)재무제표상 당기순이익	100,000	80,000	50,000
20x1. 12. 31.	₩900,000	₩500,000	₩350,000

20x1년 7월 1일 ㈜대한은 ㈜민국에게 장부금액 ₩150,000인 기계장치를 ₩170,000에 매각하였다. 매각시점에 기계장치의 잔존 내용연수는 5년, 정액법으로 상각하며 잔존가치는 없다. 20x1년 중 ㈜민국이 ㈜만세에게 판매한 재고자산 매출액은 ₩100,000(매출총이익률은 30%)이다. 20x1년 말 현재 ㈜만세는 ㈜민국으로부터 매입한 재고자산 중 40%를 보유하고 있다.

㈜대한과 ㈜민국은 종속회사 투자주식을 별도재무제표상 원가법으로 표시하고 있다. ㈜대한의 20x1년도 연결포괄손익계산서에 표시되는 비지배지분귀속당기순이익은 얼마인가? 단, 연결재무제표 작성 시 비지배지분은 종속기업의 식별가능한 순자산 공정가치에 비례하여 결정한다.

① ₩19,600 ② ₩20,000 ③ ₩38,600
④ ₩39,600 ⑤ ₩49,600

34. ㈜대한(기능통화와 표시통화는 원화(₩))은 20x1년 1월 1일에 일본소재 기업인 ㈜동경(기능통화는 엔화(¥))의 보통주 80%를 ¥80,000에 취득하여 지배력을 획득하였다. 지배력 획득일 현재 ㈜동경의 순자산 장부금액과 공정가치는 ¥90,000으로 동일하다. ㈜동경의 20x1년도 당기순이익은 ¥10,000이며 수익과 비용은 연중 균등하게 발생하였다. 20x1년 말 ㈜동경의 재무제표를 표시통화인 원화로 환산하는 과정에서 대변에 발생한 외환차이는 ₩19,000이다. ㈜동경은 종속회사가 없으며, 20x1년의 환율정보는 다음과 같다.

(환율 : ₩/¥)

20x1년 1월 1일	20x1년 12월 31일	20x1년 평균
10.0	10.2	10.1

㈜대한은 ㈜동경 이외의 종속회사는 없으며 지배력 획득일 이후 ㈜대한과 ㈜동경 간의 내부거래는 없다. 기능통화와 표시통화는 초인플레이션 경제의 통화가 아니며, 위 기간에 환율의 유의한 변동은 없었다. 20x1년 말 ㈜대한의 연결재무상태표상 영업권 금액과 비지배지분 금액은 각각 얼마인가? 단, 연결재무제표 작성 시 비지배지분은 종속기업의 식별가능한 순자산 공정가치에 비례하여 결정한다.

	영업권	비지배지분
①	₩80,000	₩190,000
②	₩80,800	₩204,000
③	₩81,600	₩204,000
④	₩81,600	₩206,000
⑤	₩82,000	₩206,000

35. 기업회계기준서 제1109호 '금융상품'에 대한 다음 설명 중 **옳지 않은** 것은?

① 인식된 자산이나 부채, 인식되지 않은 확정계약, 예상거래나 해외사업장순투자는 위험회피대상항목이 될 수 있다. 이 중 위험회피대상항목이 예상거래(또는 예상거래의 구성요소)인 경우 그 거래는 발생 가능성이 매우 커야 한다.

② 사업결합에서 사업을 취득하기로 하는 확정계약은 외화위험을 제외하고는 위험회피대상항목이 될 수 없다. 그러나 지분법적용투자주식과 연결대상 종속기업에 대한 투자주식은 공정가치위험회피의 위험회피대상항목이 될 수 있다.

③ 해외사업장순투자의 위험회피에 대한 회계처리 시, 위험회피수단의 손익 중 위험회피에 효과적인 것으로 결정된 부분은 기타포괄손익으로 인식하고 비효과적인 부분은 당기손익으로 인식한다.

④ 현금흐름위험회피가 위험회피회계의 적용조건을 충족한다면 위험회피대상항목과 관련된 별도의 자본요소(현금흐름위험회피적립금)는 (가)위험회피 개시 이후 위험회피수단의 손익누계액과 (나)위험회피 개시 이후 위험회피대상항목의 공정가치(현재가치) 변동 누계액 중 적은 금액(절대금액 기준)으로 조정한다.

⑤ 외화위험회피의 경우 비파생금융자산이나 비파생금융부채의 외화위험 부분은 위험회피수단으로 지정할 수 있다. 다만, 공정가치의 변동을 기타포괄손익으로 표시하기로 선택한 지분상품의 투자는 제외한다.

36. 「국가회계기준에 관한 규칙」에서 정하는 자산과 부채의 평가에 대한 다음 설명 중 **옳지 않은** 것은?

① 사회기반시설 중 관리·유지 노력에 따라 취득 당시의 용역 잠재력을 그대로 유지할 수 있는 시설에 대해서는 감가상각하지 아니하고 관리·유지에 투입되는 비용으로 감가상각비용을 대체할 수 있다. 다만, 효율적인 사회기반시설 관리시스템으로 사회기반시설의 용역 잠재력이 취득 당시와 같은 수준으로 유지된다는 것이 객관적으로 증명되는 경우로 한정한다.

② 재정상태표에 표시하는 부채의 가액은 「국가회계기준에 관한 규칙」에서 따로 정한 경우를 제외하고는 원칙적으로 만기상환가액으로 평가한다.

③ 투자목적의 장기투자증권 또는 단기투자증권인 경우에는 재정상태표일 현재 신뢰성 있게 공정가액을 측정할 수 있으면 그 공정가액으로 평가하며, 장부가액과 공정가액의 차이금액은 순자산변동표에 조정항목으로 표시한다.

④ 일반유형자산 및 사회기반시설의 내용연수를 연장시키거나 가치를 실질적으로 증가시키는 지출은 자산의 증가로 회계처리하고, 원상회복시키거나 능률유지를 위한 지출은 비용으로 회계처리한다.

⑤ 장기연불조건의 거래, 장기금전대차거래 또는 이와 유사한 거래에서 발생하는 채권·채무로서 명목가액과 현재가치의 차이가 중요한 경우에도 명목가액으로 평가한다.

37. 「국가회계기준에 관한 규칙」에 대한 다음 설명 중 **옳지 않은** 것은?

① 무형자산은 해당 자산의 개발원가 또는 매입가액에 부대비용을 더한 금액을 취득원가로 하여 평가하며, 정액법에 따라 해당 자산을 사용할 수 있는 시점부터 합리적인 기간 동안 상각한다. 이 경우 상각기간은 독점적·배타적인 권리를 부여하고 있는 관계 법령이나 계약에서 정한 경우를 제외하고는 20년을 초과할 수 없다.

② 재고자산의 시가가 취득원가보다 낮은 경우에는 시가를 재정상태표 가액으로 한다. 이 경우 원재료 외의 재고자산의 시가는 순실현가능가액을 말하며, 생산과정에 투입될 원재료의 시가는 현재 시점에서 매입하거나 재생산하는 데 드는 현행대체원가를 말한다.

③ 중앙관서 또는 기금의 재정운영표를 통합하여 작성하는 국가의 재정운영표는 내부거래를 제거하여 작성하되 재정운영순원가, 비교환수익 등 및 재정운영결과로 구분하여 표시하고, 재정운영결과는 각 중앙관서별로 구분하여 표시한다.

④ 화폐성 외화자산과 화폐성 외화부채는 재정상태표일 현재의 적절한 환율로 평가한다. 이에 따라 발생하는 환율변동효과는 외화평가손실 또는 외화평가이익의 과목으로 하여 재정운영순원가에 반영한다.

⑤ 보증충당부채는 보증약정 등에 따른 피보증인인 주채무자의 채무불이행에 따라 국가회계실체가 부담하게 될 추정 순현금유출액의 현재가치로 평가한다.

38. 「국가회계기준에 관한 규칙」과 「지방자치단체 회계기준에 관한 규칙」에 대한 다음 설명 중 **옳지 않은** 것은?

① 국가의 우발자산은 과거의 거래나 사건으로 발생하였으나 국가회계실체가 전적으로 통제할 수 없는 하나 이상의 불확실한 미래 사건의 발생 여부로만 그 존재 유무를 확인할 수 있는 잠재적 자산을 말하며, 경제적 효익의 유입 가능성이 매우 높은 경우 주석에 공시한다.

② 국가의 일반유형자산 및 사회기반시설에 대한 사용수익권은 재정상태표에 부채로 표시한다.

③ 국가의 자산은 유동자산, 투자자산, 일반유형자산, 사회기반시설, 무형자산 및 기타비유동자산으로 구분하여 재정상태표에 표시하고, 지방자치단체의 자산은 유동자산, 투자자산, 일반유형자산, 주민편의시설, 사회기반시설, 기타비유동자산으로 분류한다.

④ 지방자치단체의 기타비유동부채는 유동부채와 장기차입부채에 속하지 아니하는 부채로서 퇴직급여충당부채, 장기예수보증금, 장기선수수익 등을 말한다.

⑤ 지방자치단체의 장기투자증권은 매입가격에 부대비용을 더하고 이에 종목별로 총평균법을 적용하여 산정한 취득원가로 평가함을 원칙으로 한다.

39. 「지방회계법」 및 「지방자치단체 회계기준에 관한 규칙」에 대한 다음 설명 중 **옳지 않은** 것은?

① 미수세금은 합리적이고 객관적인 기준에 따라 평가하여 대손충당금을 설정하고 이를 미수세금 금액에서 차감하는 형식으로 표시한다.

② 「지방회계법」에 따른 재무제표는 지방회계기준에 따라 작성하여야 하고, 「공인회계사법」에 따른 공인회계사의 검토의견을 첨부하여야 한다.

③ 교환거래로 생긴 수익은 재화나 서비스 제공의 반대급부로 생긴 사용료, 수수료 등으로서 수익창출활동이 끝나고 그 금액을 합리적으로 측정할 수 있을 때에 인식한다.

④ 지방자치단체의 회계처리와 재무보고는 발생주의·복식부기 방식에 의하며, 예산회계와 재무회계의 차이에 대한 명세서는 주석으로 공시한다.

⑤ 지방자치단체의 장은 회계처리를 적정하게 하고, 공무원의 부정·비리를 예방하기 위하여 「지방회계법」에 따른 회계책임관으로 하여금 회계관계공무원의 회계처리에 관한 사항 등을 관리·감독하는 등 내부통제를 하게 하여야 한다.

40. 다음은 중앙관서 A부처의 20x1회계연도 재무제표 작성을 위하여 수집한 회계자료이다.

- ❑ 기초순자산은 ₩10,000(기본순자산 ₩2,000, 적립금 및 잉여금 ₩7,000, 순자산조정 ₩1,000)이다.
- ❑ 프로그램총원가 ₩35,000과 프로그램수익 ₩15,000이 발생하였다.
- ❑ 행정운영을 위해 발생한 인건비 ₩7,000과 경비 ₩3,000은 모두 관리운영비로 인식한다.
- ❑ 제재금수익은 ₩3,000, 국고수입은 ₩14,000, 비배분수익은 ₩8,000, 부담금수익은 ₩9,000이다.
- ❑ 비배분비용은 ₩6,000, 국고이전지출은 ₩2,000이다.
- ❑ 파생상품에서 발생한 평가손실은 ₩4,000이며 이것은 미래예상거래의 현금흐름변동위험을 회피하는 계약에서 발생한 것이다.

A부처는 일반회계만으로 구성되었고, 재무제표 작성과정에서 상계할 내부거래는 없으며, 상기 제시된 자료 이외의 항목은 없다고 가정한다. A부처의 20x1회계연도 재무제표에 대한 설명으로 **옳지 않은** 것은?

① A부처의 재정운영표에 표시되는 재정운영순원가는 ₩28,000이다.

② A부처의 재정운영표에 표시되는 재정운영결과는 ₩28,000이다.

③ A부처의 순자산변동표에서 재원의 조달 및 이전란에 표시되는 금액은 ₩24,000이다.

④ A부처의 순자산변동표상 기말 적립금 및 잉여금은 ₩3,000이다.

⑤ A부처의 순자산변동표상 기말순자산은 ₩58,000이다.

41. ㈜대한은 정상개별원가계산을 사용하고 있으며, 제조간접원가 배부기준은 기본원가(prime costs)이다. 20x1년 제조간접원가 예정배부율은 기본원가의 40%이었다. 20x1년도 생산 및 판매 자료는 다음과 같다.

> (1) 기초재고자산 중 재공품 및 제품의 작업별 원가는 다음과 같다.
>
> | 항목 | 기초재공품 | | 기초제품 |
> |---|---|---|---|
> | | 작업#102 | 작업#103 | 작업#101 |
> | 기본원가 | ₩4,000 | ₩3,500 | ₩5,000 |
> | 제조간접원가 | 2,000 | 1,750 | 2,500 |
> | 합계 | ₩6,000 | ₩5,250 | ₩7,500 |
>
> (2) 당기에 작업 #102와 #103에 소비된 기본원가는 각각 ₩1,500과 ₩1,000이었다.
> (3) 당기에 신규로 착수된 작업은 없었고, 작업 #102와 #103은 완성되었다.
> (4) 당기에 작업 #101과 #102는 각각 ₩8,300과 ₩10,000에 판매되었다.
> (5) 당기에 제조간접원가 실제발생액은 ₩1,250이었다.
> (6) ㈜대한은 배부차이를 원가요소기준비례배부법으로 조정한다.

배부차이 조정 후 매출총이익은 얼마인가?

① ₩2,210   ② ₩2,320   ③ ₩2,440
④ ₩2,520   ⑤ ₩2,550

42. ㈜대한은 결합공정과 추가공정을 통해 제품을 생산하며, 분리점에서 순실현가능가치를 기준으로 결합원가를 배부한다. 20x1년의 생산 및 원가자료는 다음과 같다.

> (1) 제1공정
> 제1공정에서는 원재료를 투입하여 제품A 100단위와 제품B 300단위를 생산하였으며, 결합원가는 총 ₩40,000이었다. 제품A는 단위당 ₩200에 판매되고, 제품B는 제2공정에서 추가가공을 거쳐 제품C로 판매된다.
> (2) 제2공정
> 당기에 제1공정으로부터 대체된 제품B는 제품C 280단위로 생산되었으며, 추가가공원가는 총 ₩12,400이었다. 제품C의 단위당 판매가격은 ₩150이다. 제품B를 제품C로 추가 가공하는 과정에서 부산물 20단위가 생산되었다. 부산물은 단위당 ₩20에 즉시 판매할 수 있다. 부산물은 생산시점에 순실현가능가치로 인식한다.

제품C의 총제조원가는 얼마인가? 단, 각 공정의 기초 및 기말 재공품은 없다.

① ₩35,600   ② ₩36,000   ③ ₩36,400
④ ₩36,700   ⑤ ₩37,000

43. ㈜대한은 20x1년 초에 설립되었으며 단일제품을 생산한다. 20x1년과 20x2년에 전부원가계산에 의한 영업활동 결과는 다음과 같다.

항목	20x1년	20x2년
생산량	100단위	120단위
판매량	80단위	110단위
매출액	₩24,000	₩33,000
매출원가	17,600	22,400
매출총이익	₩6,400	₩10,600
판매관리비	5,600	6,200
영업이익	₩800	₩4,400

㈜대한은 재공품 재고를 보유하지 않으며, 원가흐름 가정은 선입선출법이다. 20x2년도 변동원가계산에 의한 영업이익은 얼마인가? 단, 두 기간의 단위당 판매가격, 단위당 변동제조원가, 고정제조간접원가, 단위당 변동판매관리비, 고정판매관리비는 동일하다.

① ₩3,200 ② ₩3,400 ③ ₩3,600
④ ₩3,800 ⑤ ₩4,200

44. ㈜대한은 표준종합원가계산을 사용하고 있다. 정상공손이 반영되기 전의 제품 단위당 표준원가는 다음과 같다.

항목	제품 단위당 표준원가
직접재료원가	₩20
전환원가	30
합계	₩50

직접재료는 공정초에 모두 투입되며, 전환원가는 공정 전반에 걸쳐 평균적으로 발생한다. 당기의 생산활동에 관한 자료는 다음과 같다.

항목	물량	전환원가 완성도
기초재공품	300 단위	50%
기말재공품	500	80%
완성품	2,000	
공손품	100	

㈜대한은 공정의 60% 시점에서 품질검사를 실시하며, 당기에 검사를 통과한 합격품의 2%를 정상공손으로 허용한다. 정상공손원가는 합격품원가에 가산하고 비정상공손원가는 기간비용으로 처리한다. 정상공손원가 배부 후 표준원가로 기록된 완성품원가와 기말재공품원가는 각각 얼마인가? 단, 전기와 당기의 단위당 표준원가는 동일하고, 공손품은 전량 폐기된다.

	완성품원가	기말재공품원가
①	₩101,000	₩21,380
②	₩101,000	₩22,000
③	₩101,520	₩21,380
④	₩101,520	₩22,000
⑤	₩101,520	₩22,380

45. 표준원가계산제도를 사용하고 있는 ㈜대한은 보급형 스키를 뱃치(batch) 단위로 생산한다. 제품 1뱃치를 생산할 때마다 새로운 작업준비를 해야 한다. 변동작업준비원가는 모두 작업준비활동으로 인해 발생하는 원가이며, 원가동인은 작업준비시간이다. 20x1년 초에 설정한 연간 예산자료와 20x1년 말에 수집한 실제결과는 다음과 같다.

항목	예산자료	실제결과
생산 및 판매량	10,000단위	11,000단위
뱃치크기(뱃치당 제품수량)	200단위	200단위
뱃치당 작업준비시간	1시간	0.8시간
변동작업준비원가 총액	₩1,500	₩1,100

20x1년도 변동작업준비원가에 대한 소비차이(spending variance)와 능률차이(efficiency variance)는 각각 얼마만큼 유리 또는 불리한가? 단, 기초 및 기말 재고자산은 없다.

	소비차이	능률차이
①	₩220 유리	₩330 유리
②	₩220 유리	₩330 불리
③	₩330 불리	₩220 유리
④	₩330 유리	₩220 유리
⑤	₩0	₩550 불리

46. ㈜대한은 제품A를 생산하며, 연간 최대생산능력은 10,000단위이다. ㈜대한은 20x1년 초에 제품A의 예상수요량인 9,500단위를 생산·판매하기로 하고 종합예산을 편성하였다. 제품A의 단위당 판매가격과 원가 예산은 다음과 같다.

항목	단위당 금액
판매가격	₩40
직접재료원가	12
직접노무원가	5
제조간접원가	8
변동판매비	2

단위당 제조간접원가에는 단위당 변동원가 ₩5와 단위당 고정원가 ₩3(10,000단위 기준)이 포함되어 있다. 예산편성 직후에 ㈜대한은 ㈜민국으로부터 제품A 1,000단위를 단위당 ₩30에 공급해 달라는 특별주문을 받았다. ㈜민국의 특별주문량 1,000단위는 전량 수락하거나 거절해야 한다. ㈜대한이 ㈜민국에 제품A를 판매할 경우에는 단위당 변동판매비의 50%를 절감할 수 있다. 한편, ㈜대한은 ㈜만세로부터 제품A와 동일한 제품을 단위당 ₩25에 필요한 만큼 공급받을 수 있다. ㈜대한이 ㈜민국의 주문을 수락하면 ㈜대한의 예산영업이익은 얼마나 증가 또는 감소하는가? 단, ㈜대한은 이익을 극대화 하고자 한다.

① ₩4,000 감소   ② ₩4,000 증가   ③ ₩5,500 감소
④ ₩5,500 증가   ⑤ ₩6,000 증가

※ 다음 자료를 이용하여 47번과 48번에 답하시오.

㈜대한은 사업부 A와 B로 구성되어 있고, 각 사업부는 이익중심점으로 운영된다. 사업부A는 동일한 기계를 이용하여 성능이 다른 두 종류의 제품 X와 Y를 생산하며, 각 제품과 관련된 자료는 다음과 같다.

항목	제품X	제품Y
단위당 판매가격	₩40	₩7
단위당 직접재료원가	₩5	₩2
단위당 기타 변동제조원가	(단위당 1시간, 시간당 ₩10) ₩10	(단위당 0.2시간, 시간당 ₩10) ₩2
연간 외부수요량	20,000단위	30,000단위

㈜ 상기 표에서 시간은 기계시간을 의미함

사업부A의 연간 고정제조간접원가는 ₩200,000이고, 연간 이용 가능한 기계시간은 25,000시간이다.

사업부B는 제품Q를 생산한다. 제품Q 1단위를 생산하기 위해서는 외부업체로부터 특수부품S 1단위를 단위당 ₩40에 구매해야 한다. 제품Q와 관련된 자료는 다음과 같다.

항목		제품Q
단위당 판매가격		₩100
단위당 직접재료원가	특수부품S	₩40
	일반부품G	₩10
단위당 기타 변동제조원가		₩20
연간 외부수요량		3,000단위

사업부B의 연간 고정제조간접원가는 ₩30,000이다. 사업부B는 외부수요를 충족할 만큼 충분한 생산능력을 갖추고 있다.

최근에 ㈜대한의 생산기술부서는 제품Q를 생산하기 위해 특수부품S 1단위 대신에 제품X 1단위를 투입할 수 있으며, 이러한 부품 교체가 제품Q의 단위당 판매가격, 단위당 일반부품G의 원가, 단위당 기타 변동제조원가, 외부수요량에 미치는 영향은 없다고 보고하였다. ㈜대한은 생산기술부서의 보고를 토대로 특수부품S를 사업부A의 제품X로 교체하는 방안을 고려하고 있다.

47. 특수부품S를 사업부A의 제품X로 교체할 경우, 회사전체의 영업이익은 얼마나 증가 또는 감소하는가?

① ₩30,000 증가   ② ₩30,000 감소   ③ ₩45,000 증가
④ ₩45,000 감소   ⑤ ₩50,000 증가

48. 특수부품S를 사업부A의 제품X로 교체할 경우, 사업부A가 현재의 영업이익을 감소시키지 않기 위해 사업부B에 제시할 수 있는 제품X의 단위당 최소판매가격은 얼마인가?

① ₩18   ② ₩20   ③ ₩24
④ ₩27   ⑤ ₩30

49. ㈜대한은 연속된 공정 A와 B를 거쳐서 완제품을 생산한다. 완제품의 단위당 판매가격은 ₩50이다. 직접재료원가 이외의 운영원가는 모두 고정원가로 간주한다. 20x1년에 공정별 생산 및 원가자료는 다음과 같다.

항목	공정A	공정B
시간당 생산능력	15단위	10단위
연간 이용가능시간	2,000시간	2,000시간
연간 생산량	20,000단위	20,000단위
단위당 직접재료원가	₩10	₩10
연간 고정운영원가	₩120,000	₩140,000

㈜대한은 공정B의 종료단계에서 품질검사를 실시한다. 당기 중에 공정B에서 불량품 100단위가 생산되었다면, 불량품 100단위로 인해 영업이익은 얼마나 감소하는가? 단, ㈜대한의 기초 및 기말 재고자산은 없으며, 불량품은 전량 폐기된다.

① ₩2,000 ② ₩2,500 ③ ₩3,000
④ ₩4,000 ⑤ ₩5,000

50. ㈜대한은 단일제품을 생산하며 20x1년의 판매가격 및 원가자료는 다음과 같다.

항목	단위당 금액
판매가격	₩50
변동제조원가	20
변동판매비	5

고정제조원가와 고정판매비는 각각 ₩20,000과 ₩10,000이다. ㈜대한의 경영자는 판매촉진을 위해 인터넷 광고를 하려고 한다. 인터넷 광고물 제작에는 ₩5,000의 고정판매비가 추가로 지출된다. 인터넷 광고를 하지 않을 경우 판매량은 1,200단위와 1,800단위 사이에서 균등분포(uniform distribution)를 이루고, 인터넷 광고를 하면 판매량은 1,500단위와 2,000단위 사이에서 균등하게 분포한다. ㈜대한이 인터넷 광고를 함으로써 기대영업이익은 얼마나 증가 또는 감소하는가?

① ₩0 ② ₩1,250 증가 ③ ₩1,250 감소
④ ₩2,250 증가 ⑤ ₩2,250 감소

기출문제

정답 및

해설

2022년도 제57회 기출문제 **정답 및 해설**

경영학

이 인 호(경영학 박사 / 해커스 경영아카데미) : 일반경영 (1 ~24)
월간회계 편집실 : 재무관리 (25~40)

[일반경영학]

1. ②

맥클리랜드(McClelland)에 의하면, 개인이 다른 사람들에게 영향력을 행사하여 그들을 통제하고 싶은 욕구는 권력욕구이다. 성취욕구는 개인이 우수한 목표 또는 보다 높은 목표를 설정해 놓고 이를 달성하려는 욕구이고, 친교욕구는 타인과 바람직한 또는 좋은 관계를 유지하여 협력을 얻으려는 욕구이다.

2. ④

리더십 특성이론은 리더와 일반인을 구분하는 특성이 존재한다는 생각에 근거한다. 과거에는 사회적으로 명성이 높은 지도자들을 중심으로 그들의 공통적인 특성을 연구하는 위인이론에 치중하다가 점점 조직의 경영자를 대상으로 성공적인 리더의 특성을 연구하게 되었다. 따라서 위인이론은 리더십 행동이론보다 리더십 특성이론과 관련성이 더 크다.

3. ②

b. 다양한 부서에 소속되어 있고 상호보완적인 능력을 지닌 구성원들이 모여 특정한 업무를 수행하는 팀은 다기능팀(multi-functional team)을 말한다. d. 구성원의 만족감이 직무수행상의 성취감이나 책임감 등 직무 자체에 존재하는 요인을 통해 나타날 때, 이 요인을 내재적 강화요인이라고 한다.

4. ①

조직이 변화하는 외부상황에 적절하고 신속하게 대처하기 위해서는 집권화가 아니라 분권화가 필요하다.

5. ④

친족주의 또는 정실주의(nepotism)는 인사권자가 개인의 능력이나 일정한 자격을 기준으로 하는 것이 아니라 개인적 친분관계 등을 기준으로 하는 선발하는 인사제도를 말한다.

6. ⑤

과업중요성은 작업자가 현재 수행하고 있는 직무가 제품의 완성에 얼마나 중요한 역할을 하고 있는가를 인식하는 정도를 의미한다. 직무를 성공적으로 달성하는 데 있어서 여러 가지 활동을 요구하는 정도는 기술다양성에 해당한다.

7. ①

자발적 이직의 원인에는 기업의 입장에서 통제불가능한 원인(일반적인 원인)과 통제가능한 원인으로 구분할 수 있다. 그런데, 직무 불만족, 낮은 임금 및 복리후생 수준, 부진한 성과 등은 기업의 입장에서 통제가능한 원인에 해당한다.

8. ③

직무평가는 직무분석에 의한 직무기술서와 직무명세서를 기초로 하여 개별적인 직무를 전체 조직 내의 다른 직무와 연관시키는 종합적인 평가방법을 말한다. 조직 내의 직무가 지닌 책임도, 중요성, 난이도, 위험성 등을 비교 및 평가하여 각각의 직무에 대한 상대적 가치를 결정하게 된다. 따라서 직무평가는 조직 내 여러 가지 직무의 절대적 가치가 아니라 상대적 가치를 결정하는 공식적이며 체계적인 과정을 말한다.

9. ⑤

서비스는 무형성, 생산과 소비의 비분리성, 변동성, 소멸성, 이질성 등의 특징을 가진다.

10. ⑤

(단위당 가격−단위당 변동비)×기대판매량−총고정비=영업이익. 그런데 영업이익률이 40%이기 때문에 영업이익은 '단위당 가격×40%×기대판매량'이 된다. 이에 주어진 자료의 숫자를 대입하면 단위당 가격은 50,000원이 된다.

11. ⑤

서열척도는 순위관계를 나타내는 척도를 의미하는데, 숫자의 크기로 서열을 매기게 된다. 대표적인 예로는 선호순위, 사회계층 등이 해당된다. 그리고 비율척도는 숫자 간 비율이 산술적 의미를 갖는 척도를 의미하는데, 숫자 간 비율이 동일하기 때문에 숫자들의 비율로 절대적 크기를 비교할 수 있다. 대표적인 예로는 시장점유율이 해당된다. 따라서 측정 대상들의 절대적 위치를 알 수 있는 것은 서열척도가 아니라 비율척도이다.

12. ②

소비자 정보처리과정은 '노출 → 감지 → 주의 → 이해 → 기억'의 순서이다.

13. ②

측정도구의 편향은 해당 측정도구의 측정결과가 한쪽으로 치우치는 것을 의미한다. 즉 해당 측정도구가 과소측정하는지 또는 과대측정하는지를 의미하는 것이다. 또한, 첫 번째 측정이 그 다음의 측정에 영향을 미치는 것은 시험효과(testing effect)이다. 시험효과는 다시 주시험효과와 상호작용 시험효과로 나눌 수 있다. 주시험효과는 첫 번째 처치로 인한 학습효과가 두 번째 처치의 순수한 효과를 왜곡시키는 것이고, 상호작용 시험효과는 첫 번째 측정이 두 번째 처치 자체에 영향을 미치는 것이다.

14. ②

소비자가 문제를 인식했을 때 이를 해결할 수 있는 수단을 찾기 위해 기억 속에 저장되어 있는 정보에서 회상하는 과정은 내적 탐색이다. 또한, 프레이밍(framing)은 특정한 프레임(frame)을 이용하여 소비자가 정보를 지각하고 평가하는 것을 의미한다.

15. ③

카테고리 확장(category extension) 또는 상표확장(brand extension)은 기존 브랜드와 새로운 제품범주 내에서 출시된 신제품에 기존 브랜드를 사용하는 것을 의미한다. 기존 브랜드와 동일한 제품범주 내에서 출시된 신제품에 기존 브랜드를 사용하는 것은 라인(계열)확장이다.

16. ④

저관여이면서 최초구매를 할 때 나타나는 소비자 구매행동은 다양성 추구이다. 여기서 복잡한 의사결정은 관여도가 높고 새로운 제품을 구매하는 소비자의 구매행동으로 포괄적 문제해결을 말하고, 브랜드 충성은 고관여 소비자가 구매된 브랜드에 만족하면 그 브랜드에 대해 호의적인 태도를 형성하여 동일한 브랜드를 반복구매하게 되는 것이다. 그리고 다양성 추구는 소비자가 이전에 구매한 브랜드에 싫증이 나서 또는 단지 새로운 것을 추구하려는 의도에서 다른 브랜드로 전환하는 것이고, 관성적 구매는 제품사용경험이 있는 저관여 소비자가 복잡한 의사결정을 피하기 위해 동일한 브랜드를 반복구매하는 것이다.

17. ⑤

주기조사시스템이라고 불리는 것은 정기주문모형이며, 정기주문모형(P system)이 고정주문량모형(Q system)보다 안전재고의 수준이 더 높다.

18. ⑤

a. 지수평활법에서 최근 수요 패턴의 변화를 빠르게 반영하기 위해서는 평활상수의 값을 크게 해야 한다. b. 추적지표는 누적예측오차를 평균절대오차로 나누어 계산한다. 따라서 추적지표의 값이 지속적으로 음의 값을 보이는 경우는 누적예측오차가 음의 값을 보이는 것이기 때문에 예측을 실제보다 크게 하는 경향(과대예측)이 있다고 볼 수 있다.

19. ③

제품 생산과정이 빠르고 수요를 초과한 생산량에 대한 폐기비용이 클 경우에는 주문을 받은 후에 생산하는 것이 유리하기 때문에 계획생산 방식보다 주문생산 방식이 유리하다.

20. ④

① 이 생산 프로세스의 흐름시간은 모든 작업장의 처리시간을 모두 합한 25초이다. ② 병목이 발생하는 작업장은 작업장 처리시간이 가장 긴 작업장 B이다. ③ 작업장 C의 처리시간이 작업장 B의 처리시간보다 작기 때문에 작업장 C에서는 작업공전(starving)이 발생한다. ④ 병목작업장이 작업장 B이

기 때문에 이 생산 프로세스의 분당 생산량은 6개이며, 시간당 생산량은 360단위이다. ⑤ 작업장 D의 이용률은 작업장 D의 처리시간인 3초를 작업장 B(병목작업장)의 처리시간인 10초를 나누어 계산한 30%이다.

21. ④

개별 제품별로 월별 생산수준, 인력수준, 재고수준을 결정하는 것은 주생산계획(MPS)이다. 총괄생산계획은 제품군에 대해 총괄적으로 작성된 생산계획이다.

22. ②

리틀의 법칙에 따르면 시스템 내에 머무르고 있는 객체의 수는 객체의 서비스 이용량과 객체가 시스템에 머무르는 시간의 곱으로 계산한다. 따라서 주민센터 A 내에 머무르고 있는 평균 민원인 수는 시간당 처리 민원인 수(10명)와 민원인 한 명이 민원 해결을 위해 평균시간(0.5분)을 곱하여 계산하면 5명이 된다.

23. ④

서비스 숍(service shop)은 노동집약도는 낮으나 고객화 정도는 높은 특징이 있다. 노동집약도는 높으나 고객화 정도는 낮은 특징이 있는 것은 대량서비스이다.

24. ③

린 생산 또는 적시생산시스템은 대량생산방식에 뿌리를 두고 있기 때문에 수요변동에 효과적으로 대응하기 위해 급변하는 환경을 가정하여 설계된 것이 아니라 대량생산방식의 문제점을 보완하기 위한 목적으로 등장한 개념이다.

[재무관리]

25. ②
  (1) 2안 균등분할상환액 도출
      연간 균등분할상환액을 A 라고 하자
      A×9.4269 = 20억   A = 2.1215882억
  (2) 1안 t = 2시점 이자지급액
      (20억×1.1 − 20×0.1)×0.1 = 2억
  (3) 2안 t = 2시점 이자지급액
      (20억×1.1 − 2.1215882)×0.1 = 1.98784118억
      ∴ 2 − 1.98784118 = 0.01215882억 = 1,215,882

26. ③
  ① PER = P/eps = Eps(1−b)/(Ke−g)×1/eps = (1−b)/(Ke−g)이므로 Ke가 낮을수록 PER 상승한다. 옳은 문장이다.

② 성장이 없는 경우 유보하지 않고 성장률이 없으므로 b,g = 0이다. 따라서 주가배수모형에서 b,g = 0을 각각 대입하면 PER = 1/ke 로 정리할 수 있다. 옳은 문장이다.

③ 보수적인 회계처리를 하는 경우 EPS가 낮아짐을 의미한다. 이는 주가배수모형에서 다른 조건이 동일할 때 PER을 증가시키게 된다. 틀린 문장이다.

④ PBR = P/Bps = Eps(1−b)/(Ke−g) × 1/Bps = Eps/Bps × (1−b)/(Ke−g)이다.

 EPS/BPS 분모 분자에 각각 주식수N을 곱하면 NI/S(book) = ROE 임을 알 수 있다.

 따라서 ROE×PER = PBR로 정리할 수 있다. 옳은 문장이다.

⑤ PBR, PSR, PER 모형은 모두 다른 기업과 비교를 통해 주가의 적정성을 판단하는 모형이므로 상대가치 평가법에 해당한다. 옳은 문장이다.

27. ①

$\beta_A = 1.12$, $\beta_x = 0.8$, $\beta_\gamma = 2.3$

포트폴리오 A에 속한 종목들의 투자비중은 모두 동일하게 1/25 이다

X를 매도후 Y를 매입하는 경우 변경 후는

$\beta'_A = 1.12 - 0.8 \times 1/25 + 2.3 \times 1/25 = 1.18$

∴1.18 이 변경후 포트폴리오A의 베타이다.

28. ①

(1) 배당평가모형 $P_0 = \dfrac{D_0(1+g)}{Ke-g}$ 를 이용한다.

(2) CAPM이 성립하므로 $Ke = 1.5 \times 0.07 + 0.03 = 0.135$

(3) $g = 0.05$ 이므로 $P_0 = \dfrac{D_0(1+g)}{Ke-g}$ 에서 Ke, g, P_0를 각각 대입하면 $D_0 = 4,048$을 도출할 수 있다.

29. ③

(a) 포트폴리오 A와 포트폴리오 B의 사전적(ex-ante) 수익률은 항상 같은 방향으로 움직인다.

 포트폴리오 A ,B 모두 최적포트폴리오에 해당한다. 따라서 두 포트폴리오가 CML선상에 존재하므로 $\rho_{AB} = 1$임을 알 수 있다. 이는 사전적 수익률이 같은 방향으로 움직임을 의미한다.

 ∴ (a)는 옳다.

(b) (c) (d)

 포트폴리오 A, B 모두 최적포트폴리오 이므로 CML선상에 존재하는 포트폴리오이다.

 또한, Capm이 성립하므로

 $E(R_A) = 0.6 \times 0.11 + 0.04 = 0.106$, $E(R_B) = 0.4 \times 0.11 + 0.04 = 0.084$이다.

 또한, A,B가 CML선상에 존재하므로 A,B 각각의 시장포트폴리오와 무위험자산에 대한 투자비율을 구하면

 포트폴리오 A

 $E(R_A) = W_m \times 0.15 + W_F \times 0.04 = 0.106$ ∴ $W_m = 0.6$ $W_F = 0.4$

포트폴리오 B

$$E(R_B) = W_m \times 0.15 + W_F \times 0.04 = 0.084 \quad \therefore \quad W_m = 0.4 \, W_F = 0.6$$

$$Sharp_{Ratio\,B} = \frac{E(R_B) - R_F}{\sigma_B} = \frac{0.084 - 0.04}{0.4 \times 0.1} = 1.1 \quad \therefore \ (b)는 \ 틀린 \ 문장이다.$$

두 포트폴리오의 시장포트폴리오에 대한 투자비중을 이용하여 두 포트폴리오의 표준편차를 구할 수 있다.

$$\sigma_A = W_m \times \sigma_m = 0.4 \times 0.1 = 0.04$$

$$\sigma_B = W_m \times \sigma_m = 0.6 \times 0.1 = 0.06 \quad \therefore \ (c), (d)는 \ 옳은 \ 문장이다$$

30. ④

④ 시장조사비용의 경우 신제품K 생산 및 출시여부에 관계없이 항상 발생하는 현금흐름 이므로 증분현금흐름을 발생시키지 않는 매몰비용에 해당한다. ∴ 틀린 문장이다.

31. ③

(1) 기간별 CEQ

구분	T = 1	T = 2
CEQ	*256	**729

$$* \ 256 = (0.6 \times \sqrt{400} + 0.4 \times \sqrt{100})^2$$
$$**729 = (0.6 \times \sqrt{900} + 0.3 \times \sqrt{400})^2$$

(2) 투자안의 현재가치의 도출
$$256/1.1 + 729/1.1^2 = 835.21$$

(3) 위험조정할인율 R이라고 하자. 투자안의 현재가치를 기대현금흐름에 관한 수식으로 정리하면
$$835.21 = 280/(1 + R) + 750/(1+R)^2$$이다.
보기의 R를 대입하여 위 등식을 만족하는 R은 13(%)임을 확인할 수 있다.
또한, R에 관한 2차방정식을 이용하여 R을 도출하는 경우 R은 13(%)임을 확인하는 방법도 있다.

32. ④

(1) 이자비용이 없는 기업에 해당하므로 영업이익 = 세전이익이다.
(2) 이자비용이 없으므로 DFL = 1이다.
(3) DCL = DOLxDFL을 만족하므로 DCL = DOL이다.
(4) 변경후세전이익 = 변경전세전이익x(1+DCLx매출액증가율) 이므로
    150 = 100x(1 + 0.1xDCL)에서 ∴ DCL = DOL = 5

33. ⑤

① 외부주주와 경영자(또는 내부주주)간의 이해상충으로 인해 발생하는 대리비용으로서 외부주주의

지분율이 높을수록, 지분의 분산정도가 심화될수록 더 커질 수 있다. 옳다

② 균형부채이론은 균형 하에서 부채기업과 무부채기업의 기업가치의 차이가 없음을 주장한 이론(무관련 이론)이므로 옳다.

③ 자본조달순위이론은 어디까지나 정보비대칭상황 하에서 기존주주에게 유리한 자본조달 순위가 존재한다는 것이다. 이는 특정조달 방식이 최적자본구조라는 것을 설명하는 이론이 아니다. 옳다.

④ 부채의 대리비용으로서 대표적인 항목을 열거한 것이므로 옳다.

⑤ $K_0 = Ke \times S/V + Kd \times B/V \times (1-t)$에서 B/V가 무한이 증가하면 $Kd \times (1-t)$로 수렴할 것으로 생각할 수 있으나, MM에 의하면 부채비율 증가에 따른 재무위험 상승으로 Ke가 증가한다. 따라서 $\lim\limits_{\frac{V}{B} \to \infty} Ke \times S/V \neq 0$ 일 수 있으므로 MM2명제(1963)를 통해 접근하여야 한다.

$$K_0 = \rho\left(1 - T \times \frac{B}{V}\right) =$$를 이용하여 $\lim\limits_{\frac{B}{V} \to \infty}$ 일때 $K_0 = \rho(1-T)$로 수렴함을 알 수 있다.   ∴ 옳지 않다.

34. ③

(1) 각 기업의 주식수익률과, 시장수익률간의 상관계수와 표준편차 및 시장수익률의 표준편차가 제시되었으므로 두 기업의 자본비용을 도출할 수 있다. 제시된 자료가 주식수익률 자료이므로 L기업 입장에서는 해당 자료로 영업위험이 아닌 주식베타가 도출됨에 주의한다.

(2) $\beta_U^{무부채} = 0.2 \times 0.4 / 0.2 = 0.4$ CAPM이 성립하므로

$\rho_U^{U무부채} = K_0^{U무부채} = 0.4 \times 0.15 + 0.05 = 0.11$

(3) $\beta_L^{부채} = 0.5 \times 0.6 / 0.2 = 1.5$ CAPM이 성립하므로 $K_e^{L부채} = 1.5 \times 0.15 + 0.05 = 0.275$

∴ $K_0^{L부채} = 0.275 \times 0.5 + 0.05 \times 0.5 \times 0.6 = 0.1525$ ∴ ③ 틀린선택지

(4) Vu = $2 \times 0.6 / 0.11 = 10.91$억,   VL = $5 \times 0.6 / 0.1525 = 19.68$ ∴19.68-10.91 = 8.76억

35. ④

a. 주식배당 및 주식분할의 경우 기업의 외부로부터 자본유입이 존재하지 않으므로 자기자본가치는 변하지 않는다.

b. 현금배당시 자본유출로 인한 주가가 하락하고 EPS는 불변이므로 PER은 감소한다. 자사주 매입이 시가로 이루어지므로 자본유출로 인한 자기자본가치감소와 주식수량 감소가 정확하게 상쇄되므로 주가는 변하지 않는다. 주가가 불변인 상태에서 주식수량감소가 이루어지므로 PER은 감소한다.

c. 주식배당후 주식수량이 증가하므로 EPS는 감소하며, 주식분할시 주식수량이 증가하므로 EPS는 감소한다.

d. 자사주 매입시 주식수량이 감소하므로 EPS는 증가하며, 주식병합시 주식수량이 감소하므로 EPS는 증가한다.

e. 현금배당으로 인한 주주의 현금수령액만큼 주식가치가 감소하므로 주주부는 불변한다. 자사주 매입시 주주의 자사주매입가액 수령과 기존주식보유 수량감소가 이루어지므로 주주부는 불변한다.

∴ b, d가 옳다

36. ②

(1) $1.08^2 = 1.06 \times (1 + 1f_2)$ $1f_2 = 10.04\%$

(2) 기대가설이 성립하는 경우 $1f_2 = 1R_2$이므로 1년 후 단기이자율 $1R_2 = 10.04\%$

(3) 유동성선호가설이 성립하는 경우 $1f_2 = 1R_2 + 1L_2$이며 $1L_2 = 3\%$이므로 1년 후 단기이자율$1R_2$ $= 7.04\%$이므로 $1R_2 = 7.04\% \rangle 0R_1 = 6\%$이다.

∴ a, b 가 옳다

37. ①

(1)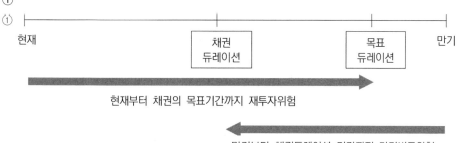

재투자위험의 크기가 가격위험보다 크기 때문에 틀린 문장이다.

② 순자산가치 면역전략에 대한 옳은 설명이다.

③ 채권면역전략은 어디까지나 미래 CF가 예상대로 설계된 경우에 이루어지므로, 채무자가 상환하지 않는 경우에는 면역이 이루어 질 수 없다. 이자율 변동에 따른 채권면역전략에 채무불이행상황이 발생하게 되면 채권면역전략이 의미가 없어지게 된다. 옳은 설명이다.

④ 듀레이션은 채권가격과 이자율간의 선형관계를 가정하므로 볼록성을 고려하지 않는다. 옳은 설명이다.

⑤ 수익률곡선 타기 전략에 관한 옳은 설명이다.

38. ①

(1)

(2) 무위험 헷지포트폴리오 구성

헤지비율 콜옵션 m개, 헤지비율의 역수의 음수 = 콜델타

$2,000m + 12,000 - 0 \times m = 8,000$ ∴ m = -2 $\delta_c = 0.5$, P_c = $10,000 - 2 \times P_c = 8,000/1.1$

∴ $P_c = 1,363.64$

헤지비율 풋옵션 k개, 헤지비율의 역수의 음수 = 풋델타

$0 \times k + 12{,}000 = 2{,}000k + 8{,}000$ ∴ $k = 2$ $\delta_p = -0.5,$ P_p → $10{,}000 + 2 \times P_p$

$= 12{,}000/1.1$

∴ $P_p = 454.55$

39. ④

① 이를 인도일 수렴현상이라고 한다. 옳은 설명이다.

② 효율적인 시장에서는 현물과 채권 포트폴리오로 선물을 복제할 수 있으므로 차익거래가 발생하지 않는다. 옳은 설명이다.

③ 보유비용은 이자비용뿐만 아니라 현물의 보관비용도 포함한다.

④ 콘탱고에 관한 설명이다. 옳지 않은 설명이다.

⑤ $F = S \times \dfrac{1 + Nk}{1 + Na}$ 에서 분자의 국내명목이자율이 분모의 해외명목이자율보다 작은 상황이므로 현물환율에 해당 비율을 곱하면 선물환율은 현물환율보다 작아지게 된다. 옳은 설명이다.

40. ①

(1) $P_B \leq PER_{AB} \times EPS_{AB} \times ER$ 를 만족하는 P_B의 최소값

(2) $2{,}000 \times 15 (= P_B) \leq \dfrac{20 \times (2{,}500 + 2{,}000) \times 10{,}000주}{10{,}000주 + 10{,}000 + ER주} \times ER$

(3) 위 식을 정리하면 ER ≥ 0.5

경제원론

정 병 열 (경제학박사 / 우리경영아카데미 강사)

1. ⑤

P=2,000일 때 세 사람의 수요량을 모두 합한 시장전체의 수요량이 11개인 반면 P=2,000을 시장공급함수에 대입하면 공급량이 4개이므로 7개의 초과수요가 발생한다. 초과수요가 존재하면 가격은 상승하게 된다. 한편, P=4,000일 때는 시장전체의 수요량이 6개, P=4,000을 시장공급함수에 대입하면 공급량이 8개이므로 2개의 초과공급이 발생한다. 초과공급이 있으면 가격은 하락하게 된다.

가격이 2,000에서 4,000으로 상승하면 수요량이 11개에서 6개로 감소하는 반면, 공급량은 4개에서 8개로 증가하므로 수요곡선은 우하향, 공급곡선은 우상향한다. 그러므로 X재 시장에서 수요와 공급의 법칙이 모두 성립한다.

공급곡선 식이 P=500Q이므로 공급곡선이 원점을 통과하는 우상향의 직선임을 알 수 있다. 공급곡선이 원점을 통과하는 우상향의 직선이면 기울기에 관계없이 공급의 가격탄력성이 항상 1이다.

2. ④

먼저 최저가격제가 실시되기 전의 균형가격과 균형거래량을 구해보자. 수요함수와 공급함수를 연립해서 풀면 300-10P=20P이므로 균형가격 P=10이고, P=10을 수요함수(혹은 공급함수)에 대입하면 균형거래량 Q=200으로 계산된다. 아래 그림에서 최고가격제가 실시되지 않을 때는 소비자잉여가 △(A+B+C), 생산자잉여가 △(D+E)이므로 총잉여는 (A+B+C+D+E)이다.

P=20의 가격에서 최고가격제가 실시되면 공급량이 400으로 증가하나 수요량이 100으로 감소하므로 거래량이 100이 된다. P=20의 가격으로 100단위의 재화가 거래되는 경우 소비자잉여는 A, 생산자잉여는 (B+D)이므로 사회전체의 총잉여가 (A+B+D)이다. 그러므로 최저가격제가 실시되면 (C+E)만큼의 사회적인 후생손실이 발생한다.

최저가격제 실시 이후의 생산자잉여는 사다리꼴 (B+D)의 면적이므로 $\frac{1}{2}(20+15) \times 100 = 1,750$, 자중손실은 삼각형 (C+E)의 면적이므로 $\frac{1}{2} \times 15 \times 100 = 750$으로 계산된다.

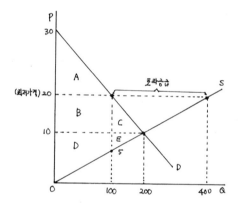

〈최저가격제와 사회후생의 변화〉

	최고가격제 실시이전	최저가격제 실시 이후	변화분
소비자잉여	A+B+C	A	-B-C
생산자잉여	D+E	B+D	+B-E
총잉여	A+B+C+D+E	A+B+D	-(C+E)

3. ③

이 문제에서 주어진 효용함수는 Y재에 대한 준선형 효용함수이다. 효용함수를 X와 Y에 대해 미분하면 $MU_X = \frac{1}{2\sqrt{X}}$, $MU_Y = 1$이므로 $MRS_{XY} = \frac{1}{2\sqrt{X}}$ 이다. 이처럼 Y재에 대한 준선형 효용함수의 경우 한계대체율이 Y재 소비량과 관계없이 X재 소비량에 의해서만 결정된다.

$MRS_{XY} = \frac{P_X}{P_Y}$로 두면 $\frac{1}{2\sqrt{X}} = \frac{1}{10}$, X=25이므로 X재 소비량이 25단위일 때 무차별곡선과 예산선이

접하게 된다. X재 가격이 1원이므로 소득이 25보다 크거나 같으면 X재 25단위를 구입하고 나머지는 Y재 구입에 지출한다. 그러므로 소득이 25보다 크거나 같은 구간에서는 소득소비곡선이 수직선이 된다. 한편, 소득이 25에 미달하는 경우 Y재 구입량이 (-)가 될 수는 없으므로 소득 전부를 X재 구입에 지출할 것이다. 즉, 소득이 25미만일 경우에는 구석해(corner solution)가 발생한다. 소득이 25미만일 때는 소비자는 소득 전부를 X재 구입에 지출하므로 소득소비곡선이 수평선이 된다.

소득이 25보다 작거나 같을 때는 소득이 전부 X재 구입에 지출되므로 X재의 엥겔곡선이 우상향의 직선이고, 소득이 25를 초과하더라도 X재 구입량은 더 이상 증가하지 않으므로 엥겔곡선이 수직선이 된다. 한편, 소득이 25보다 작거나 같을 때는 Y재 구입량이 0이므로 Y재의 엥겔곡선이 세로축과 일치하고, 소득이 25를 초과하면 남는 소득이 모두 Y재 구입에 지출되므로 엥겔곡선이 우상의 직선이 된다.

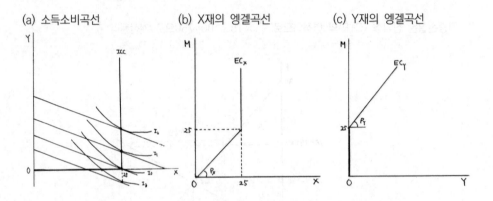

(a) 소득소비곡선　　(b) X재의 엥겔곡선　　(c) Y재의 엥겔곡선

4. ④

투자자 A와 B가 일정금액을 지불하고 주식을 구입할 때의 기대소득과 기대효용을 계산하면 다음과 같다.

기 대 소 득 : $E(w) = (0.5 \times 0) + (0.5 \times 10,000) = 5,000$
A의 기대효용 : $E(U_A) = (0.5 \times \sqrt{0}) + (0.5 \times \sqrt{10,000}) = 50$
B의 기대효용 : $E(U_B) = (0.5 \times ((2 \times 0)) + (0.5 \times (2 \times (10,000)) = 10,000$

A의 효용함수 $U_A = \sqrt{w}$ 이므로 기대효용이 50인 불확실한 주식을 갖고 있을 때와 동일한 효용을 얻을 수 있는 확실한 금액인 확실성등가(CE)를 구하려면 $\sqrt{CE} = 50$으로 두면 된다. 이를 계산하면 A의 확실성등가는 2,500원으로 계산된다. A의 경우 기대소득이 5,000원, 확실성등가가 2,500원이므로 위험프리미엄이 2,500원이다. 그러므로 주가가 5,000원이라면 A는 이 기업의 주식에 투자하지 않을 것이다.

한편 B의 효용함수 $U_B = 2w$이므로 불확실한 증권을 갖고 있을 때와 동일한 효용을 얻을 수 있는 확실성등가(CE)를 구하기 위해 $2CE = 10,000$으로 두면 $CE = 5,000$으로 계산된다. B의 경우는 기대소득과 위험프리미엄이 모두 5,000원으로 동일하므로 위험프리미엄이 0이다.

5. ②

문제에 주어진 생산함수는 0.5차 동차 선형생산함수이므로 규모에 대한 수익이 체감한다. 생산함수의 양변을 제곱하면 $Q^2=L+2K$이므로 이를 K에 대해 정리하면 $K=-\frac{1}{2}L+\frac{1}{2}Q^2$이므로 등량곡선은 기울기가 $-\frac{1}{2}$인 우하향의 직선이다. 그러므로 $MRTS_{LK}=\frac{1}{2}$로 일정하다. 선형생산함수는 두 생산요소가 완전대체적인 경우이므로 대체탄력성이 무한대이다.

$MRTS_{LK}=\frac{1}{2}$로 일정할 때 w=1, r=3이면 $\frac{w}{r}=\frac{1}{3}$이므로 등량곡선보다 등비용선이 더 완만하다. 이 경우 생산자균형이 가로축에서 이루어지므로 항상 노동만 투입할 것이다. K=0을 생산함수에 대입하면 $Q=\sqrt{L}$, $Q^2=L$이므로 비용함수가 다음과 같이 도출된다.

$$
\begin{aligned}
C &= wL+rK \\
&= (1\times Q^2)+(3\times 0) \\
&= Q^2
\end{aligned}
$$

한편, $MRTS=\frac{1}{2}$로 일정할 때 w=2, r=1이면 $\frac{w}{r}=2$이면 등량곡선이 등비용선보다 완만하다. 이 경우에는 생산자균형이 세로축에서 이루어지므로 항상 자본만 투입할 것이다. L=0을 생산함수에 대입하면 $Q=\sqrt{2K}$, $Q^2=2K$, $K=\frac{1}{2}Q^2$이므로 비용함수가 다음과 같이 도출된다.

$$
\begin{aligned}
C &= wL+rK \\
&= (2\times 0)+(1\times \frac{1}{2}Q^2) \\
&= \frac{1}{2}Q^2
\end{aligned}
$$

6. ①

각 기업의 장기비용함수가 $LTC=q^3-10q^2+35q$이므로 장기평균비용 $LAC=q^2-10q+35$이다. 완전경쟁시장의 장기균형가격은 개별기업의 최소장기평균비용과 같아지므로 장기평균비용곡선 최소점을 찾아보자. 장기평균비용함수를 q에 대해 미분한 후 0으로 두면 $\frac{dLAC}{dq}=2q-10=0$이므로 장기평균비용이 최소가 되는 생산량 q=5이다.

q=5를 장기평균비용함수에 대입하면 최소장기평균비용 LAC=10이다. 그러므로 장기균형가격 P=10임을 알 수 있다. M=100일 때는 시장수요함수가 Q=500-10P이다. P=10을 시장수요함수에 대입하면 시장수요량이 400이고, 개별기업의 장기균형 생산량이 5이므로 장기균형에서 이 시장에 80(=$\frac{400}{5}$)개의 기업이 존재하게 될 것이다.

M=200으로 증가하면 시장수요함수가 Q=600-10P으로 바뀌게 되나 개별기업의 비용함수가 변하지 않으므로 장기균형 가격은 여전히 10으로 유지된다. P=10일 때 시장수요량이 500이므로 기업수는 100(=$\frac{500}{5}$)개로 증가하게 된다.

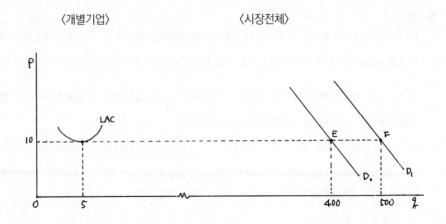

〈개별기업〉 〈시장전체〉

7. ④

기업들의 생산량이 증가하면 생산요소 수요가 증가하므로 생산요소 가격이 상승하게 되는데, 생산요소공급이 비탄력적일수록 요소가격이 큰 폭으로 상승한다. 생산량이 증가할 때 생산요소의 가격이 큰 폭으로 상승하면 한계비용도 급격히 상승하므로 완전경쟁기업의 공급곡선(=한계비용곡선) 기울기가 가파르게 된다.

시장구조에 관계없이 한계수입과 가격 및 수요의 가격탄력성 간에는 $MR=P\left(1-\dfrac{1}{\varepsilon}\right)$의 관계가 성립하므로 수요의 가격탄력성($\varepsilon$)이 1이면 한계수입이 0이 된다. 독점기업의 수요가 탄력적일수록 가격지배력이 낮아지므로 독점기업이 설정하는 가격이 완전경쟁시장의 가격에 가까워진다.

독점적 경쟁기업의 장기균형 생산량 수준에서 우하향하는 수요곡선과 평균비용곡선이 접하므로 장기균형이 평균비용곡선 최소점보다 왼쪽에서 이루어진다. 그러므로 독점적 경쟁기업의 장기균형 생산량은 평균비용이 최소가 되는 생산량보다 적다.

8. ②

시장구조에 관계없이 한계수입과 가격 및 수요의 가격탄력성 간에는 $MR=P\left(1-\dfrac{1}{\varepsilon}\right)$의 관계가 성립한다. 한계비용이 10으로 일정한 기업이 이윤극대화를 위해 가격을 20으로 책정하였다면 $P\left(1-\dfrac{1}{\varepsilon}\right)$ $=MC$가 성립한다. 이 식에 P=20, MC=10을 대입하면 수요의 가격탄력성 $\varepsilon=2$로 계산된다.

수요함수가 Q=50-2P으로 주어져 있다면 P=10일 때 Q=30이다. 수요함수를 P에 대해 미분하면 $\dfrac{dQ}{dP}=2$이므로 수요의 가격탄력성 $\varepsilon=-\dfrac{dQ}{dP}\times\dfrac{P}{Q}=2\times\dfrac{10}{30}=\dfrac{2}{3}$이다. 한편, 소비자 갑의 X재에 대한 지출액이 가격에 관계없이 일정하다면 수요곡선이 직각쌍곡선이므로 수요의 가격탄력성이 1이다.

A=2, B=$\dfrac{2}{3}$, C=1이므로 A > C > B의 관계가 성립한다.

9. ⑤

효용극대화 방법으로 도출된 수요함수인 마샬 수요함수는 재화가격과 (효용이 아니라) 소득의 함수이다. 효용함수가 주어져 있을 때 $\overline{M}$의 소득으로 얻을 수 있는 극대화된 효용이 U^*라면 $\overline{M}$보다 더 적은 지출로 U^*의 효용을 얻을 수는 없으므로 U^*의 효용을 달성하기 위해 극소화된 지출은 $\overline{M}$가 된다. 지출극소화 방법으로 도출된 힉스 수요곡선은 대체효과만을 반영한다. 그러므로 무차별곡선이 원점에 대해 볼록하다면 힉스 수요곡선은 항상 우하향한다.

10. ③

먼저 기업 A의 반응곡선을 구해보자. 시장수요함수가 $P=30-(q_A+q_B)$이므로 총수입 $TR_A=Pq_A=30q_A-q_A^2$ $-q_Aq_B$이다. 이를 q_A에 대해 미분하면 $MR_A=30-2q_A-q_B$이고, 기업 A의 비용함수를 미분하면 한계비용 $MC_A=2q_A$이다. 기업 B의 생산량이 주어졌을 때 기업 A의 이윤극대화 생산량을 구하기 위해 $MR_A=MC_A$로 두면 $30-2q_A-q_B=2q_A$이므로 반응곡선이 $q_A=\dfrac{15}{2}-\dfrac{1}{4}q_B$로 도출된다.

한편, $TR_B=Pq_B=30q_B-q_Aq_B-q_B^2$이므로 이를 미분하면 $MR_B=30-q_A-2q_B$이고, 기업 B의 비용함수를 미분하면 한계비용 $MC_B=5$이다. 기업 2의 반응곡선을 구하기 위해 $MR_B=MC_B$로 두면 $30-q_A-2q_B=5$이므로 기업 2의 반응곡선 $q_B=\dfrac{25}{2}-\dfrac{1}{2}q_A$이다. 이제 두 기업의 반응곡선 식을 연립해서 풀면 $q_A=5$, $q_B=10$으로 계산된다. 그러므로 두 기업의 생산량을 합한 시장의 균형생산량 Q=15이고, Q=15를 수요함수에 대입하면 균형가격 P=15임을 알 수 있다.

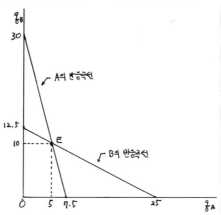

11. ③

경기자 2에게는 전략 L보다 항상 더 큰 보수를 얻을 수 있는 전략이 있으므로 L은 강열등전략이다. 경기자 2의 강열등선략인 L을 소거하고 나면 문제에 주어진 (2×3)게임은 아래와 같은 (2×2)게임으로 바뀌게 된다.

아래의 게임에서 a<3이면 경기자 2는 항상 C를 선택할 때의 보수가 더 크므로 C가 우월전략이다. 경기자 2가 우월전략인 C를 선택하면 경기자 1은 전략 U를 선택할 것이므로 (U, C)가 유일한 내쉬교섭이 된다

a>3이면 경기자 1이 U를 선택하면 경기자 2는 R을 선택하고, 경기자 1이 D를 선택하면 경기자 2는 C를 선택한다. 한편, 경기자 2가 C를 선택하면 경기자 1은 U를 선택하고, 경기자 2가 R을 선택하면 경기자 1에게는 U와 D가 무차별하다. 그러므로 a>3일 때는 (U, R)이 유일한 내쉬균형이 된다.

a=3일 때는 경기자 1이 U를 선택하면 경기자 2는 C와 R이 무차별하고, 경기자 1이 D를 선택하면 C를 선택한다. 한편, 경기자 2가 C를 선택하면 경기자 1은 U를 선택하고, 경기자 2가 R을 선택하면 경기자 1은 U와 D가 무차별하다. 그러므로 a=3일 때는 (U, C)와 (U, R)이 내쉬균형이 된다.

경기자 2

		C	R
경기자 1	U	(5, 3)	(3, a)
	D	(2, 4)	(3, 3)

12. ④

소비자 1과 2는 예산선이 BC_A일 때는 B점을 구입할 수 없었으나 예산선이 BC_B로 바뀌어 B점이 구입할 수 있게 되어 B점을 구입하였으므로 약공리에 위배되지 않는다. 소비자 3은 예산선이 BC_A일 때 A점과 B점을 모두 구입할 수 있는 상황에서 A점을 구입하였고, 예산선이 BC_B로 바뀌어 여전이 두 점을 모두 구입할 수 있는 상황에서 B점을 구입하였으므로 소비행위에 일관성이 없다. 그러므로 소비자 3의 선호는 약공리에 위배된다.

13. ④

먼저 보조금 지급이전의 균형가격과 거래량을 구해보자. 수요곡선과 공급곡선 식을 연립해서 풀면 60-P=-20+P이므로 균형가격 P=40이고, P=40을 수요곡선(혹은 공급곡선) 식에 대입하면 균형거래량 Q=20으로 계산된다.

생산자에게 단위당 일정액의 보조금을 지급하면 생산자가 받고자 하는 가격이 단위당 보조금의 크기만큼 낮아지므로 공급곡선이 하방으로 이동한다. 공급곡선이 P=20+Q이므로 단위당 10의 보조금이 지급되면 공급곡선 식이 P=10+Q로 바뀌게 된다. 이제 수요곡선과 보조금 지급 이후의 공급곡선 식 Q=-10+P를 연립해서 풀면 60-P=-10+P, P=35이다. P=35를 수요곡선(혹은 보조금 지급 이후의 공급곡선) 식에 대입하면 균형거래량 Q=25임을 알 수 있다.

생산자에게 단위당 10의 보조금이 지급된 이후 가격이 5원 하락하였으므로 소비자는 단위당 5의 혜택을 얻는다. 생산자는 35의 가격으로 판매하고 단위당 10의 보조금을 지급받으므로 실제로 받는 가격은 45로 상승한다. 그러므로 생산자도 단위당 5의 혜택을 얻는다. 보조금이 지급되면 소비자잉여는 아래 그림에서 B의 면적에 해당하는 112.5(=$\frac{1}{2}$(20+25)×5)만큼 증가하고, 생산자잉여는 A면적에 해당하는 112.5(=$\frac{1}{2}$(20+25)×5)만큼 증가한다. 그런데 정부의 보조금 지급액은 (A+B+C)의 면적에 해당하는 250(=10×25)이므로 C의 면적에 해당하는 25(=$\frac{1}{2}$×10×5)만큼의 사중적 손실이 발생한다.

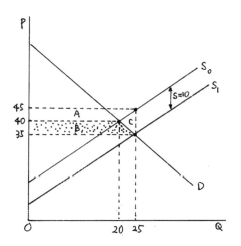

14. ①

이 문항은 행동경제학에서 사용되는 주요 개념들에 관한 것이다. 사람들이 동일한 물건이라도 그것을 갖고 있지 않을 때보다 갖고 있을 때 더 높은 가치를 부여하는 것을 부존효과(endowment effect), 처음에 입력된 정보가 기준(닻)으로 작용하여 의사결정에 지속적으로 영향을 미치는 것을 닻내림효과(anchoring effect), 사람들이 확실한 결과에 대해 특별히 높은 가중치를 부여하는 것을 확실성효과(certainty effect)라고 한다.

심적회계방식(mental accounting)이란 사람들이 마음속에 여러 개의 계정을 설정해 놓고 소득이나 지출이 어떤 범주에 속하는지에 따라 다르게 취급하는 것을 말한다. 예를 들면, 복권당첨금을 정상적인 소득과 다르게 인식하고 소비행태가 달라지는 것이 심적회계에 해당된다.

할인율(discount rate)은 미래시점의 일정금액과 동일한 가치를 갖는 현재시점의 금액을 계산할 때 사용되는 일종의 이자율을 말한다. 예를 들어, 어떤 사람이 현재의 100만원과 1년 뒤의 110만원을 동일하게 느낀다면 100만 원$=\dfrac{110만\ 원}{(1+0.2)}$ 의 관계가 성립하므로 그의 할인율은 10%이다. 어떤 개인의 할인율은 그 사람의 시간선호에 의해 결정되는데 현재소비에 높은 가중치를 부여하는 사람일수록 할인율이 높아진다.

전통경제학에서는 매 기간에 적용되는 할인율이 일정한 것으로 가정하는데 이를 지수형할인(exponential discounting)이라고 한다. 행동경제학자들은 다양한 실험과 관찰을 통해 할인율이 일정한 것이 아니라 현재와 가까운 시점에는 할인율이 높지만 먼 미래시점으로 갈수록 할인율이 점점 낮아지는 것을 발견하였는데 이를 쌍곡선(형) 할인(hyperbolic discounting)이라고 한다.

예를 들어, 어떤 사람이 현재 시점의 100만 원과 1년 뒤의 150만 원을 동일한 것으로 평가하나 10년 뒤 시점의 100만 원과 11년 뒤의 110만 원을 동일하게 생각한다면 현재 시점부터 1년 동안에는 50%의 할인율이 적용되는데 비해, 10년 후 시점부터 1년 동안에는 10%의 할인율을 적용된다. 이처럼 현재 시점에서 멀어질수록 할인율이 쌍곡선 그래프와 같은 모양으로 낮아지기 때문에 이를 쌍곡선(형) 할인이라고 부른다.

레입슨(David Laibson)의 설명에 따르면 개인들이 쌍곡선(형) 할인체계를 갖고 있는 경우 소비 선택에 있어서 시간비일관성(time inconsistency)이 나타나게 된다. 예를 들어, 어떤 소비자가 1년 뒤부터 저축을 늘리기로 계획했다고 하자. 그러나 막상 1년의 시간이 흘러 미래시점이 실제로 도래하면 소비를 뒤로 미루는 것이 매우 고통스럽게 느껴져 1년 전에 계획한 것과 달리 저축을 늘리지 않고 소비수준을 그대로 유지하는 행태를 보이게 된다는 것이다.

15. ③

마을 주민들이 공동으로 소유한 목초지와 같은 공유자원은 소비가 경합적이나 배제는 불가능하다. 공유자원은 배제가 불가능하므로 적정수준보다 과도하게 사용되어 고갈되거나 황폐화되는 현상인 공유지의 비극이 발생한다. 막히지 않는 유료도로는 소비는 비경합적이나 배제가 가능하므로 비순수공공재(요금재)에 해당한다.

공유지의 비극은 부정적인 외부성이 존재하는 상황에서 소유권이 분명하게 정의되지 않았기 때문에 발생한다. 이를 해결하려면 공유자원에 대해 소유권을 적절하게 부여하면 된다. 그러나 현실적으로 모든 공유자원에 대해 소유권을 부여하는 것은 거의 불가능하다는 문제가 있다.

16. ②

사회후생함수가 $SW = \min\{U_1, U_2\}$이므로 사회후생이 극대화되려면 $U_1 = U_2$가 성립해야 한다. 두 사람의 효용함수가 각각 $U_1 = 2x_1 + y_1$, $U_2 = \min\{x_2, 2y_2\}$이므로 $U_1 = U_2$로 두면 $2x_1 + y_1 = \min\{x_2, 2y_2\}$이다. 개인 2의 효용함수가 $U_2 = \min\{x_2, 2y_2\}$이므로 $x_2 = 2y_2$일 때 개인 2의 효용이 극대화된다. 그러므로 사회후생이 극대화되려면 다음의 두 식이 성립해야 한다.

$$2x_1 + y_1 = x_2$$
$$2x_1 + y_1 = 2y_2$$

$x_1 + x_2 = 100$이므로 $x_2 = 100 - x_1$이고, $y_1 + y_2 = 80$이므로 $y_2 = 80 - y_1$이다. 이를 각각 위의 식에 대입한 후 정리하면 다음과 같다.

$$2x_1 + y_1 = 100 - x_1 \;\;\rightarrow\;\; 3x_1 + y_1 = 100$$
$$2x_1 + y_1 = 2(80 - y_1) \;\;\rightarrow\;\; 2x_1 + 3y_1 = 160$$

이제 위의 두 식을 연립해서 풀면 $x_1 = 20$, $y_1 = 40$으로 계산된다. 그러므로 사회적으로 가장 $x_1 = 20$, $y_1 = 40$일 때이다.

17. ⑤

각국에서는 임금과 한계생산물가치(VMP_L)가 일치할 것이므로 $w = MP_L \times P$의 관계가 성립한다. A국의 시간당 임금은 자국 통화 6단위, B국의 임금은 자국 통화 1단위이므로 무역이전 각국의 X재와 Y재의 가격은 아래의 표 (a)와 같다. B국 통화 1단위와 A국 통화 2단위가 교환되므로 B국에서 0.5인 Y재 가격을 A국 통화로 환산하면 1단위가 된다. A국에서는 Y재 가격이 1.5이고, B국의 Y재 가격을 A국 통화로 환산하면 1이므로 A국 통화로 환산하여 비교하면 Y재의 개당 가격은 B국에서 더 낮다.

각국에서의 X재와 Y재 생산의 기회비용을 계산하면 아래의 표 (b)와 같다. 이 표에서 보는 것처럼 X재 생산의 기회비용은 A국이 더 낮고, Y재 생산의 기회비용은 B국이 더 낮다. 그러므로 무역이 이루어지면 A국은 X재를 수출하고, B국은 Y를 수출하게 된다.

(a) 자급자족할 때 각국의 재화가격		
	A국	B국
P_X	1	1
P_Y	1.5	0.5

(b) 기회비용		
	A국	B국
X재	$\frac{2}{3}$=0.67	2
Y재	1.5	0.5

18. ④

최종재인 X재의 가격이 100, 원자재인 Y재의 가격이 80이므로 준간재 투입계수 a=0.8이고, 최종재인 X재에 대한 관세율 T=0.1, 원자재인 Y재에 대한 관세율 t=0이므로 실효보호관세율(q)이 20%로 계산된다.

$$q = \frac{T - at}{1 - a} = \frac{0.1 - (0.8 \times 0)}{1 - 0.8} = 0.5$$

이를 달리 설명하면 다음과 같다. 관세가 부과되지 않을 때는 원자재를 80의 가격으로 수입하여 최종재를 생산한 후 100의 가격으로 판매하므로 부가가치가 20이다. 이제 최종재에 대하여 10%의 관세가 부과되면 최종재 가격이 110으로 상승하나 관세가 부과되지 않는 원자재의 가격은 여전히 80이다. 관세부과 이후에는 원자재를 80의 가격에 수입하여 최종재를 생산한 후 110의 가격으로 판매하므로 부가가치가 30으로 증가한다. 관세부과 전에는 부가가치가 20이고, 관세부과 후의 부가가치가 30이므로 관세부과로 인해 부가가치가 50%($=\frac{30-20}{20} \times 100$) 증가한다. 그러므로 실효보호관세율이 50%가 된다.

19. ②

관세부과로 인해 국내가격이 P_W에서 P_T로 상승하면 소비자잉여는 (a+b+c+d)만큼 감소하나 생산자잉여는 a만큼 증가한다. 관세부과 이후의 국제가격이 P_T^*, 국내가격이 P_T이므로 단위당 관세액이 $(P_T - P_T^*)$이고, 관세부과 후의 수입량이 $(D_1 - S_2)$이므로 정부는 (c+e)만큼의 관세수입을 얻게 된다. 정부의 관세수입 중 c는 국내가격이 상승함에 따라 국내소비자가 부담한 부분이고, e는 대국의 수입가격(=외국의 수출가격)이 하락함에 따라 외국 수출업자가 부담한 부분이다. 그러므로 e는 교역조건 개선에 따른 이득에 해당된다.

한편, 소비자잉여 감소분 중 b와 d는 생산자 혹은 정부로 이전되지 않고 사라져 버리므로 관세부과에 따른 총잉여의 변화분이 e-(b+d)만큼이다. 그러므로 관세부과 이전보다 사회후생이 증가하려면 e>(b+d)가 성립해야 한다.

소비자잉여 : -(a+b+c+d)
생산자잉여 : a
관 세 수 입 : c+e
총 잉 여 : e-(b+d)

20. ④

A국이 노동풍부국, B국이 자본풍부국이면 무역 이전에는 상대적으로 임금은 A국이 B국보다 낮을 것이므로 $\left(\dfrac{w}{r}\right)^A \langle \left(\dfrac{w}{r}\right)^B$ 가 성립한다. 또한, 무역이 이루어지기 전에는 노동집약재인 X재의 상대가격은 노동풍부국인 A국이 자본풍부국인 B국보다 낮을 것이므로 $\left(\dfrac{P_X}{P_Y}\right)^A \langle \left(\dfrac{P_X}{P_Y}\right)^B$ 가 성립한다.

헥셔-올린정리에 의하면 각국은 자국에 풍부한 생산요소를 집약적으로 투입하는 재화 생산에 비교우위를 가지므로 무역이 이루어지면 노동풍부국인 A국은 노동집약재인 X재를 수출하고, 자본풍부국인 B국은 자본집약재인 Y재를 수출하게 된다. 자유무역이 이루어지면 각국에서 풍부한 생산요소의 실질소득은 증가하고, 희소한 생산요소의 실질소득이 감소하므로 노동풍부국인 A국에서는 노동자의 실질소득이 증가하고, 자본소유자의 실질소득이 감소한다(스톨퍼-사무엘슨정리).

헥셔-올린정리(요소가격 균등화정리)에 의하면 자유무역이 이루어지면 국가 간 생산요소의 이동이 불가능하더라도 두 나라의 요소가격이 균등화되므로 두 나라 간의 노동보수 격차와 자본보수 격차는 점점 축소될 것이다.

21. ③

환율결정에 대한 자산시장접근이란 국내외 금융자산시장의 균형조건에 의해 환율이 결정되는 것으로 설명하는 이론으로 가장 대표적인 것이 이자율평가설이다. 원화예금 이자율이 연 10%, 달러예금 이자율이 5%이므로 이자율평가설에 의하면 두 나라에서의 투자수익률이 같아지려면 원/달러 환율이 5% 상승하여야 한다.

1년 뒤의 예상환율이 1달러=1,100원이므로 현재환율이 1달러=1,050원일 때 원/달러 환율의 예상변화율이 5%가 되어 두 나라에서 금융자산의 수익률이 같아진다. 문제에 주어진 표를 보면 현재환율이 1달러=1,050원일 때 원/달러 환율의 예상변화율이 5%가 되므로 달러예금의 기대수익률이 원화예금의 이자율인 10%와 같아짐을 확인할 수 있다.

22. ⑤

이 문항은 물가수준과 실질총생산이 고정되어 있다는 가정 하에 이자율과 환율의 관계를 화폐시장과 외환시장의 상호작용으로 설명하는 모형에 관한 것이다. 물가수준과 실질총생산이 일정할 때 우리나라 화폐시장에서 균형이자율이 결정되면 외환시장에서 이자율평가조건(국내이자율=해외이자율+환율의 예상변화율)에 의해 균형환율이 결정된다.

다른 조건이 일정할 때 자국의 소득이 증가하면 실질화폐수요가 증가하므로 이자율이 상승한다. 원화예금 이자율이 상승하면 외환시장에서 수직선으로 표시된 자국의 수익률곡선이 오른쪽으로 이동하므로 균형환율이 하락한다. 그 이유는 자국의 이자율이 상승하면 외환유입으로 현재환율이 하락하기 때문이 현재환율이 하락하면 환율의 예상변화율이 상승하여 해외투자의 기대수익률이 높아지므로 다시 이자율평가조건이 충족된다.

미래예상환율이 하락하거나 외국예금 이자율이 하락하면 달러예금의 기대수익률이 하락한다. 외국예금의 기대수익률곡선이 왼쪽으로 이동하면 균형환율이 하락한다. 그 이유는 외국예금의 기대수익률이 낮아지면 국내로 자본이 유입이 이루어지기 때문이다. 국내로 자본유입이 이루어져 현재환율이 하락하면 환율의 예상변화율이 상승하여 다시 이자율평가조건이 충족된다.

(a) 자국의 소득 증가   (b) 미래예상환율 하락·외국이자율 하락

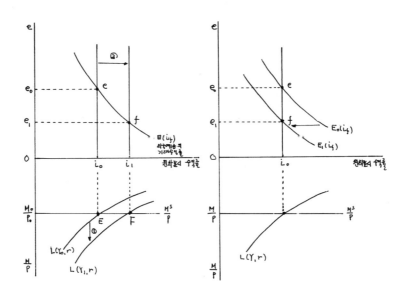

23. ②

국제평가이론이란 구매력평가설과 이자율평가설을 말한다. 상대적 구매력평가설, 유위험 이자율평가설, 무위험 이자율평가설에 의하면 각각 다음의 관계가 성립한다.

상대적 구매력평가설 : $\dfrac{de}{e} = \dfrac{dP}{P} - \dfrac{dP_f}{P_f}$

유위험 이자율평가설 : $\dfrac{de}{e} = i - i_f$

무위험 이자율평가설 : $i = i_f + \dfrac{f_t - e_t}{e_t}$

구매력평가설에 의하면 외국의 (기대)인플레이션율이 3%, 자국의 (기대)인플레이션율이 4%이면 환율이 1% 상승한다. 유위험 이자율평가설이 성립하려면 자국의 이자율이 7%, 환율상승률이 1%이면 해외이자율이 6%가 되어야 한다. 그리고 무위험이자율 평가설에 의하면 자국의 이자율이 7%, 해외이자율이 6%인 경우 선물환율이 현물환율보다 1% 높아야 하므로 현물환율이 100이라면 선물환율은 101이 되어야 한다. 그러므로 A=4, B=6, C=101이면 문제에 주어진 지문이 모두 옳은 문장이 된다.

한편, 구매력평가설에 의하면 외국의 (기대)인플레이션율이 3%, 자국의 (기대)인플레이션율이 5%이면 환율이 2% 상승한다. 유위험 이자율평가설이 성립하려면 자국의 이자율이 7%, 환율상승률이 2%이면 해외이자율이 5%가 되어야 한다. 그리고 무위험이자율 평가설에 의하면 자국의 이자율이 7%이고, 해외이자율이 5%이면 선물환율이 현물환율보다 2% 높아야 하므로 현물환율이 100이라면 선물환율은 102가 되어야 한다. 그러므로 A=5, B=5, C=102인 경우에도 문제에 주어진 지문이 모두 옳은 문장이 된다.

24. ③

GDP항등식에 문제에 주어진 수치를 대입하면 민간투자 I=200으로 계산된다.

$$Y = (C+G)+I+(X-IM)$$
$$\rightarrow 1,000 = 700+I+100$$
$$\rightarrow I = 200$$

민간저축 S_P=Y-T-C=200이므로 GDP항등식을 경상수지와 저축 및 투자의 관계로 정리한 후 문제에 주어진 수치를 대입하면 정부저축 (T-G)=100으로 계산된다.

$$(X-IM) = S_P + (T-G) - I$$
$$\rightarrow 100 = 200+(T-G) - 200$$
$$\rightarrow (T-G) = 100$$

25. ①

소비자 A는 1기에만 1의 소득을 얻고, B는 2기에만 1.5의 소득을 얻으므로 두 사람의 예산제약은 각각 다음과 같다.

$$소비자 A의 예산제약 : 1+\frac{0}{(1+r)}=C_1+\frac{C_2}{(1+r)}$$

$$소비자 B의 예산제약 : 0+\frac{1.5}{(1+r)}=C_1+\frac{C_2}{(1+r)}$$

효용극대화 조건 $\frac{C_2}{C_1}=(1+r)$과 소비자 A의 예산제약은 연립해서 풀면 1=2C_1, $C_1=\frac{1}{2}$, $C_2=\frac{1}{2}$ (1+r)이 된다. 소비자 A는 1기에 1의 소득 중 $\frac{1}{2}$만큼을 소비하므로 $\frac{1}{2}$만큼을 저축하게 된다.

효용극대화 조건과 소비자 B의 예산제약을 연립해서 풀면 $\frac{1.5}{(1+r)}$=2C_1, $C_1=\frac{1.5}{2(1+r)}$, $C_2=\frac{1.5}{2}$가 된다. 소비자 B는 1기 소득이 0이지만 1기 소비 $C_1=\frac{1.5}{2(1+r)}$ 이므로 $\frac{1.5}{2(1+r)}$ 만큼을 차입한다. 소비자 A가 저축하는 금액과 소비자 B가 차입하는 금액이 같아야 자금의 수요와 공급이 일치하므로 $\frac{1}{2}=\frac{1.5}{2(1+r)}$ 로 두면 r=0.5로 계산된다.

26. ③

자국과 외국의 화폐시장의 균형조건 식을 증가율 형태로 나타내면 각각 다음과 같다.

$$\frac{\Delta M}{M}-\frac{\Delta P}{P}=\frac{\Delta k}{k}+\frac{\Delta Y}{Y}$$

$$\frac{\Delta M^*}{M^*}-\frac{\Delta P^*}{P^*}=\frac{\Delta k^*}{k^*}+\frac{\Delta Y^*}{Y^*}$$

위의 식에서 아래 식을 빼주면 아래와 같이 정리된다. k는 상수이므로 $(\frac{\Delta k}{k} - \frac{\Delta k^*}{k^*})$=0이고, 자국의 명목화폐공급 증가율과 경제성장률이 외국에 비해 각각 7% 포인트와 2% 포인트 높으므로 $\frac{\Delta M}{M} - \frac{\Delta M^*}{M^*}$=7% $\frac{\Delta Y}{Y} - \frac{\Delta Y^*}{Y^*}$=2%이다. 그러므로 자국의 물가상승률이 외국보다 5%포인트 높다.

$$(\frac{\Delta M}{M} - \frac{\Delta M^*}{M^*}) - (\frac{\Delta P}{P} - \frac{\Delta P^*}{P^*}) = (\frac{\Delta k}{k} - \frac{\Delta k^*}{k^*}) + (\frac{\Delta Y}{Y} - \frac{\Delta Y^*}{Y^*})$$

$$\rightarrow 7\% - (\frac{\Delta P}{P} - \frac{\Delta P^*}{P^*}) = 0\% + 2\%$$

$$\rightarrow (\frac{\Delta P}{P} - \frac{\Delta P^*}{P^*}) = 5\%$$

상대적 구매력평가설에 의하면 환율변동률은 두 나라의 물가상승률 차이와 같아지므로 명목환율 변화율도 5%가 된다.

$$\frac{\Delta e}{e} = \frac{\Delta P}{P} - \frac{\Delta P^*}{P^*} \text{ (상대적 구매력평가설)}$$

이 문제는 다음과 같이 생각하면 쉽게 풀 수도 있다. 외국의 명목화폐 공급과 실질GDP가 고정되어 있다면 외국의 물가수준도 변하지 않는다. 자국의 통화량이 7% 증가하고 실질GDP가 2%증가하는 경우 화폐시장 균형조건 $\frac{M}{P} = kY$이 성립하려면 국내물가가 5% 상승한다. 해외물가가 고정되어 있을 때 국내물가가 5% 상승하는 경우 상대적 구매력평가설에 의하면 명목환율이 5% 상승한다.

27. ⑤

민간소비가 가처분소득의 증가함수, 실질이자율의 감소함수이므로 실질이자율이 상승하면 민간소비가 감소한다. 실질이자율 상승에 따른 민간소비 감소는 민간저축의 증가를 의미한다. 실질이자율이 상승할 때 민간저축이 증가하므로 민간저축곡선은 우상향의 형태이다. 조세와 정부지출은 모두 외생적으로 주어져 있으므로 정부저축은 이자율의 영향을 받지 않는다. 정부저축은 이자율과 관계없이 외생적으로 결정되나 민간저축이 이자율의 증가함수이므로 저축곡선은 양의 기울기를 갖는다. 한편, 투자는 총생산에 의해 결정될 뿐 이자율의 영향을 받지 않으므로 투자곡선은 수직선의 형태로 그려진다. 균형실질이자율은 아래 그림에서 보는 것처럼 대부자금의 수요(=투자)와 공급(=저축)이 일치하는 수준에서 결정된다.

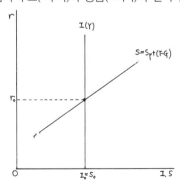

정부지출이 증가하면 정부저축이 감소하므로 저축곡선이 왼쪽으로 이동한다. 저축곡선이 왼쪽으로 이동하면 실질이자율이 상승한다. 총생산은 총요소생산성과 자본 및 노동투입량에 의해 결정되므로 소비가 외생적으로 증가해도 소득은 변하지 않는다.

노동공급이 감소하면 총생산(Y)이 감소하므로 가처분소득이 감소한다. 가처분소득 중 일부는 소비되고 나머지는 저축되므로 가처분소득이 감소하면 민간소비와 민간저축이 모두 감소한다. 또한, 투자는 소득의 증가함수이므로 소득이 감소하면 투자도 감소한다. 저축곡선과 투자곡선이 모두 왼쪽으로 이동하면 두 곡선의 상대적인 이동 폭에 따라 실질이자율은 변하지 않을 수도 있으며, 상승하거나 하락할 수도 있다.

28. ①

노동시장이 동태적으로 균형상태에 있다면 실업자(U) 중에서 새로이 취업하는 사람의 수와 취업자(E) 중에서 해고되는 사람의 수가 동일할 것이므로 '0.016E=4만 명'으로 두면 E=250만 명으로 계산된다. 취업자와 실업자를 합한 300만 명 중 50만 명이 실업상태에 있으므로 실업률이 16.67%$(=\dfrac{50}{300}\times100)$로 계산된다.

29. ②

IS곡선과 LM곡선의 식을 구해보면 각각 다음과 같다. 이를 연립해서 풀면 480+2G−20i= 150+40i, 60i=330+2G, i=5.5+$\dfrac{1}{30}$G이다. 균형이자율 i=5.5+$\dfrac{1}{30}$G를 IS곡선 (혹은 LM곡선) 식에 대입하면 균형국민소득 Y=370+$\dfrac{4}{3}$G로 계산된다.

IS곡선	LM곡선

Y=C+I+G
  =170+0.5(Y−60)+100−10i +G
0.5Y=(240+G)−10i
  Y=(480+2G)−20i ⋯ IS곡선
	$\dfrac{M^d}{P}=\dfrac{M^s}{P}$
	Y−40i = 150
	  Y = 150+40i ⋯ LM곡선

문제에 주어진 오쿤의 법칙에 u=5%를 대입하면 1=−$\dfrac{1}{50}$(Y−500), Y=450이므로 균형국민소득이 450일 때 실업률이 5%로 유지된다. IS-LM모형의 균형국민소득이 450이 되는 G값을 찾기 위해 Y=370+$\dfrac{4}{3}$G=450으로 두면 $\dfrac{4}{3}$G=80, G=60으로 계산된다.

30. ⑤

생산함수 $y=k^{\frac{1}{2}}$을 미분하면 MP$_K$=$\dfrac{1}{2}k^{-\frac{1}{2}}$ = $\dfrac{1}{2\sqrt{k}}$ 이다. 황금률 균제상태를 구하기 위해 MP$_K$=(n+d)로 두면 $\dfrac{1}{2\sqrt{k}}$ =(0.15+0.05), $\sqrt{k}$ =2.5, k=6.25로 계산된다. 그러므로 황금률 균제상

태에서 1인당 생산 $y = \sqrt{k} = 2.5$이다.

1인당 생산함수 $y = \sqrt{k}$를 총생산함수로 바꾸어 쓰면 $Y = K^{\frac{1}{2}} L^{\frac{1}{2}}$이므로 자본소득 분배율과 노동소득 분배율이 모두 0.5이다. 황금률에서는 노동소득은 모두 소비되고 자본소득은 모두 저축되므로 황금률이 달성되려면 저축률이 자본득분배율과 동일한 0.5가 되어야 한다. 그런데 현재는 저축률이 황금률 수준보다 높은 0.6이므로 황금률 균제상태로 이행하려면 저축률이 60%에서 50%로 낮아져야 한다. 저축률이 낮아지면 투자가 감소하여 1인당 자본량이 점점 감소하므로 그에 따라 1인당 소득도 점점 감소한다. 그러므로 황금률 균제상태에 도달하기 전까지 1인당 자본증가율과 1인당 소득증가율이 모두 0보다 작다. 솔로우모형에서는 자본에 대해 수확체감이 성립하므로 1인당 자본량이 10% 감소하며 1인당 생산량이 10%보다 적게 감소한다. 그러므로 황금률 균제상태에 도달하기 전까지는 1인당 자본증가율보다 1인당 생산증가율이 더 큰 상태로 유지된다.

31. ①

현금통화와 요구불예금을 합한 통화량 M=180억 원, 현금통화와 지급준비금을 합한 본원통화 H=90억 원이므로 통화승수 $m = \dfrac{M}{H} = 2$이다.

32. ④

한계소비성향(c)이 0.75, 비례적인 소득세율(t)이 0.2, 유발투자계수(i)가 0.15이므로 독립소비승수

$$\frac{dY}{dC} = \frac{1}{1 - c(1-t) - i} = \frac{1}{1 - 0.75(1 - 0.2) - 0.15} = 4$$이다.

33. ②

균제상태에서는 자본의 한계생산성이 실질이자율과 일치한다. $\dfrac{Y}{K} = 0.25$이므로 $MP_K = r$로 두면 $MP_K = \alpha \times 0.25 = 0.1$, $\alpha = 0.4$이다. 주어진 성장회계 식의 α를 0.4로 둔 후 $\dfrac{\Delta Y}{Y} = 3\%$, $\dfrac{\Delta K}{K} = 3\%$, $\dfrac{\Delta L}{L} = -1\%$를 대입하면 총요소생산성 증가율 $\dfrac{\Delta A}{A} = 2.4\%$로 계산된다.

$$\frac{\Delta Y}{Y} = \frac{\Delta A}{A} + 0.4\left(\frac{\Delta K}{K}\right) + 0.6\left(\frac{\Delta L}{L}\right)$$

$$\rightarrow \quad 3\% = \frac{\Delta A}{A} + (0.4 \times 3\%) + (0.6 \times (-1\%))$$

$$\rightarrow \quad \frac{\Delta A}{A} = 2.4\%$$

34. ①

경제활동인구와 비경제활동인구를 합한 생산가능인구가 1,000만 명으로 일정하게 주어져 있을 때 t기의 경제활동참가율이 60%이므로 경제활동인구는 600만 명이다. 경제활동인구 중에서 실업자가 차지하는 비율인 실업률이 4%이므로 t기의 실업자는 24만 명이다. 실업자와 취업자를 합한 경제활동인구 600만 명 중 실업자가 24만 명이므로 t기의 취업자는 576만 명이다.

(t+1)기에는 경제활동참가율이 70%이므로 경제활동인구가 700만 명이고, 실업률이 5%이므로 실업자 수는 35만 명이다. 경제활동인구 700만 명 중 실업자가 35만 명이므로 취업자는 665만 명이다. t기에는 취업자가 576만 명, (t+1)기에는 665만 명이므로 (t+1)기에는 t기보다 취업자 수가 89만 명 증가하였음을 알 수 있다.

35. ③

문제에 주어진 표를 보면 2015년에는 두 나라의 명목GDP와 실질GDP가 동일하므로 기준연도가 2015년임을 알 수 있다. GDP디플레이터는 명목GDP를 실질GDP로 나눈 값이고, 경제성장률은 실질GDP증가율이므로 2010년과 2020년의 두 나라의 GDP디플레이터 및 각 기간별 경제성장률은 다음과 같이 계산된다.

	갑국	을국
2010년의 GDP디플레이터	$\frac{4.0}{2.0} \times 100 = 200$	$\frac{1.0}{1.5} \times 100 = 66.7$
2020년의 GDP디플레이터	$\frac{8.0}{7.0} \times 100 = 114.3$	$\frac{5.0}{3.0} \times 100 = 166.7$
경제성장률(2010~015)	$\frac{6.0-2.0}{2.0} \times 100 = 200\%$	$\frac{2.0-1.5}{1.5} \times 100 = 33.3\%$
경제성장률(2010~2015)	$\frac{7.0-6.0}{6.0} \times 100 = 16.7\%$	$\frac{3.5-2.0}{2.0} \times 100 = 75\%$

갑국의 2010년과 2015년 사이의 실질GDP 성장률이 200%, 2015년과 2020년 사이의 실질GDP 성장률은 16.7%이므로 2010년과 2015년 사이의 경제성장률이 2015년과 2020년 사이의 경제성장률보다 183.3% 포인트 높다.
2010년 을국의 GDP디플레이터는 66.7이고 기준연도인 2015년에는 GDP디플레이터가 100이므로 2010년에 비해 2015년에는 물가수준이 상승하였다. 기준연도에는 GDP디플레이터가 항상 100이므로 기준연도인 2015년 을국의 물가수준은 기준연도와 동일하다.
기준연도인 2015년에는 두 나라의 GDP디플레이터가 100으로 동일하나 2020년에는 갑국의 GDP디플레이터는 114.3, 을국의 GDP디플레이터는 166.7이므로 2015년 대비 2020년 물가상승률은 갑국보다 을국이 높다.

36. ③

통화당국의 손실함수에 의하면 인플레이션율과 실업률이 모두 낮아질수록 손실이 감소하나 필립스곡선에 의하면 인플레이션율과 실업률 간에는 역의 관계가 존재하므로 인플레이션율과 실업률을 모두 낮추는 것은 불가능하다. 그러므로 필립스곡선이 제약조건이 된다. 이 경우 통화당국의 손실이 최소화되는 인플레이션율을 구하려면 필립스곡선 식을 u에 대해 정리한 후 손실함수에 대입하여 손실함수를 인플레이션의 함수로 나타낸 후 손실함수를 π에 대해 미분한 뒤 0으로 두면 된다.
$u_t^n = u_{t-1} = 0.05$를 필립스곡선 식에 대입하고 필립스곡선을 u_t에 대해 정립하면 $u_t = 0.05 - 2\pi_t - 2\pi_{t-1}$이다. 장기에는 t기의 실제실업이 장기실업률과 일치($u_t = u_L$)하고, t기의 실제인플레이션율이 장기인플레션율과 일치($\pi_t = \pi_L$)할 것이므로 필립스곡선 식을 중앙은행의 손실함수에 대입하면 LF=50(π

$_L)^2+(0.05-2\pi_L-2\pi_{t-1})$이 된다.

이제 통화당국의 손실함수를 π_L에 대해 미분한 후 0으로 두면 $\frac{dLF}{d\pi_L}=100\pi_L-2=0$, $\pi_L=0.02$로 계산된다. 그러므로 중앙은행의 손실함수가 최소가 되는 장기인플레이션율은 2%임을 알 수 있다.

37. ①

외국의 소득이 감소하면 순수출이 감소하므로 IS곡선이 왼쪽으로 이동한다. IS곡선이 왼쪽으로 이동하면 이자율 하락으로 자본유출이 이루어진다. 자본유출로 인해 외환의 수요가 증가하면 변동환율제도하에서는 환율이 상승한다. 평가절하가 이루어지면 순수출이 증가하므로 IS곡선이 다시 오른쪽으로 이동한다. 그러므로 변동환율제도 하에서는 외국의 소득이 감소하더라도 자국의 소득은 변하지 않는다(그림 (a)).

그림 (b)에서 최초의 균형이 E점에서 이루어지고 있었다고 하자. 자본이동이 완전히 자유로운 경우 소국의 BP곡선은 주어진 국제이자율 수준에서 수평선이므로 해외이자율이 상승하면 BP곡선이 상방으로 이동한다($BP_0 \rightarrow BP_1$). 외국의 이자율이 상승하면 자본유출이 이루어져 환율이 상승하므로 순수출이 증가하고, 그에 따라 IS곡선이 오른쪽으로 이동한다($IS_0 \rightarrow IS_1$). 결국 최종적인 균형은 F점에서 이루어지므로 자국의 소득이 증가하게 된다.

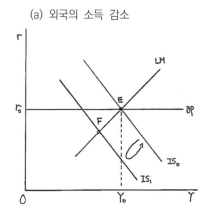

(a) 외국의 소득 감소

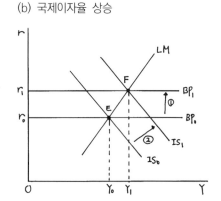

(b) 국제이자율 상승

38. ⑤

실질화폐수요가 소득의 증가함수이며 이자율의 영향을 전혀 받지 않는 경우 화폐수요곡선이 수직선이므로 화폐수요의 이자율탄력성이 0이다. 화폐수요의 이자율탄력성이 0이면 LM곡선이 수직선으로 도출된다. LM곡선이 수직선이면 정부지출 증가로 IS곡선이 오른쪽으로 이동하더라도 균형국민소득(총수요)이 변하지 않는다.

실질화폐수요가 소득의 영향을 받지 않고 이자율의 감소함수인 경우에는 소득이 증가하더라도 화폐수요가 전혀 변하지 않으므로 화폐수요의 소득탄력성이 0이 된다. 화폐수요가 이자율의 감소함수이면 LM곡선이 우상향의 형태로 도출된다. LM곡선이 우상향하는 경우 통화량이 증가하면 LM곡선이 오른쪽으로 이동하므로 균형국민소득(총수요)이 증가한다.

39. ①

자연재해로 생산설비가 파괴되면 경제의 생산능력이 감소하므로 총공급곡선이 왼쪽으로 이동한다. 이에 대응하기 위해 정부가 국채를 발행하여 지출하면 IS곡선이 오른쪽으로 이동하게 되는데, 정부가 발행한 국채를 중앙은행이 매입하면 통화량이 증가하므로 LM곡선도 오른쪽으로 이동한다. IS곡선과 LM곡선이 모두 오른쪽으로 이동하면 총수요곡선도 오른쪽으로 이동한다. 총공급곡선이 왼쪽으로 이동하고 총수요곡선이 오른쪽으로 이동하면 물가수준은 상승하나 실질GDP는 총수요곡선과 총공급곡선의 상대적인 이동폭에 따라 변하지 않거나 증가 혹은 감소할 수도 있다. 정부가 국채발행을 통해 재정지출을 늘리면 재정적자는 증가하게 된다.

40. ②

문제에 주어진 화폐시장의 균형조건을 정리하면 MV=PY이다. 이를 증가율 형태로 나타낸 후 $\frac{\Delta M}{M}$ =5%, $\frac{\Delta V}{V}$ =0%, $\frac{\Delta Y}{Y}$ =2%를 대입하면 T시점 전의 인플레이션율 $\frac{\Delta P}{P}$ =3%로 계산된다. T시점 전에는 인플레이션율이 3%, 실질이자율이 3%이므로 명목이자율이 6%였음을 알 수 있다.

$$\frac{\Delta M}{M} + \frac{\Delta V}{V} = \frac{\Delta P}{P} + \frac{\Delta Y}{Y}$$

$$\rightarrow \ 5\% \ + \ 0\% \ = \ \frac{\Delta P}{P} + 2\%$$

$$\rightarrow \qquad \frac{\Delta P}{P} = 3\%$$

교환방정식에 의하면 통화공급 증가율이 5%에서 7%로 상승하면 물가상승률이 3%에서 5%로 상승한다. 사람들이 합리적으로 기대를 형성하는 경우 물가상승률이 2%포인트 상승하면 기대인플레이션율도 2%포인트 상승한다. 기대인플레이션율이 2% 포인트 상승하면 명목이자율도 비례적으로 상승하므로 T시점 이후에는 명목이자율이 8%가 된다.

상 법

이 상 수 (법학박사 / 웅지세무대학교 교수)

1. ③

① 상업장부에 관한 규정은 소상인에게 적용하지 아니한다(상법 제9조).

② 회계장부에는 거래와 기타 영업상의 재산에 영향이 있는 사항을 기재하여야 한다(상법 제30조 제1항).

③ 상인은 영업을 개시한 때와 매년 1회 이상 일정시기에, 회사는 성립한 때와 매 결산기에 회계장부에 의하여 대차대조표를 작성하여야 한다(상법 제30조 제2항).

④ 법원은 직권으로 소송당사자에게 상업장부의 제출을 명할 수 있다(상법 제32조).

⑤ 상인은 전표 또는 이와 유사한 서류는 5년간 보존하여야 한다(상법 제33조 제1항 단서).

2. ④

① 대화자간의 상행위에 관한 계약의 청약은 상대방이 즉시 승낙하지 아니한 때에는 그 효력을 잃는다(상법 제51조).

② 상인이 상시 거래관계에 있는 자로부터 그 영업부류에 속한 계약의 청약을 받은 때에는 지체없이 낙부의 통지를 발송하여야하고, 이를 해태한 때에는 승낙한 것으로 본다(상법 제53조).

③ 상인이 그 영업에 관하여 금전을 대여한 경우에는 법정이자를 청구할 수 있다(상법 제55조 제1항).

④ 채권자의 지점에서의 상거래로 인한 채무이행의 장소가 그 행위의 성질 또는 당사자의 의사표시에 의하여 특정되지 아니한 경우, 특정물 인도 외의 채무이행은 그 지점을 이행장소로 본다(상법 제56조).

⑤ 보증인이 있는 경우에 주채무가 상행위로 인한 것인 때에는 주채무자와 보증인은 연대하여 변제할 책임이 있다(상법 제57조 제2항).

3. ③

① 일반상사유치권은 당사자 사이의 약정에 의하여 배제할 수 있다(상법 제58조;대법원 2012.9.27. 선고 2012다37176판결).

② 일반상사유치권의 목적물은 채무자의 소유이어야 한다(상법 제58조).

③ 채무자 소유의 부동산에 관하여 이미 선행저당권이 설정되어 있는 상태에서 일반상사유치권이 성립한 경우, 그 상사유치권자는 선행저당권자에 대한 관계에서는 상사유치권으로 대항할 수 없다(대법원 2013. 2. 28. 선고 2010다57350 판결).

④ 운송주선인은 운송물에 관하여 받을 보수, 운임, 기타 위탁자를 위한 체당금이나 선대금에 관하여서만 그 운송물을 유치할 수 있다(상법 제120조).

⑤ 대리상은 당사자간에 다른 약정이 없는 한, 거래의 대리로 인한 채권이 변제기에 있는 때에는 그 변제를 받을 때까지 본인을 위하여 점유하는 물건을 유치할 수 있다(상법 제91조).

4. ④

① 타인에게 자기의 성명 또는 상호를 사용하여 영업을 할 것을 허락한 자는 자기를 영업주로 오인하여 거래한 제3자에 대하여 그 타인과 연대하여 변제할 책임이 있다(상법 제24조).

② 농약판매등록명의자가 그 등록명의를 위법하게 대여한 경우 상법상 명의대여자의 책임이 성립할 수 있다(대법원 1988. 2. 9. 선고 87다카1304 판결).

③ 명의사용자와 거래한 상대방이 명의대여 사실을 알았거나 모르는데 대하여 중대한 과실이 있는 때에는, 명의대여자는 상법상 명의대여자의 책임을 지지 않는다(대법원 2001.4.13.선고 2000다10512판결).

④ 명의대여자가 상인이 아니라 하더라도 명의차용자가 상인이라면 상법상 명의대여자의 책임이 성립한다(대법원 1987.3.24.선고 85다카2210판결).

⑤ 명의차용자의 불법행위에 대하여는 상법상 명의대여자의 책임이 인정되지 않는다(대법원 1998.3.24.선고 97다55621판결).

5. ③

① 중개인의 보수는 당사자쌍방이 균분하여 부담한다(상법 제100조 제2항).

② 당사자의 일방이 결약서의 수령을 거부한 때에는 중개인은 지체없이 상대방에게 그 통지를 발송하여야 한다(상법 제96조 제3항).

③ 중개인은 당사자가 즉시 이행을 해야 하는 경우를 제외하고, 각 당사자로 하여금 결약서에 기명날인 또는 서명하게 한 후 그 상대방에게 교부하여야 한다(상법 제96조 제2항).

④ 중개인은 결약서 교부의무에 관한 상법상 절차를 종료하지 아니하면 보수를 청구하지 못한다(상법 제100조 제1항).

⑤ 당사자가 그 성명 또는 상호를 상대방에게 표시하지 아니할 것을 중개인에게 요구한 때에는 중개인은 그 상대방에게 교부할 결약서에 이를 기재하지 못한다(상법 제98조).

6. ②

① 위탁매매인은 위탁자를 위한 매매로 인하여 상대방에 대하여 직접 권리를 취득하고 의무를 부담한다(상법 제102조).

② 위탁매매인이 위탁자로부터 받은 물건은 위탁자와 위탁매매인 또는 위탁매매인의 채권자간의 관계에서는 이를 위탁자의 소유로 본다(상법 제103조).

③ 다른 약정이나 관습이 없다면, 위탁매매인은 위탁자를 위한 매매에 관하여 상대방이 채무를 이행하지 아니하는 경우에는 위탁자에 대하여 이를 이행할 책임이 있다(상법 제105조).

④ 위탁자가 지정한 가액보다 염가로 매도한 경우에도 위탁매매인이 그 차액을 부담한 때에는 그 매매는 위탁자에 대하여 효력이 있다(상법 제106조 제1항).

⑤ 위탁매매인이 개입권을 행사한 경우에도 위탁매매인은 위탁자에게 보수를 청구할 있다(상법 제107조 제2항).

7. ⑤

① 창고업자는 임치인의 청구에 의하여 창고증권을 교부하여야 한다(상법 제156조 제1항).

② 창고증권소지인은 영업시간 내에 언제든지 창고업자에 대하여 임치물의 검사를 요구할 수 있다(상법 제161조).

③ 창고증권소지인은 창고업자에 대하여 그 증권을 반환하고 임치물을 분할하여 각 부분에 대한 창고증권의 교부를 청구할 수 있다(상법 제158조 제1항).

④ 창고업자는 자기 또는 사용인이 임치물의 보관에 관하여 주의를 해태하지 아니하였음을 증명하지 아니하면 임치물의 멸실 또는 훼손에 대하여 손해를 배상할 책임을 면하지 못한다(상법 제160조).

⑤ 창고증권이 발행된 경우, 당사자가 임치기간을 정하지 아니한 때에는 창고업자는 임치물을 받은 날로부터 6월을 경과한 후에는 언제든지 이를 반환할 수 있다(상법 제163조 제1항).

8. ①

① 금융리스업자는 금융리스이용자가 금융리스계약에서 정한 시기에 금융리스계약에 적합한 금융리스물건을 수령할 수 있도록 하여야 한다(상법 제168조의3 제1항).

② 금융리스물건수령증을 발급한 경우에는 금융리스계약 당사자 사이에 적합한 금융리스물건이 수령된 것으로 추정한다(상법 제168조의3 제3항).

③ 금융리스이용자는 금융리스물건을 수령한 이후에는 선량한 관리자의 주의로 금융리스물건을 유지

및 관리하여야 한다(상법 제168조의3 제4항).

④ 금융리스이용자의 책임 있는 사유로 금융리스계약을 해지하는 경우에는 <u>금융리스업자는</u> 금융리스이용자에 대하여 잔존 금융리스료 상당액의 일시 지급 또는 금융리스물건의 반환을 청구할 수 있다(상법 제168조의5 제1항).

⑤ 금융리스물건이 공급계약에서 정한 시기와 내용에 따라 공급되지 아니한 경우 금융리스이용자는 공급자에게 직접 손해배상을 <u>청구할 수 있다</u>(상법 제168조의4 제2항).

9. ⑤

① 회사가 취득하여 가지고 있는 자기주식은 의결권이 없다(상법 제369조 제2항).

② 회사가 보유하는 자기의 주식을 처분하는 경우, 정관에 규정이 없으면 처분할 주식의 종류와 수, 처분가액과 납입기일, 처분할 상대방 및 처분방법을 이사회가 결정한다(상법 제342조).

③ A회사가 B회사의 발행주식총수의 10분의 1을 초과하여 취득한 때에는 B회사에 대하여 지체없이 이를 통지하여야 한다(상법 제342조의3).

④ A회사의 자회사인 C회사가 D회사의 발행주식총수의 100분의 50을 초과하는 주식을 보유하고 있다면, D회사는 상법의 적용에 있어 A회사의 자회사로 본다(상법 제342조의2 제3항).

⑤ A회사가 E회사와 주식의 포괄적 교환을 하여 E회사의 모회사가 되었다면, 주식의 교환 전에 E회사가 보유하고 있던 <u>A회사의 주식은 교환 후 6월 이내에 처분하여야 한다</u>(상법 제342조의2 제2항).

10. ②

① 사원의 책임은 상법에 다른 규정이 있는 경우 외에는 그 출자금액을 한도로 한다(상법 제287조의7).

② 사원의 성명·주민등록번호 및 주소는 정관에 반드시 기재되지만(상법 제287조의3 제1호), 정관의 작성은 사원이 하며 그 수에 제한이 없으므로 <u>1인 사원만으로 회사를 설립할 수 있다</u>(상법 제287조의2 참조).

③ 업무집행자의 성명과 주소는 정관의 기재사항이므로(상법 제287조의3 제4호), 회사 성립 후에 업무집행자를 변경하려면 정관변경의 절차가 필요하다.

④ 회사를 대표하는 업무집행자가 그 업무집행으로 타인에게 손해를 입힌 경우에 회사는 그 업무집행자와 연대하여 그 손해를 배상할 책임이 있다(상법 제287조의20).

⑤ 회사가 잉여금을 한도로 하여 분배할 수 있다는 상법 규정을 위반하여 잉여금을 분배한 경우에는 회사의 채권자는 그 잉여금을 분배받은 자에 대하여 회사에 반환할 것을 청구할 수 있다(상법 제287조의37 제2항).

11. ②

① 발기설립의 경우 납입과 현물출자의 이행이 완료된 때 발기인은 지체없이 의결권의 과반수로 이사를 선임하여야 하는데, <u>발기인의 의결권은 인수한 주식 1주에 대하여 1개</u>로 한다(상법 제296조).

② 발기인이 납입취급은행 이외의 제3자로부터 납입금액을 차입하여 주금을 납입한 다음 회사가 성립하면 즉시 납입금 전액을 인출하는 방식으로 가장납입을 한 경우에도 주금납입의 효력은 있다(대법원 2004. 3. 26. 선고 2002다29138 판결).

③ 회사의 설립 당시 주식발행사항의 결정에 관하여 정관에 달리 정하고 있지 않은 경우, 발기인의 전원이 동의하더라도 전환주식은 <u>발행할 수 있다</u>(상법 제291조 제1호 참조).

④ 회사 설립무효는 소만으로 주장할 수 있고, 원고가 승소한 경우 <u>소급효가 인정되지 않는다</u>(상법 제328조 제2항, 제190조 단서).

⑤ 회사가 성립하지 못한 경우에 발기인은 회사의 설립에 관하여 지급한 <u>비용을 부담한다</u>(상법 제 326조 제2항).

12. ①

① 정관이나 상환주식인수계약 등에서 특별한 정함이 없는 경우, 상환주식의 상환권자인 주주가 상환 권을 행사하였다면, 회사로부터 상환금을 지급받지 않았다면 <u>그 행사시점에 주주의 지위를 상실하 지 않고 그 지위에 있다</u>(대법원 2020. 4. 9. 선고 2017다251564 판결).

② 회사의 자본금은 액면주식을 무액면주식으로 전환함으로써 변경할 수 없다(상법 제451조 제3항).

③ 3개월 전부터 계속하여 발행주식총수의 100분의 3에 해당하는 주식을 가진 상장회사의 주주는 임시주주총회의 소집청구권을 갖는다(상법 제366조 제1항).

[참고] 상장회사의 특례에서는 상법 제542조의6 제1항에서 "6개월 전부터 계속하여 상장회사 발 행주식총수의 1천분의 15 이상에 해당하는 주식을 보유하는 자"는 임시주주총회의 소집 청구권을 갖는다.

④ 액면주식을 발행한 회사는 주주총회의 특별결의로 주식을 분할할 수 있다(상법 제329조의2 제1항).

⑤ 비상장회사는 정관이 정하는 바에 따라 그 발행하는 주식의 양도에 관하여 이사회의 승인을 받도 록 할 수 있다(상법 제335조 제1항 단서).

13. ⑤

① 주식회사는 다른 회사의 무한책임사원이 될 수 없으므로, 합명회사의 사원이 되지 못한다(상법 제 173조).

② 합자회사의 주소는 본점소재지에 있는 것으로 한다(상법 제171조).

③ 법원은 유한회사가 정당한 사유없이 설립 후 1년 내에 영업을 개시하지 아니하면 직권으로 회사의 해산을 명할 수 있다(상법 제176조 제1항 제2호).

④ 존립중의 유한회사가 합명회사와 합병하는 경우에 합병 후 존속하는 회사는 유한회사이어야 한다 (상법 제174조 제2항에 따르면 존속 또는 신설회사는 주식회사, 유한회사 또는 유한책임회사이어 야 한다고 규정되어 있음).

[참고] 최근의 회계사 기출문제에서는 옳은 답으로 보았고, 과거 세무사 기출문제에서는 틀린 답으 로 본 바 있음.

⑤ 합명회사의 사원이 회사 채무에 관하여 변제의 청구를 받은 때에는 회사가 그 채권자에 대하여 상계할 권리가 있다면 그 사원은 <u>그 변제를 거부할 수 있다</u>(상법 제214조 제2항).

14. ②

ㄱ. 회사의 발행주식총수의 100분의 95를 자기의 계산으로 보유하고 있는 주주는 회사의 경영상 목 적을 달성하기 위하여 필요한 경우 회사의 다른 주주에게 그 보유하는 주식 전부의 매도를 청구 할 수 있다(상법 제360조의24 제1항).

ㄴ. 주권을 상실한 자는 공시최고의 절차를 거쳐 <u>제권판결을 얻은 때에는 회사에 대하여 주권의 재발 행을 청구할 수 있다</u>(상법 제360조).

ㄷ. 회사는 의결권 없는 주식을 제외한 발행주식총수의 100분의 10 이상(100분의 10 포함)의 주식 을 가진 주주에게 주식매수선택권을 부여할 수 없다(상법 제340조의2 제2항 제1호).

ㄹ. 주식의 양도에 있어서는 주권을 교부하여야 하지만(상법 제336조 제1항), 주식을 질권의 목적으로 하는 때에도 <u>주권을 질권자에게 교부하여야 질권이 성립한다</u>(상법 제338조 제1항).

15. ⑤

① 주식의 이전은 취득자의 성명과 주소를 주주명부에 기재하지 아니하면 회사에 대항하지 못한다(상법 제337조 제1항).

② 주식을 취득한 자는 특별한 사정이 없는 한 점유하고 있는 주권의 제시 등의 방법으로 자신이 주식을 취득한 사실을 증명함으로써 회사에 대하여 단독으로 그 명의개서를 청구할 수 있다(대법원 2006. 9. 14. 선고 2005다45537 판결).

③ 정관이 정하는 바에 따라 전자문서로 주주명부를 작성한 경우에는 그 주주명부에 전자우편주소를 적어야 한다(상법 제352조의2 제2항).

④ 회사는 의결권을 행사할 자를 정하기 위하여 주주로서 권리를 행사할 날에 앞선 3월 내의 일정한 날에 주주명부에 기재된 주주를 그 권리를 행사할 주주로 볼 수 있다(상법 제354조 제1항).

⑤ 주식양수인이 명의개서를 청구한 경우 회사는 그 청구자가 진정한 주주인가에 대하여 실질적인 자격 여부까지 <u>심사할 의무는 없다</u>(대법원 2019. 8. 14. 선고 2017다231980 판결).

16. ③

① 합자회사의 정관에는 각 사원의 무한책임 또는 유한책임인 것을 기재하여야 한다(상법 제270조).

② 유한책임사원은 신용 또는 노무를 출자의 목적으로 하지 못한다(상법 제272조).

③ 회사의 지배인 선임과 해임은 업무집행사원이 있는 경우에도 <u>무한책임사원 과반수의 동의</u>가 있어야 한다(상법 제274조).

④ 회사는 유한책임사원의 전원이 퇴사한 때에는 해산된다(상법 제285조 제1항).

⑤ 유한책임사원이 사망한 때에는 그 상속인이 그 지분을 승계하여 사원이 된다(상법 제283조 제1항).

17. ②

① 상법은 주주총회의 보통결의 요건에 관하여 의사정족수를 따로 정하고 있지는 않지만, 보통결의 요건을 정관에서 달리 정할 수 있음을 허용하고 있으므로, 정관에 의하여 의사정족수를 규정하는 것은 가능하다.

② <u>영업양도, 회사의 합병, 주식의 포괄적교환이나 이전 등 주주총회 특별결의 사항</u>에 반대하는 주주는 주주총회 전에 회사에 대하여 서면으로 그 결의에 반대하는 의사를 통지한 경우에는 주식매수청구권을 행사할 수 있다(상법 제374조의2 제1항).

③ 다른 회사의 영업 일부의 양수가 양수회사의 영업에 중대한 영향을 미치는 경우 그 양수회사의 주주총회 특별결의가 필요하다(상법 제374조 제1항 제3호).

④ 중요한 영업용 재산의 양도가 양도회사 영업의 중단 또는 폐지를 초래하는 경우에는 그 양도회사의 주주총회 특별결의가 필요하다(대법원 2014. 9. 4. 선고 2014다6404 판결).

⑤ 영업 전부를 임대하는 회사의 발행주식총수의 100분의 90 이상을 그 상대방이 소유하고 있는 경우에는 그 회사의 주주총회의 승인은 이를 이사회의 승인으로 갈음할 수 있다(상법 제374조의3 제1항).

18. ④

① 회사는 이사회의 결의로 주주가 총회에 출석하지 아니하고 전자투표를 할 수 있음을 정할 수 있다(상법 제368조의4 제1항).

② 회사는 주주총회의 소집통지를 할 때에는 주주가 전자투표의 방법으로 의결권을 행사할 수 있다는 내용을 통지하여야 한다(상법 제368조의4 제2항).

③ 회사는 전자투표를 정한 경우, 의결권행사에 필요한 양식과 참고자료를 주주에게 전자적 방법으로 제공하여야 한다(상법 제368조의4 제3항).

④ 감사를 전자투표로 선임하는 경우, 전자투표된 주식의 의결권 수를 총회에 출석한 주주의 의결권 수에 가산하고, <u>출석한 주주의 의결권의 과반수로써</u> 그 선임을 결의할 수 있다(상법 제409조 제3항).

⑤ 회사는 의결권행사에 관한 전자적 기록을 총회가 끝난 날부터 3개월간 본점에 갖추어 두어 열람하게 하고 총회가 끝난 날부터 5년간 보존하여야 한다(상법 제368조의4 제5항).

19. ⑤

① 대표이사는 회사의 영업에 관하여 재판상 또는 재판외의 모든 행위를 할 권한이 있다(상법 제389조 제3항, 제209조 제1항).

② 대표이사의 대표권에 대한 제한은 선의의 제3자에게 대항하지 못한다(상법 제389조 제3항, 제209조 제2항).

③ 대표이사가 지배인의 선임 또는 해임을 하기 위하여는 이사회의 결의를 얻어야 한다(상법 제393조 제1항).

④ 감사위원회의 위원이 회사에 대하여 소를 제기하는 경우에는 감사위원회 또는 이사는 법원에 회사를 대표할 자를 선임하여 줄 것을 신청하여야 한다(상법 제394조 제2항).

⑤ 판례에 의하면, 대표이사가 중요한 자산의 처분에 관하여 이사회의 결의를 거치지 않고 거래한 경우, <u>그 거래상대방이 이사회 결의 부존재 사실을 알았거나 중대한 과실로 알지 못한 경우(경과실로 인식하지 못한 때는 제외)에는</u> 그 거래행위는 무효이다(대법원 2021. 2. 18. 선고 2015다45451 전원합의체 판결).

20. ⑤

ㄱ. 최근 2년 이내에 회사의 상무에 종사한 이사는 그 회사의 사외이사가 <u>될 수 없다</u>(상법 제382조 제3항 제1호).

ㄴ. 모회사의 이사는 자회사의 사외이사가 될 수 없다(상법 제382조 제3항 제5호).

ㄷ. 회사의 최대주주가 자연인인 경우 그 배우자는 그 회사의 사외이사가 <u>될 수 없다</u>(상법 제382조 제3항 제2호).

ㄹ. 금고 이상의 형을 선고받고 그 집행이 끝난 후 2년이 지난 자는 상장회사의 사외이사가 될 수 있다(상법 제542조의8 제2항 4호).

ㅁ. 누구의 명의로 하든지 자기의 계산으로 의결권 없는 주식을 제외한 발행주식총수의 100분의 10 이상의 상장회사 주식을 소유한 주주는 그 회사의 사외이사가 될 수 없다(상법 제542조의8 제2항 제6호).

21. ①

① 甲이 A회사에 대하여 이자 약정이나 담보 약정 없이 금전을 대여하는 경우에는 회사에 불이익이 되는 것이 아니므로 <u>이사회의 승인이 필요하지 않는다.</u>

② 甲의 직계비속 乙이 소유하는 부동산을 乙이 A회사에 매도하는 경우, ③ 甲의 배우자의 직계존속 丙이 소유하는 부동산을 丙이 A회사에 매도하는 경우, ④ 甲의 제3자 丁에 대한 채무에 대하여 A회사가 보증하는 경우, ⑤ 甲이 B회사의 의결권 있는 발행주식총수의 100분의 50 이상을 가지

는 때에, B회사가 A회사와 거래하는 경우는 상법 제398조에 따라 이사회의 승인을 얻어야 한다.

22. ⑤

① 이사가 경과실로 그 임무를 게을리 한 경우에도 이사는 회사에 대하여 <u>손해배상책임을 부담한다</u>(상법 제399조 제1항).

② 이사의 회사에 대한 손해배상책임은 주주 전원의 동의가 있으면 <u>면제할 수 있다</u>(상법 제400조 제1항).

③ 회사의 손해를 발생시킨 이사의 행위가 이사회의 결의에 의한 경우, 그 결의에 찬성한 이사는 연대하여 손해를 배상할 책임이 있으나(상법 제399조 제2항), 그 <u>결의에 반대한 것으로 의사록에 기재된 이사는 회사에 대하여 손해배상책임을 부담하지 않는다</u>.

④ 상법 제399조 제3항에 따라 이사회 결의에 참가한 이사로서 이의를 한 기재가 의사록에 없는 이사에게 손해배상책임을 부과하기 위하여는 그 <u>이사가 결의에 찬성하지 아니한 사실을 증명하여야</u>한다(대법원 2019. 5. 16. 선고 2016다260455 판결).

⑤ 이사가 이사회에 출석하여 결의에 기권하였다고 의사록에 기재된 경우에는 그 이사가 이의를 한 기재가 의사록에 없는 자라고 볼 수 없으므로, 이사회의 결의에 찬성한 것으로 추정할 수 없다(대법원 2019. 5. 16. 선고 2016다260455 판결).

23. ④

① 발행주식총수의 100분의 1 이상에 해당하는 주식을 가진 주주는 회사에 대하여 이사의 책임을 추궁할 소의 제기를 청구할 수 있다(상법 제403조 제1항).

② 회사는 대표소송을 제기한 주주의 악의를 소명하여 그 주주에게 상당한 담보를 제공하게 할 것을 법원에 청구할 수 있다(상법 제403조 제7항, 제176조 제3항, 제4항).

③ 회사가 대표소송에 참가하는 경우 그 참가의 법적 성질은 공동소송참가에 해당한다(대법원 2002. 3. 15. 선고 2000다9086 판결).

④ 청산인의 회사에 대한 손해배상책임을 추궁하기 위한 대표소송은 <u>허용된다</u>(상법 제542조 제2항, 제403조부터 제406조 준용).

⑤ 모회사 발행주식총수의 100분의 1 이상에 해당하는 주식을 가진 주주는 자회사에 대하여 자회사 이사의 책임을 추궁할 소의 제기를 청구할 수 있다(상법 제406조의2 제1항).

24. ②

① 감사는 이사회의 소집청구권을 갖는다(상법 제412조의4).

② 감사록에는 감사의 실시요령과 그 결과를 기재해야 하고, 감사를 실시한 감사는 기명날인 또는 서명하여야 한다(상법 제413조의2 제2항). 따라서 <u>감사를 실시하지 아니한 감사는 기명날인 또는 서명을 할 필요없다</u>.

③ 감사는 언제든지 이사에 대하여 영업에 관한 보고를 요구하거나 회사의 업무와 재산상태를 조사할 수 있다(상법 제412조 제2항).

④ 모회사의 감사는 그 직무를 수행하기 위하여 필요한 때에는 자회사에 대하여 영업의 보고를 요구할 수 있다(상법 제412조의5 제1항).

⑤ 감사는 이사가 주주총회에 제출할 의안 및 서류를 조사하여 법령 또는 정관에 위반하거나 현저하게 부당한 사항이 있는지의 여부에 관하여 주주총회에 그 의견을 진술하여야 한다(상법 제413조).

25. ②

① 현물출자자에 대하여 발행하는 신주에 대하여는 일반주주의 신주인수권이 미치지 않는다(대법원 1989. 3. 14. 선고 88누889 판결).

② 신주의 인수인이 현물출자의 이행을 한 때에는 <u>납입기일 다음날로부터</u> 주주의 권리의무가 있다(상법 제423조 제1항).

③ 회사는 신주의 인수권을 가진 자에 대하여 그 인수권을 가지는 주식의 종류 및 수와 일정한 기일까지 주식인수의 청약을 하지 아니하면 그 권리를 잃는다는 뜻을 통지하여야 한다(상법 제419조 제1항).

④ 신주의 인수인은 회사의 동의 없이 신주에 대한 인수가액의 납입채무와 회사에 대한 채권을 상계할 수 없다(상법 제421조 제2항).

⑤ 회사는 신기술의 도입, 재무구조의 개선 등 회사의 경영상 목적을 달성하기 위하여 필요한 경우에 한하여 정관에 정하는 바에 따라 주주 외에 자에게 신주를 배정할 수 있다(상법 제418조 제2항).

26. ③

① 주식이전 무효의 판결은 대세적 효력과 불소급효가 있다(상법 제360조의23 제4항, 제190조).

② 간이주식교환도 아니고 소규모 주식교환도 아닌 경우, 주식의 포괄적 교환을 하고자 하는 회사는 주식교환계약서를 작성하여 주주총회의 특별결의로 승인을 얻어야 한다(상법 제360조의3 제1항 및 제2항, 제434조).

③ 의결권 없는 주식을 가진 주주는 주식교환계약서를 승인하는 주주총회의 결의에 반대하는 경우, 상법상 다른 요건을 갖추었다면 반대주주의 <u>주식매수청구권을 행사할 수 있다</u>(상법 제360조의5 제1항).

④ 주식이전으로 인하여 어느 종류의 주주에게 손해를 미치게 될 경우에는 주주총회의 결의 외에 그 종류주식의 주주의 총회의 결의가 있어야 한다(상법 제436조, 제435조).

⑤ 주식교환무효의 소는 완전모회사가 되는 회사의 본점소재지의 지방법원의 관할에 전속한다(상법 제360조의14 제2항).

27. ①

① 소규모합병의 경우 존속회사의 주주에게는 합병반대주주의 주식매수청구권이 인정되지 않지만(상법 제527조의3 제5항), <u>소멸회사의 합병반대주주에게는 주식매수청구권이 인정된다</u>.

② 존속회사가 소멸회사의 주주에게 합병 대가의 전부 또는 일부를 존속회사의 모회사주식으로 제공하는 경우 존속회사는 그 지급을 위하여 모회사주식을 취득할 수 있다(상법 제523조의2 제1항).

③ 합병 후 존속하는 회사가 주식회사인 경우에, 합병할 회사의 일방이 합명회사 또는 합자회사인 때에는 총사원의 동의를 얻어 합병계약서를 작성하여야 한다(상법 제525조 제1항).

④ 합병무효의 소는 합병의 등기가 있은 날로부터 6월 내에 제기하여야 한다(상법 제529조 제2항).

⑤ 현저하게 불공정한 합병비율을 정한 합병계약은 사법관계를 지배하는 신의성실의 원칙이나 공평의 원칙에 비추어 무효 이므로, 합병할 각 회사의 주주는 합병무효의 소로써 합병의 무효를 구할 수 있다(대법원 2009. 4. 23. 선고 2005다22701,22718 판결).

28. ⑤

① 상법에는 회사의 회계는 상법과 대통령령으로 규정한 것을 제외하고는 일반적으로 공정하고 타당

한 회계의 관행에 따른다고 규정되어 있다(상법 제446조의2).

② 이사는 매결산기에 영업보고서를 작성하여 이사회의 승인을 받은 후(상법 제447조의2 제1항), 정기총회에 제출하여 그 내용을 보고하여야 한다(상법 제449조 제2항).

③ 회사채권자는 영업시간 내에 언제든지 재무제표를 열람할 수 있으며, 회사가 정한 비용을 지급하고 그 서류의 등본이나 초본의 교부를 청구할 수 있다(상법 제448조 제2항).

④ 상법상 연결재무제표를 작성할 의무가 없는 회사의 경우, 이사는 정기총회 회일의 1주간 전부터 재무제표와 그 부속명세서 및 영업보고서와 감사보고서를 본점에 5년간, 그 등본을 지점에 3년간 비치하여야 한다(상법 제448조 제1항).

⑤ 발행주식총수의 100분의 3 이상의 주식을 보유한 주주가 회계장부의 열람을 재판상 청구한 경우, <u>소송이 계속되는 동안 그 주식보유 요건이 계속 구비되어야 한다</u>(대법원 2017. 11. 9. 선고 2015다252037 판결).

29. ③

① 회사가 무액면주식을 발행하는 경우, 주식의 발행가액 중 자본금으로 계상하지 아니하는 금액은 자본준비금으로 계상하여야 한다(상법 제451조 제2항 2문).

② 준비금의 자본금 전입을 정관으로 주주총회에서 결정하기로 정한 회사가 아닌 경우, 회사는 이사회의 결의에 의하여 준비금의 전부를 자본금에 전입할 수 있다(상법 제461조 제1항).

③ 회사는 적립된 자본준비금 및 이익준비금의 총액이 자본금의 1.5배를 초과하는 경우에는 <u>주주총회의 결의</u>에 따라 그 초과한 금액의 범위에서 자본준비금과 이익준비금을 감액할 수 있다(상법 제461조의2).

④ 주식배당은 이익배당총액의 2분의 1에 상당하는 금액을 초과하지 못한다(상법 제462조의2 제1항 단서).

⑤ 주식배당이 있을 경우, 주식의 등록질권자의 권리는 주주가 주식배당으로 받을 주식에 미친다(상법 제462조의2 제6항, 제340조 제1항).

30. ③

① 회사는 원칙적으로 이사회의 결의에 의하여 사채를 발행할 수 있다(상법 제469조 제1항).

② 사채의 모집이 완료한 때에는 이사는 지체없이 인수인에 대하여 각 사채의 전액 또는 제1회의 납입을 시켜야 한다(상법 제476조 제1항).

③ <u>회사가 채권을 기명식에 한할 것을 정한 경우를 제외하고</u>, 사채권자가 기명식의 채권을 무기명식으로 할 것을 회사에 청구하면 회사는 사채권자의 청구대로 이를 변경하여야 한다(상법 제480조).

④ 주주 외의 자에 대하여 신주인수권부사채를 발행하는 경우, 그 발행할 수 있는 신주인수권부사채의 액, 신주인수권의 내용과 신주인수권을 행사할 수 있는 기간에 관하여 정관의 규정이 없으면 주주총회의 **특별결의**로써 이를 정하여야 한다(상법 제516조의2 제4항).

⑤ 이권있는 무기명식의 사채를 상환하는 경우에 이권이 흠결된 때에는 그 이권에 상당한 금액을 상환액으로부터 공제한다(상법 제486조 제1항).

31. ①

① 회사는 해산된 후에도 청산의 목적범위 내에서 존속하는 것으로 본다(상법 제542조 제1항, 제245조).

② 청산인은 법원이 선임한 경우 외에는 언제든지 주주총회의 결의로 이를 해임할 수 있다(상법 제

539조 제1항).

③ 청산인이 그 임무를 집행함에 현저하게 부적임하거나 중대한 임무에 위반한 행위가 있는 때에는 발행주식총수의 100분의 3 이상에 해당하는 주식을 가진 주주는 법원에 그 청산인의 해임을 청구할 수 있다(상법 제539조 제2항).

④ 청산사무가 종료한 때에는 청산인은 지체없이 결산보고서를 작성하고 이를 주주총회에 제출하여 <u>보통결의로</u> 승인을 얻어야 한다(상법 제540조 제1항).

⑤ 감사가 있는 회사의 청산인은 정기총회 회일로부터 4주간 전에 대차대조표 및 그 부속명세서와 사무보고서를 작성하여 감사에게 제출하여야 한다(상법 제534조 제1항).

32. ④

① 자본금의 감소에는 원칙적으로 주주총회의 특별결의가 있어야 한다(상법 제438조 제1항).

② 결손의 보전을 위하여 자본금을 감소하는 경우 채권자보호절차가 필요하지 않다(상법 제439조 제2항 단서).

③ 주주총회의 자본금감소 결의에 취소 또는 무효의 하자가 있더라도 그 하자가 극히 중대하여 자본금감소가 존재하지 아니하는 정도에 이르는 등의 특별한 사정이 없는 한, 자본금감소의 효력이 발생한 후에는 자본금감소의 무효는 감자무효의 소에 의해서만 다툴 수 있다(대법원 2010. 2. 11. 선고 2009다83599 판결).

④ 감자무효의 판결은 대세적 효력과 <u>소급효가 있다</u>(상법 제446조에서 제190조 본문은 준용하지만 제190조 단서는 준용하지 않는다).

⑤ 감자무효의 소는 청산인, 파산관재인 또는 자본금의 감소를 승인하지 아니한 채권자도 제기할 수 있으며, 자본금감소로 인한 변경등기가 된 날부터 6개월 내에 소만으로 주장할 수 있다(상법 제445조).

33. ①

① 지급인도 아니고 발행인도 아닌 자가 환어음의 앞면에 단순한 기명날인 또는 서명을 한 경우에는 보증을 한 것으로 본다(어음법 제31조 제3항).

② 본인 여부를 확실하게 알 수 없으므로 기명무인(記名拇印)은 <u>무효인</u> 배서가 된다(대법원 1962. 11. 1. 선고 62다604 판결).

③ 약속어음의 발행에 있어 발행인의 기명은 본명 아니더라도 동일인임을 표시하는 아호나 예명으로 <u>가능하다</u>(대법원 1969.7.22.선고 69다742판결).

④ 대표이사 직인의 날인만 있으면 회사를 위하여 발행하였다는 뜻이 표시되어 있지 않으면 자신의 어음행위가 되므로 회사는 <u>어음상의 책임을 부담하지 않는다</u>(대법원 1979. 3. 27. 선고 78다2477 판결).

⑤ 조합의 대표조합원이 조합원 전원을 대리하여 그 대표자격을 밝히고 서명하여 발행한 어음은 <u>유효이다</u>(대법원 1970. 8. 31. 선고 70다1360 판결).

34. ③

① 일람출급 또는 일람후 정기출급의 환어음은 발행인이 어음금액에 이자가 붙는다는 약정 내용을 적은 경우 그 효력이 인정된다(어음법 제5조 제1항).

② 환어음의 금액을 글자와 숫자로 적은 경우에 그 금액에 차이가 있으면 글자로 적은 금액을 어음금액으로 한다(어음법 제6조 제1항).

③ 지급지가 제주도 서귀포시인데 지급장소는 국민은행 서울시 영등포구 여의도 지점으로 된 약속어음의 경우 지급장소는 필요적 기재사항이 아니므로 그의 기재의 효력은 없으나, 어음 자체는 효력이 있다.(대법원 1970. 7. 24. 선고 70다965 판결).

④ 확정일출급 약속어음의 만기가 2022. 1. 10.인데 발행일이 2022. 2. 10.로 기재된 경우 그 어음은 무효이다(대법원 2000. 4. 25. 선고 98다59682 판결).

⑤ 환어음은 발행인 자신을 지급받을 자로 하여 발행할 수 있다(어음법 제3조 제1항).

35. ⑤

① 지급인은 어음금액의 일부만을 인수할 수 있다(어음법 제51조 참조).

② 만기에 지급을 받지 못한 소지인은 상환청구할 수 있는 모든 금액에 관하여 인수인에 대하여 환어음으로부터 생기는 직접청구권을 가진다(어음법 제28조 제2항).

③ 환어음의 다른 기재사항을 변경하여 인수하였을 때에는 인수를 거절한 것으로 보기는 하지만, 인수인은 그 인수 문구에 따라 책임을 진다(어음법 제26조 제2항).

④ 소지인은 인수를 위하여 제시한 어음을 지급인에게 교부할 필요가 없다(어음법 제24조 제2항).

⑤ 발행인이 인수를 위한 어음의 제시를 금지하더라도, 각 배서인은 기간을 정하거나 정하지 아니하고 인수를 위하여 어음을 제시하여야 한다는 내용을 적을 수 없다(어음법 제22조 제4항 단서).

36. ④

ㄱ. 어음행위의 문언성이라는 특성에 따라 어음행위의 대리의 경우에는 본인의 표시가 있어야 하므로, 어음행위의 능동대리에는 현명주의(顯名主義)가 엄격하게 적용된다.

ㄴ. 어음행위의 대리권을 부여하는 경우라도 내부적으로 그 대리권을 제한할 수 있다.

ㄷ. 대리권 없이 타인의 대리인으로 환어음에 기명날인하거나 서명한 자는 그 어음에 의하여 의무를 부담한다(어음법 제8조).

ㄹ. 무권대리의 항변은 물적 항변 사유이다.

37. ④

① 수표는 인수하지 못한다. 수표에 적은 인수의 문구는 적지 아니한 것으로 본다(수표법 제4조). 따라서 수표에 적은 인수의 문구는 인수로서의 효력이 없다.

② 수표는 제3자의 계산으로 발행할 수 있다(수표법 제6조 제2항).

③ 수표의 금액을 글자 또는 숫자로 중복하여 적은 경우에 그 금액에 차이가 있으면 최소금액을 수표금액으로 한다(수표법 제9조).

④ 소지인출급의 수표에 배서한 자는 상환청구에 관한 규정에 따라 책임을 진다(수표법 제20조).

⑤ 특정횡선은 일반횡선으로 변경할 수 없으나, 일반횡선은 특정횡선으로 변경할 수 있다(수표법 제37조 제4항).

38. ②

① 말소한 배서는 배서의 연속에 관하여는 배서를 하지 아니한 것으로 본다(어음법 제16조 제1항 3문).

② 배서에 조건을 붙여서는 아니된다. 배서에 조건을 붙이면 적지 아니한 것으로 본다(어음법 제12조 제1항).

③ 일부의 배서는 무효로 한다(어음법 제12조 제2항).

④ 배서인이 자기의 배서 이후에 새로 하는 배서를 금지한 경우 그 배서인은 어음의 그 후의 피배서인에 대하여 담보의 책임을 지지 아니한다(어음법 제15조 제2항).

⑤ 소지인에게 지급하라는 소지인출급의 배서는 백지식 배서와 같은 효력이 있다(어음법 제12조 제3항).

39. ①

① 단순히 어음을 반환하는 것으로는 지급거절의 통지를 할 수 있다(어음법 제45조 제4항 2문).

② 환어음의 소지인은 일부지급을 거절하지 못한다(어음법 제39조 제2항).

③ 만기에 지급하는 지급인은 사기 또는 중대한 과실이 없으면 그 책임을 면한다(어음법 제40조 제3항 1문).

④ 일람 후 정기출급의 환어음 소지인은 지급을 할 날 또는 그날 이후의 2거래일 내에 지급을 받기 위한 제시를 하여야 한다(어음법 제38조 제1항).

⑤ 발행국과 지급국에서 명칭은 같으나 가치가 다른 통화로써 환어음의 금액을 정한 경우에는 지급지의 통화로 정한 것으로 추정한다(어음법 제41조 제4항).

40. ④

① 날짜를 적지 아니한 배서는 거절증서나 이와 같은 효력이 있는 선언이 작성되기 전 또는 제시기간이 지나기 전에 한 것으로 추정한다(수표법 제24조 제2항).

② 배서인의 기명날인 또는 서명만으로 하는 백지식 배서는 수표의 뒷면이나 보충지에 하지 아니하면 효력이 없다(수표법 제16조 제2항 2문).

③ 백지식 배서의 다음에 다른 배서가 있는 경우에는 그 배서를 한 자는 백지식 배서에 의하여 수표를 취득한 것으로 본다(수표법 제19조 3문).

④ 발행인에 대하여 배서한 경우 그 발행인은 다시 수표에 배서할 수 있다(수표법 제14조 제3항).

⑤ 배서가 백지식인 경우에 소지인은 백지를 보충하지 아니하고 또 배서도 하지 아니하고 수표를 교부만으로 제3자에게 양도할 수 있다(수표법 제17조 제3호).

세법개론

나 영 훈 (세무사)

1. ⑤

① 과세대상이 되는 소득, 수익, 재산 행위 또는 거래의 귀속이 명의일 뿐이고 사실상 귀속되는 자가 따로 있을 때에는 사실상 귀속되는 자를 납세의무자로 하여 세법을 적용하는 것이고, 사업지명의 등록자와는 별도로 사실상의 사업자가 있는 경우에는 사실상의 사업자를 납세의무자로 본다.

② 납세의무자가 세법에 따라 장부를 갖추어 기록하고 있는 경우에는 해당 국세 과세표준의 조사와 결정은 그 장부와 이에 관계되는 증거자료에 의하여야 하고, 국세를 조사·결정할 때 장부의 기

록 내용이 사실과 다르거나 장부의 기록에 누락된 것이 있을 때에는 <u>그 부분에 대해서만</u> 정부가 조사한 사실에 따라 결정할 수 있다.

③ 세법을 해석 · 적용할 때에는 과세의 형평과 해당 조항의 합목적성에 비추어 <u>납세자의 재산권이</u> 부당하게 침해되지 아니하도록 하여야 한다.

④ 세무공무원이 국세의 과세표준을 조사 · 결정할 때에는 해당 납세의무자가 계속하여 적용하고 있는 기업회계의 기준 또는 관행으로서 일반적으로 공정 · 타당하다고 인정되는 것은 존중하여야 한다. <u>다만, 세법에 특별한 규정이 있는 것은 그러하지 아니하다.</u>

2. ②

② 법인이 합병한 경우 합병 후 존속하는 법인 또는 합병으로 설립된 법인은 합병으로 소멸된 법인에 부과되거나 그 법인이 납부할 국세 및 강제징수비를 납부할 의무를 진다.
(한도 관련 규정 ×)

3. ①

① 과세표준과 세액의 신고에 따라 납세의무자 확정되는 국세(중간예납하는 법인세와 예정신고납부하는 부가가치세 및 양도소득세 과세표준을 예정신고하는 경우 포함)의 경우 신고한 해당 세액의 법정기일은 그 <u>신고일</u>임.

4. ④

④ 경정청구에는 납세의무를 확정하는 효력이 없음. 다만, 과세관청에 대하여 청구한 내용에 대한 조사의무만 지울 뿐임.

5. ⑤

⑤ 과세표준신고서를 법정신고기한까지 제출한 자가 법정신고 기한이 지난 후 1개월 이내에 수정신고한 경우에는 과소신고 · 초과환급신고가산세의 100분의 90에 상당하는 금액을 감면하는 것임.

6. ⑤

⑤ 공동사업에 대한 소득금액을 계산할 때 특수관계인의 소득금액이 주된 공동사업자에게 합산과세되는 경우, 그 합산과세되는 소득금액에 대해서는 주된 공동사업자의 특수관계인은 손익분배비율에 해당하는 그의 소득금액을 한도로 주된 공동사업자와 연대하여 납세의무를 진다.

7. ②

② 거주자가 채권을 내국법인에게 매도하는 경우에는 내국법인에게 원천징수 의무가 있음.

8. ③

과세대상 이자소득 : 10,000,000원

10,000,000원 = 5,000,000원 + 3,000,000원 + 2,000,000원

(1) <u>환매조건부</u> 채권의 매매차익 5,000,000원 : 이자소득 과세대상
(2) 저축성보험의 보험차익 : 3,000,000원 : 이자소득 과세대상

→ 보험차익 = 만기환급금 − 납입보험료(보험계약 중에 받은 배당금은 납입보험료에서 차감)

3,000,000원 = 10,000,000원 − (8,000,000원−1,000,000원)

(3) 비영업대금의 이익 2,000,000원 : 이자소득 대상

(4) 계약의 위약에 따른 손해배상금 법정이자 500,000원 : 기타소득

(5) 공익신탁의 이익 1,200,000원 : 금융소득 비과세

9. ③

원천징수대상 기타소득 : 2,000,000원

2,000,000원 = 1,200,000원 + 400,000원 + 400,000원

(1) 계약금이 위약금으로 대체된 경우 위약금 4,000,000원 : 원천징수 대상 ×

(2) 고용관계 없이 받은 일시적 외부 강연료 1,200,000원 : 원천징수 대상

→ 1,200,000원 = 3,000,000원 × (1−60%)

(3) 배임수재로 받는 금품 : 6,000,000원 : 원천징수 대상 ×

(4) 상표권 대여 대가 400,000원 : 원천징수 대상

→ 400,000원 = 1,000,000원 × (1−60%)

(5) 주택입주지체상금 400,000원 : 원천징수 대상

→ 400,000원 = 2,000,000원 × (1−80%)

(6) 슬롯머신 당첨금품 1,500,000원 : 원천징수 대상이나 건별로 200만원 이하이므로 과세최저한 대상

10. ②

종합소득 과세표준 : 41,350,000원

= 68,000,000원 − 13,150,000원 − 13,500,000원

(1) 총 급여액 : 68,000,000원

= 65,000,000원 + 0(*) + 3,000,000원(**) + 0(**)

(*) 실비변상정도의 여비는 근로소득 비과세

(**) 사회보험료의 본인 부담분은 비과세 하나, 본인 부담분을 회사가 대납 시 근로소득 과세 대상

(2) 근로소득금액 : 54,850,000

= 68,000,000원 − 13,150,000원(근로소득공제)

(3) 소득공제 : 13,500,000원

① 인적공제 및 추가공제 : 6,500,000원

= 1,500,000원(본인) + 1,500,000원(배우자)(*) + 1,500,000원(자녀)

+ 2,000,000원(자녀, 장애인)

(*) 예금이자가 1천만원이 있지만 2천만원 이하이므로 금융소득 분리과세 대상이고, 기본공제 소득금액 요건(1백만원) 판단 시 분리과세 소득은 제외하므로 기본공제 대상에 해당함.

② 연금보험료공제 : 3,000,000원

→ 국민연금보험료 회사 부담분은 총급여에 포함하나, 이를 소득금액에서 공제함.

즉 근로자가 급여를 받아 납부한 것으로 보는 것임.

③ 특별소득공제 : 4,000,000원(국민건강보험료)

11. ④

④ 신용카드 등 소득공제의 대상은 본인, 배우자, 생계를 같이하는 직계존비속(배우자의 직계존속과 동거입양자 포함)을 대상으로 하는 것임. 즉 형제자매는 대상이 아님.

12. ②

연금소득금액 : 27,162,500원

= 35,625,000원 - 8,462,500원

(1) 공적연금소득 : 35,625,000원

= 45,000,000원 × 380 / 480(*) - 0(**)

(*) 국민연금법에 따라 수령하는 연금으로써 공적연금소득에 해당하므로 다음의 산식에 의해 과세기준금액을 계산함.

과세기준금액 = 연금수령액 × 과세기준일(2002.1.1.) 이후 납입기간의 환산소득누계액 / 총 납입기간의 환산소득누계액

(**) 과세기준일 이후 납입한 보험료는 전액 연금보험료 소득공제를 받았기 때문에 과세제외기여금은 없음.

(2) 연금소득공제 : 8,462,500원

= 6,300,000원 + (35,625,000원 - 14,000,000원) × 10%

→ 연금소득공제는 9백만원을 한도로 함

13. ①

의료비 세액공제 : 3,660,000원

= [(① + ②) × 15%] + (③ × 30%)

① (-) 100,000원 = 2,000,000원(배우자 건강진단비) + 1,500,000원(모친 보청기 구입비) - 3,600,000(총급여의 3%)

② 4,500,000원 = 500,000원(본인, 시력보정용 안경 구입비는 1명당 연 50만원 한도) + 4,000,000(부친 수술비 및 입원비, 보험회사로부터 수령한 실손의료보험금 제외)

③ 10,000,000원(배우자의 난임시술비)

→ ①의 의료비가 총급여액의 3%에 미달하므로, 그 미달하는 금액을 ②의 의료비 금액에서 차감함.

→ 건강증진용 보약 구입비는 의료비세액공제 대상이 아님

14. ①

① 부동산매매업자가 중간예납기간 중에 매도한 토지 또는 건물에 대하여 토지등 매매차익 예정신고 ·납부를 한 경우에는 중간예납기준액의 2분의 1에 해당하는 금액에서 그 신고 · 납부한 금액을 뺀 금액을 중간예납세액으로 한다. 이 경우 토지등 매매차익 예정신고 · 납부세액이 중간예납기준액의

2분의 1을 초과하는 경우에는 중간예납세액이 없는 것으로 함.

15. ④

양도차익 : 370,000,000원

→ 취득당시 매매사례가액이나 감정가액이 확인되지 않으므로 환산취득가액을 적용하여 필요경비를 계산하여야 함.

(+)	양도가액	500,000,000원
(−)	취득가액	130,000,000원 = max(①,②)
	①	128,000,000원= (500,000,000 × 100 / 400) + 3,000,000원
	②	130,000,000원 = 120,000,000원 + 10,000,000원
=	양도차익	370,000,000원

16. ③

③ 내국법인이 사업연도 중에 「상법」의 규정에 따라 조직변경을 한 경우에는 조직변경 전의 사업연도가 계속되는 것으로 본다.

17. ④

④ 추계로 과세표준을 결정할 때 대표자에 대한 상여로 처분하여 발생한 소득세를 대납하고 그 대납한 금액을 손익계산서 상 비용 계상 시 이를 기타사외유출로 소득처분 함(실무상 관행을 인정한 것으로 사후관리 불필요).

18. ③

의제배당금액 : 130,000,000원
　　　　　　　= 180,000,000 − 50,000,000원

(1) 감자대가 : 180,000,000원 = 18,00원 × 10,000주
(2) 취득가액 : 50,000,000원

단기소각주식(주식발행초과금의 무상주 전입분)이 있으므로 취득가액 계산 시 단기소각주식의 취득가액은 0으로 하고, 그 외 주식에 대해서 평균법을 적용함.

〈1순위〉 단기소각주식 6,000주 : 0
〈2순위〉 기타 주식 4,000주 : 50,000,000원 = (140,000,000원 + 10,000,000원(*)) × 4,000주/12,000주

(*) 소각일(2019.7.1.)로부터 2년 이내에 자본전입한 것은 아니지만 소각 당시 시가가 취득가액을 초과하므로 의제배당(2,000주 × 5,000원)에 해당하여 세법상 취득가액에 가산함.

19. ②

수입배당금 익금불산입액 : 28,350,000원
(1) ㈜B : 28,350,000원
　　　= [35,000,000원 − (50,000,000원 × 350,000,000원 / 5,000,000,000원)] × 90%

(2) ㈜C : 배당기준일 전 3개월 이내에 취득한 주식이므로 수입배당금 익금불산입 적용하지 않음

20. ⑤

소득금액 순영향 : (+) 1,300,000원

화폐성 외화자산 및 외화부채에 대하여 사업연도 종료일 현재의 매매기준율로 평가하는 방법으로 관할 세무서장에게 신고하였으나, 외화환산손익을 결산서에 계상하지 않았으므로 세무조정하여 이를 반영함.

(1) 21기 세무조정
〈손금산입〉 외화차입금 500,000원(*) (△유보)
　(*) (1,300원 - 1,250원) × $10,000

(2) 22기 세무조정
〈익금산입〉 외화차입금 500,000원 (유보)
→ 21기 외화차입금을 22기에 전액 상환하였으므로, 관련 유보 추인

〈익금산입〉 외화예금 800,000원(**) (유보)
　(**) (1,320원 - 1,280원) × $20,000

21. ③

세무상 미상각잔액 : 322,520,250원

창업중소기업 등에 대한 세액감면 적용 시 감가상각의제 대상임

(1) 2기
감가비 : 25,000,000원
한도 : 500,000,000원 × 0.259 × 6/12 = 64,750,000원
세무조정 : 〈손금산입〉 감가비의제 39,750,000 (△유보)

(2) 3기
감가비 : 50,000,000원
한도 : 435,250,000원 × 0.259 = 112,729,750원
세무조정 : 〈손금산입〉 감가비의제 62,729,750 (△유보)
※ 수선비 지출액은 즉시상각의제 대상에 해당하지 아니함
22,000,000원 〈 max(6,000,000원, 475,000,000원 × 5%)

(3) 3기말 세무상 미상각잔액 : 322,520,250원
= 500,000,000원 - 75,000,000 - 39,750,000 - 62,729,750

22 ③

③ 차입일로부터 이자지급일이 1년을 초과하는 특수관계인과의 거래에 따른 이자 및 할인액은 기간경과분 미지급이자를 해당 사업연도의 손비계상 시 그 계상한 사업연도의 손금으로 인정하는 규정의 적용대상이 아님.

23. ①

접대비 한도초과액 : 2,280,000원

(1) 접대비 해당액 : 87,000,000원

= 90,000,000원 – 5,000,000원(*) + 2,000,000원(**)

※ 법인이 그 사용인이 조직한 조합 또는 단체에 복리시설비를 지출한 경우 해당 조합이나 단체가 법인인 경우에는 이를 접대비로 봄

(*) 접대가 이루어진 전년도의 접대비로 봄
(**) 현물접대비 : 2,000,000원

= 10,000,000원(시가) + 1,00,000원(부가세) – 9,000,000원

(2) 접대비 한도액 : 84,720,000원

= 36,000,000원 + 34,000,000원 + 600,000원 + 14,120,000원

① 기본한도 : 36,000,000원(중소기업)
② 일반수입금액 한도 : 34,000,000원

= (10,000,000,000원 × 0.3%) + (2,000,000,000원 ×0.2%)

③ 특정수입금액 한도 : 600,000원

= 3,000,000,000원 × 0.2% × 10%

④ 문화접대비 한도 : 14,120,000원 = min(㉠, ㉡)
   ㉠ 20,000,000원(체육활동 입장권)
   ㉡ 14,120,000원

= (36,000,000원 + 34,000,000원 + 600,000원) × 20%

(3) 접대비 한도초과액 : 2,280,000원

= 87,000,000원 – 84,720,000원

24. ③

소득금액 순영향 : (+) 24,500,000원

(1) (–) 6,000,000원 : 전기 대손충당금 한도초과액은 당기에 손금으로 추인
(2) (–) 10,000,000원 : 전기 대손금부인액 중 당기에 대손요건이 충족되어 손금산입(당기 소멸시효 완성)
(3) (+) 8,000,000원 : 특수관계인 업무무관가지급금은 대손금 손금산입 불가
(4) (+) 20,000,000원 : 세법상 대손요건 불충족
(5) (+) 12,500,000원(*) : 당기 대손충당금 한도초과

(*) 50,000,000원 – 2,500,000,000원 × max(1%, 30,000,000(**) / 2,000,000,000)
(**) 당기 세법상 대손금 : 10,000,000원(소멸시효완성) + 20,000,00원(외상매출금 중 대손요건 충족분)

25. ②

각 사업연도 소득금액에 미치는 순영향 : (+) 1,000,000원

(1) 사택임대 : (+)1,000,000원. 출자임원(소액주주 제외)에 대한 사택의 저가임대는 부당행위 해당
= 3,000,000원(*) - 2,000,000
차액 1,000,000원은 min(3억, 3,000,000(시가) × 5%)를 초과하므로 중요성 요건 충족함
(*) (400,000,000원 × 50% - 100,000,000원) × 3%

(2) 건설용역 : 0
10,000,000원 = 200,000,000원 × [1 + (500,000,000원 - 400,000,000원)
/ 400,000,000원)] - 240,000,000원

차액 10,000,000원 min(3억, 250,000,000원 × 5%)에 미달하므로 중요성 요건 불충족

26. ④

외국납부세액공제액 : 16,200,000원
(1) 간접외국납부세액 : 8,000,000원
= 20,000,000원 × 100,000,000원 / (270,000,000원 - 20,000,000원)
배당확정일 현재 6개월 이상 계속하여 주식의 25% 이상 출자하여 간접외국납부세액 계산
세무조정 : 〈익금산입〉 간접외국납부세액 8,000,000원 (기타사외유출)

(2) 외국납부세액공제액 min(①, ②) : 16,200,000원
① 외국납부세액 : 18,000,000원
= 10,000,000원(직접) + 8,000,000원(간접)
② 한도 : 16,200,000원
= 60,000,000원 × 108,000,000원(*) / 400,000,000원(**)
(*) 100,000,000원(B국 수입배당금) + 8,000,000원(간접외국납부세액)
(**) 292,000,000원(국내원천소득) +100,000,000원(B국 수입배당금) + 8,000,000원(간접외국
납부세액)

27. ⑤

① 공제되지 아니한 소득공제는 이월하여 공제할 수 없음.
② 「자산유동화에 관한 법률」에 따른 유동화전문회사가 배당가능이익의 90% 이상을 배당한 경우 그
금액은 배당을 결의한 잉여금 처분의 대상이 되는 사업연도의 소득금액에서 공제함.
③ 법인세의 과세표준은 각 사업연도 소득의 범위에서 이월결손금, 비과세소득, 소득공제액을 차례로
공제한 금액으로 함.
④ 추계하는 사업연도에는 이월결손금 공제규정을 적용하지 아니하나, 천재지변 등으로 장부나 그 밖
의 증명서류가 멸실되어 불가피하게 추계 시에는 이월결손금 공제 허용함.

28. ②

② 피합병법인의 주주등이 합병으로 인하여 받은 합병대가의 총 합계액 중 합병법인의 주식등의
가액이 100분의 80% 이상일 것을 요건함.

29. ①

② 비영리내국법인의 주식 · 신주인수권 또는 출자지분의 양도로 인한 수입에 대해서는 각 사업연도

소득에 대한 법인세의 납세의무가 있음(열거된 수익사업*에 해당).

③ 청산소득에 대한 법인세의 납부의무가 있는 내국법인은 <u>잔여재산가액확정일이 속하는 달의 말일부</u> <u>터 3개월 이내</u>에 청산소득에 대한 법인세의 과세표준과 세액을 신고하여야 함.

④ 비영리내국법인은 소득세법상 이자소득에 대해 법인세 납세의무가 있음(열거된 수익사업*에 해당)

* 열거된 수익사업

- 제조업, 건설업, 도매 및 소매업 등의 사업으로서 법에서 정하는 것
- 소득세법에 따른 이자소득 및 배당소득
- 주식 · 신주인수권 또는 출자지분의 양도로 인한 수입
- 유형자산 및 무형자산의 처분으로 인한 수입
- 부동산에 관한 권리(부동산을 취득할 수 있는 권리, 지상권, 전세권과 등기된 부동산임차권)의 양 도로 발생하는 소득 및 법에 정한 기타자산의 양도로 인한 소득
- 그 밖에 대가를 얻는 계속적 행위로 인한 수입으로서 법에 정한 것(채권 등을 매도함에 따른 매 매익)

⑤ <u>6개월을 초과하여 존속하는 건축 장소,</u> 건설·조립·설치공사의 현장 또는 이와 관련되는 감독 활동 을 수행하는 장소는 외국법인의 국내사업장에 해당함.

30. ③

① 재화의 수입은 부가가치세 과세대상 거래로 재화의 수입에는 외국으로부터 국내에 도착한 물품(외 국 선박에 의하여 공해(公海)에서 채집되거나 잡힌 수산물을 포함)으로서 수입신고가 수리되기 전 의 것을 국내에 반입하는 것을 포함함.

② 사업자가 재화 또는 용역을 공급하는 경우 부가가치세 납세의무가 있는 것이고, 재화의 수입에 대해 서는 수입자가 사업자인지 여부와 무관하게 수입한 재화에 대해 납세의무가 있는 것임.

④ 「국세징수법」에 따른 공매, 「민사집행법」에 따른 경매로 매각되는 재화는 재화의 공급으로 보지 않음.

⑤ 사업자가 주요자재를 전혀 부담하지 않고 인도받은 재화를 단순 가공만 하는 경우 용역의 공급에 해당함.

31. ③

③ 등록신청 전 매입세액은 매출세액에서 공제하지 아니한다. 다만, 공급시기가 속하는 과세기간이 끝난 후 20일 이내에 등록신청한 경우 등록신청일부터 공급시기가 속하는 과세기간 기산일(1기는 1월 1일, 2기는 7월 1일)까지 역산한 기간 이내의 것은 매입세액 공제함.

32. ⑤

1기 예정신고 부가가치세 과세표준 : 65,000,000원

(1) 50,000,000원

상품을 인도하면서 판매대금을 일부 수령 후 나머지는 매월 분할하여 수령하기로 하였으나 인 도일의 다음날부터 최종할부금 지급일까지 기간이 1년 이상이 아니므로 장기할부판매로 볼 수 없어, 인도일인 2022년 1월 5일을 공급시기로 보아 과세표준 계산함.

또한, 어떤 명목이든 상관없이 재화를 공급받는 자로부터 받는 금전적 가치가 있는 모든 것을 과세표준에 포함하는 것이므로, 할부판매의 경우 이자상당액은 과세표준에 포함하는 것임.

(2) 12,000,000원

총괄납부사업자 및 사업자단위과세사업자가 아닌 경우의 직매장 반출은 간주공급인 것으로서, 과세표준은 원칙적으로 상품의 법인세법·소득세법상 취득가액으로 하는 것이나 취득가액에 일정액을 더하여 공급하는 경우에는 취득가액에 그 일정액을 더한 금액을 과세표준으로 함.

(3) 3,000,000원

원칙적인 공급시기 전에 세금계산서를 선발행하고 발급일부터 7일 이내 대가를 받은 경우 세금계산서를 발급하는 때를 공급시기로 인정함. 상품의 인도일 2022년 4월 8일 이전인 2022년 3월 27일에 세금계산서를 발급하였으나, 그 대가를 7일 이내인 2022년 4월 1일에 받았으므로 2022년 3월27일을 공급시기로 보이 과세표준 계산됨.

33. ①

① 사업자가 국내사업장이 없는 외국법인에게 공급한 컨테이너 수리용역의 경우 <u>대금을 외국환은행에서 원화로 받거나</u> 기획재정부령으로 정하는 방법으로 받아야 영세율 적용대상임.

34. ⑤

부가가치세 과세표준 : 7,643,112원

(1) 과세대상 면적 구분

① 갑
  1) 상가 건물면적 : 0㎡
  2) 토지면적 : 375㎡ = 750㎡ × 30㎡/60㎡
     → 총 토지면적 중 갑의 토지면적을 계산하기 위해 갑 건물면적 / 총 건물면적으로 안분
     가) 주택부수토지 면적 : 150㎡ = 30㎡ × 5배(도시지역). 단층이므로 정착면적만을 고려
     나) 상가부수토지 면적 : 225㎡ = 375㎡ − 150㎡

② 을
  1) 상가 건물면적 : 30㎡
  2) 토지면적(전부 상가면적 해당) : 375㎡ = 750㎡ × 30㎡/ 60㎡

(2) 과세표준 : 7,643,112원

① 갑 : 1,479,312원
  상가분 건물 : 0 (주택임대는 면세)
  상가분 토지 : 1,479,312원 = (3,000,000원 + 81,900원(*)) × 400/500 × 225/375
  (*) 간주임대료 : 21,900,000원 × 91일 × 1.5% × 1/365

② 을의 과세표준 : 6,163,800원
  상가분 건물 : (6,000,000원 + 163,800원(*)) × 100/500 = 1,232,760
  상가분 토지 : (6,000,000원 + 163,800원(*)) × 400/500 × 375/375 = 4,931,040원
  (*) 간주임대료 : 41,000,000원 × 91일 × 1.5% × 1/365

35. ⑤

납부세액가산액 : 2,700,000원

= (300,000,000원 × (1-5%(*) × 2) × (50% − 40%(**))

(*) 건물의 경우 감가율 5%

(**) 2021년 2기의 면세비율이 전기 대비 5%만이 증가하였으므로, 납부세액재계산 시 5%이상 차이나는 2021년 1기의 면세비율과 비교하여야 함.

36. ①

㉠ 간이과세자 차가감납부세액 : 0원

(+)	납부세액	957,000원 = 63,800,000원(공급대가) × 15% × 10%
(-)	공제세액	957,000원 = min(①, ②) 공제세액은 납부세액을 한도로 함 ① 957,000원 ② 979,000원 = 264,000원 + 715,000원
	1) 매입세액공제	264,000원 = (11,000,000원 + 41,800,000원) × 0.5%
	2) 의제매입세액공제	2021년 7월 1일 이후 공급받은 분부터 적용배제
	3) 신용카드매출전표 등 발급세액공제	715,000 = 55,000.000원 × 1.3%
=	차가감납부세액	0원

㉡ 일반과세자 납부(환급)세액 : 550,000원

(+)	매출세액	5,800,000원 = 63,800,000원 × 100/110 × 10%
(-)	매입세액	5,250,000원 = 4,800,000원 + 450,000원
	① 세액공제	4,800,000원 = (11,000,000원 + 41,800,000원) × 100/110 × 10%
	② 의제매입세액공제	450,000원= 5,450,000원(*) × 9/109
=	납부(환급)세액	550,000원

(*) 면세농산물구입금액은 부가세가 고려된 금액이므로 (100/110)을 곱하지 않도록 주의

※ 일반과세자의 경우 신용카드매출전표 등 발급세액공제는 납부(환급)세액 계산 시 고려하지 않는 것이고, 차가감납부세액 계산 시 고려하는 것임을 유의. 문제에서는 납부(환급)세액을 묻고 있으므로 고려하면 안되는 것임.

37. ④

① 용역을 공급받는 자가 과세사업자로서 용역 또는 권리가 매입세액불공제 대상인 경우 또는 면세사업자, 사업자가 아닌자인 경우에 대리납부의무가 있는 것임.

② 예정신고기간 중 또는 과세기간 최종 3개월 중 매월 또는 매 2개월을 조기환급기간으로 하여 그 조기환급기간이 끝난 날부터 25일 이내에 조기환급 신고하면 그 조기환급신고기한이 지난 후 15일 이내에 환급하는 것임.

③ 부가가치세에 있어서 매입세액은 추계와는 관계없음.

⑤ 개인사업자는 예정신고의무를 원칙으로 하지 않고, 관할 세무서장이 전기납부세액의 50%를 결정하여 예정고지하여 징수함. 단, 해당 과세기간 개시일 현재 간이과세자에서 일반과세자로 변경된 경우에는 징수하지 아니함.

38. ②

② 수증자가 비거주자인 경우 증여자의 주소지를 관할하는 세무서장 등이 과세함.

 * 증여세는 수증자의 주소지를 관할하는 세무서장 등이 과세하는 것이나, 다음의 경우 증여자의 주소지를 관할하는 세무서장 등이 과세함.
  – 수증자가 비거주자인 경우
  – 수증자의 주소 및 거소가 분명하지 아니한 경우
  – 명의신탁재산의 증여의제규정에 따라 재산을 증여한 것으로 보는 경우

39. ④

상속세 과세가액 : 2,300,000,000원

(+)	총상속재산가액	2,005,000,000원
	① 주택	1,500,000,000원
	② 생명보험금(*)	505,000,000원
	③ 반환일시금(**)	0원
(−)	과세가액공제액(***)	5,000,000원
(+)	증여재산가액(****)	300,000,000원
=	상속세과세가액	2,300,000,000원

(*) 피상속인의 사망으로 인하여 받는 생명보험 또는 손해보험의 보험금으로서 피상속인이 보험계약자인 보험계약에 의하여 받는 것은 상속재산으로 봄. 또한, 피상속인이 보험료를 전액 납부하였으므로, 보험금 전액을 상속재산으로 함.

(**) 「국민연금법」에 따라 사망으로 인하여 지급되는 반환일시금은 상속재산으로 보지 아니함.

(**) 장례비용은 확인되지 않더라도 최소 5,000,000원은 공제함.

(***) 피상속인이 상속인에게 상속개시일 전 10년 이내에 증여한 재산가액은 상속세과세가액 계산 시 이를 가산하여 주는 것임. 이 경우 상속세과세가액에 합산하는 증여재산가액은 증여 당시의 가액으로 평가함.

40. ④

④ 지방자치단체의 장은 조례로 정하는 바에 따라 취득세의 세율을 100분의 50의 범위에서 가감할 수 있음.

회계학

김 정 호 (공인회계사 / 서울디지털대학교 겸임교수)

1. ②

기업이 상당 기간 계속 사업이익을 보고하였고, 보고기간말 현재 경영에 필요한 재무자원을 확보하고 있는 경우에는 자세한 분석이 없이도 계속기업을 전제로 한 회계처리가 적절하다는 결론을 내릴 수 있다.(KIFRS1001-26)

2. ①

6월 1일 단가 = (100개 × ₩300 + 200개 × ₩400 + 200개 × ₩300)/(100개 + 200개 + 200개)
= ₩340

9월 1일 단가 = (300개 × ₩340 + 100개 × ₩200)/(300개 + 100개) = ₩305

기말재고원가	200개 × ₩305 + 100개 × ₩200	₩81,000
기말재고 순실현가능가치	300개 × ₩200	60,000
재고자산평가손실		₩21,000

3. ③

창고실사금액		₩1,500,000
수탁재고 보관	100,000 − 20,000	(80,000)
적송품	200,000 × (1 − 60%)	80,000
미착품		100,000
재구매조건부판매		50,000
합계		₩1,650,000

4. ③

특정 중간기간에 보고된 추정금액이 최종 중간기간에 중요하게 변동하였지만 최종 중간기간에 대하여 별도의 재무보고를 하지 않는 경우, 추정의 변동 성격과 금액을 해당 회계연도의 연차재무제표에 주석으로 공시하여야 한다(KIFRS1034-26).

5. ⑤

정부보조금 = ₩400,000 × (8% − 3%) × 3.3121 = ₩66,242
장부금액 = (₩400,000 − ₩66,242) × 3년/4년 = ₩250,319

6. ③

(상황 1) 취득원가 = 제공자산의 공정가치 ₩1,000,000 + 현금지급액 ₩1,800,000
                       = ₩2,800,000

(상황 2) 취득원가 = 제공자산의 장부금액 ₩800,000(=₩2,000,000 − ₩1,200,000)

7. ①

평균지출액	연평균차입금 사용액		이자율	자본화할 차입원가	한도
1,400,000*1	특정차입금 (일시예치)	1,250,000	5%	62,500	
		(75,000)	4%	(3,000)	
	일반차입금	225,000	6%*2	13,500	240,000
계				73,000	

*1. 평균지출액 = (1,500,000 − 200,000) × 6/12 + 3,000,000 × 3/12 = 1,400,000

*2. 자본화이자율 = (2,000,000 × 4% + 4,000,000 × 6/12 × 8%)/(2,000,000 + 4,000,000 × 6/12)
              = 240,000/4,000,000 = 6%

8. ④

20×2년 말 장부금액 = ₩3,500,000 × (1 − 1/20 × 3/12) = ₩3,456,250

20×3년 비용 = 장부금액 ₩3,456,250 − 회수가능액 ₩2,000,000 = ₩1,456,250

9. ②

처분가액(경과이자 포함)		₩610,000
장부금액(경과이자 포함)	(1,000,000 × 4% × 1.8334 + 1,000,000 × 0.89) × (1 + 6% × 9/12) × 60%	604,012
처분이익		₩5,988

[필자주] 계산방식 차이에 따라 반올림오차 발생

10. ④

20×2년 말 변경전 상각후원가 = ₩500,000 × 1.06 × 0.9259 = ₩490,727

20×2년 말 변경후 상각후원가 = ₩500,000 × 4% × 1.7832 + ₩500,000 × 0.8573
                         = ₩464,314

변경손익 = 20×2년 말 변경후 상각후원가 ₩464,314 − 20×2년 말 변경전 상각후원가 ₩490,727
        = (−)₩26,413(손실)

[필자주] 계산방식 차이에 따라 반올림오차 발생

11. ①

변경후 장부금액 = 1,000,000 × 4% × 2.2832 + 1,000,000 × 0.6575 = 748,828

변경손익 = 변경전 장부금액 966,218 − 변경후 장부금액 748,828 = ₩217,390

12. ⑤

발행금액 = 5,000,000 × 6% × 2.5770 + 5,000,000 × 0.7938 − 50,000 = 4,692,100

4,692,100 × (1 + 유효이자율) − 5,000,000 × 6% = 4,814,389

유효이자율 = 9%

20 × 2년 이자비용 = 4,814,389 × 9% = ₩433,295

13. ④

발행시 부채요소 = 1,000,000 × 4% × 2.577 + 1,000,000 × 108.6% × 0.7938 = 965,147

자본증가액 = (965,147 × 1.08 − 40,000) × 40% = ₩400,944

14. ②

부채 장부금액 − 부채 공정가치(현재가치)

= (40,000 + 1,000,000 × 108.6%) × (0.9259 − 0.9091) × 60% = ₩11,350

[필자주] 계산방식 차이에 따라 반올림오차 발생

15. ③

<table>
<tr><td colspan="4" align="center">확정급여채무 − 사외적립자산</td></tr>
<tr><td>기여</td><td align="right">380,000</td><td>기초 500,000 − 460,000</td><td align="right">40,000</td></tr>
<tr><td>기말 1,150,000 − 850,000</td><td align="right">300,000</td><td>**총포괄손실**</td><td align="right">**640,000**</td></tr>
<tr><td></td><td align="right">680,000</td><td></td><td align="right">680,000</td></tr>
</table>

16. ④

기간(월)	유통보통주식수	1+무상증자비율	가중치	적 수
1~2	6,400	1.05[*1]	2	13,440
3~6	8,400		4	33,600
7~9	8,650	−	3	25,950
10~12	8,850	−	3	26,550
			12	99,540

*1. $1 + 무상증자비율 = \dfrac{6,400주 + 2,000주}{6,400주 + 2,000주 × 2,000원/2,500원} = 1.05$

가중평균유통보통주식수 = 99,540주 ÷ 12 = 8,295주

$기본주당순이익 = \dfrac{2,334,600원 − (900주 − 600주) × 200원 × 20\%}{8,295주} = 280원$

17. ②

부여한 지분상품의 공정가치에 기초하여 거래를 측정하는 때에는, 시장가격을 구할 수 있다면 시장가격을 기초로 하되 지분상품의 부여조건을 고려하여 측정기준일 현재 공정가치를 측정한다(KIFRS1102-16).

18. ⑤

(1) ㈜대한리스

리스료수익	(6,000,000 + 8,000,000 + 10,000,000) ÷ 3년	₩8,000,000
감가상각비	40,000,000 ÷ 10년	(4,000,000)
리스개설직접원가상각	600,000 ÷ 3년	(200,000)
당기순이익 영향		₩3,800,000

(2) ㈜민국

현재가치 = 6,000,000 × 0.9259 + 8,000,000 × 0.8573 + 10,000,000 × 0.7938
= 20,351,800

감가상각비	20,351,800 ÷ 3년	(₩6,783,933)
이자비용	20,351,800 × 8%	(1,628,144)
리스개설직접원가상각	300,000 ÷ 3년	(100,000)
당기순이익 영향		(₩8,512,077)

19. ③

매출액	Min [50,000 × 4% × 2.4019 + 8,000 × 0.7118, 130,000]	₩125,789
매출원가		(100,000)
판매비용		(1,000)
이자수익	125,789 × 12%	15,095
당기순이익 영향		₩39,884

20. ⑤

식별한 각 수행의무를 기간에 걸쳐 이행하는지 또는 한 시점에 이행하는지를 계약 개시시점에 판단한다. 수행의무가 기간에 걸쳐 이행되지 않는다면, 그 수행의무는 한 시점에 이행되는 것이다.(KIFRS1105-32)

21. ④

㈜대한

제품A 수익	150개 × ₩1,500	₩225,000
제품B 수익(위탁판매 수탁자 수익)	80개 × 개당 수수료 ₩50	4,000
수익합계		₩229,000

㈜민국

제품A 수익	MIN[250개, 200개]×₩1,350	₩270,000
제품B 수익(위탁판매 위탁자 수익)	80개×₩1,000	80,000
수익합계		₩350,000

22. ①

(상황 1)

거래가격		₩600,000
지급대가 초과액	지급대가 50,000 – 공정가치 40,000	(10,000)
수익금액		₩590,000

(상황 2)

거래가격		₩600,000
지급대가 초과액	지급대가 전액 차감	(50,000)
수익금액		₩550,000

23. ①

복합금융상품(예: 전환사채)의 발행자는 당해 금융상품의 부채요소와 자본요소를 각각 부채와 자본으로 분류한다. 이 경우 이연법인세는 자본요소의 장부금액에 직접 반영한다. 향후 이연법인세부채가 변동될 때 당기손익에 이연법인세비용(수익)으로 인식한다.(KIFRS1012-23)

② 한계세율 → 평균세율 (KIFRS1012-49)

③ 일시적차이는 재무상태표상 자산 또는 부채의 장부금액과 세무기준액의 차이를 말한다 (KIFRS1012-5).

④ 이연법인세자산 → 이연법인세부채

⑤ 이연법인세 자산과 부채는 할인하지 아니한다.(KIFRS1012-53)

24. ②

구분	20×1년초 이익잉여금	20×1년 당기순이익	20×1년말 이익잉여금	20×2년 당기순이익	20×2년말 이익잉여금
보고금액	₩150,000	₩60,000	₩210,000	₩130,000	₩340,000
재고자산오류	–	(10,000)	(10,000)	10,000	–
수정후 금액	₩150,000	₩50,000	**₩200,000**	₩140,000	**₩340,000**

25. ①

(차) 손실충당금	10,000*2	(대) 매출채권	35,000*1
손상차손	20,000	외환차익	200,000
현　금	730,000	**매출액**	**525,000**

*1. 150,000 – 115,000 = 35,000
*2. 40,000 – 30,000 = 10,000

(차) 재고자산	30,000*1	(대) 매입채무	20,000*2
재고자산감모손실	15,000	외환차익	300,000
매출원가	**855,000**	현　금	580,000

*1. 230,000 – 200,000 = 30,000
*2. 110,000 – 90,000 = 20,000

26. ⑤

취득자는 사업결합에서 인식한 우발부채를 처음 인식 이후 정산, 취소, 소멸하기 전까지 다음 중 큰 금액으로 측정한다.(KIFRS1103-56)

⑴ 기업회계기준서 제1037호에 따라 인식하여야 할 금액
⑵ 처음 인식금액에서, 적절하다면 기업회계기준서 제1115호 '고객과의 계약에서 생기는 수익'의 원칙에 따라 누적 수익 금액을 차감한 금액

27. ②

영업권 = 이전대가 22,000 – 순자산의 공정가치 19,000 = 3,000
현금창출단위 A의 손상차손 = 18,000(=5,000+8,000+2,000+3,000) – 회수가능액 13,500
= 4,500

과목	손상차손(1차배분)	손상차손(2차배분)	손상차손 배분액합계
토지	(*2)–	–	–
건물	(*3) 1,200	(*5) (400)	800
기계장치	(*4) 300	(*5) 400	700
영업권	(*1) 3,000	–	3,000
합계	4,500	–	4,500

(*1) 1순위 배분
(*2) 순공정가치가 장부금액을 초과해 손상차손배분 안 함
(*3) (4,500-3,000)×8,000/(8,000+2,000)
(*4) (4,500-3,000)×2,000/(8,000+2,000)
(*5) 기계장치 손상차손 배분 후 장부금액 = 8,000 – 1,200 = 7,800
　　순공정가치 8,200 – 장부금액 = 400(손상자손 배분액 감소)
　　→ 기계장치에 손상차손 400을 추가 배분
　　기계장치 장부금액 = 2,000 – 손상차손 배분액 700 = ₩1,300

28. ④

20×1년 초 비지배지분	$(150{,}000+10{,}000^{(*1)}+40{,}000^{(*2)})\times40\%$	₩80,000
재고자산 (FV−BV)차이 실현	$10{,}000\times40\%$	(4,000)
(FV−BV)차이 감가상각비	$40{,}000\div8년\times40\%$	(2,000)
순이익 지분	$30{,}000\times40\%$	12,000
20×1년 말 비지배지분		₩86,000

(*1) $60{,}000-50{,}000=10{,}000$ (*2) $160{,}000-120{,}000=40{,}000$

[별해] $(150{,}000+10{,}000+40{,}000-10{,}000-40{,}000\div8년+30{,}000)\times40\%=₩86{,}000$

29. ①

구분	계산식	㈜대한	㈜민국	합계
당기순이익(별도, 개별)		100,000	50,000	
(FV−BV)차이 감가상각비	$40{,}000\div8년$		(5,000)	
미실현 재고자산이익 실현	$(30{,}000-20{,}000)\times50\%$	5,000		
조정후 당기순이익		105,000	45,000	
지배기업 지분율			60%	
지배기업소유주 당기순이익		105,000	27,000	132,000

30. ③

(차) 현 금	200,000	(대) 종속기업투자주식	280,000*1
관계기업투자주식	120,000	**투자주식처분이익**	**40,000**

*1. $240{,}000+(20{,}000+30{,}000)\times80\%=280{,}000$

31. ①

당기순이익 지분	$28{,}000\times20\%$	₩5,600
미실현이익 지분	$(25{,}000-20{,}000)\times10{,}000/25{,}000\times20\%$	(400)
지분법이익		₩5,200

32. ③

〈20×1년〉

구분	외화	환율	원화
자본금	1,000	1,000	1,000,000
이익잉여금			
당기순이익	500	1,100	550,000
기타포괄손익누계액(*1)			250,000
자본 합계	1,500	1,200	1,800,000

(*1) 해외사업환산손익누계액

총포괄이익 = 당기순이익 550,000 + 해외사업환산이익 250,000 = ₩800,000

〈20×2년〉

구분	외화	환율	원화
자본금	1,000	1,000	1,000,000
이익잉여금	500	1,100	550,000
당기순이익	200	1,150	230,000
기타포괄손익누계액(*1)			90,000
자본 합계	1,700	1,100	1,870,000

(*1) 해외사업환산손익누계액

당기순이익		₩230,000
해외사업환산이익(손실)	20×2년 말 90,000 – 20×1년 말 250,000	(160,000)
총포괄이익		₩70,000

33. ②

(1) 원가모형

처분금액	€1,700×1,550	₩2,635,000
장부금액	€1,500×1,600	2,400,000
유형자산처분이익(손실)		₩235,000

(2) 재평가모형

처분금액	€1,700×1,550	₩2,635,000
장부금액	€1,900×1,500	2,850,000
유형자산처분이익(손실)		(₩215,000)

34. ⑤

(KIFRS1109-6.4.1)

⑶ 위험회피관계는 다음의 위험회피효과에 관한 요구사항을 모두 충족한다.

    ㈏ 신용위험의 효과가 위험회피대상항목과 위험회피수단의 경제적 관계로 인한 가치 변동 보
       다 지배적이지 않다

35. ⑤

$$20 \times 1년 말 차입금 공정가치 = \frac{25,000}{1.04} + \frac{525,000}{1.04^2} = 509,430$$

차입금평가이익(손실) = 기초금액 500,000 – 기말금액 509,430 = (₩9,430)

이자율스왑계약이익(손실) = ₩9,430 (완전헷지, 위험회피대상손익의 금액은 같고 손익은 반대)

36. ④

감사원장 → 기획재정부장관 (국가재정법제58조)

37. ②

비교환수익은 직접적인 반대급부 없이 발생하는 수익을 말하며, 행정형 회계의 비교환수익은 순자산변동표의 "재원의조달및이전"으로 표시하고, 사업형 회계의 비교환수익은 재정운영표의 "비교환수익등"으로 표시한다(원가계산에 관한 지침 12 (2)).

38. ⑤

₩6,154 → ₩6,083

구분	20×3년	20×4년	20×5년	20×6년	합계
원리금	2,246	1,572	1,572	1,572	
현가계수	0.9434	0.8900	0.8396	0.7921	
현재가치	2,119	1,399	1,320	1,245	6,083

39. ④

회계 간의 재산 이관이나 물품 소관의 전환으로 취득한 자산의 가액은 직전(直前) 회계실체의 장부가액을 취득원가로 한다(지방자치단체회계기준규칙제45조 ① 2)

40. ③

사업수익 → 일반수익

목적세나 과징금, 부담금의 경우 특정 회계실체, 용도나 사업 등의 재원에 충당하기 위하여 징수하는 경우라 하더라도 일반수익으로 분류하여야 한다.(지방자치단체 원가계산 준칙 제20조 ②)

41. ④

구분	직접비	간접비	합계
재료비	(*4) ₩2,500	₩100	(*1) ₩2,600
노무비	(*3) 3,200	800	(*2) 4,000
제조경비		2,100	2,100
합계	5,700	₩3,000	₩8,700

(*1) 구입 4,000 - 기말 1,400 = 2,600 (*2) 지급 3,700 + 기말 500 - 기초 200 = 4,000

(*3) 4,000 × 80% = 3,200 (*4) 기본원가 5,700 - 직접노무비 3,200 = 2,500

제조간접비 = 100 + 800 + 2,100 = ₩3,000

42. ⑤

전수조사에 의한 품질검사는 단위수준활동이다.

43. ②

직접재료원가	₩25,500	
직접노무원가	17,000(*1)	
제조간접원가	8,500	17,000 × 50%
당기제품제조원가	₩51,000	
기말 제품	(4,000)	
배부차이(유리)	(2,000)(*2)	
매출원가	₩46,000	

(*1) (25,500 + 직접노무원가) × 40% = 직접노무원가

직접노무원가 = 17,000

(*2) 배부액 = 1,500 + 8,500 = 10,000

과대배부(유리) = 배부액 10,000 - 실제 발생액 8,000 = 2,000

44. ①

※ 물량흐름 분석

재공품

(70%)	기초	2,000	완성	8,000	
	투입	10,000	공손	1,000	(80%)
			기말	3,000	(40%)

(1) 직접재료원가의 완성품환산량 단위당 원가 = ₩2,000,000/10,000개 = ₩200
(2) 전환원가의 완성품환산량 단위당 원가 = ₩860,000/8,600개$^{(*1)}$ = ₩100

    (*1) 완성품완산량 = 8,000 − 2,000×70% + 1,000×80% + 3,000×40% = 8,600개

45. ④

	직접재료원가	전환원가	합계
기초재공품	70,000	86,000	156,000
당기투입 완성	6,000개×₩200=₩1,200,000	6,600개×₩100=₩660,000	1,860,000
정상공손	800개×₩200 =₩160,000	800개×80%×₩100 =₩64,000	224,000
합계			2,240,000

완성품환산량 단위당 원가 = ₩2,240,000/8,000개 = ₩280

46. ②

구분	매출액	추가가공원가	결합원가	이익
제품 X	₩300,000	₩30,000	₩210,000	$^{(*1)}$ ₩60,000
제품 Y	200,000	20,000	140,000	$^{(*2)}$ 40,000
합계	500,000	50,000	350,000	100,000

균등이익률 = (500,000 − 50,000 − 350,000)/500,000 = 20%
(*1) 30,000×20% = 60,000   (*2) 20,000×20% = 40,000

47. ⑤

20×2년 변동원가계산 영업이익		₩40,000
20×1년말 재고 포함 고정제조간접원가	24,000 − 16,000	(8,000)
20×2년말 재고 포함 고정제조간접원가	(3,000개−2,800개) ×₩84,000/2,800개	6,000
20×2년 전부원가계산 영업이익		₩38,000

48. ③

구분	제품 A	제품 B	제품 C	합계
매출액	₩250,000	₩750,000	₩250,000	₩1,250,000
매출액 비중	20%	60%	20%	100%
공헌이익률	40%	50%	70%	$^{(*1)}$ 52%

(*1) 40%×20% + 50%×60% + 70%×20% = 52%

$$\frac{650,000}{650,000 - 고정비} = 5$$

고정비 = 520,000
손익분기 매출액 = 520,000/52% = 1,000,000
손익분기 제품 C의 매출액 = 1,000,000 × 20% = ₩200,000

49. ③

A필터 단위당 직접노무시간 = 80/40 = 2시간
B필터 단위당 직접노무시간 = 160/40 = 4시간
A필터 시간당 공헌이익 = (840-290-100-80-50)/2시간 = 160
B필터 시간당 공헌이익 = (1,280-400-150-160-90)/4시간 = 120

예산 B필터 공헌이익 감소	1,000시간×120	(₩120,000)
특별주문 공헌이익	(단위당 판매가격 – 800$^{(*1)}$)×500단위	?
영업이익 증가		₩180,000

(*1) 400+150+160+90 = 800
(단위당 판매가격 – ₩800)×500단위 = 180,000 + 120,000 = 300,000
단위당 판매가격 = ₩1,400

50. ①

예산 단위당 가격 = ₩1,250,000/25,000단위 = ₩50
실제 단위당 가격 = ₩1,560,000/30,000단위 = ₩52
실제점유율 = 30,000단위/400,000단위 = 7.5%
예산점유율 = 25,000단위/250,000단위 = 10%
예산평균공헌이익 = ₩500,000/25,000단위 = ₩20
(1) 매출가격차이 = (₩52 – ₩50)×30,000단위 = ₩60,000 F
(2) 시장점유율차이
  = (실제점유율-예산점유율)×실제시장규모×예산평균공헌이익
  = (7.5% – 10%)×400,000단위×₩20
  = (-)₩200,000 U
(3) 시장규모차이 = (실제시장규모-예산시장규모)×예산점유율×예산평균공헌이익
      - (400,000단위-250,000단위)×10%×₩20
      = ₩300,000 F

2021년도 제56회 기출문제 정답 및 해설

경영학

이 인 호 (경영학 박사 / 해커스 경영아카데미) : 일반경영 (1 ~24)
한 동 훈 (공인회계사) : 재무관리 (25~40)

[일반경영학]

1. ②

b. 어떤 목적을 위해 개인의 행동을 일정한 방향으로 작동시키는 내적 심리상태는 동기(motive)를 의미한다. 욕구는 개인을 움직이는 심리적 동인을 의미하는데, 개인이 특정행동을 하게 하는 목표 지향성을 갖고 있지 않은 점이 동기와 구분된다. d. 역할기대와 역할행동의 불일치로 인해 역할갈등(role conflict)이 발생하고, 역할갈등은 좁은 의미에서 다각적 역할기대를 의미한다. 또한, 직무에 대한 개인의 의무·권한·책임이 명료하지 않은 지각상태는 역할모호성(role ambiguity)이다.

2. ④

집단사고(group think)는 지나치게 동질적인 집단이 그 동질성으로 인해 지나치게 비합리적인 의사결정을 하는 경우이다. 따라서 집단사고를 강화함으로써 집단의사결정의 효과성이 높아지는 것이 아니다.

3. ⑤

기능중심의 전문성 확대와 일관성 있는 통제를 통하여 조직의 능률과 합리성을 증대시킬 수 있는 것은 집권적 조직이다.

4. ②

1차 집단은 주로 혈연이나 지연을 바탕으로 형성된 소규모 집단으로 집단 구성원 간의 직접적이고, 친밀하며, 전인격적인 접촉방식을 특징으로 하며, 주로 도덕이나 관습 등과 같은 비공식적인 통제를 받는다. 이에 반해 2차 집단은 구성원의 특수한 이해관계를 바탕으로 형성된 집단으로 공식적이고, 합리적이며, 일시적인 인간관계를 형성하며, 주로 규칙이나 법률 등에 의한 통제를 받는다.

5. ④

직무가치와 급여조사에서 나온 정보를 사용하여 개발되며, 직무가치는 직무평가나 시장가격책정을 사용하여 결정될 수 있는 것은 고정급 체계에 해당하는 설명이다.

6. ①

일반적으로 인적자원의 개발은 단기적 관점에 해당하는 교육훈련과 장기적 관점에 해당하는 경력개발로 나누어 볼 수 있다. 따라서 경력개발은 한정된 시점에서의 인적자원개발을 도모하는 것이 아니라 입사에서 퇴사까지 조직구성원들이 희망하는 경력경로를 적재적소의 원칙에서 고려하고 조정하여 장기적으로 인적자원을 효율적으로 관리하는데 그 목적이 있기 때문에 종업원에게 현재 수행하고 있는 직무뿐만 아니라 미래의 직무에서 사용하게 할 목적으로 지식과 기술을 제공하는 것은 교육훈련보다는 경력개발에 대한 설명으로 보는 것이 적절하다.

7. ③

직무분석의 결과로 직무기술서와 직무명세서가 작성된다. 직무기술서는 하나의 직무가 지니고 있는 특징을 서술한 것이고 직무명세서는 그 직무를 수행하는 사람의 자질에 대한 서술이다. 즉 직무기술서는 직무내용과 직무요건에 동일한 비중을 두고 작성하는 반면에 직무명세서는 직무내용보다 사람의 자격요건에 더 비중을 두고 작성한다. 따라서 직무기술서나 직무명세서는 직무에 대한 정보를 제공해 주지만, 성과기준을 제시해 주는 것은 아니다.

8. ③

실제 성과가 상당히 다르면 다른 수준의 급여가 지급되어야 하는 것이 오히려 임금공정성의 개념에 해당한다.

9. ①

b. 척도의 4가지 유형 중에서 측정대상을 구분하는 범주나 종류를 측정하는 데 사용되는 유형을 명목척도(nominal scale)라고 한다. c. 전수조사에서는 비표본오차가 발생하고, 표본조사에서는 표본오차가 발생한다. 여기서 비표본오차는 표본추출방법에서 발생하는 오류 이외의 모든 오류를 의미하고, 표본오차는 표본이 모집단을 대표하지 못함으로써 발생하는 오류를 의미한다.

10. ③

대안을 평가하는 방법에는 보완적 방식과 비보완적 방식이 있다. 보완적 방식에는 피쉬바인(Fishbein)의 다속성태도 모형, 다속성태도 확장모형, 바고지(Bagozzi)의 의도적 행동모형 등이 있고, 비보완적 방식에는 사전식, 속성제거식, 결합식, 분리식 등의 방법이 있다. 따라서 피쉬바인(Fishbein)모형은 보완적 방식에 해당하고, 결합적 모형은 비보완적 방식에 해당한다.

11. ②

구매자가 어떤 상품에 대해 지불할 의사가 있는 최고가격을 유보가격이라고 한다. 반면, 제품가격이 너무 싸면 구매자는 상품에 하자가 있는 것으로 판단하고 구매를 거부하게 되는데, 이러한 가격을 최저수용가격이라고 한다. 일반적으로 구매자는 준거가격을 중심으로 유보가격과 최저수용가격 내에서 상품을 구매한다.

12. ⑤

a는 30,000(=27,000÷0.9)원이고, b는 18,000(=17,100÷0.95)원이며, c는 15,000(=12,000÷0.8)원이다. 따라서 'b+c−a'는 3,000원이 된다.

13. ①

b. 유통업체 중에서 상인 도매상은 제품에 대한 소유권을 가지고 소매상과 거래하지만, 판매 대리점 (selling agent)과 브로커(broker)는 제품에 대한 소유권을 보유하지 않는다는 점에서 공통점을 가진다. c. 소매상 협동조합은 중소 소매상들이 도매기능을 가진 공동소유의 조직체(협회)를 결성 한 것이다.

14. ⑤

모두 적절한 설명이다.

15. ④

광고호의(advertising goodwill)는 광고의 누적효과를 나타내기 위한 개념이다. 따라서 a, c, d가 적 절한 항목이다.

16. ②

판매촉진을 소비자 판매촉진과 중간상 판매촉진으로 구분할 때, 광고공제(advertising allowances) 는 중간상 판매촉진으로 분류된다.

17. ④

b. 쉬메너(Shemenner)의 서비스 프로세스 매트릭스에서 고객화의 정도와 노동집약도가 높은 경우 는 전문서비스(professional service)이다. d. 서비스는 생산프로세스에 대한 고객참여도가 높고 노동집약적이기 때문에 제품에 비해 산출물의 품질변동이 커진다.

18. ④

승법모형(multiplicative model)에서 계절지수(seasonal index)가 사용되며, 계절지수는 1.0보다 작은 값을 가질 수도 있다.

19. ②

공정능력지수(C_p)는 '규격범위/6σ'로 계산한다. 규격범위는 관리상한선에서 관리하한선을 빼 준 값 이고, 규격한계의 폭은 규격중심에서 규격한계(관리상한선 또는 관리하한선)까지의 거리이다. 따라서 공정능력지수(C_p)가 1.0인 공정에서 규격한계의 폭이 12라면, 산포의 표준편차는 4.0이다.

20. ⑤

목표 주기시간은 '1/목표산출률' 또는 '가용생산시간/목표생산량'로 계산할 수 있다. 따라서 목표 산 출률을 높이기 위해서는 이를 달성할 수 있는 목표 주기시간을 줄여야 한다.

21. ①

제품별 배치는 전용설비를 활용하고 공정별 배치는 범용설비를 활용하게 되는데, 전용설비는 초기투 자비용이 크고 범용설비는 초기투자비용이 상대적으로 저렴하다. 따라서 제품별 배치는 공정별 배치 에 비해 장비의 구매비용이 높다.

22. ③

L4L(lot for lot) 방식으로 조달하는 품목의 계획발주량(planned order releases)은 순소요량(net requirements)이 된다.

23. ⑤

가격할인이나 수량할인이 없는 경우의 EOQ모형에서 최적주문량은 일반적으로 연간 재고유지비용과 연간 주문비용이 같아지는 지점에서 발생한다. 수량할인이나 가격할인을 고려한 EOQ모형에서는 연간 구입비용을 총비용에 포함시켜야 하기 때문에 EOQ모형에서 최적주문량이 연간 재고유지비용과 연간 주문비용이 같아지는 지점에서 발생하는 것은 아니다.

24. ①

재주문점은 평균수요(=일간 평균수요×리드타임)에 안전재고를 더해준 값이다. 따라서 95% 서비스 수준에 대한 재주문점이 76.5리터이고 평균수요가 60리터이기 때문에 안전재고는 16.5리터가 된다. 그런데, 안전재고는 '$Z \times \sigma$'로 구하기 때문에 σ는 10이다. 그리고 향후 서비스수준을 99%로 올리게 되면 안전재고는 '2.33×10'인 23.3리터이고, 재주문점은 '60+23.3'인 83.3리터이다.

[재무관리]

25. ②

① NPV법에 의하면 투자안 A가, IRR법에 의하면 투자안B가 채택된다. 자본비용이 피셔수익률보다 작은 경우 상호배타적 두 투자안의 의사결정이 불일치한다. 증분현금흐름의 내부수익률 15%가 피셔수익률 이므로 자본비용은 15%보다 작다.

② IRR이 작으면서 NPV가 큰 투자안 A가 할인율 변화에 NPV가 더 민감하게 변한다. 따라서 투자안 A의 NPV곡선의 기울기가 더 가파르다.

③ 피셔수익률은 증분내부수익률과 같은 15%이다.

④ NPV가 더 큰 투자안을 선택하는 것이 기업가치 극대화에 도움이 된다. 그러나 IRR이 큰 투자안을 선택하는 것은 투자금액 1원당 투자수익을 극대화 시킬 수는 있지만, 가치 극대화가 되지 않을 수 있다.

⑤ 독립적 투자안이라면 IRR이 자본비용보다 크고, NPV가 0보다 큰 투자안은 모두 선택하는 것이 바람직하다.

26. ④

$$\beta s(l) = 1 + (1 - 0.3)(1 - 0.3) \times 1 = 1.49$$

$$ke(l) = 5\% (10\% - 5\%) \times 1.49 = 12.45\%$$

$$kd = 5\% + (10\% - 5\%) \times 0.3 = 6.5\%$$

$$ko(l) = 12.45\% \times \frac{1}{2} + 6.5\% (1 - 0.3) \times \frac{1}{2} = 8.5\%$$

$$\alpha_1 = \frac{1+5\%}{1+8.5\%} = 0.9677$$

$$CEQ_1 = 500 \times 0.9677 = 483.9억 원$$

27. ③

구분/시점	t=0	1	2	3	4
채권A 2개매입	-8,000*2	1,000*2	1,000*2	1,000*2	11,000*2
채권B 1개매도	11,000	-2,000	-2,000	-2,000	-12,000
순 현금흐름	-5,000	0	0	0	10,000

$$5,000 \times (1+{}_0i_4)^2 = 10,000$$

$$(1+{}_0i_4)^2 = 2$$

28. ②

② 이자율이 변하거나 시간이 경과하면 채권 포트폴리오의 듀레이션이 변화하여 목표잔여시기와 일치하지 않게 된다. 따라서 시간경과와 이자율 변화시 채권 포트폴리오의 듀레이션을 잔여 목표시기와 일치하도록 지속적으로 재조정해야 한다.

③ 시간이 경과하여 목표잔여시기가 감소하는 것보다 듀레이션의 감소가 더 작다. 따라서 시간이 경과하면 목표잔여시기보다 채권포트폴리오의 듀레이션이 더 길어져서 듀레이션을 감소시키는 조정이 필요하다

④ 이자지급횟수가 증가하면 가까운 시점에서 더 많은 현금흐름이 발생하며, 이 때 채권의 듀레이션은 감소한다.

⑤ R을 시장이자율 또는 만기수익률이며, 연간 이자지급횟수를 m이라고 할 때, 영구채 수정듀레이션 (MD)은 $\frac{1}{R}$ 이다. 따라서 영구채 듀레이션은 시장이자율(R)과 연간 이자지급횟수(m)에 의해 결정된다.

29. ⑤

$$\beta s(l) = 2, \beta s(u) = 1, Vu = 50억, t = 30\%$$

$$\begin{cases} \beta s(l) = \beta s(u)[1+(1-0.3)\times \frac{B}{S}] \Rightarrow 2 = 1 \times 1 + (1-0.3)\times \frac{B}{S} \\ Vl = Vu + Bt \Rightarrow S+B = 50 + B \times 0.3 \end{cases}$$

$$Vl = 60.71$$

$$VTS = 60.71 - 50 = 10.71억 원$$

30. ①

  a. (O) DOL=CM/CM-FC이고 손익분기점은 EBIT=CM-FC=0이므로 손익분기점 미만의 매출액 수준에서 DOL은 음(-)의 값을 나타난다.

  b. (X) DOL이 크면 매출액 변화율보다 영업이익 변화율이 더 크다는 것을 의미한다.

  c. (X) DOL은 '공헌이익〈고정비'일 때, DFL은 '영업이익〈이자비용' 일 때 음(-)의 값을 가지며, 반대의 상황에서는 모두 1보다 큰 값을 가진다. 따라서 DOL과 DFL은 '0~1'사이의 값을 가지지 않는다.

  d. (O) g=DOL×4 → DOL=2이므로 매출액이 10% 증가하면 영업이익은 20% 증가한다.

  e. (X) 재무레버리지는 이자비용이라는 재무고정비로 인한 순이익 확대효과를 의미한다.

31. ③

  a. (X) PER는 요구수익률과 역의 관계를 갖는다.

  b. (X) $10,000 = \dfrac{Do \times 1.02}{10\% - 2\%} \Rightarrow Do = 784$원

  c. (O) 유보율이 0이므로 주당순이익=주당배당액이 된다.

  d. (X) 주주 요구수익률이 성장률보다 작으면 이론주가가 음(-)이 나와 적용할 수 없다.

  e. (O) 미래 발생할 배당액의 현재가치로 현재의 이론주가를 추정한다.

32. ③

  a. (O) EVA는 이익의 크기 뿐만 아니라 그 이익을 발생시키는데 투입된 자본까지 고려하기 때문에 영업활동에 투자된 자본의 효율성을 고려한 이익의 개념이다.

  b. (X) EVA는 영업외 활동을 고려하지 않는다.

  c. (X) EVA는 투하자본수익률과 가중평균자본비용의 차이에 투하자본을 곱해서 산출한다.

  d. (X) 경제적이익(EVA)의 현재가치의 합은 시장부가가치(MVA)이다.

  e. (O) 당기순이익은 자기자본비용을 고려하지 않는 단점이 있으며, EVA는 자기자본비용이 포함된 가중평균자본비용을 이용하여 구한 경제적 이익으로서 당기순이익의 단점을 보완하는 측면이 있다.

33. ①

$$Vu = 10억 원$$

$$10 = \frac{0.7}{\rho} \Rightarrow \rho = 7\%$$
$$Vl = 10 + 5 \times 0.3 = 11.5억 원$$

$$11.5 = \frac{0.7}{ko(l)} \Rightarrow ko(l) = 6.09\%$$

34. ④

  ④ 주식배당은 자기자본가치의 변화 없이 주식수를 증가시키므로 주식배당 후 주가는 하락하며 주식거래의 유동성을 증가시킨다.

35. ①

① 2자산 분리정리에 의하면 두 효율적 포트폴리오를 결합하여 어떠한 효율적 포트폴리오를 복제할 수 있어서 효율적 포트폴리오인 시장포트폴리오도 복제할 수 있다.

② CAPM이 성립할 때 시장포트폴리오의 위험프리미엄은 음(−)이 될 수 없다.

③ 표준편차와 기대수익률간에는 관계가 없다.

④ 비체계적 위험을 가진 비효율적 자산은 자본시장선 상에 존재할 수 없으며, 자본시장선 우측에 존재한다.

⑤ 제로베타 포트폴리오는 반드시 비효율적 포트폴리오이다.

36. ⑤

a. (O) 공매도가 허용된다면 가능하다.

b. (O) 자산 C의 체계적 위험에 비해 표준편차가 상대적으로 작은 경우이다.

c. (O) 자산 C의 체계적 위험이 자산 D에 비해 상대적으로 작은 경우 가능하다.

37. ③

$$P.F(A) : 7\% = \lambda_0 + \lambda_1 \times 1 + \lambda_2 \times 1$$

$$P.F(B) : 10\% = \lambda_0 + \lambda_1 \times 2 + \lambda_2 \times 1$$

$$P.F(C) : 12\% = \lambda_0 + \lambda_1 \times 2 + \lambda_2 \times 2$$

$$\lambda_0 = 2\%, \ \lambda_1 = 3\%, \ \lambda_2 = 2\%$$

$$P.F(D) : 20\% = 2\% + 3\% \times b(d1) + 2\% \times 3$$

$$b(d1) = 4$$

38. ②

① 액면이자율이 낮은 채권 A의 가격이 더 낮다.

② 채권 A의 가격이 낮지만 액면이자 역시 작으므로 경상수익률은 채권 B보다 낮을 수 있다. 특히 두 채권이 영구채라면 경상수익률이 같다. 그렇지 않은 일반채권일 때 할인채의 경상수익률은 액면이자율 보다 크지만 액면채의 경상수익률보다 크지 않다.

③ 채권 A는 할인채이며, 할인채는 시간이 경과할수록 채권가격이 액면가에 수렴한다. 즉 1년 후의 채권가격이 더 높으므로 경상수익률은 더 낮다.

④ 채권C는 할증채이며, 할증채의 1년 후 채권가격은 더 낮으므로 경상수익률은 더 높다.

⑤ 시간이 경과할수록 듀레이션도 작아진다.

39. ④

1년 후 주가가 5,000이 되었을 때만 1원을 지급하는 순수증권의 현재 가격을 A, 주가가 3,000원이 되었을 때 1원을 지급하는 순수증권의 현재 가격을 B라고 하자. 이 누 순수증권의 포트폴리오로 주식 A와 풋옵션을 복제하면 다음과 같다.

$$4,000 = 5,000 \times A + 3,000 \times B$$

$$200 = 500B$$

$$\Rightarrow A : 0.4 , B : 0.56$$

$$A + B = 0.96$$

1년 후 항상 1원을 지급하는 무위험자산의 현재 가격이 0.96원이므로, 1년 후 항상 10,000원을 지급하는 무위험자산의 현재 가격은 9,600이다.

40. ④

구분	현재	만기(1년후)
주식A매입	-$10×1,100	St
원화차입	+11,000원	-11,330원
현금흐름	0	St-11,330원

St를 1년 후 주식 A의 원화가격이라고 할 때, 다음과 같은 전략으로 선도계약을 복제할 수 있다. 따라서 차익거래가 발생하지 않을 선도가격은 11,330이다.

경제원론

정 병 열 (경제학박사 / 우리경영아카데미 강사)

1. ④

일정기간 벌어들인 소득 중 그 기간 동안에 재화나 서비스 구입에 사용된 부분이 소비, 소비지출에 사용되지 않은 부분이 저축이므로 소비와 저축은 모두 유량개념이다. 국내총생산은 일정기간 동안 한 나라 국경 안에서 생산된 모든 최종생산물의 시장가치이고, 감가상각은 일정기간 동안 마모된 자본재의 가치이므로 국내총생산과 감가상각도 유량개념이다. 이에 비해 외환보유고는 일정시점에서 중앙은행이 보유한 외환의 양이므로 저량개념이다.

2. ②

두 재화의 가격이 모두 1이고 소득이 20이므로 주어지면 예산선은 절편이 20 기울기가 -1인 우하향의 직선이다. X재를 10단위 이상 구입할 때 X재 가격을 0.5로 할인해 준다면 X재를 10단위 구입할 때 Y재 15단위를 살 수 있으므로 a점이 구입 가능해진다. 또한 10단위 이상의 X재를 구입할 때는 X재 가격이 0.5로 바뀌므로 Y재 구입량을 한 단위 줄이면 X재를 2단위 구입할 수 있다. 그러므로

X재를 10단위 이상 구입하는 영역에서는 예산선의 기울기가 −0.5로 바뀌게 된다. 할인행사를 하는 경우 소비자의 예산집합은 아래 그림에서 B부분의 면적만큼 넓어지게 된다. △(A+B)의 면적이 225 (= $\frac{1}{2}$ ×30×15), △A의 면적이 50(= $\frac{1}{2}$ ×30×15)이므로 할인행사로 인해 늘어난 예산집합 B의 면적은 1750이다.

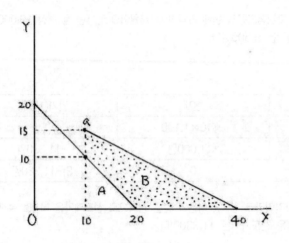

3. ②

효용함수가 u = x + y이므로 무차별곡선은 기울기가 −1인 우하향의 직선이다. 그림 (a)에서 보는 것처럼 Y재 가격이 1일 때 X재 가격이 3이라면 예산선의 기울기가 1보다 크므로 소비자균형이 E점에서 이루어진다. 그런데 X재 가격이 $\frac{3}{2}$으로 하락하더라도 소비자균형은 마찬가지로 E점이 된다. 이처럼 X재 X재 가격이 하락한 이후에도 1보다 크다면 소비자는 여전히 주어진 소득 전부를 Y재 구입에 지출할 것이므로 소비자의 효용이 변하지 않는다.

소득이 10% 증가하면 균형에서 소비자의 재화구입량이 10% 증가할 것이므로 효용도 10% 증가한다. 예를 들어, Y재 가격이 1이므로 소비자 균형이 Y축에서 이루어질 때 X재 구입량은 0, Y재 구입량은 M이므로 소비자의 효용 u = 0 + M = M이 된다. 이 경우 소득이 10% 증가하면 소비자의 X재 구입량은 0, Y재 구입량은 1.1M이 되므로 효용 u = 0 + 1.1M = 1.1M이 된다. 그러므로 효용변화율과 소득변화율은 항상 동일하다. 동일한 방식으로 따져보면 소비자가 소득 전부를 X재 구입에 지출하는 경우에도 효용변화율과 소득변화율이 항상 동일함을 알 수 있다.

그림 (b)에서 X재 가격이 2일 때는 소비자균형이 E점에서 이루어지나 X재 가격이 0.5로 하락하면 소비자균형이 F점으로 이동한다. 효용수준이 가격변화 이전과 동일하게 유지되면서 가격변화 이후의 예산선에 평행하는 보조선을 그리면 G점을 찾아낼 수 있다. 이 때 E점에서 G점으로 이동한 것이 대체효과, G점에서 F점으로 이동한 것이 소득효과이다. 그러므로 X재 가격이 2에서 0.5로 하락하면 대체효과와 소득효과가 모두 발생함을 알 수 있다.

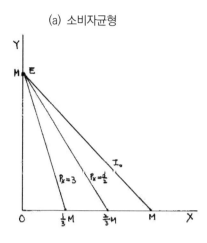

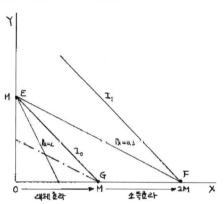

4. ⑤

효용함수를 X에 대해 미분하면 $MU_X = \dfrac{1}{x^2}$ 이므로 X재 소비량이 증가하면 X재의 한계효용은 체감하는 반면, Y에 대해 미분하면 $MU_Y = 1$ 이므로 Y재의 한계효용은 Y재의 소비량과 관계없이 일정하다. X재의 한계효용이 0보다 크므로 X재는 비재화(bads)가 아니라 재화(goods)이다. $MRS_{XY} = \dfrac{MU_X}{MU_Y}$ $= \dfrac{1}{x^2}$ 이므로 한계대체율은 X재 소비량에 의해 결정되며, Y재 소비량과는 무관하다. 이처럼 한계대체율이 한 재화의 소비량에 의해서만 결정되는 효용함수를 준선형 효용함수라고 한다. X재의 소비량이 증가하면 한계대체율이 감소하므로 무차별곡선이 원점에 대해 볼록한 형태로 도출된다.

이제 X재의 수요함수를 구해보자. X재의 가격이 P, Y재의 가격이 1이므로 소비자균형 조건(MRS_{XY} $= \dfrac{P_X}{P_Y}$)은 $\dfrac{1}{x^2} = P$이다. 이를 예산제약식 $P \cdot X + Y = 1$과 연립해서 풀면 각 재화의 수요함수를 구할 수 있다. 우선 $\dfrac{1}{x^2} = P$을 정리하면 X재 수요함수가 $X = \dfrac{1}{\sqrt{P}}$ 로 도출되고, 이를 예산제약식에 대입하면 Y재 수요함수가 $Y = 1 - \sqrt{P}$로 도출된다. Y재 소비량이 (−)가 될 수는 없으므로 이 수요함수는 X재 가격이 1보다 작을 때만 해당된다. X재 가격이 1보다 크거나 같으면 Y재 소비량은 0이므로 $P \cdot X = M$이 성립한다. 즉, X재 가격이 1보다 크면 X재 수요함수는 $X = \dfrac{1}{P}$가 된다.

- P〈 1일 때: $X = \dfrac{1}{\sqrt{P}}$, $Y = 1 - \sqrt{P}$

- P≥1일 때: $X = \dfrac{1}{P}$, $Y = 0$

이를 그림으로 나타내면 아래와 같다. 그림에서 보는 것처럼 X재 수요함수는 우하향 형태이며, P≥1 인 구간에서는 수요함수가 $X = \dfrac{1}{P}$, P〈1인 구간에서는 수요함수가 $X = \dfrac{1}{\sqrt{P}}$ P이므로 수요함수가 45° 선을 기준으로 대칭인 형태가 아니다. X재 가격이 1보다 크면 소득 전부가 X재 구입에 사용되므로 X재에 대한 지출이 극대화되는 가격은 무수히 많다.

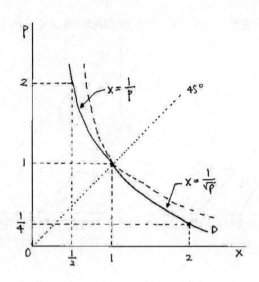

5. ④

한 재화의 가격 변화에 따라 소비자의 효용수준이 변하였을 때 소비자가 가격변화 이전과 동일한 효용수준을 얻도록 하기 위해 증감시켜 주어야 하는 소득의 크기를 보상변화(compensation variation)라고 한다. 이 문제는 보상변화의 크기를 물어보는 문제이다.

효용함수가 $U = \sqrt{XY}$이므로 두 재화의 수요함수가 각각 $X = \dfrac{M}{2P_X}$, $Y = \dfrac{M}{2P_Y}$으로 도출된다. 수요함수에 $P_X = 1$, $P_Y = 1$, $M = 20$을 대입하면 X재와 Y재의 구입량이 모두 10단위임을 알 수 있다. $X = 10$, $Y = 10$을 효용함수에 대입하면 $U = 10$으로 계산된다.

수요함수에 $P_X = 2$ $P_Y = 8$을 대입하면 두 재화의 수요량은 각각 $X = \dfrac{M}{4}$, $Y = \dfrac{M}{16}$이다. 효용이 가격변화 이전과 동일해지는 소득을 계산하기 위해 $X = \dfrac{M}{4}$, $Y = \dfrac{M}{16}$를 효용함수에 대입한 후 $U = 10$으로 두면 $10 = \sqrt{\dfrac{M}{4} \times \dfrac{M}{16}}$, $10 = \dfrac{M}{8}$이므로 $M = 80$으로 계산된다. 그러므로 가격 인상 이전과 동일한 효용을 누리려면 소득이 최소한 60만큼 증가해야 한다.

6. ⑤

가격체계가 $P_0 = (2, 1)$일 때 재화묶음 $Q_0 = (2, 8)$을 구입하였으므로 구입액 $P_0Q_0 = 4 + 8 = 12$이다. 가격체계가 $P_1 = (1, 2)$로 바뀌었을 때 재화묶음 Q_0를 구입하는데 소요되는 금액 $P_1Q_0 = 2 + 16 = 20$이므로 주어진 12의 소득으로는 재화묶음 Q_0가 구입 불가능하다. 가격체계가 바뀐 이후에는 최초의 구입점이 구입불가능하므로 바뀐 예산선 상의 어떤 점을 구입하더라도 약공리에 위배되지 않는다. 참고로 문제와 보기에 주어진 각 점을 예산선 상에 표시하면 아래의 그림과 같다.

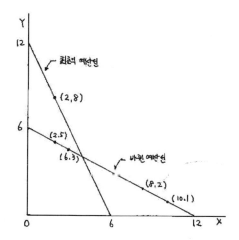

7. ③

도난당할 확률이 $\frac{1}{2}$, 도난당했을 때의 손실이 51이고, 19원을 내고 보험에 가입한 이후에는 도난당하면 손실금액의 α에 해당하는 비율만큼 보상받으므로 보험에 가입하지 않을 때와 보험에 가입한 이후의 기대효용이 각각 다음과 같다.

- 보험가입 이전: $E(U) = (\frac{1}{2} \times \sqrt{100}) + (\frac{1}{2} \times \sqrt{49}) = \frac{17}{2}$

- 보험가입 이후: $E(U) = (\frac{1}{2} \times \sqrt{100-19}) + (\frac{1}{2} \times \sqrt{100-19-51+51\alpha})$
  $$= \frac{9}{2} + \frac{1}{2}\sqrt{30-51\alpha}$$

이제 두 경우의 기대효용을 같다고 두면 보험상품에 가입하기 위한 α의 최솟값을 구할 수 있다. $\frac{9}{2} + \frac{1}{2}\sqrt{30-51\alpha} = \frac{17}{2}$, $\frac{1}{2}\sqrt{30-51\alpha} = 4$, $\sqrt{30-51\alpha} = 8$, $51\alpha = 34$, $\alpha = \frac{2}{3}$으로 계산된다.

8. ①

내쉬균형에서는 상대방의 전략이 주어진 상태에서 각 경기자가 자신의 전략을 바꾸더라도 보수를 증가시킬 수 없다. 그러므로 어떤 상태가 내쉬균형인지 확인하려면 각 경기자가 자신의 전략을 변경하여 보수를 증가시킬 수 있는지의 여부를 따져보면 된다.

갑과 을이 모두 1을 선택하거나 2를 선택하고 있다면 누구도 전략변경을 통해 보수를 증가시킬 수 없으나 두 경기자가 모두 3을 선택하고 있는 상황에서는 둘 중 한 사람이 2를 선택하는 전략으로 바꾸면 보수가 3에서 4로 증가한다. 그러므로 갑과 을이 모두 1을 선택하거나 모두 2를 선택하는 것은 내쉬균형이지만 두 경기자가 모두 3을 선택하는 것은 내쉬균형이 아니다.

한 사람이 다른 사람보다 1 큰 숫자를 선택하는 것도 내쉬균형이 아니다. 만약 갑이 1, 을이 2를 선택하면 갑이 보수는 2, 을의 보수는 0이지만 을이 선택한 숫자를 2에서 1로 바꾸면 보수가 0에서 1로 증가하기 때문이다.

9. ③

두 사람의 공공재 소비에 따른 사회적인 한계편익을 합하면 공공재 소비에 따른 사회적인 한계편익을 구할 수 있다.

개인 1의 한계편익: $MB_1 = 50 - G$

개인 2의 한계편익: $MB_2 = 50 - \dfrac{1}{2}G$

사회적인 한계편익: $SMB = 100 - \dfrac{3}{2}G$

여기서 주의할 점은 개인 1의 경우에는 공공재 소비량이 50단위를 넘어서면 한계편익이 0이므로 $G\rangle 50$인 구간에서는 개인 2의 한계편익이 사회적인 한계편익곡선이 된다. 아래 그림에서 보는 것처럼 $G\leq 50$인 구간에서는 $SMB = 50 - \dfrac{3}{2}G$이고, $G\rangle 50$일 때는 $SMB = 50 - \dfrac{1}{2}G$이다. 공공재 생산의 한계비용이 20이므로 공공재의 최적생산량은 $SMB = MC$로 두면 $50 - \dfrac{1}{2}G = 20$, $G = 60$으로 계산된다. $G = 60$일 때 개인 1의 한계편익은 0이므로 개인 1은 가격을 지불할 필요가 없고, 개인 2가 20의 가격을 지불하는 것이 최적이 된다.

개인 1은 가격은 지불하지 않지만 한계편익이 0이 되는 수준이 50단위의 공공재를 소비할 것이므로 개인 1이 공공재 소비로부터 얻는 총편익은 개인 1의 한계편익곡선 하방의 면적인 $1,250 (= \dfrac{1}{2} \times 50 \times 50)$이 된다.

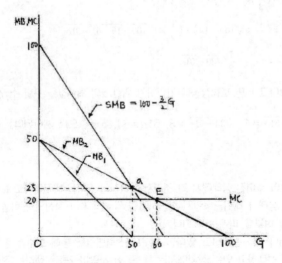

10. ①

보험가입 시점에서 보험가입자의 건강상태에 따라 의료보험료를 다르게 책정하는 것은 역선택을 줄이는 방안이다. 보기 ①을 제외한 나머지는 보험 가입 이후에 보험가입자의 바람직하지 않은 행동을 줄이기 위한 방안이므로 도덕적 해이를 방지하기 위한 대책이다.

11. ①

소비자가 사전편찬식 선호를 갖고 있다면 예산집합 내의 점들 중에서 X재가 가장 많은 점을 가장 선호한다. 그림(a)에서 X재 가격이 P_0이면 사전편찬식 선호를 가진 소비자는 E점을 구입할 때 효용이 극대화되고, X재 가격이 P_1으로 하락하면 b점을 구입할 때 효용이 가장 커진다. 이처럼 사전편찬식 선호를 가진 소비자는 항상 소득 전부를 X재 구입에 지출하므로 수요함수가 $X = \dfrac{M}{P_X}$으로 도출된다.

효용함수가 U = x인 소비자의 효용은 x재 소비량에 의해서만 결정되므로 무차별곡선이 수직선이 된다. 그림(b)에서 보는 것처럼 무차별곡선이 수직선일 때 X재 가격이 P_0이면 소비자균형이 E점에서 이루어지고, X재 가격이 P_1으로 하락하면 소비자균형이 F점에서 이루어지므로 소비자는 항상 소득 전부를 X재 구입에 지출한다. 그러므로 이 경우에도 수요함수가 $X = \dfrac{M}{P_X}$으로 도출된다.

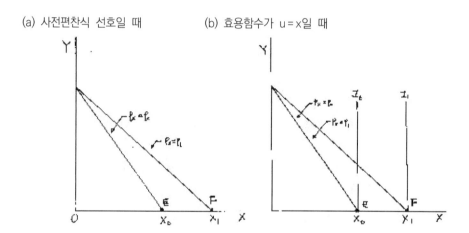

(a) 사전편찬식 선호일 때　　　(b) 효용함수가 u = x일 때

12. ⑤

효용함수가 u = max{2x + y, x + 2y}이므로 무차별곡선이 2x + y = x + 2y, x = y를 기준으로 꺾어진 형태로 그려진다. 2x + y〉x + 2y, x〉y인 영역에서는 u = 2x + y이므로 무차별곡선은 기울기(절댓값)가 2인 우하향의 직선이고, 2x + y〈x + 2y, x〈y인 영역에서는 u = x + 2y이므로 무차별곡선은 기울기(절댓값)가 $\dfrac{1}{2}$인 우하향의 직선이다. 그러므로 무차별곡선이 그림 (a)에서 보는 원점을 통과하는 45°선을 기준으로 대칭적인 형태이다.

이 소비자의 소득이 M으로 주어져 있다고 하자. Y재 가격이 1이므로 X재 가격이 1보다 크면 소비자는 주어진 소득을 전부 Y재 구입에 지출할 것이므로 소비자균형이 E점이 된다. 이제 X재 가격이 점점 하락하여 1이 되면 소비자의 효용은 E점 혹은 F점에서 극대가 된다. 이때는 두 점 중에서 어떤 점을 구입하더라도 소비자의 효용극대화가 이루어진다. 그리고 X재 가격이 1보다 낮아지면 소비자는 소득 전부를 X재 구입에 지출할 것이다.

X재 가격이 1보다 높을 때는 X재 구입량이 0, X재 가격이 1일 때는 X재 구입량이 0 혹은 M이 되고, X재 가격이 1보다 낮을 때는 소득 전부를 X재 구입에 지출하므로 수요곡선이 그림 (b)와 같은 형태가 된다. 그림 (b)에서 보는 것처럼 수요곡선은 수직선인 구간과 불연속적인 구간, 그리고 우하향하는

구간으로 구성되어 있다. 소득 전부를 X재 구입에 지출하는 구간에서는 X재 수요함수가 $X = \dfrac{M}{P_X}$ 이므로 수요곡선이 직각쌍곡선이 된다. 수요곡선이 직각쌍곡선인 구간에서는 수요의 가격탄력성이 항상 1이다.

X재와 Y재의 가격이 모두 1일 때는 소비자균형이 E점 혹은 F점이 될 수 있으므로 소비자균형이 항상 유일한 것은 아니다. 또한 소비자는 소득 전부를 X재 혹은 Y재 구입에 지출하므로 두 재화의 소비량이 같은 효용극대점도 존재하지 않는다. 그러므로 주어진 보기 중 가와 나는 옳지 않다.

(a) 소비자균형

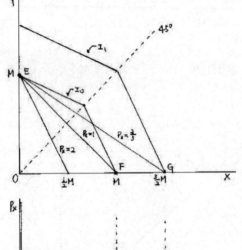

(b) 수요곡선

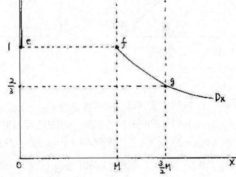

13. ⑤

주어진 세 가지 생산공정이 모두 레온티에프 생산함수이므로 y = 1일 때 각 공정의 등량곡선은 그림 (a)와 같다. 각 공정의 등량곡선이 교차하는 점 바깥쪽 영역은 비효율적인 영역에 해당된다. 예를 들면, 공정 2의 등량곡선 상의 d점은 노동과 자본투입량이 모두 c점보다 많지만 생산량은 c점과 동일하다. 각 생산공정에서 비효율적인 점들을 모두 제거하면 이 기업의 등량곡선은 그림 (b)와 같이 도출된다. 그림 (b)를 이용하면 생산요소의 상대가격에 따라 어떤 점이 생산자 균형이 될 것인지를 알아낼 수 있다. a점과 b점을 연결한 선의 기울기가 3이므로 $\dfrac{w}{r} > 3$이면 생산자균형이 a점에서 이루어진다. 그러므로 공정 1이 생산에 이용된다. b점과 c점을 연결한 선의 기울기가 $\dfrac{1}{3}$ 이므로 $\dfrac{w}{r} < \dfrac{1}{3}$ 이면 c점에서

생산자균형이 이루어진다. 즉, 공정 3이 생산에 이용된다.

한편, $\frac{1}{3}<\frac{w}{r}<3$이면 b점에서 생산자균형이 이루어지므로 공정 2가 생산에 이용된다. 세 공정이 모두 1차 동차의 레온티에프 생산함수 형태이므로 이 기업의 생산함수는 규모에 대한 수익불변이고, 비용함수는 선형으로 도출된다.

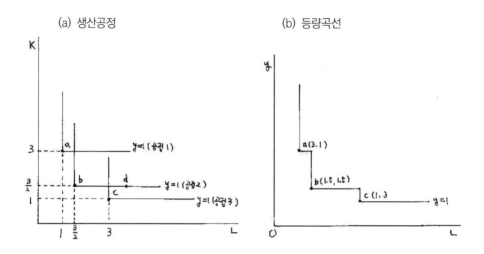

(a) 생산공정

(b) 등량곡선

14. ③

생산함수가 $y=\sqrt{LK}$이므로 한계기술대체율 $\text{MRTS}_{LK}=\frac{K}{L}$이고, 노동과 자본의 가격이 모두 1이므로 $\frac{w}{r}=1$이다. $\text{MRTS}_{LK}=\frac{w}{r}$로 두면 $\frac{K}{L}=1$, $K=L$이 성립한다. $K=L$을 생산함수에 대입하면 $y=L$, $y=K$이므로 이 기업의 비용함수는 다음과 같이 도출된다.

C = wL + rK
  = (1×y) + (1×y)
  = 2y

비용함수 $C=2y$를 y에 대해 미분하면 $MC=2$임을 알 수 있다.

15. ②

수요함수 P = 30 - Q와 공급함수를 P = Q를 연립해서 풀면 균형거래량 Q = 5이므로 이를 수요함수 (혹은 공급함수)에 대입하면 균형가격 P = 15로 계산된다. 종가세가 부과되더라도 생산자가 각 단위의 재화에 대해 받고자 하는 납세 후 가격은 조세부과 전과 동일하므로 조세부과 후의 공급곡선 식을 구하려면 조세부과 전의 공급곡선 식의 P를 (1-t)P로 바꾸어주면 된다.

세율 50%의 종가세가 부과되면 공급곡선 식이 (1-0.5)P = Q, P = 2Q로 바뀌게 된다. 수요함수와 조세부과 후의 공급곡선 식을 연립해서 풀면 30-Q = 2Q, Q = 10이다. 이를 수요함수(혹은 조세부과 후의 공급함수)에 대입하면 균형가격 P = 20임을 알 수 있다. 조세부과에 따른 후생손실의 크기는 그림 (a)에서 삼각형의 면적이므로 25($=\frac{1}{2}\times10\times5$)이다. 그림에서 보는 것처럼 조세부과 후의 가격이 20,

거래량이 10이므로 판매금액은 200이고, 단위당 조세가 가격의 50%인 10이므로 납세액은 100이 되어 판매수입의 50%가 조세로 납부됨을 알 수 있다. 그러므로 이 문제는 답이 없다.

세율 50%의 종가세가 부과되면 생산자가 받고자 하는 가격이 50% 높아지므로 공급곡선 식이 $P = 1.5Q$로 바뀐다고 잘못 생각할 수도 있다. 조세부과로 공급곡선 식이 $P = 1.5Q$로 바뀌었다고 가정해 보자. 수요함수와 조세부과 이후의 공급함수를 연립해서 풀면 $30 - Q = 1.5Q$, $\frac{5}{2}Q = 30$, $Q = 12$이고, $Q = 12$를 수요함수(혹은 조세부과 후의 공급함수)에 대입하면 균형가격 $P = 18$임을 알 수 있다. 이 경우 조세부과에 따른 후생손실의 크기는 그림 (b)에서 삼각형의 면적이므로 $9(= \frac{1}{2} \times 6 \times 3)$이다.

그림 (b)를 보면 조세부과 후의 가격이 18, 거래량이 12이므로 판매금액은 $216(= 18 \times 12)$이고, 단위당 조세는 가격의 $\frac{1}{3}$인 6이므로 납세액은 $72(= 6 \times 12)$이다. 이 경우는 판매수입의 $\frac{1}{3}$만 조세로 납부된다. 이를 통해 조세부과로 인해 공급곡선 식이 $P = 1.5Q$로 바뀌는 것은 종가세의 세율 $t = \frac{1}{3}$일 때임을 알 수 있다. 종가세 세율 $t = \frac{1}{3}$일 때 조세부과 전의 공급곡선 식에 P대신 $(1 - \frac{1}{3})P$를 대입하면 $(1 - \frac{1}{3})P = Q$, $P = \frac{3}{2}Q$, $P = 1.5Q$이 되는 것을 확인할 수 있다.

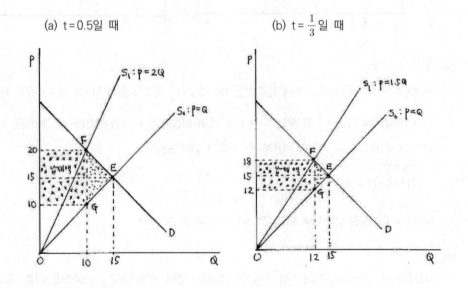

(a) $t = 0.5$일 때   (b) $t = \frac{1}{3}$일 때

16. ②

시장 A의 수요곡선에 $p_A = 30 - y_A$이므로 $MR_A = 30 - 2y_A$,이고, 시장 B의 수요곡선이 $p_B = 40 - 2y_B$이므로 $MR_B = 40 - 4y_B$,이다. 한계비용 $MC = 4$로 일정하므로 이윤이 극대가 되는 각 시장에서의 판매량을 구하려면 기업 전체의 한계수입곡선을 구할 필요 없이 시장별로 $MR = MC$로 두면 된다. $MR_A = MC$로 두면 $30 - 2y_A = 4$이므로 $y_A = 13$, $MR_B = MC$로 두면 $40 - 4y_B = 4$이므로 $y_B = 9$로 계산된다. 만약 생산시설의 한계로 생산량이 10을 넘을 수 없다면 10단위를 생산한 후 이를 두 시장에 나누어 판매해야 한다. 이때도 이윤을 극대화하려면 각 시장의 한계수입이 같아지게끔 각 시장에 판매량을 배

분하면 된다. 즉, $MR_A = MR_B$로 두면 $30-2y_A = 40-4y_B$, $2y_A-4y_B = -10$, $y_A-2y_B = -5$가 성립해야 한다. 한편 두 시장에 판매할 수 있는 재화의 양이 10단위이므로 $y_A + y_B = 10$도 동시에 성립해야 한다. 이 두 식을 연립해서 풀면 $y_A = 5$, $y_B = 5$로 계산된다.

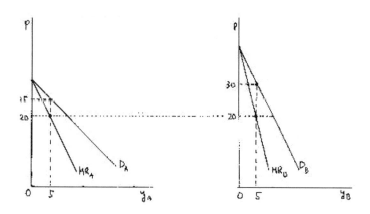

17. ④

시장수요함수가 $p = 15-y_1-y_2$이므로 $TR_1 = py_1 = 15y_1-y_1^2-y_1y_2$이다. 이를 y_1에 대해 미분하면 $MR_1 = 15-2y_1-y_2$이다. 기업 1의 한계비용 $MC_1 = 1$이므로 기업 2의 생산량이 주어졌을 때 기업 1의 이윤 극대화 생산량을 구하기 위해 $MR_1 = MC_1$로 두면 $15-2y_1-y_2 = 1$이므로 기업 1의 반응곡선은 $y_1 = 7 - \dfrac{1}{2}y_2$이다.

한편, $TR_2 = py_2 = 15y_2-y_1y_2-y_2^2$이므로 이를 미분하면 $MR_2 = 15-y_1-2y_2$이다. 기업 2의 한계비용 $MC_2 = 2$이므로 $MR_2 = MC_2$로 두면 $15-y_1-2q_2 = 2$이므로 기업 2의 반응곡선 $y_2 = \dfrac{13}{2} - \dfrac{1}{2}y_1$이다.

이제 두 기업의 반응곡선을 연립해서 풀면 $y_1 = 5$, $y_2 = 4$로 계산된다. 그러므로 시장의 균형생산량은 9이고, $y = 9$를 시장수요함수에 대입하면 균형가격 $p = 6$임을 알 수 있다.

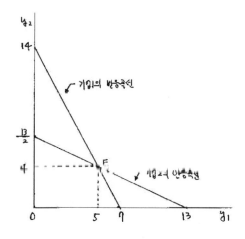

18. ①

순수교환경제의 경쟁균형에서는 두 소비자의 무차별곡선이 접하므로 소비자 1과 2의 한계대체율이 같아진다. 소비자 1의 효용함수가 $u_1 = 2x_1 + 3y_1$이므로 무차별곡선 기울기(절댓값)가 $\frac{2}{3}$로 일정하다.

그러므로 경쟁균형에서는 소비자 2의 한계대체율도 $\frac{2}{3}$가 될 것임은 쉽게 추론할 수 있다.

19. ⑤

기업은 임금과 노동의 한계생산물가치가 같아지는 수준까지 고용하므로 각 부문에서 다음의 조건이 성립한다.

제조업 부문: $w = P_M \times \dfrac{2}{\sqrt{L_M}}$ → $\dfrac{w}{2P_M} = \dfrac{1}{\sqrt{L_M}}$

서비스 부문: $w = P_S \times \dfrac{1}{\sqrt{L_S}}$ → $\dfrac{w}{P_S} = \dfrac{1}{\sqrt{L_S}}$

L_M과 L_S가 같다면 $\dfrac{w}{2P_M} = \dfrac{w}{P_S}$가 성립하므로 $\dfrac{w}{P_M} = 2 \times \dfrac{w}{P_S}$임을 알 수 있다. 즉, $\dfrac{w}{P_M}$은 $\dfrac{w}{P_S}$의 2배

이다. $w = P_M \times \dfrac{2}{\sqrt{L_M}}$에서 $w = 1$이고, $P_M = 2$이면 $1 = 2 \times \dfrac{2}{\sqrt{L_M}}$이므로 $L_M = 16$으로 계산된다.

$P_M = P_S$이면 $\dfrac{2}{\sqrt{L_M}} = \dfrac{1}{\sqrt{L_S}}$이 성립하므로 $L_M = 4L_S$이다. 이를 $L_M + L_S = 50$와 연립해서 풀면

$L_S = 10$, $L_M = 40$으로 계산된다. 그러므로 $P_M = P_S$이고, $L_M + L_S = 50$이면 $L_S = 10$임을 알 수 있다.

20. ⑤

A국은 B국보다 더 적은 양의 노동을 투입하여 X재와 Y재를 생산할 수 있으므로 A국은 모든 재화 생산에 절대우위를 갖는다. 각 재화 생산의 기회비용을 계산해 보면 아래의 표와 같다. 이 표에서 보는 것처럼 X재 생산의 기회비용은 A국이 B국보다 낮고, Y재 생산의 기회비용은 B국이 A국보다 낮다. 그러므로 A국은 X재 생산에 비교우위를 갖고, B국은 Y재 생산에 비교우위를 갖는다.

〈각 재화 생산의 기회비용〉

	A국	B국
X재	0.67	1.5
Y재	1.5	0.67

교역 이전에 두 나라는 X재와 Y재 생산에 노동을 300단위씩 투입하므로 A국에서는 X재 150단위와 Y재 100단위가 생산되고, B국에서는 X재 50단위와 Y재 75단위가 생산된다. 그러므로 교역이전 세계 전체의 X재 생산량은 200단위, Y재 생산량은 175단위이다.

비교우위에 따라 교역을 하게 되면 A국은 노동 600단위를 모두 X재 생산에 투입할 것이므로 X재 300단위가 생산되고, B국은 노동 600단위를 모두 Y재 생산에 투입할 것이므로 Y재 150단위가 생

산된다. 교역 이전에는 A국의 X재 생산량이 150단위이지만 교역 이후에는 A국의 X재 생산량이 300단위이므로 교역이후 A국의 X재 생산량은 교역이전의 두 배가 된다. 한편, 교역이전에 두 나라의 X재 생산량의 합이 200단위이지만 교역이후 두 나라의 X재 생산량의 합이 300단위이므로 교역이전보다 세계 전체의 X재 생산량은 100단위 증가한다.

B국이 교역이전과 동일한 50단위의 X재를 소비하려면 A국으로부터 50단위의 X재를 수입해야 한다. X재와 Y재의 교환비율이 1:1이므로 B국이 50단위의 X재를 수입하려면 국내에서 생산한 Y재 150단위 중 50단위를 A국에 수출해야 하므로 교역이후 소비할 수 있는 Y재의 양은 100단위가 된다.

21. ②

헥셔-올린정리에 의하면 국가 간 무역이 발생하는 것은 생산기술의 차이가 아니라 각국의 요소부존의 차이이다. 헥셔-올린정리에서는 각국의 생산기술이 동일한 것으로 가정한다. 요소가격균등화 정리에 의하면 완전한 자유무역이 이루어지면 양국에서 요소의 상대가격뿐만 아니라 절대가격도 균등화된다. 자유무역이 이루어지면 자본풍부국에서는 자본임대료가 상승하므로 생산자들이 무역 이전보다 더 노동집약적인 생산방법을 채택하게 된다. 그러므로 자유무역이 이루어지면 자본풍부국에서는 요소집약도(자본집약도)가 낮아진다.

22. ④

자유무역이 이루어지면 수출국에서는 무역이전보다 가격이 상승하고 수입국에서는 무역이전보다 가격이 하락하여 두 나라에서 가격이 동일해진다. 소국이 관세를 부과하면 명백히 후생손실이 발생하나 대국이 관세를 부과할 때는 교역조건 개선에 따른 이득이 발생하므로 후생의 변화가 불분명하다. 소국이 수입관세를 부과하면 국내가격이 상승하므로 소비자는 손실을 보고 생산자는 이득을 얻는다. 수출국이 수출보조금을 지급하면 자원배분의 왜곡이 발생하므로 사회적인 후생손실이 발생한다.

23. 〈모두 정답〉

폐쇄경제하에서 이자율이 하락하면 민간투자와 민간소비 증가로 유효수요가 증가하므로 균형국민소득이 증가한다. 이자율이 하락할 때 생산물시장의 균형국민소득이 증가하므로 IS곡선이 우하향의 형태로 도출된다. 개방경제에서는 이자율 하락으로 민간투자와 민간소비가 증가할 때 그 중 일부가 외국에서 수입된 자본재 지출에 사용되므로 유효수요가 더 적게 증가하므로 균형국민소득도 더 적게 증가한다. 그러므로 그림 (a)에서 보는 것처럼 개방경제의 IS곡선은 폐쇄경제의 IS곡선보다 급경사로 도출된다.

그림 (b)에서 물가수준이 P_0일 때 균형국민소득(총수요)의 크기가 Y_0라고 하자. 폐쇄경제 하에서 물가가 P_1으로 하락하면 실질통화공급의 증가로 LM곡선이 오른쪽으로 이동하므로 균형국민소득(총수요)이 Y_1으로 증가한다. 그러므로 총수요곡선이 AD_1으로 도출된다. 개방경제 하에서는 국내물가가 하락하면 국내에서 생산된 재화의 상대가격이 하락으로 순수출이 증가한다. 또한 변동환율제도를 하에서는 국내이자율이 하락하면 자본유출이 발생하므로 명목환율이 상승한다. 명목환율의 상승도 순수출을 증가시키는 요인으로 작용한다. 순수출이 증가하면 IS곡선이 오른쪽으로 이동하므로 최종적으로 IS-LM-BP모형에서 균형국민소득(총수요)이 Y_2로 증가한다. 그러므로 변동환율제도를 채택하고 있는 개방경제에서는 총수요곡선이 폐쇄경제일 때보다 완만한 AD_2로 도출된다.

(a) 개방경제와 폐쇄경제의 IS곡선　　　　　(b) 변동환율제도 하에서의 총수요곡선

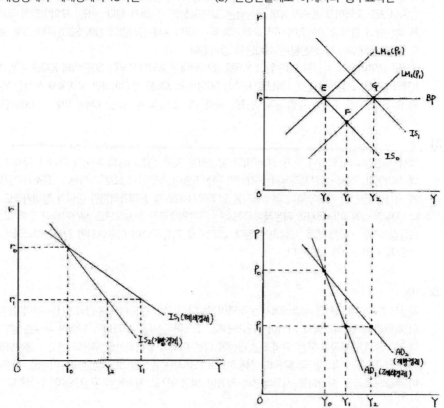

그림 (c)는 고정환율제도를 채택하고 있는 경우를 나타내고 있다. 물가수준이 P_0일 때 균형국민소득(총수요)이 Y_0라고 하자. 폐쇄경제 하에서 물가가 하락하면 실질통화공급의 증가로 LM곡선이 오른쪽으로 이동하므로 균형국민소득(총수요)이 Y_1으로 증가한다. 그러므로 총수요곡선이 AD_1으로 도출된다. 개방경제 하에서는 물가가 하락하면 순수출이 증가하므로 IS곡선이 오른쪽으로 이동한다. 국내물가가 하락할 때 순수출이 약간만 증가하면 왼쪽 그림에서와 같이 IS곡선이 IS_1으로 이동하나 순수출이 큰 폭으로 오른쪽 그림에서처럼 IS_2로 이동한다. 개방경제 하에서는 이자율이 하락하면 자본유출이 이루어지므로 외환수요가 증가한다. 고정환율제도 하에서는 외환수요가 증가하면 환율상승 압력이 증가하므로 환율을 일정하게 유지하려면 중앙은행이 외환을 매각해야 한다. 중앙은행이 외환을 매각하면 외환매각 대금이 중앙은행으로 유입되므로 통화량이 감소한다. 통화량이 감소하면 LM곡선이 왼쪽으로 이동하므로 최종적인 균형이 G점에서 이루어진다. 그러므로 개방경제 하에서는 균형국민소득(총수요)이 Y_2까지 증가한다.

그림 (c)의 왼쪽 그림과 같이 순수출이 증가할 때 IS곡선이 약간만 이동할 때는 개방경제의 총수요곡선이 폐쇄경제의 총수요곡선보다 급경사로 도출되나 오른쪽 그림과 같이 IS곡선이 큰 폭으로 이동하는 경우에는 개방경제의 총수요곡선이 폐쇄경제의 총수요곡선보다 완만한 형태로 도출된다. 그러므로 고정환율제도 하에서는 개방경제의 총수요곡선과 폐쇄경제의 총수요곡선 중 어떤 것이 더 완만하게 도출되는지는 경우에 따라 달라진다. 그러므로 이 문제는 정답이 없다.

(c) 고정환율제도 하에서의 총수요곡선

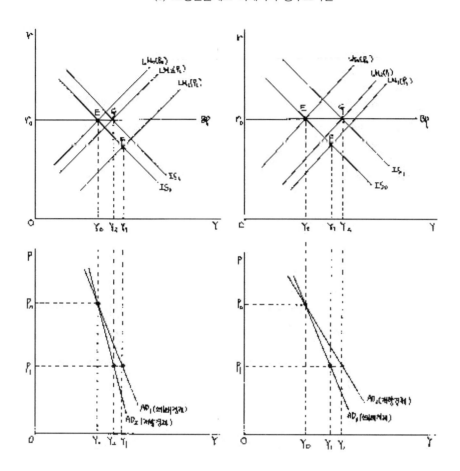

24. ②

고전학파에 의하면 모든 가격이 완전신축적이므로 총공급곡선이 잠재GDP수준에서 수직선으로 도출된다. 또한 고전학파에 의하면 화폐의 중립성이 성립하므로 화폐공급의 변화는 실물부문에 아무런 영향을 미칠 수 없다. 총공급곡선이 수직선이므로 재정정책의 변화 또한 총생산에 아무런 영향을 미칠수 없다.

25. ①

새고전학파에 의하면 민간이 정부정책을 충분히 신뢰한다면 중앙은행이 통화량을 늘릴 것으로 발표하면 민간 경제주체들의 기대인플레이션율 상승으로 실제물가 상승하므로 디플레이션을 방지할 수 있다. 통화주의학파에 의하면 통화량이 감소하면 물가가 하락하는 디플레이션 현상이 나타난다. 그러므로 디플레이션을 없애려면 통화량을 일정한 율로 증가시키는 준칙에 따른 통화정책을 수행해야 한다. 케인즈학파에 의하면 유효수요가 부족하면 물가가 하락하는 디플레이션 현상이 나타난다. 그러므로 디플레이션을 해소하려면 확장적인 재정정책을 통해 유효수요를 증가시켜야 한다.

26. ④

문제에 주어진 실업자의 수를 나타내는 식을 정리하면 $U_{t+1} = (1-e+b)U_t + bL_t$가 된다. 이 식을 $L_{t+1} = (1+n)L_t$로 나누어주면 다음과 같다.

$$\frac{U_{t+1}}{L_{t+1}} = \frac{(1-e-b)U_t}{(1+n)L_t} + \frac{bL_t}{(1+n)L_t}$$

장기균형에서는 (t+1)기의 실업률 $\frac{U_{t+1}}{L_{t+1}}$과 t기의 실업률 $\frac{U_t}{L_t}$가 동일할 것이므로 장기균형 실업률은 다음과 같이 구해진다.

$$u = \frac{(1-e-b)}{(1+n)}u + \frac{b}{(1+n)}$$

$$\rightarrow \frac{(n+e+b)}{(1+n)}u = \frac{b}{(1+n)}$$

$$\rightarrow \quad u = \frac{b}{n+e+b}$$

27. ①

2011년의 명목GDP를 실질GDP로 나누어주면 GDP디플레이터를 구할 수 있다. 2011년의 명목 GDP는 X재 거래금액과 Y재 거래금액을 합한 $M_1^x + M_1^y$이다. 2011년의 실질GDP를 구하려면 2011년 생산량에다 기준연도인 2010년 가격을 곱해 주어야 한다. 2011년의 X재와 Y재의 거래금액이 각각 M_1^x, M_1^y이고 가격이 P_1^x, P_1^y이므로 X재의 거래량은 $\frac{M_1^x}{P_1^x}$, Y재의 거래량은 $\frac{M_1^y}{P_1^y}$이다.

2011년 각 재화의 거래량에다 2010년의 가격을 곱해주면 2011년 실질GDP는 $P_0^x\frac{M_1^x}{P_1^x} + P_0^y\frac{M_1^y}{P_1^y}$로 계산된다. 그러므로 2011년의 GDP디플레이터는 $\dfrac{M_1^x + M_1^y}{P_0^x\dfrac{M_1^x}{P_1^x} + P_0^y\dfrac{M_1^y}{P_1^y}}$으로 계산된다.

28. ③

아래의 그림 (a)에서 보는 것처럼 통화량 중간목표제가 실시되면 LM곡선이 우상향하는데 비해 이자율 중간목표제가 시행되면 LM곡선이 목표이자율 수준에서 수평선이 된다. 재화시장의 충격이 발생하기 전에는 균형이 E점에서 이루어지고 있었다고 하자. 재화시장에서 충격이 발생하면 IS곡선이 왼쪽 혹은 오른쪽으로 이동하게 된다. 중앙은행이 통화량 중간목표제를 시행하는 경우 IS곡선이 IS_1 혹은 IS_2로 이동하면 국민소득이 $Y_1 \sim Y_2$ 사이에서 변한다. 만약 중앙은행이 이자율 중간목표제를 시행하고 있다면 국민소득은 $Y_3 \sim Y_4$ 사이에서 변하므로 통화량 중간목표제를 시행할 때보다 국민소득의 변화폭이 커지는 것을 알 수 있다. 그러므로 재화시장에 충격이 발생하는 경우에는 통화량 중간목표제가 이자율 중간목표제보다 경기안정화에 더 효과적임을 알 수 있다.

통화량 중간목표제가 시행될 때 화폐수요의 이자율 탄력성이 클수록 LM곡선이 완만해지게 되는데, 재화시장의 충격으로 IS곡선이 이동할 때 LM곡선이 완만할수록 국민소득의 변화폭이 커진다. 그러므로 재화시장의 충격이 발생할 때 화폐수요의 이자율 탄력성이 커질수록 통화량 중간목표제의 경기안정 효과가 작아진다.

민간소비 혹은 민간투자의 변화로 재화시장의 충격이 발생하면 IS곡선이 왼쪽이나 오른쪽으로 이동하게 되는데, 그림 (b)에서 보는 것처럼 LM곡선이 수평선이면 IS곡선 기울기에 관계없이 국민소득의 변화폭이 동일하다. 그러므로 이자율 중간목표제 하에서 투자의 이자율 탄력성은 경기안정 효과에 아무런 영향을 미치지 않는다.

(a) 통화량 중간목표 vs 이자율 중간목표   (b) 이자율 중간목표제와 IS곡선의 이동

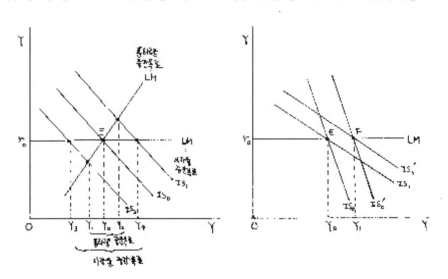

29. ②

한계대체율을 $MRS_{C_1C_2} = \dfrac{MU_{C_1}}{MU_{C_2}} = \dfrac{\dfrac{1}{2\sqrt{C_1}}}{\dfrac{1}{1+r} \cdot \dfrac{1}{2\sqrt{C_2}}} = \dfrac{(1+r)\sqrt{C_2}}{\sqrt{C_1}}$ 이므로 두 기간 모형에서의 소

비자균형 조건 $MRS_{C_1C_2} = (1+r)$로 두면 $\dfrac{(1+r)\sqrt{C_2}}{\sqrt{C_1}} = (1+r)$, $C_2 = C_1$이므로 소비자균형에서는

1기 소비와 2기 소비가 동일함을 알 수 있다.

공적연금이 개인저축을 모두 구축한다면 개인저축 S = 0이 되므로 1기 소비 $C_1 = (1-\tau)Y$, 2기 소비

$C_1 = (1+r)\tau Y$가 된다. 이제 $C_2 = C_1$로 두면 $(1-\tau)Y = (1+r)\tau Y$, $\tau = \dfrac{1}{2+r}$로 계산된다.

30. ④

국가 간 자본이동이 자유로울수록 BP곡선이 완만하므로 문제에 주어진 그림에서 BP₁보다 BP₂가 자본이동이 더 자유로운 경우를 나타낸다. 확장적인 재정정책을 실시하면 그림 (a)에서 보는 것처럼 IS곡선이 오른쪽으로 이동하여 국내균형이 F점에서 이루어지므로 국민소득이 증가하고 이자율이 상승한다.

국민소득이 증가하면 수입이 증가하므로 경상수지는 악화되고, 이자율이 상승하면 자본유입이 이루어 지므로 자본수지가 개선된다.

BP곡선이 LM보다 급경사인 BP_1으로 주어져 있을 때는 F점이 BP곡선 하방에 위치하므로 국제수지가 적자임을 알 수 있다. 그 이유는 자본이동성이 낮을 때는 자본유입에 따른 자본수지 흑자보다 수입 증가에 따른 경상수지 적자가 더 크게 나타나기 때문이다. 국제수지가 적자이면 외환시장에서 환율상승 압력이 나타나게 되는데, 고정환율제도 하에서는 중앙은행이 환율을 일정하게 유지하기 위해 외환을 매각하게 된다. 외환을 매각하면 통화량 감소로 LM곡선이 왼쪽으로 이동하므로 최종적인 균형이 G점에서 이루어진다.

한편, BP곡선이 LM보다 완만한 BP_2으로 주어져 있을 때는 F점이 BP곡선 상방에 위치하므로 국제수지가 흑자임을 알 수 있다. 그 이유는 자본이동이 매우 자유로울 때는 자본유입에 따른 자본수지 흑자가 수입증가에 따른 경상수지 적자보다 더 크게 나타나기 때문이다. 국제수지가 흑자이면 외환시장에서 환율하락 압력이 나타나게 되는데, 고정환율제도 하에서는 중앙은행이 환율을 일정하게 유지하기 위해 외환을 매입해야 한다. 중앙은행이 외환을 매입하면 통화량 증가로 LM곡선이 오른쪽으로 이동하므로 최종적인 균형이 G점에서 이루어진다.

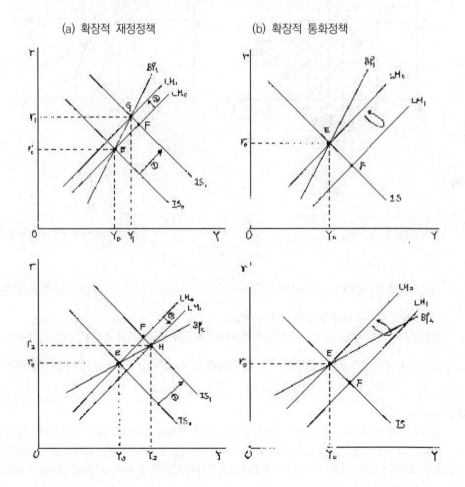

(a) 확장적 재정정책   (b) 확장적 통화정책

그림 (a)를 통해 확장적 재정정책의 효과를 보면 BP곡선이 급경사일수록 이자율은 크게 상승하고, 국민소득이 적게 증가함을 알 수 있다. BP곡선이 급경사일수록 이자율이 큰 폭으로 상승하므로 민간투자가 감소하는 구축효과가 더 크게 나타난다.

이제 그림 (b)를 통해 확장적 통화정책의 효과를 알아보자. 확장적인 통화정책을 실시하면 LM곡선이 오른쪽으로 이동하여 국내균형이 F점에서 이루어지므로 국민소득이 증가하고 이자율이 하락한다. F점은 BP곡선 하방에 위치하므로 국제수지가 적자인 상태이다. 그 이유는 국민소득이 증가하면 수입의 증가로 경상수지가 악화되고, 이자율이 하락하면 자본유출이 이루어져 자본수지도 악화되기 때문이다. 국제수지가 적자이면 외환시장에서 환율상승 압력이 나타나게 되는데, 고정환율제도 하에서는 중앙은행이 환율을 일정하게 유지하기 위해 외환을 매각하게 된다. 외환을 매각하면 통화량 감소로 LM곡선이 다시 왼쪽으로 이동하므로 최초의 균형점으로 복귀하게 된다. 그러므로 고정환율제도 하에서는 BP곡선의 기울기와 관계없이 통화정책의 효과가 완전히 무력함을 알 수 있다.

31. ③

평가절하를 실시하면 단기에는 수출가격이 하락하나 수출물량은 거의 변하지 않으므로 수출액이 감소하여 경상수지가 악화되나 시간이 어느 정도 흐르면 수출량이 가격하락폭보다 더 크게 증가하므로 수출액이 증가하여 경상수지가 개선된다. 그러므로 (가)는 수출가격이 하락하고 수출량이 불변, (나)는 수출가격은 하락한 채로 유지되나 수출량이 증가하는 구간에 해당된다. 이처럼 평가절하를 실시하면 초기에는 경상수지가 악화되나 시간이 흐르면서 경상수지가 개선되는 효과를 J-커브효과라고 한다.

32. ④

보기 ①과 ②는 금융계정 흑자, ③은 자본수지 흑자, ④는 경상수지(본원소득수지) 흑자, ⑤는 경상수지(이전소득수지) 적자로 기록된다.

33. ③

설명을 간단히 하기 위해 수출업자가 1달러의 상품을 수출했다고 가정하자.

(가) 1달러를 수출하고 6개월 후에 1달러를 팔기로 하는 선물계약을 체결한 후 6개월 뒤에 상품수출대금으로 받은 1달러로 선물계약을 이행하면 1,170원을 받게 된다.

(나) 달러화 금융시장에서는 연간 이자율이 12%이므로 6개월 뒤에 원리금이 1달러가 되는 원금의 크기를 x로 두면 x(1 + 0.06) = 1, x = 0.94달러이다. 현재 현물환율 1,200원으로 0.94달러를 원화로 환전하면 1,128원이다. 이를 연간 이자율이 10%인 원화 금융시장에서 운용하면 6개월 뒤에는 원리금이 1,128(1 + 0.05) = 1,184원이 된다. 그리고 6개월 뒤에 수출대금으로 받은 1달러를 달러화 금융시장에서 갚으면 된다.

(다) 6개월 뒤의 현물환율이 1,150원이므로 아무런 조치를 취하지 않고 6개월 뒤에 수출대금으로 받은 1달러를 현물환시장에서 원화로 환전하면 1,150원을 받게 된다. 그러므로 수출업자의 이득이 가장 큰 순서대로 나열하면 (나)-(가)-(다)가 된다.

34. ③

미국에서 빅맥 가격이 4달러, A국 통화표시 빅맥 가격이 30이므로 빅맥으로 계산한 A국의 구매력평가환율은 30/4 = 7.50이다. 동일한 방법으로 계산하면 B국의 구매력평가환율은 50, C국의 구매력평가환율은 25이다. A국의 구매력평가환율이 7.5, 현재환율이 5이므로 A국의 현재환율은 구매력평가환율의 67%, B국은 200%, C국은 80%수준이다. 그러므로 구매력평가대비 현재 환율이 높은 수준으로 나열하면 B-C-A가 된다.

35. ④

솔로우모형에서 인구증가율이 낮아지면 1인당 자본량이 증가하므로 1인당 생산이 증가한다. 저축률이 30%로 일정하므로 1인당 생산 대비 소비 비율은 70%로 일정하다. 생산 대비 소비 비율이 일정하므로 1인당 생산이 증가하면 1인당 소비의 크기는 증가한다. 또한 솔로우모형에서는 자본에 대해 수확체감이 현상이 발생하므로 1인당 자본량이 증가할 때 1인당 생산량은 더 적은 비율로 증가한다. 그러므로 1인당 생산이 수준이 높을수록 1인당 생산 대비 자본의 비율이 커지게 된다. 이 문제는 생산함수와 저축률, 인구증가율이 모두 구체적인 수치로 주어져 있으나 계산을 하지 않고도 쉽게 답을 찾을 수 있다.

참고삼아 계산을 통해 확인해 보자. 문제에 주어진 총생산함수를 1인당 생산함수로 바꾸면 $y = \sqrt{k}$이다. $s = 0.3$, $d = 0.1$, $n = 0$을 기본방정식 $sf(k) = (n+d)k$에 대입하면 $0.3\sqrt{k} = 0.1k$, $\sqrt{k} = 3$, $k = 9$이다. 이를 1인당 생산함수에 대입 하면 1인당 소득 $y = 3$이다. 이 경제의 저축률이 30%이므로 소비율은 70%이다. 그러므로 1인당 저축은 0.9, 1인당 소비는 2.1이다.

이제 인구증가율이 -2%일 때의 정상상태를 구해보자. $s = 0.3$, $d = 0.1$, $n = -0.02$를 기본방정식 $sf(k) = (n+d)k$에 대입하면 $0.3\sqrt{k} = 0.08k$, $\sqrt{k} = 3.75$, $k = 14.0625$이다. 이를 1인당 생산함수에 대입하면 1인당 소득 $y = 3.75$이다. 이 경제의 저축률이 30%이므로 소비율은 70%이다. 그러므로 1인당 저축은 1.125, 1인당 소비는 2.625이다. 그러므로 인구증가율이 0%에서 -2%로 낮아지면 1인당 자본, 1인당 생산, 1인당 소비가 모두 증가함을 알 수 있다.

인구증가율이 0%일 때는 1인당 생산이 3, 1인당 자본이 9이므로 1인당 생산대비 1인당 자본의 비율이 3이고, 인구증가율이 -2%일 때는 1인당 생산이 3.75, 1인당 자본이 14.0625이므로 1인당 생산 대비 1인당 자본의 비율이 $3.75 (= \dfrac{14.0625}{3.75})$이다. 그러므로 인구증가율이 0%에서 -2%로 낮아지면 1인당 생산 대비 1인당 자본의 비율이 증가함을 알 수 있다.

36. ①

이 문제는 IS-LM모형과 이자율 평가설을 결합한 것이므로 아래의 그림을 이용하면 쉽게 답을 찾아낼 수 있다. 외국의 소득이 감소하면 순수출이 감소하므로 그림 (a)에서 IS곡선이 왼쪽으로 이동한다. IS곡선이 왼쪽으로 이동하면 균형이자율이 하락하고 균형국민소득이 감소한다. 이자율이 하락하면 투자가 증가하고, 국민소득이 증가하면 소비지출이 증가한다.

이자율 평가설에 의하면 국내이자율이 하락하면 자본유출이 발생하고 그에 따라 외환의 수요가 증가하므로 명목환율이 상승한다. 아래의 그림 (b)는 이자율이 i_0에서 i_1으로 하락하면 명목환율이 E_0에서 E_1으로 상승함을 보여준다.

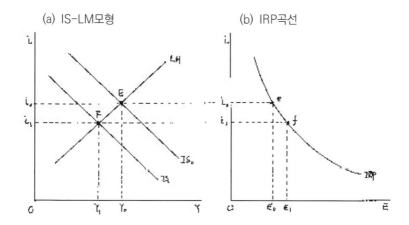

(a) IS-LM모형　　　　(b) IRP곡선

37. ⑤

이자율이 현재수준으로 유지되면서 완전고용생산량을 달성하려면 IS곡선과 LM곡선을 모두 왼쪽으로 이동시켜야 한다. 즉, 긴축적인 재정정책과 긴축적인 통화정책을 실시해야 한다. 그러므로 중앙은행은 국공채를 매각하고, 정부는 재정지출을 축소하거나 세율을 인상해야 한다.

38. ⑤

소비가 외생적으로 감소하면 IS곡선이 왼쪽(하방)으로 이동한다. IS곡선이 왼쪽으로 이동하면 총수요 곡선도 왼쪽(하방)으로 이동하므로 물가수준이 하락하고, 균형국민소득이 감소한다. 실질GDP가 감소하면 실질화폐수요가 감소하므로 화폐수요곡선이 왼쪽(좌측)으로 이동하고, 물가수준이 하락하면 실질 화폐공급이 증가하므로 화폐공급곡선과 LM곡선이 오른쪽(우측)으로 이동한다.

외생적인 소비의 감소는 저축의 증가를 의미하므로 대부자금의 공급을 증가시키는 요인이 되는데 비해, 실질GDP의 감소는 대부자금의 공급을 감소시키는 방향으로 작용하게 되는데, 최초의 충격인 소비지출 감소가 더 크게 작용하므로 대부자금의 공급이 증가한다. 그러므로 대부자금의 공급곡선은 오른쪽으로 이동한다.

39. ①

$\pi = \pi^e$를 필립스곡선 식에 대입하면 자연실업률이 5%이므로 장기필립스곡선은 실업률 5%에서 수직선의 형태이다. 그러므로 장기필립스곡선을 따라 인플레이션율을 2% 포인트 낮추더라도 실업률은 변하지 않는다. 단기필립스곡선을 식에서 괄호 앞의 계수가 −0.5이므로 단기에는 실업률(u) 2% 포인트 높아져야 인플레이션율이 1% 포인트 낮아진다. 그러므로 단기필립스곡선을 따라 실업률을 1% 포인트 낮추면 실업률이 2% 포인트 높아진다. 단기필립스곡선 식을 실업률에 대해 미분해도 동일한 결과를 얻을 수 있다. 즉, $\dfrac{d\pi}{du} = -0.5$이므로 실업률이 1% 포인트 상승하면 인플레이션율이 0.5% 포인트 낮아진다. 그러므로 인플레이션율을 1% 포인트 낮추려면 실업률이 2% 포인트 상승해야 한다.

40. ③

AD-AS모형의 A점은 실질GDP가 잠재GDP수준이므로 실업률이 자연실업률 수준과 일치한다. 그러므로 A점에 대응되는 필립스곡선 상의 점은 F점, I점 혹은 L점이 될 수 있다. AS곡선이 오른쪽으로 이동하고 AD곡선이 왼쪽으로 이동하여 경제의 균형점이 B점으로 이동하면 실제GDP가 잠재GDP를 초과하고 물가수준이 그 이전보다 낮아진다. 이는 실업률이 자연실업률보다 낮아지고 인플레이션율도 그 이전보다 낮아졌음을 의미한다. 그러므로 A점에서 B점으로 이동은 필립스곡선 상의 F점에서 H점으로 이동, F점에서 K점으로의 이동 혹은 I점에서 K점으로의 이동에 대응될 수 있다.

한편, B점에서 C점으로의 이동은 총수요감소로 물가수준이 추가적으로 하락하고 실제GDP가 잠재GDP로 복귀한 것이므로 인플레이션율은 더 하락하고 실제실업률이 자연실업률 수준으로 돌아간다. 이는 필립스곡선 상의 H점에서 I점 혹은 K점에서 L점으로의 이동에 대응된다. 그러므로 AD-AS모형의 균형이 A→B→C로 이동하는 것은 필립스곡선 그림에서 F→H→I, F→K→L 혹은 I→K→L로 나타나게 된다.

상 법

이 상 수(법학박사 / 웅지세무대학교 교수)

1. ④

① 지배인은 부분적 포괄대리권을 가진 사용인을 해임할 수 있다(상법 제11조 제2항).

② 지배인은 영업주의 허락없이 다른 상인의 사용인이 되지 못한다(상법 제17조 제1항).

③ 지배인에 관한 상법 규정은 소상인에게 적용하지 아니한다(상법 제9조).

④ 표현지배인은 영업주의 영업에 관한 <u>재판외의 행위</u>에 관하여 그 영업소의 지배인과 동일한 권한이 있는 것으로 본다(상법 제14조).

⑤ 상인은 지배인의 대리권의 소멸에 관하여 그 지배인을 둔 본점 또는 지점소재지에서 등기하여야 한다(상법 제13조).

2. ③

① 양수인이 양도인의 상호를 속용하는 경우에는 채권의 양도가 없더라도 양도인의 채무자가 선의이고 중과실없이 양수인에게 변제한 때에는 유효한 변제로 간주하는 것일 뿐(상법 제43조), 반드시 양수인에게 변제하여야 하는 것은 아니다.

② 영업양도에서의 영업은 영리적 목적을 수행하기 위해 결합시킨 조직적 일체의 재산(영업용재산과 사실관계 등을 포함)을 말하므로, 개개의 영업용 재산 또는 단순한 영업용 재산만을 가리키는 것이 아니다(참조판례 : 상법상의 영업양도는 일정한 영업목적에 의하여 조직화된 업체, 즉 인적·물적 조직을 그 동일성을 유지하면서 일체로서 이전하는 것을 의미하고(대법원 2011. 9. 8. 선고 2009다24866 판결), 영업양도가 있다고 볼 수 있는지의 여부는 양수인이 유기적으로 조직화된 수익의 원천으로서의 기능적 재산을 이전받아 양도인이 하던 것과 같은 영업적 활동을 계속하고

있다고 볼 수 있는지의 여부에 따라 판단되어야 한다(대법원 2010. 9. 30. 선고 2010다35138 판결).
③ 양수인이 양도인의 상호를 속용하지 않는 경우, 양도인의 영업으로 인한 채무를 인수할 것을 광고한 때에는 양수인도 변제할 책임을 진다(상법 제44조).
④ 상호를 속용하는 양수인의 책임에 있어서, 영업으로 인하여 발생한 양도인의 채무에는 영업상의 활동과 관련하여 발생한 불법행위로 인한 채무는 포함된다. 영업과 무관한 채무는 포함되지 않는다.
⑤ 당사자간에 다른 약정이 없으면 양도인은 10년간 동일한 특별시·광역시·시·군에서 동종영업을 하지 못한다(상법 제41조 제1항).

3. ⑤
① 대리상이 거래의 대리 또는 중개를 한 때에는 지체없이 본인에게 그 통지를 발송하여야 한다(상법 제88조).
② 대리상은 본인의 허락없이 자기나 제3자의 계산으로 본인의 영업부류에 속한 거래를 하지 못한다(상법 제89조 제1항).
③ 물건의 판매나 그 중개의 위탁을 받은 대리상은 매매의 목적물의 하자 또는 수량부족에 관한 통지를 받을 권한이 있다(상법 제90조).
④ 대리상의 보상청구권은 대리상계약이 종료한 날부터 6월을 경과하면 소멸한다(상법 제92조의2 제4항).
⑤ 대리상은 일정한 상인을 위하여 항시 그 거래의 대리 또는 중개을 영업으로 하는 자(상법 제87조)이므로, 상인이 아닌 자를 위해 그 거래의 대리 또는 중개를 영업으로 하는 자는 상법상 대리상이 아니다.

4. ②
① 송하인은 운송인의 청구에 의하여 화물명세서를 교부하여야 한다(상법 제126조 제1항).
② 여객운송인은 여객으로부터 인도를 받은 수하물에 관하여는 그 수하물에 관한 운임을 받지 않은 경우에도 물건운송인과 동일한 책임이 있다(상법 제149조 제1항).
③ 여객운송의 경우 손해배상의 액을 정함에는 법원은 피해자와 그 가족의 정상을 참작하여야 한다(상법 제148조 제2항).
④ 화폐, 유가증권 기타의 고가물에 대하여는 송하인이 운송을 위탁할 때에 그 종류와 가액을 명시한 경우에 한하여 운송인은 그 채무불이행으로 인한 손해를 배상할 책임이 있다(상법 제136조).
⑤ 송하인 또는 화물상환증이 발행된 때에는 그 소지인이 운송인에 대하여 운송의 중지, 운송물의 반환 기타의 처분을 청구할 수 있다(상법 제139조 제1항).

5. ②
① 운송주선인이란 자기의 명의로 물건운송의 주선을 영업으로 하는 자를 말한다(상법 제114조).
② 선의의 운송주선인의 책임은 운송인이 운송물을 수령한 날로부터 1년을 경과하면 소멸시효가 완성한다. 다만, 전부멸실의 경우에는 그 운송물을 인도할 날로부터 1년을 경과하면 소멸시효가 완성한다(상법 제121조 제1항, 제2항).
③ 운송주선인은 다른 약정이 없으면 직접 운송할 수 있고, 이 경우 그 운송주선인은 운송인과 동일한 권리의무가 있다(상법 제116조).
④ 운송주선인은 운송물에 관하여 받을 보수, 운임, 기타 위탁자를 위한 체당금이나 선대금에 관하여

서만 그 운송물을 유치할 수 있다(상법 제120조).

⑤ 수인이 순차로 운송을 하는 경우에, 후자는 전자에 갈음하여 그 권리를 행사할 의무를 부담한다(상법 제117조).

6. ④

① 운송물에 관한 처분은 화물상환증으로써 하여야 한다(상법 제132조).

② 화물상환증과 상환하지 아니하면 운송물의 인도를 청구할 수 없다(상법 제129조).

③ 배서를 금지하는 뜻의 기재가 없는 한, 화물상환증은 기명식인 경우에도 배서에 의하야 양도할 수 있다(상법 제130조).

④ 운송인과 송하인 사이에는 화물상환증에 적힌 대로 운송계약이 체결되고 운송물을 수령한 것으로 추정한다(상법 제131조 제1항).

⑤ 화물상환증에 의하여 운송물을 받을 수 있는 자에게 화물상환증을 교부한 때에는 운송물 위에 행사하는 권리의 취득에 관하여 운송물을 인도한 것과 동일한 효력이 있다(상법 제133조).

7. ⑤

① 상인이 영업을 위하여 하는 행위는 상행위로 본다(상법 제47조 제1항).

② 상인의 행위는 영업을 위하여 하는 것으로 추정한다(상법 제47조 제2항).

③ 질권설정계약에 포함된 유질계약이 상법 제59조에 따라 유효하기 위해서는 질권설정계약의 피담보채권이 상행위로 인하여 생긴 채권이면 충분하고, 질권설정자가 상인이어야 하는 것은 아니다(대법원 2017. 7. 18. 선고 2017다214886 판결).

④ 상인이 그 영업범위 내에서 이자를 약정하지 않고 타인을 위하여 금전을 체당하였을 때에는 법정이자를 청구할 수 있다(상법 제55조 제2항).

⑤ 오로지 임금을 받을 목적으로 물건을 제조하거나 노무에 종사하는 자의 행위가 아닌 한, 영업으로 하는 상호부금은 기본적 상행위에 해당한다(상법 제46조 16호).

8. ①

① 익명조합은 당사자의 일방이 상대방을 위하여 출자하고 상대방은 그 영업으로 인한 이익을 배당할 것을 약정함으로써 그 효력이 생긴다(상법 제78조).

② 익명조합원이 자기의 상호를 영업자의 상호로 사용할 것을 허락한 때에는 그 사용 이후의 채무에 대하여 영업자와 연대하여 변제할 책임이 있다(상법 제81조).

③ 조합계약이 종료한 때에는 영업자는 익명조합원에게 그 출자의 가액을 반환하여야 하지만, 출자가 손실로 인하여 감소된 때에는 그 잔액을 반환하면 된다(상법 제86조).

④ 조합의 존속기간의 약정의 유무에 불구하고 부득이한 사정이 있는 때에는 각 당사자는 언제든지 계약을 해지할 수 있다(상법 제83조 제2항).

⑤ 익명조합원의 파산은 익명조합계약의 종료사유이다(상법 제84조 3호).

9. ⑤

① 회사의 분할은 주식회사의 해산사유이다(상법 제517조 1의2호).

② 사원이 1인으로 된 때는 유한책임회사의 해산사유에 해당하지 않는다(사원이 없게 된 때에 해산사유가 된다 : 상법 제287조의38 2호).

③ 휴면회사의 해산의제는 주식회사의 해산사유이다(상법 제520조의2 참조).

④ 유한책임사원 전원이 퇴사한 때는 합자회사의 해산사유다(상법 제285조 제2항). 합명회사는 유한책임사원이 존재하지 않는다.

⑤ 회사가 정당한 사유없이 설립 후 1년 내에 영업을 개시하지 아니하는 때에는 법원은 직권으로 회사의 해산을 명할 수 있다(상법 제176조 제1항 2호).

10. ③

① 본점의 소재지는 정관의 절대적 기재사항이다(상법 제289조 제1항).

② 회사가 부담할 설립비용과 발기인이 받을 보수액은 정관에 기재함으로써 그 효력이 있다(상법 제290조).

③ 모집설립시 납입장소를 변경할 때에는 법원의 허가를 얻여야 한다(상법 제306조).

④ 모집설립시 창립총회의 결의는 출석한 주식인쉰의 의결권의 3분의 2 이상이며 인수된 주식의 총수의 과반수에 해당하는 다수로 하여야 한다(상법 제309조).

⑤ 법원이 선임한 검사인이 악의 또는 중대한 과실로 인하여 그 임무를 해태한 때에는 회사 또는 제3자에 대하여 손해를 배상할 책임이 있다(상법 제325조).

11. ④

① 회사의 자본금은 액면주식을 무액면주식으로 전환함으로써 변경할 수 없으며, 무액면주식을 액면주식으로 전환함으로써 변경할 수 없다(상법 제451조 제3항).

② 회사는 정관으로 정한 경우에는 분할 후의 액면주식 1주의 금액을 100원 미만으로 하는 주식분할을 할 수 없다(상법 제329조의2 제2항).

③ 회사설립시 무액면주식을 발행하는 경우에는 주식의 발행가액중 자본금으로 계상하는 금액에 관한 사항은 정관으로 달리 정하지 아니하면 발기인 전원의 동의로 이를 정한다(상법 제291조).

④ 수인이 공동으로 주식을 인수한 자는 연대하여 납입할 책임이 있다(상법 제333조 제1항).

⑤ 주식이 수인의 공유에 속하는 때 공유자는 주주의 권리를 행사할 자 1인을 정하여야 하고, 주주의 권리를 행사할 자가 없는 때에는 공유자에 대한 통지는 공유자중 1인에 대하여 하면 된다(상법 제333조 제2항, 제3항).

12. ②

① 회사는 정관으로 정하는 바에 따라 회사의 이익으로써 소각할 수 있는 종류주식을 발행할 수 있다(상법 제345조 제1항).

② 회사는 주식 취득의 대가로 현금 외에 유가증권(다른 종류주식은 제외하고)을 교부할 수 있다(상법 제345조 제4항).

③ 회사는 징관으로 징하는 바에 따라 주주가 회사에 내하여 상환을 정구할 수 있는 종류주식을 발행할 수 있다(상법 제345조 제3항).

④ 주주가 회사에 대하여 상환을 청구할 수 있는 종류주식을 발행하는 경우, 회사는 정관에 주주가 회사에 대하여 상환을 청구할 수 있다는 뜻, 상환가액, 상환청구기간, 상환의 방법을 정하여야 한다(상법 제345조 제3항).

⑤ 상환주식은 종류주식(상환과 전환에 관한 것은 제외한다)에 한정하여 발행할 수 있다(상법 제345조 제5항).

13. ①

① 해산판결청구권은 발행주식총수의 100분의 10 이상을 가진 주주만이 행사할 수 있는 권리이다(상법 제520조).

② 주주제안권, ③ 청산인해임청구권, ④ 감사해임청구권, ⑤ 회계장부열람청구권은 발행주식총수의 100분의 3 이상을 가진 주주가 행사할 수 있는 권리이다.

14. ⑤

① 주식을 질권의 목적으로 하는 때에는 주권을 질권자에게 교부하여야 한다(상법 제338조 제1항).

② 질권자는 계속하여 주권을 점유하지 아니하면 그 질권으로써 제3자에게 대항하지 못한다(상법 제338조 제2항).

③ 주식의 소각, 병합, 분할 또는 전환이 있는 때에는 이로 인하여 종전의 주주가 받을 금전이나 주식에 대하여도 종전의 주식을 목적으로 한 질권을 행사할 수 있다(상법 제339조).

④ 주식의 등록질권자는 회사로부터 이익배당 또는 잔여재산의 변제에 따른 금전의 지급을 받아 다른 채권자에 우선하여 자기채권의 변제에 충당할 수 있다(상법 제340조 제1항).

⑤ 상법은 주식의 약식질권자도 신주인수권에 대하여 그 우선변제적 효력이 미친다고 하는 규정은 두고 있지 않다.

15. ②

① 주권발행 전 주식의 양도는 지명채권의 양도에 관한 일반원칙에 따라 당사자의 의사표시만으로 효력이 발생한다(대법원2012.2.9.선고 2011다62076판결).

② 주권발행 전 주식을 양수한 자는 특별한 사정이 없는 한 양도인의 협력없이 단독으로 회사에 대하여 그 명의개서를 청구할 수 있다(판례).

③ 회사 이외의 제3자에 대하여 주식의 양도 사실을 대항하기 위하여는 지명채권의 양도에 준하여 확정일자 있는 증서에 의한 양도통지 또는 승낙을 갖추어야 한다(판례).

④ 주권발행 전 주식의 이중양도가 문제되는 경우, 이중양수인 상호간의 우열은 지명채권 이중양도의 경우에 준하여 확정일자있는 양도통지가 회사에 도달한 일시 또는 확정일자있는 승낙의 일시의 선후에 의하여 결정하는 것이 원칙이다(판례).

⑤ 만약 주권발행 전에 한 주식양도는 회사성립 후 6월이 경과하기 전에 이루어졌다고 하더라도 그 회사성립 후 6월이 경과하고 그 때까지 회사가 주권을 발행하지 않았다면, 그 하자는 치유되어 회사에 대하여도 유효한 주식양도가 된다(판례).

16. ⑤

① 주식의 양도에 있어서 주권을 교부하여야 한다(상법 제336조 제1항).

② 주권의 점유자는 이를 적법한 소지인으로 추정한다(상법 제336조 제2항).

③ 주식의 이전은 취득자의 성명과 주소를 주주명부에 기재하지 아니하면 회사에 대항하지 못하는 것이 원칙이다(상법 제337조 제1항).

④ 회사는 정관이 정하는 바에 의하여 명의개서대리인을 둘 수 있다(상법 제337조 제2항).

⑤ 주식을 양수하려는 자가 타인의 명의를 빌려 회사의 주식을 양수히고 타인의 명의로 주주명부에의 기재까지 마치는 경우, 회사에 대한 관계에서는 주주명부상의 주주만이 주주권을 행사할 수 있고, 그 타인의 명의를 차용한 자는 의결권 등 주주권을 행사할 수 없다(대법원2017.3.23.선고 2015다24834 전원합의체 판결).

17. ①

① 주주총회의 목적사항에 합병계약서 승인사항이 포함된 경우, 반대주주의 주식매수청구권이 인정되므로 의결권없는 주주에게도 총회소집을 통지하여야 한다(상법 제363조 제7항).

② 연 2회 이상의 결산기를 정한 회사는 매기에 정기총회를 소집하여야 한다(상법 제365조 제1항).

③ 발행주식총수의 100분의 3 이상에 해당하는 주식을 가진 주주는 회의의 목적사항과 소집의 이유를 적은 서면 또는 전자문서를 이사회에 제출하여 임시총회의 소집을 청구할 수 있다(상법 제366조 제1항).

④ 회사 또는 발행주식총수의 100분의 1 이상에 해당하는 주식을 가진 주주는 총회의 소집절차의 적법성을 조사하기 위하여 총회 전에 법원에 검사인의 선임을 청구할 수 있다(상법 제367조 제2항).

⑤ 임시주주총회가 법령 및 정관상 요구되는 이사회의 결의 및 소집절차 없이 이루어졌다 하더라도, 주주명부상의 주주 전원이 참석하여 총회를 개최하는데 동의하고 아무런 이의 없이 만장일치로 결의가 이루어졌다면 그 결의는 특별한 사정이 없는 한 유효하다(판례).

18. ⑤

① 총회의 결의는 상법 또는 정관에 다른 정함이 있는 경우를 제외하고는 출석한 주주의 의결권의 과반수와 발행주식총수의 4분의 1 이상의 수로써 하여야 한다(상법 제368조 제1항).

② 주주는 대리인으로 하여금 그 의결권을 행사하게 할 수 있으며, 이 경우 그 대리인은 대리권을 증명하는 서면을 총회에 제출하여야 한다(상법 제368조 제2항).

③ 주주가 2 이상의 의결권을 가지고 있는 때에는 이를 통일하지 아니하고 행사할 수 있고, 이 경우 주주총회일의 3일 전에 회사에 대하여 서면 또는 전자문서로 그 뜻과 이유를 통지하여야 한다(상법 제368조의2).

④ 주주는 정관이 정한 바에 따라 총회에 출석하지 아니하고 서면에 의하여 의결권을 행사할 수 있고, 이 경우 회사는 총회의 소집통지서에 주주가 서면에 의한 의결권을 행사하는데 필요한 서면과 참고자료를 첨부하여야 한다(상법 제368조의3).

⑤ 회사는 이사회의 결의로 주주가 총회에 출석하지 아니하고 전자적 방법으로 의결권을 행사하도록 할 수 있다(상법 제368조의4 제1항).

19. ②

① 결의취소의 소는 본점소재지의 지방법원의 관할에 전속한다(상법 제376조, 제186조).

② 주주가 아닌 감사가 결의취소의 소를 제기한 경우, 법원은 회사의 청구에 의하여 상당한 담보를 제공할 것을 명할 수 없다(상법 제377조).

③ 총회의 결의내용이 법령에 위반한 경우에 결의무효확인의 소를 제기할 수 있다(상법 제380조).

④ 총회의 소집절차에 총회결의가 존재한다고 볼 수 없을 정도의 중대한 하자가 있는 경우에 결의부존재확인의 소를 제기할 수 있다(상법 제380조).

⑤ 부당결의의 변경의 판결은 제3자에 대하여도 그 효력이 있다(상법 제381조, 제190조 본문).

20. ③

① 이사와 회사의 관계는 민법의 위임에 관한 규정을 준용한다(상법 제382조 제2항).

② 정관으로 이사가 가질 주식의 수를 정한 경우에 다른 규정이 없는 때에는 이사는 그 수의 주권을 감사에게 공탁하여야 한다(상법 제387조).

③ 주주총회에서 이사를 선임하는 경우, 주주총회 선임결의와 당해 이사의 동의로써 이사의 지위를 취득하며, 대표이사와의 별도의 임용계약을 필요로 하지 않는다(판례).

④ 이사는 언제든지 주주총회의 특별결의로 이를 해임할 수 있다(상법 제385조 제1항).

⑤ 2인 이상의 이사의 선임을 목적으로 하는 총회의 소집이 있는 때에는 의결권 없는 주식을 제외한 발행주식총수의 100분의 3 이상에 해당하는 주식을 가진 주주는 정관에서 달리 정하는 경우를 제외하고는 집중투표의 방법으로 이사를 선임할 것을 청구할 수 있다(상법 제382조의2 제1항).

21. ④

① 이사에 대한 퇴직위로금은 그 직에서 퇴임한 자에 대하여 그 재직 중 직무집행의 대가로 지급되는 보수의 일종이다(판례).

② 법적으로는 이사의 지위를 갖지만 회사와의 약정에 따라 이사로서의 실질적인 직무를 수행하지 않는 이른바 명목상 이사도 특별한 사정이 없으면 정관의 규정 또는 주주총회의 결의에 의하여 결정된 보수의 청구권을 갖는다(판례).

③ 이사의 직무와 그 보수 사이에는 합리적 비례관계가 유지되어야 하며, 회사의 채무 상황이나 영업실적에 비추어 합리적인 수준을 벗어나서 현저히 균형성을 잃을 정도로 과다하여서는 아니 된다(판례).

④ 주주총회의 결의로 이사의 퇴직위로금액이 결정된 경우라도 퇴임한 특정이사에 대하여 새로운 주주총회에서 그 퇴직위로금을 박탈하는 결의를 하면 그 박탈하는 결의는 효력이 없다(판례).

⑤ 이사의 임기를 정한 경우에 회사가 정당한 이유 없이 임기만료 전에 이사를 해임한 때에는 그 이사는 회사에 대하여 해임으로 인한 손해의 배상을 청구할 수 있으면, 정당한 이유의 존부에 대한 입증책임은 손해배상을 청구하는 이사가 부담한다(판례).

22. ⑤

① 이사회는 이사의 직무의 집행을 감독한다(상법 제393조 제2항).

② 이사회 소집통지를 할 때에는 특별한 사정이 없는 한 주주총회 소집통지의 경우와 달리 회사의 목적사항을 함께 통지할 필요는 없다(판례).

③ 이사회 의사록에는 의사의 안건, 경과요령, 그 결과, 반대하는 자와 그 반대이유를 기재하고, 출석한 이사 및 감사가 기명날인 또는 서명하여야 한다(상법 제391조의3 제1항).

④ 이사회의 결의는 원칙적으로 이사 과반수의 출석과 출석이사의 과반수로 하여야 하지만, 정관으로 그 비율을 높게 정할 수 있다(상법 제391조 제1항).

⑤ 이사 자신이 직접 출석하여 이사회의 결의에 참가할 수 없는 경우라도 그 이사가 대리인에게 출석을 위임할 수 없다. 주주총회의 경우와 달리 이사회의 이사는 의사결정에 있어서 개성이 중시되기 때문이다.

23. ③

① 이사는 이사회의 승인이 없으면 이익충돌의 여지가 있는 동종영업을 목적으로 하는 다른 회사의 무한책임사원이나 이사가 되지 못한다(상법 제397조 제1항).

② 이사는 이사회의 승인 없이 현재 회사의 이익이 될 수 있으면 회사가 수행하는 사업과 밀접한 관계가 있는 회사의 사업기회를 자기 또는 제3자의 이익을 위하여 이용하여서는 아니 된다(상법 제397조의2 제1항).

③ 이사와 회사 사이의 거래인 경우에는 양자 사이의 이해가 상반되지 않고 회상 불이익을 초래할

우려가 없는 때에는 이사회의 승인을 받을 필요가 없다.

④ 이사는 재임중뿐만 아니라 퇴임 후에도 직무상 알게 된 회사의 영업상 비밀을 누설하여서는 아니 된다(상법 제382조의4).

⑤ 이사는 법령과 정관의 규정에 따라 회사를 위하여 그 직무를 충실하게 수행하여야 한다(상법 제382조의3),

24. ③

① 이사가 고의 또는 과실로 그 임무를 게을리 한 경우에 지는 회사에 대한 손해배상책임은 주주 전원의 동의로 면제할 수 있다(상법 제400조 제1항).

② 회사에 대한 영향력을 이용하여 이사에게 업무집행을 지시함으로써 회사에게 책임을 지는 자는 그 지시받은 업무집행행위로 인하여 회사에게 손해배상책임을 지는 이사와 연대하여 그 책임을 진다(상법 제401조의2 제1항).

③ 대표이사가 회사재산을 횡령하여 회사가 손해를 입고 결과적으로 주주의 경제적 이익이 침해되는 간접적인 손해는 이사의 제3자에 대한 책임에서의 손해의 개념이 포함되지 않는다(판례). 따라서 이러한 손해는 대표소송을 통해서 간접적으로 보전될 수 있다.

④ 발행주식총수의 100분의 1 이상에 해당하는 주식을 가진 주주는 회사에 대하여 이사의 책임을 추궁하는 소의 제기를 청구할 수 있다(상법 제403조 제1항).

⑤ 이사가 법령 또는 정관에 위반한 행위를 하여 이로 인하여 회사에 회복할 수 없는 손해가 생길 염려가 있는 경우에는 감사는 회사를 위하여 이사에 대하여 그 행위를 유지할 것을 청구할 수 있다(상법 제402조).

25. ④

① 금전출자에 의한 자본금 증가의 경우에 출자의 인수를 한 자는 그 납입한 때로부터 이익배당에 관하여 사원과 동일한 권리를 가진다(상법 제590조).

② 이사가 회사에 대하여 소를 제기하는 경우에는 사원총회에서 그 소에 관하여 회사를 대표를 정하여야 한다(상법 제563조).

③ 이사가 수인인 경우에 정관에 다른 정함이 없으면 사원총회가 회사를 대표할 이사를 정한다(상법 제562조 제2항).

④ 현물출자의 목적인 재산의 자본금 증가 당시의 실가가 자본금 증가의 결의에 의하여 정한 가격에 현저하게 부족한 때에는 그 결의에 동의한 사원은 회사에 대하여 그 부족액을 연대하여 지급할 책임이 있다(상법 제593조 제1항).

⑤ 회사의 설립무효는 그 사원·이사감사에 한하여 회사설립일로부터 2년 내에 소만으로 이를 주장할 수 있다(상법 제552조). 설립취소는 취소권자에 한하여 소를 제기할 수 있다,

26. ④

① 합명회사의 사원은 신용 또는 노무를 출자의 목적으로 할 수 있다(참조조문 : 사원의 퇴사시 지분 환급에 관한 상법 제222조).

② 합명회사의 사원이 회사채무에 관하여 변제의 청구를 받은 때에는 회사가 주장할 수 있는 항변으로 그 채권자에게 대항할 수 있다(상법 제214조 제1항).

③ 합명회사 성립 후에 가입한 사원은 그 가입 전에 생긴 회사채무에 대해서는 다른 사원과 동일한 책임을 진다(상법 제213조).

④ 합자회사의 유한책임사원은 다른 사원의 동의없이 자기 또는 제3자의 계산으로 회사의 영업부류에 속하는 거래를 할 수 있다(상법 제275조).

⑤ 합자회사의 유한책임사원은 무한책임사원 전원의 동의가 있으면 그 지분의 전부 또는 일부를 타인에게 양도할 수 있다(상법 제276조).

27. ①

① 유한책임회사는 정관을 변경함으로써 새로운 사원을 가입시킬 수 있다(상법 제287조의23 제1항).

② 유한책임회사는 그 지분의 전부 또는 일부를 양수할 수 없다(상법 제287조의8).

③ 사원의 지분을 압류한 채권자는 그 사원을 퇴사시킬 수 있다(상법 제287조의29, 제224조).

④ 유한책임회사는 총사원의 동의에 의하여 주식회사로 조직변경을 할 수 있다(상법 제287조의43).

⑤ 사원이 아닌 자가 정관에 의해 업무집행자가 된 경우라도 유한책임회사를 대표할 수 있다(상법 제287조의19 제1항).

28. ③

① 신주의 인수인은 회사의 동의없이 자신의 주금납입채무와 그 회사에 대한 채권을 상계할 수 없다(상법 제421조 제2항).

② 이사는 신주의 인수인으로 하여금 그 배정한 주수에 따라 납입기일에 그 인수한 주식에 대한 인수가액의 전액을 납입시켜야 한다(상법 제421조 제1항).

③ 신주인수권증서를 상실한 자는 주식청약서에 의한 주식의 청약을 할 수 있다(상법 제420조의5 제1항).

④ 신주의 발행으로 인한 변경등기를 한 날로부터 1년을 경과한 후에는 신주를 인수한 자는 주식청약서의 요건의 흠결을 이유로 하여 그 인수의 무효를 주장할 수 없다(상법 제427조).

⑤ 신주의 발행으로 인한 변경등기가 있은 후에 아직 인수하지 아니한 주식이 있거나 주식인수의 청약이 취소된 때에는 이사가 이를 공동으로 인수한 것으로 본다(상법 제428조).

29. ②

① 주식의 포괄적 교환에 의하여 완전자회사가 되는 회사의 주주가 가지는 그 회사의 주식은 주식을 교환하는 날에 주식교환에 의하여 완전모회사가 되는 회사에 이전한다(상법 제360조의2 제1항).

② 주식의 포괄적 교환의 경우 신주의 발행으로 인한 자본금증가가 있거나 자기주식을 교부함으로써 자본금의 감소를 가져오지 아니하므로, 주식의 포괄적 교환을 하는 회사는 채권자보호절차가 필요 없다.

③ 주식이전 무효의 판결이 확정되면 완전모회사는 해산의 경우에 준하여 청산하여야 한다(상법 제360조의23 제4항, 제193조).

④ 간이주식교환의 경우에 완전자회사가 되는 회사의 주주총회의 승인은 이를 이사회의 승인으로 갈음할 수 있다(상법 제360조의9 제1항).

⑤ 주식이전은 이로 인하여 설립한 완전모회사가 그 본점소재지에서 2주 내에 주식이전에 의한 등기를 함으로써 효력이 발생한다(상법 제360조의21).

30. ④

① 회사가 현저하게 불공정한 방법에 의하여 주식을 발행함으로써 주주가 불이익을 받을 염려가 있는

경우에, 그 주주는 회사에 대하여 그 발행을 유지할 것을 청구할 수 있다(상법 제424조).
② 이사와 통모하여 현저하게 불공정한 발행가액으로 주식을 인수한 자에 대해서 공정한 발행가액과의 차액에 상당한 금액의 지급을 청구하는 주주의 대표소송이 허용된다(상법 제424조의2 제2항).
③ 신주의 인수인이 납입기일에 납입하지 아니한 때에는 그 권리를 잃는다(상법 제423조 제2항).
④ 신주발행무효의 판결이 확정되면 신주는 장래에 대하여 효력을 잃는다(상법 제431조 제1항).
⑤ 회사가 정관이나 이사회 결의로 신주인수권의 양도에 관한 사항을 결정하지 아니하였다 하여도 회사가 신주인수권의 양도를 승낙한 경우에는 그 양도는 회사에 대하여도 효력이 있다(판례).

31. ②

① 해산 후의 회사는 존립 중의 회사를 존속회사로 하는 경우에 한하여 합병할 수 있다(상법 제174조 제3항).
② 유한회사가 주식회사와 합병하는 경우에 합병 후 존속하는 회사가 주식회사인 때에는 법원이 인가를 얻지 아니하면 합병의 효력이 없다(상법 제600조 제1항).
③ 소규모합병의 경우 그 합병에 반대하는 존속회사의 주주에게는 주식매수청구권이 인정되지 않는다(상법 제527조의3 제5항).
④ 합병승인을 위한 주주총회 결의에 무효사유가 있는 경우, 합병 등기 전에는 주주총회 결의무효확인의 소를 제기할 수 있지만 합병등기 후에는 합병무효의 소로 흡수되어진다(판례) 따라서 합병등기 후에는 합병무효의 소만 인정된다.
⑤ 합병을 무효로 한 판결이 확정된 때에는, 합병을 한 회사는 합병 후 존속한 회사의 합병 후 부담한 채무에 대하여 연대하여 변제할 책임이 있다(상법 제239조).

32. ①

① 전환사채의 전환으로 사채가 주식으로 전환되므로, 회사의 자본금은 증가한다.
② 주주 이외의 자에게 신주인수권부사채를 발행하는 경우, 신주인수권의 내용에 관하여 정관에 규정이 없으면 주주총회의 특별결의로써 이를 정하여야 한다(상법 제513조 제3항).
③ 사채의 모집이 완료한 때에는 이사는 지체없이 인수인에 대하여 각 사채의 전액 또는 제1회의 납입을 시켜야 한다(상법 제476조 제1항).
④ 정관으로 정하는 바에 따라 이사회는 대표이사에게 사채의 금액 및 종류를 정하여 1년을 초과하지 아니하는 기간 내에 사채를 발행할 것을 위임할 수 있다(상법 제469조 제4항).
⑤ 사채권자집회의 결의는 법원의 인가를 받음으로써 그 효력이 생기지만, 그종류의 사채권자 전원이 동의한 결의에는 법원의 인가가 필요하지 않다(상법 제498조 제1항, 제2항).

33. ⑤

① 일반횡선수표의 지급인은 은행 또는 지급인의 거래처에만 지급할 수 있다(수표법 제38조 제1항).
② 발행일자 후 정기출급의 환어음에는 이자의 약정을 적어도 이를 적지 아니한 것으로 본다(어음법 제6조 제1항).
③ 약속어음의 금액을 글자와 숫자로 적은 경우에 그 금액에 차이가 있으면 글자로 적은 금액을 어음금액으로 한다(어음법 제77조 제3항, 제7조).
④ 환어음의 참가지급은 소지인이 만기나 만기 전에 상환청구권을 행사할 수 있는 모든 경우에 할 수 있으며, 그 지급은 피참가인이 지급할 전액을 지급하여야 한다(어음법 제59조 이하 참조).
⑤ 수표는 일람출급으로만 발행될 수 있으며, 기재된 발행일이 도래하기 전에 지급을 받기 위하여 제

시된 수표는 그 제시일에 이를 지급하여야 한다(수표법 제28조 제1항, 제2항).

34. ⑤

① 융통어음이란 타인으로 하여금 어음에 의하여 제3자로부터 금융을 얻게 할 목적으로 수수되는 어음을 말한다.

② 융통어음을 발행한 자는 피융통자에 대하여 어음상의 책임을 부담하지 아니한다.

③ 기한후배서는 지명채권양도의 효력밖에 없으므로 인적항변의 절단이 인정되지 않는다.

④ 어음소지인이 어음채무자를 해할 것을 알고 어음을 취득한 경우, 그 어음채무자는 종전의 소지인에 대한 인적 관계로 인한 항변으로써 그 어음소지인에게 대항할 수 있다.

⑤ 어음상에 발행인으로 기명날인하여 외관을 갖춘 어음을 작성한 자는 그 어음이 도난으로 인하여 그의 의사에 의하지 아니하고 유통되었다는 항변으로 선의의 제3자에게는 대항하지 못하는 인적항변에 속한다(어음학설 중 판례가 취하는 권리외관설의 입장).

35. ①

① 어음소지인이 약속어음 발행인의 보증인에 대하여 갖는 어음상 청구권은 만기일로부터 3년간 행사하지 아니하면 소멸시효가 완성된다(어음법 제77조 제1항, 제70조 제1항).

② 지급보증을 한 지급인에 대한 수표상의 청구권은 제시기간이 지난 후 1년간 행사하지 아니하면 소멸시효가 완성된다(수표법 제58조).

③ 배서인의 다른 배서인에 대한 청구권은 그 배서인이 어음을 환수한 날 또는 그 자가 제소된 날부터 6개월간 행사하지 아니하면 소멸시효가 완성된다(어음법 제70조 제3항).

④ 수표소지인의 배서인, 발행인, 그 밖의 채무자에 대한 상환청구권은 제시기간이 지난 후 6개월간 행사하지 아니하면 소멸시효가 완성된다(수표법 제51조 제1항).

⑤ 인수인에 대한 환어음상의 청구권은 만기일부터 3년간 행사하지 아니하면 소멸시효가 완성된다(어음법 제70조 제1항).

36. ①

① 어음의 선의취득이 되더라도 어음채무자들의 물적항변은 소멸하지 않는다. 인적항변사유도 대항하지 못할 뿐 소멸하는 것은 아니다.

② 이득상환청구권은 지명채권이라는 판례의 입장으로 보면 선의취득의 대상이 될 수 없다.

③ 악의 또는 중대한 과실로 인하여 어음을 취득한 자에게는 선의취득이 인정되지 않는다(판례).

④ 어음의 선의취득으로 인하여 치유되는 하자와 관련된 양도인의 범위는, 양도인이 무권리자인 경우뿐만 아니라 대리권의 흠결이나 하자 등의 경우도 포함된다(판례).

⑤ 양도인이나 그 어음 자체에 의하여 양도인의 실질적 무권리성을 의심하게 할 만한 사정이 있는데도 불구하고 이와 같이 의심할 만한 사정에 대하여 상당하다고 인정될 만한 조사를 하지 아니하고 만연히 양수한 경우에는 양수인의 중대한 과실이 인정된다(판례).

37. ③

① 어음을 인수한 지급인은 다시 어음에 배서할 수 있다(어음법 제11조 제3항).

② 인수의 말소는 어음의 반환 전에 한 것으로 추정한다(어음법 제29조 제2항).

③ 발행인이 지급을 담보하지 아니한다는 뜻의 모든 문구는 적지 아니한 것으로 본다(어음법 제9조

제2항).

④ 어음의 앞면에 지급인의 단순한 기명날인 또는 서명이 있으면 인수로 본다(어음법 제31조 제3항).

⑤ 발행인은 일정한 기일(期日) 전에는 인수를 위한 어음의 제시를 금지한다는 내용을 적을 수 있다(어음법 제22조 제2항).

38. ③

① 일람 후 정기출급의 환어음 만기는 인수한 날짜 또는 거절증서의 날짜에 따라 정한다(어음법 제35조 제1항).

② 발행일자 후 또는 일람 후 1개월 반 또는 수개월 반이 될 때 지급할 환어음은 먼저 전월(全月)을 계산한다(어음법 제36조 제5항).

③ 일람출급의 환어음은 발행일부터 1년 내에 지급을 받기 위한 제시를 하여야 하고, 배서인은 이 기간을 단축할 수 있다(어음법 제34조 제1항). 배서인은 기간의 연장을 할 수 없다.

④ 발행지와 세력(歲曆)을 달리하는 지(地)에서 확정일에 지급할 환어음의 만기일은 지급지의 세력에 따라 정한 것으로 본다(어음법 제37조 제4항).

⑤ 발행일자 후 또는 일람 후 1개월 또는 수개월이 될 때 지급할 환어음은 지급할 달의 대응일(對應日)을 만기로 하고, 대응일이 없는 경우에는 그 달의 말일을 만기로 한다(어음법 제36조 제1항).

39. ②

① 환어음을 인수하지 아니한 지급인도 피배서인이 될 수 있다(어음법 제11조 제3항).

② 날짜를 적지 아니한 배서는 지급거절증서 작성기간이 지난전에 한 것으로 추정한다(어음법 제20조 제2항).

③ 공연한 추심위임배서의 경우 어음의 채무자는 배서인에게 대항할 수 있는 항변으로써만 소지인에게 대항할 수 있다(어음법 제18조 제2항).

④ 기한후배서란 지급거절증서가 작성된 후에 한 배서 또는 지급거절증서 작성기간이 지난 후에 한 배서를 말한다(어음법 제20조 제1항).

⑤ 발행인이 환어음에 "지시금지"라는 글자 또는 이와 같은 뜻이 있는 문구를 적은 경우에는 그 어음은 지명채권의 양도 방식으로만, 그리고 그 효력으로써만 양도할 수 있다(어음법 제11조 제2항).

40. ④

① 수표에 적은 이자의 약정은 적지 아니한 것으로 본다(수표법 제7조).

② 수표는 인수하지 못하며, 수표에 적은 인수의 문구는 적지 아니한 것으로 본다(수표법 제4조).

③ 소지인에게 지급하라는 소지인출급의 배서는 백지식 배서와 같은 효력이 있다(수표법 제6조 제3항).

④ 수표의 소지인은 일부지급을 거절할 수 없다(수표법 제34조 제2항).

⑤ 발행인이 지급을 담보하지 아니한다는 뜻의 모든 문구는 적지 아니한 것으로 본다(수표법 제12조).

세법개론

나 영 훈 (세무사)

1. ⑤

① 납세조합이 징수하는 소득세 : <u>그 과세표준이 되는 금액이 발생한 달의 말일</u>

2. ④

④ 국세의 법정기일 전에 전세권 등의 담보권을 설정한 재산을 매각할 때 그 매각금액 중에서 담보된 채권은 국세 및 가산금에 우선하여 변제되나, <u>그 재산에 대하여 부과되는 국세(상속세 · 증여세 및 종합부동산세)와 가산금은 담보 설정 시기에 관계없이 우선하여 변제 받음.</u>

3. ①

① 납세자의 국세환급금과 국세환급가산금에 대한 권리는 행사할 수 있는 때부터 5년간 행사하지 아니하면 소멸시효가 완성되는 것이고, <u>세무서장이 환급청구를 촉구하기 위하여 납세자에게 하는 환급청구의 안내 · 통지 등으로 인하여 소멸시효가 중단되지 아니함.</u>

4. ①

국세청장은 심사청구에 따른 결정을 할 때 심사청구를 한 처분 외의 처분에 대해서는 그 처분의 전부 또는 일부를 취소 또는 변경하거나 새로운 처분의 <u>결정을 하지 못함.</u>

5. ⑤

성실도를 분석한 결과 불성실 혐의가 있는 경우는 중복조사 해당 사유가 아닌 세무조사 정기선정 사유에 해당하는 것임.

6. ⑤

계약의 위약 등으로 인한 위약금 · 배상금 중 계약금의 위약금 등 대체액은 원천징수 대상에 해당하지 아니함.

7. ②

지급일 현재 주민등록표등본에 의하여 그 거주사실 등이 확인된 채권자가 차입금을 변제받은 후 소재불명이 된 경우에는 필요경비 불산입되는 채권자가 불분명한 차입금의 이자로 보지 아니하는 것임.

8. ①

⑴ 비과세 합계액 : 12,700,000
　　1) 직무발명보상금 : 5,000,000(연 5,000,000원 이하의 금액 비과세)
　　2) 종업원(중소기업)이 주택의 구입에 소요되는 자금을 무상제공 받는 이익 : 5,000,000

3) 종업원을 수익자로 하는 단체순수보장성보험의 보험료 : 700,000(연 700,000원 이하의 금액 비과세)

4) 자가운전보조금 : 2,000,000원(실제 여비대신 규정에 따라 지급받는 보조금 월200,000원 이내의 금액 비과세)

(2) 총 급여액 : 48,500,000

1) 급여 : 40,000,000

2) 식대 : 1,200,000(식사와 식대를 함께 제공받아 식사는 비과세, 식대는 과세)

3) 직무발명보상금 : 5,000,000(과세분)

4) 종업원을 수익자로 하는 단체순수보장성보험료의 보험료 : 300,000(과세분)

5) 시간외 근무수당 : 2,000,000

9. ①

공무원이 국가 또는 지방자치단체로부터 공무 수행과 관련하여 받는 상금과 부상은 근로소득으로 과세하되, 중 연 240만원 이내의 금액은 비과세하는 것임.

10. ④

갑의 인적공제액 : 11,000,000원

= 1,500,000(본인) + 2,500,000(부친)* + 4,500,000(모친)** + 1,500,000(아들) + 1,000,000(한부모)***

* 부친 : 2,500,000 = 1,500,000(기본) + 1,000,000경로자)

공적연금 수령액이 있지만 납입 시 연금보험료 소득공제를 받지 않았으므로, 수령시에는 과세되지 아니하는 것임. 또한, 70세 이상으로 1,000,000만원 추가공제 가능.

** 모친 : 4,500,000 = 1,500,000(기본) + 2,000,000(장애인) + 1,000,000(경로자)

*** 한부모 : 1,000,000. 배우자가 없는 사람으로서 기본공제대상 직계비속이 있어 적용대상

22.7.1. 이혼한 배우자는 과세기간 종료일 현재 배우자가 아니므로 공제대상에 해당하지 아니함.

11. ②

종합소득금액 : 10,000,000원

(1) 결손금(사업) : (−)60,000,000 = 300,000,000 − 390,000,000 + 30,000,000*

* 개인사업자의 경우 사업자 인건비는 필요경비 불산입함. 사업에 종사하는 가족 인건비는 필요경비산입함.

(2) 종합소득금액 : 10,000,000 = 40,000,000(근로) + 30,000,000(기타) − 60,000,000(결손금)

12. ②

이월공제기간 내에 공제받지 못한 외국소득세액은 이월공제 기간의 종료일 다음 날이 속하는 과세기간에 필요경비산입할 수 있음.

13. ③

종합소득금액에 합산될 금융소득금액 : 52,200,000원

= 5,000,000(출자공동사업자배당)* + 10,000,000(정기예금이자) + 15,000,000(외국법인배당)*
   + 20,000,000(g-up대상 현금배당) + 2,200,000(g-up)

* 출자공동사업자배당 및 국내에서 원천징수되지 않은 소득은 무조건 종합과세 대상임.
→ 금융소득이 2천만원을 초과하므로 금융소득에 대해서 종합과세함.
→ 직장공제회 초과 반환금 10,000,000은 이자소득에 해당하나 무조건 분리과세 대상임.
→ 전용계좌를 통하여 특정사회기반시설 집합투자기구로부터 받은 배당소득 : 무조건 분리과세 대상

14. ③

교육비세액공제 대상 : 2,010,000원
= (4,000,000 + 9,000,000 + 400,000) × 15%

1) 본인 : 본인의 대학원 교육비는 교육비세액공제 대상임.
2) 아들 : 대학생은 연 9,000,000원을 한도로 공제함. 회사로부터 아들의 학자금을 지급받은 것은 소득세가 과세되는 것으로 교육비세액공제 대상에서 차감하지 아니함.
3) 딸 : 학교 교과서대는 세액공제 대상, 교복비는 중고생에 한하여 1명당 연 50만원 한도로 세액공제 대상에 해당함.
4) 모친 : 직계존속을 위한 교육비는 세액공제 대상이 아님.

15. ① (2022 수정)

양도소득금액 : 118,800,000원
→ 12억 초과 주택에 해당하는 것으로, 12억 초과분에 대해서만 양도소득금액을 계산하여야 함.
   (21.12.8 이후 양도분부터 비과세 기준금액이 9억에서 12억으로 상향됨)

(+)	양도가액	1,500,000,000
(-)	취득가액	507,000,000 = 500,000,000 + 2,000,000 + 5,000,000
(-)	필요경비	3,000,000(재산세는 필요경비 대상에 해당하니 아니함)
	양도차익	990,000,000
	12억 초과분 양도차익	198,000,000 = 990,000,000 × 3억(12억초과분) / 15억
(-)	장기보유특별공제	79,200,000 = 198,000,000 × 40%*
		* 보유기간 6년 이상 7년 미만 24%
		거주기간 : 4년 이상 5년 미만 16%
	양도소득금액	118,800,000 = 198,000,000 - 79,200,000

16. ③

수탁자의 변경에 따라 법인과세 신탁재산의 수탁자가 그 법인과세 신탁재산에 대한 자산과 부채를 변경되는 수탁자에게 이전하는 경우 그 자산과 부채의 이전가액을 수탁자 변경일 현재의 장부가액으로 보아 이전에 따른 손익은 없는 것으로 한다.

17. ⑤

발행가액(6,000,000)과 시가(4,000,000)와의 차액이 세법상 채무면제이익으로 익금항목인데, 회사는 2,500,000원을 손익계산서상 채무면제이익으로 계상하였음. 이를 조정하기 위해 익금불산입

500,000을 하고, 시가(4,000,000)와 액면가액(3,500,000)의 차액은 주식발행초과금인데 이익 계상하였으므로, 이를 조정하기 위해 기타로 소득처분하면 되는 것임.

18. ④

각 사업연도 소득금액 : 1,590,000원

= 1,500,000(당기 순이익) + 700,000 – 500,000 – 10,000 – 100,000

⑴ 비용처리된 업무무관자산관리비 700,000 손금불산입

⑵ 회계상 비용처리된 연지급수입이자는 그대로 인정. 별도 조정 없음.

⑶ 수익으로 처리된 법인세환급액 : 전기 손금불산입액의 환입으로 500,000 익금불산입

⑷ 수익으로 처리된 법인세환급액 환급금이자 : 10,000 익금불산입

⑸ 특수관계인으로부터 고가매입한 시가초과분 : 손금산입 후 익금산입 하므로 소득금액 영향 없음.

⑹ 기부금 한도초과액이월액 중 당기 손금산입액 100,000을 차가감소득금액에서 차감해주어야 각 사업연도소득금액을 구할 수 있음.

⑺ 이월결손금은 각 사업연도소득금액에서 과세표준을 구하기 위하여 차감하는 것으로 해당 문제에서는 고려하면 안됨.

19. ④

각 사업연도 소득금액에 미치는 순영향 : 238,000원

⑴ 의제배당 : 340,000 = [2,200,000 + (1,500,000×80%)] × 10%

자기주식처분이익, 재평가적립금 중 토지분(1% 과세분)이 의제배당 대상에 해당함.

⑵ 수입배당금 익금불산입 : 102,000 = 340,000×30%

⑶ 순영향 : 238,000 = 340,000 – 102,000

20. ③

법인이 사업자로부터 공급받은 재화·용역의 건당 거래금액(부가가치세 포함)이 3만원을 초과하는 경우 법정증명 서류 이외의 증명서류를 수취하더라도 손금 인정되는 것임. 다만, 적격증명서류 수취불성실가산세(2%) 대상에 해당하는 것임.

21. ④

지정기부금 한도초과액 : 7,720,000원

⑴ 기준금액 : 5,600,000

5,000,000 + 10,000,000 – 12,000,000 + 3,000,000(법정) + 2,000,000(지정) + 6,000,000(지정)* – 8,400,000**

＊ 특수관계 없는 공익법인에게 정상가격(시가 ×70%)보다 저가 양도한 6,000,000 지정기부금에 해당. 지정기부금에 해당하여 별도의 조정은 없고 지정기부금액에 가산함.

＊＊ 각 사업연도의 소득의 60%까지 이월결손금을 공제할 수 있는 법인은 기준소득금액 계산 시 기준소득금액의 60%를 한도로 하여 이월결손금을 차감함.

⑵ 법정기부금 인정액 : 2,800,000

3,000,000 – (5,600,000×50%) = 200,000(법정기부금 한도초과)

⑶ 지정기부금 한도 : 280,000

(5,600,000 - 2,800,000) × 10%

⑷ 지정기부금 한도초과 : 7,720,000

(2,000,000 + 6,000,000) - 280,000

22. ⑤

특정차입금의 연체로 생긴 이자를 원본에 가산한 경우 그 가산한 금액은 해당 사업연도의 자본적 지출로 하고, 그 원본에 가산한 금액에 대한 지급이자는 이를 손금으로 하는 것임.

23. ③

각 사업연도 소득금액에 미치는 순영향 : (+)650,000원

구분	제품	재공품	원재료
회사	3,000,000	3,600,000	4,250,000
세법	3,200,000	3,900,000	4,500,000
조정	(+)200,000	(+)300,000	(-)100,000 (+)250,000

⑴ 제품 : 회사는 선입선출법으로 신고하였으나, 총평균법으로 평가하였으므로 무신고시 평가방법(선입선출법)과 당초 적법하게 신고한 평가방법(총평균법) 큰 금액으로 평가함.

⑵ 재공품 : 회사는 신고된 평가방법인 선입선출법으로 적정하게 평가하였으나, 단순착오로 인한 차액을 조정함.

⑶ 원재료 : 전기말 평가금액 관련 유보를 당기에 추인하고, 평가방법을 무신고 하였으므로 선입선출법에 의해 평가함.

24. ①

② 손금에 산입한 고유목적사업준비금의 잔액이 있는 비영리내국법인이 고유목적사업의 전부를 폐지하는 경우 그 잔액은 해당 사유가 발생한 날이 속하는 사업연도의 소득금액을 계산할 때 익금에 산입함.

③ 고유목적사업준비금을 손금에 산입한 사업연도의 종료일 이후 5년이 되는 날까지 고유목적사업에 일부만 사용한 경우 미사용 잔액을 익금에 산입함.

④ 해산한 경우, 고유목적사업을 전부 폐지하는 경우, 법인으로 보는 단체가 승인취소되거나 거주자로 변경된 경우에는 이자를 납부하지 아니함.

⑤ 소득세법 상 이자소득액 및 배당소득금액의 경우에는 100%를 곱한 금액을 한도로 손금에 산입함.

25. ④

각 사업연도 소득금액에 미치는 순영향 : (-) 50,000,000원

⑴ 퇴직급여충당금 한도초과 : 0

합병으로 승계한 퇴직급여충당금은 기초 퇴직급여충당금에 가산하는 것으로, 당기설정액으로 보는 것이 아님. 퇴직전환금이 없으므로 한도는 0

⑵ 퇴직연금운용자산지급액 : 0

지급액만큼 퇴직급여충당금 20억 손금산입 및 퇴직연금운용자산 익금산입 20억

⑶ 퇴직연금운용자산 신고조정 손금산입액 : (−) 50,000,000

50,000,0000 = min[①, ②] − (30,000,000 − 20,000,000)

① max[66,000,000, 60,000,000] − 3,000,000(세법상 퇴충 기말잔액)

② 60,000,0000(퇴직연금운용자산 기말잔액)

26. ④

사업연도 소득금액에 미치는 순영향 : (−) 45,000,000원

⑴ 건물

국고보조금 50,000,000을 수령하고 수익처리 하였으므로 조정없음

⑵ 기계

〈익금산입〉 국고보조금 20,000,000(유보)

국고보조금 20,000,000을 수익처리하지 않고 자산차감하는 형식으로 회계처리 하였으므로, 익금산입 조정함

⑶ 건물과 기계의 일시상각충당금

〈손금산입〉 (건물)일시상각충당금 50,000,000(△유보)

〈손금산입〉 (기계)일시상각충당금 20,000,000(△유보)

⑷ 감가상각비 상계

〈손금산입〉 (기계)감가상각비 3,000,000(△유보)

기계장치 관련 국고보조금 익금산입한 금액을 감가상각하면서 추인함

20,000,000 × 1/5 × 9/12

⑸ 건물과 기계의 감가상각으로 인한 일시상각충당금 환입

〈손금불산입〉 (건물)일시상각충당금환입 5,000,000*(유보)

〈손금불산입〉 (기계)일시상각충당금환입 3,000,000**(유보)

* 50,000,000 × 10,000,000/100,000,000

** 20,000,000 × 12,000,000(세무상 감가상각비) / 80,000,000

27. ②

사업연도 소득금액에 미치는 순영향 : (+) 1,600,000원

⑴ 토지고가매입 : 0

21년 세무조정

〈손금산입〉 미지급금 10,000,000(△유보)

취득 시 시가초과액의 일부 미지급금이 있는 경우 그 금액을 익금산입(유보)하고, 미지급금 지급 시 이를 추인함.

〈익금산입〉 부당행위 10,000,000(배당·상여·기타사외유출)

고가매입으로 인한 부당행위계산부인의 귀속시점은 현금지급 시점임(즉, 21년).

⑵ 인정이자 : (+) 1,600,000

1,600,000 = 20,000,000 × 8%

1) 시가를 신고하지 않았으므로 가중평균차입이자율 적용

2) 가중평균차입이자율 : 8% = (10,000,000 + 30,000,000) / (200,000,000 + 300,000,000)

3) 이자수익으로 계상한 금액이 없으므로 전액 인정이자 계상함

28. ②

조세특례제한법에 의한 비과세 소득 적용 시 신청을 요건으로 하지 아니함.

29. ⑤

차감납부할 법인세액 : 31,660,000원

(1) 감면후 세액 : 32,000,000 = 260,000,000 × 세율

(2) 최저한세 : 19,600,000 = (260,000,000 + 20,000,000) × 7%(중소기업)

최저한세가 최저한세 적용대상 조세감면을 적용받은 후의 세액보다 작으므로, 최저한세 적용 대상에 해당하니 아니함.

(3) 외국납부세액 공제액 min(①,②) = 340,000

① 외국납부세액 : 762,500 = 262,500(직접) + 500,000(간접)

② 한도 : 340,000 = 32,000,000 × (2,000,000 + 262,500 + 500,000) / 260,000,000

외국납부세액공제는 최저한세 적용대상에 해당하지 아니함.

(4) 차감납부할 법인세액 : 31,660,000 = 32,000,000 − 340,000

30. ③

사업자가 자기적립마일리지 등으로만 전부를 결제받고 공급하는 재화는 재화의 공급(사업상 증여)으로 보지 아니하는 것임.

31. ⑤

㈜A와 ㈜B의 재화의 공급가액 합계액 : 310,400,000원

(1) ㈜A의 공급가액 : 10,400,000

차량 : 10,000,000 = 20,000,000 × 50%(직전 과세기간 과세사업비율)

비품* : 400,000

* 공급가액이 50만원 미만인 경우 안분계산을 생략하고 전액을 과세표준으로 함.

(2) ㈜B의 공급가액 : 300,000,000

1) 건물의 실지공급가액 : 200,000,000

2) 건물의 기준시가 안분가액 : 300,000,000 = 500,000,000 × 240 / 400

→ 차액이 100,000.000으로 300,000,000의 30%를 초과하므로 실지거래가액이 아닌 기준 시가로 안분한 가액을 공급가액으로 함.

32. ①

사업자가 제3자로부터 보전받은 금액 없이 자기생산·취득재화를 공급하는 경우 공급한 재화의 시가를 과세표준에 포함하는 것임. 간주공급에 해당함.

33. ⑤

① 대손 확정시점인 부도발생일(21.1.20)로부터 6개월이 지난 21년 제2기 부가가치세 확정신고 시 1,000,000원의 대손세액공제 가능

② 예정신고시에는 대손세액공제 불가함

③ 회수·변제되는 경우에는 회수일이 속하는 과세기간의 매출세액에 더하는 것임

④ 대손 확정 시점인 부도발생일(21.1.20)로부터 6개월이 지난 21년 제2기 부가가치세 확정신고 시 매입세액에서 빼는 것임.

34. ④

매입세액공제액 : 70,200,000원

(1) 원재료 : 50,000,000

(2) 비품 : 10,000,000

(3) 공통(비품) : 1,400,000 = 2,000,000 × 70%*

　* 공통사용자산을 당기에 취득하여 당기에 처분하였으므로, 직전 과세기간의 과세비율 적용

(4) 공통(기계) 8,000,000 = 10,000,000 × 80%

(5) 과세전환(차량) : 800,000 = 4,000,000 × (1 − 25% × 3) × 80%

35. ②

의제매입세액공제액 : 1,900,000원

= (18,200,000 + 20,800,000 + 10,400,000) × 4/104

(1) 돼지고기 : 18,200,000 = 26,000,000 × 70%*

　* 다른 사업자에게 그대로 판매하는 경우 의제매입세액 적용하지 아니함.

(2) 밀가루 : 20,800,000(수입 시 관세의 과세가액을 공제대상 매입가액으로 함)

(3) 소금 : 10,400,000 = 10,920,000 − 520,000(운임 등 부대비용은 제외함)

(4) 치즈 : 0(가공식료품으로 면세대상이 아님)

(5) 김치 : 0(과세사업에 사용하지 않고 다른 목적으로 사용·소비하였으므로 대상 아님)

36. ①

전자세금계산서 의무발급사업자로부터 발급받은 전자세금계산서로서 국세청장에게 전송되지 아니하였으나 발급한 사실이 확인되는 경우에는 매입세액공제를 받을 수 있는 것임.

37. ⑤

① 폐업시에는 폐업일이 속한 달의 다음 달 25일 이내에 신고·납부하는 것임.

② 일반과세자 중 주로 사업자가 아닌 자에게 재화·또는 용역을 공급하는 소매업, 음식점업, 숙박업 등등은 영수증을 발급할 수 있음.

③ 간이과세자도 영세율 적용대상에 해당함. 다만, 매입세액은 환급이 안되는 것임.

④ 조기환급은 영세율을 적용받는 경우(조기환급신고기간·예정신고기간 또는 과세기간 중에 각 신고기간 단위별로 영세율 적용대상 과세표준이 있는 경우에 한함), 사업설비(감가상각자산)를 신설·취득·확장·증축하는 경우, 사업자가 법에서 정한 재무구조개선계획을 이행 중인 경우에 가능한 것임.

38. ②

② 항시 치료를 요하는 중증환자인 장애인을 수익자로 하는 보험의 보험금은 연간 4천만을 한도로 비과세

39. ② (2022 수정)

상속세 과세표준 : 1,990,000,000원

(1) 총상속재산가액 : 3,800,000,000 = 1,300,000,000* + 2,500,000,000

　　회사채의 경우 평가기준일 이전 2개월간의 최종시세가액의 평균액과 평가기준일 이전 최근 일의

　　최종 시세가액 중 큰 금액으로 평가하여 적용함.

(2) 과세가액공제액 : 10,000,000 = 5,000,000** + 5,000,000***

　　** 봉안시설 사용료는 최대 5백만원을 한도로 함.

　　*** 장례비용의 경우 5백만원 미만인 경우 5백만원으로 함

(3) 상속세 과세가액 : 3,790,000,000 = 3,800,000,000 − 10,000,000

(4) 상속공제 : 1,800,000,000 = 1,000,000,000 + 200,000,000 + 600,000,000

　　1) 인적공제 : 5억(일괄) + 5억(배우자)

　　2) 금융재산상속공제 : min[13억 × 20%, 2억]

　　3) 동거주택상속공제* : min[25억, 6억]

　　* 2022.1.1. 이후부터 동거주택상속공제 대상에 직계비속의 배우자도 포함되는 것으로 확대되었다.

(5) 과세표준: 1,990,000,000 = 3,790,000,000 − 1,800,000,000

40. ①

차량의 자동차관리법에 따른 등록지와 사용본거지가 다른 경우 사용본거지를 취득세 납세지로 함.

회계학

김 정 호 (공인회계사 / 서울디지털대학교 겸임교수)

1. ⑤

이행가치는 부채의 이행에 필요한 추정 현금흐름의 현재가치에 관한 정보를 제공한다. 따라서 이행가치는 부채가 이전되거나 협상으로 결제될 때보다는 특히 이행될 경우에 예측가치를 가질 수 있다.(문단 6.38)

2. ②

교환으로 인한 취득원가 = 장부금액 ₩700,000 + 현금지급액 ₩50,000

　　　　　　　　　　− 처분손실 ₩100,000 = 650,000

자본적 지출후 취득원가 = 교환인식원가 ₩650,000 + 설치상소 순비원가 ₩50,000

　　　　　　　　　　+ 설치원가 ₩50,000 = ₩750,000

감가상각비 = (₩750,000 − ₩50,000) ÷ 5년 = ₩140,000

(교환 분개)

(차) 기계장치(신)	650,000	(대) 기계장치(구)	700,000
유형자산처분손실	100,000	현　금	50,000

3. ④

[Powerful Method 1]

	20×1초	20×1말	20×2말	감가상각	재평가손익 NI	재평가손익 OCI
20×1초	2,000,000					
20×1말	1,640,000 →	1,800,000		(360,000)		160,000
20×2말		1,400,000 →	1,100,000	(400,000)	(140,000)	(160,000)

20×1년 감가상각비 = (₩2,000,000 – ₩200,000)÷5년 = ₩360,000
20×1년 말 재평가이익 = FV ₩1,800,000 – BV ₩1,640,000 = ₩160,000(OCI)
20×2년 감가상각비 = (₩1,800,000 – ₩200,000)÷4년 = ₩400,000
20×2년 말 손상차손 = BV ₩1,400,000 – 회수가능액 ₩1,100,000
　　　　　　　　　 – 재평가잉여금잔액 ₩160,000 = ₩140,000(PL)
당기비용 합계 = 감가상각비 ₩400,000(감가상각비) + 손상차손 ₩140,000
　　　　　　 = ₩540,000

[Powerful Method 2]

	20×1초	20×1말	20×2말	감가상각	재평가손익 NI	재평가손익 OCI
20×1초	2,000,000					
20×1말	1,640,000 →	1,800,000		(360,000)		160,000
20×2말		1,400,000 →	1,300,000	(400,000)		(100,000)
			↓			
			1,100,000		(140,000)	(60,000)

당기비용 합계 = 감가상각비 ₩400,000(감가상각비) + 손상차손 ₩140,000
　　　　　　 = ₩540,000

4. ④

평균지출액	연평균차입금 사용액		이자율	자본화할 차입원가	한도
500,000*1	특정차입금 (일시예치)	400,000	5%	20,000	
		(100,000)	3%	(3,000)	
	일반차입금	200,000	8%	16,000*3	
계				33,000*2	

*1. 평균지출액 = 500,000 × 6/12 + 600,000 × 3/12 + 1,200,000 × 1/12 = 500,000

*2. 자본화 이자 = 취득원가 2,333,000 − 지출액합(500,000 + 600,000 + 1,200,000)
= 33,000

*3. 일반차입금 자본화 이자 = 33,000 − (20,000 − 3,000) = 16,000
자본화이자율 = 16,000 ÷ 200,000 = 8%

5. ①

재고자산의 지역별 위치나 과세방식이 다르다는 이유만으로 동일한 재고자산에 다른 단위원가 결정방법을 적용하는 것이 정당화될 수는 없다.(문단 26)

6. ③

이자수익	50,000 × 10%	₩5,000
평가손익(순액)	46,000 − (50,000 − 3,000)	(1,000)
순이익 영향		₩4,000

[Powerful Method 1]

20x3년 말 자산(A)	금융자산 46,000 + 현금(이자) 5,000	₩51,000
20x2년 말 자산(B)	금융자산 50,000 − 손실충당금 3,000	47,000
순이익 영향(A − B)		₩4,000

7. ⑤

AC금융자산 처분손익 = FVOCI금융자산 처분손익

① 상각후원가 = ₩95,198 × 1.12 − ₩10,000 = ₩96,622
상각후원가 ₩96,622 〉 공정가치 ₩93,417

② ₩95,198 × 12% = ₩11,424

③ 20x2년 말 상각후원가 = (₩95,198 × 1.12 − ₩10,000) × 1.12 − ₩10,000 = ₩98,216
20x2년 말 기타포괄손익누계액 = 공정가치 ₩99,099 − 상각후원가 ₩98,216 = ₩883

8. ②

젖소 평가이익	20마리×₩100,000 − 10마리×₩105,000 − 10마리×₩100,000	(₩50,000)
우유 이익	100리터×₩5,000	500,000
순이익 영향		₩450,000

9. ①

무형자산 원가의 인식은 그 자산을 경영자가 의도하는 방식으로 운용될 수 있는 상태에 이르면 중지한다. 따라서 무형자산을 사용하거나 재배치하는 데 발생하는 원가는 자산의 장부금액에 포함하지 않는다.(문단 30)

10. ④

(A) 현금수취액 = (₩3,000,000×6%×2.5770+₩3,000,000×0.7938)×(1+8%×2/12)
    = ₩2,883,197

(B) 현금수취액 = (₩3,000,000×6%×2.6243+₩3,000,000×0.8163)×(1+7%×2/12)
    = ₩2,955,356

(B) 현금수취액 − (A) 현금수취액 = ₩2,955,356 − ₩2,883,197 = ₩72,159

11. ②

발행금액(20x1년 1월 1일) = ₩3,000,000×6%×2.5770+₩3,000,000×0.7938
    = ₩2,845,260
사채장부금액(이자 포함) = ((₩2,845,260×1.08−₩180,000)×1.08−₩180,000)
    ×(1+8%×3/12)
    = ₩3,003,198
사채상환손익 = 장부금액 ₩3,003,198×30% − 상환액 ₩915,000 = (−)₩14,041(손실)
[별해]
장부금액 ₩3,000,000×1.06×0.9259×(1+8%×3/12)×30%−상환액 ₩915,000
=(−)₩14,025(손실)

12. ②

[Powerful Method]

사외적립자산 − 확정급여채무

기초	60,000	당기근무원가	900,000
순이자수익(주2)	4,800	재측정요소	14,800
기여	1,000,000	기말(주1)	150,000
	1,064,800		1,064,800

(주1) Min[₩2,300,000 − ₩2,100,000 = ₩200,000, ₩150,000(자산인식상한)] = ₩150,000
(주2) 순이자원가 = ₩60,000×8% = ₩4,800

13. ④

20x1년 말 누적보상원가 = ₩100×30명×30개×1/5 = ₩18,000

20x2년 말 누적보상원가 = ₩18,000 + ₩28,800 = ₩46,800

20x2년 말 누적보상원가 = 주식선택권 개당 공정가치×30명×30개×2/5 = ₩46,800

주식선택권 개당 공정가치 = ₩130

14. ⑤

리스이용자는 다음 조건을 모두 충족하는 리스변경을 별도 리스로 회계처리한다.(문단 44)

⑴ 하나 이상의 기초자산 사용권이 추가되어 리스의 범위가 넓어진다.

⑵ 넓어진 리스 범위의 개별 가격에 상응하는 금액과 특정한 계약의 상황을 반영하여 그 개별 가격에 적절히 조정하는 금액만큼 리스대가가 증액된다.

15. ③

사용권자산 = 리스부채 = ₩3,000,000×2.577 = ₩7,731,000

20x2년 말 조정전

사용권자산 = ₩7,731,000×1/3 = ₩2,577,000

리스부채 = (₩7,731,000×1.08 − ₩3,000,000)×1.08 − ₩3,000,000 = ₩2,777,438

20x2년 말 조정후 리스부채 = (₩3,000,000 + ₩500,000)×0.9091 = ₩3,181,850

리스부채 증가 = ₩3,181,850 − ₩2,777,438 = ₩404,412

20x2년 말 조정후 사용권자산 = ₩2,577,000 + 리스부채 증가 ₩404,412 = ₩2,981,412

20x3년 사용권자산 감가상각비 = ₩2,981,412÷2년 = ₩1,490,706

16. ③

기본주당이익 계산을 위한 분모 = 200,000주 + 20,000주×3/12 = 205,000주

기본주당이익 = ₩205,000,000÷205,000주 = ₩1,000

희석주당이익 계산을 위한 분모 = 205,000주 + 10,000주×(1 − ₩20,000/₩25,000)

$\qquad$ + 20,000주×(1 − ₩20,000/₩25,000)×9/12 = 210,000주

희석주당이익 = ₩205,000,000÷210,000주 = ₩976

17. ⑤

발행금액 = 200주×₩500×3%×1.8334 + 200주×₩600×0.89 = ₩112,300

20x1년 이자비용 = ₩112,300×6% = ₩6,738

18. ①

구분	개별판매가격	총수익금액 배분
중장비	₩481,000	₩462,500
하자보증	39,000	37,500
합계	₩520,000	₩500,000

총수익 = 중장비 ₩462,500 + 하자보증 ₩12,500(₩37,500 × ₩10,000/₩30,000)

　　　　= ₩475,000

부채 = 최초인식 ₩37,500 − 수익대체 ₩12,500 = ₩25,000

19. ④

매 출 액		₩1,000,000
매출원가		(500,000)
20×1년 인식 이자비용 제거	(1,100,000 − 1,000,000) × 1개월/4개월	25,000
순이익 영향		₩525,000

[회계처리]

〈20x1년 12월 1일〉

(차) 현　　금	1,000,000	(대) 금융부채	1,000,000

기업이 콜옵션보유로 고객이 자산을 통제할 수 없어 기업은 수익인식 못함

재매입가격(1,100,000) ≥ 원래판매가격(1,000,000) 이므로 금융약정으로 회계처리

〈20x1년 12월 31일〉

(차) 이자비용	25,000 [*1]	(대) 미지급이자	25,000

*1. (1,100,000 − 1,000,000) × 1개월/4개월

〈20x2년 3월 31일〉

(차) 금융부채	1,000,000	(대) 수　　익	1,025,000
미지급이자	25,000		
(차) 매출원가	500,000	(대) 재고자산	500,000

20. ①

유형자산의 제거에서 생기는 손익에 포함되는 대가(금액)는 기업회계기준서 제1115호 문단 47~72의 거래가격 산정에 관한 요구사항에 따라 산정한다. 손익에 포함된 추정 대가(금액)의 후속적인 변동은 기업회계기준서 제1115호의 거래가격 변동에 관한 요구사항에 따라 회계처리한다.(1016호 문단 72)

21. ③

[Powerful Method]

법인세비용 = (세전이익 ₩500,000 + 접대비한도초과액 ₩20,000) × 20% = ₩104,000

[별해]

	20×1년	20×2년이후
세전이익	₩500,000	
접대비한도초과액	20,000	
재고자산평가손실	5,000	(5,000)
자기주식처분이익	10,000	
FVOCI금융자산	20,000	(20,000)
FVOCI금융자산 평가손실	(20,000)	
토지	(20,000)	20,000
재평가잉여금	20,000	
과세표준	₩535,000	(₩5,000)
세율	20%	20%
당기법인세	₩107,000	(₩1,000)
이연법인세자산증가	(1,000)	이연법인세자산
자기주식처분이익 법인세효과	(2,000)	
FVOCI금융자산 평가손실 법인세효과	4,000	
재평가잉여금 법인세효과	(4,000)	
법인세비용	₩104,000	

22. ④

오류정산표

구분	20x1년	20x2년	20x3년
재고자산 오류	₩20,000	(₩20,000)	
		(30,000)	₩30,000
			(35,000)
보험료 오류		15,000	(15,000)
기계장치 오류	50,000		
감가상각비 오류	(10,000)	(10,000)	(10,000)
합계	₩60,000	(₩45,000)	(₩30,000)

20x3년 전기이월이익잉여금 = ₩60,000 - ₩45,000 = ₩15,000(증가)
20x3년 당기순이익 영향 = (-)₩30,000(감소)

23. ④

비유동자산이 매각예정으로 분류되거나 매각예정으로 분류된 처분자산집단의 일부이면 그 자산은 감가상각(또는 상각)하지 아니한다. 매각예정으로 분류된 처분자산집단의 부채와 관련된 이자와 기타 비용은 계속해서 인식한다.(문단 25)

24. ③

(차) 이자비용	48,191	(대) 미지급이자	5,000 [*1]
B사채	3,358 [*3]	A사채	2,349 [*2]
		현 금	44,200

*1. 미지급이자 증가 = 15,000 − 10,000 = 5,000
*2. A사채 증가 = 97,345 − 94,996 = 2,349
*3. A사채 감소 = 110,692 − 107,334 = 3,358

25. ③

합병대가 = ₩160,000 ÷ ₩100 ÷ 2주 × ₩1,400 = ₩1,120,000
순자산의 공정가치 = ₩50,000 + ₩200,000 + ₩800,000 + ₩290,000 − ₩80,000
　　　　　　　　− ₩450,000 − 조건부대가부채 ₩60,000 + 무형자산 ₩90,000
　　　　　　　　= ₩840,000
영업권 = 합병대가 ₩1,120,000 − 순자산의 공정가치 ₩840,000 = ₩280,000

26. ⑤

영업권 = ₩280,000 − (₩900,000 − ₩800,000) = ₩180,000
유형자산 = ₩900,000 × (60개월 − 18개월)/60개월 = ₩630,000

27. ②

관계기업 투자가 공동기업 투자로 되거나 공동기업 투자가 관계기업 투자로 되는 경우, 기업은 지분법을 계속 적용하며 잔여 보유 지분을 재측정하지 않는다.(문단 24)

28. ①

취득원가		600,000
시가미달 토지 실현	(400,000 − 350,000) × 20%	(10,000)
시가미달 재고자산 실현	(230,000 − 180,000) × (180,000 − 36,000)/ 180,000 × 20%	(8,000)
순이익 몫	300,000 × 20%	60,000
현금배당 몫	100,000 × 20%	(20,000)
20x1년 말 장부금액		622,000

29. ①

20x1년 1월 1일 비지배지분	48,000×40%	₩19,200
20x1년 비지배지분 귀속 순이익	(17,500 – 추가상각1,000)×40%	6,600
20x2년 비지배지분 귀속 순이익	(24,000 – 추가상각1,000 – 토지처분이익 5,000)×40%	7,200
20x2년 12월 31일 비지배지분		₩33,000

[별해]
20x2년 12월 31일 비지배지분 = (40,000 + 17,500 + 24,000+1,000[주])×40%
$$= ₩33,000$$
[주] 20x2년 12월 31일 현재 공정가치와 장부금액 차이 = (11,000 – 8,000)×1/3 = 1,000

30. ②

① 투자자는 피투자자의 의결권 과반수를 보유하고 있더라도 그러한 권리가 실질적이지 않다면 피투자자에 대한 힘을 가지지 못한다.(문단 B37)

③ 투자기업은 다른 기업에 대한 지배력을 획득할 때 그 종속기업을 연결하거나 기업회계기준서 제1103호를 적용해서는 안 된다. 대신에 투자기업은 종속기업에 대한 투자자산을 기업회계기준서 제1109호에 따라 공정가치로 측정하여 당기손익에 반영한다.(문단 31)

④ 방어권만을 보유하는 투자자는 피투자자에 대한 힘이 없으며, 따라서 피투자자를 지배하는 것이 아니다.(문단 14)

⑤ 종속기업에 대한 투자지분에 지분법을 적용할 수 있다.

별도재무제표를 작성할 때, 종속기업, 공동기업, 관계기업에 대한 투자자산은 다음 (1), (2), (3) 중 어느 하나를 선택하여 회계처리한다.(1028호 문단 10)

(1) 원가법 (2) 기업회계기준서 제1109호에 따른 방법 (3) 제1028호에서 규정하는 지분법

31. ①

㈜대한 자산		₩1,700,000
㈜민국 자산		950,000
종속기업투자제거		(300,000)
영업권인식	300,000 – (950,000 – 490,000 – 60,000)×60%	60,000
재고자산미실현제거	(100,000 – 80,000)×40%	(8,000)
자산 총액		₩2,402,000

32. ③

㈜대한 순이익		₩120,000
㈜민국 순이익		70,000
재고자산미실현이익실현	(100,000 − 80,000) × 40%	8,000
토지미실현이익제거	110,000 − 95,000	(15,000)
연결당기순이익		₩183,000

33. ③

조정전 당기순이익		₩20,400
재고자산평가손실	장부금액 − 순실현가능가치 ¥500 × ₩10.3 − ¥450 × ₩10.4 ₩5,150 − ₩4,680 = 470	(470)
투자부동산평가손익	공정가치 − 장부금액 ¥2,200 × ₩10.4 − ¥2,000 × ₩10.0 ₩22,880 − ₩20,000 = ₩2,880	2,880
조정후 당기순이익		₩22,810

34. ④

(1) 파생상품평가손익 = ₩480,000 − ₩470,000 = ₩10,000
(2) 현물평가손익 = ₩470,000 − ₩510,000 = (−)₩40,000
당기순이익 순효과 = (1) + (2) = ₩10,000 − ₩40,000 = (−)₩30,000(손실)

35. ②

외화는 기능통화가 아닌 통화

36. ⑤

재정상태표일 현재 인식하여야 할 연금충당부채는 다음 각 호의 합계액으로 한다.(연금회계준칙 제5조 ①)

⑺ 연금수급자에게 재정상태표일 이후 장래 연금수급기간 동안 지급할 것으로 추정되는 연금을 재정상태표일의 현재가치로 평가한 금액
⑷ 연금미수급자에게 장래에 지급하여야 할 연금추정지급액 중 재정상태표일 현재 귀속되는 금액을 재정상태표일의 현재가치로 평가한 금액

37. ②

비교환수익 → 재정운영순원가 (국가회계기준규칙제47조 ③)

38. ②

2월 10일 → 1월 20일 (제7조 ①)

39. ⑤

무형자산을 취득하는 기간 동안 발생한 금융비용을 취득부대비용에 포함시킬 수 없다.

40. ①

I	사업순원가	₩300,000
	총원가 500,000 – 사업수익 200,000	300,000
II	관리운영비	200,000
	인건비 + 경비	200,000
III	비배분비용	60,000
	자산처분손실	50,000
	이자비용	10,000
IV	비배분수익	20,000
	보조금수익	20,000
V	재정운영순원가(I + II + III – IV)	₩540,000
VI	일반수익	540,000
	자체조달수익: 지방세수익	500,000
	기타수익: 기부금수익	40,000
VII	재정운영결과(V – VI)	₩0

[참고]
1. 비화폐성자산은 취득 당시 환율로 평가한다.
2. 관리전환 등으로 생긴 순자산의 감소는 비용에 포함하지 아니한다.

41. ②

당기제품제조원가 – 매출원가 = 기말제품 ₩28,000 – 기초제품 ₩13,000
                            = ₩15,000

[별해]
재료비 = ₩23,000 + ₩55,000 – ₩12,000 = ₩66,000
당기제품제조원가 = ₩30,000 + ₩66,000 + ₩64,000 – ₩45,000 = ₩115,000
매출원가 = ₩13,000 + ₩115,000 – ₩28,000 = ₩100,000
당기제품제조원가 – 매출원가 = ₩115,000 – ₩100,000 = ₩15,000

42. ④

구 분	#101	#102	#103	합 계
직접재료원가	₩27,000	₩28,000	₩5,000	₩60,000
직접노무원가	₩25,000	₩26,000	₩13,000	₩64,000
제조간접비배부액	1,400시간×₩20 = ₩28,000	1,800시간×₩20 = ₩36,000	600시간×₩20 = ₩12,000	₩76,000
총원가(차이배부전)	₩80,000	₩90,000	₩30,000	₩200,000
배부차이	6,000×80,000 ÷200,000 = ₩2,400	6,000×90,000 ÷200,000 = ₩2,700	6,000×30,000 ÷200,000 = ₩900	₩6,000
총원가	₩82,400	₩92,700	₩30,900	₩206,000

시간당 제조간접배배부액 = ₩800,000÷4,000시간 = ₩20

배부차이 = 발생액 ₩82,000 − 배부액 ₩76,000 = ₩6,000(부족배부)

#101 매출총이익 = ₩120,000 − ₩82,400 = ₩37,600

43. ⑤

구분	재료비 단위원가	가공비 단위원가
기초재공품	₩24,000/2,000단위 = ₩12	₩10,000/1,200단위 = ₩8.33
당기착수량	₩1,500,000/10,000단위 = ₩150	₩880,000/8,800단위 = ₩100

기초재공품단위원가 〈 당기착수량의 단위원가

기초재공품원가가 완성품원가와 기말재공품원가에 배분되는 평균법으로 계산한 완성품원가가 선입선출법으로 계산한 완성품원가보다 크다.

〈평균법〉

구분	재료비	가공비
완성품환산량	2,000단위 + 10,000단위 = 12,000단위	8,000단위 + 4,000단위×50% = 10,000단위
단위원가	₩1,524,000/12,000단위 = ₩127	₩890,000/10,000단위 = ₩89

기말재공품원가 = 4,000단위×₩127 + 4,000단위×50%×₩89 = ₩686,000

〈선입선출법〉

구분	재료비	가공비
완성품환산량	10,000단위	8,000단위 + 4,000단위×50% − 2,000단위×60% = 8,800단위
단위원가	₩1,500,000/10,000단위 = ₩150	₩880,000/8,800단위 = ₩100

완성품원가 = ₩24,000 + ₩10,000 + 6,000단위×₩150 + 6,800단위×₩100
= ₩1,614,000

44. ③

법인세율이 인상되면 손익분기 매출액은 불변이다.

45. ⑤

$$30,000단위 \times (10 + \frac{400,000}{50,000단위}) + 20,000단위 \times (10 + \frac{400,000}{20,000단위}) = 1,140,000$$

① 1차년도 초 재고금액과 3차년도 말 재고금액이 "0"이므로 3차년도까지 전부원가계산과 변동원가
계산에 따른 누적영업손익은 동일하다.

② 50,000단위 × (₩30 − ₩10 − ₩4) − (₩400,000 + ₩100,000) = ₩300,000

46. ①

$$표준배부율 = \frac{유리\,500 - 불리(-1,000)}{2,000단위 - 1,500단위} = \frac{1,500}{500단위} = 3$$

47. ②

(3억원 − (−)7억원) × 우승확률 ≥ 1억

우승확률 ≥ 1억/10억

우승확률 ≥ 10%

48. ③

3월	재고비율 10%	재고비율 20%
매출원가	₩6,000,000 × 70% = ₩4,200,000	₩6,000,000 × 70% = ₩4,200,000
월말재고	₩7,000,000 × 70% × 10% = ₩490,000	₩7,000,000 × 70% × 20% = ₩980,000
월초재고	₩6,000,000 × 70% × 10% = ₩420,000	₩6,000,000 × 70% × 20% = ₩840,000
매입액	₩4,270,000	₩4,340,000

매입액 증가 = ₩4,340,000 − ₩4,270,000 = ₩70,000

49. ④

외부구입시 단위당 원가절감 및 추가수익

직접재료원가		₩38
직접노무원가		35
변동제조간접원가		20
감독관 급여		40
추가수익	₩240,000 ÷ 10,000개	24
원가절감 + 추가수익		₩157

50. ⑤

안전재고의 수준을 높게 설정한다. → 재고수준을 매우 낮게 설정한다.

2020년도 제55회 기출문제 정답 및 해설

경영학

이 인 호 (경영학박사 / 웅지세무대학고 교수) : 일반경영 (【 1 】~【24】)
박 진 우 (경영학박사 / 웅지세무대학교 교수) : 재무관리 (【25】~【40】)

[일반경영]

1. ①

내재론자는 자신이 자신의 운명을 통제한다고 믿는 사람이며, 외재론자는 자신에게 일어난 운명이 외부의 요인에 의해 결정된다고 믿는 사람이다. 내재론자와 외재론자는 자신의 행동이 삶의 결과에 얼마나 영향을 줄 수 있을지 믿는 정도를 의미하는 통제위치(locus of control)에 따라 분류된다. 따라서 문제에서의 서술은 외재론자가 아니라 내재론자에 대한 서술이다.

2. ④

전문적인 기술이나 지식 또는 독점적 정보에 바탕을 둔 권력은 전문적 권력이고, 준거적 권력은 권력 수용자의 행동기준을 권력 행사자가 제시하는 것을 원천으로 하는 권력이다. 대부분의 사람들은 자신보다 뛰어나다고 인식되는 사람을 존경하고 닮고자 하는데, 권력 수용자에게 동일화(일체감)가 조성될 때 준거적 권력이 발생한다. 기업 내에서는 준거적 권력을 가지고 있는 권력 행사자는 권력 수용자로부터 존경심을 받게 된다.

3. ②

① 브룸(Vroom)의 기대이론은 개인들은 자신들이 어떤 행동을 하며 그에 따라 특정 결과가 나타날 것이라는 기대감, 수단성, 유의성의 강도에 따라 상이하게 행동한다는 것이다. 개인과 개인 또는 개인과 조직 간의 교환관계에 초점을 둔 이론은 리더-부하 교환이론이다. ③ 매슬로우(Maslow)의 욕구이론에서 가장 상위위치를 점하는 욕구는 자아실현욕구이다. ④ 맥그리거(McGregor)의 'X형·Y형이론'에 의하면 X형의 인간관을 가진 관리사는 부하를 신뢰하지 않고 철저히 관리한다. ⑤ 암묵지는 개인이 체화하여 가지고 있으며 말로 하나하나 설명할 수 없는 내면의 비밀스러운 지식을 의미하고, 형식지는 전달과 설명이 가능하며 적절히 표현되고 정리된 지식을 의미한다.

4. ⑤

레윈(Lewin)의 조직변화 3단계 모델에 의하면, '해빙' 단계는 변화를 추진하는 세력과 변화에 저항하는 세력이 힘겨루기를 하게 된다. 즉 현재의 위치와 혜택을 영구화하려는 현상유지세력이 변화의 필요성을 인식하고 조직변화를 시도하려는 세력에 제동을 걸게 됨으로써 갈등이 발생하게 되는 단계로서,

구성원들에게 위기감(긴박감)을 조성하고 변화를 주도할 내부세력과 팀을 구축하며 변화에 대한 비전과 이를 달성할 변화전략을 구상하여 구성원들에게 변화에 대한 공감과 동기를 불러일으키는 과정이다. 또한, '변화' 단계는 여러 가지 기법들을 사용하여 계획된 변화를 실천에 옮기는 단계이고, '재동결' 단계는 바람직한 상태로 변화된 조직의 새로운 국면을 안정화시키는 단계이다. 따라서 구성원의 변화 필요성 인식, 주도세력 결집, 비전과 변화전략의 개발 등이 이루어지는 단계는 '해빙' 단계이다.

5. ②

보상은 경제적 보상과 비경제적 보상으로 구분할 수 있으며, 경제적 보상은 다시 직접적 형태의 보상 인 임금과 간접적 형태의 보상인 복리후생으로 구분할 수 있다. 따라서 복리후생은 직접적 형태의 보 상에 해당하지 않는다.

6. ⑤

대조오류(contrast errors)란 지각대상을 평가함에 있어서 다른 대상과 비교해서 평가함으로써 범하 게 되는 지각오류를 말한다. 피평가자가 속한 집단에 대한 지각에 기초하여 이루어지는 것으로 평가 자가 생각하고 있는 특정집단 구성원의 자질이나 행동을 그 집단의 모든 구성원에게 일반화시키는 경 향에서 발생하는 오류는 상동적 태도(stereotyping)이다.

7. ③

선발면접은 질문의 내용(질문내용의 공개여부)을 기준으로 구조적 면접과 비구조적 면접으로 분류할 수 있다. 여기서 구조적 면접은 직무명세서를 기초로 질문항목을 미리 준비하여 면접자가 피면접자에 게 질문하는 것이고, 비구조적 면접은 특정한 질문서목록 없이 면접자가 중요하다고 생각하는 내용을 질문하는 면접형태이다. 따라서 문제에서의 서술은 비구조적 면접이 아니라 구조적 면접에 대한 서술 이다.

8. ④

승계계획이란 핵심 직위가 공석이 되었을 경우를 대비하여 해당 직위를 승계할 수 있는 적합한 인재 를 확보하고 개발하는 과정이다. 조직이 조직체의 인적자원 수요와 구성원이 희망하는 경력목표를 통 합하여 구성원의 경력진로를 체계적으로 계획·조정하는 인적자원관리 과정은 경력개발(career development)이다.

9. ②

① 공정성이론에 의하면, 소비자의 만족 또는 불만족은 다른 소비자와 비교하여 자신이 느끼는 공정 성에 따라 달라진다. ③ 동화효과는 소비자가 지각하는 성과가 기대와 다를 경우 성과를 기대에 동화 시켜 지각하는 것이다. ④ 크루그만(Krugman)의 저관여 위계는 제품을 인지한 후에 이를 구매 및 사용한 후에 해당 제품에 대한 느낌 또는 태도가 형성된다는 것이다. 소비자가 제품을 인지한 후 이에 대한 태도를 형성하고 이후 구매까지 이르는 과정은 고관여 제품에 주로 적용된다. ⑤ 관성은 소비자 가 소득감소 등과 같은 상황의 변화에도 불구하고 소비를 줄이지 못하는 현상이다.

10. ③

고관여 하의 의사결정은 구매 후 부조화가 일반적이고, 저관여 하의 의사결정은 구매 후 부조화 현상이 적다. 따라서 구매 후 부조화의 발생가능성이 낮은 상황은 저관여 하의 의사결정을 의미하며, 여기에 해당하는 상황은 b와 d이다.

11. ①

각 대안평가 방식을 통한 의사결정결과는 다음과 같다. 따라서 B브랜드만 선택하는 대안평가 방식은 보완적 방식과 사전편집식이다.

① 보완적 방식 : 소비자는 점수가 가장 높은 B브랜드를 선택한다.
- A브랜드 : $4 \times 0.5 + 2 \times 0.3 + 4 \times 0.2 = 3.4$
- B브랜드 : $5 \times 0.5 + 4 \times 0.3 + 2 \times 0.2 = 4.1$
- C브랜드 : $3 \times 0.5 + 3 \times 0.3 + 3 \times 0.2 = 3$

② 사전편집식 : 소비자가 구매대안에 대한 최고의 우선순위를 먼저 결정하고 만약 동순위라면 차선의 우선순위에 따라 대안을 다시 평가하는 방식이다. 따라서 소비자는 가장 중요도가 높은 속성인 '자외선 차단기능'의 기준에 따라 점수가 가장 높은 B브랜드를 선택한다.

③ 순차적 제거식 : 소비자가 구매대안에 대하여 최고 우선순위를 먼저 정하고, 특정 속성에 대해 최저수용기준을 설정하여 그 기준을 만족시키지 못하는 대안을 순차적으로 제거해 최종 대안이 남을 때까지 계속 평가하는 방식이다. 따라서 소비자는 가장 중요도가 높은 속성인 '자외선 차단기능'의 기준은 최소한의 수용기준에 미달되는 브랜드가 없기 때문에 두 번째 중요도가 높은 속성인 '지속성'의 기준에 따라 A브랜드를 제거하고, 세 번째 중요도가 높은 속성인 '가격 대비 용량'의 기준에 따라 B브랜드를 순차적으로 제거한다. 결국 소비자는 C브랜드를 선택한다.

④ 결합식 : 소비자가 각 속성에 대하여 최소한의 평가기준점을 선정하고, 이 평가기준을 만족하지 못한 대안은 모두 탈락시키는 평가방식이다. 따라서 모든 속성에 대해서 최소한의 수용기준을 만족시키는 브랜드는 C브랜드이기 때문에 소비자는 C브랜드를 선택한다.

⑤ 분리식 : 소비자가 정한 최소기준 중의 하나라도 만족시키는 대안은 모두 선택집합에 포함시키는 평가방식이다. 문제에서 중요도가 높은 두 개의 속성을 기준으로 평가한다고 하였기 때문에 소비자는 모든 브랜드를 선택한다.

12. ③

결과가 소비자 자신에 의해 유발되었을 때는 내적귀인하지만, 결과의 원인이 지속적이거나 발생한 결과가 기업에 의해 통제 가능했다고 판단할 때는 외적귀인하게 된다.

13. ①

② 지각적 조직화는 정보처리대상의 여러 요소들을 따로 지각하지 않고 소비자가 자신의 경험과 외부정보를 통합하여 전체적으로 그 제품에 대한 이미지를 결정짓는 것을 말한다. 즉 스키마(schema)를 형성하는 것이다. ③ 지각적 균형은 소비자가 구매에 앞서 기존의 신념과 일치하는 정보를 선택하고 신념을 확고히 하도록 정보를 이해하는 상태이다. ④ 지각적 방어는 개인에게 위협을 안겨주는 자극이나 상황적 사건이 있을 경우에 이에 대해 담을 쌓거나 인식하기를 거부함으로써 방어를 구축하는 것이다. ⑤ 지각적 경계는 소비자는 자신의 가치 체계와 욕구에 부합하는 정보를 더 유용하게 생각하고 더 잘 지각한다는 것이다. 즉 소비자는 자신의 욕구와 기대를 충족시키는 자극에 주의를 둠으로써 필요한 정보를 선택적으로 지각한다.

14. ④

라인확장은 제품범주 내에서 새로운 형태, 색상, 크기, 원료, 향 등의 신제품에 기존 상표를 함께 사용하는 것을 말하고, 현재의 브랜드명을 다른 제품범주의 신제품에 확장해 사용하는 것은 상표확장이다.

15. ①

기업은 다차원척도법을 활용하여 소비자들이 인식하고 있는 유사성을 기반으로 브랜드 간 거리를 산출하며, 이를 통해 평가 브랜드들의 상대적 위치를 알 수 있다.

16. ①

어떤 제품을 비교적 낮은 가격으로 판매한 이후, 그 상품에 필요한 소모품이나 부품 등을 비교적 비싼 가격에 판매하는 가격관리방식은 캡티브 제품 가격이다.

17. ④

단순지수평활법은 '$F_{t+1} = \alpha D_t + (1-\alpha) F_t = F_t + \alpha (D_t - F_t)$'과 같은 식을 활용한다. 따라서 평활상수의 값이 1.0인 경우에는 F_{t+1}과 D_t가 일치한다.

18. ④

① 공정별배치는 대량생산을 통한 원가의 효율성이 제품별배치보다 상대적으로 낮다. ② 제품별배치는 생산제품의 다양성과 제품설계변경에 대한 유연성이 공정별배치보다 상대적으로 낮다. ③ 제품별배치는 설비의 활용률이 공정별배치에 비해 상대적으로 높다. ⑤ 공정별배치는 설비의 고장에 따른 손실이 제품별배치보다 상대적으로 작다.

19. ②

관리도는 관측값이 정상적인지, 비정상적인지를 결정하기 위해서 표본으로부터 얻어낸 품질측정값을 시간의 순서에 따라 표시하는 도표를 의미한다. 따라서 관리도가 공정에 발생한 이상변동의 원인과 해결방안을 찾아주거나 공정능력을 향상시켜 주는 것은 아니다.

20. ⑤

① 서비스수준이 50%라는 것은 리드타임 동안의 평균수요를 충족시킨다는 의미이기 때문에 재주문점은 '일간 평균수요 × 리드타임'이 된다. 따라서 재주문점은 6이고 안전재고량은 0이다.

② 재주문점은 '리드타임 동안의 평균수요(= 일간 평균수요 × 리드타임) + 안전재고량'이다. 따라서 재주문점이 8.33이라면 안전재고량은 2.33이 된다.

③ 서비스수준 90%를 충족하는 재주문점이 8.56이라면, 안전재고량은 2.56이고 Z값은 1.28이 된다. 여기서 안전재고량은 '$Z \times \sigma_d$'이기 때문에 σ_d(리드타임 동안 수요의 표준편차)는 2이다.

④ 안전재고량은 '$Z \times \sigma_d$'이고, 재주문점은 '리드타임 동안의 평균수요(= 일간 평균수요 × 리드타임) + 안전재고량'이다. 따라서 수요의 표준편차가 커지면 안전재고량이 증가하고, 안전재고량이 증가하면 재주문점은 증가한다.

⑤ 서비스수준 95%를 충족하는 재주문점이 7.65라면 안전재고량은 1.65가 되며, 서비스수준 95%를 충족하는 Z가 1.65이기 때문에 리드타임 동안 수요의 표준편차는 1이다. 따라서 서비스수준 90%에 대한 재주문점은 '리드타임 동안의 평균수요 + 안전재고량 = 6 + 1.28 = 7.28'이 된다.

21. ②

B기업의 조립라인은 아래의 그림과 같다.

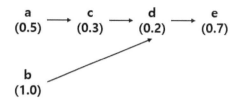

① 과업 h의 수행시간으로 인해 주기시간을 1분 미만으로 줄일 수는 없으며, 필요한 작업장 수는 최소 3개이다. 여기서 필요한 최소한의 작업장 수는 총시간을 주기시간으로 나누어 계산한 '2.7÷1 = 2.7'이다.

② 작업장의 할당에서 고려되는 요인은 과업 간의 선후관계와 과업 수행시간이다. 과업 간의 선후관계를 고려하면 a와 d는 같은 작업장에 할당될 수 있지만, 과업 수행시간으로 인해 과업 a와 d는 같은 작업장에 할당될 수 없다.

③ 라인밸런싱의 결과로 전체 과업이 3개 작업장에 순서대로 [작업장 1: 과업 a와 c] → [작업장 2: 과업 b] → [작업장 3: 과업 d와 e]와 같이 할당되었다면, 라인효율은 총시간(2.7)을 '작업장 수(3) × 주기시간(1)'으로 나누어 계산하기 때문에 90%이다.

④ 작업장 3개, 주기시간 1분인 조립라인의 총 유휴시간은 '작업장 수(3) × 주기시간(1)'에서 총시간을 차감하여 계산하기 때문에 0.3분이다.

⑤ 병목공정은 가장 오랜 시간이 소요되는 작업장이 되기 때문에 과업 b가 할당된 작업장이 병목공정이 된다.

22. ③

b. 완제품에 대한 주생산계획(MPS)을 수립한 후에 자재소요계획(MRP)을 수립한다. c. 로트크기(lot size)는 주생산계획(MPS)의 주요결과물 중 하나이다.

23. ⑤

로트크기를 크게 하면 재고는 증가한다.

24. ③

① 식스시그마는 3.4ppm 또는 2ppb의 품질수준을 강조하는 통계적 품질관리에 해당하기 때문에 하향식(top-down) 프로젝트활동을 더 강조된다.

② 시그마수준은 규격중심(목표치)에서 규격상한선이나 규격하한선까지이 거리가 표준편차(즉 시그마값)의 몇 배인지를 나타낸다. 따라서 시그마수준 6은 품질특성의 표준편차(σ)를 지속적으로 감소시켜 규격상하한선(specification limit) 사이의 폭이 표준편차의 12배와 같아지는 상태를 의미한다.

④ 식스 시그마는 품질자료의 계량적 측정과 통계적 분석을 더 강조된다.

⑤ 품질특성의 표준편차가 감소하면 불량률은 감소하지만 시그마수준은 증가한다.

[재무관리]

25. ⑤

1,00,000 = 균등상환액 × 2.7232

균등상환액(367,215) = 이자 + 원금

이자 = 1,000,000 × 0.05 = 50,000

∴ 비율 = 50,000/(367,215 − 50,000) = 15.76%

26. ③

$$20,000 = \frac{5,000 \times (1-0.6) \times 1.02}{k_e - 0.02}$$

$k_e = 12.2\%$

$12.2\% = 2\% + 6\% \times \beta$

∴ $\beta = 1.7$

27. ②

NPV = − 3,300만 + ((2,000 − 500) × (1 − 0.3) + 1,000 × 0.3) × 2.4868

　　　+ ((500 − (500 − 0) × 0.3) + 300) × 0.7513

　　= 5,455,250

28. ④

2.3 = × + (× − 0)(1 − 0.4) × 0.25

× = 2

조달후 베타 = 2 + (2 − 0)(1 − 0.4) × 1 = 3.2

29. ②

$$10,000 = \frac{1,000 \times 1.02}{k_e - 0.02}$$

$k_e = 12.2\%$

$8.98\% = 12.2\% \times x + 5\% \times (1 - 0.4) \times (1 - x)$

$x = 0.65$

∴ 부채비율 = 0.35/0.65 = 53.85%

30. ①

감시비용과 확증비용은 대리비용에 포함되며, 과소투자유인과 위험선호유인은 부채의 대리인문제중 하나이다.

31. ⑤

e 현금배당시 자기자본의 감소로 부채비율은 증가한다.

32. ④

$$\beta_U = 1.5 \times \frac{200}{500} + 1.1 \times \frac{300}{500} = 1.25$$

$$\beta_L = 1.25 + (1.25 - 0.3)(1 - 0.3) \times 1.5 = 2.2475$$

$$k_e = 5\% + (10\% - 5\%) \times 2.2475 = 16.3\%$$

33. ⑤

d 수의상환권이나 상환청구권의 특정한 권리가 추가로 부여되어 있는 채권의 경우 상환이 다른 일반 채권보다 빠를 수 있어 듀레이션이 작다

34. ①

$$(1+9\%)^2 = (1+6\%) \times (1 + {}_1f_2)$$

$${}_1f_2 = 12.08\%$$

$$E({}_1R_2) = 12.08\% - 1.5\% = 10.58\%$$

35.

⑤

a. 포트폴리오의 기대수익률는 각 개별자산 수익률의 가중평균값이다.

b. 위험이 동일한 경우 최소분산포트폴리오의 구성비율은 각각 50%이다.

c. 투자비율이 정해진 포트폴리오의 경우 상관계수가 작을수록 포트폴리오의 표준편차는 작아진다.

36. ③

$$\frac{0.2 - 0.15}{0.15} - \frac{(0.8 \times 0.2 + 0.2 \times 0.05) - 0.05}{0.8 \times 0.15} = 0$$

37. ④

$$\beta_B = \frac{0.2}{0.1} \times 0.8 = 1.6$$

$$\beta_P = (1-x) \times 0.4 + x \times 1.6$$

$$\therefore x = 30\%$$

38. ①

$$0.15 = 0.05 + x \times {}^\backprime 0.8$$

$$x = 1.25$$

$$E(R_B) = 0.05 + 1.25 \times 1.2 = 20\%$$

39. ③

50,000에 구입할 수 있는 콜옵션이며, 현재주가가 45,000이므로 내가격 상태로 내재가치는 0원 이고, 시간가치 7,000원으로 총 옵션의가치가 7,000원이다.

40. ①

$$p = \frac{1.1 - 0.8}{1.2 - 0.8} = 0.75$$

$$C_0 = \frac{0.75 \times 2,000 + 0.25 \times 0}{1 + 0.1} = 1,360$$

경제원론

정 병 열 (경제학박사 / 우리경영아카데미 강사)

1. ⑤

중고차시장과 같이 어떤 시장에서 거래되는 상품에 대한 정보가 비대칭적이면 구매자는 평균적인 품질을 기준으로 가격을 지불하려고 한다. 구매자가 평균적인 품질을 기준으로 가격을 지불하려고 하면 고품질의 상품을 가진 판매자는 가격이 너무 낮다고 생각하고 시장에서 이탈할 것이므로 주로 저품질의 상품만 거래되는 역선택 현상이 발생한다.

롤스(J. Rawls)는 사회구성원들이 자신의 장래가 어떻게 될지 모르는 상황을 무지의 장막(veil of ignorance)에 가려 있는 것으로 설명하였다. 그는 무지의 장막에 가려 있어 자신의 미래를 내다볼 수 없는 상황에서는 사람들이 사회질서를 선택하는 과정에서 어떤 계층에 특별히 유리하거나 불리하지 않도록 공정한 태도로 임하게 될 것으로 보았다.

2. ⑤

소득이 100에서 130으로 30% 증가하였을 때 X재 소비량은 6개에서 7개로 17%($=\frac{7-6}{6} \times 100$)증가하였고, Y재 소비량은 10개에서 15개로 50% 증가하였으므로 X재 수요의 소득탄력성은 0.57($=\frac{17}{30}$), Y재 수요의 소득탄력성은 1.67($=\frac{50}{30}$)이다. 두 재화의 소득탄력성이 0보다 크므로 두 재화 모두 정상재이다. 그런데 X재는 수요의 소득탄력성이 1보다 작으므로 필수재, Y재는 수요의 소득탄력성이 1보다 크므로 사치재이다.

소득이 증가할 때 두 재화의 구입량이 모두 증가하므로 소득확장경로(소득소비곡선)가 우상향한다. 그런데 소득이 증가할 때 Y재 구입량이 X재 구입량보다 더 큰 폭으로 증가하므로 소득을 세로축에 두었을 때 Y재의 엥겔곡선 기울기가 X재보다 더 완만하다.

3. ④

X재와 Y재는 교차탄력성이 (–)이므로 서로 보완재이고, X재와 Z재는 교차탄력성이 (+)이므로 서로 대체재이다. 그러므로 X재 수요가 증가하려면 보완재인 Y재 가격이 하락하고 대체재인 Z재 가격이 상승해야 한다. 한편, X재는 수요의 소득탄력성이 (–)이므로 열등재이다. 그러므로 X재 수요가 증가하려면 소득이 감소해야 한다.

종합해 보면 X재 수요가 증가하려면 Y재 가격이 하락하거나, Z재 가격이 상승하거나 소득이 감소해야 한다. 주어진 보기 중 두 요인이 모두 X재 수요를 증가시키는 방향으로 작용하는 것은 ④이다.

4. ①

문제에 주어진 생산함수는 1차 동차 콥 – 더글러스 생산함수이므로 규모에 대한 수익불변이다. 한계기술대체율을 구해보면 $MRTS_{LK} = \dfrac{MP_L}{MP_K} = \dfrac{\dfrac{1}{2}K^{\frac{1}{2}}L^{-\frac{1}{2}}}{\dfrac{1}{2}K^{-\frac{1}{2}}L^{\frac{1}{2}}} = \dfrac{K}{L}$ 이다. 생산자균형에서는 등량곡선과 등비용선이 서로 접하므로 $MRTS_{LK} = \dfrac{w}{r}$ 로 두면 $\dfrac{K}{L} = \dfrac{w}{r}$, $K = \dfrac{w}{r}L$이 성립한다. 그러므로 비용이 극소화되는 조건은 $K = \dfrac{w}{r}L$로 표현할 수 있다.

생산함수 $Q = \sqrt{KL}$ 에다 비용극소화 조건 $K = \dfrac{w}{r}L$을 대입하면 $Q = \sqrt{\dfrac{w}{r}L^2} = \sqrt{\dfrac{w}{r}} \cdot L = \dfrac{\sqrt{w}}{\sqrt{r}}L$, $L = \dfrac{\sqrt{r}}{\sqrt{w}}Q$이고, 이를 다시 $K = \dfrac{w}{r}L$에 대입하면 $K = \dfrac{\sqrt{w}}{\sqrt{r}}Q$이다. 그러므로 비용함수는 다음과 같이 구해진다.

$$
\begin{aligned}
C &= wL + rK \\
&= w\frac{\sqrt{r}}{\sqrt{w}}Q + r\frac{\sqrt{w}}{\sqrt{r}}Q \\
&= \sqrt{wr}\,Q + \sqrt{wr}\,Q \\
&= 2\sqrt{wr} \cdot Q
\end{aligned}
$$

이제 $r = 100$, $w = 1$, $Q = 50$을 $L = \dfrac{\sqrt{r}}{\sqrt{w}}Q$와 $K = \dfrac{\sqrt{w}}{\sqrt{r}}Q$에 대입하면 최적요소투입량 $L = 500$, $K = 5$로 계산된다. 비용함수를 노동투입량의 함수로 나타내기 위해 $C = wL + rK$에 $K = \dfrac{w}{r}L$을 대입하면 $C = 2wL$이 된다. $C = 2wL$에다 $L = \dfrac{\sqrt{r}}{\sqrt{w}}Q$를 대입하더라도 마찬가지로 비용함수는 $C = 2\sqrt{wr} \cdot Q$로 구해진다.

5. ④

비용-편익분석(cost-benefit analysis)이란 공공투자안의 편익과 비용을 비교하여 채택여부를 결정하거나 우선순위를 결정하는 기법을 말한다. 비용-편익분석에 사용되는 사회적 할인율은 미래에 발생할 것으로 예상되는 편익과 비용을 현재가치로 환산할 때 사회적인 관점에서 결정된 할인율을 의미한다. 공공투자사업의 경제성을 평가할 때 사용되는 사회적 할인율은 민간투자를 분석할 때의 이자율에 해당하는 개념이다. 공공투자안의 경제성을 평가하는 구체적인 방법으로는 현재가치법, 내부수익률법, 편익-비용비율법이 있다. 각각을 간단히 정리하면 아래의 표와 같다.

구 분	설 명
현재가치법	• 편익의 현재가치에서 비용의 현재가치를 차감한 순편익의 현재가치(NPV)를 이용하여 평가하는 방법 * NPV = 편익의 현재가치 - 비용의 현재가치 • 공공투자에 따른 순편익의 현재가치가 0보다 크면 경제성을 갖는 것으로 평가
내부수익률법	• 공공투자안의 예상수익률인 내부수익률과 사회적 할인율을 비교하여 평가하는 방 * 내부수익률 : 공공투자안의 예상수익률 • 내부수익률이 사회적 할인율보다 높은 경우 공공투자안이 경제성을 갖는 것으로 평가
편익-비용비율법	• 편익의 현재가치를 비용의 현재가치로 나눈 편익/비용비율을 이용하여 경제성을 평가하는 방법 * B/C비율 = $\dfrac{편익의\ 현재가치}{비용의\ 현재가치}$ • B/C비율이 1보다 클 때 공공투자안이 경제성을 갖는 것으로 평가

사회적 할인율이 5.5%일 때 B/C비율이 1이므로 편익의 현재가치와 비용의 현재가치가 동일하다. 사회적 할인율이 4.5%로 낮아지면 미래에 발생할 편익과 비용이 모두 증가하게 되는데, 비용은 대부분 초기에 편익은 대부분 후기에 발생하므로 사회적 할인율이 낮아지면 편익의 현재가치가 비용의 현재가치보다 더 크게 증가한다. 그러므로 사회적 할인율이 4.5%로 낮아지면 순편익의 현재가치는 0보다 커지고, B/C비율은 1보다 커지게 된다.

내부수익률은 공공투자안의 예상수익률이므로 할인율과 관계없이 결정된다. 그러므로 할인율이 낮아지더라도 내부수익률은 변하지 않는다. 또한 할인율이 낮아지더라도 할인 전 편익의 총합과 비용의 총합은 변하지 않는다.

6. ②

A가 제품을 생산할 때 얻는 한계편익과 그에 따른 B의 한계비용을 그림으로 나타내면 아래와 같다. 사회적인 최적생산은 A의 한계편익과 B의 한계비용이 같아지는 수준에서 결정되므로 $MR_A - MC_B$ 로 두면 $10 - \dfrac{1}{2}Q = \dfrac{1}{2}Q$, $Q = 10$으로 계산된다. A가 10단위의 재화를 생산할 때 얻는 총편익은 한계편익곡선 하방에 있는 $(\alpha + \beta)$면적이고, B가 입는 총피해는 한계비용곡선 하방에 있는 β의 면적

이다. 이 때 A가 10단위의 재화를 생산할 때 피해보상과 협상에 쓸 용의가 있는 최대금액은 $(\alpha+\beta)$의 면적이다. 그러므로 B가 입는 피해에 대해 β만큼을 보상한다면 협상비용으로 쓸 수 있는 최대금액은 α의 면적에 해당하는 $50(=\frac{1}{2}\times10\times10)$이 된다.

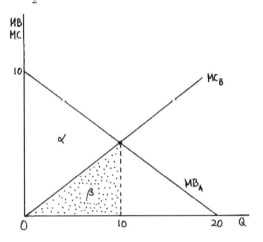

7. ③

이 문제는 소득이 일정수준에 미달하는 근로자계층을 지원하기 위한 제도인 근로장려세제에 관한 것이다. 이 제도하에서는 근로소득이 일정수준에 도달할 때까지는 $(-)$의 한계세율이 적용되고, 그 이후에는 0의 한계세율이 적용되다가 소득이 어느 수준 이상이 되면 $(+)$의 한계세율이 적용된다.

문제에 주어진 그림의 구간 Ⅰ에서 제도 시행 이전보다 예산선의 기울기가 커진 것은 정부가 임금소득에 대해 일정비율의 보조금을 지급하기 때문이다. 즉, 구간 Ⅰ에서는 근로소득에 대해 $(-)$의 한계세율이 적용된다. 이 구간을 점증구간이라고 한다. 점증구간에서는 임금률 상승에 따른 대체효과에 의해서는 노동시간이 증가하나 실질소득이 증가하는 소득효과에 의해서는 노동시간이 감소한다. 그러므로 이 구간에서는 노동시간이 증가할지 혹은 감소할지 불분명하다.

구간 Ⅱ에서는 노동시간이 증가하더라도 더 이상 보조금이 지급되지 않으며, 추가적인 근로소득에 대해서 조세도 부과되지 않으므로 한계세율이 0이다. 이 구간을 평탄구간이라고 한다. 이 구간에서는 제도 시행이전과 임금률이 동일하므로 대체효과가 발생하지 않지만 제도 시행이전보다 실질소득이 더 크기 때문에 소득효과에 의해서 노동시간이 감소한다. 그러므로 평탄구간에서는 소득효과에 의해 노동시간이 감소한다.

구간 Ⅲ에서 제도 시행 이전보다 예산선의 기울기가 작아진 것은 근로소득이 일정수준을 넘을 경우 보조금이 지급액이 점차 감소하기 때문이다. 이는 추가적인 근로소득에 대해 일정비율의 조세를 부과한 것과 마찬가지이다. 즉, 구간 Ⅲ에서는 근로소득에 대해 양$(+)$의 한계세율이 적용된다. 이 구간을 점감구간이라고 한다. 이 구간에서는 임금률이 하락하므로 대체효과에 의해 노동공급이 감소한다. 그런데 여전히 보조금을 지급받는 구간으로 실질소득은 제도 시행이전보다 크기 때문에 소득효과에 의해서도 노동공급이 감소한다. 그러므로 점감구간에서는 노동시간이 명백히 감소한다.

8. ④

S가 1보다 크거나 같다면 사고가 날 확률이 1이므로 출근시간이 $\frac{1}{S}$+16이고, S가 1보다 작을 때는 사고가 날 확률이 S, 사고가 나지 않을 확률이 (1-S)이므로 기대출근시간이 다음과 같다.

기대출근시간 = $[S \times (\frac{1}{S}+16)]+[(1-S) \times \frac{1}{S}] = 16S + \frac{1}{S}$

기대출근시간이 최소가 되는 주행속도를 구하기 위해 $16S+\frac{1}{S}$를 S에 대해 미분한 뒤 0으로 두면 16 $-\frac{1}{S^2}=0$, S = $\frac{1}{4}$로 계산된다. S = $\frac{1}{4}$을 $16S+\frac{1}{S}$에 대입하면 기대출근시간이 8시간으로 계산된다. S가 1보다 크거나 같으면 기대출근시간이 $\frac{1}{S}$+16이고, S = $\frac{1}{4}$이면 기대출근시간이 8이므로 A의 기대출근시간을 최소화되는 주행속도 S = $\frac{1}{4}$임을 알 수 있다.

9. ①

효용함수 U = x^2+y^2은 원의 방정식이므로 무차별곡선이 원점에 대해 오목하면서 원점을 통과하는 45°선을 기준으로 대칭의 형태이다. 참고삼아 한계대체율을 구해보면 $MRS_{XY} = \frac{MU_X}{MU_Y} = \frac{2X}{2Y} = \frac{X}{Y}$이다.

$MRS_{XY} = \frac{X}{Y}$ 그러므로 무차별곡선 상에서 우하방으로 이동함에 따라 X재 소비량이 증가하고 Y재 소비량이 감소하면 한계대체율이 체증한다. 그러므로 무차별곡선이 원점에 대해 오목한 형태임을 알 수 있다.

무차별곡선이 원점에 대해 오목하면서 원점을 통과하는 45°선을 기준으로 대칭이므로 X재와 Y재의 가격이 모두 1이라면 아래의 그림 (a)에서와 같이 소득 전부를 X재를 구입에 지출하거나 Y재 구입에 지출하는 점이 소비자균형이 된다. 그러므로 모든 가격 하에서 효용극대화 소비점이 유일한 것은 아니다. X재 가격이 1이면 두 재화 중 한 재화만 구입할 것이므로 재화의 소비량이 같은 것도 아니다. Y재 가격이 1로 주어져 있을 때 X재 가격이 1보다 낮다면 그림 (b)와 같이 소비자는 소득 전부를 X재만 구입하는 것이 소비자균형이 된다. 무차별곡선이 원점에 대해 오목하면 소비자균형은 X축 혹은 Y축에서 이루어지므로 소비자균형에서는 항상 $MRS_{XY} > \frac{P_X}{P_Y}$이거나 $MRS_{XY} < \frac{P_X}{P_Y}$이다. 그러므로 한계대체율과 X재 가격이 같아지는 효용극대화 소비점이 존재하지 않는다.

X재 가격이 1보다 낮은 구간에서는 X재 가격이 점점 더 하락하더라도 소비자는 항상 소득 전부를 항상 X재 구입에 지출할 것이므로 X재 구입액과 소득이 일치한다. 즉, $P_X \cdot X = m$이 성립한다. 이를 정리하면 X재 수요함수가 X = $\frac{m}{P_X}$이다. 즉, 수요곡선이 직각쌍곡선의 형태이다. 그러므로 X재 가격이 1보다 낮은 구간에서는 X재 수요의 가격탄력성이 항상 1이 된다.

(a) $P_X = P_Y = 1$ (b) $P_X < 1, P_Y = 1$

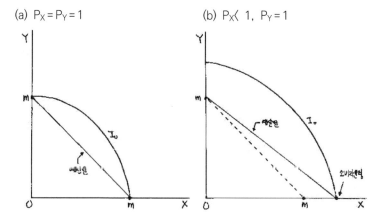

아래의 그림 (c)를 이용하여 대체효과와 소득효과에 대해 알아보자. X재 가격이 2, Y재 가격이 1이면 소비자는 소득 전부를 Y재 구입에 지출할 것이므로 E점이 소비자균형이 된다. 이제 X재 가격이 0.5로 하락하면 소비자는 Y재는 전혀 구입하지 않고 소득 전부를 X재 구입에 지출할 것이므로 소비자균형이 F점으로 이동한다. X재 가격이 2에서 0.5로 하락하면 가격효과에 의해 X재 구입량이 0단위에서 2m단위로 증가함을 알 수 있다. 이를 대체효과와 소득효과로 나누어 보자.

가격변화 이후에도 가격변화 이전과 효용이 동일하게 유지되는 X재 구입량을 알아내기 위해 바뀐 예산선과 평행한 보조선을 그려보면 G점을 찾을 수 있다. E점에서 G점으로 이동한 것이 상대가격 변화에 따라 소비자균형이 이동한 것이므로 대체효과이다. 그러므로 대체효과에 의해 X재 구입량이 0에서 m으로 증가한 것을 알 수 있다. 그리고 G점에서 H점으로 이동한 것이 X재 가격하락으로 인한 실질소득 증가 때문이므로 소득효과에 해당된다. 그러므로 소득효과에 의한 X재 구입량 증가분도 마찬가지로 m이 된다.

(c) 대체효과와 소득효과

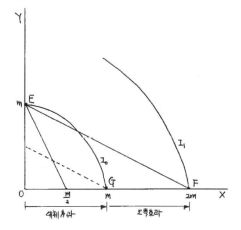

10. ③

모든 소비자의 수요함수가 동일하면 서비스 가격을 한계비용과 같도록 설정하고 소비자잉여에 해당하는 만큼의 가입비를 부과할 때 이윤이 극대가 된다. 그런데 이 문제와 같이 각 개인의 수요함수가 서로 다르다면 서비스 가격을 한계비용보다 높게 설정할 때 오히려 이윤이 더 커질 수도 있다. 이를 구체적으로 살펴보자.

먼저 서비스 가격을 한계비용과 같도록 설정하는 경우를 보자. 수요함수 $p = 10 - y$를 개인 1의 수요함수, $p = 10 - 2y$를 개인 2의 수요함수라고 하자. 서비스 가격을 한계비용과 동일한 2로 설정하면 개인 1은 8단위를 구입할 것이므로 소비자잉여는 $32(= \frac{1}{2} \times 8 \times 8)$이고, 개인 2는 4단위를 구입할 것이므로 소비자잉여는 $16(= \frac{1}{2} \times 8 \times 4)$이다. 이 때 가입비를 개인 1의 소비자잉여와 동일한 32로 설정하면 개인 2는 가입을 포기할 것이므로 이윤이 32가 된다. 만약 가입비를 개인 2의 소비자잉여와 동일한 16으로 설정하면 두 사람 모두 가입할 것이므로 이윤이 마찬가지로 $32(= 16 \times 2)$가 된다.

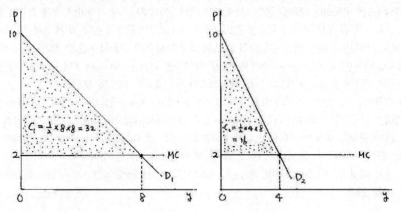

이제 서비스 가격을 한계비용보다 높게 정하는 경우를 살펴보자. 서비스 가격을 한계비용보다 높게 설정하면 이윤은 ⅰ) 재화판매를 통해서 얻는 부분과 ⅱ) 가입비 부과를 통해 얻는 부분의 두 가지로 구성된다. 서비스 가격을 한계비용보다 높은 p로 설정하면 개인 1의 구입량은 $(10 - p)$, 개인 2의 구입량은 $(5 - \frac{1}{2}p)$이다. 단위당 이윤은 서비스 가격에서 한계비용을 뺀 $(p - 2)$이므로 각 개인에게 서비스를 판매하여 얻는 이윤은 다음과 같다.

개인 1 : $(p - 2)(10 - p)$

개인 2 : $(p - 2)(5 - \frac{1}{2}p)$

이제 이윤의 두 번째 요소를 계산해 보자. 두 개인에게 모두 판매하려면 가입비를 수요가 적은 개인 2의 소비자잉여와 같도록 설정해야 한다. 가격이 p일 때 개인 2의 구입량이 $(5 - \frac{1}{2}p)$이므로 개인 2의 잉여는 다음과 같다.

개인 2의 소비자잉여 $= \frac{1}{2} \times (10 - p) \times (5 - \frac{1}{2}p)$

두 소비자에게 모두 판매할 때 총이윤은 두 사람 모두에게 부과한 개인 2의 소비자잉여에 해당하는 만큼의 가입비와 각자에게 서비스를 판매하여 얻는 이윤을 합하면 된다. 그러므로 총이윤은 다음과 같다.

$$\pi = [\frac{1}{2} \times (10 - p) \times (5 - \frac{1}{2}p)] \times 2 + [(p - 2)(10 - p)] + [(p - 2)(5 - \frac{1}{2}p)]$$

$$= [50 - 10p + \frac{1}{2}p^2] + [-20 + 12p - p^2] + [-10 + 6p - \frac{1}{2}p^2]$$

$$= -p^2 + 8p + 20$$

이윤함수를 p에 대해 미분한 뒤 0으로 두면 $\frac{d\pi}{dp} = -2p + 8 = 0$, p = 4이다. 즉, 서비스 가격을 4로 설정할 때 이윤이 극대가 된다. p = 4를 이윤함수에 대입하면 극대화된 이윤의 크기는 36으로 계산된다. 이를 그림으로 한번 살펴보자. 서비스 가격을 4로 설정하면 개인 1은 6단위, 개인 2는 3단위를 구입하므로 두 사람에게 서비스 판매로부터 얻는 이윤이 12(= 2 × 6)와 6(= 2 × 3)이다. 한편, 가입비를 개인 2의 소비자잉여에 해당하는 9(= $\frac{1}{2} \times 3 \times 6$)로 설정하면 두 사람에게 가입비 부과를 통해 얻는 이윤이 18이다. 그러므로 총이윤은 18+12+6 = 36이 된다.

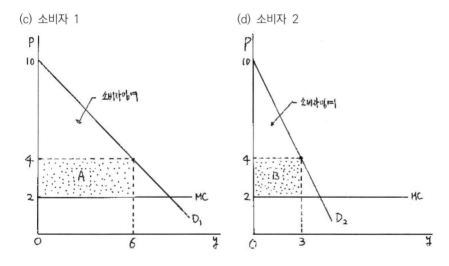

(c) 소비자 1   (d) 소비자 2

11. ③

T1은 정액세, T2는 종량세, T3는 종가세, T4는 이윤세를 의미한다. 정액세와 이윤세가 부과되더라도 생산량과 가격이 변하지 않는다. 조세부과 이후에도 가격이 불변이므로 세금이 전혀 소비자에게 전혀 전가되지 않는다. 그러므로 세금 전부를 독점기업이 부담한다. 또한 조세 부과 이후에도 생산량이 변하지 않으므로 자중손실도 발생하지 않는다.

이에 비해 종량세 혹은 종가세가 부과되면 생산량이 감소하고 가격이 상승한다. 조세부과 이후에 가격이 상승하므로 단위당 조세 중 일부가 소비자에게 전가된다. 또한 조세 부과 이후에는 생산량이 감소하므로 사중적 손실이 발생한다.

12. ③

A의 재산이 100, 기대효용함수가 $U = \sqrt{w}$ 이므로 $\frac{2}{5}$ 의 확률로 주차위반이 적발될 때 75의 범칙금을 내야 한다면 기대효용 $E(U) = (\frac{2}{5} \times \sqrt{25}) + (\frac{3}{5} \times \sqrt{100}) = 8$이다. 이제 적발확률이 $\frac{1}{3}$ 로 낮아지고 그 때의 범칙금이 x라면 기대효용 $E(U) = (\frac{1}{3} \times \sqrt{100-x}) + (\frac{2}{3} \times \sqrt{100}) = \frac{1}{3} \times \sqrt{100-x} + \frac{20}{3}$ 이다. 이제 두 경우의 기대효용이 같아지는 x값을 구해보자. $\frac{1}{3} \times \sqrt{100-x} + \frac{20}{3} = 8$로 두면 $\sqrt{100-x}$ $= 4$, $x = 84$로 계산된다. 적발확률이 $\frac{1}{3}$ 로 낮아질 때 정부가 주차위반 범칙금을 84로 상향조정하면 개인 A의 기대효용이 동일하다. 그러므로 개인 A의 주차위반 행위도 이전과 같은 수준으로 유지될 것이다.

13. ①

문제에 주어진 상황을 전개형 게임으로 나타내면 아래와 같다. 전개형 게임에서 부분게임(subgame)이란 전체 게임의 일부이지만 그 자체로도 하나의 독립적 게임을 형성할 수 있는 부분을 말한다. 완전정보게임에서는 한 의사결정마디(decision node)와 그 뒤에 있는 결정마디가 합쳐서 하나의 부분게임이 된다. 그러므로 완전정보게임에는 의사결정마디의 개수만큼의 부분게임이 존재한다.

이 게임에는 기업 1이 진입여부에 관한 의사결정을 내리는 마디와 기업 2가 협조여부를 결정하는 마디가 있으므로 두 개의 부분게임이 있다. 우선 기업 1이 진입했다는 가정 하에 기업 2가 의사결정을 내리는 부분을 따로 떼어내면 하나의 부분게임이 된다. 또한 초기 마디를 뿌리로 하는 부분게임은 완전정보게임 그 자체가 된다. 다시 말해 완전정보게임 자체가 하나의 가장 큰 부분게임이 된다. 그러므로 모든 완전정보게임은 적어도 하나의 부분게임을 갖는다.

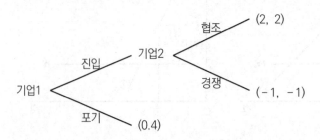

부분게임 완전균형이란 모든 부분게임에서 내쉬균형의 요건을 만족하는 전략의 조합으로 정의된다. 부분게임 완전균형을 줄여서 완전균형이라고도 한다. 기업 1이 진입했다면 기업 2는 협조와 경쟁 중 하나를 선택해야 한다. 기업 1이 진입했을 때 기업 2가 협조를 선택하면 2의 보수를 얻게 되니 경쟁을 선택하면 보수가 −1이 된다. 그러므로 이 부분게임에서 기업 2는 협조를 선택할 것이다. 기업 1의 진입으로 만들어진 부분게임에서 기업 2가 협조하는 것이 내쉬균형이 되는데, 이는 아래 그림에 굵은

선으로 표시되어 있다.

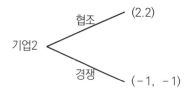

이제 기업 1은 자신이 시장에 진입하면 기업 2가 협조할 수밖에 없을 것이므로 자신의 보수가 2가 될 것임을 미리 예측할 수 있다. 만일 진입을 포기하면 자신의 보수가 0이 될 것이라는 사실도 알고 있다. 그러므로 기업 1이 기업 2의 합리성을 의심하지 않는다면 시장에 진입할 것이다. 기업 1이 진입하는 것이 또 하나의 내쉬균형이 된다. 결론적으로 기업 1이 진입하고 기업 2는 협조하는 것이 모든 부분게임에서 내쉬균형이 이루어지는 유일한 전략조합이다. 즉, (진입, 협조)가 부분게임 완전균형이 된다.

기업 2가 기업 1에게 '진입을 하면 경쟁을 선택하겠다'고 위협하는 경우를 생각해 보자. 기업 2가 경쟁을 선택하면 기업 1은 진입을 포기할 때보다 자신의 보수가 줄어든다는 알고 것을 알고 있으므로 기업 2가 위협할 때 진입을 포기한다고 해보자. 기업 1이 진입을 포기하면 (포기, 경쟁)이 내쉬균형이 될 수도 있다. 그러나 이 균형은 신빙성이 없는 위협(incredible threat)에 근거하고 있다는 문제점이 있다. 왜냐하면 기업 2가 위협을 하더라도 이를 무시하고 실제로 진입하면 협조를 선택할 수밖에 없기 때문이다. 그러므로 신빙성이 없는 위협에 근거하고 있는 (포기, 경쟁)은 합리적인 균형이 될 수 없다.

지금까지 설명한 것처럼 부분게임 완전균형을 찾으려면 가장 말단에 있는 부분게임에서 시작하여 앞으로 거슬러 올라가면서 내쉬균형을 구해야 한다. 이러한 방식으로 부분게임 완전균형을 찾는 방식을 역진적 귀납법(backward induction)이라고 한다.

14. ③

선도자의 생산량이 주어진 것으로 보고 자신의 생산량을 결정하는 추종자인 기업 2의 반응함수를 구해보자. 수요함수가 $p = 84 - y_1 - y_2$이므로 기업 2의 한계수입 $MR_2 = 84 - y_1 - 2y_2$이다. 기업 2의 한계비용이 0이므로 $MR_2 = MC_2$로 두면 $84 - y_1 - 2y_2 = 0$, $y_2 = 42 - \frac{1}{2}y_1$이다. 이제 시장수요함수에 추종자인 기업 2의 반응함수를 대입하면 선도자인 기업 1의 수요곡선을 구할 수 있다.

$$p = 84 - y_1 - y_2$$
$$= 84 - y_1 - (42 - \frac{1}{2}y_1)$$
$$= 42 - \frac{1}{2}y_1$$

기업 1의 수요곡선이 $p = 42 - \frac{1}{2}y_1$이므로 한계수입 $MR_1 = 42 - y_1$이다. 기업 1의 한계비용이 21이므로 $MR_1 = MC_1$으로 두면 $42 - y_1 = 21$, $y_1 = 21$이다. 기업 1의 이윤극대화 생산량 $y_1 = 21$을 기업

2의 반응함수에 대입하면 기업 2의 이윤극대화 생산량 $y_2 = 31.5$로 계산된다.

15. ④

우선 한 사람이 모든 자원을 소비하는 상태에서는 그 사람의 효용을 감소시키지 않고는 다른 사람의 효용을 증가시킬 수 없으므로 보기 ①과 ⑤는 파레토 효율적이다. 소비자 1은 효용함수가 $u_1(x_1, y_1) = \min\{x_1, y_1\}$이므로 X재와 Y재를 1:1로 소비하는 상태에서는 소비자 1의 효용을 감소시키지 않고는 소비자 2의 효용증대가 불가능하다. 그러므로 보기 ②의 배분상태는 파레토 효율적이다. 반면 소비자 2는 효용함수가 $u_2(x_2, y_2) = \min\{2x_2, 3y_2\}$이므로 X재와 Y재를 3:2의 비율로 소비하는 상태에서는 소비자 2의 효용을 감소시키지 않고는 소비자 1의 효용증대가 불가능하다. 그러므로 보기 ③의 배분상태도 파레토 효율적이다.

소비자 1이 재화묶음 (2, 1)을 소비하면 $u_1 = \min\{2, 1\} = 1$이고, 소비자 2가 (1, 1)을 소비하면 $u_2 = \min\{2 \times 1, 3 \times 1\} = 2$이다. 이 경우 소비자 1이 소비하는 X재 1단위를 소비자 2에게 재배분하면 $u_1 = \min\{1, 1\} = 1$이고, $u_2 = \min\{2 \times 2, 3 \times 1\} = 3$이 되므로 소비자 2의 효용이 1만큼 증가한다. 즉, 파레토 개선이 이루어진다. 그러므로 보기 ④의 배분상태는 파레토 효율적이 아님을 알 수 있다.

좀 더 체계적인 이해를 위해 에지워스 상자를 이용하여 이 문제를 풀어보자. 소비자 1은 효용함수가 $u_1(x_1, y_1) = \min\{x_1, y_1\}$, 소비자 2는 효용함수가 $u_2(x_2, y_2) = \min\{2x_2, 3y_2\}$이므로 에지워스 상자에서 두 사람의 무차별곡선은 그림 (a)와 같이 그려진다. 이 그림에서 배분점이 a점 혹은 b점으로 주어져 있는 경우 두 사람의 무차별곡선으로 만들어진 사각형 내부의 색으로 칠해진 영역으로 배분점이 옮겨가면 두 사람이 효용이 모두 증가한다. 따라서 a점과 b점은 파레토 효율적인 점이 아니다. 배분점이 c점 혹은 d점으로 주어져 있는 상태에서는 한 소비자의 효용을 증가시키려면 다른 소비자의 효용이 감소한다. 즉, 파레토 개선이 불가능하다. 지금까지의 설명을 종합하면 그림 (a)에서 색으로 칠해진 삼각형 부분이 모두 파레토 효율적인 영역임을 알 수 있다.

이제 이 문제에 주어진 보기에 해당하는 점들을 표시하면 그림 (b)와 같다. 이 그림에서 보기 ④에 해당하는 점만 색으로 칠해진 삼각형 영역의 바깥에 위치하므로 파레토 효율적인 배분점이 아님을 알 수 있다.

(a) 파레토 효율적인 영역　　　　　(b) 문제의 보기에 주어진 점

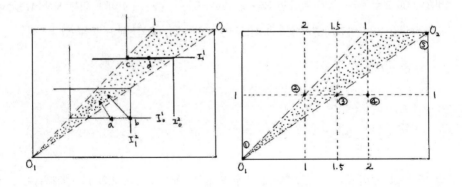

16. ②

가격하한제가 시행되어 최저가격이 6으로 설정되면 수요량은 4인데 비해 공급량이 6이므로 2만큼의 초과공급이 발생한다. 가격하한제가 시행되어 가격이 6으로 상승하면 소비자들이 4단위의 재화만 구입할 것이므로 거래량은 4가 된다. 이 때 소비자잉여는 아래의 그림 (a)와 (b)에서 △A의 면적이므로 $8(=\frac{1}{2}\times 4\times 4)$이다. 가격하한제가 시행될 때 정부가 무작위로 선정된 공급자에게 판매를 허용하는 경우 생산자잉여와 사중적 손실의 크기는 어떤 공급자가 판매자로 결정되는지에 따라 달라진다. 그림 (a)는 원점에서 공급곡선 상의 a점 사이에 있는 가장 효율적인 공급자들이 판매자로 결정되는 경우를 보여준다. 공급곡선의 Oa 구간에 있는 공급자들이 재화를 공급할 때는 생산자잉여가 사다리꼴 B의 면적이므로 $16(=\frac{1}{2}(6+2)\times 4)$이다. 가격하한제가 실시되지 않을 때는 소비자잉여와 생산자잉여를 합한 총잉여가 (A+B+C)의 면적이고, 가격하한제가 실시된 이후에는 총잉여가 (A+B)의 면적이므로 가격하한제가 실시되면 △C의 면적에 해당하는 $1(=\frac{1}{2}\times 2\times 1)$만큼의 후생손실이 발생한다.

한편, 그림 (b)는 공급곡선 상의 b점과 c점 사이에 있는 가장 비효율적인 공급자들이 판매자로 결정되는 경우를 보여준다. 공급곡선의 bc 구간에 있는 공급자들이 4단위의 재화를 공급할 때는 생산자잉여가 △(E+F)의 면적이므로 $8(=\frac{1}{2}\times 4\times 4)$이다. 이는 최소한의 생산자잉여에 해당한다. 가격하한제가 실시되지 않을 때는 소비자잉여와 생산자잉여를 합한 총잉여가 (A+D+E)의 면적이고, 가격하한제 실시 이후에는 총잉여가 (A+E+F)의 면적이므로 가격하한제가 실시되면 (D−F)만큼의 후생손실이 발생한다. D의 면적이 $10(=\frac{1}{2}(6+4)\times 2)$, F의 면적이 $1(=\frac{1}{2}\times 2\times 1)$이므로 후생손실의 크기는 9가 된다.

(a) 효율적인 공급자들이 생산할 때   (b) 비효율적인 공급자들이 생산할 때

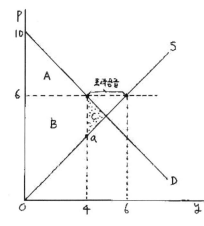
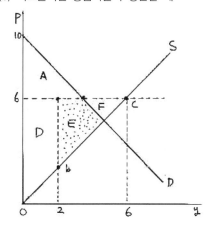

이제 공급량을 4로 제한하는 쿼터제를 시행하는 경우를 보자. 공급량이 4일 때 소비자들이 지불할 용의가 있는 최대금액이 6이다. 정부가 재화의 공급권을 경쟁적인 시장에서 매각하는 경우 공급권의 가격이 얼마가 될지 생각해보자. 공급권의 가격이 0에서 시작하여 점점 상승한다고 하자. 공급곡선

상의 a점 보다 오른쪽에 위치하는 공급자들은 최소한 받고자 하는 가격이 4보다 높기 때문에 공급권에 대해 지불할 용의가 있는 가격이 2보다 낮다. 공급권의 가격이 점점 상승하여 2가 되면 a점 보다 오른쪽에 있는 공급자들이 모두 공급을 포기할 것이므로 쿼터량에 해당하는 4단위의 공급이 이루어진다. 그러므로 이 제도하에서는 원점과 공급곡선 상의 a점 사이에 있는 공급자들이 공급권을 2의 가격으로 매입하여 6의 가격으로 소비자에게 판매하게 된다.

쿼터제도 시행 후 소비자는 6의 가격을 지불하므로 소비자잉여는 △A의 면적에 해당하는 $8(=\frac{1}{2}\times4\times4)$이다. 생산자는 6의 가격으로 재화를 판매하나 단위당 2만큼의 공급권 가격을 지불해야 하므로 실제로 수취하는 금액은 4이다. 따라서 생산자잉여는 △C의 면적에 해당하는 $8(=\frac{1}{2}\times4\times4)$이 된다. 한편, 정부는 단위당 2의 가격으로 4장의 공급권을 판매하므로 정부의 재정수입은 □B의 면적인 $8(=2\times4)$이다.

쿼터제가 시행되지 않을 때는 소비자잉여와 생산자잉여를 합한 총잉여가 (A+B+C+D)의 면적이고, 쿼터제 시행 이후에는 총잉여가 소비자잉여와 생산자잉여, 그리고 정부의 재정수입을 합한 (A+B+C)의 면적이므로 쿼터제가 시행되면 △D의 면적에 해당하는 $1(=\frac{1}{2}\times2\times1)$만큼의 후생손실이 발생한다.

(c) 쿼터제의 효과

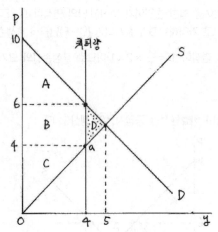

17. ②

효용함수 $U=4x^{\frac{1}{2}}+2y$를 x에 대해 미분하면 $MU_x=2x^{-\frac{1}{2}}=\frac{2}{\sqrt{x}}$, y에 대해 미분하면 $MU_y=2$이므로 한계대체율 $MRS_{xy}=\frac{1}{\sqrt{x}}$이다. Y재 가격이 1이면 $\frac{P_x}{P_y}=P_x$이므로 $MRS_{xy}=\frac{P_x}{P_y}$로 두면 $\frac{1}{\sqrt{x}}=P_x$, $x=\frac{1}{P_x^2}$이다. 이를 예산제약식 $P_xx+y=10$과 연립해서 풀면 $\frac{1}{P_x}+y=10$, $y=10-\frac{1}{P_x}$이다. $y=10-\frac{1}{P_x}$을 다시 예산제약식에 대입하면 $P_xx+(10-\frac{1}{P_x})=10$, $x=\frac{1}{P_x^2}$이다. 즉, x재 소

비량 $x = \dfrac{1}{P_x^2}$, y재 소비량 $y = 10 - \dfrac{1}{P_x}$ 이다.

위의 식에 $P_x = 0.5$를 대입하면 x재 소비량은 4, y재 소비량은 8이다. x = 4, y = 8을 효용함수에 대입하면 최초 소비자균형에서의 효용수준 $U = 4\sqrt{4} + (2 \times 8) = 24$임을 알 수 있다. 한편, $P_x = 0.2$를 대입하면 x재 소비량은 25, y재 소비량은 5이다. x = 25, y = 5를 효용함수에 대입하면 X재 가격 하락 이후의 효용수준은 $U = 4\sqrt{25} + (2 \times 5) = 30$으로 계산된다.

아래 그림에서 E점이 최초의 균형점, F점이 X재 가격 하락 이후의 균형점이므로 E점에서 F점으로 옮겨가는 것이 가격효과이다. 가격효과를 대체효과와 소득효과로 분리해 내기 위해 원래 무차별곡선과 접하면서 바뀐 예산선과 평행한 보조선을 그리면 C점을 찾아낼 수 있다

C점에서도 무차별곡선과 예산선이 접하므로 $MRS_{xy} = \dfrac{P_x}{P_y}$ 가 성립한다. $MRS_{xy} = \dfrac{1}{\sqrt{x}}$, $\dfrac{P_x}{P_y} = \dfrac{0.2}{1}$

$= 0.2$이므로 C점에서는 $\dfrac{1}{\sqrt{x}} = 0.2$가 성립한다. 이를 풀면 x = 25임을 알 수 있다. C점에서는 효용수준이 A점과 동일하므로 $4\sqrt{x} + 2y = 24$가 성립한다. 이 식에 x = 25를 대입하면 y재 구입량은 2가 됨을 알 수 있다. E점에서 G점으로 옮겨가는 것이 대체효과, G점에서 F점에서 옮겨가는 것이 소득효과이다. 이 문제의 경우에는 가격효과와 대체효과가 일치하므로 소득효과에 의한 구입량 변화는 전혀 발생하지 않는다. 즉, 소득효과가 0임을 알 수 있다.

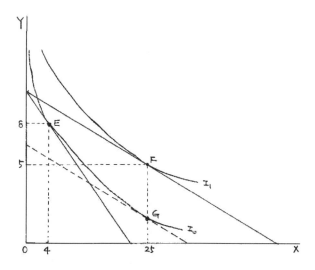

18. ①

사적인 이윤극대화는 수요와 공급이 일치하는 점에서 이루어지므로 P = PMC로 두면 12 − Q = 2 + Q, Q = 5이다. 이를 수요함수에 대입하면 P = 7로 계산된다. 사적인 한계비용 PMC = 2 + Q와 외부한계비용 EMC = −2 + Q를 합하면 사회적인 한계비용 SMC = 2Q이다. 사회적인 최적생산량은 수요곡선과 사회적인 한계비용이 일치하는 점에서 이루어지므로 P = SMC로 두면 12 − Q = 2Q, Q = 4이다. 그러므로 사회적 최적생산량은 사적 이윤이 극대화되는 생산량보다 1단위 적음을 알 수 있다.

외부불경제로 인해 과잉생산이 이루어질 때 생산량을 사회적인 최적수준으로 줄이려면 최적생산량 수

준에서 외부한계비용에 해당하는 만큼의 단위당 피구세를 부과해야 한다. 최적생산량 $Q=4$를 EMC $=-2+Q$에 대입하면 단위당 최적피구세의 크기는 2임을 알 수 있다. 정부가 단위당 2만큼의 배출요금(T)을 부과하면 사적인 한계비용이 PMC+T $=4+Q$로 바뀌게 된다. 단위당 2의 배출요금 부과후의 생산량을 구해보자. P $=$ PMC+T로 두면 $12-Q=4+Q$, $Q=4$가 된다. 그러므로 단위당 2의 배출요금 부과 후에는 시장기구에 의한 생산량이 사회적인 최적수준과 일치함을 알 수 있다. $Q=4$를 수요함수에 대입하면 $P=8$로 계산된다. 그러므로 단위당 2의 배출요금이 부과되면 소비자가 지불하는 가격이 1만큼 상승한다.

정부가 효율적인 배출요금을 부과하면 생산량이 사회적인 최적수준으로 감소하므로 오염배출량도 사회적인 최적수준으로 감소한다. 그러나 사회적인 최적생산량 수준에서도 여전히 오염이 일부 배출되고 있으므로 외부비용이 완전히 사라지는 것은 아니다.

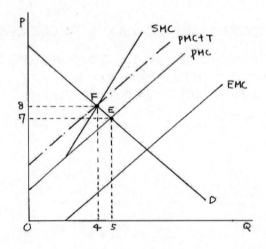

19. ④

X재 1단위 생산에도 노동 1단위가 필요하고, Y재 1단위를 생산에도 노동 1단위가 필요하므로 자본이 충분하다면 1,000단위의 노동으로 최대로 생산할 수 있는 X재와 Y재의 조합이 X+Y $=1,000$이다. 그러므로 X+Y $=1,000$이 노동제약이 된다. 한편, X재 1단위 생산에는 자본 2단위가 필요하고, Y재 1단위를 생산에는 자본 4단위가 필요하므로 노동이 충분하다면 3,000단위의 자본으로 최대로 생산할 수 있는 X재와 Y재의 조합은 2X+4Y $=3,000$이다. 그러므로 X+2Y $=1,500$이 자본제약이 된다.

X재와 Y재를 생산할 때 노동제약이 X+Y $=1,000$, 자본제약이 X+2Y $=1,500$이므로 두 제약을 모두만족시키는 영역만 생산이 가능하다. 아래의 그림 (a)에서 실제로 생산이 가능한 영역은 실선의 내부이므로 점 A, E, B를 연결한 선이 생산가능곡선이다. 생산가능곡선이 꺾어지는 E점을 찾으려면 노동제약식 X+Y $=1,000$과 자본제약식 X+2Y $=1,500$을 연립해서 풀면 된다. 두 식을 연립해서 풀면 X $=500$, Y $=500$으로 계산된다.

그림 (a)의 생산가능곡선을 보면 이 경제가 주어진 노동과 자본으로 최대로 생산할 수 있는 X재의 양은 1,000단위, Y재의 양은 각각 750단위임을 알 수 있다. 생산가능곡선 AE구간의 바깥쪽은 자본제약으로 인해 추가적인 생산이 이루어질 수 없으므로 일부 노동이 유휴상태이다. 한편, 생산가능곡선 EB구간의 바깥쪽은 노동제약으로 인해 추가적인 생산이 불가능하므로 일부 자본이 유휴상태이다. E점에서는 노동제약과 자본제약이 일치하므로 모든 노동과 자본이 완전히 고용되고 있는 상태이다. 생산가능곡선의 기울기(절댓값)가 X재 생산의 기회비용을 나타내므로 AE구간에서는 X재 생산의 기회비용이 $\frac{1}{2}$이고, EB구간은 X재 생산의 기회비용이 1이다. 그러므로 AE구간에서는 X재 1단위를 더 생산하려면 Y재 $\frac{1}{2}$단위를 포기해야 하는 반면 EB구간에서는 X재 1단위를 추가로 생산하기 위해서는 Y재 1단위를 포기해야 한다.

(a) 생산가능곡선   (b) 실제 생산점

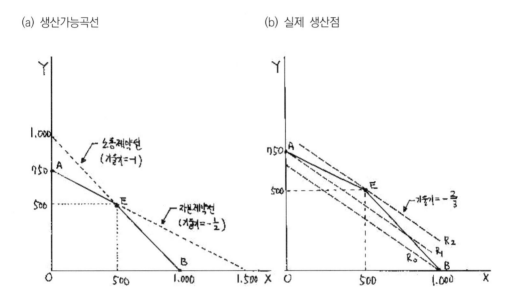

생산가능곡선 상의 어떤 점에서 생산이 이루어질지 알아보려면 등수입곡선이란 개념이 필요하다. 등수입곡선(iso-revenue curve)이란 결합생산이 이루어질 때 총수입이 동일한 X재와 Y재의 조합을 나타내는 선을 말한다. X재와 Y재를 판매할 때 총수입(R)은 다음과 같다.

$$R = P_X \cdot X + P_Y \cdot Y$$

$$\rightarrow Y = -\frac{P_X}{P_Y} \cdot X + \frac{R}{P_Y} \quad \cdots 등수입곡선$$

등수입곡선은 그림으로 나타내면 기울기가 $-\frac{P_X}{P_Y}$, 세로축 절편이 $\frac{R}{P_Y}$인 우하향의 직선이 된다. X재 가격이 2, Y재 가격이 3이면 두 재화를 판매할 때의 총수입 R = 2X+3Y이다. 이를 정리하면 Y = $-\frac{2}{3}X+\frac{R}{3}$이므로 등수입곡선은 기울기가 $-\frac{2}{3}$인 우하향의 직선이다. 그림 (b)에 점선으로 표시된 세 개의 등수입곡선이 그려져 있다.

그림 (b)의 생산가능곡선에서 X재만 1,000단위 생산하는 B점에서는 총수입이 2,000(=2×1,000)이므로 등수입곡선 R_0상의 모든 점에서는 총수입이 2,000으로 동일하다. 반면 Y재만 750단위 생산하는 A점에서는 총수입이 2,250(=3×750)이므로 등수입곡선 R_1상의 모든 점에서는 총수입이 2,250으로

동일하다. 그리고 X재와 Y재를 모두 500단위씩 생산하는 E점에서는 총수입이 2,500(= (2×500) +(3×500))이므로 등수입곡선 R_2상의 모든 점에서는 총수입이 2,500으로 동일하다. 이상의 설명에서 등수입곡선이 바깥쪽에 위치할수록 더 높은 총수입을 나타냄을 알 수 있다.

주어진 노동과 자본을 이용하여 X재와 Y재를 결합생산을 하는 경우 당연히 총수입이 가장 큰 E점에서 생산할 것이다. 그러므로 이 경제에서는 X재 500단위와 Y재 500단위를 생산된다. X재 1단위를 생산할 때는 노동 1단위와 자본 2단위가 투입되므로 X재 500단위 생산에는 노동 500단위와 자본 1,000단위가 투입된다. 한편, Y재 1단위를 생산할 때는 노동 1단위와 자본 4단위가 투입되므로 Y재 500단위 생산에는 노동 500단위와 자본 2,000단위가 투입된다.

20. ②

각국에서 두 재화 생산의 기회비용을 계산하면 아래의 표와 같다. 이 표에서 보는 것처럼 X재 생산의 기회비용은 A국이 더 낮고, Y재 생산의 기회비용은 B국이 더 낮다. 그러므로 A국은 X재, B국은 Y재 생산에 비교우위가 있다. 각국의 노동부존량이 모두 100시간이므로 각국이 모두 비교우위가 있는 재화생산에 완전특화하면 A국에서는 X재 100단위, B국에서는 Y재 80단위가 생산된다. 무역이후 세계 전체의 X재 생산량 100단위 중 A국이 60단위를 소비하면 B국의 X재 40단위를 소비할 수 있으므로 a = 40이다.

	A국	B국
X재	0.5	1
Y재	2	1

A국의 자급자족을 한다면 100시간의 노동으로 X재 60단위와 Y재 20단위를 생산할 수 있으므로 무역에 참가하려면 X재 60단위를 소비할 때 Y재는 20단위 이상 소비할 수 있어야 한다. 즉, b>20이 성립해야 한다. 한편, B국이 자급자족을 한다면 100시간의 노동으로 X재 40단위와 Y재 40단위를 생산할 수 있으므로 무역에 참가하려면 X재 40단위를 소비할 때 Y재는 40단위 이상 소비할 수 있어야 한다. 즉, c>40이 성립해야 한다. 무역이 이루어질 때 B국이 80단위의 Y재를 생산하므로 c가 40보다 크면 b는 40보다 작을 수밖에 없다. 그러므로 b값의 범위는 20과 40사이 임을 알 수 있다. 무역이 이루어지면 B국은 80단위의 Y재를 생산하므로 c = 50이면 b = 30이다. 이 경우 A국은 X재 40단위를 수출하고 Y재 30단위를 수입하는 하므로 수출재인 X재 1단위와 교환되는 수입재인 Y재의 양은 $\frac{3}{4}$단위이다. A국이 X재 생산량을 1단위 줄이면 국내에서는 Y재 $\frac{1}{2}$단위를 생산할 수 있으나 X재 1단위를 생산하여 B국과 교환하면 Y재 $\frac{3}{4}$단위를 받을 수 있으므로 A국은 무역을 통해 수출재화 1단위당 수입재화 $\frac{1}{4}$단위의 이득을 얻게 된다.

21. ⑤

P = 3을 A국의 수요곡선과 공급곡선에 대입하면 국내수요량이 40, 국내공급량이 80이므로 국제가격이 3일 때는 수출량이 40이다. A국이 개당 1의 보조금 지급하여 국제가격이 2.5로 하락하는 경우 A국 수출업자는 외국으로 수출하면 2.5의 가격을 받지만 정부로부터 1의 보조금을 지급받으므로 실

제로 받는 단위당 가격은 3.5가 된다. 수출을 하면 3.5의 가격을 받으므로 국내가격이 3.5보다 낮다면 A국 생산자는 국내에 판매하지 않으려고 할 것이다. 그러므로 수출보조금 지급 이후에는 국내가격도 3.5로 상승한다.

P = 3.5를 A국의 수요곡선과 공급곡선에 대입하면 국내수요량이 30, 국내공급량이 90이므로 보조금 지급 이후에는 수출량이 60이 된다. 그러므로 개당 1의 보조금을 지급하면 국내소비량은 10만큼 감소, 국내공급량은 10만큼 증가, 수출량은 20만큼 증가함을 알 수 있다.

보조금 지급으로 국내가격이 3에서 3.5로 상승하면 소비자잉여는 (A+B)의 면적에 해당하는 17.5(= $\frac{1}{2}(40+30) \times 0.5$)만큼 감소하고, 생산자잉여는 (A+B+C)의 면적에 해당하는 42.5(= $\frac{1}{2}(80+90) \times 0.5$)만큼 증가한다. 정부의 보조금 지급액은 단위당 보조금의 크기에다 수출량을 곱한 것이므로 (B+C+D+E)의 면적에 해당하는 60(= 1×60)이다. 그러므로 수출보조금 지급에 따른 사회적인 후생손실의 크기는 (B+D+E)에 해당하는 35만큼이다(B와 D의 면적 = $\frac{1}{2} \times 10 \times 0.5 = 2.5$, E의 면적 = 60×0.5 = 30).

소비자잉여 변화분 : −(A+B)
생산자잉여 변화분 : A+B+C
<u>수출보조금 지급액</u> : −(B+C+D+E)
사회후생 변화분 : −(C+D+E)

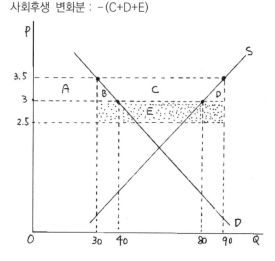

22. ④

관세부과로 국내가격이 P_W에서 P_T로 상승하면 국내수요량이 D_2, 공급량이 S_2이므로 관세부과 후에는 $D_2 - S_2$만큼의 재화가 수입된다. 국내가격이 P_W에서 P_T로 상승하면 소비자잉여는 (a+b+c+d)만큼 감소하고, 생산자잉여는 a민큼 증가한다. 한편, 단위당 관세액이 관세부과 후의 세계시장가격과 국내가격의 차이에 해당하는 ($P_T - P_T^*$)이므로 정부의 관세수입은 (c+e)만큼이다. 그러므로 관세가 부과 시 사회전체 총잉여의 변화분은 e − (b+d)가 된다. 총잉여의 변화분이 e − (b+d)이므로 b+d의 크기가 e보다 크면 관세부과 전보다 사회후생이 감소한다.

소비자잉여 변화분 : $-(a+b+c+d)$
생산자잉여 변화분 : a
정부의 관세수입 : $c+e$
총잉여의 변화분 : $e-(b+d)$

관세부과로 국내가격이 P_W에서 P_T로 상승하면 국내생산량이 최적수준인 S_1보다 더 많은 S_2로 증가하므로 b만큼의 후생손실이 발생하고, 국내소비량이 최적수준인 D_1보다 적은 D_2로 감소하므로 b만큼의 후생손실이 발생한다. 즉, b는 관세부과에 따른 생산의 비효율성, d는 관세부과에 따른 소비의 비효율성을 나타낸다.

23. ⑤

효용함수를 x와 y에 대해 미분하면 $MU_x = y+10$, $MU_y = x$이므로 $MRS_{xy} = \dfrac{y+10}{x}$이다. 소비자균형에서는 한계대체율과 두 재화의 상대가격비가 일치하므로 $MRS_{xy} = \dfrac{P_x}{P_y}$로 두면 $\dfrac{y+10}{x} = \dfrac{1}{2}$이다. 이를 예산제약식 $x+2y=10$과 연립해서 풀면 $x=15$, $y=-2.5$로 계산된다. 소비자의 각 재화 구입량이 $(-)$가 될 수는 없으므로 $y=0$을 다시 예산제약식에 대입하면 $x=10$이 된다. 이 문제는 아래 그림과 같이 구석해(corner solution)가 발생하는 경우이다.

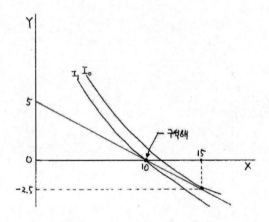

24. ②

최종재인 X재의 가격이 150, 중간재인 Y재의 가격이 100이므로 중간재 투입계수 $a=\dfrac{2}{3}$이고, 최종재인 X재에 대한 관세율 $T=0.4$, 중간재인 Y재에 대한 관세율 $t=0.5$이므로 실효보호관세율(q)이 20%로 계산된다.

$$q = \frac{T-at}{1-a} = \frac{0.4-\left(\dfrac{2}{3}\times 0.5\right)}{1-\dfrac{2}{3}} = 0.2$$

이를 달리 설명하면 다음과 같다. 관세가 부과되지 않을 때는 중간재를 100의 가격으로 수입하여 최종재를 생산한 후 150의 가격으로 판매하므로 부가가치가 50이다. 이제 최종재에 대하여 40%의 관세가 부과되면 최종재 가격이 210으로 상승하고, 중간재에 대해 50%의 관세가 부과되면 중간재 가격이 150으로 상승한다. 관세부과 이후에는 중간재를 150의 가격에 수입하여 최종재를 생산한 후 210의 가격으로 판매하므로 부가가치가 60이 된다. 관세부과 전의 부가가치가 50이고, 관세부과 후의 부가가치가 60이므로 관세부과에 따른 부가가치 증가율이 20%($\frac{60-50}{50} \times 100$)이다. 즉, 실효보호관세율이 20%이다.

25. ①

1개월 후 원/달러의 현물환율이 1,020이고, 현시점에서 은행 A, B, C가 예상한 1개월 뒤의 환율이 각각 990원, 1,010, 1,080원이므로 A은행의 예측오차는 −30원, B은행의 예측오차는 −10원, C은행의 예측오차는 +60원이다. 그러므로 예측오차의 절댓값이 가장 큰 것은 C은행이다.

A가 1달러 = 1,000원의 선물환율로 1달러를 매도하면 1개월 뒤에 1달러를 지급하고 1,000원을 받게 된다. 그런데 1개월 뒤에 1달러 = 1,020원의 현물환율로 1달러를 매입하려면 1,020원을 지급해야 하므로 20원의 손실이 발생한다.

B와 C가 1달러 = 1,000원의 선물환율로 1달러를 매입하면 1개월 뒤에 1,000원을 지급하고 1달러를 받게 된다. 이제 1개월 뒤에 1달러 = 1,020의 현물환율로 1달러를 매도하면 1,020원을 받으므로 20원의 이익을 얻을 수 있다.

26. ①

1년 뒤부터 영구적으로 소득세율이 인상된다는 사실이 발표되면 소비자들은 곧바로 항상소득의 감소를 예상할 것이다. 항상소득의 감소가 예상되면 개인들은 그 시점부터 소비를 조정할 것이다. 그러므로 소득세율 인상이 발표되는 시점부터 소비가 감소하고 이후에는 그 수준으로 계속 유지된다.

27. ②

물가안정목표제 하에서 중앙은행은 물가상승률이 사전에 발표한 목표치를 넘어서면 기준금리를 인상하고, 물가상승률이 목표치에 미달하면 기준금리를 인하할 것이 분명하므로 정책의 투명성이 높다. 이에 비해 자유재량적으로 통화정책을 운용하는 경우에는 각 상황에서 중앙은행이 어떤 정책을 실시할지가 불확실하므로 물가안정목표제 하에서보다 정책의 투명성이 떨어진다.

물가안정목표제는 자유재량 정책보다 준칙에 따른 정책의 성격이 강하기 때문에 물가안정목표제를 시행하면 자유재량적 정책을 실시할 때보다 시간불일치성 문제가 완화된다. 물가안정목표제 하에서는 경기가 침체하더라도 물가가 상승하면 중앙은행이 기준금리를 인상할 것이므로 생산과 고용의 변동에 적절히 대처하지 못하는 문제가 있다. 우리나라에서는 GDP디플레이터가 아니라 소비자물가지수가 물가안정목표제의 기준지표로 사용되고 있다.

28. ⑤

IS곡선과 LM곡선을 구해보면 아래의 표와 같다. 아래에서 구한 IS곡선에 G = 180, T = 150을 대입하면 구체적인 식이 Y = 4,100 − 100r이고, LM곡선에 M = 2,640을 대입하면 구체적인 식이 Y = 440 + 200r이다. 이를 연립해서 풀면 4,100 − 100r = 440 + 200r, 300r = 3,660, r = 12.2이고, 이를

IS곡선 혹은 LM곡선 식에 대입하면 균형국민소득 Y = 2,880으로 계산된다.

IS곡선	LM곡선
$Y = C+I+G$ $\quad = 360+0.8(Y-T)+400-20r+G$ $0.2Y = 760+G-0.8T-20r$ $Y = 3,800+5G-4T-100r \cdots$ IS곡선	$\dfrac{M^d}{P} = \dfrac{M^s}{P}$ $Y - 200r = \dfrac{M}{6}$ $Y = \dfrac{M}{6}+200r \cdots$ LM곡선

정부가 지출을 60만큼 늘리면 G = 240이 되고, 세금을 60만큼 줄이면 T = 90이 된다. 이제 G = 240, T = 90을 IS곡선에 대입하면 구체적인 식이 Y = 4,640 − 100r이다. 정부지출이 증가하고 조세가 감면되면 IS곡선이 오른쪽으로 이동한다. 이 때 중앙은행이 이자율을 일정하게 유지하려면 통화량을 증가시켜 LM곡선도 오른쪽으로 이동시켜야 한다.

우선 r = 12.2를 새로 구한 IS곡선 식에 대입하면 Y = 3,420이므로 중앙은행이 이자율을 12.2%로 일정하게 유지하려면 중앙은행이 통화량을 증가시켜 균형국민소득 Y = 3,420이 되게끔 LM곡선을 오른쪽으로 이동시키면 된다. Y = 3,420, r = 12.2를 LM곡선에 대입하면 $3,420 = \dfrac{M}{6}+(200 \times 12.2)$, $\dfrac{M}{6} = 980$, M = 5,880으로 계산된다. 그러므로 통화량을 5,880으로 증가시키면 균형국민소득이 3,420으로 증가하고 이자율이 12.2로 유지된다.

29. ②

국내 실질이자율이 상승하면 자본유입이 이루어져 외환공급이 증가하므로 환율이 하락한다. 외국 물가 대비 우리나라 물가수준이 하락하면 순수출이 증가한다. 순수출이 증가하면 외환공급이 증가하므로 환율이 하락한다. 즉, 국내통화인 원화의 가치가 상승한다.

수입수요가 증가하면 외환의 수요가 증가하므로 환율이 상승한다. 우리나라 제품에 대한 외국의 무역장벽이 강화되면 수출이 감소한다. 수출이 감소하면 외환공급이 감소하므로 환율이 상승한다. 즉, 국내통화인 원화의 가치가 하락한다.

30. ①

GDP 디플레이터 $= \dfrac{\text{명목}\,GDP}{\text{실질}\,GDP} \times 100$이므로 각 년도의 GDP디플레이터와 GDP디플레이터 상승률을 구해보면 아래의 표와 같다. 이 표를 보면 GDP디플레이터는 계속 상승하고 있는데, 상승률이 가장 높은 연도는 2018년임을 알 수 있다.

연도	GDP디플레이터	GDP디플레이터 상승률
2015	$\frac{95}{100} \times 100 = 95$	–
2016	$\frac{99}{102} \times 100 = 97.1$	$\frac{97.1 - 95}{95} \times 100 = 2.63\%$
2017	$\frac{100}{100} \times 100 = 100$	$\frac{100 - 97.1}{97.1} \times 100 = 2.99\%$
2018	$\frac{103}{98} \times 100 = 105.1$	$\frac{105.1 - 100}{100} \times 100 = 5.1\%$
2019	$\frac{104}{97} \times 100 = 107.2$	$\frac{107.2 - 105.1}{105.1} \times 100 = 2.0$ %

문제에 주어진 표를 보면 2015년 이후 명목GDP가 계속 증가하고 있으므로 명목GDP 성장률은 양 (+)이다. 한편, 2016년 이후 실질GDP는 지속적으로 감소하므로 2016년 이후 실질GDP 성장률은 음(−)이다. 기준연도에는 명목GDP와 실질GDP가 동일하므로 2017년이 기준연도임을 알 수 있다.

31. ②

피셔효과에 의하면 '실질이자율 = 명목이자율 − 인플레이션율'의 관계가 성립하므로 명목이자율이 0% 로 고정된 상태에서 인플레이션율이 1% 포인트 하락하면 실질이자율 1% 포인트 상승한다. 실질이 자율이 상승하면 민간투자와 민간소비가 감소한다. 민간투자와 민간소비가 감소하면 총수요가 감소하 므로 실질GDP도 감소하게 된다.

32. ⑤

우리나라의 1인당 GDP가 10,000원이라고 하자. 미국에서 빅맥 가격이 2달러, 우리나라에서 빅맥 가격이 2,000원이라면 구매력평가 환율이 1달러 = 1,000원이다. 이제 우리나라의 1인당 GDP 10,000원을 구매력평가 환율을 적용하여 달러로 환산하면 10달러이다. 우리나라에서는 10,000원으로 빅맥 5개를 살 수 있고, 미국에서도 10달러로 빅맥 5개를 살 수 있다. 그러므로 PPP기준 1인당 GDP는 원화로 표시된 1인당 GDP를 동일한 크기의 구매력을 갖는 달러 금액으로 환산한 것을 의미한다. 아래의 표를 보자. 시장환율이 1달러 = 500원인 경우 우리나라에서 빅맥 5개를 살 수 있는 금액인 1인당 GDP 10,000원을 외환시장에서 달러로 환전하면 20달러이므로 미국에서는 빅맥 10개를 살 수 있다. 우리나라에서 빅맥 5개를 살 수 있는 금액을 달러로 바꾸면 미국에서는 빅맥 10개를 살 수 있디는 것은 우리나라의 물가수준이 미국의 2배임을 의미한다. 그러므로 시장환율을 적용하여 계산한 1인당 GDP가 PPP기준 1인당 GDP보다 크다는 것은 우리나라의 물가수준이 미국보다 높다는 것을 뜻한다. 한편, 시장환율이 1달러 = 2,000원인 경우 우리나라에서 빅맥 5개를 살 수 있는 금액인 1인당 GDP 10,000원을 외환시장에서 달러로 환전하면 5달러이므로 미국에서는 빅맥을 2.5개만 살 수 있디. 우 리나라에서 빅맥 5개를 살 수 있는 금액을 달러로 바꾸면 미국에서는 빅맥 2.5개만 살 수 있다는 것은 미국의 물가수준이 우리나라의 2배임을 의미한다. 그러므로 시장환율을 적용하여 계산한 1인당 GDP 가 PPP기준 1인당 GDP보다 작다는 것은 우리나라의 물가수준이 미국보다 낮다는 것을 뜻한다.

	구매력평가환율	시장환율	
	1달러 = 1,000원	1달러 = 500원	1달러 = 2,000원
1인당 GDP	10달러	20달러	5달러
빅맥수량	5개	10개	2.5개

시장환율이 구매력평가 환율과 동일한 1달러 = 1,000원이라면 우리나라에서 빅맥 5개를 살 수 있는 1인당 GDP 10,000원을 외환시장에서 달러로 환전하면 10달러이므로 미국에서도 마찬가지로 빅맥 5개를 살 수 있다. 그러므로 시장환율을 적용하여 계산한 1인당 GDP가 PPP기준 1인당 GDP와 동일하면 우리나라와 미국의 물가수준도 동일하다는 것을 알 수 있다.

이제 문제에 주어진 자료를 살펴보자. 우선 1인당 GDP가 PPP기준 1인당 GDP보다 큰 A국과 D국은 미국보다 물가수준이 높고, 1인당 GDP가 PPP기준 1인당 GDP보다 작은 B국과 E국은 미국보다 물가수준이 낮다. 그리고 1인당 GDP와 PPP기준 1인당 GDP가 동일한 C국은 미국과 물가수준이 동일하다.

A국은 1인당 명목GDP가 PPP기준 1인당 GDP의 1.06($= \frac{85,000}{80,000} = 1.0625$)배인데 비해 D국은 1.2배($= \frac{65,000}{54,000} = 1.2037$)이므로 상대적으로 물가수준은 A국보다 D국이 더 높다. E국은 1인당 GDP가 PPP기준 1인당 GDP의 절반이므로 E국의 물가수준은 미국의 절반이다. 앞에서 설명한 것처럼 C국의 물가수준은 미국과 동일하나 E국은 물가수준이 미국의 절반이므로 결국 E국의 물가수준은 C국의 절반이다. 그러므로 E국 화폐의 구매력은 C국의 2배이다.

33. ①

고전학파의 화폐수량설(교환방정식)에 의하면 물가는 통화량에 비례하여 결정되나 케인즈 단순모형에서는 물가가 고정된 가정한다. 그리고 고전학파는 가격과 임금이 신축적이라고 보는데 비해 케인즈는 가격과 임금이 비신축적이라고 주장한다.

34. ⑤

실업률 $= \frac{U}{E+U}$ 이므로 취업자 E = 1,000만 명, 실업률 = 0.2를 식에다 대입하면 $\frac{U}{1,000+U} = 0.2$, U = 250만 명으로 계산된다. 경제활동참가율은 생산가능인구(P) 중에서 경제활동인구(L)가 차지하는 비율을 말한다. 취업자와 실업자를 합한 경제활동인구가 1,250만 명이고, 경제활동참가율이 80%이므로 $\frac{1,250}{P} = 0.8$이 성립한다. 이를 풀면 생산가능인구는 1,562.5만 명이다. 그러므로 생산가능인구에서 취업자가 차지하는 비율인 고용률은 64%($= \frac{1,000}{1,562.5} \times 100$)로 계산된다.

고용률, 경제활동참가율, 실업률 간에는 아래의 관계가 성립한다. 그러므로 아래의 식에다 문제에 주어진 수치를 대입하면 훨씬 간단하게 고용률을 계산할 수 있다.

고용률 = 경제활동참가율×(1 – 실업률)
     = 0.8×(1 – 0.2)
     = 0.64

35. ③

AE = 310+0.6Y이므로 Y = AE로 두면 Y = 310+0.6Y, 0.4Y = 310이므로 균형국민소득 Y = 775이다. 잠재GDP가 750이고 균형국민소득이 775이므로 균형국민소득이 잠재GDP를 25만큼 초과하는 상태이다. 그러므로 균형국민소득이 잠재GDP와 같아지도록 하려면 정부지출을 감소시켜야 한다.

AE = C + I + G
    = 100 + 0.8(Y − 50 − 0.25Y) + 200 + 50
    = 310 + 0.6Y

한계소비성향 c = 0.8, 세율 t = 0.25이므로 정부지출승수 $\frac{dY}{dG} = \frac{1}{1-c(1-t)} = \frac{1}{1-0.8(1-0.25)} = 2.5$이다. 정부지출승수가 2.5이므로 균형국민소득을 25만큼 감소시키려면 정부지출을 10만큼 감소시켜야 한다.

36. ③

화폐수량설을 증가율 형태로 나타내면 $\frac{dM}{M} + \frac{dV}{V} = \frac{dP}{P} + \frac{dY}{Y}$이다. 이 식에 $\frac{dM}{M}$ = 8%, $\frac{dV}{V}$ = 0%, $\frac{dY}{Y}$ = 3%를 대입하면 인플레이션율 $\frac{dP}{P}$ = 5%로 계산된다. 실질이자율 r = 0.01, 인플레이션율 π = 0.05를 피셔방정식에 대입하면 (1+i) = (1+0.01)(1+0.05), i = 0.0605이다. 이를 퍼센트로 나타낸 후 소수점 이하를 반올림하면 명목이자율이 6%이다. 명목이자율이 6%이므로 원금 100달러를 빌리면 1년 뒤에 원리금 106달러를 갚아야 한다.

37. ②

외생적으로 화폐수요가 감소하면 화폐시장에서 이자율이 하락한다. IS − LM모형에서 보면 화폐수요가 감소하면 LM곡선이 오른쪽으로 이동하므로 이자율이 하락하고 국민소득이 증가한다. 이제 대부자금시장을 보자. 국민소득이 증가하면 민간저축 증가로 대부자금의 공급이 증가하므로 마찬가지로 이자율이 하락한다.

38. ③

총요소생산성(A)이 0.5로 주어지면 1인당 생산함수 y = f(k) = 0.5 $\sqrt{k}$ 이다. 인구증가율 n = 0, 감가상각률 d = 0.1, 저축률 s = 0.1이므로 균제상태의 1인당 자본량을 구하기 위해 sf(k) = (n+d)k로 두면 0.1×0.5 $\sqrt{k}$ = 0.1k, $\sqrt{k}$ = 0.5, k = 0.25이다. 균제상태의 1인당 자본량 k = 0.25를 1인당 생산함수에 대입하면 y = 0.25로 계산된다. 1인당 소득 y = 0.25이고 저축률이 10%이므로 균제상태에서 1인당 저축은 0.025, 1인당 소비는 0.225이다.

이제 총요소생산성이 0.5에서 1로 증가면 1인당 생산함수가 y = f(k) = $\sqrt{k}$ 가 된다. sf(k) = (n+d)k로 두면 0.1× $\sqrt{k}$ = 0.1k, $\sqrt{k}$ = 1, k = 1이다. 균제상태의 1인당 자본량 k = 1을 1인당 생산함수에 대입하면 y = 1임을 알 수 있다. 1인당 소득 y = 1이고 저축률이 10%이므로 균제상태에서 1인당 저축은 0.1, 1인당 소비는 0.9이다. 총요소생산성이 0.5일 때는 1인당 소비가 0.225이고, 총요소생산성이 1일 때는 1인당 소비가 0.9이므로 총요소생산성이 0.5에서 1로 증가하면 1인당 소비는 0.675만큼 증가한다.

39. ④

이자율평가설에 의하면 '국내이자율＝해외이자율＋환율상승률'의 관계가 성립한다. 국내이자율이 2%, 해외이자율이 1%일 때 두 나라에서의 투자수익률이 같아지려면 환율이 1% 상승해야 한다. 현재환율이 1달러＝1,000원이고, 1년 뒤에 환율이 1% 상승할 것으로 예상되므로 1년 뒤의 예상환율은 1달러＝1,010원이다.

40. ①

문제에 국내실질이자율이 항상 해외실질이자율과 같아지는 것으로 주어져 있는데, 이는 국가 간 자본이 완전히 자유로운 경우이다. 또한 문제에서 실질환율의 변화를 물어보고 있다는 것은 출제자가 변동환율제도를 가정하고 있음을 의미한다.

변동환율제도에서 정부지출이 증가하면 IS곡선이 오른쪽으로 이동한다. IS곡선이 오른쪽으로 이동하면 국내이자율이 상승한다. 국내이자율이 상승하면 자본유입이 이루어지므로 외환의 공급이 증가한다. 외환공급이 증가하면 명목환율이 하락하게 되는데, 명목환율이 하락하면 실질환율도 하락한다. 실질환율이 하락하면 국내에서 생산된 재화의 상대가격이 비싸지므로 순수출이 감소한다. 순수출이 감소하면 IS곡선이 다시 왼쪽으로 이동하므로 최초의 균형으로 복귀하게 된다. 그러므로 변동환율제도하에서 확대적인 재정정책을 실시하면 실질환율은 하락하고 순수출은 감소한다.

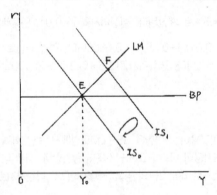

상 법

이 상 수(법학박사 / 웅지세무대학교 교수)

1. ③

① 상업사용인은 영업주의 허락없이 자기 또는 제3자의 계산으로 영업주의 영업부류에 속한 거래를 하지 못한다(상법 제17조 제1항).

② 상인이 수인의 지배인에게 공동으로 대리권을 행사하게 한 경우 및 이를 변경한 경우에는 그 사항

을 등기하여야 한다(상법 제13조).
③ 상업사용인이 경업금지의무를 위반하여 거래를 한 경우, 그 거래가 제3자의 계산으로 한 것인 때에는 영업주는 <u>상업사용인에 대하여</u> 그 거래로 취득한 이득의 양도를 청구할 수 있다(상법 제17조 제2항).
④ 영업의 특정한 종류 또는 특정한 사항에 대한 위임을 받은 사용인은 이에 관한 재판 외의 모든 행위를 할 수 있다(상법 제15조 제1항).
⑤ 부분적 포괄대리권을 가진 상업사용인의 대리권에 대한 제한은 선의의 제3자에게 대항하지 못한다(상법 제15조 제2항, 제11조 제3항).

2. ②

① 상인은 그 성명 기타의 명칭으로 상호를 정할 수 있다(상법 제18조).
② 회사가 아닌 개인상인의 경우에는 <u>동일한 영업에 대하여 단일상호를 사용하여야 한다</u>(상법 제21조 제1항).
③ 누구든지 부정한 목적으로 타인의 영업으로 오인할 수 있는 상호를 사용하지 못한다(상법 제23조 제1항).
④ 등기된 상호의 경우 상호의 양도는 등기하지 아니하면 제3자에게 대항하지 못한다(상법 제25조 제2항).
⑤ 상호를 폐지한 경우, 2주간 내에 그 상호를 등기한 자가 폐지의 등기를 하지 아니하는 때에는 이해관계인은 그 등기의 말소를 청구할 수 있다(상법 제27조).

3. ④

상법 제84조 참조. 익명조합원의 사망은 익명조합계약의 종료사유로 규정되어 있지 않다.

4. ③

① 중개인이 그 중개한 행위에 관하여 견품을 받은 때에는 그 행위가 완료될 때까지 이를 보관하여야 한다(상법 제95조).
② 중개에 의한 계약이 성립한 경우, 중개인이 임의로 당사자 일방의 성명 또는 상호를 상대방에게 표시하지 아니한 때에는 상대방은 중개인에 대하여 이행을 청구할 수 있다(상법 제99조).
③ 중개인에 의해 당사자 간에 계약이 성립된 때에는 <u>중개인은 지체없이 결약서를 작성하여 당사자에게 교부하여야 한다</u>(상법 제96조 제1항).
④ 다른 약정이나 관습이 없으면, 중개인은 그 중개한 행위에 관하여 당사자를 위하여 지급 기타의 이행을 받지 못한다(상법 제94조).
⑤ 당사자는 언제든지 자기를 위하여 중개한 행위에 관한 장부의 등본의 교부를 청구할 수 있다(상법 제98조 제2항).

5. ③

① 원칙적으로 매수인이 목적물을 수령할 수 없는 때에는 매도인은 그 물건을 공탁하거나 상당한 기간을 정하여 최고한 후 경매할 수 있다(상법 제67조 제1항 1문).
② 매수인의 수령거부로 인하여 매도인이 목적물을 경매하는 경우에, 매도인은 지체없이 매수인에 대하여 그 통지를 발송하여야 한다(상법 제67조 제1항 2문)..

③ 매수인의 수령거부로 인하여 매도인이 목적물을 경매한 때에는, 그 대금에서 경매비용을 공제한 잔액을 공탁하여야 하고, 그 전부나 일부를 매매대금에 충당할 수 있다(상법 제67조 제3항).

④ 확정기매매의 경우에 당사자의 일방이 이행시기를 경과한 때에는, 상대방이 즉시 그 이행을 청구하지 아니하면 계약을 해제한 것으로 본다(상법 제68조).

⑤ 매수인이 목적물을 수령할 수 없는 경우에, 그 목적물이 멸실 또는 훼손될 염려가 있는 때에는 매도인은 최고없이 경매할 수 있다(상법 제67조 제2항).

6. ②

① 업무집행조합원은 합자조합 설립 후 2주 내에 조합의 주된 영업소의 소재지에서 법정사항을 등기하여야 한다(상법 제86조의4).

② 유한책임조합원이 <u>업무를 집행하는 경우에 한정하여</u> 그 유한책임조합원의 성명 또는 상호, 주소 및 주민등록번호는 등기하여야 한다(상법 제86조의4 제1호) .

③ 유한책임조합원은 조합계약에서 정한 출자가액에서 이미 이행한 부분을 뺀 가액을 한도로 하여 조합채무를 변제할 책임이 있다(상법 제86조의6 제1항).

④ 업무집행조합원은 조합계약에 다른 규정이 없으면 각자가 합자조합의 업무를 집행하고 대리할 권리와 의무가 있다(상법 제86조의5 제1항).

⑤ 유한책임조합원의 지분을 양수한 자는 양도인의 조합에 대한 권리·의무를 승계한다(상법 제86조의7 제3항).

7. ④

① 극장, 여관, 음식점, 그 밖의 공중이 이용하는 시설에 의한 거래를 영업으로 하는 자를 공중접객업자라 한다(상법 제151조).

② 공중접객업자는 자기 또는 그 사용인이 고객으로부터 임치받은 물건의 보관에 관하여 주의를 게을리하지 아니하였음을 증명하지 아니하면, 그 물건의 멸실 또는 훼손으로 인한 손해를 배상할 책임이 있다(상법 제152조 제1항).

③ 공중접객업자는 고객으로부터 임치받지 아니한 경우에도 그 시설 내에 휴대한 물건이 자기 또는 그 사용인의 과실로 인하여 멸실 또는 훼손되었을 때에는 그 손해를 배상할 책임이 있다(상법 제152조 제2항).

④ 공중접객업자는 고객의 휴대물에 대하여 책임이 없음을 알린 경우에도 자기 또는 그 사용인의 과실로 인하여 그 물건의 멸실이나 훼손된 때에는 그 손해에 대하여 <u>배상책임을 면하지 못한다</u>(상법 제152조 제3항).

⑤ 상법은 화폐, 유가증권, 그 밖의 고가물(高價物)에 대하여는 고객이 그 종류와 가액을 명시하여 임치하지 아니하면, 공중접객업자는 그 물건의 멸실 또는 훼손으로 인한 손해를 배상할 책임이 없다고 규정하고 있다(상법 제153조).

8. ⑤

① 상행위의 위임을 받은 자는 위임의 본지에 반하지 아니한 범위 내에서 위임을 받지 아니한 행위를 할 수 있다(상법 제49조).

② 당사자간에 다른 약정이 없는 한, 상인간의 상행위로 인한 채권이 변제기에 있는 때에는 채권자는 변제를 받을 때까지 그 채무자에 대한 상행위로 인하여 자기가 점유하고 있는 채무자 소유의 물건을 유치할 수 있다(상법 제58조).

③ 수인이 그 1인 또는 전원에게 상행위가 되는 행위로 인하여 채무를 부담한 때에는 연대하여 변제할 책임이 있다(상법 제57조 제1항).

④ 상인이 그 영업범위 내에서 타인을 위하여 행위를 한 때에는 이에 대하여 상당한 보수를 청구할 수 있다(상법 제61조).

⑤ 상인이 그 영업에 관하여 수여한 대리권은 <u>본인의 사망으로 인하여 소멸하지 않는다</u>(상법 제50조).

9. ①

① 발기인이 악의 또는 중대한 과실로 인하여 그 임무를 해태한 때에는 그 발기인은 제3자에 대하여도 연대하여 손해를 배상할 책임이 있다(상법 제322조 제2항).

② 회사설립 시에 발행하는 주식에 관하여 그 주식의 종류와 수에 관한 사항은 정관으로 달리 정하지 아니하면 <u>발기인의 전원의 동의로</u> 이를 정한다(상법 제291조).

③ 회사설립의 무효는 <u>주주·이사 또는 감사</u>에 한하여 회사성립의 날로부터 2년 내에 소만으로 이를 주장할 수 있다(상법 제328조 제1항).

④ 상법은 회사의 설립시에 발행하는 주식의 총수는 회사가 발행할 주식의 총수의 4분의 1 이상이어야 한다는 <u>규정은 삭제되었다.</u>

⑤ 회사성립 후에는 주식을 인수한 자는 사기·강박 또는 착오를 이유로 하여 그 인수를 취소할 수 <u>없다</u>(상법 제320조 제1항).

10. ②

① 원칙적으로 주식의 이전은 취득자의 성명과 주소를 주주명부에 기재하지 아니하면 회사에 대항하지 못한다(상법 제337조 제1항).

② 이미 발행된 주권이 주주의 주권불소지 신고에 의하여 회사에 제출된 경우, 회사는 그 <u>제출된 주권을 무효로 하거나</u> 명의개서대리인에게 임치하여야 한다(상법 제358조의2 제3항).

③ 주식의 소각, 병합, 분할 또는 전환이 있는 때에는 이로 인하여 종전의 주주가 받을 금전이나 주식에 대하여도 종전의 주식을 목적으로 한 질권을 행사할 수 있다(상법 제339조).

④ 주식을 질권의 목적으로 하는 때에는 주권을 질권자에게 교부하여야 한다(상법 제338조 제1항).

⑤ 주식의 등록질의 경우에는, 질권자는 회사로부터 이익배당에 따른 금전의 지급을 받아 다른 채권자에 우선하여 자기채권의 변제에 충당할 수 있다(상법 제340조 제1항).

11. ⑤

① 회사란 상행위나 그 밖의 영리를 목적으로 하여 설립한 법인을 말한다(상법 제169조).

② 회사는 본점소재지에서 설립등기를 함으로써 성립한다(상법 제172조).

③ 회사의 주소는 본점소재지에 있는 것으로 한다(상법 제171조).

④ 회사의 업무를 집행하는 사원이 정관에 위반하여 회사의 존속을 허용할 수 없는 행위를 한 때에는, 법원은 직권으로 회사의 해산을 명할 수 있다(상법 제176조 제1항 3호).

⑤ 해산 후의 회사는 존립 중의 회사를 존속하는 회사로 하는 경우에는 <u>합병할 수 있다</u>(상법 제174조 제2항).

12. ④

ㄱ. 회사는 다른 회사의 무한책임사원이 될 수 없으나(상법 제173조), 유한책임사원은 될 수 있다. 따라서

합명회사는 주식회사의 <u>주주가 될 수 있다</u>.
ㄴ. 주식회사에서 총 주식을 한 사람이 소유하고 있는 1인회사의 경우에는 그 주주가 유일한 주주로
서 주주총회에 출석하면 전원총회로서 성립하고 그 주주의 의사대로 결의될 것임이 명백하므로
따로이 총회소집절차가 필요없다 할 것이고, 실제로 총회를 개최한 사실이 없다 하더라도 1인주
주에 의하여 의결이 있었던 것으로 주주총회 의사록이 작성되었다면 특별한 사정이 없는 한 그
내용의 결의가 있었던 것으로 볼 수 있어 형식적인 사유에 의하여 결의가 없었던 것으로 다툴 수는
없다(대법원 1993. 6. 11. 선고 93다8702 판결).
ㄷ. 회사의 권리능력은 회사의 설립 근거가 된 법률과 회사의 정관상의 목적에 의하여 제한되나 그
목적범위 내의 행위라 함은 정관에 명시된 목적 자체에 국한되는 것이 아니라, 그 목적을 수행하
는 데 있어 직접, 간접으로 필요한 행위는 모두 포함되고 목적수행에 필요한지의 여부는 행위의
객관적 성질에 따라 판단할 것이고 행위자의 주관적, 구체적 의사에 따라 판단할 것은 아니다(대
법원 1999. 10. 8. 선고 98다2488 판결).
ㄹ. 회사는 <u>정관에서 정하는 바에 따라</u> (이사회 결의에 의하여) 발행된 액면주식을 무액면주식으로 전
환할 수 있다(상법 제329조 제4항).

13. ④

① 의결권이 없거나 제한되는 종류주식이 발행주식총수의 4분의 1을 초과하여 발행된 경우, 회사는 지
체없이 그 제한을 초과하지 않도록 하기 위하여 필요한 조치를 하여야 한다(상법 제344조의3 제2항).
② 회사가 의결권이 없거나 제한되는 종류주식을 발행하는 때에는, 정관에 의결권을 행사할 수 없는
사항과, 의결권행사 또는 부활의 조건을 정한 경우에는 그 조건 등을 정하여야 한다(상법 제344
조의3 제1항).
③ 회사가 정관으로 정하는 바에 따라 회사의 이익으로써 소각할 수 있는 종류주식을 발행하는 경우,
회사는 정관에 상환가액, 상환기간, 상환의 방법과 상환할 주식의 수를 정하여야 한다(상법 제345조
제1항).
④ 회사가 종류주식을 발행하는 경우에는, <u>정관에서 정하는 바에 따라</u> 주주는 인수한 주식을 다른 종
류주식으로 전환할 것을 청구할 수 있다(상법 제346조 제1항).
⑤ 회사가 잔여재산의 분배에 관하여 내용이 다른 종류주식을 발행하는 경우에는, 정관에 잔여재산의
종류, 잔여재산의 가액의 결정방법, 그 밖에 잔여재산분배에 관한 내용을 정하여야 한다(상법 제
344조의2 제2항).

14. ②

① 정관으로 회사가 부담할 설립비용과 발기인이 받을 보수액을 정한 때에는, <u>발기인은</u> 이에 관한 조
사를 하게 하기 위하여 검사인의 선임을 법원에 청구하여야 한다(상법 제310조 제1항).
② 이사와 감사는 취임 후 지체없이 회사의 설립에 관한 모든 사항이 법령 또는 정관의 규정에 위반
되지 아니하는지의 여부를 조사하여 창립총회에 보고하여야 한다(상법 제313조 제1항).
③ 자본금 총액이 10억원 미만인 회사를 <u>발기설립하는</u> 경우에는, 은행의 납입금 보관금액에 관한 증
명서를 그 잔고증명서로 대체할 수 있다(상법 제318조 제3항).
④ 납입과 현물출자의 이행이 완료된 때에는 <u>창립총회에서는</u> 이사와 감사를 선임하여야 한다(상법 제
312조).
⑤ <u>발기설립의</u> 경우 법원은 변태설립사항이 부당하다고 인정한 때에는 이를 변경하여 각 발기인에게
통고할 수 있다(상법 제300조 제1항). 그러나 <u>모집설립의 경우에는</u> 창립총회에서 이를 변경할 수

있다(상법 제314조 제1항).

15. ①

ㄱ. 주식은 자본금 감소에 관한 규정에 따라서만 소각(消却)할 수 있다. 다만 이사회의 결의에 의하여 회사가 보유하는 자기주식을 소각하는 경우에는 그러하지 아니하다(상법 제343조 제1항).

ㄴ. 회사가 다른 회사의 발행주식총수의 10분의 1을 초과하여 취득한 때에는 그 다른 회사에 대하여 <u>지체없이</u> 이를 통지하여야 한다(상법 제342조의3).

ㄷ. 회사가 보유하는 자기주식을 처분하는 경우에 처분할 주식의 종류와 수에 관하여 정관에 규정이 없는 것은 이사회가 결정한다(상법 제342조).

ㄹ. 주식양도시 이사회의 승인을 얻도록 규정된 정관에도 불구하고 이사회의 승인 없이 주식을 양도한 경우, 이는 회사에 대하여 효력이 없지만 당사자간에는 유효하므로, 그 주식의 양수인은 회사에 대하여 주식양도의 <u>승인을 청구할 수 있다</u>(상법 제335조의7 제1항).

16. ③

① 주식의 포괄적 이전에 의해 설립되는 완전모회사의 자본금은 주식이전의 날에 완전자회사로 되는 회사에 현존하는 순자산액에서 완전자회사의 주주에게 제공할 금전 및 그 밖의 재산의 가액을 뺀 액을 초과하지 못한다(상법 제360조의18).

② 간이주식교환의 경우 완전자회사가 되는 회사의 주주총회의 승인은 이사회의 승인으로 갈음할 수 있고, 이에 반대하는 완전자회사가 되는 회사의 주주는 주식매수청구권을 행사할 수 있다(상법 제360조의9 제1항, 제360조의5 제2항).

③ 주식의 포괄적 교환 및 이전의 경우에는 회사의 순자산이 변동없거나 증가하므로 채권자 보호절차가 <u>필요하지 않다</u>.

④ 주식회사에서 유한회사로의 조직변경을 위해서는 법원의 인가가 필요하지 않으나, 유한회사에서 주식회사로의 조직변경을 위해서는 법원의 인가가 필요하다(상법 제604조, 제607조 제3항).

⑤ 주식회사에서 유한책임회사로의 조직변경은 허용되나(상법 제287조의43), 유한회사에서 유한책임회사로의 조직변경은 허용되지 않는다.

17. ①

상법 제289조 제1항 참조. 이사의 성명·주민등록번호 및 주소는 설립시 등기사항에 해당한다(상법 제317조 제1항 8호).

18. ⑤

① 주주총회는 정관에 다른 정함이 없으면 본점소재지 또는 이에 인접한 지에 소집하여야 한다(상법 제364조).

② 주주총회 소집통지서에는 회의의 목적사항을 적어야 한다(상법 제363조 제2항).

③ 판례에 의하면, 임시주주총회가 법령 및 정관상 요구되는 이사회의 결의 및 소집절차 없이 이루어졌다 하더라도, 주주명부상의 주주 전원이 참석하여 총회를 개최하는 데 동의하고 아무런 이의 없이 만장일치로 결의가 이루어졌다면 그 결의는 특별한 사정이 없는 한 유효하다.

④ 자본금 총액이 10억원 미만인 회사는 주주 전원의 동의가 있을 경우에는 소집절차 없이 주주총회를 개최할 수 있다(상법 제363조 제4항).

⑤ 자본금 총액이 10억원 미만인 회사의 경우 <u>주주 전원이 동의한</u> 서면에 의한 결의로써 주주총회의

결의를 갈음할 수 있다(상법 제363조 제4항, 제5항).

19. ②

① 대표소송을 제기한 주주는 소를 제기한 후 지체없이 회사에 대하여 그 소송의 고지를 하여야 한다 (상법 제404조 제2항).

② 대표소송을 제기한 주주는 제소시에는 발행주식총수의 100분의 1 이상의 주식을 보유하여야 하지 만(상법 제403조 제1항), 제소 후 발행주식총수의 100분의 1 미만으로 감소한 경우(발행주식을 보유하지 아니한 경우를 제외한다)에도 제소의 효력에는 영향이 없다(상법 제403조 제5항)

③ 어느 한 회사가 다른 회사의 주식의 전부 또는 대부분을 소유하여 양자간에 지배종속관계에 있고, 종속회사가 그 이사 등의 부정행위에 의하여 손해를 입었다고 하더라도, 지배회사와 종속회사는 상법상 별개의 법인격을 가진 회사이고, 대표소송의 제소자격은 책임추궁을 당하여야 하는 이사가 속한 당해 회사의 주주로 한정되어 있으므로, 종속회사의 주주가 아닌 지배회사의 주주는 상법 제 403조, 제415조에 의하여 종속회사의 이사 등에 대하여 책임을 추궁하는 이른바 이중대표소송을 제기할 수 없다(대법원 2004. 9. 23. 선고 2003다49221 판결).

④ 주주가 대표소송을 제기한 경우, 당사자는 법원의 허가를 얻지 않으면 소의 취하, 청구의 포기 · 인 락, 화해를 할 수 없다(상법 제403조 제6항).

⑤ 대표소송을 제기한 주주가 패소한 때에는 악의인 경우 외에는 회사에 대하여 손해를 배상할 책임 이 없다(상법 제405조 제2항).

20. ②

① 이사의 선임은 주주총회의 보통결의에 의하고(상법 제382조 제1항), 그 해임은 주주총회의 특별 결의에 의한다(상법 제385조 제1항).

② 주식회사와 이사 사이에 체결된 고용계약에서 이사가 그 의사에 반하여 이사직에서 해임될 경우 퇴직위로금과는 별도로 일정한 금액의 해직보상금을 지급받기로 약정한 경우, 그 해직보상금은 형 식상으로는 보수에 해당하지 않는다 하여도 보수와 함께 같은 고용계약의 내용에 포함되어 그 고 용계약과 관련하여 지급되는 것일 뿐 아니라, 의사에 반하여 해임된 이사에 대하여 정당한 이유의 유무와 관계없이 지급하도록 되어 있어 이사에게 유리하도록 회사에 추가적인 의무를 부과하는 것 인바, 보수에 해당하지 않는다는 이유로 주주총회 결의를 요하지 않는다고 한다면, 이사들이 고용 계약을 체결하는 과정에서 개인적인 이득을 취할 목적으로 과다한 해직보상금을 약정하는 것을 막 을 수 없게 되어, 이사들의 고용계약과 관련하여 그 사익 도모의 폐해를 방지하여 회사와 주주의 이익을 보호하고자 하는 상법 제388조의 입법 취지가 잠탈되고, 나아가 해직보상금액이 특히 거 액일 경우 회사의 자유로운 이사해임권 행사를 저해하는 기능을 하게 되어 이사선임기관인 주주총 회의 권한을 사실상 제한함으로써 회사법이 규정하는 주주총회의 기능이 심히 왜곡되는 부당한 결 과가 초래되므로, 이사의 보수에 관한 상법 제388조를 준용 내지 유추적용하여 이사는 해직보상 금에 관하여도 정관에서 그 액을 정하지 않는 한 주주총회 결의가 있어야만 회사에 대하여 이를 청구할 수 있다(대법원 2006. 11. 23. 선고 2004다49570 판결).

③ 이사의 임기를 정한 경우에 정당한 이유없이 그 임기만료 전에 이를 해임한 때에는, 그 이사는 회사에 대하여 해임으로 인한 손해배상을 청구할 수 있다(상법 제385조 제2항).

④ 정관으로 이사가 가질 주식의 수를 정한 경우에, 다른 규정이 없는 때에는 이사는 그 수의 주권을 감사에게 공탁해야 한다(상법 제387조).

⑤ 정관에 정한 이사의 원수를 결한 경우, 필요하다고 인정할 때에는 법원은 이사, 감사 기타의 이해

관계인의 청구에 의하여 일시 이사의 직무를 행할 자를 선임할 수 있다(상법 제386조 제2항).

21. ④

① 회사와 이사의 관계는 민법의 위임에 관한 규정이 준용되므로(상법 제382조 제2항), 이사는 회사에 대하여 선량한 관리자로서의 주의의무를 부담한다.

② 이사는 법령과 정관의 규정에 따라 회사를 위하여 그 직무를 충실하게 수행하여야 한다(상법 제382조의3).

③ 자본금 총액이 10억원 미만인 회사는 이사를 1명 또는 2명으로 할 수 있다(상법 제383조 제1항 단서).

④ 이사가 법령 또는 정관에 위반한 행위를 하거나 그 임무를 해태함으로써 회사에 내하여 손해를 배상할 책임이 있어 그 손해배상의 범위를 정할 때에는 당해 사업의 내용과 성격, 당해 이사의 임무위반의 경위 및 임무위반행위의 태양, 회사의 손해 발생 및 확대에 관여된 객관적 사정이나 그 정도, 평소 이사의 회사에 대한 공헌도, 임무위반행위로 인한 당해 이사의 이득 유무, 회사의 조직체계의 흠결 유무나 위험관리체제의 구축 여부 등 여러 사정을 참작하여 손해분담의 공평이라는 손해배상제도의 이념에 비추어 그 손해배상액을 제한할 수 있고, 나아가 책임감경사유에 관한 사실인정이나 그 비율을 정하는 것은 그것이 형평의 원칙에 비추어 현저히 불합리하다고 인정되지 않는 한 사실심의 전권사항에 속한다(대법원 2008. 12. 11. 선고 2006다5550 판결). 따라서 법원이 재량으로 더 이상 감경할 수 있다.

⑤ 이사의 임기는 3년을 초과하지 못하지만(상법 제383조 제2항), 상법상 이사의 연임 횟수를 제한하는 규정은 없다.

22. ②

① 주주총회의 소집절차 또는 결의방법이 법령에 위반하거나 현저하게 불공정한 때에는 결의의 날로부터 2월 내에 결의취소의 소를 제기할 수 있다(상법 제376조 제1항).

② 결의취소의 소에는 법원의 재량에 의한 청구기각이 인정되지만(상법 제379조), 결의부존재확인의 소에는 법원의 재량에 의한 청구 기각이 인정되지 않는다(상법 제380조).

③ 결의취소의 소의 제소권자는 주주·이사 또는 감사이다(상법 제376조 제1항).

④ 결의한 사항이 등기된 경우에 결의취소의 판결이 확정된 때에는 본점과 지점의 소재지에서 등기하여야 한다(상법 제378조).

⑤ 결의취소 판결 및 결의무효확인 판결은 모두 대세적 효력과 소급효가 있다(상법 제376조 제2항, 제190조 본문).

23. ①

① 재무제표의 승인은 보통결의사항에 해당한다(상법 제499조 제1항). 경영위임, 타인과 영이브이 손익 전부를 같이하는 계약, 회사의 영업에 중대한 영향을 미치는 다른 회사의 영업 일부의 양수는 특별결의사항이며(상법 제374조 제1항), 회사의 계속도 특별결의사항이다(상법 제519조, 제434조).

24. ③

① 회사는 이사회의 결의로 대표이사를 선정해야 하는 것이 원칙이나, 정관으로 주주총회에서 이를 선정할 것을 정할 수 있다(상법 제389조 제1항).

② 수인의 대표이사가 있더라도 공동대표이사가 아니라면 각 대표이사는 회사를 대표한다.

③ 이사회의 결의는 이사 과반수의 출석과 출석이사의 과반수로 하여야 하지만, 정관으로 그 비율을 높게 정할 수 있으나 낮게 정할 수는 없다(상법 제391조 제1항).

④ 주주는 그 보유주식 수와 관계없이 영업시간 내에 이사회의사록의 열람 또는 등사를 청구할 수 있다(상법 제391조의3 제3항).

⑤ 이사회의 결의에 의한 행위로 인하여 이사가 회사에 대하여 손해배상책임을 지는 경우, 그 이사회 결의에 참가한 이사로서 이의를 한 기재가 의사록에 없는 자는 그 결의에 찬성한 것으로 추정한다 (상법 제399조 제3항).

25. ①

① 중요한 사유가 있는 때에는 유한책임사원은 언제든지 법원의 허가를 얻어 회사의 업무와 재산상태를 검사할 수 있다(상법 제277조 제2항).

② 유한책임사원은 신용 또는 노무를 출자의 목적으로 하지 못한다(상법 제272조).

③ 유한책임사원은 무한책임사원 전원의 동의만 있으면 그 지분의 전부를 양도할 수 있다(상법 제 276조).

④ 지배인의 선임과 해임은 무한책임사원 과반수의 결의에 의한다(상법 제274조).

⑤ 사원 전원의 동의만으로 합명회사로의 조직변경이 가능하다(상법 제286조 제1항).

26. ⑤

① 이사가 수인인 경우에 정관에 다른 정함이 없으면 사원총회에서 회사를 대표할 이사를 선정하여야 한다(상법 제561조 제2항).

② 현물출자의 목적인 재산의 회사성립 당시의 실가(實價)가 정관에 정한 가격에 현저하게 부족한 때에는, 회사성립 당시의 사원은 회사에 대하여 그 부족액을 연대하여 지급할 책임이 있다(상법 제 550조 제1항).

③ 회사설립의 무효는 그 사원, 이사와 감사에 한하여 회사성립의 날로부터 2년 내에 소만으로 이를 주장할 수 있다(상법 제552조 제1항).

④ 정관으로 이사를 정하지 아니한 때에는 회사성립 전에 사원총회를 열어 이를 선임하여야 한다(상법 제547조 제1항).

⑤ 감사가 없는 경우, 이사는 사원총회의 승인이 있는 때에 한하여 자기 또는 제3자의 계산으로 회사와 거래를 할 수 있다(상법 제564조 제3항).

27. ③

① 감사는 신주발행무효의 소를 그 제소기간 내에 제기할 수 있고(상법 제429조), 이사에 대한 위법행위 유지청구권을 행사할 수도 있다(상법 제424조).

② 감사는 회의의 목적사항과 소집의 이유를 기재한 서면을 이사회에 제출하여 임시총회의 소집을 청구할 수 있다(상법 제412조의3 제1항).

③ 상법 제394조 제1항에서는 이사와 회사 사이의 소에 있어서 양자 간에 이해의 충돌이 있기 쉬우므로 그 충돌을 방지하고 공정한 소송수행을 확보하기 위하여 비교적 객관적 지위에 있는 감사로 하여금 그 소에 관하여 회사를 대표하도록 규정하고 있는바, 소송의 목적이 되는 권리관계가 이사의 재직중에 일어난 사유로 인한 것이라 할지라도 회사가 그 사람을 이사의 자격으로 제소하는 것이 아니고 이사가 이미 이사의 자리를 떠난 경우에 회사가 그 사람을 상대로 제소하는 경우에는

특별한 사정이 없는 한 위 상법 제394조 제1항은 적용되지 않는다(대법원 2002. 3. 15. 선고 2000다9086 판결).

④ 회사가 임기를 정하지 않은 감사를 정당한 이유없이 해임하더라도, 그 해임된 감사는 회사에 대하여 해임으로 인한 손해배상을 청구할 수 없다(상법 제415조, 제385조). 다만, 이 지문에서 '임기를 정하지 않은 감사'라는 지문에 문제가 있다. 감사는 상법 제410조의 규정에 따라 임기가 정하여져 있는 것이기 때문이다.

⑤ 감사는 회사 및 자회사의 이사 또는 지배인 기타의 사용인의 직무를 겸하지 못한다(상법 제411조).

28. ⑤

① 신주발행 유지청구의 상대방은 현저하게 불공정한 방법으로 주식을 발행하는 회사이다(상법 제424조).

② 신주인수권증서를 상실한 자는 주식청약서에 의하여 주식의 청약을 할 수 있다(상법 제420조의5 제1항).

③ 회사가 성립한 날로부터 2년을 경과한 후에 주식을 발행하는 경우, 회사는 이사회의 결의와 법원의 허가를 얻어서 주식을 액면미달의 가액으로 발행할 수 있다(상법 제417조 제1항).

④ 상법 제416조 제5호에 의하면, 회사의 정관 또는 이사회의 결의로 주주가 가지는 신주인수권을 양도할 수 있는 것에 관한 사항을 결정하도록 되어있는바, 신주인수권의 양도성을 제한할 필요성은 주로 회사측의 신주발행사무의 편의를 위한 것에서 비롯된 것으로 볼 수 있고, 또 상법이 주권발행 전 주식의 양도는 회사에 대하여 효력이 없다고 엄격하게 규정한 것과는 달리 신주인수권의 양도에 대하여는 정관이나 이사회의 결의를 통하여 자유롭게 결정할수 있도록 한 점에 비추어 보면, 회사가 정관이나 이사회의 결의로 신주인수권의 양도에 관한 사항을 결정하지 아니하였다 하여 신주인수권의 양도가 전혀 허용되지 아니하는 것은 아니고, 회사가 그와 같은 양도를 승낙한 경우에는 회사에 대하여도 그 효력이 있다(대법원 1995. 5. 23. 선고 94다36421 판결).

⑤ 신주의 인수인이 납입기일에 납입 또는 현물출자의 이행을 하지 아니한 때에는 그 권리를 잃는다(상법 제423조 제2항).

29. ①

① 사채관리회사는 사채권자를 위하여 사채에 관한 채권을 변제받기 위하여 필요한 재판상 또는 재판외의 모든 행위를 할 수 있다(상법 제484조 제1항).

② 사채의 인수인은 그 사채의 사채관리회사가 될 수 없다(상법 제480조의3 제2항).

③ 기명사채의 이전은 취득자의 성명과 주소를 사채원부에 기재하고 그 성명을 채권에 기재하지 아니하면, 그 취득자는 회사 기타의 제3자에게는 대항할 수 없다(상법 제479조 제1항).

④ 사채의 모집이 완료된 때에는 사채인수인은 사채의 전액 또는 제1회의 납입을 시켜야 한다(상법 제476조 제1항). 따라서 전액 또는 분할납입이 허용된다.

⑤ 전환사채 발행의 경우에도 신주발행무효의 소에 관한 상법 제429조가 유추적용되므로 전환사채발행무효 확인의 소에 있어서도 상법 제429조 소정의 6월의 제소기간의 제한이 적용된다 할 것이나, 이와 달리 전환사채 발행의 실체가 없음에도 전환사채 발행의 등기가 되어 있는 외관이 존재하는 경우 이를 세서하기 위한 전환사채발행무효 확인의 소에 있어서는 상법 제429조 소정이 6월의 제소기간의 제한이 적용되지 아니한다(대법원 2004. 8. 16. 선고 2003다9636 판결).

30. ③

① 간이합병에 반대하는 소멸회사의 주주에게는 주식매수청구권이 <u>인정된다</u>(상법 제522조의3 제2항).

② 존속회사가 소멸회사의 주주에게 제공하기 위하여 취득한 존속회사의 모회사주식 중 합병등기 후 남아 있는 주식은 <u>합병의 효력이 발생한 날로부터 6개월 이내에</u> 처분하여야 한다(상법 제523조의 2 제2항).

③ 소멸회사의 주주에게 제공할 금액 및 기타 재산의 가액이 존속회사의 최종 대차대조표상으로 현존하는 순자산액의 100분의 5를 초과하는 경우에는, 존속회사의 주주총회의 특별결의가 있어야 합병이 가능하다(상법 제527조의3 제1항 단서).

④ 소규모합병의 경우에는 존속회사는 <u>채권자보호절차를 거쳐야 한다</u>(상법 제527조의5).

⑤ 존속회사는 소멸회사의 주주에게 합병대가의 일부 또는 전부를 금전이나 그 밖의 재산으로 제공할 수는 있다.(상법 제523조 제4호 참조)

31. ④

① 분할의 승인을 위한 주주총회의 특별결의에 관하여는 의결권이 배제되는 주주도 의결권이 있다(상법 제530조의3 제3항).

② 단순분할에 반대하는 분할회사의 주주에게는 주식매수청구권이 인정되지 않는다(상법 제530조의11 참조). 분할합병의 경우(소규모분할합병제외)에는 반대주주의 주식매수청구권이 인정된다.

③ 분할회사가 단순분할에 의하여 설립되는 회사의 주식의 총수를 취득하는 경우, 이에 반대하는 주주에게는 주식매수청구권이 인정되지 않는다(상법 제530조의12 참조).

④ <u>단순분할신설회사가 분할회사의 분할 전 채무에 대해 연대책임을 지는 경우에는 채권자보호절차를 필요로 하지 않는다</u>. 다만 분할회사의 분할 전 채무 중에서 분할계획서에 승계하기로 정한 채무에 대한 책임을 부담하는 것으로 정한 때에는 분할회사는 이의를 제기하는 채권자에 대해서 변제 또는 상당한 담보를 제공하거나 이를 목적으로 하여 상당한 재산을 신탁회사에 신탁하여야 한다(상법 제530조의9 제4항, 제527조의5, 제232조).

⑤ 단순분할신설회사는 분할회사의 권리와 의무를 분할계획서에서 정하는 바에 따라 승계한다(상법 제530조의10).

32. ①

① 이익준비금으로 자본금의 결손 보전에 충당하고도 부족한 경우에만 자본준비금으로 결손 보전에 충당할 수 있다는 규정은 삭제되었으므로, <u>결손 보전의 충당순서에는 제한이 없다</u>(상법 제460조).

② 회사는 주식배당의 경우를 제외하고는 그 자본금의 2분의 1이 될 때까지 매 결산기 이익배당액의 10분의 1 이상을 이익준비금으로 적립하여야 한다(상법 제458조).

③ 회사는 정관으로 금전 외의 재산으로 배당을 할 수 있음을 정할 수 있다(상법 제462조의4 제1항).

④ 회사는 적립된 자본준비금 및 이익준비금의 총액이 자본금의 1.5배를 초과하는 경우에, 주주총회의 결의에 따라 그 초과한 금액 범위에서 자본준비금과 이익준비금을 감액할 수 있다(상법 제461조의2).

⑤ 연 1회의 결산기를 정한 회사는 영업연도 중 1회에 한하여 이사회 결의로 중간배당을 할 수 있음을 정관으로 정할 수 있다(상법 제462조의3 제1항).

33. ④

① 수표의 발행인이 <u>만기를 기재하면 이를 적지 아니한 것으로 볼 뿐이며</u>(수표법 제28조 제1항), 그

수표가 무효로 되는 것은 아니다.

② 약속어음의 발행인이 지급지를 기재하지 않았다면 발행지를 지급지로 본다(어음법 제76조 제2항). 환어음의 경우에는 지급인의 명칭에 부기한 지를 지급지로 본다(어음법 제2조 2호).

③ 일람출급 환어음의 발행인이 이자가 붙는다는 약정을 기재하면서 이율을 기재하지 않으면 이자를 약정하지 아니한 것으로 볼 뿐이며(어음법 제5조 제2항), 그 환어음이 무효가 되는 것은 아니다.

④ 환어음의 발행인은 제3자방(第3者方)에서 어음금을 지급하는 것으로 기재할 수 있고, 이 때 제3자 방이 지급인의 주소지에 있든 다른 지(地)에 있든 무관하다(어음법 제4조).

⑤ 수표의 발행인이 지급인에게 수표자금을 예치하고 이를 수표에 의해 처분할 수 있는 계약을 체결하지 않은 채 발행한 수표라도 수표로서의 효력에 영향을 미치지 아니하므로, 수표가 무효로 되는 것은 아니다(수표법 제3조).

34. ⑤

① 乙에게 대리권이 없는 경우, 특별한 사정이 없는 한 A는 甲에 대한 어음상 권리를 취득하지 못하고 乙에 대한 어음상 권리만을 취득한다(어음법 제77조 제2항, 제8조).

② 乙에게 대리권이 없는 경우, A와 甲 사이에 민법상 표현대리(表見代理)가 성립한다면 A는 甲에 대한 어음상 권리를 취득한다(민법 제125조).

③ A와 甲 사이에 민법상 표현대리가 성립하여 A가 甲에 대한 어음상 권리를 취득하는 경우, A는 표현대리인 乙에 대한 어음상 권리도 취득한다(어음법 제77조 제2항, 제8조).

④ 乙에게 대리권이 있는 경우, 즉, 유권대리행위이므로 A는 甲에 대한 어음상 권리를 취득한다.

⑤ 어음행위의 대리에는 현명주의(즉, 본인의 표시가 있어야 함)를 택하고 있다. 따라서 乙에게 대리권이 있는 경우라도 만일 발행인란에 '乙'이라고만 기재되어 있고 乙의 날인이 되어 있다면 이는 乙,의 어음행위에 불과하므로, A는 乙에 대한 어음상 권리를 취득할 뿐이고 甲에 대해서는 어음상의 권리를 취득하지 못한다.

35. ①

① 환어음의 발행인이 지급을 담보하지 아니한다는 뜻의 문구를 기재한 경우는 적지아니한 것으로 본다(어음법 제9조 제2항). 따라서 발행인은 지급거절이 있는 경우에 담보책임을 진다.

② 소지인출급식배서에 의하여 환어음을 양수한 자가 배서하지 아니하고 교부만으로 어음을 양도한 경우에는 어음을 양수한 자가 배서를 하지 아니하였으므로 담보책임을 지지 않는다.

③ 환어음의 소지인이 무담보문구를 기재하여 배서·교부의 방식으로 어음을 양도한 경우에는 자기의 피배서인을 포함한 모든 후자에 대하여 담보책임을 지지 않는다(어음법 제15조 제1항).

④ 환어음의 소지인이 의사무능력 상태에서 배서·교부의 방식으로 어음을 양도한 경우는 어음행위가 무효가 되고, 이는 물적항변사유에 해당하므로 누구에 대해서도 어음상 담보책임을 지지 않는다.

⑤ 발행인의 부주의로 발행인의 기명날인 및 서명이 모두 누락된 환어음을 발행받은 수취인이 다시 배서·교부의 방식으로 그 어음을 양도한 경우에는 어음요건이 형식적으로 무효가 된다. 따라서 이 이후의 배서는 어음행위의 독립성(어음법 제7조)이 인정되지 아니하므로 무효가 되므로 어음상 담보책임을 지지 않는다.

36. ⑤

① 배서가 연속된 어음을 소지하고 있는 무권리자가 '배서금지' 문구를 기재한 후 자신의 명의로 배서하여 그 어음을 교부한 경우, 배서금지배서 이후에도 다시 배서할 수 있으므로(어음법 제15조 제

2항 참조), 형식적 배서의 연속이 있는 경우 그 어음의 소지인에게는 선의취득이 인정된다.

② 배서가 연속된 어음을 소지하고 있는 무권리자가 '무담보' 문구를 기재한 후 자신의 명의로 배서하여 그 어음을 교부한 경우, 무담보배서로서 스스로 담보책임을 지지 않는다는 것일 뿐이다(어음법 제15조 제1항 참조). 따라서 배서의 연속이 있는 경우 그 어음의 소지인에게는 선의취득이 인정된다.

③ 배서가 연속되고 그 최후 배서의 '피배서인'란이 기재되지 않은 어음을 소지하고 있는 무권리자가 그 어음에 배서하지 않고 단순히 교부한 경우, 최종의 소지인은 배서의 연속에 의하여 권리를 증명함으로써 적법한 소지인으로 추정되므로(어음법 제16조 제1항), 선의취득이 인정된다.

④ 배서가 연속된 어음을 소지하고 있는 무권리자가 자신의 명의로 공연한 입질배서를 하여 그 어음을 교부한 경우, 배서의 연속이 있는 경우 그 소지인은 질권에 대한 선의취득이 인정된다.

⑤ 배서가 연속된 어음을 소지하고 있는 무권리자가 자신의 명의로 공연한 추심위임배서를 하여 그 어음을 교부한 경우, <u>무권리자의 배서는 단지 추심위임이므로 피배서인은 무권리자의 대리인에 불과할 뿐이고, 또한 추심위임배서의 경우에는 피배서인인 어음소지인은 독립된 경제적 이익이 없으므로 선의취득이 인정되지 않는다</u>.

37. ③

위 설문에서 유의할 것은 '지급을 위하여' 약속어음이 발행되었으므로, 매매대금채권은 소멸하지 않고, 어음채권과 병존한다는 점이다. 또한 이러한 어음의 경우에는 먼저 어음상 권리를 행사하고, 그 행사를 할 수 없는 때에 매매대금채권을 행사할 수 있다. 어음상 권리가 변제에 의하여 소멸하면 매매대금채권도 소멸하게 된다. 따라서 위 지문중 ①과 ④는 옳은 것이 되고 ③은 틀린 것이 된다.

② 어음이 "지급을 위하여" 교부된 것으로 추정되는 경우 채권자는 어음채권과 원인채권 중 어음채권을 먼저 행사하여 만족을 얻을 것을 당사자가 예정하였다고 할 것이어서 <u>채권자로서는 어음채권을 우선 행사하고 그에 의하여 만족을 얻을 수 없을 때 비로소 채무자에 대하여 기존의 원인채권을 행사할 수 있는 것</u>이므로, 채권자가 기존채무의 변제기보다 후의 일자가 만기로 된 어음을 교부받은 때에는 특단의 사정이 없는 한 기존채무의 지급을 유예하는 의사가 있었다고 보아야 한다(대법원 2001. 2. 13. 선고 2000다5961 판결).

⑤ 기존의 원인채권과 어음채권이 병존하는 경우에 채권자가 원인채권을 행사함에 있어서 채무자는 원칙적으로 어음과 상환으로 지급하겠다고 하는 항변으로 채권자에게 대항할 수 있다(대법원 2010. 7. 29. 선고 2009다69692 판결).

[참고판례] 기존채무와 어음, 수표채무가 병존하는 경우 원인채무의 이행과 어음, 수표의 반환이 동시이행의 관계에 있다 하더라도 채권자가 어음, 수표의 반환을 제공을 하지 아니하면 채무자에게 적법한 이행의 최고를 할 수 없다고 할 수는 없고, 채무자는 원인채무의 이행기를 도과하면 원칙적으로 이행지체의 책임을 지고, 채권자로부터 어음, 수표의 반환을 받지 아니하였다 하더라도 이 어음, 수표를 반환하지 않음을 이유로 위와 같은 항변권을 행사하여 그 지급을 거절하고 있는 것이 아닌 한 이행지체의 책임을 면할 수 없다(대법원 1993. 11. 9. 선고 93다11203, 11210(반소) 판결).

38. ④

① 약속어음의 소지인이 지급제시기간 경과 후에 타인에게 어음을 배서·교부한 경우, 그 배서에는 권리이전적 효력이 있다. 다만, 이로 인하여 권리보전절차의 흠결이 있는 경우 상환청구권을 행사할

수 없을 뿐이고, 만기로부터 3년간 발행인에게 어음금청구권은 행사할 수 있다.

② 약속어음의 발행인이 자신이 발행하였던 약속어음을 배서·교부의 방식으로 취득한 경우, 만기가 남아 있으면 다시 어음에 배서할 수 있다(어음법 제11조 제3항).

③ 채권자가 공연한 입질배서를 받아 소지하고 있던 환어음을 타인에게 양도할 생각으로 다시 배서·교부한 경우에는 질권에 대한 대리권을 수여하는 추심위임배서만의 효력이 있을 뿐이므로(어음법 제19조), 어음금 지급청구권이 양수인에게 이전되지 않는다.

④ 환어음의 소지인이 만기일에 지급인에 대한 지급제시를 하지 않은 채 그 날 어음을 타인에게 배서·교부한 경우는 만기후의 배서이므로, 그 배서는 만기 전 배서와 같은 효력이 있다(어음법 제20조 제1항).

⑤ 배서인이 환어음에 날짜를 적지 아니한 채 행한 배서는 지급거절증서 작성기간이 지나기 전에 한 것으로 추정한다(어음법 제20조 제2항).

39. ②

① A가 수취인란에 B의 명의를 기재하지 않은 경우, 소지인출급식수표로 보며(수표법 제5조 제3항), B는 수표에 배서하지 않고 단순한 교부에 의하여 수표를 양도할 수 있다(수표법 제17조 제2항 3호).

② A가 "B에게 지급하여 주십시오"라고 기재한 경우, B는 배서·교부의 방식으로 수표를 양도할 수 있다(수표법 제14조 제1항).

③ A가 "B 또는 그 지시인에게 지급하여 주십시오"라고 기재한 경우, B는 배서·교부의 방식으로 수표를 양도할 수 있다(수표법 제14조 제1항).

④ A가 "B 또는 소지인에게 지급하여 주십시오"라고 기재한 경우, 이는 소지인출급식수표로 보기 때문에(수표법 제5조 제2항), B는 수표에 배서하지 아니하고 단순한 교부에 의하여 수표를 양도할 수 있다.

⑤ A가 '지시금지'라는 문구와 함께 "B에게 지급하여 주십시오"라고 기재한 경우, 이는 배서금지수표에 해당하므로 B는 지명채권의 양도방식으로만 수표를 양도할 수 있다.

40. ⑤

① 환어음의 지급인이 어음의 내용을 변경하여 인수한 경우에는 원칙적으로 인수거절로 보아(어음법 제26조 제2항), 상환청구권을 행사할 수 있다.

②, ③, ④는 만기전 상환청구의 실질적 요건에 해당한다(어음법 제43조 1호부터 3호 참조).

⑤ 수표에는 인수라는 제도가 인정되지 않으므로(수표법 제4조), 수표의 지급인이 인수를 거절한 경우 상환청구라는 것은 인정될 수 없다.

세법개론

나 영 훈 (세무사)

1. ①

납세의무자란 세법에 의하여 국세를 납부할 의무를 지닌 자를 말하며, <u>국세를 징수하여 납부할 의무가 있는 자는 제외한다.</u> 납세의무자와 국세를 징수하여 납부할 의무를 지닌 자는 납세자에 해당한다. 즉, 국세를 징수하여 납부할 의무를 지닌 자는 납세자이나 납세의무자는 아니다.

2. ③

① 경매절차에 따라 재산을 매각할 때 그 매각금액 중에서 국세를 징수하는 경우 <u>경매절차에 든 비용을 국세에 우선하여 징수한다.</u>

② 납세조합으로부터 징수하는 소득세를 납세의무의 확정일 전에 저당권이 설정된 재산을 매각하여 그 매각금액에서 징수하는 경우 <u>저당권에 의하여 담보된 채권은 소득세에 우선하여 징수된다.</u>

④ 강제집행절차에 의하여 경락된 재산을 양수한 자는 양도일 이전에 양도인의 납세의무가 확정된 국세 및 **강제징수비에** 대해서 제2차 납세의무를 지지 않는다.

　→ <u>강제집행절차에 의하여 경락된 재산을 양수하는 것은 사업의 양도로 보지 않기 때문에 제2차 납세의무를 지지 않는다.</u>

⑤ 납세자가 국세 및 체납처분비를 체납한 경우에 <u>그 국세의 법정기일 후에</u> 담보의 목적이 된 그 납세자의 양도담보재산으로써 국세 및 **강제징수비를** 징수할 수 있다.

3. ⑤

① 가산세는 당해 세법이 정하는 국세의 세목으로 한다. 다만, 국세를 감면하는 경우에는 <u>가산세는 그 감면하는 국세에 포함하지 아니하는 것으로 한다.</u>

② 납세의무자가 법정신고기한까지 세법에 따른 국세의 과세표준 신고(예정신고 및 중간신고를 포함하며, 「교육세법」에 따른 신고 중 금융·보험업자가 아닌 자의 신고와 「농어촌특별세법」 및 「종합부동산세법」에 따른 신고는 제외함)를 하지 아니한 경우 무신고가산세를 부과한다.

③ 신고 당시 소유권에 대한 <u>소송으로 상속재산이 확정되지 아니하여</u> 상속세 과세표준을 과소신고 한 경우 <u>과소신고가산세를 적용하지 않는다.</u>

④ 「부가가치세법」에 따른 사업자가 아닌 자가 부가가치세액을 환급받은 경우에도 <u>납부지연 가산세를 적용한다.</u>

4. ③

이의신청, 심사청구 또는 심판청구는 세법에 특별한 규정이 있는 것을 제외하고는 해당 처분의 집행에 효력을 미치지 아니한다. 다만, 해당 재결청이 처분의 집행 두는 절차의 속행 때문에 이의신청인, 심사청구인 또는 심판청구인에게 중대한 손해가 생기는 것을 예방할 필요성이 긴급하다고 인정할 때에는 처분의 집행 또는 절차 속행의 전부 또는 일부의 정지(이하 "집행정지"라 함)를 결정할 수 있다.

5. ⑤

세무공무원은 납세자가 납세관리인을 정하지 아니하고 국내에 주소 또는 거소를 두지 아니한 경우에는 세무조사 결과통지 의무를 면제한다.

6. ④

영리내국법인에 한해 청산소득에 대한 법인세 납세의무가 있다.

7. ⑤

이근에 산입한 금액 줌 사외로 유출되어 그 귀속자가 당해 법인의 주주이면서 임인인 경우 그 출지임원에 대한 상여로 처분한다.

8. ② (2021 수정)

(1) 세무조정

내 용	금액	세무조정
③ 비용처리된 대주주 부담해야 할 유류비	₩200,000	손금불산입(배당)
④ 비용처리된 사업용 공장건물에 대한 재산세		–
⑤ 비용처리된 공정가치측정 금융자산 평가손실	200,000	손금불산입(유보)
⑥ 비용처리된 접대비중 **건당 3만원초과** 법정증명서류 미수취분	200,000	손금불산입(기사)
⑦ 사업연도 종료일 회계처리가 누락된 외상매출금	200,000	손금불산입(유보)
⑧ 자본잉여금으로 처리된 자기주식처분이익	200,000	익금산입(기타)
⑨ 기타포괄손익 처리된 공정가치측정 금융자산 평가이익	200,000	익금산입(기타) 익금불산입(△유보)

(2) 자본금과 적립금조정명세서(을) 기말잔액

기초유보	₩500,000
가산조정	+ 400,000
차감조정	– 200,000
기말유보	₩700,000

9. ①

법인세 과세표준을 추계 결정하는 법인은 임대보증금(주택임대보증금 포함)에 대한 간주임대료를 익금에 산입한다.

10. ④

㉠ ㈜B $\left(₩6,000,000 - ₩15,000,000^* \times \dfrac{₩300,000,000}{₩5,000,000,000}\right) \times 50\% = ₩2,550,000$

  ⓛ ㈜C 주식은 배당기준일 전 3개월 이내 취득분, 수입배당금 익금불산입 대상에서 배제

  ⓒ ㈜D $\left(₩3,000,000 - {}^*₩15,000,000 \times \dfrac{₩600,000,000}{₩5,000,000,000}\right) \times 30\% = ₩360,000$

   * ₩30,000,000 − ₩15,000,000(채권자불분명사채이자) = ₩15,000,000

   • 수입배당금 익금불산입액 = ㉠ + ⓒ = ₩2,910,000

11. ③

 (1) 접대비 해당액

I/S 상 접대비	₩54,000,000
현물접대비	11,000,000*
접대비 해당액	₩65,000,000

  * 현물접대비 Max[₩5,000,000 , ₩10,000,000] + ₩1,000,000(VAT)

 (2) 접대비 손금한도 : ① + ② = ₩61,000,000

  ① 기초금액 : $₩36,000,000 \times \dfrac{12}{12} = ₩36,000,000$

  ② 수입금액기준

$$\left(80억원 \times \frac{3}{1,000}\right) + \left(20억원 \times \frac{3}{1,000} + 20억원 \times \frac{2}{1,000}\right) \times 10\% = ₩25,000,000$$

 (3) 한도초과액 : ₩4,000,000 → 손금불산입 (기타사외유출)

12. ⑤

 (1) 건물

  ㉠ 감가상각비 해당액 : ₩30,000,000

   * 소액수선비 판단 : Max[₩6,000,000 , ₩495,000,000(전기말 장부가액) × 5%

          = ₩24,750,000]에 ₩24,000,000인 건물의 자본적 지출액은

          미달하므로 소액수선비에 해당한다.

  ⓛ 상각범위액 : ₩900,000,000 × 0.05 = ₩45,000,000

  ⓒ 시인부족액 : △₩15,000,000

  ⓔ 세무 조정 : Min[₩4,000,000 , ₩15,000,000] = ₩4,000,000

        전기이월 상각부인액 ₩4,000,000 손금산입(△유보)

 (2) 기계장치

  ㉠ 감가상각비 해당액 : ₩25,000,000 + *₩10,000,000 = ₩35,000,000

   * 소액수선비 판단 : Max[₩6,000,000 , ₩145,000,000(전기말 장부가액) × 5% = ₩7,250,000]에

      ₩10,000,000인 기계장치의 자본적 지출액은 초과하므로 소액수선비에 해당하지

      않는다.

  ⓛ 상각범위액 : (₩400,000,000 − *₩255,000,000 + ₩10,000,000 + ₩20,000,000)

        × 0.259 = ₩45,325,000

   * ₩280,000,000 − ₩25,000,000 = ₩255,000,000

  ⓒ 시인부족액 : △₩10,325,000

   ⓔ 세무 조정 : Min[₩20,000,000 , ₩10,325,000] = ₩10,325,000
             전기이월 상각부인액 ₩10,325,000 손금산입(△유보)

13. ①

금융보험업이외의 법인이 결산을 확정할 때 이미 경과한 기간에 대응하는 이자 및 할인액(<u>원천징수되는 이자 및 할인액은 제외</u>)을 해당 사업연도의 수식으로 계상한 경우에는 그 계상한 사업연도의 익금으로 한다.

14. ④

(1) 채권자 불분명 사채이자
   ㉠ 원천징수세액 ₩1,260,000 손금불산입(기타사외유출)
   ㉡ 원천징수외금액 ₩1,740,000 손금불산입(상여)

(2) 업무무관자산에 대한 지급이자

$$₩10,000,000 \times \frac{^* ₩20,000,000 \times 365일 + ₩1,825,000,000}{₩36,500,000,000} = ₩2,500,000$$

  * 업무무관자산의 가액은 고가매입시 부당행위계산의 부인으로 인한 시가초과액을 포함

(3) 세무조정
   ₩1,260,000 + ₩2,500,000 = ₩3,760,000 손금불산입(기타사외유출)

15. ③

(1) 대손금 세무조정
   ㉠ 외상매출금 ₩2,000,000 손금불산입(유보)
   ㉡ 소멸시효가 완성된 외상매출금 ₩7,000,000 손금산입(△유보)
(2) 대손충당금 세무조정

구 분	금액	근거
기초유보	₩17,000,000	₩10,000,000+₩7,000,000
외상매출금	2,000,000	손금불산입(유보)
외상매출금(소멸시효완성)	△7,000,000	손금산입(△유보)
기말유보	₩12,000,000	

대손충당금한도액 (₩850,000,000** + ₩12,000,000) × 1.5%* = ₩12.930,000

 * Max[1%, 1.5%]
** 특수관계인이 아닌 자에 대한 금전소비대차계약으로 인한 대여금은 업무무관가지급금이 아님

B/S 대손충당금 당기말 잔액 ₩30,000,000
당기말 대손충당금 한도초과액 ₩30,000,000 - ₩12,030,000 = ₩17,070,000
₩17,070,000 손금불산입(유보)
전기말 대손충당금 한도초과액 ₩3,000,000 손금산입(△유보)

(3) 소득에 미치는 영향

₩2,000,000 − ₩7,000,000 − ₩3,000,000 + ₩17,070,000 = ₩9,070,000

16. ③

특수관계인에게 유형 또는 무형의 자산을 제공하거나 제공받는 경우에는 당해 <u>자산시가의 100분의 50에 상당하는</u> 금액에서 그 자산의 제공과 관련하여 받은 보증금을 차감한 금액에 정기예금이자율을 곱하여 산출한 금액을 시가로 한다.

17. ①

(1) 환급세액 계산

① 2019년 법인세 계산

₩350,000,000 − ₩80,000,000 = ₩270,000,000

2억원 초과 ₩20,000,000 + (₩70,000,000 × 20%) = ₩34,000,000

₩50,000,000 − ₩34,000,000 = ₩16,000,000

② 한도금액 ₩50,000,000 − ₩30,000,000 = ₩20,000,000

Min[①,②] = ₩16,000,000

(2) 결손금 경정으로 징수되는 법인세액

$$ ₩16,000,000 × \frac{₩10,000,000}{₩80,000,000} = ₩2,000,000 $$

18. ⑤

재해손실세액공제액 Min[①,②] = ₩247,000,000

① 공제대상세액 × 재해상실비율

재해상실일 현재 미납법인세액 + 당기 사업연도 법인세

₩200,000,000 + (₩150,000,000 + ₩5,000,00 − ₩25,000,000)

$$ = ₩330,000,000 × \frac{₩250,000,000 + ₩50,000,000}{₩250,000,000 + ₩150,000,000} = ₩247,000,000 $$

② 상실된 자산의 가액 ₩300,000,000

19. ②

내국법인은 납부할 세액(가산세와 추가납부세액은 제외함)이 1천만원을 초과하는 경우에는 다음의 분납 가능세액을 납부기한이 지난 날부터 1개월(중소기업의 경우 2개월) 이내에 분납할 수 있음

① <u>납부할 세액이 2천만원 이하인 경우 : 1천만원을 초과하는 금액</u>

② 납부할 세액이 2천만원을 초과하는 경우 : 그 세액의 50%이하의 금액

2천만원 이하이므로 1,500만원인 경우 500만원을 분납할 수 있다.

20. ③

거주자가 특수관계인에게 자산을 증여한 후 그 자산을 증여받은 자가 그 증여일로부터 5년 이내에

다시 타인에게 양동하여 증여자가 그 자산을 직접양도한 것으로 보는 경우 그 양도소득에 대해서는 증여자와 증여받은 자가 연대하여 납세의무를 진다.

21. ⑤

비거주자의 소득에 대한 소득세의 과세표준과 세액의 계산에 관하여는 거주자에 대한 소득세의 과세표준과 세액의 계산에 관한 규정을 준용한다. 다만, 인적공제 중 비거주자 본인 외의 자에 대한 공제와 특별소득공제 자녀세액공제 및 특별세액공제는 하지 아니한다.

22. ②

금융소득금액의 계산

(1) 파생결합사채의 이익	₩10,000,000	
(2) 개인종합자산관리계좌	–	비과세 및 200만원 초과 분리과세
(3) 의제배당(무상주)	20,000,000	20,000주 × ₩1,000
(4) 현금배당	3,000,000	
합 계	₩33,000,000	

₩33,000,000 + Min[①,②] × 11% = ₩34,430,000
① Gross-up 적용대상 배당소득 : ₩23,000,000
② 기본세율 적용분 금융소득 : ₩13,000,000

23. ②

① 임대료	₩24,000,000	12월 × ₩2,000,000
② 간주임대료	3,200,000	(₩500,000,000 – ₩300,000,000) × 2%
		– (₩500,000 + ₩300,000) = ₩3,200,000
③ 관리비	6,000,000	12월 × ₩500,000
합 계	₩33,200,000	

* 금융수익 중 신주인수권처분익과 유가증권처분익은 소득세법상 과세대상이 아니므로 차감하지 않음

24. ②

① 급여	₩24,000,000	근로소득
② 상여금	10,000,000	근로소득
③ 식사대	600,000	12월 × ₩50,000(10만원 초과) 근로소득
④ 자녀보육수당	–	비과세
⑤ 단체환급부보장성보험의 보험료	500,000	연 ₩700,000 초과분 근로소득
⑥ 사택제공이익	–	임직원인 경우 비과세
⑦ 주식매수선택권	20,000,000	벤처기업이 아니므로 근로소득
합 계	₩55,100,000	

25. ①

② 출자공동사업자란 공동사업의 경영에 참여하지 않고 출자만 하는 자를 말하되, 공동사업에 성명 또는 상호를 사용하게 한 자 및 공동사업에서 발생한 채무에 대하여 <u>무한책임을 부담하기로 한 자는 제외</u>한다.

③ 공동사업장을 <u>1사업자</u>로 보아 사업자등록에 관한 규정을 적용한다.

④ 출자공동사업자의 배당소득 수입시기는 해당 공동사업의 총수입금액과 필요경비가 확정된 날이 속 하는 <u>과세기간의 종료일</u>로 한다.

⑤ 출자공동사업자 배당소득의 <u>원천징수세율은 25%</u>이다.

26. ④

합계액 : ₩1,050,000

(1) 자녀세액공제액 : ₩150,000 × 2명[*] = ₩300,000

(2) 연금계좌세액공제 : [min(₩3,000,000, 4,000,000) + 2,000,000] × 15%^{**} = ₩750,000

   * 기본공제대상자녀로서 7세 이상인 경우 자녀세액공제가 가능하다.

   ** 근로소득만 있는 경우로서 총급여액이 5,500만원 이하인 경우 15%를 공제한다.

27. ⑤

제조업을 영위하는 사업자의 해당 과세기간의 수입금액의 합계액이 <u>7억 5천만원 이상</u>인 경우 성실신 고확인대상사업자에 해당한다.

28. ④

(1) 환산급여 : ₩35,000,000[*] − ₩1,500,000(₩300,000 × 5년^{**}) × 1/5 × 12

            = ₩80,400,000

(2) 과세표준 : ₩80,400,000 − ₩50,920,000(환산급여공제) = ₩29,480,000

(3) 산출세액 : ₩29,480,000 × 기본세율 × 1/12 × 5년 = ₩1,392,500

   * 회사로부터 수령한 퇴직공로금은 퇴직소득이다.

   ** 근속연수 계산 시 1년 미만의 기간은 1년으로 본다.

29. ③ (2022 수정)

고가주택의 양도차익

$$₩895,000,000 × \frac{₩1,600,000,000 - ₩1,200,000,000^*}{₩1,600,000,000} = ₩223,750,000$$

 * 21.12.8 이후 양도하는 분부터 비과세 기준금액이 9억에서 12억으로 상향되었다.

30. ①

사업자가 재화의 공급 시기가 되기 전에 세금계산서를 발급하고, 그 세금계산서 발급일로부터 7일 이 내에 대가를 받으면 <u>세금계산서를 발급하는 때</u>를 재화의 공급시기로 본다.

31. ④

(1) 과세대상 면적의 구분

    주택면적과 상가면적이 동일하므로, 주택부분만 주택으로 본다.

  1) 주택부수토지 면적 min(㉠, ㉡) = 1,000㎡
     ㉠ max(200㎡, 200㎡ × 5배 도시지역 내) = 1,000㎡
     ㉡ 2,500㎡ × (200㎡ ÷ 400㎡) = 1,250㎡
  2) 상가 부수토지 : 1,500㎡
     2,500㎡ − 1,000㎡

(2) 2기 예정 과세표준 : 1,650,000

  1) 상가분 : ₩3,000,000 × $\frac{₩200,000,000}{₩400,000,000}$ × $\frac{200㎡}{400㎡}$ = 750,000

  2) 부수토지 : ₩3,000,000 × $\frac{₩200,000,000}{₩400,000,000}$ × $\frac{1,500㎡}{2,500㎡}$ = 900,000

  * 토지가액과 건물가액은 예정신고기간 또는 과세기간 종료일 현재의 기준시가로 안분.

32. ③

2기 부가가치세 과세표준 : ₩89,000,000

(1) 제품 : ₩9,000,000(시가)
(2) 건물 : (₩85,000,000 + ₩15,000,000*) × (1 − 5% × 4과세기간) = ₩80,000,000
   * 장기할부조건부 매입으로 현재가치할인차금을 계상한 경우 취득 시 매입세액공제를 받는 해당 재화의 가액은 명목가액으로 그 현재가치할인차금 계상액을 포함한 금액으로 함.

(3) 소형승용차 : 취득 시 매입세액 공제받지 않음.

33. ①

사업자가 부가가치세를 별도로 적은 세금계산서(10% 세금계산서를 말한다)를 발급하여 수출업자와 직접도급계약에 의한 수출재화 임가공용역을 제공한 경우 영세율을 적용하지 않는다.

34. ⑤

세금계산서를 발급한 후 계약의 해제로 재화가 공급되지 않아 수정세금계산서를 작성하고자 하는 경우 그 작성일에는 계약해제일을 기입한다.

35. ③

(1) 매출세액 : ₩5,100,000
(2) 매입세액
  1) 일반매입세액 : ₩3,500,000
  2) 재계산 : ₩2,000,000 × (1 − 25% × 1) × (50% − 60%) = ₩150,000
  3) 공통매입세액 : ₩1,000,000 × (50% − 51%) = ₩10,000
    * 20년 1기 예정 : 50%(과세) : 50%(면세), 20년 1기 확정 40%(과세) : 60%(면세)
    * 20년 2기 예정 : 49%(과세) : 51%(면세), 20년 2기 확정 50%(과세) : 50%(면세)

36. ④

2기 매입세액공제액 ₩900,000 + ₩400,000 + ₩1,080,000 = ₩2,380,000

(1) 필요적 기재사항이 착오로 적혔으나 그 밖의 기재사항으로 보아 거래사실이 확인되는 경우 매입세액을 공제한다.

(2) 비영업용 소형승용차의 구입·임차·유지에 관한 비용은 매입세액공제 대상이 아니다.

(3) **간이과세자 중 신규사업자 및 직전연도 공급대가 합계액이 4,800만원 미만인 사업자로부터 신용카드매출전표 등을 발급받으면 매입세액공제 대상이 아니다. (2021 수정)**

(4) 직원사택유지비는 사업 관련 매입세액공제 대상이다.

(5) 수입재화의 과세표준에는 관세의 과세가격 및 관세를 포함한다.

37. ④

(1) 매출세액 : ₩45,000,000 − ₩200,000(대손세액공제*) = ₩44,800,000

(2) 매입세액 : ₩9,500,000(접대비 제외) + ₩2,000,000(의제매입세액)
        = ₩11,500,000

(3) 납부세액 : ₩44,800,000 − ₩11,500,000 = ₩33,300.000

(4) 경감·공제세액 : ₩10,000(전자신고세액공제) + ₩5,005,000(신용카드매출전표 발행세액공제**) = ₩5,015,000

(5) 차가감납부세액 = ₩33,300.000 − ₩5,015,000 = ₩28,285,000

    * 부도발생일로부터 6개월 이상 지난 받을어음. ₩2,200,000 × (10/110)
    ** ₩385,000,000 × 1.3% = ₩5,005,000(연간 1천만원 한도, 1기 공제 ₩4,500,000)

38. ② (2022 수정)

① 비거주자의 사망으로 상속이 개시되는 경우 <u>기초공제만을 적용</u>한다.

② 2022.1.1. 이후 상속 개시 분부터 가업상속공제 적용대상 중견기업의 범위가 매출액 3천억 원에서 매출액 4천억 원으로 확대되었다.

③ 거주자의 사망으로 그 배우자가 실제 상속받은 금액이 없는 경우에도 배우자상속공제 <u>최소 5억원을 공제</u>한다.

④ 피상속인의 배우자가 단독으로 상속받는 경우 기초공제와 그 밖의 인적공제에 따른 공제액을 합친 금액만을 공제하며, <u>일괄공제(5억원)를 적용하지 않는다.</u>

⑤ 거주자의 사망으로 상속이 개시되는 경우로서 상속개시일 현재 상속재산가액 중 순금융재산의 가액이 10억원을 초과하면 2억원을 공제한다. 즉 금융재산상속공제액이 2억원(10억원 × 20%)을 초과하면 2억원을 공제한다.

39. ③

증여재산가액 : ₩190,000,000

(1) 특수관계인(어머니)로부터 저가양수 : 2억(차액) − min(5억 × 30%, 3억) = 0.5억

(2) 특수관계인* 외(친구)로부터 저가양수 : 2억(차액) − 3억 = 0

(3) 특수관계인(할아버지)에게 고가양도 : 2억(차액) − min(2억 × 30%, 3억) = 1.4억

    * 제3자간의 고저가양수도 거래의 경우 거래의 관행상 정당한 사유가 없을 것을 과세요건으로 함. 단, 본 문제에서 증여재산가액 0임.

40. ②

부동산 등의 취득은 등기나 등록 등을 하지 아니한 경우라도 사실상의 취득인 경우 각각 취득한 것으로 보고 해당 취득물건의 소유자 또는 양수인을 각각의 취득자로 한다. 다만, 차량, 기계장비, 항공기 및 주문을 받아 건조하는 선박은 승계취득인 경우에만 취득세 납세의무를 진다.

회계학

김 정 호 (공인회계사 / 서울디지털대학교 겸임교수)

1. ⑤

항목	수량	단위당 취득원가	단위당 순실현가치	재고자산 평가손실
상품B	200개	₩300	₩280 – ₩0 = ₩280	₩4,000
상품C	160개	₩200	₩180 – ₩0 = ₩180	3,200
상품E	50개	₩300	₩290 – ₩0 = ₩290	500
합계				₩7,700

당기순이익 ₩7,700 감소

2. ②

계획된 사용수준에 도달하기 전에 발생하는 부동산의 운영손실은 투자부동산의 원가에 포함하지 아니한다(KIFRS1040 – 23).

3. ③

평균지출액	연평균차입금 사용액		이자율	자본화할 차입원가
760,000*1	특정차입금 (일시예치)	200,000*2	4%	₩8,000
		(–)		(–)
	일반차입금	560,000	6%*3	10,800*4
계				₩18,800

*1. 평균지출액 : (200,000 + 400000 + 300,000) × 10/12 + 120,000 × 1/12 = 760,000

*2. 240,000 × 10/12 = 200,000

*3. 자본화이자율

$$자본화이자율 = \frac{240,000 \times 6/12 \times 4\% + 60,000 \times 10\%}{240,000 \times 6/12 + 60,000} = \frac{10,800}{180,000} = 6\%$$

*4. Mim[560,000 × 6%, 10,800] = 10,800

4. ②

(단위 : 천원)

	20×1초	20×1말	20×2말	감가상각비	재평가손익 NI	재평가손익 OCI
FV	5,000	4,750	3,900.75			
	(500)					
20×1말	= 4,500 →	4,750		(500)		250
		(531.25)				
20×2말		= 4,218.75 →	3,900.75	(531.25)	(68)	(250)

당기순이익 영향 = −감가상각비 ₩531,250 − 재평가손실 ₩68,000 = (−)₩599,250 감소

5. ④

복구원가 = ₩800,000 × 0.6830 = ₩546,400

구축물원가 = 취득금액 ₩4,000,000 + 복구원가 ₩546,400 = ₩4,546,400

감가상각비 = (₩4,546,400 − ₩46,400) ÷ 4년 × 6/12 = ₩562,500

이자비용 = ₩546,400 × 10% × 6/12 = ₩27,320

당기순이익 감소 = 감가상각비 ₩562,500 + 이자비용 ₩27,320 = ₩589,820

6. ①

20×1년 말 장부금액 = MIN[①, ②] = ₩360,000

① 순공정가치 = ₩370,000 − ₩10,000 = ₩360,000

② 사용가치 = ₩80,000 × 3.9927 = ₩319,416

    A. 감가상각비 = ₩360,000 ÷ 5년 = ₩72,000

    B. 수익적지출 = ₩20,000

    C. 손상차손환입 = MIN[①, ②] − ③ = ₩400,000 − ₩288,000 = ₩112,000

① 회수가능액 = ₩450,000

② 미손상 가정 시 장부금액 = ₩600,000 × 4/6 = ₩400,000

③ 장부금액 = ₩360,000 × 4/5 = ₩288,000

    당기순이익 영향

    = −A.감가상각비 ₩72,000 − B.수익적지출 ₩20,000 + C.손상차손환입 ₩112,000

    = ₩20,000 증가

7. ①

1. 금융부채 = ₩150,000 × 3.9927 = ₩598,905

2. 금융부채 배분

   (1) 추가금융 = 판매가격 ₩650,000 − 공정가치 ₩600,000 = ₩50,000

   (2) 리스 관련 부채 = ₩598,905 − ₩50,000 = ₩548,905

3. 장부금액 배분

사용권자산 = 장부금액 ₩500,000 × 리스 관련 부채 ₩548,905 / 공정가치 ₩600,000
= ₩457,421

이전된 권리 부분 = 장부금액 ₩500,000 × 이전된 권리 ₩51,095[주1] / 공정가치 ₩600,000
= ₩42,579 (= ₩500,000 − 457,421)

(주1) 공정가치 600,000 − 리스 관련 부채 ₩548,905 = ₩51,095

4. 이전된 권리에 대한 차익 = (공정가치 ₩600,000 − 장부금액 ₩500,000) × ₩42,579 / 500,000
= ₩8,516

〈개시일〉 판매자 리스이용자 회계처리

(차) 현 금	650,000	(대) 기계장치	500,000
사용권자산	457,421	금융부채	598,905
		이전된 권리에 대한 차익	8,516

[정리]

구분	공정가치	장부금액	판매차익	
판매자 – 리스이용자 계속 보유하는 기계장치 사용권 관련	[주]548,905	457,421	91,385	
구매자 – 리스제공자에게 이전된 권리 관련	51,095	42,579	8,516	PL
합계	600,000	500,000	100,000	

[주] 리스료 현재가치 ₩150,000 × 3.9927 − 추가금융 ₩50,000 = ₩548,905

[별해]

이전된 권리에 대한 차익 = (판매금액 ₩650,000 − 장부금액 ₩500,000) × (공정가치 600,000
− 계속 보유 자산 관련 공정가치 548,905[주]) = ₩8,516

[주] 금융부채 ₩150,000 × 3.9927 − 추가금융 50,000 = ₩548,905

8. ⑤

₩1,000,000 = 3.3121 × 연간 고정리스료 + ₩100,000 × 0.7350
연간 고정리스료 = ₩279,732

9. ④

[Powerful Method]
상환이익 = ₩300,000 × (1.6901 − 1.6257) + ₩3,000,000 × (0.7972 − 0.7561)
= ₩19,320 + ₩123,300 = ₩142,620 (당기순이익 증가)

[일반적 풀이]
발행금액 = ₩300,000 × 2.4019 + ₩3,000,000 × 0.7118 = ₩2,855,970
상환시 장부금액 = ₩2,855,970 × 1.12 − ₩300,000 = ₩2,898,686
상환금액 = ₩300,000 × 1.6257 + ₩3,000,000 × 0.7561 = ₩2,756,010
상환이익 = 장부금액 ₩2,898,686 − 상환금액 ₩2,756,010 = ₩142,676

10. ⑤

[A] = ₩3,000,000/₩1,000×3주×₩200 = ₩1,800,000

[B] = ₩3,000,000/₩1,000×(3.2주 - 3주)×₩700 = ₩420,000

11. ②

기간(월)	유통보통주식수	1+무상증자비율	가중치	적 수
1~2	10,000	1.04*1	3	20,800
3~6	13,000		4	52,000
7~10	12,500	–	4	37,500
11~12	12,800	–	2	38,400
			12	148,700

*1. $1+무상증자비율 = \dfrac{10,000주 + 3,000주}{10,000주 + 3,000주 \times 2,500원/3,000원} = 1.04$

가중평균유통보통주식수 = 148,700주÷12 = 12,392주

기본주당순이익 = $\dfrac{4,000,000원}{12,392주}$ = 323원

희석주당순이익 = $\dfrac{4,000,000원}{12,392주 - 2,000주 \times (1 - 500원/800원)}$ = $\dfrac{4,000,000원}{13,242주}$ = 304원

12. ④

취득금액 = ₩100,000×2.4019 + ₩1,000,000×0.7118 = ₩951,990

20×1년 말 상각후원가 = ₩951,990×1.12 - ₩100,000 = ₩966,229

20×1년 말 회수가능액 = ₩60,000×1.6901+ ₩1,000,000×0.7972 = ₩898,606

이자수익 = ₩951,990×12% = ₩114,239

손상차손 = 20×1년 말 상각후원가 ₩966,229 - 20×1년 말 회수가능액 ₩898,606
= ₩67,623

평가이익 = 공정가치 ₩800,000 - 회수가능액 ₩898,606 = (-)₩98,606

당기순이익 영향 = 이자수익 ₩114,239 - 손상차손 ₩67,623 = ₩46,616 증가

기타포괄이익 영향 = 평가이익 (-)₩98,606 = ₩98,606 감소

13. ①

20×1년 말 상각후원가 = ₩900,508×1.1 - ₩60,000 = ₩930,559

20×2년 말 상각후 평가전 장부금액 = ₩912,540 + ₩930,559×10% - ₩60,000 = ₩945,596

20×2년 평가손익 = 공정가치 ₩935,478 - 상각후 평가전 장부금액 ₩945,596
= (-)₩10,018

20×2년 말 상각후원가 = ₩930,559×1.1 - ₩60,000 = ₩963,615

20×3년 처분이익 = 처분금액 ₩950,000 - 상각후원가 ₩963,615 = (-)₩13,615

20×2년 기타포괄이익 영향 = 20×2년 평가손익 (-)₩10,018 = ₩10,018 감소

20×3년 당기순이익 영향 = 20×3년 처분손익 (-)₩13,615 = ₩13,615 감소

14. ③

금융자산 전체가 제거 조건을 충족하는 양도로 금융자산을 양도하고, 수수료를 대가로 당해 양도자산의 관리용역을 제공하기로 한다면, 관리용역제공계약과 관련하여 다음과 같이 <u>자산이나 부채를 인식</u>한다(KIFRS1039 – 24).

> 관리용역 수수료가 용역제공의 적절한 대가에 미달할 것으로 예상한다면, 용역제공의무에 따른 부<u>채를 공정가치로 인식</u>한다.
> 관리용역 수수료가 용역제공의 적절한 대가를 초과할 것으로 예상한다면, 전체 금융자산의 장부금액 중 문단 27에 따라 배분된 금액으로 <u>용역제공권리에 따른 자산을 인식</u>한다.

15. ④

기타포괄손익에 인식되는 순확정급여부채(자산)의 재측정요소는 <u>후속기간에 당기손익으로 재분류되지 아니한다.</u> 그러나 기타포괄손익에 인식된 금액을 <u>자본내에서 대체할 수 있다</u>(KIRKS1019 – 122).

16. ⑤

또는 → 그리고
다음의 조건을 모두 충족하는 경우에만 당기법인세자산과 당기법인세부채를 상계한다.
(KIFRS1012 – 71)

> ⑴ 기업이 인식된 금액에 대한 법적으로 집행가능한 상계권리를 가지고 있다.
> ⑵ 기업이 순액으로 결제하거나, 자산을 실현하는 동시에 부채를 결제할 의도가 있다.

17. ③

① 추당부채로 인식한다 → 충당부채로 인식하지 않는다. (이유 : 현재 의무 없음)
② 주석공시 → 부채인식
④ 주석공시 → 부채인식
⑤ 우발자산으로 인식 → 우발자산으로 주석공시

18. ①

20×1년 말 미처분이익잉여금	₩250,000	
현금배당	(120,000)	
주식배당	(25,000)	
이익준비금	(10,000)	
당기순이익	?	→ ₩545,000
20×2년 말 미처분이익잉여금	640,000	*1

*1. 20×2년 말 미처분이익잉여금 – 현금배당 ₩200,000 – 이익준비금 ₩20,000
　　= 차기이월미처분이익잉여금 ₩420,000

19. ⑤

$$20 \times 1년 \ 수익 = \frac{\text{₩}200,000\text{₩} \times 200,000}{(\text{₩}200,000 + \text{₩}18,000)} = \text{₩}183,486$$

20×2년 수익 = (₩200,000 - ₩183,486) × ₩10,000/₩18,000 = ₩9,174

20. ②

(1)

(차) 현 금	10,000	(대)	금융부채	10,000

자산에 대한 통제는 20x1년 1월 1일에 고객에게 이전되지 않는다. ㈜대한이 자산을 다시 살 권리가 있고 따라서 고객은 그 자산의 사용을 통제하고 나머지 효익의 대부분을 얻을 수 있는 <u>능력이 제한되</u>기 때문이다. 따라서 ㈜대한은 그 거래를 <u>금융약정으로</u> 회계처리한다. 행사가격이 원래 판매가격보다 높기 때문이다. ㈜대한은 자산을 제거하지 않는 대신에 받은 현금을 <u>금융부채로 인식한다.</u>

(2)

(차) 현 금	10,000	(대) 수 익	9,000 [*1]
		환불부채	1,000

*1. 90개 × ₩100 = ₩9,000

(차) 매출원가	7,200 [*1]	(대) 재고자산	8,000
반환제품회수권	800		

*1. 90개 × ₩80 = ₩7,200

21. ②

① 거래가격의 후속 변동은 계약 개시시점과 같은 기준으로 계약상 수행의무에 배분한다. 따라서 계약을 개시한 후의 개별 판매가격 변동을 반영하기 위해 <u>거래가격을 다시 배분하지는 않는다.</u> 이행된 수행의무에 배분되는 금액은 거래가격이 변동되는 기간에 수익으로 인식하거나 수익에서 차감한다(KIFRS1115 – 88).

③ 고객이 현금 외의 형태로 대가를 약속한 계약의 경우에 거래가격을 산정하기 위하여 <u>비현금 대가</u> <u>(또는 비현금 대가의 약속)를 공정가치로</u> 측정한다(KIFRS1115 – 66).

④ 변동대가(금액)는 다음 중에서 기업이 받을 권리를 갖게 될 대가(금액)를 더 잘 예측할 것으로 예상하는 방법을 사용하여 추정한다(KIFRS1115 – 53).
  ⑴ <u>기댓값</u> ⑵ 가능성이 가장 높은 금액

⑤ 고객에게 지급할 대가가 고객에게서 받은 구별되는 재화나 용역에 대한 지급이라면, <u>다른 공급자</u>에게서 구매한 경우와 같은 방법으로 회계처리한다. 고객에게 지급할 대가(금액)가 고객에게서 받은 구별되는 재화나 용역의 공정가치를 초과한다면, 그 초과액을 거래가격에서 차감하여 회계처리한다. 고객에게서 받은 재화나 용역의 공정가치를 합리적으로 추정할 수 없다면, 고객에게 지급할 대가 전액을 거래가격에서 차감하여 회계처리한다(KIFRS1115 – 71).

22. ③

부채가 결제될 때까지 매 보고기간 말과 결제일에 부채의 공정가치를 재측정하지 않는다. → 부채가 결제될 때까지 매 보고기간 말과 결제일에 부채의 공정가치를 재측정한다(KIFRS1102 – 30).

23. ①

자산과대 ₩500,000×8년/10년 = ₩400,000 감소

24. ④

법인세비용차감전순이익	₩534,000
건물 감가상각비	62,000
사채할인발행차금상각액	10,000
법인세비용	(106,800)
매출채권 감소	102,000
재고자산 증가	(68,000)
매입채무 증가	57,000
미지급이자 감소	(12,000)
당기법인세부채 증가	22,000
영업활동 순현금흐름	₩600,200

25. ③

㈜민국의 식별가능한 취득자산 및 인수부채

계정과목	㈜민국	
현금	₩100,000	
재고자산	200,000	
사용권자산(순액)	110,000	리스부채와 동일하게 측정[주1]
건물(순액)	60,000	잠정금액
토지	160,000	
무형자산(순액)	60,000	공정가치
유리한 리스조건	10,000	리스이용자의 유리한 리스조건[주1]
자산합계	₩700,000	
유동부채	₩90,000	
리스부채	110,000	잔여리스료의 현재가치[주1]
기타비유동부채	200,000	
우발부채	10,000	신뢰성 있는 공정가치
부채합계	₩410,000	
순자산	₩290,000	

영업권 최초 인식액 = 이전대가 ₩350,000 - 식별가능한 취득자산 및 인수부채 ₩290,000
= ₩60,000

[주1] 취득자는 취득한 리스가 취득일에 새로운 리스인 것처럼 나머지 리스료(기업회계기준서 제1116호에서 정의함)의 현재가치로 리스부채를 측정한다. 취득자는 리스부채와 같은 금액으로 사용권자산을 측정하되, 시장조건과 비교하여 유리하거나 불리한 리스 조건이 있다면 이를 반영하기 위하여 조정한다.(KIFRS1103 - 28B)

26. ④

$$건물(순액) = ₩70,000 \times \frac{3}{4} + ₩200,000 \times \frac{3}{4} = ₩202,500$$

$$영업권을 제외한 무형자산(순액) = ₩90,000 \times \frac{4}{5} + ₩40,000 \times \frac{1}{2} + ₩20,000 \times \frac{4}{5} = ₩108,000$$

27. ⑤

① 관계기업이나 공동기업의 손실 중 기업의 지분이 관계기업이나 공동기업에 대한 투자지분과 같거나 초과하는 경우, 기업은 관계기업 투자지분 이상의 손실에 대하여 인식을 중지한다(KIFRS1028 - 38).

② 투자자의 당기순손익은 피투자자의 당기순손익 중 투자자의 몫에 해당하는 금액을 포함하고 투자자의 기타포괄손익에는 피투자자의 기타포괄손익 중 투자자의 몫에 해당하는 금액을 포함한다(KIFRS1028 - 3).

③ 기타포괄손익 → 당기손익 (KIFRS1028 - 9)

④ 하향거래가 매각대상 또는 출자대상 자산의 순실현가능가치의 감소나 그 자산에 대한 손상차손의 증거를 제공하는 경우 투자자는 그러한 손실을 모두 인식한다. 상향거래가 구입된 자산의 순실현가능가치의 감소나 그 자산에 대한 손상차손의 증거를 제공하는 경우, 투자자는 그러한 손실 중 자신의 몫을 인식한다(KIFRS1028 - 29).

28. ①

염가매수차익	(1,300,000 + [주]150,000) × 30% - 취득금액400,000	₩35,000
순이익 지분	150,000 × 30%	45,000
시가미달 재고자산 판매	(150,000 - 100,000) × 30%	(15,000)
추가 감가상각비	(300,000 - 200,000) ÷ 5년 × 30%	(6,000)
지분법이익		₩59,000

[주] 재고자산 150,000 - 100,000 + 건물(순액) 300,000 - 200,000

29. ②

	㈜지배	㈜종속	합계
당기순이익	₩300,000	₩80,000	
시가미달토지 처분		[주1](50,000)	
미실현이익 제거	[주2](2,400)		

합계(연결당기순이익)	₩297,600	₩30,000	₩327,600
비지배지분귀속 30,000×20%		6,000	6,000
지배기업소유주귀속	₩297,600	₩24,000	₩321,600

(주1) 공정가치 ₩150,000 - 장부금액 ₩100,000 = ₩50,000

(주2) (₩72,000 - ₩60,000) × 20% = ₩2,400

30. ④

㈜종속 순이익		₩100,000
기계처분 미실현이익 제거	(40,000 - 20,000) × 45개월/48개월	(18,750)
미실현이익 제거후 순이익		81,250
비지배지분 지분율		20%
비지배지분		₩16,250

31. ⑤

(1) 20×2년 말 종속기업의 식별가능한 순자산의 공정가치 = 20×1년 초 금액 ₩250,000 + 20×1년 당기순이익 ₩100,000 + 20×2년 당기순이익 ₩150,000 + 유상증자 ₩200,000(= 200주 × ₩1,000) = ₩700,000

(2) 20×2년 말 비지배지분 지분율 = (200주 + 100주)/(1,000주 + 200주) = 300주/1,200주
= 25%

20×2년 말 비지배지분 = (1) ₩700,000 × (2) 25% = ₩175,000

32. ③

취득일의 비지배지분		₩70,000
순이익 지분	40,000 × 30%	12,000
시가미말 재고자산 판매	(20,000 - 10,000) × 30%	(3,000)
시가미달 건물 상각	(60,000 - 40,000) ÷ 5년 × 30%	(1,200)
20×1년 말 비지배지분		₩77,800

33. ⑤

과목	외화금액	환율	원화금액
자본금	$1,000	₩800	800,000
기초이익잉여금	200	?	?
당기순이익	300	900	270,000
외환차이			100,000
순자산	$1,500	₩1,000	₩1,500,000

20×1년 말 이익잉여금 = 기초이익잉여금
= 1,500,000 - 800,000 - 270,000 - 100,000 = 330,000

34. ③

① 현금흐름위험회피가 회계기간에 위험회피회계적용조건을 충족하면, 다음과 같이 회계처리한다 (KIFRS1039 – 95).

   (1) 위험회피수단의 손익 중 위험회피에 효과적인 부분은 <u>기타포괄손익</u>으로 인식한다.

   (2) 위험회피수단의 손익 중 비효과적인 부분은 <u>당기손익</u>으로 인식한다.

② <u>위험회피관계의 지정과 문서화에 포함된 정책</u>은 기업의 위험관리절차와 목적에 부합하여야 한다. 이러한 정책은 <u>자의적으로 변경할 수 없다</u>(KIFRS1039 – AG119). 지정된 위험회피관계에 대한 변경이 없었고 위험회피와 관련된 위험관리목적이 동일하다면 위험회피회계를 임의로 중단하는 것은 허용되지 않는다.

④ 공정가치위험회피 → 현금흐름위험회피 (KIFRS1039 – 102)

⑤ 현금흐름위험회피 → 공정가치위험회피 (KIFRS1039 – AG102).

35. ①

구 분	위험회피대상 평가손익	파생상품 평가손익	파생상품평가손익	
			당기손익	기타포괄손익
20×1년	(50,000)	100,000	50,000	50,000*1
20×2년	(250,000)	100,000	(50,000)*3	150,000*2
20×2년 누적	(300,000)	200,000	–	200,000*2

*1. MIN[50,000, 100,000] = 50,000   *2. MIN[300,000, 200,000] = 200,000

*3. 20×2년 누적에서 20×1년 금액을 차감한 금액이다.

〈20×1년 12월 31일〉

– 금선도거래

(차) 금선도	100,000	(대) 금선도평가이익(PL)	50,000
		금선도평가이익(OCI)	50,000

– 금현물거래

분개없음

〈20×2년 3월 31일〉

– 금선도거래

(차) 현 금	200,000	(대) 금선도	100,000
금선도평가손실(PL)	50,000	금선도평가이익(OCI)	150,000

– 금현물거래

(차) 금	2,000,000	(대) 현 금	2,200,000
금선노병가이익(OCI)	200,000		

36. ②

무형자산은 정액법에 따라 해당 자산을 사용할 수 있는 시점부터 합리적인 기간 동안 상각한다(국가회계기준규칙제39조(무형자산의 평가)②).

37. ②

비화폐성 외화부채의 환율변동효과는 계산하지 않는다.

비화폐성 외화자산과 비화폐성 외화부채는 해당 자산을 취득하거나 해당 부채를 부담한 당시의 적절한 환율로 평가한 가액을 재정상태표 가액으로 한다(국가회계기준규칙제47조(외화자산 및 외화부채의 평가)②).

38. ①

지방채수익률 → 국채수익률 (지방자치단체회계기준규칙제56조③)

39. ③

국세징수활동표 → 성과보고서 (국가회계법제14조)

40. ④

1. 중앙부처 재정운영표

I	프로그램순원가	₩20,000
II	관리운영비	−
III	비배분비용^(주1)	3,000
IV	비배분수익^(주2)	6,000
V	재정운영순원가(Ⅰ+Ⅱ+Ⅲ−Ⅳ)	₩17,000
VI	비교환수익	−
VI	재정운영결과(Ⅴ−Ⅵ)	₩17,000

(주1) 감액손실 ₩3,000
(주2) 이자수익 ₩6,000

2. 대한민국 정부 재정운영표

I	재정운영순원가^(주1)	₩17,000
II	비교환수익등^(주2)	6,000
III	재징운영결과(Ⅰ−Ⅱ)	₩11,000

(주1) 중앙부처 ₩17,000
(주2) 부담금수익 ₩4,000 + 제재금수익 ₩2,000 = ₩6,000

41. ①

당기제품제조원가 = 매출원가 ₩1,070,000 + 기말제품재고 ₩38,700
　　　　　　　− 기초제품재고 ₩84,600 = ₩1,024,100

<table>
<tr><td colspan="2" align="center">재공품</td></tr>
<tr><td>(90%) 기초   1,800</td><td>완성   13,800</td></tr>
<tr><td>투입   15,000</td><td>기말   3,000   (30%)</td></tr>
</table>

완성품환산량

재료원가 = 15,000

가공원가 = 13,800 + 3,000 × 0.3 − 1,800 × 0.9 = 13,080

완성품환산량당 단위원가

재료원가 = ₩420,000/15,000개 = ₩28

가공원가 = ₩588,600/13,080개 = ₩45

기말재공품원가 = 3,000개 × ₩28 + 3,000개 × 0.3 × ₩45 = ₩124,500

당기총제조원가 = ₩420,000 + ₩588,600 = ₩1,008,600

기초재공품원가 = 당기제품제조원가 ₩1,024,100 + 기말재공품원가 ₩124,500

     − 당기총제조원가 ₩1,008,600 = ₩140,000

42. ④

a = X개/(X개 + Y개)라 하면

활동	활동원가(₩)	제품 A	제품 B
재료이동	1,512,000	960,000	552,000
조립작업	7,000,000	3,000,000	4,000,000
도색작업	7,200,000	2,400,000	4,800,000
품질검사	8,000,000	8,000,000a	8,000,000(1 − a)
총합계(제조간접원가)	23,712,000	6,360,000 + 8,000,000a	9,352,000 + 8,000,000(1 − a)

₩23,712,000a − (₩6,360,000 + ₩8,000,000a) = ₩3,460,000

a = 62.5%

₩9,352,000 + ₩8,000,000 × 37.5% = ₩12,352,000

43. ⑤

① 직접재료원가 가격차이(구매량기준) = 3,100개 × (₩50 − ₩60) = (−)₩31,000 불리

② 직접재료원가 수량차이 = (1,000개 × 3kg − 2,900kg) × ₩50 = ₩5,000 유리

③ 변동제조간접원가 소비차이 = (₩500 − ₩470) × 8,000시간 = ₩240,000 유리

④ 변동제조간접원가 능률차이 = (1,000개 × 7시간 − 8,000시간) × ₩500

       = (−)₩500,000 불리

⑤ 고정제조간접원가 조업도차이 = 1,000개 × ₩700,000/800개 − ₩700,000

       = ₩175,000 유리

44. ③

① 초변동원가계산은 변동원가계산에 비해 경영자의 생산과잉을 더 잘 방지한다.

② 변동제조간접원가는 기간비용으로 처리하지 않는다.

④ 내부이용자에게 이용된다.

⑤ 전부원가계산 영업이익 = 변동원가계산 공헌이익

$$- \text{전기말재고FOH} + \text{당기말재고FOH}$$

재고수량이 증가하더라도 전기 FOH가 당기 FOH보다 큰 경우(전기 단위당 FOH가 당기 단위당 FOH보다 큰 경우) 변동원가계산 공헌이익 전부원가계산 영업이익보다 클 수 있다.

45. ④

① 1보다 클수록 높은 설명력을 가진다. → 1에 가까울수록 높은 설명력을 가진다.

② a와 b의 유의도와 t-value가 낮아 분석결과 값을 신뢰할 수 없다. → a와 b의 유의도와 t-value가 높아 분석결과 값을 신뢰할 수 있다. t-value가 높으면 표준 오차가 작아진다. 즉, 독립변수와 종속변수의 상관도가 높아진다는 의미이다. 유의도가 높다는 검정의 신뢰도가 높다는 의미이다.

③ 단위당 공헌이익 = ₩700 − ₩526 − ₩10 = ₩164

④ ₩296,000 + ₩526 × 2,000개 = ₩1,348,000

⑤ 9월과 10월의 생산량은 저점 또는 고점이 아니므로 고저점법에 사용될 수 없다.

[참고] 고저점법에서 저점과 고점의 기준은 원가가 아닌 조업도이다.

46. ⑤

고저점법 적용

$$\text{단위당변동원가} = \frac{1,427,600\,원 - 850,400\,원}{2,130개 - 1020개} = 520원$$

고정원가 = ₩850,400 − 1,020개 × ₩520 = ₩320,000

Y = 320,000 + 520X ─ 1식 고저점법

Y = 296,000 + 526X ─ 2식 회귀분석

1식과 2식을 연립하여 X를 구하면

320,000 + 520X = 296,000 + 526X

X = 4,000개

47. ①

연산품 전제매출총이익률 = (₩220,000 + ₩80,000)/₩400,000 = 75%

A에 배분된 결합원가 = ₩96,000 × 75% = ₩72,000

C+에 배분된 결합원가 = ₩220,000 − ₩72,000 ₩138,000 ▪ ₩10,000

48. ③

	전력	수선	절단	조립
전력		40(0.2)	100(0.5)	60(0.3)
수선	60(0.4)		60(0.4)	30(0.2)
배분된 보조원가			7,400	4,200

상호배분법으로 배분할 보조부문원가
A : 전력부문, B : 수선부문

$0.5A + 0.4B = ₩7,400$ ·············· 1식
$0.3A + 0.2B = ₩4,200$ ·············· 2식

1식과 2식을 연립하여 풀면
1식 – 2식 × 2 하여

$A = ₩10,000, B = ₩6,000$
$A = 전력부문 발생원가 + 0.4B$

$₩10,000 = 전력부문 발생원가 + 0.4 × ₩6,000$
전력부문 발생원가 $= ₩7,600$

49. ②

내용	예방원가	평가원가	내부실패원가	외부실패원가
불량률을 낮추기 위한 생산직원들의 교육훈련비	₩5,400			
제조단계에서 발생한 불량품을 폐기하기 위해 지불한 비용			₩6,100	
공정별 품질검사를 진행하는 직원들의 관리비		₩3,200		
완성품을 검사하는 기계의 수선유지비		₩10,200		
고객 제품보증수리센터에서 근무하는 직원의 인건비				₩24,700
높은 품질의 부품조달을 위한 우수협력 업체 조달 비용	₩2,300			
품질검사 과정에서 발견한 불량품 재작업으로 인해 발생한 생산직원의 특근수당			₩7,400	
제품 리콜로 인해 발생한 미래매출감소의 기회원가				₩9,300
총합계	₩7,700	₩13,400	₩13,500	₩34,000

$₩7,700 × 1.5 + ₩13,400 + ₩13,500 × 0.8 + ₩34,000 × 0.9 = ₩66,350$

50. ②

당기착수물량 6,420 = 완성수량 4,880 + 기말재공품수량 1,200 + 공손수량 340
정상공손수량 = (800개 + 4,880개) × 5% = 284개
비정상공손수량 = 340개 – 284개 = 56개

2019년도 제54회 기출문제 정답 및 해설

경영학

이 인 호 (경영학박사 / 웅지세무대학고 교수) : 일반경영 (【1】~【24】)
박 진 우 (경영학박사 / 웅지세무대학교 교수) : 재무관리 (【25】~【40】)

1. ②

① 아담스(Adams)의 공정성이론(equity theory)은 분배적 공정성을 고려한 이론이다. ③ 브룸(Vroom)의 기대이론에서 수단성(instrumentality)은 개인이 지각하는 1차적 결과와 2차적 결과와의 상관관계를 의미하고, 유의성(valence)은 각 개인들이 2차적 결과에 대해서 느끼는 중요성 또는 가치의 정도로 특정 보상에 대한 선호의 강도를 의미한다. 따라서 수단성이 높아도 유의성은 작아질 수 있다. ④ 인지적 평가이론(cognitive evaluation theory)에 따르면 내재적 보상에 의해 동기부여가 된 사람에게 외재적 보상을 주면 내재적 동기부여가 더욱 증가한다. ④ 인지적 평가이론(cognitive evaluation theory)에 따르면 내재적 보상에 의해 동기부여가 된 사람에게 외재적 보상을 주면 내재적 동기부여가 오히려 감소한다. ⑤ 허쯔버그(Herzberg)의 2요인이론(two factor theory)에서 위생요인은 불만족을 감소시키고 동기요인은 만족을 증가시킨다.

2. ④

① 조직몰입에서 지속적 몰입은 조직에 잔류하고자 하는 의도를 의미하고, 규범적 몰입이 조직구성원으로서 가져야 할 의무감에 기반한 몰입이다. ② 정적 강화에서 강화가 중단될 때, 고정비율법에 따라 강화된 행동이 변동비율법에 따라 강화된 행동보다 빨리 사라진다. ③ 감정지능이 높을수록 조직몰입은 증가하고 감정소진은 줄어든다. 다만, 감정노동은 가식적 행동, 내면화 행동, 진실행동으로 나눌 수 있기 때문에 조직몰입이 증가했다고 해서 일률적으로 감정노동이 줄어든다고 할 수 없다. ⑤ 조직시민행동은 신사적 행동, 예의바른 행동, 이타적 행동), 성실성(conscientiousness), 시민의식(civil virtue)의 다섯 요소로 구성된다.

3. ①

비교경영연구에서 홉스테드(Hofstede)의 국가간 문화분류의 차원은 개인—집단 중심성, 권력중심성, 불확실성 회피성, 남성－여성 중심성, 유교적 역동성(장기－단기지향성)이다.

4. ⑤

① 허시(Hersey)와 블랜차드(Blanchard)의 상황이론에 따르면 참여형 리더십 스타일의 리더보다 설득형 리더십 스타일의 리더가 과업지향적 행동을 더 많이 한다. ② 피들러(Fiedler)의 상황이론에 따르면 리더십 상황이 리더에게 호의적이거나 비호의적인 경우에는 과업지향적 리더가 적합하고, 리더

십 상황이 리더에게 호의적이지도 비호의적이지도 않은 경우에는 관계지향적 리더가 적합하다. 따라서 피들러(Fiedler)의 상황이론은 상황에 따라 성공적인 리더십이 다르다는 관점을 제시한 이론이다. ③ 블레이크(Blake)와 머튼(Mouton)의 관리격자이론은 리더십의 행동이론에 해당된다. ④ 거래적 리더십이론에서 예외에 의한 관리란 문제(예외)가 발생하면 그 문제를 해결하기 위한 조치를 내리거나 단편적 처방을 시행하는 것이다.

5. ④

애드호크라시(adhocracy)는 프로젝트 조직과 같이 과업에 따라 선택적으로 조직을 구성해 운영하는 조직유형이다. 따라서 애드호크라시는 기계적 관료제보다 공식화와 집권화의 정도가 낮다.

6. ⑤

커크패트릭(Kirkpatrick)의 교육평가모형은 반응(reaction), 학습(learning), 행동(behavior), 성과(result)의 4가지 평가수준으로 구성되어 있으며, 평가하고자 하는 영역이 분명하며, 단순한 구조로 인해 설명하고 이해하기 쉬운 특징을 가지고 있다. 따라서 교육훈련으로 인해 인지능력과 감성능력이 향상되었는가에 대한 기초능력평가는 해당되지 않는다.

7. ①

② 직무분석방법에는 경험법, 관찰법, 질문지법, 면접법, 중요사건법 등이 있다. ③ 직무기술서는 직무의 내용, 직무수행에 필요한 원재료 및 설비, 작업도구, 작업조건, 직무수행방법 및 절차 등이 직무특성분석에 의한 과업요건에 중점을 두고 기록되고, 직무명세서는 해당 직무를 수행하기 위해 필요한 지식, 기술, 능력 등을 기술한다. ④ 직무평가방법에는 분류법, 요소비교법, 점수법, 서열법 등이 있다. ⑤ 수행하는 과업의 수와 다양성을 증가시키는 수평적 직무확대를 직무확대화(job enlargement)라 한다.

8. ③

① 내부모집은 외부모집에 비하여 모집과 교육훈련의 비용을 절감하는 효과가 있으나, 새로운 아이디어의 도입 및 조직의 변화와 혁신에 유리한 모집은 내부모집이 아니라 외부모집이다. ② 인사 선발에 나타날 수 있는 통계적 오류는 1종 오류와 2종 오류가 있으며, 선발도구의 타당성과 관련이 있다. ④ 행위기준고과법은 평정척도법과 중요사건기록법을 혼용하여 보다 정교하게 계량적으로 수정한 방법이다. 또한, 요소별로 상대 평가하여 서열을 매기는 방식은 대인비교법이고, 개인의 성과목표대비 달성 정도를 고려하는 인사평가방법은 목표관리법이다. ⑤ 360도 피드백 인사평가에서는 상급자, 동료, 하급자, 고객 등 다양한 사람들이 평가자가 된다.

9. ④

상표전환 매트릭스(= 구매자들이 한 상표에서 다른 상표로 전환하는 비율을 계산해 놓은 표)를 이용한 경쟁자 파악 방법은 두 브랜드를 1:1로 비교하기 때문에 두 브랜드간의 경쟁관계 발생 유무는 설명해 주지만, 경쟁관계 발생 원인을 설명해주지는 못한다.

10. ②

A. 기존 브랜드와 다른 제품 범주에 속하는 신제품에 기존 브랜드를 붙이는 것은 상표확장(brand

extension)이다. C. 라인확장을 할 때 자기잠식의 위험성은 상향 확장보다 하향 확장에서 높다. 왜냐하면, 하향 확장의 경우 기존 브랜드의 고급 이미지를 희석시켜 브랜드자산을 약화시킬 수 있기 때문이다.

11. ⑤

잠재 구매자들이 가격 – 품질 연상(= 가격이 높으면 품질이 높을 것이라는 연상)을 강하게 갖고 있는 경우와 가격을 높게 매겨도 경쟁자들이 들어올 가능성이 낮은 경우에는 제품의 가격을 높게 책정하는 전략이 적합하며, 이러한 전략은 스키밍 가격이다.

12. ③

① 정교화가능성 모델에 의하면 고관여 소비자는 주변단서보다 중심단서에 의해 영향을 받는다. ② 홍보는 광고보다 상대적으로 비용과 통제가능성이 낮은 반면에 신뢰성은 높다. ④ 일정 기간 동안 제품을 구입한 사람에게 구입가격의 일부를 금품으로 보상해 주는 것은 현금보상(cash rebates)이다. ⑤ 구매 공제는 도소매업자가 일정 기간 애에 구매하는 상품에 대하여 구매가격의 일정비율을 공제해 주거나 일정비율의 상품을 무료로 제공하는 것이고, 거래공제(trade allowances)는 소매업자가 신제품을 취급해 주는 대가로 제조업자가 제품대금의 일부를 공제해 주는 것이다.

13. ⑤

① 방문판매와 다단계판매 모두 무점포형 소매상에 해당한다. ② 한정 서비스 도매상은 고객에게 소수의 한정된 서비스만을 제공하는 형태의 도매상이며, 상품에 대한 소유권을 가진다. ③ 전문품에 적합한 경로 커버리지는 전속적 유통(exclusive distribution)이고, 집약적 유통은 편의품에 적합한 경로 커버리지이다. ④ '도매상이 후원하는 자발적 체인(집단)'은 대형 도매상을 중심으로 독립적인 소매상들이 수직통합된 경로유형이다.

14. ①

사회적판단이론에 대한 내용이다. 사회적판단이론은 어떤 이슈에 대한 판단을 내려야 할 때 주어진 메시지를 기존의 태도와 비교해서 판단한다는 이론이다. 즉 기존의 태도가 준거기준으로 작용하여 새로운 정보가 현재 자신이 가지고 있는 태도와 차이가 크면 거부하지만, 수용범위를 벗어나지 않으면 크게 신경쓰지 않는다. 따라서 수용범위가 넓으면 수용할 수 있는 상표대안의 수도 많아져 소비자의 상표전환 가능성이 높아질 수 있으며, 동화효과나 대조효과가 발생한다. 여기서 동화효과는 수용범위 내에 있는 메시지를 실제보다 더욱 긍정적으로 해석하는 경향을 말하고, 대조효과는 거부영역에 있는 메시지를 실제보다 더 부정적으로 해석하는 경향을 말한다. 또한, 자기지각이론에 따르면 개인은 자신의 행동으로부터 태도를 결정짓고, 행동이 변하면 태도가 변한 것으로 추론한다는 것이다. 즉 자신의 태도를 행동에 맞추어 나가게 된다.

15. ①

상기 상표군은 내적 정보탐색과 관련이 있다. 즉 상기상표군은 내부탐색을 통해 회상된 상표들의 집합을 의미하고, 상기상표군에 외부탐색과정을 통해 새로 추가된 상표가 결합된 것을 고려상표군(consideration set)이라고 한다.

16. ③

A. 외생변수의 통제는 내적 타당성과 외적 타당성 모두와 관련이 있고, 실험결과의 일반화는 외적 타당성과 관련이 있다. 왜냐하면, 외적 타당성은 실험 또는 연구조사에서 얻은 결론들이 다른 이론적 구성 요소나 현상들에까지도 일반화될 수 있는 정도를 의미하기 때문이다. B. 표본프레임이 모집단과 정확하게 일치하지 못함으로써 발생하는 오류는 불포함오류(non-inclusion error)이다. 대표성이 없는 표본으로 인하여 발생하는 표본오류와는 달리 표본추출을 위한 표본프레임이 불완전하기 때문에 발생하는 오류가 불포함오류이다. C. 투사법은 직접적인 질문이 아니라 간접적인 자극물을 사용하여 응답자의 의견이 투사되도록 하는 조사방법이다. 따라서 표적집단면접법은 조사목적을 조사 대상자에게 밝히지만, 투사법은 조사목적을 조사 대상자에게 밝히지 않는다.

17. ④

주기시간을 줄이기 위해서는 병목 작업장의 작업시간을 줄여야 한다.

18. ②

재고자산회전율은 연간 매출액을 평균재고자산으로 나눈 값이고, 재고공급일수는 현재재고자산을 일일평균소요량으로 나눈 값이다. 따라서 재고공급일수가 커진다는 것은 현재재고자산이 커진다는 것을 의미하고, 현재재고자산이 커지면 평균재고자산이 커지게 되기 때문에 재고자산회전율은 감소한다.

19. ⑤

효과적인 생산관리 활동(제품 및 공정설계, 품질관리 등)이 실제산출률에 영향을 주지는 않는다. 왜냐하면, 실제산출률(＝실제생산능력)은 생산시스템이 실제로 달성하는 산출량을 의미하기 때문이다.

20. ②

① 현재의 주문방식을 고수할 경우 연간 주문비용은 60만원(＝6회×10만원)이고, 연간 재고유지비용은 375만원(＝75개×5만원)이기 때문에 연간 재고비용은 435만원이다. ② EOQ(경제적 주문량)는 60개($=\sqrt{\dfrac{2 \times 900 \times 10}{5}}$)이고, 연간 재고유지비용은 150만원(＝15회×10만원)인 연간 주문비용과 150만원(＝30개×5만원)인 연간 재고유지비용의 합인 300만원이다. 따라서 현재의 주문방식을 고수할 경우에 연간 재고비용이 435만원이기 때문에 연간 135만원의 재고비용을 절감할 수 있다. ③ EOQ로 주문량을 변경하면 연간 주문비용은 150만원이 되고, 이는 연간 재고유지비용과 동일하다. ④ EOQ로 주문량을 변경하는 것과 안전재고는 무관하며, 기업이 재고수준을 최소로 유지하고자 하는 경우에 안전재고는 리드타임 동안의 수요량이 된다. ⑤ EOQ 재고모형은 현재의 수요량이 변경되면 EOQ도 변동된다.

21. ②

전체 품질비용을 예방, 평가, 실패비용으로 구분할 때 일반적으로 실패비용의 비중이 가장 크고, 예방비용의 비중이 가장 작다.

22. ①

C. MRP는 BOM의 나무구조상 상위품목(＝독립수요)에서 시작하여 하위품목(＝종속수요) 방향으로

순차적으로 작성한다. D. BOM에 표시된 하위품목은 종속수요를 의미한다. 종속수요는 예측하는 것이 아니라 계산을 통해 도출할 수 있다.

23. ⑤

① 대안 A의 BEP(손익분기점)는 40,000단위(=8억원/2만원)이다. ② 대안 B의 BEP는 15,500단위(=9억 3천만원/6만원)이다. ③ 대안 B의 이익이 9억 3천만원이 되기 위한 수요량은 31,000단위(=18억 3천만원/6만원)이다. ④ 대안 A와 B의 비용이 일치하는 생산량이 3,250단위이다. 따라서 생산량이 3,250단위 미만일 때는 대안 A가 대안 B보다 유리하다. ⑤ 다른 조건이 동일할 때, 대안 A의 단위당 변동비가 16,500원으로 변경되면 대안 A의 BEP는 약 14,953단위이다.

24. ③

① 두 방법의 평균오차값은 0으로 동일하다. 방법 A의 평균오차는 (−5+0+5)/3으로 계산하고, 방법 B의 평균오차는 (5−2.5−2.5)/3으로 계산한다. ② 두 방법의 MAD값은 약 3.33으로 동일하다. 방법 A의 MAD는 (5+0+5)/3으로 계산하고, 방법 B의 평균오차는 (5+2.5+2.5)/3으로 계산한다. ③ 방법 A의 MSE값은 (25+0+25)/3=16.67이고, 방법 B의 MSE값은 (25+6.25+6.25)/3=12.5이다. ④ 방법 A의 MAPE값은 (5/30+0/35+5/35)/3=10.32%이고, 방법 B의 MAPE값은 (5/30+2.5/35+2.5/35)/3=10.32%로 동일하다. ⑤ 추적지표는 예측기법이 실제수요변화를 정확히 예측하고 있는지를 나타내는 지표로 누적예측오차(CFE)를 평균절대오차(MAD)로 나누어 계산한다. 따라서 방법 A의 추적지표는 (−5+0+5)/3.33으로 계산하면 0이고, 방법 B의 추적지표는 (5−2.5−2.5)/3.33으로 계산하면 0이다.

25. ②

a. $_1f_2 = \dfrac{(1+_0R_2)^2}{1+_0R_1} - 1 = \dfrac{1.105^2}{1.05} - 1 = 0.1306$

b. 명목이자율 = (1+실질이자율)×(1+인플레이션율)−1 = 1.1×1.02−1 = 0.122

c. 연간 실효이자율 = $\left(1 + \dfrac{\text{연간 표시이자율}}{4}\right)^4 - 1 = \left(1 + \dfrac{0.12}{4}\right)^4 - 1 = 0.1255$

26. ①

성장률$(g) = b \times ROE = (1-0.4) \times 0.2 = 0.12$

$NPVGO = \dfrac{EPS_1 \times (1-b)}{k_e - g} - \dfrac{EPS_1}{k_e} = \dfrac{1,500원 \times 0.4}{0.15 - 0.12} - \dfrac{1,500원}{0.15}$

$= 20,000원 - 10,000원 = 10,000원$

27. ⑤

PI가 1보다 크면 투자안을 채택하고, 1보다 작으면 투자안을 기각한다.

28. ①

$k_e = R_f + [E(R_m) - R_f] \times \beta = 0.02 + (0.1 - 0.02) \times 1.2 = 0.116$

$$k_d = \frac{1,000,000원}{892,857원} - 1 = 0.12$$

$$k_0 = k_d \times (1-t) \times \frac{B}{V} + k_e \times \frac{S}{V} = 0.12 \times (1-0.3) \times 0.6 + 0.116 \times 0.4 = 0.0968$$

29. ④

Miller(1977)에 의하면 법인세율과 개인소득세율이 같은 점에서 경제전체의 균형부채량이 존재하지만, 개별기업의 입장에서는 부채사용으로 인한 이득이 발생하지 않아서 개별기업의 기업가치와 자본구조는 무관하게 된다.

30. ④

$$ER = \frac{P_Y}{P_X} = \frac{8,000원}{20,000원} = 0.4$$

$$EPS_{합병후} = \frac{NI_{합병후}}{N_{합병후}} = \frac{2,000원 \times 300만주 + 1,000원 \times 120만주}{300만주 + 120만주 \times 0.4} = 2,068.97원$$

31. ④

$$E(R_m) - R_f = \frac{E(R_A) - R_f}{\beta_A} = \frac{0.06 - R_f}{0.8} = \frac{E(R_B) - R_f}{\beta_B} = \frac{0.04 - R_f}{0.4}$$

$$\therefore R_f = 0.02$$

32. ②

$$100원 = \frac{140원 \times 0.5 + 80원 \times 0.5}{1 + k}$$

$$\therefore k = 0.1$$

33. ③

상관계수가 −1인 경우에는 공매도 가능여부와 무관하게 수익률의 표준편차가 0인 포트폴리오를 구성할 수 있으며, 상관계수가 +1인 경우에도 공매도가 가능한 경우에는 수익률의 표준편차가 0인 포트폴리오를 구성할 수 있다.

34. ③

CAPM이 성립하는 경우에 모든 투자자들의 시장포트폴리오에 대한 투자금액 중에서 개별 위험자산에 대한 투자금액의 비율이 동일하며, 시장포트폴리오를 구성하는 개별 위험자산에 대한 투자비율은 개별 위험자산의 시장가치비율과 동일하다.

35. ③

$$\frac{\Delta P}{P} = \frac{1}{1!} \times \frac{dP}{dR} \times \frac{1}{P} \times \Delta R + \frac{1}{2!} \times \frac{d^2 P}{dR^2} \times \frac{1}{P} \times (\Delta R)^2$$

$$= -4 \times 0.001 + \frac{1}{2} \times 50 \times 0.001^2 = -0.003975$$

36. ②

① 수익률 곡선은 우상향의 형태가 일반적이지만, 수평 또는 우하향의 형태가 될 수도 있다.

③ 유동성프리미엄이론에 의하면 투자자는 위험회피형이며 선도이자율은 기대 단기이자율에 유동성프리미엄을 가산한 값과 동일하다.

④ 시장분할이론에 의하면 투자자는 선호하는 특정한 만기의 영역이 존재하고, 설령 다른 만기의 채권들에 충분한 프리미엄이 존재한다고 할지라도 자신들이 선호하는 영역을 벗어난 만기를 가진 채권에 투자하지 않는다.

⑤ 선호영역이론에 의하면 투자자는 선호하는 특정한 만기의 영역이 존재하나, 만일 다른 만기의 채권들에 충분한 프리미엄이 존재한다면 자신들이 선호하는 영역을 벗어난 만기를 가진 채권에 언제라도 투자할 수 있다.

37. ④

$$\sigma_P = \sqrt{0.4^2 \times 0.05^2 + 0.6^2 \times 0.1^2 + 2 \times 0.4 \times 0.6 \times (-0.5)} = 0.052915$$

$$VaR_P = 2.33 \times 0.052915 \times 1,000만원 = 1,232,919.5원$$

38. ④

$$HP = N_S \times S - 20 \times C + 10 \times P$$

$$\frac{\Delta HP}{\Delta S} = N_S \times \frac{\Delta S}{\Delta S} - 20 \times \frac{\Delta C}{\Delta S} \times 100주 + 10 \times \frac{\Delta P}{\Delta S} \times 100주$$

$$= N_S \times 1 - 20 \times 0.5 \times 100주 + 10 \times (-0.3) \times 100주 = 0$$

$$\therefore N_S = +1,300주$$

39. ①

$$E({}_{0.5}R_{1.5}) = {}_{0.5}f_{1.5} = \frac{1.11^{1.15}}{1.1^{0.5}} - 1 = \frac{0.9535}{0.8551} - 1 = 0.115$$

스왑계약의 현재가치
$$= (-0.105 + 0.08) \times 1억 원 \times 0.9535 + (-0.115 + 0.08) \times 1억 원 \times 0.8551$$
$$= -5,376,600원$$

40. ③

$$S_0 + P_0 - C_0 = 9,000원 < \frac{X}{(1+R_f)^T} = 10,000원$$

[주식 1주 매입 + 풋옵션 1개 매입 + 콜옵션 1개 매도 + 10,000원 차입]의 차익거래에 따라 현재시점 기준 1,000원의 차익거래이익 획득 가능.

경제원론

정 병 열 (경제학박사 / 우리경영아카데미 강사)

1. ②

소비자균형에서는 한계효용균등의 원리($\frac{MU_X}{P_X} = \frac{MU_Y}{P_Y}$)가 성립하므로 $M_X = 2$, $M_Y = 4$, $P_X = 2$ 이면 Y재 가격 $P_Y = 4$이다. 균형에서 소비자가 가격이 2인 X재를 3단위 구입하므로 X재 구입액이 6이다. 소득 50 중에서 X재 구입액이 6이므로 Y재 구입액은 44이고, Y재 가격이 4이므로 Y재 구입량은 11단위임을 알 수 있다.

2. ③

X재 가격이 상승하면 X재가 상대적으로 비싸지므로 대체효과에 의해 X재 구입량이 감소하고, Y재 구입량이 증가한다. 한편, X재 가격이 상승하면 실질소득이 감소하므로 소득효과에 의해 정상재인 X 재 구입량이 감소하나 열등재 Y재의 구입량은 증가한다. X재 가격이 상승할 때 대체효과와 소득효과가 모두 X재 구입량을 감소시키는 방향으로 작용하고, Y재 구입량을 증가시키는 방향으로 작용한다. 그러므로 X재 구입량은 감소하고, Y재의 구입량은 증가한다.

3. ⑤

지난달에는 X재와 Y재의 가격이 동일하므로 X재 1단위를 더 구입하려면 Y재 1단위를 덜 구입해야 한다. 그러므로 지난달 X재 1단위를 소비할 때 기회비용은 Y재 1단위이다. 이번 달에는 X재를 6단위 이상 구입하는 소비자에게 Y재 2단위가 무료로 지급되면 6단위 이상의 X재를 구입하는 구간에서는 예산선이 2만큼 평행하게 상방으로 이동하므로 소비가능영역이 아래 그림에서 평행사변형 A부분의 면적만큼 넓어진다. 평행사변형의 면적은 (밑변×높이)이므로 사은행사로 인해 넓어진 예산집합의 면적은 8(=2×4)이다.

X재 구입량이 6단위를 넘어서는 구간에서는 예산선이 상방으로 평행이동 하였으므로 예산선이 우하향하는 부분에서는 기울기가 지난달과 동일하다. 소비자의 이번 달에 X재 5단위를 구입한다면 소비자균형점이 F점에서 이루어지는데, 이 때는 예산선과 무차별곡선이 서로 교차하게 된다. 그러므로 선호가 단조성을 만족한다면 이번 달에 X재를 5단위 구입하는 것은 최적선택이 될 수 없다.

X재와 Y재 가격이 모두 1이고 소득이 12라면 예산선은 E점이 지나는 우하향의 직선이 되는데, 효용함수가 U = xy인 경우 소비자균형이 어떤 점에서 이루어질지를 생각해 보자. 효용함수가 U = xy이면 X재와 Y재 수요함수가 각각 $x = \frac{M}{2P_x}$, $y = \frac{M}{2P_y}$으로 도출된다. 각 재화의 수요함수에 $P_x = P_y = 1$, $M = 12$를 대입하면 X재와 Y재의 구입량이 모두 6이므로 소비자균형이 E점에서 이루어짐을 알 수 있다. 사은행사를 통해 X재를 6단위 이상 구입할 때 Y재 2단위를 무료로 주는 경우에도 E점이 구입가능하므로 이번 달 소비자균형은 E점에서 이루어질 것이다. 그러므로 이번 달의 X재와 Y재 소비량은 모두 6단위로 동일하다.

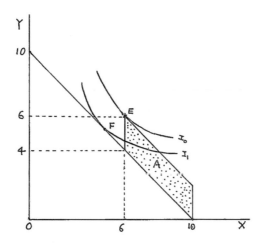

4. ③

A가 보험에 가입하지 않을 때 자동차의 기대가치와 기대효용을 계산해 보면 다음과 같다.

기대가치 : $E(m) = (0.1 \times 64) + (0.9 \times 100) = 96.4$

기대효용 : $E(U) = (0.1 \times \sqrt{64}) + ((0.9 \times \sqrt{100}) = 9.8$

이제 보험에 가입하지 않을 때와 동일한 효용을 얻을 수 있는 확실한 현금의 크기인 확실성 등가를 계산해 보면 $\sqrt{CE} = 9.8$, $CE = 96.04$이다. 그러므로 보험사 B가 최대로 받을 수 있는 보험료의 크기는 자동차의 가치에서 확실성등가를 뺀 3.96만원으로 계산된다.

5. ①

효용함수 $u(x,y) = -(x-a)^2 - (y-b)^2$는 중심의 좌표가 (a, b)인 원의 방정식이므로 무차별곡선이 아래의 그림 (a)와 같다. x=a, y=b일 때 효용이 0으로 가장 크고, x가 a에서 멀어지거나 y가 b에서 멀어질수록 효용이 감소한다. 효용이 극대화되어 더 이상 재화의 소비를 증가시키더라도 효용이 증가할 수 없는 점을 지복점(bliss point, 포만점)이라고 하는데, 주어진 효용함수에는 (a, b)점이 지복점이다. 지복점이 있는 경우에는 '재화 소비량이 증가할수록 효용이 증가한다'는 단조성(monotonicity)의 가정이 만족되지 않는다.

그림 (a)의 구간 Ⅳ에서는 두 재화의 소비량이 모두 감소할수록 효용이 증가하므로 두 재화가 모두 비재화(bads)이다. 무차별곡선이 그림 (a)와 같이 주어지더라도 임의의 재화화묶음 A, B, C에 대하여 A가 B보다 선호되고, B가 C보다 선호된다면 A가 C보다 선호되므로 이행성(transitivity)은 여전히 충족된다. 이 경우에도 소비자의 효용극대화는 무차별곡선과 예산선이 접하는 한 점에서만 이루어지며, 초기부존점이 (a, b)라면 그 점에서만 효용이 극대화된다.

효용함수 $u(x,y) = -|x-a| - |y-b|$는 중심이 (a, b)인 마름모의 식이므로 무차별곡선이 아래의 그림 (b)와 같이 그려진다. 이 경우에도 x=a, y=b일 때 효용이 0으로 가장 크고, x가 a에서 멀어지거나 y가 b에서 멀어질수록 효용이 감소한다. 두 경우는 무차별곡선의 형태가 다르므로 소비자의 선호체계가 동일하지 않다.

(a) $u(x,y) = -(x-a)^2 - (y-b)^2$　　(b) $u(x,y) = -|x-a| - |y-b|$

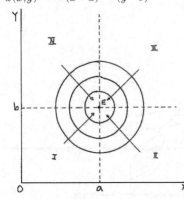
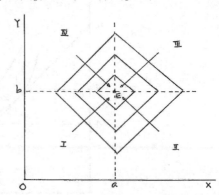

6. ④

주어진 생산함수 $y = \min\left\{2L, \frac{1}{2}(L+K), 2K\right\}$는 레온티에프 생산함수의 변형으로 등량곡선이 꺾어진 형태로 도출된다. 등량곡선이 꺾어지는 점을 찾기 위해 $2L = \frac{1}{2}(L+K)$로 두면 K=3L이고, $\frac{1}{2}(L+K)=2K$로 두면 $K = \frac{1}{3}L$이다. 그러므로 등량곡선은 K=3L과 $K = \frac{1}{3}L$일 때 꺾어진 형태로 도출된다. 먼저 $2L < \frac{1}{2}(L+K)$, K>3L이면 생산함수가 y=2L이다. K>3L이면 생산량은 노동투입량에 의해서만 결정되므로 등량곡선이 수직선이 된다. $2L > \frac{1}{2}(L+K)$이면서 $\frac{1}{2}(L+K) < 2K$인 구간 즉, K>3L이면서 K>$\frac{1}{3}$L인 구간에서는 생산함수가 $y = \frac{1}{2}(L+K)$이다. 이를 정리하면 K = -L+2y이므로 등량곡선은 기울기가 -1인 우하향의 직선이다. 한편, $\frac{1}{2}(L+K) > 2K$, K<$\frac{1}{3}$L이면 생산함수가 y=2K이다. K<$\frac{1}{3}$L이면 생산량이 자본투입량에 의해서만 결정되므로 등량곡선이 수평선이 된다. 이를 종합해 보면 등량곡선이 아래 그림과 같은 형태로 도출됨을 알 수 있다.

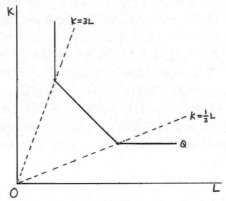

7. ③

주어진 그림을 보면 생산량이 0일 때의 총비용이 0보다 크다. 이는 고정비용이 존재함을 의미한다. 그러므로 주어진 비용곡선은 단기비용곡선이다. 생산량이 Q_1보다 작을 때는 총비용곡선에서 원점으로 연결한 직선의 기울기로 측정되는 평균비용이 점점 낮아지므로 규모의 경제가 발생함을 알 수 있다. 그리고 생산량이 Q_1일 때 원점으로 연결한 직선의 기울기가 가장 작아지므로 평균비용이 최소가 된다.

주어진 비용함수를 총고정비용의 크기만큼 하방으로 이동시키면 총가변비용곡선이 되는데, 생산량이 Q_1에 도달할 때까지는 총가변비용곡선에서 원점으로 연결한 기울기와 총가변비용곡선 기울기가 모두 일정하면서 그 크기가 동일하므로 총가변비용곡선과 한계비용곡선이 수평선이면서 일치한다.

8. ①

주어진 효용함수 $u(x_1, x_2) = \min\{2x_1 + x_2, x_1 + 2x_2\}$는 레온티에프 효용함수의 변형으로 무차별곡선이 꺾어진 형태로 도출된다. 무차별곡선이 꺾어지는 점을 찾기 위해 $2x_1 + x_2 = x_1 + 2x_2$으로 두면 $x_2 = x_1$이다. 이로부터 무차별곡선이 $45°$선 상에서 꺾어진 형태임을 알 수 있다.

좀 더 구체적으로 무차별곡선의 현태를 알아보자. $2x_1 + x_2 > x_1 + 2x_2$, $x_1 > x_2$이면 효용함수가 $u = x_1 + 2x_2$이다. 이를 x_2에 대해 정리하면 $x_2 = -\frac{1}{2}x_1 + \frac{1}{2}u$이므로 무차별곡선은 기울기가 $\frac{1}{2}$(절댓값)인 우하향의 직선이다. 한편, $2x_1 + x_2 < x_1 + 2x_2, x_1 < x)_2$이면 효용함수가 $u = 2x_1 + x_2$이다. 이를 x_2에 대해 정리하면 $x_2 = -2x_1 + u$이므로 무차별곡선은 기울기가 2(절댓값)인 우하향의 직선이다. 그러므로 무차별곡선은 아래의 그림 (a)와 같이 그려진다.

(a) 무차별곡선의 형태   (b) 대체효과와 소득효과

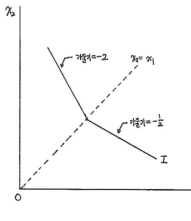 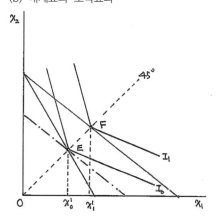

$45°$선 위쪽은 무차별곡선의 기울기가 2이고, 아래쪽은 무차별곡선의 기울기가 $\frac{1}{2}$이므로 x_1의 가격이 $\frac{3}{2}$이면 소비자균형이 무차별곡선의 꺾어진 점에서 이루어진다. 그림 (b)의 E점이 이를 나타낸다.

이제 x_1의 가격이 $\frac{2}{3}$로 하락하면 예산선이 회전이동한다. 이 때도 예산선의 기울기(절댓값)가 $\frac{1}{2}$과 2 사이이므로 소비자균형이 무차별곡선의 꺾어진 점에서 이루어진다. 아래의 그림에서 F점이 가격 하락 이후의 소비자균형을 나타낸다. 이 때 가격효과를 대체효과와 소득효과를 알아보기 위해 원래 무차별곡선에 접하면서 바뀐 예산선에 평행하게끔 보조선을 그리면 여전히 소비자균형은 E점이므로 대체효과가 0임을 알 수 있다. 가격효과는 대체효과와 소득효과의 합이므로 대체효과가 0이면 가격 효과와 소득효과가 일치한다.

이제 수요곡선을 그려보자. x_2의 가격이 1이고, 45°선 위쪽의 무차별곡선 기울기(절댓값)가 2이므로 x_1의 가격이 2보다 높다면 소득 전부를 x_2 구입에 지출할 것이므로 소비자균형이 a점에서 이루어진다. 그러므로 x_1의 가격이 2보다 높을 때는 x_1의 수요량이 0이 된다. 이제 x_1의 가격이 점점 하락하여 2가 되면 예산선의 기울기(절댓값)가 2이므로 45°선 위쪽에서는 무차별곡선과 예산선이 겹치게 된다. 이 때는 선분 ab구간의 모든 점이 소비자균형이므로 수요곡선이 수평선이 된다.

(c) 수요곡선의 도출

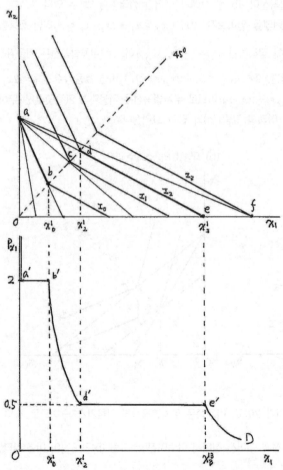

이제 x_1의 가격이 더 하락하면 45°선 상에서 소비자균형이 이루어지며, 가격이 하락할수록 x_1의 구입량이 증가하므로 수요곡선이 우하향의 형태가 된다. x_1의 가격이 더 하락하여 $\frac{1}{2}$이 되면 예산선의 기울기(절댓값)가 $\frac{1}{2}$이므로 45°선 아래쪽에서 무차별곡선과 예산선이 겹치게 된다. 이 때는 선분 de 구간의 모든 점이 소비자균형이므로 수요곡선이 수평선으로 도출된다. 그리고 x_1의 가격이 $\frac{1}{2}$보다 더 하락하면 예산선이 항상 무차별곡선보다 완만해지므로 소비자균형은 X축에서 이루어진다. 즉, 소비자는 소득 전부를 X재 구입에 지출하게 된다. 그러므로 x1의 가격이 $\frac{1}{2}$보다 낮은 구간에서는 수요곡선이 직각쌍곡선의 형태가 된다.

9. ③

소비자의 여가와 식료품에 대한 한계대체율 $MRS_{lc} = \frac{MU_l}{MU_c} = \frac{c}{l}$이고, 노동시간이 10시간일 때는 예산선의 기울기가 $(10+\alpha)$이므로 소비자균형에서는 $\frac{c}{l} = (10+\alpha)$가 성립한다. 한편, 식료품의 가격이 1, 8시간까지는 시간당 임금률이 10, 이를 초과하는 2시간은 시간당 임금률이 $(10+\alpha)$이므로 예산제약식은 $c = (10 \times 8) + (10+\alpha) \times 2$이다.

16시간 중 노동시간이 10시간이므로 여가시간 l=6이다. l=6을 소비자균형조건에 대입하면 c= $6 \times (10+\alpha)$이다. 이를 예산제약식과 연립해서 풀면 $60 + 6\alpha = 100 + 2\alpha$, $\alpha = 10$으로 계산된다.

10. ④

$0 < \alpha < 1$이므로 생산함수 '가'의 경우는 두 생산요소를 모두 t배 투입하더라도 생산량은 t배보다 작게 증가한다. 그러므로 규모에 대한 수익체감 현상을 나타낸다. 생산함수 '나'는 1차 동차 콥-더글라스 생산함수이므로 규모에 대한 수익불변이고, 생산함수 '다'는 0.5차 동차이므로 규모에 대한 수익이 체감한다. 생산함수 '라'는 1차 동차이므로 규모에 대한 수익불변이다. 참고로 생산함수 '라'가 1차 동차인지 여부를 확인해보면 아래와 같다.

$$(\alpha \sqrt{tx_1} + (1-\alpha)\sqrt{tx_2})^2 = (\alpha \sqrt{t}\sqrt{x_1} + (1-\alpha)\sqrt{t}\sqrt{x_2})^2$$
$$= (\sqrt{t})^2(\alpha\sqrt{x_1} + (1-\alpha)\sqrt{x_2})^2$$
$$= t^2 \cdot (\alpha\sqrt{x_1} + (1-\alpha)\sqrt{x_2})^2$$
$$= t^2 \cdot f(x_1, x_2)$$

11. ⑤

일반적으로 기업이 여러 개의 공장을 갖고 있을 때 비용극소화를 위해서는 각 공장의 한계비용이 같아지도록 생산량을 배분해야 한다. 그런데 여기서 한 가지 주의할 점이 있다. 만약 한 공장의 고정비용이 매우 크다면 생산량이 일정수준에 도달하기 전에는 고정비용이 큰 공장은 아예 가동하지 않는 것이 오히려 생산비용을 줄일 수 있는 방법이 될 수도 있다. 왜냐하면 고정비용이 큰 공장을 가동하면 한 단위만 생산하더라도 고정비용을 모두 부담해야 하기 때문이다.

주어진 두 공장의 비용함수를 보면 공장 1보다 공장 2의 고정비용이 매우 크다는 것을 알 수 있다.

먼저 고정비용이 훨씬 낮은 공장 1에서 30단위의 재화를 모두 생산할 때의 비용을 구해보자. $q_1 = 30$을 공장 1의 비용함수에 대입하면 30단위의 재화를 모두 공장 1에서 생산할 때의 총비용은 2,000으로 계산된다.

이제 각 공장의 한계비용이 같아지도록 생산량을 배분하는 경우를 살펴보자. 각 공장의 비용함수를 미분하면 $MC_1 = 4q_1$, $MC_2 = 2q_2$이다. $MC_1 = MC_2$로 두면 $4q_1 = 2q_2$, $2_{q1} = q_2$이다. 그리고 기업 전체의 생산량이 30단위이므로 $q_1 + q_2 = 30$이다. 이제 이를 연립해서 풀면 $q_1 = 10$, $q_2 = 20$이다. $q_1 = 10$을 공장 1의 비용함수에 대입하면 $C_1 = 400$, $q_2 = 20$을 공장 2의 비용함수에 대입하면 $C_2 = 1,700$이므로 각 공장의 한계비용이 동일해지도록 배분해서 생산하면 총비용이 2,100이다. 그러므로 이 경우에는 최소비용으로 생산하고자 한다면 공장 1에서 30단위의 재화를 모두 생산해야 한다.

12. ⑤

독점기업이 직면하는 수요함수가 P=100−Q이므로 한계수입 MR=100−2Q이다. 이윤극대화 생산량을 구하기 위해 MR=MC로 두면 100−2Q=60, Q=20이다. Q=20을 수요함수에 대입하면 독점가격 P=80으로 계산된다. 한편, P=MC로 두면 100−Q=60이므로 완전경쟁일 때의 생산량 Q =40이다. 이 때 독점에 따른 사중적 손실의 크기는 그림 (a)에서 △A의 면적이므로 $200(= \frac{1}{2} \times 20 \times 20)$으로 계산된다.

이제 한계비용이 40으로 낮아진 뒤의 사중적 손실을 계산해 보자. 한계비용이 40으로 낮아지면 이윤극대화 조건이 100−2Q=40이므로 Q=30이고, Q=30을 수요함수에 대입하면 P=70으로 계산된다. 그리고 P=MC로 두면 100−Q=64이므로 완전경쟁일 때의 생산량 Q=60이다. 이 때 사중적 손실의 크기는 그림 (b)에서 △B의 면적이므로 $450(= \frac{1}{2} \times 30 \times 30)$이다. 그러므로 한계비용이 60에서 40으로 낮아지면 사중적 손실이 250만큼 증가함을 알 수 있다.

(a) MC=60일 때

(b) MC=40일 때

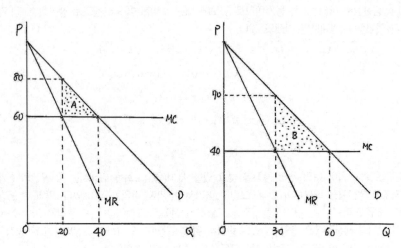

13. ⑤

경기자 1의 전략에 관계없이 경기자 2는 전략 B를 선택할 때의 보수가 전략 A를 선택할 때보다 보수가 더 크거나 같다. 전략 B가 경기자 2의 약우월전략이므로 경기자 2는 전략 B를 선택할 것이다. 이 경우 경기자 1이 항상 전략 A를 선택한다면 (A, B)가 유일한 내쉬균형이 된다. 경기자 1이 경기자 2의 전략과 관계없이 항상 전략 A를 선택하려면 a가 6보다 커야 한다. 그러므로 a)6이면 (A, B)가 유일한 내쉬균형이 된다.

14. ④

소비자 1의 효용함수가 $u(x_1, y_1) = x_1 + 2y_1$이므로 무차별곡선은 기울기(실넷값)가 $\frac{1}{2}$인 우하향의 직선이고, 소비자 2의 효용함수는 $v(x_2, y_2) = 2x_2 + y_2$이므로 무차별곡선은 기울기(절댓값)가 2인 우하향의 직선이다. 두 사람의 무차별곡선이 모두 우하향의 직선이고 기울기가 서로 다르므로 파레토 효율적인 점은 에지워스 상자의 가로축이나 세로축 상의 한 점이 될 것으로 추론할 수 있다. 이제 구체적으로 살펴보자.

아래 그림에서 최초 배분점이 a점으로 주어져 있다면 개인 1의 효용은 I_0^1, 개인 2의 효용은 I_1^2이다. 그런데 배분점이 a점에서 b점으로 옮겨가면 개인 1의 효용은 동일하나 개인 2의 2의 효용이 I_2^2증가한다. 즉, 파레토 개선이 이루어진다. 배분점이 b점에서 c점으로 옮겨가는 경우에도 개인 1의 효용은 불변이나 개인 2의 효용이 I_3^2증가한다.

c점에 도달하면 더 이상 개인 1의 효용을 감소시키지 않고는 개인 2의 효용증대가 불가능하다. 즉, 파레토 개선이 불가능하다. 그러므로 c점은 재화의 배분이 파레토 효율적으로 이루어지는 점이다. 개인 1의 효용이 약간 더 증가함에 따라 개인 A의 무차별곡선이 약간 바깥쪽으로 이동해도 파레토 효율적인 배분은 마찬가지로 세로축 상의 한 점이 된다.

이제 개인 1의 무차별곡선이 I_1^1으로 주어져 있다면 개인 2의 효용극대화는 d점에서 이루어진다. d점에서 배분이 이루어지고 있다면 더 이상 개인 1의 효용을 감소시키지 않고는 개인 2의 효용증대가 불가능하다. 개인 1의 효용이 약간 더 증가하는 경우에도 마찬가지로 재화의 배분이 파레토 효율적으로 이루어지는 점은 에지워스상자 윗변의 한 점이 된다. 그러므로 계약곡선이 보기 ④와 같은 형태로 도출된다.

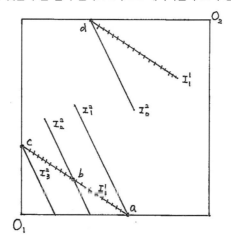

15. ②

개별기업이 직면하는 수요함수가 $P = \dfrac{100}{n} - Q$이므로 한계수입 $MR = \dfrac{100}{n} - 2Q$이고, 비용함수를 Q에 대해 미분하면 한계비용 $MC = 2Q$이다. 이윤극대화 생산량을 구하기 위해 MR=MC로 두면 $\dfrac{100}{n} - 2Q = 2Q$, $4Q = \dfrac{100}{n}$, $Q = \dfrac{25}{n}$이다. $Q = \dfrac{25}{n}$를 수요함수에 대입하면 $P = \dfrac{75}{n}$이다.

기업 A의 비용함수를 Q로 나누어주면 $AC = Q + \dfrac{2}{Q}$이다. 장기균형에서는 개별기업은 정상이윤만 얻으므로 P=AC로 두면 $\dfrac{75}{n} = Q + \dfrac{2}{Q}$가 성립한다. 이윤극대화 생산량 $Q = \dfrac{25}{n}$를 앞의 식에 대입하면 $\dfrac{75}{n} = \dfrac{25}{n} + \dfrac{2n}{25}$, $\dfrac{2n}{25} = \dfrac{50}{n}$, $n2 = 25^2$, n=25로 계산된다. 그러므로 장기균형에서는 25개의 기업이 존재함을 알 수 있다.

16. ②

X재 생산함수가 $Q_x = L_x + K_x$이므로 노동 10단위와 자본 10단위를 모두 X재 생산에 투입하면 20단위의 X재가 생산된다. 이제 X재 생산에 투입되는 노동과 자본을 모두 1단위씩 줄여서 Y재 생산에 투입하면 X재 생산량이 2단위 감소하고, Y재 생산함수가 $Q_y = \sqrt{L_y K_y}$이므로 Y재 생산이 1단위 증가한다. 또다시 X재 생산에 투입되는 노동과 자본을 모두 1단위씩 줄여서 Y재 생산에 투입하면 X재 생산이 2단위 감소하고 Y재 생산이 1단위 증가한다.

이제 노동 10단위와 자본 10단위를 모두 Y재 생산에 투입하면 Y재 10단위가 생산된다. 그러므로 생산가능곡선이 아래와 같이 기울기(절댓값)가 $\dfrac{1}{2}$ 우하향의 직선으로 도출된다. 생산가능곡선 기울기(절댓값)가 한계변환율을 나타내므로 한계변환율은 $\dfrac{1}{2}$로 일정함을 알 수 있다.

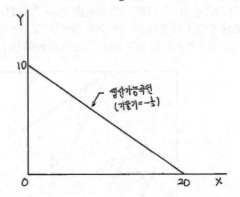

17. ③

공공재 1단위를 공급하기 위해서는 사적 재화 1단위가 필요하므로 공공재와 사적 재화의 가격이 동일한 것으로 볼 수 있다. 논의를 간단히 하기 위해 공공재와 사적 재화의 가격이 모두 1이라고 가정하자. A는 사적 재화 4단위를 갖고 있으며, 공공재가 1단위 존재하므로 개인 A의 소득 M=5로 볼 수 있다.

효용함수가 $u(x,y)=xy$이므로 개인 A의 x재 수요함수는 $x=\dfrac{M}{2p_x}$, y재 수요함수는 $y=\dfrac{M}{2p_y}$이다. $p_x=p_y=1$, $M=5$를 수요함수에 대입하면 개인 A의 효용극대화가 이루어지는 사적재의 양과 공공재의 양이 모두 2.5단위로 계산된다. 그러므로 개인 A는 사적 재화 4단위 중 1.5단위를 공공재 공급에 사용할 것이다.

18. ①

수요함수가 P=100−Q이므로 한계비용 MR=100−2Q이고, 비용함수를 Q에 대해 미분하면 MC =2Q이다. 이윤극대화 생산량을 구하기 위해 MR=MC로 두면 100−2Q=2Q이므로 이윤극대화 생산량 Q=25이다.

사적인 한계비용 MC=2Q이고, 단위당 외부공해비용이 25이므로 사회적인 한계비용 SMC=2Q+ 25이다. 이제 P=SMC로 두면 100−Q=2Q+25이므로 사회적인 최적생산량도 Q=25로 계산된다. 독점기업의 이윤극대화 생산량과 사회적인 최적생산량이 모두 25로 동일하므로 이 문제의 경우는 특이하게 독점기업에 의해 사회적으로 볼 때 최적수준의 생산이 이루어진다. 이처럼 독점기업에 의해 최적생산이 이루어지는 이유는 시장구조가 독점이 됨에 따라 과소생산되는 부분과 외부불경제로 인해 과잉생산되는 부분이 정확히 일치하여 서로 상쇄되었기 때문이다.

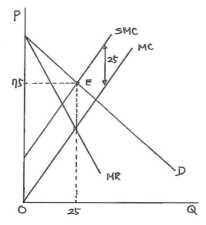

19. ③

구매자도 차의 품질을 알 수 있다면 좋은 품질의 중고차와 나쁜 품질의 중고차가 서로 다른 가격에서 거래될 것이다. 이 경우 좋은 품질의 중고차가 거래될 수 있으려면 구매자가 지불할 용의가 있는 금액이 판매자가 최소한 받고자 하는 금액인 1,000만원보다 크거나 같아야 하고, 나쁜 품질의 중고차 거래가 이루어지려면 판매자가 최소한 받고자 하는 금액이 구매자가 지불할 용의가 있는 최대금액인 800만원보다 낮거나 같아야 한다. 즉, a≥1,000, b≤800이 성립해야 한다.

구매자가 차의 품질을 모르는 경우 좋은 품질의 차와 높은 품질의 차가 차지하는 비중이 모두 50%이므로 임의의 차에 대해 지불할 용의가 있는 금액은 다음과 같다.

$$지불용의금액=(\tfrac{1}{2}\times a)+(\tfrac{1}{2}\times 800)$$
$$=400+\tfrac{1}{2}a$$

두 유형의 중고차가 모두 거래되려면 구매자가 임의의 차이에 대해 지불할 용의가 있는 금액이 좋은 품질의 중고차를 가진 사람의 최소한 받고자하는 금액보다 크거나 같아야 한다. 즉, $400 + \frac{1}{2}a \geq$ 1,000이 성립해야 한다. 이를 풀면 a ≥ 1,200이다. 그러므로 주어진 보기 중 각각에서 두 유형의 중고차가 모두 거래될 수 있으려면 a ≥ 1,200, b≤800이 성립해야 한다.

20. ③

교역이 이루어질 때 A국은 X재 생산에 특화하므로 X재 생산의 기회비용은 A국이 더 낮고 추론할 수 있다. 생산가능곡선 기울기(절댓값)가 X재 생산의 기회비용을 나타내는데, A국의 X재 생산의 기회비용이 더 낮으므로 생산가능곡선 기울기는 A국이 B국보다 더 작을 것이다. 구체적으로 두 나라에서 각 재화 생산에 필요한 노동의 양이 주어져 있지 않으므로 각국이 어떤 재화 생산에 절대우위가 있는 지는 알 수 없다.

주어진 표에 의하면 교역이 이루어질 경우 A국은 X재 100단위를 생산하지만 X재 80단위와 Y재 20단위를 소비한다. 이는 A국이 X재 20단위를 수출하고 Y재 20단위를 수입하였음을 의미한다. 그러므로 교역 조건은 'X재 1단위＝Y재 1단위'임을 알 수 있다.

21. ②

은퇴시점까지 20년 동안 매년 6,000만원의 소득을 얻으므로 생애기간의 총소득이 12억 원이다. 총소득 12억 원에서 부채 2억 원을 차감하면 순소득이 10억 원이 된다. 생애주기가설에 의하면 사람들은 소비를 일정하게 유지하고자 하므로 순소득 10억 원을 잔여생애기간인 40년으로 나누어주면 연간소비는 2,500만원이 된다. 순소득 10억 원 중에서 은퇴시점까지 20년 동안 매년 2,500만원을 소비로 지출하면 은퇴시점에서의 순자산은 5억 원이 된다.

22. ②

화폐의 유통속도는 명목GDP를 통화량으로 나눈 값으로 정의된다($V = \frac{PY}{M}$). $\frac{M^s}{P} = \frac{M^d}{P}$로 두면 $\frac{M}{P} = \frac{Y}{4i}$, $\frac{PY}{M} = 4i$이므로 이 경제의 유통속도 V = 4i임을 알 수 있다. 그러므로 이 경제의 유통속도는 명목이자율에 비례한다.

23. ⑤

요구불예금 대비 현금보유 비율이 40%일 때 현금통화가 400조원이므로 요구불예금의 크기는 1,000조원이다. 요구불예금이 1,000조원이고, 법정지급준비율이 5%이므로 법정지급준비금이 50조원이다. 법정지급준비금 50조원이고 은행이 초과지급준비금 50조원을 보유하고 있으므로 이를 합한 실제지급준비금은 100조원이다.

현금통화 400조원과 요구불예금 1,000조원을 합하면 통화량(M1)은 1,400조원이고, 현금통화 400조원과 지급준비금 100조원을 합하면 본원통화의 크기는 500조원이다. 그러므로 통화량을 본원통화로 나눈 통화승수는 $2.8(= \frac{1,400}{500})$이다.

24. ④

취업자가 일자리를 잃을 확률(s)이 0.01, 실업자가 일자리를 구할 확률(f)이 0.24이므로 자연실업률 $u_N = \dfrac{s}{f+s} = \dfrac{0.01}{0.24+0.01} = 0.04 = 4\%$이다. 생산가능인구가 1,000만명이고 경제활동참가율이 70%이므로 경제활동인구는 700만명이다. 경제활동인구 700만명 중 실업자가 35만명이므로 경제활동인구에서 실업자가 차지하는 비중인 실업률이 5%이다. 실제실업률이 5%, 자연실업률이 4%이므로 실제실업률에서 자연실업률을 차감한 실업률 갭은 1%이다.

25. ①

케인즈학파는 정부지출승수가 조세승수(절댓값)보다 크므로 정부지출 확대가 동일한 규모의 조세감면보다 총수요에 미치는 효과가 크다고 설명한다. 고전학파에 의하면 확대적인 재정정책을 실시하면 이자율이 상승하므로 민간투자가 감소한다. 또한, 경제는 항상 잠재GDP수준에서 유지되므로 정책당국은 총수요관리정책을 실시할 필요가 없다. 케인즈학파는 주로 수요측 요인에 의해 경기변동이 발생하는 것으로 주장한다.

26. ⑤

효용함수 $U(C_1,\ C_2) = C_1^{\frac{1}{2}} + C_2^{\frac{1}{2}}$ 를 C1에 대해 미분하면 $MU_{C_1} = \dfrac{1}{2}C_1^{-\frac{1}{2}} = \dfrac{1}{2\sqrt{C_1}}$ 이고, C_2에 대해 미분하면

$$MU_{C_2} = \frac{1}{2}C_2^{-\frac{1}{2}} = \frac{1}{2\sqrt{C_2}}\ \text{이므로}$$

한계대체율 $MRS_{C_1 C_2} = \dfrac{MU_{C_1}}{MU_{C_2}} = \dfrac{\frac{1}{2\sqrt{C_1}}}{\frac{1}{2\sqrt{C_2}}} = \dfrac{\sqrt{C_2}}{\sqrt{C_1}} = \sqrt{\dfrac{C_2}{C_1}}$ 이다.

소비자균형에서는 무차별곡선과 예산선이 서로 접하므로 $MRS_{C_1 C_2} = (1+r)$로 두면 $\sqrt{\dfrac{C_2}{C_1}} = 1$, $C_2 = C_1$이 된다.

한편, 1기 소득이 0, 2기 소득이 1,300, 이자율이 0이므로 예산제약식은 $0 + \dfrac{1,300}{1+0} = C_1 + \dfrac{C_2}{1+0}$ 이다. $C_2 = C_1$을 예산제약식에 대입하면 $2C_1 = 1,300$, $C_1 = 750$으로 계산되나 1기에 400까지만 차입이 가능하므로 1기 소비 $C_1 = 400$이 된다. $C_1 = 400$을 예산제약식에 대입하면 2기 소비 $C_2 = 900$이다. $C_1 = 400$, $C_2 = 900$을 효용함수에 대입하면 $U(C_1, C_2) = \sqrt{400} + \sqrt{900} = 50$으로 계산된다.

27. ⑤

기술진보가 있는 경우 균제상태(k=A)에서 1인당 생산증가율(1인당 경제성장률)은 기술진보율과 동일하므로 x=g이고, 총생산증가율(경제성장률)은 인구증가율과 기술진보율의 합과 동일하므로 y=n+g이다. 한편, 자본량이 균제상태에 미달한 상태(k=B)에서는 경제성장률이 인구증가율과 기술진보율의 합보다 크므로 z>n+g이다. 그러므로 z〉y〉x의 관계가 성립한다.

[포인트] 기술진보의 유형

① 중립적 기술진보(neutral technology progress)란 기술진보가 노동효율성과 자본효율성 모두에 영향을 주는 기술진보를 말한다.

② 아래에 주어진 생산함수에서 기술수준을 나타내는 계수인 A가 커짐에 따라 노동생산성과 자본생산성이 모두 증가하는 것이 중립적 기술진보에 해당된다.

$$Y = AF(K, L)$$

③ 노동증대형 기술진보(labor augmenting technology progress)란 기술진보가 주로 노동효율성에 영향을 주는 기술진보를 말한다.

   * 노동부가적 혹은 노동확장적 기술진보라고도 한다.

④ 아래에 주어진 생산함수에서 기술수준을 나타내는 계수인 E가 커지는 것을 노동효율성이 증가하는 것으로 볼 수 있는데, 이를 노동증대형 기술진보라고 한다.

$$Y = F(K, EL)$$

28. ①

기업이 자본재 1단위를 더 투입할 때 추가로 얻는 수입은 $VMP_K = MP_K \times P$이고, 추가로 드는 비용은 자본의 사용자비용 $C = (r+d)P_K$이다. 적정자본량은 양자가 같아지는 점에서 결정되므로 균형에서는 $MP_K \times P = (r+d)P_K$가 성립한다. 소비재와 자본재의 상대가격이 1이면 $P = PK$이므로 균형조건이 $MP_K = (r+d)$로 바뀌게 된다.

이 식에 문제에 주어진 수치를 대입하면 $\frac{16}{K} + 0.02 = (0.1+0)$, $\frac{16}{K} = 0.08$이므로 적정자본량 $K = 200$으로 계산된다. 현재 자본량이 220이고, 적정자본량이 200이므로 최적자본량에 도달하려면 자본량을 20만큼 감소시켜야 한다.

29. ④

통상적으로 신흥시장국에서 금융위기가 발생하면 외국인들이 그 시장에서 주식, 채권을 비롯한 각종 금융자산을 매각하여 본국으로 자본을 회수하고자 한다. 주식을 대량으로 매각하면 주가지수가 하락하고, 외국으로 자본유출이 이루어지면 외환에 대한 수요가 증가하므로 환율이 상승한다. 즉, 해당국 통화의 대외가치가 하락한다.

금융위기로 인해 금융시장의 불안정성이 커지면 금융기관의 파산위협이 커지므로 사람들이 예금보다는 현금으로 보유하고자 하므로 현금통화비율이 상승한다. 현금통화비율이 상승하면 통화승수가 낮아지게 된다. 금융기관으로부터 자금인출이 이루어지면 금융기관의 대출여력이 감소하므로 대출이 축소되고, 대출이 축소되면 기업의 투자와 민간소비가 위축되므로 실물경기 악화로 이어지게 된다.

30. ①

문제에 주어진 IS곡선 식에서 한계소비성향 $c = 0.75$임을 알 수 있다. 한계소비성향이 0.75이면 정부지출승수 $\frac{dY}{dG} = \frac{1}{1-c} = \frac{1}{1-0.75} = 4$이고, 조세승수 $\frac{dY}{dT} = \frac{-c}{1-c} = \frac{-0.75}{1-0.75} = -3$이다.

정부지출이 증가하면 IS곡선이 (정부지출증가분×정부지출승수)만큼 오른쪽으로 이동하고, 조세가 감면되면 (조세감소분×조세승수)만큼 오른쪽으로 이동한다. 그러므로 각각의 보기에서 IS곡선의 우측 이동폭을 계산해보면 아래와 같다. 보기 ①의 경우 IS곡선의 이동폭이 가장 작으므로 이자율도 가장 작게 상승한다. 그러므로 이자율 상승에 따른 투자감소가 가장 작은 경우는 보기 ①의 경우이다.

① $(4 \times 4) + (2 \times 3) = 22$
② $(3 \times 4) + (4 \times 3) = 24$
③ $(2 \times 4) + (6 \times 3) = 26$
④ $(1 \times 4) + (7 \times 3) = 25$
⑤ $(9 \times 3) = 27$

31. ②

정부지출 증가로 총생산이 증가하면 총생산 갭($\frac{Y - Y^*}{Y^*}$)이 커지므로 정책금리가 인상되고, 소비심리가 악화되어 총생산이 감소하면 총생산 갭($\frac{Y - Y^*}{Y^*}$)이 감소하므로 정책금리가 인하된다.

주어진 테일러준칙을 π에 대해 미분하면 $\frac{di}{d\pi} = 1 + 0.5$이므로 인플레이션율이 1% 포인트 높아지면 정책금리는 1.5% 포인트 높아짐을 알 수 있다. 목표인플레이션율 π^*가 커지면 정책금리가 낮아진다. 정책금리가 낮아지면 이자율이 하락하고 그에 따라 투자가 증가하므로 총수요는 증가하게 된다.

32. ①

생산함수 $y = k^{\frac{1}{2}}$을 미분하면 $MPK = \frac{1}{2} k^{-\frac{1}{2}} = \frac{1}{2\sqrt{k}}$ 이다. 황금률 균제상태에서는 자본의 한계생산물과 감가상각률이 일치하므로 $MPK = d$로 두면 $\frac{1}{2\sqrt{k}} = 0.25$이므로 $k = 4$로 계산된다. 그러므로 황금률 균제상태의 1인당 자본량은 4임을 알 수 있다.

33. ⑤

상대적 구매력 평가설에 의하면 환율변동율은 양국의 인플레이션율 차이에 의해 결정된다($\frac{de}{e} = \frac{dP}{P} - \frac{dP_f}{P_f}$). 2010년과 2018년 사이에 두 나라의 물가상승률을 계산해보면 A국의 물가상승률은 12%($\frac{112 - 100}{100} \times 100$), B국의 물가상승률은 10%($\frac{121 - 110}{110} \times 100$)이다. A국의 물가상승률이 B국보다 2%포인트 높기 때문에 A국 화폐의 가치가 2% 하락한다. 환율이 B국 통화 1단위와 교환되는 A국 통화의 양으로 나타낼 때 2010년에 환율이 1이므로 A국 통화의 가치가 2% 하락하면 2018년에는 환율이 1.02가 된다.

34. ②

통화당국의 손실이 최소가 되는 인플레이션율을 구하기 위해 손실함수를 π에 대해 미분한 후 0으로 두면 $\frac{dL}{d\pi} = 2(\pi - 0.03) - 0$, $\pi = 0.03$이다. 그러므로 통화당국은 목표 인플레이션율을 0.03으로 설정할 것이다. 만약 경제주체들이 중앙은행의 손실함수를 알고 있는 상태에서 합리적으로 예상을 한다면 예상이 정확할 것이므로 기대인플레이션율은 중앙은행의 목표인플레이션율과 동일한 0.03이 될 것이다. 경제주체들이 합리적으로 예상을 한다면 실제인플레이션율과 기대인플레이션율이 동일해질 것이므로 실업률 $u = 0.05$가 된다.

35. ①

IS곡선과 LM곡선의 식을 구해보면 각각 다음과 같다. 이를 연립해서 풀면 $2,220 - 60r = 400 + 200r$, $260r = 1,820$, $r = 7$이다. 균형이자율이 7%이므로 $r = 7$을 IS곡선 (혹은 LM곡선) 식에 대입하면 균형국민소득 $Y = 1,800$으로 계산된다.

IS곡선	LM곡선
$Y = C + I + G$ $= 250 + 0.75(Y - 120) + 160 - 15r + 235$ $0.25Y = 555 - 15r$ $Y = 2,220 - 60r \cdots$ IS곡선	$\dfrac{M^d}{P} = \dfrac{M^s}{P}$ $Y - 200r = 400$ $Y = 400 + 200r \cdots$ LM곡선

36. ②

주어진 필립스곡선 식에 의하면 인플레이션율이 1% 포인트 낮아지려면 실업률이 0.5% 포인트 상승해야 한다. 그리고 오쿤의 법칙을 나타내는 식에서 실업률이 0.5% 포인트 상승하면 GDP갭이 1% 포인트 하락한다. 이는 총생산이 1% 포인트 감소함을 의미한다.

37. ④

기업들이 인공지능 시스템 도입을 위하여 새로운 컴퓨터를 구입하면 민간투자가 증가한다. 민간투자가 증가하면 IS곡선이 오른쪽으로 이동하므로 국민소득이 증가한다. 이 경우에는 소득을 안정화시키려면 중앙은행이 긴축적인 통화정책을 실시해야 한다.

금융기관의 총과지급준비금이 증가하면 통화승수가 낮아져 통화공급이 감소한다. 통화공급이 감소하면 LM곡선이 왼쪽으로 이동하므로 국민소득이 감소한다. 기업들의 투자가 감소하면 IS곡선이 왼쪽으로 이동하므로 국민소득이 감소한다. 그러므로 초과지급준비금이 증가하거나 기업의 투자가 감소하는 경우에는 소득을 안정화시키려면 중앙은행이 확장적인 통화정책을 실시해야 한다.

38. ④

조세는 정액세만 있으며 한계소비성향 $c = 0.6$, 한계수입성향 $m = 0.1$이므로 수출승수 $\dfrac{dY}{dX} = \dfrac{1}{1 - c + m} = \dfrac{1}{1 - 0.6 + 0.1} = 2$이다.

39. ③

교역상대국의 보호무역조치로 수출이 외생적으로 감소하면 IS곡선이 왼쪽으로 이동한다. IS곡선이 왼쪽으로 이동하면 이자율이 하락하므로 외국으로 자본이 유출된다. 자본유출이 이루어지면 외환의 수요가 증가하므로 환율이 상승한다(자국 통화가치 하락). 환율이 상승하면 다시 순수출이 증가한다. 이처럼 변동환율제도 하에서는 외생적인 요인으로 순수출이 감소하더라도 환율상승으로 다시 순수출이 증가하므로 최종적으로는 순수출이 변하지 않는다.

순수출이 증가하면 IS곡선이 다시 오른쪽으로 이동하여 최초 균형점으로 복귀하게 된다. 그러므로 교역상대국의 보호무역조치로 순수출이 감소하더라도 국민소득과 이자율도 변하지 않는다. 국민소득이 불변이므로 실업률도 변하지 않고, 이자율이 변하지 않으므로 민간투자도 변하지 않는다.

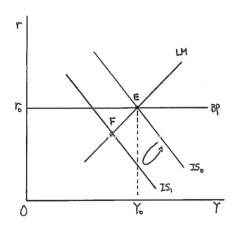

40. ③

피셔효과에 의하면 '실질이자율 = 명목이자율 – 예상인플레이션율'의 관계가 성립하므로 한국의 명목이자율이 3%, 예상인플레이션율이 2%이면 한국의 실질이자율은 1%이다. 무위험이자율 평가설에 의하면 $i = i_f + \dfrac{f_t - e_t}{e_t}$ 의 관계가 성립한다. 현물환율 $e_t = 1,100$, 선물환율 $f_t = 1,111$이므로

$\dfrac{f_t - e_t}{e_t}$ 가 1%이다. 이를 무위험 이자율평가설에 대입하면 3%$= i_f + 1\%$이므로 미국의 명목이자율은 2%임을 알 수 있다. 미국의 명목이자율이 2%이고, 미국의 실질이자율이 한국과 동일한 1%이므로 미국의 인플레이션율은 1%이다.

문제에 유통속도가 주어져 있지 않으므로 유통속도 변화율을 $\dfrac{dV}{V} = 0$이라고 가정하자. 한국의 물가상승률 $\dfrac{dP}{P} = 2\%$, 실질GDP증가율 $\dfrac{dY}{Y} = 2\%$를 교환방정식($\dfrac{dM}{M} + \dfrac{dV}{V} = \dfrac{dP}{P} + \dfrac{dY}{Y}$)에 대입하면 $\dfrac{dM}{M}$ $+ 0 = 2\% + 2\%$이다. 즉, 한국의 통화증가율은 4%이다. 한편, 한국의 물가상승률과 실질GDP증가율을 합한 명목GDP증가율이 5%라면 $\dfrac{dM}{M} + 0 = 5\%$이므로 한국의 통화증가율은 5%임을 알 수 있다.

상 법

이 상 수(법학박사 / 웅지세무대학교 교수)

1. ①
① 상법의 적용순서에 있어서는 상사자치법규가 상법에 우선한다.

2. ④
① 자기명의로 상법 제46조의 기본적 상행위를 하는 자는 당연상인이다(상법 제4조).
② 회사는 상행위를 하지 아니하더라도 상인으로 본다(상법 제5조 제1항).
③ 회사가 아닌 자본금액 1천만원 미만의 상인에 대해서는 지배인, 상호, 상업등기와 상업장부에 관한 규정을 적용하지 아니한다(상법 제9조).
④ 거래상대방이 영업주에게 하는 의사표시는 <u>공동지배인중 1인에게 하더라도</u> 영업주에게 효력이 있다(상법 제12조 제2항).
⑤ 영업주는 상업사용인이 경업금지의무를 위반한 경우 개입권을 행사할 수 있고 사용인에 대하여 계약의 해지 또는 손해배상청구를 할 수 있다(상법 제17조 제2항, 제3항).

3. ②
① 위탁매매인이 위탁받은 매매를 한 때에는 지체없이 위탁자에 대하여 그 계약의 요령과 상대방의 주소, 성명의 통지를 발송하여야 하며 계산서를 제출하여야 한다(상법 제104조).
② 위탁매매인이 거래소의 시세가 있는 물건의 매수를 위탁받은 경우에는 직접 그 매도인이 될 수 있으며 이 경우 매매대가는 <u>위탁매매인이 매매의 통지를 발송할 때의 거래소의 시세에 따른다</u>(상법 제107조 제1항).
③ 물건의 매수위탁을 받은 위탁매매인은 위탁자가 목적물의 수령을 거부하는 경우 위탁자가 비상인이더라도 목적물을 공탁하거나 상당한 기간을 정하여 최고한 후 경매할 수 있다(상법 제109조, 제67조).
④ 매수위탁자가 상인인 경우 목적물을 수령한 때에는 지체없이 이를 검사하여야 하며 하자 또는 수량의 부족을 발견한 경우에는 즉시 위탁매매인에게 그 통지를 발송하지 아니하면 이로 인한 계약해제, 대금감액 또는 손해배상을 청구하지 못한다(상법 제110조, 제69조 제1항).
⑤ 확정기매매위탁계약의 이행시기가 도래하였음에도 위탁매매인이 이행하지 않는 경우 상인인 매수위탁자가 즉시 그 이행을 청구하지 아니하면 계약을 해제한 것으로 본다(상법 제110조, 제68조).

4. ⑤
① 상호계산은 <u>상인간 또는 상인과 비상인간에</u> 적용된다(상법 제72조).
② 상호계산기간은 원칙적으로 6개월로 하며, <u>당사자가 특약으로 다르게 정할 수 있다</u>(상법 제74조 참조).
③ 어음수표로 인한 채권채무는 상호계산에 <u>계입될 수 있다</u>(상법 제73조).
④ 상호계산제도는 하나의 계산단위로 하는 것이므로 상계로 인한 잔액에 대해 <u>계산폐쇄일 이후의 법</u>

정이자를 청구할 수 있다(상법 제76조 제1항).
⑤ 당사자가 채권채무의 각 항목을 기재한 계산서를 승인한 때에는 착오나 탈루가 있는 때를 제외하고는 그 각 항목에 대해 이의를 제기하지 못한다(상법 제75조).

5. ③
① 상행위의 대리인이 본인을 위한 것임을 표시하지 아니하여도 그 행위는 본인에 대하여 효력이 있다(상법 제48조).
② 상행위로 인한 채권은 상법에 다른 규정이 없고 다른 법령에 보다 단기의 시효규정이 없는 때에는 5년간 행사하지 아니하면 소멸시효가 완성한다(상법 제64조).
③ 상행위로 인하여 생긴 채권을 담보하기 위하여 설정한 질권에 대해서 유질계약은 허용된다(상법 제59조 참조).
④ 상인이 그 영업에 관하여 금전을 대여한 경우에는 이자의 약정이 없더라도 연 6분의 법정이자를 청구할 수 있다(상법 제55조 제1항).
⑤ 상인이 그 영업범위 내에서 물건의 임치를 받은 경우에는 보수를 받지 아니하는 때에도 선량한 관리자의 주의를 하여야 한다(상법 제62조).

6. ③
ㄱ. 회사가 상이한 수개의 영업을 영위하는 경우도 단일상호를 사용하여야 한다(상법 제21조 제1항).
ㄴ. 상호를 등기한 자가 정당한 사유없이 2년간 상호를 사용하지 아니한 때에는 이를 폐지한 것으로 본다(상법 제26조).
ㄷ. 주식회사, 유한회사는 설립시에 상호의 가등기를 신청할 수 있으며, 상호와 목적을 변경할 때에도 상호의 가등기를 신청할 수 있다(상법 제22조의2 제1호, 제2호).
ㄹ. 명의대여자는 명의차용자인 영업주의 거래상대방이 악의인 경우 이를 입증함으로써 면책될 수 있다(대법원 2008. 1. 24. 선고 2006다21330 판결).
ㅁ. 부정한 목적으로 타인의 영업으로 오인할 수 있는 상호를 사용하는 자가 있는 경우 상호를 등기한 자 또는 손해받을 염려가 있는 자는 상호의 폐지를 청구할 수 있다(상법 제23조 제2항).

7. ②
① 금융리스물건수령증을 발급한 경우에는 금융리스계약 당사자 사이에 적합한 금융리스물건이 수령된 것으로 추정한다(상법 제168조의3 제3항).
② 금융리스물건이 공급계약에서 정한 시기와 내용에 따라 공급되지 아니한 경우 금융리스이용자는 직접 공급자에 대하여 공급계약의 내용에 적합한 금융리스물건의 인도를 청구할 수 있다(상법 제168조의4 제2항).
③ 금융리스이용자는 중대한 사정변경으로 인하여 금융리스물건을 계속 사용할 수 없는 경우에는 3개월 전에 예고하고 금융리스계약을 해지할 수 있다(상법 제168조의5 제3항).
④ 가맹계약상 존속기간에 대한 약정의 유무에 관계없이 부득이한 사정이 있으면 각 당사자는 상당한 기간을 정하여 예고한 후 가맹계약을 해지할 수 있다(상법 제168조의10).
⑤ 영입채권의 채무자가 채무를 이행하지 아니하는 경우 채권매입업자는 다른 약정이 없는 한 채권매입계약의 채무자에게 그 영업채권액의 상환을 청구할 수 있다(상법 제168조의12).

8. ⑤

① A는 해당 거래의 중개로 인한 채권이 변제기에 있는 때에는 다른 약정이 없는 한 그 변제를 받을 때까지 B의 소유가 아니더라도 B를 위하여 점유하는 물건 또는 유가증권을 유치할 수 있다(상법 제91조).

② A는 매매목적물의 하자 또는 수량부족 기타 매매의 이행에 관하여 그 통지를 받을 권한이 있다(상법 제94조).

③ A의 B에 대한 보상청구권에 의한 보상금액은 원칙적으로 계약종료전 5년간의 평균년보수액을 초과할 수 없다(상법 제92조의2 제2항).

④ A는 B의 허락없이 자기나 제3자의 계산으로 B의 영업부류에 속한 거래를 하거나 동종영업을 목적으로 하는 회사의 무한책임사원 또는 이사가 되지 못한다(상법 제89조 제1항).

⑤ 계약의 존속기간에 대한 <u>약정하지 아니한 때에는</u> A와 B는 2개월 전에 예고한 후 계약을 해지할 수 있다(상법 제92조).

9. ④

① 회사설립의 취소는 <u>취소권이 있는 자</u>에 한하여 회사성립의 날로부터 2년 내에 소만으로 이를 주장할 수 있다(상법 제184조).

② 사원의 일부가 업무집행사원인 경우에 각 업무집행사원의 업무집행행위에 대하여 다른 업무집행사원의 이의가 있는 때에는 곧 그 행위를 중지하고 <u>업무집행사원 전원의 과반수</u>의 결의에 의하여야 한다(상법 제201조 제2항).

③ 사원이 사망한 경우 원칙적으로 피상속인의 권리의무를 승계하지 못하고 퇴사사유가 되지만(상법 제218조 제3호), <u>정관에 상속할 수 있도록 하는 규정</u>이 있는 때에는 그 상속인이 회사에 대한 피상속인의 권리의무를 승계하여 사원이 된다(상법 제219조).

④ 사원은 다른 사원 전원의 동의가 없으면 업무집행권 또는 회사대표권을 가지는지 여부에 관계없이 경업이 금지된다(상법 제198조 제1항).

⑤ 합자회사의 성립 후에 신입사원이 입사하여 사원으로서의 지위를 취득하기 위하여는 정관변경을 요하고 따라서 총사원의 동의를 얻어야 하지만, 정관변경은 회사의 내부관계에서는 총사원의 동의만으로 그 효력을 발생하는 것이므로 <u>신입사원은 총사원의 동의가 있으면 정관인 서면의 경정이나 등기부에의 기재를 기다리지 않고 그 동의가 있는 시점에 곧바로 사원으로서의 지위를 취득한다</u>(대법원 1996. 10. 29. 선고 96다19321 판결).

10. ⑤

① 채권자는 퇴사하는 사원에게 환급하는 금액이 잉여금을 초과하는 경우 그 환급에 대하여 회사에 <u>이의를 제기할 수 있다</u>(상법 제287조의30 제1항).

② 업무를 집행하지 않는 사원은 <u>업무를 집행하는 사원의 전원 동의</u>가 있으면 그 지분의 전부 또는 일부를 타인에게 양도할 수 있다(상법 제287조의8 제2항).

③ 회사는 사원 전원의 동의로 그 지분의 일부를 <u>취득할 수 없으며</u>, 회사가 지분을 취득하는 경우 그 지분은 <u>취득한 때에 소멸한다</u>(상법 제287조의9 제1항, 제2항).

④ 업무집행자는 <u>다른 사원 전원의 동의</u>가 있는 경우에만 자기 또는 제3자의 계산으로 회사의 영업부류에 속한 거래를 할 수 있다(상법 제287조의10 제1항).

⑤ 업무집행자의 업무집행을 정지하거나 직무대행자를 선임하는 가처분을 하거나 그 가처분을 변경 또는 취소하는 경우에는 본점 및 지점이 있는 곳의 등기소에서 등기하여야 한다(상법 제287조의18, 제183조의2).

11. ①
① 주권이 발행되지 않고 전자등록부에 등록된 주식을 중대한 과실 없이 신뢰하고 취득하여 등록한 경우에는 주식의 선의취득이 인정된다(상법 제356조의2 제3항).
② 주주가 주권의 불소지 신고를 하여 제출한 주권을 회사가 무효로 한 경우에는 그 주권에 대한 선의취득이 인정될 수 없다.
③ 상속이나 회사의 합병과 같이 법률의 규정에 의하여 주권을 취득한 경우에는 선의취득이 인정되지 않는다.
④ 판례에 의하면 주권의 선의취득은 양도인이 무권리자인 경우뿐만 아니라 무권대리인인 경우에도 인정된다(대법원 1997. 12. 12. 선고 95다49646 판결).
⑤ 주권을 상실한 자는 제권판결을 얻지 아니하면 회사에 대하여 주권의 재발행을 청구하지 못한다(상법 제360조).

12. ②
주식양도의 경우에는 주식발행의 경우와는 달리 회사 스스로가 아니라 취득자의 청구에 따라 주주명부의 기재를 변경하는 것이기는 하나, 회사가 주식발행 시 작성하여 비치한 ④ 주주명부에의 기재가 회사에 대한 구속력이 있음을 전제로 하여 주주명부에의 명의개서에 대항력을 인정함으로써 주식양도에 있어서도 일관되게 회사에 대한 구속력을 인정하려는 것이므로, 상법 제337조 제1항에서 말하는 대항력은 그 문언에 불구하고 회사도 주주명부에의 기재에 구속되어, 주주명부에 기재된 자의 주주권 행사를 부인하거나 주주명부에 기재되지 아니한 자의 주주권 행사를 인정할 수 없다는 의미를 포함하는 것으로 해석함이 타당하다. 따라서 특별한 사정이 없는 한, 주주명부에 적법하게 주주로 기재되어 있는 자는 회사에 대한 관계에서 주식에 관한 의결권 등 주주권을 행사할 수 있고, ② 회사 역시 주주명부상 주주 외에 실제 주식을 인수하거나 양수하고자 하였던 자가 따로 존재한다는 사실을 알았든 몰랐든 간에 주주명부상 주주의 주주권 행사를 부인할 수 없으며, ① 주주명부에 기재를 마치지 아니한 자의 주주권 행사를 인정할 수도 없다.
③ 주주명부에 기재를 마치지 않고도 회사에 대한 관계에서 주주권을 행사할 수 있는 경우는 주주명부에의 기재 또는 명의개서청구가 부당하게 지연되거나 거절되었다는 등의 극히 예외적인 사정이 인정되는 경우에 한한다.
(출처 : 대법원 2017. 3. 23. 선고 2015다248342 전원합의체 판결).
⑤ 주식 양도인은 다른 특별한 사정이 없는 한 회사에 대하여 주식 양수인 명의로 명의개서를 하여 달라고 청구할 권리가 없다(대법원 2010. 10. 14. 선고 2009다89665 판결).

13. ④
① 합명회사와 합자회사는 1인회사가 인정되지 않지만 주식회사, 유한회사, 유한책임회사는 1인회사가 인정된다(상법 제178조, 제268조, 제287조의2, 제288조, 제543조 제1항 참조).
② [참조판례] 주식회사에서 총 주식을 한 사람이 소유하고 있는 1인회사의 경우에는 그 주주가 유일한 주주로서 주주총회에 출석하면 전원총회로서 성립하고 그 주주의 의사대로 결의될 것임이 명백하므로 따로이 총회소집절차가 필요없다 할 것이고, 실제로 총회를 개최한 사실이 없다 하더라도 1인주주에 의하여 의결이 있었던 것으로 주주총회 의사록이 작성되었다면 특별한 사정이 없는 한 그 내용의 결의가 있었던 것으로 볼 수 있어 형식적인 사유에 의하여 결의가 없었던 것으로 다툴 수는 없다(대법원 1993. 6. 11. 선고 93다8702 판결).
③ [참조판례] 회사의 채무부담행위가 상법 제398조 소정의 이사의 자기거래에 해당하여 이사회의

승인을 요한다고 할지라도, 위 규정의 취지가 회사 및 주주에게 예기치 못한 손해를 끼치는 것을 방지함에 있다고 할 것이므로, 그 채무부담행위에 대하여 사전에 주주 전원의 동의가 있었다면 회사는 이사회의 승인이 없었음을 이유로 그 책임을 회피할 수 없다(대법원 2002. 7. 12. 선고 2002다20544 판결).

④⑤ [참조판례] 주식회사의 주식이 사실상 1인의 주주에 귀속하는 1인회사에 있어서는 행위의 주체와 그 본인 및 다른 회사와는 별개의 인격체이므로, 그 법인인 주식회사 소유의 금원은 임의로 소비하면 횡령죄가 성립되고 그 본인 및 주식회사에게 손해가 발생하였을 때에는 배임죄가 성립한다(대법원 1996. 8. 23. 선고 96도1525 판결).

14. ④

①② 상법 제335조 제2항 소정의 주권발행 전에 한 주식의 양도는 회사성립후 또는 신주의 납입기일 후 6월이 경과한 때에는 회사에 대하여 효력이 있는 것으로서, 이 경우 주식의 양도는 지명채권의 양도에 관한 일반원칙에 따라 당사자의 의사표시만으로 효력이 발생하는 것이고, 상법 제337조 제1항에 규정된 주주명부상의 명의개서는 주식의 양수인이 회사에 대한 관계에서 주주의 권리를 행사하기 위한 대항요건에 지나지 아니하므로, 주권발행 전 주식을 양수한 사람은 특별한 사정이 없는 한 양도인의 협력을 받을 필요 없이 단독으로 자신이 주식을 양수한 사실을 증명함으로써 회사에 대하여 그 명의개서를 청구할 수 있다(대법원 1995. 5. 23. 선고 94다36421 판결).

③ 주권발행 전 주식의 이중양도가 문제 되는 경우에, 그 이중양수인 상호 간의 우열은 지명채권 이중양도의 경우에 준하여 확정일자 있는 양도통지가 회사에 도달한 일시 또는 확정일자 있는 승낙의 일시의 선후에 의하여 결정하는 것이 원칙이다(대법원 2016. 3. 24. 선고 2015다71795 판결).

④ 주식의 양도통지가 확정일자 없는 증서에 의하여 이루어짐으로써 제3자에 대한 대항력을 갖추지 못하였더라도 확정일자 없는 증서에 의한 양도통지나 승낙 후에 그 증서에 확정일자를 얻은 경우에는 그 일자 이후에는 제3자에 대한 대항력을 취득하는 것이나(대법원 2006. 9. 14. 선고 2005다45537 판결 참조), 그 대항력 취득의 효력이 당초 주식 양도통지일로 소급하여 발생하는 것은 아니라 할 것이다(대법원 2010. 4. 29. 선고 2009다88631 판결).

⑤ 甲회사의 주식을 양수한 자가 회사에 대하여 의결권을 행사하기 위해서는 주주명부에 주주로서 명의개서를 해야 한다(상법 제337조 제1항;위12번 대법원 2017. 3. 23. 선고 2015다248342 전원합의체 판결 참조).

15. ③

① 주주는 정관이 정하는 바에 따라 총회에 출석하지 아니하고 서면에 의하여 의결권을 행사할 수 있다(상법 제368조의3 제1항).

② 회사는 정관에 규정이 없더라도 이사회 결의로 주주가 총회에 출석하지 아니하고 전자적 방법으로 의결권을 행사할 수 있음을 정할 수 있다(상법 제368조의4 제1항).

③ 주식회사의 주주는 상법 제368조 제2항에 따라 타인에게 의결권 행사를 위임하거나 대리행사하도록 할 수 있다. 이 경우 의결권의 행사를 구체적이고 개별적인 사항에 국한하여 위임해야 한다고 해석하여야 할 근거는 없고 포괄적으로 위임할 수도 있다(대법원 2014. 1. 23. 선고 2013다56839 판결).

④ 주주의 의결권을 대리행사하고자 하는 자는 대리권을 증명하는 서면을 총회에 제출하여야 한다(상법 제368조 제2항).

⑤ 상법 제368조의2 제1항은 "주주가 2 이상의 의결권을 가지고 있는 때에는 이를 통일하지 아니하

고 행사할 수 있다. 이 경우 회일의 3일 전에 회사에 대하여 서면으로 그 뜻과 이유를 통지하여야 한다"고 규정하고 있는바, 여기서 3일의 기간이라 함은 의결권의 불통일행사가 행하여지는 경우에 회사 측에 그 불통일행사를 거부할 것인가를 판단할 수 있는 시간적 여유를 주고, 회사의 총회 사무운영에 지장을 주지 아니하도록 하기 위하여 부여된 기간으로서, 그 불통일행사의 통지는 주주총회 회일의 3일 전에 회사에 도달할 것을 요한다. 다만, 위와 같은 3일의 기간이 부여된 취지에 비추어 보면, 비록 불통일행사의 통지가 주주총회 회일의 3일 전이라는 시한보다 늦게 도착하였다고 하더라도 회사가 스스로 총회운영에 지장이 없다고 판단하여 이를 받아들이기로 하고 이에 따라 의결권의 불통일행사가 이루어진 것이라면, 그것이 주주평등의 원칙을 위반하거나 의결권 행사의 결과를 조작하기 위하여 자의적으로 이루어진 것이라는 등의 특별한 사정이 없는 한, 그와 같은 의결권의 불통일행사를 위법하다고 볼 수는 없다(대법원 2009. 4. 23. 선고 2005다 22701,22718 판결).

16. ⑤

① 의결권이 없거나 제한되는 주주는 영업양도를 승인하는 주주총회에서 의결권을 행사할 수 없으므로 주식매수청구권이 인정된다(상법 제374조의2 제1항 참조).

② 주주는 주주총회 전에 회사에 대하여 구두 또는 서면으로 그 결의에 반대하는 의사를 통지하고 그 총회의 결의일부터 20일 내에 주식의 종류와 수를 기재한 서면으로 주식의 매수를 청구할 수 있다(상법 제374조의2 제1항).

③ 주식매수청구권은 주식을 취득한 양수인에게 인정되는 이른바 형성권으로서 그 행사로 회사의 승낙 여부와 관계없이 주식에 관한 매매계약이 성립하게 된다(대법원 2014. 12. 24. 선고 2014다 221258,221265 판결).

④ 주식매수청구를 받으면 회사는 주식매수청구기간이 종료하는 날부터 2개월 이내에 그 주식을 매수하여야 한다(상법 제374조의2 제2항).

⑤ 영업양도를 하는 회사의 발행주식총수의 100분의 90 이상을 상대방인 영업양수인이 소유하고 있는 경우에도 양도회사의 주주에게 주식매수청구권이 인정된다(상법 제374조의3 제3항).

17. ①

회계장부 열람권은 발행주식총수의 100분의 3이상의 주식을 보유한 주주에게 인정되는 권리이다(상법 제466조 제1항). 기타 권리는 상법 제448조 제2항에 의하여 인정되는 단독주주권에 해당한다.

18. ⑤

① 상법 제435조 제1항은 "회사가 수종의 주식을 발행한 경우에 정관을 변경함으로써 어느 종류의 주주에게 손해를 미치게 될 때에는 주주총회의 결의 외에 그 종류의 주주의 총회의 결의가 있어야 한다."고 규정하고 있는바, 위 규정의 취지는 주식회사가 보통주 이외의 수종의 주식을 발행하고 있는 경우에 보통주를 가진 다수의 주주들이 일방적으로 어느 종류의 주식을 가진 소수주주들에게 손해를 미치는 내용으로 정관을 변경할 수 있게 할 경우에 그 종류의 주식을 가진 소수주주들이 부당한 불이익을 받게 되는 결과를 방지하기 위한 것이므로, 여기서의 '어느 종류의 주주에게 손해를 미치게 될 때'라 함에는, 어느 종류의 주주에게 직접적으로 불이익을 가져오는 경우는 물론이고, 외견상 형식적으로는 평등한 것이라고 하더라도 실질적으로는 불이익한 결과를 가져오는 경우도 포함되며, 나아가 어느 종류의 주주의 지위가 정관의 변경에 따라 유리한 면이 있으면서 불

이익한 면을 수반하는 경우도 이에 해당된다(대법원 2006. 1. 27. 선고 2004다44575,44582 판결).

② 종류주주총회의 결의는 출석한 주주의 의결권의 3분의 2 이상의 수와 그 종류의 발행주식총수의 3분의 1 이상의 수로써 하여야 한다(상법 제435조 제2항).

③ 의결권이 없는 종류주식을 가진 주주라도 그 종류주주총회에서는 의결권이 인정된다(상법 제435조 제3항 참조).

④ 종류주주총회를 소집할 때에는 그 종류주주총회일의 2주 전에 그 종류주식을 가진 각 주주에게 서면으로 통지를 발송하거나 각 주주의 동의를 받아 전자문서로 통지를 발송하여야 한다(상법 제363조 제1항).

⑤ 어느 종류 주주에게 손해를 미치는 내용으로 정관을 변경함에 있어서 그 정관변경에 관한 주주총회의 결의 외에 추가로 요구되는 종류주주총회의 결의는 정관변경이라는 법률효과가 발생하기 위한 하나의 특별요건이라고 할 것이므로, 그와 같은 내용의 정관변경에 관하여 종류주주총회의 결의가 아직 이루어지지 않았다면 그러한 정관변경의 효력이 아직 발생하지 않는 데에 그칠 뿐이고, 그러한 정관변경을 결의한 주주총회결의 자체의 효력에는 아무런 하자가 없다(대법원 2006. 1. 27. 선고 2004다44575,44582 판결). 따라서 무효확인을 구할 수 없다.

19. ③

① 회사는 정관으로 정하는 바에 따라 전자주주명부를 작성할 수 있으며 전자주주명부에는 전자우편주소를 적어야 한다(상법 제352조의2 제2항).

② 회사는 배당을 받을 자를 정하기 위하여 3개월 이내의 일정한 기간을 정하여 주주명부의 기재변경을 정지할 수 있다(상법 제354조 제1항).

③ 회사가 정관으로 주주명부의 폐쇄기간을 정한 때에는 그 기간의 2주간 전에 이를 공고하지 아니하여도 된다(상법 제354조 제4항 참조).

④ 주주 또는 회사채권자가 상법 제396조 제2항에 의하여 주주명부 등의 열람·등사청구를 한 경우 회사는 그 청구에 정당한 목적이 없는 등의 특별한 사정이 없는 한 이를 거절할 수 없고, 이 경우 정당한 목적이 없다는 점에 관한 증명책임은 회사가 부담한다. 이러한 법리는 상법 제396조 제2항을 유추적용하여 실질주주명부의 열람·등사청구권을 인정하는 경우에도 동일하게 적용된다(대법원 2017. 11. 9. 선고 2015다235841 판결).

⑤ 주주 또는 질권자에 대한 회사의 통지 또는 최고는 주주명부에 기재한 주소 또는 그 자로부터 회사에 통지한 주소로 하면 된다(상법 제353조 제1항).

20. ⑤

① 회사가 전환권을 가진 전환주식을 전환하여 발행하는 주식 - 주권제출기간이 끝난 때(상법 제350조 제1항)

② 전환권을 가진 주주가 전환주식의 전환을 청구하여 발행되는 주식 - 전환을 청구한 때(상법 제350조 제1항)

③ 신주인수권부사채권자가 회사에 신주인수권을 행사하여 발행되는 신주 - 신주의 발행가액의 전액을 납입한 때(상법 제516조의10).

④ 완전모회사가 되는 회사가 포괄적 주식교환을 위하여 완전자회사가 되는 회사의 주주에게 발행하는 신주 - 주식교환계약서에서 정한 주식교환을 할 날(상법 제360조의3 제3항 6호).

⑤ 완전모회사가 되는 회사가 포괄적 주식이전을 위하여 완전자회사가 되는 회사의 주주에게 발행하

는 주식 − 설립한 완전모회사가 그 본점소재지에서 설립등기사항(상법 제317조 제2항)을 등기한 때(상법 제360조의21)

21. ①

① 주주총회에서 회의를 연기할 것을 결의한 경우 연기하는 상법 제363조 제1항이 적용되지 아니하므로, 주주총회일을 정하여 그 2주 전에 각 주주에게 서면으로 소집통지를 할 필요가 없다(상법 제372조 참조).

② 주주총회가 재무제표를 승인한 후 2년 내에 이사와 감사의 책임을 추궁하는 결의를 하는 경우 당해 이사와 감사인 주주는 회사로부터 책임을 추궁당하는 위치에 서게 되어 주주의 입장을 떠나 개인적으로 이해관계를 가지는 경우로서 그 결의에 관한 특별이해관계인에 해당한다(대법원 2007. 9. 6. 선고 2007다40000 판결). 따라서 당해 감사인 주주는 그 결의에서 의결권을 행사하지 못한다.

③ 이사 선임의 주주총회결의에 대한 취소판결이 확정된 경우 그 결의에 의하여 이사로 선임된 이사들에 의하여 구성된 이사회에서 선정된 대표이사는 소급하여 그 자격을 상실하고, 그 대표이사가 이사 선임의 주주총회결의에 대한 취소판결이 확정되기 전에 한 행위는 대표권이 없는 자가 한 행위로서 무효가 된다(대법원 2004. 2. 27. 선고 2002다19797 판결).

④ 주주총회결의 취소의 소는 상법 제376조 제1항에 따라 그 결의의 날로부터 2개월 내에 제기하여야 하고, 이 기간이 지난 후에 제기된 소는 부적법하다. 그리고 주주총회에서 여러 개의 안건이 상정되어 각기 결의가 행하여진 경우 위 제소기간의 준수 여부는 각 안건에 대한 결의마다 별도로 판단되어야 한다(대법원 2010. 3. 11. 선고 2007다51505 판결).

⑤ 주주가 결의취소의 소를 제기한 때에는 법원은 회사의 청구에 의하여 상당한 담보를 제공할 것을 명할 수 있으나 그 주주가 이사 또는 감사인 때에는 그러하지 아니하다(상법 제377조 제1항 단서).

22. ④

상법 제542조의10 제2항 참조(① 미성년자, 피성년후견인 또는 피한정후견인, ② 해당 회사의 상무에 종사하는 이사의 직계존속, ③ 파산선고를 받고 복권되지 아니한 자, ⑤ 금고 이상의 형을 선고받고 그 집행이 끝나거나 집행이 면제된 후 2년이 지나지 아니한 자는 상근감사가 될 수 없다. 그러나 ④ 상장회사의 특례에 따른 감사위원회의 위원으로 재임하였던 자는 상근감사가 될 수 있다).

23. ③

위 설문의 내용은 일시차입금에 의한 가장납입에 관한 판례의 내용이다.

① 주식회사를 설립하면서 일시적인 차입금으로 주금납입의 외형을 갖추고 회사 설립절차를 마친 다음 바로 그 납입금을 인출하여 차입금을 변제하는 이른바 가장납입의 경우에도 주금납입의 효력을 부인할 수는 없나(대법원 2004. 3. 26. 선고 2002다29138 판결).

② 회사 설립 당시 원래 주주들이 주식인수인으로서 주식을 인수하고 가장납입의 형태로 주금을 납입한 이상 그들은 바로 회사의 주주이고, 그 후 그들이 회사가 청구한 주금 상당액을 납입하지 아니하였다고 하더라도 이는 회사 또는 대표이사에 대한 채무불이행에 불과할 뿐 그러한 사유만으로 주주로서의 지위를 상실하게 된다고는 할 수 없으며, 또한 주식인수인들이 회사가 정한 납입일까지 주금 상당액을 납입하지 아니한 채 그로부터 상당 기간이 지난 후 비로소 회사의 주주임을 주장하였다고 하여 신의성실의 원칙에 반한다고도 할 수 없다(대법원 1998. 12. 23. 선고 97다20649 판결).

③⑤ 주식회사의 설립업무 또는 증자업무를 담당한 자와 주식인수인이 사전 공모하여 주금납입취급

은행 이외의 제3자로부터 납입금에 해당하는 금액을 차입하여 주금을 납입하고 납입취급은행으로부터 납입금보관증명서를 교부받아 회사의 설립등기절차 또는 증자등기절차를 마친 직후 이를 인출하여 위 차용금채무의 변제에 사용하는 경우, 위와 같은 행위는 실질적으로 회사의 자본을 증가시키는 것이 아니고 등기를 위하여 납입을 가장하는 편법에 불과하여 주금의 납입 및 인출의 전과정에서 회사의 자본금에는 실제 아무런 변동이 없다고 보아야 할 것이므로, 그들에게 회사의 돈을 임의로 유용한다는 불법영득의 의사가 있다고 보기 어렵다 할 것이고, 이러한 관점에서 상법상 납입가장죄의 성립을 인정하는 이상 회사 자본이 실질적으로 증가됨을 전제로 한 업무상횡령죄가 성립한다고 할 수는 없다(대법원 2004. 6. 17. 선고 2003도7645 전원합의체 판결).

④ 주금의 가장납입이 일시 차입금을 가지고 주주들의 주금을 체당납입한 것과 같이 볼 수 있어 주금납입이 종료된 후에도 주주는 회사에 대하여 체당납입한 주금을 상환할 의무가 있다(대법원 2004. 3. 26. 선고 2002다29138 판결).

24. ②

① 이사·감사의 지위가 주주총회의 선임결의와 별도로 대표이사와 사이에 임용계약이 체결되어야만 비로소 인정된다고 보는 것은, 이사·감사의 선임을 주주총회의 전속적 권한으로 규정하여 주주들의 단체적 의사결정 사항으로 정한 상법의 취지에 배치된다. 또한 상법상 대표이사는 회사를 대표하며, 회사의 영업에 관한 재판상 또는 재판 외의 모든 행위를 할 권한이 있으나(제389조 제3항, 제209조 제1항), 이사·감사의 선임이 여기에 속하지 아니함은 법문상 분명하다. 그러므로 이사·감사의 지위는 주주총회의 선임결의가 있고 선임된 사람의 동의가 있으면 취득된다고 보는 것이 옳다(대법원 2017. 3. 23. 선고 2016다251215 전원합의체 판결).

② 정관에서 달리 정하는 경우를 제외하고는 회사가 집중투표제에 의해 이사를 선임할 수 있으므로(상법 제382조의2 제1항), 정관에 집중투표제를 채택하는 규정을 두어야 하는 것은 아니다.

③ 최근 사업연도 말 현재의 자산총액이 2조원 이상인 상장회사는 3명 이상의 사외이사를 두어야 하고 사외이사후보추천위원회를 설치하여야 한다(상법 제542조의8 제1항, 제4항).

④ 상법 제385조 제1항에 의하면 "이사는 언제든지 주주총회의 특별결의로 해임할 수 있으나, 이사의 임기를 정한 경우에 정당한 이유 없이 그 임기만료 전에 이를 해임한 때에는 그 이사는 회사에 대하여 해임으로 인한 손해의 배상을 청구할 수 있다"고 규정하고 있는바, 이 때 이사의 임기를 정한 경우라 함은 정관 또는 주주총회의 결의로 임기를 정하고 있는 경우를 말하고, 이사의 임기를 정하지 않은 때에는 이사의 임기의 최장기인 3년을 경과하지 않는 동안에 해임되더라도 그로 인한 손해의 배상을 청구할 수 없다고 할 것이고, 회사의 정관에서 상법 제383조 제2항과 동일하게 "이사의 임기는 3년을 초과하지 못한다."고 규정한 것이 이사의 임기를 3년으로 정하는 취지라고 해석할 수는 없다(대법원 2001. 6. 15. 선고 2001다23928 판결).

⑤ 회사는 이사의 임기를 정한 경우 정당한 이유가 없더라도 그 임기 만료 전에 주주총회의 특별결의로 그 이사를 해임할 수 있다(상법 제385조 제1항).

25. ④

상법 제398조 참조.

26. ③

① 이사가 경업금지의무를 위반한 경우 회사는 그 거래가 있는 날로부터 1년 내에 개입권을 행사할 수 있다(상법 제397조 제3항).

② 자본금 총액이 10억원 미만으로서 2인의 이사를 둔 회사의 경우에는 393조가 적용되지 않는다(상법 제383조 제6항, 제393조 제4항). 즉, <u>업무집행이사의 보고의무는 없다</u>.

③ 회사의 사업기회유용금지의무를 위반하여 회사에 손해를 발생시킨 이사 및 승인한 이사는 연대하여 손해를 배상할 책임이 있으며 이로 인해 이사 또는 제3자가 얻은 이익은 손해로 추정한다(상법 제397조의2 제2항).

④ 이사는 <u>이사회의 승인(상법 제391조 제1항에 따라 총이사 과반수출석에 출석이사 과반수찬성)</u>을 얻은 때에 한하여 동종영업을 목적으로 하는 다른 회사의 이사의 직을 겸할 수 있다(상법 제397조 제1항).

⑤ 이사는 직무상 알게 된 회사의 영업상 비밀을 <u>재임 중 분만 아니라 퇴임후에도</u> 누설하여서는 아니된다(상법 제382조의4).

27. ⑤

① 모회사의 감사는 당해회사나 <u>자회사의 이사의 직은 겸할 수 없다</u>(상법 제411조).

② <u>감사위원회위원은 이사</u>이므로 경업금지의무나 회사의 사업기회유용금지의무를 부담한다.

③ 감사는 신주발행유지청구권은 행사할 수 없으나(상법 제424조), <u>이사에 대한 위법행위유지청구권을 행사할 수 있다</u>(상법 제402조).

④ 최근 사업연도 말 현재의 자산총액이 2조원 이상인 상장회사는 주주총회에서 선임된 이사 중에서 주주총회 결의를 통해 감사위원회위원을 선임할 수 있다(상법 제542조의12 제1항).

⑤ 감사 또는 감사위원회는 이사에게 감사보고서를 주주총회일의 1주 전까지는 제출할 수 있다(상법 제542조의12 제6항).

28. ②

합병, 분할/분할합병, 파산의 경우에는 청산절차에 들어가지 않는다. 상법 제531조 참조.

29. ④

① 이사가 회사에 대하여 소를 제기한 경우 <u>감사</u>가 그 소에 관하여 회사를 대표한다(상법 제394조 제1항).

② 집행임원 설치회사의 경우 집행임원의 선임 및 해임의 권한은 <u>이사회</u>에 있다(상법 제408조의2 제3항 1호).

③ 집행임원의 임기는 정관에 다른 규정이 없으면 <u>2년</u>으로 한다(상법 제408조의3 제1항).

④ 집행임원은 이사회의 요구가 있으면 언제든지 이사회에 출석하여 요구한 사항을 보고하여야 한다(상법 제408조의6 제2항).

⑤ 회사는 대표이사의 대표권의 제한을 이유로 선의의 제3자에게 대항할 수 없다(상법 제389조 제3항, 제209조 제2항).

30. ②

① 신주의 발행으로 인한 변경등기가 있은 후에 아직 인수하지 않은 주식이 있거나 주식인수의 청약이 취소된 때에는 이사가 이를 공동으로 인수한 것으로 본다(상법 제428조 제1항).

② 회사성립 후 주식을 발행하는 경우 신주의 인수방법에 관한 사항에 대하여 <u>정관에 정함이 없으면 이사회의 결의</u>(정관에 정함이 있는 때에는 주주총회의 결의)로 이를 정하여야 한다(상법 제416조).

③ 신주의 인수인은 회사의 동의가 있는 경우에 한하여 신주에 대한 납입채무와 회사에 대한 채권을 상계할 수 있다(상법 제421조 제2항).

④ 회사성립의 날로부터 2년을 경과한 후에 주식을 발행하는 경우 회사는 주주총회의 특별결의와 법원의 인가를 얻어 주식을 액면미달의 가액으로 발행할 수 있다(상법 제417조 제1항).

⑤ 신주발행무효의 소에서 신주발행을 무효로 하는 판결이 확정된 때에는 판결의 대세적 효력은 인정되나 소급효는 인정되지 않는다(상법 제430조, 제190조 본문/제431조 제1항).

31. ①

① 회사가 결손의 보전을 위하여 감자하는 경우 그에 관한 의안의 주요내용은 주주총회 소집통지에 기재하여야 한다(상법 제438조 제3항).

② 사채권자가 이의를 제기하려면 <u>사채권자 집회의 결의가 있어야 한다</u>(상법 제439조 제3항).

③ 주식병합으로 감자하는 경우 단주가 있는 때에는 그 부분에 대하여 발행한 신주를 경매하여 각주수에 따라 <u>그 대금을 종전의 주주에게 지급하여야 한다</u>(상법 제443조 제1항 본문).

④ 주식병합으로 감자하는 경우 단주가 있는 때에는 거래소의 시세없는 주식은 <u>법원의 허가를 받아</u> 경매외의 방법으로 매각할 수 있다(상법 제443조 제1항 단서).

⑤ 감자무효는 <u>주주·이사 또는 감사·청산인·파산관재인 또는 자본금의 감소를 승인하지 아니한 채권자</u>만이 감자로 인한 변경등기가 된 날부터 6개월 내에 소만으로 주장할 수 있다(상법 제445조).

32. ①

① 전환청구권은 형성권으로서 전환사채권자가 전환을 청구한 때에 전환의 효력이 발생한다(상법 제516조 제2항, 제350조 제1항).

② 주주 외의 자에 대하여 전환사채를 발행하는 경우라도 주주명부폐쇄기간 중에 전환청구를 할 수 있으나, 그 기간중에 <u>전환된 주식의 주주는 그 기간중의 주주총회에서는 의결권을 행사할 수 없다</u>(상법 제516조 제2항, 제350조 제2항).

③ 신주발행의 경우에는 상법 제418조 제4항에 따라 주주 외의 자에게 신주를 배정하는 경우 그 발행할 주식의 종류와 수를 주주에게 통지하여야 하지만, <u>주주 외의 자에 대하여 전환사채를 발행하는 경우 회사는 전환으로 인하여 발행할 주식의 종류와 수를 주주에게 통지하여야 한다는 규정이 없다</u>.

④ 회사가 법령 또는 정관에 위반하거나 현저하게 불공정한 방법에 의하여 전환사채를 발행하는 경우에도 주주의 <u>전환사채발행유지청구권은 인정된다</u>(상법 제516조 제1항, 제424조).

⑤ 회사가 전환사채를 발행한 때에는 그 납입이 완료된 날로부터 2주간 내에 본점소재지에서 전환사채의 등기를 하여야 한다(상법 제514조의2 제1항). 그러나 <u>지점소재지에서의 등기는 규정이 없다</u>.

33. ①

① 약속어음의 경우 발행인이 주채무자이고, 환어음의 경우에는 지급인이 인수행위를 한 경우에만 주채무자가 되므로 지급인이 인수하지 아니하면 주채무자가 존재하지 않게 된다.

② 약속어음의 발행인은 주채무자이지만 환어음의 발행인은 최종상환의무자이다.

③ 환어음의 소지인은 인수가 거절되면 만기가 도래하기 전이라도 상환의무자에게 상환청구권을 행사할 수 있지만, <u>약속어음의 경우에는 인수제도가 없으므로</u> 그러하지 아니하다.

④ <u>약속어음을 발행하는 때에는 발행인, 수취인만이 기재되지만</u> 환어음을 발행하는 때에는 발행인, 수취인, 지급인이 기재된다.

⑤ 약속어음이나 환어음이나 <u>모두 설권증권이다</u>.

34. ④

① 수표의 발행인이 수표에 이자약정을 기재한 경우는 무익적 기재사항에 해당한다(수표법 제7조).

② 수표의 발행인이 지급을 담보하지 아니한다는 문구를 기재한 경우는 무익적 기재사항에 해당한다 (수표법 제12조).

③ 일람출급 환어음의 발행인이 이자약정을 기재한 경우는 유익적 기재사항에 해당한다(어음법 제5조 제1항).

④ 환어음의 발행인이 분할출급을 기재한 경우는 유해적 기재사항에 해당하므로 어음이 무효가 된다 (어음법 제33조 제2항).

⑤ 환어음의 발행인이 인수를 담보하지 아니한다는 문구를 기재한 경우는 유익적 기재사항에 해당한다(어음법 제9조 제2항).

35. ③

① 발행인은 환어음에 기간을 정하거나 정하지 아니하고 인수를 위하여 어음을 제시해야 한다는 내용을 적을 수 있다(어음법 제22조 제1항).

② 환어음이 제3자방에서 지급하여야 하는 것인 경우 발행인은 인수를 위한 어음의 제시를 금지한다는 내용을 어음에 적을 수 없다(어음법 제22조 제2항 단서).

③ 발행인이 인수를 위한 어음의 제시를 금지한 환어음을 소지한 자는 그 어음을 배서하여 교부할 때 인수를 위하여 어음을 제시해야 한다는 내용을 적을 수 없다(어음법 제22조 제4항).

④ 일람 후 정기출급 환어음의 발행인은 어음을 발행한 날로부터 6개월 내에 인수를 위한 어음의 제시를 해야 한다는 내용을 기재할 수 있다(어음법 제23조 제2항).

⑤ 지급인은 환어음의 소지인에게 첫 번째 인수제시일의 다음 날에 두 번째 인수제시를 할 것을 청구할 수 있다(어음법 제24조 제1항).

36. ③

위의 설문은 어음법 제14조 제2항에 따라 해결된다. 따라서 ③의 C는 공란인 피배서인란에 C 자신의 명의를 기재한 후에는 배서하여 D에게 어음을 양도할 수 있다.

② 어음법 제16조 제1항

37. ②

위 설문은 어음법 제18조의 추심위임배서에 관한 내용이다. 이에 따르면 ②의 C가 A에게 어음상 권리를 행사한 경우 A는 매매계약의 해제를 항변으로 주장할 수 있다(어음법 제18조 제2항).

38. ②

위의 설문은 어음법 제38조의 확정일출급어음의 지급제시기간(지급을 할 날 또는 그날 이후의 2거래일)과 제39조 및 제40조의 지급에 관한 규정에 따라 해결된다. 이에 따르면 ②의 B가 2019년 2월 21일 적법한 어음상 권리자가 아니지만 외형상 배서가 연속된 어음을 제시한 자에게 선의·무과실로 어음금을 지급하면 어음금 지급책임을 면한다(어음법 제40조 제3항).

39. ⑤

① 발행인은 자신을 지급받을 자로 하여 수표를 발행할 수 있다(수표법 제6조 제1항).

② 기명식 수표에 "또는 소지인에게"라는 글자를 적었을 때에는 소지인출급식수표로 본다(수표법 제5조 제2항).

③ 수표에 일람출급에 위반되는 문구를 적은 경우 그 문구는 적지 아니한 것으로 본다(수표법 제28조 제1항).

④ 수표의 소지인은 지급인의 일부지급을 거절하지 못한다(수표법 제34조 제2항).

⑤ 수표의 소지인은 그 수표에 <u>횡선을 그을 수 있다</u>(수표법 제37조 제1항).

40. ④

① 자기앞수표란 수표법 제6조 제3항에 따라 발행인과 지급인이 동일한 자이므로, <u>발행인은 A은행 자신</u>이다.

② 자기앞수표의 경우에는 발행인이 지급인이므로 <u>지급위탁의 취소가 인정되지 않는다.</u> [참조판례] 상호신용금고가 대출일에 대출금을 금융기관이 발행한 자기앞수표로 교부한 경우, 거래통념상 자기앞수표는 현금과 다름없이 취급되는 것이므로 위 자기앞수표의 교부로서 대출은 실행되어 당연히 약정이자가 발생된다 할 것이고, 그 후 위 상호신용금고에 의하여 위 수표에 대한 피사취신고가 있었다고 하더라도 이는 원래 의미로서의 수표의 지급위탁 취소가 아니라 단지 사고신고에 불과한 것이다(대법원 2003. 5. 16. 선고 2002다65745 판결).

③ B가 지급제시 없이 자기앞수표를 1개월 동안 보관하던 중 마음을 바꾸어 A은행에게 자기앞수표를 제시하고 지급을 청구한 경우에는 수표법 제29조 제1항에 위반된 행위로서, <u>A은행은 지급위탁의 취소가 없으면 수표금을 지급할 수 있을 뿐이며, 이행의무를 부담하는 것은 아니다</u>(수표법 제32조 제2항 참조).

④ B가 1개월 동안 자기앞수표를 보관하다가 C에게 배서·교부의 방식으로 양도한 경우, 이는 수표법 제24조 제1항에 따라 기한후배서에 해당하므로 담보적 효력이 없다. 따라서 B는 상환의무를 부담하지 않는다.

⑤ B가 C에 대한 외상대금채무의 <u>지급을 위하여</u> 자기앞수표를 C에게 교부하기로 합의하고 자기앞수표를 C에게 교부하면, 지급의 방법으로 어음을 교부한 것이므로 B의 외상대금채무는 그 시점에 소멸하지 않는다.

세법개론

월간회계 편집실

1. ①

제3자를 통한 간접적인 방법이나 둘 이상의 행위 또는 거래를 거치는 방법으로 국세기본법 또는 세법의 혜택을 부당하게 받기 위한 것으로 인정되는 경우에는 그 경제적 실질 내용에 따라 딩사자가 직접 거래를 한 것으로 보거나 <u>연속된 하나의 행위 또는 거래를 한 것으로 보아</u> 국세기본법 또는 세법을 적용한다.

2. ③ (2021 수정)

국제조세조정에 관한 법률에 의한 국제거래 중 국외 제공 용역거래에서 발생한 부정행위로 법인세를 포탈하거나 환급·공제받은 경우, 그 법인세를 부과할 수 있는 날부터 15년이 지나면 부과할 수 없다.

3. ① (2021 수정)

공과금의 강제징수를 할 때 그 강제징수금액 중에서 국세 및 강제징수비를 징수하는 경우, 그 공과금의 강제징수비는 국세에 우선하여 징수되나 공과금은 국세에 우선하지 못한다.

4. ① (2021 수정)

체납된 **국세 및 강제징수비는** 납세자의 의사와 관계없이 세무서장이 직권으로 충당한다.

5. ⑤

과세예고통지를 받은 자가 과세전적부심사를 청구하지 아니하고 통지를 한 세무서장에게 통지받은 내용에 대하여 과세표준 및 세액을 조기에 결정해 줄 것을 신청한 경우, 해당 세무서장 등은 신청받은 내용대로 즉시 결정이나 경정결정을 하여야 한다.

6. ⑤

관할지방국세청장이나 국세청장은 내국법인의 본점 소재지가 등기된 주소와 동일하지 아니한 경우 납세지를 지정할 수 있다.

7. ①

⑴ 소득금액조정합계표

익금산입 및 손금불산입			손금산입 및 익금불산입		
과목	금액	소득처분	과목	금액	소득처분
접대비 한도초과액	₩300,000	기타사외유출	재산세환급금이자	₩50,000	기타
교통사고벌과금	400,000	기타사외유출	금융자산	1,800,000	△유보
자기주식처분이익	2,000,000	기타			
기타포괄손익	1,800,000	기타			
합계	₩4,500,000		합계	₩1,850,000	

＊ 소득금액조정합계표에는 기부금에 대한 한도시부인계산과 관련된 세무조정사항은 포함되지 않는다.

⑵ 소득금액조정합계표상 가산조정금액과 차감조정금액의 차이금액

₩4,500,000 - ₩1,850,000 = ₩2,650,000

8. ③

이익잉여금 처분에 의한 상여금은 손금에 산입하지 아니한다.

9. ② (2021 수정)

(1) 접대비 해당액

I/S 상 접대비	₩70,000,000
전기접대비	(4,000,000)　　손불 (유보)
직원단체 복리시설비	6,000,000
접대비 해당액	₩72,000,000

(2) 접대비 손금한도 : ① + ② + ③ = ₩68,030,000

① 기초금액 : ₩36,000,000 × $\frac{12}{12}$ = ₩36,000,000

② 수입금액기준

$$\left(67억원^* × \frac{3}{1,000}\right) + \left(33억원 × \frac{3}{1,000} + 47억원 × \frac{2}{1,000}\right) × 10\% = ₩22,030,000$$

* 70억원 – 3억원(간주공급**) = 67억원

** 기업회계기준상의 매출액에는 부가가치세법상 간주공급에 해당하는 금액은 포함되지 않는다.

③ 문화접대비에 대한 추가한도 : Min[₩10,000,000, (① + ②) × 20%] = ₩10,000,000

(3) 한도초과액 : ₩3,970,000 → 손불 (기타사외유출)

10. ③ (2021 수정)

(1) 기부금의 구분

	50%한도 기부금
국립대학병원 연구비	₩3,000,000
국가로부터 토지 고가매입	5,000,000*
합 계	₩8,000,000

* ₩70,000,000 – ₩65,000,000(= ₩50,000,000 × 130%) = ₩5,000,000

(2) 차가감소득금액

당기순이익	₩20,000,000
익금산입·손금불산입	12,000,000
손금산입·익금불산입	(15,000,000)
비지정기부금(대표이사 동창회)	2,000,000　　손불 (기타사외유출)
국가로부터 토지 고가매입	(5,000,000)　　손입 (△유보)
합 계	₩14,000,000

(3) 기준소득금액 : ₩14,000,000 + ₩8,000,000(50%한도 기부금) = ₩22,000,000

(4) 기준금액 : ₩22,000,000 – min[₩10,000,000, ₩22,000,000 × 60%] = ₩12,000,000

(5) 법정기부금(50%한도 기부금) 한도시부인

- B : ₩8,000,000
- T : ₩12,000,000 × 50% = ₩6,000,000
- D : ₩2,000,000 → 손불(기타사외유출)

(6) 기부금 관련 세무조정이 각사업연도소득금액에 미치는 영향

    ₩2,000,000 − ₩5,000,000 + ₩2,000,000 = △₩1,000,000

11. ④

제조업을 영위하는 법인이 보유하는 화폐성외화자산·부채의 평가방법을 관할세무서장에게 신고하여 적용하기 이전 사업연도의 경우 <u>취득일 또는 발생일</u> 현재의 매매기준율로 평가하여야 한다.

12. ①

- 상각범위액 : (₩100,000,000 − ₩55,000,000 + ₩2,196,880) × 0.125(정액법, 8년)

               = ₩5,899,610

   * 감가상각방법 변경시 상각범위액은 미상각잔액에 변경된 감가상각방법에 의한 상각률을 적용하여 계산한다. 이 경우 내용연수는 잔존내용연수가 아닌 당초에 신고한 내용연수를 적용한다.

13. ①

(1) 사용수익기부자산 감액

    〈손금산입〉   사용수익기부자산 ₩20,000,000   (△유보)

   * 사용수익기부자산 : 금전 이외의 자산을 법정기부금·지정기부금단체에 기부한 후 그 자산을 사용하거나 그 자산으로부터 수익을 얻는 경우에 해당 자산의 장부가액을 말한다.

(2) 자산감액분 추인

    〈손금불산입〉   자산감액분 추인   ₩2,000,000*   (유보)

   * $₩20,000,000 \times \dfrac{₩10,000,000}{₩100,000,000} = ₩2,000,000$

(3) 감가상각시부인계산

    ① 감가상각비 해당액 : 10,000,000 − ₩2,000,000 = ₩8,000,000

    ② 상각범위액 : (₩100,000,000 − ₩20,000,000) × 0.1(정액법, 10년) × 6/12

                  = ₩4,000,000

    ③ 상각부인액 : ₩4,000,000 → 손금불산입 (유보)

(4) 각사업연도소득금액에 미치는 순영향 : △₩20,000,000 + ₩2,000,000 + ₩4,000,000

                               = △₩14,000,000

14. ②

(단위 : 백만원)

B.퇴충		T.퇴충		D.유보	
10	30	0	15	10	15
20	0	15	0	5	0

B.연충		T.연충		D.유보	
−	−	10*1	99	△10	△99
−	−	105*2	16*3	△105	△16

*1. 퇴직연금운용자산 감소액

 2. 세법상 퇴직연금충당금 기말잔액 : Min[①, ②] = ₩105

  ① 추계액 기준 : Max[₩110, ₩120] − ₩15(세무상 기말 퇴직급여충당금잔액) = ₩105

  ② 퇴직연금운용자산 기준 : ₩110(기말잔액)

 3. 대차차액(끼워넣기)

15. ①

①은 신고조정 대손사유이며, ②,③,④,⑤은 결산조정 대손사유에 해당한다.

16. ②

① 각사업연도소득금액에서 이월결손금, 비과세소득, 소득공제의 순서로 차감하여 과세표준을 계산한다.

③ 자산수증이익 및 채무면제이익 충당대상 이월결손금에는 합병·분할시 승계받은 결손금은 제외한다.

④ 중소기업이 과세표준 신고기한 내에 결손금이 발생한 사업연도와 그 직전 사업연도의 소득에 대한 법인세의 과세표준 및 세액을 각각 신고한 경우에만 결손금소급공제를 받을 수 있다.

⑤ 결손금소급공제 한도인 직전 사업연도 법인세액은 직전 사업연도의 법인세 산출세액(토지등양도소득에 대한 법인세 제외)에서 직전 사업연도의 소득에 대한 법인세로서 공제 또는 감면된 법인세액을 차감한 금액을 말하므로 가산세는 포함되지 않는다.

17. ②

(1) 간접외국납부세액 : $₩500,000 \times \dfrac{₩1,000,000^*}{₩3,000,000 - ₩500,000} = ₩200,000$

  * 원천징수세액 차감전 수입배당금 : ₩900,000 + ₩100,000(직접) = ₩1,000,000

(2) 과세표준

구 분	국내	국외	합 계
조정전 소득금액	₩99,100,000	₩900,000	₩100,000,000
직접외국납부세액	−	100,000	
간접외국납부세액	−	200,000	
이월결손금	−	−	
과세표준	₩99,100,000	₩1,200,000	₩100,300,000

(3) 산출세액 : ₩100,300,000 × 10%(법인세율) = ₩10,030,000

  (4) 외국납부세액공제 : Min[①, ②] = ₩120,000

   ① ₩100,000(직접) + ₩200,000(간접) = ₩300,000

   ② $₩10,030,000 \times \dfrac{1,200,000}{100,300,000} = ₩120,000$

18. ④

(1) 감면후세액

① 산출세액 : ₩198,000,000×10% = ₩19,800,000

② 감면후세액 : ₩19,800,000 – ₩7,800,000(근로소득증대세액공제) = ₩12,000,000

* 중소기업인 경우 연구·인력개발비 세액공제액은 최저한세적용대상이 아니다.

(2) 최저한세

(₩198,000,000 + ₩5,000,000)×7% = ₩14,210,000

(3) 조세감면배제내역

① 감면배제세액 : ₩14,210,000 – ₩12,000,000 = ₩2,210,000

② 감면배제내역

a. 최저한세 대상 손금산입액 : ₩5,000,000

b. 최저한세 대상 세액공제액 : ₩2,210,000 – ₩800,000* = ₩1,410,000

* ₩2,000,000** × 10% + ₩3,000,000×20% = ₩800,000

** ₩200,000,000 – ₩198,000,000 = ₩2,000,000

(4) 조세특례제한법상 세액공제액

₩6,390,000*(근로소득증대세액공제) + ₩2,000,000(연구·인력개발비세액공제)

= ₩8,390,000

* ₩7,800,000 – ₩1,410,000 = ₩6,390,000

* 외국납부세액공제는 최저한세적용대상이 아니며, 법인세법상 세액공제이다.

19. ③

① 해당 중간예납기간의 법인세액을 기준으로 중간예납세액을 계산할 때 <u>중간예납기간의 수시부과세</u>
<u>액을 차감한다.</u>

② 내국법인이 납부하여야 할 중간예납세액의 일부를 납부하지 아니한 경우 <u>신고불성실가산세</u>는 적용
되지 않는다. → **납부지연가산세만 부과한다.**

④ 합병이나 분할에 의한 신설 내국법인은 최초사업연도의 기간이 6개월을 초과하는 경우 <u>최초사업</u>
<u>연도에도 중간예납을 하여야 한다.</u>

⑤ 중간예납의무자는 중간예납기간이 지난 날부터 <u>2개월 이내</u>에 중간예납세액을 신고 · 납부하여야
한다.

20. ③

해외현지법인(내국법인이 발행주식총수 또는 출자지분의 <u>100분의 100</u>을 직접 또는 간접 출자한 경
우에 한정한다)에 파견된 직원은 거주자로 본다.

21. ③

(1) 금융소득의 구분

금융소득내역	무조건·조건부 종합과세	비 고
정기예금이자	₩10,000,000	14%
비영업대금의 이익	5,000,000	25%
비영업대금의 이익	5,000,000	무조건 종합과세, 원천징수×
내국법인 배당	7,000,000*	14%
집합투자기구이익	3,000,000	14%
외국법인 배당	6,000,000	무조건 종합과세, 원천징수×
합 계	₩36,000,000	

* Gross-up 가능배당

(2) 금융소득금액 : ₩36,000,000 + Min[₩7,000,000, ₩16,000,000] × 11% = ₩36,770,000

(3) 원천징수세액 : ₩5,000,000 × 25% + (₩10,000,000 + ₩7,000,000 + ₩3,000,000) × 14%
= ₩4,050,000

22. ⑤

구 분	금 액
당기순이익	₩51,000,000
(+) 총수입금액산입·필요경비불산입	
① 건물의 당기 상각부인액*1	200,000
(−) 필요경비산입·총수입금액불산입	
① 위탁상품 매출액(수입시기 : 2020년)	(2,000,000)
② 유형자산처분이익	(5,000,000)
③ 생산설비 전기말 상각부인액 추인*2	(300,000)
사업소득금액	₩43,900,000

*1. 소득세법상 양도자산은 상각시부인대상이며, 상각시부인 후 유보잔액은 원칙적으로 소멸된다.

2. 시설개체나 기술낙후로 인한 생산설비의 폐기처분손실은 예외적으로 필요경비로 인정되므로 법인세
법과 같이 당기 감가상각시부인을 생략하고 전기상각부인액만을 추인한다.

23. ④

(1) 총급여액

구 분		금 액	비 고
A회사	① 급여	₩12,000,000	
	② 상여금	2,000,000	
	③ 잉여금처분에 의한 성과배분상여금	−	<u>수입시기 : 2021년</u>
	④ 식대	−	비과세
	⑤ 숙직비	−	비과세

구 분		금 액	비 고
B회사	① 급여	15,000,000	
	② 식대	900,000	
	③ 자가운전보조금	—	비과세
	④ 건강검진보조금	500,000	
	⑤ 추석명절격려금	3,000,000	
	⑥ 자녀학비보조금	3,000,000	
계		₩36,400,000	

⑵ 근로소득공제 : ₩7,500,000 + (₩36,400,000 − ₩15,000,000) × 15% = ₩10,710,000

⑶ 근로소득금액 : ₩25,690,000

24. ①

① 거주자 갑이 임원으로 근무하는 영리내국법인 ㈜A에 토지 X를 처분하고 ㈜A는 부당행위계산부인 규정에 따라 7억원을 거주자 갑에게 상여 처분하였다면, 해당 토지의 양도소득 계산시 적용할 양 도가액은 8억원(시가)이다.

* 특수관계법인에게 고가양도한 경우 : 법인세법상 부당행위계산부인규정이 적용됨에 따라 시가초과액에 대하여 배당·상여·기타소득으로 처분된 경우에는 시가를 실지거래가액으로 한다.

② 거주자 갑이 특수관계가 없는 개인인 거주자 을에게 토지 X를 처분하고 거주자 갑에게 증여재산가 액 4억원에 대한 증여세가 과세되었다면, 해당 토지의 양도소득 계산시 적용할 양도가액은 11억 원이다.

* 특수관계법인 외의 자에게 고가양도한 경우 : 상속세 및 증여세법상 증여재산가액으로 하는 금액이 있 는 경우 그 양도가액에서 증여재산가액을 뺀 금액을 실지거래가액으로 한다.

③ 거주자 갑이 임원으로 근무하는 영리내국법인 ㈜B로부터 토지 Y를 취득하고 취득 당시 ㈜B가 부 당행위계산부인 규정에 따라 4억원을 거주자 갑에게 상여 처분하였다면, 이후 해당 토지의 양도소 득 계산시 적용할 취득가액은 10억원이다.

* 특수관계법인으로부터 저가매입한 경우 : 법인세법상 부당행위계산부인규정이 적용됨에 따라 시가에 미 달하게 매입한 경우로서 배당·상여 등으로 처분된 금액이 있는 경우에는 그 배당·상여 등으로 처분된 금액을 취득가액에 포함한다.

④ 거주자 갑이 특수관계가 없는 개인인 거주자 을로부터 토지 Y를 취득하고 취득 당시 거주자 갑에 게 증여재산가액 1억원에 대한 증여세가 과세되었다면, 이후 해당 토지의 양도소득 계산시 적용할 취득가액은 7억원이다.

* 특수관계법인 외의 자로부터 저가매입한 경우 : 상속세 및 증여세법상 증여재산가액으로 하는 금액이 있는 경우 그 매입가액에 증여재산가액을 더한 금액을 취득가액으로 한다.

⑤ 거주자 갑이 4촌인 거주자 병에게 토지 Y를 양도한 경우, 양도소득 계산시 적용할 양도가액은 10 억원이다.

* 특수관계인에게 저가양도한 경우 : 현저한 이익분여요건 충족시 부당행위계산부인규정에 따라 시가를 양도가액으로 한다.

25. ④

① 공익사업관련 지역권 설정대가	₩800,000	₩2,000,000 − Max[₩1,000,000, ₩2,000,000×60%]
② 4개월 출강 시간강사료	-	근로소득
③ 원고료	200,000	₩500,000×(1−60%)
④ 산업재산권을 양도	1,400,000	₩3,500,000 − Max[₩1,500,000, ₩3,500,000×60%]
⑤ 직무발명보상금	-	비과세
⑥ 상금	600,000	₩3,000,000×(1−80%)
⑦ 인정기타소득	1,000,000	
합 계	₩4,000,000	

26. ③

직계존비속에게 주택을 무상으로 사용하게 하고 직계존비속이 해당 주택에 실제 거주하는 경우는 부당행위계산의 부인대상에서 제외한다.

27. ④

(1) 인적공제액

구 분	기본공제	추가공제	인적공제
본인[*1]	○	−	
배우자	○	−	
부친[*2]	×		
모친[*3]	○		
장남	○		
장녀	○	2,000,000(장애인)	
	(₩1,500,000×5명) +	₩2,000,000 =	₩9,500,000

*1. 본인(여성)의 종합소득금액**이 3천만원을 초과하므로 부녀자공제를 적용받을 수 없다.

   ** 본인의 종합소득금액 : ₩60,000,000 − ₩12,750,000(근로소득공제) = ₩47,250,000

*2. 부친의 종합소득금액**이 100만원을 초과하므로 부친에 대한 기본공제 및 추가공제를 적용받을 수 없다.

   ** 부친의 종합소득금액 : ₩8,000,000×(1−60%) = ₩3,200,000(3백만원 초과, 종합과세)

*3. 소득금액의 합계액이 연 1,200만원 이하인 전통주 제조소득은 비과세되므로 모친의 종합소득금액은 ₩0이다.

(2) 특별소득공제 : ₩600,000(보험료공제)

(3) 연금보험료공제 : ₩1,500,000

(4) 종합소득공제액 : (1) + (2) + (3) = ₩11,600,000

28. ⑤ (2022 수정)

의료비세액공제 : ①×30% + (②+③)×15% = ₩1,425,000

① 난임시술비 : ₩4,000,000
② 특정의료비 : ₩500,000(본인) + ₩1,500,000(장애인) = ₩2,000,000
③ 일반의료비 : Min[(₩1,000,000 − ₩50,000,000 × 3%), ₩7,000,000] = △₩500,000
  *1. 안경·콘택트렌즈 구입비용은 1인당 연 50만원을 한도로 한다.
  *2. 질병치료 목적으로 구입한 한약비는 의료비 세액공제대상 의료비에 포함된다.

29. ③

원천징수대상 소득으로서 발생 후 지급되지 아니함으로써 소득세가 원천징수되지 아니한 소득이 종합소득에 합산되어 종합소득에 대한 소득세가 과세된 경우에 그 소득을 지급할 때에는 소득세를 원천징수하지 아니한다.

30. ②

(1) 재화공급	₩49,000,000	매출할인 차감
(2) 판매장려금품	2,000,000	
(3) 임대용역	2,000,000	6,000,000 × 2개월/6개월
(4) 재화공급	8,000,000	₩6,000,000(현금결제액) + ₩2,000,000(보전금액)
(5) 용역의 무상공급	–	과세거래×
(6) 사무실 건물	40,000,000	공급한 재화의 시가, 토지는 면세
과세표준	₩101,000,000	

31. ④

전자세금계산서 의무발급 사업자가 세금계산서의 발급시기가 지난 후 해당 재화 또는 용역의 공급시기가 속하는 과세기간에 대한 확정신고기한까지 세금계산서를 발급하지 아니한 경우에는 그 공급가액의 2%의 가산세가 적용된다. → 세금계산서 미발급가산세

32. ②

주택의 임대용역은 모두 면세대상이다.

33. ④

주사업장 총괄납부 사업자의 세금계산서 발급·수취 및 부가가치세 신고 의무는 각 사업장 단위로 이행하지만, 부가가치세 납부 의무는 주사업장에서만 이행한다.

34. ⑤

① 과세사업분	₩90,000,000	₩60,000,000 + ₩30,000,000
② 공통매입세액	35,000,000	(₩40,000,000 + ₩10,000,000) × 70%(당기과세공급가액 비율)
③ 과세전환매입세액	52,500,000	₩70,000,000 × (1 − 25% × 1)
합 계	₩177,500,000	

35. ①

① 토지		– 면세
② 건물 중 사무실 사용분		– 면세
③ 건물 중 은행 점포 임대 사용분	₩8,000,000*	
합 계	₩8,000,000	

$$* \; ₩100,000,000 \times \frac{₩40,000,000}{₩100,000,000} \times \frac{100\text{m}^2}{500\text{m}^2} = ₩8,000,000$$

36. ④ (수정)

(1) 납부세액 : (₩60,000,000 + ₩1,000,000) × 20% × 10% = ₩1,220,000

(2) 공제세액 : ① + ② = ₩462,000

① 세금계산서 등 수취 세액공제 : ₩176,000

(₩22,000,000 + ₩11,000,000 + ₩2,200,000) × 0.5% = ₩176,000

② 신용카드매출전표 등 발행세액공제 : (₩12,000,000 + ₩10,000,000) × 1.3%

= ₩286,000(한도 : 연 1,000만원)

(3) 차가감납부세액 : (1) – (2) = ₩758,000

37. ⑤

결정·경정에 따라 환급세액이 발생한 경우에는 지체없이 환급한다.

38. ④

피상속인의 배우자가 단독으로 상속받는 경우 일괄공제를 적용하지 아니한다.

다만, 상속재산을 공동상속인간의 협의분할에 의하여 피상속인의 배우자가 단독으로 상속받는 경우에는 일괄공제 적용이 가능하다.

39. ⑤

(1) 대출금에 대한 증여세 과세가액

(4.5억원 × 4.6%) – (4.5억원 × 1%) = ₩16,200,000

* 대부기간이 1년 이상인 경우에는 1년이 되는 날의 다음날에 매년 새로이 증여받은 것으로 보아 증여재산가액을 계산한다.

(2) 토지에 대한 증여세 과세가액

₩250,000,000 – ₩50,000,000 – ₩40,000,000 = ₩160,000,000

* 증여재산(금전은 제외)의 반환

구 분	당초 증여	반환
(1) 증여세 신고기한*1 내에 반환*2	증여×	증여×
(2) 증여세 신고기한으로부터 3개월 이내에 반환	증여○	증여×
(3) 증여세 신고기한으로부터 3개월 경과 후에 반환	증여○	증여○

*1. 증여세 신고기한 : 증여받은 날이 속하는 달의 말일부터 3개월 이내

*2. 반환하기 전에 과세표준과 세액을 결정받은 경우는 제외한다.

40. ⑤

국가, 지방자치단체, 지방자치단체조합, 외국정부 및 주한국제기구의 소유에 속하는 재산에 대하여는 재산세를 부과하지 아니한다. 다만, 다음의 어느 하나에 해당하는 재산에 대하여는 재산세를 부과한다.
① 대한민국 정부기관의 재산에 대하여 과세하는 외국정부의 재산
② 매수계약자에게 납세의무가 있는 재산

회계하

김 정 호 (공인회계사 / 서울디지털대학교 겸임교수)

1. ④

근본적 질적 특성 → 보강적 질적 특성
보강적 질적 특성을 적용하는 것은 어떤 규정된 순서를 따르지 않는 반복적인 과정이다(개념체계 – 2.38).

2. ③

법인세비용차감전순이익 + 감가상각비 ₩2,000 – 유형자산처분이익 ₩1,000 + 이자비용 ₩5,000 – 배당금수익 ₩1,500 – 재고자산(순액)증가 ₩3,000 + 매입채무증가 ₩4,000 – 매출채권(순액)증가 ₩2,500 = ₩100,000
법인세비용차감전순이익 = ₩97,000

3. ④

감가상각비 = 0

4. ③

(A) : 1,000주 × ₩520 ÷ 2년 = ₩260,000
(B) : Min[1,200주 × ₩400, 1,000주 × ₩520] ÷ 2년 = ₩240,000

5. ③

기말상품재고액 = 실사금액 ₩2,000,000 + (1)미착품 ₩250,000
　　　　　　 – (2)타사재고 ₩110,000(= ₩150,000 – ₩40,000)
　　　　　　 + (3)재구매조건부판매 ₩80,000 + (4)위탁품 ₩100,000(= ₩500,000 × (1 – 80%))
　　　　　　 + (5)시송품 ₩200,000(= (10개 – 6개) × ₩50,000)
　　　　 = ₩2,520,000

6. ①

  1. 항목별기준 :
     기말재고액 = 110개×₩700+200개×₩950+280개×₩800+300개×₩1,050
            = ₩806,000
     매출원가 = ₩855,000+₩7,500,000−₩806,000 = ₩7,549,000
  2. 조별기준 :
     A조 평가손실발생, B조 평가손실 없음
     기말재고액 = 110개×₩700+200개×₩950+280개×₩900+300개×₩1,050
            = ₩834,000
     매출원가 = ₩855,000+₩7,500,000−₩834,000 = ₩7,521,000

7. ⑤

  20×1년 자본증감 = 20×1년 말 공정가치 ₩510,000−취득원가 ₩600,000
           = (−)₩90,000
  20×2년 자본증감 = 20×2년 말 공정가치 ₩365,000−20×1년 말 공정가치 ₩510,000
           = (−)₩145,000

8. ⑤

평균지출액	연평균차입금 사용액		이자율	자본화할 차입원가	한도
	특정차입금	4,000,000	8%	320,000	
6,500,000	(일시예치)	(500,000)	5%	(25,000)	
	일반차입금	3,000,000	8%	240,000	960,000
계				535,000	

*1. 평균지출액 = 3,000,000+5,000,000×6/12+4,000,000×3/12 = 6,500,000

*2.자본화이자율 = $\dfrac{6,000,000\times10\% + 8,000,000\times9/12\times6\%}{6,000,000 + 8,000,000\times9/12}$ = $\dfrac{960,000}{12,000,000}$ = 8%

9. ③

  20×1년 손상차손 = 장부금액 ₩64,000(= ₩80,000×4/5)−회수가능액 ₩50,000
           = ₩14,000
  20×2년 말 장부금액 = ₩50,000−(₩50,000−5,000)÷6년 = ₩42,500
  20×2년 손상차손 = 장부금액 ₩42,500−회수가능액 ₩30,000
           = ₩12,500
  20×2년 말 손상차손누계액 = ₩14,000+₩12,500 = ₩26,500

10. ④

  무형자산을 운용하는 직원의 교육훈련과 관련된 지출은 내부적으로 창출한 자산의 취득원가에 포함하지 아니한다(KIFRS1038 − 67).

11. ②

20×1년 말 자본총계 = 20×1년 초 자본총계 ₩9,500,000 − 자기주식취득 ₩360,000(= 60주 ×
₩6,000) + 자기주식처분 ₩150,000(= 20주 × ₩7,500) + 자기주식처분 ₩50,000(= 10주 × ₩5,000)
+ 자기주식처분 ₩90,000(= 20주 × ₩4,500) + 당기순이익 ₩300,000 = ₩9,730,000

12. ③

20×3년 초 변경전 상각후원가 = ₩1,070,000 × 0.9091 = ₩972,737

20×3년 초 변경후 상각후원가 = ₩1,000,000 × 5% × 2.4868 + ₩1,000,000 × 0.7513
= ₩875,640

변경손익 = 20×3년 초 변경후 상각후원가 ₩875,640
− 20×3년 초 변경전 상각후원가 ₩972,737
= (−)₩97,097(손실)

13. ②

손상차손환입 = (₩210,000 − ₩150,000) × 1.7355 = ₩104,130
(참고) 정답 ₩104,073과 ₩57 차이는 반올림 오차 때문임

14. ①

② 이전 → 보유
양도자가 소유에 따른 위험과 보상의 대부분을 보유하는 경우의 예는 다음과 같다(KIFRS1039 −
AG40) ⑸ 양도자가 양수자에게 발생가능성이 높은 대손의 보상을 보증하면서 단기 수취채권을
매도한 경우

③ 자본에서 당기손익으로 재분류하지 않는다 → 자본에서 당기손익으로 재분류한다
금융자산을 기타포괄손익 − 공정가치 측정 범주에서 당기손익 − 공정가치 측정 범주로 재분류하는
경우에 계속 공정가치로 측정한다. 재분류 전에 인식한 기타포괄손익누계액은 재분류일에 재분류
조정으로 자본에서 당기손익으로 재분류한다(KIFRS1109 − 5.6.7).

④ 보유 → 이전
양도자가 소유에 따른 위험과 보상의 대부분을 이전하는 경우의 예는 다음과 같다(KIFRS1039 −
AG39). ⑵ 양도자가 매도한 금융자산을 재매입시점의 공정가치로 재매입할 수 있는 권리를 보유
하고 있는 경우

⑤ 이전 → 보유
양도자가 소유에 따른 위험과 보상의 대부분을 보유하는 경우의 예는 다음과 같다(KIFRS1039 −
AG40). ⑴ 양도자가 매도 후에 미리 정한 가격 또는 매도가격에 양도자에게 금전을 대여하였더
라면 그 대가로 받았을 이자수익을 더한 금액으로 양도자산을 재매입하는 거래의 경우

15. ④

① 부채요소 = ₩100,000 × 2.4019 + ₩1,000,000 × 0.7118 = ₩951,990
자본요소 = ₩1,000,000 − 부채요소 ₩951,990 = ₩48,010
② 20×2년 이자비용 = (₩951,990 × 1.12 − ₩100,000) × 12% = ₩115,947

③ 20×2년 말 장부금액 = (₩951,990×1.12−₩100,000)×1.12−₩100,000
    　　　　　　　　　　 = ₩982,176
④ 주식발행초과금 = 현금 ₩400,000+신주인수권대가 ₩19,204(=₩48,010×40%)
    　　　　　　　　 −자본금 ₩100,000 = ₩319,204
⑤ 20×3년 이자비용 = ₩982,176×12% = ₩117,861

16. ⑤

당기손익 → 기타포괄손익 (KIFRS1012−62)

17. ⑤

확정급여채무

지급액	150,000	기초	1,200,000
		이자원가	84,000
		당기근무원가	300,000
기말	**1,900,000**	보험수리적손실	466,000
	2,050,000		2,050,000

이자원가 = ₩1,200,000×7% = ₩84,000
(A) 사외적립자산 = 확정급여채무 ₩1,900,000−순확정급여부채 ₩400,000
    　　　　　　　 = ₩500,000
(B) 당기순이익 영향 = −순이자 ₩14,000(=(₩1,200,000−₩1,000,000)×7%)
    　　　　　　　　 −당기근무원가 ₩300,000 = (−)₩314,000(감소)

18. ②

차감 → 가산
우선주의 장부금액이 우선주의 매입을 위하여 지급한 대가의 공정가치를 초과하는 경우 그 차액을 지배기업의 보통주에 귀속되는 당기순손익을 계산할 때 가산한다(KIFRS1033−18).

19. ①

PV = 발행금액, r = 유효이자율 이라고 하면,
2차 이자비용 = (PV+PV×r−표시이자)×r
    　　　　　 = PV×r×(1+r)−표시이자×r
    　　　　　 = 1차 이자비용×(1+r)−표시이자×r
₩152,400 = ₩148,420(1+r)−₩120,000×r
r = 14%

20. ④

충당부채 = 복구충당부채 ₩90,000 = ₩90,000

21. ⑤

① 일반적으로 고객과의 계약에는 기업이 고객에게 이전하기로 약속하는 재화나 용역을 분명히 기재한다. 그러나 고객과의 계약에서 식별되는 수행의무는 계약에 분명히 기재한 재화나 용역에만 한정되지 않을 수 있다(KIFRS1115 - 24).

② 계약을 이행하기 위해 해야 하지만 고객에게 재화나 용역을 이전하는 활동이 아니라면 그 활동은 수행의무에 포함되지 않는다(KIFRS1115 - 25)

③ 수행의무를 이행할 때(또는 이행하는 대로), 그 수행의무에 배분된 거래가격(변동대가 추정치 중 제약받는 금액은 제외)을 수익으로 인식한다(KIFRS1115 - 46).

④ (고객과의 계약에 대한) 거래가격 : 고객에게 약속한 재화나 용역을 이전하고 그 대가로 기업이 받을 권리를 갖게 될 것으로 예상하는 금액이며, 제삼자를 대신하여 회수한 금액은 제외(용어의 정의)

22. ③

계약 당사자들끼리 계약변경 범위나 가격(또는 둘 다)에 다툼이 있거나, 당사자들이 계약 범위의 변경을 승인하였지만 아직 이에 상응하는 가격 변경을 결정하지 않았더라도, 계약변경은 존재할 수 있다(KIFRS1115 - 19).

23. ③

20x1년 11월 30일

― ㈜민국

(차) 현　　금	300	(대) 계약부채	1,000
수취채권	700		

― ㈜만세

(차) 계약자산	400	(대) 수　　익	400

수취채권 = ₩700　　계약자산 = ₩400　　계약부채 = ₩1,000

24. ②

① 12개월 이상 → 12개월 초과 (KIRFS1116 - IN10)

③ 기초자산이 소액인지는 절대적 기준에 따라 평가한다(KIRFS1116 - B4).

④ 리스별 → 유형별
단기리스에 대한 선택은 사용권이 관련되어 있는 기초자산의 유형별로 한다(KIRFS1116 - 8).

⑤ 유형별 → 리스별
소액 기초자산 리스에 대한 선택은 리스별로 할 수 있다(KIRFS1116 - 8).

25. ①

㈜대한리스

금융리스채권 = 리스자산의 공정가치 ₩1,288,530 + 리스개설직접원가 ₩30,000
＝ ₩1,318,530

당기순이익 영향 = 이자수익 ₩1,318,530 × 10% = ₩131,853

㈜민국

리스부채 = ₩500,000×2.4868 + ₩100,000×0.7513 = ₩1,318,530

리스자산 = 리스부채 ₩1,318,530 + 리스개설직접원가 ₩20,000 = ₩1,338,530

이자비용 = ₩1,318,530×10% = ₩131,853

감가상각비 = ₩1,338,530÷4년 = ₩334,633

당기순이익 감소 = 이자비용 ₩131,853 + 감가상각비 ₩334,633 = ₩466,486

26. ①

사업은 보통 산출물을 갖지만, 산출물은 사업의 정의를 충족하기 위한 통합된 집합체에 반드시 필요한 요소는 아니다(KIFRS1103 - B7).

27. ①

(가) 염가매수차익 = 순자산공정가치 ₩500,000(= ₩220,000 + ₩200,000 + ₩80,000)
  − 이전대가 ₩450,000 = ₩50,000

감가상각비 = ₩200,000÷10년×6/12 + ₩80,000÷5년×6/12 = ₩18,000

당기순이익 증가 = 염가매수차익 ₩50,000 − 감가상각비 ₩18,000
  = ₩32,000

(나) 건물 취득원가 = ₩450,000×₩200,000/₩500,000 = ₩180,000

기계장치 취득원가 = ₩450,000×₩80,000/₩500,000 = ₩72,000

감가상각비 = ₩180,000÷10년×6/12 + ₩72,000÷5년×6/12 = ₩16,200

당기순이익 감소 = 감가상각비 ₩16,200 = ₩16,200

28. ②

기업은 종속기업, 공동기업 또는 관계기업으로부터 배당을 받을 권리가 확정되는 시점에 그 배당금을 별도재무제표에 당기손익으로 인식한다(KIFRS1027 - 12).

29. ①

20×1년 말 장부금액 = 취득시 순자산지분 ₩360,000 + ₩45,000(= ₩150,000×30%)
  − 제거할 미실현이익제거 ₩1,050 = ₩403,950

제거할 미실현이익 = (₩25,000 − ₩20,000)×₩17,500/₩25,000×30% = ₩1,050

30. ②

당기순이익 영향 = −㉠₩30,000 + ㉡₩1,050 = (−)₩28,950(감소)

㉠ 당기순손실에 대한 지분 = ₩100,000×30% = ₩30,000

㉡ 전기미실현이익 실현 = (₩25,000−₩20,000)×₩17,500/₩25,000×30% = ₩1,050

31. ③

미실현이익 = (₩50,000−₩40,000)×₩15,000/₩50,000 = ₩3,000

비지배분 = (₩1,500,000 + 당기순이익 ₩80,000 − 미실현이익 ₩3,000)×20%
  = ₩315,400

32. ④

	㈜대한	㈜민국	합계
당기순이익	₩200,000	₩100,000	
전기미실현이익 실현	(주1)8,000	(주2)3,000	
당기미실현이익 제거	(주3)(12,000)	(주4)(5,000)	
합계(연결당기순이익)	₩196,000	₩98,000	₩294,000
비지배지분귀속 98,000×20%			19,600
지배기업소유주귀속			274,400

(주1) (₩80,000 − ₩64,000)×₩40,000/₩80,000 = ₩8,000
(주2) (₩50,000 − ₩40,000)×₩15,000/₩50,000 = ₩3,000
(주3) (₩100,000 − ₩70,000)×₩40,000/₩100,000 = ₩12,000
(주4) (₩80,000 − ₩60,000)×₩20,000/₩80,000 = ₩5,000

33. ④

	㈜대한	㈜민국	㈜만세
당기순이익	₩100,000	₩80,000	₩50,000
미실현이익 제거	(주1)(20,000)	(주3)(12,000)	
미실현이익 실현	(주2)2,000		
조정후 당기순이익	₩82,000	₩68,000	₩50,000

(주1) 미실현 처분이익 = ₩170,000 − ₩150,000 = ₩20,000
(주2) 감가상각비 증가 = ₩20,000÷5년×6/12 = ₩2,000
(주3) 미실현 매출총이익 = ₩100,000×30%×40% = ₩12,000

비지배지분 합계 = ㉠ + ㉡ = ₩39,600
㉠ ㈜만세의 비지배지분 = ₩50,000×40% = ₩20,000
㉡ ㈜민국의 비지배지분 = (₩68,000 + ㈜만세 순이익 지분 ₩50,000×60%)×20%
= ₩19,600

34. ③

영업권 = (¥80,000 − ¥90,000×80%)×₩10.2 − ₩81,600

구분	외화	환율	원화
기초순자산	90,000	10.0	900,000
당기순이익	10,000	10.1	101,000
환산손익(OCI)			19,000
기말순자산	100,000	10.2	1,020,000

비지배지분 = ₩1,020,000×20% = ₩204,000

35. ②

지분법적용투자주식은 공정가치위험회피의 위험회피대상항목이 될 수 없다. 이와 마찬가지로, 연결대상 종속기업에 대한 투자주식은 공정가치위험회피의 위험회피대상항목이 될 수 없다(KIFRS1109 – B6.3.2).

36. ⑤

장기연불조건의 거래, 장기금전대차거래 또는 이와 유사한 거래에서 발생하는 채권 · 채무로서 명목가액과 현재가치의 차이가 중요한 경우에는 현재가치로 평가한다(국가회계기준규칙제46조)

37. ③

재정운영결과 → 재정운영순원가

중앙관서 또는 기금의 재정운영표를 통합하여 작성하는 국가의 재정운영표는 내부거래를 제거하여 작성하되 재정운영순원가, 비교환수익 등 및 재정운영결과로 구분하여 표시한다. 재정운영순원가는 각 중앙관서별로 구분하여 표시한다(국가회계기준규칙제26조).

38. ②

일반유형자산에 대한 사용수익권은 해당 자산의 차감항목에 표시한다(국가회계기준규칙제37조②).

39. ④

주석 → 필수보충정보 (지방자치단체회계기준규칙제42조)

40. ⑤

Ⅰ.	기초순자산			₩10,000
Ⅱ	재정운영결과			28,000
Ⅲ.	재원의 조달 및 이전			24,000
	재원의 조달		26,000	
	(1) 국고수입	14,000		
	(2) 부담금수익	9,000		
	(3) 제재금수익	3,000		
	2. 재원의 이전		2,000	
	(1) 국고이전지출	2,000		
Ⅳ.	조정항목			(4,000)
	파생상품평가손실		(4,000)	
Ⅴ.	기말순자산(Ⅰ－Ⅱ＋Ⅲ＋Ⅳ)			₩2,000

재정운영순원가 = 재정운영결과 = (1)+(2)+(3)－(4) = ₩28,000
(1) 프로그램순원가 = 프로그램총원가 ₩35,000－프로그램수익 ₩15,000
　　　　　　　　= ₩20,000
(2) 관리운영비 = 인건비 ₩7,000＋경비 ₩3,000 = ₩10,000
(3) 비배분비용 = ₩6,000
(4) 비배분수익 = ₩8,000

41. ⑤

102 제조원가 = 기초재공품 ₩6,000 + 당기기본원가 ₩1,500
+ 당기제조간접원가(배부차이조정후) ₩750
(= ₩1,250 × ₩1,500/(₩1,500 + ₩1,000))
= ₩8,250

매출총이익 = ₩8,300 + ₩10,000 − ₩7,500 − ₩8,250 = ₩2,550

42. ②

A 순실현가능가치 = 100단위 × ₩200 = ₩20,000
C 순실현가능가치 = 150단위 × ₩280 = ₩42,000
B 순실현가능가치 = 150단위 × ₩280 + 부산물 판매가치 ₩400(20단위 × ₩20)
− 추가가공원가 ₩12,400 = ₩30,000

제품 C의 총제조원가 = 결합원가 배분액 ₩40,000 × ₩30,000/(₩30,000 + ₩20,000)
+ (₩12,400 − ₩400) = ₩36,000

43. ④

v : 단위당 변동제조원가
F : 고정제조간접원가
80v + 80/100F = 17,600
100v + 20/100F − 90/120F = 17,600

위 연립방정식을 풀면,
F = ₩12,000
변동원가계산 영업이익 = ₩4,400 + 20/100F − 30/120F
= ₩4,400 − 0.05F
= ₩4,400 − 0.05 × ₩12,000
= ₩3,800

44. ⑤

정상공손수량 = 2,500단위 × 2% = 50단위
정상공손원가 = 50단위 × ₩20 + 50단위 × 60% × ₩30 = ₩1,900
완성품가 = 2,000단위 × ₩50
+ 정상공손원가 배분액 ₩1,900 × 2,000단위/(2,000단위 + 500단위)
= ₩101,520
기말재공품원가 = 500단위 × ₩20 + 500단위 × 80% × ₩30
+ 정상공손원가 배분액 ₩1,900 × 500단위/(2,000단위 + 500단위)
= ₩22,380

45. ①

소비차이 = ₩1,320(= 11,000단위 × 0.8시간 × ₩1,500/10,000단위) − ₩1,100
= ₩220(유리)

능률차이 = 11,000단위 × (1시간 − 0.8시간) × ₩1,500/10,000단위 = ₩330(유리)

46. ④

추가주문 1,000단위 변동원가 = ₩12 + ₩5 + ₩5 + ₩1 = ₩23
특별주문 수락시 증분이익
= 1,000단위 × (₩30 − 단위당 변동원가 ₩23)
− 500단위 × (구입시 단위당 원가 ₩25 − 제조시 단위당 변동제조원가 ₩22)
= ₩5,500

47. ①

제품X 3,000단위 추가판매 및 제품Y 15,000단위(= 3,000단위 × 1시간/0.2시간)판매포기
제품X 단위당 공헌이익 = ₩40 − ₩5 − ₩10 = ₩25
제품Y 단위당 공헌이익 = ₩7 − ₩2 − 0.2시간 × ₩10 = ₩3
증분이익 = ₩75,000(= 3,000단위 × ₩25) − ₩45,000(= 15,000단위 × ₩3) = ₩30,000

48. ⑤

제품X 단위당 변동제조원가 ₩15(= ₩5 + ₩10) + 제품Y 5단위 공헌이익 ₩15(= 5단위 × ₩3)
= ₩30

49. ⑤

정상제품 100단위 판매가격 = 100단위 × ₩50 = ₩5,000

50. ②

광고전 기대판매량 = (1,200단위 + 1,800단위)/2 = 1,500단위
광고후 기대판매량 = (1,500단위 + 2,000단위)/2 = 1,750단위
기대영업이익 증감 = (1,750단위 − 1,500단위) × (₩50 − ₩20 − ₩5) − ₩5,000
= ₩1,250(증가)

부록

공인회계사 정보자료 및 관계법령

- 2023년 제58회 공인회계사시험 서류접수계획 공고(2022.8.10)
- 공인회계사법[시행 2021.7.21] [법률 제18114호, 2021.4.20 일부 개정]
- 공인회계사법 시행령[시행 2022.4.19] [대통령령 제32600호, 2022.4.19, 일부개정]
- 공인회계사법 시행규칙[시행 2021.6.30] [총리령 제1712호, 2021.6.30. 타법개정]

공인회계사시험위원회 공고 제2022-1호

2023년도 제58회 공인회계사시험 서류접수계획 공고

2023년도 제58회 공인회계사시험 서류접수계획을 다음과 같이 공고합니다.

2022년 8월 10일

공인회계사시험위원회 위원장

1 시험서류의 종류

가. 영어성적인정 신청서류

■ 제1차시험 응시자는 영어성적인정 신청서를 작성하여 공인영어시험에서 **영어과목 합격**에 **필요한 점수를 취득**했음을 소명하여야 합니다.
(2021.1.1.이후 실시된 영어시험에서 취득한 영어시험성적을 **2023.1.2.까지 제출**)
■ **제1차시험 응시자가 제출**하여야 하는 서류입니다.

① 영어시험의 종류 및 합격에 필요한 점수

구분	토 플(TOEFL)		토 익 (TOEIC)	텝 스 (TEPS)	지텔프 (G-TELP)	플렉스 (FLEX)	아이엘츠 (IELTS)
	PBT	iBT					
일반응시자	530점 이상	71점 이상	700점 이상	340점 이상	Level 2 65점 이상	625점 이상	4.5점 이상
청각장애인 응시자	352점 이상	35점 이상	350점 이상	204점 이상	Level 2 43점 이상	375점 이상	-

* 청각장애인 응시자의 합격에 필요한 점수는 해당 영어능력검정시험(지텔프는 제외)에서 듣기 부분을 제외한 나머지 부분에서 취득한 점수임

② 영어성적인정 신청

■ 공인회계사시험 홈페이지 '**영어성적인정신청**'란에서 해당 공인어학시험 종류를 선택하고 응시일자, 취득점수 등을 정확하게 입력한 후 제출합니다.
  ※ **토익, 텝스, 지텔프** 시험의 경우 **온라인 전송방식**(응시자가 영어시험기관 홈페이지에서 성적을 조회하고 온라인으로 전송하여 입력하는 방식, 별도 수수료 없음)을 이용하여 제출합니다.

- 영어성적인정 신청의 경우 **성적표와 신청서는** 별도로 **제출하지 않습니다.** 다만, **성적조회 결과 이상이 있는 경우**에는 소명자료로 **성적표 원본 제출을 요구**할 수 있습니다.
- 영어성적은 영어성적인정 신청 **접수마감일(2023.1.2.)까지 성적발표** 및 **성적표 교부가** 이루어진 시험에 한하여 인정합니다.
- 영어시험성적은 국내외 공인영어시험기관의 **정규시험 성적만 인정**됩니다. 수시시험 또는 특별시험에서 취득한 성적은 인정되지 아니하며, 토익의 경우 국외에서 취득한 성적은 일본에서 취득한 정규시험의 성적만 인정됩니다.(성적확인동의서 1부 제출)

나. 학점인정 신청서류

- 시험에 응시하고자 하는 자 등(이하 '응시자'라 한다)은 학점인정 신청서류를 제출하여 **시험응시에 필요한 학점**(회계학 및 세무 관련 12학점 이상, 경영학 9학점 이상, 경제학 3학점 이상, **총 24학점 이상**)을 취득하였음을 소명하여야 합니다.
- **제1차시험 응시자**와 회계업무 경력이 있는 **제1차 시험 면제자**(예정자 포함)가 제출하여야 하는 서류입니다.

① 학점인정 신청서

- 응시자가 공인회계사시험 홈페이지(이하 '홈페이지'라 한다. https://cpa.fss.or.kr)의 '**학점인정과목 검색'란**에서 신청하고자 하는 과목이 **학점인정과목**에 해당하는지 **검색**합니다.
- 학점인정과목에 해당하면 홈페이지에서 **학점인정 신청서**를 작성한 후 인쇄하여 **제출**합니다.
- 학점인정 신청 시 **내용이 동일**하거나 **상당부분 유사한 과목**을 중복 이수한 경우에는 응시자에게 유리한 **하나의 과목에 대한 학점만 인정**됩니다.
- 학점인정과목에 해당되지 않으면 '**다'의 과목인정 신청**을 먼저 하여 **공인회계사 시험위원회**(이하, '시험위원회'라 한다.)의 **인정**을 받은 후 학점인정 신청을 하여야 합니다.

② 성적증명서 또는 학점취득증명서

- 대학(교)에서 취득한 학점으로 학점이수 사실을 소명하고자 하는 경우 대학(교)의 장이 발급하는 **성적증명서** 또는 **학점취득증명서* 원본**을 **제출**합니다.
  * 홈페이지 '자료실 - 기타 서식·자료' 게시 서식 참고
- 학점은행제를 통해 학점을 이수하여 학점인정을 받은 경우에는 국가평생교육진흥원장(학점은행센터)이 발급하는 **성적증명서** 또는 **학점취득증명서 원본**을 **제출**합니다.
  ※ 학점취득증명서가 아닌 **성적증명서**를 **제출**하는 경우에는 성적증명서에 **형광펜 등**으로 회계학·세무 관련 과목(12학점 이상), 경영학 과목(9학점 이상) 및 경제학 과목(3학점 이상)을 **표시**하여 제출하여 주시기 바랍니다.

다. 과목인정 신청서류

> ■ 응시자가 학점인정과목(홈페이지 '자료실-학점인정과목검색'에서 확인)에 해당되지 않는 과목
> 을 **학점인정과목**으로 **인정**받고자 하는 경우에는 **과목인정 신청서류**를 **제출**하여 시험위원회의
> 심의를 받아야 합니다.

① 과목인정 신청서

■ 홈페이지에서 **과목인정 신청서**를 작성한 후 인쇄하여 **제출**합니다.

② 강의계획서 및 담당교수의견서

■ 해당과목의 내용을 확인할 수 있는 **강의계획서 사본** 및 **담당교수 의견서* 원본**을 제출합니다.
  * 홈페이지 '자료실 – 기타 서식·자료' 게시 서식 참고
  ※ **강의계획서**는 필수사항으로 **반드시 제출**해야 되지만, 담당교수의견서는 선택사항으로
    반드시 제출해야 하는 서류는 아닙니다.

라. 제1차 시험 면제 신청서류

> ■ 회계업무 경력으로 제1차 시험을 면제받고자 하는 자는 **제1차 시험 면제 신청서류**를 **제출**하여
> 야 합니다.

① 제1차 시험 면제 신청서

■ 홈페이지에서 **제1차 시험 면제 신청서**를 작성한 후 인쇄하여 **제출**합니다.

② 경력증명서와 소속기관의 직제 및 사무분장규정

■ **경력증명서 원본**과 **해당기관**의 **직제** 및 **사무분장규정 사본**을 **제출**합니다.
■ 2개 이상의 기관에서 근무한 경우에는 경력기간을 합산하므로 해당 기관이 발급한 경력증
  명서 원본과 직제 및 사무분장규정 사본을 제출합니다.
  ※ 제1차 시험 면제자에 대한 자세한 기준 등은 홈페이지 '시험안내 – 시험제도안내' 코너
    를 참고하시기 바랍니다.

2 시험서류의 제출 방법 및 절차

가. 시험서류(신청서 및 증빙서류)는 **시험서류별 접수기간 중**에만 **제출**할 수 있습니다.
나. 홈페이지에서 응시자 **본인**이 **실명**으로 **회원가입**한 후 **회원인증(로그인)**합니다.
다. 제출하고자 하는 시험서류의 종류에 따라 홈페이지의 시험서류접수 코너를 이용합니다.
  ■ 영어성적인정 신청서류 제출은 '**영어성적인정신청**' 코너를 이용

- 학점인정 신청서류 제출은 '**학점인정신청**' 코너를 이용
- 과목인정 신청서류 제출은 '**과목인정신청**' 코너를 이용
- 제1차시험면제 신청서류 제출은 '**경력자제1차시험면제신청**' 코너를 이용

라. 홈페이지에서 **신청서**를 **작성**하고 **확정접수**합니다.

- **확정접수한 내용**은 **변경**할 수 없으므로 **신청내용**을 **다시 확인**한 후 **확정접수**하시기 바랍니다.

마. **확정접수한 신청서**를 홈페이지 **내문서보기**에서 인쇄합니다.

바. 시험서류를 **등기우편**으로 **발송**하거나, 금융감독원에 **직접 방문**하여 **제출**합니다.

사. 시험서류 일체가 **오류사항 없이 제출**되어야만 **접수**된 것으로 처리하고, 그 처리 결과를 홈페이지 '**내문서보기**'에 **게재**함으로써 통보에 갈음합니다.

- 홈페이지에서 신청서를 작성한 후 시험서류를 제출하지 아니하면 접수된 것으로 처리하지 아니하고 임의 종결합니다.
- 신청서 내용에 잘못이 있거나 시험서류의 일부가 누락되는 경우에는 재신청 또는 시험서류의 보완을 '**내문서보기**'를 통해 요구합니다. 서류보완을 완료하지 아니한 경우에는 임의 종결합니다.
- 응시자는 서류 도달·접수여부, 서류보완 요구사항, **처리결과 등**을 홈페이지 '**내문서보기**'를 통해 **직접 확인**하여야 하고, **확인하지 아니하여 발생하는 모든 불이익에 대한 책임은 응시자 본인**에게 있습니다.

아. 제출된 **시험서류**는 일체 **복사** 및 **반환**하지 **않습니다.**

3 시험서류의 제출 시기

가. 시험서류는 **접수기간 중에 접수**를 **완료**하여야 합니다. 특히, **2023년 제1차시험에 응시**하고자 하는 자는 **2022년 하반기 시험서류 접수기간 중에 접수**를 **완료**하여야 합니다.

〈시험서류 제출 시기〉

구 분	2022년 하반기	2023년 상반기
영어성적인정신청*	'22. 8. 15.(월) ~ '23. 1. 2.(월) 18:00	-
학점인정신청	'22. 8. 15.(월) ~ '23. 1. 6.(금) 18:00	'23. 4. 13.(목) ~ '23. 4. 21.(금) 18:00
과목인정신청	'22. 8. 15.(월) ~ '22. 11. 11.(금) 18:00	'23. 3. 20.(월) ~ '23. 3. 28.(화) 18:00
제1차시험 면제신청	-	'23. 3. 8.(수) ~ '23. 3. 21.(화) 18:00

* 2021.1.1.이후 실시된 영어시험에서 취득한 영어시험성적을 2023.1.2.까지 제출

나. 홈페이지에서 신청서를 작성하고, 신청서와 시험서류를 **서류접수 마감시각까지** 금융감
독원 회계관리국에 **제출(영어성적인정 신청의 경우에는 홈페이지로 신청서 제출)**해야 접
수된 것으로 처리합니다.**(우편의 경우 접수마감일시까지 도달분만 유효)**

- 시험서류 접수마감일이 응시원서 접수마감일과 같지 않고, **시험서류별 접수마감일도
  각각 다름에 유의하시기 바랍니다.(특히 영어성적인정 신청이 2023. 1. 2. 마감됨에
  유의)**
- 우편 접수시에는 수신처가 표기된 봉투레이블(홈페이지 '내문서보기 – 봉투 레이블 출
  력')을 인쇄하여 사용하시기 바랍니다.

〈 우편 및 방문 접수시 주소 〉

접수방법	주 소
우편 접수	서울 영등포구 여의대로 38 금융감독원 회계관리국 공인회계사시험관리팀 (우편번호 : 07321)
방문 접수	서울 영등포구 여의대로 38 금융감독원 문서처리센터(지하1층) (서울 지하철 5, 9호선 여의도역 2번 출구 약 150m 앞)

다. 방문 접수의 경우 토요일과 공휴일에는 접수하지 아니합니다.

라. 시험서류를 **등기우편**으로 **제출**한 응시자는 **인터넷우체국** (http://www.epost.go.kr)의
'배달 조회' 코너에서 등기번호를 입력하여 배달결과를 **확인**하시기 바랍니다.

4 시험서류 제출의 면제

가. 이미 학점인정 신청을 하여 확인받은 경우에는 다시 신청하지 아니합니다.

나. 2023년도 제1차 시험에 응시하기 위해서는 2021년 1월 1일 이후에 실시된 영어시험에
서 취득한 영어시험성적으로 영어성적인정신청을 하여야 하며, 2021.8.16.부터
2021.12.31.까지 서류접수 기간 중 2021년 1월 1일 이후의 영어성적으로 이미 확인받
은 경우에는 다시 신청하지 아니합니다.

- 이전에 제출한 영어시험성적의 유효기간(홈페이지 '내문서보기'에서 확인 가능)이 경과
  한 경우에는 유효한 성적으로 다시 신청하여 확인을 받아야 합니다.

다. 회계업무 경력으로 제1차 시험을 면제받은 자는 다시 신청하지 아니합니다.

라. 시험서류 제출의 면제는 현행 공인회계사 시험제도가 그대로 유지되는 경우에 한합니다.

5 시험서류의 허위기재 행위에 대한 제재

가. 학점인정 신청서류, 영어시험성적표 등 **시험서류를 위·변조**하거나 **허위 기재**한 응시자는 **부정행위자**로 제재합니다.

나. 부정행위자에 대하여는 **해당 시험을 정지시키거나 합격 결정을 취소**하고 그 처분이 있는 날로부터 **5년간 시험의 응시자격을 정지**합니다. 또한 업무집행 방해로 고발조치 될 수 있습니다.

6 기타 유의사항

가. 응시자가 시험에서 요구하는 학점을 취득하였거나 공인영어시험에서 합격에 필요한 점수를 취득한 경우에는 **미리 학점인정신청** 및 **영어성적인정신청**을 하시기 바랍니다.

나. 2023년도 제1차 시험을 위한 **과목인정신청, 영어성적인정신청, 학점인정신청 접수마감일이 각각 상이**하므로, **시험서류 제출일정** 등을 **정확히 숙지**하여 서류 미접수로 인해 시험에 응시하지 못하는 일이 발생하지 않도록 유의하시기 바랍니다.

다. 학점인정 신청서류를 제출한 후 특정 과목 또는 특정 학기에 이수한 전 과목에 대하여 **학점을 포기**하여 **응시자격이 소멸되지 아니할 경우**에는 원서를 접수하더라도 **시험에 응시할 수 없으니** 이점 주의하시기 바랍니다.

라. 시험에 관한 확정 일정은 2022년 11월에 공고하는 "**2023년도 제58회 공인회계사시험 시행계획 공고**"를 **참고**하시기 바랍니다.

마. 보다 자세한 시험정보는 **홈페이지**(https://cpa.fss.or.kr)를 **참고**하시거나 금융감독원 **공인회계사시험관리팀 담당자**(☎02-3145-7757, 7759, 7754)의 **도움**을 받으시기 바랍니다.

公認會計士法

법 률 제정   1966.   7. 15 법률 제1797호
전부 개정   1997.   1. 13 법률 제5255호
[시행 2021. 7. 21] [법률 제18114호, 2021. 4. 20 일부개정]

제 1 장   총 칙

제1조【목적】 이 법은 공인회계사제도를 확립함으로써 국민의 권익보호와 기업의 건전한 경영 및 국가경제의 발전에 이바지함을 목적으로 한다.

제2조【직무범위】 공인회계사는 타인의 위촉에 의하여 다음 각호의 직무를 행한다.

 1. 회계에 관한 감사·감정·증명·계산·정리·입안 또는 법인설립 등에 관한 회계

 2. 세무대리

 3. 제1호 및 제2호에 부대되는 업무

제3조【자격】 공인회계사시험에 합격한 자는 공인회계사의 자격이 있다.

제4조【결격사유】 다음 각호의 1에 해당하는 자는 공인회계사가 될 수 없다. 〈개정 2001. 3. 28, 2005. 7. 29, 2017. 4.18, 2021. 4. 20〉

 1. 미성년자 또는 피성년후견인

 2. 금고 이상의 실형의 선고를 받고 그 집행이 종료(집행이 종료된 것으로 보는 경우를 포함한다)되거나 그 집행이 면제된 날부터 5년이 경과되지 아니한 자

 3. 금고이상의 형의 집행유예선고를 받고 그 유예기간이 종료된 날부터 2년이 경과되지 아니한 자

 4. 금고 이상의 형의 선고유예를 받고 그 선고유예기간중에 있는 자

 5. 파산선고를 받고 복권되지 아니한 자

 6. 탄핵 또는 징계처분에 의하여 파면 또는 해임되거나 이 법 또는 「세무사법」에 의한 징계에 의하여 제명 또는 등록취소된 후 5년이 경과되지 아니한 자

제 2 장   시 험

제5조【공인회계사시험】 ① 공인회계사시험(이하 "시험"이라 한다)은 금융위원회가 실시하되, 제1차시험과 제2차시험으로 이루어진다. 〈개정 2001. 3. 28, 2003.12.11, 2008. 2. 29〉

 ② 시험의 과목 기타 시험에 관하여 필요한 사항은 대통령령으로 정한다. 〈개정 2003.12.11〉

 ③ 시험에 응시하고자 하는 자는 다음 각호의 1에 해당하여야 한다. 〈신설 2003.12.11, 2005. 7. 29〉

1. 「고등교육법」 제2조 각호의 규정에 의한 학교, 「평생교육법」 제21조 또는 제22조의 규정에 의한 사내대학 또는 원격대학 형태의 평생교육시설(이하 "학교"라 한다)에서 일정과목에 대하여 일정학점 이상을 이수한 자

2. 「학점인정 등에 관한 법률」의 규정에 의하여 일정과목에 대하여 일정학점 이상을 이수한 것으로 학점인정을 받은 자

3. 「독학에 의한 학위취득에 관한 법률」의 규정에 의하여 일정과목에 대하여 일정학점 이상을 이수한 것으로 학점인정을 받은 자

④ 제3항의 규정에 의한 과목의 종류·학점의 수·학점인정의 기준 및 응시자격의 소명방법은 대통령령으로 정한다. 〈신설 2003.12.11〉

⑤ 제3항의 규정에 의한 학교의 장 및 학점인정기관의 장은 시험에 응시하고자 하는 자의 응시자격의 유무에 관하여 금융위원회 또는 시험에 응시하고자 하는 자의 확인요청에 응하여야 한다. 〈신설 2003.12.11, 2008. 2. 29〉

제5조의2【부정행위자에 대한 제재】① 금융위원회는 다음 각 호의 어느 하나에 해당하는 사람에 대하여는 해당 시험을 정지시키거나 합격 결정을 취소한다.

1. 부정한 방법으로 시험에 응시한 사람

2. 시험에서 부정한 행위를 한 사람

② 제1항에 따른 처분을 받은 사람은 그 처분이 있은 날부터 5년간 시험에 응시할 수 없다.

[본조신설 2017.10. 31.]

제6조【시험의 일부면제】① 다음 각호의 1에 해당하는 자에 대하여는 시험중 제1차시험을 면제한다. 〈개정 98.1.13, 2003.12.11, 2005. 7. 29, 2005.12. 29, 2010. 5.17, 2011. 7. 21〉

1. 5급 이상 공무원 또는 고위공무원단에 속하는 일반직공무원으로서 3년 이상 기업회계·회계감사 또는 직접세 세무회계에 관한 사무를 담당한 경력이 있는 자

2. 대학·전문대학(이에 준하는 학교를 포함한다)의 조교수 이상의 직에서 3년 이상 회계학을 교수한 경력이 있는 자

3. 「은행법」 제2조의 규정에 의한 은행 또는 대통령령이 정하는 기관에서 대통령령이 정하는 직급이상의 직에서 5년 이상 회계에 관한 사무를 담당한 경력이 있는 자 〈개정 2005. 7. 29〉

4. 대위 이상의 경리병과장교로서 5년 이상 군의 경리 또는 회계감사에 관한 사무를 담당한 경력이 있는 자

5. 제1호 내지 제4호에 규정된 자와 동등 이상의 능력이 있다고 인정하여 대통령령으로 정하는 자

② 제1차시험에 합격한 자에 대하여는 다음 회의 시험에 한하여 제1차시험을 면제한다.

[시행일 : 2012. 7. 27] 제6조

③ 다음 각 호의 어느 하나에 해당하는 사람에게는 제1항을 적용하지 아니한다. 〈신설 2015.

7. 24.〉

1. 탄핵이나 징계처분에 따라 그 직에서 파면되거나 해임된 사람

2. 복무 중 금품 및 항응 수수로 강등 또는 정직에 해당하는 징계처분을 받은 사람

제6조의2【공인회계사자격제도심의위원회】① 공인회계사자격의 취득과 관련한 다음 각호의 사항을 심의하기 위하여 금융위원회 소속하에 공인회계사자격제도심의위원회를 둔다.〈개정 2008. 2. 29〉

1. 공인회계사의 시험과목 등 시험에 관한 사항

2. 시험선발인원의 결정에 관한 사항

3. 기타 공인회계사자격의 취득과 관련한 중요사항

② 공인회계사자격제도심의위원회의 구성 및 운영 등에 관하여 필요한 사항은 대통령령으로 정한다. [본조신설 2000.1.12]

제3장 등록 및 개업

제7조【등록】① 공인회계사의 자격이 있는 자가 제2조의 규정에 의한 직무를 행하고자 하는 경우(회계법인의 사원 또는 직원이 되고자 하는 경우를 포함한다)에는 대통령령이 정하는 바에 의하여 1년 이상의 실무수습을 받은 후 금융위원회에 등록하여야 한다. 다만, 제6조 제1항 각호의 1에 해당하는 자에 대하여는 실무수습을 면제한다.〈개정 2001. 3. 28, 2003.12.11, 2008. 2. 29〉

② 금융위원회는 대통령령이 정하는 바에 따라 제1항의 규정에 의한 실무수습에 대한 지원을 할 수 있다.〈신설 2003.12.11, 2008. 2. 29〉

③ 제1항의 규정에 의한 등록을 위한 신청절차·구비서류 기타 필요한 사항은 대통령령으로 정한다.

④ 제1항의 규정에 의한 등록은 대통령령이 정하는 바에 의하여 이를 갱신하게 할 수 있다. 이 경우 갱신기간은 3년 이상으로 한다.

제8조【등록거부】① 금융위원회는 제7조제1항의 규정에 의하여 등록을 신청한 자가 다음 각호의 1에 해당하는 경우에는 그 등록을 거부하여야 한다.〈개정 2001. 3. 28, 2008. 2. 29〉

1. 제4조 각호의 1에 해당하는 경우

2. 제7조의 규정에 의한 실무수습을 받아야 할 자가 이를 받지 아니한 경우

② 금융위원회는 제1항의 규정에 의하여 등록을 거부한 때에는 지체없이 그 사유를 명시하여 신청인에게 통지하여야 한다.〈개정 2001. 3. 28, 2008. 2. 29〉

제9조【등록취소】① 제7조의 규정에 의하여 등록된 공인회계사가 다음 각호의 1에 해당하는 경우에는 금융위원회는 그 공인회계사의 등록을 취소한다.〈개정 2001. 3. 28, 2008. 2. 29〉

1. 제4조 각호의 1에 해당하게 된 때

2. 등록취소의 신청이 있을 때

3. 삭 제〈2001. 3. 28〉

4. 사망한 때

② 제8조제2항의 규정은 제1항제1호 및 제2호의 경우에 이를 준용한다. 〈개정 2001. 3. 28〉

제10조 삭 제 〈2001. 3. 28〉

제11조【유사명칭의 사용금지】공인회계사가 아닌 자는 공인회계사 또는 이와 유사한 명칭을 사용하지 못한다.

제 4 장   권리와 의무

제12조【사무소의 개설】① 공인회계사는 제2조의 규정에 의한 직무를 행하기 위하여 사무소를 개설할 수 있다.

② 공인회계사는 어떠한 명목으로도 2 이상의 사무소를 둘 수 없다.

제13조【사무직원】① 공인회계사는 그 직무의 적정한 수행을 보조하기 위한 사무직원(이하 "사무직원"이라 한다)을 둘 수 있다.

② 공인회계사는 사무직원을 지도·감독할 책임이 있다.

제14조 삭 제 〈99. 2. 5〉

제15조【공정·성실의무등】① 공인회계사는 공정하고 성실하게 직무를 행하여야 하며, 그 직무를 행할 때 독립성을 유지하여야 한다.

② 공인회계사는 그 품위를 손상하는 행위를 하여서는 아니된다.

③ 공인회계사는 직무를 행할 때 고의로 진실을 감추거나 허위보고를 하여서는 아니된다.

제16조【회칙준수】공인회계사는 한국공인회계사회의 회칙을 준수하여야 한다.

제17조 삭 제 〈2001. 3. 28〉

제18조【장부의 비치】공인회계사는 그 직무에 관하여 장부를 작성하고 이를 사무소에 비치하여야 한다.

제19조【손해배상책임의 보장】공인회계사(회계법인에 소속된 공인회계사를 제외한다)는 직무를 행함에 있어서 고의 또는 과실로 위촉인(제2조제1호의 규정에 의한 직무를 행하는 경우에는 선의의 제3자를 포함한다)에게 손해를 발행시키는 경우에 위촉인에 대한 손해배상책임이 보장되도록 대통령령이 정하는 바에 따라 한국공인회계사회가 회칙이 정하는 바에 의하여 운영하는 공제사업에의 가입 또는 보험가입 등 필요한 조치를 하여야 한다.

제20조【비밀엄수】공인회계사와 그 사무직원 또는 공인회계사이었거나 그 사무직원이었던 자는 그 직무상 알게 된 비밀을 누설하여서는 아니된다. 다만, 다른 법령에 특별한 규정이 있는 경우에는 그러하지 아니하다.

제21조【직무제한】① 공인회계사는 다음 각호의 1에 해당하는 자에 대한 재무제표(「주식회사 등의 외부감사에 관한 법률」 제2조에 따른 聯結財務諸表를 포함한다. 이하 같다)를 감사하거나 증명하는 직무를 행할 수 없다. 〈개정 개정 2003.12.11. 2005. 7. 29. 2017.10. 31.

2020. 5.19.〉

1. 자기 또는 배우자가 임원이나 그에 준하는 직위(財務에 관한 事務의 責任있는 擔當者를 포함한다)에 있거나, 과거 1년 이내에 그러한 직위에 있었던 자(會社를 포함한다. 이하 이 條에서 같다)

2. 자기 또는 배우자가 그 직원이거나 과거 1년 이내에 직원이었던 사람(배우자의 경우 재무에 관한 사무를 수행하는 직원으로 한정한다)

3. 제1호 및 제2호외에 자기 또는 배우자와 뚜렷한 이해관계가 있어서 그 직무를 공정하게 행하는 데 지장이 있다고 인정되어 대통령령으로 정하는 자

② 공인회계사는 특정 회사(해당 회사가 다른 회사와 「주식회사 등의 외부감사에 관한 법률」 제2조제3호에 따른 지배·종속 관계에 있어 연결재무제표를 작성하는 경우 그 다른 회사를 포함한다)의 재무제표를 감사하거나 증명하는 업무를 수행하는 계약을 체결하고 있는 기간 중에는 해당 회사에 대하여 다음 각 호의 어느 하나에 해당하는 업무를 할 수 없다. 〈개정 2016. 3. 29. 2017.10. 31.〉

1. 회계기록과 재무제표의 작성

2. 내부감사업무의 대행

3. 재무정보체제의 구축 또는 운영

4. 자산·자본, 그 밖의 권리 등(이하 "자산등"이라 한다)을 매도 또는 매수하기 위한 다음 각 목의 업무(부실채권의 회수를 목적으로 대통령령으로 정하는 사항은 제외한다)
   가. 자산등에 대한 실사·재무보고·가치평가
   나. 자산등의 매도·매수거래 또는 계약의 타당성에 대한 의견제시

5. 인사 및 조직 등에 관한 지원업무

6. 재무제표에 계상되는 보험충당부채 금액 산출과 관련되는 보험계리업무

7. 민·형사 소송에 대한 자문업무

8. 자금조달·투자 관련 알선 및 중개업무

9. 중요한 자산의 처분 및 양도, 지배인의 선임 또는 해임 등 경영에 관한 의사결정으로서 임원이나 이에 준하는 직위의 역할에 해당하는 업무

10. 그 밖에 재무제표의 감사 또는 증명업무와 이해상충의 소지가 있는 것으로서 대통령령으로 정하는 업무

③ 제2항의 공인회계사는 같은 항 각 호의 어느 하나에 해당하는 업무 외의 업무는 내부통제절차 등 대통령령으로 정하는 절차에 따라 할 수 있다. 〈개정 2016. 3. 29.〉

[시행일 : 2018.11.1.] 제21조

제22조【명의대여등 금지】① 공인회계사는 다른 사람에게 자기의 성명 또는 상호를 사용하여 제2조의 규정에 의한 직무를 행하게 하거나 그 등록증을 대여하여서는 아니된다.

② 누구든지 공인회계사 등록증의 대여 행위를 알선하여서는 아니 된다. 〈신설 2020. 5.19.〉

③ 공인회계사는 계쟁권리를 양수하여서는 아니된다. 〈개정 2020. 5.19.〉

④ 공인회계사는 제2조의 직무를 행할 때 부정한 청탁을 받고 금품이나 이익을 수수·요구 또는 약속하거나 위촉인이 사기 기타 부정한 방법으로 부당한 금전상의 이득을 얻도록 이에 가담 또는 상담하여서는 아니된다. 〈개정 2020. 5.19.〉

제 5 장 회계법인

제23조【설립】① 공인회계사는 제2조의 규정에 의한 직무를 조직적·전문적으로 행하기 위하여 회계법인을 설립할 수 있다.

② 회계법인의 정관에는 다음 각호의 사항을 기재하여야 한다. 〈신설 2001. 3.18〉

1. 목적
2. 명칭
3. 주사무소 및 분사무소의 소재지
4. 사원 및 이사의 성명·주민등록번호(외국 공인회계사인 사원은 외국인 등록번호) 및 주소
5. 출자 1좌의 금액
6. 각 사원의 출자 좌수
7. 자본금 총액
8. 결손금 보전에 관한 사항
9. 사원총회에 관한 사항
10. 대표이사에 관한 사항
11. 업무에 관한 사항
12. 존립시기 또는 해산사유를 정한 때에는 그 시기 및 사유

[전문개정 2011. 6. 30]

제24조【회계법인의 등록】① 회계법인이 제2조의 직무를 수행하고자 하는 때에는 대통령령이 정하는 바에 의하여 금융위원회에 등록하여야 한다. 〈개정 2008. 2. 29〉

② 제1항의 규정에 의한 등록을 하고자 하는 회계법인은 다음 각호의 요건을 갖추어야 한다.

1. 제26조 및 제27조제1항의 규정에 적합할 것
2. 등록신청서류의 내용이 이 법 또는 이 법에 의한 명령에 위반되지 아니할 것
3. 등록신청서류에 허위의 기재가 없을 것

③ 금융위원회는 등록신청을 한 자가 제2항의 규정에 의한 요건을 갖추고 있지 아니한 경우에는 등록을 거부할 수 있으며, 등록신청서류에 미비한 사항이 있는 경우에는 기간을 정하여 그 보완을 요청할 수 있다. 〈개정 2008. 2. 29〉

④ 제1항의 규정에 의한 회계법인 등록의 절차·구비서류 등에 관하여 필요한 사항은 대통령령으로 정한다. [전문개정 2001. 3. 28]

제25조 삭 제 〈2001. 3. 28〉

제26조【이사등】① 회계법인에는 3인 이상의 공인회계사인 이사를 두어야 한다. 다만, 다음 각호에 어느 하나에 해당하는 자는 이사가 될 수 없다.

1. 사원이 아닌 자

2. 제48조에 따라 직무정지처분(일부직무정지처분을 포함한다)을 받은 후 그 직무정지기간중에 있는 자

3. 제39조에 따라 등록이 취소되거나 업무가 정지된 회계법인의 이사이었던 자(취소 또는 업무정지의 사유가 발생한 때의 이사이었던 자에 한한다)로서 그 취소후 3년이 지나지 아니하거나 업무정지기간중에 있는 자

4. 제40조의 2 제1호에 따른 외국공인회계사

② 회계법인은 이사와 직원중 10명 이상은 공인회계사이어야 한다.

③ 제2항에 해당하는 공인회계사중 이사가 아닌 공인회계사(이하 "소속공인회계사"라 한다)는 제1항제2호에 해당하지 아니한 자이어야 한다.

④ 회계법인에는 총리령이 정하는 바에 따라 대표이사를 두어야 한다.

⑤ 회계법인의 사원은 공인회계사(해당 회계법인에 고용된 외국공인회계사를 포함한다.)이어야 하며 그 수는 3명 이상이어야 한다. [전문개정 2011. 6. 30]]

제27조【자본금등】① 회계법인의 자본금은 5억원 이상이어야 한다. 〈개정 2001. 3. 28〉

② 회계법인은 직전 사업연도말 재무상태표의 자산총액에서 부채총액을 차감한 금액이 대통령령이 정하는 금액에 미달하는 경우에는 미달한 금액을 매 사업연도 종료후 6월 이내에 사원의 증여로 이를 보전하거나 증자하여야 한다. 〈개정 2021. 4. 20.〉

③ 제2항의 규정에 의하여 증여한 경우에는 이를 특별이익으로 계상한다.

④ 금융위원회는 회계법인이 제2항의 규정에 의한 보전 또는 증자를 하지 아니한 경우에는 기간을 정하여 이의 보전 또는 증자를 명할 수 있다. 〈개정 2001. 3. 28, 2008. 2. 29〉

제28조【손해배상준비금】① 회계법인은 제2조의 규정에 의한 직무를 행하다가 발생시킨 위촉인(第2條第1號의 規定에 의한 職務를 행하는 경우에는 善意의 第3者를 포함한다)의 손해에 대한 배상책임(「주식회사 등의 외부감사에 관한 법률」 제31조에 따른 損害賠償責任을 포함한다)을 보장하기 위하여 대통령령이 정하는 바에 따라 매 사업연도마다 손해배상준비금을 적립하여야 한다. 〈개정 2005. 7. 29. 2017.10. 31.〉

② 제1항의 규정에 의한 손해배상준비금은 금융위원회의 승인없이는 손해배상외의 다른 용도에 사용할 수 없다. 〈개정 2001. 3. 28. 2008. 2. 29.〉

[시행일 : 2018.11.1.] 제28조

제29조【타법인출자의 제한등】① 회계법인은 자기자본에 대통령령이 정하는 비율을 곱한 금액을 초과하여 타법인에 출자하거나, 타인을 위한 채무보증을 하여서는 아니된다.

② 제1항의 자기자본은 직전 사업연도말 재무상태표의 자산총액에서 부채총액(손해배상준비금을 제외한다)을 차감한 금액을 말한다. 〈개정 2021. 4. 20.〉

제30조【회계처리등】① 회계법인은 이 법에서 특별히 규정하지 아니한 사항에 대하여는 「주식회사 등의 외부감사에 관한 법률」 제5조에 따른 회계처리기준에 따라 회계처리를 하여야 한다. 〈개정 2005. 7. 29. 2017.10. 31.〉

② 회계법인은 「주식회사 등의 외부감사에 관한 법률」 제2조제2호에 따른 재무제표를 작성하여 매 사업연도 종료후 3월이내에 금융위원회에 제출하여야 한다. 〈개정 2001. 3. 28. 2005. 7. 29. 2008. 2. 29. 2017.10. 31.〉

③ 금융위원회는 필요하다고 인정하는 경우에는 제2항의 규정에 의한 재무제표가 적정하게 작성되었는지 여부를 검사할 수 있다. 〈개정 2001. 3. 28. 2008. 2. 29.〉

[시행일 : 2018.11.1.] 제30조

제31조【명칭】① 회계법인은 그 명칭중에 회계법인이라는 문자를 사용하여야 한다.

② 회계법인이 아닌 자는 회계법인 또는 이와 유사한 명칭을 사용하지 못한다.

제32조【사무소】① 회계법인은 대통령령이 정하는 바에 따라 주사무소 외에 분사무소를 둘 수 있다.

② 회계법인의 이사와 소속공인회계사는 소속된 회계법인외에 따로 사무소를 둘 수 없다.

제33조【직무제한】① 회계법인은 다음 각호의 1에 해당하는 자에 대한 재무제표를 감사하거나 증명하는 직무를 행하지 못한다. 〈개정 2003. 12. 11, 2005. 7. 29〉

1. 회계법인이 주식을 소유하거나 출자하고 있는 자(회사를 포함한다. 이하 이 조에서 같다)

2. 회계법인의 사원이 제21조제1항 각호의 1에 해당하는 관계가 있는 자 〈개정 2005. 7. 29〉

3. 제1호 및 제2호외에 회계법인이 뚜렷한 이해관계를 가지고 있거나 과거 1년이내에 그러한 이해관계를 가지고 있었던 것으로 인정되는 자로서 대통령령이 정하는 자

② 제21조제2항 및 제3항의 규정은 회계법인에 관하여 이를 준용한다. 〈신설 2003. 12. 11〉

제34조【업무의 집행방법】① 회계법인은 그 이사외의 자로 하여금 회계에 관한 감사 또는 증명에 관한 업무를 행하게 하여서는 아니된다. 다만, 소속공인회계사를 회계법인의 보조자로 할 수 있다.

② 회계법인이 재무제표에 대하여 감사 또는 증명을 하는 경우에는 제26조제4항의 규정에 의한 대표이사가 당해 문서에 회계법인명의를 표시하고 기명날인하여야 한다.

제35조【경업의 금지】회계법인의 이사 또는 소속공인회계사는 자기 또는 제3자를 위하여 그 회계법인의 업무범위에 속하는 업무를 행하거나 다른 회계법인의 이사 또는 소속공인회계사가 되어서는 아니된다.

제36조【탈퇴】사원은 다음 각호의 1에 해당되는 때에는 당연히 탈퇴된다.

1. 제9조의 규정에 의하여 등록이 취소된 때

2. 제26조제1항제2호에 해당하게 된 때

3. 정관에 정한 사유가 발생한 때

4. 사원총회의 결의가 있는 때

제37조【해산】① 회계법인은 다음 각호의 1의 사유에 의하여 해산된다. 〈개정 2001. 3. 28〉

1. 정관에 정한 사유의 발생
2. 사원총회의 결의
3. 합병
4. 등록의 취소
5. 파산
6. 법원의 명령 또는 판결

② 회계법인이 제1항제1호 내지 제3호의 사유가 발생한 때에는 그 사실을 금융위원회에 통보하여야 한다. 〈개정 2001. 3. 28, 2008. 2. 29〉

③ 회계법인은 제1항의 사유에 의하여 해산하는 경우 제28조제1항의 규정에 의하여 적립한 손해배상준비금의 금액(해산 직전 사업연도말 재무상태표상의 금액을 말한다)에 해당하는 금액을 한국공인회계사회에 별도로 예치하여야 한다. 〈개정 2021. 4. 20.〉

④ 제3항의 규정에 의한 예치금의 관리 및 운영에 관하여 필요한 사항은 대통령령으로 정한다.

제37조의2【분할·분할합병】 ① 회계법인은 분할에 의하여 1개 또는 수개의 회계법인을 설립할 수 있다.

② 회계법인은 분할에 의하여 1개 또는 수개의 존립 중의 회계법인과 합병(이하 "분할합병"이라 한다)할 수 있다.

③ 회계법인이 분할 또는 분할합병을 하는 때에는 분할계획서 또는 분할합병계약서를 작성하여 사원총회 결의를 거쳐야 한다.

④ 단순분할신설회계법인, 분할승계회계법인, 분할합병신설회계법인은 분할 또는 분할합병 전의 분할회계법인으로부터 제28조에 따른 손해배상준비금, 「주식회사 등의 외부감사에 관한 법률」 제32조에 따른 손해배상공동기금, 감사계약 등을 분할계획서 또는 분할합병계약서가 정하는 바에 따라서 승계할 수 있다.

⑤ 분할 또는 분할합병으로 인한 회계법인의 설립 및 등록에 관해서는 제23조 및 제24조를 준용한다.

⑥ 회계법인이 제39조제1항에 따라 금융위원회로부터 일정기간을 정하여 업무의 전부 또는 일부의 정지를 받은 경우에는 그 기간 동안 분할 또는 분할합병을 할 수 없다.

⑦ 회계법인의 분할 또는 분할합병에 관하여 「상법」 제234조, 제237조부터 제240조까지, 제443조, 제526조제1항·제2항, 제527조제1항부터 제3항까지, 제527조의5제1항·제3항, 제528조제1항, 제529조, 제530조의2부터 제530조의5까지, 제530조의6제1항부터 제3항까지, 제530조의7, 제530조의9제1항, 제530조의10을 준용한다. 이 경우 "회사"는 "회계법인"으로, "주주총회"는 "사원총회"로, "주주"는 "사원"으로, "주식"은 "출자좌수"로 보고, 사원총회의 결의 등에 관하여 「상법」의 유한회사에 관한 규정에서 달리 정하고 있는 사항은 그 규정을 준용한다.

[본조신설 2018. 12. 31.]

제38조【정관변경의 신고】 제23조제2항의 규정에 의한 정관의 기재사항 중 제1호·제7호(자본금

감소의 경우에 한한다) 및 제11호의 사항에 대한 변경을 할 때에는 지체없이 이를 금융위원회에 신고하여야 한다. 〈개정 2008. 2. 29〉[전문개정 2001. 3. 28]

제39조【등록취소등】① 금융위원회는 회계법인이 다음 각호의 1에 해당하는 경우에는 그 설립인가를 취소하거나 1년 이내의 기간을 정하여 업무의 전부 또는 일부의 정지를 명할 수 있다. 다만, 제1호 내지 제3호에 해당하는 경우에는 그 등록을 취소하여야 한다. 〈개정 2001. 3. 28, 2008. 2. 29〉

1. 제26조제1항·제2항 또는 제27조제1항의 규정에 의한 요건에 미달하게 된 회계법인이 3월 이내에 이를 보완하지 아니한 경우

2. 허위 기타 부정한 방법에 의하여 제24조제1항의 규정에 의한 등록을 한 경우

3. 업무정지명령에 위반하여 업무를 행한 경우

4. 제26조제4항, 제27조제2항, 제28조, 제29조, 제30조제1항·제2항, 제31조제1항, 제33조, 제34조 또는 제38조의 규정(제40조의 규정에 의하여 준용되는 제15조제1항·제3항, 제16조, 제18조, 제20조, 제22조의 규정을 포함한다)에 위반한 경우

5. 감사 또는 증명에 중대한 착오 또는 누락이 있는 경우

6. 기타 이 법 또는 이 법에 의한 명령에 위반한 경우

② 삭 제 〈97. 12. 13〉

제39조의2【청문】금융위원회는 제39조의 규정에 의하여 회계법인의 등록을 취소하고자 하는 경우에는 청문을 실시하여야 한다. 〈개정 2001. 3. 28, 2008. 2. 29〉[본조신설 97. 12. 13]

제40조【준용규정】① 제13조, 제15조제1항·제3항, 제16조, 제18조, 제20조, 제22조 및 제48조의제4항의 규정은 그 성질에 반하지 아니하는 한 회계법인에 관하여 이를 준용한다. 〈개정 2001. 3. 28, 2005. 7. 29〉

② 회계법인에 관하여 이 법에 규정되지 아니한 사항은 「상법」 중 유한회사에 관한 규정을 준용한다. 〈개정 2008. 2. 29〉

제5장의2 외국공인회계사 및 외국회계법인 〈신설 2011. 6. 30〉

제40조의2【정의】이 장에서 사용하는 용어의 뜻은 다음과 같다.

1. "외국공인회계사"란 대한민국 외의 국가에서 그 나라의 법령에 따라 업무를 수행하는데에 필요한 모든 요건을 갖추고 등록한 공인회계사 중 제40조의4제1항에 따라 금융위원회에 등록한 자를 말한다.

2. "외국회계법인"이란 대한민국 외의 국가에서 그 나라의 법령에 따라 설립되고 그 본점사무소가 그 나라에 있는 회계법인 또는 이에 준하는 단체 중 제40조의7제1항에 따라 등록한 법인 또는 단체를 말한다.

3. "외국회계사무소"란 외국공인회계사 또는 외국회계법인이 제40조의3에 따른 직무를 수행하기 위하여 국내에 개설하는 사무소를 말한다.

4. "원(原)자격국"이란 외국의 공인회계사 또는 외국회계법인이 적법하게 업무를 수행하는 데에 필요한 모든 절차를 마친 국가(외국회계법인의 경우에는 본점 사무소가 설치된 국가를 말한다)를 말한다. 다만, 한 국가 내에서 지역적으로 한정된 자격을 부여하는 여러 개의 주, 성(省), 자치구 등이 있는 경우에는 그 국가의 법률에 따라 그 자격이 통용되는 주, 성, 자치구 등의 전부를 원자격국으로 본다.

5. "조약 등"이란 자유무역협정 등 그 밖의 명칭 여하를 불문하고 대한민국이 외국(국가연합, 경제공동체 등 국가의 연합체를 포함한다)과 각 당사국에서의 공인회계사 사무에 관한 협약을 체결하고 효력이 발생한 일체의 합의를 말한다.

[본조신설 2011.6.30]

제40조의3【직무 범위】 외국공인회계사 및 외국회계법인은 다른 사람의 위촉을 받아 다음 각 호의 업무를 수행한다.

1. 원자격국의 회계법과 회계기준에 관한 자문

2. 국제적으로 통용되는 국제회계법과 국제회계기준에 관한 자문

[본조신설 2011.6.30]

제40조의4【외국공인회계사의 등록】 ① 원자격국이 조약 등의 당사국에 해당하는 외국공인회계사가 제40조의3에 따른 직무를 수행하려면 금융위원회에 등록하여야 한다.

② 제1항에 따른 등록을 하려는 자는 대통령령으로 정하는 바에 따라 금융위원회에 등록신청을 하여야 한다.

③ 금융위원회는 제2항의 신청에 대하여 제40조의5에 따른 등록거부 사유가 없으면 지체 없이 이를 외국공인회계사 명부에 등록하고 등록증명서를 발급하여야 한다. 이 경우 원자격국을 외국공인회계사 명부와 등록증명서에 함께 적어야 한다.

④ 제3항에 따른 등록의 유효기간은 5년으로 한다.

⑤ 등록의 갱신신청은 제4항의 유효기간이 끝나는 날의 6개월 전부터 1개월 전까지 하여야 한다.

⑥ 그 밖에 외국공인회계사의 등록 및 등록의 갱신에 필요한 사항은 대통령령으로 정한다.

[본조신설 2011.6.30]

제40조의5【외국공인회계사의 등록거부】 금융위원회는 제40조의4제2항에 따른 등록신청이나 같은 조 제5항에 따른 등록의 갱신신청을 하려는 자가 다음 각 호의 어느 하나에 해당하면 그 등록 또는 등록의 갱신을 거부할 수 있다. 이 경우 금융위원회는 지체 없이 그 사유를 구체적으로 밝혀 신청인에게 알려야 한다.

1. 제4조의 결격사유에 해당하는 경우(원자격국의 법령에 따라 제4조의 결격사유에 해당하는 경우를 포함한다)

2. 제40조의6에 따른 등록취소 사유가 발견된 경우

[본조신설 2011.6.30]

제40조의6【외국공인회계사의 등록취소】 금융위원회는 제40조의4제1항에 따라 등록된 외국공인회

계사가 다음 각 호의 어느 하나에 해당하는 경우 그 등록을 취소하여야 한다.

1. 원자격국에서 공인회계사 등록이 취소되거나 직무정지 또는 이에 준하는 처분을 받은 경우
2. 제9조제1항 각 호의 어느 하나에 해당하는 경우(원자격국의 법령에 따라 제4조의 결격사유에 해당하는 경우를 포함한다)
3. 거짓이나 그 밖의 부정한 방법으로 제40조의4제1항에 따른 등록을 한 경우
4. 제40조의4제4항에 따른 등록의 유효기간이 지난 경우

[본조신설 2011.6.30]

제40조의7【외국회계법인의 등록】① 원자격국이 조약 등의 당사국에 해당하는 외국회계법인이 외국회계사무소를 개설하여 제40조의3에 따른 직무를 수행하려면 금융위원회에 등록하여야 한다.

② 제1항에 따른 등록을 하려는 외국회계법인은 대통령령으로 정하는 바에 따라 금융위원회에 등록신청을 하여야 한다.

③ 금융위원회는 제2항의 신청에 대하여 특별한 사정이 없으면 지체 없이 이를 외국회계법인 명부에 등록하고 등록증명서를 발급하여야 한다. 이 경우 원자격국을 외국회계법인 명부와 등록증명서에 함께 적어야 한다.

④ 그 밖에 외국회계법인의 등록절차·구비서류 등에 필요한 사항은 대통령령으로 정한다.

[본조신설 2011.6.30]

제40조의8【외국회계법인의 등록취소 등】금융위원회는 외국회계법인이 다음 각 호의 어느 하나에 해당하는 경우에는 그 등록을 취소하거나 1년 이내의 기간을 정하여 업무의 전부 또는 일부의 정지를 명할 수 있다. 다만, 제1호부터 제7호까지의 어느 하나에 해당하면 그 등록을 취소하여야 하며, 등록취소와 관련된 절차는 제39조의2를 준용한다.

1. 원자격국에서 그 등록이 취소되거나 업무정지 또는 그에 준하는 처분을 받은 경우
2. 업무정지명령을 위반하여 업무를 수행한 경우
3. 제40조의3을 위반하여 직무 범위 외의 업무를 수행한 경우
4. 거짓이나 그 밖의 부정한 방법으로 제40조의7제1항에 따른 등록을 한 경우
5. 제40조의10제1항을 위반하여 제7조제1항에 따라 등록한 공인회계사를 고용한 경우
6. 제40조의10제2항을 위반하여 공인회계사 또는 회계법인과 제40조의3에 따른 직무를 공동으로 수행하거나 그로부터 받은 보수 또는 수익을 분배한 경우
7. 제40조의10제3항을 위반하여 공인회계사 또는 회계법인과 법인 설립, 지분 참여, 경영권 위임이나 그 밖의 방식으로 회계법인을 공동으로 설립하거나 운영한 경우
8. 제40조의11제1항을 위반하여 그 자격을 표시할 때에 원자격국의 명칭이 포함된 명칭을 사용하지 아니한 경우
9. 제40조의11제2항을 위반하여 외국회계사무소를 개설할 때에 원자격국과 사무소의 명칭을 표시하지 아니한 경우
10. 제40조의11제3항을 위반하여 외국회계사무소 내외의 장소에 원자격국을 공시하지

아니한 경우

11. 제40조의11제4항을 위반하여 위촉계약 체결 전에 위촉인에게 원자격국과 업무 범위를 분명히 밝히지 아니한 경우

12. 제40조의11제5항을 위반하여 대표이사가 해당 문서에 원자격국 및 회계법인 명의를 표시하지 아니하거나 기명날인을 하지 아니한 경우

13. 제40조의13제1항을 위반하여 사업연도가 끝난 후 3개월 이내에 영업보고서를 제출하지 아니한 경우

14. 제40조의13제2항을 위반하여 금융위원회의 자료제출 요구에 따르지 아니하는 경우

15. 제40조의18에 따라 준용되는 규정을 위반하는 경우

[본조신설 2011.6.30]

제40조의9【외국공인회계사의 업무수행 방식】① 외국공인회계사는 다음 각 호의 어느 하나의 방식으로만 제40조의3에 따른 직무를 수행할 수 있다.

1. 외국회계사무소를 개설하여 업무를 수행하는 방식

2. 외국공인회계사 또는 외국회계법인에 고용되어 업무를 수행하는 방식

3. 제24조에 따라 등록한 회계법인에 고용되어 업무를 수행하는 방식

② 외국공인회계사는 동시에 둘 이상의 회계법인(외국회계법인을 포함한다) 및 외국공인회계사에 소속 또는 고용되거나 그 직책을 겸임할 수 없다.

[본조신설 2011. 6. 30]

제40조의10【고용, 동업 등의 금지】① 외국공인회계사 및 외국회계법인은 제7조제1항에 따라 등록한 공인회계사를 고용할 수 없다.

② 외국공인회계사 및 외국회계법인은 공인회계사 또는 회계법인과 공동수임, 그 밖의 어떠한 방식으로도 제40조의3에 따른 직무를 공동으로 수행하거나 그로부터 받은 보수 또는 수익을 분배하여서는 아니 된다.

③ 외국회계법인은 공인회계사 또는 회계법인과 법인 설립, 지분 참여, 경영권 위임, 그 밖의 어떠한 방식으로도 회계법인을 공동으로 설립하거나 운영할 수 없다.

[본조신설 2011.6.30]

제40조의11【자격의 표시 등】① 외국공인회계사 및 외국회계법인은 직무를 수행할 때에 그 자격을 표시할 경우에는 대한민국에서 통용되는 원자격국의 명칭에 이어 "공인회계사" 또는 "회계법인"을 덧붙인 명칭을 사용하여야 한다. 다만, 원자격국이 주, 성, 자치구 등 한 국가 내의 일부 지역인 경우에는 그 지역이 속한 국가의 명칭 다음에 "공인회계사" 또는 "회계법인"을 덧붙인 명칭을 사용할 수 있다.

② 외국공인회계사 및 외국회계법인이 외국회계사무소를 개설하는 경우에는 원자격국과 사무소의 명칭(외국회계법인의 경우 본점 사무소의 명칭을 말한다) 다음에 "회계사무소"를 덧붙인 명칭을 사용하여야 한다.

③ 외국공인회계사 및 외국회계법인은 해당 외국회계사무소 내외의 장소로서 일반에 공

시하기 적절하다고 인정되는 곳에 외국공인회계사 또는 외국회계법인 및 그에 소속된 외국공인회계사의 원자격국을 공시하여야 한다.

④ 외국공인회계사 및 외국회계법인은 위촉계약 체결 전에 위촉인에게 원자격국과 업무범위를 분명히 밝혀야 한다.

⑤ 외국회계법인이 제40조의3에 따른 직무를 수행한 경우에는 대표이사가 해당 문서에 원자격국 및 회계법인명의를 표시하고 기명날인하여야 한다.

[본조신설 2011.6.30]

제40조의12【회계법인에 대한 출자】 외국공인회계사는 제23조에 따라 설립된 회계법인에 해당 회계법인의 의결권 있는 출자지분 또는 자본금 총액의 100분의 50 미만의 범위에서 출자할 수 있다. 이 경우 외국공인회계사 1명당 출자금은 해당 회계법인의 의결권 있는 출자지분 또는 자본금 총액의 100분의 10 미만이어야 한다.

[본조신설 2011.6.30]

[시행일 : 2016.7.1] 제40조의12

제40조의13【영업보고서 등 제출】 ① 외국공인회계사 및 외국회계법인은 총리령으로 정하는 영업보고서를 작성하여 매 사업연도가 끝난 후 3개월 이내에 금융위원회에 제출하여야 한다.

② 외국공인회계사 및 외국회계법인은 금융위원회가 이유를 구체적으로 밝혀 요구하면 그 업무의 현황에 관한 자료를 제출하여야 한다.

[본조신설 2011.6.30]

제40조의14【체류 의무】 ① 외국공인회계사는 최초의 업무개시일부터 1년에 180일 이상 대한민국에 체류하여야 한다.

② 외국공인회계사가 본인 또는 친족의 부상이나 질병, 그 밖의 부득이한 사정으로 외국에 체류한 기간은 대한민국에 체류한 것으로 본다.

[본조신설 2011.6.30]

제40조의15【구비서류의 제출】 ① 외국공인회계사 및 외국회계법인이 이 법에 따라 제출하는 구비서류는 원본 또는 인증된 사본(寫本)이어야 하고, 한글로 작성되지 아니한 경우에는 공증된 한글 번역본을 첨부하여야 한다.

② 외국공인회계사 및 외국회계법인은 원자격국에서 그 등록이 취소되거나 직무정지 또는 그에 준하는 처분을 받은 경우 지체 없이 금융위원회에 신고하여야 한다.

[본조신설 2011.6.30]

제40조의16【비밀 엄수】 외국공인회계사와 그 사무직원 또는 외국공인회계사이었거나 그 사무직원이었던 자는 그 직무상 알게 된 비밀을 대한민국 내외를 막론하고 누설하여서는 아니 된다. 다만, 다른 법령에 특별한 규정이 있는 경우에는 그러하지 아니하다.

[본조신설 2011.6.30]

제40조의17【징계】 ① 금융위원회는 외국공인회계사가 다음 각 호의 어느 하나에 해당하는 경우에는 제48조제2항에서 정하는 징계를 할 수 있다.

1. 제40조의3을 위반하여 직무범위 외의 업무를 수행한 경우
2. 제40조의9제1항에서 정하는 방식을 위반하여 직무를 수행한 경우
3. 제40조의9제2항을 위반하여 동시에 둘 이상의 회계법인(외국회계법인을 포함한다) 및 외국공인회계사에 소속 또는 고용되거나 그 직책을 겸임한 경우
4. 제40조의10제1항을 위반하여 제7조제1항에 따라 등록한 공인회계사를 고용한 경우
5. 제40조의10제2항을 위반하여 공인회계사 또는 회계법인과 제40조의3에 따른 직무를 공동으로 수행하거나 그로부터 받은 보수 또는 수익을 분배한 경우
6. 제40조의11제1항을 위반하여 그 자격을 표시할 때에 원자격국의 명칭이 포함된 명칭을 사용하지 아니한 경우
7. 제40조의11제2항을 위반하여 외국회계사무소를 개설할 때에 원자격국과 사무소의 명칭을 표시하지 아니한 경우
8. 제40조의11제3항을 위반하여 외국회계사무소 내외의 장소에 원자격국을 공시하지 아니한 경우
9. 제40조의11제4항을 위반하여 위촉계약 체결 전에 원자격국과 업무 범위를 위촉인에게 분명히 밝히지 아니한 경우
10. 제40조의12를 위반하여 회계법인에 자본금 총액의 100분의 10 이상을 출자한 경우
11. 제40조의14를 위반하여 1년에 180일 미만을 대한민국에 체류한 경우
12. 제40조의16을 위반하여 직무상 알게 된 비밀을 대한민국 내외에 누설한 경우
13. 외국공인회계사가 제48조제1항제1호·제3호 및 제4호에 해당하는 경우
② 제1항에 따른 징계는 제1항 각 호의 어느 하나에 해당하는 사유가 발생한 날부터 3년이 지나면 할 수 없다.
③ 외국공인회계사의 징계에 관한 사항은 공인회계사 징계절차를 준용한다.
[본조신설 2011.6.30]

제40조의18【준용규정】외국공인회계사 및 외국회계법인에 관하여는 제11조부터 제13조까지, 제15조, 제16조, 제18조, 제19조, 제22조, 제24조제2항제3호, 같은 조 제3항, 제28조, 제30조제1항·제3항, 제31조제2항, 제32조, 제35조, 제42조, 제43조제2항, 제45조제1항·제3항, 제48조제3항·제5항 및 제48조의 2를 그 성질에 반하지 아니하는 한 준용한다. 이 경우 "공인회계사"는 "외국공인회계사"로, "회계법인"은 "외국회계법인"으로 본다. 〈개정 2017.10.31.〉
[본조신설 2011.6.30]

제6장 한국공인회계사회

제41조【목적 및 설립】① 공인회계사의 품위향상과 직무의 개선·발전을 도모하고, 회원의 지도 및 감독에 관한 사무를 행하기 위하여 한국공인회계사회(이하 "공인회계사회"라 한다)를

둔다.

② 공인회계사회는 법인으로 한다.

③ 공인회계사회는 대통령령이 정하는 바에 따라 회칙을 정하여 금융위원회의 인가를 받아 설립하여야 한다. 〈개정 2001. 3. 28, 2008. 2. 29〉

④ 공인회계사회는 지회 또는 지부를 둘 수 있다.

⑤ 공인회계사회의 회칙개정과 지회 또는 지부의 설치에 관하여는 금융위원회의 승인을 얻어야 한다. 〈개정 2001. 3. 28, 2008. 2. 29〉

제42조【입회의무】 제7조제1항 또는 제24조제1항의 규정에 의하여 등록한 공인회계사 및 회계법인은 공인회계사회에 입회하여야 한다. 〈2001. 3. 28〉

제43조【윤리규정】 ① 공인회계사회는 회원이 직무를 행함에 있어 지켜야 할 직업윤리에 관한 규정을 제정하여야 한다.

② 회원은 직업윤리에 관한 규정을 준수하여야 한다.

제44조【업무의 위촉등】 ① 공공기관은 제2조의 규정에 의한 공인회계사의 직무에 속한 사항에 관하여 공인회계사회에 업무를 위촉하거나 자문할 수 있다.

② 공인회계사회는 제1항의 규정에 의하여 위촉 또는 자문의 요청을 받은 경우 그 업무를 회원으로 하여금 행하게 할 수 있다.

③ 공인회계사회는 제1항의 규정에 의하여 위촉 또는 자문을 요청한 기관에 대하여 필요한 경우 개선을 건의할 수 있다.

제45조【분쟁의 조정】 ① 공인회계사회는 공인회계사(회계법인을 포함한다. 이하 이 조에서 같다) 상호간 또는 공인회계사와 위촉인(제19조 및 제28조제1항의 규정에 의한 선의의 제3자를 포함한다)사이에 직무상 분쟁이 있는 때에는 당사자의 청구에 의하여 이를 조정한다.

② 제1항의 규정에 의한 분쟁의 조정을 위하여 공인회계사회에 분쟁조정위원회를 둔다.

③ 제2항의 규정에 의한 분쟁조정위원회의 구성, 운영 기타 필요한 사항은 대통령령으로 정한다.

제46조【회원에 대한 연수등】 ① 공인회계사회는 다음 각호의 자에 대하여 연수를 실시하고 회원의 자체적인 연수활동을 지도·감독한다.

1. 회원

2. 제7조의 규정에 의하여 공인회계사등록을 하고자 하는 자

3. 제13조의 규정에 의한 사무직원 등

② 제1항의 규정에 의한 연수를 실시하기 위하여 공인회계사회에 회계연수원을 둔다.

③ 제1항의 규정에 의한 연수 및 감독에 관하여 필요한 사항은 공인회계사회가 금융위원회의 승인을 얻어 정한다. 〈개정 2001. 3. 28, 2008. 2. 29〉

제47조【감독】 ① 공인회계사회는 금융위원회가 감독한다. 〈개정 2001. 3. 28, 2008. 2. 29〉

② 금융위원회가 필요하다고 인정한 때에는 공인회계사회에 대하여 보고서의 제출을 요구하거나 소속공무원으로 하여금 공인회계사회의 업무상황과 기타 서류를 검사하게 할

수 있다. 〈개정 2001. 3. 28〉

③ 제2항의 규정에 의하여 검사를 하는 공무원은 그 권한을 표시하는 증표를 관계인에게 내보여야 한다.

제 7 장   징 계

제48조【징계】① 금융위원회는 공인회계사가 다음 각호의 1의 사유에 해당하는 때에는 공인회계사징계위원회의 의결에 의하여 제2항에서 정하는 징계를 할 수 있다. 〈개정 2001. 3. 28, 2008. 2. 29〉

1. 이 법 또는 이 법에 의한 명령에 위반한 때

2. 감사 또는 증명에 중대한 착오 또는 누락이 있는 때

3. 공인회계사회회칙에 위반한 때

4. 직무의 내외를 불문하고 공인회계사로서의 품위를 손상하는 행위를 한 때

② 공인회계사에 대한 징계의 종류는 다음 각호의 1과 같다.

1. 등록취소

2. 2년 이하의 직무정지

3. 1년 이하의 일부직무정지

4. 견책

③ 공인회계사회는 회원인 공인회계사(회계법인의 소속 공인회계사를 포함한다. 이하 이 조에서 같다)가 제1항 각호의 1의 징계사유가 있다고 인정하는 경우에는 증거서류를 첨부하여 금융위원회에 당해 공인회계사의 징계를 요구할 수 있다. 〈개정 2001. 3. 28, 2008. 2. 29〉

④ 제1항의 규정에 의한 징계는 제1항 각호의 1에 해당하는 사유가 발생한 날부터 3년이 경과한 때에는 이를 할 수 없다.

⑤ 공인회계사징계위원회에 관한 사항은 대통령령으로 정한다.

제48조의2【조치 등의 통보 및 공고 등】① 금융위원회는 제39조제1항 및 제48조제1항에 따라 조치 또는 징계를 한 때에는 지체 없이 그 사유를 구체적으로 밝혀 해당 회계법인·공인회계사, 공인회계사회 및 증권선물위원회에 각각 통보하고 그 내용을 관보 또는 인터넷 홈페이지 등에 공고하여야 한다.

② 공인회계사회는 제1항에 따라 통보받은 내용을 공인회계사회가 운영하는 인터넷 홈페이지 등에 3개월 이상 게재하는 방법으로 공개하여야 한다.

③ 공인회계사회는 「주식회사 등의 외부감사에 관한 법률」 제2조제7호에 따른 감사인을 선임하려는 자가 해당 회계법인에 대한 조치 또는 공인회계사의 징계 사실을 알기 위하여 조치 또는 징계 정보의 열람·등사를 신청하는 경우에는 이를 제공하여야 한다. 〈개정 2017. 10. 31.〉

④ 제1항부터 제3항까지의 규정에 따른 조치 또는 징계의 공개 범위와 시행 방법, 열람·

등사의 방법 및 절차 등에 필요한 사항은 대통령령으로 정한다.

[본조신설 2017. 10. 31.]

[시행일 : 2018.11.1.] 제48조의2

제49조 삭 제〈97. 12. 13〉

제8장 보 칙

제50조【업무의 제한】 제7조 또는 제24조의 규정에 의하여 등록한 공인회계사 또는 회계법인이 아닌 자는 다른 법률에 규정하는 경우를 제외하고는 제2조의 직무를 행하여서는 아니된다.〈개정 2001. 3. 28〉

제51조【관계장부등의 열람】 공인회계사 및 회계법인은 그 직무를 행하는데 있어서 필요한 때에는 관계기관에 대하여 관계 장부 및 서류의 열람을 신청할 수 있으며 신청을 받은 기관은 정당한 사유없이 이를 거부하여서는 아니된다.

제52조【업무의 위탁】 ① 금융위원회는 제7조 내지 제9조, 제30조제2항, 제40조의4제1항부터 제3항까지, 제40조의5, 제40조의6, 제40조의13제1항 및 제48조제1항에 따른 업무의 전부 또는 일부를 대통령령이 정하는 바에 따라 공인회계사회에 위탁할 수 있다. 이 경우 제48조제1항에 따른 업무를 위탁할 때에는 공인회계사징계위원회에 갈음하는 의결기구를 지정하여 위탁하여야 한다.

② 금융위원회는 시험에 관한 업무의 일부 및 제30조제3항의 규정에 의한 권한의 전부 또는 일부를 대통령령이 정하는 바에 따라 「금융위원회의 설치 등에 관한 법률」에 따라 설립된 금융감독원 원장(이하 "금융감독원장"이라 한다)에게 위탁할 수 있다. 이 경우 제30조제3항에 따른 검사업무를 수행하는 때에는 금융감독원장은 금융위원회가 정하는 바에 따라 검사수수료를 징수할 수 있다.

[전문개정 2011. 6. 30]]

제8장의2 과징금의 부과 및 징수

제52조의2【과징금의 부과】 ① 금융위원회는 회계법인 또는 공인회계사(회계법인에 소속된 공인회계사를 포함한다)가 제39조제1항제5호 또는 제48조제1항제2호에 해당하게 되어 업무정지 또는 직무정지처분을 하여야 하는 경우로서 그 업무정지 또는 직무정지처분이 이해관계인 등에게 중대한 영향을 미치거나 공익을 해할 우려가 있는 경우에는 업무정지 또는 직무정지처분에 갈음하여 회계법인에 대하여는 5억원 이하의 과징금을, 공인회계사에 대하여는 1억원 이하의 과징금을 각각 부과할 수 있다.〈개정 2008. 2. 29〉

② 금융위원회는 제1항의 규정에 의하여 과징금을 부과하는 경우에는 다음 각호의 사항을 참작하여야 한다.〈개정 2008. 2. 29〉

1. 위반행위의 내용 및 정도
2. 위반행위의 기간 및 회수
3. 위반행위로 취득한 이익의 규모

③ 금융위원회는 이 법의 규정을 위반한 법인이 합병을 하는 경우 당해 법인이 행한 위반행위는 합병후 존속하거나 합병에 의하여 신설된 법인이 행한 행위로 보아 과징금을 부과·징수할 수 있다. 〈개정 2008. 2. 29〉

④ 금융위원회는 이 법의 규정을 위반한 법인이 분할 또는 분할합병하는 경우 해당 법인이 행한 위반행위는 단순분할신설회계법인, 분할승계회계법인, 분할합병신설회계법인 또는 분할회계법인이 행한 행위로 보아 과징금을 부과·징수할 수 있다. 〈신설 2018. 12. 31.〉

⑤ 과징금을 부과받은 법인이 분할 또는 분할합병하는 경우(부과일에 분할 또는 분할합병하는 경우를 포함한다) 그 과징금은 단순분할신설회계법인, 분할승계회계법인, 분할합병신설회계법인 또는 분할회계법인이 연대하여 납부하여야 한다. 〈신설 2018. 12. 31.〉

⑥ 제1항부터 제5항까지의 규정에 의한 과징금의 부과기준 등에 관하여 필요한 사항은 대통령령으로 정한다. 〈개정 2018. 12. 31.〉

[본조신설 2001. 3. 28.]

제52조의3【이의신청】① 제52조의2의 규정에 의한 과징금의 부과처분에 대하여 불복이 있는 자는 그 처분의 고지를 받은 날부터 30일 이내에 그 사유를 갖추어 금융위원회에 이의를 신청할 수 있다. 〈개정 2008. 2. 29〉

② 금융위원회는 제1항의 규정에 의한 이의신청에 대하여 30일 이내에 결정을 하여야 한다. 다만, 부득이한 사정으로 그 기간내에 결정을 할 수 없을 경우에는 30일의 범위내에서 그 기간을 연장할 수 있다. 〈개정 2008. 2. 29〉

③ 제2항의 규정에 의한 결정에 대하여 불복이 있는 자는 행정심판을 청구할 수 있다.

[본조신설 2001. 3. 28]

제52조의4【과징금납부기한의 연장 및 분할납부】① 금융위원회는 과징금을 부과받은 자(이하 "과징금납부의무자"라 한다)가 다음 각호의 1에 해당하는 사유로 과징금의 전액을 일시에 납부하기 어렵다고 인정되는 때에는 그 납부기한을 연장하거나 분할납부하게 할 수 있다. 이 경우 필요하다고 인정하는 때에는 담보를 제공하게 할 수 있다. 〈개정 2008. 2. 29〉

1. 재해 등으로 인하여 재산에 현저한 손실을 입은 경우
2. 과징금의 일시납부에 따라 자금사정에 현저한 어려움이 예상되는 경우
3. 그 밖에 제1호 또는 제2호에 준하는 사유가 있는 경우

② 과징금납부의무자가 제1항의 규정에 의하여 과징금납부기한의 연장을 받거나 분할납부를 하고자 하는 경우에는 그 납부기한의 10일전까지 금융위원회에 신청하여야 한다. 〈개정 2008. 2. 29〉

③ 금융위원회는 제1항의 규정에 의하여 납부기한이 연장되거나 분할납부가 허용된 과징금납부의무자가 다음 각호의 1에 해당하게 된 때에는 그 납부기한의 연장 또는 분할납부

결정을 취소하고 과징금을 일시에 징수할 수 있다. 〈개정 2008. 2. 29〉

1. 분할납부결정된 과징금을 그 납부기한내에 납부하지 아니한 때

2. 담보의 변경 그 밖에 담보보전에 필요한 재정경제부장관의 명령을 이행하지 아니한 때

3. 강제집행, 경매의 개시, 파산선고, 법인의 해산, 국세 또는 지방세의 체납처분을 받는 등 과징금의 전부 또는 잔여분을 징수할 수 없다고 인정되는 때

4. 그 밖에 제1호 내지 제3호에 준하는 사유가 있는 때

④ 제1항 내지 제3항의 규정에 의한 과징금납부기한의 연장, 분할납부 또는 담보의 제공 등에 관하여 필요한 사항은 대통령령으로 정한다. [본조신설 2001. 3. 28]

제52조의5【과징금의 징수 및 체납처분】① 금융위원회는 과징금납부의무자가 납부기한내에 과징금을 납부하지 아니한 경우에는 납부기한의 다음날부터 납부한 날의 전일까지의 기간에 대하여 대통령령이 정하는 가산금을 징수할 수 있다. 〈개정 2008. 2. 29〉

② 금융위원회는 과징금납부의무자가 납부기한내에 과징금을 납부하지 아니한 때에는 기간을 정하여 독촉을 하고, 그 지정한 기간내에 과징금 및 제1항의 규정에 의한 가산금을 납부하지 아니한 때에는 국세체납처분의 예에 따라 이를 징수할 수 있다.

③ 금융위원회는 제1항 및 제2항의 규정에 의한 과징금 및 가산금의 징수 또는 체납처분에 관한 업무를 국세청장에게 위탁할 수 있다.

④ 제1항 내지 제3항의 규정에 의한 과징금의 징수 및 체납처분에 관한 절차 등에 관하여 필요한 사항은 대통령령으로 정한다. [본조신설 2001. 3. 28]

제 9 장 벌 칙

제53조【벌칙】① 공인회계사(회계법인의 이사, 소속공인회계사 및 외국공인회계사를 포함한다. 이하 이 조에서 같다)로서 다음 각 호의 어느 하나에 해당하는 자는 5년 이하의 징역 또는 5천만원 이하의 벌금에 처한다. 〈개정 2020. 5. 19〉

1. 제22조제4항(제40조의18에서 준용하는 경우를 포함한다)을 위반하여 부정한 청탁을 받고 금품이나 이익을 수수·요구 또는 약속하거나 위촉인이 사기나 그 밖의 부정한 방법으로 부당한 금전상의 이득을 얻도록 가담하거나 상담한 자

2. 제28조제2항(제40조의18에서 준용하는 경우를 포함한다)을 위반하여 금융위원회의 승인 없이 손해배상준비금을 손해배상 외의 용도에 사용한 자

② 공인회계사로서 다음 각 호의 어느 하나에 해당하는 자는 3년 이하의 징역 또는 3천만원 이하의 벌금에 처한다. 〈개정 2015. 7. 24〉

1. 제15조제3항(제40조의18에서 준용하는 경우를 포함한다)을 위반하여 고의로 진실을 감추거나 거짓 보고를 한 자

2. 제20조(제40조에서 준용하는 경우를 포함한다) 또는 제40조의16을 위반하여 직무상 알게 된 비밀을 누설한 자

3. 제40조의10제1항을 위반하여 제7조제1항에 따라 등록한 공인회계사를 고용한 자

4. 제40조의10제2항을 위반하여 공인회계사 또는 회계법인과 제40조의3에 따른 직무를 공동으로 수행하거나 그로부터 받은 보수 또는 수익을 분배한 자

5. 제40조의10제3항을 위반하여 공인회계사 또는 회계법인과 법인 설립, 지분 참여, 경영권 위임이나 그 밖의 방식으로 회계법인을 공동으로 설립하거나 운영한 자

③ 다음 각 호의 어느 하나에 해당하는 자는 1년 이하의 징역 또는 1천만원 이하의 벌금에 처한다. 〈개정 2015. 7. 24. 2020. 5. 19.〉

1. 공인회계사로서 제21조제1항·제2항(제33조제2항에서 준용하는 경우를 포함한다) 또는 제33조제1항을 위반하여 재무제표를 감사하거나 증명하는 직무를 수행한 자

2. 공인회계사로서 제22조제1항(제40조 및 제40조의18에서 준용하는 경우를 포함한다)을 위반하여 다른 사람에게 자기의 성명 또는 상호를 사용하게 하거나 등록증을 빌려준 자

2의2. 제22조제2항(제40조 및 제40조의18에서 준용하는 경우를 포함한다)을 위반하여 공인회계사 등록증의 대여 행위를 알선한 자

3. 공인회계사로서 제40조의17 또는 제48조에 따른 직무정지처분을 받고 그 직무정지기간 중에 제2조 또는 제40조의3에 따른 직무를 수행한 자

④ 회계법인이 제37조제3항을 위반하여 손해배상준비금에 해당하는 금액을 예치하지 아니하면 그 회계법인의 대표이사를 1년 이하의 징역 또는 1천만원 이하의 벌금에 처한다. 〈개정 2015. 7. 24.〉

⑤ 공인회계사 자격이 있는 자 또는 공인회계사로서 제7조제1항·제4항 또는 제40조의4제1항 및 제5항에 따른 등록이나 등록 갱신을 하지 아니하고 제2조 또는 제40조의3에 따른 직무를 수행한 자는 500만원 이하의 벌금에 처한다.

⑥ 공인회계사로서 다음 각 호의 어느 하나에 해당하는 자는 300만원 이하의 벌금에 처한다. 〈개정 2020. 5. 19.〉

1. 제12조제2항(제40조의18에서 준용하는 경우를 포함한다)을 위반하여 둘 이상의 사무소를 둔 자

2. 제18조(제40조에서 준용하는 경우를 포함한다)를 위반하여 장부를 작성하지 아니하거나 사무소에 비치하지 아니한 자

3. 제22조제3항(제40조 및 제40조의18에서 준용하는 경우를 포함한다)을 위반하여 계쟁권리를 양수한 자

4. 제35조(제40조의18에서 준용하는 경우를 포함한다)를 위반하여 경업을 한 자
[전문개정 2011. 6. 30.]

제54조【벌칙】① 공인회계사가 아닌 자가 제50조를 위반하여 제2조에 따른 직무를 수행하면 3년 이하의 징역 또는 3천만원 이하의 벌금에 처한다. 〈개정 2015. 7. 24〉

② 공인회계사가 아닌 자로서 다음 각 호의 어느 하나에 해당하는 자는 1년 이하의 징역 또는 1천만원 이하의 벌금에 처한다. 〈개정 2015. 7. 24〉

1. 제11조 또는 제31조제2항(제40조의18에서 준용하는 경우를 포함한다)을 위반하여

　　　공인회계사·회계법인 또는 이와 비슷한 명칭을 사용한 자

2. 공인회계사 또는 회계법인의 감사 또는 증명을 받지 아니하고 이들의 감사 또는 증명을 받았다는 취지로 재무서류의 전부 또는 일부를 공표한 자

3. 제20조 또는 제40조의16을 위반하여 직무상 알게 된 비밀을 누설한 사무직원 또는 사무직원이었던 자

[전문개정 2011. 6. 30]

제55조【몰수·추징 등】제53조제1항제1호 및 제3항제2호의 죄를 지은 자 또는 그 사정을 아는 제3자가 받은 금품이나 그 밖의 이익은 몰수한다. 이를 몰수할 수 없을 때에는 그 가액을 추징한다.

[본조신설 2018. 2. 21.]

부칙 〈법률 제18114호, 2021. 4. 20.〉

이 법은 공포 후 3개월이 경과한 날부터 시행한다.

公認會計士法 施行令

대통령령 제정 1966. 9. 2 제 2733호
전부 개정 1997. 3. 22 제15309호
[시행 2022. 4. 19] [대통령령 제32600호, 2022. 4. 19 일부개정]

제 1 장 총 칙

제1조【목적】이 영은 「공인회계사법」에서 위임된 사항과 그 시행에 관하여 필요한 사항을 규정함을 목적으로 한다. 〈개정 2006. 3. 10〉

제 2 장 시 험

제2조【공인회계사시험의 과목 및 방법 등】① 공인회계사법(이하 "법"이라 한다) 제5조제2항의 규정에 의한 공인회계사시험(이하 "시험"이라 한다)의 과목 및 과목별 배점은《별표 1》및《별표 2》와 같다. 〈개정 2004. 4. 1, 2006. 3. 10〉

② 제1차시험은 객관식으로 하고, 제2차시험은 주관식으로 한다.

③ 제1항에 따른 제1차시험의 과목 중 영어 과목은 그 시험일부터 역산하여 2년이 되는 날이 속하는 해의 1월 1일 이후에 실시된 다른 시험기관의 시험(이하 "영어시험"이라 한다)에서 취득한 성적으로 시험을 대체한다. 〈개정 2004. 4. 1. 2016. 9. 29. 2022. 4. 19.〉

④ 영어시험의 종류 및 합격에 필요한 점수는 별표 3과 같다. 〈신설 2004. 4. 1. 2006. 3. 10. 2008. 2. 29. 2022. 4. 19.〉

⑤ 시험에 응시하려는 사람은 총리령으로 정하는 바에 따라 다음 각 호의 서류를 금융위원회에 제출해야 한다. 〈신설 2022. 4. 19.〉

1. 응시원서

2. 다른 시험기관에서 발급한 영어시험의 성적표

3. 「장애인복지법」에 따른 장애인등록증 사본[「장애인복지법 시행령」 별표 1 제4호에 따른 청각장애인 중 두 귀의 청력 손실이 각각 80데시벨 이상인 사람(이하 "청각장애인"이라 한다)만 해당한다]

⑥ 금융위원회는 제5항제2호 및 제3호의 서류를 확인하기 위해 필요한 경우에는 관계 행정기관 및 시험기관에 협조를 요청할 수 있다. 〈신설 2022. 4. 19.〉

[제목개정 2004. 4. 1.]

제2조의2【응시자격】① 법 제5조제4항의 규정에 의한 과목의 종류(이하 이 조에서 "해당과목"이라 한다) 및 학점의 수는 다음 각호와 같다.

1. 회계학 및 세무관련과목 : 12학점

2. 경영학과목 : 9학점

3. 경제학과목 : 3학점

② 법 제5조제4항의 규정에 의한 학점인정의 기준은 동조제3항제1호의 규정에 의한 학교에서 이수하는 경우에는 그 학교의 학칙에 의하고, 그 밖의 경우에는「학점인정 등에 관한 법률」또는「독학에 의한 학위취득에 관한 법률」에 의한다. 다만, 제6조의 규정에 의한 시험위원회는 그 심의를 거쳐 해당과목 학위과정의 전공과목으로 규정되어 있지 아니한 과목인 경우에도 그 내용이 해당과목 학문에 관한 것인 경우에는 해당과목의 학점으로 인정할 수 있고, 해당과목 학위과정의 전공과목으로 규정되어 있는 과목인 경우에도 그 내용이 명백히 해당과목 학문에 관한 것이 아닌 경우에는 해당과목의 학점으로 인정하지 아니할 수 있다.〈개정 2006. 3. 10〉

③ 법 제5조제4항의 규정에 의한 응시자격의 소명방법은 학점을 이수한 학교의 장 또는 학점인정기관의 장이 발급한 해당과목 학점취득증명서에 의한다. 다만, 부득이한 사유로 학점취득증명서에 의하여 응시자격을 소명하지 못하게 된 경우에는 제6조의 규정에 의한 시험위원회는 그 심의를 거쳐 해당과목 성적증명서로 이를 대체하게 할 수 있다.

④ 시험에 응시하고자 하는 자는 총리령이 정하는 바에 따라 제3항의 규정에 의한 소명서류를 제출하여야 한다.〈개정 2006. 3. 10, 2008. 2. 29〉

⑤ 제2차시험은 제1차시험에 합격한 자 또는 제1차시험을 면제받은 자에 한하여 응시할 수 있다. [본조신설 2004. 4. 1]

제2조의2【응시자격】①법 제5조제3항에 따른 과목의 종류(이하 이 조에서 "해당과목"이라 한다) 및 학점의 수는 다음 각 호와 같다.〈개정 2022. 4. 19.〉

1. 회계학 및 세무 관련 과목: 12학점
2. 경영학과목: 6학점
3. 경제학과목: 3학점
4. 정보기술과목: 3학점

② 법 제5조제4항의 규정에 의한 학점인정의 기준은 동조제3항제1호의 규정에 의한 학교에서 이수하는 경우에는 그 학교의 학칙에 의하고, 그 밖의 경우에는「학점인정 등에 관한 법률」또는「독학에 의한 학위취득에 관한 법률」에 의한다. 다만, 제6조의 규정에 의한 시험위원회는 그 심의를 거쳐 해당과목 학위과정의 전공과목으로 규정되어 있지 아니한 과목인 경우에도 그 내용이 해당과목 학문에 관한 것인 경우에는 해당과목의 학점으로 인정할 수 있고, 해당과목 학위과정의 전공과목으로 규정되어 있는 과목인 경우에도 그 내용이 명백히 해당과목 학문에 관한 것이 아닌 경우에는 해당과목의 학점으로 인정하지 아니할 수 있다.〈개정 2006. 3. 10.〉

③ 법 제5조제4항의 규정에 의한 응시자격의 소명방법은 학점을 이수한 학교의 장 또는 학점인정기관의 장이 발급한 해당과목 학점취득증명서에 의한다. 다만, 부득이한 사유로 해당과목 학점취득증명서에 의하여 응시자격을 소명하지 못하게 된 경우에는 제6조의 규정에 의한 시험위원회는 그 심의를 거쳐 해당과목 성적증명서로 이를 대체

하게 할 수 있다.

④ 시험에 응시하고자 하는 자는 총리령이 정하는 바에 따라 제3항의 규정에 의한 소명서류를 제출하여야 한다. 〈개정 2006. 3. 10. 2008. 2. 29.〉

⑤ 제2차시험은 제1차시험에 합격한 자 또는 제1차시험을 면제받은 자에 한하여 응시할 수 있다.

[본조신설 2004. 4. 1.]

[시행일: 2025. 1. 1.] 제2조의2

제3조【합격자의 결정】 ① 제1차시험의 합격결정에 있어서는 영어 과목을 제외한 나머지 과목에 대하여 매과목 배점의 4할 이상, 전과목 배점합계의 6할 이상을 득점한 자 중에서 시험성적과 응시자수를 고려하여 전과목 총득점에 의한 고득점자순으로 합격자를 결정한다. 〈2004. 4. 1〉

② 제2차시험의 합격결정에 있어서는 매과목 배점의 6할 이상을 득점한 자를 합격자로 결정한다. 다만, 매과목 배점의 6할 이상을 득점한 자가 공인회계사의 수급상 필요하다고 인정하여 금융위원회가 시험공고시 공고한 최소선발예정인원에 미달하는 경우 미달인원에 대하여는 매과목 배점의 4할 이상을 득점한 자중 최소선발인원의 범위안에서 전과목 총득점에 의한 고득점자순으로 합격자를 결정할 수 있다. 〈개정 1988. 4. 1, 2004. 4. 1, 2008. 2. 29〉

③ 제1차시험의 합격자가 제1차시험 합격연도에 실시된 제2차시험의 과목 중 매과목 배점의 6할 이상 득점한 경우에는 다음 회의 제2차시험에 한하여 그 과목의 시험을 면제한다. 〈개정 2006. 3. 10〉

④ 제2항 단서의 규정에 의하여 합격자를 결정함에 있어 제3항의 규정에 따라 면제되는 과목에 대하여는 직전 시험에서 획득한 점수를 적용하여 총득점을 산정하되, 제3항의 규정에도 불구하고 면제되는 과목에 다시 응시한 경우에는 그 응시하여 획득한 점수를 적용하고, 동점자로 인하여 최소선발예정인원을 초과하는 경우에는 그 동점자 모두를 합격자로 한다. 이 경우 동점자의 점수계산은 소숫점 이하 둘째자리까지 계산한다. 〈신설 2004. 4. 1〉

제4조【제1차시험이 면제되는 자】 ① 법 제6조제1항제3호에서 "대통령령이 정하는 기관"이라 함은 다음 각호의 어느 하나에 해당하는 기관을 말한다. 〈개정 2001.6.18. 2004.4.1. 2006. 3.10. 2008.7.29. 2013.8.27. 2016.3.29. 2016.5.31. 2016.9.29. 2020.11.24.〉

1. 「공공기관의 운영에 관한 법률」 제5조제4항제1호에 따른 공기업(이하 이 조에서 "공기업"이라 한다)

2. 유가증권시장(「자본시장과 금융투자업에 관한 법률 시행령」 제176조의9제1항에 따른 유가증권시장을 말한다) 또는 코스닥시장(대통령령 제24697호 자본시장과 금융투자업에 관한 법률 시행령 일부개정령 부칙 제8조에 따른 코스닥시장을 말한다)에 상장된 주권을 발행한 법인(이하 "유가증권시장·코스닥시장 주권상장법인"이라 한다)

3. 「신용보증기금법」에 의한 신용보증기금과 「기술보증기금법」에 따른 기술보증기금(이하 "보증기관"이라 한다) 〈개정 2016. 5. 31〉

② 법 제6조제1항제3호에서 "대통령령이 정하는 직급"이라 함은 다음 각호의 직급을 말한다. 〈개정 98. 4. 1, 2001. 6. 18, 2004. 4. 1, 2006. 3. 10, 2008. 7. 29, 2010. 11. 15, 2016. 3. 29, 2016. 9. 29〉

1. 「은행법」 제2조에 따른 은행, 공기업 및 보증기관의 경우에는 대리급

2. 유가증권시장·코스닥시장 주권상장법인의 경우에는 과장급 또는 이에 준하는 직급

③ 법 제6조제1항제3호에서 "회계에 관한 사무"라 함은 재무제표의 작성을 주된 업무로 하는 것을 말한다.

④ 법 제6조제1항제5호에서 "대통령령으로 정하는 자"라 함은 「금융위원회의 설치 등에 관한 법률」에 의하여 설립된 금융감독원(이하 "금융감독원"이라 한다)의 대리급 이상의 직에서 5년 이상 다음 각호의 1의 업무를 담당한 경력이 있는 자를 말한다. 〈개정 98. 4. 1, 2001. 6. 18, 2006. 3. 10, 2008. 2. 29, 2008. 7. 29, 2018. 10. 30.〉

1. 「주식회사 등의 외부감사에 관한 법률」에 의한 외부감사 관련 업무

2. 「자본시장과 금융투자업에 관한 법률」에 따른 주권상장법인(이하 "주권상장법인"이라 한다)의 재무관리에 관한 업무

⑤ 법 제6조제1항 각호의 규정에 의한 사무종사기간을 산정함에 있어서 2 이상의 기관에서 당해 사무에 종사한 경력이 있는 자에 대하여는 각 기관에서 종사한 기간을 합산한다.

제5조【시험의 시행 및 공고】① 시험은 매년 1회 이상 시행한다.

② 금융위원회는 다음 각호의 사항을 시험일 90일전까지 일간신문, 관보 또는 인터넷 홈페이지 등에 공고해야 한다. 다만, 불가피한 사유로 공고내용을 변경할 경우에는 시험일 10일전까지 그 변경내용을 일간신문, 관보 또는 인터넷 홈페이지 등에 공고해야 한다. 〈개정 1998.4.1, 2008.2.29. 2012.5.1. 2020.11.24.〉

1. 응시자격

2. 시험의 방법 및 일시

3. 시험과목

4. 합격자 발표의 일시 및 방법

5. 응시원서의 교부장소 및 접수장소와 그 기한

6. 기타 시험의 시행에 관하여 필요한 사항

제6조【시험위원회】① 시험을 시행하기 위하여 금융위원회에 시험위원회(이하 "시험위원회"라 한다)를 둔다. 〈개정 98. 4. 1, 2000. 6. 23, 2008. 2. 29, 2016. 3. 29〉

② 시험위원회는 위원장 1인과, 시험을 실시할 때마다 당해 시험분야에 관한 학식과 경험이 풍부한 자 중에서 위원장이 임명 또는 위촉하는 시험위원으로 구성한다. 〈개정 2000. 6. 23〉

③ 위원장은 금융감독원 원장(이하 "금융감독원장"이라 한다)이 된다. 〈개정 98. 4. 1〉

④ 시험위원회는 다음 각호의 사항을 심의한다. 〈개정 98. 4. 1, 2000. 6. 23, 2008.

2. 29〉

1. 시험응시자격에 관한 사항

2. 시험문제의 출제에 관한 사항

3. 시험방법에 관한 사항

4. 시험합격자의 결정에 관한 사항

5. 기타 시험에 관하여 금융위원회 위원장이 부의하는 사항

⑤ 위원장은 시험위원회의 사무를 총괄하고 시험위원회를 대표하며, 시험위원회의 회의를 소집하고 그 의장이 된다. 〈개정 2000.6.23. 2021.1.5.〉

⑥ 위원장이 부득이한 사유로 그 직무를 수행할 수 없을 때에는 위원장이 지명하는 위원이 그 직무를 대행한다. 다만, 불가피한 사유의 발생으로 인하여 위원장이 그 직무를 대행할 위원을 지명하지 못할 경우에는 금융위원회 위원장이 지명하는 위원이 그 직무를 대행한다. 〈개정 98. 4. 1, 2008. 2. 29〉

⑦ 시험위원회의 회의는 재적위원 과반수의 출석과 출석위원 과반수의 찬성으로 의결한다. 〈개정 2000. 6. 23〉

⑧ 제1항 내지 제7항 외에 시험위원회의 운영 등에 관하여 필요한 사항은 시험위원회의 의결을 거쳐 위원장이 정한다. 〈개정 2000. 6. 23〉

제6조의2【시험위원회 위원의 해임 및 해촉】 시험위원회의 위원장은 제6조제2항에 따라 임명 또는 위촉한 위원이 다음 각 호의 어느 하나에 해당하는 경우에는 해당 위원을 해임 또는 해촉할 수 있다.

1. 심신장애로 인하여 직무를 수행할 수 없게 된 경우

2. 직무와 관련된 비위사실이 있는 경우

3. 직무 태만, 품위 손상, 그 밖의 사유로 인하여 위원으로 적합하지 아니하다고 인정되는 경우

4. 위원 스스로 직무를 수행하는 것이 곤란하다고 의사를 밝히는 경우

[본조신설 2016.3.29.]

제7조【응시수수료】① 시험에 응시하고자 하는 자는 수수료로서 총리령이 정하는 금액을 현금 또는 정보통신망을 이용한 전자화폐·전자결제 등의 방법으로 금융감독원에 납부하여야 한다. 다만, 금융위원회는 정보통신망을 이용하여 전자화폐·전자결제 등의 방법으로 이를 납부하게 할 수 있다. 〈개정 1998. 4. 1, 2000. 6. 23, 2004. 3. 17, 2004. 4. 1, 2008. 2. 29〉

② 제1항에 따른 수수료는 다음 각 호의 어느 하나에 해당하는 경우에는 반환해야 한다. 이 경우 제1호의 경우에는 과오납한 금액을, 제2호부터 제4호까지의 경우에는 납부한 수수료의 전액을 각각 반환한다. 〈개정 2011. 3. 22. 2018. 4. 24. 2022. 4. 19.〉

1. 수수료를 과오납한 경우

2. 시험실시기관의 귀책사유로 시험에 응시하지 못한 경우

3. 시험개시일 하루 전까지 접수를 취소하는 경우

4. 그 밖에 감염병 전파 위험 등의 사유로 불가피하게 시험에 응시할 수 없거나 응시를 포기해야 하는 경우로서 시험위원회가 수수료의 반환이 필요하다고 인정하는 경우

제8조【합격자 공고 및 합격증서 교부】 금융위원회는 시험의 합격자가 결정된 때에는 이를 일간신문, 관보 또는 인터넷 홈페이지 등에 공고하며, 제2차시험의 합격자에 대하여는 합격증서를 교부한다. 〈개정 98.4.1, 2008.2.29, 2020.11.24.〉

제9조 삭제〈2018. 4. 24〉

제9조의2【공인회계사자격제도심의위원회】 ① 제9조의2(공인회계사자격제도심의위원회) ①법 제6조의2에 따른 공인회계사자격제도심의위원회(이하 "자격제도심의위원회"라 한다)는 위원장 1명을 포함하여 11명의 위원으로 구성한다. 〈개정 2016. 3. 29, 2019. 8. 27.〉

② 자격제도심의위원회의 위원장(이하 이 조에서 "위원장"이라 한다)은 금융위원회 부위원장이 되고, 위원은 다음 각 호의 사람으로서 금융위원회가 위촉하는 사람이 된다. 〈개정 2006. 3. 10, 2006. 6. 12, 2008. 2. 29, 2016. 3. 29, 2018. 10. 30, 2019. 8. 27.〉

1. 금융위원회의 3급공무원 또는 고위공무원단에 속하는 일반직공무원 중 2명
2. 「주식회사 등의 외부감사에 관한 법률 시행령」 제46조에 따른 회계전문가 1명
3. 공인회계사 자격을 취득한 후 회계 관련 업무에 10년 이상 종사한 경력이 있는 사람 중 법 제41조제1항에 따른 한국공인회계사회(이하 "공인회계사회"라 한다)의 회장이 추천하는 사람 1명
4. 「주식회사 등의 외부감사에 관한 법률」 제5조제4항 및 같은 법 시행령 제7조에 따라 금융위원회로부터 회계처리기준의 제·개정에 관한 업무를 위탁받은 법인 또는 단체의 장이 추천하는 사람 1명
5. 「자본시장과 금융투자업에 관한 법률」 제370조제1항에 따라 금융위원회의 허가를 받아 설립된 한국상장회사협의회의 회장이 추천하는 사람 1명
6. 「상공회의소법」 제34조에 따라 설립된 대한상공회의소의 회장이 추천하는 사람 1명
7. 회계 또는 회계감사 등에 관한 학식과 경험이 풍부한 사람으로서 다음 각 목의 어느 하나에 해당하는 사람 3명
   가. 공인회계사 자격을 취득한 후 회계 관련 업무에 10년 이상 종사한 경력이 있는 사람
   나. 회계 분야 대학교수

③ 위원장은 자격제도심의위원회를 대표하고 자격제도심의위원회의 업무를 총괄하며, 자격제도심의위원회의 회의를 소집하고 그 의장이 된다. 〈개정 2016.3.29, 2021.1.5.〉

④ 위원장이 부득이한 사유로 그 직무를 수행할 수 없을 때에는 위원장이 지명하는 위원이 그 직무를 대행한다.

⑤ 자격제도심의위원회의 회의는 재적위원 과반수의 출석과 출석위원 과반수의 찬성으로 의결한다. 〈개정 2016. 3. 29.〉

⑥ 제2항제3호부터 제7호까지의 위원의 임기는 3년으로 하되, 연임할 수 있다. 〈개정 2019. 8. 27.〉

⑦ 제1항부터 제6항까지에서 규정한 사항 외에 자격제도심의위원회의 운영 등에 필요한 사항은 자격제도심의위원회의 의결을 거쳐 위원장이 정한다. 〈개정 2016. 3. 29.〉
[본조신설 2000. 6. 23.]

제9조의3【자격제도심의위원회 위원의 해촉】금융위원회는 제9조의2제2항에 따라 위촉한 위원이 다음 각 호의 어느 하나에 해당하는 경우에는 해당 위원을 해촉할 수 있다.

1. 심신장애로 인하여 직무를 수행할 수 없게 된 경우
2. 직무와 관련된 비위사실이 있는 경우
3. 직무 태만, 품위 손상, 그 밖의 사유로 인하여 위원으로 적합하지 아니하다고 인정되는 경우
4. 위원 스스로 직무를 수행하는 것이 곤란하다고 의사를 밝히는 경우
[본조신설 2016.3.29.]

제 3 장   실무수습 · 등록 등

제10조【등록】① 법 제7조제1항에 따라 공인회계사 등록을 하려는 사람은 등록신청서에 제8조에 따른 합격증서 사본을 첨부하여 금융위원회에 제출하여야 한다. 〈개정 2012.6.27〉

② 금융위원회는 제1항의 규정에 의한 등록신청을 받은 때에는 지체없이 공인회계사등록부에 등재하며 신청인에게 등록증을 교부하여야 한다. 〈개정 1998.4.1, 2008.2.29〉

③ 공인회계사등록을 한 자는 등록사항에 관하여 변경이 있을 때에는 지체없이 금융위원회에 이를 신고하여야 한다. 〈개정 1998.4.1, 2008.2.29〉

제11조【등록의 갱신】① 공인회계사등록을 한 자는 법 제7조제4항의 규정에 의하여 5년마다 그 등록을 갱신하여야 한다.〈개정 2006. 3. 10〉

② 제1항의 규정에 의하여 등록의 갱신을 하고자 하는 자는 공인회계사등록갱신신청서를 등록일부터 5년이 경과되기 30일전까지 금융위원회에 제출하여야 한다. 〈개정 98. 4. 1, 2008. 2. 29〉

③ 금융위원회는 공인회계사 등록을 한 사람에게 등록을 갱신하려면 등록의 유효기간이 끝나는 날의 30일 전까지 등록갱신을 신청하여야 한다는 사실과 제2항에 따른 갱신절차를 등록의 유효기간이 끝나는 날의 60일 전까지 휴대폰에 의한 문자전송, 전자메일, 팩스, 전화 등으로 미리 알려야 한다. 〈신설 2012.6.27〉

제12조【실무수습】① 법 제7조제1항의 규정에 의한 실무수습은 다음 각호의 1의 기관에서 1년 이상 행하여야 한다. 〈개정 2004. 4. 1, 2006. 3. 10, 2008. 2. 29, 2008. 7. 29, 2009. 12. 31, 2018. 4. 24, 2018. 10. 30.〉

1. 회계법인
1의2. 「주식회사 등의 외부감사에 관한 법률」 제2조제7호나목에 따른 감사반(이하 "감사반"이라 한다)
2. 공인회계사회

3. 금융감독원(「주식회사 등의 외부감사에 관한 법률」에 의한 외부감사 관련업무, 주권상장법인의 재무관리사무를 담당하는 부서에 한한다)

4. 기타 공인회계사회의 추천을 받아 금융위원회가 정하는 기관

② 〈삭제 2004. 4. 1〉

③ 제1항의 규정에 의한 실무수습기간을 산정함에 있어 2 이상의 기관 (제5항의 규정에 의한 실무수습과정을 포함한다)에서 실무수습을 행한 자에 대하여는 각 기관의 실무수습기간을 합산한다. 〈개정 2004. 4. 1〉

④ 실무수습에 관한 사항은 공인회계사회가 이를 관리하며, 실무수습의 내용·방법·절차 및 실무수습기간의 합산 기타 필요한 사항은 공인회계사회가 금융위원회의 승인을 얻어 정한다. 〈개정 2004. 4. 1, 2008. 2. 29〉

⑤ 공인회계사회는 제1항의 규정에 의한 기관에서 실무수습을 받지 못하는 자를 위하여 별도의 실무수습과정을 설치할 수 있으며, 이 경우 금융위원회에 법 제7조제2항의 규정에 따라 그 실무수습과정의 운영에 필요한 비용 등을 지원할 수 있다. 〈개정 2004. 4. 1, 2008. 2. 29〉

제13조【손해배상책임의 보장】 ① 법 제7조의 규정에 의하여 등록한 공인회계사(회계법인에 소속된 공인회계사를 제외한다. 이하 이 조에서 같다)가 법 제2조의 규정에 의한 직무를 행하기 위하여 「부가가치세법」 제8조에 따른 사업자등록을 한 경우에는 그 사업자등록일부터 15일 이내에 다음 각호의 1에 해당하는 방법으로 공인회계사 1인당 5천만원 이상에 상당하는 손해배상책임보장조치를 이행하고 그 증빙서류를 갖추어 공인회계사회에 신고하여야 한다. 〈개정 2001. 6. 18, 2006. 3. 10, 2013. 6. 28〉

1. 보험가입

2. 공인회계사회가 법 제19조의 규정에 의한 손해배상책임을 보장하기 위하여 회칙이 정하는 바에 의하여 운영하는 공제사업에 대한 가입

② 제1항의 규정에 의하여 보험에 가입한 공인회계사는 손해배상의 사유가 발생하여 당해 손해배상에 따른 배상금이 지급된 경우에는 그 지급일까지, 보험기간이 만료된 때에는 당해 보험기간의 만료일까지 제1항 각호의 1의 손해배상책임보장조치를 이행하고 그 이행일부터 15일 이내에 증빙서류를 갖추어 공인회계사회에 신고하여야 한다.

③ 제1항의 규정에 의하여 공제사업에 가입한 공인회계사는 공인회계사회가 당해 공인회계사의 손해배상책임으로 공제사업에 의하여 조성된 기금을 손해배상에 충당한 경우 그 배상에 충당한 금액을 상환하거나 공인회계사회가 기금을 손해배상에 충당한 날까지 제1항제1호의 손해배상보장조치를 이행하고 그 이행일부터 15일 이내에 증빙서류를 갖추어 공인회계사회에 신고하여야 한다.

④ 제1항 내지 제3항 외에 공제사업에 의하여 조성된 기금의 지급사유·절차·반환 기타 공제사업의 운영에 관하여 필요한 사항은 공인회계사회가 정한다

제14조【직무제한】 ① 법 제21조제1항제3호에서 "대통령령으로 정하는 자"란 공인회계사 또는 그 배우자와 다음 각 호의 관계에 있는 자를 말한다. 〈개정 2001. 6. 18. 2004. 4. 1. 2006. 3. 10. 2008. 2. 29. 2019. 8. 27. 2022. 4. 19.〉

1. 해당 공인회계사 또는 그 배우자가 주식 또는 출자지분을 소유하고 있는 자. 다만, 감사기간[법 제21조제2항 각 호 외의 부분에 따라 재무제표(「주식회사 등의 외부감사에 관한 법률」에 따른 연결재무제표를 포함한다. 이하 같다)를 감사하거나 증명하는 업무를 수행하는 계약을 체결하고 있는 기간을 말한다. 이하 같다] 중 합병·상속 또는 소송 등에 따라 주식 또는 출자지분을 비자발적으로 취득한 후 해당 주식 또는 출자지분을 지체 없이 처분한 경우는 제외한다.

2. 공인회계사 또는 그 배우자와 채권 또는 채무 관계에 있는 자. 다만, 다음 각 목의 채권 또는 채무는 제외한다.

   가. 법 제2조의 규정에 따른 공인회계사의 직무와 직접 관련된 채권

   나. 「금융소비자 보호에 관한 법률」에 따른 금융상품에 대해 「약관의 규제에 관한 법률」에 따른 약관(이하 "약관"이라 한다)에 따라 체결한 계약으로 발생한 채권 또는 채무 중 다음의 채권 또는 채무. 다만, 정당한 사유 없이 일반적인 거래조건보다 유리하게 체결한 계약이나 「금융산업의 구조개선에 관한 법률」 제10조제2항에 따른 적기시정조치를 받거나 받아야 하는 금융기관과 체결한 계약으로 발생한 채권 또는 채무는 제외한다.

   1) 다음의 채권 또는 채무 중 감사기간 중에 만기를 연장한 계약으로 발생한 채권 또는 채무

   가) 주택담보대출·예금담보대출 등 일반적인 절차에 따라 담보를 제공하고 성립된 채무

   나) 「보험업법」에 따른 보험상품 계약으로 발생한 채권 또는 채무

   2) 건축물이나 주택의 분양·공급 등과 관련하여 「금융회사의 지배구조에 관한 법률」에 따른 금융회사와 일괄적으로 체결한 대출 계약으로 발생한 채무

   3) 「여신전문금융업법」에 따른 신용카드 사용에 따른 지급기일이 2개월 이내인 채무 중 연체되지 않은 채무

   4) 1)부터 3)까지의 채권 또는 채무 외의 것으로서 재무제표를 감사하거나 증명하는 업무를 수행하는 계약을 체결하기 전에 발생한 채권 또는 채무

   다. 재무제표를 감사하거나 증명하는 업무를 수행하는 계약을 체결하기 전에 약관에 따라 구입하거나 정상적인 가액으로 구입한 회원권·시설물이용권 등 채권

   라. 「근로자퇴직급여 보장법」에 따른 퇴직연금 등 채권

   마. 삭제 〈2022. 4. 19.〉

   바. 삭제 〈2022. 4. 19.〉

   사. 감사기간 중 합병·상속 또는 소송 등에 의하여 비자발적으로 발생된 채권 또는 채무

   아. 가목부터 사목까지의 채권 또는 채무 외의 것으로서 상거래를 위해 약관에 따라 체결된 계약으로 발생한 3천만원 미만의 채권 또는 채무

3. 해당 공인회계사에게 무상으로 또는 일반적인 거래가격보다 현저히 낮은 대가로 공인

회계사 사무소나 영업용 차량을 제공하고 있는 자

4. 해당 공인회계사에게 공인회계사 업무외의 업무로 인하여 계속적인 보수를 지급하거나 기타 경제상의 특별한 이익을 제공하고 있는 자

5. 해당 공인회계사에게 법 제2조의 규정에 의한 직무를 수행하는 대가로 자기 회사의 주식·신주인수권부사채·전환사채 또는 주식매수선택권을 제공하였거나 제공하기로 한 자

② 공인회계사는 법 제21조제2항제4호 각 목 외의 부분에 따라 부실채권의 회수를 목적으로 하는 채권자협의체가 구성된 경우에 그 채권자협의체의 구성원(이하 "구성원"이라 한다)이 출자전환 또는 대주주의 담보제공 등을 원인으로 하여 취득한 자산·자본·그 밖의 권리 등(이하 "자산등"이라 한다)을 공동으로 매도하기 위하여 하는 법 제21조제2항제4호 각 목의 업무(이하 "실사등의 업무"라 한다)를 할 수 있다. 〈개정 2016. 9. 29.〉

③ 제2항에도 불구하고 다음 각 호의 어느 하나에 해당하는 공인회계사는 제2항에 따른 실사등의 업무를 할 수 없다. 〈신설 2006. 3. 10. 2016. 9. 29.〉

1. 자산등을 공동으로 매도하는 업무를 주관하는 구성원을 감사하거나 증명하는 업무를 수행하는 공인회계사

2. 공동으로 매도하고자 하는 자산등의 100분의 50이상을 소유한 구성원을 감사하거나 증명하는 업무를 수행하는 공인회계사

3. 공인회계사가 감사하거나 증명하는 업무를 수행 중인 구성원들이 보유하고 있는 자산등의 합계가 공동으로 매도하고자 하는 자산등의 100분의 50이상에 해당하는 공인회계사

④ 법 제21조제3항에서 "내부통제절차 등 대통령령으로 정하는 절차"란 공인회계사가 법 제21조제2항 각 호의 어느 하나에 해당하는 업무 외의 업무를 수행하기 전에 그 회사의 감사(「상법」 제415조의2에 따른 감사위원회를 포함한다. 이하 이 조에서 "감사등"이라 한다)와 그 업무에 대하여 협의하고, 이해상충의 소지가 높은 업무에 대하여는 감사등의 동의를 얻는 절차를 말한다. 〈신설 2004. 4. 1. 2006. 3. 10. 2016. 9. 29.〉

⑤ 공인회계사는 제4항의 절차에 따라 그 업무를 수행한 경우에는 감사등과의 협의사항 및 감사등의 동의와 관련한 사항을 문서화하여 8년간 보존한다. 〈신설 2004. 4. 1. 2006. 3. 10. 2016. 9. 29.〉

제 4 장   회계법인 등

제15조【회계법인의 등록】① 법 제24조제1항의 규정에 의하여 회계법인의 등록을 하고자 하는 자는 회계법인등록신청서에 다음 각호의 서류를 첨부하여 금융위원회에 제출하여야 한다. 〈개정 98. 4. 1, 2001. 6. 18, 2008. 2. 29〉

1. 징관

2. 대표이사의 이력서

3. 이사 및 소속공인회계사의 등록번호 및 등록일자를 기재한 서류

4. 자본금의 납입을 증명하는 서류(현금출자의 경우 은행 기타 금융기관이 발행한 자본금 납입증명서, 현물출자의 경우 그 이행을 증명하는 서류 및 공인된 감정기관의 감정평 가서)

5. 업무계획서 및 예산서

6. 주사무소와 분사무소의 설치예정지를 기재한 서류

② 금융위원회는 제1항의 규정에 의한 등록을 한 자에 대하여 회계법인등록증을 교부한 다. 〈개정 98. 4. 1, 2001. 6. 18, 2008. 2. 29〉

제15조의2【회계법인의 직무제한】① 법 제33조제1항제3호에서 "대통령령이 정하는 자"라 함은 다 음 각호의 1에 해당하는 자를 말한다. 〈개정 2006. 3. 10〉

1. 과거 1년 이내에 자기의 재무제표 등에 대하여 감사 또는 증명업무를 행한 회계법인의 담당 사원 또는 그 배우자가 임원이나 그에 준하는 직위(재무에 관한 사무의 책임있는 담당자를 포함한다)에 있는 자

2. 회계법인과 1억원 이상의 채권 또는 채무관계에 있는 자. 이 경우 제14조제1항제2호 단서의 규정은 회계법인에 대하여 이를 준용한다.

3. 회계법인과 제14조제1항제3호 내지 제5호의 규정에 준하는 관계가 있는 자

② 제14조제2항 내지 제5항의 규정은 회계법인에 관하여 이를 준용한다. 이 경우 "공인 회계사"는 "회계법인"으로 본다. 〈개정 2006. 3. 10〉 [본조신설 2004. 4. 1]

제16조 내지 제18조 삭 제 〈2001. 6. 18〉

제19조【자본금의 유지】법 제27조제2항에서 "대통령령이 정하는 금액"이라 함은 5억원을 말한 다. 〈개정 2001. 6. 18〉

제20조【손해배상준비금의 적립】① 회계법인은 법 제28조제1항의 규정에 의하여 당해 사업연도 총 매출액의 100분의 2에 해당하는 금액을 매 사업연도마다 손해배상준비금으로 적립하 여야 한다.

② 회계법인은 제1항의 규정에 의한 손해배상준비금을 직전 2개 사업연도 및 당해 사업 연도 총 매출액 평균의 100분의 10에 해당하는 금액에 달할 때까지 적립하여야 한다.

③ 회계법인은 손해배상준비금의 사용으로 이사 또는 소속공인회계사를 포함한 직원에게 구상권을 행사한 경우 그 구상한 금액을 손해배상준비금에 계상하여야 한다.

제21조【타법인 출자등의 한도】법 제29조제1항의 규정에 의하여 회계법인이 타 법인에 출자하거 나 타인을 위하여 채무를 보증한 금액의 합계액은 법 제29조제2항의 규정에 의한 자기자 본("자기자본"이라 하며, 이하 이 조에서 같다)의 100분의 25(타인을 위한 채무보증액은 자기자본의 100분의 10)에 해당하는 금액을 초과하여서는 아니된다. 다만, 자기자본중 손해배상준비금을 차감한 금액이 5억원 이상인 경우 그 초과하는 금액에 대하여는 초과 금액의 100분의 50에 해당하는 금액의 범위안에서 타 법인에 출자할 수 있다. 〈개정 2001. 6. 18〉

제22조【분사무소】법 제32조제1항의 규정에 의하여 분사무소를 설치하는 회계법인은 각 분사무 소마다 3인 이상의 공인회계사를 상근하도록 하여야 한다. [전문개정 2000. 6. 23]

제23조【예치금의 관리·운용】① 회계법인이 법 제37조제3항의 규정에 의하여 공인회계사회에 손해배상준비금에 해당하는 금액(이하 "예치금"이라 한다)을 예치하는 경우 반환받을 이사(이하 "예치자"라 한다)와 그 금액을 지정하여 예치하여야 한다. 다만, 회계법인이 합병의 사유로 해산하고 존속 또는 신설되는 회계법인이 소멸되는 회계법인의 손해배상준비금을 승계하는 경우에는 법 제37조제3항의 규정에 의한 예치금을 예치한 것으로 본다.

② 제1항 본문의 규정에 의하여 예치하는 경우 예치자는 해산당시의 이사로 하며 그 금액은 해산당시의 출자비율에 비례하여 계산한 금액으로 한다.

③ 공인회계사회는 예치금을 공인회계사회의 다른 재산과 구분하여 회계처리하되 예치자별로 구분하여야 한다. 〈개정 2016. 3. 29〉

④ 공인회계사회는 손해를 입은 자가 손해배상의 확정판결, 재판상 화해(제29조제3항의 규정에 의하여 분쟁의 당사자가 조정안을 수락한 경우를 포함한다)의 사유로 그 증빙서류를 첨부하여 예치금의 지급을 신청하는 경우 신청일부터 1월 이내에 예치자별 예치금의 한도안에서 이를 지급한다.

⑤ 공인회계사회는 제1항의 규정에 의하여 예치받은 예치금을 은행 등 금융기관에 예탁하거나 국·공채의 매입 기타 원리금의 지급이 보증된 사채를 매입하는 방법으로 운용한다.

⑥ 공인회계사회는 예치금의 실질잔액을 예치일부터 3년이 경과한 날(이하 "반환일"이라 한다)이후 이를 예치자에게 반환한다. 다만, 반환일 현재 법 제28조의 규정에 의한 손해배상책임과 관련한 소송이 진행중인 경우에는 당해 소송의 확정판결에 의한 예치금의 지급이 종료된 날 이후 이를 반환한다. 〈개정 98. 4. 1〉

⑦ 제1항 내지 제6항 외에 예치금의 관리에 관하여 필요한 사항은 공인회계사회가 정한다.

제23조의2【외국공인회계사의 등록】① 법 제40조의4제1항에 따라 외국공인회계사의 등록을 하려는 사람은 외국공인회계사등록신청서에 다음 각 호의 서류를 첨부하여 금융위원회에 제출하여야 한다.

1. 원자격국의 공인회계사임을 증명하는 서류
2. 법 제4조에 따른 결격사유가 없음을 증명하는 서류
3. 원자격국의 감독기관에 의한 징계 등 신분상의 조치사실을 확인할 수 있는 서류
4. 이력서 1부
5. 사진(반명함판) 3매

② 외국공인회계사 등록을 한 사람은 등록사항에 관하여 변경이 있을 때에는 변경내용을 증명하는 서류를 첨부하여 지체없이 금융위원회에 그 사실을 신고하여야 한다.

[본조신설 2011.6.30]

제23조의3【외국공인회계사 등록의 갱신】① 법 제40조의4제5항에 따라 외국공인회계사 등록의 갱신을 하려는 사람은 외국공인회계사등록갱신신청서에 제23조의2제1항 각 호의 서류를 첨부하여 금융위원회에 제출하여야 한다 〈개정 2012.6.27〉

② 금융위원회는 외국공인회계사 등록을 한 사람에게 등록을 갱신하려면 등록의 유효기간이 끝나는 날의 1개월 전까지 등록갱신을 신청하여야 한다는 사실과 제1항에 따른 갱

신절차를 등록의 유효기간이 끝나는 날의 60일 전까지 휴대폰에 의한 문자전송, 전자메일, 팩스, 전화 등으로 미리 알려야 한다. 〈신설 2012.6.27〉

[본조신설 2011.6.30]

제23조의4【외국회계법인의 등록】법 제40조의7제1항에 따라 외국회계법인의 등록을 하려는 자는 외국회계법인등록신청서에 다음 각 호의 서류를 첨부하여 금융위원회에 제출하여야 한다.

   1. 원자격국의 회계법인임을 증명하는 서류

   2. 정관

   3. 국내에 개설 예정인 외국회계사무소의 대표자 이력서

   4. 소속 외국공인회계사의 등록번호 및 등록일자를 적은 서류

   5. 업무계획서 및 예산서

   6. 원자격국의 감독기관에 의한 영업정지 등 해당 회계법인에 대한 조치사실을 확인할 수 있는 서류

   7. 국내에 개설 예정인 외국회계사무소 직원 명단

   8. 외국회계사무소 설치예정지를 기재한 서류

[본조신설 2011.6.30]

제 5 장　한국공인회계사회

제24조【회칙】공인회계사회의 회칙에는 다음 각호의 사항을 기재하여야 한다.

   1. 명칭 및 본부소재지

   2. 지회 및 지부의 설치에 관한 사항

   3. 임원의 선임 및 그 직무에 관한 사항

   4. 회원의 입회 및 탈퇴에 관한 사항

   5. 총회·이사회·윤리위원회 기타 기관의 구성·직무 및 회의에 관한 사항

   6. 회원의 업무의 감리에 관한 사항

   7. 징계에 관한 사항

   8. 직업윤리 등 회원의 권리 및 의무에 관한 사항

   9. 회비에 관한 사항

   10. 회계 및 자산에 관한 사항

   11. 회원의 연수에 관한 사항

   12. 회원의 손해배상책임보장을 위한 공제사업에 관한 사항

   13. 공인회계사회의 조직에 관한 사항

제25조【임원】① 공인회계사회에 다음 각호의 임원을 둔다. 〈개정 2018. 4. 24〉

   1. 회장

   2. 부회장

   3. 이사

4. 감사

② 제1항에 따른 임원의 구성 수·임기 등에 관한 사항은 공인회계사회의 회칙으로 정한다. 〈개정 2018. 4. 24〉

제26조【총회개최의 통지등】 ① 공인회계사회는 총회를 개최하고자 할 때에는 그 일시·장소 및 의제를 총회개최 1주전까지 금융위원회에 통지하여야 한다. 〈개정 98. 4. 1, 2008. 2. 29〉

② 공인회계사회는 제1항의 규정에 의한 총회를 개최한 때에는 그 결과를 지체없이 재정경제부장관에게 보고하여야 한다. 〈개정 98. 4. 1〉

제27조【분쟁조정위원회의 구성등】 ① 법 제45조제2항의 규정에 의한 분쟁조정위원회(이하 이 장에서 "분쟁조정위원회"라 한다)는 위원장 1인을 포함한 7인의 위원으로 구성한다. 〈개정 2000. 6. 23〉

② 위원장은 공인회계사회회장이 지명하는 그 소속 상근부회장이 되고, 위원은 공인회계사회회장이 위촉하는 다음 각호의 사람으로 한다. 〈개정 98. 4. 1, 2001. 6. 18, 2006. 3. 10, 2007. 3. 27, 2016. 3. 29〉

1. 금융감독원장이 그 소속부원장보중에서 추천하는 자 1인

2. 「자본시장과 금융투자업에 관한 법률」 제370조제1항에 따라 설립된 단체중 주권상장법인을 회원으로 하고 있는 단체의 장이 그 소속 임원중에서 추천하는 사람 1명

3. 「소비자기본법」 제29조에 따라 공정거래위원회에 등록된 소비자단체의 임원 1인

4. 변호사 1인

5. 대학교수 1인

6. 개업경력이 10년 이상인 공인회계사 1인

③ 위원장 및 위원의 임기는 2년으로 하되, 연임할 수 있다.

④ 분쟁조정위원회의 회의는 위원 4인 이상의 출석과 출석위원 과반수의 찬성으로 의결한다. 〈개정 2000. 6. 23〉

⑤ 제1항 내지 제4항 외에 분쟁조정위원회의 운영 등에 관하여 필요한 사항은 분쟁조정위원회가 정한다. 〈개정 2000. 6. 23〉

제28조【조정의 신청】 ① 법 제45조제1항의 규정에 의한 분쟁의 당사자는 공인회계사회회장에게 조정을 신청할 수 있다.

② 제1항의 규정에 의하여 조정을 신청하고자 하는 자는 다음 각호의 서류를 첨부한 조정신청서를 공인회계사회에 제출하여야 한다.

1. 조정신청의 원인 및 그 사실을 증명하는 서류

2. 대리인이 신청하는 경우에는 그 위임장

3. 기타 조정에 필요한 증거서류 및 자료

③ 제2항의 규정에 의한 조정신청서의 서식은 공인회계사회가 정한다.

제29조【분쟁조정절차】 ① 공인회계사회회장은 제28조제1항의 규정에 의하여 분쟁조정의 신청을 받은 때에는 관계당사자에게 그 내용을 통지하고 합의를 권고할 수 있으며, 분쟁조정의 신청을 받은 날부터 30일 이내에 합의가 이루어지지 아니하는 경우에는 이를 지체없이

분쟁조정위원회에 회부하여야 한다. 〈개정 2000. 6. 23〉

② 공인회계사회회장은 신청된 분쟁사건의 조정절차가 진행중에 일방이 소송을 제기한 때에는 제1항의 규정에 불구하고 그 조정의 처리를 중지하고 이를 관계당사자에게 통보하여야 한다.

③ 공인회계사회회장은 분쟁조정위원회가 조정안을 작성한 때에는 신청인과 관계당사자에게 조정안을 제시하고 그 수락을 권고할 수 있다. 〈개정 2000. 6. 23〉

④ 분쟁조정위원회는 분쟁의 당사자 기타 이해관계인의 의견을 들을 필요가 있다고 인정될 때에는 이들에게 출석하여 의견을 진술할 것을 요청할 수 있다. 〈개정 2000. 6. 23〉

⑤ 분쟁의 당사자 기타 이해관계인은 분쟁조정위원회에 출석하여 의견을 진술할 수 있다. 〈개정 2000. 6. 23〉

⑥ 제4항 및 제5항의 규정에 의하여 의견을 진술하고자 하는 자는 대리인으로 하여금 출석하여 의견을 진술하게 할 수 있다.

⑦ 제1항 내지 제6항 외에 분쟁조정절차에 관하여 필요한 사항은 분쟁조정위원회가 정한다. 〈개정 2000. 6. 23〉

제6장 징 계

제30조【징계위원회】 법 제48조의 규정에 의한 공인회계사징계위원회(이하 이 장에서 "징계위원회"라 한다)는 이를 금융위원회에 둔다. 〈개정 98. 4. 1, 2000. 6. 23, 2008. 2. 29〉

제31조【징계위원회의 구성】 ① 징계위원회는 위원장 1명을 포함한 9명의 위원으로 구성한다. 〈개정 2000. 6. 23. 2022. 4. 19.〉

② 위원장은 금융위원회 소속 공무원 중에서 금융위원회 위원장이 지명하는 사람으로 하고, 그 외의 위원은 다음 각 호의 사람으로 한다. 〈개정 1998. 4. 1. 2000. 6. 23. 2006. 3. 10. 2008. 2. 29. 2022. 4. 19.〉

1. 감사원 및 법제처의 3급 이상 공무원 중에서 금융위원회 위원장의 요청에 따라 해당 기관의 장이 지명하는 사람 각 1명

2. 금융위원회의 3급 이상 공무원 중에서 금융위원회 위원장이 지명하는 사람 1명

3. 공인회계사회 임원 중에서 공인회계사회의 회장이 지명하는 사람 1명

4. 「금융위원회의 설치 등에 관한 법률」에 따른 증권선물위원회(이하 "증권선물위원회"라 한다)의 위원 중에서 증권선물위원회 위원장이 지명하는 사람 1명

5. 기획재정부의 3급 이상 공무원 중에서 금융위원회 위원장의 요청에 따라 기획재정부 장관이 지명하는 사람 1명

6. 회계 또는 회계감사 등에 관한 학식과 경험이 풍부한 다음 각 목의 사람 중 금융위원회 위원장이 위촉하는 사람 2명

    가. 공인회계사 자격을 취득한 후 회계 관련 업무에 10년 이상 종사한 경력이 있는 사람

    나. 「고등교육법」 제2조제1호·제2호·제4호 또는 제5호에 따른 학교(이하 이 목에서

"학교"라 한다)에서 회계 관련 분야를 전공하고 졸업한 사람 또는 이와 같은 수준 이상의 학력이 있다고 인정되는 사람으로서 학교나 공인된 연구기관에서 부교수 이상의 직(職) 또는 이에 상당하는 직에 있는 사람

③ 제2항제6호에 따른 위원의 임기는 2년으로 하며, 한 차례만 연임할 수 있다. 〈신설 2022. 4. 19.〉

제31조의2【위원의 지명 철회 또는 해촉】① 제31조제2항제1호부터 제5호까지의 규정에 따라 위원을 지명한 자는 위원이 다음 각 호에 해당하는 경우에는 그 지명을 철회할 수 있다.

1. 제6조의2 각 호의 어느 하나에 해당하는 경우

2. 제36조제1항·제2항에 해당하는데도 불구하고 회피(回避)하지 않은 경우

② 금융위원회 위원장은 제31조제2항제6호에 따른 위원이 제1항 각 호에 해당하는 경우에는 해당 위원을 해촉할 수 있다.

[본조신설 2022. 4. 19.]

제32조【위원장】① 위원장은 징계위원회의 사무를 총괄하고 징계위원회를 대표하며, 징계위원회의 회의를 소집하고 그 의장이 된다. 〈개정 2000.6.23, 2021.1.5.〉

② 위원장이 부득이한 사유로 그 직무를 수행할 수 없을 때에는 위원장이 지명하는 위원이 그 직무를 대행한다. 다만, 불가피한 사유의 발생으로 인하여 위원장이 그 직무를 대행할 위원을 지명하지 못할 경우에는 금융위원회 위원장이 지명하는 위원이 그 직무를 대행한다. 〈개정 98. 4. 1, 2008. 2. 29〉

제33조【징계의결의 요구】① 금융위원회 위원장은 공인회계사에 대하여 법 제48조제1항각호의 1에 해당하는 사유가 있다고 인정하는 경우에는 그 증빙서류를 갖추어 징계위원회에 징계의결을 요구한다. 〈개정 98. 4. 1, 2000. 6. 23, 2008. 2. 29〉

② 징계위원회는 제1항의 규정에 의한 요구를 받은 때에는 지체없이 그 내용을 징계혐의자에게 통지하여야 한다. 〈개정 2000. 6. 23〉

제34조【징계의결기한】징계위원회는 징계의결의 요구를 받은 때에는 그 요구서를 받은 날부터 30일 이내에 징계에 관한 의결을 하여야 한다. 다만, 부득이한 사유가 있을 때에는 징계위원회의 의결로 30일에 한하여 그 기간을 연장할 수 있다. 〈개정 2000. 6. 23〉

제35조【징계위원회의 의결】징계위원회의 회의는 위원 과반수의 출석으로 개의하고, 출석위원 과반수의 찬성으로 의결한다. 〈개정 2000. 6. 23. 2022. 4. 19.〉

제36조【위원의 제척·기피·회피】① 징계위원회의 위원중 징계혐의자의 친족 또는 그 징계사유와 관계가 있는 자는 그 징계사건의 심의에 관여하지 못한다. 〈개정 2000. 6. 23〉

② 징계혐의자는 징계위원회의 위원중 불공정한 의결을 할 염려가 있다고 의심할만한 상당한 사유가 있는 위원이 있을 때에는 그 사유를 서면으로 소명하고 기피를 신청할 수 있다. 〈개정 2000. 6. 23〉

③ 제2항의 규정에 의한 기피신청이 있을 때에는 징계위원회의 의결로 당해 위원이 기피여부를 결정한다. 이 경우 기피신청을 받은 위원은 그 의결에 참여하지 못한다. 〈개정 2000. 6. 23〉

④ 위원이 제1항이나 제2항의 사유에 해당하는 경우에는 스스로 그 징계사건의 심의·의

결에서 회피해야 한다. 〈신설 2022. 4. 19.〉

[제목개정 2022. 4. 19.]

제37조【징계의결통보 등】① 징계위원회는 징계혐의자에 대한 징계의결을 한 때에는 지체없이 그 사유를 명시하여 이를 금융위원회 위원장에게 통보하여야 한다. 〈개정 98. 4. 1, 2000. 6. 23, 2001. 6. 18, 2008. 2. 29〉

② 삭제〈2018. 4. 24〉

[제목개정 2001. 6. 18]

제37조의2【조치 또는 징계의 공개 범위와 시행 방법】① 공인회계사회는 법 제48조의2제1항에 따라 금융위원회로부터 다음 각 호의 정보(이하 "징계정보등"이라 한다)를 통보받은 날부터 2주일 이내에 해당 징계정보등을 공인회계사회가 운영하는 인터넷 홈페이지에 게재하여야 한다.

1. 다음 각 목의 사항

　가. 법 제39조제1항에 따른 조치(이하 이 조에서 "조치"라 한다)를 받은 회계법인의 명칭·주소

　나. 법 제48조제1항에 따른 징계(이하 이 조에서 "징계"라 한다)를 받은 공인회계사의 성명·등록번호 및 소속 사무소(해당 공인회계사가 회계법인에 소속되어 있거나 감사반의 구성원인 경우에는 그 회계법인 또는 감사반을 말한다)의 명칭·주소

2. 조치 또는 징계의 내용 및 사유. 이 경우 위반행위의 태양 등 그 사유를 구체적으로 알 수 있는 사실관계의 개요를 포함한다.

3. 조치 또는 징계의 효력발생일. 다만, 조치 또는 징계의 종류가 업무정지 또는 직무정지인 경우에는 해당 업무정지 또는 직무정지의 개시일 및 정지기간을 말한다.

② 제1항에 따라 징계정보등을 인터넷 홈페이지에 공개하는 범위 및 기간은 다음 각 호의 구분에 따른다. 이 경우 기간 계산은 최초 게재일부터 기산한다.

1. 다음 각 목의 구분에 따른 회계법인에 대한 조치

　가. 등록취소 : 3년

　나. 1년 이내의 업무의 전부 또는 일부의 정지 : 해당 업무정지 기간. 다만, 해당 업무정지 기간이 3개월 미만인 경우에는 3개월을 말한다.

2. 다음 각 목의 구분에 따른 공인회계사에 대한 징계

　가. 등록취소 : 3년

　나. 2년 이하의 직무정지: 해당 직무정지 기간. 다만, 해당 직무정지 기간이 3개월 미만인 경우에는 3개월을 말한다.

[본조신설 2018. 4. 24]

제37조의3【열람·등사의 방법 및 절차】① 법 제48조의2제3항에 따라 「주식회사 등의 외부감사에 관한 법률」 제2조제7호에 따른 감사인(이하 이 조에서 "감사인"이라 한다)을 선임하려는 자가 징계정부등의 열람·등사를 신청하려는 경우에는 해당 회계법인이 명칭·주소(공인회계사의 경우에는 성명·등록번호를 말한다) 및 징계정보등의 열람·등사를 신청하는 취지를 적은 신청서에 다음 각 호의 서류를 첨부하여 공인회계사회에 제출하여야 한다. 〈개정 2018. 10. 30.〉

1. 법인 등기사항증명서 또는 주민등록증 사본 등 신청인의 신분을 확인할 수 있는 서류
2. 해당 회계법인 또는 공인회계사를 감사인으로 선임하려는 의사 및 징계정보등이 필요한 사유를 적은 확인서
3. 대리인이 신청하는 경우에는 위임장 등 대리관계를 증명할 수 있는 서류

② 제1항에 따른 열람·등사의 신청은 직접 제출, 우편, 팩스 또는 전자우편 등의 방법으로 할 수 있다.

③ 공인회계사회는 제1항에 따른 신청을 받으면 신청일부터 1주일 이내에 신청인에게 징계정보등을 제공하여야 하며, 그 후 지체 없이 해당 회계법인 또는 공인회계사에게 징계정보등을 제공한 사실을 알려야 한다.

④ 제3항에 따른 징계정보등의 제공은 직접 수령, 우편, 팩스 또는 전자우편 등의 방법 중 신청인이 선택한 방법으로 할 수 있다.

⑤ 제3항에도 불구하고 공인회계사회는 제1항에 따른 신청이 다음 각 호의 어느 하나에 해당하는 경우에는 징계정보등을 제공하지 아니할 수 있다.

1. 신청서에 회계법인의 명칭·주소(공인회계사의 경우에는 성명·등록번호를 말한다) 및 징계정보등의 열람·등사를 신청하는 취지를 누락하였거나 첨부서류를 제출하지 아니한 경우
2. 정당한 이유 없이 여러 차례에 걸쳐 반복적으로 열람·등사를 신청하거나, 신청 대상 회계법인 또는 공인회계사가 지나치게 많은 경우 등 열람·등사 신청의 목적이 감사인을 선임하기 위한 것이 아님이 명백한 경우

⑥ 공인회계사회는 제5항에 따라 징계정보등을 제공하지 아니하기로 결정한 때에는 지체 없이 신청인에게 그 취지 및 사유를 알려야 한다.

⑦ 제2항 및 제4항에 따른 징계정보등의 열람·등사 신청 및 제공에 드는 비용은 실비의 범위에서 공인회계사회가 정하는 바에 따라 신청인이 부담하여야 한다.

⑧ 제3항에 따라 징계정보등을 제공받은 자는 해당 정보를 감사인 선임 목적 외의 용도로 사용하여서는 아니 된다.

⑨ 제1항부터 제8항까지에서 규정한 사항 외에 징계정보등의 열람·등사의 방법 및 절차 등에 필요한 사항은 공인회계사회가 정한다.

[본조신설 2018. 4. 24.]

제 7 장 보 칙

제38조【업무의 위탁】 ① 법 제52조제1항에 의하여 법 제7조부터 제9조까지, 제30조제2항, 제40조의4제1항부터 제3항까지, 제40조의5, 제40조의6, 제40조의13제1항, 이 영 제10조, 제11조, 제23조의2 및 제23조의3에 의한 금융위원회의 업무는 이를 공인회계사회에 위탁한다. 〈개정 1998. 4. 1. 2001. 6. 18. 2008. 2. 29. 2011. 6. 30.〉

② 법 제52조제1항에 따라 법 제48조제1항에 따른 금융위원회의 업무 중 같은 조 제2항제

3호 및 제4호의 징계업무(「주식회사 등의 외부감사에 관한 법률」 제29조제4항제2호에 따른 증권선물위원회의 건의에 따라 금융위원회가 하는 징계업무는 제외한다)는 공인회계사회에 위탁한다. 〈개정 1998. 4. 1. 2008. 2. 29. 2011. 6. 30. 2019. 8. 27. 2022. 4. 19.〉

③ 공인회계사회가 제2항에 따라 위탁받은 업무의 수행에 관하여는 제33조부터 제37조까지의 규정을 준용한다. 이 경우 "금융위원회 위원장"은 "공인회계사회회장"으로, "징계위원회"는 "윤리위원회"로 본다. 〈개정 2022. 4. 19.〉

④ 공인회계사회의 징계에 불복하는 자는 공인회계사회에 재심을 요구할 수 있다.

⑤ 금융위원회는 공인회계사회의 징계가 부당하다고 인정하는 때에는 공인회계사회에 재심을 요구하거나 공인회계사징계위원회에 당해 징계의 취소 및 징계의결을 요구할 수 있다. 〈개정 1998. 4. 1. 2008. 2. 29.〉

⑥ 법 제52조제2항에 의하여 법 제5조의 규정에 의한 금융위원회의 시험에 관한 업무중 다음 각호의 업무 및 법 제30조제3항의 규정에 의한 금융위원회의 업무를 금융감독원장에게 위탁한다. 〈개정 1998. 4. 1. 2008. 2. 29. 2011. 6. 30.〉

1. 시험응시원서의 교부 및 접수

2. 시험의 시행 및 그에 부수되는 업무

⑦ 공인회계사회 및 금융감독원장은 제1항·제2항 또는 제6항의 규정에 의하여 위탁받은 업무에 대하여는 당해 업무를 처리한 후 그 처리결과를 금융위원회에 보고하여야 한다. 〈개정 1998. 4. 1. 2008. 2. 29.〉

제38조의2(민감정보 및 고유식별정보의 처리) 금융위원회(법 제52조의5제3항 및 이 영 제38조에 따라 금융위원회의 업무를 위탁받은 자를 포함한다) 또는 징계위원회는 다음 각 호의 사무를 수행하기 위하여 불가피한 경우 「개인정보 보호법 시행령」 제18조제2호에 따른 범죄경력자료에 해당하는 정보, 같은 영 제19조제1호, 제2호 또는 제4호에 따른 주민등록번호, 여권번호 또는 외국인등록번호가 포함된 자료를 처리할 수 있다.

1. 법 제5조에 따른 공인회계사시험 관리에 관한 사무

2. 법 제7조, 제24조, 제40조의4 또는 제40조의7에 따른 공인회계사, 회계법인, 외국공인회계사 또는 외국회계법인의 등록에 관한 사무

3. 법 제9조, 제39조, 제40조의6, 제40조의8에 따른 공인회계사, 회계법인, 외국공인회계사 또는 외국회계법인에 대한 등록취소에 관한 사무

4. 법 제40조의17 또는 제48조에 따른 외국공인회계사 또는 공인회계사에 대한 징계에 관한 사무

5. 법 제52조의2부터 제52조의5까지의 규정에 따른 과징금의 부과·징수 등에 관한 사무

[본조신설 2012.1.6]

제 8 장 과징금의 부과 및 징수

제39조【과징금의 부과기준 등】 ① 금융위원회는 법 제52조의2의 규정에 의하여 과징금을 부과하

는 경우에는 다음 각호의 기준에 의하여야 한다. 〈개정 2008. 2. 29〉

1. 당해 위반행위로 인한 착오·누락금액이 다음 각목의 구분에 의한 금액 이상인 경우에는 법 제52조의2제1항에 규정된 과징금 최고액(이하 이 조에서 "과징금최고액"이라 한다)의 100분의 70을 과징금으로 부과할 것

    가. 회계법인 : 감사 또는 증명대상회사의 자산총액의 100분의 40

    나. 공인회계사 : 감사 또는 증명대상회사의 자산총액의 100분의 20

2. 위반행위가 다음 각목의 1에 해당하는 경우에는 과징금최고액의 100분의 60을 과징금으로 부과할 것. 다만, 위반행위가 제1호에 해당하는 경우에는 그러하지 아니하다.

    가. 과징금의 부과대상이 되는 위반행위가 최근 3년간 회계법인의 경우에는 3회 이상, 공인회계사의 경우에는 2회 이상 이루어진 경우

    나. 당해 위반행위로 인하여 취득한 이익의 규모가 회계법인의 경우에는 5억원 이상, 공인회계사의 경우에는 1억원 이상인 경우

3. 제1호 및 제2호외의 경우에는 과징금최고액의 100분의 20 이상 100분의 60 미만에 해당하는 금액을 과징금으로 부과할 것

② 제1항의 규정에 의하여 산정한 과징금의 금액은 법 제52조의2제2항 각호의 사항을 참작하여 그 금액의 2분의 1의 범위안에서 이를 가중 또는 감경할 수 있다. 다만, 가중하는 경우에도 과징금의 총액은 과징금최고액을 초과할 수 없다.

③ 금융위원회는 법 제52조의2의 규정에 의하여 과징금을 부과하는 때에는 그 위반행위의 종별과 당해 과징금의 금액을 명시하여 이를 납부할 것을 서면으로 통지하여야 한다. 〈개정 2008. 2. 29〉

④ 제3항의 규정에 의하여 통지를 받은 자는 통지가 있은 날부터 60일 이내에 금융위원회가 정하는 수납기관에 과징금을 납부하여야 한다. 〈개정 2008. 2. 29〉 [본조신설 2001. 6. 18]

제40조【납부기한연장 및 분할납부】① 법 제52조의4제1항의 규정에 의한 납부기한의 연장은 그 납부기한의 다음날부터 1년을 초과할 수 없다.

② 법 제52조의4제1항의 규정에 의하여 분할납부를 하게 하는 경우에는 각 분할된 납부기한간의 간격은 6월 이내로 하며, 분할 횟수는 3회 이내로 한다.

③ 법 제52조의4제2항의 규정에 의한 납부기한의 연장이나 분할납부의 신청서 등에 관하여 필요한 사항은 총리령으로 정한다. 〈개정 2008. 2. 29〉 [본조신설 2001. 6. 18]

제41조【가산금】법 제52조의5제1항에서 "대통령령이 정하는 가산금"이라 함은 체납된 과징금액에 연 100분의 6을 곱하여 계산한 금액을 말한다. 이 경우 가산금을 징수하는 기간은 60개월을 초과하지 못한다. 〈개정 2011. 3. 22〉 [본조신설 2001. 6. 18]

제42조【독촉】① 법 제52조의5제2항의 규정에 의한 독촉은 납부기한 경과후 15일 이내에 서면으로 하니아 하나.

② 제1항의 규정에 의하여 독촉장을 발부하는 경우 체납된 과징금의 납부기한은 독촉장 발부일부터 10일 이내로 한다. [본조신설 2001. 6. 18]

제43조【체납처분의 위탁】① 금융위원회는 법 제52조의5제3항의 규정에 의하여 체납처분에 관한 업무를 국세청장에게 위탁하는 때에는 다음 각호의 서류를 첨부한 서면으로 하여야 한다.

1. 세입징수결의서 및 고지서

2. 납부독촉장

② 국세청장은 제1항의 규정에 의하여 체납처분 업무를 위탁받은 경우에는 체납처분에 관한 업무가 종료된 날부터 30일 이내에 그 업무종료의 일시 그밖에 필요한 사항을 금융위원회에 서면으로 통보하여야 한다. 〈개정 2008. 2. 29〉 [본조신설 2001. 6. 18]

부칙 〈대통령령 제32600호, 2022. 4. 19.〉

제1조(시행일) 이 영은 공포한 날부터 시행한다. 다만, 제2조의2, 별표 1 및 별표 2의 개정규정은 2025년 1월 1일부터 시행한다.

제2조(영어시험의 종류 신설 등에 따른 적용례) 제2조제5항 · 제6항 및 별표 3의 개정규정은 이 영 시행 이후 공고하는 시험부터 적용한다.

제3조(응시수수료 반환에 관한 적용례) 제7조제2항제4호의 개정규정은 이 영 시행 이후 공고하는 시험부터 적용한다.

제4조(공인회계사시험 과목 및 과목별 배점에 관한 적용례 및 특례) ① 별표 1의 개정규정은 2025년에 실시하는 제1차시험부터 적용한다.

② 별표 2의 개정규정은 2025년에 실시하는 제2차시험부터 적용한다.

③ 2024년도 제1차시험의 합격자가 제1차시험 합격연도에 실시된 제2차시험의 과목 중 종전의 별표 2에 따른 다음 각 호의 과목을 그 배점의 6할 이상 득점한 경우에는 제3조제3항에도 불구하고 2025년도 제2차시험 중 별표 2의 개정규정에 따른 해당 호의 과목의 시험을 면제한다.

1. 원가회계: 원가관리회계

2. 재무회계: 재무회계 I (중급회계) 및 재무회계 II (고급회계)

제5조(공인회계사시험 해당과목 추가 등에 관한 경과조치) 부칙 제1조 단서에 따른 시행일 전에 종전의 제2조의2제1항에 따른 해당과목 및 과목별 학점의 수를 소명한 사람은 제2조의2제1항의 개정규정에 따른 해당과목 및 과목별 학점의 수를 이수한 것으로 본다.

제6조(직무제한에 관한 경과조치) 이 영 시행 전에 공인회계사가 종전의 제14조제1항에 따른 직무제한을 받지 않는 자와 재무제표를 감사하거나 증명하는 업무를 수행하는 계약을 체결한 경우에는 제14조제1항의 개정규정에도 불구하고 이 영 시행 이후 그 계약이 종료되거나 갱신되기 전까지 종전의 제14조제1항에 따라 재무제표를 감사하거나 증명하는 업무를 수행할 수 있다.

■ 공인회계사법 시행령 [별표 1] 〈개정 2004. 4. 1.〉

제1차 시험과목 및 과목별 배점(제2조제1항관련)

과　목	과목별 배점	비　고
회 계 학 (회계원리와 회계이론)	150점	기초소양을 검정함
경 영 학	100점	
경제원론	100점	
상 법 (총칙편·상행위편 및 회사편과 어음법 및 수표법을 포함한다.)	100점	
세법개론	100점	
영　어	-	

■ 공인회계사법 시행령 [별표 1] 〈개정 2022. 4. 19.〉 [시행일 2025. 1. 1.]

제1차 시험과목 및 과목별 배점(제2조제1항 관련)

과　목	과목별 배점
회 계 학(회계원리와 회계이론)	150점
경 영 학	80점
경제원론	80점
기업법(「상법」의 총칙편·상행위편 및 회사편, 「주식회사 등의 외부감사에 관한 법률」 및 「공인회계사법」을 포함한다)	100점
세법개론	100점
영　어	-

비고 : 제1차시험 과목은 기초소양을 검정한다.

■ 공인회계사법 시행령 [별표 2] 〈개정 2004. 4. 1.〉

제2차 시험과목 및 과목별 배점(제2조제1항관련)

과　목	과목별 배점	비　고
재무회계	150점	
원가회계	100점	
회계감사	100점	일반적 학리와 그 응용 능력을 검정함
세　법	100점	
재무관리	100점	

■ 공인회계사법 시행령 [별표 2] 〈개정 2022. 4. 19.〉 [시행일 2025. 1. 1.]

제2차 시험과목 및 과목별 배점(제2조제1항 관련)

과　목	과목별 배점
재무회계Ⅰ(중급회계)	100점
재무회계Ⅱ(고급회계)	50점
원가관리회계	100점
회계감사	100점
세법	100점
재무관리	100점

비고 : 제2차시험 과목은 일반적 학리와 그 응용능력을 검정한다.

공인회계사법 시행령 [별표 3] 〈개정 2022. 4. 19.〉 [시행일 2022. 4. 19.]

영어시험의 종류 및 합격에 필요한 점수(제2조제4항 관련)

구분	내용	합격에 필요한 점수	
		일반응시자	청각장애인 응시자
토플 (TOEFL)	아메리카합중국 이.티.에스.(E.T.S.: Education Testing Service)에서 시행하는 시험(Test of English as a Foreign Language)으로서 그 실시 방식에 따라 PBT(Paper Based Test)와 IBT(Internet Based Test)로 구분한다.	PBT: 530점 이상	PBT: 352점 이상
		IBT: 71점 이상	IBT: 35점 이상
토익 (TOEIC)	아메리카합중국 이.티.에스.(E.T.S.: Education Testing Service)에서 시행하는 시험(Test of English for International Communication)을 말한다.	700점 이상	350점 이상
텝스 (TEPS)	서울대학교영어능력검정시험(Test of English Proficiency, Seoul National University)을 말한다.	340점 이상	204점 이상
지텔프 (G - TELP)	아메리카합중국 국제테스트 연구원(ITSC: International Testing Services Center)에서 시행하는 시험(General Test of English Language Proficiency) 중 레벨(Level)2 시험을 말한다.	65점 이상	43점 이상
플렉스 (FLEX)	한국외국어대학교 어학능력검정시험(Foreign Language Examination)을 말한다.	625점 이상	375점 이상
아이엘츠 (IELTS)	영국의 영어문화원(British council)에서 시행하는 시험(International English Language Testing System)을 말한다.	Score 4.5점 이상	-

비고
1. 청각장애인 응시자는 해당 영어시험의 응시 당시부터 공인회계사 시험에 모두 합격할 때까지 청각장애인으로 등록되어 있어야 한다.
2. 청각장애인 응시자의 합격에 필요한 점수는 해당 영어능력검정시험(지텔프는 제외한다)에서 듣기 부분을 제외한 나머지 부분에서 취득한 점수를 말한다.

公認會計士法 施行規則

제정　　　1966. 9. 12　재정부령 제437호
전부 개정　1997. 4. 10　총리령 제626호
총리령 [시행 2021. 6. 30] [총리령 제1712호, 2021. 6. 30 타법개정]

제1조【목적】이 규칙은 「공인회계사법」 및 「공인회계사법시행령」에서 위임된 사항과 그 시행에 관하여 필요한 사항을 규정함을 목적으로 한다. 〈개정 2006. 3. 10〉

제2조【응시원서 및 응시수수료】① 「공인회계사법」 (이하 "법"이라 한다) 제5조의 규정에 의한 공인회계사시험에 응시하고자 하는 자(이하 "응시자"라 한다)는 「공인회계사법시행령」 (이하 "영"이라 한다) 제6조의 규정에 의한 시험위원회(이하 "시험위원회"라 한다)의 위원장(이하 "위원장"이라 한다)이 정하는 응시원서와 다음 각 호의 서류를 위원장에게 제출하여야 한다. 〈개정 2004. 4. 1, 2006. 3. 10〉

1. 영 제2조제4항의 규정에 의한 성적표 1부(제1차시험에 한한다. 이하 같다)
2. 영 제2조의2제4항의 규정에 의한 응시자격을 소명하는 서류 1부

② 법 제6조제1항의 규정에 따라 제1차시험을 면제받고자 하는 자는 응시원서에 다음 각호의 서류를 위원장에게 제출하여야 한다. 〈신설 2004. 4. 1, 2006. 3. 10〉

1. 경력증명서 1부
2. 소속기관의 직제 및 사무분장규정 1부

③ 응시자는 시험위원회의 심의를 거쳐 위원장이 공고하는 바에 따라 제1항 및 제2항의 규정에 따른 서류를 제출하여야 하며, 응시자가 제출한 서류는 반환하지 아니한다. 〈개정 2006. 3. 10〉

④ 영 제7조제1항에서 "총리령이 정하는 금액"이라 함은 5만원을 말한다. 〈개정 2001. 8. 31, 2004. 4. 1, 2008. 3. 3〉

[시행일 : 2007. 1. 1] 제2조

제2조의2【학점취득증명서】영 제2조의2제3항의 규정에 의한 학점취득증명서는 별지 제19호서식과 같다. [본조신설 2004. 4. 1〉

[시행일 : 2007. 1. 1] 제2조의2

제3조【응시표】위원장은 제2조제1항의 규정에 의한 응시원서를 접수한 때에는 별지 제1호서식의 접수부에 해당사항을 기재하고 응시자에게 응시표를 교부한다.

제4조【합격증서 및 합격증서교부대장】금융위원회는 공인회계사시험 제2차시험의 합격자에게 별지 제2호서식의 합격증서를 교부하고 그 사실을 별지 제3호서식의 합격증서교부대장에 기재하여야 한다. 〈개정 2001. 8. 31, 2008. 3. 3, 2021.6.30.〉

[제목개정 2021.6.30.]

제5조【등록신청서】법 제7조제1항에 따라 공인회계사 등록을 하려는 사람은 별지 제4호서식의 공인회계사 등록신청서에 다음 각 호의 서류를 첨부하여 한국공인회계사회에 제출하여야

한다. 〈개정 2001.8.31. 2008.3.3. 2014.8.8.〉

1. 합격증서 사본 1부

2. 실무수습의 종료를 증명하는 서류 1부(법 제6조제1항 각호의 1에 해당하는 자를 제외한다)

3. 이력서 1부

4. 사진(반명함판) 3매

제6조【공인회계사등록부】 영 제10조제2항의 규정에 의한 공인회계사등록부는 별지 제5호서식과 같다.

제7조【등록증】 영 제10조제2항의 규정에 의한 능복증은 별지 제6호서식과 같다.

제8조【등록사항의 변경신고】 영 제10조제3항의 규정에 의한 변경신고는 별지 제7호서식의 신고서에 의하되, 변경내용을 증명하는 서류를 첨부하여야 한다.

제9조【등록갱신의 신청】 영 제11조제2항의 규정에 의한 공인회계사등록갱신신청은 별지 제8호서식의 신청서에 의하되, 다음 각 호의 서류를 첨부하여야 한다.

1. 이력서 1부

2. 반명함판 사진 2매 [전문개정 2001. 8. 31]

제10조 삭 제 〈2001. 8. 31〉

제11조【회계법인의 대표이사】 법 제26조제4항의 규정에 의하여 회계법인에는 3인 이내의 대표이사를 두어야 한다. [전문개정 2001. 8. 31]

제12조【회계법인등록신청서】 영 제15조제1항의 규정에 의한 회계법인등록신청서는 별지 제10호서식과 같다. 〈개정 2001. 8. 31〉

제13조【회계법인의 등록증 등】 ① 영 제15조제2항의 규정에 의한 회계법인등록증은 별지 제11호서식과 같다. 〈개정 2001. 8. 31〉

② 금융위원회는 회계법인이 등록한 때에는 별지 제12호서식의 회계법인등록부에 그 등록에 관한 사항을 기재하여야 한다. 〈개정 2001. 8. 31, 2008. 3. 3〉

제14조【회계법인 해산사유의 통보 등】 ① 법 제37조제2항의 규정에 의하여 해산사유 발생사실을 통보하고자 하는 회계법인은 별지 제13호서식의 통보서에 다음 각호의 서류를 첨부하여 이를 금융위원회에 제출하여야 한다. 〈개정 2001. 8. 31, 2008. 3. 3〉

1. 삭 제 〈2001. 8. 31〉

2. 사원총회의사록 사본 1부

3. 한국공인회계사회에 손해배상준비금을 예치한 사실을 증명하는 서류 1부(합병의 사유로 해산하는 경우를 제외한다)

② 삭 제 〈2001. 8. 31〉

③ 법 제38조의 규정에 의하여 회계법인의 정관변경을 신고하고자 하는 자는 별지 제15호서식의 신고서에 다음 각호의 서류를 첨부하여 금융위원회에 제출하여야 한다. 이 경우 금융위원회는 「전자정부 구현을 위한 행정업무 등의 전자화 촉진에 관한 법률」 제21조제1항에 따른 행정정보의 공동이용을 통하여 신고인의 법인등기부 등본을 확인하여야 하

며, 신고인이 확인에 동의하지 아니하는 경우에는 그 서류를 첨부하도록 하여야 한다. 〈개정 2001. 8. 31, 2006. 7. 5, 2008. 3. 3〉

1. 신·구정관 각 1부

2. 삭제 〈2006. 7. 5〉

3. 사원총회의사록 사본 1부

④ 삭 제 〈2006. 7. 5〉

제15조【징계의결의 요구】영 제33조제1항의 규정에 의한 징계의결의 요구는 별지 제16호서식의 요구서에 의한다. 〈개정 2001. 8. 31〉

제16조【징계의결의 통보】영 제37조제1항의 규정에 의한 징계의결의 통보는 별지 제17호서식의 통보서에 의한다. 〈개정 2001. 8. 31〉

제16조의2【외국공인회계사등록신청서】영 제23조의2제1항에 따른 외국공인회계사등록신청서는 별지 제20호서식과 같다.

[본조신설 2011.6.30]

제16조의3【외국공인회계사등록부】법 제40조의4제3항에 따른 외국공인회계사등록부는 별지 제21호서식과 같다.

[본조신설 2011.6.30]

제16조의4【외국공인회계사등록증】법 제40조의4제3항에 따른 외국공인회계사등록증은 별지 제22호서식과 같다.

[본조신설 2011.6.30]

제16조의5【외국공인회계사등록갱신신청서】영 제23조의3에 따른 외국공인회계사등록갱신신청서는 별지 제23호서식과 같다.

[본조신설 2011.6.30]

제16조의6【외국공인회계사등록사항변경신고서】영 제23조의2제2항에 따른 외국공인회계사등록사항변경신고서는 별지 제24호서식과 같다.

[본조신설 2011.6.30]

제16조의7【외국회계법인등록신청서】영 제23조의4에 따른 외국회계법인등록신청서는 별지 제25호서식과 같다.

[본조신설 2011.6.30]

제16조의8【외국회계법인등록부】법 제40조의7제3항에 따른 외국회계법인등록부는 별지 제26호서식과 같다.

[본조신설 2011.6.30]

제16조의9【외국회계법인등록증】법 제40조의7제3항에 따른 외국회계법인등록증은 별지 제27호서식과 같다.

[본조신설 2011.6.30]

제16조의10【영업보고서의 제출 등】① 외국공인회계사 및 외국회계법인은 법 제40조의13제1항에 따른 영업보고서에 다음 각 호의 사항을 기재하여 제출하여야 한다.

1. 외국회계사무소의 주소 및 상호 등의 개요

2. 외국회계사무소의 대표자, 소속 외국공인회계사 및 사무직원 현황

3. 외국회계사무소의 재무제표와 그 부속명세서

4. 외국회계사무소의 최근 3개 사업연도 업무별 보수총액

5. 최근 3년간 원자격국 감독기관에 의한 외국공인회계사에 대한 징계 등 신분상의 조치사실 및 해당 외국회계법인에 대한 영업정지 등 조치사실

6. 외국회계법인(소속 외국공인회계사를 포함한다)의 최근 3년간 업무와 관련된 소송현황

7. 외국회계사무소의 대표자 및 소속 외국공인회계사의 국내 체류기간

② 제1항에 따른 영업보고서의 서식은 한국공인회계사회에서 정한다.

③ 외국회계법인 및 외국공인회계사는 제1항에 따른 영업보고서를 전자문서로 제출할 수 있다. [본조신설 2011.6.30]

제17조【과징금의 납부기한 연장 등】영 제40조제3항의 규정에 의하여 과징금의 납부기한을 연장받거나 분할납부하고자 하는 자는 별지 제18호서식의 신청서에 과징금의 납부기한 연장 또는 분할납부를 신청하는 사유를 입증하는 서류를 첨부하여 금융위원회에 제출하여야 한다. 〈개정 2008. 3. 3〉[본조신설 2001. 8. 31]

부 칙 〈총리령 제626호, 1997. 4. 10〉

① (시행일) 이 규칙은 공포한 날부터 시행한다.

부 칙 〈재정경제부령 제222호, 2001. 8. 31〉

이 규칙은 공포한 날부터 시행한다.

부 칙 〈재정경제부령 제373호, 2004. 4. 1〉

이 규칙은 공포한 날부터 시행한다. 다만, 제2조제1항·제2조의2 및 별지 제19호서식의 개정규정은 2007년 1월 1일부터 시행한다.

부 칙 〈재정경제부령 제496호, 2006. 3. 10〉

이 규칙은 공포한 날부터 시행한다. 다만, 제2조의 개정규정은 2007년 1월 1일부터 시행한다.

부 칙 〈재정경제부령 제512호, 2006. 7. 5〉
(행정정보의 공동이용 및 문서감축을 위한 국가를 당사자로 하는 계약에 관한 법률 시행규칙 등 일부개정령)

이 규칙은 공포한 날부터 시행한다.

부 칙〈총리령 제875호, 2008. 3. 3〉(금융위원회와 그 소속기관 직제 시행규칙)

제1조(시행일) 이 규칙은 공포한 날부터 시행한다.

제2조부터 제4조까지 생략

제5조(다른 법령의 개정) ①부터 ②까지 생략

③ 공인회계사법 시행규칙 일부를 다음과 같이 개정한다.

제2조제4항 중 "재정경제부령"을 "총리령"으로 한다.

제4조, 제13조제2항 및 제14조제3항 각 호 외의 부분 후단 중 "재정경제부장관은"을 각각 "금융위원회는"으로 한다.

제5조 각 호 외의 부분, 제14조제1항 각 호 외의 부분·제3항 각 호 외의 부분 전단 및 제17조 중 "재정경제부장관에게"를 각각 "금융위원회에"로 한다.

별지 제2호서식, 별지 제10호서식, 별지 제11호서식, 별지 제13호서식, 별지 제15호서식 및 별지 제18호서식 중 "재정경제부장관"을 각각 "금융위원회"로 한다.

별지 제16호서식 및 제17호서식 중 "재정경제부장관"을 각각 "금융위원회 위원장"으로 한다.

④부터 ⑳까지 생략

부칙 〈총리령 제956호, 2011.6.30〉

이 규칙은 「대한민국과 유럽연합 및 그 회원국 간의 자유무역협정」이 발효되는 날부터 시행한다.

부칙 〈총리령 제1087호, 2014.8.8.〉〈개인정보 보호를 위한 공인회계사법 시행규칙 등 일부 개정령〉

이 규칙은 공포한 날부터 시행한다.

부칙 〈총리령 제1269호, 2016.4.18.〉

이 규칙은 공포한 날부터 시행한다.

부칙 〈총리령 제1712호, 2021. 6. 30.〉

(어려운 법령용어의 정비를 위한 공인회계사법 시행규칙 등 6개 법령의 일부개정에 관한 총리령)

이 규칙은 공포한 날부터 시행한다.

【제26판】
공인회계사 제1차시험 기출문제집

1996年	1月 10日	初版	發行
1997年	10月 10日	2版	發行
1998年	10月 1日	3版	發行
1999年	11月 1日	4版	發行
2001年	1月 5日	5版	發行
2001年	12月 1日	6版	發行
2003年	4月 7日	7版	發行
2004年	6月 4日	8版	發行
2005年	8月 29日	9版	發行
2006年	9月 18日	10版	發行
2007年	8月 20日	11版	發行
2008年	8月 8日	12版	發行
2009年	11月 10日	13版	發行
2010年	10月 26日	14版	發行
2011年	10月 12日	15版	發行
2012年	10月 12日	16版	發行
2013年	10月 8日	17版	發行
2014年	9月 29日	18版	發行
2015年	10月 7日	19版	發行
2016年	10月 20日	20版	發行
2017年	10月 16日	21版	發行
2018年	10月 16日	22版	發行
2019年	9月 24日	23版	發行
2020年	9月 24日	24版	發行
2021年	9月 28日	25版	發行
2022年	9月 22日	26版 1刷	發行

편 저 자 ┃ 月刊會計 編輯室
세법과목감수 ┃ 김신영 세무사
발 행 인 ┃ 李 振 根
발 행 처 ┃ 會 經 社

서울시 구로구 디지털로33길 11, 1008호(구로동 에이스테크노 타워 8차)
TEL : (02) 2025-7840, 7841   FAX : (02) 2025-7842
homepage : http://www.macc.co.kr   ✉ e-mail : macc7@macc.co.kr
登錄 : 1993. 8. 17.   제16-447호
ISBN 978-89-6044-245-0   13320